聖書朝鮮 5

일러두기

○ 이 책은《성서조선》96~119호를 영인본으로 만든 것이다.

○ 96호 20면 다음에는 〈정오표(正誤表) 속(續)〉이 있는데, 원문에는 가로로 길게 인쇄되어 접혀 있지만 이 책에서는 펼쳐서 세로로 앉혀 편집했다. 그다음 면은 백면(白面)이다.

○ 110호는 20면 다음에 17면으로 면 수가 잘못 표기되어 있으며, 이 상태로 판권면 앞까지 면이 이어진다.

○ 119호에는 18면과 19면 사이, 〈성조통신(聖朝通信)〉 앞에 〈부록〉이 있다.

聖書朝鮮 5

김교신선생기념사업회

1937~1938

홍성사

『성서조선』 영인본 간행에 부쳐

이만열 (김교신선생기념사업회장)

김교신선생기념사업회는 『성서조선』 영인본 전체를 다시 간행한다. 최근 『성서조선』에 대한 학술적 수요가 증가함에 따라 영인본을 간행하되, 이번에는 그 영인본에 색인을 첨부하기로 했다. 7권으로 분류된 『성서조선』의 색인은 김철웅, 박상익, 양현혜, 전인수, 박찬규, 송승호 여섯 분이 맡아서 지난 몇 달 동안 수고했고, 송승호 님은 이 색인을 종합하는 최종적인 책임을 맡았다.

색인을 포함한 영인본 재간행 작업은 2017년부터 시작하여 2018년 초반에 출판하기로 했으나 간행 시기가 몇 번 미뤄졌다. 이유는 색인 작업의 지연 때문인데, 간행 당시 철자법이 통일되지 않은 상황이다 보니 색인 작업이 의외로 더디 이뤄질 수밖에 없었다. 이번에 색인집을 따로 내기는 하지만, 색인 작업이

완벽하게 이뤄졌다고는 할 수 없다. 그 정도로 색인 작업 자체가 어려웠다는 것을 이해해 주기 바란다. 이런 어려움에도 불구하고 영인본이 간행되어 독자 여러분과 함께 기뻐한다. 수익을 기약할 수 없는 『성서조선』 영인본 간행을 위해 노력해 주신 홍성사의 정애주 대표님을 비롯하여 출판사의 사우 여러분께 책머리에 먼저 감사의 말씀을 드린다.

『성서조선』 전권이 복사·간행된 것은 1982년 노평구 님에 의해 이뤄졌다. 해방 후 글다운 글이 없는 상황에서 『성서조선』에 게재된 글이 교과서에 등장하여 학생 지도에 응용되기도 했지만, 전권을 구하기가 매우 힘들었다. 복사판 간행을 맡았던 노평구 님과 동역자들은 고서점과 전국의 『성서조선』 독자들을 수소문하여 그 전질을 구해 재간행했다.

그동안 『성서조선』은 많은 사람들이 구해보려고 애썼지만 접하기가 쉽지 않았다. 완질의 복사판이 간행된 후에는 이를 이용하는 곳이 많아졌다. 해외에서도 수요가 있었다. 특히 신학을 전공하는 유학생들 사이에서는 그런 요구가 컸다. 필자 역시 해외여행을 하는 동안 유학생들의 집에서 『성서조선』을 소장하고 있는 경우를 더러 보았다. 소장한 이유는 한국 교회와 한국 신학에 대한 지도교수와 외국 학생들의 요청 때문인 것으로 들었다. 하여튼 각계의 이런 요청에 따라 김교신선생기념사업회는 이번에 『성서조선』을 다시 간행하기로 했다.

『성서조선』은 1927년 7월부터 간행된 동인지 형태의 신앙잡지다. 일본의 무교회주의자 우치무라 간조(內村鑑三) 선생의 감화를 받은 김교신(金敎臣), 송두용(宋斗用), 류석동(柳錫東), 양인성(梁仁性), 정상훈(鄭相勳), 함석헌(咸錫憲) 등 여섯 신앙 동지들이 1926년부터 도쿄에서 성서연구활동을 시작했다. 그들은 조국 조선에 줄 수 있는 최고의 선물을 성서로 보고, 〈조선을 성서 위에〉 세우기 위해 그들이 수행한 성서 연구의 결과물을 발표하는 동인지를 갖게 되었다. 그 이름을 〈성서조선〉이라 했다. 『성서조선』 창간사에는 간행 경위를 이렇게 시작한다.

> 걱정을 같이 하고 소망을 일궤(一軌)에 붙이는 우자(愚者) 5-6인이 동경 시외 스기나미촌(杉竝村)에 처음으로 회합하여 〈조선성서연구회〉를 시작하고 매주 때를 기(期)하여 조선을 생각하고 성서를 강(講)하면서 지내온 지 반세여(半歲餘)에 누가 동의하여 어간(於間)의 소원 연구의 일단을 세상에 공개하려 하니 그 이름을 〈성서조선〉이라 하게 되도다.

이어서 창간사는 이 동인지의 성격과 지향점을 다음과 같이 밝혔다.

> 명명(命名)의 우열과 시기의 적부(適否)는 우리의 불문(不問)하는 바라. 다만 우리 염두의 전폭(全幅)을 차지하는 것은 〈조선〉 두 자이고, 애인에게 보낼 최진(最珍)의 선물은 〈성서〉 한 권뿐이니 둘 중의 하나를 버

리지 못하여 된 것이 그 이름이었다. 기원(祈願)은 이를 통하여 열애의 순정을 전하려 하고 지성(至誠)의 선물을 그녀에게 드려야 함이로다. 〈성서조선〉아, 너는 우선 이스라엘 집집으로 가라. 소위 기성 신자의 손을 거치지 말라. 그리스도보다 외인을 예배하고, 성서보다 회당을 중요시하는 자의 집에는 그 발의 먼지를 털지어다. 〈성서조선〉아, 너는 소위 기독신자보다도 조선혼을 소지(所持)한 조선 사람에게 가라. 시골로 가라, 산촌으로 가라, 거기에 나무꾼 한 사람을 위로함으로 너의 사명으로 삼으라. 〈성서조선〉아, 네가 만일 그처럼 인내력을 가졌거든 너의 창간 일자 이후에 출생하는 조선 사람을 기다려 면담하라. 상론(相論)하라. 동지(同志)를 한 세기 후에 기(期)한들 무엇을 탓할손가.

창간사는 〈성서〉와 〈조선〉을 합하여 만든 동인지 명칭의 연유를 설명한다. 〈조선〉은 자기들의 마음 전부를 차지하는 존재이고, 〈성서〉는 자기들이 가장 사랑하는 사람에게 보낼 제일 좋은 선물이기 때문에, 이 둘 중에 어느 하나도 버릴 수 없어 〈성서조선〉이라고 명명했다고 했다.

또 성서조선이 갈 곳은 〈이스라엘 집〉이지, 그리스도보다 사람을 예배하는 〈기성 신자〉나 성서보다 예배당을 중요시하는 곳도 아니고 교권화·세속화되어 가고 있던 기존 조선교회도 아님을 강조한다. 또 〈성서조선〉은 〈소위 기독교 신자〉에게 갈 것이 아니라 〈조선의 혼을 가진 조선 사람〉에게로 가라고 가르친다. 그곳은 아직 세속적인 교회의 때가 묻지 않은 영적인 〈시골〉이요 〈산골〉이다. 그들은 살찐 몸매와 번지르르한 기름으로 치장한 도회인이 아니라 영적인 〈나무꾼 한 사람〉임을 의미한다. 여기에 『성서조선』이

지향하는 바가 있다. 기성 교회와 야합할 것이 아니라 그 비리를 비판하고 〈기독교라는 때〉가 묻지 않은 민중 속으로 파고 들어가 그들을 성서적인 신앙으로 각성시키자고 강조한다. 이것이 성서를 조선에 주고, 조선을 성서 위에 세우려는, 『성서조선』 동인들의 창간 의도라 할 것이다.

『성서조선』 간행 취지가 조선과 성서를 다 같이 사랑하는 〈동인들〉이 성서 위에 조선을 세우겠다는 공통된 일념에 있다는 점을 강조했지만, 김교신은 8년 뒤 〈성서조선의 간행 취지〉(1935년 10월)를 요약해서 다음 두 가지로 설명한 적이 있다. 하나는 〈유물주의자의 반종교운동에 항변〉하기 위함이고 또 하나는 〈순수한 조선산 기독교를 해설〉하기 위함이라고 했다. 그의 말이다. 『신앙이라고 하면 과학적 교양도 없고 근대 사조 특히 유물론적 사상을 호흡치 못한 우부(愚夫) 우부(愚婦)들이나 운위할 것인 줄로 아나 이는 대단히 천박한 인사들의 소행이다. 그러므로 소위 인텔리층의 경박과 유물주의자의 반종교운동에 대하여 신앙의 입장을 프로테스트(항변)하고자 함이 본지 발간의 일대 취지였다.』 이어서 그는 『조선의 기독교가 전래한 지 약 반세기에 이르렀으나 아직까지는 선진 구미 선교사 등의 유풍(遺風)을 모방하는 역(域)을 불탈(不脫)하였음을 유감으로 알아, 순수한 조선산 기독교를 해설하고자 하여 『성서조선』을 발간한 것이다.』라고 했다. 김교신이 쓴 발간 취지는 『성서조선』이 동인지 형태에서 김교신 1인 체제로 바뀐 뒤에 표현된 것이어서 주목되는 바다. 이는 8년 전 동인지 형태로 간행할 때보다는 훨씬 분명한 내용을 담고 있음을 알 수 있다. 그러면서도 그는 『조선에다 기독교의 능력적 교훈을 전달하고 성서적인 진리의 기반 위에 영구 불멸할 조선을 건립하고자 하는 소원』이라는, 창간 당시의 목적을 잊지 않았다.

『성서조선』은 창간 당시에는 도교에 있던 동인들이 편집하고 서울에서 인쇄했다. 김교신이 귀국한 1927년 4월 이후에도 대부분의 동인들은 도교에 머물러 있었다. 『성서조선』 창간호 판권에는 편집인 정상훈과 발행인 유석동은 도교에 거하는 것으로 되어 있고, 발행소인 〈성서조선사〉도 도교로 나와 있다. 그러나 인쇄인 김재섭(金在涉)의 주소는 서울 견지동 32이고, 인쇄소는 한성도서(주)다. 『성서조선』은 창간 후 초기에는 연 4차 계간 형식으로 발행되다가 1929년 8월(8호)부터는 월간이 되었다. 그러다가 제16호(1930년 5월)에는 다음과 같은 짤막한 사고(社告)가 실렸다. 『지금까지 6인의 합작으로 경영해 오던 〈성서조선사〉는 이번에 형편에 의하여 해산하였습니다. 이번 호까지 정상훈 명의로 발행되었으나, 금후의 경영은 김교신 단독히 당하겠습니다.』 그다음 17호(1930년 6월호)부터는 편집·발행 겸 인쇄인이 김교신으로 바뀌었다. 성서조선사의 발행소 주소도 〈경성부 외 용강면 공덕리 130〉으로 옮겨졌고, 인쇄소는 기독교창문사로 되었다. 김교신은 뒷날 동인제(同人制) 폐간이 일시적 사변에 의한 것이기 때문에 불원한 장래에 이 일을 전담할 자가 나오기를 기대하는 마음으로 맡았지만 성서조선이 폐간될 때까지 자기 책임하에 간행하였다.

『성서조선』 간행을 전담한 김교신은 함남 함흥 출신으로, 1919년 3월 일본으로 건너가 도교(東京) 세이소쿠(正則)영어학교를 거쳐 도교 고등사범학교에 진학했는데, 1921년부터 7년간 우치무라 간조(內

村鑑三)의 문하에서 성경 강의를 들었다. 그는 학업을 마치고 1927년 4월 귀국, 함흥 영생여자고등보통학교와 양정고등보통학교, 제일고등보통학교(경기중학)와 송도고등보통학교에서 교편을 잡았으나 1942년 3월 소위 〈성서조선 사건〉으로 구속되어 15년간의 교사생활을 끝냈다. 『성서조선』 16호(1930년 5월호)부터 간행 책임을 맡게 된 김교신은 원고 집필과 편집, 인쇄는 물론 발송 사무와 수금 등 독자 관리의 허드렛일까지 혼자 다 맡았다. 그야말로 불철주야 『성서조선』에 매달린 것이다. 그는 삶의 전부라고 할 『성서조선』 출판에 모든 것을 바쳤지만 매호 적자를 면치 못했다. 그 무렵 그는 『의식의 여분으로 잡지 출판을 한 것이 아니라 출판의 여분으로 생활을 해야 했다』고 술회했다. 1936년 1월 31일(금)자 그의 일기에는 당시 짊어졌던 『성서조선』일 등이 얼마나 그를 짓누르고 있었던가를 보여준다.

1월 31일(금) 청(晴). 영하 18도 7분으로 기온 점강(漸降). 등교 수업을 마친 후에 2월호 출래(出來)하여 발송사무. 피봉(皮封) 쓰는 일, 부치는 일, 우편국 및 경성역에 반출하는 일은 물론이요, 시내 서점에 배달하여 수금하는 일까지 단독으로 하다. 서점에서는 「선생이 이처럼 친히 다니시느냐」고 하나 대체 위로의 말인지 조롱의 뜻인지 모르겠다. 주필 겸 발행자 겸 사무원 겸 배달부 겸 수금인 겸 교정계 겸 기자 겸 일요강사 등등, 그 외에 박물 교사 겸 영어·수학 교사(열등생도에게) 겸 가정교사(기숙 생도에게) 겸 농구부장 겸 농구협회 간사 겸 박물학회 회원 겸 박물연구회 회원 겸 지력(地歷)학회 회원 겸 외국어학회 회원 겸 직원 운동선수 겸 호주(戶主) 겸 학부형 등등. 월광에 비추이는 가엾은 자아를 헤아리면서 귀댁(貴宅)한

> 때는 삼수(參宿)가 중천에 솟았다.[노평구 엮음, 『김교신 전집 6』(부·키, 2001, 17-18)]

이런 상황에서도 그는 『성서조선』 간행을 통해 감사했다. 『성서조선』 간행 만 10주년을 맞아 그는 오로지 주 예수의 무한한 은총으로 된 일임을 새롭게 감격했다. 또 만 14주년을 맞은 제150호(1941년 7월호)에서는 그동안 우리의 눈이 하늘을 향하여 주 예수 그리스도의 헤아릴 수 없는 기이한 섭리를 우러러보며 찬송과 감사가 넘친다고 하면서 「모든 영광은 주 예수께로, 욕된 것은 나에게로」라고 다짐했다. 그는 이날까지 『성서조선』이 버티어 온 것은 인력에 의해서가 아니라 하나님의 은총에 의한 것이라고 고백했다.

> 외국인 선교사들의 식양(式樣)으로 된 조선기독교회의 다대한 배척과 비방을 감수하면서 아무 단체의 배경도 찬조도 없이, 주필된 자의 굳은 의지나 뛰어난 필재에 의함도 없이, 적립된 자금으로 시작한 것도 아닌 잡지가, 창간호로부터 150호에 이르기까지 인쇄 실비에도 결손되는 잡지가 속간된 것은 아무리 보아도 인력으로 된 일은 아니다.

김교신에게는 원고 집필과 편집, 인쇄 등의 일상적인 일 외에 더 시달려야 하는 것이 있었다. 『성서조선』을 향한 호사가들의 시비는 물론 〈친애하는 형제들 중에서 『성서조선』의 사명과 태도 등을 두고 충고와

질의〉를 하는 경우도 있었고, 이 못지않게 기성 교회의 『성서조선』에 대한 비판이 있었다. 무엇보다 괴로운 것은 일제 당국의 검열이었다. 검열을 위해 며칠씩 대기하다가 출판 기일을 넘겨야 하는 경우도 있었고, 검열에 걸려 원고를 삭제해야 할 경우도 있어서 더욱 난감했다. 그런 상황에서 그는 종간호가 되는 줄로 안 것이 한두 번이 아니었다. 그럴 때마다 의외로 원조를 주께서 예비해 주시사 오늘에 이르기까지 한 번도 휴간 없이 발간하게 되었다. 그런 수난적인 경험을 통해 〈내가 약함을 통탄할 때에 도리어 강한 것을 발견케〉 되었으니 그는 모든 영광과 찬송을 주께 돌린다고 했다.(1937년 5월)

전시체제(戰時體制)가 강화되면 조선에서 간행하는 신문 잡지는 일본의 전승(戰勝)을 기원하는 글이나 시국에 관한 표어를 실어야만 했다. 검열을 통과하기 위해서는 「황국신민(皇國臣民)의 서사(誓詞)」를 잡지 앞머리에 넣지 않으면 안 되었다. 경무국으로부터 전화로 신년호의 권두 한 페이지에는 「황국신민의 서사」 1과 2를 게재하라는 지령을 받고 폐간을 결심하기도 했다. 그러나 『성서조선』이 조선에 유일한 성서잡지라는 어떤 사명감 같은 것 때문에 결국 자신의 생각을 꺾고 일제의 지령대로 서사(誓詞)를 게재하기로 했다. 이따금 게재하던 「황국신민의 서사」는 137호(1940년 6월)부터 아예 표지 혹은 표지 바로 뒷면에 고정적으로 배치되어야 했고, 「총후(銃後) 국민생활」 같은 어용적인 칼럼들도 135호(1940년 4월)부터는 표지 바로 뒷면에 자리잡게 되었다.

『성서조선』은 어떤 때는 검열을 의식해서 시국 소감 등을 직설(直說)하지 않고 비유나 묵시적으로 쓰기도

했다. 그래서였을 것이다. 김교신은 「본지 독자에 대한 요망」(1939년 9월)에서 다음과 같이 썼다.

> 본지 독자는 문자를 문자 그대로 읽는 외에 자간과 행간을 능히 읽는 도량이 있기를 요구하는 때가 종종 있다. 이는 학식의 문제가 아니요, 지혜의 문제이다. … 정도의 차는 있으나 본지도 일종의 묵시록이라 할 수 있다. 지금 세대는 비유나 상징이나 은어가 아니고는 진실한 말을 표현할 수 없는 세대이다 지혜의 자(子)만 지혜를 이해한다.

『성서조선』을 폐간시킨 「조와(弔蛙)」 사건은 일제 당국이 김교신이 사용한 바로 그 상징어나 은어의 본질을 알아차리고 겁박한 경우라고 할 것이다. 그런 상황이고 보니 『성서조선』에는 〈시국표어〉도 어쩔 수 없이 내걸어야 했던 것이다. 폐간도 고려해 보았지만, 하나님의 뜻에 의지하는 섭리신앙 때문에 고난 중에서도 간행을 계속했다. 이게 『성서조선』 간행을 억지로라도 계속하지 않을 수 없었던 발행자 김교신의 딱한 사정이었다.

일본은 1937년 중국 침략에 이어 미국에 대한 도발을 감행했다. 중국에 대한 침략 전쟁은 식민지 조선에 대한 전시체제 강화로 이어졌다. 한국의 언어와 문자를 통제하기 시작했고, 조선사 교육을 폐지했으며, 창씨개명(創氏改名)과 신사참배(神社參拜)를 강요했다. 1936년부터 천주교와 감리회가 신사참배에

굴복했고 1938년에는 장로회 총회가 신사참배를 결의했으나, 신사참배에 불복하는 신자들은 감옥으로 끌려갔다. 1937년에는 수양동우회 사건이, 그 이듬해에는 흥업구락부 사건이 터졌다. 1940년 10월에는 국민총력연맹을 조직하고 〈황국신민화운동〉을 본격화시켰다. 1941년 12월 초 하와이 공격으로 〈태평양전쟁〉을 일으킨 일본은 국민총동원 체제와 사상통제를 강화했다. 1942년의 〈조와(弔蛙) 사건〉과 〈조선어학회 사건〉은 국민총동원체제하에서 일어난 문화·사상 통제의 뚜렷한 실례다.

『성서조선』을 폐간으로 몰아간 〈조와(弔蛙) 사건〉의 전말은 이렇다. 1940년 3월 양정고등보통학교를 사임한 김교신은 그해 9월 제일고등보통학교(경기중학)에서 잠시 교편을 잡았으나 반년 만에 그만두었고, 1941년 10월에는 송도고등보통학교 교사로 부임하였다. 그러나 일제 당국은 그 이듬해 3월 1일자로 간행된 『성서조선』 제158호 권두언 「조와(弔蛙)」를 문제 삼아 〈성서조선 사건〉을 일으켜 『성서조선』을 폐간하고 김교신 등을 투옥시켰다.

사건의 발단이 된 「조와(弔蛙)」에는 이 글을 쓰게 된 경위가 나타나 있다. 김교신은 〈자신의 영혼과 민족의 죄를 위해〉 또 〈소리쳐 울고 싶은 대로 울 만한 장소〉를 구하기 위해 새벽기도처를 찾았다. 서울에서는 북한산록에서, 송도로 옮긴 후에는 자연 속에서 찾았다. 그는 송도 만월대 뒤편 송악산 깊은 골짜기 안에 폭포가 떨어지는 물웅덩이 가운데 작은 바위를 기도처로 정하고, 새벽에 냉수마찰을 하고 큰 소리로 기도하고 찬송을 불렀다. 이렇게 기도할 때는 웅덩이의 개구리들이 헤엄쳐 다니면서 모여들기도 했다. 「조와」는 새벽기도의 산물이었다. 유난히 추웠던 그해 겨울, 대부분의 개구리가 얼어 죽어서 물 위에

떠오른 것을 보고 슬퍼하면서도 요행히 살아남은 두세 마리를 보고 위로를 받았다. 「조와」의 전문이다.

작년 늦은 가을 이래로 새로운 기도터가 생겼었다. 층암이 병풍처럼 둘러싸고 가느다란 폭포 밑에 작은 담(潭)을 형성한 곳에 평탄한 반석 하나 담 속에 솟아나서 한 사람이 꿇어앉아서 기도하기에는 천성의 성전이다./ 이 반상(磐上)에서 혹은 가늘게 혹은 크게 기구(祈求)하며 또한 찬송하고 보면 전후좌우로 엉금엉금 기어오는 것은 담 속에서 암색(岩色)에 적응하여 보호색을 이룬 개구리들이다. 산중에 대변사(大變事)나 생겼다는 표정으로 신래(新來)의 객에 접근하는 친구 와군(蛙君)들, 때로는 5, 6마리 때로는 7, 8마리./ 늦은 가을도 지나서 담상(潭上)에 엷은 얼음이 붙기 시작함에 따라서 와군들의 기동(起動)이 일부일(日復日) 완만하여지다가 나중에 두꺼운 얼음이 투명(透明)을 가리운 후로는 기도와 찬송의 음파가 저들의 이막(耳膜)에 닿는지 안 닿는지 알 길이 없었다. 이렇게 격조(隔阻)하기 무릇 수개월여!/ 봄비 쏟아지던 날 새벽, 이 바위틈의 빙괴(氷塊)도 드디어 풀리는 날이 왔다. 오래간만에 친구 와군들의 안부를 살피고자 담 속을 구부려 찾았더니 오호라, 개구리의 시체 두세 마리 담 꼬리에 부유하고 있지 않은가!/ 짐작컨대 지난 겨울의 비상한 혹한에 작은 담수의 밑바닥까지 얼어서 이 참사가 생긴 모양이다. 예년에는 얼지 않았던 데까지 얼어붙은 까닭인 듯. 동사한 개구리 시체를 모아 매장하여 주고 보니, 담저(潭低)에 아직 두어 마리 기어다닌다. 아, 전멸은 면했나보다!(『김교신 전집』 1권 38)

이 글은, 『성서조선』 제 158호에 〈부활의 봄〉이라는 제목으로 『드디어 봄은 돌아왔다. … 우리의 소망은 오직 부활의 봄에 있고 부활은 봄과 같이 확실히 임한다.』라는 글과 함께 실려 있다. 김교신은 「조와」와 「부활의 봄」이라는 글에서 다 같이 조선 민족의 봄을 고대하고 있었으며 은유를 통해 표현하고 있었다. 김교신은 『지금 세대는 비유나 상징이나 은어가 아니고는 진실한 말을 표현할 수 없는 세대이다. 지혜의 자(子)만 지혜를 이해한다.』고 말한 적이 있다. 그의 이런 말에 따라 「조와」를 추론해 보면 무슨 의미를 함의하고 있는지 금방 알 수 있다. 산전수전 다 겪은 일본 고등경찰 당국이 이를 간파하지 못할 리가 없다. 〈무서운 혹한에도 살아남은 개구리의 생명력을 보고 조선 민족의 생명력에 비유했다〉 하여 꼬투리를 잡은 것은 정확히 보았다고 할 것이다.

1942년 3월 30일 김교신은 일제 경찰에 의해 서울로 압송되었다. 〈성서조선 사건〉이 터진 것이다. 이 사건으로 『성서조선』은 폐간되고 전국의 구독자들이 일제히 검거됐다. 며칠 만에 풀려난 독자도 있지만, 김교신·함석헌·송두용·류달영 등 13명은 서대문형무소에서 만 1년간 옥고를 치르고 1943년 3월 29일 밤 출옥했다. 취조에 나선 일본 경찰들이 이들에게 했다는 다음 말은 『성서조선』이 추구한 목표가 어디에 있었는지 그 정곡을 찌른다. 그리고 이 말은 일제가 〈성서조선 사건〉을 통해 꿰뚫어 보고 있는 사건의 본질이기도 하다.

> 너희 놈들은 우리가 지금까지 잡은 조선 놈들 가운데 가장 악질적인 부류들이다. 결사(結社)니 조국이니 해

가면서 파득파득 뛰어다니는 것들은 오히려 좋다. 그러나 너희들은 종교의 허울을 쓰고 조선민족의 정신을 깊이 심어서 100년 후에라도, 아니 500년 후에라도 독립이 될 수 있게 할 터전을 마련해두려는 고약한 놈들이다."(『김교신 전집』 1권 11)

1927년 7월 동인지 형태로 제1호를 간행한 『성서조선』은 16호(1930년 5월호)부터 김교신이 발행인이 되어 간행되다가 1942년 3월호(158호)로 폐간되었다. 158호까지 계속된 『성서조선』에는 가장 많이 게재된 것이 성서연구에 관한 것이다. 김교신은 「성서개요」라 하여 거의 대부분의 신구약 성서 개요를 게재했는데, 간결성과 명확성 때문에 구호(舊號)까지 독자들의 사랑을 받았다. 또 「성서연구」도 게재했는데, 산상수훈 연구를 비롯하여 주기도문 연구, 시편 강해와 골로새서 강의와 데살로니가전서 강의 등은 『성서조선』을 통해 발표되었고, 산상수훈 연구는 단행본으로 출간되었다. 한국인이 쓴 성경 주석서가 별로 없던 시기에 김교신의 연구는 목회자들과 일반 신자들에게도 큰 도움이 되었다.

7권으로 된 『김교신 전집』(노평구 엮음, 부·키)에는 위에서 언급한 「성서개요」와 「성서연구」 외에 『성서조선』에 게재되었던 김교신의 글을 「인생론」과 「신앙론」으로 각각 묶었다. 이 두 권에는 김교신이 『성서조선』에 게재한 글을 거의 망라하고 있다. 이 두 권에는 거의 400여 편의 글이 게재되어 있는데, 제1권 『인생론』에는 조국, 교육, 학문과 직업, 현실과 이상, 믿음의 생활, 사회시평, 고백·선언, 가정, 위대한 사람들, 고인에 대한 추억, 성서조선지의 행로, 생활 주변, 회고와 전망으로 분류하여 실었고, 2권

『신앙론』에는 하나님, 그리스도, 성서, 기독교, 신앙, 사랑, 부활, 기독교도, 전도, 교회, 무교회, 진리, 생명, 자연, 찬미로 분류하여 묶었다.

『성서조선』에 게재된 김교신의 중요한 글은 그의 일기다. 그가 일기를 쓰기 시작한 것은 『10세 때부터』라고 말하고 있는데 이는 1910년 국치(國恥)를 맞을, 아마도 함흥보통학교에 입학했을 무렵인 것으로 보인다. 그의 일기는 30여 책이나 되었지만, 양정고보 교사 시절 한 생도의 일기가 문제가 되자 학교에 미칠 화를 생각하여 담임교사(김교신)도 그의 30여 권의 일기를 소각해 버렸다.(1938년 2월 22일자 일기) 그러나 김교신의 일기는 그 일부가 두 가지 형태로 남아 있다. 하나는 소각되지 않고 남아 있는 2년 8개월분의 「일보(日步)」인데 이는 2016년 김교신선생기념사업회에서 『김교신일보(日步)』(홍성사)라는 이름으로 간행했다. 또 하나는 『성서조선』에 게재한 그의 일기다. 『성서조선』에는 처음에 여섯 동인들의 소식을 알리는 「독상여록(獨想餘錄)」·「독상편편(獨想片片)」·「여적(餘滴)」 등의 난이 있었는데, 1929년 8월호부터는 「성서통신(城西通信)」 난으로 이름이 바뀌었다. 『성서조선』의 발행 책임자가 김교신으로 된 후 1930년 6월(제17호)호부터는 「성서통신」 난에 그의 일기를 간추려 게재하게 되었다. 「성서통신」 난은 그 뒤 1936년 1월호부터 「성조통신(聖朝通信)」으로 이름이 바뀌어 1941년 1월호까지 김교신의 일기를 계속 실었지만, 1941년 3월(제146호)호에 『당분간은 「성조통신」(난)을 폐지』한다고 알리고는 일기가 더 게재되지 않았다. 따라서 김교신의 일기는 소각되지 않은 2년 8개월치의 「일보(日步)」와 『성서조선』에 게재된 그의 일기가 남아 있다고 할 것이다.

『성서조선』에 연재된 글 중에는 함석헌의 「성서적 입장에서 본 조선역사」가 있다. 이 글은 1934년 2월부터 1935년 12월까지 『성서조선』에 연재되었는데, 최초로 일정한 사관(史觀)을 가지고 조선역사를 관통한 책이라는 찬사(천관우)를 받았을 정도로 큰 반향을 일으켰다. 함석헌은 이어서 그 자매편인 「성서적 입장에서 본 세계역사」도 『성서조선』 1936년 9월호부터 1938년 3월호까지 연재하여 호평을 받았다. 함석헌이 『성서조선』에 우리 역사를 연재하고 있을 때 김교신은 자신의 〈민족지리관〉의 관점에서 「조선지리 소고」라는 논문(제62호-1934년 3월)을 게재했다. 200자 원고지 80매 가량의 이 논문은 함석헌이 「성서적 입장에서 본 조선역사」에서 나타낸 섭리적 민족사관과 궤를 같이하는 것으로, 섭리적 민족지리관을 나타냈다는 평가를 받고 있다. 지리박물학 교사인 김교신이 신앙의 눈으로 차원 높은 민족지리관을 펴보인 것이다.

『성서조선』의 필자에는 김교신, 송두용, 유석동, 양인성, 정상훈, 함석헌 등 〈조선성서연구회〉 회원들을 비롯하여 독자 기고 형태로 김정식, 장도원, 김계화, 양능점, 윤일심, 김계화, 강제건, 이찬갑, 최홍종, 유달영, 김정옥, 박석현, 유영모 등의 이름들이 보인다. 특히 〈조선성서연구회〉 회원인 양인성과 이들과 노선을 같이 했던 이덕봉이 「성서동물학」과 「성서식물학」이라는 연구논문을 남긴 것은 매우 주목된다.

『성서조선』은 매월 250부 정도가 발행되었고 구독자는 200명 정도였다. 독자들 가운데는 일반 교역

자들도 있었지만, 이승훈, 장기려, 정태시같이 한국 기독교계와 교육계에 영향력을 미친 이들도 있었다. 『성서조선』에 게재된 내용으로 설교하다가 교단의 배척을 당한 손양원 같은 이도 있었다. 당시 한국 교단의 이 같은 탄압에도 불구하고 『성서조선』을 통해 깊은 감동을 받았다는 사람이 한둘이 아니었다. 한센병 환자들 중에도 『성서조선』으로 영적 감화와 위로를 받았다는 이들이 있었다.

끝으로 오늘날 『성서조선』을 복간하는 것이 무슨 의미를 갖는지를 언급하면서 이 글을 마무리하겠다. 그동안 『성서조선』이 복간된 적이 있지만, 현재 그것을 구해보기는 매우 어렵게 되었다. 김교신선생기념사업회로서는 미안한 생각을 갖지 않을 수 없다. 바로 이런 부채감이 『성서조선』 복간의 가장 큰 이유다. 한편 한국 기독교사 연구와 관련, 김교신 선생을 비롯한 소위 무교회주의자들이 당시 어떤 생각을 하고 있었는지 탐구할 필요가 있다. 성서 원어(히브리어와 희랍어)와 영어 독일어 일본어 성경을 대조해 가며 성경연구에 매진했던 이들이 한국 교회에 어떤 태도를 취했으며, 기성 한국 교회는 이들을 어떻게 생각하고 있었는지 살펴볼 필요가 있다는 것이다. 오늘날 한국 교회에 불거지고 있는 문제들은 이미 당시에도 일어나 자성과 비판의 대상이 되었다. 『성서조선』을 읽노라면 그때 한국 교회의 상황들이 오늘날의 상황들과 그렇게 멀리 떨어져 있지 않다는 것을 알 수 있다. 따라서 『성서조선』 복간은 한국 교회의 〈온고이지신(溫故而知新)〉의 의미를 되새기게 할 것이다.

『성서조선』 복간의 가장 중요한 이유는 현재 한국 교회 앞에 놓인, 한국 신학 수립의 당위적인 과제 때문이다. 한국 신학을 수립해야 한다는 과제는 어제오늘의 문제가 아니다. 이런 필요성은 해외에 가서 신학을 공부하는 이들이라면 더욱 뼈저리게 느껴왔던 것이다. 그들은 그곳 지도교수나 교회로부터 끊임없이 한국 교회를 성장시킨 한국 신학에 대한 질문과 도전을 받아왔다. 이제 한국 교회는 세계 교회의 그 같은 질문에 답하지 않을 수 없게 되었다. 이 같은 과제는 『성서조선』 간행을 처음 시작했던 〈조선성서연구회〉 동인들뿐만 아니라 오늘날에도 의식 있는 크리스천들에게 던져지는 요구다.

〈외국인 선교사들의 식양(式樣)으로 된 조선기독교회의 다대한 배척과 비방을 감수하면서 아무 단체의 배경도 찬조도 없이〉 간행했던 『성서조선』이 당시 지향했던 바는 〈조선산 기독교〉였다. 〈조선산 기독교〉는 하나님의 말씀이 〈조선의 토양과 기후〉 위에서 새롭게 열매 맺는, 그런 것이 아니었을까. 성서의 터 위에서 조선인의 땀과 피와 삶이 영적으로 응고되고 열매 맺는, 그런 기독교가 아닐까. 그것은 수입신학·번역신학일 수 없고, 그런 차원을 넘어서는 것이다. 조선인의 삶과 환경, 조선인의 고민과 사상, 그런 문제의식 위에서 하나님의 말씀인 성서를 기초로 한 신학과 교회가 이 땅에서 세워지는 것, 이것이 『성서조선』이 말하는 〈조선산 기독교〉가 아니었을까.

〈조선산 기독교〉는 수천 년 역사와 제도 위에 형성된 서구의 관념화된 신학이나, 비록 청교도적 바탕 위에서 출발했다고는 하나 〈동부〉의 황금에 대한 유혹과 세계를 향한 끝없는 전쟁의 유혹 속에서 자신을 정당화해 간 미국의 〈천박한 기독교〉일 수 없다. 『성서조선』이 조선이라는 특수한 상황 속에서 세계적

보편성을 지향해 간 〈조선산 기독교〉를 지향하며 간행된 것이라면, 『성서조선』의 복간은 그런 지향(指向)부터 다시 복원하고, 그 지향에 다가서는 것이어야 한다. 『성서조선』이 간행할 당시 요청되었던 〈조선산 기독교〉는 『성서조선』을 복간하는 이 시점에도 같은 공감대에 서 있다. 한국 신학에 바탕을 둔 한국 교회가 세워져야 한다는 바로 그 공감대다. 이것이 『성서조선』을 이 시점에 복간하는 진정한 이유다. 『성서조선』이 외쳤던 그 외침을 오늘날 다시 들려주면서, 조선의 토양과 땀, 고난과 생각을 담은 한국 신학을 수립해야 한다는 것, 바로 그런 〈조선산 기독교〉를 지향·착근하고 성장시켜 가는 것이 『성서조선』 복간의 중요한 이유일 것이다. (2019. 1. 9)

차례

昭和五年一月二十八日第三種郵便物認可
昭和十二年一月一日發行(每月一回一日發行)

金教臣主筆

聖書朝鮮

第九拾六號

昭和十二年(一九三七)一月一日發行

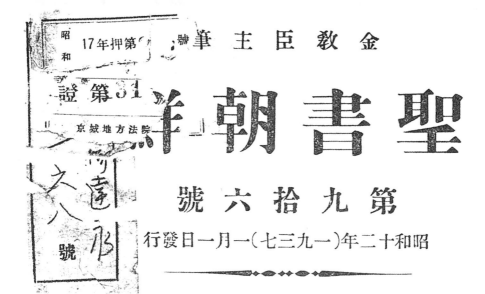

目次

나의自轉車

自轉車를 잃고나니 自轉車가 나의 팔다리의 한부분이었던것을 절실히 깨달았다。불연간에 다리를 찍힌者의不便을 참으면서通學하려니 自轉車있었을때에 그가 나에게 준바 모든影響이 실마리처럼 풀려나온다。

두어차례 交通巡査에게 괄세받었으므로 因하야、네거리의 交通信號를判讀할줄 알게된것도 自轉車의惠澤이었다。信號中에「行」과「止」는 問題될것 없지마는「廻」의理解가 어렵고、鍾路와光化門通같은十字路는 쉬우나 南大門과京城驛前갈은 斜行路가 어렵다。

무릇競爭에拙劣한 나로하여금 每日빼스 電車에 타는競爭을避하야 마음이苦痛을免케한것도 나의自轉車의德이었다。電車와 빼스안에서 驕慢한婦女와無禮한男丁과 눈허리 마치는 모던男女靑少年들을 보고 참을必要없은것도 勿論나의自轉車의功이었다。

自轉車에 타면 떠날때에 우리집이 있음을 알뿐이오 到着한데가 우리學校인것을 알었을뿐이다。每日아침 저녁으로 大京城의「都心」을 通過하나 서울장안은 나에게있어서 一大턴넬에不過한存在이다。서울을象徵하는 온갖人物과建築과商品들이 左右에 城처럼 욱어저 있더라도 내가 左右를 돌아살필 必要도없고 할수도 없었다。自轉車우에서는 오직 앞길을直視하는수밖에 別途가 없다。눈이 單純하므로 생각도 따라서單純하다。혹시 變化가있다면 疾走하는自轉車앞길을 交通信號가 가루막는일이있으나 이때는 全注意力이 더욱 한點으로集注된다。서울에 살면서도 서울의 모든醜雜한것 악착스러운것 浮虛한것 怪異한것들을 보지않을뿐더러「失望」이아니면「醉生」이라는烙印을 이마에 찍어붙인 老人과靑年들의面相을 바라볼餘裕없이 한줄기「턴넬」속으로 往返하게하였으니 自轉車가 고마웠다。

徒步—빼스—電車의聯絡으로 一時間十分을要하는길을 三十五分에 닿게하니 하로往復에 一時間넘는時間을 나에게補助하여주는것은 오직 나의自轉車만이 能히할수있는일이오 잘하여주는일이다。

自轉車는現代의驪馬다。京城府內의交通整理政策으로 보아도、電車에軌道가있고 自動車에指定路幅이있고 荷馬車가또한指定路上을行하되 오직自轉車만은 이쪽저쪽으로 餘地에 몰리우는無視를當하고있다。또한自轉車꾼의大多數는社會에奉仕하는階級의微賤한사람들이다。타는것中에 가장謙卑한것을타고、심부름꾼 配達夫들과班列을 같이하야 다름질하려면驪馬로入城하시던 主그리스도를 자주생각하게된다。나의自轉車는 나로하여금 한層더 넓은社會에 呼吸하게하였다。

新年의企圖

昨年度에 우리는 平素에敬慕하며親密히 지나오던親舊에게 論戰을對陣하지아니치못할處地에 빠져보았다。論爭은그것으로써 끝난것이아니라 저편態度如何에依하야는 本格的으로 決定的巨彈을 던져서 眞理의所在를闡明하리라고 싸움의熱에 불붙어있었다。이때의일이였다。저편團體에屬한이들이 聖朝誌와 그主筆에게對한態度가 紳士답고 信者답고 사람답음을 보고 우리는「怪異한反省」을 이르키지아니치못하였다。果然『우리가 다 知識이 있는줄을아나 知識은교만하게하고 사랑은 덕을 세우나니、萬一누구던지 스스로 무엇을 아는줄로 생각하면 아직도 마땅히 아는법대로 아지못하는것이오、오직 누구던지 하나님을 사랑하면 이사람은 하나님이 아시는자니라』라는(고린도前八章一―三節) 말슴에 눌리우지 아니치못하였다。知識은 分爭을超來하나 사랑은 허물을 가리운다。우리가 예수로因하야 이미받은 괄세도 적지않었고 장차當할侮辱도 헤아릴수없는데、우리의親知가多少慢談을弄하였다기로 못참을바가없다。이일은 一切에關하야는 우리편에關한限 섯달 그믐으로써淸算을 마추고 새해에는繰越하기를 願치안는다。

基督敎靑年會가 우리를敬而遠之한것처럼 우리도基督敎靑年會의 淺薄하게時流에追從하는様을 깊이遺憾으로 알었었다。故로 一律로「基督敎靑年會안에 善한것이없너니라」고 斷言하기도躊躇하지않었다。그러나 最近에至하야 이先入主가 크게誤斷인것을 實物로써 배웠다。우리가 輕蔑함을 마지못하던 基督敎靑年會안에 尊敬할만한聖徒들이 없지않음을알고서、우리는 一律로酷評하던態度를 謹愼하지 아니치못하게되였다。因하야 지난 섯달 그믐을境界線으로하야 基督敎靑年會에關하여도「怪異한反省」을 이르키지아니치못하게되였으니、過去의知識과感情을 모다淸算하여버리고 今年새해에는 오직 그리스도로 말미암는 사랑으로써 白紙로써 모든이를對하리라。

旣成敎會를攻擊하는것이 곧無敎會主義라고 誤解하는이가 있으리만치、聖朝誌의過去에는 敎會에對한 是非論難이적지않었다。그러나 敎會안에 우리의尊敬을 아끼지안는高德의牧師와 忠誠된長老와 敬虔한平信徒가 數多하게있음은 우리가 昨今에 새삼스럽게 깨다른事實도 아니다。故로 敎會에對한 우리의態度는 이미「怪異한反省」이아니냐고攻迫을 받는터이니 더 말할것도 없거니와、新年부터는 더욱 非難攻擊的態度를拋棄하고 白紙主義를 넘어서 同情 協助의 心情으로써 出發하리라。誤解하는이들은 徹底히誤解하라。

新年의企圖

本誌가創刊되던 一九二七年(十年前)頃은 朝鮮基督敎會의全盛期가 아니였다할지라도 그때까지는 오늘날現狀보다는 훨신統一이 있었고 威嚴이있었다。當時에는 聖書朝鮮을除한外에는 敢히 敎會를批評하는法이 없었고 敎會에順從치 안는前例가 없다싶었었다。故로 聖朝誌와無敎會者에게降下하는 重壓도 相當한것이였다。그런데 布敎五十週年祝賀會를지난 昨今의基督敎界를보라。只今은 敎會를攻擊하며 抗爭하기에 聖朝誌나 所謂無敎會主義者라는것보다 몇갑절식 有力한者가 많다。저마다 새敎派를創設하여가지고 旣成敎會의本部에對抗하는것은 雨後의竹筍같으니 枚擧하기도 어렵다。長老敎派와監理敎派의 分裂은 더말할것도없거니와 이제는聖潔敎派도 다른派에遜色이없으리만치 敏活하게 分裂하여나간다。加之에 積極團問題니 京中老會問題니 하는데至하면 兩便에當當한人傑들이對立하였으므로 數人의無敎會主義者를處斷할때처럼 한갓强壓的으로 一朝一夕에處斷할수도없으며、필경은 하나님自身으로도 公正한裁斷을 나리우시기困難하리만치 葛藤하여 저있다。이런때에 一擊을加함으로써 이亂鬪場裏에參加할必要도없거니와 基督者인一員으로서 이敎界混頓된責任의一部를 느끼지 아니함도 아니다。

宣敎會經營學校 一百三十餘校의閉鎖問題도 또한 우리에게「怪異한反省」을 이르키지 않고는 마지안한다。原因이 어디 있었던지 예수의 이름알에서經營하다가 할수없어서 退却하는 저들을向하야 어찌攻擊의一矢로써 餞送하며、退却하는 저들은 물론각곳이나 있어서 가거니와 半島와運命을 함께하여야할 우리基督者에게 어찌 걸머질바責任이 없다고하랴。우리가 歐米宣敎師들의驕慢을 憤慨한지 오랬으나 그感情도 섯달 그믐以後로 살아넘을수없도록埋葬하여버렸다。

義는 앞섰고 사랑은 뒤따랐다。모세의律法은 앞섰고 예수의 사랑은 뒤에 나타났다。聖書朝鮮의過去十年은 義의十年이오 舊約의十年이였다。未熟하였다면 未熟하기도하였겠지마는 그래도 옳다고 보는바를向하야 主張도하였고 攻擊도하였고 摘發도하였다。某氏가「高蹈的」이라고評한것도 全然誣謗이아니였다。果然 知識자랑도있었고 驕慢하기도 하였다。그러나 十年을長成한 새해부터는 義에따르는愛의成熟期이다。知識보다도 사랑을、攻擊보다도掩護를、紙上의論爭보다도 渴한者에게冷水한잔을 주기를企圖한다。아무에게도惡意를 품을것이 아닌데 어찌基督의 이름에關聯한個人이나團體에對하야 惡感을抱藏하여 내랴。明日에 더큰論戰이發端될던지는 알수없으나 오늘날現在의 우리마음은 모든사람을 사랑하기를、누구와든지 平和하기를祈願하면서 새해를出發한다。보는 눈에 따라서는 創刊十年에 百八十度의轉向이라고도 하겠지마는 또한自初至終의恒久한主旨라고도 보일것이다。「아이들아 서로 사랑하라!」(使徒요한)

聖書的立場에서본世界歷史 (9)

咸錫憲

三、人類의出現까지 (續)

靈性의黎明 動物進化의歷史를 注意하야 살펴보면 中生代에서新生代에 넘어오는때에 即哺乳類時代에 들어올때에 進化의性質에있어서 매우意味깊은變化가 일어난것을 認定하지않을수없다。即이時代에와서는 變化의目標가 前代와는 根本的으로 달려졌다。或은새로운 한階段에 올라갔다할수있다。進化의現象이라면 複雜多樣한것이므로 한가지로 할수없는것같이 보이는點도있으나 또한편으로보면 그時代의生物의 全範域에亘하야 一貫한中心的目標가 있는것도事實이다。假令例한다면 寒武里亞紀에있어서는 脊椎의形成이라는것이 그目標요 오르도비시아紀에는 陸上進出이 그課題였던것과같다。그런데始生代以來 中生代까지의 進化現象과 新生代의그것과 그性質을 서로比較해보면 거기判然한區別이있음을 보게된다。中生代以前에있어서는 原生動物에서 爬虫類까지 니르는동안에 各時代의 모양이 다르기는하나 그究竟目標가 器官의發達에있다는데서 一致한다할수있는데, 新生代에와서는 그렇게말할수가없다。勿論哺乳類에 들어와서도 器官의變化가 없는것은아니다。器官의變化가있었을새 各樣種類가 생긴것이다。그러나進化의全過程으로볼때 그器官의變化에있어서 發達이라할만한것이없다。그前에있어서는、假令例하면 아가미에서 肺가나오고 冷血이던것이變하야 溫血이되는데있어서는 恒常生命의歷史에있어서 보다높은한階段이 나타났다고할수있는데 이哺乳類의時代에들어와서는 그럴만한것이아무것도없다。그러나그러면 이哺乳類는 進化史上에서 아무貢獻이없는 한갖그저왔다간것이냐하면 그렇지않다。크게그렇지않다。貢獻이있어도 그前의것은아무도 比할수없이 큰것이있다。우에서도이미말한 精神發達의 基礎를 잡은것이그것이다。그것은一見 밖에나타나는 變化는아니다。解剖로도알수없고 化石에도길지않는變化다。거기對應하는器官의變化로 腦髓의發達이있기는하나 이것은아무直接機能을가지는 器官은아니다。이것으로 기는것도아니오 달리는것도아니오 씹는것도아니다。오직無限의 可能性을 감출뿐이다。哺乳類에있어서는 이腦를發達시키는것이 그 모든變化의目的이었다。

그것은 事實을 조금注意해보면 곧알수있는일이다。哺乳類는 그器官의構造에있어서는 前代보다 根本的으로새로운것을 發達시킨것이 아무것도없다。動物로서의生活目的을 達하기爲한 器官의種類나 構造는 이미爬虫類에있어서 그極限에達하였다할수있다。四足으로다니는者있고 二

聖書的立場에서본世界歷史

足으로다니는者있고、前肢로날러다니는者도있고 물속에헤치는者도있고、비눌을가진者 털을가진者、니빨이돋은것 톱이달린것、草食의習性을가지는類、肉食의習性을가지는類 그後의哺乳類에있는것으로서 저들에게없는것이없다。故로爬虫類가 그體軀의크기에있어서 空前絶後였던것은 決코偶然이아닌듯하다。環境을相對로하는 單히生活機能的인 進化의 갈수있는最終點을 보여주는것인듯하다。故로저들이왔다간後에 動物이萬一 如前히進化의 그方向을걷자고하였더라면 全然失敗에 끊질수밖에없었다。그러나進化의行列을이끄는 神秘의巨手는 저들을다른方向으로 돌려놓았다。그리하야 앞서가던爬虫類가 막다른絶壁에서 떨어지고마는때에 後陣에섰던哺乳類가 先頭가되게되었다。故로哺乳類의가졌던 進化史上의課題는 從來와같이 環境에對한 器官의適應에있는것이아니오 腦의發達이라는 다른方面에있었던것이다。그러기때문에 器官의構造에있어서別로獨特한 發達을하지못한그들이 腦의發達에있어서는 놀랄만한것을보여준다。그들은全族이 오직이한問題를 向하야서만나갔다。그들이胎生을하게된것도 溫血이게된것도 여러가지種類가 갈리게된것도 이問題를풀려고하는동안에일어난現象이다。腦의發達이라는 한가지를除하고는 哺乳類의存在理由는 없어진다。勿論哺乳類면 그全種類가 다같은生活을하는것은아니오 그全部가 다完全히發達한 腦를가지는것도아니다。그러나全族으로서 進化線上에서 가지는意味는 여기밖에없다。意味는 全體的인立場에서야만알수있다。一隊의兵士가 城을包圍하고攻擊함에 或東에서하는者있고 或西에서하는者있으나 乃終城壁을 문허트리고內部에突入하야 勝利의旗ㅅ대를 城우에꽂는 것은 어떤一部分에서 或어떤一人으로 되는것이오 全軍은말하자면저一人을爲해 活動하였고 저一人이아니면 全軍의苦鬪는全然無意味에 歸하고마는것과 마찬가지로、動物中에는 여러種類가있고 哺乳類에도 또여러種이있어 各기特徵이있으나 그全體로서 맡은課題는 그한가지에있었다。

四

그리고最後에 이일이 이루어졌다。그러나우리는 歷史에依하야 또한번놀람을當한다。이偉大한先登의功이 全然期待하지못했던者의손으로 되기때문이다。哺乳類中에도 體軀當當한 巨物들도있었고、一騎當千의 猛士들도많었는데 그들은다아니오 主로樹上生活을하던 當時의形便으로보아서 決코優勝者라할수없는原始 靈長類라는 조그마한動物에依하야되었다。動物學上으로하면 우리人類와 잔나비 猩猩 狒狒 골릴라 하는여러猿猴類는 여기서나온것이라한다。그러나 아무도 그들은 웨그렇게特異한 腦의發達을보게되었느냐 그原因을說明할者는없다。

哺乳類는 過渡期를代表하는者다。不斷히나가는 進化線上에서 어느時代 어느種類가 過渡者아닌것이있으리오마는 ―哺乳類는特히 그렇다。그들이繁盛한新生代는 始生代를除하고는 比할者가없으리만큼 큰意味를가지는時代다。이때에와서 進化方面에 一大轉換이 생겼기때문이다。外的에서內的으로옮겼다。이때껏環境으로 始終하던生命이 自己自身의內部에 새世界를 發見하게되기때문이다。故도方向의變動이라기보다도 質의變動이라함이 마땅하다。進化의性質이 量的變化에서質的變化로 變하였다。그러나 또 單純한變化만도아니다。生命自身의性質上나와야할것이 나온것이다。故로進化의一層높은階段이나타났다할것이다。變化가아니오成長이다。새時代에對한約束이다。哺乳類가 靈長類를내고靈長類가腦를發達시킴에依하야 한새世界가 열리기始作하였다。腦는오직그世界의 터가될뿐이다。그世界를精神의世界 或은靈性의世界라한다면 腦는그精神 그靈性의 宿所에不外하다。學者가萬一 人類는 다만 腦가非常히發達한 動物이라고한다면 저는 皮相만을아는者다。歷史를 아래서만보고 우으로서鳥瞰할줄은모르는者다。歷史를 全然모르는者다。저것과이것사이에는 다만變形이있을뿐이아니라 새것의發展이있다。그리고그새것은 過去의階段을 尺量하던器具와方式으로는 尺量할수없는 새性質의것이다。마치 꽃과果實은뿌리나樹幹을 尺量하는標準으로는 尺量할수없는것과 一般이다。哺乳類以前에있어서 生命은全혀 自然에屬해있었다。그것과의交涉을하기爲하야 本能을가졌다。그러나本能은 制限된것이있다。環境이다되는곳에 本能노다된다。本能의가는길은 가는곳마다 막다른골목이있어 그를막는다。저는그것을 뛰어넘을수없다。故로生命이 本能을그觸手로삼는限 永遠히더듬지않으면안되고 永遠히受動的으로 일하는 機械가아니면안되었다。그러나恒常自由로운發展의世界를 찾어마지않는 生命의奔流는 거기견딜수없었다。그制限을 깨트리지않으면안된다。이제그目的을爲하야 創造된것이 腦라는것이다。腦는動物學者의눈으로하면 本能生活의 結果로나온것이오 그것을地盤으로삼고 된것이다。그러나 그것만이아니다。그것을解剖해보고 分析해보아서 從來動物에있던 神經中樞와 아무다른것없음을볼것이다。그러나 눈은 모든것을다볼수있는器官이아니다。試驗管속과 天秤우에는 아니기터도 事實에있어서 本能의世界에서는 볼수없었던 어떤딴것이 物質로붙잡을수는없는 어떤것이 새로添加된것을 否認할수없다。그리고이어떤새것이야말로 새世界에通하는 바늘구멍의길이다。本能는 自然에通하는길인故로 有限한것이었으나 이것은生命의自己內部에 通하는길인故로 無限이다。前者가 條件에服從하는 順應者였든代에 後者는 自由의世界에發展하는 自由者다。故로우리는 이腦라는一點에서 두개의世界가 連接함을본다。우에있는靈界와 아래있는肉界다。어떻게되어서 그連絡이되는지 우리는그것을 說明할수없다。

聖書的立場에서본世界歷史

果然좀으로비즌것속에 神的인것이들어있다。그러나한개의中間者에依하야 두世界가接하여있는것은事實이다。人間은다만腦가發達한 動物이라고한다。果然그렇다。그는動物學上으로보아서 그것外에아무것도 特異點을볼수없는 한種類다。그身體器官으로하면 여러點에있어서 退化의傾向을明示하고있는者다。그러나이것은아래世界에서 올려다보는때의말이다。우의世界에서 나려다볼때의그는 처음부터神의形像으로된者다。정말저는 두世界를連接하는 가는一線이다。그런故로 그는 上半身下半身이 서로딴形像을가지는스핑그스다。哺乳類는 이스핑그스王의傳令官의所任을한것이다。或은그설人바 臺를쌓은것이다。

이제生命의歷史의 黎明期가왔다。오랜밤이지나고 榮光의日輪을約束하는 黎明의붉은빛이 올려쏜다。그것은밤의延長이것만 또밤이아니다。밤과그와두사이에 境界의一線을그을수는 누구던지없을것이다。그러나確實히밤이아닌새時代가온것은事實이다。생각하면그밤이얼마나길었던가、얼마나많은 더듬질을하야왔고 얼마나많은 試行錯誤를하여왔나。模索하는손과 덥퍽거리는발밖에 아모것도가진것없이 왼밤을헤매이던旅行者가 東天에曙光이 소사올을때비로소嶺上에올라서 밝새도록 自己의彷徨하던길을바라보고 無量한感慨에 한숨을쉬는것같이 始生代의原始海邊에서 第一步를내놓은生命도 十億年의歲月을 오직抑制할수없는衝動에依하야 或은深海밑에 或은沼澤邊에 或은不毛의岩石우로 또或은密林猛獸間으로 헤매인後 이제겨우 自己와自己의온길 또이제갈길의모양이 朦朧하게意識面上에 떠오르는때가왔다。그때는마치 진흙속에빠저서 나오려는사람같이 猛獸에게서逃亡하려는者같이 생각할餘裕가없고 그저애쓰기만하고 발길의가는대로 말겨두었으나 이제와보면 그건너오던골짝이와 벌판과 넘어오던峰파 떠러지던바위가 차차눈앞에버려지고 自己의 남겨놓은 어지러운발자최가 이야기하는것같이 그우에박혀있음을본다。意識의時代가始作된다。精神의生活이始作된다。靈의나라에 길이열리려한다。六日間의創造를끝맺는 아담 해와의創造가되고 저의입으로 萬物을命名하고 全宇宙가 그의生活內容이되여 저가萬物을거느리고 그에對한責任者로 스스로짐을지고 造物主의앞에서서生活의第一步를 힘있게내놓는날이온다。

進化의哲學 우리는以上에서 生命의創造로부터 人類의出現까지에니르는 悠久한進化의過程을 그時代에따라簡單한瞥見을 加하였다。다음은그人間의 자라가는것을보는것이 우리일이다。그러나、그것을하기前에 다시한번더 進化의全過程을 一目下에볼수있는 높은자리에서서 總括的인吟味를行하야볼必要가있다。進化의意味가 歷史의意味다。

進化란 複雜化의過程이다。簡單에서複雜으로—이것은進

六

化의過程을 一貫하는原理다。왜複雜化할必要가있느냐。進化의現象에對하야 必要를찾는것은 學問上에서하면 愚鈍한일인지몰으겠으나 進化의背後의 하나님의손을찾는우리게는 그는緊한일이다。大體神은 왜萬物을지었나。神은萬物을 짓지않을수없어서지었다、안지어도좋을것을 한작란으로지었나。작란이라면 宇宙는偶然한存在랄수밖에없어지고 짓지않을수없는 必然에서한것이라면 神도오히려 服從하지않으면안되는 法則이있다는것으로되여 저自身不完全한者가되여버리고만다。故로萬物을지은것은 작란도아니오 必然도아니다。그러나또고처말하면 그는必然에서나온것이다。그러나그必然은 法則的인意味의 必然이아니오사랑의必然이다。神自身의內部에서나오는 禁할라야禁할수없는 사랑의흐름에서나온것이다。그런故로이는恩寵이다。그렇다、萬物은神의恩寵에서나온다。故로萬物은「있어서있는者」로서의神의表現이다。저는그無限性을「多」에서發表할수밖에없다。生物의複雜化는 際限없는것으로서 生育하고繁盛하라는 神의命令에依한것이다。

그러나「多」는必然的으로「一」을豫想한다。故로「多」가있는곳에「一」이있다。進化의過程은複雜化인同時에 統一에向하는努力이다。複雜한萬物間에는 有機的關聯이있음을 否定할수없고 더구나 이는 人類에依한 意識生活의始作에依하야 一層나갔다。

複雜化가 밖에向하는 發散이라면 一化는안에向하는 收斂이다。故로進化가나가면나갈수록 生命現象의 內面化는必然的이다。精神現象은 物質現象의 複雜化에依하야偶然히이러난것이라하는것은 淺薄한意見이다。進化의過程이多化와一化의 交流라고하면 物質과精神이 一體를이루는것은 當然한일이다。物質은 精神的自覺에까지 이르지않고는 마지않을것이다。온가지生活現象은 이豫想을내놓고는 알수없는일이다。

어떤生物이나 組織을가진다。組織이란무엇인가、原始單細胞生物이 分裂하야둘 된다。둘이되던兩方이 떠러지지않고그냥붙어살게되는대서 組織이始作되는대 그럴必要는왜있는가、이것도 우의 內面化精神化의原理를몰으고는說明할수없는일이다。分裂된細胞가떠러지지않고 붙어사는것은 그만치外來의危險에接하는面을 縮少함이오 따라生活力의經濟가된다。分化가나가면나갈수록 共生體內의細胞數가 늘면늘수록 外界에接하는面이적어지고 漸漸더經濟가된다。經濟의目的은무엇이냐、勢力의貯蓄이다。貯蓄한勢力은무엇에 所用이있느냐、우리는內面化라는 事實을除하고는 아모適當한說明을 얻을수없다。

또어느生物에나다있는 避苦의傾向도 이것이아니고는 알수없는神秘다。아래는單細胞微生物로부터 우으로는人類에至하기까지 抵抗이적은곳으로 向하자는것은 共通한性質

이다。自動車나 飛行機도 여기서나온것이오、부드러운맘으로 뿌리를많이내는것도 이것때문이다。意識無意識間에生物은 힘이덜드는곳으로 向하려한다。그러나大體「苦」라「抵抗」이라하는것이무엇인가。作用과反作用이 서로같은 物質現象에서라면「苦」「抵抗」의 意味가 成立조차할수없다。苦가苦로되고 어떤作用이 抵抗으로作用이되려면 이미單純한反應의後面에 그反應으로因하야 影響을받는 어떤무엇을 豫想하는것이다。그어떤무엇이란 무엇인가。內的生活이라하는수밖에없다。그內的生活이란 勿論어떤것에있어서는 合目的性이라고밖에할수없으리만큼 極히낮은것도있다。그러나 意味를理解시키는 全體的인立場에서보면 人間의高尙한 靈性生活은 그것과한줄에달린다。

이것과關聯하야 또하나생각할것은 個體라는것이다。生物이란 어떤것이던지 個體的으로存在하지안는것없다。個體의意味는 무엇이냐。生物이萬一單純히生物學者의所謂生活現象만을 目的한것이라면 個體的으로 存在할必要가무엇인가。即왜各各獨特한傾向을가진 一個組織體로 一定한期限 生存해있다가、子孫을남기고 死滅하느냐하는것이다。이것도精神에向한行進이라는것을 豫想하고서야 알일이다。우리는우에서 進化란 多化면서 一化라고하였다。그런데 그多而一의 無限한進步는 個體에依한 更新이아니고는 不能하다。여기서 生物의生과 死가 偶然한것이아니오、歷史의進展을爲하야 絶對必然한것이된다。長生不死를願한사람이있지만 그것은歷史的인立場에서하면 도리어死를意味한다。永遠의死外에는 永遠히不死하는것은있을수없다。그리고다음에 個體를決定하는것는 遺傳과變異다。遺傳은先祖의性質을 傳하는것이오 變異는父母에게는없는 獨特한것을 새로가지는일이다。이두가지는 生命의神秘라할수밖에없는것인대 一切의進化現象은 이것이있어서 可能하다。子孫은父母와같으면서도 다르다는대發展의可能性이있다。그러나生命이萬一 單히動物的인것에止할것이라면 우리는아모그런것의 必要를 느끼지안는다。

生物이繁殖함에 男女兩性에依하는것은何故인가 神은왜兩性을지었나。單히繁殖의方法으로보면 도리어無性이便한것이오、또事實原始時代에있어서는 分裂繁殖이오、性이라는것이없었다。그런것이所謂高等한生物에올수록 性의法則은嚴하야진다。何故인가。兩性은나타나지않으면아니되는必然的理由가있었던가。우리는아모그런것을 發見할수없다。兩性이생겼는故로 그것이生物의生活에 影響을미쳤다고할지언정 生活을爲하야 性的繁殖方法이 반드시必要하였다고는생각되지안는다。故로우리는그理由를 道德的인대求하는外에 他道가없다。即、生物에兩性을지은것은 人類를兩性으로짓기爲한 進化的準備요 人類를兩性으로지은것은 道德的理由에서 나온것이라고。即、그精神生活發達의基礎가되는 人格의構成에 그것이必要했던것이다、聖書에있어서 하나님과人類의關係를 種種夫婦關係로 比하는것을보면 그意味를推知할수있다。兩性의目的을 子孫繁殖에만보는것은淺見이다。家庭은사랑의學校요 見神의實修場이다。

이것을統히말하면 進化의過程은 神에서흘러나오는過程이고 또흘러도라가는過程이다。로고스는萬物의 源泉이오 또萬物의歸着點이다。그는創造者요、또統合者다。그리고그로고스는「愛」다。故로進化의意味는「愛」에있다。萬物을나은것은이아가페다。그러나 지음을받은萬物이 世上에있는限그는 어두움이다。故로 生命은 따에있으면서도 따에서떠나려 애쓰지않으면아니된다。두個의靈이가슴에 들어있어 싸우는것은 꾀ㅣ테만이아니오、萬物다다。實로萬物은 그身體의構造에있어서까지 이를表하는듯하다。뿌리에는向地性이있어도 싹에는向日性이있고、下等動物에서 高等한것에갈수록地面에서解放되려는傾向을 뵈이고있다。버러지는배로다니고、獸類는四足으로서고、人間에이르러는 二足으로선다。人體의構造는物理學的으로하면 確實히不安定한것이다。그런대그不自然한姿勢를取하면서까지 무거운頭部를우에두고二足으로서는것은 그의存在의意味를 象徵하기爲함인듯하다。그의눈을보라、永遠의上空을 바라보게位置하지 않었나。進化란다른것아니오、따우에난生命의 따에서떠나 하늘로飛上하려는努力이다。

그러나그렇다고해서 우리는進化를 生物學者와같이 單히 連續으로 보려하지안는다。勿論鑛物은 植物에서 그存在의意味를發見하고、植物은 動物에서하고 動物은人間에서 그意味를다하는點도 없는것은아니다。그러나進化論의말하는것과같이 一直線은아니다。鑛物에는鑛物의意味와價値가있고 植物에는植物獨特의것이있고 動物에는動物特有의것이있다。各種類는 合하야는 全體를爲한 準備的인存在면서도 또自身으로는 個性을가지는者다。進化論은種은種에서 나온것이라하지만 그것은 아니다。兩者의사이에는 合할수없는 斷際이있다。新種은單히變形한것이아니오 새로創造된것이다。舊種을아모리變形시켜도 어떤새것을加하지않고는 新種이안된다。이는最近의 突變化說이裏書하는바다。進化는마치 畵家가畵幅에 一筆一筆을加하야감과같다。一筆一筆을加하야서 그림이되는것아니오 그림이先在하야서 一筆一筆을規定하는것이며、前一劃이後一劃을낳는것아니오 一劃一劃에는 그때마다새創造가加入되는것이다。新種은變化가아니오 새創造다。故로物的現象으로하면 萬物은進化된것이오、그根本意味로하면 特殊的으로創造한것이다。그리하야 宇宙와萬物의進化에는 처음부터나츰까지아가페로써 일하는 하나님의創造意志가 움즉이고있음을본다。

東小門안의感激

十二月三日、半年間이나 나의肢體에連하였던自轉車를잃고、授業을畢하고 校正을 마치고、자못疲困한몸과 沈鬱한생각으로 市外빠스를待하면서 東小門안에停立하였을때에、黃昏에 먼사람은 희미하게보이는中에서 突然이 가까이나서면서 小鹿島친구들의安否를 무르면서 크리스마쓰 선물에 보태어보내달라고 紙幣한장을 던지는이가 있었다。靑天霹靂같은 이意外의突發事件에 나는 나의눈을疑心하며 나의귀를 만저보지 아니치못하였다。紙幣가 아주 새것이오 이러用途도 받어보던中 가장巨額이라는理由만이 나를憮然하게한것이아니다。

첫재로 廣告發表前에일이라는데 놀랐다。廣告를 보고도 此日彼日하는것이 人間들의 일인데、十二月號의廣告는아직印刷中에있는때에 저편에서先鞭을加하였으니 어찌할바를 알수없었다。廣告없더라도 小鹿島—크리스마쓰—聖書朝鮮、이세가지에 무슨因緣이맺어있다고認定한다는뜻인가。하고 생각하니 우러러 하늘을 바라보는外에 나의感激을表現할方途없다。

둘재로 金額의巨大함。 놀랐다。富豪가 아닌줄 아는터일뿐더러 저는社交가廣汎하게된立場에 있는이라 如此한種類의金錢을 負擔하여야할데가 한두군데만이 아닐處地인데 聖朝誌와같은 微弱한機關에 이처럼巨額을寄托할수있을까。주는대로 敢當하는것이 道理에合할까。주저 또 주저하다。

셋재로 저가屬한機關은 이런同情救濟事業같은일을 가장大規模로 능난하고 친절하게行하는곳이다。自己所屬團體의 名譽心도不顧하고、何必 聖朝社와같은 世上에서存在도 認識도 없을뿐더러 이런慈善事業類似한일에는 經驗도없고技能도없는機關에 留意하였든고。생각할수록 놀라지않을수없다。

넷재로 彼의所屬한團體는 가장賤薄한基督敎團體이어서 可히信仰이나眞理를 論할수없는機關이라고만 우리는思料하여왔었다。「나사렛에서 무슨善한것이 나오랴」고 蔑視하듯이 「그안에 어찌 참信者가 있으랴」고 우리는 저들을 輕蔑이보기만하였였다。그러나 金額의多少보다도 그의言行의重厚함에 나의先入主가 破裂됨을보고 놀랐다。유대人과 異邦人의聖俗을區別하던베드로가 하늘이 열리며 나려온 그릇을 보고「베드로야 일어나 잡어먹으라……하나님께서 깨끗이 하신것을 네가 속되다 하지말라」는(使十章九節以下)音聲을 들은後에 깨다른것처럼、우리속에 가루막혔던帳幕이 天井으로부터 바닥까지 찢어짐을實驗하였다。나는 나의前非를 깊이懺悔하지아니치못하였다。

우리가敵對視하였던團體속에서 期待를超絕한 友誼를預備하여주시었고 小鹿島癩患兄弟들의友人으로 指目받는 榮譽를許하심을 敢히 압었으니 이보다 더한感激이 어찌있으며 이보다 더한名譽를 또한 어찌想像하여내랴。金星이 昌慶苑松林우에 걸려 빛을 돋우는 저녁에 나의머리는 東小門안某校庭에 깊이 숙어졌다。

하나님의智慧와사람의智慧

姜濟建

하나님은 智慧의根本이시다。그크고깊음을 形容할物件이없다。사람이큰것을말함에 太陽에比하고 깊은것을말함에 海洋에比하나 하나님의智慧의 크고깊음은 太陽이크다는意味의 大나 海洋이깊다는意味의 深이아니다。故로 그智慧의深大함을 사람의智慧로서는 헤아릴수없다。그둘의差異는 分量의多少 程度의高下에있는것이아니오 實로 그性質의다름에있다。本來사람에게있어서도 智慧의差는量的으로表할수있는것이아니다。支那春秋時代의 有名한兩兵家 龐淵과孫殯에關하야 滋味있는逸話가있다。그들이兵法을배움에 같은先生에서하였다。一日은그先生이 두사람의智慧를試驗키爲하야 問題를주었다。그리하야먼저 龐淵을보고말이「네가어떠한智慧로 나를이房에서 나가게하겠느냐」하였다。龐淵이對答하기를 先生이앉으신자리의 구들을뜯고 松木으로써때면 할수있읍니다하였다。先生은다시孫殯을보고 너는나를어떻게하야 나가게할수있느냐하였다。그럴때孫殯이對答하기를 저는先生을 나가시게할수없읍니다。그러나萬一나가시면 들어오시게할수는있읍니다하였다。先生은 그러냐 그러면試驗하여보라 하면서 門外에나서서야바로소 自己가計巧에빠진것을알았다는 이야기가있다。이두사람의 智慧의差는 決코距離의問題가아니다。五十步百步式距離問題라면 鈍한者도마츰내 따를수있는때가 있을것이나 距離의問題가아니오 方向의問題다。龐淵은뛰어도달어도 孫殯에미칠수는없다。사람의智慧에서도 그렇거니와 하나님의智慧와 사람의智慧의다름도 그렇다。그보다도더한 質的差異가있다。故로사람이 사람대로있는限 아무리進步해도 아무리發達해도 아무리골머리를짜내도 하나님의智慧의奧妙한에미칠수는없다。

그理由는 사람에는 사람의式樣이있고 限界가있기때문이다。아무런努力을하여도 사람式의생각에서 벗어날수가없다。사람式의생각이란 곧땅에屬한생각이다。사람의발이땅에서떠러질수없는것같이 저의생각도땅에서 떠러질수가없다。마치사람이그生活에있어서 自己因襲을 떠나지못하는것과같다。사람이어려서자라난故鄉이있으면 長成하야 아무리繁華한곳에가도 夢寐間에도恒常 去來하는것은 그故鄉이다。越鳥는巢南枝요 胡馬는依北風이라고 그習性처럼 굳은것은없다。그와마찬가지로 人生은이땅에서나서 여기사는習性이붙어있는故로 그버릇이終乃빠지지 않고있어서 그의모든思想行動을 支配한다。假令主와 그弟子이일을例擧한다면 그가復活後 昇天하려함에 弟子들을向하야 이世上을떠나 하늘로올라가실것을 重言復言말슴하시였다。그런대로 不拘하고 自己네의생각만하는弟子들은 그意味

를終是理解하지못하고 最後까지 땅의所望을 要求하였다。그리하야「主여 이스라엘나라를回復하심이 이때이니까」하고물었다。거기對한 예수의對答은 무엇이였나、「어느날이나 어느때나 아버지께서自己의權勢대로 作定하신것인데너이가 알것아니오 聖神이너이게臨하시면 너이가權能을얻고、예루살렘과유대와사마리아와 따끝까지이르러내證人이되리라」하시였다。이제이것을보면 예수는 그弟子들이묻는對答에對하여는 反對를하신듯하다。그러나생각해보면 그렇지않다。그야말로適當한對答이다。弟子들이예수를따른지 三年이되였으되 그생각은아직 땅에서떠나지못하였다。故로그묻는것이 地上의일이였다。그들의晝夜所願은 예수가어서 유대에君臨하야 世界를征服하고 神政을베푸는것이였다。故로지금까지 묻는것이그것이다。그생각은 根本에있어서는 남은어쩌되였던지 自己는爲先 잘되고보아야한다는 地上的인것이다。그러나예수의생각은 그런것이아니였다。世上을回復하야 하나님에게돌리는것이目的이였다。故로따끝까지 傳道하라는것이 命令이다。그러나그렇다고 弟子의所願에 反對가되는가하면 아니다。모든나라에傳道하야 온世上사람이다 福音을듣게되면 원수가變하야 親故가될터이오 그때는選民이 그選民의責任을한것이오 이스라엘은 回復하지않고 回復이되는것이다。이것이하나님의智慧다。比컨대 富者가 크게財物을모으고 그것을保護하기爲하야애쓰는것과같으니、그가萬一담을높이쌓고 守直兵을配置하면 든든한것같으나 盜賊이틈을타들어와 盜賊하여가게되니 그方策이善한것이되지못하는것이오、도리어그보다도 그財産을太半이라도 나누어貧窮한者를주어잘살게하면 아무防備가없을지라도 盜賊하려는者가없으니가장어진方策이되는것과마찬가지다。防備를嚴히하자는것은人間의限界를 벗어나지못한智慧요 盜賊의根本을없이하는것은 하나님의智慧다。

그와같이하나님의智慧와사람의智慧에는 連接할수없는限界가있다。그리고이限界를만드는것은 人間의自己標準인野心이다。하나님은人間의救援을 目的하시는데 사람은自己의利益을꾀한다。그러나人間의智慧로 救援에到達할수없는것은 마치國際平和會議로 世界平和를얻을수없는것과 一般이다。各己自國標準의野心을버리지안는限 모든方策과研究는다虛事뿐이다。問題는사람의맘이 爲先고쳐지는대있다。예수의하시는일은 다른것아니라。사람의맘을고쳐 새사람을만드시는 大智慧다。故로하나님의智慧에 들어가는데는사람의野心을버리는것이必要하다。謙遜이必要하다。이것을가르쳐어리석은者에게는 하늘나라의奧妙한것을 알게한다고 하는것이오、도리켜어린아이가되지않고는 하늘나라에들어갈수없다고하는것이다。사람의생각으로는 알수없는 또는어리석게보이는方法으로 萬國萬民을救援하는것이하나님의智慧다。

敎會堂建築問題 (上)

李 贊 甲

至今이곳敎會에서도 敎會堂을지으려고 있는힘을다하야 進行中인모양이다。 참말精誠이라면 精誠도갈다。 다른곳과 달려 어느큰富者하나도없는 대개가난한터이라、當年에完成치못하겠으니 一次二次또三次이렇게 義捐해가며 첫해는벽돌、다음해는또무엇이렇게 차츰준비着手하야 三年만에 다지으려고한다는것이다 이렇게 그敎會堂建築問題에 精誠을다함、이것이現朝鮮敎會의 한글같은現狀갈다。 그야말로 어떤다른 무슨일에는 돈을내이기는커녕 모이기조차 않건만은 敎會일 더구나『하나님의聖殿』이라고 그牧師들부터부르는敎會堂建築問題에는 저依支할데없는曠野의 이스라엘百姓이 金송아지에熱中하듯(출애굽기三二・一八―三二。三五참조) 없는 힘을쥐어짜서라도 全力量을다하야 지어놓고 소리높이불러 讚美하고야 말려한다

나는聖殿에對한것을 살피기前에 創世紀를通하야、特히 이스라엘의祖上、그아부라함、이삭、야곱을通하야 봄이있고저한다 그때그들에게 여호와하나님은 必要한때에어대서든지 나타났었고 그리고그들은感謝해서 어대서나더구나머므는곳마다 祭祀를들이며 祭壇도쌓었다。 아부라함은 命令을받아 하란을떠났고 가나안에이를때에祭壇을쌓었고 또이사하야서도祭壇을쌓었으며 그뒤에도 또어대서나 나타나심받고 또祭壇도쌓었다。 이삭은 저물때에 밭에나아가 默想하였고 어대서나간구하였다。 그리하야 응답을받으며 또어대서나 나타나심을받었다。 그려고 야곱은 부어세바를떠나 하란으로 自己兄 에서를피하야 도망하는길에 해가지는곳에 이르러 거기서돌을벼개하고 누어잘때에 꿈에『한사다리가 따에서그꼭닥이는하날에닷는데 하나님의사자가 그우에오르락나리락하』며 여호와그우에나타나서말슴하심이게시매그곳에하나님이게심을알고『이곳이 어찌두려운지 이는다름이아니라 하나님의뎐이오 하날의문이라』하고어떻게나놀내 였든지 아츰에일즉이일어나 벼개했든돌을세워 기름을붓고그곳이름까지고치며 소원을알외어 맹서한일이있었다。 그뒤에도 때를따라 어대서나 하나님의나타나심과 가라키심을받었고 또머므는곳과떠나는곳에祭祀도들이었고 祭壇도쌓었으며 가는길에서 하나님의使者들을만난적이있었고 또밤새도록씨름도한적이있었다。 急한일당할때에 간구함도있었고 祝福받음도있었다。 이리하야 要컨대 어떻게 그一生들이 하나님을中心한 그에게매어달린 그가 命하심받고 이끄심받은 日常生活이 끝 信仰生活들이였음을알수있으며、따라서어느곳이나 나타나시는곳일수있어서『하나님의뎐』일수있고 또한사괴이는곳일수있어서『하날의문』일수있는것을 보이였음을몬저배우며 本論에들어

가려한다。

그러면 우리는 이에연하야 그舊約時代의 聖殿에對한것부터 생각해보아야할것이다。 그러자면 또한모세가 시내산에서 돌비에記錄한誡命을받을때에 命하심을받은대로 만든 聖幕에對한것부터(출애굽기二四。一二—三一。一八、三五。—四〇。참조)생각지않으면아니된다。 그聖幕에는特히 여호와하나님이나타나시고 또이스라엘百姓이 여호와하나님을만나는곳이였다。 그래서여기는聖所가있고贖罪所가있고 모든禮式을行하고 祭祀를들이는곳이였다。 그러다가許諾하신따 가나안에 들어간뒤에다윗王에게와서는 永遠히하나님을게시게하리라하야 다만한帳幕이였든聖幕을고치어 예루살렘에그聖殿을지을맘을가지게되였다 (삼우엘下七。一—七참조)。 그러다가 그아들솔로몬에게와서 마츰내짓게되였고(렬왕기上五。一六。、七。一三—八。참조) 그뒤에에스라와느헤미야로말미아마改築되어오게된때도있었고 (에스라二。六八—六。、느헤미야一。一七。一참조)또그뒤 예수當時에있었든聖殿은 意外의大헤롯으로말미아마 또다시改築된것이였다고한다。

그런데우리는 위선그聖幕에對하야는 어데까지든지그야말로聖火의불길이활활불어오르는듯하기도한崇嚴과 조곰도 헛투로손을대일수없는 극히조심성스럽은듯도한 그純粹性을보지만은 벌서聖殿에對하야는 그렇지못함을느껴지는것이다。 위선다윗王에게서는 『그사방의덕국을안정』시킬스음에 萬事를富强한자리에서 擧國的인態度로 하려할때의 일임을 볼수있으며 에스라、느헤미야에게있어서는 그愛國心에서흘어나오는民族的인것 더구나捕虜로있다가 돌아오게되였으니만치 그런것이어쩔수없이 섞이어있음을알수있으며 또그大헤롯은더말할것도없이 다만臣民의歡心을얻기爲한政治的手段에서나온것임을 알수있는것이다。

그리하야 여기에서 몬저그聖幕이—또한聖殿도—장차나타날것에對한것을 가라치기위한것임을 알어야하겠고 또한그어두운時代에 하나님께서모세를通하야 聖幕을通하야 서떻게이스라엘百姓을 가라치시어온것을 생각하여야할것이며 따라서 점점당신을完全히나타내시며 人間이당신을 알어갈사록、어떻게가라치시어 그本來의뜻을알게하여갔음을알어야할것이다。 그렇다、至今聖殿이라하면 얼핏연상되는 그聖殿의始祖라할다윗王에게 그러한뜻을가지시게하시면서도 나단을通하야

가서내종다윗에게말하대 여호와말슴하시기를네가나를위하야 나의거할집을짓겠느냐。 내가이스라엘자손을 애급에서인도하야나올때붙어 오늘까지집에 거하지아니하고 다만장막과회막가온데거하야행하였노라。 모든이스라엘차손으로더부려행하는곧마다 내가내백청이스라엘을먹이라고명한 이스라엘 사사가온데 어느사사에게 내가말하기를너희가어찌나를위하야 백양목집을짓지아니하였느냐말하더

냐(삼우엘下七・一一七)하시였다。또한솔로몬은이를잘알아 하나님이과연따에거하시겠나이까。하늘이나모든하늘의하늘이라도 좁아서주를용납지못하겠거든하물며내가지은이성전이오리까(렬왕기上八・二七、또력대下六・一八참조)하였으며 또이렇게 아주 심히삼가는態度로 그러나 누가능히하나님을위하야성전을세우리요하늘과모든하늘의하늘에다족히거하지못하실지라 나는누구관대어찌능히성전을세우리요그앞에분향할따름이라 력대下二・六)하야다만自己의 그어떤할일을 할따름인뜻을말하였다。

◉유대王다윗聖殿始祖에게하신말슴! 王의자리、그권세있고호화롭은자리에앉은다윗王은「볼지어다나는 백향목집에거하나 그러나하나님의법궤는장막가온데게시도다」하는不安과 또그훌륭히지어보려는 다윗王에게당신은 몬저그처럼「네가나를위하야 나의거할집을짓겟느냐」하고는、「나는이때까지 다만한장막가온데있으면서도너와같이 이스라엘을거나리는자리에있는어느사자에게 나의집을짓지안는다고 남으럼하더냐」하시는뜻으로 말슴하시고 드디어「그런고로 이제내종다윗에게 이같이말하라 만유의여호와ㅣ이같이말슴하시기를내가너를양치는풀밭가온데서때서 내백성이스라엘의왕을삼었고」하시며「다만이것을記憶케하신다」는듯이사울王과달리뻬이신뜻 곧그풀밭牧童이었을때를回想케하시며 말슴하십이게시었다。 착말그聖殿처음 祖上에게이렇게말슴하셨다。至今教會가 저마꿈홀동해가며 自己들많은옮은생각이나 하는듯이「우리가사는집은이런데、至今社會는저렇게進步하는데、하나님이게신禮拜堂、聖殿은이래서될수있나」하며 그훌륭한집을꿈꾸어거가에만全力을다하야 現代式집을지어놓고야 한갓世上을救援한다하든것이정말指導者의자리에앉어 있게된듯이 그本來의眞實을다잊어버리고 世上에헤덤벙이게됨은 그다윗王에게하신기말슴을 한번 크게생각하여야할것이다。당신은 그「장막과회막」또 그「너를양치는풀밭가온」데있을때가더좋았고 더貴엽웠다고하진다。그런소박스럽은것이우리들의무엇보다큰일함보다좋타하신다。그런것으로、그런態度로나아가면 더욱모든것으로주시마고하신다。그聖殿始祖다윗王에게하신말슴을 우리는至今또한깊이생각하여야할것이다。

따라서 그根本精神으로돌아가기위하야 그聖意를뚜렸하게先知者이사야에게보이어

여호와의말슴이 하늘은나의보좌요 따는나의발등상이니 너희가 나를위하야 무슨전을세우며 나를편안케할처소가어느곧이냐(六六・一)

라고하시며 크게웨치게하심도게시였으며 또그길과 行實은곧이지아니하고 지어놓은聖殿만에依支하는어이없는무리들에게다른先知者 예레미야를通하야는

너희가날아기를 이것이여호와의성전이라 여호와의성전이라여호와의성전이라하면서 거즛말을의뢰하지말지어다 너희가만일온전히 그길과행실을곳처…… 볼지어다 너희가유익함이없이 거즛말을의뢰하고 도적질하고 살인하고 간음하고 망녕되히맹서하고 바알 앞에분향하고 너희가

아지못한다른신을순종하며 내일홈으로날캇는집에니르러 내앞에서서날아기를 우리가구원을얻엇다함은 이런가증한일을행하랴함이냐 내일홈으로날캇는 이집이너히눈에 도적의굴혈로보이느냐…… ：이제너히가 이러한여러일을 행하고 또내가너히게말하고자조말할지라도 듣지아니하며 너히를부를지라도 대답지아니하니 그런고로내가실로에서행함같이 내일홈으로날캇는이집에서행하리니곧너히가의뢰하는바요……(七・一ー一五)

하시어책망케도하시엇다。

◉이것이웬말이련고、이것이어대서떠러진말인고。이것이二千五百年前말이라할까。至今도그대로살아웨치고있지아니하는가。참말眞理의웨침은예나、오늘이나같다。人間의타락하야늘가로다라나는참혹한現狀을봄때 영원히살아계신여호와당신의靈이 感動함에참을수없어터저나오게하시군하시니 어찌그렇지아늘까。그처럼眞理를사모하며義를행하려하보다 聖殿、聖殿하며 그것을크다、게자옴에만열심하야지어놓고는 아모悔改도없이 그저如前히그길、그행실대로온갖그릇되 악한즛들은함데로하면서도 主日이되면 점잔케敎援받은者인듯이 그聖殿에성화스리모며 悔改代身에좋는禮拜順序、音樂같은것이있어 禮拜본다하고는헤여가군하야 점점더寒心한우렁커리로기어들어가는것같은 그런現狀이 그물이붓는듯하고뒤끌는듯한맙을가진 예레미아가있을 그옛적그때도 있엿더라말이다。참말이예레미야의 웨침을해석해보면 아니그句句節節히 그대로가現代敎會에向하야 할말안임이없다。果然至今도 이예레미야처럼

「너는여호와의뎐문에서서 거가서이말슴을 전파하라」고하시는대로잘順從하야 그「여호와께경배하랴고 그문으로돌어가는」사람들에게「여호와의말슴을들어라」하고크게웨치는이가있다면 이朝鮮敎會의面目이어떠하게될까。그러고그예레미야말대로 그聖殿이실로처럼되고 그이스리엘이버림을받엇나？그웨침이맞엇나？아니맞엇나？함을 생각할때는 그끌는섬사、그예레미야의심사를더한층어떠하엿을것을알수있으며 또한더욱섧네는맙이없지아니하다。예레미아여！그심정으로 그처럼딱하고애끝는웨침을하지않고는 못견던것을同情하여마지안는다。오！이런웨침을이백성에게하도록떠메옴받은이는언제나 나올녀는가。

그러나 新約時代에와서는『하나님의殿』이라는것을 그렇게나마 建築物에둠은 하나도없다。敎會라는것도『너이는그리스도의몸이요 또각각그시톄라』(고린도前・一二・二七)함을보나『그리스도께서교회의머리』(에베소・五・二三)라하며『교회는곧그몸이라』(同一・二三)함을보아도 지금敎會라면建築物이나 組織體같은 어떤有形的인것같이 생각키우지는안는너무나도 잘보이는듯、만저지는듯한산有機體的으로말슴되어있지마는여기서는 直接그聖殿이라고말슴되어 있는것만을 알어보기로하자。

처殉敎의첫열매를맺은 아름다운스데반이 유대人들을그恒常順從치않고 거사리는歷史를들어하는큰책망의絕頂에達한그끝에

솔로몬이 성전을지엿으나 그러하나 지극히높으신이는

손으로지은전에계시지아니하시나니 사도행전七・一—五三)
한뒤다시 그이사야의말을引用하야「하였나니라」하고는끝
목이곧고 맘과귀로할례를 받지못한 사람들아 항상성
신을거사리니 너이조상이 행한것같이 너이도행하는도다
(同上)
하야新約時代의첫거름에 들어서자부터 이렇게建築物같은
빈껍데기를가지고 그러함은아주썩베어 잡아제치어놓음이
되었고 또한그異邦을向하야 傳道의使命을받은 使徒바울
이 아덴에이르렀을때에 한곳「새말만들고전」하면서 그어
지러운神壇과偶像을만들어놓고 귀신만섬기는 어두운노릇
만하는무리들을보고 참을수없는憤을가지고그福音을傳하려
할때에「회당에들어가 유대인과 경건한사람들과 변론하
고 또날마다저자에서만나는 사람과같이변론하」야 그들
의섬기는것과 그根本이 첫재로어떻게다름을보이기爲하여
는「모든일로귀신공경하기를심히하는」것과 그壇을쌓는것
을말하고는 이어서
천지와그가운데있는 만물을지으신 신께서천지의주인이
되셨으니 사람의손으로지은 전에계시지않으실것이요(사
도사도행전一七・一六—三一)
하는 또한 시원이벗기어버리게 함이있게하고 이에添附
하는두어말을한뒤 다시금
각나라백성을 한혈맥으로만드사 온따에거하게하시고거
히년대를 정하시고 거하는지경을한하셨으니 하나님을
찾을지니라 혹더듬어얻을것이니 우리각사람에게떠나계
시기가 머지아니하시니라(同上)
하야 人間을내이시사 各民族으로노누게하셨으니 人間은
저가어떠한民族으로어떠한 處地에나게하셨던지 그處地에
서 제精神을차려 제問題를풀어가며 各自에게떠나계시기
가머지않으신 하나님을 더듬어찾을것을말하며 계속하야
이에對한說明을 더함이있게되었다。
이렇게 新約時代에初頭에들어서자 그聖殿、敎會堂에對
하야 바나바와 바울을通하야 各各그말할자리에서 크게
웨치며 다시는問題도아니되게除去케하시고는 聖經에 그
新約에는建築에對한 聖殿이나 會堂問題는없고어디까지던
지 우리몸이、信者의몸이곧하나님의聖殿、계실집이라고함
을말하였다。그래서
너이는사도들과 선지자들의터우에세우신바니、그리스도
예수께서 친이모퉁이돌이되신지라 세우신것마다서로련
합하야 주안에서성전이되어가매 너이도저히안에서 함
께지으심을받아 하나님이성신으로거하실집이되였나니라
(에배소二・二〇—二二)
하야 어떻게예수로말미암아 우리몸이 참意味에있어서聖
殿이될수있는것을 말하였으며또한
그리스도와벨리알이어찌합하며 믿지않는자가어찌상관하

며하나님의성컨과 우상이어찌동류가되리요 대개우리는
살아계신하나님의성컨이라 이와갈이하나님께서갈아사
대 내가뎌희가온대거하며、두루행하야나는뎌희 하나님
이되고 뎌희는나의백셩이되리라하셧으니(고린도後六。一
五—一六)
하야 우리가어떻게 하나님에게屬하야 그가계실집으로處
하야 있을것을말하겼으며
너이가하나님의성컨이된것과 하나님의 청신이너희안에,
거하심을아지못하나뇨 누구던지하나님의성컨을더럽게하
면 하나님이 그사람을멸다실지라 하나님의성컨은거륵
하니 너이도또한그러하니라(고린도三。一六—一七)
하야 또한信者를 하나님이거하실청컨임을 깨우치며 그
옛聖殿이 어떻게거륵하였음을보이면서 우리가그갈어야할
것을말하였으며또한
너희몸은너희가 하나님께로부터받은바 너희가운데게신
청신의컨인줄을아지못하나냐 너희는너희의것 이아니라
값으로산것이되였으니 그런즉너희몸로 하나님을영화
롭게하라 고린도前六。一九—二〇)
하야또한信者를깨우치여 우리몸은값으로 사신당신의컨이
어서 우리의것이아니니 오직이것으로써하나님을 榮華롭
게하여야할것을갈하였고
그런고로 거룩한형제 하날의부르심을 가치입은자들아
마땅히 우리믿는도리의사도시며 대제사장이신 예수를깊
이생각하라……또한모세는하나님의온집에서 사환으로
큰충칭하야 장래의말할것을증거하였고 그리스도는그집
말은 아들로충청하셨으니 우리가그집이라…(히부리三。
一—六)
하야 오로지 하나님을中心하야 『모세는 하나님의온집에
서사환으로충청하야 장래의말알것을증거하였』다 하였고
『그리스도는 그집맡은아들로 충청하셨으니 우리가그집이
라』하야 우리가마츰내당신의 居하실집으로얼마나준비되
고 애쓰신것으로그位置가 어떠한것을말한것이다。
本來舊約에말한 그聖所—聖幕또聖殿—도『내가저희가운
데 거하려하노니 나를위하야 한청소를세우게하라』(출애
굽기二五。八)하심이었다。그聖所가目的이아니었다。참말로
그聖所는 참것임우리의몸의 그림자로 그義務를다한것이
었다。그義務를다한、다하고지나간 聖所에다시주저앉으려
할것이아니다。우리는舊約의 그를읽어、그를보아 깨우침
받으며 敎訓을받어 靈的으로 그보다도 더한층거룩한집
이게할것이다。그리하야 新約에와서는 特히그히부리書와
갈이 大祭司長、예수그리스도를 가르치며 다시우리를祭
司長이라하며 그聖幕—聖殿—에對한것을 明白히가르치면
서 어느한곳 그建築物이 기어히 하나님께서 게실곳인
聖殿視되어 現代敎會의現狀과갈이 거기에 무엇보다도全

力을다하야 그것하자면 새로운光明의 길이나찾은듯이가진熱心을다하야 하나님께對한 가장至極한精誠 가장아름다운일이나하여 드리는것처럼 생각하야말한곳은 한곳도없을뿐아니라 도모지問題視되여온 그림자조차없다。特히거기게시니 집이必要하다는것은 말할것없고、모이자니집이必要하다고한것도없다。그러어디서나 그兄弟들이모여讚頌祈禱하며 말슴을傳하였다。勿論聖殿과 會堂도좋은場所였거니와(사도행전三。一、二三。一四—一六참조) 그런곳이없거나 또쫓기어나면 個人의집이나 (同五。四〇—四二、一二。一—一二참조) 旅館이나(同二八。二三、二九。一三、참조) 들이나(同八。二六—四〇、一六。一三참조) 어느書院이나(同一九。八—一〇참조)다락도(同二〇。七—一二참조)좋았고 그리고재판석에도(同五。一七—四二、七。一—五三、二六。一—二九참조)감옥에도(同一六。一九—三四참조)아 모데에서나(同八。四、二五참조)모다좋았다。어느때어느곳이나 分別이없이 넘치어모다 主가게신곳、主의말슴의자리어서 主의뜻、主의榮光이들어났다。당신의지은이宇宙를무대로 어느때、어디든지 그것은可能이고좋은것이였다。

따라서捐補問題에對하야서도 敎會堂建築問題로捐補했다든가 또하라고한것은없다。그捐補는 저有名한聖徒들의有無相通(사도행전二。四三—四七、四。三二—三七 의것을지나서거이全部가 兄弟의구제에對하야서다。그렇다 福音傳하는이에게 도아드리는意味의捐補한것을 내어놓고는(고린도後一一。七—九、빌립보四。一四—一八참조)모다 困難으로말미아마서로내이어 구제하였다는事實과(사도행전一一。二七—三〇、二四。一七참조)또그런뜻으로 捐補하라고 권면한적은있어도(로마一五。二五—二七、고린도前一六。一—四、同後八。一—一五、九。、갈나디아二。一〇、에베소四。二八참조)그敎會堂建築問題로捐補에對한일은없다。참말至今敎會에서 建築問題가나면몇百圓또千圓씩、아니 最大의힘을내이면서노 구제問題에는모도合하여야 몇十圓아니 단몇圓도간신히出捐되는그現狀과는判異하다。

참말로聖經에말한捐補、서로도아주는 捐補의原理를보면그富饒하시든 예수그리스도께서 우리를富饒하게하시려고오시었다는것에根源을두어 信者의態度를말하야 이世上을알고 永遠한나라를아는 그리고마츰내 우리에게감사가더하게되고 하나님께榮光이돌아가는것을보며 하는말이다。決코富를알어돈을모으며 敎會堂을크게세워勢力을쥐며 永住의世上인듯事業도부속시키면서 全注力을거기에함과는根本부터 다른것이다。現代의敎會가새로운 開拓地가생기면무엇보다 敎會堂問題가일어나고、基地寄附、建築費義捐問題가일어나 그것으로 거이信仰을저울질하며、늘그式樣으로모든일을 도모함과는判異하게그들은 그런것은問題도아닌듯이 救援을즐거워하며 主를사랑하고 兄弟들을사랑할

教會堂建築問題

뿐으로 思慕되는멀리있는兄弟에게까지 흘러넘친사랑으로 그런捐補도 自然行하게되군하며 救援의새얼굴을보려고그저 그救援의消息만을 또들고나서군하였든것이다。이것을 初代教會이니 그리하였다고만돌릴수있을까。아니다。글쎄 그야말로적어도 그原理로쒸라도 그教會堂、聖殿에對하야 보임이있으렸마는 그렇게까지도 自然스리 그림자조차없고 그처럼信者인몸을 聖殿이라하야 거기에만 全注力을 하였다。이렇게 그견주는方向이달려진것이다。제길에들어선것이다。福音、信仰만이 問題이였다。

正誤表

一九三六年度(自八四…至九五號)에서發見된것

頁	段	行	誤	正
七	上	末	from morn	from—
二〇	下	一五	繕物	선물
同	同	同	冊字	冊子
二一	上	三	冊字	冊子
二三	上	末三	矢敗	失敗
二四	上	末六	못할망저	—망정
二九	上	三	單篇	短—
四八	上	一三	善物	선물
八六號	表二	七	thith all thy heart.	with—
五二	上	二	諾을수	語—
五五	上	一五	옳는은	는 옳은
六六	上	六	조참	참조
七一	上	七	내바리는것여	내여바리는것
七四	上	二	誕聖	誕[illegible]
七五	中	二一	무난	문안
八二	上		設明	說—
八六	下	一二	一常	日—
九五	中	一四	聖期舊號	聖朝誌—
一〇八	上	一三	靈光	榮光
一一三	下	三	奇生	寄生
一一九	上	六	一常	日—
一一九	上	八	살우	살수
一二一	下	四	遠永한	永遠한
一二四	中	九	에가서	에 가서
一三九	下	一二	로十十章十五	로十章—
一四〇	下	七	말며	알며
同	同	一二	가라질줄	가르칠줄
一四三	上	一三	安程	安靜
同	下	九	길우지는	가우러지는
九〇號	目次	末三	趙·斌君	趙誠斌君
一五三	上	七	에對對하야	에對하야
一五五	下	五	오놀날	오늘날
一五七	下	二	여사람	여러사람
一六七	下	五	微妙	微妙
一七八	下	六	(木村德藏著, 生物學과生物進化)添加함。	
同	同	末七	들수있고	쓸수—
一七九	上	八	突然하變化	突然한—
同	同	末三	獨特하것이	獨特한—
一八〇	上	一二	이나게	이렇게
一八二	上	末四	음과갈이	처음과—
一八六	上	一一	그러나	그렇듯
同	下	四	「곧	「곧
一八八	下	末二	東力의	東方의

(以下別紙에 續함)

正誤表의 續

一九九	上	末七	믿으려는	얻으—
二〇〇	上	九	合目性이	合目的性이
二〇一	上	二	는없으나	는 있으나
二〇二	上	三	서로끌론	곳는
同	同	五	저萬、	저가萬一
同	下	七	배출흘러저서	—흘리저서
二〇三	上	末端	받음依에	받음에依하야
二〇五	上	一三	아게차되	알게—
同	下	六	勿 무	勿論무엇
二〇六	上	七	그리머가만	그저먹기만
同	下	末八	먹고있 줄	—있는줄
同	同	末七	소 먹고	소는먹고
同	同	末六	教牧師	教留牧師
二一六	下	一九	死故無親	四顧—
二一七	中	一二	라는	라는
二二三	下	四	가르치느	—치는
二三五	下	三	敗한것아로되	—것이로되
二三六	上	一一	그차리지	그리하지
二三七	上	五	해도	하여도
同	同	一一	잔은	잔들은
二四三	上	一七	갈으다하며	갈으라—
九三號表三	中	末三	前 터	前부터
二四六		二	立 으로의	立場으로의
二四八	上	一一	硼砂에球	—球에
二五〇	下	末六	Realiey	Reality
二五三	下	一四	條件밑에서	—밑에서
二五四	下	一一	나타납	—남
二五八	上	五	것고말았다	건고—
九五號	表二	一二	누구와든기	—든지
二七〇		三	意識치하못	—치못하
二七五	上	五	別날리	別달리
二七八	下	末行	腐敗에極에	—의極에
二八一	上	一五	婦貴人	貴婦人
二八三	上	五	에시사는	에서사는
同	同	末行	들어오後	들어온後
二八八	下	四	除法라	—과
二八	中	一七	新着	新著
二九〇	上	三	險朴	儉朴
同	同	末二	지니도록	지나—
二九二	下	一一	貴家庭	貴—
九五號表三	上	一四	十四號	九十四號

聖朝通信

一九三六年十一月二十五日 (水) 晴。木手가工賃은 다찾아가고 일은中途에 버린대로 돌보지않으니 나의忍耐力이破產하다。外國人보다朝鮮人에게 일시기자든 우리의固執을 後悔하지 아니치못하다。○感氣로因하야 밤十一時頃까지執筆하고는就床。

十一月二十六日 (木) 後小雨。午前五時에女兒出產하니 第五號까지數가찻다。產苦의深絕함에 놀라다。○밤에는鍾路靑年會舘에서籠球戰參觀。養正은 制霸圈外에 떠러지다。○市街로부터 돌아온때에 샘푸믈에다 손을씻고 머리와 耳目口鼻를 낱낱이 씻고 깊이 양치한後에 「掘井而飮」의한목음을 삼키니 거듭난感이 없지않다。大京城의塵埃와煙灰를掃蕩하고 北漢山麓의 맑은空氣를 크게마시는作業은 非單生理的衛生의일뿐이 아니다。우리의靈魂이 都市에對한反抗 人間的要素에對한抵抗의 넋이로서 춤추는現狀이다。都市를 지은惡魔에對敵하면서 村落을지은 하나님을思慕하는 우리의祈禱行爲의一現狀이다。○밤에는 달빛이점점 더맑아지고 北漢山骨骼이 더욱 뚜렷하여지는듯하다。

十一月二十七日 (金) 强風 雪雨。드디어嚴冬이온듯하다。東京에서苦學하는 兄弟와北滿洲에서牧會하는 敎役者의게서 各其祈禱中에記憶하고있다는 懇切한友誼의通信에接하야 고마웠다。어느神學校에서 배웠고 어느敎派에屬하야敎役하던지 우리의祈禱의 벗이되가에 何等障害없는줄안다。特히滿洲와같은開拓地域에서傳導하는이는 저가 나를代身해주는듯한 고마움과 저의牧會하는 敎會兄姉가 나의兄姉라는實感을拒否不能。

十一月二十八日 (土) 晴。授業後에 某會議에參席。近來에會席에서多辯의惡習이없어진것을 實驗하고 가뻐다。雄辯은銀이오 沈默은金이라고。沈默만이 能事가 아니겠지마는 吸煙하면서 사람의重大한運命을決議하는데서는 沈默함이多少間나흔듯하다。○밤에는明月。感氣때문에執筆이不如意。

七一月二十九日 (日) 陰。當直이되여서 午前中登校。暫時時間을 도적하여 午後二時부터 復活社에서英文及마가福音第十四章의講解。이學期內로 마가福音을畢하기爲하야 十四章의七十二節을 한時間에講하려니 깨어려운일이었다。○感氣를 무릅쓰고 새벽세시까지原稿及校正。몸조심 하다가十二月號는 出版遲滯될듯하다。每月에 적어도 두세밤식 밝히지않고서 雜誌된적이 없었거니와 그러고래도 一年열두달을 끊지않고 出產된것만은 나의눈에 큰異蹟이다。

十一月三十日 (月) 雨。學校에서는 授業外에 消防練習의準備演習。市內에서第一큰壽松洞公立普通學校가 全燒된後로 各學校에消防演習의指令이 나린까닭이라고。○나치스獨逸과 日本帝國과의防共協定이發表된우에 伊太利의 에티오피아帝國合倂과日本의滿洲國建立承認을 交換條件으로한다고해서 야단들이다。米國하우스大佐의豫言에依하건대日獨伊의三國連絡은 自然히露佛英의 三國關係를緊密케할것이오、거기에 本來好戰國民인米國이參加하면 今後의大戰에도勝利가英佛側에 있을것은明確하다고。어쩻던지前番大戰보다는 훨신大規模의世界戰爭이 있을모양이니 人類의運命이 寒心치않은것도아니다。○學校에 가저다가校正하고 다시印刷所에가서도校正하다。

十二月一日 (火) 陰。두려운날인것처럼 오지말라든十二月初하루가 기어히왔다。聖朝十二月號도 印刷못했는데 冬季集會의準備가 一大難事인故。반갑가도 하거니와 무거운짐인것도 事實이다。○登校途中에印刷所에 들려서二時間동안校正하고나니 自轉車에실엇던 벤또를 도적마젔다。實로 산눈빼여갈 서울風景。登校하야 授業과 消防練習을畢하고 다시印刷所에가서 늦도록校正。

十二月二日 (水) 晴。아침에印刷所에서二時間校正하고登校하야 네시간授業하고 돌아오다가印刷所에서 또校正。부지런이하는듯해도 餘暇餘暇에 하라니 工程은進涉되지않고 期日은 지나갓고 마음만焦燥하다。○一時는敗退하였다던 西班牙政府軍이다시挽回하야 도리어 反亂軍을 四方으로進擊中이라고하며、應否 二語의一로써落着될가싶던日支交涉은 容易히決末짓게될것

聖朝通信

갈지않은形勢로 此日彼日하는中。

十二月三日（木） 暫雪。午前中의授業時間을 午後로變通하여놓고 印刷所에가서 最後의馬力을 다하야校正。但 印刷所를떠나려는때에 보니 玄關앞에 세웠던自轉車를盜難當하였다。不得已「탁시」를 모라 授業時間에 다이고 授業後에 다시印刷所에가서校正。이달은 聖朝誌外에도遲滯된雜誌가 많어서 印刷物이重疊한故로 더욱工程緩行中。○校正의能律도遲遲한데 手足같은自轉車까지 盜難當하고 자못沈鬱한 마음으로 市內뻐스에 몸을담아 乘替하려고 東小門終點에 나렸을때에 ‥大感激의場面이展開되였다。언데 사람은 알어보기 어려운黃昏에 市外뻐스를待하기爲하야 東星商業學校校門앞에佇立하였을때에 누군지 가까이오면서 인사하는이가 있었다。意外의時와所에서意外의人을 맞나매 미처適宜한 인사의말도 생각하기前에 저편에서는 速射砲처럼連發하는말 「크리스마쓰 되면 先生이 小鹿島에 선물보내신다지요、늘 생각은 있으면서도‥‥아이 그이들 참!‥‥이것 若少한대로 함께보내주시오、누구란말슴 마시고。聖朝誌代도 이달로써 끝났을줄압니다 이것도 받으시오。‥‥부대 누구란 말은저의들께도 알리지마시고 아무에게도發表할것없읍니다云云」하고는 帽子만 건덕하자마자 黃昏속으로 숨겨저버렸다。때에 金星은 昌慶苑松林우에 솟었고 다른별 두어개도 여기저기 보이나 아직은 희미하야 星座를 알어볼수없다。天空을 우러러 보고섯으나 북바치는感激의 눈물은 制禦할길이없다。因하야 東星商校校庭에 들어서서 눈물을 收拾하고 主에수께 이事實을報告祈禱하고 歸途에登하니 天國이 맘속에있음을 다시 깨닫다。三十圓짜리自轉車를 잃고 一時는沈鬱을未免하였으나 오늘 배운바眞理는 計量할수없는 큰덩어리니 今日의收支決算도 黑字뿐이로다。

十二月四日（金） 晴。後雪。最大速力을 다하야 印刷製本하여서 今夜發送。鮮光印刷所의支配人以下여러분의助力을얻어 約三時間에發送하다。但 今番부터 新製封筒을 使用하며 미리住所氏名은 써가지고 갔음으로 매우簡便하게進行되다。發送까지 마치고 눈길에 늦어서歸山하니 雪景의北漢山下에 첫재집으로 불만 반짝이는것도‥景。自轉車를잃고 보니 平日의功效 적지않었음을切感。

十二月五日（土） 晴。後雪。本月號남은것의 第二次發送。登校授業한後에 單純한形式的事務때문에 三時間을虛費하다。生徒들께도 益될것이없고 敎師나學校에도 何等有益함이없는일인데 形式을가추기爲한일로三時間이란時間을犧牲하야 文書를記帳하였다。敎師노릇하는悲哀！ ○盜難當한自轉車는 다시 찾을것같지않고 聖朝의發送等에는 自轉車一台를 不得已必要함으로 다시朴昌成君께注文하다。처음에는 通學用으로 備置하였으나 이제는聖朝社用으로의價値가 더重하게된것을 發見하다。○英國에드와드八世王陛下 結婚問題로 四十八時間內에退位하시리라고報道。

十二月六日（晴） 晴、後雪。午前中에半日을 出譴에서 지나는일이 무엇보다도 고마웠다。빌라도 의 法廷에서 誤解받으면서도 自己를辯明하지않으시던 主그리스도를 說明하기爲하야 에머ㅣ슨 論文集에서 「To be great is to be misunderstood」라는句의 出處를 찾노라고 오래 뒤지다가 마음내發見한때는 반가웠다。다른著作이 모주리없어지고 이한句만남있다 할지라도 에머ㅣ슨은 十九世紀人類中에서 가장偉大한사람의 하나인것이分明하다。○宋斗用兄이遠路에來訪하야 甚히 반가웠다。午後에함께復活社集會에參席。마가福音第十五章‥一四一節의講解。講堂의暖房設備不完全하야 充分히發表할것도 채다못하는形便이었다。좀더 適合한場所가 어되에 없을까몰라。

○朝鮮歷史號二十冊을求하는處所에 配達하고途次에 新築된和信別館의七階에陳列한商品을約十分間에‥瞥하고、다시 진고개百貨店두어집을 히야까시 하고、自轉車店과電氣會社에 들려서 各其督促하고歸山。○今日도 木手와 싸우고、木手에게 또 속히운것을 저녁까지 기대려보고야 깨달었다。

二二

十二月七日（月）晴。어린이의第三同生日을記念○報道에依하건대 小鹿島更生園의第二期工事가完了되여 다시一千名患者를더收容하리라고。寒節을當하야 不幸한이들의한사람이라도 더 그居所를얻는이가 있을것이 반갑다。○市內電車뻐스等의交通機關을利用하야通學하여보니 自轉車가 每日한時間식 時間을얻어 준것을 알게되다。因하야今日부터 새로自轉車一臺購入하다。但이번은古物을 사다。盜賊의難을免할가하야 불부러 누추한것을擇하지아니치 못하니 이런社會에 사는者의悲哀도 느끼지않을수없다。夕에中央公論誌를二時間이나耽讀하고나서「읽을동안은興味있으나 結局은無益有害한文字로구나」하고嘆息을吐하였다。

十二月八日（火）晴。간밤꿈에 普通學校第一學年때의 우리先生님께 뵈였다。나에게 참勇氣를教示해 주신先生이어서 只今 라도先生이라면 꿈에도 그先生님이다。○申込한지 거의一個月만에 오늘에야電燈架設이되다。北漢山麓에 살라면文化世界의電燈켤수있는일만이 고마운일이오 早晩은甚히追窮할바가 아니라고 스스로諦論할수밖에없다。木手는今日도 約束不履行。찾아가談判하여보아도 別有益이없었다。○自轉車의鑑札을 어드라고 高陽郡廳에使人하였으나 崇仁面事務所의證明書가必要하다고 退却當하다。但 崇仁面事務所의所在地를 아직알지못하야 今日은 手續하지못하다。忠誠치못한面民임을 스스로 뉘우치나 無可奈何。

十二月九日（水）曇。今日午後 博物授業中에 道視學官이叅觀하고「誠意는 있는듯하나 技巧이拙劣하다」는등「演繹的이기보다 歸納的教授라야 한다」는等 여러가지親切丁嚀한批評을 들려 주어서「書記官과 바리새敎人들이 모세 의 자리에 앉었으니、그런고로 무엇이던지 너의게命하거든 行하고 지키되 저의 하는것은 본받지마라。：：」라는（마태二三章三、四節）예수의 말슴을記憶하면서 默默히傾聽。○嶺南으로부터 今月四日附의振替로 크리스마스獻金이到着하였으니 이도또한 今月號廣告를읽기前에發送한것이分明하다。人工的事業熱로 되지안는일에 더욱感激、밤열한시 까지 새방을 되배하다。

十二月十日（木）晴、後曇。어린이의第一千一百日。○崇實專門學校를 비롯하야長老敎宣敎會에서經營하는 一百三十餘學校를閉校하기로 同宣敎會에서 決議하였다고世論이 분분하다。閉校하는것이 害될것인지利될것인지는 하나님만이 아실것이다。필경은 사람들의 念慮하는程度의念慮는 없을것이오、時期넘어 늦은것이 오히려恨스러운일이다。○嶺南消息에「……先生님 眞理의授受法을 모르는 愚生을 寬容하여 주시옵소서。大月이면三十一日에、小月이면一二日에到着되던聖朝誌가 오늘이四日인데夕飯後 郵便所에까지 갔었으나 空手來。곰곰이 생각中 十月號皮封에 先金切 라는 豫告를 다시 생각하고 나의無誠意를告白하옵나이다。一年分誌代와、主님許하시면 聽講코저爲先聽講料五十錢과、불상한兄弟에게 크리스마스 선물代三圓과合하야 別送하옵나이다云云」

十二月十一日（金）雨。에드워드八世大英帝國皇帝陛下는 심프손夫人을娶하가爲하야 王冠을 버리기를決意하시고 退位하시기를上下兩院에宣言하셨다고報道。印度帝國보다도 쉑스피어 를 貴重하게 녀기는 가ー르라일先生의故國이라 凡夫의 용열한打算으로써 이렇다 저렇다하고 是非할바가 아니다。果然英國은 큰나라다。但볼드윈首相의 괴로운立場에는同情不禁○長老敎宣敎會에서 그經營하는學校一百三十餘校를閉鎖하기로 決議한일에關連하야 某新聞의社說一節에曰「……그러고 그들 서양분네로 하여금 기런 아름다운일을 즐겨하도록한 예수、그리스도의 힘과은혜가 얼마나 위대한가를 다시한번 깨다롭시다。」云云。늦었다할지라도 全民族을代表하야 예수께感謝할줄알게된것만 큰일이다。

十二月十二日（土）晴。今日까지 第二學期의學課授業을畢하고 이제 남은것은成績考査뿐이다。○小鹿島消息에 依하건대 거기서도 聖朝誌가押收되는모양이어서 再送한九十三號도 받아볼수 없었다고한다。또歸島하여야할兄弟가 아직까지 돌아오지못하였다는消息을 듣고 念慮함을마지못하다。「우리가 구원 얻는자에게나 침륜하는자에게나 하나님앞에서 그리스도의 향기기 되나니、이사람에게는 死亡으로 좇아 사망에 이르는 향기가되고 저사람에게는 생명으로 좇아 생명에 이르는 향기가되나니 누가 이것을 감당하리오」라는(고後二章末)句를聯想하였다。萬人에게 칭찬받을수는없다。

十二月十三日(日) 晴。吾쪽 물이不足하야 ‥大問題가생길듯하다。無代價라고濫用할것이아니라。水道아닌 우물의물이라도 亦是節用할것을배우다。떡두어덩이로四五千名에게 배부르게 먹이신이도 열두광주리의 부스러기를 줏어 담게하셧다。○午前中까지에正月號의編輯을 거의完了하다。午前中에近山을‥巡하고 午後二時의英文班에서는 에머슨氏의名句인「偉大함은 誤解됨이라」는句가包含된‥章을講解하야 冬季休暇中의暗誦宿題로하고、마가福音은十六章까지講了하다。約二個年으로써 예수의傳記大綱을 于先完了하고 明年부터는 使徒行傳以下의書翰을工夫할作定이다。남들이 잘보거나 말거나 聖書를工夫하는일은 무엇보다도愉快한일이다「그런고로 우리가 낙내지아니하니 것사람은 후패하나 속사람은 날로 새롭도다。대개 우리의 잠시받는患難의輕한것이 우리를爲하야至極히 크고 永遠한榮光의重한것을 일우게함이니、우리가 보이는것은 도라보지않고 보이지안는것을 도라봄은 보이는것은 잠간이오 보이지안는것은 永遠함이니라」고。(고린도後書四章末)

十二月十四日(月) 晴。어제 하루동안 서울에 관계없이 世上에交涉없이 新聞紙와 라듸오에接하지않고 北漢山麓에서 지났더니 하루동안에 東洋天地가 뒤집어진것같은大事變이 생긴줄을 今日午後에 新聞을 보고야 처음 알었다。蔣介石氏가 西安서張學良軍에게 監禁되였다는報道에支那人이아닌 우리도 놀라지 않을수없다。蔣을爲하야同情안할수없고 張에對하야憎惡를制止할수없으며 支那四億餘生靈의安定과平和를爲하야 慨嘆을 마지못하다。通信機關이杜絶하여 蔣氏의生存與否도 未確하다하 욱念慮되다。○今日부터 第二學期考査시작。今日當直으로 遂萊山에 서留宿。세상은不安하나 聖書를 읽을때에 나의靈이安靜을 찾는다「대개 하나님의 뜻대로하는 근심은 회개를 일우어 구원을 얻게하는것이오 후회할것이 없거니와、세상근심은 죽는것을 일우나니라」고

十二月十五日(火) 晴。担任班生徒中에서 試驗에不正行爲한者發覺되여 處分된後에 全班生徒에게 또한번더 잔소리하여보았다。그러나 試驗에 不正行爲하는것은現代學徒들의 떳떳한일인듯하다。警察制度의發達을 따라서 犯罪 爲도巧妙의極致에達하듯이 監督이嚴重할수록 不正行爲의方法도 놀라리만치發達되여진모양이다。그러므로 比較的善良한生徒가 서툴은 솜씨로써 不正行爲를犯하다가 發覺되여 全學期成績이零으로되는者있는反面에、가장惡性으로計劃的으로犯하는者는 도리어監督者의눈에걸리 안는것도 世上犯罪의境遇와恰似하다。그리고 外形的整齊와服從을 强要함으로써 教育事業의全部인줄 알면서 內部心靈上陶冶에는 秋毫의權威도 못가지며 또한 건드려 指導해보라고도 못하는것이 오늘날教育이다。○監禁中의 蔣介石氏가 아직生存하여있다는 號外를接하야 少安。但 이번에는 張學良自身이 그部下에게監禁되였다고 報道하니 支那의일은 무슨 독갑、작난인지 推斷키 어렵다。○海外로부터 반가운消息如下「先生님靈과肉이아울러健安하시긔와 來來健鬪하시기를 간절이비나이다 곳主님안에서無故자오이다。敎生이貴誌創刊號로 모소리가지게되온것은 無限이기쁘하나이다。貴誌創刊辭에「今日의朝鮮에준바最珍最切의선물은 新奇치도아닌 舊新約聖書一卷」이라는 이말슴은聖書를꼭꼭씹어먹어서 消化하야보지못하고는 이말을누가하겟슴니까?이子석저子석밀리고있는 白衣族의게 얼마나貴重한말슴이며 얼마나가슴타가운말슴이며 얼마나사랑의말슴이오니까。이말슴을바로받고못받는데저의運命은左右할것이올시다。貴誌紙齡이임이 十五號를거듭하

가까지 그精神그대로貫徹하고있는것을感謝하나이다。이런使者를 이族屬에게보내주신主여호와神에게 榮光을돌리나이다。아!主여 당신께서이와같이賤待받고있는族屬에게산使者들을보내시사 이바지의榮光을 나타내시고계시오니 이族屬이永遠이滅亡밟지아니하실라고하시는 明確하約束인준確信하나이다。」라고하나님께榮光을돌니며 感謝하나이다。先生님「一世紀後에期待」두신그嘆聲이 지금도이宇宙에서 소리를치고있읍니다。하나님께서소비를드르시고게시오니 무엇이不足함이있겟습니까 前往邁進하옵소서 마음껏主님께付託하나이다。우리의게선物인한가지가「聖書的立場에서본朝鮮歷史」인가하나이다。이는저의게있어서없지못할선物이올시다。敎生의平生두고볼貴重品이올시다。아모리冷血者이며 鈍感者인敎生이라도 涙汗이없고는읽을수없읍니다。이것이앞으로速히單行本이되여서 방방곡곡이차자가서아직까지白晝임에도不拘하고 잠고대를하고있는이百性을 覺醒식히기를心願不已하나이다。先生님當地에와서있는 白衣族을或時記憶하야주시압소서。經濟의許諾이있는것만큼 生活은比較的넉넉합니다。그反面에精神의墜落이不可形言이올시다。특하며한잔 한잔하며싸움이올시다。昔日이스라엘百姓이埃及에서하는것을이百姓이하고있읍니다。「네가우리官員이되엿느냐」고疾視하고있읍니다。果然滅亡의길을다니고있읍니다。이百姓의救援의길은없읍니까? 저의들에게福音을말하는것은 참말「물우에팡을던지」는격이올시다。가지로亡할百姓 이百姓을爲하야눈물흘닐者가 果然누구임니까? 이는決코感情的同族愛가아니올시다。生覺하오면長吁短嘆을連發할것뿐이올시다。길어저未安하오이다。容恕하시고來來道體保重하십을。貴誌九十五號(十二月號)에誤植된듯하온것 감히抄呈하오이다。」云云。今年度의正誤表는大體로 이兄弟의것을骨子로하야된것이다。

十二月十六日(水)雨。「누가弱하면 네가 약하지 아니하며 누가 남에게 꺼리끼면 내가 애타지 않더냐 네가 부득불 자랑할진대 나의弱한것을 자랑하리라」는 바울先生은 과연 위대한 人間이었다。○朝鮮歷史號 約四百冊을 自轉車에 실어發送하고 登校監試。아직도蔣介石氏의消息이未確하야 念慮不已。○歸途에鮮光印刷所에서新年正月號의校正시작하다。

十二月十七日(木)雨。어제밤 以來로 끊지안는降雨에 시내물이 七八月장마때마치나 增水되였다。오늘밤까지도 계속하니 冬至밑에 洪水날까念慮。○蔣介石氏가生存함이確實하다고 오늘號外가報道한다。죽었다 살였다하는것이支那의일이오 報道機關의技能까지도 破壞混亂케 하는것이 軍隊의일。 ○監試後에校正。 海外消息一枚如下「日前上書하온것 보시온줄믿읍니다。小鹿島兄姉들을主님안에서그리워하든中 貴誌今月號에小鹿島癩族들의게 크리스마스선物에對하야相議가있는것을보압고 靈으로사귀어오든中極少하온것으로도 사귀고저하야 몇兄弟들이相議하야 크리스마스에놓지않고 일하야얻은分으로 小鹿島食口들의게드리고저하야 貴社로보내드리오니 受納하야주시가를 멀리서바라나이다。速히主님이오서서榮光中에 만나가돌가절이 바라면서…十二月十四日 敎生等 上」

이것은 식상 귀한 선물이다。小鹿島兄姉들도 기뻐하려니와 우에게신主예수께서도滿足하실일인가한다。

十二月十八日(金)曇。새벽貞陵里부목에 물소리 요란하게 흐르니 夏至前後의 장마 시절로 還元된가싶다。시내에 넘치는 물빛은 沐浴군의 욕심을 誘引하야마지않으나、그대로 卒寒이 와서 딱어러붙었으면 스켓팅하기에 絶好의 機會가생길듯하다。○登校監試外에는終日校正。

敬祝聖誕
謹賀新年

聖書朝鮮社
金敎臣

○해마다 賀狀을주시는이에게感謝합니다。
○定規讀者以外의 분에게 本號를보낸것은 賀狀의 대신으로 보내물인것도있고 送舊迎新의 消息을 傳하는뜻으로 보낸것도있읍니다。
○年末年始에는 聖書講習會로 因하야 不在中이옵기로、보내주신 賀狀에 對하야도答禮못했읍니다。

聖書的立場에서본朝鮮歷史（完）

（以上歷史中에一七、二二、二三은出版못하게되엿다其他의것은두어秩殘部있다）

朝鮮사람된者로서 너나없이一讀하여야할文字가있다면그것은 이咸先生의朝鮮歷史이다。特히基督者인者로서는 그信仰과現實우리歷史와의關係如何乎함은 간절히 알고싶은問題일것이다。이現代朝鮮의預言書와 舊約聖書의預言書를並讀하야 크게 깨닫는바있을것이다。

冬季聖書講習會

【講題】 聖書的立場에서본教育問題　咸錫憲
요한文書의研究　金敎臣

【日時】 一九三六年十二月二十九日（火）午后二時부터
一九三七年一月四日（月）午前까지
（每日午前午后二回식集會）

【場所】 京仁線梧柳洞驛前宋斗用兄宅

【費用】 聽講料金全期에五十錢、每一回에二十錢也

參加資格。本誌一個年以上讀者及講師의承諾얻은者에限함。毛布等寢具準備爲要。

京城聖書研究會

講師　金敎臣

場所　復活社講堂（鍾路六丁目二〇의九）

日時　每日曜午後二時半부터約一時間

注意　聖書와讚頌歌携帶。會費每回拾錢

우리의聖書研究는約二個年으로써 예수傳을大綱畢하였다。예수復活後의聖靈의役事와使徒들의書翰大要를工夫할것이 新年度의課業이다。一月十日부터使徒行傳을始講하고저한다。

本誌定價

一冊（送料共）拾五錢
六冊　前金九十錢
十二冊（一年分）前金壹圓七拾錢

要前金。直接注文은 振替貯金口座京城一六五九四番（聖書朝鮮社）로。

取次販賣所

京城府鍾路二丁目八二 博文書館
京城府鍾路二丁目九一 耶穌敎書會
東京市神田區神保町一ノ一 三省堂書店

文化書店（元山府）　茂英堂（大邱府）
新聲閣（咸興府）　信一書舘（平壤府）
向山堂（東京市）　大東書林（新義州）

昭和十一年十二月三十日 印刷
昭和十二年一月一日 發行

京城府外崇仁面貞陵里三七八
編輯兼發行者　金　敎　臣

京城府壽松町二七
印刷者　朱　貞　順

京城府壽松町二七
印刷所　鮮光印刷株式會社

京城府外崇仁面貞陵里三七八
發行所　聖書朝鮮社
振替口座京城一六五九四番

金敎臣主筆

聖書朝鮮

第九拾七號

昭和十二年(一九三七)二月一日發行

昭和五年一月二十八日(第三種郵便物認可)
昭和十二年二月一日發行(每月一回一日發行)

目次

不如學

教育에從事하는 一人으로서 잘하나 못하나 自己의 最高理想을披瀝하야 이것을實現하기에 充實히努力하는것이 그義務인줄로 우리는 알었었다。故로 會議의席에叅列하여서는 沈默하고 앉었을수없고 實施의 마당에서는 熱하지 안을수없도록 되여야 할줄로 알었었다。그러나 우리의理念과 世上의 생각과는 北向車와 南行車처럼 딴方向으로 다름질하는것이많고、우리의意見은 採擇을當하기보다 嘲弄을招致하는材料에 不過함을 자주 볼때에 魯鈍한者에게 알려진道理는「雄辯은銀이오 沈默은金이라」는古諺이다。「智慧로운者는 잠잠하다」고 箴言에 일렀거니와 十年이라는歲月은愚者로 하여금智者를 만들어낸다。理想이나學說이 쓸데없을뿐인가 산사람이 不必要한現社會이다。故로 半生半死의人間이라야만可하니 餘地의精力은 默默이 自己敎育에專心할뿐이다。

敎師되는일은 單只 敎壇우에서 科學知識의 片片을授與하는일로써 다한것이 아니다。敎科書에 없는바를 傳授하고저하야 機會를 만들어서 잔소리 또잔소리하고、心門을 열고 自我를告白하며 開放하야 저들의 어디에 부디처 보고저 힘써보았으나、이는時代의要求가 아니오 도리어 귀찮게 생각되는 일이오 甚하면怨恨의 材料가 되고마는 일이였다。이時代의學徒와 學父兄의 眼目에는 오직試驗成績이있을뿐이오 卒業狀이있을뿐이다。其餘他의일은好事者의 부질없은수작에不過하게만 생각한다。그리하야 敎師十年에 進步한것은「怠慢」이오 얻은것은「無關心」이다。이런時代에「誨人不倦」은 果然어려운일이다。사람은 만들것이아니오 되는것이라함도 事實이매 多勞無益한일을 拋棄하고 차라리 나 스스로의修學에 餘念이 없고저祈願하게되다。

信仰은 中心에 얻을뿐아니라 입으로告白하여야 救援에 이른다하며、또한 信仰의 衝動으로 오는 기쁨은 抑制할수없는 느낌도 있어서 請하는데마다 或은請하지않는곳까지라도 나아가 福音을干證하는것으로써 우리의義務인줄로알었었고 우리의信仰의確實한證據인줄로 알었었다。그러나 우리의傳한福音을 받은者 누구인가。一人이라도 있는가。오직 어떤 사람들께 利用을當하였고 하나님께 속힘을當한感外에는 아무것도없다。至今하야는 우리속에 傳道熱이 아주 消散하여버렸다。오직有益한것은 내 스스로 主예수를 믿는일뿐이다。

그런즉使徒바울과함께「내가 내몸을 처 服從하게함은 내가 남에게 전파한후에 自己가 도로혀 바림이될까 두려워하노라」고(고前九·二七)。自己의修學과自己의信仰에 더욱 專心致力하지 아니치못하게 되였다。

再出發

聖書朝鮮은 論難攻擊을 일삼는雜誌라고 보는이도世上에 적지않었고 誌友中에도 그鬪爭으로써快事라고 보는이가 없지않었으나, 이는本誌를 크게誤解하는일인故로 우리는 새로운誤解받을 多大한危險을 무릅쓰면서 明白히宣言하노니 우리는敎會에對한 一切의是非攻擊을中止한다.

古來로 眞實한勇者는 도리어怯이 많었고, 史上의勇將는 마지못하야 싸운者들이었다. 腕力을自矜하던 골리앗은 다윗의一擊에 꺼꾸러졌고, 無敵艦隊를 자랑하던國家마다 弱少한海兵에게 慘敗하고야 말었다. 鬪爭을 일삼는일이不可한것은 世上 常識으로도 判斷할만하거든 어찌 基督敎眞理가 이일을分辨치못하랴.

無敎會主義란것은 旣成敎會를 攻擊하는데에 그存立의 使命이있다는듯이 말하는이가 있으며, 또한 無敎會主義의本産地에서 「私は爭ふ」라는年頭의標語를提唱하는이가 있음을 알지못함이아니나 그럼에도不拘하고 우리는一切의論爭攻擊을 斷念한다고 宣言하지 아니치못한다. 大體우리는 意識的으로 計劃的으로 組織的으로 神學的으로「나는鬪爭의勇士다, 旣成敎會를攻擊하는데에 우리의使命이있다」고 이러한 생각을품고서는 하로밤도 安眠할수없는性格의所有者이다. 그렇다면「너는無敎會主義者가 아니라」고해도無可奈何다. 無敎會者가 못될뿐더러 地獄의刑에處한다해도 우리는 밤낮 敎會를攻擊하는일이 내使命이라고觀念하면서는 하루도 살수없는者이다 우리가 본대로는 하나님도 그리스도도 平和로운것이 그本性이시오 怒發하시기는 萬不得已한때의일이오 또한暫時의일이다. 故로 아침에怒한일을 日沒하기까지 두지말라고 하셨다.

昨年까지 昨日까지에 우리가 싸운일이있었을지라도 今日에또다시 그鬪爭을 繼續할義務도興味도 없다. 內村先生의首弟子들中에 밤낮「無敎會 無敎會」를連唱함이 南無阿彌陀佛을連呼하는俗僧같음을 보게되며, 敎會攻擊을 일삼든常習으로써 無敎會者끼리相剋不息하는樣을 보게될때에 우리는 無敎會主義라는範疇안에 우리를拘留하랴는 모든勢力과誘惑에서 우리를解放하여야할것을 切感하였다. 現存 無敎會者의大家들과 우리의步調가一致하지않는다고 우리를是非하지말라. 內村先生의 싸우든싸움과 다르다고 우리를責하지말라. 저들은 저들의立場이 다르고, 저는 저의時代가 있었다. 루터의抗爭 바울의辯論도 우리가繼承할 아무義務를 느끼지안는다. 우리는 오직平和를希求하는 마음으로써 이몸을 主그리스도께 맡길것뿐이다. 이舞臺와時代를向하야 그리스도가 싸우실것이니 그싸움이 우리의全力을다하야 싸울싸움이다. 짐작건대 이번싸움은 여호와를敬拜하는 모든무리가 合力하야當하여야할 싸움인가하노라.

明鏡臺

敎師로서의 내가 나에게 배우는者에게 무엇을 가르쳤는지 가르킬때에는 分明히 깨닷지못하였다。但 우리에게 배운 사람중에서 自己가 아는知識이 가장正確한 智識인줄알며、自己가 믿는 믿음이 가장正統의信仰인줄 自信하며、自己와 다른者를攻擊함에 甚히猛烈한者가出現함을 보고 우리는 스스로 깊이反省하지아니치못하였다。설혹 나自身이 一에서十까지 그대로 가르킨것이 아니었다 할지라도 우리의 어느部分의缺陷이 露出한것같아서 그 世上에 미치는弊害와 걱정에對한 責任感이 全無할수는 없었다。사람을 가르켜 보고야 비로소 나自身의非를 痛絕히 느끼니 晩時의責이 스스로 깊다。

家長으로서의 내가 무엇을子女에게 가르쳤던지 未確하였으나 저의들의 長成함에 미쳐서 보니 저들少數의社會에 現著한特徵이 두가지가 눈에 띄인다。一은 軍隊式命令소리오 二는 서로서로의審判이다。저이들은無心코行하는일이오、이두가지가 모다惡한일은 아니다。모다 聖書의一部分에서由來하는일이다。그러나 今日에至하야는 나로하여금 限없는懺悔의 눈물을 뽑아내지않고는 마지안한다。내가 내家庭에서 絕對의命令權을 세운것처럼 언제 내가 主그리스도께 絕對服從하였던고。친구보다도眞理를 더사랑할것이라 함은 오직一面의眞理를傳하는말이였다。이 아름다운文句에 속아서「審判치말다」는 嚴然한誠命을犯한結果는「모다 보라」는듯이 우리家庭안에 結果하면서 있다。이제보건대 眞理를爲한다 公義를爲한다 主를爲한다 함은 모다 핑게에不過한것이오 實相은 그속에 猛烈한復讎心이多部分活躍하였었다。單只 摘發과攻擊으로서는 아무善한結果에 이를수없음을 家庭敎育의 破產에臨하야 깊이神前에悔改하지아니치못한다。

本來 同一한先生께서 배우던 젊은敎友가 近日에 새로小雜誌主幹암을보고 그驕慢無雙한擧動에 우리는失色할번하였다。저는 自己著書를 읽은사람마다 번번이 感謝狀을 써들여야紳士답다 고하며、自己雜誌를購讀하다가中止할때는 中止屆를提出하여야禮儀에合하다하며、自己先生의敎理와學說로써異議가 생긴때는 先輩를埋葬하고라도自己說만樹立하지않고는 마지안는形勢이다。이에至하야 우리는 또한 저를嘲笑하기前에 聖書朝鮮의過去의 어느部分을 鏡臺에 비쳐보는듯한報面의感을未免하였다。朝鮮과같이 靈界의일에關한評價가低劣한社會에서는 多少의高踏的態度도必要하였다하면할수있겠지마는 친구의創業期의行事를目睹하면서回顧하니 그것도血氣의일이오 靈의일은아니었으며、一時의일이오永遠한일은아니었다。進退維谷의處地에 몰려와서야「主여 溫柔함으로容納하게합소서 謙卑의道를 걷게합소서」하고降服하다。

聖書的立場에서본世界歷史 (10)

咸 錫 憲

四、人類의進化

生命의最高階段　人類가나타남으로 生命은그 가장높은階段에 이르렀다。이높다는뜻은 進化論에서 高等動物 下等動物 하는意味의 높다가아니다。그高等은 器官의複雜함을 意味하는것이나 이高等은 그런것이아니오 精神的것을말함이다。生命現象이란 하나님이自己를 들어내는일이라생각하고、그들어남이 사람에있어서 가장本面目에 가깝게되였다고보는것이다。勿論進化論에서는 이런생각을 할수없다。그러나生命이란 根本性質에있어서 그러하지않을수없다。生命이란結局 精神的生命이지않을수없다。心理學이나 生物學에서는 純全히精神的이아닌、生活現象的인것을 생각하지만 그러한것은、即그러한純肉體的 動物的인것은 따저들어가면 結局 無生物과 區別없는 一個物質에지나지않는다。事實로모든生物學者들의 生命을 어떤機能的인方面에서 物質과區別해보려는努力이 다無用에도라가고마는것을 우리는잘알고있다。成長이라 滋養攝取라 新陳代謝作用이라 繁殖이라 이런것을가지고 生命의定義를 나리려애쓰지만 또한便에서는 無生物이라하는 것에도 그런現象은 다있는것이라고 論破한다。生命은 그런것이아니다。生命의生命된點은 物質的인것이아니오 非物質的인것에있다。거울이나 자로 헤아릴수없는것에 바로 生命的인것이있다。그렇게말함은 반드시生命이 物質에서 떠러저있다는말이아니다。적어도地上에있어서는 生命은永遠히物質을떠나 存在할수는없을것이다。그러나 그러면서도 物質그것은아니다。마치光明이 暗黑을떠나서는 存在할수 없으나 그러면서도 決코暗黑中에있지는않는것과같다。光明의光明된所以는 暗黑에부터있으면서 恒常暗黑을否定하려는 바로거기있다。그처럼生命도 物質에 붙어있으면서 物質을否定하는、이기는、삼키는者다。그런故로우리는 이렇게생각할수가있다。萬一精神的인것이 終乃나타나지못하고 말였다면 이宇宙에는 生命은없었으리라고。或은 한거름더나가 存在조차없었으리라고。唯物論者가 생각하는것같이物質이 生命을 낳은것이아니라 도리어精神的生命이 있어 物質世界는 存在가 可能하게된다。모세가하나님에게 그이름을무렀을때 하나님은自己를「있으려하야서 있으려하는者」라고하였다。(출애굽三章十四)(우리飜譯에「自然히있는者」라하였으나 히부리語學者들의말은 그있다는 動詞를未來의뜻으로解釋할것이라한다한다)。生命는그本質로서는 있는者나 歷史的으로는 恒常있으려하는者다。그리하야 그生命이있으려하는데서 物質어나오고 植物 動物이나오고 世界가나온다。

이것을 生命의實地歷史에 適用하면 進化論者의말이 本末을꺼꾸로한것임을 알수있다。그들은無生物에서生物이나오고 生物에서人類가 나왔다고한다。우리도以上에서이때껏 그렇게생각하는듯이 말하였다。그러나 그는說明의便宜도한것이오 根本을말하면 그렇지않다。예수가 自己는創世前부터있었노라하였지만、그만아니라、그가있었으므로因하야 우리가、即精神的人格的인것이 創世前부터있었다。故로 魚類 爬虫類、哺乳類가 人類를낳는것이아니오 人間的인것이 도리어 그모든것의 存在根源이다。宣傳者가王을이끌어오는것이아니오 王者가그앞에 宣傳者를보내는것이다。故로創造는 究竟에있어서 나타남이다。人類의創造가 나종에된것은 나종에지은바되어서가아니오 나종에나타났을뿐이다。처음부터있었는故로、王者인故로 나종에나타났다。

지금까지우리는 生命이란말을 아무分別없이썼으나 生命은一樣的이아니다。生命은平面的인것 空間的인것으로 把握할것이아니라 立體的 時間的인것으로 把握할것이다。바늘끝의 한방울물에 그世界를 가지는微生物로부터、밑음으로因하야새로나、부는바람같이 그오는곳도알수없고 가는곳도찾을수없는者에까지이르는 生命의歷史는 進化論者가보는것같이 直線的인것도아니지만 또바다ㅅ가에 조악돌처럼 아무關係없이 固定한 同一平面의世界우에 굴러다니는것도아니다。서로서로가 제各기의 獨自性을가지면서도 하나로連하는것이다。超躍에依한上昇이다。故로生命은 階段的으로되어있다。그리고 그最終의階段이 人類에依하야 到達되었다。저에게있어 精神的인것이 나타났기때문이다。物質을이기려는 生命의힘이 最後의一蹴으로 靈界에向하야 雙翼을펼칠수있는 最上點에達하였기때문이다。이생각은、人類로因하야 生命의最高階段이 나타났다는 이생각은、以上도그렇거니와 더구나 以下의歷史를理解하는대서 반드시 잊어서는아니되는 根本前提다。本章에있어서우리는그前提를 맘에두고 爲先人類가 어느때 어대서어떤 經路를밟아 오늘날의身體와 맘의 特質을가지게되였는지를 說明하야보기로한다。

四

人類의祖上 人類가祖上을가진다는것은 지금부터六七十年前까지는 생각할수도없는일이였다。그때에 사람들은人類란 어떤永遠한過去에 創造된以來 오늘까지變함없이 生死의바퀴를 굴고있는것으로알었고 더구나基督敎에서는 創世紀의記事를 文字대로解釋하야 하나님이아담을 흙으로비저만들든것이 그 처음으로알었다。우리나라에서는 지금도그런생각을 가지는사람이많고 一部信仰家는 人類가動物에서進化하야 되었다는대對하야 悲憤한態度를가지기까지도한다。그러나發達하는 現代學問은 그런사람들을 마치河流가 그堆積物을 남기고가는것같이 도라보지도않고 自己나갈길대로 쑥쑥나가, 지금은人類가 哺乳類의어떤것에서 나왔다는것은 普通敎育을받은사람에게는 거이疑心할수없는 眞理가되였다。反對하는사람은 人類가 動物에서나왔다하는것은 萬物의靈長으로서의 人類의尊嚴을傷하는것이라하지만 그는一個感情問題요 眞理앞에는 感情은어대까지던지 그자리를辭讓하지않으면안된다。또聖經에反對하야 神의能力을否定하는것이라하지만 그것도그렇지않다。聖經이반듯이 그렇게解釋할것아닌것은 우에서도 이미말한바어니와, 그렇게말한는이는 爲先自己의 神認識에對하야 한번反省할必要가있다。歷史를가만이보면 사람의神知識은 恒常外部로부터의 反對에依하야 자란것을본다。이스라엘의하나님이란 여호와神이 世界萬民의神이되기는 바벨론捕虜時의일이니 信仰이스스로자랐다기보다는 外部의情勢에對하야 그以上自己를 固執할수없어서, 남이보기에는 一見讓步하여서 進步된것이오 옛날의地球中心의世界觀에서 現代의無限宇宙의 世界觀에이른것도 同樣으로事實에못견디어서된일이다。故로信仰은恒常 敵手안에서 새로운神知識을얻어내는 謙遜과智慧가 있지않어서는안된다。人類進化의事實같은것도 確實히그中의하나다。사람이자칫하면, 더구나全能의神을믿는 敬虔을가진者일수록 神을가지고 工藝家처럼알기쉽다。그러나神은도리어 工藝家이기보다는 農藝家라함이마땅하다。即神은 原料를가지고 맘대로機械를 만드는이가아니오 生命의種子를심어 스스로자라게하는이다。前者가靜的機械的神觀이라면 後者는 動的生命的神觀이다。하나님이人類를지으되 人形師가人形을짓듯이하지않고 農夫가種子를심어 나무를키워 果實을맺게하듯이한것은, 이一層높은神知識을 주기爲한것이아닌가。하나님의말슴은 글에있는것이아니오 事實안에있다。聖經의글은 그事實의飜譯에不過한다。故로文字에拘泥할必要는조금도없다。

그러나 聖經에 하나님이 사람을흙으로비저만들고 코에氣運을 넣었다는것은 單히一片神話로 걷어치울것은아니다。그는그우의 다른萬物의創造와 比해보면알수있는일이다。하나님이天地와萬物을 創造하실때는 오직 무엇무엇이있으라 어떠어떠게되라 하는命令으로만하였다。그런데사람을만들때마는「우리形像대로 우리모양과같이 사람을만들어云云……」한後 親히만들었다。即前者들은 單純한原理, 或은法則에依하야 創造한代身에 後者는特히가까운人格的關係가 깊이 들어있음을意味한다. 故로人類도 다른모든生物과같이 進化한것을 認定은하나 또單純한適應에만依한것이아님도 記憶할必要가있다。그리고이것도事實이證言한다。그는即 人類는그化石을 남긴것이 極히드물다는일이다。地質學의研究結果를보면 다른生物은 모두豊

富한 化石을남겻고 人類에가장가깝다는 猿類도 決코研究에 不便할程度아닌대 人類의化石에이르러는 無雙한苦心에도不拘하고 얻기가非常히어렵다. 오늘날까지얻은것은 몇個의斷片에不過하고 더구나그動物에서 갈라지는初期에것은 아직 도모지 알수없는모양이다。勿論今後에 探索과研究가 나가면 놀랄만한成果를 얻을줄은믿으나 左右間그遺物이 極히드문것만은事實이다。그러면이는웬까닭일까。그는別것아니오 人類는 그처음에있어서부터 매우智慧로운生活을하엿다는것을意味한다。化石은特別한境遇를 내놓고는 大槪水中에서되는것인대 化石을남기지않엿다는것은 그가溺死하는일이 없으리만큼 注意있는生活을하엿다는것이오 注意깊다하는것은 벌서心意生活이 發達되어있음을 말함이다。故로生物學者들이 人類와猿類間에는 다른種類들사이에서 볼수없는 懸隔한差異가있고 身體構造보다도 精神機構에있어서는 더구나도큰巨溝가있다고하는것은 偶然한일이아니다。그러면人類의祖上을 그처음부터 人間的이게하야 動物의아들이면서도 動物의아들이아니게한, 그어떤무엇은 어디로조차온것일까。遺傳에서도아니오 環境에서도아니다。果然볼수도없고 잡을수도없는것이 코로들어갔다고하는것밖에없다。하나님이親히 부러넣엇다고하는 先知者의말밖에 이謎語를풀者는 永遠이없다。

우에서말한대로 人類가動物祖上을 가지는일은 거이疑心할수없는 事實인듯하다 科學은그것을 身體여러器官組織의比較로, 化石으로, 血液型, 細胞組織等의 比較로 여러가지로 證明한다。그리하야그結果로 우리人類와系統上 가장가까운因緣이있는者는 所謂大猿猴類의 골릴라, 침판지 오랑우탕 하는것들이다。이것으로보아서 人類는 아득한옛날어느때에 人猿共通의祖上이되는 어떤動物에서 나오것이라고推定한다。

그러나 흔히人類進化를말할때는 사람은 원숭이가變해서 된것이라, 원숭이가進化하면 사람이될수있나 하고말하는대는 단다히修正을要하는잘못된생각이있다。사람은決코 원숭이가發達하야 된것이아니다。사람은그祖上에서 사람으로 發達한것이오 원숭이는그祖上에서 원숭이로發達한것이다。故로우리와 저는 다시合할수없이 서로딴길을나가게된것이다。오직다른動物과比해보아서 아직갈라지기를 가지하엿달뿐이다。故로 원숭이는 아무리發達해도 원숭이이進步한것이오 사람이될수는없다。故로人間을研究할때 원숭이의習性이나 生活을보아 그것을끝 人類의옛날일로 推定하려는것은 그럴듯하면서도 根本的으로 잘못된것이있다。우리가원숭이를 人間研究에 參考할것은 그近似한點에도 있으려니와 그보다도더큰價値는도리어그달은點에 있어야한다。저는같은祖上에서나와 왜人間이되지못하고 딴길을 걷게되엇나。뒤집어말하면, 人類는 人猿共通의 祖上에서 나오면서도 무엇때문에 人間이되엿나 精神的人格的生命을가지게되엿나 그點에注意하지않으면안된다。故로人類進化를말하는것이 人間의靈性을 否定하려는것같이 생각하는이가있으나 이는쓸대없는念慮요 도리어結果는 反對로 漸漸더人類의 靈特한點을 들어내게된다。

瞑想錄

申瑾澈

六尺의床頭 枯坐瞑默에 잠기는時時로 一片神心은 天地森羅속에 헤메이나니, 진실로 偉大神秘한것은宇宙의現象이오 不可思議한것은 人間의存在이다。悠悠한天地 遼遼한古今에 想을달리고, 乍生乍死 雲散霧消하는 人生의 須臾와虛無를 헤아릴때, 一隻靈眼에 비취는바 萬象은 오직絕大요 絕美요 驚歎이요 欽仰일뿐이다。

이自然의 至大至靈함과 人間의 蕞爾微弱함을對比省察할제마다, 『하늘아래 人벌려지?』 하던 아득한 지난날의戲言이 回憶되는것이다. 『하늘아래 人벌려지를 아느냐』 이는비록千字文 옆에끼고 싸리말타던 過去幼稚時節의謎語인것이나, 靈長人間을 節足昆虫에比擬함을 頭腦의單純으로서 輕捴할바 아니다。

自然의 偉大神秘를 感得함에 인색지 아니한 新鮮童心에서 우러나오바 驚歎의一聲이, 箇一言中에 含蓄되어있음을 모름즉이 覺得할바 아닌가。

우리萬一 心中에充滿한 幾多 先入의 見을 버리고 무엇하나 생각지 안는 天眞한 마음의 거울에 天地의森羅를 비추어보라。永遠無窮한 大自然의앞에人力이可히擧論할바 무엇이 있는가。

萬重泰山을 우러러보라, 그아니儼然한가。千古長江을바라보라, 그아니悠然한가, 渺望海面에 굽니는鱗波는 얼마나 平和로운 氣象이며, 無涯蒼空을 徂來하는 白雲은 또얼마나 自由로운 象徵이냐. 어찌六尺의人間만은 地上에蠢蠢하야 終日終身을 役役하고 倥促하야 流然死去하는가。

山野를奔走하기 오히려 走獸만이나한가。喬樹를 攀登하기 能히木鼠만이나한가。飛鳥와같이 翔空이自由로우며 游魚와같이 潛水가自在한가。雙眼은 暗中에서 咫尺을 分揀하지못하고 兩耳는隔墻一間外를善辨하지 못하는것이 吾人 人間의 能이다。어찌月痕을 잡으랴。手可摘星辰을 하랴。風吹하고 浪打하고 雨灑雷落함에 그어느하나도 人力의 關與한바 아니니, 暴雨가 四十日 四十夜요 大旱이 七年이로되 一點風 一滴雨를 人力으로 奈何하지 못함은 노아 바로의 옛일만이 아니다。實로 萬古一貫하는 金剛不壞의事實이다、

有時로 眩惑한 人間들이 人力을 自大하거니, 일즉이 拔山의力을갖었던가。例海의略은 있었던가。嶮山峻嶺이登躋에 困하고 大海巨浪이 遊浮에難함은 五十萬年以來의 依然한事實이 아니더냐。

瞑想錄 八

그렇다。挾泰山 超北海는 진실로 不可能事의 形容詞이라하거니와、宇宙의萬物이 모다 人間보다 壯하지아니하냐、不可思議하지 아니하냐。偉大莫測한自然의앞에 人力의 있는곳이 그어드멘가。

或은 科學을 말하리라。天工을凌駕하고 大自然을 征服한 人類科學의 偉大한 寶藏을 보라고。

오오、科學。蒸氣 瓦斯를 利用하야 海上을 달리고 電氣를 妙用하야 水陸萬里를一瞬에通하는科學。進化學說을낳고 遺傳學說을낳고、物質力不滅則과 相對性原理를내는科學。이는 人類가 五千年以來로 쌓아오는文明塔이라 輓近에이르러 더욱驚異할 發展을 보이고 있는者이니果是자랑에 値하는 輝耀한建築이다。精金美玉으로 빛나는 燦然不朽의 그功績이야 말로 크게 讚揚할바이다。

然이나

무릇 過誇는僞요 踰分은僭이다。科學이自己를過信自大하고 自體의領域을 跳脫하야、宇宙의온갓 神秘를知悉한양 誇衒하는때 그것은可笑할虛僞의僭越이되는것이다。

果然 科學은 天工을凌駕했고 또 自然을 征服했는가。

天惠萬物을 巧利妙用하야 絢爛히도 飾裝한 오늘의 科學은 交通通話의 迅速을 自誇하고 人工照明의輝煌을自矜하며 機械力의 神通을謳歌한다。

그러나 보라。天體運動의 저迅速함과 日星의光明함과 風水의偉大한힘을。人間의全智全能을기우리되天然의 앞에 拜跪아니하지 못하나니、摩天을擬하는 高樓 炫燿한文明의 利器 絢爛한學術의精華도 하루아침 天災地變의 앞에는 烏有灰塵으로도라가나니、制限이있는 故障이있는 不完不全한 人類科學의 蕞爾함이여。또發達한醫術은 人類의壽命을延長하기 幾許요、數學의精緻가自然界의 神秘를 計測하기幾何인고。分析의精 合成의巧로 科學의奧妙를 傾注하니 能히 分割力있는 한개의 아메바를、發芽力가진 한알의 芥子씨를 實驗室에서 造出하는가。무슨科學이物理化學的方法으로 生理現象 意識現象을說明하며、物質과 運動의起源을 言語와思想의神秘를 物質的法則으로 解釋할것인가。

아니、觀察의正確을 自矜하는 機械의 不精確은 도리어 物理學이證明하는바이며、偉大한 科學說일수록에、보다큰驚歎과 보다깊은敬畏의 宇宙終極의 實在에逢着하는것이 아니냐。어찌 科學이生前을說하며 死後를解하랴。마침내 一秒時後의運命 一刹那後의 死生을豫測할바 文明이 없나니;萬能科學을豪言하야 唯物論과 機械觀의 陷穽에 빠지던것은 過日의 迷夢이다。假說에立脚하야 現象敍述로서 구실의 全部를삼는 科學은、모름직이 事實의探究와、闡明이라는 固有本來의 領分을 固守할바라 하거니와、浩渺無際한 實在大海의 眞理磯邊에 彷徨하는이科學이어야말로 그얼마나 초라한行色이냐。초라하다。허술하다。엉성하다。實로不完不全의 至極인 이科學。이나마 그所自來는 어디인가。科學의힘이요、人間의智라하는가。그러면 人間에게 이智를 賦與한者는누구인가。

『너이가 心中에 이르기를 내能力과 내손의 權利로 이재물을 얻었나 하지말라。』하는 天來의 大聲이 胸憶의奧底인 心耳에 聹聒하는者 있으련만、오히려 귀먹은 心竅은 어디까지나 모르겠느니 없느니하고 頑然히 강잉하야 그릇된偏見과氣習의先入을 固執하려는가。

슬프다。現象界란 皮相一膜의世界에 跼蹐하야、오직 人力과 自力으로 人生을 測量하려는 可悶한唯物의 科學眼이여。空虛히 物質萬能을 妄信하는自大聰明의 可憐한 思想家여。乃至는 分數없이物慾에 날뛰어 오직 酒色으로 黃白으로 苟且히 目前의慰安만을 追求하는 享樂主義의 髑髏여。어쩌 저이들이 저無限한 空間과 無窮한 時間에對하야 思索한일이 있을것인가。적으면 비루스의世界로부터 크면 無數한 天體에 이르기까지、모다秩序整然한 合目的性의 具現임을 瞑想한일이있을것인가。冷冷한一介石灰殼中에 曉歌嚠喨한 鷄鳴聲이 深藏되고、寒林凝芽裡에 爛漫不盡하는 百花가準備되어있는 神秘不可思議에 撞着한일는 있을것인가。아니다。그들은 瞳瞳하게 솟아오르는 崇高無比한 曙天의大光을 바라보되 驚歎의聲을 發하지 못하는것이요、靜夜大空에 흐르는 無量星光을 우러르되 敬畏의念을 이르키지 못하는것이다。露華月光의秘語를解하지못하고 岳色江聲의慰藉를 感謝할줄모르는 그들。啼鳥吟虫의 生卵羽化도 春發秋落하는 四時移變도 何等의新奇와 驚異로 보이지안는 그들이다。天地의온갓眞理를 知悉한채 한갓 『다그렇구 그렇지』의一言으로 萬事를 덮어버리나니、坐臥하고行往하고 逸勞病死하는동안、이 히한하고 으리으리하고 벙벙한 大自然의 앞에서、한번도 眞實深刻한驚異를 찾지못하는것이다。따라서 人生의 大悲大哀를 모른다。大喜大安을 모른다。참眞을 모르고 참善을 모르고、참美 참聖을 모른다。오직 全而目 全人格을歪曲되고 隱蔽된채、無意味한 人生의 荒野를 右往左迷하나니、이가론『獸心의人』이냐 『愚蠢이徒』이냐。

嗚呼、果然 그무엇이 天地人生에 對한 저들의眞明을 가리우고 眞聽을 막었는가。科學이냐。文明이냐。教育이냐。因襲이냐。制度이냐。모름직이 이따위 一切有形無形의 偶像을 毁破하고『마음의 청결한者는마음의 가난한者』되어보라。人벌리지를數하는 坦懷虛心으로 全身全靈에 울려오는 神秘久遠한大消息에 귀를기우려보라。여기

『人生들아 근본으로 돌아가라』고 모세는祈禱하고 또信仰의先覺 다윗은

「빛으로 자기를 덮으시고 하늘을펴시며 바람과불꽃을 부리시고、또깊은물을 땅에덮으시고 우뢰소리를 발하시는하나님。 물을주시어 들즘생과 나는새와 육축을마시게하며、사람의 소용을 위하야 포도주와 기름과 양식을 나게하시는 하나님。달을 지으사 절기를 정하시고 해를지으사 밤이있게하신 하나님을 讚頌하되 『여호와의 지으신것이 어찌 많으니이까。다 지혜로 지으셨으니 주의 부요함이 땅에 가득하니이다……主께서 먹을것을 주시매 저이들이 배부름을 얻었나이다……主께서 기운을 끊으신즉 저이들이 죽어 진토로 돌아가리이다……내가죽기까지 내하나님을 찬양하리로다……너이는 여호와를 찬양할지어다』

이얼마나偉大한 自覺의 消息이요、開悟의心證이냐。

오오、至大하다。至高하다。至深하다。至微하다。宇宙에 充滿한 天地大能의 힘이여。이는곧原子 電子의世界 四次元의世界를 攝理하야、天地萬物을創造하고 進化시키는 最高唯一의實在이다。時間과空間을超越한 至靈至聖한天地 永劫의 眞理太源이다。『오직저에게依支하야 살어 움지기고있는』우리人間은 다만拜跪屈服할따름이다。敬拜歸依할뿐이다。오오、至大하다。至高하다。至靈至聖하다。다만至深至切한浩歎三昧있을따름이니、이는곧 覺醒一番 謙虛至上하는豁然한一朝의 開眼消息이다。깊고도질던迷蹤의雲霧바야흐로 거치고、山河는歷歷이오 千里晶明한 大自覺의活原頭에登着함이니、開悟의山麓과山巓、이얼마나 엄청난 景象의對照이냐。얼마나 神秘不可思議한人間의心靈이냐。또한驚異로다。神秘로다。

이驚異神秘로운 心靈의自覺을 內函한 六尺의人間、이가곧偉大하고壯嚴한 天然의律理를 考究利用하는 人間이오、華麗한文明을장만하고 悠久한歷史를짓는人間이다. 眞善美의 實로 宇宙以上인 高遠한理想을標榜하고 晝夜로 精進하되、永遠히自足함을 모르는人間이다。一切萬法을一念으로構出하면서、오히려心靈의 深深한瘡痍에傷心懊惱하는人間。하물며는流轉의自我를排拭하고 恒有의自我를確立하야、自己의存在를神秘的인 天地의實在로 더부러結合同化하려는人間。이얼마나 不可思議한存在이냐。오직驚異다。神秘다。超絕한驚異오。駭絕한神秘다。

오오、驚異 驚異!神秘 神秘!

이는 나의信仰이다。나의宗敎이다。

(一九三六年 救主聖誕祭日)

一〇

金先生主前 上書

久未得採 安候하오니 晝宵에伏慕憧々이로소이다。伏不審辰下 寒威가 益厲하온대 先生主 尊體度 一向萬安하옵시며 宅內均康하옵나이가 並切仰慕하와 不任勞祝之至로소이다。下生은 救主의恩寵을 입사와 身邊

의諸般症狀이 漸至緩漫하오니 伏幸々々 이로소이다。就伏白 聖書朝鮮十二月號가 尙未到着이옵기 一日을千秋로 苦待中이올시다。或先生主身邊에有故하심인지 當局檢閱에 支障이 있음인지 下情의悶悶함을禁치 지못합니다。萬一 이미發行送本호기시라면 悚悚千萬이오나 再次下送하야주시옵기伏望하옵나이다。

同封小稿는 病中無聊를 自慰하고저 記錄한 近況의一端이오나 病客의稚戲임을 不免하옵가 敢히載誌하심을 願望하지 못하는것이올시다。思想의未及과 文辭의語謬를 多々斤正하시와 下敎를勿吝하시옵기伏乞々々하오며 餘는 不備上達하노이다。

一九三六年 十二月二十六日 下生 申瑨澈再拜

晏泉兄

光陰를 一別하온후 어느덧四春秋입니다。花晨月夕으로 望風懷想하오매 實로 飢渴한者와갈사오니 相思一念의 惓々한 懷抱 그深切함이야 兄我다르리오마는、眞情流露인 兄函을 奉讀하올제마다 感激의 熱淚를 禁할바이없옵니다。翼日 惠送하신聖誕膳物冊子는 感謝萬々이오며 諒領에多感々々이올시다。歲暮寒天 日來에兄候 다시 保重하옵시며 宅內均康하옵는지 乍阻懷仰이 彌切不息이올시다。

回想하옵건대 其間一年、兄은社會의所謂初年兵으로서 未熟한敎務에 苦楚되심이 그얼마나 하셨을넌지。此는到底히弟의想像할바못되옵거니와、

兄의 經綸와아울러 熱心敎導가 반드시可觀할成果를 얻으리라고 自信하는바입니다。兄이 이제 回顧一年하시는 그感懷가 어떠하십니까。病弟는 吾兄의恩德을 힘입어 無事順坦한 療養道를 걸어少康한氣分의日々을 享受하오니 實로感謝함을마지못합니다。다만年來로零落에기우는 家門에接踵하는不運만은 依然 가싀지 안사오니 傷心할바이오나 이는不足仰煩이옵고、眼前에臨迫한 冬季聖書講習會에關하와 心胸에別異한孤寂을感합니다。過去數年 兄께서小弟의靈肉救拯을爲하사 至極하신 親愛로써 弟의集會出席을懇切勸誘하셨음은 弟腦裡에深刻된感激이올시다。다시 弟自身도聖書朝鮮誌를通하와 誌文으로 親熟해진 諸先生의溫容을 拜面하고저하옴은 弟年來의渴望이었나이다。然이오나 待望하던聖研會를目前에바라보면서 이제오히려 因病蟄居를 不免하오니 吾兄厚意에 奉副하지못함이 罪悚難堪일뿐더러 有意여莫遂오無爲로送年하는 劣機存生의碌々함을自嘲自笑함이 甚합니다。

然이나飜思一番하오니 苦盡甘來는 救主예수의恩寵입니다。互古通理입니다。潤甚々々之餘에 어찌聚首磋討하는 素望達成의日이 없을것입니까。弟또한번 明年集會를 期約하므로써 心中의焦燥와深恨을 自慰할뿐입니다。오직上天의聖父 垂佑하시와 聖潔한 貴集會에平安을나리시오며 最大의所得으로써 集會를畢하시옵기一心爲禱하나이다。

끝으로拙稿에對하야 一言드립니다。그것은 聖朝에對한弟平素의無信을謝하는微意에서 蕪辭임을不顧하옵고 仰呈하는것이올시다。然이나 敢히誌에 실어주시기를 請하지못하오니 吾兄은 哂覽하시되 固陋한漢字의濫用은 弟自身 自責赤面을不禁하는바이오니 過咎마시고 病客의閑戲로서 弘量寬恕하소서。不盡所懷하옵고 遙禱景福하오니 伏愉垂覽하소서。

丙子十二月二十七日 於花園町舊集 弟申 瑨 澈 拜

一二

申兄께드리는
冬期集會에서의片感 (上)

星 泉

誌友여러분 이글을쓰는 動機는 前番과갈읍니다。完全한 私信으로 생각하시고 보아주소서。글쓰는데 知識이 이거 全無하려니와 案도없고 推稿도 거이없이 短時間에 片紙로 쓴것이오며 또 間間이 時調類似의 서준글도있으나 이는 世人의潮笑를 사가願함이아니오 오죽 病床의벗을 慰勞하자는뜻이오니 諒知하소서。

『主를通하야 사괴는 우리사이에 書信의有無와 文句의 如何가 誤解를 사는따위일은 永遠히 없으리라고 믿으오』라는 兄의 書信의 몇줄을 깊이 깊이 씹으며 例年과같이 集會로 向하였소。

『사굄, 主를通한사굄, 永遠한사굄』이렇게 부르짖을때에 짧고 單純한 나의過去의生涯만에서도 交友와 誤解에關한 슬프고아픈 토막토막의追憶이 끊일줄 모르게 떠오르오。

申兄! 사람과 사람을 親友로 만드는 原因이 어찌 한둘이겠소 술로 娛樂으로 돈으로 一時的情으로 事業으로 學問으로, 其他 物質的으로나 精神的으로나 허다한 交友의仲介的要素가 있을것이오。그 仲介的要素가 一時的인性質의것이면 그 交友가 一時的일것은 論할바도 못되거니와 그要素가 精神的인 性質의것이라 하더라도 嚴格한 意味에 있어서 眞正한 信仰으로 붙드려매인것이 아니라면 그사굄의 永遠性을 나는 肯定할수는 없소。참을 渴求하는이나 社會를 爲하야 盡力하는이들은 自己들의過去에 비치어 보아서 이를 否定하지는 못하리다。

나의追憶은 다시 最近三年間 兄我 두사람의關係에 붙잡히어 떠나지를 못하오。지난날에 弟의 死線에서의回生도 奇蹟이려니와 兄이 回復의길을 걷고 있는것도 또한 奇蹟이 아니리까。申兄! 이것이 어찌 우리들의肉的生涯만을 爲한 回生이리까? 回復이리까? 눈을 감고 默然히 앉어 고요히 回想하노라니 昨年이때에 兄이보낸 病床記가 句絕句絕이 떠올려 나의 뼈 마디마디에 사못치는구려。零下二十度附近을 오르나리는 酷寒에 등구재마루 우 허무러지는 一間茅屋에서 自炊하던 兄의모양이 나의 眼前에 歷然히 보이는구려。『오늘에 있어서 나의할唯一의義務는 다른이에게 조금이라도 괴로움을 덜끼치는것뿐이오』라고 兄은 나에게 말하지 않았는가。거룩한 肺病患者여! 나의親友여! 同志여!

申兄! 나는 兄의 피로 쓰여진 三十數枚의 病床記가 나의 뜨거운 눈물로 적서졌음을 記憶하노라。못(池)을 둘러싼 포푸라의숲은 아직도 나의 感激에 넘친 우큰소리를 記憶하리라。이는 一時的 興奮에 激動된 눈물이 아니라 오직 兄으로 하여금 그같이 굳세게 싸워 죽엄을 삼키게하는이에게 끝없이 感謝함임을 吾兄은 알리라」西天의 조각달과 마을앞 松林들이 아직도 나의 祈禱를 잊지는 않였으리라。비록 至極히 微微한 者이나마 끊입없이 祈禱할때에 그 祈禱로 말매암이 아니라 하더라도 絶望에 가깝든 吾兄이 漸次로 回復하는一方 主의生命이 兄의가슴속에 싹트기 始作함을 보오니 感極하야 소리처 운다한들 山과 들이 어찌 怪異다하리오。숲 과 달이 어찌 怪異다하리오。

『兄에게 肺患주심을 진실로 主께 感謝합니다』라는 글을 내가 兄께 드렸을때에 兄은 이같은 回答을 나에게 보내지 않었는가? 『兄書받고 弟 다시 沈想瞑默에 잠깁니다。兄 그렇습니다。 저에게 이四年의 苦患이 없었던들 저는 到底히 이제와 같은 眞摯한 態度로써 人生을 思索하지는 못했을 것입니다。弟 至今의信仰이 아직도 弱함을 自認하는 바이오나 弱한 그대로 比較的 充實한 生의 하루하루를 살아가게됨이 얼마나 恩惠로운 일입니까。兄의 말슴을 至言으로 感謝합니다。兄! 저는 이제 남들과 같이 공연히 죽엄을 두려워하지 아니합니다。내몸의享樂만을 爲하야 來日의 完快를 祈願하는者는 아닙니다。』

肺病을 征服한 兄이여! 죽엄을 삼킨 兄이여! 弟진실로 兄께 告하노니 兄이 完快까지에는 아직도 折半의途程에 있음을 瞬間이라도 잊어서는 안될줄로 아오。世人은 흔히 始作이折半 이라고 말합니다。우리는 이말에 一理가 있음을 勿論 肯定하는바이나 그反面에 『九十九里가 折半이라』하는말을 반드시 記憶할必要가 있을줄 確信하오。俗事의失敗는 恒常 平坦한 곳에서 이르킴을 우리는 나날이 目睹하는바이오。나무에 오르는 사람이 높은 나무에서 보다 恒常 얕은 나무에서 떠러지며、機械를 使用하는 職工이 처음 배울때보다는 익숙하게 되었을때에 흔히 重傷을입기 쉬운事實과、信仰이 굳다고 自認하는사람이 오히려 사탄의誘惑에 빠지기 쉬운것을 우리는 晝夜로 듣고 보는 바이니 누가 이말에 一理 없다 하리까。이런類의 失敗는 그原因이 오직 마음의 解弛에있음입을 賢明한吾兄은 即刻에 깨다르리다。

兄! 兄은 剛鐵과같은 意志와 굳센信仰을 所有하였음을 弟 이미 아오니 어리석은 忠告를 羅列할 무슨必要가 있으리까。이것이 杞憂임을 모르는바도 아니오나 杞憂임을 익히 알면서도 無用한 忠告를 蛇足과같이 붙이지 아니치못하는 弟의心情을 吾兄은 살피시고 最後의 一刻을더욱 保重하사 꿈에라도 鬪爭의武器

申兄께드리는冬期集會에서의片感

든손을 느꾸지 마소서。 小弟 또한 이心情으로 祈禱를 쉬지않으리다。

小弟 集會로 向하는 列車에 올랐으나 지나간 두해와같이 아픔과 寂寞을 느끼지는 않였소。 이는 吾兄의 完快가・目前에 있음을 適確히 보는 까닭이 아니리까。

二十九日 午前十時頃 우리가再昨年 모임으로 因緣깊은 梧柳洞에 到着하였소。 梧柳莊이있는 푸른山 北쪽그늘에 오막사리 草家들이 如前히 떨고 섰으나、附近에는 漸次로 함석 바락 이 늘어가는 貌樣이니 이는 무엇을 雄辯으로 說明하는것 갈소。

來年 또來年터니 세春秋 흘르도다
내 홀로 막대끌고 옛길찾아 오건마는
우리님 主안에사니 이만기빼 하노라

驛에 나린 나는 梧柳莊쪽을 가르치며 假用口로 나가겠다함애、驛夫는 나에게 지나치는 敬意를 表하는 態度로 應諾하니 홀로 쓴 우슴을 띠웠소。

푸른山 그윽한곳 梧柳莊이 저기메라
손드러 가르치니 驛夫引導 恭遜도다
나그네 嘆息커니 梧柳莊의 높음을

二年만에 만나는 山과 들이 말없으나 끝없이 반갑소。兄! 어찌 옛사람들이 그립지 않으리까。

내건너 논틀길을 구비구비 돌아가니
푸른山 松林들어 舊面이라 반기여라
예보던 山과들보니 옛사람 그리워라

一四

진흙이 얼었다 녹은 논틀길을 짐을 메고 옛날 集會場이였든 宋斗用氏宅을 찾어갔으나、집모양도 달려지고 門패도 틀려 이집저집 기웃기웃하노라니 물동이인 婦人이 驛건너편으로 移舍하였음을 알려주오。

짐메고 땀흘리며 宋書房집 찾노라니
수박장사 宋書房은 鐵路건너 땀이라네
가까움 멀리찾음이 宋書房집 뿐이랴

날세 甚히 따뜻하야 얼었든 얼음이 거의 풀려 잔물결을 일으키는 곳까지 있는데、마을앞 논둑에는 팽이와 썰매와 손수만든 스케ー트를 가진 한떼의 아해들이 안타까운듯이 서서 작돌을 던저 보고있오。

會場에 이르매 晝夜로 사모하던 先生들과 親志들이며 낯익은 誌友들의 健康한얼골을 한자리에 對하니 기뿌고 感謝한마음 층양키 어렵소。모다 兄의安否를 나에게묻소。

午後二時 感謝祈禱로 開會。金先生님 「新誡命」의題로 開會劈頭에 말슴하셨오。（聖朝 一月號「新年의企圖」參照）

聖經말슴 요한福音 一三章 三四ー三五節

「새 誡命을 너의에게 주노니 서로 사랑하라。서로 사랑하기를 내가 너의를 사랑하듯할지니라。너의가 서로

사랑하면 모든사람이 이로써 너의가 내 弟子인줄 알리라」

고린도 前書 十三章

「내가 사람의方言과 天使의말을 할지라도 사랑이 없으면 소래나는 구리와 울리는 꽹가리와 같고 내가豫言하는能이있어 여러가지 奧妙한 뜻 과 모든 學術을 通達하고 또 山을 옮길만한 모든 믿음이 있을지라도 사랑이 없으면 내가 아모것도 아니오 내가 내게있는 모든 것으로 救濟하고 또 내몸을 주어 불 살을지라도 사랑이 없으면 내게 有益함이 없나니라。사랑은 오래참고 溫柔하며 사랑은 妬忌하지 아니하며 사랑은 자랑하지 아니하며 驕慢하지 아니하며 無禮히 行치아니하며 自己의利益을 求치 아니하며 성내지 아니하며 惡한것을 記憶하지 아니하며 義아닌것을 기뻐하지 아니하며 眞理와함께 기뻐하고 凡事에 참으며 凡事에 믿으며 凡事에 바라며 凡事에 견대나니라。사랑은 길이 떠러지지 아니하나 豫言도 廢하고 方言도 끌이고 知識도 廢하리라。우리의 知識도 온전치 못하고 豫言도 온전치 못하니 온전한 것이 올때에는 온전치 못한것이 廢하리라。내가 어렸을 때에 말하는것이 어린兒孩와같고 아는것이 어린兒孩와 갈고 생각하는것이 어린兒孩와 같다가 長成한 사람이 되여 어린 아해의 일을 바렸노라。우리가 이제 거울속으로 보는것 같이흐미하나 그때에는 얼골을 對하야 서로 볼것이오、내가 이제 아는것이 온전치못하나 그때에는 主께서 나를 아신것 같이 내가 온전히 알리라。그런즉 믿음과 所望과 사랑 이 세가지는 恒常 있을것인대 그中에 第一은 사랑이라」

先生께서 以上의 말슴을 드사 過去 十年間의 信仰生活과 教育生活을 回顧하시고 懺悔의 말슴을 하시며 今後에는 이 새誡命에 依하야 사랑과 謙卑로 世上과 教會에 對하실 決心을말하셨오。小弟 또한 過去 五年을 回顧하고 뉘우침과 感謝로 가슴이 가득하였오。至極히 罪悚한 말슴이나 小弟 幼時에 先生을 사모하고 공경한點은 사랑보다도 오히려 先生의 剛直하심과 正義에對하신 義狹心과 非常하신 努力等等이 였으나、最近에 이를수록 漸漸 先生의 부드럽고 溫和하신 어버이와같은 사랑을느끼오。先生은 다시 集會趣志에 關하야「이모임은 知識을 求하는곳도 아니오 復興會도 아니오 一種의 合宿이니 이는 뜻을 묶어 서로 사랑하며 至極히 親密한 예수의 子女로서의 生活을 함에있다」라고 말슴하시오。

集會는 大略 左와같은 順序로 進行되오。

午前(낮) 요한文書研究 金敎臣先生

申兄께드리는冬期集會에서의片感

午後(낮) 聖書的立場에서본敎育問題　咸錫憲先生
새벽　祈禱會
밤　座談會

人類의 가장 많은 罪惡을 실은채 이해도 저물어가오。幾多의 問題를 한개도 풀어놓지 못하고 이한해도 永遠히 사려저가오。文明의 무서운 終極을 目前에보면서도 어쩌지못하는 人類。世上을 天國化할길을 알면서도 하지못하는人類。스스로 무덤을 파기始作한지 임에 오래니 歷史는 이대로 直行하고 말것인가。

「歷史를 運行하는 偉大한이여! 이무서운 暗黑의 歷史를 速히 밝은곳으로 이끌어주소서。좁은所見에 속이 타고 답답해서 보고 견대지 못하겠나이다」

歲暮되니 世界全體를 돌아보고 朝鮮을 돌아보고 自身을 돌아보고 자못 複雜한 感懷가 왼몸을 사로 잡으오。

金단초 떼여던지고 색끈으로 목을매여
世波에 뛰여든지 벌서한해 가단말가
社會의 初等兵으로 感懷가득 하여라

굽어 世上보니 暗黑의 굴이로다
울어러 天地보니 光明의 나라로다
이굴 이나라안에 이내몸이 있어라

달밝고 별드문데 님 생각 하노라니　一六
東편 松林우에 三台星 소사오네
여보소 壯士님네들 春川단여 오는가

밝으니 새해이오。아츰 일즉起床하야 맑고 고요한 마음으로 祈禱들이오。一方 新年의 計劃도 세우고 이計劃을實行하기에 나의 最善을 다하리라는 決心을 자못 굳게하였소。날세는 如前이 좋소。

中天에 北斗星이 아즉도 燦爛한데
간절한 祈禱소리 은은이 울려오네
世上이 病무거우니 들릴줄이 있으랴

어제는 送年으로 마시고 오늘은 새해라고 마서서 都市의 거리에는 醉漢들이 橫行할것이오。

閑寂한 梧柳洞의 한모퉁이였마는 屠蘇酒에 爛醉된무리의 반벙어리소리로 불으는 末世曲이 첫날의 깨끗한 空氣를 더럽히오。

屠蘇酒 취한노래 이웃을 들레이네
端正히 꿀어앉어 고요히 讚美하니
咫尺이 千里라함은 이것인가 하노라

懇請 本誌第六九、七二、七三、七五、七八、八〇號中의 어느것이든지所持한이는 本社로 보내주시오。代金으로든지 新刊號로던지 願하시는대로報償하오리다。

聖朝通信

一九三六年十二月十九日(土)曇。시내 물소리 괄々々、藥師寺목탁소리 딱々々。北漢山麓의새벽은 仙境인듯하다。○印刷所에 들려서 校正하다가 가지고 가서 試驗監督하면서 또校正。今日까지 第二學期考査를 畢하고 宿直으로 蓬萊丘上에서 留宿하면서 採點。採點도 校正과 마찬가지로 별반興味있는일은 아니다。今夜에 敎職員들의忘年會있다고해서 그런가、小使 給事諸君들이 小使室에서設宴한모양인데、窓밖으로 흘러나오는談笑 歌曲이 매우愉快한듯하였다。저렇게 眞心으로 기뻘진대 우리도 今夜의忘年會宴에 한목보는것이었지마는 宴會보다는答案採點하는편이 훨신 편달만한일이기에 핑게々々 採點이 바쁘고 當直이고해서 缺席하였다。但 宿直敎師가 남아있는것은 小使諸君들께 크게誤算이 생기게한듯하야 遊興半途에 슬금々々場所를 校外로移轉하지 아니치못하는光景이 遺憾千萬이였다。

十二月二十日(日)曇。아침에 學校로부터「歸山。集會도 없는날이니 오늘은 요한文書의工夫를 完結하도록 大馬力을 내여보리라고 書齋를整理하고 앉었는데、午前中에」第一次의來客。이山골까지 찾아온일도 고맙고、山麓에서 사람 맞나는일도 自然히 반가워서: 午前中은 그럭 저럭 보내다。손님을餞送하고 午後時間은 充實하게 工夫하리라고 잔뜩 베르면서 對案하였을때에 第二次의 來客이 窓前에 다다랐다。이도 또한 반가운 손님이라 고구마를 삶아서待接하다나니 日沒하였다。僻地에 살면 來客이 드물가는하나、멀리 찾아온이를 괄세할수는 없다、그러나 괄세안한結果는 일이 죄다 틀어젔다。바울은 「내게 사는 것이 그리스도요 죽는것도 유익함이 되나니라。만일 육신으로 사는것이 내 일의 열매가 될진대 무엇을 갈힐넌지 아지못하리니、대개 내가 그 두사이에 끼였으니 원컨대 떠나서 그리스도와함께 있는것이 더욱 좋으나、그러나 내가 육신에 거하는것이 너의게 더 요긴하리라……」고(빌닙보一章)해서 죽는것과 사는것 사이에 끼였다고 하였거니와 우리는 반갑게 誠心껏 客을待接하여야할것과 當한義務를 다하도록 일하여야할것사이에 끼였다。○來客의틈에 菜圃十餘坪을 뒤지였다。日來의降雨에 秋耕할수있도록 따이 풀렸다。

十二月二十一日(月)漸晴。校正은 채처놓고 答案採點에 終日沒頭하다。日氣맑아짐을 따라 氣溫이漸降하니 日來의變則的暖候는 지나가고 다시 冬節이 온듯하다。但 其間旬日의 따뜻한氣溫과雨水로因하야 마늘싹이 두 닢사귀식이나 生長하였으니 겨울동안에 凍傷하지 않을가하야 念慮되다。○滿洲短書에「……通信欄에 총추시는先生님을 퍽 부러워 마지아니합니다。지금은 微々하오나 全能하신神만이 能차온즉 그이에게 求하겠읍니다。앞으로 小鹿島 靈的兄姉들의慰勞도 있겠고 또冬季聖書講習會도 모이실터이온데 거기에 主님 갈이하서서 信者로서의 하실수있는使命을 남김없이 하여내시기를 伏禱不已하나이다(下略)云々」。

十二月二十二日(火)晴。採點한成績을 學級擔任에게授受하는날이어서 매우 분주하였다。○小鹿島의回答을待하다못하야 기어히答信을 받지못하고 今日 약간한 선물을發送하다。限度있는 小額의金錢으로써 이것도 容易한일이아니다。○中學組君의訃音에接하고 놀라다。君과같이 放蕩하야 敗家亡身하는 젊은친구들이 어찌 많은지 헤아릴수없다。人生은戰場이다。두려운데요嚴肅한곳이다。

十二月二十三日(水)晴。第二學期成績調製와大掃除等으로 甚히 분주하다。○五山 李贊甲兄이入京하야 午後에來校。함께 校正하다。밤에는 蓬萊山에서 宿直하면서 使徒요한의生涯를工夫하다。

十二月二十四日(木)晴。어떤 큰敎會의 有名한牧師로부터來信。自己아들의轉學交涉에關한일인데 그 편지가 심히無識하고 無禮한것이어서、이것을標本삼아 편지쓰는데對한注意를 生徒들께 가르키다。第二學期成績發表하고冬季休業式까지擧하다。○鮮光印刷所에校正次로 들리니 今日로써 同印刷所의經營者가 變更되며 事務引繼로 工場은 休業中이고 事務室은 修繕場같이 되였다。字母까지 새로鑄造하야 朝鮮印刷史上에 多大한功績을 남기려고 意氣衝天하였던 幹部가 總退却하고 事務員 數人의 얼굴만 보이니 우리의 期待와信任이 적지않었더니만치 今日의失望과狼狽가 또한形言할수없다。今日의 이變動이 있음에도不拘하고 昨日 昨夜까지도 一言半句의 通告도 關係者에게發하지안는데에 商略上의 무슨秘訣이 있는모양이나 人間本然의 感情으로서는 不快한情을 難制하다。正月號以後의 印刷에關하야 여러가지로 생각을 오르나리다。○小鹿島에서 나와 釜山에 居住하는兄弟의消息에「잊어지지안는先生님。強한 바람은 몸시불고 白雪이紛々하야 우리兄弟姉妹의 보드러운血肉을 어이는此時 雪寒에、昨夜의 꿈조차 愛情이多大하신先生님을 맞나 喜樂이 넘치는 기쁨은 이붓으로는 다 形言할수 없나이다。(中略) 生은 이글을 올림에 甚히 죄송하옵니다。釜山에居住하온지 四個月이 발서 넘어갓옵니다。하오나 一字도上書치 못함이 십히 죄송하오나、晝夜로願하며 이어 生命이되는聖朝誌代金을 조곰도 올리지못함이 罪밋치되여서 書信까지 끊어지게 됨이로소이다。오늘도 생각다 할수없어서 크리스마쓰를奉祝하게된此時에 先生님께祝賀를 올리는 겸 이書字를 올리나이다。小鹿島々中에서 孤寂을 느끼는兄妹들에게 眞心同情하시는先生님의愛心은 生의一生을通하야 잊어지지안는感이외다。올릴말슴 많사오나先生님의貴한時間을 허비하게 됨으로 이만 붓을 놓나이다。

「一九三六年十二月二十日○○○白」

十二月二十五日 (金) 半晴。從來로는 크리스마스 새벽찬양대를 窓外에 맞우는 것이 年末의 가장 반가운일이었었으나、이 山골에야 어디서 찬양대가 찾어와 주랴고 아주斷念하고 잠들었는데、今朝五時頃에「한밤에 양을치는자 그양을 지킬때 주뫼신 천사 림하고 큰영광 비취네……」라는 찬양대 소리가 들린다。꿈인가 생시인가、人間인가 天使인가 하고 나서보니 시내가에 찬양대가왔다。教派니神學이니 하는일은 專門家와職業宗教家들께 맡겨可한일이오、새벽찬양대 와 그런 是非를 가릴바가아니라、뛰어나가 함께 찬송하면서 洞內에있는 두어집主그리스도의名에 關係된門前에서 찬송을 부르다。但 貞陵里골목讚揚隊員의四分之三은 우리식구였다。○午前中에 요한복음을工夫하고 午後에入市。鮮光印刷所의引繼事務는畢하였으나 아직凡事가整頓되지못하여서、校正한赤紙를紛失하였다고 一時는 야단을 치다가 겨우發見하여校正하고、來合하였던 李贊甲 宋斗用兩兄과 함께歸山、留宿하면서 多辯多談。

十二月二十六日 (土) 半晴。宋 李兩兄과 함께入市。正月號校了。但 李贊甲氏의原稿가 郵送中에紛失되고、聖朝通信의一部가 校了된다음에 版이 허물어지는等、이번號는 多事多難한中에出産된다。필경 意外의誤植도 未免할것을念慮不已。午後에歸山하야 요한文書의工夫。

十二月二十七日 (日) 快晴。여러날만에 온전히 맑은하늘을 보아 매우快하다。午前中에 來客數次있었으나 소홀히 대접하여보내고 요한工夫。마치學年試驗을當한學生의 모양이다。이런 무거운 짐을 웨 말았든고 싶으다。但 요한을 읽으면 읽을수록 無限한寶庫의門이 열린다。○東京에서 辯護士開業中인未見의兄弟로부터「……小生아직拜眉의榮을得치못하였아오나 誌上으로 特히聖朝通信으로써 小生으로서는 充分히理解하고 있읍니다。발서 오래前입니다、政池氏의게서 貴兄의紹介를 받고 곧往訪하든지 書面으로라도 人事를 하려고하면서 이날까지得意치못하였읍니다。……恒常뜻과信仰을 같이하는貴兄으로서는 果然第一線에서 神의榮光을 나타내기爲하야가은苦難을覺悟하고奮鬪하십 오직感奮과尊慕를 마지아니하며 陰々히爲하야祈禱합니다。앞으로도 오직祈禱로써 貴兄의聖使命의갈에 助力하려 합니다(下略)云々」。信仰의 벗으로부터 信仰의벗을。우리의 벗은 마치 무슨秘密結社의團員을 求하는것

보다 더 어렵다。數年間에 한사람 或은 十數年지날동안에 한兄弟식 생긴다。우리가 求하야 벗을 만든것이아니오 우리가 알지못하는 동안에 하나님께서豫備하섰다가 주신다。이는 主그리스도를爲하야 榮辱과生死를 함께하여야할 벗이니 信仰의 벗은 公正한秘密結社의團員들이다。今年크리스마스節에도 우리의 잔이 넘치도록 받었다。○새벽二時까지 요한默示를工夫하였으나 臨渴掘井의嘆을未免。

十二月二十八日 (月) 晴。아침에 咸兄이 五山으로부터入京。午後에 梧柳洞으로 先發。○午後入市하야 優美舘과 總督府圖書舘에 休暇中生徒監督의任務를 形式的으로畢하고 登校하야 요한文書硏究의敎案을 騰寫하고 歸途에沐浴까지 하고나니 如何間 聖書講習會에出席할準備가 다된심이다。○印刷所에 督促々々한結果, 正月號의三分之一 만먼저製本되며로 가저다가 자젔될때까지 發送準備하다。○蔣介石氏 監禁二週日만에 去二十六日正午에 無事히南京에歸還하였고 張學良은 前非를悔過하고 中央政府의處分에順服한다는報道를 보고 支那를爲하야 기뿜을不禁하다。

十二月二十九日 (火) 晴。午前十時까지 正月號의殘部가出來할約束이었던것이 오지 않어서 入市督促。一部分發送하고 市內書店에配達까지 畢하고 나니 豫定하였던 仁川行車時間을 놓지다。午後二時의會合時間前으로 到着하기爲하야 永登浦까지는汽車、다음은 탁시 를 모라서 간신히 遲刻을免하다。「새誡命」이라는題로써 요한福音第十三章에依하야 이번集會의主旨와 新年度의企圖와 聖朝誌今後의方針을 아울러披露하므로써 會가 열리고、저녁에는 그리울던情話에 밤이 깊어감을 깨닫지 못하다。

十二月三十日 (水) 半晴。例年에比하야 氣溫이 매우 따뜻하물 서로 치하하면서 第二日을 마주다。새벽에祈禱會、午前은使徒요한의生涯、午後는 咸兄의敎育講話。敎育問題를 깊이 생각하게된動機에 一同이 깊이感激하다。저녁은 問題百出 談論風發。

十二月三十一日 (木) 半晴。暫時 눈오시나 비오시나 하였으나 큰變動없이 氣溫如作。새벽에 기도회。午前에요한복음의 序論。午後에咸兄의「聖書的世界觀과敎育」、各其滿二時間식講하다。

一九三七年一月一日 (金) 晴。새벽祈禱會後에、작년一年궁준인일 없이 지났음을 감사하고 새해今年에도 아바지손에서 양식받게 하옵소서 라고 기도하면서 朝飯食卓에。數人의希望으로 午前모익을 쉬고 新年祝賀式에參列。午後는 咸兄의「人子의敎育」이라는 이번講話의中心을 배우다。

一月二日 (土) 晴。새벽氣溫은稍降하였으나 낮에는如前히溫和。午前에는 요한복음의序文인第一章一—十八節을紹介하고、午後에는 咸先生의 敎育講話。今日午後에 柳永模先生이來參하야 밤늦도록談論이不息。

一月三日 (日) 晴。今日은 敎育講話를 쉬고 午前에咸兄의 出埃及記第二章에關한「나라」의 感話에 一同의感慨를 깊게하고 午後에는 요한복음工夫를 畢한後에、柳永模先生의獨特한 요한福音觀을 듣고 一同의論議가 분々하였다。柳先生은 特異한解釋을 가지고、시나 남의信仰을 動搖시길까염려하야 自己聖書觀을容易히 公表하시지안는터인데 數年來로의 懇請에依하야 今日 요한복음第三章十六節을 說明하시너 처음듣는이가 놀란것도 無理아니었다。

一月四日 (月) 晴。一週日의前半은 상당히 갈것같더니 後半에至하야 잡었던것을 잃은것같은感으로써「발서 마지막날이냐」고 놀라면서 午前에 咸兄의敎育講話를畢하니 滿一週間의豫定대로 完了하다。敎育도 聖書에立脚하야 생각하고 信仰에根據하야 實施할때에 別달은意味있는일인것을 깊이배우다。○午飯을共卓한後에 宋兄宅에서 一週間수고하여주신일과 氣候가例年보다溫和하였던일들을 아울러感謝하면서 北으로 南으로 各其解散하다。○請함을받고 咸兄外두어兄弟와함께 午後五時에春園李光洙氏宅에參訪。信仰의道를 가르키라는 부탁이었으나 먼저主人李先生의過去信仰生活談을 듣는中에 그眞摯謙虛한態度에서 배움이 많었고、話中에 三十年에亘하야도

祈禱를 쉬지안코繼續한다는羅牧師의事實을確實히알고感嘆不已。우리의信仰經路를告白함으로써 主人의誠意에答禮하고 修養의術과信仰의道와는 大差있음을辯白코저 힘쓰면서 밤十時頃까지 愉快하고有益한時間을보내다。健康을主人에게師하며 聖徽의役事를 여호와께 빌면서 北岳山麓을 떠나 京城驛頭에서兄弟들을餞送하고 자정 가까워 山麓에도라오니 合水골 물소리 홀로 반기는듯 위로하는듯。

一月五日 (火) 後雨。疲勞의一日。三回의來客을接하는外에 아무일도 한일없이 年賀狀約五百枚와 其他의來信을整理하다。어떤이는 歲前에本社를尋訪次로 貞陵고개를넘어 萬歲橋까지 왔다가 日沒하고言語不通하여서 中途에도라갓는데 市內集會의場所를 가르키라는葉書를 보내였으니、山麓에移舍한지半年에 이와같은 未安한事件이 한두번만 아니였다。

一月六日 (水) 後晴。小寒。今日도 終日終夜 門外에 나가지않으니 北漢山麓이 나의나라인듯하다。○海州救世療養院에서靜養하다가 別效없이歸京한 어린兄弟로부터 「생각하오면 世上은 悲觀밖에 없아옵니다云々」의來信에接하고 同情不禁。저들에게 希望을 주는이가 있어야할터인데。○九州地方 某癩患療養所에서來信ㅡ「……一九三七年을 마지한新年을 당하야 더욱 은혜중은혜를 받고 거룩하신 성신의힘을 얻어서 죄악세상생활과 그늘에 앉어서 갈바를 알지못하는 우리 불상한朝鮮동포를 하로바삐 한사람의靈魂이라도 구원하옵심을 하나님전에 주야로 기도하옵나이다。그러옵고 저는 양력正月十五日께는 父母님의 형편에依하야 還鄕하게 됩니다。고향은慶北××郡××面××洞이올시다。좌우간還鄕하오면 선생님께上書하겠옵니다。저의생각에 어떻게 하더라도 꼭 선생님을 한번 만나뵈올 決心을 하고 있아옵나이다。좌우간 하나님의 뜻이지오。何月何時라도 선생님을相逢하는때에 저의複雜한生活의形便과 십중소회를 저々히 先生님께 설화하여 들이겠읍니다。(下略)」

一月七日 (木) 快晴。오늘까지 三日間 온전히 書齋를 지킬수있었으매 今冬季休暇中의休息이었다。○속아서、離婚한男子와 結婚하고 두 아해를 가진 어미가되여 苦悶中에있다는姉妹의 편지를接하고 憤함과同情을難制이나 이제當하야는 別로良策이 생각나지 안는다。○逍遙山에서

「先生님

새해에氣體候安寧하옵시기伏祝하나이다生은冬季聖書講習會에 末席에라도參席하고자 하였사오나 不如意하와못하옵고 逍遙山절에서고요히生覺하고있나이다。

先生님 곰々히생각하오니 지난二年동안 先生님의말슴은 生의피오 살이였옵니다。아々그말슴은生의前程을指示하셨옵니다。마치 외따 배에 北極星과 같아生의心금에 빛낫나이다。

그동안先生님의講義ㅡ金쪽같은말슴을生의誠意不足과 Faithless 함으로써 더럽힌편이 많사오나、先生님의無盡하신사랑으로、꺼지고자하던 초불이 반짝켜지듯이、조곰만하면 식어가기쉬던 제맘이 다시타올으곤하여 乃終에 살길을 잡엇나이다。

말슴의 잘못을容恕하신다면 生은 先生님을通하여、예수를볼수 잇슴을믿엇옵니다。그러고 한모퉁이나마 보았다고아니할수없옵니다。이제남은無限한課題는 예수를 通하여 하나님을보는것인듯합니다。

逍遙山기슭에 큰바위밑에無限히적은肉體를 의지하고 따뜻한 겨울볕을 함박쪼이며、울얼어푸른하늘의遠大함을보옵고、앞으로完全의美를갖촌山景致를叡賞하오며、멀리 故鄕과京城을바라보며 한없이생각하고 느끼고 지내나이다。

새學期가始作되여 또다시 남은말슴을듣잡기 손곱아 기대리며 이만울리나이다。

一月四日　門生 ○○올림」

師範學校를卒業하고 不遠에敎師되여 實社會에 나가려는 사람으로서의 送舊迎新에 逍遙山은適宜한選擇이었다。

一月八日 (金) 晴。午前十時에始業式。例에依하야 擔任班生徒들에게 約二時間訓話。新年과新學期의計를 세우다。後에職員會參席。우리가 지난休暇中에 생각하던敎

育과 오늘부터當面하는 이教育과의 懸隔함이甚함이여! 但 東京市外 武藏野學園의「田園の教育」第百三十號를 받어읽고 아직참된教育이 地上에 全無하지않음을 알어少安。○小鹿島消息에「어제下書를奉讀하였읍니다。 먼저主님의사랑과聖靈의役事하심이倍前하심을비나이다。 前에下問하옵신住所는即時上答하엿는대 아마도中間에 루락된듯싶어 다시下記합니다「城北町二二六」君의伯氏는尹在哲氏라고합니다(運轉手가아니라修繕인듯) 君은只今滿浦鎭에居하나住所는不明이오며君의말못할事情과괴로운心中을同情하시와어떠한허물이有할지라도寬容하옵시고小生等以上으로사랑하여주십시요。 그다음下問하신크리스마스선물에對하야는 社告를읽을때부터先生님의厚情에는눈물아니흘릴수없었읍니다。 그러나우리는임이가장아름다운선물을만ー이받었읍니다。 父母兄弟까지도音信을끈코저하는우리를 이다지도사랑하시는 그깊은사랑을通하여 主님의크신恩惠를늦김이 나날이深刻하오니 以上더크신선물이어데잇사오며 하로에도멧번式變하는 우리의心中에覺醒鞭韃이되는聖朝를주시와참眞理와사랑中에牛步이나마信仰의거름을것게하시니 이以上에더큰선물이 어데잇아오리까。 主님의限없는恩惠와 先生님의 크신사랑 聖朝에참가치를萬에一이라도깨닷는者라면物質의선물이 그다지必要치안사오며 不然한者도同一하다고生覺합니다。 매개물질이란多少을勿論하고사람의마음을그대로露骨시키는것이오니 보는者로하여금 가슴을치게함이只今世上에常事어늘小鹿島인들不然하오리까。 純眞한愛情을실은선물은純情한 마음의所有者라야받을資格이있을것이오며十二分의가치를發揮할것이오니先生님의眞意를損傷할것은 昨年經驗을通하여더욱느껴집니다。 차라리救濟를企圖하십이라면小鹿島에는불상한兄姉가만사온즉必要한物品도만이있을것같습니다。 以上앎윈바와갈아옴으로 下問하신바에上答하기極難이로소이다。 어제밤에 펜을들었아오나 엇전지다쓰지못차옵고 只今午前三時半에깨인잠이다시일울것갈지안어上答하고저 펜을들었아오나 아모리生覺하여도 감당하기 너무어려운일임니다。 讀者의熱은漸々식어가오며 批判까지하는者가生가는 우리를 이다지도 사랑하시는것을生覺하오니 눈물을아니흘릴수없읍니다。 先生님世上은 참이 없읍니다그려。 갑없이주는것이니받어두자는者는小鹿島가아니라도얼마던지있겠지요。 自己自身을먼저反省할때통분만합니다。 펜이도모지쓰려는곳으로는인감니다。 그러나 下問하신바니上答지안을수도없아온즉難處임니다。 그럼으로차라리學院에어린이를爲하여써주신다면혈신有爲할것갈읍니다만文金兩兄의生覺은그렇지도않은것갈어 하는수없이 다음멧가지 써볼여하오니參考하시옵소서。

一、어린學童에게「픗볼」一個만보내시면좋을것갈읍니다(六號면滿足)當局에서도주신것이有하오나 어찌甚하게차는지 많이傷해서 어제도學院에가니「볼」걱정을하는어린이들을볼때 어찌天眞한지요。

二、學生用冊カバン을五六個보내시면有爲하게愛用할兄姉가있을것갈읍니다。

三、新訂曲譜讚頌歌三四冊만有하며各部孩誌友間에有爲하겠아오며、其外로曲譜付聖歌集이좋은것이있다면 어린이들의입에서좋지못한노래를多少멀리할수있을것각읍니다

四、大體로讀物이그립읍니다。

昨年度에는「타올」과「양말」을많이보내주셨는대 타올보다는양말이더必要한것갈습되다。 重病室을訪問하자면 蜜柑갈은것이있으면하는生覺이간절해짐니다마는 보내시가에不便할듯함으로「양말」갈은것이第一좋을것갈읍니다。

以上을記錄하와下問하심에上答하오며 小生의생각은三四十圓이라면 조고만「오르간」갈은것을살수있으니 記念이되고 聖歌갈은것을불으는대도必要할것갈읍니다。 失禮이오나誌友들中에先生님의寫眞或은貴家族의寫眞을一枚보내주섯스면하고 말하는者도만읍니다冬季聖書講習會와聖書研究會에聖神이함께하시옵기를祈禱하겠읍니다。 來來 主안에安寧이게심을비나이다。

十二月十七日 새벽 小鹿島○○○白」

이편지를 받고서 크리스마스 선물을 發送할터이었는데、聖誕이臨迫하도록 받지못하야 이대로 못보내었다。 이편지는 十二

月十七日새벽에 쓴것인데「全南 鹿島」에서 十二月二十九日 日附印이 맞었고 昨日에야 配達되였으니 郵便制度가 어떻게된것인지 알수없다。如何間 다음번叅考로 하고저한다。

一月九日 (時) 晴。午後에暫時 눈고치떠러지더니 별안간 추이 시작되다。冬季休暇中에는 봄날처럼 따뜻하다가 新學期의工夫시작한날부터 酷寒으로威脅하는天氣도 심술궂기 짝이없다。今夜의 甚한 추이를 무릅쓰고 宋과用兄來訪하였다가退去。

一月十日 (日) 晴。寒。朝鮮歷史號와 病床에서時消息號等을 數十冊發送하고、午後二時부터 復活社講堂에서 新年度의始講。에멀손 의「偉大한은 誤解받음이라」는一章의暗誦은 個々流창하였다。英文句節을解釋한後에 冬季休暇中의見聞中에서 가장緊要한部分을吐露하고、使徒行傳의輪廓을講하다。○龍山陸軍官舍에 岡村法務官을訪하니 初面이나 舊面보다 지나치는溫情으로 希臘語글라스時代의 先輩後輩의懷舊談에 數刻을 보내다。燈準備없이 떠난 걸음에 日沒後에歸來하다가 自轉車에點燈하지않었다는 까닭으로 警察官派出所에 잡혀서 三十分以上이나 책망을받었다。

一月十一日 (月)晴。氣溫이零下十三度로急降。이렇게되면 保溫이不完全한 우리네書齋에서는 讀書도 할수없거니와 原稿쓰기는 더욱 어렵다。故로耐寒이業이다。○理髮沐浴하니 冬季集會의疲勞가 거의 풀리는듯하다。○얼마못되는 고구마農事에 두가마이나完全히 썩은것을 파내버렸다。

一月十二日 (火) 晴。寒氣如昨。天信堂時計店에서 掛時計하나購入하니 우리집歷史에는 劃期的事件이라고 아이들까지 여간 기뻐하지않었다。但 時計代金은六圓五十錢也。○某高普敎諭兄弟로부터 不意의病으로 臥床數個月인데 聖朝誌最近號二三冊보내달라는 名刺를받고 感慨깊지아니치못하다。果然 성한 사람은 醫師가 必要치않고 病든사람이라야 必要하다는 말슴대로이다。

一月十三日 (水) 晴。後陰。午後에 氣溫이漸登하야 可히執筆할만할뿐더러 註文中이였던「팔레스틴植物」과 「基督者의自由」二冊이到着하였으므로 今夕의宴會를棄權하고書齋로 다름질하다。아무리珍味盛餐이라하여도「不如學」。○東京 宮內省官吏로 있다가 老衰하여서退職한後에 希臘語工夫를 시작한老人의葉書에 希臘語聖句를達筆로 써보낸것을보고 驚且歎。이老人이나 岡村法務官이나 모다 두려운 양반들이다。우리誌友中에도 如斯한老靑年이 輩出하여야할것이다。○저녁에 찬송가 공부하다。

一月十四日 (木) 昨夜降雪、後晴。아침에 뜰과通路의除雪役事。○柳永模先生의電話로써 金貞植老先生이昨日午後六時에 永眠하셨음을알고、한번 더뵈올機會를놓진일을後悔하나莫及。歸途에 鍾路靑年會館에 들려보았으나 屍體는 아직淸涼里安息敎病院에서 옮겨모시지못하었다고。眞正한意味에서 朝鮮基督敎의元老이신先生이 떠나시니 朝鮮基督敎의一角이 문허진感을難制。○夕에某氏를만나니 自己가 柳氏와絕交하게된緣由를 細々히說明할뿐더러 남더러도 絕交하라고 烈熱히勸說하야 마지않었다。大體로 무슨까닭인지 알길이없다。

一月十五日 (金) 晴。登校하야 四時間授業을 마추고、午後二時에鍾路靑年會館에 열리는 故金貞植先生告別式에遲刻하야叅列하다。다시 靈柩車를 따라 弘濟院火葬場까지先生의먼길을餞送하고、柳永模先生 宋과用兄同途로 세부란스病院에 入院中이신 故金貞植先生夫人께 今日의告別式以下始末報告兼慰勞의뜻으로尋訪하고、柳先生의注意로써西天에 빛난初旬달과金星의 나라니한모양을 바라보면서作別하다。○某公立高等普通學校敎諭인兄弟로부터 如下한 至急親展書信을받고 그意外의일에 놀라다「……弟 肺門淋巴腺炎으로 向後亦月餘靜養爲要云하니 焦燥와憂鬱의生活을 보내오며 信仰의未及으로因하야 마음의安定을 잃음 愧赧不已외다。日前下送하신聖朝誌感激으로써 읽었읍니다。繼續하야 보내주시압。그리고 先生께 산더싱氏의自叙傳이있거던(或求할수있거든)惠貸하여주시압。이外라도 先生에게 信仰을復興시김에適當한冊이있거던 二

聖朝通信

도 下送하시와 信仰과 病과 싸우고있는 弟를 引導하여주시압。只今 弟의心理는先生이 보내시는冊이면 무엇이던지耽讀할境地외다。金YC氏에게도 弟의煩惱를傳해주시고 弟의信仰을 굳게하게하여주시옵소서。YC氏는 弟의入信初期의先輩외다。一月十四日 ○○」云々하였다。읽고同情不禁。우선 第八十五號를 보내면서「病床에서의消息」을 읽고慰勞받기를勸하고 連하야書籍供給할敎案을 생각하다。八十五號가 있었음으로 病床의兄弟들를 對하기에 아주군색한것이없는듯하더니 이제는 그八十五號도 몇冊남지못하게되니 手中이 빈것같다。

一月十六日（土） 晴。創刊號부터要求하는대로 두군데出荷하다。切品된것을 古本을探得하였더니 多少蒐集되였으나 아직도 三四冊이落秩中이다。○肺患中의兄弟로부터 一年一次의短信如下「또 오랫동안 소식을傳하여 들이지못하야 失禮되였나이다。그間 慈堂體候도萬康하시며 宅內諸節도平安하시기를 바라나이다。弟의病勢는 매우減退되여方今 一日二三次식 한번에約二時間식 步行 起立 若干의作業을 하여도 견딜만하게 되였나이다。이제 다시 兄의念慮와祈禱에對하야 感謝하나이다。一月十四日」病床에서 오히려 康健한者를 돌볼수 있는 餘裕에 敬嘆不已

一月十七日（日） 晴。茅屋일망정 向陽하야 볕에 쪼이는맛은 各別하다。但 한달에 한번도 완終日을 앉어있을수 없음이遺憾。○午後二時부터 復活社에서 使徒行傳第二章을講解。滿二時間二十分이 걸리다。○歸途 淸凉里에 佐藤敎授來訪。前日來訪의返禮와病床慰問의意로써。暫時들렸다던것이 밤九時餘까지 談論不息。辭退하고 松林에 나서니 金星이 달보다 매우앞서 地平線에 숨질라는光景이다。月初에計劃으로는 金貞植先生宅까지 하루에尋訪하야 時間을節約하련니 했었더니 아！이제는先生이不在。그다지急하신 길일줄 알었더면 正初의 하루終日인들 아까웠으랴。부질없이 눈물먹음은대로 山麓에歸來하니 十時正刻。○木工見習生노릇하는靑年의來信에

「敬慕하옵는 金先生任 足下에

우리主 萬軍의神 여호와하나님의 恩惠와平康이 金先生任과 밑 主로말미암아 血脈을連한 모든同胞의높고나즌家庭에 두루 政攝하사이다。아멘。

最近物質文明에活氣띤 資本主義發展함과같이 罪로써罪에繁昌하여가는 이民族의관영한惡을 여지없이暴露하야 그價를多少吟定케하든 災害의丙子年도 이제 끄리를감추엇나이다。貴宅諸節이 安寧하심과 하나님의선물을받으심과 日常主恩寵으로 生活하심은 圖書館에서閱讀하는나마에聖朝誌를通하야 先生任의一擧一動이 小生의心臟에살을박나이다。新年에祈願하는바는 先生任의뜻이 亨通되사이다。

內로나外로 부닥치는바람은 不安과疑惑뿐인즉 여기에先生任의事業은 使徒바울의말슴과같아 大洋에뜬一葉片舟가 帆의作用을입어 더빨리가는것과같이 이時代에先生任의事業은 큰効를내고도남음이有할줄믿사옵니다。去年의餘波로發展하는 텔레비죤아래서 經濟의유린當한農村의喊聲을들으며 사치와호화의깃인都會로 모이느니막연한이들로 끌목々々은典型的悲慘한現狀을報演함을求景합니다。主ㅣ언제기演劇을끝막게하시고 새로운 演劇을하시게하실런지……噫！에스겔의配役을맡음인저 이百姓의 새록새록創作하여가는罪幅이마다 先生任의肉體를찢어 샛빨간피를 뭇치고저하나이다。

小生 默然이 主의指示와攝理하심을엿볼진대 世界의請願을山積히받으신 萬王의王이시오 萬主의主이신여호와하나님은 危機에逢着코있는地球人의觀念을깰려 當身으로壯한새觀念形態를만드시고 請願中에先生任의請願을 더욱갸륵히역기사、不遠에 塗炭에든이民族의 하나님을찾는喜悅을對促하시리다。主하나님 우리의간구하는祈禱를 귀를기우려들으시고 速히일우시리이다。여호와當身의榮光을받으실라고 그神聖한野心을再發하야三千里되는판圖를 占領해삼키시고 하늘에서일우신 經綸과攝理가 이地上에中央이되리이다。이에 先生任의 간곡한請願이 엿음에 아비를바런子息이回程하고 어미의그

눈을叛背한子息는 방탕한길을 귿으리이다。

小生 此世相에 여세계삶을發見하야 참삶의맛을찾었읍이니다。勤實이 勞働하옵는바이옵니다。母親과도國樂되야 喜樂을樹立해갑니다。母親도 宿病의몸을움직여 나무를주어때여 爲先 現實生活을物質的으로 탄歷하여갑니다 小生은 新年으로부터몇해를 꾸준이土木事業에딸아단이여 어느程度의質物을獲得하려고 切商하면서있나이다。그리고自己가 어렸을때부터 理想한것을 理想대로宿題꺼리로 만들지안을 십보로 천천이한게단々々을 나가려하옵니다。일즉이몽고를가지못한것으로 여름철에 苦悶했던것도 하나님은혜感謝하옵니다。作品도孫君의優等의結果 檢定치못한東亞日報社가 고마움게도失意를띄였읍니다。아모튼 小生은이구뎝에서 主任의實生을 다시그리라는使命이달려있나봅니다。어찌나 境遇가 近似한지 自己로서도 異常합니다。順從과奉仕로써 이家族을 어느程度로옴겨놓고 小生도잔뜩싸인 獅子吼을 한번 내여吐할 心算입니다。내내 主任의惠恩와 先生任의指導가 떠나지않으시가를 안타갑게 求乞하나이다。장황한을 容恕하소서……」

月十八日(月)後發。特히 일즉出發하야 午前八時四十分에 세부란스醫學專門學校에서 아침禮拜에說教하다。고린도後書四章十六節以下에依하야講解하였으나 마치金貞植先生의追悼會모양이 되여버렸다。崔明鶴教授를 이學校에서 만나지못함이 甚히섭々한일이었다。○養正에登校하야四時間授業後에宿直하다。○小鹿島來信中의 一「謹賀新年神護中道體候萬康하옵심逾外伏禱々教生同恩中無故하옵고教會도無故하오니神佑中兼荷先生님虔祈禱之澤을感謝感謝。第下賜惠品은이처럼過念자섯습니가 拜奉後哥林多前九章十一節말슴을生覺則生等의敵不堪當인倒用之事이안인가罪悚悚面心에눌리여不知所措中다시哥林多後十二章十五節말삼 今日우리先生님教臣氏를가르처豫言하신말삼인준 아할벨루야아멘榮光은主님前歸。先生님氣體候來來康健하시며貴社日新又日新하심擧手奉祝。

一月九日 教弟 拜上

○또한湖南에서愉快한通牒來「死亡의通告書」

本人을死亡者로看做하시고友人名簿에서削除하야주시기를伏望하나이다。家庭에對하야放漫者社會에對하야放逸者事業에對하야放縱者國事에對하야放棄者宗教에對하야放浪者所謂五放을提唱하면서도名實이不合한假面劇이往々演出되야良心上似而非한生活을切實히懺悔하고無益한罪人이世事에關與하는것은有益보다弊害가더할것을覺悟함으로十字架의救主예수만信賴하고凡事에예수의教訓으로生活할盟約을세우고生死間에예수以外에아모것도없음으로世事에對하야死亡者가되여스사로埋葬한것이외다。家族的行列에나倫理的禮儀에나社會的規範에나除外者요黜陟者요廢棄者라人間社會에無用의一種廢物이오니自今以後로는死亡者로認證하시고一切關係와通信을斷絕하여주심을通告하나이다。

一千九百三十七年一月 日

五放 崔興琮 謹告

敬啓者死亡通告書에對한理由와動機를簡單이仰陳코자하나이다。理由에잇어서는바울使徒의말슴과갈이肉體의情과慾을 十字架못박고(갈二〇二十、五〇二十四、六〇十四)餘生을그리스도人的生活을하여보랴는대었읍니다。그러나肉體의纏綿이너머나堅固이絡繹되야아모리解放을부르지저도되지않으므로所謂五放을 唱하여보앗으나亦是시원치안코外飾的綳帶에如前히束縛되는恨嘆을마지안코嗚呼太息을느끼다가突然生覺이나서身體에一大革命을行할決心을가지고몬저生理的變化를惹起하랴고努力하였읍니다人間이罪惡에빠지는것은食慾、色慾名譽慾、利益慾곳肉身의情慾과眼目의情慾과此生의誇張에纏綿됨으로食、色、名、利、四非에서解脫하여보랴는運動을한것입니다。그래서一九三五年九月二十五日에去勢를斷行하고同年十二月二十八日부터生食을始作하고繼續的努力을하오나名利에는完全한解脫을못하고或種事業에나團體에나얽힌繩索이늘니끄러다림으로往々이名利的劇壇에出演을하고似而非的生活에자못未央하야自悔自責이一二次가아니건만連結된繩索을끈키에는力不及하여서甚히悶然하던中聖書知識去五月號에塚本氏의死亡通知文을낡고多大한衝激을받고死亡通

知에對한關心이不絶하던次 聖朝去十月號첫페지에假死亡을讀破以後로思念이倍加하야 一九三六年度를淸算期로삼고力을다하야努力한結果 國體에나事業에나社會에連鎖關係를全部斷絶하였음으로死亡通告書를發表한것이오며 聖朝는사랑하는나의靈的親友로알므로理由와動機를略陳하나이다。

一九三七年一月十五日　崔興琮 拜」

去勢와可否는別問題이고 이렇게까지라도하여서 主예수께服從하랴는 老聖徒의精誠에感服함을 마지못하며、崔牧師와같은 長老教會의重鎭으로부터 如上한厚한信任의文字를 받음은 本誌의分에 넘치는榮譽로 깊이感謝하는바이다。 그러나 예수로因하야 죽은者끼리서로合할點이 있을것은 차라리當然한일이다。

一月十九日（火）後雪。授業을畢한後에降雪을 무릅쓰고 崇仁面事務所에가서居住屆하고 自轉車鑑札手續을 하다。面事務所가 멀어서 큰걱정이다。○慶南通信에「지난集會의感想을써보라하니 過食한者가滿腹한탓으로 도로혀活動力을일흔感이不無하외다、實로 지난集會에서 滿腹하였읍니다、消化力의 弱함을嘆합니다、咸先生의卓見、先生님의熱情！

前番 發講時에는「밀알」의貴重함을보았는데今般集會中에서、「밀알」이落土된現象을豫感하였읍니다、밀알이貴하기는하나 밀알이 그대로있으면 利益될것이없으나、밀알이落土됨에、밀알의所任이成就될터이니 어찌希望이생기지안하겠읍니까。한介밀알의生命이微弱해보이기는하나、大地와厚土도밀알의生命을 막지못할터이니 우리의所望이 이에생기며、우리의 거름이 活潑할것이當然합니다、不肖의教弟도 微力을盡하면서 新春에새所望이소사나오며 힘주시는대로行步해볼가합니다、今年一年도많은教導를仰托하옵고우에祝福이先生님宅에充滿하기를빔니다。

一月十五日

○○○ 拜上」

一月二十日（水）大寒、晴。아침에除雪하야 길을 닦고、登校授業。歸途에 高陽郡廳에 들려 自轉車鑑札을 받으니 第二七八五三番。○來信一枚「其間安寧하십니까小弟가昨年七月에貴誌聖書朝鮮을購讀할뜻이있어서請求한때에誌代는日後에보내겠다는말을하였더니七月號一冊이온後八月號는아니오게됨으로 마음이있었으나 보지못하고 只今까지왔읍니다。大端罪悚한것은昨年七月號一冊代金을보내드리지못한것이옵고또한只今까지赦罪의말슴을드리지못한것이더욱悚惶합니다。多幸이오늘은돈이생기며저서壹圓五錢을보내오니拾五錢은昨年七月號代金으로淸帳하옵고 九拾錢은 六個月分誌代로 記帳하시고、一月號부터 六月號까지 下送하시기를바라옵고 其他貴誌購讀者로서 負擔할金額이있아오면下敎하시오면賤力을다하야 順從하겠읍니다。

不備 上白 小弟 ○○○上」

이런兄弟가十人만있는城邑은 滅亡을避할수있으리라。

一月二十一日（木）晴。擔任生徒中의一人은 最近에 그父親喪을當하고 親父母같이信任하야 委任狀을 맡겼던 父兄親戚에게 大多한金錢을橫領當하고 頭痛中이라고來報하며、또一人은 妹夫의背信橫領事件을發端으로 이번에妹氏의離婚을斷行하겠다고來談。前者와함께憤해하고 後者의 離婚만은 當分間猶豫하기를勸하다、○세부란스病院에入院中이신 金貞植先生未亡人을尋訪하고 日沒後에歸山。

一月二十二日（金）晴。武橋町에裵善杓牧師를尋訪하고 金貞植先生의信仰生活方面에關하야 배움이 많었다。

一月二十三日（土）晴 새벽二時부터七時까지 걸려서 겨우原稿二百分을 쓰다、이것도 몇일이나 두고 두고 앓닭이 알품듯이 품고생각하던것을 整理한것뿐이니、能律의低劣함에 自暴自棄할지경이다、○學校로부터歸途에金貞植先生의일로 鍾路에某氏를訪하고 博文書舘에서 千字文한책을購入하다。今日 自轉車 大修理。

一月二十四日（日）後雪。午後二時부터英文解釋、同三十分부터 使徒行傳第三、四章을講說하다。歸途에印刷所에서校正시작。저녁後에 三角山登山하고오는養正生徒四人來訪。

昭和五年一月二十八日 第三種郵便物認可
昭和十二年二月一日發行 每月一回一日發行

聖書的立場에서본朝鮮歷史(完)

(以上歷史中에一七、二二、二三은出版못하게된것。其他六九、七二、八〇號品切)

最近에 이歷史號의要求가急작이많어서 第69、72、80號는 드디어品切되였다。其他71、73、75、78號等도 二三冊식남어있다。(以上記號를所持한이는 本社로보내시는대로 新刊號와交換하여들임。) 秩을마추어읽으면 더할데없지마는 單한回의分이라또 半島에對한 神의攝理가躍如하다。뭇수 和文으로譯述中에있으나 製本까지되기는 아마一個年을要할까한다。

塚本虎二、鶴田雅二 編輯

新約知識

一月號創刊 隔月一回奇數月二十日發行。新約聖書의註釋을主로하는雜誌이오「舊約智識」의姉妹雜誌이다。歐米語의多大한知識을要求하지안는다고하나 多少의常識을가진이에게는 대수興味있다。三十二頁로隔月發行이라는것이 欲望을채우기에 過小한듯하나 餘暇를利用하는獨學者에게는 도리어適當할는지모른다。一冊에三十錢 三冊에九十錢 六冊에(一年)一圓八十錢(送料十二錢共)。東京市外世田谷區成城町四三三番地 新約知識社。振替東京七三五三三番

聖朝文庫 第一卷

咸錫憲 著

푸로테스탄트의精神

菊版半・三十二頁
定價金拾錢・送料貳錢

聖朝文庫 第二卷

咸錫憲 著

無敎會〔新刊〕

菊版半三十四頁
定價拾錢送料二錢

無敎會主義을 알어본길도없고 無敎會者을 만나본일도없이 「無」字만보고서 無政府主義等의政治 社會問題와聯想混雜합으로써 無敎會를誤解하는이가多大할뿐더러 十餘年間 無敎會主義者로서自處하던者中에도 千不當萬不當한言辭를放하는者가 突出한때임으로 우리는 無敎會信仰의眞相을明白히할必要를 느껴서 이附錄을發刊한다。이미本誌에上下 二回로分載하였던것을 合하야 多少補訂한것。無敎會의骨髓을 이보다더簡明하게表現한文字를 우리는 아직未見未聞이었다。傳道用으로十冊以上一時註文時는二割引、五十冊以上은三割引으로相應합

本誌定價

一 冊(送料共)	拾五錢
六 冊(一年分)	前金九十錢
十二冊	前金壹圓七拾錢

要前金。直接注文은
振替貯金口座京城一六五九四番
(聖書朝鮮社)로。

取次販賣所

京城府鍾路二丁目八二 博文書館
京城府鍾路二丁目九一 耶蘇敎書會
東京市神田區神保町一ノ二 三省堂書店

文化書店(元山府) 茂英堂(大邱府)
新聲閣(咸興府) 信一書館(平壤府)
向山堂(東京市) 大東書林(新義州)

昭和十二年一月三十日 印刷
昭和十二年二月一日 發行

京城府外崇仁面貞陵里三七八
編輯兼發行者 金敎臣

京城府壽松町二七
印刷者 朱貞順

京城府壽松町二七
印刷所 鮮光印刷株式會社

京城府外崇仁面貞陵里三七八
發行所 聖書朝鮮社
振替口座京城一六五九四番

金教臣主筆

聖書朝鮮

第九拾八號

昭和十二年(一九三七)三月一日發行

昭和五年一月二十八日(第三種郵便物認可)
昭和拾貳年三月一日發行(每月一回一日發行)

目次

想峴

京城府 敦岩町으로부터 崇仁面貞陵里로 넘어가는途中에 조고마한 고개가 있다. 俗稱 아르랑고개 라고하나、이는 無識한사람들이 無名한 고개에 부치는 常用의名詞일뿐이오 何等由來가 있어서도 아니오 이고개에만限한名稱도 아니다. 그러므로 世俗에反逆하기를 좋아할뿐더러 「아르랑」이라는 音波좇아 耳殼에 담기를 꺼려하는 우리는 世俗에서 무엇이라고 부르거나 말거나 나홀로는 이고개를 言必稱 貞陵고개 라고 불러왔다. 이고개는 貞陵里의 關門이오 이고개 넘어서는 貞陵이所在한 까닭이다.

그런데 日間어떤 친구와의會談中에 이고개는 「생각하게 하는 고개、即 想峴」이라고 이름할것이라는 意見을 듣고 그理由의全無하지않은 까닭을 깨다렀다. 想峴은 昨年봄에 一丈남어지 깎어내리우고 三間幅으로 自動車路를 닦엇으나 아직도 傾斜가甚하여서 우리 自轉車군들은 自轉車를 끌고 넘나들어야만한다. 이고개를 넘어서 聖書朝鮮社까지 初行길에 千辛萬苦로 찾어왔다가 主人도 못만나고 도라가는黃昏길에 다시 넘으르라다가、遊興別莊地帶로넘나드는自動車의 몬지를避하기爲하야 北漢을向하고 돌아서니 여러가지 생각이 솟아 오르더라는것이다.

우리는 이고개에서 무슨생각이 났었던고. 첫재로 斷髮嶺에 올라서金剛山別天地를 바라본때의感慨가 없지못한일이다. 市內의 흐린空氣가 이고개에서 새區域을 짓는것처럼 우리의 생각도 世俗에서靈界로向하게한다. 路傍의左右店舖에 끌리던 우리눈은 이고개에서 道峯山과 三角山과 北漢山城을 바라보게된다. 街路燈과車의頭燈에 휘황하던 우리눈은 이고개에서 大熊小熊星과 白鳥와牧牛座들과 달빛과惑星의運行에注意하게된다. 擴聲된 라듸오소리와 車輛의磨擦소리에 神經을傷하던 우리귀는 이고개에서 맑은시내물이 바위에 부다처 흐르는 물소리에 귀를기우리고 비로소 傷處에 膏藥부친感을 얻는다.

아침에 元氣찬 몸으로 이고개를넘어 入市할때는 自轉車를 밀면서 그날行할勇氣를 다시한번 가다듬고 그날辦할用務를 다시한번記憶한다. 저녁에 疲勞한몸으로 이고개에 다다를 때는 롯이 서돔城을 떠날때의 두려움이 없지못하니、하루동안 有形無形의危險에서避한일의感謝와 무릇天眞하지못한일寬厚하지못한일貪慾없지못한일等의懺悔도 이고개를 넘는 무거운運步中에 자아낸다. 遊興自動車들이 警笛울리며 다름질할때에 疲困한聖朝誌配達군의寂寞한感慨와 잔에넘치는恩寵의感激은 또한各別한것이 없지않다.

最大重要事業

民族과社會人類를爲하야 어떤일을하는것이 가장有益하냐。나의一生의天職으로 무엇을擇할것이냐고。一身의私利를貪하지않고有爲한素質을가진줄로自信하는靑年들의 의레히한번식 물는質問이오 純眞한心情에 많은煩惱를이르키는課題이다。

一大政治運動이나 社會革新을企圖하야 靑史이一頁를裝飾하려함도 短氣의靑年들의 의레한번그려보는 夢中의大事業이오、熱烈한信仰으로써 半島江山을靈化하여보랴는計劃도 緊急事가 아닌것이아니며、或은飛行士가되여서 或은運動選手가 되여서 或은舞姬가 되여서 一世의人心을鼓動케하는것도 적은 일들이 아닐것이다。

그러나 事業의 크고 적음 緊不緊은 그 보이는外觀의 種別에있는것이아니오 그 行하는態度如何에있다。大事業을 成就하기爲하야「어떤일」을擇하기에 腐心焦思할것이아니라、먼저當한일을「어떻게行할까」함에 今日의全力을 다하는것이 곧大事業이오 緊急事이다。비록 적은 일일지라도 하기를 大事業처럼하면 大事業에서 얻을바成果를 거기서收穫할것이오、期待할바希望을 거기서 바라볼수있을것이다。

누구는 말하였다。서울長安에서 經營하고 싶은일이 한가지있으니 그것은 곧米穀薪炭商이라고。貧富貴賤을勿論하고 날마다關係하지않고는 살수없는것이 米穀과薪炭인데、萬一서울안에 時價와計量에 에눌이 없어서 安心하고注文할商人(配達夫도合하야)이 單한사람만 있다면 更生의所望이 거기있너니라고。이와近似한일로 安心하고 받어먹을수있는牛乳配達、寄生虫부치지 안한蔬菜商、善良한看守、信實한看護婦、親切한車掌等々 그어느것이 大事業이 아닌것이없다。이런일들의 하나라도可하고 또 더적은일이라도可하다。一世의信賴를敢當하기에合한者로 서게되면 저는宇宙보다도 더큰者이오 하나님의 크심과함께 큰者이다。

우리는 最近에建築한經驗으로써 虛言이없는木手、一年못다되서 溫突이 빠저 네리앉지않게하는土工을 希求함이懇切하다。政治 敎育 宗敎等의上流가 흐리고腐敗한今日에 木手와土役等의下流에만淸淨을期待함은 無理한일인지 모르나 上下가 또한 外形에있는것이 아니요 內質에있다。信依할말한木手一人은 그는政治家敎育家以上의大人物이오、眞實한 미쟁이一人은 口說의宗敎家以上의所望을 우리에게約束한다。요한이 가르되 하나님을 믿는일이 最大事業이니라고。예수를믿으면서 사람目前이아니라 하나님現前에서 하는일이면 그일이 적은일인듯하나 大事業이오 一時의일인듯하나 永遠한希望을 約束하는일이다。

成功·希望 二

成功을斷念함

多年間 牧會의經驗이있고 復興傳道事業에 經歷이많은 어떤牧師는 우리의偏俠하고 固執不通한行事를 참아傍觀할수없다싶이 一策을獻하야 成功의秘訣을 말하엿다。聖書雜誌를 發刊하야成功하려면 教會機關안에 들어가야만 된다。教會밖에서서 十年이아니라 二十年三十年을 웨친들 누가 귀를 기우려주나。教會의規定을 잘 지키면서 出席만 잘하면 未久에長老될것이오 長老되여야 總會에 言權도 생긴다。相當한地位를 쌓아놓고 雜誌의水準을低下하야 純한글로 쓰기로한後에 各教會에 잘 宣傳하면 數千部는勿論이오 一萬部發賣하기도 어려운일이 아니라고。

이만한聖書雜誌도 現下의朝鮮에있어서 오히려高級에屬할는지 모르나 비록 높다할지라도 이보다 더높이지못할망정 이에서 더 引下하기는願치안하며 또한 할수도없다。教權者들의連名한雜誌라야購讀하며 自己教派에屬것한이라야 披讀하는讀者라면 비록千萬名의讀者가 생긴대도 우리는願치안한다。十名或은百名이라도可하니 眞理이니깐 購讀하리라는讀者만을 우리는誌友로要求한다。故로 이른바 成功은 아초부터斷念한다。

朝鮮의希望

復興傳道가 大々的으로 일어나서 各處教會에 靈火가 부텃다는일이 必曰 朝鮮의希望을招來하는일이 아니엿던것도 過去에經驗한바이오、社會全般이基督教的으로化하야 商賈까지도 예수쟁이 行勢하지않고는 살수없이되는일도 朝鮮의 希望을約束하는일이 아니엿던것은 西北地方에서 발서試驗濟의 일이엿다。

其他 神學에志願하는靑年이 많으니 라던지 獨立傳道의悲壯한決心으로써救靈事業에進出하는이를 보았으니 朝鮮에希望이 있다는것이 아니다。그러한種類의일로써 希望이 생기는것은 決코 아니다。神學이나 傳道에만 거룩함이있고 更生의希望이 나온다는것이 아니다。養豚과 養鷄에라도 하나님의 創造의原理를 헤아리며 產卵의日字와系譜의正否를 소기지말면서 聖前에서行하는 일이면 다 거룩한 일이오 希望이全族에게臨하는大事業이다。

우리의希望은 巨大한事業成就나 或은神靈한事業獻身에 있는것이 아니라、眞實한人物의出現에있다。그가 아무事業도成就한것없이 그리스도와같은慘敗로써 世上을 마춘다할지라도 참意味에서 하나님을믿고 그와함께걷고 함께생각하며 함께勞役하는者는 우리의希望이 全혀 그에게달렸다。

聖書的立場에서본世界歷史 (11)

咸　錫　憲

四、人類의進化 (續前)

科學이배자낸列祖의譜系 우에서말한것과같이 人類가祖上을 가지는것은 거이疑心없는 事實이면서도 그列祖가 實地로 어떤모양을 가졌었으며 어떤生活을 하였었던지 그것은 오래동안 알길이없었다。따ー윈이 進化論을 말하며 「人間의由來」를 發表한後에도、人類가 人猿共有의 祖上에서 나왔을것은아나 그두사이를 連絡하는 直接證據가 없음으로 그것을所謂 「찾지못한連鎖」라 해서 學界의 한個宿題로 되어있었다。그러나 學者들의 熱心있는硏究는 終乃따속에서 人類의族譜를 뽑아내게되였다。오늘날形便으로는 그族譜는 아직 完全한것이 아니오 또그것이나마도 確然한論斷을 할수있는것이 되지못한다。어대까지던지 推定에 그치는것이오 想像으로되는點이 적지않다。그러나 그는 決코 根據없는 漠然한 想像으로 되는것은아니오、또비록 眞正한事實대로는 아니라하더라도 적어도 그近似値라도 되는것임은 틀림없는일이다。그것을 證據하기爲하야 우리는 그硏究의由來와 方法을 簡單히말하면 足하다。

지금불어 約百餘年前에 丁抹의 어떤學者몇사람이 單純한好奇心으로 古墳을캐여 거긔서나오는 여러가지遺物을 모으기를 始作하였다。그中에는 돌로된것도있고、銅으로된것도있고、鐵로된것도있었다。그리하야 그모인物件을 類를따라 갈라놓고본즉 그사이에 時代의變遷이있는것을 알게되였음으로 順序를부처 時代의일음을 지었다 지금 우리가 史前時代를 말할때에쓰는 石器時代、靑銅時代、鐵器時代、하는것이 그것이다。그런데 이것이 얼마않어서 佛蘭西考古學者들의 興味를 이르키어 自己네나라의것을 探査케하였다。그리하야 硏究하야본즉 丁抹보다는 훨신더豊富한것이있고 또古墳만아니라 佛蘭西에 處處에 많은石灰洞안에 石器가 많이있는것을 알게되였다。더구나 놀랄것은 石器만아니라 그것과같이 人骨과、或불타다남은 숫등걸과、確實히 사람이 잡어먹고남은것을말하는 짐생의遺骨과、窟壁에그린 그림같은、分明히일즉히 거긔 사람이 살었던것을證明하는것이 많이發見되게되였다。이것이 非常한興味를 니르키어 舊約의記錄을 文字대로 믿던그것과는 다른 人類의史前時代의일을 알수있다는 생각에 더욱 熱心있는 硏究를하게하였다。그런대 그窟바닥을 파들어가면 들어갈스록 더욱 여러가지石器가 나오는대 그밑바닥을 일우는흙은 地質學上으로보면 같은 地層이아니오 許久한歲月에때처서 沈積되

聖書的立場에서본世界歷史

여생긴 여러時代의 地層이다。그리고보면 그속에서오는 遺物은 後代에 人工的으로 파고묻은것이 아닌以上 數萬年에달는 여러時代時代에 살던 그사람들의것이라고 할수밖에없다。그리하야 各處의것을 綜合하야본結果 그놓혀저있는 石器에는 時代를表하는 一種의式樣이 있으며 그製作하는技術이 밑層即古代의層으로 나려갈스록 大體로拙劣해지는것이 알려지게되였다。그리고보면 우리는過去佛蘭西地方에는 어떤 一定한동안 洞窟속에 살던사람이 있였던것을 알수있고 그遺物에따라 一個悠久한 文化年代를 엮어낼수가있다。그러나 그窟바닥은 언제까지던지 繼續하야 파나려갈수있는것이아니오 맨 밑에는 本來의밑바닥인 原始의地層이나온다。그러면 그以上의歷史는 어찌될가。研究家들의 삽끝은 이번은 河床으로向하였다。河流라는것은 우리가 잘아는대로 어떤때는 河床의흙을 파먹다가 또어떤때는 冲積層을만들다가한다。그리하야 이것을 쉬지않고 反復한다。故로 큰江가에가면 긴歲月에亘해서 파먹어들어가면서 남긴 地層의記錄이있는것은 볼수있다。그런대 人類의生活이란 河流와는 密接한關係가 있는것임으로 그러한 沈積層이 그때에살던 人類의 遺物을가지는것은 있을수있는일이다。果然、佛蘭西、英國、獨逸等 歐洲各地를 探査한結果는 洞窟에깊은것보다 훨신더 오랜時代의 人類의遺物을發見하게되였다。

四

石器는勿論이오 人骨까지 얻게되였다。그리하야 人類의列祖의 일허진譜系를 찾아내게되였다。

이와같이 人類의進化를 主張하는學說이 미리붙어 어떤 假說을세워놓고 된것이아니오 도리어 뜻하지않었던것이 事實에몰리어 그結論에到達하게된다는것을 舊約의文字的、外面的解釋에 말려붙으려는者에게 힘있는反對다。그러나 그것을 人類의譜系로 믿는일은 그렇게손쉽게될수있는일이아니라。石器는、人類만이 쓸수있는것임에 그것이發見되는限 當時에 人類가生存했던것은 事實이라하더라도 거긔서나오는 骨片을가지고 人類의祖上의것라는것은 容易히믿을수없는일이다。그는 그發見된 遺骨들이 大槪는 零碎한 斷片이오、또그나마도 現在 人類의것과 많이달은點이 있기때문이다。學者들은 그조고마한 一個의骨片을들고 數年數十年을앉어 거긔서붙어 그所有者의 全容貌만아니라 生活까지도 復舊하야내는대 그英雄心이感歎은感歎스렵다 하더라도、萬一그것이 虛無한想像의産物이라면 가엾은일이다。故로우리는 人類祖上에關한 說明을들을때 그만한注意를 할必要가있다。그러나 그렇다고해서 學者들의 論斷이 決코 根據없는 漠然한것만은아니다。다依支하여야할 標準과 原則에依하야서 되는것이다 即 人類와動物과를 더구나 其中 가장가깝다는 高等猿類와를 區別하는 根本差異가 무엇인가를 斷定한後 거그비추어서 發見된遺骨을 鑑定한다。假令 그런標準의實例를 몃개들어본다면、(一)腦髓의容量、(二)齒牙의모양、(三)顎骨、(四)눈확우의突起、(五)脊椎、(六)大腿骨、(七)발바닥의重心의닿는곳等이다。腦는 比較硏究의結果 사람、猿類、其他動物等의 平均量이 算出된것이있음으로 發見되는遺骨의것을 그標準에비추어보아 그進化系列上의 地位를作定하게되는것이오、눈확우의突起라는것은 猿類에있는것이오、사람에게는 腦의發達에따라 減退된것이오、脊椎와 大腿骨은 直立姿勢에 關係되는것으로 完全直立을하는것은 사람만이기때문에 그것을보아 人猿區別을할수있다。사람은脊椎가 S字形으로되였고 猿類는앞으로 굽엇으며、大腿도 사람의것은 길고곧다。발바닥의닿는곳도 사람은 重心의놓이는것이 발뒤축으로 엄지발가락에 나가는 線上에있고 猿類는 발바닥의外緣으로있다。이와같이 科學이 人類의族譜를찾는것은 單純한想像만으로는아니오、可及確實한 標準에비취어 하자는것인故로 우리가 그것을 들을때에 妄信을 할것도아니며。또도라보지않고 바릴것도아니다。새發見이되어 從來의學說이 꺼꾸러질때는 조곰도念慮할것없이 내버릴것을 미리覺悟하며 科學이뱃는 人類列祖의 譜系를 一瞥하기로하자

直立猿人 지금發見된人骨中 가장오랜時代에 屬하는것은 所謂直立猿人이라 부르는것이다。이것은 一八九一—二年에 南洋짜봐에서 發見된것으로서 地名에따라 짜봐人이라고도한다。이것은 이때것發見된 先史時代人類의遺骨中 가장問題많던것으로 大體로 人類의것이라고 意見이落着되기에는 數十年間의 論爭을要하였다。發見된遺骨이라는것은 頭蓋骨과 大腿骨과 齒牙二本인데 腦의容量은 現今人類의것보다 퍽적어 正히人猿의 中間의밖에 못오나 大腿骨은 分明히 直立生活者임을 表하는故로 아직猿類에가까운 人類라는意味에서 直立猿人이라고 이름을지였다。아마이것은 現今人類의 直系祖上은아니고 그傍系中어떤것에 屬하는하나가아닌가推想한다。그리고그腦로보아서 아마 말도 하지못하였으리라고한다。

이 짜봐人이 發見된地層은 처음에는 第三紀末이라고하였는대 近來에와서는 그보다도 第四紀初라는說이 有力하여졌다고한다。地質年代에關하야는 各사람의計算이 서로같지않음으로 確定키어려우나 萬一 第三紀末이라하면 百數十萬年前이오、第四紀라하고 計算을해도 大略三十萬年은 넘는모양이다。그리고보면 人類의發生年代를 確斷할수없어도 大概第三紀에서 第四紀로 넘어오는동안距今四五十萬年前에있었다할수있다。

震旦人 짜봐人과 거이匹敵하는 오랜原人으로 알려진것은 支那北平附近周口店에서 一九二九年에 發見된「震旦人」或은「北京人」이라 부르는것이다。先史時代의事實이

歐羅巴의것은 거이 그大體輪廓이 決定되게 研究되였으나 亞細亞는 아직도 겨우始作된狀態에있다. 將次 人類의 搖籃時代의일이 이大陸에서많이 闡明될것을 學界에서 크게期待는하고있으나 아직은格別한것이 없는中에서 이것은唯一의貴重한資料다. 大家들의鑑定으로 짜봐人과거이같은 年代를가지는것이라고 알려는졌으나 그外의仔細한것은 아직없다. 그러나 이것만으로도 이方面으로도 數十萬年前의 옛날에 原人이살고있었다는것만은 알수있다.

하이델베르그人 震旦人을내놓고는 짜봐人다음으로 第一오랜 原人이라고하는것이다. 이름은 一九〇七年 獨逸하이델베르그市附近에서 發見되였기때문이다. 이것도 짜봐人과共히 아직眞人에는達치못한 種이라는것으로서 學者의復舊圖에依하면 아직사람과같이 턱이앞으로 나오지못하고 원숭이처럼 뒤로버스러졌으며 코는平平하고 눈확우에 눈섭나든곧은 매우 두러진 野性이많은 顔貌를가진다. 그頭骨이 좁은것으로보아 到底히말을하였을듯하지않다고 생각이된다. 그러나 體軀는 매우크고 壯大한種族이있던듯하며 이時代에發見되는 石器도 前代의것보다는 매우 크다고한다. 이하이델베르그人이發見된時代는 所謂第二間氷河時代라는것으로서 距今二十萬年 乃至 二十五萬年이라고하니 짜봐人을距하기 十萬年以上이다. 그동안을 連絡하는것이 이하델베르그人의 頭蓋骨一片이니 學者의일이 漫然한것이라면 漠然한것이지만 또興味있다면 實로津津한興味다.

팔토라운人 하이델베르그人後에 또사람비슷한 形跡을보려면 다시十萬年以上을 나려와야한다. 이번엣것은英國필트라운에서 發掘된것이다. 頭骨과 下顎骨인대 이것亦是問題많던것이다. 그頭骨로하면 매우現代人에 가깝으나 下顎骨은 사람의것이라기보다는 침팬지의것이라함이 맛당할만한것임으로 或은이것을 人類의것이라 或은猿類의것이라 或은그頭骨과 下顎骨은 主人이서로달라 頭骨은사람의것이오 下顎骨은 當時에마츰 高等한침팬지類가 生存해있다가 그中하나이 석겨들어간것이라 議論이여럿이있으나 斯界의大權威 키ㅣ스敎授는 많은硏究後 드디어 이 둘다 한原人의것이라고 斷定하였다. 그리하야 「最新世의初에 가까운때에 英國地方에는 그體大와 腦髓로는 現代人의域에達하얏으나 그容貌와턱은 아직원숭이의모양을 免치못한 一種의人類이 오히려살고있었다」고한다.

그리고敎授는 이필트라운人은 이미智能이 相當히發達한 사람들이라고한다. 그人骨이 發見된대서 멀지않은곧에서 무엇에所用인지는모르나 確實히 人工을加하야 만든듯한 길이十六吋의 一種骨器의化石이 나온것이있는대 그는 이것을 硏究한結果 그時代에살고있었던 後代의맘모스보다도 더큰 一種의巨象의 大腿骨에서 쪼겨낸것이라고햇다.

그리고 그뿐아니라 이遺骨이나온것과 같은地層에서 多數한石器가 發見되는것으로보아서 이믜 이때에는 人類는 動物에쫓기는것이아니라 그것을技術로 사냥하야 먹던것을 推想한수있고 그리고 그의同式樣의石器가 歐羅巴全部는 말할것없고 阿弗利加、亞細亞、南北亞米利加等 世界到處에서 發見된다는것을 보아 한동안은 이들人種이 온地球우에 棲하지않엇던가 하는생각도있다。이들을불너曙人이라고도한다。비로소처음으로 眞人비슷하다는뜻이다。

氷河時代 여긔서우리는 暫間 이族譜니야기를 蓋고 氷河이야기를 할必要가 있다。이우에 하이델베르그人을 말할때 그것이第二間氷河時代라햇고 이필트라운人의時代도 第三間氷河時代라는것인대 이氷河時代란 人類의進化史에 매우큰關係를가진다。

지금도 높은山에가거나 北方으로가면 눈이녹지않는곳이있는대 그눈이漸漸쌓여 많아지면 自己무게로因하야傾斜面엣것이 차차밋끄러저 나려오기始作을한다。이것을氷河라고하는데 運動이 그러케急한것은아니나 그무게가 큰것임으로 지나갈때는 그밑의地面을깍고 岩石을부스고하야 많은砂石을 運搬하야가지고간다。故로 氷河가 나려간곳은 一種獨特한地形이 길는것이오 다나려가 더운곳에 가서 녹아버리면 그가지고간土砂를 그곳에부리게된다。故로그것을보아 어느時代 어느地方에 氷河가있었던것을 알수있다。그런대地質學者의 硏究에依하면 第三紀末 第四紀初로부터 現今에이르는동안에 地球우에는 甚한氣候의變動이 네번있어 氷河가歐羅巴에서말하면 英國、獨逸地方까지나려오군하였다。이것을 數字로이름을부처第一氷河時代 第二氷河時代 第三、第四氷河時代라고하고 그사이사이를 間氷河時代라하야 亦是一、二、三으로부른다 그리고보면結局닐곱時代가되고 現今은 우리地球가 第四氷河時代에서 나와 比較的따뜻한時代에 드러오기始作한것이라고한다。

그러면 짜봐人이살던것은 氷河時代가 始作되기 바로 前인모양이니 人類는 氷河와 그歷史를 같이한다할수있다。雪線이北으로退却하야 溫暖한時代가오면 草木이繁茂하고 動物이盛하야 生活資料가 넉넉하였을것이오 다시漸漸치워저 山野가 白雪로덮이는때가오면 많은生物이滅種하던지 걸는者는 生活을 많이變하던지 하지않으면 않되였을것이다。地層의記錄은 이러한受難時代의 모양을 分明히보혀주고있다。人類는그가운데서 매우遲遲한 거름으로 生活을싸와온것이다。氷河는 人類의智能이 發達하는데 많은影響을 준것이라할수있다。人類만이 使用하는것이오 그것때문에 人類生活이있게되였다고도할 불같은것도 이런環境에서 싸와나가는中에 알게된것일것이다。

네안데르달人 第四氷河時代는 자못오래繼續된時代인대 우리가 人類의祖上의일에關하야 比較的明確한知識을

가지는것은 이時代부터다。 그는 이時代의氣候가 露天生活을許하지않엇는故로 사람들이天然의岩窟을얻어 거긔를 生活場所로하고 사는동안에 比較的豊富한 遺物을後代에 끼쳣기때문이다。 이時代의 사람은 前代의 필트라운이나 하이델베르그人과 어떤連絡이있는지 없는지 그것을알수 없으나 그들보다는 퍽더近代人 即우리와같은 點이많은 故로 種은달라도 同屬이라고推定된다. 처음으로發見된地名을따라 네안데르달人이라하나 遺骨은 歐羅巴에서 處處에서 發見되엿다. 佛蘭西에길어있는것도 이사람들의것이많다。 그들은分明히 사냥을하야 野獸의고기를먹엇다。 그들이있던窟內에서 김생의갈비때와 큰뼈의 쪼개진것이 多數하게 發見되기때문이다。 石器는 勿論많이썻고 불을 使用할줄알엇다。 그들이 이 긴氷河時代동안을 견데여나간것은 두말할것없이 이불의힘을 입은것이많다。

크로마뇬人 네안데르달人은 第四氷河時代의 그어려운時期를 近十萬年間 살아왓다. 그리고氷河가 차차退却의 傾向을뵈이는때에 문듯그形跡을 감추어버리고 代身딴種類의사람이 새로歐羅巴에 登場한다。 아마이들에게 驅逐을當햇는지도 몰은다。 이들은그體格이나 容貌가 近代人과같은대 오직 크기가 더할뿐이다。 이는 처음으로 眞人이라할만한種族으로 文化의程度도 네안데르달人보다 높앗다 그들은 佛蘭西 西班牙地方의 洞穴안에 多數한遺跡을 남겻는데 그中에도 놀라운것은 死者의埋葬을行하엿다는것과 그림을 썩잘그렷다는것이다。 이때것發掘된遺骨은 數十個에達하는데 其中에는 石器를쌓아 벼개로하고 팔을베고 눕게한後 앞에는石斧를놓고 周圍에는 食物로버려놓앗던 獸骨이많이있는것을보아서 分明히葬式을取햇던것을 보여주는것이있고 洞穴壁上에는 有史時代에 와서도 좀처럼 밋지못할만치 能한技術로그린野獸의그림이多數하다. 이들은 그堂々한體格을가지고 萬數千年間地球우에潤步하엿다。 그러나有史時代에 가까와오며 漸漸體軀도衰退하고 거긔近代人이 나타나 그들을驅逐하고 主人이 되게되엿다。

人類의搖籃地 이밖에 人類의發生地가 어데냐하는것도 한問題다。 或은阿弗利加라하고 或은 亞細亞라고하고 또或은南洋附近이라하고 여러說이 區區한모양이나 近來로는 모든學者의意見이 大概 印度로부터 阿弗利加에이르는 中間地帶라고하는데 거이一致하게된다는것은 創世記와 매추어보아서 滋味있는일이다。

또人類가 多元이냐 單元이냐 하는것도 한큰問題라。 이것도前에는 多元說을말한사람도 많앗던모양이다。 萬一 進化現象이 單히環境의條件에만 依하는것이라면 地球上에 同一條件의곳이없엇다고 못할것이오 그렇다면 同一條件에서 同時에 人類가생겻다고 못할것없는일이다。 그러나 이것도 現今에있어서는 多元說이거이없어지고 單元說即人類는 한祖上에서 나왓다는說이 眞理로認定되게된것은 亦是創世記의가르치는것과一致하는것이라할것이다

以上은 科學이人類의過去에關하야 가르치는바다。 이를들고 信仰의根柢에서 動搖되는것처럼 늣길이도있을것이다。 그러나 學說에 붓들려매이지않는限 念慮없다。 잘못인것이알려질때는 언제든지내던질 準備를하고 信仰의자리에서서 學問을利用하는者에게는 動搖는도리어鐵杖을땅속에꽂는것같이 흔들면 흔들수록 그뿌리가깊이박힐뿐이다。

敎會堂建築問題 (下)

李贊甲

우리는 예수그리스도 그自身이 하신일을보아 더욱잘알수있음이 있을것이다。 그는在世時一生이 그러하시였다。 天眞爛漫할때인 十二才時에 『내가 아버지집에 있어야쓸줄을 아지못하였나이까』(누가복음二·四九)하신 貴엽은對答을 하신것과 그聖神의充滿하야 하날의것만을 所有하신狀態에서 가라치심을 비롯하실때에 『내아바지의집으로장사하는집을삼지말나』(요한복음二·一六)하시며 하나님을섬기노라하며 도리혀强盜의窟穴같이 만그러놓은聖殿을淸潔케하심밖에 언제聖殿에對한것이게신가。 이는다른뜻으로해석도하거니와 或이를들어 建築物인그聖殿을 아바지의집 거기에서야만 아바지를사괴일場所로 인정하시였다고할수있으리라만은 그러나그것은예수깨서 『안식일에자기규례를따라』(누가복음四·一六)라고 하시였다고 安息日을직히어야한다고해석하려는者나 『서기관과 바리새교인들이 모세의자리에앉었으니』(마태복음二三·二)하시였다고 敎職의權威를인정하려는者보다 더愚昧에갓가운者일것이다。 과연그뒤에는聖殿으로 당신몸을비유하심 (요한복음二·一九—二一 참조) 과『예루살렘아 예루살렘아』하시며 『돌하나도돌우에 덥놓이지않고다문어지리라』(마태복음二三·三七—二四·二참조)하심밖에 언제어데서 聖殿建築 그維持問題에 말슴하시며 골몰하시였음이있는가。 처음에구태여 그렇게하실必要가없음에따라 規例이다싶이 安息日에 그會堂에가시군하시든당신은 점々그들과 멀어지게됨을따라 어찌하셨는가。 山으로 들로 바다로 그는나아가셨다。 직접나아갈 내앞을가리우고막어서는 聖殿도 祭司長도 모다버서버리고 떠난明朗한곧으로 나아가셨다。 아! 거기에서 우리는더욱 하나님아들 아버지여불으신예수 宇宙의主人公의얼골 그永遠을향하야사는 그靈魂을보지아니하는가。 그직접의첫길을開拓하신이를 보지아니하는가。 참말로 『나를믿으라 때가니르리니 이산에서나 예루살렘에서나』(요한복음四·二一)가아니였다。 과연『때가니르러니와 이제도그때』(同四·二三)이어서 『하나님은 신이신고로 례배하는자가 신령과진리로례배할』(同四·二四)것인것이었다。 그렇다 이렇게 말슴하신당신은 또어찌하시였는가。

山上의예수 各處에서 許多한무리가 좇으심을보시고 自然의殿堂』산에올나가』『그獨生子의『입을열어』가장높고 貴하고 아름답고 다함이없는 詩的인道德訓을

맘이간난한자는 복이있나니 천국이저의것이요 애통하는자는 복이있나니 저의가위로함을받을것이요……』

敎會堂建築問題

(마태복음四·二三ㅣ八·一참조) 하시며 그宇宙的인敎訓을 宇宙的인場所에서 그처럼그가 吐하시지 아느셨는가。『내아바지』(마태복음七·二一)』나의하나님』(同二七·四六)이라하시며 『내가 너희안에있고 아바지께서내안에게서』(요한복음一七·二三)라고 어대까지 말슴하시며 곧내가問題로 직접나와의問題로 내가祭物이요 내가당신의게실집으로 突進하시다가 十字架에달리시며 『내령혼을아바지의손에부탁하』(누가보금二三·四六)시고 돌아가심에 『성전휘장이 우으로불어아래까지 찌여저둘이되』(마가복음一五·三七ㅣ三八)고 모든것을익이시고 復活하시며 人生의救主 宇宙의回復者가 되시지아느셨는가。그렇게까지 내가問題요 個人이問題요 직접이問題요 人生의 구원의問題가아니셨는가。거기에眞劍味도 光明의解決도있지아니한가。무엇을쓰고서가아니다。누구를通하야서가아니다。나를들어내놓고 나의處分을 받는것이다。이것을 직접또明朗히주시려고 그렇게휘장은 찢어지어 친히大祭司長으로몬저至聖所에 아바지에게 들어가시며 믿는者는 누구나祭司長으로 직접따라들어가게하시지는않으셨는가。참말로예수께서는 그렇게까지『나』라는데에 强點을두어 아바지를불렀고 모든사람들을 이끄르셨다。그리하야

아바지여 때가니르렀사오니 아들을 영화롭게하사 아들로 아바지를영화롭게하옵소서 아바지께서 만유우의 권세를 아들에게주셨사오니 이는아바지께서 주신모든사람에게 아들로 영생을주게하심이로소이다。

하는말슴으로 그요한복음十七章의祈禱도 비롯하시였다。예수께서는 本來宇宙의使命을 지고오시였음으로 自己問題解決이 곧아바지의問題 人生의救援의 問題解決이어서 그렇게『나』로 절실히 나아가시였다고 할는지몰으나 事實永遠한立場에서보면 어느누가 應分의使命을 지지안은者가 없는것이다。바울은 萬物까지도 하나님의 뭇아들이 나타나기를 간절히기다린다고 하지안었는가。그러기에 예수를따르는 우리는一切의것을 모다 主께맡기어들이고 더욱절실히『내』問題解決로 나아가는것만이 우리의일일것이다。그럼으로 그처럼직접 아니곧내가 緊急한것으로 나아가며 일우어지게 하는것이다。

◎山上垂訓!그어느것이 그山上 自然의殿堂 宇宙的인場所에、어울리는、그것를創造하신 하느님아들의敎訓이아닌가。어느맑고도 고요한날은아니였든가。그런좋은날 어떤 크지도 적지도않은 그牧者없는羊떼갈은불상한 그러나獨特한 메시야 思想으로 무엇인지늘기다리며 그리워하는 그무리들을 잘품어줄만한 한아름답은山은아니였든가。그런좋은場所 그런좋은날에 그무엇인지 늘기다리며 사모하는 가이없는 自己百性이스라엘을對하게된 獨生子예수그리스도는깃분消息傳하

기에 合當하시어 스스로깊은생각에잠기시었을지도몰으리라。 그리하야그는 萬古에담으렷든 그보배롭은敎訓을 그『입을열어』이殺風景인世上에서 想像할수도없는하날의音信을 그처럼 쫓기우고 시달리고 또주리고 목말은이들에게 『맘이가난한자는복이있나니 천국이저히것이요』하고 쩡하고울려오는첫소리를發하시어 하늘나라의法則 하늘나라의모양을보이시였다。 일은바八福 어느것이 明朗한나라에서宇宙的으로울려오는 그런깃분消息 위로의消息으로 그들에게 새롭은힘 새롭은所望을주는것이아니었으랴。 그리하야 니어서 信者가 어떠한것을 뚜렷이보이심도 모세와先知者에게하셨든 말슴을들어 더일층말슴하심도 또다시부탁하심이게신것도『山우에세운城』『하늘에게신너희아버지』『天地가폐하기前에는律法의一點一畫이라도』『하늘로도……따로도』『대개하나님이해를……비를…… 주시나니』『하늘에게신우리아버지여』『뜻이하늘에서일우신것같이따에서도』『따에쌓어두지말라』『하늘에쌓어두어라』『空中에나는새를보라』『들의百合花가어떻게자라는가생각하야보아라』『羊의옷을닙고…… 노략질하라는일히』『그맺힌열매로저히를알지니』『하늘에게신내아버지의뜻대로행하는자라야』『智慧있는사람이집을盤石우에 지은것같으리니』『비가나리고 장마물이나고 바람이불어 그집에부디치되』하는말슴들을넣어 잘그모양과뜻을보이시며 가르치셨다。 아마 하늘과 따와 山우에와들을바라보시며 得意하시어하시였는지도몰으겠다。 어쨌든어떤날 그좋은場所에서獨生子는 입을여시어 하날의消息、萬古의寶訓을吐하시였다。 그리하고 그는五千名도(마태복음一四·一三ㅣ二一참조)四千名도(同一五·三二ㅣ三九참조)뷘들 저뷘들에서 떡과물고기로 배불리먹이기도하셨고 저히들이 억지로 님군을삼으려 할때에 혼자山으로물너가시며(요한복음六·一五참조) 또한바다가에서 가라치시며(마가복음四·一ㅣ九참조)새벽오히려未明에 祈禱하려나가시기도하시고(마가복음一·三五참조)심지어橄欖山에는『자기규례를좇』다싶이 가시군하게도되셨다(누가복음二二·三九참조)。 또한열두弟子를택하야세우실때에 밤이말도록祈禱하시고 택하야세우신곧도 山이였다(누가복음六·一二ㅣ一七、마가복음三·一三ㅣ一九참조)。이렇게어떤會堂、또어떤집도아니였고 그속에서祈禱、說敎또무슨禮式이아니였다. 그처럼局限되고 시드러가는宗敎를 宇宙的으로 生命있는 산宗敎이게하심도당신의使命이였다。 山과들、 거기가그 創造主여호와하나님이요 참아바지의나라 당신의친히가지고오신消息을 맘대로가르칠수도있거니와 직접 호소하야 내맘대로 몸부림치며 부르짖을수있는곧도어대보다도거기일것이다。 여기에서그出發하려하실때에四

十日동안 曠野의試驗과(마태복음四·一ㅣ一一참조) 그마즈막 겟세마네의苦鬪의祈禱도(마태복음二六·三六ㅣ四六참조)헤아릴수있는것이다。

使徒들의일도 그렇게各各自己의믿음에서며 달려나아갈길을 달려갔다고만 볼수있는것이다。곧내信仰이 問題요 내에게짊어지워지는傳道가 問題이었지 그런어떤事務 더구나建築問題같은것으로 주저앉어 뭉개이려하지는 아니하였다。(사도행전六·一ㅣ六、八·一ㅣ二五、二〇·一七 二四、二一·七ㅣ一四참조)。물론곧곧마다 信者들이 어떤場所를定하야 모이게도되는것이다。따라서거기에가라치는이도있고다스리는이도있고 또일을보는이도없지아늘것이다 그러나그것도 聖經에恒常 가라치어보임과같이 예수그리스도를 믿는일과 아는일에 점점자라 充滿케 하기위함이어서(에베소四·一三ㅣ一五、빌립보三·七ㅣ九、골로새二·一ㅣ三참조)使徒、先知者、敎師、權能、病고침、救濟、다스림、方言이러한順序이였고(고린도前一二·二八참조) 잘다스리는者보다 道를傳하고 가라치는者를 더尊敬할것을 말하기도하였고(듸모데前五·一七참조)또한『더가주시대 혹은사도가되게하시고 혹은선지자가되게하시고 혹은복음전하는자가되게하시고 혹은목사와교사가되게하사 성도를온전케하며 교회의일을하게하며 그리스도의몸을 세우라함이라』(에베소四·一一ㅣ一二참조)한 福音傳播、聖徒完全에 重点을둔 順序도있다。이렇게 信仰、傳道의일이어서 우리는 使徒行傳에 가장뚜렷이 나타난 두使徒 베드로와바울을 보기로하자。그들이어떻게 불붙는狀態에서 猛進、猛進하였는가。거기에福音의特性、世界를뒤덮을性이있는것이다。決코내區域 네區域하며 敎會堂을잘지으며 敎派를튼튼케하기위하야 財團法人을만들며 王座를일우려 萬事를配布하는데 있지아니한것이다。참말로復活하신예수 참救主이신 예수를證據하며 그福音 그永生의消息을가지고 나아간베드로 몇번을붓들리고 심문받고 곤역을당하였나 그러나일양 씩씩하게나아가기만 함이었으니 지금所謂牧師들이 自己의맛당히 걸어야할길보다 잘될자리만보다싶이하는것과는 다르지아니한가。또한그렇듯一回、二回、三回、四回를 獨立傳道者로 두루단니다가 마츰내 저로마를더더고 歐洲를노려보며 世界를내다보는잘『선한싸홈을싸호고』『달려갈길을다가고』 믿음을직히』였으며『의의면루관을』『주의나타나심을사모』함과함께 기다리는『세상을떠날기약이갓가온』(듸모데後四·六ㅣ八참조)늙은바울은그런敎會堂建築、修理問題는 念頭에두었든그림자좇아 없건만은 이제肉身을벗고 하날나라에 갈것을고요히있어 기다리는한집은 要求되였음인가 自己를잘알고 사모하는 사랑하는者에게『오직너는나를위하야 처소를예비하라』(빌네몬二二)한적은있었다。놀납워라。또한現代牧師들이 가장私가없이 하나님의일만위하는듯이 敎會、敎會하며 教會堂建築 또무슨설비를 圖謀하면서 自己도 모르게 아니어이없는 自己地位向上 보장等의비굴한態度를 취하는것과는 어떻게다른고。그렇게福音만을가지고 一生을싸운勇士가되여 바울과같이 이런明朗하고도 당당한말을하게되는이가 이朝鮮에있으면 얼마나多幸할까。

◎언제든지『독실히믿고 성신이충만한사람』은그런것이다 그때에열두使徒는그처럼『우리가하나님말슴을 전하지아니하고 공궤를일삼는것이 맞당치아니하』다하야『성신과지혜가충만하야 칭찬듣는사람닐곱을택하』야『이일을저에게맡기고』『自己들은』『기도하고말슴전하기만힘쓰리라』함으로『무리가 이말을기뻐하야』『그가온데첫재로』스데반을택』하였다。그러나어떻게 그런일을맡았다고그일만하고주저앉었으랴。참을수없는스데반속에불이붙는스데반은『은혜와권능을많이받아 큰기사와이적을민간에행』하며 또『각회당사람들이 니러나스데반으로 더부러변론』이일어나나『그무리가능히당』할수없게되지안을수없었다。아모리『사람을뢰물주어말식혀』해보아도 아모리온갖무리들을『충등식혀와서잡아가지고 공회에니르러』야단하여도쓸데없었다。그充滿한빛은『공회중에앉은사람들이 다스데반을자세히보니 그얼골이천사의얼골과같』을뿐이였다。그리하야그공회 대제사장과온무리들이있는마당에서『부형들이여들으소서』하면서 유대의祖上 아부라함붙어 全歷史를둘추어 거사리는態度를들어책망하게되였다。아!마침내『뭇사람이이말을듣고 맘에찔녀니를갈고향하』게되엿다。그러나그속에서『하나님의영화와및예수께서 그옳은편에 서신것이보이는』것을우러러보며 더일층이를증거하매『저히가소래를질으며귀를막고 맘을같이하야 달녀들어 성밖에내치고돌로치』『니』주예수여 내령혼을받으시옵소서하고 무릎을꿀고 크게불너갈아대 주여이죄를저사람에게 돌녀보내지마옵소서 말을마초고자』는殉教의첫거름 첫열매를맺였다(사도행전六·ㅣ七·참조)。이렇게되였으니 그처럼『기도하고말슴전하기만힘쓰』겠다하며『이일을저에게맡기고』나아가든十二使徒의面目은어대있었을까。지금도그牧師、傳道師들에게눌리워 식히는事務나보고 會堂일이나맡였든집사、사찰중에서뛰어나서 웨치군하는이들이 얼마나많은고 福音의 基督教의底流 속 힘은언제든지 그런것이다。그러고 그뒤 성경어대에 그처럼이나마『공궤를일삼는것』같은 아모런일이나 있든가。또한그런어떤 흔적도없다。初代教會그들은 그런것은떨치고나서 그모양은어떠하였든지 제길들을 다各各걸엇을것이다。오직제各各믿음에서며 自己의나아갈길을 나아감만이 우리의일이다。

참말로그生命이 그運動力이죽음에 그런것들이 나타나

는것이다。 그生命이그運動力이죽음에 外와敬虔은나타나 엄숙한집은생기고 훌륭한儀式은 생기는것이다。 그하나님의教會라고 靈의눈이어두운 人間으로서는 막연하게 둥실하게 생각하기도쉽은것이 어느듯 사람의 한組織體를일우게되며 다시금그들이 들고나는 그집에더구나舊約時代의 聖殿에돌아가 거기에局限되며 그만거기에만 熱中하게되였으리라。곧그렇게 教會의偶像化 아니教會堂의 偶像化가되여지였으리라。 그렇다 그렇게되여감이곧 가도릭化가되는것일것이다。 저 가도릭을보라。 그들은몬저 그教會堂그聖堂、異彩의집、가장神秘롭은듯한 敬虔스러이꿈인建物를가지고 또事業감 土地를가지고 그地方에간다。 그리하야 어두운人間을 몰아머리숙이게하며 感謝하게한다。 그使徒時代에 다만福音만을가지고 하나님의불너引導하심에따라 저들 저救援받을사람들을보며 오직自己의홋몸으로제가먹을버리감을 둘너메고 저들속을헤치어단니며 傳道함과 그얼마나다른가。 그福音만이全部임갈아서 그저그것만을 傳함이自己의全目的으로하야 이제온世界가 이만에점령이되고 온宇宙가 이로 救援얻을것을보면서 이地球우에 하나님의아들 生命의아들들이 이로써일어나며 점점回復될것을所望하면서 그저기쁘고 넘치어서 山을넘고 바다를건너 달녀나아가든 그明朗하고 기운참에比하야 저것은과연 무엇과같은고 잘配布할 心思를가지고 몬저그곧을돌보고 術을펼적붙어마련하고 낡을미끼인 기관과 돈을가지고 가는것이다。 거기서 뛰처나와改革하였다는 新教라하나 既成의모든教會 教派가 그가도릭에서 얼마나멀다할까。 그어두움에첫발을 더리딛인그狀態는 마침내그속에서 그「그물속에서헤매이다가 그렇게까지 주저앉고야말리니 아!이어이딱한일이 아닐까。

글세설혹 아모리그처럼嚴肅하고 敬虔하다더라도 『나는자비함을 즐겨하고 제사는즐겨아니하노라』(마태복음九·一三)하신하나님께서는 물론그聖殿이라고 지어놓고성황케함보다도 내몸이당신을게시게 하는聖殿이게하는것을 기뻐하실것은 더말할것도없는것이다。 悔改가問題요 당신으로사는것이問題이지 決코祭祀、教會堂이問題가아니다。 그런有形的 形式的의것은 다지나간것으로 이제는아모리 힘쓰더라도 결국神堂처럼이아니면 社會의한기관이 될것이어서 所謂教會는迷信의巣窟이아니면 現代의娛樂場化될것은 더말할것도 없을것이다。 지금몹시 걱정들도하는모양이나 그는全혀無用일것이다。 그러나 그야말로質보다도量을生命보다도 形式을 重히녁인다는 歐米의教會를 母教會라하야 그대로모다本삼어 옮기어놓고 이것이가장 朝鮮에알맞게 생각함인가。 위선그教會堂만있으면 얼마든지불너들이는 式樣이다。 復興會、講演會、音樂會、또所謂聖劇等그어두운時代의 당굿노름하듯 그저그런것들을 主催한다하며 좋다는것이다。 언제든지 女子들이 信仰이있였다하며 그婦女들이 멋도몰으고 特히모이는것을 조곰도反省함이없이 아니도리혀 기뻐하며 좋다는것이다。 그리하야 그會堂을언기위하야는 그런熱心으로 저마끔 捐補도하려니와 두렵게도 社會의 未信者의도음까지도 주저없이받는것이다。 그것을社會의 한굴복으로알며 받는것이다아니請을대는것이다。 悔改의책망을 던지어야할 저들에게도리혀 점잔은사람으로 올녀놓으며구걸하는것이다。 그福音을따에떠러치는일을 감행하는것이다。 그저되기만하면좋다는것이다。 그리하면서도 完全한敎會 거룩한敎會라하며그어면不可解의敎會를 理想으로하야 進行하는것이다。 글세성경어대에 그것이 있어야 하나님의敎會는 되겠다고하였으며 그것이없어서하나님의敎會는 말이아니라고하였든가。 그敎派 그天主敎는 말이아닐는지몰으나 하나님의敎會、 예수그리스도에게는 基督敎에는 아모관계가 없는것이다。 나는이地球우에 한믿는사람을볼때 벌서예수그리스도를머리로한 하나님의참된敎會를보는생각이요 하나님의참된聖殿을보는생각이다。 그奇蹟的인나라 그百姓을보는생각이다。 사람들이모이고 아니모이고 敎會堂이있고없고를나는몰은다。 지금처럼 그렇게 信仰보다도 내속보다도 어리석게도 敎會堂이最上의 문제이다가 敎會紛糾問題는그추한敎會堂爭奪問題로끗을맺군하는것은 피할수없는일일것이다。 그스데반의『목이곧고……』云云의 책망을 통채로받을覺悟를하고 욱여대는時代 그使徒바울이『맘에분하야』격열히한그說明을 귀를막으며 아모리쇠경하는時代는 또왔는가。 그처럼 휩장은찢어지고 예수는大祭司長이 되시며우리를祭司長으로 삼으셧는데 그聖殿도 祭司長도쓸데없이 하늘나라길은 환하니열어주셨고 그引導者는 친히내손목잡고 가자하시는데 이밖게아모것도 아모런이도 쓸데없다하시는데 그會堂도 牧師도所用없이 직접들어가게되였는데 어찌하야 내앞을가리우는 그런것들을 要求할까그속으로 엉기엉기 기어들어가며 어두움의놀음을할까。 글세그聖殿 祭司長은 지나간것이라고는하고 그神父、聖堂은 極力排擊은하면서 웨그렇게 나는牧師다 敎會堂없이는아니된다하며 가로막아서며 暗箱속으로 집어넣을까그런어두운時代의것 또偶像的의 노름은確然히 지나고말았전만은 아직까지 아니또다시그런속으로 들어가서 永永그어두움속에 감추어지려는것은 도모지아지못할일이다。

나는두어해전에 서울西쪽에를 몇분과같이 걸어서지나게된때가있었다。 延禧와梨花의앞 바루鐵路의 웃길을지날때이였다。 그곧을지날때『저기저솔밭밑에있는 적은草家가敎會요 바루그솔밭봉오리 全部가그敎會의 所有올시다』하고 가라치며說明하는이가 있었다。 그훌륭하다하고 宣敎事業의 큰자랑거리라는 그延禧와梨花를 미루어볼때

教會堂建築問題

얼마나 朝鮮스럽웠고 貴엽웠는지몰낫다。그소담스럽은靑靑한솔밭 그밑에소박스럽은草家는 참말朝鮮것 내것같었다。아마도저런것에서 참스럽게 깨어남이있고 새生命의 염이 돋아날것만같었다。그러나 說明하는이는 거기에만 멈추지아니하였다。『그런데바루얼마전에 會堂을새로짓노라고 그敎會에서는 저솔밭을팔아 저기저짝에보이는 벽돌집會堂을지었읍니다』하였다。얼마나놀납은말이었을까。敎人數는 數十名에 지나지안는데 그렇게하였다는데는 더한층 놀내엿다。그宏壯한延禧 더구나그새로지은梨花의餘波이였든가。참氣막히는것이였다。그야말로 그솔밭 그山이 묻어지는것 같음이었다。『내나라를팔아내榮華를누린다』『이江山을팔아 거즛文化를 꿈여놓는다』하는 늑김을금치못하는것이였다。숭겁은놈 外國임내 내는것과 무엇이다르며 村놈 땅을팔아 洋服사입고 眼鏡사끼는것과 무엇이다르랴。眞理의轉倒이였다。거즛으로 꿈임이였다。거기에하나님이 특히게시리란말이냐。그거즛속에서 무슨眞理의말슴이냐。간난한者에게 福音傳한다는말슴은 어떻게傳할모양이냐。고벽돌집이 全所望이든가。어이없는일이었다 지금이런일이 온朝鮮의일이다。이런일을책망하여야할 敎會가 오히려 더앞세려하며 거기서야 社會를잘指導하게되는것같이 생각한다는말이다。이를뉘우치고 이런즛을버리고 다시自我로돌아와 그자리에서 그眞實한 自我대로 진정한朝鮮의자리에서 悔改하여야한다。그리하야 朝鮮사람 眞實한사람으로 믿어나아가야한다。그初代敎會에무슨組織的인敎會 敎會堂이없이 適當한家庭的敎會가 中心이였다는것처럼(사도행전一二·一二、同一六·一三ㅣ一五、同一八·二六ㅣ二七、로마一六·五、一四ㅣ一五、고린도前一六·一五ㅣ一九、골로새四·一五、빌네몬二참조) 朝鮮의家庭 朝鮮의곧곧마다가 禮拜의場所、讚頌이게하여야 할것이다。참말로 그렇듯한 初代敎會처럼 산基督敎이였든때는없고 또그生命이 힘있게 人間社會를 根抵로붙어 움즉이였든時代는없다고한다。그뿐만아니라 그뒤에도 저루터의改革은 내어놓고라도 純眞한良心 純粹한信仰으로 나아가려는때는그 組織的안敎會、그敎會堂에서 나와家庭的모임이 있군하였으며 自然社會에도 적지안은여향이 있군하였든모양이다 그렇다 그런敎會形式 敎會堂熱中에힘써밖으로 形式으로 다라남은 버리고 내가問題요 이百姓이問題이어서 이나라사람 이民族全體가 根本的으로悔改의길을 밟으며 救援의길을 밟게하여야할것이다。이것이朝鮮의悔改요 朝鮮의救援받을 길일것이다。그러지안는날까지는 朝鮮의救援도 所望도 있을수없이 그어두움속에서 헤여나지못할것이다。아!그眞實한朝鮮의열골 그열골을 그립워하며 그 朝朝의깊은悔改 그朝鮮의救援을바란다。

朝鮮을 救援할 朝鮮의基督敎會여!너自身붙어 그거즛허울을 버서버리고 朝鮮의 자리에서 悔改하라。때는急하다。그렇지아느면 네에게서 초대를 옴기시리라。

=一九三六、七、三〇=

聖朝通信

一九三七年一月二十五日(月)晴。새벽四時頃에地震이있어窓과壁과 집웅이 요란하게 흔들리니 朝鮮안에서는 첫經驗이다。○어제밤도 자정까지校正오늘새벽도校正。學校에서도四時間授業以外의時間은全혀校正에吸收되다。二月號는編輯術이拙하야六號活字가十餘頁되였으니 더구나能律이不涉한다。印刷所를 거처서 달밤에貞陵峴을 넘으랴니 달은右편에 金星은左편에 길은銀盤같은積雪이다。이보다더아른다운宇宙를 求하고싶지않다。○小鹿島消息에『……配給中에 느낀感想은 저의心靈에 얼마나 새로운恩惠를 주었는지 참으로感謝합니다。남에게 物質을、그보담도 몇千萬倍나貴重한 사랑을 받으면서도 感謝할줄 모르는冷血인 저의였음니다마는、개의치않으시고 변함없이 사랑하여주시는先生님의厚情은 일즉이 땅에있어맛보지못한 새로운感想과喜悅을 줍니다。보지도못하시고 아지도못하시는、아니世上이 다ㅣ싫여하고 무서워하는憎惡와詛呪의存在가된 우리에게까지限없이퍼붓는 偉大한사랑! 그사랑의渦中에서呼吸하고있는自己를 發見할때 小生은×病에 들린것이 無限한 기쁨을 줍니다。제가萬一 ×病에 걸리지않었던들 이러한 사랑을 모르며 主의福音과 生命의喜悅을 모르고 只今쯤은 罪惡에서 헤매고 있을것입니다。罪人에게 새로운希望과 喜悅과 믿음을 날로 더하게 鞭韃하시는先生님 내내平康하심을 비오며于先크리마스 선물 拜領과處理에對하야通知次로 몇말슴 들입니다。

一九三七年一月六日○○拜』

一月二十六日(火)晴。새벽부터午前中은校正하기爲하야印刷所에서보내고、登校授業。職務以外의時間은밤열두시 지나도록校正또校正。校正에 몰리우는數日동안에東京서는 議會停止、廣田內閣總辭職、前朝鮮總督宇垣一成大將에게後繼內閣組織의大命降下等의事件이發生하였다。○農村靑年으로서 戀京病에 들려 父兄承諾없이上京한者를 說論한다는것이 過酷하게책망하여버렸다。溫柔하고저 힘쓰것마는도리어冷烈하여지는것이 나의固疾。但骨髓에 박혀 平生에 잊히지않도록 일렀으니 害毒이 안될진대 一生의補藥이 되리라。

一月二十七日(水)曇。一時晴。今日도學校職務以外의時間은 밤 새로한시까지校正에沒頭。今日 第九十七號와「無敎會」의檢閱濟。

一月二十八日(木)午后降雪。宇垣大將의內閣組織은 軍部反對를 만나 流産必至의形勢라고 新聞이報道。○學校에 가저다校正하고 또印刷所에 가서校正하야 밤八時頃에 二月號校了。이번校正에 가장困難한일二件。其一은六號活字요 其二는申瑾澈氏의글월에 稀貴한漢字가많은일。印刷所에 도모지 없는字가많었다。午后에積雪한것이 五寸에達할듯。近來에 드문大雪이다。自轉車타기 매우困難하나 조심에 조심을 더하야 顚伏을免하고 밤九時에 歸宅。但貞陵峴以北은 탈수없이끌고오다。

一月二十九日(金)快晴。北漢山麓一帶의아침雪景이形言할수없이 아름다웁다。해돋을때의陽光을 받은北漢은 紫水晶같기도 보이더니 이옥고紫色은 물러가고 全山全洞이白玉殿이오 水晶宮이다。除雪하야 通路를 만들랴니、외딴집이라 單獨負擔하는區域이 많아서 全身에 땀이솟는다。願컨대終日을 이雪景中에 앉어보내고 싶으나 職務에끌려서入市。途中에貞陵峴에서 自轉車顚伏하니 此亦一興이다 市內아스팔트道路도 모다 어름광판이라 處處에서 自轉車친구들이 자빠지곤 서로웃는다。○春川來信에「新春餘寒이益厲하옵나이다

主恩中 先生님 氣體候 萬安하옵시며允玉諸男妹들께서도 平安들하십니까。저는先生님들의 下念하야 주시는 德澤으로차츰 身病을 恢復하고 있사오니 기쁨測量없사오며、

堪當치못할 試험을 주시지 않으시고試험과同時에 避할길을 豫備해주신 天父께感謝아니치못하겠나이다。

다음聖朝誌에對하와 사뢰나이다。昨夕에十二月號를 또다시 받자옵고 罪悚하온마음을 抑制치 못하나이다。實은 저번 저의上書後 再次下送하신 十二月號를二十九日에 받자옵고도 直時上書못하와 先生님께 心慮를끼치옵고 또다시 下送하심을 입게되오니 惶悚萬萬이로소이다。스스로의 無誠意를 뉘우처 마지못하오며、이一卷誌의 聖한使命을 생각하오매敢히 허투르 할수없사와 返送하오니 以此下諒하옵소서。二月號를 기다리오며 가추지못하옵고 이만 아뢰나이다。

一月二十八日 신근철 올림」

請求해서「再送」品을 받은때는 간단한 엽서라도 보내주면 이편 염려가 덜릴터이오、移轉한때에 속히通知함으로써 많은 수고를덜게한다。

一月三十日(土)晴。十五六年을 離婚問題로煩惱하든 친구가今年三十八歲된今日에 結婚式한다는通知와스니 離婚은初志대로貫徹된듯。친구의鋼鐵같은意志를恒常부러워했으나 그意志를離婚에專用한것이못내哀惜하며。始終如一하게反對하던立場으로서(本誌六二號「無用한興奮」參照)敗戰之感으로 섭섭하기限없으나 英雄이時節을 못만나면 끝은바눌로 낙수질하듯이 不運의健兒가新婚旅行이나 해보랴는心事인가하야 過히關心치 말고저하다。○短信一枚『……每月聖朝誌에 잖은眞理를 읽을때마다 自身도 모르게 주먹을 굳게쥘때도 있고 얼골이 확근하여지며 再三讀할때마다 全肉身을 흔들리우며 先生님 넘으신 사랑 永遠한生命에 聖朝誌를 每月兩손으로 받들줄로 믿습니다云云』○書齋에 잉크凍結하야 노겨 쓰니可謂寒書生乎。執筆하기에 손 곱지않을만한 맞듯한書齋한간이 所願이로되 人間의欲望은限없는것이니 차라리雨露를避함으로써 足함을 알것이 우리의分數인가하다。○今日東京政界에서는 宇垣大將의組閣流産되고 林銑十郎大將에게 大命降下인데 이번은陸軍部에서 無條件歡迎이라고。大將에도流産當하는大將있고 歡迎받는大將있고。

一月三十一日(日)后晴。昨夜에 矢內原教授의「通信」第四十號를 읽고 매우同感興奮하였다。푸로테스탄트教會에서까지「教會外에救援이없다」고 主唱하는世代이니까 現代教會를 猛擊不息하는것으로써使命으로 아는 無教會信者도 存立할수있을것이오 또한 있어야할터이겠지마는無教會의本領、無教會의 넋이를 갸장如實히 본받은이는 前에藤井武氏있었고지금矢內原教授있는줄로 우리게는 보인다。싸울라거든 가장强惡한者를相對하야 싸

울것이오、不然하거든 차라리 守默如死한것이 보기좋다。○正午에 二月號製本出來。가장待望하는데부터一部分만 爲先發送하고、約束대로 午后二時에 奬忠壇에 集合。그리스도의 사랑으로 주는某氏寄贈菓子一封식을 받아가지고 新堂里로부터 漢江里 梨泰院 桃花洞 麻浦까지一巡하고 午后五時鮮散。南山週廻道路工事로因하야 新堂里골목藥水가 없어진것이 섭섭하였다。其他에도 舊龍山 麻浦週廻線路等 南部서울의 勤態無雙함에 놀라다。○저녁에는 發送事務의續行。今日로서 正月이 지나갔다。十二分之一年이 私情없이 갔거마는 하랴든일은?

二月一日(月)曇、夜雪。校內氷上大會가 清凉里에 열려서 叅列。十年如一이라는 것은 나의 스케팅技能의適切한形容詞이다。午前九時半부터 午后一時半까지에敎師로서의 任務를畢하고 例年行事의會食에는棄權하고 도라와서 二月號의發送事務와午睡。○비록一年에 하루식(氷上大會當日만) 일망정 스케팅시작한지 이미 十年이 지났었는데不拘하고 나의 스케팅技能은 시작한날과 오늘이 매일반인것이 하도 민망하야 夕飯後에 某雜誌에連載된 스케팅技術指導의文을 읽어보았는데 多大한時間을要하는일이分明하므로 아주斷念하기로하였다。스케팅의研究와練習、이것도 내가할일은아니다。每日 한時間의自轉車타기로써 나의健康運動은 足한줄알것이다。

二月二日(火)雪。后晴。昨夜의積雪이三四寸에達하야 自轉車를 탈수없게되였다。徒步로 洞口까지 나가랴니 北漢山麓의 雪景이 더욱 可賞하다。洞內에서 오ㅣ토바이로普通學校에通學시기는 부자ㅅ집에서 항상 우리아이들의 强健함을 부려워한다고 하거니와、오늘아침雪路에는 내집아이면서도 장하게 보였다。더구나一學年生은 貞陵고개를 넘기까지 三四次 엎어지며 자빠지며 했으나 울지않었다。아이를 구버보는 어버이의가슴에 아픔이 없지않으나、우러러 하늘에 계신 아바지를 처다보니「오ㅣ토바이보다 健康과意氣를 주시는恩寵을 감사합니다」하는 기도의 句가 홀로 속에서 중얼거려진다。

二月三日(水)晴、後雪。登校途次에 發送과市內配達。○短信一枚『去十二日에出發하야 定州 宣川 新義州 安東 古邑 等地를旅行하고 돌아왔읍니다。宣川에서 社會事業을하시는李英學氏宅에 一宿하고 氏의案內로 觀察一巡、조못多感하였읍니다。五山에들어 咸先生宅에一宿後 南岡先生의 자최를 찾어 五山高普 先生의 私宅 墓地等叅觀하고 五山을爲하야 祝福하였읍니다。李贊甲兄의案內로 姜濟建老人을만나뵈였읍니다。오래ㅅ동안 靈으로 仰慕하던老將을 뵈오니 기쁨表現키 어렵읍니다。西北사람들의健實性은 젊은저에게 새希望을 주었읍니다』라고。○夕에 또降雪시작하니 잦은降雪은 豐年을 豫約함인가。아이생활誌二月號에 李光洙氏의「네가지 부탁」이라는 글을 아이들과 함께읽고 說明을加하여주다。

二月四日(木)曇、一時晴。立春날이라고 새벽에 생무를 쪼겨먹고 朝夕에艾蕩을 끄려마시며 이날을祝福。午后에 쑥캐려 나가니 昨今의積雪밑에도 발서寸餘或은 數寸식 長成하여있는雜草를보고 詩心이 動치않을수없으며 信仰에關한靈感이 오르네리지 않을수없었다。今日春風이溫和

聖朝通信

하야街路上의氷雪이 녹어 泥海를일울뿐더러 凍結하였던 나의机上의 잉크도 스스로鮮氷되였다。○아이들의紛爭이甚하여서! 昨夜에도 過히責罰하고서 오히려 내마음을傷하여 괴롭던中인데、今日大每紙上에 菊池寬氏의「我家の犬達」라는一文을 읽고 매우安心하다。아이들의 잘못은 모다 나의惡性의遺傳일줄로만생각나서! 괴로운것뿐이든데、現代日本一流文豪의子女들도 兄弟싸옴이相當하다하니 何必 내罪만 아닌듯하며、三人의姉弟間에도 그렇다할진대 우리집은 그倍數의紛爭이 있어도無妨할것、聖朝誌主筆의 子女라고 아이때부터別다르라는法은없다 그저普通아이오普通人間이면足하다。이렇게 생각을 느추고 마음의安定을 얻었다。○意外의來信一枚『金敎臣先生

聖書朝鮮보내주신것 받아 때로 拜讀하오며 오늘 또 二月號받아 不如學、再出發等읽엇읍니다。眞理運動에 勇進하심을 嘆服하옵니다。朝鮮을 건지는者 오직眞理임을 생각사록、낫살먹을사록 더욱더욱 깊이깊이 느껴지는 이때에 百號가깝게 이雜誌를 發刊하시는 努力과 勞苦를 十分拜察하옵니다。깊이敬意를表하옵니다。더욱 向上하시고 奮鬪하시기 비옵고

마태복음七●二一、二四

보시옵소서! 하옵니다。이것은 先生이 제집에 다녀가신날 끌랏던 節이온데「行의基督敎」라는 意味로 敢히先生께 들이고저한것입니다。信을 過重하고 恩을過重합이 行을過輕하는結果에 흐르지아니할가하오며、信이나 恩도 行을 爲하여서 잇는것인가 하옵니다。王國은 行에서온다고 믿는 弟의愚見입니다。

二月一日夕 弟 李光洙 拜」

二月五日(金)晴。二月號의廣告에依하야 朝鮮歷史號의缺號를 五册보내준이가 있어서 이를要求하는處에廻轉하다。아직도 不足이多大。○聖書講習會記者로부터『……講習會記는 繼續을 쓸라고하였사오나 貴重한紙面을 많이虛費함은 마음의괴로옴을禁치못하려니와 聖朝通信의것보다 더 發表할수도 없으므로中止하고 申兄에게는 簡單한書信을 보내고저합니다。下燭하소서』라는來信。因하야 二月號의『片感』은(上)으로中斷하고말게되다。○어떤病床의敎師로부터『……「新興生活」誌잘받어서 끌고루읽었사오며 聖朝二月號 昨一日拜受하야 精讀中이외다。內村氏「基督信徒の慰め」는 姑未披讀이오니 或下送하시면幸甚이겠읍니다。弟차차 낫어가든中三四日前에 또感氣가들려 調攝中이오며咸先生에게受學한朴熙纘氏가 數次枉尋親切加療中이외다 ××町의家與垈를賣却하야 負債를淸算하고 表記處에建物집茅屋을住居로定하였나이다。云云』病勢아직快差하지못한데 舊基를 떠나 茅屋으로病床을 옮기는情景이 눈에 보이는듯하다、如斯한 골목에까지 모라넣고라야 人間敎育을完成하시는 하나님의熱과誠、義와愛! ○夕에 新學年度新入生徒의入學件으로某氏來訪。生徒의學力과家庭形便을詳細히告하고 現下京城市內의高普形便을살피어서學校選擇을指定하여달라는相談。다짜고짜로 自己의請托을成就하여달라는强請이아니오 敎育界에從事하는이의意見에順從하겠다는相談이었다。病든때에醫師의助言을請하는것처럼 入學時期에敎師의判

斷을待하고저하니、敎師를 가장 賢明하게利用하는方途요 가장穩當하게尊敬하는道理라고 안할수없다。

二月六日(土)曇。解氷으로 增水하야 시내의물소리 요란하다。但 道路는 自轉車타기 매우困難하게되였다。市外보다도 蓬萊町이 더욱泥海임은勿論。○登校授業後에 擔任班에 特別訓話約一時間半。不良한者 한둘때문에 全學級이頭痛이다。宿直으로蓬萊丘上에留宿。

二月七日(日)晴。아침에 歸宅하였다가 復活社로 出發하려고 準備하는때에 復活社로부터 急使가와서! 今日集會를中止하라는通知。좇아가서 不吉한事故생긴緣由를알고 不得已 時所를急變하야 午后三時半부터 本社에서 使徒行傳第五、六七章의大意를講話。○畢한後에 孫基禎이와서 養正卒業後에 豆부장사하겠노라고하므로 이에贊同하고、萬一서울서 開業하게되거든 우리게도 配達해주기를 부탁하다。○今日限으로食母를解雇하다。

二月八日(月)晴。李鼎燮氏來訪。山羊牧場에關한말슴。今春卒業할生徒中에 牧畜從事志願者있는데 地理와博物工夫時間에 그動機가 생기게되였더라는事實을 알고 기뻤다。비록敎授法의技巧이拙劣하였을지라도 朝鮮소를 本間俊平氏보다 더敬愛하는마음을生徒一人에게 이르켰으면 成功이오、南米올과이國과같이 人口一人當에 牛羊의數三十頭에達하도록 半島의畜産을振興시키라는理想을 第二代國民에게 넣어주었으면 當幸이다。願컨대 우리의 꿈이 實現되여 朝鮮에도 每一人當에牛羊三十頭식養育하는날이 올지어다。○歸途에 金在衡牧師來訪。講堂處理方針을確開하고 今後當分間은 日曜集會를 北漢山麓으로 移轉하기를 內心에決定。無敎會主義者에게 講堂을 빌린까닭으로 敎界의是非많었다는事實을 처음듣고 衷心未安하였다。

二月九日(火)半晴。새벽東天에 달과木星이 어께 마춰 나라니하야 솟아오르는 찬란한光景이 부럽다。따뜻한朝陽이 매우고마웠다。○昨日柳錫東兄께面談을申込하였더니 今日來訪。約二時間半 여러가지로問且答。三四年來로積滯하였던바가 비로소 풀리고 世間風聞에도 割引할바 적지않음을 듣다。○東京 山本泰次郎氏主筆「聖書講義」誌二月號에 松前重義氏의「朝鮮의希望」이라는 文章을읽고 感激。이에 對하야 우리의抱負를 써달라는請을받고 考慮中。『拜啓 御平安を賀し上げます 偖 小生の友人松前重義兄が昨年貴地にて貴兄始め諸君と面會され非常に感動された由を伺ひましたので 同君に依頼して「朝鮮の希望」と題し 小生の「聖書講義」二月號へ寄稿して貰ひました 諸兄を通じて主が如何に朝鮮に於て大なる働きをなし給ひつゝあるかを知り、これを小生の誌上に揭げ得たことを大なる名譽と感謝して居ります 別に本日數部お送りしましたから何卒御高覽下され度 尙 柳、崔、里見の諸氏へも記念として一部贈呈致し度と思ひますが、御住所が分りませんので眞に恐縮乍ら貴兄より御轉送下され度御願申上げます 就ては之に對し諸君の立場より 將來の抱負、我々に對する希望、過去及び現在の活動狀況、特に神が如何に朝鮮に於て 攝理の聖手を下し給ひつゝあるか 等の實狀につき聖書講義四月號へ御寄稿を贈はり度と存じますので 之が執筆を貴兄にお願申し上げ

度いのでありますが如何でせうか 御承引御執筆下されば喜び之にまさるものはございません。

何卒御回示下され度お待ちします

取急ぎ右お願申上げます御平安を祈ります

諸君、特に 柳君へ吳々もよろしく願上げます。

二月三日　山本泰次郎

金 敎 臣 兄

二月十日(水)雪、雨。山本氏에게 1日本文章에 自信없는것。2過去 現在 未來에關한要請대로쓰랴면 原稿分量이過大할것。3意見의穩健을保證하기어려운것等으로 筆執하기를躊躇하니 他에適任者를求하라고回答하다。○아침부터 시작한降雪이 午後에는 五十錢銀錢大의片雪、다시雨滴으로變하야 七八月장마처럼 終夜聚雨。

二月十一日(木)曇。北漢山높은데는白雪이오 山麓은 녹었는데 그配彩의神妙함은 形容할수없다。시내물소리 점점요란해진다。○登校하랴니 陰曆正月초하루라고 歲拜軍들이 버쓰 電車에滿員이었다。十一時에 式을畢한後에 종용히 만나기를請하는生徒一人。저는自己一身의欲望과家庭의期待를 斷念해버리고 오로지 그리스도를 따라서 朝鮮兄弟들의靈魂을救援하는일에 獻身하기로決心하기까지 이른 信仰經路를告白하고、今後에聖書硏究할方針을指示하여 달라는것이었다。말하는生徒도 눈물이오 듣는敎師도 눈물。1베드로처럼 膽大히 장담하지말고 겟세마네동산 예수처럼 最後까지謙遜하게祈願할것 2軟文學에耽溺하지말고 于先中學校의難學科인 數學 理科 語學等에注力하야 優秀한成績으로卒業할것 3神學校로入學하지말것等을 부탁하다。저는 다른學校에入學되지않고 養正學校에入學된것이 하나님의攝理로된일이었다고 感激에넘처 울음으로써表現하였으나、그보다도이처럼高貴한決心을가진生命을接觸하는敎師의心中에는 五年十年의寂寞과 後悔도一時에消散하는듯。깊이反省하여 새롭게決心하지 아니치못하다。

二月十二日(金)雪。밤동안에 또降雪이시작하였다。○千萬뜻밖에 鄭相勳氏兄이慶南으로부터 入京。兄의 公務분주하야今日은 面談의機를不得하였으나 기쁨마음制止不能。「우리뮤듯아！」하고 口中에몇번이나 불러보다。○어떤誌友의來信에『榮光과讚頌을 世世토록 받으심이 마땅하신主님앞에 眞心으로感謝한 기도를들이지않을수없사옵나이다。

聖書朝鮮을通하야 先生님의마음 先生님의生活一面을 뵈옵게될때마다 主님의偉大하신生命이 움지기심을 절실히 느끼고 새로운힘과 기쁨을 얻사오며、또한先生님의指導하심을 받는弟子中에서眞心으로 主님을 따르랴고하는青年들이 일어남을 볼때 참으로感激한마음을 금치못하옵나이다』云云。과연 先生드 弟子에게 感激함을禁치못합니다。靑出于藍而勝於藍인저。모든榮光은主예수께로

二月十三日(土)前晴、后雪。새벽에林間祈禱를다시시작하다。閑寂한곳으로移舍한主要目的은 고요한野外祈禱럼을 찾고저한것인데 繁務에몰려서 밤 늦도록執務하고는 새벽祈禱의行事를等閑히하였다。近日우리生徒中에 새벽四時부터 한시간以上祈禱後에 學業시작하는이와 또한四時前부터 日課工夫하는이들이 있음을 알고敎師된者도 분발하지 아니치못한것이오 一二一

아무런大事業보다도 新禱가信仰生活의中心이오、기도는 새벽山麓이 가장 어울린다。○午后에 鄭相勳兄來校。菜處에서 宋斗用 柳錫東兩兄까지合席하야 鄭兄의産業組合理事로서의經驗談을듣다。그일도 또한適當한人物이全力을다하여해주어야할일임을 알다。○昨日부터牛肉一斤에六十錢이되였다고。○밤八時頃에歸宅하야 몸푸믈에洗面하고 양취하니 都臭가飛散하는듯하다。

二月十四日(日)雪。今日까지 두번째本社에서集會。午后二時半부터 英文聖書班同三十分부터 使徒行傳第八、九章의講解。오늘 鄭相勳 柳錫東 宋斗用諸兄이集會에參席하니 十數年前의學生時代에歸還한感이不無하였다。

二月十五日(月)晴。寒冷。昨今氣溫甚降。宋兄을 보내고 登校。柳永模先生이 過次에來校。故金貞植先生의信仰生涯를 執筆하실것을 相議하시다가 故南岡先生의傳記가 아직 出現치않는일을痛嘆。○今夕에 달과金星이 西南天에接近한것을바라보니 故金貞植先生葬禮式날저녁에 세부란스病院앞에서 同一한現象을指呼한지가 발서 一朔된것을깨닫다。

二月十六日(火)晴。朝鮮靑年으로서 무슨事業을하는것이 가장 同胞를爲함이되겠느냐고 質問함에對하야、전방진質問이라고叱責하다。「무슨事業」을할것이問題가 아니오 「어떻게」할것이問題의中心이니라고答하다。무릇眞實한것이大事業이오 朝鮮의希望이 거긔있는故。○四時間授業한後에 悲觀한生徒에게 卒業한後에 上級學校에 入學할自信도없고 어듸就職할所願도없고 도무지生存할興味도없노라는生徒一人에게 約一時間半이나 希望을注射하라는說敎를 하고나니 心身의疲勞를切感하다。四時間의科學知識傳授보다 絶望한者에게希望을喚起하는役事가 더큰일인줄알고 이일에는全心全靈을傾注하여當하다。

二月十七日(水)晴。四溫이 도라옴인지 寒氣漸衰。○本誌의印刷所를 大東으로옴기기를確定하다。○東京 山本泰次郎氏로부터 再次來信。凡事에自由롭게하라는懇請이니 不可不 執筆하게될모양이다。

二月十八日(木)晴。밤동안에自轉車 空氣빠저서 끌고가노라고遲刻。凡事에餘裕있게할일 ○今年度卒業生들의就職이 잘되는데 今日은 鐵道局에就職確定된通知를받고서 大邱入學受驗의資格喪失되는것을怨痛하여 放聲呼泣하는生徒도 두엇있었다。好景氣時代의變態心理인가。

二月十九日(金)半曇。발서되여야할것이였든「無敎會」가 印刷所의 여러가지事故로 今日에야 겨우製本出來하다。○오래간만에 小鹿島文信活君의書信을接하야 반가웠다 그一節에曰「……오! 愛의先生님 新年벽두부터 百折不屈의 굳센信仰의勇氣로 빛나는 새福音의 날카로운 검을 휘둘러 萬障의 荊棘을突破하시고 勝利의 기ㅅ발을 휘날리며 榮光의凱旋歌를 우렁차게 불러 두번오실新郎예수를 반가히歡迎하사이다。主안에서 내々多福하옵소서。小生과同感을 가진李××君尹××兄이 同一한所望으로 懇切히問安합니다。이두兄弟의 도음으로 切手二十五枚를同封하오니 至極히 적은것이나마 사랑으로 받으시고 惠送하시는聖朝送料에補用하옵소서。惠送하신 크리스마스 선물은主愛의心臟에서 感謝히받었읍니다。先生님聖朝九十三號를奉讀치못하여 甚히 섭々합니다』云々。九十三號는 小鹿島에限하야 「發行禁止」를當한모양。

二月二十日(土)晴。「또事務的인것을 迴避하랴는것은 近來敎師들의 一般流行이라는말슴보고나니、「頂門에一針갈읍니다」라는 咸兄의 글월을읽고 敎師노릇 하는날까지는 校務第一主義로 忠實히하여야할것을 다시作定하고、四時間授業後에日沒後까지 殘務處理하고 新刊된「無敎會」를 市內書店에配達。府民舘에는 崔承喜舞踊의觀覽客班列이 南大門에서光化門네거리 까지 뻗친 超滿員이오 大盛況。途中에自轉車빵크나서·修繕。配達을畢한때에 上京中인親族을만나 無理한入學請을한참듣다가 時間이不足하야 今日豫定햇던일 두어가지未畢한대로 明日準備에焦燥한생각으로 脫出하다싶이退市。貞陵里고개에 다다랏슬때는 배가 고프고 疲勞는 極하였고 自轉車를 끌며 끌리우면서 간신히 고개를 넘으랴니、妓生실은自動車들은 天香園別莊을向하야 元氣좋게넘나든다。때에 우러러頭上의明月과右편의大熊小熊星들과 左편의燦란한金星을 바라봄이 없었던들、今夜에全校敎職員을 明月舘에招宴한것을 辭絶하고 配達군노릇하다가 氣盡脈盡하여 도라오는自我의愚를 悔恨하지아니치 못하였을것이다。「……네가 同僚와합께 一流料理店에出入할權이없더냐?」『長安名妓의勸酒歌에醉興할資格없더냐?」하야 홀로뽐내면서다소人 바울先生을 思慕하다。歸宅하니 밤九時인데 机上에待하고있는 電報一枚『二サイノムスメサクヤメサル サトウ』。別使配達로正午에온것이라하니 即時에淸凉里로달려가보아야할터이나 心身이完全히 衰盡하야 一步도運行할수없으매 主예수께懇請하고失禮하다。

二月二十一日(日)晴。溫。깨여보니 昨夜는 밥먹은 자리에서 입은옷 그대로 꺼꾸러저자고낫다。늦잠잔 탓으로 樵夫들의妨害에 林間기도가 온전치못하다。○午前中에 淸凉里 佐藤敎授宅을吊問하니、昨日葬儀式에 佛敎僧侶를拒否하고 基督敎會牧師를辭絶하고 金太熙氏或은余의 叅席을待하였는데 二人이 모다 不在中으로叅列치못하여서 無儀式으로埋葬하였노라고。듣고友誼에感激한눈물을 가슴속으로潛流。慰勵하려갓다가 도리어 慰勵를받고서辭退하다。잛은信仰의힘은 不吉한事에 더욱現著하다。特히 그 夫人의信仰의 溫柔하고健實함에 敬且歎。○午后二時半부터滿二時間、使徒行傳第十一十二章의槪要를講하다。會場을急變한後第三回인데 이山麓까지變함없이 따라오는靑年들의熱誠도相當한것이다。밤 자정넘도록原稿。

二月二十二日(月)晴。後曇。校務를畢하고 일즉歸宅。原稿쓸豫定이였으나 疲勞를못이겨서午睡。저녁에 溪邊포플라一本約二十餘年자란것을찍기 시작함으로 中止할口實을 여러가지로 빈정거려보았으나 自己土地에 선것을 찍어간다는데는 어찌할도리가 없었다。내가朝夕에 바라보면서慰勞받는 포풀라 들은 거의全部他人所有地에 선것뿐이니 不安하기 짝이없다。

二月二十三日(火)雨。비오심으로 山上의祈禱中止。濃霧中에 꿩들이庭前에 네려와 悠々히散步하니 別有天地非人間인듯도하다。恨스럽기는 獵銃멘文化人들이 때때로와서 꿩과 뫼ㅅ새들을놀래는 일이다。○降雨로 因하야 自轉車를 쉬고 버쓰、電車로登校하랴니 乘客들의競爭은 참아못볼形便。特히普通學校男女兒童들이

밟히우며 밀리우면서 두車세車식 놓치는光景。今日만한 降雨에 自轉車안타고 떠난것을後悔햇고 今後는 웬만한雨雪에라도 自轉車主義를固執하야 나 한사람의 競爭이라도 덜고저決心하다。都市人의心情을 惡化하는大原因의 하나는 確實히 交通機關에 있는듯하다。○夕陽에 우리 堤防의 버드나무 포플라等을剪定하다 前所有者에게 虐待받아서 찍기고 남은 가지도 하나天然스럽게 벋어 자라지못하고 시달리고 시달린中에서 造物主를 向하야 한갓呼訴하는듯。우리管內에 屬한포플라와 버드나무 만이라도 安心코 자라도록。天眞하게 키우도록 해보리라。

二月二十四日(水)晴。새벽山路에 꿩과 합께散步。但 사람들에게 놀란꿩이 나에게도 安心못해하는樣이 없었다. ○近日 紙上에서『創造의生活、金周桓家庭訪問記』를읽고 感激함이 적지않었다。因하야 今日授業한 네班에는 이創造의生活을 紹介說明하여 주었다。單純한科學知識의 傳授보다 無益한일이 아닌것을 믿으면서。但 나自身으로서 가장痛快하게 느낀것은 西洋宣教師들의 傲慢僞善僞信僞愛를 攻擊한一節이었다。朝鮮양반이 米國女子를娶하였으면 米國人의榮光인줄알것인데 도리어 白哲人種의羞恥로 안다는것은 言語道斷。그러나 Abominable abhorrable, ungodly 라는字들을「宗敎貴族、宗敎부르조와지들」에게 던진것은 春園 英語先生이아니고는 고를수없는 適切한文字들이었다。우리는 아직 이처럼 激烈한文字로써 저의들께 投彈하지못햇던것이遺憾千萬。

二月二十五日(木)晴。前에 孔德里에 居住할때는 蓬萊山中腹에서宿直하는 날이면 山間의寒寺에나 旅行하는感이不無하야 생각하며 執筆하기에는 더할데없는機會인줄로 알었었던데 近日은 그렇지못하다。蓬萊町도 날로『發展』되거니와 北漢山麓의閑寂함에習慣된탓인지 昨夜는 厨房의騷擾에『憤睡』하였다고할까、생각하려다가 執筆하려다가 攪亂을當하고、일즉자고 世上이靜肅해진다음에 起寢하리라던것이 다시世上이 요란하기 시잘하랴는 아침까지 貪眠하고 말었다 이 꿩게저꿩게로 잠잘자기는 朝鮮第一人者인가하다。○授業後에 校正하다가 大東印刷所에들려서歸途。東大門우에는 발서 陰正月보름달이 솟앗고、途中에는 골목 골목에서 달마중 하는 男女老少의 떼가 모였고、東小門外의 높은 봉오리마다 횃불과 高喊치는 少年들의 소리 들리다。○밤에는 새로한시반까지 原稿와校正을 畢하고、前庭에 나아가 팔을버리고 深呼吸하니、洞內에 가득찬것은 달빛이오 鼓膜에 들려오는것은 물소리뿐이다。無限히 고요하고 無限히 맑고 無限히嚴肅하다。

二月二十六日(金)晴。새벽 기도의길에 꿩의夫婦가 발밑에서 놀란소리치며 나라가는양이 매우未安하였다。山上의 새벽기도를 시작한後로 前에 보지못한것 알지못한것을 새로發見한것이적지않다。꿩과 토끼들이 家族의一員에參加한것이 其一。庭園의面積이 無限大로擴大된것이 其二。時間이無限大로延長되여 忙中閑의 참맛을 알게된것이其三 等等。○登校途次에印刷所에들려서校正。活字가前보다 매우確然하게된것이기쁘다。授業後에 某氏의明月館招宴에 暫時出席하고校正。

咸錫憲著

無敎會

菊版半 三十二頁

定價拾錢・送料二錢

無敎會主義란것이 무엇이냐。이問題는敎會에 屬한信者나 안屬한敎徒나 누구나한번 알고싶은問題이오 또한 알어야할問題이다。그러나 無敎會主義의祖宗인 內村鑑三先生의全集二十册을 通讀하여보아도「無敎會主義란 如此如此한것이라」고 要領을拔握하기는 매우困難한事이다。그런故로 或者는「無敎會主義란것은 無政府主義에近似한것인가보다」하며 或者는「虛無主義의一種인가보다」하며 甚하면「無敎會主義는旣成敎會와의對立抗爭에만 그存在理由가 있다」고까지 論斷하는것을 본다。그러나 無敎會主義는 決코否定主義에 끝이는것이아니오 크게積極的主張을 가진것이다。無敎會主義를알라면 먼저「敎會主義」란 어떤것인가를 잘 알어야한다。「敎會主義란 무엇인가。無敎會主義의積極的主張은 무엇인가」이것을 가장簡明하고 充足하게 解答한것이 이冊이다。無敎會主義의本産地에서도 이보다 더要領있게徹底하게强烈하게 無敎會主義를言明한것을 우리는 알지못한다。先入主로써自他를 그릇되게하는이에게一讀을勸하는所以이다。

京城聖書硏究會

〔場所變更과休講〕

講師 金敎臣

場所 聖書朝鮮社(市外貞陵里)

日時 每日曜午後二時半부터約一時間

再昨年秋期부터 거의二個年間이나 多大한便宜를얻어 借用하든 復活社講堂은 지난二月처음日曜日부터 突發的事情으로 使用할수없이되였다。急報를받은當日부터 北漢山麓의本社에서 假集會를 열고、當時생각같으면 市內에適當한場所를求하야 來參者의便宜를圖謀하고저 하였었으나 二回三回로 山麓의淸靜한環境의맛을 깨다를수록 山麓을 버리고 紅塵속으로進出하는 不自然 非合理를覺得하였다。故로當分間은 옴겨놓인자리에서 그대로繼續하기로하다。

三月末과四月初는 學年度末과新入學試驗等으로 분주한故로 三月二十一日、同二十八日及四月四日의三回는休講。

主께서許하시면 三月十四日까지에 使徒行傳의 輪廓工夫를畢하고 四月第二日曜(十一日)부터 로마書以下의書翰을 硏究하고저 한다。

本誌定價

一册 拾五錢

六册(送料共) 前金九十錢

十二册(一年分) 前金壹圓七拾錢

要前金。直接注文은 振替貯金口座京城一六五九四番(聖書朝鮮社)로。

所賣販次取

京城府鍾路二丁目八二 博文書館

京城府鍾路二丁目九一 耶穌敎書館

東京市神田區神保町一ノ一 三省堂書店

文化書店(元山府) 茂英堂(大邱府)

新聲閣(咸興府) 信一書舘(平壤府)

向山堂(東京市) 大東書林(新義州)

昭和十二年二月二十八日 印刷

昭和十二年三月 一 日 發行

京城府外崇仁面貞陵里三七八 編輯發行者 金敎臣

京城府公平洞五五 印刷者 金顯道

京城府公平洞五五 印刷所 大東印刷所

京城府外崇仁面貞陵里三七八 發行所 聖書朝鮮社 振替口座京城一六五九四番

【聖書朝鮮】第九十八號 昭和五年一月二十八日 第三種郵便物認可 昭和十二年三月一日發行 每月一回一日發行 【本誌定價十五錢】(送料五厘)

金教臣主筆

聖書朝鮮

昭和五年一月二十八日第三種郵便物認可
昭和拾貳年四月一日發行(每月一回一日發行)

第九拾九號

昭和十二年(一九三七)四月一日發行

目次

聖書朝鮮을 받으라

小鹿島에서 오는 편지만은 未納이던지郵稅不足편지던지 받어두기를家人들께 일러두었더니 『편지를 종々하여도 잘 가지아니하옵기 未納편지하오니 용서하시오』라는序言으로써 如左한意味의 글월이왔다。

김선생님 받어살피시옵소서。가진바없는 저는 七十老母가 병중에 있다하오니 일푼없는 저로서 어찌하오리까。선생님이어 世上을 떠나기전에 母親을 가뵈올마음은 있으나 金錢이없어서 갈수없나이다。아모쪼록 가서 만나보도록 하여주시옵소서。里數가 팔백여리라 내왕여비 약소해도十圓이나 되여야할터이나 十錢도없으니 어찌하오리까。오ㅣ선생님이시어 나를 도아주시옵소서。죽기전에가서 한번 뵈도록 하여주시면 이은혜는 예수님전에 알외리다

라는 뜻인데 한글도 잘만들어 쓰지못하였고、以前에 信仰關係로通信한일도 없어던兄弟이다。그事情은實로同情不禁인데 이와同樣의懇請을 近日에받은것만하여도 두세件뿐이아니다。男便에게 속은結婚生活을淸算하고 親庭의病母를養하겠다는姉妹의 눈물、苦學數個年에 最後의點睛을願하는苦學生의부탁、骨肉의依支、企業의資金等々。이런事件을當面할때마다 거의方程式으로 나오는 우리對答은 『은과 금은 내게 없거니와 내게 있는것을 네게 주노니 聖書朝鮮을 받으라』는것이다。天使같이 처다보고 왔던사람도 이말 한마디에 사탄의 괴수를發見하였다는듯이 신발의 몬지까지 털고 나가버리는것이 例事이다。모든餓鬼를 逐出하는呪文으로서 이보다 有効한文句는 다시없다。

聖書朝鮮에 얼마나한眞理의福音이 發表되였으며、이것을發刊하였음으로써 朝鮮에果然有益햇넌지、或은 어떤論者들의評과같이 그主張은全혀 主觀뿐이였고 그攻擊은基督敎會에 傷處낸것뿐이였는지、이런일들은 우리가 알바가아니며 實相은 알수도없는일이다、우리가確實히 아는바가 하나있다。그것은 創刊十週年을當한今日까지、第九十九號인今月號까지 모주리缺損出版이라는事實이다。우리가天國에入參할 아무資格도具備치못해서 地獄에떠러지게된대도 이聖朝誌出版의缺損報告書만은 人間앞에나 예수앞에나 내가携帶하리라。

巨額의資金을慈善事業에 提供할수없는者임을未安히알거니와、또한月給生活者가每朔몽땅缺損하는일을繼續하는일도 容易한일이아닌것을 우리는배웠다。犧牲없이는안된다。自身의일은말할것도없고、不孝를覺悟하고 子女敎育을制限하고 親戚故友에게人情味를斷絶하지않고는 一個月도不可能한일이다、貴富의門에卑屈하지않고 親舊과社會에累를 끼치지않고서 自立하야聖書朝鮮을發刊하기爲하여서는 돌보다도冷情해저서 經濟的全勢力을 이에集注하여야한다、衣食의餘分으로되는 것이아니라 出版한餘殘으로써生活하여야된다。故로聖朝誌는 나의最大의것이오全部이다、이以外의것을現在의나에게要求하는者는 나의血液을要求하는者이다。내가救濟慈善을依例히拒絶할뿐더러 義理禮節까지도當然히蹂躪하는것은 말은宗家의任務있음을確信하는故이다。主예수여 이傲慢을暫時용납해줍소서

바울의信仰根據

使徒行傳을 播讀한이는 누구던지 그중에 二大人物에注目하게된다。 行傳의前半에主役으로 일하는 베드로가 그一人이오、後半에서 指導者의役割을當하게된『달 차지못한使徒』바울이 또그一人이다。 第七章 九章에서 조금식擡頭하던 바울이 第十三章以下의第一回傳道가 끝난後부터는 基督教가歐洲로 건너가서 世界的進展을 創始하는 第一人者의役割을敢當하였을뿐더러 患難과逼迫이 더하면 더할수록 그非凡한 그릇인光輝가 더욱燦爛하였으니、바울의生涯를 헤아리는者마다 盤根錯節을 만나서야만 利器를區別할수 있너니라는格言의實物을 부다쳐보는 느낌을禁할수없게된다。 빌립보傳道時의投獄과(第十六章) 偶像製造業者인金銀細工等의騷動만난때의(第十九章)光景은 말할것도 없거니와 捕縛되여審判받는 몸으로서 도리어審判官을威壓하는 偉觀을보라。

數日後에 벨릭스가 其妻유대女人도루실라와同來하야 바울을召하야 그리스도예수信하는道를聽하거늘 바울이公義와節制와將次오는審判을議論하니 벨릭스가畏하야曰 時方은去할지어다。 내가 틈있으면 너를召하리라。
라고(二四・二四、五)함은 벨릭스의悲鳴을發함이오、

아그립바殿下여 先知者를믿으시나이까。 믿으시는줄아나이다。 아그립바가 바울다려 일러가르되 些少한言으로勸하야 나로하여금 그리스찬이 되게하랴하는도다。 바울이 가르되 하나님께求하노니 言이少하나多하나 殿下한분뿐아니라 今日나의言을聞하는 사람들도 다(如此히 結縛한事는말고 其外에는)나와 같이되기를願하노라。
고(二六・二七—二九)。 이는 審判받는法庭에서 審判長아그립바王을 삼키려는 바울의氣勢이다。 實로文字대로「氣蓋世」의快丈夫를 우리는 다소人바울에게서發見한다。 捕囚된몸으로 羅馬行帆船中에서 暴風과破船을當한때의바울은 또한群雞中의唯一한鶴의存在이였다。 安靜할수없는때에 저는安靜하였고 希望가질수없는때에 저는홀로希望을 가졌었다。 그由來가 어떠한가 그源泉이 어듸인가。 勿論저의天禀이 매우庸劣하지않었던것도素因일터이나 바울自身으로써 말하게하면 彼의生涯의 모든變革과原動力은 죽은後에 復活한 예수를 만나본事變에서 생겨나왔다。 使徒行傳第二十六章은彼의全生涯의縮圖요 審判받을때의辯明인데『太陽보다 더光明한光』을보았고『나는 너의가逼迫하는 예수라』는 소리를 들었다는것이 그要點이다。『내가 그리스도와 其復活의權能과 그苦難의갈이함을 알려하야 그죽으심을 본받아 如何히하던지 死中에서復活함에至하려하노라』는(빌립보三・十)것이 바울平生의信仰中軸이다。 이信仰 이希望을爲하야「모든것을 失하고糞土갈이 녁였고」「오직此一事만하야 뒤에있는것을忘하고 앞에있는것을 잡으라고 標竿을向하야疾走하였다」 理解할수있거나없거나 事實을事實로認識하여야한다。 萬物이更生하는復活節을當하야 우리는 다시한번原始的信仰에蘇醒할것이다。

責務를分擔하리라

『이웃 사랑하기를 네몸과 갈이하라』는 教訓은容易히實踐하게되지안함에反하야『네 옳은손이犯罪하거든 옳은손을 찍어던지고 바른눈이 犯罪하거든 바른눈을 빼여버리라』는命令은 어느程度까지 實行할수도있고 實行하려는熱度도 높음을 우리가經驗한다。消極的으로 가기가 쉬운까닭인가한다。

過去우리의信仰生活은 大部分이 斷絶하는生活이였다。 그리스도와 그義를沒理解하다고보이는 骨肉의親을斷絶하였고 淸教徒的道德을不別하는弟子를破門하였고 社會의評判이不美하게되여聖朝誌에累를 미치게하는親舊를絶交하였고 其他에라도 얼마던지 똑똑 짤라버리려고하는決心이 있었다 마치 도마배암이 꼬리를 끊음으로써 本體의生命을完保하듯이 우리는 이렇게 手足과 눈코를 斷絶함으로써 比較的純潔한生命을保全하는所以인줄로 알었었다。果然우리의周圍에는 少數일망정 品行方正하고 信義가敦篤하고 氣品이高潔한者—— 누가보던지 代表的朝鮮人이오 模範的크리스찬이라고할만한 몇사람이 남었다。 이런現象을 보는이들은 果然信仰的이라느니 信賴할만한사람들이라느니 하는讚辭도보내며 未決中의問題의人物을마자斷絶해버리라는激勵도주였다。우리는漸々더勇氣를 다하야 이方向으로邁進할번하였다。

이때에 一大矛盾이 눈에띄였다。예수의食卓에는 稅吏와娼妓와罪人과貧者들뿐이라고 시비들으셨는데 우리의食卓에는 언제 누가보던지 이런친구를 가졌다는것이、자랑거리 될만한爭々한人士들만 남었다。無意識中에 스스로義人을自處하는 무리들이오、惡意로보는以外의사람들은 또한可然하다고許할만한爲人들이다。無友不如己者라는粉飾中에서 어느덧 우리는 交友의貴族主義者요 부르조아지요 獨善主義者로 되여버렸다。甚히 두려운일이다。

今後로 우리는 交友의標準을變更하리라。사람들의意外로 알만한友道를開拓하고저한다。親戚과故友中에 信義를喪失한兄弟여 우리는 그대를 한번다시만나볼必要를 느끼는者인줄알라。人生의森嚴한大海에서破船하고 눈물뿌리는 친구여 그대의友誼를懇切히思慕하는者있음을 잊지말라。우리의 친구로行世하는것이 조곰이라도 그대의身分에有利하다고생각하는(그럴理가萬無하겠지마는)온갖種類의 협잡군들도躊躇말고 오라、우리는 그대에게 속고 그대에게利用되리라。名譽感을 느낄만한友人을求하야 우리의對外信用을强化하며 體面을美化하려든일을斷念하고 오늘부터 우리는 羞辱感을難制할만한者를擇하야 그대의責務와恥辱을分擔하고저祈願한다。病者와罪人을 부르러오신主예수와함께 온갖賤한者낮은者추한者 사괴기를渴求하노라。

聖書的立場에서본世界歷史 (12)

咸 錫 憲

五、人間의特質

人間의偉大 우리의歷史는 그동안遲々한 걸음을걸었다。것친풀밖에 아모것도없는 들판인듯한 地質時代에서 너무많은時間을 머뭇거리고있었던 感이있다。그러나讀者가 萬一이것이 億을單位로하는 긴歲月임을 생각한다면 그것도 無理가아니라고 理解할것이다。地球우에 生命이나타난것은 적게計算해도 十億年前이다。그리고보면 이제부터의歷史는 不過一萬年內外의일이니 겨우二十萬分之一이되는셈이오、人類의나타난以後에만 比한다하야도 적게보아三十萬年으로치고 三十分之一밖에못된다。即 人類歷史의全過程을 一個月이라한다면 우리는그동안 二十九日을이미지난셈이오 이제길은것은 不過하루동안의일이다。이렇게볼때「우리나라의 悠久한歷史」라고 제各기들 자랑하는것이 實로우수운일이오「世界에빼어난 우리民族」이라고 뽐내는것이 차라리憫笑할것임을 알수있다。世上의大政治家 大事業家에게 알려주고싶은것은 이大歷史다。저들이 國家大計를 세운다하고 永遠無窮의事業을 다툰다하나 그것을 이地質年代의 高塔우에서 굽어볼때 蝸牛角上의 다툼도못되는 渺然한一点이아닌가。그런故로 우리의 이歷史에있어서는 어떤民族이라도 自己의特權을主張할수는없고 어떤나라가 自己홀로만의偉大를 불으짖어도 그것을들어줄 곁을이없다。主의집에서는 이온宇宙도 틔끌과같은것이오 이人生의全歷史도 한更點에 지나지않는 것이다。

그렇나 도리켜생각하면 또그렇지않은것이있다 그微少한가운대 主가그눈동자같이 所重헤하는것이있다 오늘밤 머리를들어 푸른穹蒼우에 안드로메타星座의 莊麗한모양을본다하자、그는百萬年前에 無限한저짝에서 떠나온貴客이다。그렇나오늘밤이 맑으면맛나는것이오 한줄기細雲이 빗기거나 내눈이一瞬間깜짝만해도 모처럼찾어온 그貴客은 맛나지도못하고 永遠히 그야말로참永遠히 가버리고 만다。보는눈이없이 美가어대있으며 듣는귀가없이 妙가 어대있으리오 宇宙의大는 그大를成立식이는者있어서 비로소大다。物理化學의變化가 二十億年間을 흘렀다하자、그것이무엇인가。植物動物의살림이 十億年間을 繼續했다 하자 그것이무엇인가。本能衝動만의生死가 三十萬年間을 날고꺼젔다하자 그것이또무엇인가, 마지막一瞬에 全體를 도리켜보는 精神의한活動없이 모든것은 無意味속에 永葬되는밖에 아모것도아니다。歷史의意味는 사람의內的生活에있다。時間으로보아 一瞬間에있는것이나 이一瞬內에

「永遠」이살게된다 이제부터의 우리歷史는 여러時代 여러文化의 複雜한가운대를 通過할것이다 그러나 그매치는곧은 人間心臟의 一個肉碑다。故로우리는 이一文化의문지방一을 들어서려는때에 三十萬年을도리켜 原始人類의 內的生活을一括하야 보기로한다、누구나 그가운대細々한 時代를물어도 無用이다。地平線上의連山을 그리는者는 不得已數百里數千里를 一抹淡彩로 긋는수밖에없다。

自然과人類 혼히들 말하기를 人類는自然의아들이라、或人類는環境의 產物이라하지만 人類의歷史를보면 果然그렇게생각키우는点이있고 더구나 原始의人類는 그러했다。天然의굴을 있을곳으로삼고 天然의產物을 먹을것으로삼았다 故로 처음의人類를 食物採集者라한다 저들은아마 오랜동안 풀뿌리、나무열매、버러지、죽은김생의고기、이런것으로 살었을것이다 낮에는 먹을것을찾어 山野로헤매이다가 해가지면 내집인 굴속으로찾어 들어왔을것이다。氣候가따뜻하면 퍼졌다가 嚴冬이오면 다른곳으로 쫓기기도하고 못견디어 죽기도하였을것이다。이意味에서 人間의生活은 環境에의適應이라할수있다。自然의條件을 無視하고 사람은살수없다 그것이 自己目的에 反對되는때라도 저는 거긔 正面으로거사릴수는없고 그自然의理에順하야 그것을타고 그것을利用하지않으면 않된다 自然의征服이라하지만 그는人間의 自慢에서 나온말이오 大局에서보면 사람이自然의命令에 順從함으로 그活動範域의 增加를받은것이다。詩人빠이론은 海洋을읊는노래에서 사람의작란은 바다ㅅ가에끊친다고하였다。그리하야 大帝國이니 大國民이니하는것은 陸地우에서 하는작란이오 한번거품지는물결속에떠러지면 저는踪跡도없고 棺槨이니墓碑니하는것도없이 사라지고만다、그러나검푸른빛의 大海만은 萬古不變의色彩를가지고 宇宙의神秘를비최는 거울같이있다고하였다 그러나어찌바다만이리오 사람은到處에서 自然의偉大에 부닥긴다。文化가아무리 發達한다해도 그때문에 自然의領域이 減縮되는것도아니오 그偉力이損傷되는것도아니다。도리어漸々더 그偉大하고 奧妙함이 들어날뿐이다。飛行機로空中에올랐으면 그는空中의殿堂에올으는 禮服을넙고 그올라가는許諾을얻은것이다 저自然은 嚴格한君主인故로 自己에合當한 禮服을넙지않으면 아무런者라도 드러오기를許諾치않는다。帝王이라도 飛行機의一室에 自己를讓渡하지않고는 空中에올을수는없다。故로古代의人種에는 이大自然을섬기는 宗教가있었다。바울이에베소에 傳道갓을때에 銀匠色데메트리오가 市民을煽動하야 가지고「크도다에베소人의아데미여」하면서 떠들던 그아데미라는것도 大地를表하는女神이였다。그렇듯自然은 人間生活우에 偉大한勢力을가진다。人類의發達이라하지만 오늘날의이人間만을 보지말고 이人間이있기爲하야 오늘날까지오는동안에 얼마나많은犧牲이 自然의壇밑에 獻納되였는가를 생각할必要가있다。 그들은다 自然의奧室에 들어가는 禮服을만들다가 못만들고失敗한者들이다。

內的生活 이点에서보면 사람은動植物과 다를것없다。사람이 날이개이면나가고 흘이면들어오는것이나、植物이日光있는편으로 그순을向하는것이나 달을것이없고、우리가 무거운짐을들때 막대를쓰는것이나、소똥굴이가 자빠진때에 그짧은발을허우적여 니러나려애쓰는것이나 서로틀릴것이없다。둘다日光에對한 反應이오、둘다槓杆의 原理의應用이다。이런것을 本能이라하는대 本能이란 生命이自然條件에 適應하는 한方法이다。生物은 이微妙한方法을가지고 오랜동안을、어떤때는無情해지고、어떤때는 多情해지는 自然環境의 어려운條件을 마추어왔다。人類도그中의하나요 지금우리生活도 이本能의作用에 依하는바가많다。

그렇나 仔細히생각해보면 그렇지않다。動植物과 人類가 다같이環境에適應을하려 애쓰는동안에 進化의連鎖를더듬는듯하면서도 兩者의사이에는 크다란差異가있다。適應이라하는方面에서보면 다같은듯하나 그性質에있어서는全然달은것이있다。꿀버리의生活을 사람의社會生活에比하면 제법같은것같으되 그外様의恰似한듯한것의內面을 드려가보면 버리는아모리巧妙하게되여서도 亦是動物의일이오 사람의社會는 사람의社會다。前者에있어서는 各分子는 全然機械化되여있어서 오직自己의길을 直線으로걸을뿐이나 人間社會에있어서는 各自의特性도있고 技能도있으되 各自안에는 全體로서의 人間生活이있다。簡單히말하면 動物的本能에있어서는 窮極의理想이 機械에있으나사람의生活에있어서는 全體的陶冶에있다。即社會生活을爲한 分業的機械가되는것이 目的이아니오 社會的性質을가지는 人格을가지는것、한마디로하면、사람이되는것이 目的이다。故로 다음으로오는 差異点은 前者에는 自覺된活動이라는것이없고 後者에는 自覺된意識活動이있다。그結果 本能에는 變通이없으되 사람의生活에는 自由로운變通이있다。저有名한 昆虫學者 파불은 여기對하야 滋味있는實驗을한것이있다、버리의一種에 洋灰質의蜂房을짓고그가운대꿀을치는것이있는대 그것이꿀을칠때에는 爲先蜂房을 一定한高까지쌓은後는 熱心으로 꿀을 빠라모으고그것이適當한量에達한다음 거긔防腐劑를넣고는封하야버린다。이것은모도 精密한機械와같이 一定한量대로되는것이다。그리하야 저파불은 그버리에意識이있느냐없느냐를 試驗하기爲하야 房內에꿀이 防腐劑를두게되기까지된때에 밑에구멍을뚤어 꿀이흘러나게하였다。그런대버리는 그런것은조곰도關係치않고 自己할것은다했다는듯이 房을封하야버렸다。그는몇번試驗을거듭하였고 그外에도同性質의試驗을

다른昆虫에서도 하야보았는대 모도 同樣으로 本能에는 全然變通性이란없다는 結果를보여주였다。버리가萬一 自己의꿀을몰으는것이 目的이무였인줄을알며 防腐劑가防腐의 作用을하는것인줄을안다면 뷘蜂房을 그대로封할理는 없을것이다. 그런대그렇지않고 그냥封한다는것은 그의活動이 全然盲目的이오 機械的임을 말하는것이다。本能이 生活의目的에神妙하게合하는것은事實이다。그러나스々로는 盲目이다。本能은自己背後에 어떤손이있는가를 몰으는것이 그特質이다。그런故로 本能은어대까지 外的變化에끌치는것뿐이다。그런대 사람에있어서는 아니그렇다。저는明確히 自己하는일을意識한다。人類의祖上은 現存하야있지않은故로 斷言할수는없으나、어린아해의生活로 미루어보아 大概알수있다。사람의어린아해와 高等猿類와를 比較해보면 그精神狀態가 서로彷彿한것이 있을뿐아니라 도리어어떤때는 원숭이편이 어린아해보다 훨신더恰悧한듯한점이 있으면서도 아모래도 사람의子息은 사람답은点을보여주고 원숭이는 動物의程度를 떠나지못한것을보여준다。그는失敗를한境遇에 잘나타난다。사람의子息은 아무리어려도 한두번失敗를해본後는 곧 그原因을생각하야 거긔對한對策을 쓰려하는대 원숭이는 模倣은자못巧妙하게하면서도 失敗의原因을 깨달아 고치는대는 사람의 어린이에 및지못한다。그런대 生理學上으로보면 個人은 그胎兒時代에서붙어 成熟하는때까지에 過去數千萬年間지나온 全進化의過程을 短縮하야 다通過한다고하니 이로써보면 人類는이믜 그先祖時代에있어서붙어 그內的生活에있어 動物과는달은것이있어 兩者의사이에는 큰溝渠가있었던것을 알수있다。그런故로 사람의生活도 動植物의境遇와마친가지로 要컨대環境에 適應하는것이라할수있고、사람의生活에도 本能으로되는것이 없지않으되 사람의하는適應은 그性質이 아주달려서機械的이아니라 有意的이오 사람의사람된所以도 이內的性質에 있다할것이다。

理性 이것을簡單히말하면 사람은本能으로만 사는動物이아니오 智能을가지는者다。智能을낳는者는무엇이냐。理性이다。故로 다시곤처말하면 사람을 사람이되게한것은 理性이다。本能은어대에서 나오며 理性은어대서 나오는것이냐、그것을우리는 討論하려하지않는다。哲學者에 그것은맛긴다。그렇나 긴說明은어찌되였던지 簡單히그究竟을 말하면 둘다神의손에서 흘려나온다。그렇나 한곳에서흘러나오면서도 둘은서로달으다。하나는直線的이며 盲目的이오 하나는選擇的이며 自省的이다。生物學者들은 흔히 兩者를 一元的으로 說明하려하야 本能이發達하야 理性이되였다고하나 事實은조곰도 그것을裏書하지않는다。四十餘年間을 昆蟲生活의觀察로마춘 眞實한파불은 많은實驗의結果、本能과理性과는 아모連絡이없다고 斷言하였다。

本能은 아모리發達하야도 本能이오 理性은理性의 딴길이 있는것이다。故로사람의生活은 動物의發達한 本能生活의 直接의遺產이아니다. 그것이 사람이神의壇에올라서 그손에서주는바를 받을수있게하는 階段이된것은事實이나 理性그것은 사람이直接 神의손에서 새로받은것이다。故로 매우 幼稚는하나 네안데르달人、필트타운人에서발서 우리는 理性의閃光을 認定하게된다. 人間이人間된原因은 決코環境에對한 機械的適應이 잘된대있지않다。機械的適應으로한다면 사람은到底히 昆蟲에미츨수없다。따ㅅ버리는 무슨能力으로아는지 自己의먹을미끼가 땅속어느곳에 들어있는지를안다, 보는것도아니오 듣는것도아니오 냄새로도아니다。꾀불은 이것을알려고 여러가지試驗을행햇스나 決局神秘롭다는것밖에 안것이없다. 人間의解剖學이 아무리發達해도 그正確度에있어서 「날달마리」를 따를수없을것이다. 그것은 將次알에서 까나올 自己어린이가 먹기爲한 버러지를잡을때에 그神經中樞가어대있는지를 毫末도어기지않고알어서 針으로쏘아痲醉케하는대 두번도아니오 單番에하며 失手하는法이없다。거긔다比하면 人間은實로 鈍才다。發達햇다는 現代醫術을가지고도 外科醫가 사람을잡는일이 種々있다。그렇나 그럼에도不拘하고 사람이發達한것은 무엇때문일가。決코適應이 巧妙하야서가 아니다。오직事物을 精神이라는것으로 換算하야 處理할줄아는 理性의힘때문이다, 이것이 石器를만들게하고、불을使用케하고、털옷을닙게하고、氷河時代를 견대고나게하였다。

理性의作用에 큰것을세가지 들수있다。記憶과 聯想과 推理다。記憶은微妙한作用이다. 웨可能한지 說明할수는없으나. 一生의經驗이 아모空間的占領없이 貯藏이되고、億萬代의歷史가 넣기만하면 다들어가잠기였다가、하고저할때는언제나 내쓸수있고 몃番을써도 滅해지는일이없으니 이야말로魔法이다. 人間는처음부터 이것을가젓다. 原始人類로하여금 한번失敗한일을 다시는거듭않게 避하려하게하고 한번成功한것을 다시利用하게한것은 이記憶作用이였다。聯想과推理는 더욱 神秘한것이다. 이미記憶된精神內容을 서로聯絡하야 산活用을可能케하야 過去와未來의 兩世界를 다精神이라는것으로 變換을식여 方寸內에넣고 自由自在로 處分하게하였다。그리하야 그를王者의地位에 올려 自然의아들을變하야 自然의支配者로 만들었다。

原罪 그렇나 原始人間의가슴속에는 그것만이있지않었다。또다른하나가있었다。그는理性과 恒常짝지어다니는者로서 숩사이로 흘러다니는배암같이 아름답은듯하면서도 醜하고、溫順한듯한가운대도 陰險이있고 謙遜한례하면서 奸巧를품는者다. 그일음을가저 罪라한다.

따윈以來 모든것에있어서 發展이라는것을 先入概念으로하는 現代人들은 人間의가슴속에서 罪라는것을 否定

하야버리려한다。그들의意見으로하면 罪란다만 不完全한것뿐이다。그밖에 實在하는 罪라는것은없다。罪라는觀念은 過去人類가 無知하야 自我에對한知識이 밝지못하고 모든것을 不可思議한 宗敎的說明으로 解釋하던때의 遺物이오 現代의發達한 倫理思想 더구나生物學의影響을받은 史觀에서는 있을수없는것이라한다。그러나十九世紀의 그科學思想이 盛하기前까지는 數千年間 사람들은 그렇게생각하지않었다。內容의差는있어도 左右間 人類가過去의어느때 잘못한바가있어 墮落하게된것이라는 思想이 東西洋을通하야있었다。勿論 一部分에는 希臘에서와같이 進化論的인思想이 없지않었으나、一般的으로 前者의생각이많았다。그中에도代表的인것은 支那의것과 히브리民族의것이였다。

人類의歷史가 進步냐退步냐 하는境遇에는 現代人은누구나 進步라는便에 加擔하고싶어한다。지금사람의맘에는 人類는 永遠한向上의길을걷는것이라는思想이 깊이들였고 또사람은 可及自己를善解하자는 버릇이있기때문이다。그렇나 人類의歷史는 果然進步일가。物質生活로보면 確實히進步라할수있다。그러나進步란 享樂資料의 많아가는것일가、그보다도 價値의實現되는것이 있어야 아니할가。그러면歷史는果然 價値의向上을 말할가、或은古代에 人身供奉의 宗敎가있였던것을 말할것이오 或은녯날에 人格과職業에 貴賤의別을 두었던것을 말할것이오 또或은 오늘날社會道德의 發達한것을 말할것이다。그렇나그런것은 차라리外樣의裝飾에 지나지않는것이아닐가。人間저自身의맘이果然 네안데르달人보다 善해진것이있을가。저들도오히려 死者의鄭重한 埋葬을行한것을보면 生命을待接할줄을알었다。主義의相違로、主義보다도事實은 利害의相反으로、同族이서로죽이기를 牛馬를잡듯하는것이 進步일가。安全地帶라 誘說하야 한골짝이에모와놓고는 다못異族인까닭으로 數千生靈을 自白髮로 젓먹이에니르기까지 彈丸과石油로 處分해버리는것은 向上일가 一國의大臣과 將軍이 感情問題로 決鬪를行하는것을 公公然히許諾하는 國家는 正義와人道를 爲하는高尙한나라일가。洞穴의居住者를 불러다가 그것을判斷케하라。分明한墮落이아닌가。肉體機關의 發達을證明할때는 先祖反復說을써서 個人一生의變遷은 곧人類全族의 進化史를反復하는것이라고한다。그것을精神發達에는 왜못할가。어린아해면 저들을言必稱天使라하고 天眞爛漫이라하며 社會를말하면 汚濁한곳이라하면서 갈스록進步한다는것은 成立될말일가。왜거긔도 先祖의無惡 後孫의墮落을 못말할가。그러나 우리는決코 人類가 地獄을向하야 간다고하지는안는다。支那民族과같이 保守的、退嬰的史觀을가지자는것이아니다。人類史는 큰見地에서 하나님에向하는 進步의걸음이다。그러나그는그들物質主義者가생각하듯이 享樂資料의 增加에依하야 自然히되는進步는아니다。悔改에依하야되는것이다。人類의歷史는、或은人間性은 그出發에있어서 잘못된點이있다고본다。그리고그것을고치지않는限 人類도文明도 絕望이라고본다。文化時代에 들어가기前에 그것을正當히理解하기爲하야 이것을반드시記憶할 必要가있다。

그러케말함은 반드시創世記의 始祖墮落說을 外面的으로解釋하야 文字에拘泥하기를 强要하는것은 아니다。아담을一個人으로 解釋할것은아니오 사단을정말 녀름날 개고리를삼키는 뱀으로알것은아니다。本質의人間、이것이곧아담이오 本質의惡魔 이것이곧뱀이다 그러나 그것은決코 一篇의寓話가아니다。永遠의眞理를가지는 事實이다。人間은墮落한存在다。本來神的生命의 所有者인것이 惡魔的인잘못된傾向을 가지게된것이다。그리고이는 一定한原因이있어서 된것이다。그原因이곧罪요 罪란 理性의惡用이다。理性그것은 決코惡한것은아니다。그는사람의 地上生活을하기爲한 燈불로 神이주신것이다。그러나 그燈에는 어느덧驕慢과慾心의 不淨한빛이 칠하야졌슴으로 以來그는 그빛으로 世界를바라보지않으면않되게되였다。그奸巧한일을 누가하였을가。偶然이라하기에는 너무도놀라운일이다。萬一偶然이아니라면 智慧와奸詐를 한데가지고 誘惑과毒을 兼하야품은 뱀같은者가 살그먼이한일이아니면 안될것이다。

어느時代부터 그不幸은始作되였느냐고묻는것은 어리석은일이다。어느時代라는것이없다。人間의本質에서다、石器의散布가證明하는바에依하면 人類는그처음붙어 매우放浪하는性質을가졌던듯하다고한다。放浪이란무었인가。放浪의心理는 抑制하지못하는心理다。속에서타는心理다。답답한心理다。不幸의心理다。안타까운心理다。人間이어 너는流浪者의子孫이다。가인의後孫이다(創世記四章十二)。流浪은무엇때문에 流浪이며 안타까움은 무엇때문에 안타까움인가。生命의흐름이 흘으지못하고 막힌것이다。生命의빛이 뚤리지못하고 멘것이다。變調다。人類의歷史는 當初붙어變調다。살것이죽게된것이다。그것을墮落이라아니하고 進步라함이맛당할가。物質主義者는 熱心으로그렇게過敏하게생각할것은 없다하야도 사람이洞窟속에 쭈꾸리고있을때부터의實感은 自己는背叛者의子孫이라는것이다。

暗中有光 그러나 어두운가운대 오히려빛이있였다。原始人의헐짚은가슴은 그때문에一條의光明을보앗다。헛트러진 그털밑에는 뜨거운心臟이뛰고있고 그넛발은무서워도 그리로 흘러나오는소리는 저짝의가슴을울리는 말슴으로되였다。人類를 獸性에서건진것은 그가슴과、그눈동자와、그말과、그손이다。내어린삭기를 내가슴에 끼어안고 눈동자와 눈동자가 마조될때、心琴이心琴에 共鳴할때 손에

서손으로 血溜이흘러올때、모든사나운것、것친것、굳은것
野卑한것、모심한것、감찍한것、쓸쓸한것、안타까운것、맥
나는것이 다없어지고 사랑의싹이 자랐다。털깊은가슴속에
숨어있는愛! 이것이家族을낳고 社會를낳고 民族을낳고
神話를낳고 傳說을낳었다。

正誤表

第九十八號『聖書的立場에서본世界歷史』의正誤

頁	段	行	誤	正
五二	上	一	그속에서오는	그속에서나오는
同	下	一五	그英雄心이	그苦心이
同	同	一六	感歎스렵다	感歎스럽다
五三	上	三、七	눈환	눈화
同	同	末六	할것도아니다	할것도아니나
五四	上	四	크게期律	크게期待
同	同	一四	눈환	눈화
同	同	一五	그顎骨	그下顎骨
同	下	一	漫然	漠然
同	同	末七	一種의人間이	一種人猿이
五五	上	七	棲하지	盛하지
同	下	一四	길는者는	길는者는
五六	上	末八	몰으나。	모른다。
同	同	末行	石斧로놓고	石斧를 놓고

◎「教會堂建築問題」의假刷後 校正時原稿關係로 誤植된것이 한두곳이 아니기로如下 正誤함니다。

頁	段	行	誤	正
一三	下	二	받고	받었고
同	同	六	는곧에	는한곧에
一五	上	一五	하고는	하시고는
同	同	二〇	이것을記憶	이것을크게記憶
同	下	四	든것이	든것이
同	同	八	것이우리들의	것이、그런天然스럽은것이
同	同	同	좋다하신다。	좋다고하신다。
一六	上	一五	크다 게	크다랗게
一六	上	一七	그릇되	그릇되고
同	下	五	받었나?	받었나 아니받었나?
同	同	七	없지아니	없지도아니
同	同	八	그심정으로	그심정으로그말슴으로
一七	下	一五	선지자를	선지자들
同	同	末	믿지안는자가	믿는자와믿지안는자가
一八	上	一一	고린도三●	고린도前三●
同	同	一七	몸로	몸으로
同	下	一八	이게할것이다。	이게하며 말슴케할것이다。
同	同	二〇	―聖殿에對한것을	―聖殿―의至聖所를 하늘의永遠한것으로
一九	上	九	一二•一ㅣ一	一二•一一ㅣ一
一九	上	一〇	二참조	二、二一•八참조
同	同	同	二九•ㅣ三一참조	二九ㅣ三一참조
同	下	九	간신히	간신간신히
五九	上	六	펑하고	쨍하고
六三	下	四	휩장은	휘장은
六四	同	一一	組織的안	組織的인
同	同	二〇	朝朝의	朝鮮의

贖罪救靈之道

姜濟建

무릇일을함에있어 몬저그全體가 어떤版局인가를 살핀後 處置를나리는者는 大智요 當面當面의일을 巧妙히마추어가기만 힘쓰는者는 小智다。우리가眞理를 理解함에있어서도 大智의立場에 서는것이 必要하니 그理由는 모든眞理가 다하나님의 宇宙經營의 大智慧에서 나오기때문이다.

救援이라면 平安히있는 사람에對히야 하는말이아니오 다른것에 붓잡히어 죽게된者에對히야 하는말이다。故로 救援은 싸움으로야만 할수있다。몬저그力士를 結縛하지않고는 그집을勒奪할수없다고 말슴하신 所以다。勿論이 싸움은 世上肉戰이아니오 天上의靈戰이다。하나님對魔鬼間의 싸움이다。하나님은 말히자면 陽之神이오 魔鬼는 陰之鬼다。그러나陰陽은 달으나 다靈임은 一般이다。故로 이靈의싸움은 地上의싸움모양으로 有形之物로制止할수있는것이 아님에 다른獨特한方法이 必要하다。하나님이 이獨特한戰法으로 取하신것이 곧贖罪라는것이다。우리가사람의생각으로하면 저는萬有의主시라 무슨智能이不足하시리오 그限量없는 權能으로 하실것같으나 그러지않고 다만柔弱之策으로 自己獨生子예수를 十字架에 죽게하야 써萬民을救하시였다。우리所見에는 愚計같으나이것이 하나님의 참智慧다。(고前一章二一―二五)

이世上나라들의싸홈은 그戰勝의計가 한가지로 以强制强之策에있다。될수록 내가强하야가지고 敵을征服하자는것이다。그러나强力의世上에는 强者之上에 又强者가또있다。그런故로 此所謂 箭匠甲匠이라 이기는 곧이있으면 지는곧이또있다。그뿐아니라 肉戰은 힘이强하면 制止할수있으나 靈戰에서는 力으로써 制止할수는없다。넷사람말에「攻城은易어니와 攻心은難이라」는말이있다。城은肉이오 心은靈이다。靈을치는대있어서는 力은所用이없다。그以上의것이 必要하다。그리하야 하나님이取하신것이이柔弱之道다。그러나 柔能勝强이라 하나님의柔가 도리어사단의 强함을 깨치였다。마치爆彈의 猛烈함이 鐵甲으로는 能히막을수없으되 보드러운재로써는 足히할수있는것과같다。柔弱之道는 곧犧牲之道다。自己스스로 犧牲이되어 强者의强을 消滅식이는일이다。巨岩을破壞함에 鐵椎로는 할수없으되 조고마한雷管으로 能히할수있는것은 自己스스로를 던지는대있다。그런故로 하나님이 이길을取하신것이다。果然 이싸홈에있어서 偉人을取치않고 가장卑劣한者를 取하야 그弱한것으로써 그强한것을 對敵하야 이기게하신것은 測量할수없는 하나님의智慧요 權

能이다。(고前一章二六ㅡ二九)

信者는 믿음으로 自己가救援을 얻는同時에 또하나님의 救靈事業에 叅與하게된다。그리스도의 軍人이라함은 이때문이다。그리스도를爲하야 사단의勢力과 싸우지않으면 않된다。그러나우리는 世上사람과갈이 富國强兵之術로 할것아니오 바울과갈이 남보기에는 卑賤한者가 됨으로서만 可히그리스도의 精兵이될수있고 하나님의뺀사람이 될수있다。하나님의 世上救援의 大戰略이 우리의 戰鬪式樣을 決定한다。故로 예수말슴하시기를「누구던지 나를따라오랴거던 自己를이기고 제十字架를지고 나를쪼ㅊ라」고하시였다。(마가八章三四)우리는世上에 屬하는 사람들과갈이 向上之計를 하는사람이아니오 向下之計를 專務할者들이다。(야고보四章一〇)그리하야우리는 다만謙虛하고 微小하야 저雷管속에있는 氣운과갈이 오직믿음과義를 가저야할것이다。決코밖으로 偉大하고 成功함이 世上을이기는 道理가아니오 낮아지고 죽는것이 곧勝利다。

우리의勝利는 外樣의勢力에 있는것이아니오 心內의誠에있다。(에베소六章一〇ㅡ一七)教會堂數가 增加하는것이 반드시 그리스도의 勝利가아니오 基督教가 國家的宗教가 되였다고 假定하더라도 그것이하나님나라가 일우어진것은아니다。우리이김은 다만一人이라도 그를참으로 그리스도의사람으로 만들때、靈魂하나이 眞實로 하나님을알고 그앞으로 도라올때에있다。萬一이기는것이 勢力의增大에있다면 柔弱之道를 쓰는것은 愚事다。맛당히 强力을 使用하고 術策을弄絡할것이다。그러나그렇지않고 心內의誠에있다、誠이라는것은 眞實이다。此亦神機라 感化의뜻이 있으니 反響과갈아서 同氣相和하고 同聲相應한다。心魂이란것은 肉처럼 힘으로써制御하고 服從할것이아니라 서로비초이고 서로通할것이다。믿는者의싸움이 肉을目的하는것이아니오 靈魂을바라는것인以上 사랑으로써 하지않으면 않된다。靈魂은사랑에依해서만 잇끌수있기때문이다。아무련 强者라도 靈魂을 强制할수는없다。사람의맘이란 이짝이 善으로對하면 저짝에서도 善으로써 應하는것이오 이짝이惡으로써對하면 저짝에서도 惡으로써應한다。傳道는魂을引導하는일임에 引導者는 스々로注意하지않으면않된다。引導者가 驕慢으로하면 쫓는者驕慢으로 할수밖에없고 引導者가 貪心있으면 쫓는者貪心있지않을수없다。녯날支那禹王은 罪人을보고도 罰치않고 下車而泣하엿는故로 民心을感化했고 秦始皇는 權威로 阿房宮을짓고 萬里長城을 大築히야 外敵을막으려했스나 民心을잃어亡하였다。政治도이미 이렇거던 傳道는 더욱그렇다。故로 예수의 맘으로 우리맘을 삼으라고한다。(빌닙보二章五ㅡ一一)

이로써보면 勝敗의理가 德에있는것이오 險에있는것이니며 攻心의道가 强에있지않고 다못弱에있다。

悔改

姜濟建

悔改라는것은 前過를뉘우처 將來로고처 하나님의뜻대로 잘하자는말이다。 그러고보면 우리가悔改할것은 여러가지로많다。 그러나그中에도 가장몬저고칠것은 거즛이다。 그理由는 이罪는 온가지罪過中에서 다른것과는 같이말할수없는 重大한性質을 가지기때문이다。 사람과사람사이에 있어서나、 사람과하나님사이에 있어서나、 모든罪惡은 마지막에는 거즛 即 良心의不眞實에 到達하고만다 또 거긔있어서 가장무서운것이된다 飮酒逸樂해서 虛浪放蕩해도 오히려容恕할수있고 殺人强盜를하고 姦淫嫉妬를하해도 또所望이있다 할수있으나、良心의眞實을 일허 거즛을敢行하게되면 그다음은 어떠케할수가없다。 舊約에보면 하나님은特히 거즛을미워하는 하나님이였다。 그는理由없는는일이 아니다。

거즛은 여러가지罪過에 그中의하나로 列할것이아니오 모든罪過의 結果로보는것이 맛당하다는證據는 人間世上의일만을보아도 알수있다。 支那녯날 周나라末年에 나라가亡하게된原因은 님금이褒似라는 계집에惑하엿던까닭이라고한다 그는奸惡한女子로 님금의사랑을 甚히닙엇으되 平生에 웃음이없였다。 님금이 그一笑를사고저 온가지手段을 다썻으나 失敗햇드니 마지막에 거즛烽火를들어 全國의數百諸侯가속아 헐떡거리고 國都로달려왓다가 失望하고 돌아가는양을보고 破顔大笑를햇다。 그러나 그後 정말國都에亂이니러남에 烽火를 連하야들어도 一人의諸侯도오지안어 드듸어亡하게 되엿다는것이다。 그것이事實인지 一個만든말에 지나지않는지 알수없으나、一國의國母가 거즛을보고快해하고 一國의國父가 한女子의우슴을 사고저 國民을속이기를 敢行하리만큼 良心의眞實이 없어젓다면 社會生活의 온가지連絡줄이 다썩어떠러젓을것은 말할것없는일이다。 그리고그는 一時의一個거즛말로만 된것아니오 모든罪惡의 結果다。

그러나였지 그것만이리오、人類의不幸이 本是그것으로 始作되였다。 사단이아담을 처음으로 誘惑한것은 거즛으로써요 사람이하나님의 怒염을받아 쫓겨간것도 거즛때문이다(創世記三章)善惡果를 먹은것이 그리問題아니오제任意로딴것이 또그리問題아니다。하지말라命令해서 아니하겟다고 約束햇는대 그約束을 心中에알면서도 敢히손을내밀던 그것이하나님의容恕할수없이 미워햇던것이다。 惡魔의일은 그것을敢히 行하게하는데있다。 그의最長技術은 이거즛이다。 故로예수께서 魔鬼를 거즛말장이의 아바지라하신것은 옳은말슴이다。(요한八章四十四)

悔改

猶太나라가亡한것도 그原因이거즛이다。하나님의 擇한 거룩한百姓이라하며 特別한나라라햇는대 그亡한것은 禮儀가不足함도아니오 祭祀가 모자람도아니오 教理討論을 채다못함도아니다、그거즛과 그外飾때문이다。灰칠한 무덤갈다햇고 입설로는 恭敬하나 맘으로는 멀리한다햇다。예수當時에 淫亂한娼妓도 그의사랑을 넙을수있엇고 惡毒한稅吏도 그의親故가 될수있엇으되 긴옷을입고 經文을넓게차며 자주禁食하고 길게祈禱하는 祭司長 書記官은 禍있을진뎌라고 咀呪를받엇다。(마태二十三章)그理由는 다른것아니오 그들의장飾때문이엇다。

이로써보면 하나님의미워하시는罪中에 根本되고 第一큰것은 거즛이다。良心의不眞實이다。悔改는곧거즛의悔改다。個個의罪를뉘우치는것도 必要는하나 그보다몬저할것은 良心의眞實을 回復함이다。이것을가지고 하나님에게 다시도라온다고한다。이것이없는限 個個의罪를 고처도所用이없다。거즛은 道理中에도있고 善行에도있고 悔改에까지도있다。요한이曠野에서 傳道할때 나온무리를보고 무엇이라햇던가。「이毒蛇의種類들아」하지않엇나。心中에아부라함의子孫이라하는것이 所用없고、悔改에合當한 열매를 맺는것이 必要하엿다。그들의願한것은 참 洗禮가아니오 거즛洗禮엿다。또발을팔아가지고온 아나니아夫妻가죽은것도 이거즛때문이엿다。팔아가지고온것은 善行이오、半分을두는것도 任意로할수있는일이엿으나、半分을全部처럼맘에속이고 사람을속이고 하나님을속여 敢히내놓는 그일이 眞實한하나님으로서는 그저둘수없는 可憎한일이엿다(行傳六章)。

世上을보면 거즛아닌것이없다 所謂 大奸이似忠이라고 사람의눈으로는 判斷할수가없고、法으로는勿論 禁할수없는것이오、信者間에서도 알수가없고 오직하나님만알수있는일이지만 世上에거즛이가득한것은 事實이다 우리가사람의맘을 判斷할수는없어도 그열매를보아 그나무를아는것같이 아무리나올때는 羊의옷을입고 나오더라도 그하는모양을보아 그속에있는것을 알수있다。實로그良心은죽어 썩어진지가오래다 世上에義人은없나니 한사람도없다는것은 이것으로도 證據된다。義人은거즛이없다。

이世上은 悔改할必要가있다 即時로悔改함이 必要하다 悔改가萬一個個行實을 고치는것이라면 一時에될수없는것이라할것이나、그보다도 맘의眞實을 찾는일인以上 하려면 어느때나可能한것이다。사람들이말하기를 이世上은거즛없이는 살수없다하나、그는사단의종으로 自甘하는者의말이오 참살기를願하는者의눈에는 그렇지않다。그의눈에는 이世上의모양은、손에독기를든 主人앞에섰는 나무와갈다。이當場에곧 悔改의눈물로써 참된열매를 맺지않는限 그는찍히어 불에들어감을 免할길이없다。

少年과天使

부라우닝
柳錫東 譯

아츰 저녁 밤 낮
데오크리트는 노래하였다 「하나님을讚頌하라」고
그리고 그는 賤한業에 從事하야
每日 糧食을 벌었다。
그는 힘차게 오래 잘 일하야
곱슬〱한머리는 언제든 일우에 덮이였다。
그러나 그는 時間마다
일을 쉬고는 노래하였다。「하나님을讚頌하라」고
그리고는 다시 머리를 가다듬고
기쁘게 일을 始作하였다。
이를 들은중 블레이스는 말하기를
「아가 잘하넌구나 너의讚頌은 반듯이들릴것이다
너의 하나님을 讚頌하는 노래는
法王의 盛大한것과 죽음도 다름이 없으니」
오늘 復活祭날 로마에있는法王은
聖베드로大迦籃에서 하나님을讚頌하고있다。」
데오크리트는 말하였다。「나도法王과갈이
盛大하게 하나님을 讚頌하고 죽였으면!」
밤이 지내고 해가 떳다
데오크리트는 어데론가 가버렸다。
하나님에게는 一日이 永遠이고
千年이 一日이다。
하나님은 하날에서 말하기를「낮에도 밤에도
나의 기뻐하는 소리가 들리지아니하는구나!」
이제 가브리엘은 무지개 돋는것갈이
날개를 펴치고 따에나려왔다。
사람이되여 主人을 잃은 房으로 드러가
그곳에살며 工匠이노릇을 잘하였다。

少年과天使

그리고 아츰 저녁 밤 낮
데오크리트대신 하나님을 讚頌하엿다。
少年이 青年이되고
青春의 빛이사라저 壯年이되엿다。
마츰내 壯年도 지내가
老衰期로 드러갓다。
그는 끔임없이 일을하고
恒常 滿足하야 地上에 살앗다。
一그는 聖意를 일우음으로
地球에사나 太陽에사나 다 一般이엿다一
하나님이 말하기를一讚頌이 들리니
거기에는 疑心도없고 恐怖도없다一
一옛世界도 이렇게 노래하고
내발밑에서 나가는 새世界도 이렇게노래한다一
一그러나 假裝이없는 사랑의노래는 또한 다르니
나는 나의귀여운少年의 讚頌을 그리워한다一

一六

이제 가브리엘은 날개를 펴처
사람의 假裝을 버리고 일ㅅ房을 떠낫다
맛츰 復活祭날、그는 로마로 나려가
聖베드로大迦籃우에 앉엇다.
밖앗 큰廊下에 가까히있는
衣裝室속에
新法王 데오크리트는
聖衣를 입고 서 있다。
그의 몯은 過去가
一一히 回想되엿다。
그가 일에專心한 少年때ㅅ일
病이 危重하게 된때ㅅ일
그리고 일房에서 죽게되매
꿈에 天使가 나타나 그를살리엿다。
그는 病이 낫은後
畢竟 祭司까지되어 지금 이자리에 서있다。

그가 讚頌하며 東便으로 向하니
天使가 그의눈앞에 뻔적거리였다。
「내가 그대를 工匠室에서 다려다
이곳에 놓았는대 이 잘못이로라」
「내가 天界를 떠난것도 잘못이고
그대의 多年間의 꿈도 잘못이로라」
「그대의 讚頌이 弱하였으나
그것이 그치매 造化의合唱이 긋치였노라」
「도라가 다시 옛날같이 讚頌하라
내가 이곳에 있을터이니」
우리가 蔑視하는 그弱한소리로
停止된 造化의노래를 다시 이르키라」
「일房으로 도라가 다시 賤業에從事하라
工匠이가되고 少年이되라」
데오크리트는 집에도라가 살고
新法王은 聖베드로大迦籃에서 살았다。
마츰내 하나는 사라지고 하나는죽었다。
그들은 다같이 하나님을 求하였다。

少年과天使

教役者의反省과平信徒의覺醒을促함

敬啓者 死亡者가 무삼말을하오리까마는 世上을向하야는 死亡者이나 主예수안에는 산자처름 말하랴고 함으로 所懷를披瀝하야 現下朝鮮敎會情勢와 敎役者의 過誤를指摘하야 指導層의反省과平信徒의覺醒을 促進코자하나이다。

朝鮮敎會가特殊한 恩惠를받은것은 勿論입니다 半世紀동안 長足進步해서 組織的展開가 敏闊하야 歷史的考究와 神學制度와禮拜模範과勸懲條例와 政治며憲法이며 規則이며 會規며 諸般法律的制度가 녯날유대敎나 로마敎敎權萬能主義의先輩들보다도 더銳利하고怜悧하야 놀라운 才幹과知識과手段을가진敎役者들이 많이出現한模樣입니다。 그러나 羊의大衆은 果然純眞합니다 牧者의引導하는대로 잘따르며 順從합니다。 그러나 牧者들은 大槪가 삭군임으로 雇傭的行色을 種種發揮합니다 羊群을爲하야 犧牲하라는代身 各自의名利를爲하야營利的牧者들이大量生産됨이 現今朝鮮敎界狀態인가합니다。 그理由는 敎役者들의 會合하는곳마다猜忌紛爭、衝突、欺斂、中傷等聖經眞理에 背馳되는 不道德無義誼한行動을聖會라고 부르는老會나 總會에서도 무듸무듸볼수잇고 朝鮮敎會內幕을살핀다면 眞正한 예수그리스도의主義가잇는가? 聖經敎訓이實現하는가? 「이百性들이입설로는나를 공경하되 마음으로는 나를 멀니하도다 사람의 命한것으로 道를삼아가라치니 헛되히 나를敬拜하난것이라」하신말슴이 現下朝鮮敎會에覺醒하라신 敎訓이아닐가요? 外觀으로는 華麗한禮拜堂과 附屬

敎役者反省과平信徒의覺醒을促함

事業이많고 堂會、老會、總會、或은 大會、年會等法的組織이整然하고 英雄紳士間의敎役者들이 五百羅漢같이 濟濟蒼蒼하되 그맷친열매는 空果虛實이많고 葉만茂盛한 無花果樹입니다。純眞한羊떼에서 젖을짜고 털을깍고 手段方法을다하야 빠라내고 짜내여서 各自의充腹과端裝이며 利益과名譽를爲하야 多方面으로 活用을하되 羊群은 瘦瘠하고 微弱하며 靈糧缺乏에貧血과饑渴이 太甚함을不覺하고 僞善假飾的時代流風과制度烙印에 化石처름된 聖劇俳優들이 講台、敎壇에서雄辯劇을演出하며 敎會를尋訪이니 治理이니 査經이니 復興會니 떠들고 活動하는 模樣은잇으나 예수그리스도의 愛的新誡命主義를 實現함에는 眞髓를볼수없고 소리나는 구리와 울리는鳴錚과如하야 虛空을치는것뿐이오 內容은羊衣狼類에 不過하고 敎會나 老會나 總會나大會等會所를 英雄紳士間養成하는舞臺로삼고 諸般活動을다하며 紛爭、欺瞞、陰謀詭譎과民衆離間을일삼는것이 現下朝鮮敎會에登場한 英雄牧師들의能事입니다。北南熱을高調하며 離間하는것도 그네들의所爲이오 무슨團이니 무슨會이니 하고 平信徒를 衝動하는것도 그네들이오 白紙같은 信徒들의게 紅黑班紋을染色하는것도 그네들이오 敎會끼리 信徒끼리서로 疑訝와怨尤를품고 對立하게하는것도 그네들의 所爲이오、敎育事業에 名譽的野心을품고덤비드러 統一을 防碍하는것도 그네들의所爲임니다 朝鮮敎會가좀더聖化하고 純福音的正路로進展되랴면 現下敎界를 攪亂하는 登場人物들이 退場하고 純福音主義的新進敎役者들이 奉役하여야할것입니다。長老敎總會를 分立이니 改造이니하는것이 敎理的異議이나 聖經上見解의理論이아니요、總會를 英雄牧師幾個人이 弄絡利用하야 作戱하랴는대 反抗하고 肅淸하랴는烽火인대 그사이에迷惑과 誤解가增助하여 推測과誤見이 添附하야 溝渠와墻壁을 隱然中彼此築造하는感이 不無함니다。總會를左右하며 料理하는 有力人物들이 惟妙한手段으로 事業熱을니르키며 或은地方熱을高調하며 諸般政略과謀策을講究하야 南北離間策을뚜렷이 내세운것입니다。그러나 平信徒全部는 決코그런것이아닌줄믿음니다。一般信徒들은 指導者의 欺瞞的雄辯에 속아서 首肯하게되고 僞善的處事에 속아서 盲從하게되여 終局은 아지못하는兄弟를원망도하고 詛呪도하게되며 아지못하는事實을誤認하고 바로안것같이되면 矛盾撞着과 錯覺이 그얼마나크겟읍닛가、長老敎總會問題는 分立이 目的이아니오 內部肅淸에잇난줄압니다 宗敎敎育部를改造하고 英雄的挾雜敎役者들을 掃除하면 於是乎別問題가없을것같음니다 그러나到底히 肅淸은不可能으로 看破하고 所謂新總會組織을말하는것같음니다 저는 現總會는反對하면서도 新組織에 署名한者는 아입니다。그러나 어떤敎役者는 저를新總會에魁首라는 말을합니다 容或無怪입니다 現總會를糾彈하고 大大的反對하는것은 事實입니다 그러나 總會自體를 反對할必要가없읍니다 偉大하고 賢哲한 觀察을가지신 平信徒諸賢은 深思考究하시와 예수그리스도의 몸된 敎會를 僞善的假牧者들의게 全任하고 觀光만할것이아니라 老會나 總會를革新改造에着眼하심을 伏祈하나이다、現狀대로두고보시면 期必코 民衆的離間은本格的으로 擴大될憂慮가不無합니다 平信徒의 蹶起를 促하나이다 憑公營私하는 敎役者들을 信賴할수없게되엿읍니다 平信徒의覺醒을 時急히要求합니다 平信徒만깨고보면 現在敎界에登場한 羊衣狼心的假牧者들이 절로舞臺를잃고 退場할것이며 朝鮮長老敎總會가참으로 하날의長子의 總會와같이 거룩한 統一的總會가 될것이오 敎會가 聖化될것입니다。人本主義요利己主義的指導者들을 期待할수없는今日에 平信徒의覺醒과 憤起가 絶對必要하고 時急합니다。只今은 자다가 마땅히깰때입니다 平信徒諸賢이여。

一九三七年二月 日 崔興琮白

聖朝通信

一九三七年二月二十七日(土)晴。昨夜잠시 비ㅅ바람불고서 부터 氣溫이急降하다。○登校途次에出版件으로總督府에들리니 장삼입은 佛敎僧侶의班列지어來往하는것이 보이다。紙上에報道된三十一大本山의代表者會議가 열린듯 不遠에半島의佛敎가 크게復興될것이 기다려지다。○三時間授業後에 卒業班의成績發表 인차在學生主催의卒業生送別會열리고, 茶果와餘興, 淫蕩한 노래를 부르는者는 박수갈채를받고 穩健하게學徒답은唱歌부르는者는 야지를받어서 中斷하고下壇, 會場의亂雜한光景을볼수록 五個年間에 가르킨것이 이것이었던고 하매 卽席에 引責辭職도可한것이오 自殺도可할것갈다。但全部가 죄다그렇다는것은 아니지마는。○늦도록校正한것을 印刷所에 가저가고 볼견後에歸宅하니 그사이에 어떤이는來訪하다가 넘어 멀어서 中途에 도라갔고、누구는 貞陵里에 드러서서 二時間以上이나 찾아서 겨우찾어 와보고 집터가 좋다고 하더라고。勿論 建物이좋다는 뜻은아니오、基地가妙하다는 뜻만도아니오 北漢山全局이雄壯하다는말일것이다。우리 울타리는 北에北漢山城 南에南漢山城이니까。

二月二十八日(日)晴。豫定대로 白雲臺에 오르고저 午前九時半에出發하였으나 一行의希望에依하야 金桂恒氏의「創造의生活」을 見學하고저 途中에서 方向을變更。補土峴을넘어 舊基里 弘智町을지나 弘濟外里에 創造의家庭을訪하니 山쪽으로 石製二層本舘 牛舍 雞舍等이 모다 年前왔을때는 못본것이오 耕作地도三千數百餘坪으로 擴張되였다고 主人金先生은 不在中이어스나 그弟氏와金夫人의親切한案內로 부억 地下室까지 골고루見學하고, 春園先生의 筆法으로도 百聞不如一見의感을 남기게하는바 大多함에놀라다。우리家人들과 養正生徒들을 더부리고, 다시見學오기를約束하고辭退。今春에師範學校를卒業하고 實際敎育에從事할閔君은「이렇게偉大한敎材는 처음얻어보았읍니다」라고。第二世敎育의 目標가確然해진것 같았다。○歸宅하니不運에處한 젊은姉妹한분이來待、離婚의可否를判斷하여달라는것이어스나、乃終에는病床에누운母親의病과 生計까지救濟하여달라는請托이었다。精神的敎導와物質的救濟를合並한것이었다。헬푸쓰氏의論文集을 읽고오라고 하고싶으나 읽을程度도 못될뿐더러、웬만이 딱한處地가 아닌담에야 聖朝社따위로 찾아올사람있으랴. 하고 생각하니 怒엽기보다憐憫이생기다。

三月一日(月)晴。山上의 新蒔덤을 쟁끼 가투리의 한쌍이 占據하였으므로저들을 놀래지않고저 내가 피하여주다。○登校後에「醫專病院入院中인佐藤樣으로부터招電이라」하야 歸途에 들리니 意外千萬에 佐藤敎授父子가 함께入院 病名은疝毒으로判明。父子함께身熱이四十度를上下하야死線을彷徨하다가 어른만 먼저下熱하기시작해스나 아직危區를不脫中。主治醫의「面會謝絶」이라는嚴命을 犯하고約一時間이야기하다。○途次에 印刷所에들려督促。事務室에서 會談하는이들의말에「第一銀行、安田銀行等에서는 換錢其他接客에 매우親切한데 朝鮮人側銀行에서는 不親切하기 짝이없다고。그러나꼭같은일이 印刷所에도 보인다。朝鮮人은

聖朝通信

장사보다도 먼저兩班행세만하랴니깐。

三月二日(火)晴。登校 二時間授業後에 내일卒業式준비。○來土曜日 仁川敎會의 硏經班에講話할것을受諾하고、某家庭의離婚問題相談에應答——離婚은不可하니라고 ○歸途에 入院中인佐藤兄의父子를慰問하고. 約一時間 枕頭에서會談。○印刷所에 들리니 다製本되였다면 册이 아직 한册도 안되여서 製本職工諸氏와 함께製本하랴니 어린職工의半도 따라하기 어렵다。먼저된것으로 나의自轉車에 실을수있는最大數量으로. 가지고歸宅。밤八時頃부터十二時까지 發送事務。

三月三日(水)曇、後雨。새벽山上의祈禱에 靈感이驟雨갈다。우리禮拜堂의壁은北漢山城이오 天井은火星木星이 달린 青空이오 座席은 林間의盤石이오 奏樂은 골목을 振動하는清溪의 물소리오 讃揚隊는 꿩과 뻐꾹새와 온갓 뫼ㅅ새들이다。오늘은長女의生日인故로 特히 어버이로서의懺悔와祈願을 아뢰다。하나님을 알수록 어버이 노릇하기의困難을 깨닫고、어버이 노릇 해볼수록 하나님의至聖至愛하시며 完全無缺하심에 絶對자복하지 않을수없고、예수를 敎育者로 처다볼때에 우리는 家庭에서나 學校에서나 하루도 그地位에 설수없는者인것을 痛恨또痛恨。○登校하야 養正高普第二十一回卒業式에參列。卒業生一百名。五個年間皆勤一人同精勤一人。式은三十分間 例에依하야 前例대로 판에 박은듯이 型에 부은듯이。不遠에卒業式레코ㅣ드로써 式하는날이 올것갈다。○今夜 宴會있는것도棄權하고 三月號의殘部를發送하고저 바삐歸宅하였드니 午後四時前으로 보낸다면册이 아무리待하여도 오지않었다。거짓말은 資本乎。

三月四日(木)曇。밤새도록 퍼붓드시쏟아지든비가 새벽에는 白雪로化하야 山野가 粉칠 한듯이되다。○今日로써 今學年度授業을畢하고 내일부터 시험이시작。印刷所에 들려 製本된것配達을督促하고歸宅。시내가增水되여 自轉車路를 도라다니다。○東京으로부터 松前氏의文章第二回分을 보내고、그에對한原稿督促이오다。○全南光州 崔興琮牧師로부터 痛快한文章이飛來하다。(別項參考)

이런精神의敎役者뿐이라면 우리는無敎會主義의 看板을 떼여버릴것이다。

三月五日(金)後曇。아침에 山上에 올라앉으니 물소리 더욱 요란하다. 昨年이때의 맑은물 넉넉히 흐르는景致에끌려서 建築을 決心하든일을 생각하다。○登校하야 今日부터 學年試驗시작되여 세시간監督外에 시험문제製作等 無味乾燥한일로疲勞하도록 일하다。○말린 루터의父母가 심히嚴烈하였다는記事를 읽으니 多少 나自身을辯護하여 주는感이 不無하나 아무리辯護하고. 보아도 過度의嚴格은 子女敎育의正道가아닌데 어떻게하면 溫柔寬厚한父母가 될수있는고. 이는 나에게 日常緊迫한課題가되였다

三月六日(土)細雨。午前中 가는비오시는중에 庭前에 꿩의夫妻가 나려、장끼가앞서고 가루리가 뒤따르면서悠悠히散策하는樣을 바라보고.書齋에앉어스니 여긔가仙境인가 싶다。저 꿩의夫婦를殺傷하는者는 死刑으로써 報應하리라는法令이라도 制定할權勢가있어스면하는 所願도 不無하다。○午後에登校하야 두어時間監試의任務를 다하고、暫時 醫專病院에 病友를 尋訪한後 午後六時二十五分

車로仁川向發。저녁밥먹을時間을 얻지못하야 車中에서 광떡 두어개로 끼를 에우다。七時半부터 約一時間半 仁川內里敎會의 硏經班員에게「希望과使命」이라는題로講話。汽車時間때문에 이야기를中斷하다시피 마추고 九時半車로歸京、自轉車의頭燈이 잦우故障나서 五六次나 고치면서 歸宅하니 자정 조곰前。광떡두어개만으로는 심이되지않어서 다시 밤참먹고나니 새로 한시반、參宿이補土峴에 걸린때에야 就床。지난一週間은 각별히분주한듯하였다。

三月七日(日)半晴。午前中에 上級學校選擇의件으로 學生을 더부리고 學父兄來訪、中學校卒業까지는 기어히朝鮮안에서할일、其他에도 할수있는學科는 朝鮮안에서 工夫할것이原則이오、專門學科의如何에不拘하고 朝鮮語와朝鮮自體를 알어야할것이 重大事라고 力說하여보아스나、아들의心中에는 入學競爭律이甚大한京城보다 좀더쉬운곳으로避身하랴는것이은근한所願으로 있는모양이며、父兄의心中에는 子女의所願을 抑壓하지않는일이最大敎育行政이라는確信이 있는모양。父兄된이의寬厚한度量에 敬意를不惜하면서도 于先우리같으면 이런아들의學業을中止하는것이 國民經濟上義務인듯 싶었다。○午後二時半부터集會。使徒傳第十章三四―四三節의十節을 英文으로流暢하게暗誦하는이도있었다。不遠한未來에 希臘文을이모양으로暗誦하는班友가 생기기를祈願不已。오늘은 使徒行傳 第十三、四、五의三章에依하야 世界傳道의發端인 바울先生의第一回旅行과 예루살렘使徒會議의顚末을講解하다。睡眠不足으로 夕飯後는아모일도 못하고就床。

三月八日(月)曇。近處松林에 松蟲잡는人夫들이 早朝부터多數히入山하니 이것도 고마운일。○登校 監試。今日도 某種宴會있어서 同僚諸氏가 一齊히參席하는터인데 내게만은 알리지도않고進行하는모양。可謂置之度外라 할터이지마는 그렇게해주는일이 심히 고마웠다。特히北漢山麓에 移居한後로는 路程이 멀다는것도 한가지有力한 핑게가되여서 酒宴의煩勞에서 解放받기는 아주쉽게 되였다。○歸途에 自轉車修理와沐浴。저녁에는 原稿쓰기。

三月九日(火)快晴。어제새벽에는 달이앞섰더니 오늘새벽에는 木星이 달보다앞서서 東天을 장식하였다。○年中行事의 軍事講演을 듣기爲하야 오늘은 進行中의學年試驗도中止하고。講演한시간傾聽하는일로써 오늘任務를 다하다。이런기회에 原稿나 착실히 써보랴고 바빠도라왔으나 果苗에施肥하는일이 러욱急하다해서 이일을 먼저하고、昨年에 插木하였던 포플라、楊子江버드나무等 約一百五十本을 캐여 울타리와川邊에定植하니 四五時間의勞働이였다。

三月十日(水)曇。第一三一一日。山上의 기도중에 靈感이 비오시듯하야 이것을 原稿에 기록하고싶었으나 副業的인記者에게는 쓰고 싶은때에 쓰는 自由가없다。쓰랴는때는 時間이 不足하고時間얻은때는 靈感오기를待하노라고虛費하고、남은것은憤氣와悲哀뿐。○出勤時間에 닿어 가랴고 比較的스피드를내여自轉車를 굴리면서 計算하여보니 東小門에서 鍾路五丁目까지에 自轉車十五臺를따르고、鍾五에서光化門通까지에約五十臺거긔서蓬萊町까지에約二十五臺를따르다。

東小門外의것까지 合算하면 自轉車約一百餘臺와 빼스 두어臺와 電車四五臺를 追越한심이니、우리自轉車는 탁시보다遜色이없지않으나 萬一어떤場所에서 電話로 탁시를 부를때에出發하면 京城市內라면 거의同時或은 먼저到着할만한速度를 가진것을發見하다。但 이런計算은 마라손選手時代의버릇이다。〇어떤 친구가 電話로써「오늘은 過히 바쁘지않으냐」고 묻기로 친구의 얼굴을 보고싶은 慾心에 「예ㅣ」하고 대답햇더니 「그러거던某氏宅六旬生日宴에꼭 叅席하라」고。 쓰던 原稿를 机上에 펴처놓고 試驗監督時間만 지나가면 곧가서 靈感이 식어지기 前에 繼續하려든터이지마는 方今 바뿌지 않다고 대답해놓았으니 할수없이또 한번「예ㅣ」하고 受話통을 걸고나니 後悔莫及。約束에 잡혀서 歸途에 잔치집을 찾으니 妓生들의歌樂소리는 門前에 흘러나오고 저자갈은來客의 무리와 山뎀이같은 交子牀의厚한待接과「외아들이라도 이孝子는 열남은 아들보다 낫다」는 치하의 소리소리。本是 食慾이相當한 솜씨지마는 넘어도意外의光景에 인사의말슴도 변변히 못들이고 무슨種別의 飮食들인지 골고루 맛보지도못하고 겨우 精神을 수습하여가지고 도망하는者처럼 門間을退却하다。途中에 생각하니 不遠에還甲되실 어머니를 모신 나의이마에는 발서「不孝子」의 烙印이 막찍힌듯해서 자못愁心이 없지못하다。〇歸宅하니 醫專學生一人이 뒤따라들어와서 聖朝社를 찾노라고 적잔케 신고한일과 信仰上煩惱를解決할데없더라는事實을告白하니 此亦是괄세하야 門前에서 돌려보낼수없는處地라 마주어 日沒때까지問且答。크게期待하였던 오늘午後의時間도 意外의일로 飛散하였다。

三月十一日(木)曇。寒風。두시간監試하고는 速히 도라와서 原稿쓰기를繼續하였으나 밤十一時에至하여도 不過二、三枚에서 더쓰지못하다。〇蒙古에서傳道하는이의 消息반가웟다『……生은 蒙古一隅에서 主恩裏平安히 사옵니다。××서 客年에 移來하여왓사온대 聖書朝鮮한部가 ××으로해서 生의案上에到着하였읍니다。感謝無比하나이다。이곳에朝鮮敎會는없고 滿洲基督敎에서禮拜합니다。鮮人農業者數十戶가 이荒野에살고있읍니다。數戶의 信者가있어 滿人으로더브러 同禮拜하나이다。貴誌는 繼續發送하옵소서 云云』〇五山咸兄短信에『글월받었읍니다 보내주신 「聖書講義」感謝히받었읍니다。讀後返送하야 들일지오。그런대 그글中에 弟에 關한것은 잘못된點이 많으니 더구나 弟로서는 大端부끄러울만치 記錄이 되엿스니 天下에對하야 未安하기 짝없습니다。말슴한柳兄도 誇大된傳言을들엇든모양이지오。또敎務主任과의關係가 좋지못하야 된것처럼한것은 事實이 그렇지 않으니 그이에對하야 未安하고. 그러타고 이것을 訂正할性質도못되는듯하고. 弟로서야 至極히 微々한일에 至極히못나게 當한것인대 勇士나되는듯이 記錄됏스니 實로不安莫禁입니다。아무래나그것은 그렇고라도 그一文을보고만도 日本內地人에對한 모든不好感 다容赦할만합니다』

三月十二日(金)曇。昨日歸途에보아도 아무ㅅ일없던漢城山羊牧場이 今朝에는殘灰와 불타든 그르테기뿐들이였다。아이들의 失火로 昨日烈風에一瞬灰盡하였다한다。所有物이란 이런것！ ○今日로써 辭職 學年試驗을畢하고、在職十五年만에 辭職한先生을 送別하기爲하야國一舘에參宴。남들은 悠悠히 歡樂할때에도 한편으로 原稿에 몰리우고 또한편 成績採點에 眼鼻莫開한樣을 스스로悲觀하다。

三月十三日(土)曇。아침에『聖書講義』誌에 보낼原稿를쓰다가 저淺野猶三郎先生이朝鮮人한사람相對의傳道와 下宿房을 따라다니면서聖書講義하던일을 回顧하고 글쓰던 붓을놓고 한참呼泣하였다。雜誌의 讀者가 늘지않는것을念慮하며、集會의出席者가 많지못한것을 不滿해하며、조고마한 일해놓고서는 그結果를計算하랴는根性이 빠지기까지는 참으로 하나님을 믿는者가아니다。나는아직同胞一人을爲하야 一年二年間의聖書講座를設해본 經驗을 못가졌다。이렇게생각하매 痛哭하지않을수없었다。未畢한原稿를 學校에持參하야 간신히完結하여서 急行車에 보내고저 自轉車를모라 京城驛포스트에 投函하다。締切日字에 原稿를待하는일에는 洞察의 情이있는故로己所不欲勿施於人。○今日이採點交附의日인데 午後四時까지에 겨우責任을免하고 다섯時에 벤또를 먹고 여섯시반까지 聖朝誌四月號의編輯을完了하야 印刷所에傳達하고 黃昏에燈없는自轉車를 타노라고 巡査의監視를避하면서 歸宅。두雜誌의原稿를 發送하고나니 心身의疲勞가一時에 오는데 成績調製의事務가 山뗌이같이 남어있다 但 오늘괴로움은 오늘에足하다。

三月十四日(日)小雨、後晴。식전에 入學受驗生徒를 더브린老人이來訪。昨日은 不在中에 어떤牧師가 同一한目的으로來訪하였다고。이런山골이라도 入學請托에 關한일만은 먼길멀다안하며 險한길險하다않고 새벽에라도 저녁에라도 찾어다니는精誠에感歎마지못하다。○午後二時半부터今學年度의 最終集會。먼저 休暇中의 暗誦課題로 롱펠로ㅣ의 「人生의歌」를說明하고 다음에 使徒行傳第十六章以下의 大綱을略說하다。滿二時間을要하다。如何間 來學期부터는 書翰工夫하게되였다。○東京留學中의 文學青年某君來訪하야 最近創作界의 뉴ㅣ쓰를 多分聽取하다。夕飯後에 君을보내고 일즉이大門(名稱만)을다첫더니 八時半頃에門을 뚜드리는이가 있었다 이山麓에서는 이렇게 늦게찾는 손은 드문일이라 또入學請으로 初面이나舊面보다親切한表情하는 친구나아닌가 하면서 괴로운心身으로 門을열고보니『저는身病으로해서 기어히學校工夫를 中止하고歸鄕하랴든터인데 今日博文書舘에서 先生님雜誌를보고서 先生님 敎訓이나듣고서 떠나랴는생각으로 이밤중에 찾어왔읍니다」라는 意外의珍客이다。얼굴은病色으로 초취한데 한卷雜誌를 손에든것을보니、누구던지門前에서 돌려보내랴든決心은 풀려지고、病學生을書齋에 마주어서 生理的으로 心靈的으로 今日午後講話의時間과 同量의時間을 걸려서說話하다。『創造의生活』金柱恒氏家庭訪問記라는 紙片몯은것을주고、退京하기前에見學하기를당부하여보내다。

三月十五日(月)曇。原稿쓰기와 成績作成의일로 日夜분주한터인데 來訪하는人士의 十中八九는新入學生受驗의 請托인故로 近日은 누구를不問하고 一樣으로 面談謝絶또는忌避의 策을請求中。但 今日은 잘못햇드면 큰機會를 놓칠번하다。電話로써 貞陵里來訪을交涉하는것을 기어허謝絕하고 學校事務室에서 十分間以內로 面談하기를應諾햇더니 意外千萬으로『畏友蔡洙般氏를紹介하오니 信仰其他에關하와 胸襟을 여시기바라옵니다。蔡兄은農村啓發을 爲하야獻身하시는 志士이십니다』라는 春園李光洙氏의 紹介狀을 가진이엿다。平北、蔡氏、農村啓發。이렇게 생각하니 小說「흙」의主人公이라는것이 電光같이 腦裏에번적하였다。因하야胸襟을 열고저 別室로。물른대로 無敎會에對하야對答、無敎會 即 全的基督敎에關한것이라면 한時間도可 두시간도可。우리의會談은 몇分間이었는지 몇時間이엇는지 時間을意識하지못하였다。恨스러운것은 蔡兄의農村啓發實況을 들을餘裕없은일、特히 완완한座席에서 友人들과 함께會談하지못한 일이었다。

三月十六日(火)雨。入學生徒의請하라온사람일줄만알고 하던일을畢할때까지 應對치않고있다가 만나보니 此亦意外千萬으로 五山서李贊甲氏入京한것이었다。入學請군들 때문에 無고한遠來의客들까지 괄세받는 喜悲劇이重重하다。請托받기를 忌避하는理由如下 ①末席平敎員인余輩에게는 何等權勢가없는것。②訪問道德을不辨하야朝夕을 가리지않을뿐인가 日曜日에까지 구찬케구는故로、食前時間과 日曜日을 世俗問題로妨害하는者에게는 同情보다도 復讐하고싶은생각을 不禁하게되는것。③斷刀直入으로要領만 말하는것이아니라 基督敎信仰을讚하며 田園趣興을論하는等外交手段을부리노라고 空然한時間만虛費하는일 ④初面에相當한敬畏가없이 변안간에親押하고저 덤비는것等等。○今夜도宴會를棄權하고 도라오니 亦是入學請군이 두세組가 저녁時間을 妨害하다。

三月十七日(水)晴。아침出勤時間에入學請군이來妨、寒心事也。○登校 成績會議、擔任班在籍五十四人中五十名進級。其中一人은 學業과品行이 不良하기로、全校에有名한者이나 余의擔任下에 두는것이最良策이라고해서 進級시켜주었으나 感激함으로써 引受하고 彼에게一層더愛着의感을느끼다。九十九頭보다一頭를!

三月十八日(木)晴。登校 終業式。學年成績發表로써 한가지事務는 一段落。擔任班生徒中에 作黨하야 弱少溫順한生徒를 腕力으로 制裁하라는事件을 未然에發見하고 激憤하다。腕力派를根本的으로掃盡할覺悟로써 이에當한結果에 意外에改善이速하였다。○生徒中四五名이 智異山登涉次로 今夜出發。○世界的見識을가진外務大臣이出現함을 慶賀한지不過數日에 발서外務大臣誹難의聲이 巷間에자자한모양。

三月十九日(金)曇。오늘부터 新入學試驗、百名募集에 一千三百十七名이應募。如前히 運動場에까지 天幕敎室을臨時增設하고 監試者를 臨時招聘하는等 야단법석이다。委員으로 被任되여 口頭試問의問題를協議決定하고보니 우리現職員中에도 이러한 多方面의問題를 完全히對答할이는 없을것이라云云、쉽게한다든方針인데 結果는 漸漸困難하게만 되여가는듯。○落第한生徒의 父兄에게 졸리우고 新入學受驗請托에 견딜수없어서 밤九時頃까지 博物室에 있다가歸宅、天下에靜肅한데는 博物準備室內에 숨는수밖에없다。近日은 사람을 만나면 모다請을하려드는것같아서怯을먹게됫다。○밤午前一時까지校正、○極貧한兄弟의過冬記의

一節에曰『하나님의性情을 닮어가시는先生님! 喇叭을부시기에 입술이부르트시겟읍니다。 춤을추지않든 場거리에앉은白衣民族도 이제와서는 요나의傳道를받으랴함니다。 先生任의눈물에축여저서 가물을타든白沙地에엄트는 하납 둘 되는싹은先生任의榮養으로寄生하고있읍니다。 萬一에그榮養을攝取치못햇다면 참으로 저는 이고비를 어찌지났을가요。 度로나量으로狹小한生이 지난겨울을無難이넘겼다함은 奇蹟的體驗이였읍니다。噫! 六尺나,머지도못되는中樞의經緯에는人間社會에서 받은것이란 허리를赤道로치고北緯廾度도닷지를못함니다。 北極인頭腦에는埋沒한듯한눈과어름이때로氷山을이루고雪崩을지옴니다。』 聖朝誌가이런貧寒한이의心臟을따뜻하게하였다면亦是그存在理由가있는모양이다。

三月二十日(土)晴。 入學試驗의第二日。 午前中은 學科試驗監督。 午后에는 身體檢査助力。 남은時間에校正。 日沒頃에는校正도 끝났으나 請托하는軍들을避하기爲하야 늦도록博物室에 숨겨있다가 九時餘에出發歸途。 印刷所에校正은傳하고 밤十時餘에月光에浴하면서 貞陵峴을넘을때는 心中에 자못安心하였다。 인제오늘은 구찬은請托軍들의 피롬을脫出하였다고。 때에自動車한대가追擊하듯이 쫓아와서 나의貧弱한自轉車앞에急停車하니 늦도록博物室에籠城하였던功効가水泡에歸하다。 萬歲橋畔에佇立한대로 或은怒해보고或은說諭해보고 結局請을 받은듯 만듯이해서 路上에서 돌려보내기에成功하고 時計를보니 열시반。 ○机上에놓인數枚의書信이거개入學請뿐인데 그中에서如下한書狀一枚를發見하니 終日의疲勞가恢復되는듯。

『先生께서 왔다가신後 先生門下 學生들이 우리집에 많이來往햇습니다。 이는先生께서 넘우 우리를誇張하야 紹介하신,까닭인줄암니다 우리의살림이 그,러케特別한것이 안이언만 先生諸位와 青年學徒諸君이 그처럼興味를주오니 무엇이라 고마운말슴 다할수없습니다。

무슨 볼것이 잇울가하고 오는젊은이들께 이러타한 求景거리를 提供치못하오나 우리맘만은 그들의期待를 저바리지 않고저합니다 그래서 우리 念頭에항상 떠오르는 朝鮮의躍進을 農村에서불어 日常生活의改善에서불어 始作할것을 누누히 이야기함니다。 이러한意味에서 내집을 내손으로짓고 내살림을 自作自給한다는 決心을 보인것이외다。

우리에게 놀너오는 젊은男女가 우리의動機와 計劃을 理解한다고는 믿지안습니다 그러나 그들의 純眞한 얼골이 우리앞에 날아날때에 우리의心思는 말할수없이 悚懼하고 燥急해집니다。 저들이 萬一 우리의生活을 잘못本뜨고 우리의眞意를 誤解하고 도로혀 個人的利己的、物質主義에利用한다면 큰일이란생각이남니다。 우리는맛당히 내집이나 내生活을 몬저생각할것이안이오 네이웃집朝鮮의部落을 몬저改良할것은 恒常中心에 삭여야할것이외다。

朝鮮이야기가 낫으니 말이지 어린學生들을볼때에 내맘은 울고십도록 痛悔에참니다 저들의 꽃다운將來를 어떻게指導해야하겟습니가? 朝鮮의집은 도야지窟같이 不衛生的인데、朝鮮의 마을은亂倫悖道가 흩너잇는데 이아름다운 天使의아들을 어데다가 살닐수잇으릿가! 이小英雄、未來의偉人、거룩한生命들을자랄때로 자라지못하게하고 因襲과陷落에헤메이게한다면 우리의罪는 萬代에容恕치못할것이라함니다。 내生命을밧치고 내몸을죽일지라도 朝鮮子女가 光明을찾지못하였다면 우리는地下에서도 瞑目할수없을것이외다。 三月十九日 白蓮洞人』

主筆 山本泰次郎

聖書講義

（毎月一回一日發行
定價一册十五錢一年一圓六十錢）

發行所 神奈縣藤澤町鵠沼五五七二
振替東京三四九五三番

本誌二、三月號에「朝鮮の希望」이라는 松前重義氏의文이 실렸고、이에對한「朝鮮に於ける無教會」라는余의文이 四月號以降으로 連載된다。朝鮮關係의號만은 本社에서도取次함。其他의購讀은右記대로直接注文할것。

(1) 金教臣著

山上垂訓研究 全

四六版●二四五頁
定價七十錢●送料五錢

(2) **聖朝文庫 第一輯**

咸錫憲著

푸로테스탄트의精神

菊版半●三十二頁
定價金拾錢。送料貳錢

(3) **聖朝文庫 第二輯**

咸錫憲著

無教會

菊版半●三十二頁
定價金拾●送錢料二錢

本社의出版物은 現在右記三種뿐이다。이것으로써 無教會的立場에선信仰의大體를 엿볼수있을것이다。

京城聖書研究會

［場所變更과休講］

講師 金教臣
場所 聖書朝鮮社（京城市外貞陵里）
日時 毎日曜午前十時半부터約一時間

四月第二日曜（十一日）부터 시작한다、（四月四日까지는休講）。이번부터、開會時間을變更하였다。英文班은午前十時부터、一般聖書講解는 同三十分부터約一時間。二個年걸려서 예수傳과 使徒行傳의 輪廓을畢하고、今四月부터 羅馬人書에依하야 書翰의工夫를하고저한다。

五山聖書研究會

講師 咸錫憲
場所 平北定州郡五山村
日時 毎日曜日午前十時부터約一時間。

舊約聖書의一書一講으로 概要를簡明하게紹介하여오는中이다 지난三月末까지에 여호수아記를畢하였고 今四月도繼續하야舊約을研究할터이다。

梧柳洞聖書研究會

講師 宋斗用
場所 京仁線梧柳洞驛前
日時 毎日曜日午前十時부터約一時間。

두어家族의禮拜集會를中心으로、近日은山上垂訓을研究中。近隣誌友의來參도無妨함。

本誌定價

一 册 拾 五 錢
六 册（送料共）前金九十錢
十二册（一年分）前金壹圓七拾錢

要前金。直接注文은
振替貯金口座京城一六五九四番
（聖書朝鮮社）로。

取次販賣所

京城府鍾路二丁目八二
博 文 書 館
京城府鍾路二丁目九一
耶 穌 教 書 館
東京市神田區神保町一ノ一
三 省 堂 書 店

文化書店（元山府） **茂英堂**（大邱府）
新聲閣（咸興府） **信一書館**（平壤府）
向山堂（東京市） **大東書林**（新義州）

昭和十二年三月二十八日 印刷
昭和十二年四月 一 日 發行

編 輯 發 行 者 金 教 臣
京城府外崇仁面貞陵里三七八

印 刷 者 金 顯 道
京城府公平洞五五

印 刷 所 大 東 印 刷 所
京城府公平洞五五

發行所 聖書朝鮮社
京城府外崇仁面貞陵里三七八
振替口座京城一六五九四番

【聖書朝鮮】第九十九號 昭和五年一月二十八日 第三種郵便物認可
昭和十二年四月一日發行 毎月一回一日發行

【本誌定價十五錢】（送料五厘）

昭和五年十一月二十八日 第三種郵便物認可
昭和拾貳年五月一日發行(每月一回一日發行)

金敎臣主筆

聖書朝鮮

第壹百號

昭和十二年(一九三七)五月一日發行

目次

金貞植先生記念號

第壹百號

달달이 그달號가出版된것은 알되 다음달號의出現을期約치못하였거니와、特히 第十五號다음에第十六號의出版은 豫期한바없었고 第六十號後에第六十一號가續刊될줄은 몰랏던것이 드디어第一百號에達하였다。感慨無重이라 는文字로써 어찌 다 뜻을表現하랴。

누가評한바와같이 本誌의發刊은 진실로「學生들의高等遊戲」라는것이 自初至今에適切該當한말이라고 안할수없다。高等인지下等인지는 모르나 遊戲氣分만은 今日까지 한號도變함없는 우리의態度였다。文筆의名聲을恃支한者가 시작한일도아니오 出版費用을積立하고서 決心한일도아니오 營利를目的하고利害打算을珠盤놓으면서 한일도아니오 避치못할體面問題라던지 名譽欲에 움지긴일도아니오 所謂「懸命的」으로切齒刻心하야 된일도아니다。오직成敗도不顧하고 利害도度外에두고 榮辱을關心치않고하였으니 可謂「學生의遊戲」라할것이다。

百號를重版하는동안에 同人들과 誌友들과 世上사람들과、或은離散하며 或은和合하며 或은分爭하며 或은協助하면서지났으나 今日우리에게 남은것은 깊은意味의感謝와 讚頌뿐이다。傷處가 앞프지안이함이아니나 모든事變이 우리를 모라서 코로 숨쉬는人間에게依支하지말고 怒여워말고 오직永久不變하시는 主예수와 그의아바지께 도라오라는 督促이였다。

多數의 사람을 잃기도했으나 小數의貴重한 친구들을 얻기도했으니 이것이本誌發刊의唯一한所得이다、讀者가容易히增加하지않을따름인가 도리어減少하는가싶은것은 우리를失望落膽케하는 材料되게하기보다 오히려自身의無知無能과 極히작은土器인것을 徹底히깨닫게하야、業績에依함이아니오 다만十字架中心의信仰에依하야 救援에參與할것임을 배우게하였다。적고 낮은分數에 滿足하며感謝하면서 참고待望하게하시니 이는聖靈의役事가 아니고는 우리에게 나타날수없는 高級의眞理였다。

經濟的으로도 次號의發刊이危殆한때가 적지않었거니와 그보다도 副業的인主筆의時間不足으로因한 原稿難으로해서 出版된號까지 終刊號되는줄로안것이 한두번뿐이아니었는데、그런때마다意外의援助를 主께서豫備해주시사 單獨責任으로引繼할때의 第十六號가 一個月遲滯된外에 今日에至하기까지 한번休刊도없이發刊하게된것이 모다 나에게는奇異한일이 아닐수없다。내가強한척한때는 實相은弱했고 내가弱함을痛歎할때가 도리어強한것을發見케된일도 一百번뿐이아니였다。모든榮光과讚頌을主께로。

無敎會看板取下의議

우리는過去에無敎會者로行世하였던것처럼 將來에도無敎會者라는別名으로써信仰의道를始終할것을豫想하며 또한祈願한다。그럼에도不拘하고 우리는近日에 本產地의無敎會者들을向하야 無敎會의看板을取下하자고提議하였다。그理由는 이러하다。(이글 읽는이는 本誌四月號에 廣告했던 山本泰次郎主筆「聖書講義」誌五月號에 실린拙稿를 並讀하라)

「無敎會」라는데對한誤解가 짚고 딴딴하여서 容易히本然의뜻대로通用되기 어려운것이 그理由의하나이다。「敎會와의對立抗爭에만 그存在理由가있다」ㅡ는듯이 생각함은 無敎會를故意로毁謗하려는者만아니라 無敎會를理解하지못하는淺薄한一般民衆이 그렇게納得하여버렸다。基督敎의第一大旨는神과人의和平을圖謀하는同時에 人과人의隣愛를重히녀기는敎訓인것은 넘어나明白한일이다。예수를 믿지않는다면 모르거니와 예수믿기를願하는者가 어쩌면「對立抗爭에만存在理由가있다」ㅡ는일을 平生의使命으로알고 질머질수있으랴。이렇게 사람을曲解하는者의心志에는 크게歪曲한 무엇이潛在하여있다고 自證하는것밖에 아모것도아니다。

敎會萬能을主唱하는者、敎會外에救援이없다고斷言하는者 即「敎會主義者」ㅡ에게對하야「敎會外에도救援이있다」ㅡ고푸로테스트한것、救援은敎會所屬與否의問題가아니라 信仰의問題라고訂正한것이 루터의푸로테스탄트主義요 또한內村鑑三先生의無敎會主義이다。故로羅馬天主敎會가敎會主義에墮落하지않었더면 루터의「푸로테스탄티즘」이 생길必要가없었고、新敎敎會가 敎會至上主義로畸形化하지않었더면 無敎會主義가 생길必要없었다。無敎會主義는 一名「全的基督敎」이다。그證據로는 內村先生其他의無敎會者의著書가 純眞한平信徒와朝鮮基督敎會敎役者들에게까지 좋은靈糧이되는일로써 알수있고、純朝鮮產예수쟁이의先輩가 同時에純朝鮮產無敎會主義者인것으로써證明된다——例하면 平北敎會의礎石이라는稱을받는姜濟建先生같은이를보라。

無敎會者가對立抗爭하는對象이 하나있다。그는「무릇眞理를 거스리는者를向하야宣戰布告」하는일이니、그對象者는時代와場所를 따라變한다。오늘날 우리基督徒의앞에 眞理를拒逆하는役割을 메고對立한者는 甚히强大한怪物이다。여호와를敬拜하면서 가이사의것은가이사에게주되 하나님의것은 하나님아버지께만 바치고저하는무리는 모주리——敎會의안에있거나 밖에있거나 힘을다하야 싸워야할時代를當하였다。殉敎의피를 뿌려야만 眞理의宗敎를判別하게된世態이다。이런世代인故로 救援이敎會안에있다 밖에있다 하는論爭에는 우리의興味를 잃었다。그리스도를爲하야迫害를敢當하는者、그대의무덤을 우리가 豫備하고저하거니와 또한 우리屍體가 보이거든 그대가 취심하라。

故金貞植先生

金貞植先生과 內村鑑三先生과는 恒常아울러 나의記憶에 오루네런다。朝鮮에있는內村先生의唯一한 친구라는것과、金先生께 처음뵌것이 東京柏木의內村先生의聖書講義所인今井館에서 朝鮮基督敎界의老長이라고紹介받었고 또한世界에 드문基督敎大先生이니 깊이私淑하라고附托받는交換紹介에感激하였던記憶이生生한것만아니라 이두분의性格과生涯가 서로共通한바 적지않음을因하여서다。

金先生이武科出身이시매內村先生은武士의後裔이시다。두분을通하야 예수께서稱讚하시던百夫長의單純한信仰이成果하고 基督敎의男性的部分이 顯著하게發露된것은壯快한光景이였다。

强者에對抗할때는猛虎보다獰惡하나 弱者에對하야는處女보다도溫柔한것이 저들의 녀시였다。內村先生이所謂不敬事件으로天下에 머리둘곳이없어孤寂과悲痛에 무첬을때에 그門을尋訪하야能히慰勞준이는 우리金先生한분이있었을뿐이라하며、朝鮮에百五人事件으로 基督敎徒에對한計劃的大迫害가臨하려할때에 自己의處地도不顧하고 義를爲하야 怒發奮鬪한이는 內村先生이였다 저들이動함은 오직義俠의熱에依할뿐이였다。

그리스도의게捕囚되여서 有爲한一生을 그主께 바쳤을뿐더러 主를爲하야淸貧을擇하지아니치못하였고 가장愛惜해하는慘慽의苦痛으로 人生苦味의極度에까지 맛본點으로도 두분이軌道를같이하였으나 이苦痛의深刻한點으로는 우리金先生편이 한걸음 더나가신듯이 第三者에게는 보이였다。金先生이「예수께뵈는날에 質疑할問題가 하나있노라」는말슴에는 쓰라린人間苦味와 깊은忍從의曲이 들렸다。

우리는金先生께서 基督敎信仰의 깊은問題——十字架의贖罪、復活、再臨等에關하야 들을機會를 얻지못하였다。基督敎靑年會의 아버지였든이만큼 그信仰도靑年會式으로 廣汎하였든것같이보이였고 때로「우리親睦會」에 儒佛敎徒와天道敎人까지 모여놓고서 基督敎의一夫一婦主義를 자랑하신일도있었다。敎義에深遠하시기보다 人間답고 朝鮮사람中의朝鮮사람이였다。

老齡에도不拘하시고 어린學生의入學周旋으로 괴롬을무르쓰시는氣質과、所謂積極圈撲滅運動으로熱火같이活動하신것、病席에서冷灰같이된肉身으로도 話題는 言必稱朝鮮이오中國問題요世界情勢에及하시는것은 그根源이 하나였다。先生께서는 小我가 없고全體에 살었으며、義에吸引되며 憐憫의情에는自己를忘却하고動하셨다。先生은偉大한平信徒요 天然스러운素人傳道者의一生이였다。

故三醒金貞植先生

柳永模

基督敎徒의生涯란十字架에 기대여서 덕을보는것이나? 그一小部分이나마 질머지는것이나? ──
金先生의生涯는 그질머지는便──。

平生에 말슴이「나의知人으로서 내死後에 追悼하는儀式을發論하는이가 있드라도 도모지 하지않도록 하여주기를 付託한다。」하시던先生님의일을 단몃말슴이라도 쓰기가 罪悚스럽다。

天禀으로氣高하신便이오 武科出身이신先生으로서 心懷를펼수는 없는歲月이엇고 그心肝肺腑를 두고두고 썩이시엇나? 平生無病하시던 便이신데 別世하시기數日前에 醫師의診斷으로보면 臟腑諸器官이 一切로老衰하신中에도 ×線에 비친바로 肺全部가 痰에鬱結되엿다 하엿고、聞訃來吊한 友人의말슴이 先生은 都是火氣이실데 漢方으로 말하면 寒劑를投呈하엿서야 하셧슬것이다。함을 듣는때 筆者의心中에「先生의火氣!」하는번적임이 있엇다。그러면 어찌하야 平日에 先生의火氣를 뵈올수는없엇슬가?

大患을 치룬이 小患에 놀라지 않을것이오、多難을겪으신이 小不平은氣色에 보히지않으셧슴인가한다。

六十餘年偕老하신同年甲이신夫人姜氏와는早婚하셧던듯한데 海州本宅에 젊은夫人을두시고(至今歲月과도 다른데)二十未滿에 金剛山에들어게신일이 있엇다하니 家庭上으로도(其時不貧하셧던듯한데)不平하심이 없지않으셧나한다。

十人子女를生育하시다가 慘慽으로 다보내시니 其中、三兄弟事는 筆者ㅣ歷歷히目睹한일이다。長子裕鳳君은 米國留學中에 病이나서 도라와 죽고、三子裕鳩君은 中學二年(?)中、急性腎臟炎으로夭折하고、最終으로次子裕鴻君은 東京帝大에서第一學期를치루고 夏休歸省하엿다가 登校次에 下關에서點心먹은것이 빌미로腸窒扶斯에걸려 不起早死하엿다。

慘喪을 보신때 吊客앞에서는 如常한態度로「하나님이 불러가셧다。」自慰의말슴을 夫妻한가지로 하시엇다。그러나「夫人과같이 山中無人處에가서 실컷울으셧노라。」情話을 하시는때도 있엇다。最終慘慽時에 말슴이「情만아니고 欲이붙어던것을 노친것이다。」하셧스니 當身네 老后孤寂이 極한外에 貧窮이兼追한것을 느끼심이다。

남의일周旋하시기를 자못好事하는 사람처럼하셧고、邪正이뚜렷하면 正便에鬪士노릇을死而後已할氣慨로하시엇다。學徒들의學資困難한情을 들으시면 內外國人誰何를莫論하고 紹介周旋하시기에 奔忙하셧고、財界에는無關한 어른이나 오히려 先生의말슴이라야 財界當局者가 應하기도하고、돈을融通하려는 便의뜻을 達하게도되엇다。其他事에도 非理가아니면 有志者의便益을爲하야 權門에出入도 오히려 辭讓치아니하셧다。

그러나 當身의일로는 有利한機會도라지않고 도라닷는 利益도 못본듯이하셧다。그러하야 一時紹介의勞만이라도 先生의힘을 빈이는單百人이 아닐것이나 先生晩年의飢寒하신 實情을알어본이는 손가락으로 꼽을만치도없엇다。兄弟보다親하다고할만치親한이의扶助를입으시다가도 그親舊自身의窘塞한일이 있는것을보시면 그助力을 곧謝絶하시고 當身은지내실道理가 달리생기신것같이하시기를 例事로하셧다。그럼으로 일즉이 先生의紹介를얻어 起死回生的으로 廢工하엿던學을成하야 出世한이가있고、破産될財勢를輓回隆昌한實業家가 있는듯한데 成功한이와 榮達한분일수록 金先生은無憂翁만녀여 自己네가 어려운일이 생기기前에는 金先生과相接할喫緊이 없엇엇다。

當年 先生과同志라도하고 先生과同苦한분中에도 그뒤에 벼슬을살은이、돈을모은이、이름이높은이、子孫이昌盛한이가있고、그밖에도 가지각색이엿는데——先生은 如前苦、種々慘、飢且寒、友踈遠、人生疑、世不平——을 온가심에 부둥켜 안흐셧던가?

晩年에 老莊을耽讀하셧고、沙門을尋訪하셧스니 오히려 人生疑義가 게셧슴이오、時事를好評하시고 教界紛爭을聲討하시는等、對世不平이滿々하셧엇다。原來政客이시오、社交가넓으셧고、長老派에屬하셧스나 會衆派에視務도하셧고 佛教人은勿論、其他類似宗教人까지 會同하야 우리親睦會等을 發起會合하시는等々은 濶達無軌하신가도 녀여지나 故月南李商在先生이 先生의來訪을 應接하시면 피우시던 담배를 번々히끄시고「어—三醒실여하는것을……」하시며 窓을열어 換氣하시고 앉으서서 말슴을하셧다하고、酒類를絶禁하셧고、一夫一妻의嚴格한基督教倫理를 極重히녀이신等々은 清教徒的規範을 堅持하셧다 每樣말슴하시다가「時間이가면 不義는亡한다、正義만이 將來가있다」—「歲月지나가는것이좋다 不義가敗亡하는것을 보게되겟스니」—라하셧다。——이信望이 굳으신이의말슴이아닐가? 甚히 사랑함이 있어 하시는말슴이 아닐가?

和而不流하고 中立而不倚하고 至死不變하는人子(君子)의强이 先生께 있엇슴을 우리는본다。

主께서 先生을 부르신記錄이 先生의自叙로되어 遺存하기에 別張에 실는다。

世苦慘變에 못살겟다는 사람에게는 先生말슴이「날보라 내가산다」하셧다。先生自身은 主님께「날보라」하심을 늦기셧다。先生의信仰은 가장深刻하게 예수의十字架의苦를 同情하신데에서 始作된다。

도라가신지第九十三日(一九三七、四、一五)

信仰의動機

金貞植

金貞植自歷明證

저한울에 바람이 불고 비가 옴은 때를 헤아릴수없고、이사람의 禍가 드러오며 福이 나가는 門은 定함이 없음이 떳々한 理致로되 우리가 다만 禍와福을따러 苦롭고 즐거워할뿐이오、凡事가 다 太初붙어 하나님께서 作定하신 가온데 되는줄을 아지못하는故로 질거움을 當할 때에 自己몸만 생각하기 쉽고 苦로움을 當할때에 사람만 怨望하나니 나도 또한 이가온대 한사람이라 어찌 이範圍에 버서나리오

때는一千九百二年三月二十二日인데 허믈며 證據가 없는 國事犯罪名으로 李源兢、李商在 그아들李承仁、洪在箕、兪星濬 나와 合六人이 함께 잡히어갓다。獄中에서 許多한 苦楚로 無情한 歲月을 보낼때에 사람을 怨望하며 世上을 歎息하는 맘이 가슴에 가득하고 창자에 얼켜 每樣 이몸이 毒手에 팔련바 됨을 생각하면 忿한마음이 복발하야 머리털이 우이를 가르치고 더운기운이 목에 막켜 적은 音聲도 내일수 없을때에 그寃痛한 心事가 엇더하리오。그때에 多幸히 하나님께서 불상히 녁이사 貞洞聖書公會에서 新學問書籍 數百餘種을 보내엿스니 大盖 하나님의 뜻을 쫓아 모든 罪人들로 하여금 眞理를 알리고저 함이라、나도 또한 消遣法으로 여러冊을 閱覽하더니 天路歷程이란 冊을 보니 이는 二百餘年前、英國에 번연 요한氏가 눈먼 말을 다리고 十二年을 獄中에 있어 지은것이라 비록 예와 이제는 다르고 사람과 따는 멀지라도 獄中의苦生은 一般이라 속뜻을 보기前에 먼저 同情이 가는도다。仔細히 읽어보니 大槪 善惡두가지를 논하 人名과 地名을 지어 서로 싸움하는 形狀을 記錄하엿스니 善한者가 惡한者에게 많이 죽다가 或 죽음을 익이고 永生하는길에 나갓스나 그千辛萬苦함은 손가락으로 헤일수 없은즉 眞實로 요한은 眞理를 알고、믿고、行한 證據로다。그같이 肉身이 苦로온것을 생각지 아니하고 그맘이 이같이 安定하야 眞理를 奧妙하게 說明하엿스니 이것은 畢竟 聖經에서 무슨能力을 얻은까닭이로다。이때 붙어 나도 聖經을 硏究하여보니 或 갈오대 空中에 나는새는 農事짓지아니하되 먹는다 하엿스니 이말슴으로 우리世上에 먹는것으로만 근심하는 사람들의 마음을 慰勞하여 깨끗한 샘이 솟아나는듯하고、우리救主께서 우리罪를 代身하야 當身의몸으로 한번 十字架에 못박혓

信仰의動機

다가 다시사러나서 우리肉身의 죽음으로 하여금 權勢가 없어지게하고 하나님과 사람사이에 交通케된 恩惠가 感謝하도다。

이世上에 或 다른 무엇을 믿어 平安함을 얻는다하는 말이 있을지라도 그根本을 窮究하여보면 다같이 物質的으로 마련되어 나온것을 믿어 어찌 사람의 맘이 깨끗할수가 있으며 어찌 든々하고 永遠한平安을 얻을수 있으리오 다만 萬物을 지으신 하나님의 사랑으로 오신 예수를 믿어 救援을 얻게하는 길뿐이로다。

슬프다 나는 우리임금의 미워함을 받아 이 肉身이 獄門밖에 나가기는 바랄수 없은즉 이肉身은 벌서 이世上을 떠난物件이라 다만 깨끗한 마음으로 우리예수를 따러가는것이 나의 맛당한本分으로 생각하니라。

그後 한밤 고요하고 잠들지아니할때에 스사로 이肉身의 불상한地境을 생각하며 轉々反側할때에 예수께서 내 누은 요에 함께 앉으신지라。그무릅을 붓잡고 하는말이 「나는肉身의 父母도 없고 兄弟도 없으니 내 불상한事情을 告할곳이 없으되 나를 至極히 사랑하시고 至極히 親切하시고 至極히 불상히 녁이시는 예수兄님께 告하옵내다。내가前日에 酒色에 沈溺하야 先祖에게 不孝함과 妻子에게 薄情함과 親舊에게 驕慢한罪가 많고 더욱 나의 사랑하는 딸鶯似의 나히 十歲에 未滿하고 두눈이 멀어 앞을 보지못하는것을 羅馬敎堂養育院에 보내엿스니 때々로 父母를 부르짖을 생각을 하면 뼈가저리고 五臟이 녹는듯 하도다。許多한 罪狀과 許多한懷抱를 다告할때에 두눈에 눈물이 비오듯 벼개를 적시더니

예수께서 손으로 내등을 어루만지며 慰勞하시되 네 悔改함을 내아나니 너무 서러마라。그말삼이 귀에 들릴때에 그불상이 녁이시는音聲에 感動하여 自然 마음이 酒落하여저서 무슨 큰짐을 벗은 모양도 갈고 물에 빠졌다가 나온것도 같으매 혼자 생각하기를 이世上에는 나와 같은 惡한 罪人도 없엇고 只今 이같이 깨끗한 맘을 얻은사람은 나혼자뿐이로다。此後로는 엇던 地境에 處할지라도 이恩惠를 잊지아니하기로 作定하고 細々히 생각함애 前日에 지은罪로 오늘 이같은 矜恤을 받기는 眞實로 뜻밖이로다 萬一 이몸이 獄中에 들어오지 아니하엿스면 어찌이런 恩惠를 얻엇스리오 그런즉 우리의 몸을 謀陷한 사람이라도 怨望할것이 아니라 다만 하나님의 뜻에 말길뿐이로다 나의생각하는 바가 이같이 사람을 容恕하는 地境에 니른일을 헤아리면 엇지하야 이같이 變하여진것은 말로 形容하기 어려울지라 都大體、前日에 사람을 怨望하고 世上을 歎息하는 맘이 恒常 불붙듯하든때와 크게 달러젓

六

스니 聖經이 사람의 맘을 곧처 다시 만드는 能力이 이갈음은 하나님의 榮光을 讚頌할수밖에 없도다。이때에 한 詩를 지으니

聖靈感人通眞理오 電光相照報善惡이라

聖靈이形狀을 나타내니 하나님의뜻을 通하겟고 번개빛이 얼골에 빛이우니 사람의맘을 거울하도다。

於焉間、同時被捉된 여러사람도 한가지로 救主의恩惠를 받엇더라。

三年을 지낸뒤 一千九百四年二月二十五日에 우리들을 無罪放免으로 宣告하니 이때에 新約全書를 七回通讀하고 八回재 보다가 默示를畢치못하고 出獄하니라。

同年十月二十三日에 蓮洞敎會에서 奇一牧師에게 洗禮를 받고 오늘까지 지내는때에 或 惡한試驗이 있을지라도 前日 獄中에서 예수께 눈물 洗禮받은恩惠를 생각하며 十字架를 처다보면 붉은 피가 흘을때에 自然참고 견대는 힘이 생김을 證據하옵내다。

救主降生一千九百十二年十月十二日

在日本東京朝鮮基督敎靑年會에서

金 貞 植 自著

通知。**五月八日**(土)午后에 京畿道龍仁郡器興面甫羅里에 讀者를尋訪합니다。同夜에小集會있을터인데 近隣誌友의來參도無妨함。詳細는同所의趙成震氏에게照會하시오。

人生의歌

롱펠로ー

柳錫東 譯

그대여 슬픈曲調로 말하지말라
人生은 헛된 一場의꿈에 不過하니
靈魂은 죽으면 그만이오
事物은 그대로 있지안는다고。

人生은 참되고 人生은 眞實한지라
뫼가 終局이아니니
흙임으로 흙으로 도라간다는것은
靈魂의일은 아닌지라。

우리의 豫定된 目的또는 길은
歡樂도아니오 悲哀도아니오
일하는것이니라。일하야
우리는 日就月長하는지라。

藝術은길고 歲月은 흐르는지라
우리의心臟은 健丈하고 强靭하나
防音된북같이 뫼를向하야 恒常
葬事의 行進曲을 울리고있다。

人生의歌

世上의 넓은 戰地에서
人生의 露營에서
쫒기여 말도못하는 짐성갈이 되지말고
싸우고나가는 勇士가되라。

아무리 질겁든、未來를 믿지말고
또한 過去는 過去로 葬事하라
일하라、지금 現在에일하라
안에는 意氣를갖고 우에는하나님을모시고、

偉人의 生涯를보면
우리도 거룩한 生涯를 보낼수 있고
世上을떠나면 歲月의모래우에
足跡을 남길수 있는지라。

足跡! 이는
人生의 森嚴한 大海를 돗대질하다
破船되여 依持할곳없이된 兄弟에게
다시 이러나는勇氣를 주는것이니라。

奮起하야 일하라
如何한 運命이든지 對할意氣를 가지라
恒常일하고 恒常힘써
勞苦할줄알고 기다릴줄 알어라。」

八

米國清教徒詩人中 가장 有名한詩人이 이詩의作者인대 그의道德的熱情과 清教徒的詩風은 一般讀者의心情을 이끔이깊으다。特히 이詩의 最後의三聯갈이 一般에게 널리 또한잘 알리게된 詩句는 全英詩中에도 드물다 이詩人은 新英洲메인洲포ー트랜드에서 一八〇七年二月에出生하야 一定한 教育을 받은後 歐洲에遊學하고 獨逸、佛蘭西、西班亞、伊太利에서 三年間研究를 繼續하였다 歸國하야도 學問에精進하얏고 一八三五年에는 하ー바ー드大學教授에 任命되여 그는 이자리에 十八年이나있었다 一八八二年에 그는 世上을떠낫다。單純하고 溫順한것이 그의性格이였고 獨逸的感傷主義가 그를支配함이 甚하였다。그의生涯는 安易하고 平坦하야 特記할만한 事件이 發生된일이없다。藝術的見地에서 보면 그는 所謂藝術派가아니고 人生을爲한 藝術家이였으며 그에게는 清教徒的道德을 教訓함이 藝術의目的이였다。그는 恒常教訓的이고 感傷的이여 때에는 度를지냄으로 嫌症을내게하였다。그는 勿論 偉大한詩人은 아니나 그의信仰은 굳고 動搖치아니하였다。

死! 그것은 없는지라。다만變轉이 있을뿐인지라。
짜른、이人生이란
天國의 郊外이고
死란 이天國에드러가는 門이니라。

聖書的立場에서본世界歷史 (13)

咸錫憲

成長期

時代의槪觀 創始의時期가 지나가고 成長의時期가왓다。年代로하면 大略距今一萬年前、考古學에서 所謂新石器時代라 하는때붙어 基督紀元初、即基督教가 니러나던때까지의일이다。이時期를 왜成長期라하나。이때에있어서 生命은 物的으로나 精神的으로나 자라난時期이기때문이다。前代創始期에있어서 宇宙間의 모든것은 創造되였다。渾沌에서 秩序가나오고、暗黑에서 光明이나오고、하늘과땅이생기고 해와달이 지어지고 動物과植物、짐생과사람、民族과社會가 생기였다。그러고人類의가슴속에 一片靈性의 불어너어짐에依하야 世界안에 여러가지의世界가 겹들어서게되였다。빛의世界있고 소리의世界있고 맛의世界있고 知의世界 情의世界 意의世界。눈물있고 우숨있고 幸있고 不幸있고。現實과理想 正과邪 가장무서운罪、罪의結果의죽음。이모든것이 다지어젔다。그리하야 부스러진硝子쪼각을 한대움켜 공을빚은듯이 여러가지面과 여러가지線과 여러가지角度 여러가지나램이가 서로석기고 서로어긋찔리고 서로걸키고 서로욱물리어 뒤굴게되였다 거룹들과 불꽃검에依하야 쪼껴난 樂園밖에서 가시덤불과엉경퀴를 내는 咀呪받은땅과 一生씨름을하다가 마츰내는 흙으로도라갈運命을메게된 아담이 비로소發見한 自我와 그를둘러싸는世界는 그러한것이였다。그러나그렇다고해서 悲觀詩人과같이 人生은生死의골짜기에헤매이고 世上은興亡의수리바퀴를 돈다고만해서는안된다。轉々無常하야 그저 集合離散의過程을 反復하는것뿐인듯한그속에 靜觀하야보면 쉬지않고일하는 한原理가있다。마치 不動翁의머리가 우로向하는것같이 指南針의두끝이 아모리激烈한 動搖속에서도 南北을낮지않는것같이 歷史의動向은 變하지않고 한곳으로向하고있다。變轉의골짝이를 헤매는동안에 或은 올라가고 或은내려가고 或左或右、때로는靜止하는듯하고 오던길로되가는듯까지한때도 드물지안으되 大體를達觀하는 높은자리에서하면 生命의가는길이 커다란子비를지어 一路成長의過程을 밟아온것을 歷然히볼수있다。記錄에도 있고 文化遺産에도 있거니와 무엇보다도 人間自身의 니마에와 心臟의肉片에있다。勿論純全한 成長만은아니다。허물진成長이다。잘못을內包한 發達이다。故로아해가자람을따라 허물도자라는것같이 歷史의進展에따라 不幸不義의 늘어간것은 否認할수없는일이다。그러나 生은强하고 死는弱하다。罪는무서운것이나 罪보다더억센것은 愛다。

世界속에일하는 이「거룩한者」는 이제까지도그렇거니와 이앞으로더 克服의싸움을 싸운다。恒常壓迫的인 物質의힘、언제나 誘惑的인 本能의힘을 한대뭉처 生命의독안이속에 집어넣을양으로 덩구는맛들이를繼續한다。그러는동안에人生은 바로宮中에있는 모세같이體力과能力이漸々자란다。월리암•와레쓰의 노래는 이때에불러서 맛당하다。

「무엇이 世界를 다사리는고。
널려말하되 사람은 偉大하도다
저는 물과뭍을 다사리고
偉大한 王者로써
모든微弱한者우에 君臨하는도다。
그러나 보다크고 보다强한힘이있어
사람을 그玉座에서 떠러첬으니
搖籃을 흔드는 그손이야말로
世界를 다사리는 그손이로다。

이손은 어린이에게있어서는 어머니의손이오 歷史에있어서는 거룩한神秘의손이다。이손안에있어 흔들리는동안에 生命은漸漸자라 이제歷史는 그搖籃의보금자리를 버서나는때에 니르렀다。個人의一生에서말하면 幼年期가다되고 少年이된것이다。그리하야第二의誕生이라는 靑年期가되는때까지 이것이곧成長期다。搖籃속은 無意識、無知本能、模索이 다사리고있는곳이다。거기는 걸음도없고 붓잡음도없고 오직한가지 허우적임이 있을뿐이오 기쁨슬음의區別도 命令哀願의區別도없고 다만한가지울음이있을뿐이다。自由로와도 허우적이고 不自由해도 허우적이고 좋와도 울음이오 언짢아도 울음이다。지금까지의 人類의일은 그러한것이였다。그러나 이제붙어는 그렇지않아 여러가지 點에서 少年期의 特色을 보여준다。

爲先活動의自由다。어린아해가 搖籃을뛰어나는때는 自由의元氣가 넘처흘으는때다。이때것맘대로잘되지않던四肢가 비로소解放이되여 맘에하고싶은대로 할수있게됨에 저의살림은 그저뛰는대있다。저에게는 寒暑의別이없고 安危의差가없다。雲淡風輕한 봄하늘에 손짓해불으는 꽃버들의誘惑에 못견대여 골짝이로 개천으로 그칠줄모르고 헤매는詩人이 것잡을수없는 自己맘을 少年에比하야 傍人不識余心樂하고 將謂偸學少年 이라고한것은 少年心을 果然잘理解한것이라 하겟거니와 이時代初의 人類의일은 그와彷彿한것이있다。첨으로깨는 理性의빛에 비취어 洞窟의陰沈한空氣를 뛰어난그들은 四肢에 人間力의血潮가 넘처흘음을 깨달었다。추이무엇이두려우며 猛獸무엇이무서우며 洪水무엇이念慮되랴오 아무리어려운것이라도 어떻게하면 어떻게되는 道理가있다는 自覺이 아직다듬지 아니한 머리털밑에서 나왔다。그리하야니러난것이 人類文化란것이다。聖經에는 이것이 바벨塔建築이라는 한劇

的事實로 表示되여있다。바벨塔은 文化의塔이오 그것을 싸아 하늘에 대이자는心理는 少年의心理다。(創世紀十一章)

身體가 重力에서 解放이되려고 元氣를내는때에 많은 現實에서 飛翔을하야보려고 나래를펄친다 그리하야 少年期의特色의 또하나는 想像力이豐富함이다。少年의世界는 外面에있어서 活動의 世界인것같이 內面에있어서는 童話의世界다。空想의世界다。둘이다 자라는것을 表示하는일이다。이時代는 神話의時代인대 歷史上의神話란 어린이의生活의 童話에該當한다。다같이 單純素朴한 智力을가지고 現實의저짝에 生命의氣運을 펴오자는努力이다。故로어린이의童話가 그안에 未來의모든生活을 다包藏한것같이 神話도 將次後時代에 자라서되는 宗敎、藝術、道德、科學의 온갓精神生活의싹을 다가지고있다

다음에 少年期를區別하는 事實의또하나는 身體發育의 完結이다。少年期가끝나고 靑年期가되려할때는 사람은發育이거이다되여 男性은男性으로 女性은女性으로 그特色이들어나고 音聲이變하고 骨格筋肉의發達이甚하야 顏貌와體格이 자리를잡게된다。그리하야 그後로 같은問題는 오직成熟뿐이다。그런대歷史에서보면 이時代에와서 各民族分化의일이 終止가되고 人間의生活에있어서 國家라는것이 確立이되여버려 人類의 種族的發育이 完結을보는듯한感이있다。地球우에 民族이많다하나 그分化는 基督紀元까지오 그後에볼수가없으며 人間이가지는生活과 文化가 그內容에있어서는 비록複雜하야젔다 하더라도 그輪廓이나 根本的類型에있어서 이時代에이미具備되였다。東洋에서도 이時代末인漢代를境界로삼아가지고前後의歷史를 갈라서 말하는것이오 西洋에서도 로마를가저湖水에比하야 그前의모든文明이 여긔서集大成이되였고그後의모든文明이 또여긔서根源한다고하는것은一般이잘아는일이다

그렇나 이時代를 人類의少年期로 區別하는 가장重要한事實이 오히려남아있다。그는 基督敎의니러남이다。自由奔放의少年期도 그末境에오면 往往憂鬱에 빠지는수가있다。그理由는「眞」에對한要求가 싹트기때문이다。童話의世界가 아무리아름다와도 要컨대想像의나라요 꿈의나라다 眞正한것은아니다。그런대靈魂이란 그어린적에는 想像의仙女의 가비어운나래에 타기를좋와해도 자란後는 그것을즐겨하지않는다。그보다는實이오 眞인것을 要求한다。그리고마츰내 電火같은閃光이 瞬息間에 前에보지못햇던世界를 眼前에 번쩍이여주는때가있다。그런담은 그에게는 少年期는 이미지나갓다。그後그는 다시少年服을넙고 遊戲를하기를 즐겨하지않는다。즐겨하지않을뿐아니라 羞恥를느낄것이다 이電光을가저 우리는理想이라불으자。少年期는 理想의瞥見으로 끝난다 基督敎의니러남에依하야 人類의顏前에는 그宇宙史的理想이 展開된것이다。우리는

史上에서 前代에許多하던 神話宗教가 基督紀元後에들어와서 마치日出後 西天에헤멀끔한 殘月을보는듯이 無力無色해진것을 事實로본다。 이것은理由없는일이아니다。 人類는이때에와서 于今것神話속에서 朦朧한 靈魂의要求를滿足식여오던 어린時代를버서바리고 青年으로서의 眞實한生活을 要求하게되엿기때문이다。 人類의魂은 그동안險惡한環境에서 시달리우는孤兒모양으로 許多한惡習을 第二의天性으로 가지면서도 오히려 자라난것이다。

그리하야 우리는 이긴時代를 成長의時期라 불으기를 躊躇하지않는다。 怪物의우름같은 異常한 反響의소리를내는 洞窟안에서 끄물거리는 장작불을놓고 둘러앉는 石器時代로불어 약대털옷을입은 曠野의豫言者가「이제독기를 나무뿌리에대엿으니…………」하고 부르짖는요단江가에서 둘러서는青年들이 嚴肅한낯빛을가지고 뛰노는가슴을 鎭定할양으로 두손을대이며「우리는어떻게하오릿가」하는光景을 보는때까지는 너무·나도즘찬사이오 너무나도甚한 變遷이다。 그러나 그는搖籃안에서 발버둥하던아기가 山으로바다로 달리는 變遷이오 그저分別할수없이 부르짖든울음이 祈禱로되고 詩로되는 變遷이다。 말하자면 닭이울어서 해가떠올으는때까지의일이다。 그사이의 일은 비록複雜하더라도 要컨대 자란것임에 틀릴것이없다。

一、新石器時代

文化의始作 人類가 오래동안 無知와朦昧의 搖籃속에서 허우적이다가 비로소襁褓를 헷치고나와 活潑한成長의歷史를 짓기始作하는것은 新石器時代初불어다。 考古學에서 人類의 史前時代를 말할때는 세時期로 大別하는데 이新石器時代는 그中마지막時代다。 그보다 前의두時代는 曙石器時代와 舊石器時代인데 우리가 지금까지 보아온 人類의니야기는 이두時代의 일이다。 이제 우리가보려는 新石器時代는 거긔繼續되는 時代이기는하나 그와意味는 매우달려서 비로소 文化時代의始作이라고할만하다。 勿論 넓은意味로하면 人類있는곳에 文化있다고할것인故로 文化의始作은 人類의起源과 때를같이한다할것이다。 그렇나 嚴密한意味에서말할때 지금까지의일은 文化——적어도 人類의特性을 들어내는 文化라고하기에는 不足한것이있다。 煩雜한討論을 避하거니와 적어도 文化時代라하려면 一般으로 明確히意識된 生活理想이라는것이 있지않으면 않될것이다。 文化란 이理想이 自然을資料로삼아가지고 나타난것이다。 前두時代에도 그것이全然없었던것은아니다 가슴속에깊이있었다。 그렇나 그것은主로 本能이라는길을 通하야일하엿을뿐이다。 曙石器時代사람이 뾰죽하고 나램이난 돌을주어다가 그먹을나무뿌리를꺾고 짐생의살점을 버일때、 舊石器時代사람이 그것을一層더 有効하게하기爲

하야 人工으로 石斧石劍을 베려쓸때 거긔理性의微光이 없다할수없고 크로마논人이 돌燈盞에담은 獸油의燈불의 펄럭거리는 빛에비취어가며 洞窟石壁에 그림을그릴때、거긔理想의熾燃함이 없다할수없다。그렇나 아무래도이는 어린이의일이오 朦昧에屬하는일임을免할수없다。거긔比하면 新石器時代는 同日之論이아니다。石器하나만으로도懸隔한進步를 보여준다。前代의것이 打製即뚜드려베레서만든것인代身에 이것은磨製即갈아서 날을내인것이오 그種類도甚히 豐富하다。그렇나單히 石器만이아니다 人類는이時代에와서 牧畜을알게되고 農耕을始作하고 土器를만들어쓰고 金屬을製鍊하야쓰고 建築을하게되고 社會를形成하게되였다。그런故로이것을 文化時代의始作이라한다。

그리고歷史에 그만한進步가니러난것은 偶然히된일이아니다。그럴만한原因이 있어서된것이다。그것을 證明하는第一의事實은 이때에自然環境에 니러난變動이오 第二는現人種의나타난것이다。歷史上에 大變動의時代는 언제나自然界의顯殊한變動을 짝하는法인데 이成長期가 닥처온것도 그例에 빠지지않는다。이미말한대로 人類의生活은氷河時代로써 始作이되엿는대 그氷河가(歐羅巴에서말한다면) 마지막으로 暴威를부린것은 舊石器時代요 그時代末에와서는 갑작이退却하기를始作하였다 그때문에 北半球의氣候는 매우溫暖해지기始作하야 그前에氷雪에싸였던곳이 푸른풀盛하는 草原으로되고 生物界의모양은 매우달러졌다。人類는그生活條件이 훨신安易해졌음을 느꼈을것이다。그런대 이때에갑작이人種上의變動이 니러난다。지금것크로마논人이 全盛하던歐洲에 南東亞細亞方面으로붙어 所從來알수없는人種이 올라와 그들을驅逐하야버리고 主人이된다。歷史家들은 아직이人種이 어느때어대서發達하야가지고왔는지를몰은다。東方에서왔다기도하고 南方에서왔다기도하고 所說이一定치않다。그러나何如間 그들은當時이미 相當한高級文化를가졌고 그로因하야 크로마논人과그文化가 一個先驅者의運命을 메게되였으며 이後來客이 舞台의主人公이된것은事實이다。그리고 이것이現今地球上에있는人種의祖上이다。研究가나가지못한亞細亞의것은 아직仔細히알수없으나 적어도距今一萬年前에는大體로人種의分布가오늘날과大差없었던것은事實이라고한다。

牧畜 이新石器時代사람들은 前代사람이 알지못하던 몇가지生活을 始作한것이있는대 그中하나는 牧畜을한것이다。動物을길러서 或그고기나알을 먹기도하고 或그힘그習性을 自己生活에 利用하기도하는일이다。지금은어느家庭에가나 개、고양이、닭이 없는집은없고 어느民族에가나 牛、馬、羊等을 使用하지않는곳은없음으로 사람이動物을 길으는것을 조금도異常하게 생각하지않으나 그맨처음을생각해본다면 그같이놀라운일은없다。사람이어떻

게되여서 動物을길으게되였을가。따윈學說의가라치는 生存競爭의理致로한다면 그들은사람의生存을 威脅하는 敵이라함이맛당하고 모든것을 經濟的慾望의 發動으로 說明하려는 唯物論者의 解釋으로하면 그는저의食慾을 挑發하는 一片肉塊에 지나지않는다。萬一그렇다면 自己의敵、自己의미끼를 길으고질드리는일이 어떻게可能할가。歷史家는 牧畜이나 農耕의 始作된것으로써 人類生活에 莫大한變化가 니러낫을것을 指摘하나 問題는도리어 精神的인데있다。개 닭이나 밀 보리가 사람을變化식인것이아니오 그것을馴致하는 사람의內的인 그어떤무엇이야말로 그變化를 니르키는 根源이라함이맛당하다。

牧畜은 한개交友關係다。六畜은單히우리의 종만이아니오 벗이다。一萬年以來의벗이다。저는우리가 疲困에졸리는새벽에 몇번이나 우리를깨왓나。저는우리가 孤寂에슬퍼할때 몇번이나 우리를慰勞햇나。고기가마생각을 그만두고 서로의지하고 지나온일을 생각하야보라。一萬年間萬一사람이 한마리닭없고 한匹개없이 지낫다면 저는果然 憎惡와敵意만을가지고 全動物界를對하고 오늘까지왓을수있였을가。우리는牧畜이 偶然히니러난現象이라고 믿지않는다。歷史를産出하는者 저自身이 人畜의交友를 仲媒한것이다。經濟的慾望이아니라 愛야말로 짐생을사람의벋으로 만든것이다。어떤學者는 사람이 개를 길으게된動機를 說明하야 어떤날 暴風雨같은것이 있었을때 사람과개가 둘이다 窟속에 避亂을햇다가 서로親近해진것을想像한다。있을만한일이다。그러나 그는 사람에게나 개에게나 單純한 生存競爭의 本能以外에 서로接近식이는어떤무엇이있었음을 豫想하고야 可能하다。

交友關係이기때문에 그는서로通하는일이다 人間의世界와 動物의世界가 서로通하는일이다。人間의世界는 動物의世界를 階段으로하고 올라선것이나 自然界에있어서는一直線으로 나가는길이있을뿐이오 回顧가없다。故로自然的秩序만이라면 人間이萬物의 指導者가되고 責任者가될수는없다。生命의高等한階段에서 아랫階段으로 通하는것은 超自然的인 即精神的인秩序에 依하야서만 可能하다。사람이萬物의靈長이되는것은 이것으로써다。人間性이라하고 獸性이라하나 兩者가서로 通하는것이없으면 世界의完成은 바랄수없는일이다。이意味에서 牧畜은 世界歷史의 重要한한句節이다。짐생을길으는者는 獸性에通하는者요 사람을따르는짐생은 人性에通하는者다。家畜은動物의世界를代表하는者다。우리는 저들에依하야 宇宙의重要한한部分인 動物의世界에 通할수가있게되였다。故로사람이動物을 飼育하게되였다는것은 萬物을이끌고 主의앞에설生命의王者로서의 資格에서第初段에 올라선것이라할것이다。예수에게서 그리스도的인것을 보아낼수 있기爲하야爲先羊에서 羔羊的인것을 알어야하겟고 肉的인것에對하야 弱한人間性에 도야지的인것이있음을 알기爲하야 도야지에依한 實敎訓을 받을必要가있었다。

聖書概要 [二五]

金 教 臣

요나書의大旨

요나書는 小預言書十二冊中의第五冊이다。통이四章만으로된 조고마한預言書이나 小預言書中에서著名한冊일뿐더러 舊約全書中에서도 가장有名한冊中의 하나이다。 그처럼 소문난 까닭은 대개 아래와같다。

第一。 요나書에記述된奇蹟——即요나가「三日三夜동안大魚의腹中에 있었다」는것과「하루에枯死한 박녕쿨」의奇蹟이야기가 極히簡單하고도 好奇心을 크게 이르키는話題인故로 幼年들의主日學校教材에서부터 한번들은者에게는 깊은印像을 주지않고는 마지않는일。

第二。主예수그리스도가 요나의異蹟밖에는보일것이없다하시며、그三日三夜동안魚腹에 있었던일로써 自己의復活을預言하시기에 引用하신일(마태一二・三九——四〇、同一六・四、누가一一・二九——三二)로因하야 新約읽는者에게는 요나가 매우親密하게되였다。

第三。舊約全書가本來選民이스라엘中心의冊이오 異邦民族을蔑視하는 甚한排他的思想의 글월인故로、近來나치스獨逸서는 舊約廢止論까지 요란한터인데 그중에서 오직 요나書만은特異하야 하나님의恩寵은 選民이스라엘民族에게만局限할것이아니라 悔改한異邦人에게도 한갈같이豐盛하게臨한다는理致를 일즉이道破하였다。 이것으로써 요나書는嚴冬에 발서春信을傳하는 아름다운 소식의書요、「舊約中의新約」이라는別稱을 가진冊이다。

著者及年代。「아밋대의아들 요나」(一・一)에關하야는 本書以外에 列王記下에 그 이름이 記錄되였을뿐이다。

유다王요아스의 아들 아마시야의十五年에 이스라엘王요아스의 아들 여로보암이……하맛 어구로부터 아라바 들에있는 바다까지 회복하니 이는 이스라엘 하나님 여호와 그종 가드헤벨 사람 아밋대의 아들 先知者요나를 빙자하야 말슴하신대로 함이라고(列下一四・二三—二五)。萬一 이列王記의「가드헤벨 사람 아밋대의 아들 先知者요나」와 本書一章一節에 말한바 아밋대의 아들 요나가 同一한 사람이라면、요나는 紀元前九世紀末或은八世紀初葉의 사람이었을것이다。또한 가드헤벨은 예수의故鄕나사렛의西北三哩되는 地點에있고 尙今도 요나의墓라는것이 남어있다하니 예수가 幼時로부터 요나의 이야기를 記憶하였음도 그럴듯한일이라고 한다。

그러나 요나가 요나書를著作하였다고 보는사람은 現

今은 없다。언제 누가著作한것이라고 確言할수도 없으나 요나書第三章三節에「니느웨는 지극히 큰 城邑이니(이엿다)」라고 過去形으로 된것이므로 요나書는 일러도 紀元前六〇六年以後의作일것이다(니느웨城의陷落은紀元前六〇六年인故로)。또 시라크(紀元前二〇〇年頃의作)中에 발서 「十二預言者」라는名稱이 있으므로 보아서 늦어도 紀元前二〇〇年前의著作이라 할수있다 卽 紀元前六〇〇—二〇〇年頃의作으로 짐작된다。

內容과特徵 요나書의內容은 極히簡單하다、하나님이異邦의城니느웨의 墮落을 震怒하야 四十日後에 그城邑을 滅亡시킬것을 요나에게命하야 預言하게하시고저하였더니、요나는 그所任이過重한것을 두려워서 이를回避하고저하야 다시스로向하야逃亡하였다。그러나 어듸까지든지 固執이 세차신 하나님은 途中에 큰風波를 이르켜서 요나는 드디어 큰魚腹에 삼킨바되여 그속에서 自己의不信의 罪過를깊이 悔改하지 아니치못하였다。하나님이憐憫으로돌보사 요나를陸上에서吐出케하시니 요나가 니느웨城에이르러 여호와의命하신대로 四十日後에滅亡이 올것을 市中을通하야宣布하였다。니느웨市民들은 上下를勿論하고 一齊히悔改하고 邪惡에서 떠나기를盟誓하였다。이에 하나님은 決定하였던 마음을 도리키시고 니느웨城의撲滅을 中止하였다。마는 預言者요나는 하나님의變心으로因하야 自己의預言이失信되고 異邦의城니느웨가救援받는일을 不快히알고 하나님을怨望하게되니、하나님은 저를 가엾이 녀겨 하루밤중에 박넝쿨을예비하야 요나의 머리우에가리워주어 저를 위로하여 주었다。이일을 요나가 기뻐할틈도없이 翌日에는 박넝쿨이 시들었다。요나가 悲憤하며 죽기를願할때에 하나님이 말슴하시기를「네가 이 박넝쿨로因하야 성냄이 어찌合當하냐。……네가 수고도 아니하고 또한培養도 아니하고 하루밤에 났다가 하루밤에 망하는 이박넝쿨도愛惜히 녀기거든 하물며 내가 길른 이큰城邑니느웨를 어찌愛惜히 녀기지 아니하겠느냐。그중에 左右를分別치못하는 어린이 十二萬名이있고 育畜이 많이있느니라」는實物敎訓으로써 끝을 맺었다

다른預言書는 모다 그內容이 預言을 爲主로하였는데 요나書는「四十日後면 니느웨가 반드시 문허지리라」는 外에 直接預言을 기록한것이없고、거의全部요나의生涯를 記錄한것이다。다른預言者들은 하나님의審判을宣告하기前에 먼저 그罪狀을細密하게摘發하는것이常例인데 요나는 그것을略하였다。니느웨가滅亡되는것이 罪惡의結果인것이 勿論이오 本書第一章二節과 第三章八節等에 多少論及한痕跡이 全無하지는않으나 다른預言書와는 그强弱의差가顯殊하다。또 다른預言書는 거의 大部分이詩文의形式으로 되였는데 요나書는 第二章二—九節의讚頌歌를除한外에는

全部散文體로叙述되였다。 이러한點이 本書의特徵이다。

本書의理解。 요나書를 그대로歷史的事實로 보는學者도 尙今적지않으나 大體로 많은學者들은歷史的事實로는 보지안한다。 魚腹의異蹟、박넝쿨의異蹟等을說明하기 어려운것과 處々에散見하는非史實的記事를綜合하기困難한것으로써 차라리一種寓話或은譬話로解釋하고저하는傾向에빠젓다。 例하면 요나(비둘기)는 이스라엘、風波는 이스라엘民族에게 臨한艱難으로解하야 이스라엘이 요나라는 預言者되여서異邦諸國에預言하는것이라한다。 또大魚는 바벨론인데 이스라엘을 悔改시키기爲하야 삼킨것이라고도한다。 또는 一長꿈이야기에 不過하다고 하는이도있다。 모다解說하는 困難을避하고저하는 수작이다。

그러나 사람을 삼키는大魚는 全然있을수없는것이 아니다。 옛날에는 고래도 고기의一種으로 알었으니 여기에「고기」라는것이 抹香鯨을意味한다면 身長이七八十尺되는 이鯨類의腹中에는 큰壯丁이라도直立할수있다한다。 但抹香鯨의咽喉가狹小하야 사람을 삼킬수없음과、地中海에는此鯨類가稀少하다고함이 이說明의弱點이다。 萬一 이고기라는것이 大鮫였다면 身長이約二十五呎에達하고 成人이라도 쉽게 삼킬뿐더러 말一匹을 그냥 삼킨 事實도 있었다고하며 地中海에 많이棲息한다고한다。

大鮫에게 삼켰다 할지라도 三日三夜를 어찌 살어났으랴 하는것이 둘째疑問이다。 三日三夜라는것은 滿七十二時間을意味하는것이 아님은 聖書의 다른用例와 우리들의 日常慣習으로도 알수있는일이다 (예수가 三日間무덤속에있었다함도 滿二十四時間과 그前後두어時間식을加한것이다)。 그러나二十四時間以上을 있었을것은確實하니 大體로二十四時間은 어떻게 살아있었을까가問題다。 이는 하나님의異蹟으로 하신일이라고 우리는믿는다。 假死의狀態로 두었다가 蘇生케한것이라고하면 이는聖書에있는奇蹟中에도 가장 可能性이많다고 보이는異蹟이다。 하물며生理的으로 보아도 假死狀態로數日乃至三十餘日까지 지난後에蘇生한實例가 없지안함에랴。

그러나百步를讓하야 魚腹의異蹟은 決코 事實이아니오 어떤心靈上經驗을 그려놓은데에不過한것이라고하여도 各自의人生經驗에서 스스로魚腹에 쫓겨들어간生々한經驗을 가진者에게는 요나書의價値에何等輕重의影響을 줄것이없는平凡한活事實이다。 우리는 차라리 本書가傳하는深遠한眞理를 찾기에 힘쓸것이다。

主要한眞理。 요나가神命을 받었을때에 다시스로逃避하고저하였다。 다시스는西班牙의海岸에있으니 여호와가 요나에게命하야「四十日後에滅亡하리라」는預言을宣布하라고하신 니느웨와는 東과西의反對方面에있는地點이다。 即여호와神의統治圈外로脫出하고저企圖한것이다。 무릇 여호와

神의 고요하고도明白한音聲에接하면서도 自己의菲才不德을말해보며 地位와生計를걱정하며 使命의重且大함과自己의弱且小함을天秤에달면서回避를 꾀해본일있는者는 요나에게同情없을수없고 요나의게서慰勞받지않을수없다。

逃避하는 요나를追窮하야魚腹에까지 모라넣고 기어코降服을받고自己의初意를遂行하시는 여호와의酷毒한사랑、頑强한固執！ 여호와의追擊에 못이겨서 降服하고捕虜되여自己意志를完全히埋葬하여본者에게는 요나書가事實中事實의記錄이다。

「내靈魂이 내속에서疲困한때에 여호와를記憶하오매 내기도가 主앞에 드러가 主의聖殿에 이르렀나이다」라고 요나가魚腹에서自己의絕對無力者인것、塵埃인것을自覺하고祈禱한때에 다시吐出됨을얻었고、니느웨百姓과 方伯들이요나의預言에警愕하야 育畜에及하기까지懺悔와謹愼을行하였을때에 하나님은旣定하였던懲罰을中止하셨다고하니 全知全能하신 하나님의絕對意志와 祈禱에依하야聖旨를變更하게하는 서로矛盾되는事實을 여기서 볼수있다。悔改한罪人의祈禱는 能히死地에서 요나를救出하였으며、四十日後에撲滅을豫定하였던 니느웨도 마치無定見한者인것처럼容赦하셨을뿐더러、今日우리들의祈禱에도 이와같이應答해주실것을 믿는데에 우리의信仰根據가있다。

요나의預言에反하야 니느웨城이赦宥함을받었을때에 요나는 하나님께對하야甚히不服하였을뿐더러 차라리 죽기를自願하였다。이는選民을 自矜하는 유대人이아니고는알수없는心理이다。유다人의城邑이犯罪하였다가 悔改하고赦宥함을 받었다면 오히려當然하다고 알었거니와 異邦人인 니느웨市民이 多少改過의徵兆를 보였다기로 嚴然히作定하셨던聖意를忽々히飜覆하시는 여호와의度量을 아무리해도猶太人된요나는理解할수없었다。蕩子의歸還을無條件하고歡待하는父親의心情은 謹直한性格인其兄의게는理解할수없는일이었다(누가十五章)。루터以後의 푸로테스탄트徒가 救援받을것은羅馬天主敎徒들께는 今日까지도 오히려不可思議의事實인것처럼、無敎會信徒가救援받는일이 敎會主義의神學徒에게는一大疑問되는것과 마찬가지의心理作用이다。 그러나 하나님은傳說에도 얽매이지않고 神學에도捕囚되지않는다。十二萬의어린이와家畜을 아끼시는하나님은 또한敎會外의平信徒도救援하지않고는 마지않는하나님이시다。今日現代에도 아직까지「敎會外에救援이없다」고職業根性을 發輝하는者가있음을볼때에 멀리紀元前四五世紀頃에 발서異邦에까지救援이 均一하게臨함을事實로써證明한 요나書의價値는甚大하다할것이다。舊約中의新約이오福音前의福音이라는 일카름을받는所以가 여기있다。敎會밖에救援이없다고 웨치는 自己催眠에걸린 惑世巫民의輩는니느웨城이救援받은事實을 再讀할것이다。

聖朝通信

一九三七年三月二十一日(日)晴。春分。山上의新禱後에 登校。新入學試驗의第二日、今日로써 學課시험과 身體驗査는完了。틈틈이校正。이사이같으면 文字대로忙殺이다。○어떤生徒가 窃盜를犯한事實을告白하나 時機가過晩한것이遺憾。救援받는데 悔改의階段이必要한理由切感。○今日장작이 一트럭購入햇는데 例에依하야自動車不通하는洞口에서부터 全식구의힘으로써運搬――六十가까운老人부터 六歲四歲의 어린이까지 한가지或은 두가지식。國民皆兵이라더니 家率皆役이 우리의 자랑이오感謝。이奇異한光景――할머니 절무니 處女 幼兒까지 蟻陣을 치서勞働하는光景아 近隣閑夫閑婦들의 구경거리되엿고 登山客들의驚異가 된모양었다고。○저녁에 로마書第一章을輪讀하고家庭禮拜。安息日지키기를 그처럼嚴命한데도理由있는일인것을 깨닫다。

三月二十二日(月)晴。入學試驗第三日。오늘부터 口頭試問이라는것。午前午後를通하야 數百번 무른말을 다시물는일도 쉬운일이 아닌뿐더러 教師노릇하는者에게一大天罰이 나려서 이런苦役를 하게된것같기도하다。○四月號의出版許可願提出하기爲하야 道廳 總督府 印刷所로 분주히날뛰고歸山하니 入學請군이 귀찬케굴기는 昨夜나今夜나一般이다。○처음으로一夕談話를 듣고간病學生의來信如下

『先生님께압서 거룩하신하나님과 예수씨를 믿으심으로人情이많으시고 仔細하신줄로아옵니다 門生이先生님에말슴을 들자올대 旣往에아지못하엿던 信仰生活의偉大하온힘을 明瞭히說明해주시와 確實히信仰生活이 人生의게偉大하온힘을주는것을잘알었읍니다。그리옵고 先生님에앞을물러나올때에 先生님께서는 바뿌시온것도무릅쓰시고 혹어두운밤에 失足하야 구렁에빠질가염여하시와 洞口박安全한길까지바라다주시온先生님에그마음 예수께서弟子를더리시고 옳은길로引導하심과꼭같다고생각하옵니다。先生님의發行하시옵는 聖書朝鮮을 門生은힘자라는데까지는 宣傳하랴고하옵니다。 그리옵고先生님께서 보고돌려보내라고주시온 『創造와生活』을이제까지遲滯되온것은 父主께뵈올생각이있이와 그리하온것이온데 門生은 일이있아와十八日에야 歸巢하와 父主게뵈옵고서이제上付하오니 下諒하심을 伏望하옵니다。끝으로바라옵는것은 先生님氣體候一向萬康하옵심을바라옵니다。門生은其間에病勢가점次度가유하온듯하오니 伏幸何達이외다。

餘不備上書

三月二十日 門下生 ○○○上書』

貴한文字를父親에게 보여들이라고품고歸省하는者는 다른物品을盛大히携帶하는者보다도 可謂孝道。『創造의生活―金周恒家庭訪問記』의 新聞紙쪼각은 이처럼하야벌서京鄕間의 數十人에게 輪讀되였다。

三月二十三日 (火) 後風雨。午前八時半부터 口頭試問의第二日。말못하는 벙어리가 부려우리만치 試問者의役割이 괴로있다。말하는일이 가장元氣를傷하는일인듯하야 夕陽에는 精神이昏迷하미甚하다。今般試驗制度는 受驗生徒에게도 몇倍나重荷되였다고하지마는 敎師들의困疲한形狀은 目不忍見이다。○今日四月號의檢閱濟。校了하야印刷所에廻附。學年末과新入學試驗等으로 이번號도未備한바가많읍것이다。밤에는本格的으로降雨시작하야 장마처

림쏠아지니 山麓의靜肅한맛이 一層貴하다。

三月二十四日 (水) 細雨。지난밤 비에 增水하였음으로 새벽山上에 오르니 물소리 더욱可賞하다。○登校하야 口頭試問을畢하니 五日間의學課 身體 口頭等試驗은 끝났다。口頭試問은 一人에對하야十問식인데 其中三四問식은神社에關한問題였다。國體明徵時代의歷史敎授의 精神에合致할것과 敎育의淵源이存於玆라고해서。博物科로서는 「飮食을 잘씹어먹어야 한다고하니 무슨理由냐」는等의試問을提出하야 多部分은完全咀嚼宜傳의意를包含한것이었다。

三月二十五日 (木) 晴、寒。식전에 松苗五六本移植하고、登校하야 新入學試驗判定會議에參席。現代에는奇蹟이 없다는者는 모름지기 이런會議에參席하여볼것이다。昨今이一般으로 온갖奇蹟이百出한담에 一百名을決定하다。우리의 本國은天國이라고 했으니 이世上은 旅窓에不過한곳이지마는 每年入學試驗때마다 볼수록 우리는 學校의客員이오 世上의客員인것을痛切히 느낀다。○入學試驗五六日間의受苦를慰勞한다고 學校長의招宴。午後六時正刻에出席하였으나 滿一時三十分間에누리後에 食卓이나오다。趙白鳴라는十六歲된妓生의孔明歌는 들을만하였으나 待合하는 一時間半이라는時間은 끔직하였다。近日은宴會時節이라고해서 一流料理店은避하고 가장 조용한곳을擇했다는朝鮮館에도 우리까지 學校派가三組요其他에도大小來客이 많아서 뽀이는玄關에서서 「滿員入館謝絶」을連唱하는光景。

三月二十六日 (金) 晴。寒。오늘새벽 은場所를 옮겨서 君子洞松林下에서祈禱。고요한맛이 俗物도成佛할듯싶다。○善푸는凍結하고 自轉車카버 일즉 떼면진일이後悔난다 午前中에 四月號聖朝出來。午後入市하야市內書店에配達。途次에 某高官을訪하야信仰을 말하며 祈禱를 함께하다 ○不然間에 家運이衰亡하게된生徒一人이 所謂身上相談으로 來訪하였기로、不孝를敢行하는것이 後日에眞正한孝道되너니라고 答하여보내다。

三月二十七日 (土) 晴。氣溫稍和。今日부터完全히休暇。但 休暇는四日間。午前中은發送事務。午後 淸凉里에 退院後의佐藤敎授를尋訪。入學試驗에關한各自의失望을말하며 理想의學校建立에關한 꿈이야기等等。日沒頃에辭退。○東京來信에『御平安を賀し上げます。先日は御多忙中を たくさんに御寄稿下され感謝に堪えません。「無敎會」問題は 內外共に重大な問題でありますが、兄が獨特の立場より お寄せ下さる續稿を鶴首して お待ちして居ます云云」』

三月二十八日 (日) 雨。後晴。새벽에 山上祈禱。約束에依하야 午前八時十五分 京城驛發車로開城向。佐藤敎授와同行。列車에는 滿洲移民同胞로써超滿員。소문은 들은지 오랬고 新聞紙上의寫眞도 때때로 보았으나 移民列車의實情이 이런光景이오 이런感慨를 이르켜주는것인줄은 처음經驗이다。每日이렇게 移民列車를運轉해보내는것이 이른바善政! 車窓에보이는幸州德陽山의歷史、坡州釜谷里의養雞 鳳棲山의化石、栗谷洞의栗谷先生、高浪浦까지의臨津江船遊、長湍의大豆、德物山과松嶽山上의巫黨巣窟等을 說明할동안에 修理工事中의開城驛着。柳君을찾아 市의內外를一巡하면서 松嶽山麓에는靈魂의休息處로서의住宅地가 많은것等을賞하고 夕

七時頃에南行車에 오르다。今日은佐藤兄의見學과慰勞가主目的인故로 開城市內의誌友와親知들을 하나도尋訪하지못하다。

三月二十九日（月）晴。近來다시 폼푸가凍結하야每朝의 걱정。午前中은四月號發送事務。午后에暫時午睡。馬鈴薯人蔘及二十日大根播種。終日집에있는일이 무엇보다幸福感。○어떤中學生의來信에『此休暇中에는 朝鮮의逆賊의 한分子라는 생각으로 이를 악물고 午前四時부터午後十一時半까지 싸워서 案대로進行한것을感謝합니다。四福音書工夫도一讀을 마쳤읍니다』云云。怠慢한것이 곧逆賊이라는思想이다。但 先生은若何한고하니、드디어疲困으로上熱、부스럼까지鼻下와口邊에發生하야 降服하고 늦잠자다。

三月三十日（火）晴。午前中은植樹와雞舍修理。午後엔 오랜讀者의來訪이있어서 眞心으로 반갑게談話하기數刻。○첫支社의報告에『……先生님께옵서 門生과같은愚民을 光明하온곳으로指導하압시는聖書朝鮮을 門生은誠意것하와十二讀者를求하고 三冊이 남사와 이것은 眞實한無產者에게주었삽더니 無數히感謝하다고 말하오며、先生님같은어른이 이世上에게시냐고하며 좋아하옵니다。그리옵고 十二冊代金一圓八十錢中에서 小爲替及書留料金十五錢을除하옵고上付하옵니다。四月號는二十冊만 下送하여주심을伏望하옵니다』云云。이것이十週年에第一百號되는聖朝誌의最初의支社消息이다。一金一圓六十五錢也의小爲替를机上에 받어놓고 主筆의 눈은 甚히뜨거웠다。

三月三十一日（水）晴。『創造의生活』金周恒氏家庭이東萊로移舍한다는消息如下

『주신 藥書를 받잡고 來月初에 우리를찾아주시겠다는 말슴을 들으니 고맙기그지없음니다。그러나 우리가 今月末頃 시골을 가지 않을수 없게되야 모처럼 오신다는것을 맞아드리지 못하게되니罪悚하고 서우합니다。넘우 꾸지람마시옵고 우리를如前히 사랑해주시며 모든일에勸諭와鞭韃을 앗기지마사이다。

말슴하신 溫水탱크의 鑄型은 저의집에 잇사오니 이글보시는 卽時로 사람을 보내주시면 곳上물해드리겟나이다。이木型을 만드는데 九圓이드는것이오니 새것을 만드지마시고 우리것을 쓰시옵소서。엇접지 않은것이지만 우리탱크는 二十圓돈이 들엇습니다 當初에는 우리가해보아서 費用이 적게든다면 農村家庭에 紹介해보랴하엿든것이나 일이 뜻같이 안됨으로 더 맨들지안엇나이다 이탱크는 市內青葉町 青葉鐵工所（朝鮮人經營）에서 鑄造한것이 올시다。

三月二十八日 金 周 恒上』

因하야 氏의宅에就하야 탱크鑄型運搬件을協議하고、登校會議後에宿直。

四月一日（木）晴。午前九時始業式。例에依하야 擔任班에約二時間特別訓話。

오래간만에金亨道氏의來信如下

『오래도록通信을못하엿습니다 그동안열마나受苦하셧스며 努力하시면서 잇슴니까？ 딸아서 新春新學期를當하야 열세길로 모여들고 엽맞고 헤어저나아가는어린生命을爲하야 얼마나바쁘시며 집아이들도 健實히잘아시옵니까？ 小弟는病魔의毒手에 붓잡힌그대로 平壤서이곳으로移監되여 오랫동안 病監에收容되어 오직모든것을 주의사랑의손에맡기고 恩惠의날을기다리며 그날〱을 여러先生들과 동수들의同情밑에서지내다가 지난六

聖朝通信

月初旬에完治되지못한몸으로나마 工場에 出役되여 일하면서治療하며 지금은거이 完人이되여습니다。小弟 이번에주안에서 죽엄을通過하엿다는確信을얻엇습니다 나 사람으로는 서울은이번에 나를살리엇다 말하고십습니다 平壤서는못보든것을 여게와서는보게되엿습니다 兄의보내신聖朝誌도 여게와서는보게되엿습니다 平壤서는거이다죽엇든몸이 生氣가들기시작하엿습니다。이제나는 확실이죽엄을익이고살아낫습니다 지난가을불어는 다시書籍을좀보려고시작햇습니다 잇는동안공부나하렵니다 오직 당한형편을 善히利用하는것밖에 더좋은일이없는것같습니다 그리스도를따르는生活 이것이오직 人生의正路라할수밖에업습니다。

信兄! 聖書朝鮮은 如前히게속하십니까? 小弟는兄을니옷에두고 친히맛나지못하며 面談을못하는 不自由에잇으면서도 항상같이하시는 우리주그리스도의은혜와사랑안에서 敬慕하고잇읍니다。남아지에 日前敎務課長을面會하고 特別發信許可를얻어 지금兄의게들이게된것이올시다。兄님! 理由는聖書朝鮮一九三五、一九三六兩年合本된것이餘部잇사오면 좀뎔어주시기를 바랍니다 매우그립습이다。그리고 웰쓰文化史나 페스탈로치敎育學、新約聖書略註等 몃책만 좀넣어주소서 믿습니다。小弟 아직 九個月이좀더남엇습니다。來十二月二十七日이滿期입니다。來番冬期會合에는 주안에서 한가지聽講에 參할가합니다 지금서불어豫期하고 祈禱하면서잇습니다 水色里農場과梧柳學院이며 五山咸兄의經營하는 모든主의일들이 주의사랑안에서 別지장엽시 나아가는지요 오직小弟는이안에서 兄의 일에주의손이 같이하시옵기만祈禱할뿐이로소이다。

信兄! 보고듣고 실지로 당하는모든일이 오직 제의게는 恩惠요감사외다。하로〱주의사랑안에서 不平없시 平和로히지나기가願이외다。

工場에나온지半年도못되여 무리들과상대하는 責任있는일을말게되여 더욱 어렵읍니다 그러하오나 病餘의 연약한몸이 번망한사무에 꾀로운때도잇습니다 제家族들은산지사방으로…… 家妻는아이들을兄님宅에두고 職業線에나섯다고…… 무어라말로다할수없는형편이겟지요。오직모든것이 주의뜻대로만일우어지기를祈願합니다。주의聖神은 眞理시니 우리를正直한땅으로인도하시겟지요 밋습니다。여러聖徒들 우에항상같이하시는 주의사랑과은혜가 더하고 더하시옵소서。

祈禱하면서敎壇에서서 어린生命들을갓꾸아키우는 兄의우에 더욱은혜와사랑풍성하시옵기를祈禱하면서 不備禮』

合本을 만들어 差入하고저해도 발서品切된號가 생겨서 걱정。○이제는補缺入學의請軍따문에頭痛。養正에는 발서定員을超過하였고 市內他校에問議하여도 虛事였다。애쓰는學父兄들과함께 煩勞를分擔하는것밖에別途없다。○東京에서는帝國議會解散이라고 야단들이나 우리에게는郵稅引上된일이 더큰일이다。

四月二日 (金) 晴。登校 네시간授業。今日도 亦是補缺入學의請托으로心惱不已。이것도社會生活의連帶責務인가하고 스스로苦痛을甘受하다。○仁川支社로부터 聖朝四月號十五冊賣上代入金。이亦是自進하야敢當하는支社이다。참아垂手傍觀할수없어서 이곳저곳에義勇兵을이르키심인가。

四月三日 (土) 晴。休日當直으로登校。

聖朝通信

洞口에自動車市場을成하였음에 놀라 무르니 紀念植樹하기爲하야官民數千人士가 貞陵里에 모인까닭이라고。山野를城처럼 둘러쌓은警官만해도 數千本植樹가 어렵지않을듯하였다。○今夜 國一館에移宴。日間 本社를來訪하였든 誌友某氏의感想에

『日前、宿望으로있든 聖朝社訪問의機會를 얻게된 저의마음은 一便으로는 한없이 기뻐면서도 先生님의時間一分은 平凡한 저의生活 몇날보다도 貴重한줄알고 있아옴으로 一便으로는 不安한마음도없지안사와 될수있는대로속히 다녀오려고하였삽드니 意外에도 넘어여러가지로 罪悚한일이많었옵니다。죄송한中에도中心에는 말할수없는후회와감격에넘치서돌아왓사오며聖朝社를 방문하기전보다 방문後思慕하는마음은倍나 더간절하옵니다。

仁慈하신 어머님과 平和에넘치는 가족들에 團欒한生活은 옛날 나사렛村에 한家庭이 자연 聯想되엿사오며 땅우에서일우어지는 하나님나라를 體驗하는幸福된가정은 성경말슴대로 其家產이 넉넉한데잇지안코. 오직 여호와를 敬畏하며 그뜻대로 全가족이 合心되여生活하는 가정인것을 더욱 절실이늣겼옵니다。또한聖朝社前後左右에 아름다운自然은 主님께서 特別이 先生님을위해 예비하여 놓으신 貴한地帶인줄로 生覺되였옵니다。모세의게 시내山이있엇고 엘니야 의게 가멜山이있엇고 洗禮요한의게 허브론曠野가 있엇든것같이 北漢山 높은峯 잘은골작이 맑게흐르는시내물。사시에푸른 소나무、깨끗한 바위돌。모든것이 다 先生님께서 主님과交通하시는 樂園으로주신 主의선물인줄아옵고 하나님께서 당신의 사람을내실때에 特別한자리를 주시는줄믿사옵고感謝하며讚頌하였옵니다。

特別이感激하옵기는하나님의뜻을일우시기위하여精神、時間、物質、生命全部를들여奉事하시는先生님을眞心으로協助하시는 어머님의偉大한 信仰과人格을 尊敬하지 않을수없아오며 非凡한人物의뒤에는 非凡한어머니가게심을 感銘하였옵니다。

聖朝社에 主님의 神靈한 祝福이 더욱 豐盛하옵기를 축원하오며 聖朝誌를 通하야 하나님의말슴이方方谷谷에 더욱 널리 들리워지기를 긔도하옵니다。

四月一日 ○ ○ ○ 上書』

어머님의偉大한信仰이란 別것이 아니다。「어머님께 들일것을 聖朝誌에 바쳣습니다、고르반되였읍니다」하는 不孝子를 容納하는信仰。

四月四日 (日) 雨。霜霰。庭內植木、大部分은 조풀라揷木。○神社問題에關한 便紙二枚一時에飛來。또 하나는單卷註釋册을全滅할것이라는 檄文을誌上에發表하라는것인데 大體로問題의單卷註釋册이란 것이 어떤것인지 우리는 본일도없다。

四月五日 (月) 晴。昨日降雨에北漢山 冠岳山에는 積雪이남엇다。○京畿道龍仁支社에서 讀者會를開催할터이니「多忙하시옵더라도 講演하러」오라는 부탁。

四月六日 火 晴。登校途中에 自轉車 핸들이 부러저서修繕하다。○今春에專門學校入學試驗에失敗하고歸鄕中인學生들의 通信二枚가 同時에飛來하야 두젊은兄弟에게深甚同情。信仰있는者에게는 失望이 없을것이다。

四月七日 (水) 晴。食前에 地方손님 來訪。登校하는洋服을 가라입는것을보고 「學校에가서 다른옷을 입느냐」고。대답 「아니 이대로學校에서敎授하며 總督府나

道廳같은官廳出入도하며 一流百貨店과料理店에도來往합니다」고。나의 衣장에서는 第一좋은옷으로 입은것이였스나 손님눈에는 매우貧弱하게보여서 민망햇던모양。그런데 또今日放課後에 某氏의招宴에應하야 이洋服이모양대로 朝鮮호텔玄關에 十五圓짜리 古物自轉車로써橫着、「나를蔑視할者누구냐?」는決心으로濶步하여보앗스나 그러나內心에多少의不安이 全無함도아니엿다。顔回의徒에叅列하기는 아직도遙遠하다고스스로降服。○金錢사모하는 친구의第一信에『今春敎員辭職決定後에米豆도하고株式도하엿는데 다ㅣ不振大敗오。돈모우는秘訣을 알기爲하야 ×××先生을訪問할가하는데 過히不便하시지않으면 紹介狀과 그의住所를 보내주시면 고맙겟소。……』云云。

四月八日 (木) 晴 새벽山上에서 마음껏呼哭하다。아직 울음을 잊지않은일이 나의자랑거리오感謝요、소리치 울고 싶은대로 울만한場所를 北漢山麓에 가진것이 또한感謝。○生後 百日지난지 열마못되는第五女가 호녁에 걸려서 昨今兩日이 가장太甚하니 일변 두려운생각、일변 딸자식 섭섭히알엇던 버릇을懺悔。○登校 第一學年入學式。宋斗用兄來談、生涯의一轉期를企圖하는마음 장하엿다。

四月九日 (金) 晴。學校에서腸窒府斯豫防注射。○호녁 앓는아기漸快하야 집안에少安이臨하다。洞內에는 한집에서三兒를 잃기까지甚한流行때에 順調로人生의 첫試驗을通過하게하여주시니 오직두려웁고 오직感激뿐。

四月十日 (土) 晴。연고있어서 친구들을招宴하게되엿는데、朝鮮호텔에晩餐을設하고저提議하엿더니、多數可決로써 城北洞飮碧亭으로定하라는指令을받어 來客의所願대로讓步하지 아니치못하다。

호텔西洋料理를 忌避하는理由가神妙하다。曰「窮屈でやりきれない」라고。단정하여야하며節次있는일은싫다는것。妓生없는酒肴는 먹으나마나하다는것。飮食一件事로만보아도 朝鮮料理는(宴會風習全體) 餘地없이 썩고亡하엿다。無秩序 無禮儀。雜踏 高喊 狂態! 아 피로운役割。

四月十一日 (日) 後曇。疲勞로咽喉를傷하다。今日부터 午前十時에集會。羅馬人書의序論을講하다。但 不得已한事情으로午前에叅席치못할사람數人이있어서午後二時부터別組를設하다。卒業其他理由로數人이빠지고 새로五六人加入하다。二回의講義를畢하고나니半病者되여一時橫臥休息。

四月十二日 (月) 晴。後雨。今日午後五時부터朝鮮博物研究會總會에叅席。數年來의積功이成果하야朝鮮植物鄕名集 이라는 冊子가發刊된것은甚히 기쁜일이엿다。○途次에明月舘某氏招宴에暫時叅席。

四月十三日 (火) 雨。疲勞우에惡感에걸려서漢藥三帖을지어가지고 일즉歸宅就床。北漢山의 上半이雲霧中에잠긴것이더욱雄壯하고神秘하다。밤중에 風雨가甚하다

四月十四日 (水) 雨。夜來의風雨에 시내물이七八月장마때보다도 더增水。暴風雨中에登校하는 아이들을勸奬키爲하야 간신히登校하여보아스나 咽喉를傷햇고身熱이不下하야 두시간만授業後에早退臥床하다。洞內의 물소리 萬瀑洞에나 누운것갈이雄壯하다。

四月十五日 (木) 晴。身熱은 거의平常대로 나렷으나疲勞는恢復못되다。暫時登校하엿다가歸來臥床。그러나原稿걱정으로 누어도不安하매 起床對案。 때에柳永

模先生이原稿뭉텅이를 가지고來訪。故金貞植先生의貴重한記錄이發見된것이다、先生은最小限度의時間으로 原稿에關한說明만해주시고退去하시니 全혀 나의時間을아껴주심이다」 우리는天體가各自의軌道로運行하듯이 서로 멀리서 바라보는수밖에없는 살림이다。밤十二時까지執筆。

四月十六日 (金) 曇。身熱의거이네렸으므로 登校四時間授業、밤十一時까지原稿쓰기。

四月十七日 (土) 晴。東京에서某神學校를卒業하고 某神學校舍監으로就任하는姉妹來訪하야 東京敎界의消息과淺野先生의近況等을 많이듣다。○洋灰한마차購入。金周恒氏식으로書齋한간 지으랴는心算。

四月十八日 (日) 晴。昨今兩日이 진달래꽃의最盛期인듯。祈禱텀附近은玉座같다。새벽동산에서 힘것소리처울다。○午前十時부터 英文과羅馬人書分解及第一章初頭의講義。閉會後에會員一同과午餐共卓하다。 余의生日을 빙자하야。岡村翁 宋斗用兄의 家族等도 午後에來叅。○今日오르간一臺購入。日曜集會에讚頌을 크게하고저하미다。

四月十九日 (月) 晴、溫、感氣少快하였으나 昨日午後二回의集會와終日連續不絕하는接客으로써完全히疲勞하다、○東京보낼原稿日字가消盡하여서今日은새벽부터午前中결려서完了하야 航空郵便으로發送、다시는 남의原稿의責任을擔當치않을것으로알다、○午後에야登校하니 職務에忠誠치못한苛責으로 責하는이없어도 화근々々。이일을 오래참을수는 없다 ○歸途에聖文堂書店에雜誌와書籍을配達하고 印刷所에 原稿를傳하다、聖文堂主人朴氏는오래前부터間接讀者였고 集會에도數次叅席하던이라고。意外의時所에 知己를準備하여주시는이에게感激不已。

四月二十日 (火) 晴、登校、宿直。地歷敎師를請하는데있어서 某氏와會談하였더니 株式과米豆하는일이 휘신有望하다고不應。因하야株式과米豆의 取引法을細密히說明들어보아스나 나에게는麻雀과같이 알수없는 작난이었다、數年前까지는敎師되는일에名譽感까지가지고 서로競爭志願하였으나 近日은現職敎師들도機會만있으면辭職하고 米豆取引業같은것을始作한다는消息도 今日처음들었다、○今春처음赴任한訓導의來信一節에『……아양을부릴곳도없고慰安받을곳도없는 헐벗고 줄인그들이 이러한 저안테로왔으니 더욱可憐하여 죽을地境입니다、이제부터는누구의指導를받고 누구의채찍을 맞을수있겠읍니까、받으려하여도 주는이없고 맞으려하여도 때리는이가 없읍니다 그러니先生님께서 以後부터 더많은指導、채찍을 내려주십시오、願하오니手苦를 아끼지마서주시기를바랍니다……』云云。

四月二十一日 (水) 雨。사꾸라꽃피기시작하야 昌慶苑夜櫻觀覽者幾萬名식이라고報道하려는때에風雨。어서落花하기를心願하믄 交通事故와學生風紀問題의減少를願하는까닭뿐이다。○하로밤을市內에서보내고 歸洞하니 洞口에서부터 生命의處所인感이切實하다、靈的으로만 아니라肉體의生命까지도 이洞內에豐足하게 흐르는 맑은물、靑松綠草의眼界、雲霧에現沒하는三角山과北漢 道峯水落의連山、그우에 꿩의 소리 뻐꾹의 노래에躍動하지 않고서 못견된다。疲勞심햇던心身에무슨注射나 맞은것처럼 元氣蘇成함을느끼면서 시내에서雜石추기로 夕陽時間을보내고 저녁에는 새로購入한 오르간으로 全식구讚頌禮拜、

第一百號 滿十週年 記念特賣

本誌는今五月로써 第一百號에、來六月로써 創刊滿十週年에 達한다。因하야 五月一月부터七月三十一日까지 本社로直接注文에限하야 本社의出版物을 左記대로特賣함。但 期限지난後에는定價대로復舊함。

(1) 金教臣著 **山上垂訓研究** 全
四六版・二四五頁 特價五十錢・送料六錢

(2) 咸錫憲著 聖朝文庫 第一輯 **푸로테스탄트의 精神**
菊版半・三十二頁 特價金五錢・送料三錢

(3) 咸錫憲著 聖朝文庫 第二輯 **無教會**
菊版半・三十二頁 特價金五錢・送料三錢

(4) **聖書的立場에서본 朝鮮歷史號** 特價一圓(郵料共)
本誌의 舊號모은것인데 合計十九册中에現存殘品十五册。但其中에는二三册밖에없는號도있으나 殘品十册될때까지는 便宜上右記特價대로取扱함。

(5) **本誌舊號** 自創刊號至九五號 殘品 特價一册六錢(郵料共)
但오란것은褪色한것一部破損된號도있다。

京城聖書研究會

講師 金教臣
場所 聖書朝鮮社(京城市外貞陵里)
日時 每日曜午前十時半부터約一時間
會費 一個月二十錢聽講料每一回拾錢

지난四月부터로마書研究를 시작하였다 大概이번學期中으로 十五回로써 畢講할豫定이다。五月第一日曜日은 第三章의工夫。右의午前集會外에 特別班으로午後二時부터一人相對의講義를當分間繼續하기로하였다。午前時間에相替되는이의來參을歡迎。但午前午後어느편이던지 遲刻은謝絕。

崔胤善著 朝鮮語綴字器 定價十五錢 送料三錢

한글 알기쉽고 배우기 좋은기계。

此朝鮮語綴字器는 在來에朝鮮文教習에際하야 一々히大多數인既成文字로써基本하는煩雜과 바침에眩惑을全然히避하고 單純히少數되는子母音을基本하야 此等文字의 多種多樣으로되는組織的綴字法 完全한讀法及書法의 先後等의 理致를眼前에示하고 簡明히求할수있고 教習에容易하므로 事少功多이며 또한倦怠를不感하고 興味를助長함。

京城府惠化町三九 立文社 (振替京城一九一三番)

本誌定價

一 册 拾 五 錢
六 册(送料共) 前金九 十 錢
十二册(一年分) 前金壹圓七拾錢

要前金。直接注文은 **振替貯金口座京城一六五九四番** (聖書朝鮮社)로。

取次販賣所

京城府鍾路二丁目八二 博文書館
京城府鍾路二丁目九一 耶穌教書館
東京市神田區神保町一ノ一 三省堂書店
文化書店(元山府) 茂英堂(大邱府)
新聲閣(咸興府) 信一書館(平壤府)
向山堂(東京市) 大東書林(新義州)

昭和十二年四月三十日 印刷
昭和十二年五月 一 日 發行
京城府外崇仁面貞陵里三七八
編輯兼發行者 金教臣
京城府公平洞五五
印刷者 金顯道
京城府公平洞五五
印刷所 大東印刷所
京城府外崇仁面貞陵里三七八
發行所 聖書朝鮮社
振替口座京城一六五九四番

【聖書朝鮮】 第一百號
昭和五年一月二十八日 第三種郵便物認可
昭和十二年五月一日發行 每月一回一日發行
【本誌定價十五錢】(送料五厘)

昭和五年一月二十八日第三種郵便物認可
昭和拾貳年六月一日發行(每月一回一日發行)

金敎臣主筆

聖書朝鮮

第壹百壹號

昭和十二年(一九三七)六月一日發行

目次

우리의 無敎會

無敎會主義者의先覺者로世上이認定할뿐더러 필경自身으로도 매우確信을 가진이가「無敎會主義란 敎會와의對立抗爭에만其存在理由가있는것이라」고斷言하였을때에、우리는 「決코그렇지않다 無敎會主義란 그런淺薄한것이아니오 그런消極的의것이아니라」고宣明하는同時에 論者의 그無知함을冷笑하야 마지못하였다。

이러한光景을傍觀하는非「無敎會者」——敎會信徒와其他——들도果然無敎會主義의本體어느것인지疑訝함을不禁하였을터이지마는、또한自稱無敎會主義者또는無敎會賛同者中에도 우리의主唱하는 참無敎會論에 놀란이가없지않었을것이다。이러한 誠心으로眞理를探求하려는이들을爲하야、또한 우리의所論의責任을 다하기爲하야 左에純粹한無敎會信者인山本泰次郎氏의意見을譯載하기로한다。

나의無敎會主義란것은極히廣義로、또精神的으로解한다。舊新約聖書를貫徹한精神、그리스도 바울 루터의精神、基督敎의精神、果然宇宙에磅礴한正氣라고解한다。나에게는 無敎會主義란것은眞正한基督敎를意味하는것이오、無敎會主義者란것은 眞正한 그리스챤을意味하는것이다。敎會의有無、洗禮의有無等은何等關係없다。無敎會主義곧福音、無敎會主義者곧信者이다。나의無敎會主義란 이런것이오、이無敎會主義야말로、내가內村先生께서 배운바最善 最美 最高의것이오 이意味에서「無敎會主義」곧「鑑三。內村」이라고確信한다。아니 이것이야말로 그리스도自身의精神이라고確信한다。나의無敎會主義는決코 이以下의것은아니다。

그런廣義의、茫漠한無敎會主義는無敎會主義가아니라고말하는이가있을것이다。그러나無敎會主義란決斷코 敎會를打破하며、敎會와對立抗爭하는일같은것을使命으로하는것은아니다。하물며 救援은敎會의外에있다고主張하는것같은消極低劣한것이아니다。救援은 그리스도에게 있다는것을明白히하는것이無敎會主義의使命이다。이福音을 明白히하는結果、自然히割禮와洗禮와敎會와聖職이無用하게되는것이지、그打倒와解消를目的하는것은아니다。그는本末顚倒요、最大의曲解다。이는基督敎無敎會主義는換言하면 그리스도의精神이오、世人의 생각하는以上훨신積極的이오、高貴한深遠한精神이다。이는基督敎라고 부르는以外에適當한稱呼가없다。(『聖書講義』誌五月號에서)

이것이本産地의無敎會主義이오 또한 우리의無敎會主義이다。「無敎會主義란것은 敎會와의對立抗爭에만 그存在理由가있는것이라」는말은 人類의發한言辭中에 가장無知한告白이오、가장當突한宣言이오、가장無責任한固執이다。

二人의證言——無教會論의反響

猶太人들은二人의證言이라야確實한것으로認定하엿다。우리無敎會論에對하야 只今二人의證言을 보앗다。

本來 우리를指目하야 朝鮮에서의無敎會主義者의頭領인것처럼論評함을 받엇을때에 우리는 매우놀라는同時에 그所任을敢當치못할것을 두려워하야辭退하고저願하엿다。그러나近日에至하야無敎會主義者로行世하기十數年에 淺薄하기比할데없는主觀的無敎會論을 無責任하게世上에 던지고 快然하게앉엇는者있음을볼때에、우리는憤然히明言하지않을수없엇다。

無敎會란 그런것이아니오 如此々々한것이니라。

고。다른것은 모르거니와 無敎會主義에關하야는 朝鮮안에서 우리말을無視해낼者없느니라 는 自負心이 그속에含蓄되엿음은勿論이다 이는非單 朝鮮안에서 無敎會主義圈外의人——敎會人——들보다 우리無敎會者가 無敎會主義의精神을 더잘안다는것뿐이아니다。또「無敎會主義」에서「敎會主義者」로轉向한者보다 우리가 더有力하다는것만도 아니다。實로 모든內村先生弟子들中에 어떤見解를가진者있거나말거나 나는 나대로無敎會主義的基督敎眞理의 中樞를把握한바있다는信念으로서의發言이다。無敎會主義的精神으로理解한 基督敎眞理는 나에게一片知識이나思想으로所有된것이아니오、나의信仰生活의全生命根源으로把持된것이다。故로內村先生이回生하야 親히改訂한다면 모르거니와 餘他의人間으로는無敎會主義란本來如斯한것이라고 우리에게說敎할者가없다고自信한다。

이렇게自負心이强烈하고본즉 責任上 우리는 한번本產地의無敎會主義者들에게向하야 우리의信念을明白히하고 如何間그批判을 들어볼義務를感하게되엿다。그러나 아브라함의子孫이 모다 아브라함의子孫이 아닌것처럼、本產地의無敎會主義者가 모다眞正한無敎會主義者는 아닌것을잘아는 우리는 輕率히意見發表하기를躊躇々々안할수없엇다。 때 마침 聖書講義誌의主筆山本泰次郞氏의懇曲한請托에 이끌려서 우리의無敎會論을 該誌第十五號(五月號)에 실니게된것이다。거기對한證言은如下하다。

(一) ……然し遂に沈默を破らねばならなくなつて了つた。「聖書朝鮮」の主筆なる友人金君に乞ふて得た論稿が 測らずもこの問題にふれて了つた。然も痛烈にふれて了つた。否 金君の犀利な筆によつて一刀兩斷されて了つた。然も私は金君の所論に全面的に贊成同意するものである。故にこれを本誌に揭げては、私も亦責任上自分自身の見解を明らかにし、立場を明らかにせねばならなくなつて了つた。……私は却つて金君によつて、私の提案が我々の死活の問題とされた事を感謝し、同時に　それが機緣となつて同君のこの警告的論文を得た事を衷心より感謝する

×　　×　　×

此度朝鮮の主にある兄弟から與へられた頂門の一針は熱し切つた我等に冷水三斗の感あらしむると共に、我等の無敎會論と非戰論とをその本然の正しき姿に引き戾す爲のよき警告である。特に我等の態度に對する最上の警告である。……

兄の論文に對しては目下のところ未だ左したる反對なく購讀中止の申込もありません。或は默殺されるかも知れません。無敎會には旣に怖るべきPe rifyの現象が起つてゐます　兄の文のbetween linesに兄の溫い同情的な警告を讀み取り得る人はないでせう。然し一度は誰かゞ云はねばならぬ事であります。小生はそれを兄に云つて頂き小生の誌上に掲げ得た事を名譽とします。然し多分これによつて無敎會中に何かの現象が起るでせう。獨善的な無敎會の事ですから急には現はれないでせうが必ず根本的な何事かゞ起ると思ひます。最もよき立場に居らる兄に　今後とも御注視を願ひます。………

以上　山本泰次郞氏「聖書講義」誌及私信

(二)（前略）　大兄御執筆に係る「無敎會信徒に對する希望」はまことにまことに近來の戰慄文字、兩刃の劒を以つて思ひあがれる無敎會主義者の弱い者いぢめの臟腑を摘抉されたもの、讀み來つて寒氣のするのを覺えました。願はくは　この愛情の鞭が、老衰した祖父母を　あざけり罵つて快とする子女の如き無敎會氣狂を正氣に歸らせ、彼等をして更に大なる仕事に目ざめしめる一助となりますやうに。

御健勝を祈ります。

五月二十日　　淸凉里　　佐藤得二。

아직數個月지난後가아니면　全反響을收吸할수없다。그러나　一人의贊同者도期待하지않고　도리어內外의所謂無敎會主義者들의正面反擊을豫期하면서發射한　우리의無敎會精神　即眞正한基督敎主張에對하야　于先이두畏友의贊同을얻은것은　實로百萬援兵의感이없지않다。나一個人의意見이贊同받는것을　기뻐하는것이아니다。우리가榮辱을不顧하며生命을賭하면서主唱하는無敎會精神　即全的基督敎主張은　어떤評者의말과같이「無責任」한放說이아니오　나一個人의狂熱的「主觀」이아니라는것이證明되여　하나님앞에安心을얻는일을　기뻐함이다。萬一이두證人의證人으로서의資格을論하는이가있을진대　ユ無敎會信徒로서의資格、敎養과社會的責任있는地位로서의資格으로서던지　遺憾없음을　우리는擧示할수있다.

聖書的立場에서본世界歷史 (14)

咸錫憲

新石器時代 (續前)

農耕의始作 어느때 어대서 어떠케되여 始作이되였는지 알수는없으나 新石器時代에와서 사람들은 牧畜을배운後에 또農業을알게되였다。考古學에서는 그起源을 說明하는것이 한큰興味있는問題로 되여있는듯하나 아직까지는 種々의假說을 세우는대不過하다。 하나이 그것은 植物의長生이 언제나可能하고容易한 熱帶地方에서 始作되였을 것이라하면 하나는 그보다도 自然生長만으로는 人類生活의要求를 滿足식일수없는 乾冷한地方에서 되지않엿으면않될것이라하고、 또하나이 사람이植物의栽培를始作한것은 當初붙어 먹을目的으로한것이라하면 다른하나는 그런것아니라 처음은家畜을飼養하자는것이 그目的이였을것이라고한다。 農業이란 그렇듯 알수없이 오랜時代붙어있은것인故로 녯날붙어 그起源은 다들神秘에돌렸다。우리가잘아는것은 神農氏니야기오 印度에서도 그를부라마神에돌리고 埃及人은 이시스神의 希臘人은 디메터神의일이라고하였다。 그러나事物을 理性的으로究明하는 學問에있어서는 이것으로滿足할수는없는故로 여러가지의假說을세워 說明하야본다。 그러나假說을세워도 알수없기는 一般이다。 그럴수밖에없다。本來붙어 農業을 始作한것은 理致를생각하야한것이아니기때문이다。 지금理性的으로생각하는 우리의論理로하면 農業을하자면 爲先 植物成長의 理致와 四時循環의事實을 알지안으면안될것이다。 그러나 舊石器時代의人類에 그만한智能의發達이 있었을수없다。 씨와나무와를 連絡하야 그것을심어 이것이나는줄을아는것、一年이라는것을 記憶하야 어느때가되면 심으야된다는것、심은다음 收穫을豫想하는것、 이러한것은 우리가생각하면 簡單한듯하나 原始의사람에게는 매우어려운일이다。 曆法이發明된것은 겨우四五千年來의일이다。 理致를몰으고는 않될것같으나 理致가모든것의主人은아니다。 개고리가冬眠을하고 버리가봄이면 꿀을치는것은 一年循環의 理致를 알어서하는것은아니다。 人類中에도 男女性의理致를몰으면서도 二十世紀에 現存하는 種族이있다고한다。

또難點의하나는 當時의人類生活로보아 農業을行하는것은不利하였다는것이다。 우리머리로 얼는생각하면 狩獵의 捕獲物이나 草根木實을따라 山野로헤매는것보다는 確實한收穫을 豫想할수있는 耕作을 하는것이 有利한듯하나 本來狩獵生活을하는 그들에게는 生活의必要를 滿足식일 自然物은 豐富히있는것이오 힘들이耕作을할 必要를느끼지않었을것이다。 또設或狩獵物의 缺乏을 느꼈다하더라도

다른地方으로 捕獲物을따라 移住하는것이 自然이오 물러가栽培할생각을할수가없었을것이다。

그러면 理致로도 알수없고 利害關係로도 될수없는일을 어떻게하게되였을가。問題는依然히 神秘로길는다。모든事物의 眞正한起源이 다그러한것같이 農業의 起源도 神秘、神의秘義속에있다。여러神話傳說과 研究假說이 繁雜한說明을 다투는때에 創世紀는 簡單히가르친다

「내가命하야 먹지말라한 나무의實果를 먹였으니 따이너를因하야 저주를받고 네가終身토록 受苦하여야 먹을것을 얻으리라。따이반드시 너를因하야 가시덤불과 엉겅퀴를내며 너는밭에나물을 먹으리라。땀이 낯에흘러야 네가흙으로 도라갈때까지 먹을것이오 너는흙에서낫스니 곧흙이라 반드시흙으로 도라가리라하시더라」(創世紀三章十七ー十九)

하나님이그렇게 人類에게 運命을지운것이다。理由는다른것아니오 人類를敎育하기爲하야서다。人類는 自然의惡用에依하야 宇宙의歷史에 變調를니르켰다。그를바루잡기爲하야는 人間저自身을 바루잡는 敎育이必要하고 그를爲하야는 惡用한自然의 眞意를體得하는것이 必要하였다。가시덤불과 엉겅퀴를내는 땅에다가 人類의運命을 붓들어매는 農業은 人間에게 自然의 正當한理解와 善用을 가르치기爲한 敎育이다。農業의 敎育的意味를 내여놓고 그起源을 說明할수없다。

四

農耕으로因하야 人類에게 第첫재로 새로생긴일은 勞働이라는것이다。單純히 筋肉을놀려 活動하는것이라고하면 舊石器時代에도 勞働이없었다 할수없다。石器를만드는것도 勞働이오 산양을하는것도 勞働이다。그러나짐생을따라 山野로달릴때는 아무리激烈한活動을하여도 저는 勞苦라는것을 느끼지않었을것이다。느낄餘裕가없다。또끼는者와 쫓는者가 다같이 한가지本能의軌道우에서 닫는것이였다。따라서 勞働이란없다。그러나農耕에니르러는그렇지않다。鈍한石鋤를들어 굳은땅을뒤질때 그리고그힘들믈못견대여 잇다금 무거운몸을 언덕에나려노을때 저는 비로소 自己니마에 땀이라는것이 흘음을깨달앗고 自己허리에 아품을느꼈다。勞働이저의억개를 더퍼눌은것이다

그러면사랑의神이 勞働으로써 人類의억개에 지운것은 무슨때문인가。眞實히생각하는者되게하기爲하야서다。天然의樂園에서 자라나 愉快밖에몰랐던그도 前에그럴줄몰랐던 自己입에서 한숨이나오고 그소리를 제귀로 分明히 들을때 가슴속에한가지 생각이니러나는것을 느끼지않을수없었다。自己스스로 自己와 自己의 運命을 생각하는 생각 이것처럼 奇妙하고 이것처럼 힘있는것은없다。「사람은 생각하는갈대」라고한 파스칼의말이 萬一眞理이면 사람은 勞働에依하야 비로소 참사람이 되였다。우리는

田家路邊에 허연白髮이 오히려무거운짐을지고 비틀거리는것과 街頭工場에 어린少年이 발서모진機械의종이되여 哀呼하는光景을 볼때마다 이人生의運命에 愀然히悲하고 喟然히嘆하기를 禁하지못하지만 또이것없이는 人生은없다 一萬年間의勞働、이것없이 自覺된人間은 있을수없었다。人類의歷史는 生活本能이라던가 生活活動이라던가하는 一片術語만으로는 說明되는것이아니다。自然의선물을먹고 長々夏日을 노래로보내는 풀버레나 썩은것을차자營々하는 蒼蠅에는 歷史는없다。그렇나勞働에우는 人類에는있다。

勞働、더구나 農業勞働은 人生으로하여금 생각하게할뿐아니라 또그것을淨化한다、本能의人間 罪惡의人間을씻어서淨하게하는 가장큰힘은 農業에있다。實地로해보아서大地에親함에依하야 맘이淨化를 많이느끼는것은 틀림없는일이다。혼자默々히 땅을파는동안에 許多한雜念은 사라지고 許多한光耀가 안에서쏘처나옴을 깨닷는다。樂園을 더렵히고나온아담은 樂園밖에서 밭을갈아보아서 맘의淨潔을 回復할수있다。봄이면싹트고 가을이면結實하며일하면結果를주고 게으르면주지않는 自然을相對로 일하야보아서 그는 眞實이어떤것임을 알수있다。前에맘대로따먹고 맘대로뛰놀때에 그아름다운香氣와맛을 알지못하였고、그맑은물소리와 그서늘한 微風의 좋음을몰랏스되 이제땀을흘리고 먹고보면 이제와서는 알수가있다。사람에게 良心의自覺을 니르키는것도農耕이오 自然의美를알려주는것도 農耕이다。神이 勞働으로써 人類의억개우에지우고 땅의所產에 그運命을 빗뜰어맨것은 單히 懲罰을하기爲하야서한것이아니오 教育을 하기爲하야한것이오救援을完成하자는 經綸이들어있다。人類가萬一 農耕을도모지몰으고 狩獵이나 牧畜으로만 살아서 오늘까지왓다假定하면 人類의文化란 어떤것이되였겟으며 人類저自身은 어떤容貌와 어떤心情을 가진者가 되였을가。어렵게想像을할必要가없다。現存한 實例에依하야 比較해보면그만이다。遊牧의蒙古人과 農耕의 支那人과는 어떠한가。아직 狩獵生活을하는 阿弗利加土人과 歐羅巴人과는 어떠하며 南洋人과 印度人은 어떠한가。大體로 狩獵遊牧의 人種이 그性質이 粗暴하고 그文化가 野昧하며、農業生活의人種이 그性質이 溫順하고 그文化가 高等한것은 다툴수없는 事實이다 地球上에서 農村農民에依한一萬年間의 淨化와 代謝更新의 作用이없였다면 人類는발서絕種되였을넌지몰은다。農業國의人民이 思想이比較的健全하고 都市文明時代에 들어와서 世界人心이 急速度로惡化하는것은 方今目前에 보고있는일이다。

農業의意味는 거긔끈치지않는다。農業은또 宗教心의發達을돕는다。牧畜이萬一 動物界에 通하는일이라면 農業

은 植物界에 通하는일이다。植物界뿐아니라 넓게말하면 自然에通하는일이다。밭을갈고 씨를뿌리며 그所產을 먹는者는 自然과 산關聯을 맺는者다 交通하고 理解하는者다。農事를한後에 大地는그저大地가아니라 내게敵對하는大地며 내게선물을주는大地요、하늘은그저하늘이아니라 내게福을주는하늘이오 내게禍를나리는하늘이다。種子를쪼아서먹는새、싹을害하는버러지 꼴짝이의시내 그늘밑에微風、어느것하나가 無關心한것이없다。한말로하면 저에게對하야 自然이살아온것이다。農業을하는者에게 天地와萬物은 죽은것이아니라 산것이오、산法則이 다스리고있는것이오 산主人의 옷이오 입집이오 말슴이다。農業은그런故로 信仰이다 信없이 農業은不可能하다。씨를뿌리는者는。大地를信用하는者요 蒼天을信用하는者요 天地의산主人을 信賴하는者다。하물며거긔 雨露風霜에依한 成長結實이 天地神秘의 妙理가存在함을 알게하며、栽培耘耕이因이되여 芳草佳木의 아름다움을 알게되며、節候豫測을目的한 天體觀察이 壯嚴無比의 宇宙美를 알게하야써 造物主에對한 崇慕畏敬의念을 助長한것을 兼하야생각한다면 人類가農耕에依하야 生活하게된것은 決코偶然이아님을 알것이다。聖書에는 가인이 에덴동편에서 農事하기를始作한지 몇代後에야「사람들이 비로소 여호와의일음을 讚頌하더라」고하였다。(創世紀四章二十六)

金屬使用 新石器時代 中葉以後에 人類는 金屬의製煉方法을 發明하야 器具를만들어쓰게되였는대 이것도 牧畜 農耕과한가지로 歷史우에 至大한影響을 끼치였다。누가말하야 人類는 器具를使用하는 動物이라 한것같이 器具를만들어 스々로本能의힘의 모자라는것을 보태는것은 人類의特長이오 所謂文明發達의 原因이라고하는것인대 그器具使用의 歷史를보면 大體로 木器、石器、金屬器의 順序로 되여있다。나무는 容易히 꺽글수도있고 다듬을수도있는것임으로 動物의地境을 가지免한人類가 그것으로 땅을파고 捕獲物을 따리고찔러잡는대 썼을것은 定한일이다。그러나 나무는 質이弱하고 날카롭게할수없는것인故로 그效能이많지못하다。그보다石器는 훨신效能的이다 故로石器의使用을 始作한後 人類는 큰進步를한듯하다。自己보다體軀가 巨大하고 性質이獰猛한 猛獸類와 足히싸화 그를이기고 支配하야나온대는 이石器의힘이 多大하다할수있다。그러나그器具의 能率은 金屬의發明에依하야 놀랄만치커졌다。鈍한石槍몇자루보다 利한靑銅槍한자루는 몇倍되는獲物을가저왔을것이다。金屬은그굳기와질기기와 銳利하게 다듬을수있는性質로因하야 여러가지巧妙한 利器의製作을可能케하였다。이것이 工業을니르키고 文化交通을速敏케하고 狩獵 農事의 技術을 改良케하야 經濟關係에 큰變革을招來하고 戰術의進步를 促하야 政

治生活의 發達을보게하야 人類文化에 한새時代를 가저오게되였다。金屬使用을始作하야서 얼마않된後 歷史時代가 나타나는것은 이러하야서 된것이다。

그러나金屬時代의意味는 이것이全部아니다。이보다도리어더큰것이있다。그는 生命의自己意識의徹底라는것이다。科學的歷史에있어서는 事物의必然的原因을 찾는것이 任務임애 究竟에 自然的인것 偶然的인것에 到達하면 그만이다。故로 金屬의 歷史에서도 金屬中 銅이라는것은 天然結晶으로 나는것도많아서 쉽게發見할수있는것인故로 石器時代人類가 처음으로안것은 이銅이오 한번그것을使用하게되면 그것이因由가되여 다른金屬도 發見하게되였을것이라 한다던지、或은 그들이어면때 먹을것을 닉키려가맛덕을 싸엇던대 지난後에본즉 그흙속에 靑銅이석겨있어 녹아나려 엉킨것을보고 거긔서銅의 製鍊法을 알게되였을것이다 한다던지하면 그起源이 說明된 것이오、그리고以上에말한것같이 그金屬器의使用으로因하야 政治的 經濟的 社會的變革이 니러난것을 말하면 一聯의說明이 成立되였다할수있다。그러나 우리歷史에서는 그렇지않다。그러한 因果의說明이 되였다하더라도 우리게는 問題는依然히 神秘로길는다 그는그究竟의意味가 闡明되지않었기때문이다 金屬의使用은 이것이宇宙的生命의 自己意識의 最終階段이열림이라고 보아서만 그奧義가풀렸다할수있다)

人間이 自己에對立하는 宇宙를理解하는길은 세方面이있다。動物的인것에 依하는것과 植物的인것에 依하는것과 物理化學的인것에 依하는것이다。動物的인것은 人間自身에 가까우니만치 가장알기쉽고 植物的인것이 그다음이오 理化學的인것에至하야는 가장어렵다。人類는 牧畜을함에依하야 그動物性의世界에 通하였고 農耕에依하야 그植物性의世界에 通하였다。그러나그것으로 宇宙에對한知識이 다되지않였다。아직도넓고넓고 깊고깊은世界가남앗다。그것을몰으는限 그는宇宙의 尖端을안대 不慊한다。말하자면 나무의枝葉과 莖幹을 안대지나지않는다。그러나 生命의꽃이오 열매인人生은 自己의任務를 다하기爲하야 自己의意味를 徹底히 알지않으면않되고 自己의意味를 徹底히 알기爲하야는 그生命의巨樹의枝葉莖幹에뿐아니라 깊은大地속에 펴지는 뵈이지않는 뿌리에까지 나려가지않으면않된다。그宇宙의 盤根의世界는 다른것아니오 곧理化學의世界다。이제人類는 金屬의發見에依하야 새로운器具를 얻은것만아니라 宇宙의奧殿의열쇠를 연것이다。이것이聽說같이뵈이는이는 科學과 精神의 發達된歷史를 찾아보는것이좋다。그럴때그는 靑銅의使用이 어떻게 金銀鐵의製鍊法을 니르켰스며 金屬의製鍊、使用의枝術이 어떻게物理 化學의知識을 誘發하였으며 物理

化學의發達이、어떻게 天文、曆學、數學의發達을 니르켜 無限大、無限劫、無限神秘의宇宙를 人類의눈앞에 展開식혔고 그리고 그렇게되는데따라 精神史上에 어떻한展開가 니러나온것을 어려움없이알것이다。

우리는이第三의世界가 아직먼것을안다。人類는이제 無限히넓은 그世界에 두어거름을 들여놓은대不過하다。라더오도 宇宙線도 다그無限大의海邊에서 주어얻은 두서너알의모래에 지나지않는다。또우리는 이것은探査하는것이神의殿堂을허는일인것같이 杞憂할必要도없다。이는主의뜻이 일우어지기爲하야서 있어야하는일이다。自然的秩序에있어서 生命은 上昇運動만을한다。渾沌에서秩序로、無生에서 生으로、單細胞에서 多細胞로、動物에서 人間으로 올라간다。올라갈뿐이오 나려오는일은없다。그러나올라가는運動만이 있는날까지는 自覺이라는것이없다。그리고自覺이없는限 歷史도없고 따라서精神的完成이란없다。故로 生命이 精神的完成을 일우기爲하야 自覺은必要한것이오 自覺의길은 下降運動에있다。아해속에 어룬을보고 動物속에 人間을發見하고 無生物中에 生命을찾는일에서야 自覺은可能하다。사람이 動物中에 自己를보고植物中에 自己를보고 元素의世界에 自己를보는일은 곧이下降運動 即自覺運動이다。故로이는 神의殿堂을 허는일이아니오 도리어完成하는일이다。그理由는 이上昇運動과

八

共히下降運動이 可能한것은 超自然的秩序 即精神的秩序에서만 있을수있는일이오 影像이아닌 眞物의 神의殿堂은 이超自然的秩序의世界에만 있기때문이다。

人類의일만으로보면 動物을길으고 植物을栽培하고 金屬을캐내는일은、經驗의蓄積이라던가 知識의 進步라던가 技術의發達 文明의向上 이라고만해서 足한것이나 이것을 宇宙의일로보면 그렇게만말해서는 不足하다。이는宇宙的自覺이다。宇宙가 自己自身에對하야 意識하는일이다 生命의自己意識이 그밑바닥에까지 나려가 理化學的性質의圈域에까지 미츤것이다。마치個人의 人格的自覺이 그極致에니르는곳에 國土까지 그산呼吸속에 生動하게되는것과같다。世上에 이보다더 崇嚴한일이 어대있나。그러나 生命이地球우에나려와 지금이자리에까지 오기에는實로十億年의時間이 흘렀다！

社會生活 그처럼 牧畜을하고 農業을배우고 金屬을써서 器具의改良發明을 行하는동안에 人類의生活은 놀랄만한 變遷을 보게되였다。爲先그는 生來의流浪性을 抑制하고 한곳에定住하지않으면 않되게되였다。이것은主로 農業때문이였다 狩獵이나 遊牧을할때는 산양감과 水草를따라 四方으로 轉々하였으나 農業은 一定한 條件을 要하는生活임으로 그러할수가없고 適當한곳을골라 거기 定着하지않으면않된다。이때문에사람은 前에 無拘無碍한

濶大地에 맘대로뛰던 自由를잃은것이 적지않다 그러나 또얻은것도많다。 生活에計劃을 세우는것、活動을 永續的으로하는것 따라서 生活理想이 樹立되는것等은 다여기서나온것이다。

다음 社交性이 늘어갔다。 社交는 사람의本性이다。 物體間에 引力이있는것같이 人格間에도 서로끗는힘이있다 洞窟時代에 장작불옆의社會를 成立식인것은 이힘이다 그러나이제 定住하야 農工生活을 하게된後는 人的接觸이 緊密해지는故로 一層더社交的이 되지않을수없다。 발서사람은 恒常다른사람을 念頭에考慮하지않고는 살수없는時代에왔다。 이것이風俗이라는것을낳고 禮儀라는것을낳앗다。 사람은그面上에서 野性을除하야버리게되였다。 그러나또한便、妬嫉、憎惡、狡猾、假作、虛榮等의 모든惡德이 憎長된것도 이社交生活에서다。

또 그다음 定住生活함으로 前에없던것으로 생겨난것은 社會制度라는것이다。 洞窟속에살때 사람은아무 制度라는것을몰랏다。 그러나一定한곳에 모혀살게됨을따라 限度몰으는 사람의衝動慾望은 서로牽引反撥의 複雜한作用을하야 비로소妥協統制의必要를 느끼게하였다。 部族、血族의 生活團體、그團體를거느리는長者、傳統의權威者가되는長老、職業의分化、所有、男女社會的地位의別化、階級、規則、賞罰、 이런따위 모든것이생겨나 所謂人間世上이라는것이 나타나게되였다。 이것이 人智의發達을 促進하고 道德的自覺의刺戟이되고 人間力發揮의機軸이된것은 事實이나 또 이것으로 人間墮落의原因이라 憤慨하는 루소ㅣ의말에도 眞理가있는것을 否認할수없다。

한말로하면 사람이社會生活을하게된것이다 사람이本來社會的存在인以上 人類가生存할때불어 社會가存在했던것은 勿論이다 그러나그는 매우散漫한 自然的社會에 지나지않었다。 이제社會라는것은 그보다는緊密한關係우에서는 그리고意識面上에 分明히그려진 精神的社會다。 人間으로서의 意識을가지고 살아가는 團體다。 이러한社會는 지금으로불어 七八千年前 世界의處々에 있였던모양이다 봄이오면 심으고 가을이오면 거두고、소를치고 羊을치고 닭을기르고 개를먹이고 연장을만들고 法이있고 傳統이있고 노래가있고 戰爭이있는 사람의世上이다。

來信

其一

十一日附お手紙拜見しました　何よりも貴「聖書朝鮮」誌の百號到達をお祝申上げます。か丶る雜誌を百回編輯刊行し得ることは　到底人間の力で出來ないことは　小生の僅かな僅かな經驗でもよく了解出來ます。その上　何等の背景なく內村先生の勢力をも利用されずに　こ丶まで達せられた事は一に神の限りなき恩惠と信じ、兄及び諸氏の抱かるる感謝は如何ばかりかと想像して　小生も亦限りなき讚美と感謝を捧げざるを得ません　兄の「聖書朝鮮」が事業として成功であつたか失敗であつたかは知り得ませんが、百號の存在その事に深い意味があつたと思ひます　同時に百一號以後は一層神によつて、神の爲めに、神にありて、聖き存在を續けられん事を祈らざるを得ません（下略）

× ×

存在의感謝요　存在의證據요　存在의傳道다。　우리는　그以外의것을求하고저　안한다。口說에拙하여도可하고　事業으로成功치못하여도可하며　한사람傳道도　못한대로足하다　오직恩寵안에存在하는일만은祈願하며　또한　存在함으로써感謝와讚頌을主께　돌리고저하는者이다。

其二

（前略）兄等を通して朝鮮の將來に大なる希望を認めずには居られません　樣々な困難の中にも「聖書朝鮮」が十年續けられ第百號を重ねられたことを心から御祝ひ申上げます。今後も亦　旣に在りし如く　神の恩惠　貴誌の上に豊かならんことを祈ります。尙最近には「聖書講義」誌上に　貴兄の御寄稿を拜見致し敎へられるところ甚大でありました　御意見に敬服すると共に同感を禁じ得ませんでした　私共の心の底にあるものを貴兄が代辯せられ　はつきりと言つて下さつたやうに思ひます　私も昨年夏　內村全集を讀み直して以來自分としては信仰的に新に生きかへつた氣がしてゐます。……：パリサイ主義の打破はキリスト敎會の中だけでなく現在最も強く軍人に對して言はねばならないと思ひます。……

併し貴兄の御言葉は確かに先生並に先生に學ぶ我々の陷り易い缺陷を指摘し　そのポイントを衝いたものと思ひます　そして之れは恐るべき缺陷であると私自身感じてゐます。私共は先生の長所だけを學んで各自夫々の立場にあつて御警告に從ひ　眞理の最大の敵に向つて男らしく戰つてゆきたいと思ひます　…………貴兄の論文に對して同感と感謝を抱く者は尙私共の外にも　殊に若い人々の間に於て少くないと思ひます。

聖書槪要 〔二六〕

金 敎 臣

미가書의大旨

미가書는 小預言書의順序로第六冊이다。 통이七章으로써되엿으니 別로 길게論述할것은없으나 그著者미가의預言者로서의品位가高邁함과 그傳하는眞理의深高함과 또한本書에關한學問上論議多端한것等은 모다 우리의綿密한注意를要求하야 마지안한다。

著者。 預言者미가에關하야는 예레미야第二六章十八節에 유다王히스기야時代에 모레시데人미가가 유다百姓에게預言하야 이르기를 萬有의여호와께서 말슴하시기를 시온은 장차田과갈이耕하는바될것이오 예루살렘

은空墟가될것이오 이殿의山은山堂이되리라

고引用하였음으로 미가의史實性에對하야는疑心할餘地가없으나 미가의生涯에關한詳細한것을 찾을만한資料는別로없다。 미가書의記事를綜合하건대、 미가는 유다地方모레셋人이라하니 現今은 그地點을適確히指示하기어려우나 地中海岸平地와 유다山地와의中間즘되는城、 가트城의附近에있섰던小邑이였을것이다。 卽미가는農牧을主業으로하는村落에서生長한人物이다。 그럼으로彼의預言은美文佳句로된것이아니라甚히野暴하고猛烈한言辭로나타났다。「野蠻」이라는評까지도있였다。 彼는當時의都市人과上流社會를攻擊하기에 더욱激烈하엿다。

年代。 이사야와同時代이였으나 이사야보다 늦게預言을시작하야 일직이끈쳤든모양이다。 이스라엘滅亡(七二一年)의直前 시작하야 유다王히스기야時代에及하엿던것갈다。 유다는 이때에 强國아씨리아의侵略으로因하야外患이急하였을뿐니라 國內에도 우시야王의榮華의餘毒을因하야上下階을勿論하고 腐敗의極에達한때이였다。 이때에이사야는 首都루살렘에서 미가는鄕土農民層에서 여호와의聖旨를預言한것이였다。

內容과特徵。 여호와는 이스라엘 과 유다 를審判하고저하신다。 사마리아 는 荒野로될것이오 예루살렘에도不遠에敵軍이侵入할것이다(第一章)。

그까닭은 유다의上流階級을보라。 方伯들은寢床에서惡을圖謀하고奸邪한것을計劃하며、 地主들은貧民의家屋과田土를억지로略奪하고 그家人들을虐待하며(二•一、二)百姓의婦女들과 어린子女들것까지奪取하면서(二•九) 바른말은 듣기엇다고預言者들을向하야預言하지말라고威嚇하엿다 (二•六)

한社會와國家의正義의柱礎를 세우며 지켜야할裁判官과宗教家들도 賂物로써 눈이어둡고 金錢으로써動하엿다(三・五、一一)。 實業家들은不正한利를貪하야 衡錘를僞造함과虛言을밥먹듯함으로써富를積하엿다(六・一〇)。善人이世上에서絕種하야 正直한者가없고兄弟를網으로獵하며 有司는賂物을要求하고大人은私慾을發함으로써 聯立하엿다(七・一ー四)。隣人이서로依支할수없고 夫妻가 서로信賴할수없으며 骨肉의親이 서로蔑視하며 서로毁擊하는世態이였다(七・五ー六)。그럼에도不拘하고 저들은泰然히「여호와는怒發하시지않는다」하며(二・七)「여호와 우리中에在하시니災殃이 우리에게臨하지않는다」고(三・一一)。平安함이없는때에 오히려平安하다平安하다고 거즛安慰하였다。이렇게 온百姓이餘地없이腐敗하였음으로 여호와는 外敵을 이르켜서 예루살렘을荒廢케하고저決意하신것이다。

미가는 이사야와 同國同時代의人物인故로 그預言의內容에도共通한것이있을뿐더러 그預言이 外形上三部分으로된것까지도恰似한바있다。左에表示하면 이와같다。

	第一部	第二部	第三部
미가	一ー三章	四ー五章	六ー七章
이사야	一ー三九	四〇ー五五	五六ー六六

第一미가 第二미가 第三미가 로 나누어서 第一미가가 미가의原作이오 其他는後世의追加或은敷衍이라고 보는것도 이사야書의境遇와一般이다。

이사야는都市에居住하야 上流社會에同情이없지않였음에反하야 미가는 아모스와같은野人으로서 차라리鄕村의素朴한人士에게同情을가질지라도 都會와上流階級은甚히嫌惡하였다。虐待를받는階級에屬하였으므로 그攻擊의言辭는自然히痛烈을極하였다。

미가의預言은 여호와神의審判만을傳한것이아니라 同時에純粹한信仰의發露와 舊約最大의眞理라는 偉大한希望을아울러傳하였다。

내가 무엇을가지고 여호와앞에 나아가며 높으신 하나님께敬拜하오리까 그앞에 燔祭와一年된犢을持去하오리까。여호와 或牡羊數千이나 數萬江水와如한油를 기뻐하시겠느냐。내가 맛아들을獻하야 나의愆過를贖하며 내몸의所生을獻하야 나의靈魂의罪를贖하겠느냐。

人아主께서善한것을 네게보였으니 여호와 네게請求하시는것이 무엇이냐。義를行하며 矜恤히녀기기를 좋아하고 謙遜으로 너의하나님께行함이아니냐。

고(六・六ー八)。實로非凡한發言이다。

其他미가第四章一ー四節과 第五章二ー四節等도 미가의原作은 아니라고하나 舊約中의大文字요 아름다운思想이라고안할수없다。

미가書의槪綱

나훔書의大旨

나훔書는 所謂小預言書의第七書이다。僅々三章으로되여서分量이적을뿐더러、預言書와預言者에게共通한要素한가지가缺如함으로因하야 世人의注意를 끌지못하였고 現代크리스챤도 크게關心치않는冊이다。그缺如한要素란것은 이사야 미가 예레미야等과같이 自國과自己民族의罪狀을嚴烈하게摘發책망한것을 볼수없는일이다。

나훔의預言은 大概紀元前六六三(二)年으로부터六一二年에亘한것임이 거의異論없는 結論인듯하다。本書의主題가니느웨城의滅亡을預言함인데 또한 同時에 第三章八節에는 노아몬의滅亡하였음을記錄하였다。前者의陷落은六一二年이오 後者는六六三(二)年에滅亡된것이歷史上에確實함에나훔의預言의年代도 右와같이 推定된다고한다。即이사야미가보다는後輩요 예레미야 스반야等과는同時代이였다。

나훔의同時代의預言者인 예레미야같은경우에보아서 自國民에對한痛烈한責망이없음은. 責할것이없어서가아니라似而非의預言者요 미가의憎惡하야 마지않던「僞先知者가 내百姓을誘惑하야 齒로씹을것을받을때는 平康하다하나…」하는(미가三•五)따위僞先知者라고 非難하는이도있으나 不過三章만남은 나훔書로써 나훔의全貌를批判함은速斷임을免치못할것이다。

나훔이 自己同族의罪過를責망하지않었음에反하야니느웨의罪狀은酷甚하게摘發하였으며 또한敵城의滅亡에關하야는매우滿足하야하였음으로써 나훔을狹隘한 舊式的 淺薄한愛國者의代表者이며 憎惡와野蠻的精神의化身인것같이 보는사람도있으나 나훔은私情으로他人의害받음을 기뻐하거나 熱狂的愛國者의自國陶醉로써他國의滅亡을慶賀한것이아니라 正義의神이世界歷史의背後에서攝理하고 계셔서 流血의城니느웨의 온갖罪狀——謊言 强暴 勒奪 淫行 迷信者의罪를審判하심을보고 여호와께榮光을돌린것이였다、世界歷史를支配하시는 여호와神을 두려움으로써讚頌하는同時에自國民에對한反省도必然코 일어났을것이다。

나훔書의概綱

題目 (一•一)

가、여호와의忿怒와復讎 (一•二—九)

나、유다救援의預言 (一•一二—一五)

다、니느웨城滅亡의預言 (一•一〇—一一、二•一、三•一九)

① 第一의詛呪 (一•一〇—一一、二•一—一三)

② 第二의詛呪 (三•一—一七)

嘲歌 (三•八—一七)

③ 第三의詛呪 (三•一八—一九)

聖神으로重生한者라야天國에들어감 (요한三章三—五)

姜濟建

世上萬事가 理에合한者 成하고 理에合지않은者 廢하나니 信仰도 天國理致에 合한것이아니면 안된다。

우리肉身이 生活하야가는것이 무엇으로써되느뇨하면 여러가지로 말할수있으되 要컨데 金錢이요、우리靈魂이 무엇으로써 살아가느뇨하면 亦是여러가지로 말할수있으되 한마디로하면 곧믿음으로 사는것이라 할것이다。世上사람이 以金錢으로爲天함도 이때문이오 믿는者가 信仰을求함도 이때문이다 그러나金錢이라해서 아무것이나다되는것이아니오 眞金錢이어야 하는것같이 信仰도 참信仰이어야한다。돈에 眞錢 假錢이 있는모양으로 信仰에도 眞信仰 假信仰이있으니 假信仰을가지는것은 假錢을 아무리쌓아도 無用인것같이 아모所用이없다。

이제여긔 一人의純實한 勞働者가있다。富裕하고 점잔은 그의隣人이 저를向하야曰 「그대가매우 勤實한者라 每日勞働함에 雇價가얼마식이뇨」하였다。저가對答하기를 「終日勞力勤工하야 所得이不過 六七十錢이라。」그사람이 惻然히曰「萬一君言과같을진데 平生을勞働하야도 成就의餘望이없는지라 今後로 이를廢止하라 그리고내일을 專務하라 그러면내가 倍의勞賃으로 一圓半을 줄터이라 半圓을銀으로주고 一圓을紙幣로줄터이니 그銀으로써 每日生計를하고 그紙幣는 秋毫도他人을 알리지말고 深々貯藏하얏다가 幾十年後 田土를買케한즉 이는長遠之計라 그대의생각이 어떠한가」하였다。이純實한勞働者가 그厚意에 感激하야 一言下에快諾하고 爾後그대로實行하야 그隣人의일을 專務하고 다른일을 別로히보지않였다。幾十年後 그所蓄이 相當한額數에達하고 可合한田土가있음으로 그를買得하야 自作生活을하기를 計量하고 買收의契約을行하였다 그러나千萬意外 믿그所蓄을發하야 代價를支拂하려함에 저사람이曰「그대가 어찌假錢으로써 남의田土를 사려하느뇨 그대가어데서 이假錢을 이처럼모앗느뇨」하였다。그때야 저가 비로소 속은줄아나 恨歎한들 所用이무엇이리오。一生을 헛되이 受苦하였을 뿐이었다。

信仰의일에도 이와같은것이있다。世上일에도 그랗거던 人生의永遠한經營을 決코남의말만듣고 허수히할수없다。

聖神으로重生한者라야天國에들어감

或이善한말로 傳道하야 내가좋은福音으로써 주노니 믿기만하라 他人을알닐必要가없고 깊이藏置하였다가 이로써永生을얻으라 할지라도 그말을盲從만할수가없다。그렇다면 저純實한勞働者가 感謝의餘에 百事를廢止하고 終年勞力하였으나 믿은것은 참을믿은것이아니오 거줏을믿었는故로 狼狽하였던것과 다를것이없다。信仰은 남의말을듣고 隱藏하야 傳道도하지않고 물어알지도않는것이아니다。그러면 속는일이많이있다。그돈이眞錢이냐 아니냐하는것을 世上에내놓아 證明하야둘 必要가있는것같이 信仰도 人生々活에 내놓아 證明을얻지않으면않된다。人生에通用못하는信仰은 通用못하는 假錢과一般이다。

그러나그뿐아니다。아무리眞金錢이라도 活用하지않으면않된다。貨幣라는것은 各國이서로 달음으로 그通用되는것은 國境線內뿐이다。米國을감에 朝鮮貨幣를 가지고는 갈수가없고。그나라의돈으로 換하지않으면않된다。우리信仰도 맛찬가지로 換하지않으면 活用이못된다。아모리참信仰이라도 世上에서참이되는 그世上信仰 그대로를가지고는 天國에는갈수없다。天國에들어가는대는 이世上에서참이던信仰을가지고 天國에서通用할수있는信仰을 交換하야 얻지않으면않된다。天國에는 天國의理에合한 信仰이必要하다。「예수께서 니고데모를가르치시어 말슴하시기를「聖神으로 거듭나지않고는 天國에들어갈수없다」하신것은 이뜻이다。니고데모는 어떠한사람이있던가 저는 유대教의眞實한信者였다。世上의信仰이 充分히있는者였다。그러나 그것이그대로 天國에合지않는것은 예수와한 저의 問答을보면 잘알수있다。저는아마 心思品行이 뛰어나고 各樣禮節이 유대教中에서도 빼어난者이였는지몰은다。人格者이였는지몰은다。그러나 그것이그대로는 天國에서는 所用이없다、通用이못된다。그것이天國의信仰으로바꾸는대 몇천은될수있으나、또반드시있어야할것이나、그대로直接 天國에合하지는못한다。예수의行蹟을보고 예수께와서물은것은 그換에막혀서온것이다。그러나그는 天國에가는대는換이必要한지 換이어떻게되는것인지 도모지알지못하였다。그리고오직 天國에도 이世上의理致가 延長되는줄만알앗다。그가「사람이이미 늙으면 어떻게 거듭나겟사옵나이까 두번재어머니배속에 들어갔다가 날수있압나이까」한것은 이때문이다。그는天國에對하야는 完全히門外漢이였다。그를보고예수는 그無知를 깨치기爲하야 가르치시기를「肉으로난것은 肉이오 神으로난것은 神이니 거듭나여야한다는말을 奇異히녁이지말라」고하시였다。

이로써보면 사람이天國에 들어가는것은 世上肉身信仰만으로는 될수가없고 곧聖神에 重生하는새사람의信仰으로야될수있다。

聖朝通信

一九三七年四月二十二日(木) 晴。東北風。싀한바람에 사꾸라꽃이 채다피지도 못하고 一朝에落花粉々한것도 一景。○午後에住宅垈地를求하는 이들이來訪하였다가 夕飯後에悠悠히다녀가다。

四月二十三日(金) 晴。春季遠足會의 날。第五學年生徒들과함께 午前九時에往十里出發。蠶島 奉恩寺까지往返。歸途에 生徒中有志十餘人을더부러고 鄭世權氏의 雌馬場 農學校를訪하였으나 農場의大部分은賣却되고 馬鈴薯農業實習生도解散되였음을알고失望。다시沙斤里에鄭道舜氏의 養鷄場을訪하고 養鷄 養豚 葡萄栽培等 事業의動機와體驗에關하야 有益한說明을 듣고 日沒頃에辭退。

四月二十四日(土) 晴。夜小雨。할일은 밀키고 時間은 없고、할랴도 일은 안되고 참을랴도 火만난다。經濟的으로 破產當한者의心境도 이럴까하고推測同情하다。時間에破產當한者의悲憤! ○登校하니 京城府獻納飛行機의命名式에 擔任生徒를引率參列하라고해서 午後一時까지에飛行場으로急行。飛行機한대를 놓고서 高官紳商들이 無數히 절하는 넓은式場 한모퉁이에佇立三時間。飛行機란 돈만있으면 되는것이요 技術만있으면 날리는 것인줄로 알었더니 實相인즉數없이禮拜받은後에라야飛上空中하는法인것을 처음 보았다。○仁川으로招請받은盛宴은 棄權하고 印刷所에가서校正시작。

四月二十五日(日) 小雨。午前十時부터 로마書第一章十八節—二章末까지講解。짧은時間에 多分量을講하라니 갑절힘든다。午後에醫專學生一人을爲하야 또한번 講話하고나니 心身이極度로疲困。無盡하는質疑에 힘것對答하였으나 信仰의일은 質疑問答으로서 되는일아닌것을 깨닫다 亦是以心傳心의途外에別수없다。○夕飯먹을동안 元氣를恢復하야 자정넘도록校正과原稿쓰기。

四月二十六日(月) 晴。生徒하나가卽決處分으로退學當하는 光景을目擊하면서 잠이傷心煩勞하다。南岡先生을 속으로부르다。○昌慶苑近處에 친구의家患을慰問하여야할터인데 時間을얻지못하야 此日彼日하다가 今日은菜宴會를辭絕하고 印刷所에校正한後의暫時餘裕를 이訪問에쓰기로決心하고 歸途에昌慶苑을向하야自轉車를 돌리려했더니「諸車通行禁止」라는標下에선巡査한분이 朱紅빛으로興奮하여서서 開口一番에辱說로시작、禮를端正히하고 警官앞에나아가서「나는昌慶苑앞을通過하려는것이아니라 그中間까지만 다녀올터인데 어디르 가면좋으냐」고끌어스나 채다 듣지도않고 自轉車바퀴를 죽々차면서辱說과高喊! 그야말로言語道斷。意思를通할方策은없는데興奮의度는漸騰하는形便임으로 不得已창피한꼴을免하고저 길을돌리다。前日에飛行場가서도 青年團員에게自轉車바퀴를 채우다가 學生을引率한者라고할때에 창피한꼴은免했으나自轉車군으로서當한 꼴세도 적지않다。나의愛車를 굴리면서 생각하니 世上이모다興奮인듯하다。巡査도青年團도敎師들도 모다興奮中에서 뛰놀고、長安의青年男女는 昌慶苑櫻花에興奮하였고 시골할머니네들은電車뻐쓰에興奮。

四月二十七日(火) 晴。잠깨여 기도럼으로 오를때에도 遊興地帶에서는 꽝가리소리 노래소리가 흘러오니 徹夜저노듭하는 에네르기와 時間이 부럽다」

○休業日인故로 午前中은書齋建築의始工。午後에印刷所에서校正。校正하면서 울고 울다가校正。金貞植先生의一生을생각하면서, 나의 校正하는冊床이 구석쪽으로向하게놓인것이 고마웠다。○矢內原敎授의 『通信』第四三號에「或る朝鮮人女學生との會話」를읽고感動。이S孃이矢內原敎授의 紹介를가지고歸京하는길로來訪하였을때에도 우리는半信半疑함을 마지못하였다。現代朝鮮젊은女性中에도 이런큰問題를念頭에두는이가實相있을까고。女子單身으로도民族救濟의業이成就된다고矢內原敎授는 確言한다。漢陽의딸들은奮起할진저, 자정까지執筆。달과火星이 東南天에伴行하고 木星은 아직보이지않을때에就床。

四月二十八日 (水) 晴。洞內의 진달래꽃이 거이 질만하니 시내건너편桃花와杏花가 自己번이라는듯이滿發하야 골안을 환하게한다。○登校授業。印刷所에 가서校了, 櫻花가 떠러저서 昌慶苑一帶의交通이復舊되였으므로苑南洞에病家尋訪 ○小鹿島에서四月十日發信한것이 昨日來達『(前略)最近에와서는 聖書朝鮮만이小生讀書의全部입니다 勿論게으름이最大原因인줄압니다, 그리고園務에시달려 몸에 疲困함도 거드는것갈습니다마는 小生의 性質이 多少變함을늣김니다 한페지한페지읽는中에 信者의거름거리가엇더한가를 어더볼때 肉體的으로精神的으로 오는피로움自足할수있습니다。無識한小生은 聖朝에실닌글을잘理解할줄도몰읍니다 小生이가장愛讀하는 聖朝通信을通하야 또는 小生이으슬프게나마글에內容을認識할수잇는페지를通하야 天國가는길이얼마나 어려운가를認識할수있으니 隱安孤寂의生活에滿足할수가잇사오며 사람에게서맛보는 사랑으로 天父의크신사랑의그늘에살믈늣기온이이에서 더큰발암이업사오며 이것저것읽고싶은生覺이 漸弱하여지는것갈습니다。世上에서 발임當한것을깨달은지오라오며 썩고말肉에對한雜念을 淸算한지도오라오나 疾病十年에 원망이없지안사오며 故鄕떠나고 世上을떠나 孤岳客窓에 病床도 이미四年이오매 때로無限한 孤寂을늣기여 너무나길고긴疾病生活에餘生을주체치못할때도 없지안습니다마는 보담더偉大한 그리스도의救援이鞭韃이되오며 限없시쏘다주시는 크신사랑이 生의 倦怠에서救出하여줍니다, 그리고聖靈의加護하심으로날로새로워짐을늣기며 모ㅣ든 것을 이기고도 오히려多少에남음이잇서 家族을爲하야 긔도할수잇사오며 同患의 靈을爲하야긔도할수잇슴을 唯一의使命인 줄믿고 깃버하며 一路永遠한生命의길이 참所望이외다。마음에傷處를너무나 크게 입은者의生涯는平凡한일에도 앏음을늣기오며 잔득곰겨잇는不平과 원망詛呪가터질려고할때가 없지안습니다 爲하야긔도하여 주십시요。오래問安들이지못하와罪悚함을禁치못하와 聖朝를잘拜讀함을仰告하려함이 貴重하신時間을도적하게되오니 罪悚함니다 용서하십시요。先生님來々康旺하심과 서울 五山 오류동 三聖集會에聖靈의役事하심과 여러先生님안녕하심비옵니다, 一九三七年四月十日

小鹿島 ○ ○ ○拜」

四月二十九日 (木) 晴。登校祭式。市內에喪家吊問。印刷所에 들렸다가 京城運動場에延禧專門對早稻田大學籠球試合祭觀。四十五對二十三點으로 延專이過勝하여서興味削減。

一八

四月三十日 (金) 曇、小雨、鐵飢饉의 부르짖음을 들은지오랐으나 거짓말만같애보인다。그렇지않으면 人爲的飢饉。○宋斗用兄이渡東한다고來訪。五月號檢閱濟되여서 印刷所에督勵次로急行하노라고會談中途에忽々히作別。石工用의 겐노一個와 삽一本購入。이젠石工될資格이完備하였다。

五月一日 (土) 曇、小雨、새벽에 이슬비 와서 山으로못가고 로마人書第二三章을 읽으랴니 無盡藏의鑛脈을發掘하는듯、十二章한장이면 一年以上의說敎를하여도 오히려 끝안날듯하다。食前에聖朝發送皮封을 써가지고登校。○今夜飮碧亭招宴을辭退한즉 그理由如何乎라는包圍攻擊的質問。그러나默々히理由不答。萬一그런宴席을 질길줄은 진정 알지못한다고 대답하면 僞善者!하고 모라칠것이오 오늘이聖書朝鮮第一百號가出來하는날이오、오늘안으로 發送해야하는날이라고 대답했대야 通할수없는消息인故로 차라리默而不答。○五月號의一部分을 學校에갖어다가 博物室에서 喜로感謝祈禱하고 發送。創刊當時의意氣와第一百號發送의光景을比較하야感慨깊지안할수없다。市內몇書店에配達하고서日沒後에 도라와 조밥상반을完全咀嚼하야 먹으니 亦是一流料理보다 내게는榮養價値가 더한듯하다。○어떤先金切된讀者로부터『ホンタイケフオクツタ……』라는電報來。

五月二日 (日) 晴。새벽 하늘에火星木星 달 金星等의 릴레이레ー쓰하는光景이 볼만하다。기도의山에는松虫이 찌여서 참아못볼形象이다。桃 杏 梨花等이 거이지고 포플라風景이漸入佳節。○午前中로마書第三章을講하고 午後의一人講座도如前。○書齋工事가本格的으로되매 材木사러急行。○東京消息에『其の後御病氣は如何ですか 最早御全快の事と思ひますが伺ひます。御病中に御執筆下され航空便まで御利用御送り下され心から御厚情に感謝しました それよりも今回の貴稿の主旨に感謝しました 實に我々一同に取り最大の警告であります 小生は全面的に貴見に贊成いたす者で、今日まで强ひて沈默を守りましたのは今日の無敎會と非戰論爭を苦々しく思つてゐたからであります。然し貴稿を掲げる事は仲々容易ならぬ問題なので種々熟慮の末 小生も責任上二問題に對する態度を明白に表明して 一緒に掲げました、何卒御高評を賜はり度二問題が重大なる丈け今日の混亂と誤解とは憂慮に堪えません 無敎會主義の危機であります 兄がよき警告を內地へ寄せられた事を心より感謝します(下略)』

五月三日 (月) 晴、개구리소리 평의소리가 저녁새벽의山麓을 진동시긴다。○財政上으로世評을 많이듣는 어떤친구가 그友人을爲하야 적지않은金額을 아끼지않고 利子도本錢도其他아무期待하미없이 주어버리는것을目睹하고感歎不已。亦是어된가 다른點이 없지않도다。

五月四日 (火) 晴、風 새벽四時에正南을向하고서니 火星은 옳은손편에 木星은 왼손편에 달은東南天에 金星은한시간後에東天에 솟아오르다 ○擔任班의課外授業을監督코저 한시간 일직이登校。最大急行하니 出發하야校門까지 三十分記錄作成 ○警務局呼出을받고午後에出府。道警察部長會議室앞을 지나가다니 背後에서叫呼一番「만나까오도오테!」라고。廊下의中央에는 特히敷布가 깔렸으니 高

聖朝通信

位顯官이라야만 밟는것인줄 알었고 左側通行은 어듸던지鐵側인줄 알엇던것이 나의잘못인줄 깨다랐다。官廳廊下로 다니랴면 傍若無人의態로「이바루」해야만되는듯하다。イバり得ない人は禍なるかな！〇一步를街道에 나서면 목々이 구비々々 警官이서서 交通整理를한다고 多數한自轉車군들을 잡아세웠다。自動車만좋은길로 보내고 自轉車는牛車馬車人力車밑구루마等과同行하라는命令이다。今日午後에風雨이甚하다。

五月五日 (水) 晴、校內陸上競技 력비大會르 아침부터京城運動場에出勤。職務를畢하고 도라와營齋工事。旱魃이甚하여路傍의菜蔬가 참아볼수없는形便이다。

五月六日 (木) 晴、登校授業後에 기와 사기爲하야 西部郊外를一巡하고 京城府西部出張所、材木商等에雜務를處理하야 充分히疲勞한몸으로歸山하니、某兄弟가五十圓자리 새自轉車를보내여 나의十五圓자리古物自轉車와 박궈가랴고待하는中이었다。聖朝主筆의自轉車로서 넘어창피한것이 민망하였던모양。好意에感激하면서박궈놓고보니 이로써主筆의心境에高等官이나되였다면지 무슨意味의昇格이나한것같은感이있어야할터인데 不自由한感 사랑에얽매인感、古物일망정 나의心身에合一하였던것에對한愛惜의情만 남는다。

五月七日 (金) 晴、梧柳洞宋厚用兄의溫床에서茄子 도마도苗十五株를보내주어 血汗의勞作에惶恐無至。〇새自轉車가 아직 익숙치못하여 거북하기限없을뿐더러 速力도自由롭게發할수없어遲刻。例의自轉車博士朴昌成氏에게鑑定을받으니 이는鄕村田圃의道路에서 使用하게된機械라하야 舖裝道路에는不必要한重量을添한것、二十八吋輪이되여서 京城市內와같이頻繁하게急停止하기에不適한것等說明을듣고 나의技術不足만歎할것이아닌것을發見하다。因하야分解 掃除及修理를行하다。

五月八日 (土) 晴。授業을畢하고 豫告대로龍仁支社訪問의途에出發。午後六時半에 京東線新葛驛에下車。出迎한趙君과함께 보리밭 사이로行하기約二키로 背山臨水(但只今은乾川)의甫羅里着。洞內中央에約四百五十年되는 느티나무老樹와歷史를같이한趙氏一家의 오란舊基는 趙成震君까지 第十六代라고。清雅하고平和한農村의 저녁에 區長趙氏의周旋으로 모인이들에게 一場의說話를한後 特히熱誠있는數人을相對로 새로한시까지問且答。儒家의健實한道德觀念으로 基督教의淺薄한傳道者를攻擊하는點이快하였다。五百年來로盤石같이굳은儒教의門中에 只今그宗家를 비롯하야 예수의福音이傳達되고저한다。하나님하시는일은 사람의눈에奇異하다。아직 한사람도傳道者의足跡이不及한곳에 開拓의役을말음은 確實히幸福스러운일이오 愉快한일이다。

五月九日 (日) 晴。새벽에 뒷岺에올라由來깊은趙氏一家門中의救援과近隣一帶의永久한祝福을祈願하고 午前八時車로新葛驛發。同十時에京城驛着。約十五分늦게시작하야英文及로마書第四章工夫。午後二時와同五時에各其一人식相對하고 時間을自由로얻지못하는사람에게 로마書講解。하루三回의講話와 昨夜睡眠不足으로疲勞如病。

五月十日 (月) 晴。「永遠の生命」誌上에서「蔣介石の信仰」이라는글을읽고 적이感動하다。西安事件解決의鍵도蔣氏의主그리스도에對한信仰에 있었음을發見。中華

二〇

民國의將來를爲하야慶賀且祈願。〇夕에明月館祭宴。自初至終으로 우리의話題는淫談妄說이었다。아름다운妓生 따뜻한正宗 산떡이같은按酒에 묻처서 自由롭게淫談하는일이人生唯一의快樂인가싶다。이런談說에欣然히參加안하는者는 모주리僞善者。醉하면天眞한人間이오 깨면職業의敎育家。

五月十一日（火）晴。龍仁往返以來의疲困으로齒痛이 시작하야 이뿌리 들리고 口味를傷失하다。〇「聖書講義」誌의五月號今日着。拙稿가不少한感激을일으킨모양이다 〇北米通信一枚『多分まだ私をおぼえていられるでせうと思ひます、一體誰からかと驚かれる程の御無音ですが……先月今月の山本泰次郎氏主筆聖書講義によつて皆々皆様の主にあつての御活躍の事を知り昔を偲び今を思ひ感謝の涙にくれ一筆御便り申したく存じた次第です。

貴下を始め咸さん宋さん柳さん方の尊い御事業は東京に居りました時はその便りで叉父の渡鮮(これは私が こちらに來てからですが)で色々伺つて居りました 此頃は一人遠くはなれて聞く由もありませんでした 併し母を思ふにつけ皆様をかならず思ひ出して主の御惠みを祈つて居りました。

忘もしません貴下がしばらく阿佐ケ谷へ御滞在下さつた折冗談ではありましたが「我は靴のひもを解くにも足らず」といつたあの言葉、今ほんとうに思ひます貴下方の尊い御働きに對して私ははと自分を省み誠にお恥しい次第です、

併し小さい私には小さい乍ら何かさせて下さるでせうきつと、扨て三年間家をはなれて異國に種々様々なこんな小さい私がと人に話してもすぐには信じてくれそうもない澤山の經驗を持ちました、そうして今秋は希望の學業も了つて温い父の許にかへらうとしてゐます、み旨のまゝにと絶えず祈りつゝ、けれどもその神の大みこゝろを知ることは實に困難でした それはとてもむづかしい事でした、併し今ふり返つてすべてよからざるなしでみんな私に益となりました。家をはなれて多くの不自由の中に折にふれ事にふれ誠の神さまをキリストを少しづつ深く知らせていたゞいた事はどんなに幸でしたらう やがて父のもとに兄弟達と相共に神さまを讃美出來る日をこよなく待つて居ります。

何しにこんな處までやつて來たか又色々な面白い經驗談など今度御目にかかつた折おはなしさせていたゞきませう、

隨分遠いと思つた朝鮮もここから思へばおとなりですね今秋歸朝の上西行したいと思つてゐますから多分今年中には皆々様にお目にかかり昔ばなしやら

皆様の尊い おはたらきを見せていたゞきたいと樂しみに致して居ります

學校ももう二月で卒業です 苦手の試験が四つ五つ殘つて居りますが どうやら通りませう

此處は實に靜かなよい町で 昔内村先生が學ばれたアーマスト大學の となり町です なんと幸な私ではありませんか しば／＼アーマストへ行つて五十有餘年前先生が散歩なされたであらふと思ふ街々をなつかしく歩んでゐます

何ですか とりとめのない便りで思ふ十分の一も書けませんでした 皆々主にある御ふん闘を祈りつつ

皆々様に何卒よろしく 御傳へ下さいませ

御目もじの日を待ちつつ

四月十日 遠く海の彼方で 〇〇〇〇〇

二伸。ヘレン・ケラー女史の事をおききになりましたらうか？この四月一日にサンフランシスコを發つて日本へ向はれました。滿洲支那へも行かれる筈ですから多分朝鮮で京城では間違ひなく講演があらふと存じます。盲聾啞の大學者です この二月親しく女史のお家へ伺つて長い間御面會する折を得ました彼の女を通して偉大な御手の業を深く敎へられました。多分 五月の末頃と思ひます講演會の京城でも開かれる樣 そして興味ある女史のおはなしをおきき下さる樣に』

五月十二日 (水) 晴。가물이愈甚。朝夕으로蔬菜에汲水하는것이 큰일。○連日의疲勞에感氣까지添勢하야發熱함으로 入浴發汗하엿으나別無奇効。○大英帝國죠지第六世陛下戴冠式의날。

五月十三日 (木) 晴。아침에 꾀꼬리 藥師寺松林에서 노래하다。多時間休眠한結果에感氣少差。○一九三五、六年度의缺本때문에合本만들수없다는일로獄中의金亨道氏에게同情하는兄弟로부터『……第八十五號는出張中이므로上呈치못함니다。輪讀中이든歷史號는推尋付送하오며 읽지못한이곳친구들은犧牲當한심입니다 特히朝鮮歷史의單行本이出版되기를切望함니다。出版費의一部는分擔할뜻이있읍니다』云々。이렇게되면合本도 만들수있거니와 出版準備中의朝鮮歷史도 우리의共同事業으로世上에 내줄수있을것이 기쁘다。○授業以外의時間은 書齋工事의石築과木工에보내다。

五月十四日 (金) 曇、後晴 세멘工事에서 삼불 덴바 야리가다等의語彙를 배우고 木工에서紅松本松白松落松나완板等々의品別과每「사야」에對한價格의差等을배우며 변량 진저리쇠 사쿠리等器具名과 올게미寸數 과풍 평구대材料等을 배우는일이興味無盡하다。前에無意味하게 보면建築物도 近日은敎室유리窓과出入口(도어)까지 深甚한注意로써觀察하게되며窓戶一枚도 多大한金錢과勞力과心慮로써되는것을알고보니 이제야成人된感이不無하다。이번에書齋建築을始作한後로 아직半도 못되여서 豫算은倍額도超過하여 貧弱한大藏省에恐惶을 일으킬지경에 이르러스나 비록高額이라할지라도 이만한月謝金으로써 이러한人間敎育을 받을수있다면 누구나 한번해볼일이오 하여야할일인것갈다。

五月十五日 (土) 雨、後晴、夜雨。授業後에同僚두분의十週年勤續祝賀宴이城北洞飮碧亭에 열리어스나失禮하고 도라와서 石築工事。飮碧亭이라는音響만 들어도 松虫이 어께에 붙은感을難禁。○來信一枚『多忙하심에도不顧하시고遠路에一僻村을차지시여 小數나마洞里數人에게先生任게서말슴을들려주시와 門生은無限히感謝하나이다。先生任이시여門生이病으로말미암이 學校를退學하지안엇드면 主예수그리스도를 아지못하엿고先生님의濃愛를입었을 리가없었을것입니다。이제생각하여보오면 病魔의毒手는 門生의信仰에偉大力과 墮落과厭世에서蘇生하야 希望에心을가지게하여준恩人이요知友인가하나이다 이오즉主예수그리스도와先生任의때없이어루만지여주시옵는 無限의濃愛와鞭韃인가하나이다。아! 感謝하고感謝함에門生에눈눕이흐릅니다 先生任게서門生의僻村을좋다하시여도 門生은別로좋은줄을모르오나 留學幾月에鄕土를 밟으면路

側에小岩과草木이나마도 반가웠읍니다。이와같이學校에서先生任을侍逢하올時에는空然히悚懼하옵고참다운先生任의感이없었읍니다。이러하온데先生任宅에서 말슴을들은대와下尋하시와鞭韃을끄치심없이 하심에 門生은여기에참다운 師弟에感을맛보앗고 過去에庸劣하였음을 後悔하오며先生任은悚懼가안이요 遊喜的인것을 發見하였읍니다。오즉이것뿐이라까 先生任게서 上京하시와 多忙하심에도 敏速히「病床の友へ」와「신근철氏病床에서의消息」을下送하시와于先「신근철氏病消息」을父主게보시라고드렸드니 父親自身을생각하심인지 이것을보심에 句々節々에 눈믈을흘리시고 이貌樣을보신母親게서도 또한눈믈이흘렀엇다고母親게서말슴올하심에 時急히門生도 읽어보니 눈믈아니흘리고서는볼수없는이글 이글을쓰신신근철氏를생각하오니 父主에病患이더한層憂悲하여저서눈믈이수없이흘러나옵니다 여기에三人家族은今日눈믈이 흘러病魔에毒手를 懇望하고 門生홀로만이 어두운방속에서 主예수그리스도께祈禱하였읍니다 여기에또한主예수그리스도와先生任게서 病魔에毒手를甘受하여嚥下하라고 訓誡하심을深骨守藏하였나이다 오즉感謝와기쁨으로啓示者로생각합니다(下略)』 읽는사람도울었다先生을 이렇게보아주는일이 大發見이오고마운일 大體신근철氏의글월은 發表하라는意圖로써 지은글「作文」이아니오 必要에應하야消息을友人에게傳한書信이다 그러나 이글월이 발서 얼마나많은 사람을울리고 얼마나 잖은慰勞를病者들에게주었는지 一々히 헤아리기어렵다。神奇한일이다。

五月十六日 (日) 晴。午前에一回 午後에二組。하루三回의講話。로마書第五章의大意를說하다。第一나종班이 가장活氣있고辯論이많다。○數日來의風雨에 떨어짐인가松虫이庭內屋上의別이없이 多數히기어다닌다。○漢城圖書株式會社支配人金鎭浩氏가解任되였다는通牒을받고 聖朝誌와山上垂訓及푸로테스탄트의精神等의印刷로 오랫동안該社에出入하던일과 나종印刷業好景氣時代에聖朝誌印刷를拒絶當하던光景等이 一時에回想되다。

五月十七日 (月) 曇、後晴。今日부터午前八時半始業。授業필하고는石築工事。

○北海道大學農學部農業生物學科植物病理學教室에在學中인H君으로부터 반가운短信을받은때에、東京에旅行中인宋斗用兄으로부터『……むさしの學園에는父子가 함께入學한모양입니다。날마다 같이出席하여 모든것을 배우고있읍니다 校長以下여러先生님들의熱心과眞實함에는 오직嘆服할뿐입니다。아마도朝鮮에서 보기어려운 일일가합니다。小弟는 무엇보다도眞實이그리웠던것입니다。하나님의義와 그나라를求하며眞理안에 살기힘쓰는先生님들과先輩들을 만날때마다 기쁨과슬픔을잖이느끼게됩니다。아！우리朝鮮에는 이러한眞實이 없는가。每週木曜日午後에學園에서淺野先生의聖書講義가 있음으로 마침 지난六日에學園에서 先生님을만나뵈였읍니다 매우 늙으셨읍니다。오늘도學園에서보일것입니다。오늘밤에는 松前氏宅에 氏를訪問하기로約束하였읍니다……』심히 부러운消息뿐이다。

五月十八日 (火) 雨、後晴。登校途中에自轉車빵크나서遲刻。○春川消息에『恒常分에넘는恩惠를입게되어 感謝惶悚하옵나이다。每朔下送하옵는 聖書朝鮮誌는매

양感奮한속에奉讀하오며 今番「聖書講義」誌兩册의下送은料外의膳物이옵기 甚히반가웠읍니다。先生님의朝鮮無敎會論은 前日咸先生님의 無敎會論과아울러 저의眞正한無敎會主義把握에있어서 實로巨大한도음이되었읍니다。事實저는敎會에對하야 全然常識을缺如하고있을뿐만아니오라 直接指導를우러르고있는 無敎會思想에對하와도 從來히미한概念임을免치못하왔사오며 더욱이동생의敎會出席을勸하면서 부터는多少의疑義조차不無했읍니다。그러나 이제 先生님의 이글은 年頭以來聖朝誌上으로 高調하시는바와아울러 實踐上에많은 福音을주셨읍니다。그러고 日本無敎會運動의現狀을 비록片鱗이나마라도 엿보게되음도感謝하옵니다。失禮를무릅쓰고 如此上書하옵나이다』

五月十九日 (水) 晴、後雨。基督敎信者라는것과 小使의할일꺼지해서 敎員의體面維持가困難하다는是非로解職된敎師의就職을爲하야新願하면中 今日適當한자리를 發見하야伴行紹介。就職周旋같은일에 忝與치말랴면서 또破規。○書齋工事에雜石이數없이든다。洞內의 돌멩이는 모주리吸收하는심이다。

五月二十日 (木) 雨、后曇。昨夜의豪雨에시내물소리 펑장하게되였다。괴꼬리울고 꿩의 나래치는소리窓前에 들리다。午前中의授業을 마치고 도라와서 세멘役事의半日。日沒後에 맑고 넉넉한 시내물에 一浴하니 天池에 下降한 仙女의生活도이럴까싶다。저녁食卓에 올은自家産생치쌈의맛도各別하다。○今日 小鹿島에서上京한尹一心氏로부터 面談은躊躇하나音聲이라도 듣겟노라는電話있었고、東京 山本泰次郎氏로부터 第一百號祝賀의懇曲한書信을받어感激을 잪이하다。同病相憐乎。

五月二十一日 (金) 晴。아침에 하눌은맑고 草木과大地에는 이슬이 비오듯나리어 시내ㅅ가와山麓의景槪가 옷는듯躍動하는듯。굽실굽실 흘러쉬지않는 물소리、뒷山엔 꿩의소리 앞숲엔 괴꼬리노래。故意로 或은不得已하야 맑은물 호름을 볼수없이 이슬맺은一葉草도 自然대로 바라볼수없는都市속에生活하는이들의處地를 헤아릴수록 우리집環境에豐裕하게 나린 이슬과、나의心靈에 分에넘치게臨하신恩寵이惶悚無至하야 못견디겟다。○登校하야 中間考査시작 監試세시간。○佐藤敎授로부터 無敎會論에對한贊同의意見을接하여 이제 아무런 반대에接하여도安心하게되였다。

五月二十二日 (土) 晴。監試하면서 편지回答을쓰고 舊號를京城驛에發送 ○某 밋숀女學校에 새로赴任한姉妹로부터『只今は夜中の一時、雨音に交つて遠くから蛙の聲が聲えて來ます。先生 御親切な御手紙は有難く感謝申し上げます。「女一人で朝鮮を救ふ覺悟で……」。警鍾の樣に私の胸に響いて來て 散歩の時 じつとして居る時 甦つて來るのを覺えます「女一人で朝鮮を救ふ覺悟で……」。朝鮮の我が同胞兄弟から初めて聞いた命の言葉でした。「女一人で……朝鮮を……救ふ覺悟で……立つて下さい。」同じ血の通つた兄弟から戴いたお言葉丈に私にとつては忘れられません「只此の身を 此の魂を聖旨のまゝに お使ひ下さいます樣に」と夜晝祈るより外はありません。何卒 先生 正しくお導き下さい……どうしても私は此の學校が働き場所に思はれました。實際の事情から申せば京城

にゐた方が私のためになることが多かつたのですが「救に入る門は狹く、滅に入る門は廣し」私には私に一番困難な道が與へられてゐるのを知りました。三週間祈つて到々こちらへ來たのです。今日も校長先生に呼ばれて　學校の困難な問題と先生の御心中をきかされ、又未だ癒えずにゐる痛められた幼い(生徒達の)魂の叫びを耳にして今夜は今更自分の此等の迷へる羊を率いてゆく丈の力もなく傲慢と嫉妬とで醜く穢されてゐる自分を發見しました。

キリストの十字架と　その復活を信ぜずして一歩も歩められないことを　社會への第一歩から　示されたことを　涙と共に感謝し懺悔致しました

今夜は　特に先生におきゝし度いことは「神社參拜の問題」と○○學校に關する御注意と魂の迷つて居る生徒達の指導法とを御教示下さいます樣にお願申し上げます……。大きいことを言ふ樣ですが　併しはつきり申し上げますが　神の御用のために働き度う御座います。如何なる種類のものか分りません　只今におきましては○○學校の上になつても此所で用をさせて戴き度いと思ひます

二、三年間　朝鮮のことを研究し　全地を實際に見度いと思つてゐますが具體的方法は知りません。その第一歩として朝鮮語を學び朝鮮に關する本を讀み度いと思ひます（下略）　五月十九日　『○○』

新禱하야받은일럼에서塡土되기까지期約하는女性이　朝鮮에五十名或은三十名이못되거든　單十名만이라도있어스면、

五月二十三日(日)　晴。綠蔭芳草勝花時라고하나　全山이松虫으로　덮혔으니任意로運步하기도어렵다。山野까지무슨詛呪를받음인가　하는　두려움도不無하다。祈도렴에松虫數十마리殺害하여보아스나　끝이없어中止。○今日　로마書第六、七章에依하야聖潔問題를硏究。午前午后二回講話外의時間으로써　除草와築石等。도마도苗七十餘本을山넘어　지어다준이가있어서　日沒後에定植。營養價値가　많은것을　많이먹고힘쓰라는뜻인가하야　더욱感奮

五月二十四日(月)　晴。오늘도　監試하면서校正。歸途에「危機一髮」의文字대로毛髮一線의差로써消防自動車와의衝突을避하다。오늘도一命을拾得하였으니　오늘以後의生命은　내것으로살지말어야　하겠것마는　○今日發正學校安鍾元校長回甲宴에參席。오늘은各學校敎師들招待의　日割이라고　저녁에　보름달과火星이誼좋게東天에　솟음이　보이다

五月二十五日（火）　晴　今日까지中間考査를畢하니生徒들이雀躍또雀躍。○집에 도라오면　旱魃에마르는菜苗와　工事途中의書齋를　못본척할수없이協役하게되여聖朝의일이等閑하게됨으로　今日은　늦도록博物室에서執筆하다。役事나除草같은興味있는　일은　모다　내던지지　않고서는聖朝가期日대로　나올수없다

五月二十六日（水）　曇。午前中으로授業을　끝이고　午后에는全校生徒近六百名이모다　安校長宅으로　回甲宴祝賀의途에登하였으므로　그름을타서校正을　많이하다。○東京으로부터　無敎會論에對한贊同의書信――길고　간곡한書信을接하여　반가있다。亦是써보내기를　잘하였다。

五月二十七日（木）　半曇　半晴。日氣連日陰寒。執筆과校正과試驗採点에　몰리는때에　東京소식에『……日前에塚本先生을訪하니朝鮮人盧某라는靑年이自己集會에오는데　도모지眞實하기짝이없다고折紙를부치며　칭찬하기로　一次만나기를願하였는대　마침지난二十三日集會后에만나고보니勿驚우리親舊盧××兄이었읍니다……이러고보니　예수믿는다고免職當하며、예수믿는일을배우면學費를안주시겠다는嚴親의命令에도不拘하고　믿지않으면죽고亡하니믿어야하겠다고　오직믿는일에만　힘과마음과　精誠을다하는　몇靈魂을가진朝鮮도아조滅亡하지는아닌줄알고　感謝와歡喜에좁은가슴이　터질듯합니다。云々』○午前一時까지校正。

第一百號滿十週年 記念特賣

五月一日부터七月三十一日까지 本社로直接注文에限하야 左記대로特賣함。

但 期限지난後에는定價대로復舊함。

金 敎 臣 著

(1) 山上垂訓研究 全

四六版・二四五頁
特價五十錢・送料六錢

(2) 聖朝文庫 第一輯

咸錫憲著

푸로테스탄트의 精神

菊版半・三十二頁
特價金五錢・送料三錢

(3) 聖朝文庫 第二輯

咸錫憲著

無 敎 會

菊版半・三十二頁
特價金五錢・送料三錢

(4) 聖書的立場에서본 朝鮮歷史號 特價一圓(郵料共)

(5) 本誌舊號殘品 自創刊號至九五號

特價一冊六錢(郵料共)

本誌의舊號모은것인데 合計十九冊中에現存殘品十五冊。但其中에는二三冊밖에없는號도있으나 殘品十冊될때까지는 便宜上右記特價대로取扱함。

但오란것은褪色한것一部破損된號도있다。

京城聖書研究會

講師 金 敎 臣

場所 聖書朝鮮社(京城市外貞陵里)

日時 每日曜午前十時半부터約一時間

會費 一個月二十錢 聽講料每一回拾錢

지난四月부터 로마書研究를 시작하였다 大概이번學期中으로 十五回로써 畢講할豫定이다。六月第一日曜日은 第九章의工夫。

右의午前集會外에 特別班으로 午後四時부터一人相對의講義를 當分間繼續하기로하였다'午前時間에相碍되는 이의來參을歡迎。

但午前午後어느편이던지 遲刻은謝絶。

無教會信徒に對する希望

『聖書講義』誌五月號所載

定價一冊十五錢

無敎會本產地를向하야 우리의無敎會的信仰을披露한것이다。이를읽은이의所感如下。

(1 先生님의朝鮮無敎會論은 前日咸先生님의無敎會論과아울러 저의眞正한無敎會主義把握에있어서' 實로巨大한도움됩니다。

2 大兄執筆に係る「無敎會信徒に對する希望」はまことにまことに近來の戰慄文字、兩刃の劍を以つて思ひあがれる 無敎會主義者の弱い者いぢめの臟腑を摘抉されたもの、讀み來つて寒氣のするのを覺ました。

그리스도에게忠誠되라는이와無敎會主義에恐怖를느끼는이에게一讀을薦한다。

本誌定價

一冊 拾五錢

六冊(送料共) 前金九十錢

十二冊(一年分) 前金壹圓七拾錢

要前金。直接注文은振替貯金口座京城一六五九四番(聖書朝鮮社)로。

取次販賣所

京城府鍾路二丁目八二 博文書館

京城府鍾路二丁目九一 耶穌敎書館

東京市神田區神保町一ノ一 三省堂書店

文化書店(元山府) 茂英堂(大邱府)

新聲閣(咸興府) 信一書館(平壤府)

向山堂(東京市) 大東書林(新義州)

昭和十二年五月三十一日 印刷
昭和十二年六月 一 日 發行

京城府外崇仁面貞陵里三七八
編輯發行者 金 敎 臣

京城府公平洞五五
印刷者 金 顯 道

京城府公平洞五五
印刷所 大東印刷所

京城府外崇仁面貞陵里三七八
發行所 聖書朝鮮社
振替口座京城一六五九四番

金教臣主筆

聖書朝鮮

第壹百貳號

昭和十二年(一九三七)七月一日發行

昭和五年一月二十八日(第三種郵便物認可)
昭和拾貳年七月一日發行(每月一回一日發行)

目次

露國人의 敎養

病床에있는兄弟에게 慰勞하기爲하야 우리는 그病이 無意味한일이 아닐것을說明하여보았다。그靈을 깊이기爲함이라 깨끗이하기爲함이라 來世의消息을確然히하게爲함이라 하야、참으라 감사하라고。그러나聖意에 맛당하옵거든 하루速히恢復하여지다는것이 우리의더切實한祈願이였다。病者自身의焦燥한생각이야 더말해 무엇하랴。特히 해를 밖구고 다시밖구는 지리한病者를 慰勞할힘이 우리에게渴乏함을 느낄때가 한두번만 아니였다。

赤貧에시달린兄弟를向하야「가난한者가 福이있다」고 說敎도해보았고「貧이 너를玉成하너니라」는格言으로써 慰勵하고저 힘써보기도하였다。그러나「日用할物資나 아끼지말고 주옵소서。저런 眞實한聖徒에게、저와같은有爲한人物에게」하고 우리는 여호와를怨望하기를禁치못한때도 없지않었다。驕慢한者의驕慢을 꺾기爲함이라던가 貪스런者의悔改를要求하심이라면 모르거니와 이미土器처럼 부스러진者를 저다지慘酷하게 대접하심은 무슨까닭이신가고。우리마음이 이러함애 우리는輕忽히慰勵하기보다 病者와貧者의 무거운煩勞를 나누어지고저할뿐이였다。

近日 世上을 요란케한露國토하쳅스키元首等八將官銃殺報導에接하야 우리는平日에 무겁던 어께가 가덥게 된것을 느꼈으며 困窮에 묻힌兄弟에게傳할바 뉴ㅣ쓰를 찾은것같은 기쁨을 느끼지않을수없다。銃殺이 酷한지否한지、스탈린政權이 옳은것인지 反政府派에理由있는것인지 이런것을 우리가關知하고저하는바아니다。오직露國사람들의 敎養問題가 우리興味를 잇끄는問題였다。

듣건대 토하쳅스키元首는 當年이四十四歲로 露國한나라안에서뿐아니라 全世界에 가장 젊을元首이라하며、그가國防次長으로左任中에 西에獨逸東에日本을同時에對敵하야 戰爭할遠大한作戰計劃을樹立하였다한다。그런데 토元首로하여금 今日의大成에 이르게한最大勤力은 저가大戰當時에 獨軍에게捕虜되였을동안 死生을豫測할수없는生活中에서 한갓瞑想과讀書를 일삼지아니치못하였던것이라한다。其他레닌、스탈린等 露國의大人物들로하여금 後日의完成을達케한것은 모주리獄中生活 流刑處罰中에서 讀書와思索에 깊이잠겼던 탓이라한다。露國巨人들의敎養場所는大學이아니오 捕虜兵舍와監獄과 西伯利亞의流刑場이였다고한다。曠野를通한敎養만이 참意味의大學敎育이다。

人間의算段으로써 누가能히捕虜 投獄되기를願하랴。마는神의敎養으로서는 그것이要求되였다。예수 바울의曠野모세의 미듸안生活이神의敎案에는必要하였던것처럼、사람의情과智로써 누가病과貧을祝해내랴。마는病과貧에 함께몰리는兄弟여 主님의敎案을蔑視하지마라。

베드로輩의信仰

使徒行傳第十章끝으로 이런句節이있다。

베드로 입을열어 가르되 내가眞實로 하나님께서 貌樣으로 사람을取하지아니하시고 列國中 하나님을 공경하야義를行하는이는 하나님께서 悅納하시는줄 깨다랐도다……。베드로가르되 이사람들이 우리와같이聖靈을 받았으니 뉘가能히 물로洗禮주기를禁하리오……。

바울이라면 모르거니와 베드로라고하면 꽤 유대的要素를尊崇하는 사람이였던것을 누구나 잘記憶한다。 그런데도不拘하고 當時의使徒들이 베드로를爲始하야 基督信徒라는標準을極히簡單明瞭하게 세웠다。 割禮의有無와 猶太民族이나異邦人이나하고固執할것이없다。列國中에 文明의高下 富强의差別 階級의貴賤을 가릴것없이 다만一하나님을 공경하야義를行하는者」면 足하다하였다。 하나님이悅納하신것을 저의가退却할수없다하였다。

北米合衆國을永遠한磐石우에再建한國父아브라함 링컨大統領은 그父母에게서 받은遺産이라고는 舊新約聖書一卷밖에없었다하며 그聖書한冊으로써 저의靈性을練磨하엿을뿐더러 彼의獨特한雄辯과美文까지도 그聖書에서의所得이라고하였것만 저는終生토록基督敎會員에參入하지않었다한다。 그理由는 敎會信徒의信仰個條와敎理가煩長하고複雜하야 良心上의保留함이없이는 그대로納得할수없는까닭이라고하였다。 그럼으로 링컨大統領도

「萬一어떤敎會에서던지 律法과福音의實質을壓縮한主예수의陳述――「네心情을다하며 性品을다하며 힘을다하야 主너의하나님을 사랑하며 또한 네 이웃을 네 몸과같이 사랑하라」는 말슴을 敎會員되는全的資格으로하야 敎壇우에 써붙이는그敎會에는 나의心情을다하며 性品을다하야參加하리라」고 민망한心情을 하소연하였다 이러한베드로 링컨의무리와함께 簡單하고도明白한眞理를納得한資格만으로써參加할수있는敎會가 어데있는가。아직도없는가。

現代의生物學硏究의興味는 微生物과細胞內에顯微鏡을 겨누는일에있다하거니와、現代宗敎家들、特히基督敎敎役者와敎權者들도 時流에따라 日復日 顯微鏡으로 信仰을解剖하야 敎派間싸움하는일에만 熱中하는듯이보이니 寒心事이다。半世紀前에福音이 처음 이따에傳해졌을때는 예수믿는다는一語로써 親兄弟보다 더한愛情을 느꼈다하것마는 이제다시그素朴한情으로復舊할길은永遠히없을까。 또한 이런생각은 素人의思想이라하야笑殺할것뿐일까。 그러나 우리는 베드로링컨等의素人的믿음을 限없이그리워하는者이다。

成造小感

우리는今春에 書齋한간을 지엿다 單한간을增築한것이니 成造云云할것도없으나 우리 스스로의 意匠과勞力과苦心이 많이들엿음으로 그成造의感想만은 적지않다。

첫재로美에對한無關心이다。本來뜻은있으면서도 實現못하던建築을 이번에成就한것은「創造의生活」金周恒氏의雜石과洋灰로지은住宅에서 본을보앗고 힘을얻음이많앗다 「그렇게하여도 집이된다면 나도……」하는생각이 形成한것이다 建築에美를表現함에는藝術的才와物質的富를要한다。才도富도 가지지못한者는 不得已美에對하야無關心할수밖에없엿다 오직한가지美의表現으로 용마루南端에 추녀를 붙인것은 木手의專門的技術로因習的버릇으로 主人몰래한것이오 主人된나의 매우不滿하게아는바이다。우리는實用即可也

돌로지엿으나 돌집이라기보다 石窟이라고하는편이바른聯 을 줄것이다。型도없고 式도따르지않은까닭이다。窓을크게하고 여러개 만든것은日光과空氣를 넉넉히받어들이고저함이오、出入口를二重板으로하고 硝子窓을二重으로한것은 집안의 아이들戰爭소리 洞內의過剩라듸오소리流行歌曲調等의 모든世上의音波를拒否하랴는心算이엿으나 目的을完全히達하지는못하엿다。그러나하늘에서오는것은 주는대로받고 人間에서보내는것은 모주리拒否하고저하는固執이表現된것이다。

세멘과 모래를 一對三、一對四의比例로 섞는것과 「샘무리」「덴바」하는用語等도新奇하엿거니와 窓戶짤때의苦心焦思는 우리에게 새世界하나를發見케하엿다。내가養正學校에奉職한지十年이엿마는 우리書齋의도어를 짜보고서 비로소學校의事務室의도어(出入口)를 다시보앗고 새로보앗고 實相인즉 처음본심이다。그「울게미」의幅은몇寸 廣은몇寸門全體의高와幅은? 用材는무엇? 하면서 더듬어볼때에 나는學校도어를 처음으로 밧들어열고 밧들어닫게되엿다。그門한쪽에든金額과工力과考案과愛情을 짐작할수있게된까닭이다。유리窓에對하여서도 마찬가지다。나는 博物準備室유리窓을 몇번이나 열어보고 닫어보면서 홀로 微笑를禁치못하엿다。光線과空氣는 맘대로들이되 音波와塵埃는斷然코拒絕! 이렇게생각하면서 京城市內의官衙銀行百貨店들의硝子窓이 나의興味의對像이되엿다。

城같은石壁쌓기를畢하고 집웅을만들때에 또한번 새로운考案이必要하엿다。力學的知識이要求되엿다。가장적은材木으로、가장有効하게 뻗히기爲하야。이로因하야路傍에서 벽돌쌓는建築場에佇立하기도몇번。우리는新奇한것과 感謝한것과讚頌의感을抑制할수없엿다。時間餘裕있는이는 누구나一生에한번식 單한간이라도 自己손으로짓고살것인것같앗다。

聖書的立場에서본世界歷史 (15)

咸 錫 憲

二、地理와人種의配布

歷史와人種 人類의歷史를理解함에는 미리알지않으면안되는 몇개의前提가있다。假令例하면 宇宙에는正義의法則이 꿰뚤려흘으고있다는것、사람은그本質에있어 決코짱으로만살지않으려는者라는것、罪는人間存在의核心에까지 먹어들어가있다는것、사람은다같이共通된性質을가진 世界的存在라는것、그러나그러면서도 사람은個性을가진다는것같은것은 其中現著한것들이다 이것들은다 마치數學上의公理와마찬가지로 證明을要치않는 事實들이다。이런것들이있느냐없느냐 討論해도所用이없고 일은 이것을있는것으로認定하고 그것을應用하고 實地歷史에서밝히는대있다。사람들은 이러한歷史의公理를 聖書가운데서 배울수있다。聖書란다른것이아니오 宇宙人生의根本公理를 啓示에依하야 가르치는冊이다。그런대그러한歷史의前提中에 우리가文化時代에 들어가면서 반드시미리알어야할것은 種族의分化라는事實이다。人類는一面에서는 다같은人類이나 또 다꼭같은것도아니오、또一面에서는 個性을가지는것이나 또 그렇다고 아주다달은것도아니다、하나이면서 여럿이오 다르면서 같은것、거긔비로소 種族이라는概念이 들어간다。사람은世界的存在요 個性的存在일뿐아니라 또種族的存在다。世界的과個人的의 서로反對되는둘을 한자리에서 可能하게하는것도 이種族인것이오 둘사이에들어가 서로葛藤을이르켜 人類歷史를 複雜케하는것도 이種族的인것이다。故로이種族의原理를몰으고 世界史를알수는없다。文化의發生도 戰爭의起源도 이것아니고는 알수없다 人生의아름다운것、人生의醜한것、善인듯하면서惡인것、惡인듯하면서善한것、自由와束縛、平等과差別、進步의原因、退步의原因、도모지다 그줄이여긔달려있다。사람은種族的으로存在하는것이라고 깨달아서만 人類의일은理解할수있다

그리고그種族的分化는 決코偶然한現象이아닌故로 거긔相應하는 自然的條件이 必要하다 그것을地理라한다 地理的吟味가 歷史理解에 必要한所以가 여긔있다 어떤境遇에던지 사람은決코 空中에뜬存在가아니다。발을땅에붙인者다。地上의人間이다。故로地理는반드시 그色彩를 그우에사는사람의 生活우에 나타낸다。山은山的인것을 山골사람에 나타내고、바다는바다的인것을 海邊사람에 나타낸다。섬의民族은 섬的인性質을 그文化우에가지고 大陸의民族은 大陸的인것을 또그文化우에가진다。그러나그렇다고해서 地理가歷史의原因이된다고 생각해서는않된다。

그렇게생각하는것은 唯物論者流의일이다 그렇나그는 마치舞臺가그렇게되였는故로 俳優가그렇게演하였다는것과갈이 矛盾된말이다 地理는原因이아니오 舞臺와마찬가지로 材料다。俳優저의演할것을爲하야 그舞臺가必要한것이다。故로우리는 舞臺를보고 劇의內容을 推想하는것같이 地理를吟味하야 그歷史의뜻을알수있으나 그것이原因이되기때문은아니다 逆으로歷史는 거긔相應하는 地理를 要求하기때문이다 그리고그配置를하는것은 攝理의손이다。本章에서 우리가보려하는것은 이自然的配布의뒤에 움즉이는 攝理의손의일이다。

人類의分化 人類社會에 人種的分化가 니러난것은 발서舊石器時代의일이다 그리하야 成長期의初頭에는 地球上의人類는 이믜大體에있어서 지금과같은分布 即三派分立의狀態를 가지고있었다。三派라는것은 蒙古系、아리안系、黑人系다 지금地球上의人類는 여러가지種族으로 갈려있으나 그가장根本的인差異에依하야 大別하면 이셋이되는대、이것을그사는大陸의名으로 或亞細亞人種、歐羅巴人種 阿弗利加人種하고불으기도한다 이밖에도 學者에따라서는 제各기區別法이달라 南洋島嶼人種、亞米利加人種을 따로세우기도하나 島嶼人은根本은 黑人系에屬하는것이오 亞米利加人種은 일즉이 베링海峽을건너 亞細亞로불어간것인故로 亞細亞人種系에 넣음이맛당하다。其外에或言語系統으로、或骨相으로、或血液型으로하는 여러가지區分法에니르러는 一理가있기는할것이나 細密히하자면 끝이없는것임으로 그만두고 常識的인觀察에依하야 그가장根本的인特色을본다면 이셋의對立이 一見明瞭함을본다。셋은 서로다른體質上의特徵을가지고 서로獨特한 文化系統을가지고 서로같지않은使命을가진다。그런대 이分派는舊石器時代불어의일이라니 人類는그어릴적불어 三兄弟로갈라저 자란셈이다。

이現代의科學이 차저낸事實을 念頭에두고 創世記를닑을때는 한層더한 놀람을 가지지않을수없다 그는數千年前에이믜이것을 分明히가르쳤기때문이다 (九章十章)거긔는地上의各種族과國家의 起源을說明하야 말하기를 이는노아의세아들 셈、함、야벳에서 나온것이란다 大體로 셈에게서나온것이亞細亞諸族이오 야벳에게서나온것이歐羅巴諸族이오、함에게서나온것이阿弗利加諸族이다 셈이라함이라하는 일음이라던지 노아의三子라던지 하는것은어떠케되였던지 말할것없고、左右間地上의모든民族이세줄기에서派生한것이라하는것은 깊이注意할만한말이오 더구나세아들에對한 노아의祝福과그後三派人種의歷史上에가지는運命을比하야볼때 이人種의分布는決코偶然아님을 알수있다

이믜우에서말하였거니와 人類의搖籃地는 印度와小亞細亞間의어느地點 더구나파밀高原附近이라는것이 多數學者

의一致하게 말하는바인대、人類는아마 아득한녯날 이世界의마루턱에서 세派로分散하야 오늘날의分布狀態를 가지게된듯하다. 그分散의原因이무엇인가하는데對하야는 여러가지說明이있을수있다. 爲先經濟的으로說明할수있다. 即生活資料의不足이 그原因이리라고、動物의世界에서는 그러한現象을 種々보는수가있다 메뚜이라던지 개암이라던지 쥐 사슴이같은動物이 먹을것이없어지면 떼를지어 大移住를行하는일이있는것이 記錄에있는것도있다 그럼으로 生活技術이幼稚햇던當時에 그러한일이있었을수있는것은 想像할수있는일이다 다음政治的原因으로 說明할수도있다。究竟에生活을爲한것임은 다를것없으나 人智가漸次發達하면 社會關係가緊密해짐으로 사람들이自己네의生活을 社會的組織力에依하야 行하려하는데서 政治生活이始作된다。거긔따라團體가생기고 團體와團體間에 磨擦이니러난다。비로소거긔 優勝劣敗의事實이있게되고 占領이라、侵略이라 被逐이라하는現象이 생기게된다 歷史上에實例를든다면 西洋史에有名한 民族大移動같은것은 그러한것이다。

그렇나그것만아니다. 그밖에宗教的原因이있는것을 닞어서는않된다 宗教的要求때문에 民族的移動이 니러난다하면 現代사람에게는 容易히알기어려운말이나 原始의人類에있어서는 그렇지않다。저들에게있어서는 生活은곧宗教인故로 生活上의必要는 直히宗教的要求가된다 歷史時代에들어와서도 上古에는 戰爭의原因이 神과神間의싸움인것이많다. 이스라엘의歷史가 여호와神과異邦神의싸움인것은 말할것도없고、저希臘에有名한 트로이싸움도 그러한神의싸움이다. 우리朝鮮歷史에서例를든다면 東扶餘가 北扶餘에서 갈라날때의原因이 天帝가國相阿蘭弗에게 東遷을命한故로 되였다고한다. 이境遇에恰悧한듯이그것은經濟的 政治的原因이 宗教的外衣를쓰고 나타난것이라고 說明해도無用이다. 勿論그렇다. 그렇나그것이조곰도 宗教的動機가 事件을決定한다는데 反對되는것은없다. 經濟的政治的說明그대로를쓰지않고 宗教的說明을 假裝한다는것은 도리어國民의生活이얼마나宗教的動機에依하야 支配되고있다는 强한反證이다」大體人類는 現代人이 理知로생각하는以上으로 本來宗教的이엿다 考古學의研究에依하면 人類가死者埋葬을 行한것은 퍽오랜적붙어다 저佛蘭西에 라。샤펠、오ㅣ세이누의東枕埋葬、오푸네트의西向埋葬같은것은 有名한것이다. 오푸데트같은것은 二十七人을 同所에묻었는대 모도西向을하야눕혔다고한다 그는古代에있었던 光明思想에서 나온것이다。即死者가 生命의源泉이되는太陽을 그넘어가는것을볼수있게하기爲하야서다 이外에 寺院、宮殿建築等에 光明이라는것이 그方向을決定하는것은 잘아는일이다。이光明思想이라는것은 오늘날우리가 想像할수있는以上의 重要味를 古代人에게서는 가젔던것이다。故로이런太古時代의 人種의移動을 專혀이動機로說明하려는 學者들도있다。그可否는우리가即決할수없으나 何如間太古時代의사람이 政治의일、經濟의일、먹고입는日常小事까지 바로生死그것을 神의命令이라 믿는바에依하야 行하였던것은事實이다 아부라함의니야기는 곧이스라엘民族의니야기오 檀君의니야기는 곧朝鮮사람의니야기다。故로人種分化의 直接原因이야 무엇이였던지 그根本原因은 사람의宗敎的要求에있다 그리고그宗敎的要求는 어떤形態를썻던지 말할것없이 究竟에있어서는 良心의不安에있다할것이다 移動의原因은 不安定에있고 生活不安定의感은 良心의不安定에있고 良心의不安定은 罪에있다。聖書에依하면 人種問題의根本原因도 亦是罪에있다。

三派의特質 人種의分化는 그와같이 깊은原因이있고 긴歷史가있다 따라서各民族의根幹이되는 그三派間에는 매우큰 特質上의差異가있다 亞細亞人種에는 다른대서볼수없는 亞細亞的인것이있고 歐羅巴人種에서는 歐羅巴的인것、阿弗利加人種에는 阿弗利加的인것이있다。그리고이亞細亞的인것、歐羅巴的인것、阿弗利加的인것은 歷史의理解에있어서 至極히重한것이다。이것을몰으고 世界史를알수없다 故로그大體를 그려보는것은 매우必要한일이다。

亞細亞系에屬하는人種은 大體로그性質이 溫和하다。戰鬪를좋와하지않고 殘忍을싫여한다。自己主張을 그렇게하지않고 서로寬容하는편이많고 排他의風이甚치않다。勿論亞細亞人中에도 征服時代의蒙古族과같이 暴勇한者가없지않다。그렇나그것도 西歐人이생각하는것같이 그렇게必要한것은아니오 또歐羅巴人種이나 黑人種에서 보는듯한것에 比할바못된다。亞細亞의民族에는 로마에서와마천가지로 사람과사람을싸움을부쳐 서로목을찌르고꺼꾸러지는것을 그紳士와淑女가보고 快哉를부르는것같은者는없고、亞細亞의歷史에는 歐羅巴의宗敎戰爭時代에보는듯한 끔찍한것은없다。東洋人은그얼굴붉어가 惡意와陰凶을가지지않었다。

다음 亞細亞사람은 그感情에있어서淡泊하다。表情的이아니다。그들의生活에있어서는感情이決코主가아니다。이것은그藝術에 잘나타나있다。色彩의濃厚한것을 좋와하지않고音의熱情的인것을崇尙하지않는다。淡々한一色中에 無限한眞을簡單히象徵하기를잘하며 맑고가라앉은소리로優雅雄渾한것을表하기를좋와한다。藝術만아니라道德文化에서도 그렇다 그人格의理想으로삼는것은 喜怒哀樂을不形於色하는것이오 그交友의標準은 물같이淡한것이다。그들의生活은比하야말하면 놀랄만한깊이를가지면서도 한조각물결이나소리좋아도 아니니러나는 碧一色의淸潭과같은것이다。

社會生活에있어서는 그들은統一을尊重하고 구타여自由를主張하지않는다。自己主張이없다。東洋에는西歐人이말하는意味의個人은없다 그들은平常말하는동안에 너나의人稱代名

을 많이쓰지않는다。故로大家族主義와大帝國은亞細亞의것이다。支那그렇고、印度그렇고、土耳其도그렇고蒙古도그렇다。

歐羅巴人種은 이와달으다. 그들은性質이 매우活潑하다。亞細亞를靜的이라한다면 이는動的이다。타골은西洋文明을評하야 城壁속에서 發達한文明이라고하엿다。詩人다운말로 西洋의特質을 잘表示한것이라할것이다。그의말하는意味는 이렇다。東洋사람은 開放된大自然속에서 거긔녹아들고 거긔合致하야사는中에 文化를지어오는대、西洋사람은 돌과石灰로 自然의一部分에 區限을말들고 卽自然을征服하야 自己것으로만들어가지고사는가운대서 나온文化라는것이다。果然歐羅巴는 征服的이오 自己主張的이다。오늘날의모양을보아도 東洋이면 支那하나가있을만한地域안에 三十餘個의나라가 갈라저가지고있어 서로빼앗으려고 서로직히려고 서로떠밀고 서로으르렁거리고있다。저들은決코平穩한사람들은아니다

따라서그들은 感情에있어서 매우濃한것을좋와한다。表情的이다。東洋人은힘써 感情을눌으려하는대 저들은힘써發揚식이려한다。말마다 원더풀(驚異)이오 일마다 글래드(喜)아니면 쏘리(哀)다 사람을接하는禮에 抱擁을하고接吻을하는것은 저들이다。그그림은 濃厚한色彩를쓰는 油畵요 그音樂은 心臟이터질듯이 울어나오는 或은全身의細胞를 振動식이지않고는 마지않으려는 感動的인소리로된것이다。社交術과 外交政治는 저들歐羅巴人의것이다。

自己主張的인그들은 政治에서는 自由를尊重한다、西歐의歷史가 權利의싸움으로 始終하는것은 이때문이다。希臘은 손바닥같은都市國家안에서 自由를主張하야 싸우는것으로일을삼앗고 오늘날의모든國家도 希臘을模範으로삼지않는者없다。爲先은自然의暴威에서 人間을解放하는것이오 다음은他者의壓迫에서 나를解放主張하는것이다。傳統이東洋사람의것이라면、創造는西洋人의것이다。個性의價値와 民主主義의思想은 저들에서나온것이다。

그와같이 亞細亞와歐羅巴는 서로다르다。하나는自己를恒常큰것에 連合식이고 服從식이려는代身에 하나는 늘自己를 獨立식이고 自己가主人이되려한다。前者는人間의內的것의充實을 問題로삼는대 後者는自己와外界와의關係를重要視한다 亞細亞가精神的이면 歐羅巴는物質的이다。이들의能한것은 科學에있고 저들의能한것은 宗敎에있다。天地自然間에들어있는 許多한驚異가알려진것은 後者의손으로서요 形像의저짝에있는 崇高한世界에對한것을 感得한것은 前者의가슴으로써다。一言으로하면 亞細亞는天的이오 歐羅巴는人的이다 東洋人은 우에를問題로삼는사람들이다。故로그들은 統治를알고 服從을안다。東洋의詩는自己를沒却하는것이 그理想이다。西洋人은 左右를問題로삼는사람들이다。사람을問題로삼는다。故로社交와鬪爭이다

西洋詩는그저 나、나는、내가、나를 하는 自己表現、自己主張을하는것이 그生命이다 亞細亞는그淡恬한精神的活動에依하야 「天」의如何히神秘로운가를 가르치고 歐羅巴는그濃艶細密한現實的活動에依하야「人」의如何히能한가를알련다 그런故로思索硏究의能力에對한天分이달으나亞細亞는天界에向하는故로綜合的이아니면안되고、歐羅巴는地上界에向하는故로分析的이아니면안된다 그와같이서로달은特色이亞細亞的인것과歐羅巴的인것을構成하야世界文化를合成한다

亞細亞를天的이오、歐羅巴를人的이라면 阿弗利加는 地的이다 저들에게있어主되는것은 精神도아니오 人間도아니오 그저自然뿐이다 그文化에서 宗敎의볼만한것도없고 科學도없고 그저原始的이다 本能的이다 거긔있어서 사람은 自然의偉大에 壓迫되여있다 自然만으로는 어떻게 無力한것인가를 보여주는것이 이阿弗利加다。

地理的配布와三派의使命 三派가各々 그렇게서로다른特質을가진것은 무엇때문인가、偶然인가、그럴만한理由가있는것인가 歷史는一面에서보면 生命의흐름이오 神의뜻의나타나는것이나、또다른面、即人間의立場에서보면 一個敎育이다 人間안에、또人間을通하야 世界안에、漸々참人間的인것 或은神的인것이 陶冶形成되여가는것이 歷史다。그리고敎育인以上、立案的이지않을수없고 案이있는以上秩序階段이 없을수없다 個人이나民族이나 成長에는階段이있고 敎育은그展開되여가는 身體的精神的發達階段에適應되여서만 그目的을다할수있다 故로人類歷史에는 스스로階段이있고 거긔따라各種族의할일이달으다、歷史는種族的으로 時代的으로 지어진다 特定한時代에 特定한民族이 그役割을다함에依하야 歷史는進展된다 勿論그間에도 다른모든民族이나國家가 歷史的作業을 쉬는것은아니다 그러나그는마치敎室에서 한사람生徒가 宿題를實演함에依하야 全級生徒가 學習을行하는것과같은方式으로서다 歷史를이렇게보는見解는、種族的時代的으로 지어진다고보는것은、歷史를意味充實의 한個統一的인것으로 理解하는대있어서는 매우重要한일이다 故로우리는 적게하면 各民族이 제各기 獨特한歷史的使命을 가지는것이지만 또크게하면、人類의이三派는世界史를形成하는데있어서各々獨特한役割을 가지는것이라고본다。그리고이것은 이미일우어진歷史事實에비추어地理的吟味를 하여볼때 잘알수있다

亞細亞人種의特質은「天」的이라고했지만 그는亞細亞의地理그것이 그렇게되였다。亞細亞의地理的條件으로서 天의偉大와神秘를 表하지않는것없다 여긔서는地理上의區分은「大」라는것이 그原則이다 神은亞細亞大陸을만들때에 巨斧와大尺을쓴듯하다 世界最大의大陸은이것이오、最高의地點은여긔있다 世界一의高山이여긔있고 世界一의平原이여긔있다 河川은반드시 그長에있어서 第一되는者를 가지지

않었으나 全體로볼때는 斷然世界一이다。四千킬로以上의河川이 阿弗利加에있어서는 겨우셋、南米에둘、北米에하나밖에없는대 亞細亞에는여섯이오、五千키로以上의것도남들이다 하나式에不過하는대 여긔는 셋이있다。大沙漠이있고 大高原이있고、大半島가있다 颱風이한번불면 百千年에亘하는 人間의所有가踪跡도없어지고、豪雨한번나리면山河도그자최를잃는다。都是大요、壯이오、嚴이오、統一的이오 啓示的이다 그가운데있어서 사람은宇宙의大를 느끼지않을수없고 人間의小를깨닫지않을수없다 아래는사람의사는 醜醍한世上이있고 우에는그를俯瞰하는듯 雪線우에솟는靈岳이있으며 뒤에는變轉無常의陸地가있고 앞에는萬古不變의神秘色을띄는 大洋이있다 저들은精神的이되지않을수없고 宗敎的이되지않을수없다。神은搖籃에서끄내여저들을 이亞細亞大陸으로 밀어내놓을때 저들에게 宇宙的大精神의發見으로써 命한것이다 그리고이는歷史的敎育의 第一계지였다 世界歷史에서 가장몬저 그役割을演한者는 亞細亞다。文明의起源은 여긔있다。

그러나亞細亞의缺點은 統一을알고自由를몰으며 精神을알고物質을낮는대있다。사람은肉體만인것도아니나 또實體없는靈만도아니다。精神은尊貴한것이나 物的基礎를가지지않은精神은 空漠한것이오、綜合이좋은것이나 分化를지나지않은綜合은 偏狭한것이다。歷史가萬一 亞細亞사람의손에만 맛겨졌다면 保守固陋에 빠지지 않을수없을것이다。亞細亞사람의눈에나타난 理想의世界를 單純한蜃氣樓로 空中에消散되지않게하기爲하야 地上에土臺를쌓을必要가있었다。그使命을가지고나온것은 歐羅巴였던듯하다

歐羅巴는여러가지點에있어 亞細亞와對照된다 後者가大的인代身에 前者는小的이다。嚴正한意味에서 歐羅巴는獨立한大陸이못된다。亞細亞의特別한一區域이다 小한面積안에 여러적은區分이있다。歐羅巴에 여러民族이사는것은自然의勢다 모든人的인것은 要컨대人的接觸의產物이다社交도거긔서나고 싸움도거긔서난다。競爭여긔있고、發達여긔있다 亞細亞의自然이 宇宙의大를깨닫도록 刺戟하는代身에 歐羅巴의自然은 人間의自信念을 挑發한다。海岸의屈曲은 世界에第一이오、河川의많은것과 서로連絡利用하는 水運의便이많기 또世界에冠絕한다。鑛物의含有量이많어서 自然開拓의慾望을 니르키고 水陸의分布調和되여產業의發達에適當하다。故로歐羅巴에있어서는 通히現實的이오、實利的이다。到處에人間이主人아니되는대없다。山川은利用할것、海洋은利用할것、自然은征服할것이다。歐羅巴에있어서 人間의能力은 遺憾없이發揮될수있다。故로亞細亞人에依하야 뿌려진文明의씨는 이땅에떠러저서 쑥쑥자랏다。亞細亞人은 無爲德化를 政治의理想으로하였는대 이들은人爲制度를 그目標로한다。經濟學을發達식힌것도저들

이오法制學을發達식힌것도 그들이다。人間中心의哲學도現實利用을爲한科學도 저들의손으로되였다。人間이自己의모양을 바라보고自己를알기始作한것은歐羅巴人으로붙어다。

神은그歐羅巴의南方에 配置히기를 阿弗利加大陸으로써하였다 所謂暗墨大陸이라는것이다。여긔無限한天然의富가있다。그러나自然의힘은 너무强하야 壓頭的이다。이는人文의發達이 一定한高度에達하기前에는 손을대일수없는곧이다。海岸線은屈曲이적고海岸에山脈이있어墻壁이되여 드러오는者를막였다。안에는密林있고猛獸있고 간대마다地가主人이오 사람이아니다 阿弗利加는發達한歐羅巴社會에生活의資源을供給하는一方 歐洲文明을試驗하는試石金으로存在하는듯하다。歐洲人이萬一 이暗黑大陸을光明化하는대失敗하면 그文明은 이미宣告받은것이다 唯一의獨立國이라던에티오피아하나를 살리지못하는現代西洋文明은人間만의文明이 얼마나한價値를가지는가를 스스로알수있게되였다。

米大陸은스스로 그規模를달리한다 그大 그統一的인것으로하면 亞細亞的이오 그位置그人種으로하면 歐洲에갓갑다。神은歐洲文明의 更新作用을爲하야 이것을豫備한것인가。大洋洲에니르러는 世界의橋梁이다。人的文明은 自己의眞正한價値를안後 다시 亞細亞에도라와 世界史本來의意味를 다하기爲하야 이橋梁이必要한것이다。豫言者의眼光을가진者는말한다――今後一千年間의 世界歷史는 南半球에있을것이라고」(內村鑑三、地人論)

民族과文化 攝理는왜그러한일을하나。왜人類를人種으로나누고 人種을民族으로나누어 各々獨特한舞臺에서 獨特하게길으는가。偶然이라면 即말려니와 그렇지않다면 묻지않을수없다。

聖書에依하면 民族이分化된것은 神이故意로한것이다。파벨塔을쌓는 人類를보고 神은짐짓妨害하야 言語를混雜식이고 分散을식여 世界의各處에있게하였다고한다。그리고이것이、이言語의混雜、即思想의融通이되지못하고 各々別化된風習밑에사는것이、人類의歷史를비린내나게하는 戰爭의原因이된것은事實이다。그러면神은 로마사람같이 피를보기좋아하는 惡戲漢인가 勿論아니다。聖書는다시말한다 그는神이이世界를 사랑하는대서 나온것이라고。神의두려워하는것은 人間의驕慢이다。言語가하나이요 風習이하나이요 統一된人類에게 神에對한驕慢이있으면 거긔서더한危險은없다。人間은 統一된文化라고하지만 神은그것을싫여한다。勿論罪없는人間이면 그렇지않다。無知한아의들이 모히면危險이있는것같이 罪있는人間의統一은무서운것이다。惡意가있는듯이 人類의分散을斷行한것은 이때문이다。隔離식여서 健全을回復하는것이다。民族의分化있어서 歷史에는許多한悲慘이있으나 萬一民族의分化없었다고하면 世界에 貴한것은 한곧도길은대가없었을것이다。世

界統一主義를 史上에實行해본者는 여럿이였으나 모두다 慘酷한運命을 아니맛난者없다 앗시리아이있고바빌론있고。알넥산더가그렇고 씨ㅣ자ㅣ가그렇고 나폴레온、카이제르도그렇다 人類歷史의中軸에 먹어들어간 罪가없어지지안는限 今後그것을試驗하는者도 同一한運命을當할것이다。

神은바울의입을빌어 自己의뜻을表明한다。――人類를 한血脈으로지으면서 各國境을定하야 分立하게한것은 神自身을찾어얻게하는것이 目的이라고(使徒行傳十七章二六ㅣ三二)。 그렇다神을찾는일이다 人間은그强한곳을 꺽기워서 神에對한 思慕가니러나는것이다。사람이社會的存在인以上 그가장强한것이 全體的統一에있다。故로神은 바벨塔을쌓는人間을 보고、그대로두면 無所不爲리라고하였다。그리하야 그를 부스러처 自己앞에服從하게한것이다。

民族心은 學者가그것을 어떻게說明하던지 한개矛盾이다。同而異、異而同、이것이곧民族이다。理想的說明에서는 어찌되였던지 現實에서는 民族은世界的道德을깨친다 人類로서는 讃美할道德이 民族에서는 罪가되고 人生으로서는 排斥할罪惡이 民族에서는 稱揚할美德이된다。許多한高尙한思想이 그앞에서는 아무맥없이깨어지고 여러가지抑制되였던 人類의缺點이 民族을爲한다는 마당에서는 忌憚없이發動한다 果然民族心처럼奇妙한것은없다。그러면 이는한갓人類를 墮落식이는 迷惑식이는것인가。아니다。

民族心이란 結局愛憎의感情이다。民族의目的이 利害에局限될때 그愛憎心은 實로可憎한行動을한다 그렇나그것이 利害에서解放되여 正義의神앞에 忠誠을盟誓하고설때 그는密雲의틈사이로 나려오는日光과같이 光輝燦然한것이있다。幾多人類의美點이 나타난다。民族心은그究竟의目的이 眞愛를배우는대있다。民族愛를아니가지는者로서 愛의깊은 意味를알수없다。그리스도가 이스라엘民族에서난것은 이때문이다。世界創造以來 數많은宗敎家가 去來햇고 種々의神이있으되 예수와같이 神의깊은곳을 들어낸이는없다。그러나이는偶然히된것이아니오 오래歷史的으로 準備되여서된것이다 世界에이스라엘사람같이 民族愛의强한種族은 없다 그들은民族을爲하야는 愛憎의極端을걷는다。그렇듯 民族心이强한民族속에서 世界的四海同胞思想의 基督敎가 나온것이 一見矛盾인듯하나、그렇지않다。도리어거긔였는 故로可能햇다 예수는그民族속에나서 참愛의어떠한것임을 깨달앗고 憎惡가어떻게무서운것임을알앗다。

人間을바리기爲한 人間인것같이 人種을이기기爲한 人種이오 民族을넘어서기爲한 民族이다。그리고 짐은저서야 없어지는것같이 民族의意味는 充實식여서만 거긔서넘어선다。그러면歷史가있는限 이끔직한모양의世界는 繼續하는것인가하면 落心나는일이오 울고싶은일이나、그러나할수없는일이다。그것이神의 지우는짐이다。

江戶消息

(前略) 먼저武藏野學園에對하야 쓰고저합니다。 建物은 그리크다고할수없읍니다。 그러나 모든것이堅固합니다。現在八學級인데 全部二百名未滿입니다。……各級擔任外에 理科、體操、唱歌、圖畫、英語、裁縫等은時間講師입니다。 이번에와서實地로佐藤先生의熱誠과眞實을보아 놀랐읍니다。 그리고 한사람의人格또는能力이 얼마나偉大한것을 알었읍니다。 各先生이모다眞實하고熱心입이다 그러나 佐藤先生이二三日間出張가신때에보니 學校는 빈것갈으며 主人없는寂寞이 들어남을 보았읍니다。 아브라함一人으로말미아마世上萬民이祝福을받고 바울一人이基督敎를世界에傳播하며 또確立하였고 루터ㅣ一人이宗敎改革을하였으며 예수一人이全人類의罪惡을代贖하였으니 예수一人이없으면人類는救援얻지못할뿐아니라 世界도宇宙도無意味無價値할것이었음을 깊이〻〻 알게되였읍니다 아아한사람尊且重하도다

다음은無敎會人들의動靜을말하겠읍니다 六月二日(水)午後七時에 望星學塾(松前氏宅講堂)에서 山本泰次郞氏가「統制主等の時代と基督敎」라든演題로 二時間以上의講演이있었읍니다 매우有益하고 자미있었읍니다 露 伊 獨等은形式은다르나 結局內容은 하나님에게反逆함에있어一致하다고하며、이것을日本도模倣하야 個人의自由는없고國家라는怪物을偶像崇拜하여凡事를統制하랴고한다」 未久에 信仰이나宗敎까지統制할는지알수없다。 참으로 무서운世上이다云云、 이말을들은지 몇날못되여 朝鮮서는宗敎統制를 開始하였다는말을듣고 놀랐읍니다(五月三十日附朝鮮日報記載)。 末世가된듯합니다 政池氏는每月第二第四木曜午後七時에宗敎改革에對한連續講演을한다합니다。 지난十三日午後一時半에는 赤坂溜池三會堂講堂에서 畔上先生傳道二十五週年記念講演이있었읍니다。 司會者牧野正路氏。 一、獨立傳道の意義(藤本正高氏) 二、アウガスチンの神國觀(三谷隆正氏) 三、ペテロ對パウロ(塚本氏) 四、感想(畔上氏)인데 五時까지 걸렸읍니다。 聽衆은五百以上六百에達하리라합니다。 그六七割이無敎會者라합니다。 모든것으로보아壯觀이었읍니다 前에學生時代에보던것과는 다른느낌이 일어납니다 무엇을보아도朝鮮을생각하게되여 무엇인지견델수없는感이生합니다. 講演後에丸の內精養軒에서感謝晚餐會가있었는데弟도 參席하니 出席人九十一名。 만나고싶던이들의 얼골을 거의다보았읍니다。 矢內原敎授를其席上에서 처음만나서人事後그翌日에訪問하였읍니다。 晚餐會는 매우滋味있었읍니다 食後에感想談이愉快하였읍니다 小弟도 또한數言을吐하였읍니다 朝鮮보다 그리스도의役事가一層鮮明한感이납니다。

矢內原敎授를訪하니 잘알수는없으나 아마그것이 참學者의態度인가하였읍니다。 처음만난것도 한理由일지알수없으나 都大體冷情하기짝이없읍니다。 그러나先生의말에 크게배움이있읍니다。 無敎會도 한形式이 딱짜저서 다른길을取하지않으면 안될것이다。 集會하고文書傳道하면 그것이全部가되여 相對에對하여서는 생각함이적다。 더구나朝鮮같은敎育程度낮은데서는 좀더一般이理解할수있는모양의傳道가必要할줄안다。 그러니 좀더一般、더구나 大多數의農民과接觸하여 卑近한것을通하여 生活自體가傳道이도록하는사람이 일어나기를바란다云〻。

聖書概要 [二七]

金 敎 臣

하박국書의大旨

이책은 舊約聖書「小預言書」의第八冊이다。 오직三章으로만되였으나 그著者와年代等에關한學問的研究에는 今日까지도分明치못한바있고 그敎訓에至하야는尨大한著作에比하여도遜色이없으리만한重要한預言書이다。

著者及年代。 하박국의預言한年代는 本書第一章으로부터第二章에亘한問答(預言者와 하나님間의)의 內容으로 보아서 大略紀元前六百年頃으로推算하나、本書以外에는證考할 다른資料가 없음으로 的確한日字를指摘할길이없다。

著作者인 하박국의生涯에關하야도 本書三章의內容으로推測하는外에 聖書中에記錄된바가없다。 그러나 그의簡單한預言을通하야 彼하박국의眞摯高潔한人格의輪廓을 엿볼수있음은 심히 감사한일이라고 안할수없다。

하박국의預言은疑問으로 시작하였다。 이는 저가特히懷疑의人物인 까닭이 아니라 도리어 저가信賴의人이오眞摯한人格의所有者인것을 말하는材料이다。 疑問에도 두가지가있다。 하나는 사람을 根本으로부터疑心함으로發하는疑問이니 이는懷疑로부터懷疑에始終하는惡性의疑問이오、二는 사람을信賴하면서——信賴함으로——躊躇할것없이披露하는疑問이다。 前者가 처음부터否定을前提로하고 묻는데反하야 後者는 어떻게던지善한解答이 나올것을期待하며信賴하면서發하는疑問이다。 하박국의疑問이後者에屬한것임은 勿論이다。

孔子는顏回의默々히納得함을稱讚하였으나 미처納得하지못한것을默過함은 거즛이다。 特히信仰의人이라하야 거즛된敬虔을 꿈여서 良心의煩勞를抑壓하려하며、信仰의權威로써形式的忍從을强要하려함은 무릇眞摯한 人間의取할바길이아니다。 이點으로보아서 하박국은聖徒되기보다도 먼저「사람」되기를 힘썼다。 참다운態度로써人間現實에直面할때에 우리의周圍에는 許多한疑問이 둘러쌓고있다 더욱이道德的疑問이甚하다。 이러한疑問에 關하야 全然無關心하는것은 一時의場面을塗糊하려는淺薄한輩가아니면 敬虔의假裝을입은僞聖徒이다。 이렇게볼때에 疑問은疑問으로하야 기탄없이吐露한 하박국은 設或信者가아니라하며 預言者답지못하다는評을避치못한다할지라도 于先참다운人間이였음에는 누구나異議를 둘수없다。 참다운 人間이였던하박국은 또한眞實한預言者이오忠誠한 여호와의종이였다。 깊은信賴의人이 매로深刻한疑問으로써 여호와하나님께親近한人物로서 우리는 모세 예레미야其他의많은聖徒를聯想

할수있다。

內容及大意。本書는左와如히三部로確然히 나누인다。

① **一・一—二・四** 預言者와하나님의對話。

② **二・五—二〇** 다섯가지災禍를惡에對하야宣言。

③ **三・一—一九** 하나님의顯現과支配를讚歌함。

하나님과의對話에 하박국은質疑로써 시작하였다。「여호
와여 내가부르짖어도 당신이 듣지아니하시니 어느때까
지니이까 강포한일을 인하야 내가웨처도 당신이 구원
치아니하시나이다。」라고(一・二) 忌憚없이 하나님께呼訴한
다 유다國內에 간악함과 패역한일이 가득하고 헛된辯
論과紛爭은 쉬지않고 겁탈과 강포가 日常보이어서 律
法은解弛하였고公義가施行되지못하야 惡人이義人을 에워쌓
며公義가 굽게行하여지게되니、宇宙를支配經綸하시는 여
호와하나님이 게시면서 이러한 모든不義가絕滅되지않는
가하는것이 하박국의 오래前부터의 깊은疑問이오 또한
모든 참된사람에게共通한疑問이다。

이呼訴에對한 하나님의第一次解答은 이러하다。

너의는 렬국을 살펴보고 심히 기이히 녀기라。
너의생전에 내가 한일을 행하리니 비록 너의게告
하나 너의가 믿지아니하리라。

고(一・五) 이 믿지못할一大事變이란것은 毒하고急한나라
인 갈대아人을 일으켜서 모든不義와罪惡이 사모참으로
써 預言者로하여금質疑와呼訴를禁할수없게하는猶太백성을
표범보다 빠르며 저녁 일히보다 사나운騎兵의馬蹄下에
蹂躪하게 하리라는것이다。그러나 이와갈이 强暴로써强
暴을制裁하며 惡害로써惡害를報應함은 하박국의質疑에解
答을 주는것이아니라 도리어 새로운疑問을일으키지않을
수없었다。적어도 期待하던 하나님의處事답게納得할수는
없였던것이다。故로 預言者는 다시呼訴를 거듭하였다。

나의거룩하신자 내 하나님 여호와여 영원부터 게
시지아니하시나이까 우리가 死亡에 이르지아니하겠
나이다。여호와여 저를세워 심판하실것이오 반석이
시여 저를 굳게세워 경계 하시겠나이다。主의 눈이
정결하사 惡한것을 보기싫여하시며 패역한것을 참
아 보시지아니하오니 어찌하야 궤휼을 行하는자를
권고하시며 惡人이 자기보다 의로운사람을 삼키대
주께서 어찌하야 잠잠하시나이까。

하야(一・一二、一三)疑雲은一層깊어가고 呼訴는더욱切實하
여진다。强暴로써 義로운者와良順한者를 虐待할뿐더러 저
의가列王을 멸시하며 方伯을 치소하며 사람을 물의 고
기와같이 농락하며 殺戮할뿐인가 나종은 여호와神까지
蔑視하야마지않으니 이것이果然 歷史를攝理하시는 여호
와 하나님이 存在하서도 이러할까。

하박국은 망대에서 바라보는斥候隊처럼 渴急한마음으

로 그解答을待하였다。 매에第二次의啓示를 받였다。 이默示는板에삭여 달려가면서라도 읽을수있게 確然하게하였다。 또한 이묵시는 정한때에 斷定코實現되려니와 비록 그實現이 더딜지라도 정영應할터이니 기다리라고添書하였다。

저의 속마음이 교만하야 正直하지못하되
오직 의인은 믿음으로 말미아마 살리라。

는(二·四)簡單한 對答이였다。 하박국에게 오랫동안 사모찻던 깊은疑雲은 이解答으로써一朝에消散하여버렸다。 이제는 世界歷史의進展을 大多한希望과安心으로서 바라볼수있는 根本的大原理를 깨달었기때문이다。

마음이 교만한者는 하나님을拒逆하나니 그속에生命이 있을수없다 곧死滅한者이다。 속에正直하지못한者는 그本質이 발서虛僞요不實이니 설혹一時的으로繁華할수있다할지라도 그는 뿌리없는 나무의繁華함이다。 早晩間에枯死할것은永遠한公理이다。 갈대아人들처럼强暴함으로써 跋扈하는者 一時는天下를 찾이하는듯하나 거긔는眞實이없고 하나님을拒逆한무리들이니 滅亡할것은必然한일이다。

그러나 마음에正直한者는 信仰(忠實)으로써 산다。 信仰에는 섞인것이없고 오직純粹한것이있다。 이는 하나님을迎接하야永遠한生命에叅與할수있다。 猶太가 비록腐敗하였으나 그중에 바알에게 무릅 꿀지않은자七千人이있다 即眞實한者 忠誠으로써 하나님께連結된자가 비록少數이나 尙今남어있다 이少數의義人의 연고로 인하야 이스라엘百姓이 國內와外敵의 여러가지患難을當할지라도 기어히滅絶하지않고 救援함을 얻으리라는것이 하박국의預言의結論이다。

하박국은 疑問으로써 시작한 하나님과의對話에 右와같은啓示의確信을把握한後에 비로소 自己民族과世界歷史의進展에對한安定을 얻는同時에 不義한 征服者에對하야 ①그貪欲과 ②그華麗한大建築物과 ③ 그 굉장한都市와 ④그爲政者의奸策과 ⑤그木石의偶像들을詛呪하였다。 다음에 第三章은 義로써審判하시는 하나님을 讚頌하는祈禱요讚歌이다。 實로壯嚴을極한讚頌이다。

여호와여 주께대한말슴을 내가듣고 놀랐아오니
당신의일을 수년내에 부흥하옵시며
수년내에 날아내옵시고
진노중에도 긍휼을 생각하옵소서。

하고(三·二)祈禱를 시작하였으나 不然間에燦然한光輝의幻影이 날아났다。 惡한者의審判、 義론者의救援으로 여호와의榮光이顯現하였다。

하나님이 드만으로부터 오십이여
거룩한자가 바란산으로부터 오시도다(셀라)
그영광이 하늘을 덮음이여

그 찬송이 세상에 가득하도다

라고(三·三)。以下 그可恐할審判과 可驚할救濟의光景을 노래하였다。

教訓、一 오직義人은 믿음으로 말미아마 살리라는一句는 로마書第一章一七節에引用되여 바울의信仰中心이되였음은널리아는事實이다。實로使徒바울은 이一句中에 그리스도의福音全體를發見하였고 따라서全宇宙를 이短句에서 얻은것이오 全生命을 이預言에서 찾은것이다。宗教改革者루터가 또 이句에서 그의 푸로테스탄的純粹한信仰의 불길이 붙타기 시작하였음도 世上이周知하는事實이다。그런즉福音主義信仰의土臺가 이冊에서 發源하였다하여도 過言이아니다。

하박국의生涯는 무릇信者라稱하며 敬虔한生涯를 살라는者에게 큰教訓을준다 信仰의길이란 가장眞實하게 사람노릇하는길이다。標準人間 참사람이면足하다。그런데信仰이라고하면 良心의反響도없이 正統信條에 거즛服從하는척하거나、神秘의境에徘徊하여야만 되는줄알고 虛榮을 부리거나、當面한問題도 無關心한態度를裝飾함으로써 敬虔함을 보이고저하는等은 實로庸俗의末이오 하박국같은 참사람의 견딜수없는空虛다。疑問은疑問대로煩勞는煩勞대로 갖이고 赤裸々하게 하나님께呼訴한 하박국은 하나님앞에 高貴한生命이였다。

하박국書의槪綱

第一 預言者와 하나님의對話 (一·一—二·五)

題言 (一·一)

甲 第一次呼訴 (一·二—一一)

가、國內의不義와外敵의壓迫에對하야 (一·二—四)

내가 부르짖어도 당신이 듣지아니하시니
어느때까지니이까。

나、하나님의答。 (一·五—一一)

乙 第二次呼訴 (一·一二—二·五)

가、不義暴惡한征服者의侵入에對하야 (一·一二—一七)

何故로不義를行하는者를看過하시나이까。

나、하나님의答。 (二·一—五)

저의 속마음이 교만하야 正直하지못하되
오직 의인은 믿음으로 말미아마 살리라

第二 審判의宣明 (二·六—二〇)

① 貪慾者에對하야 (六—八)

② 宮殿築造하는者에게 (九—一一)

③ 都市建設者에게 (一二—一四)

④ 奸策의爲政者에게 (一五—一六)

⑤ 木石의偶像崇拜者에게 (一七—二〇)

第三 讚歌 (三·一—一九)

가、題言과祈禱 (一—二)

나、審判에날아난하나님의義와榮光 (三—一五)

다、하나님의顯現에對한百姓의答 (一六—一九)

스반야書의大旨

著者及年代 다른先知者들과달라서 스반야의 경우는그族譜가 比較的詳細하고 그年代도 따라서 確然하게推算할수있다。

히스기야의 현손 아말야의 증손 그달야의 손자、구시의 아들 스반야 에게

云々하야(一•一) 預言者以前四代를列記하였으니 그家系가 매우 뚜렷하게된다。

註一 다른先知者의 경우에는 대개 그父의名만添書하야「누구의 아들某」라고 쓰는것이常例이다。例를들면(이사야一•一)아모스의아들 이사야。(예레미야一•一)힐기야의 아들 예레미야。(에스겔一•三)뷔시의 아들 에스겔。(요엘一•一) 부두엘의 아들 요엘等々。

스반야의祖上 三代祖까지는 世上에 顯著한記錄이 남지않였으나 그四代祖히스기야는 미가 와 이사야等預言者의同時代에 유다王되였던人物인것이 거의確定的이어서 學者間에도 異論이없다하니 스반야는 高貴한 家門의出身者인것을 알수있다。左記數條는 스반야의身分과 그環境을 짐작하기에 有助한材料가 된다。

① 다른通例와 달리하야 그 현조부 에 까지溯及한것은 그가特히知名의人物인것을 가르킴이다。

② 스반야가 特히王族과 上流社會의罪惡을 嚴密히摘發한것은 그가 그社會에 屬하였음을裏書한다。例之

여호와의 제사 날을 당하야 내가 모든 방백과 王의 아들과 및異邦옷을 닙은자를 벌할것이오。

라고(一•八)。異邦옷은 上流階級의 사치를表示함。

③ 예루살렘 에居하야 그地를「이곳」이라고(一•一)稱하였으며 首都의地理에 精通하야「魚門」「第二區域」「막데스」等々의 골목 々々의地名을使用하였음도 預言者의環境을 말하는것이다。

유다王요시야의時代는 紀元前六三九年으로부터六〇八年에亘하였다。애급과 앗수리아와같은强大한國家사이에끼어서 잘獨立을保持하였을뿐더러 요시야王은 다윗王以來의賢君이라하야 社會一般行政은勿論 宗教界에까지革新隆盛의兆가 적지않였다。表面으로 볼때는 아주泰平의時代인것같기도하였다。그러나 預言者스반야의慧眼은 그隆盛하고裕足한國民生活속에胚胎하고있는罪惡의根源을看破하였다 온世上에和唱하야僞先知者들이安逸을唱導할때에 홀로滅亡이 처마끝에臨迫하였음을警告하는데에 참先知者로서의悲哀도있고 迫害도쫓는다。

뿐만아니라 스반야는王族의後裔이오 나라의中心인 예루

살렘에住居하였음으로 그氣品이自然히高雅하였고 그見識이恒常廣凡하였다。저는事物의末梢에拘泥하기보다 늘大局을達觀하는慣習이있였다。

저의立場을 彼와同時代의 先知者인 나훔과比較할때에 우리는 매우興味있는對照를 볼수있다。나훔은異域앗수리야에俘虜된身勢로 그視野가 매우制限되였던것을 볼수있다。나훔이日夜로關心한것은 앗수리야의運命、特히 그首府인 니느웨城의滅亡을預言함에 彼의全注意力이集注되였다。大體로 目前의問題에만全興味가局限되였던感이많다。그런데 스바냐는 全유다를關心하였을뿐더러 유다四圍의諸國이審判받을것이 彼의게問題되였고 또한 審判의彼岸까지通觀하지않고는 마지않였다。하나님의審判은 審判으로끄치는것이아니다。審判은恩寵을 베풀기爲하야있는것이다。滅亡의뒤에復興의希望이있다。하나님의愛鞭에 맞은後에 이스라엘百姓은純潔하여지고 世界萬邦이 甦生하야지는일에 스바냐의關心이있였다。

預言의內容 스바냐는 中央에있어서全國과四隣을 살필뿐더러 높은立場에서 世上罪惡의浸入한 깊은 골작과넓은 들까지洞察하였다。그大地에遍蔓한罪의 넝쿨은 根本的으로掃蕩하지않고는 안될것을 보았다。

여호와께서 가르사대 내가地面에서 모든것을 진멸하리라。내가 사람과 즘생을 진멸하고 공중의 새와 바다의 고기와 것치게하는것과 惡人들을 아울러 진멸할것이라 내가 사람을地面에서 滅絶하리라 나 여호와의 말이니라。

라는(一・二、三)大審判을 나렸다。이는 일직이 노아의洪水에 비길만한 全地全滅의審判이다。그러나審判은 유다와 예루살렘에서부터 시작된다。

내가 유다와 예루살렘 모든 거민우에 손을 펴서 바알의 남어있는것을 그곳에서 멸절하며 그마림이란 이름과 밋 그 제사장들을 아울러(멸절하며)

하야(一・四)信仰의貞操없는것을 먼저責한다。첫재로偶像崇拜者를責하고(四節)、둘재로 여호와 와 偶像을 함께崇拜하는 中間派요(五節)셋재로 背敎者를罰하였다(六節)모다不信의罪다。다음은 外國崇拜者와不信不義의徒에對한審判이다。(一・八―一三)。

第二章에至하야 審判은 모든異邦에波及한다。

가사가 바리우며 아스글론이 황폐되며 아스돗이 백주에 쫓겨나며 엑으론이 뽑히우리라。海邊 거민 그렛족속의게 화있을진저 블레셋사람의따 가나안아 여호와의 말이 너의를 치나니 내가 너를 멸하야 거민이 없게하리라

고(一・四、五)。審判은 모압 과 암몬 구스 앗수리야에까지 밋첫다。

그러나 第三章에 들어와서 預言者의 눈은 여호와의 救濟의經綸을 울어러 보고 한번다시 예루살렘의有司와 宗敎家들의不義를責하며 悔改를勸한後에(一ー七節) 그百姓의淨化를 圖謀하야 不義한者는除去하고 謙卑하게 여호와를 찾는者를 擇하신다。

그때에 내가 렬방의 입설을 깨끗게하야 그들로 다
나 여호와의 이름을 부르며 일심으로 섬기게하리
라。(一•九)

이렇게하여 도라온 이즈라엘百姓은 여호와의完全한救濟에參與한다。다시 교만하지않고 惡과詭譎을行하지않으며 溫柔하고 謙卑하게 全能하신牧者의草原에 恐怖를 다시 느낌이없이生活할것이다。

시온의 딸아 노래할지어다
이스라엘아 기쁘게 부를지어다
예루살렘딸아 전심으로 기뻐하며 즐거워할지어다。
여호와가 너의 형벌을 제하였고 너의 원수를 쫓
아내었으며
이스라엘王 여호와가 너의중에있으니
네가 다시는 화를당할까 두려워하지아니할것이라。

고(三•一四、一五)歡聲이 높으며 四方에서 흩어젓던者의歸還의 무리가 떼를지어讚揚하게한다。

그때에 내가 너를 괴롭게하는자를 다 벌하고
저는자를 구원하며 쫓겨난자를 모우며
온세상에서 수욕받는자로
칭찬과 명성을 얻게하리라
내가 그때에 너의를 이끌고
그때에 너의를 모우리라

하야(三•一九、二〇) 스바냐의預言은 그遠大한極에達하였다。

主要한眞理 스바냐의預言은 넘어廣汎하야 人類와育畜은勿論이오 모든生物을地面에서滅絶하리라고하였으며 또한 그審判이 넘어深刻하야 到底히實現性이 없다고한다。「여호와 의 날」또는「여호와 의 희생의날」에는 魚門에서 叫號의소리 나고……적은山들에서는 문허지는소리가나며 「여호와의 큰날」은忿怒의날이오 患難과苦痛의날이오 荒蕪와 패괴의날이오 캄캄하고 어두운날이오 구름과黑岩의 날이다。

이렇게徹底하고嚴烈한審判을全地에 나리는일도現實性이 매우疑心되는데 一方에는永遠히 누릴바 萬民救濟의歡樂의날을約束하였으니 大體로 스바냐의預言이完全하게實現될날이 있느냐고 스바냐書를 輕視하는이도있다。그러나 基督敎徒의信仰糧食은 日常生活에서 그効應을 볼수있는 卑近한일에만求할것이아니다。世界歷史에 나타나는審判의 行程은遲々하기牛步갈으나 審判의進涉되고있음은否認할수없다。信仰의根據를宇宙經綸의根本原理에 두고볼때에 우리의靈糧은 가장健實하다。

스반야書의槪綱

滿十週年

二〇

本誌는一九二七年六月二十九日에創刊號를印刷하야七月一日附로世上에 내보냈으는 今月一日로써 滿十週年이되였다。當初에는同人六人으로서 年四次發行의豫定이였다。一九二九年八月의第八號부터月刊으로 고치는同時에頁數는半減하야二十四頁식으로되였다。第十五號(一九三〇年三月號)로써同人制를解體하고一旦廢刊하기를議決하였던것을 第十六號로부터一個月만 더해보려고現主筆의單獨責任으로拾取한것이今日에至하였다。當時의同人諸兄弟가 其後로도陰으로陽으로多大한協働을 아끼지않어서本誌로하여금今日을맞우게하였음은贅言을不要하며 우리가居就를各其달리하며所任이 한갈같지못하나 信仰의步程에있어서는 모다本誌創刊當時의單純한信仰과 끔직한志向을잃지않고 있음을얻었음은 本誌의十週年을맞음과 함께아울러 오로지主예수의無限際의恩寵으로된일임을 새롭게感激하지않을수없다。

十年間에지난일을事業으로計算하고저할진대 우리는赧面을不禁하리만치微弱한일이였다。 그러나 하나님의恩惠받는過程의記錄으로볼때에十年間받은恩寵은山으로도 바다로도比길주없다。 時勢를만나거나 못만나거나 主께서許하시는대로十年또十年몇十年이라도 하나님아버지의經綸과 그아들그리스도의사랑을證據傳播하기를企圖祈禱하고저한다。

聖朝通信

一九三七年 五月二十八日 (金) 晴。午前만授業하고 午後는全校生徒가美術展覽會見學。그틈을利用하야 印刷所에가서校正。出版件으로 道廳과警務局에往返하다。昨日校正에右眼이充血되기시작한것이 오늘도 낫지않는다。○京城府外에 사는닷으로 家屋建築과修理에 一々히許可받지않는것만고맙게 알었더니 今日 崇仁面吏로부터河川돌을 주어다가建築한것이不可하다는是非듣다。但書齋의石築工事만은 今日로써一段落。

五月二十九日 (土) 曇。今日午後까지 六月號校了。右眼의充血로因하야 讀書하라도不能。○舊約聖經改譯版(四號活字)이刋行되였음을 처음알었다。또大東印刷所에서印刷하여서 매우鮮明하게되였고 漢文섞은冊도不日中에發賣되리라한다。

五月三十日 (日) 晴。木手의助力얻어書齋工事今日上樑(?)하고 집웅을 만들다。○午前午后두번集會에 로마書第八章의講解。集會直前에稅吏의督促을받는等。俗務煩多하여서 充分치못하였다。近接개천雜石이나砂礫을 주어와도 代金을徵收하겠다는(面事務所에서)通告를받고는 자못憤慨함을制止치못하다。不遠에空氣代金을徵收하는面吏가 올것이오 우리가思慕하고 따라온 시냇물에서 세수하는稅와沐浴하는賃金과 흐르는물소리 평의나래치는소리 듣는代價도 바처야忠良한臣民노릇할것이다。

五月三十一日 (月) 晴、한편으로 개관널을 깔면서 기와예기를 시작했으나 今日未完。役事하다가登校授業、六月號檢閱濟의通知를받고 警務局과印刷所로 다름질치고 도라와서木手노릇 미쟁이노릇、○新聞紙의報導에依하면「佛教와儒教로誘導。民衆信仰도統制。基督教와天道教等을떠나。日本國魂에歸一企圖」라는題目下에 過般各道知事會議에서 討議한內容이라고 ①조선사람의 전통적관습인祖上을崇拜하는 미풍을 적극적으로善導하야 天照大神과日本國魂을숭배신앙하도록歸一케할것 ②基督教와天道教가튼것을 信仰하는것은 여러가지로 폐단이많은즉 이信仰心을轉換하야 놀교로 통일케할것 ③經學院에 儒林단체로 明倫會본부를두고 각도에明倫會련합회를 설치하는동시에 各郡鄕校에는明倫會支部를두어서 유림을 통제할것、동인데 이문제는 원악중대문제임으로 경경히 처결할문제가아니라하야 지사회의에서도 의견교환정도에 끗첫스나 今後고려하기로되였다。그런데 만일 이것이 구체화하는때에는 종교사상에 일대파문을 이르키게될모양이다 云云。崔麟氏가中樞院에있는事實을記憶한다면 天道教에大迫害를加할理는萬無한일이오 問題는基督教다、問題가 매우明確하여지는것만은事實이다。同日紙上에鄭仁果 李大偉兩氏 鍾路署에서拘引이라는 標題도보이다、

六月一日 (火) 曇、「祭政一致」標語의林銑十郎越境大將의內閣이昨日로써總辭職하였다고。政治는越境으로만되는일이아닌듯하다。이날에 우리는第一百一號를發送하다、○昨日부터 書齋에 기와를 예기시작하야 今日畢하다。

六月二日 (水) 晴。登校授業外에는 세멘役事와發送事務等으로 紛忙、

六月三日 (木) 晴。書齋建築에使用한雜石이問題化하야 面事務所로부터如下한

聖朝通信

「召喚狀」이왔다。

『一、砂利盜掘ノ件。右ノ件ニ對シ相尋度事アルニ付六月四日午前八時當事務所ニ出頭セラルベシ。(出頭ノ時ハ此ノ召喚狀ヲ受付ニ差出スベシ。二、本召喚ニ應セザル時ハ警察犯處罰規則ニ依リ處罰セラサルルコトアルベシ。印章ヲ必ス携帶スベシ』

北漢山麓一帶의住民들이 너나없이使用하여도無事하던들멩이가 何必우리에게만問題되는것이奇怪한일이오 拾用한것이不過二三馬車——그代價十六錢乃至二十四錢일것을一百馬車使用한것으로 만들자는데에 바르지못한 心事가들어있고、「盜掘」이라는文字가極度로刺戟을주었으니 萬一面吏가直接執行하려왔드면 우리는十誡의一條인殺人罪를無難히犯할번하였다。어려운것은 내마음 다스리는일이다。

六月四日 (金) 晴。面事務所와東大門警察署에서各其今日午前八時에出頭하라는命令을받아스나 한몸으로同時에雙方에出頭할수없을뿐더러 學校授業의公務를余一個人의私事로써狼狽케할수없음으로于先登校。授業后에 法律知識이豐富한某友人을찾아「砂利盜掘」一件에關하야相議하였더니友人으로부터關係各官署에電話하여주어서不過半時間內外에崇仁面事務所에까지通情되여 事件全體가無事解決되다。우리같이法律一條目도 모르는者는 때때로 突然한일에威嚇을받으나 法學에能通한이에게對하야는 그렇지도못한모양이다。但이번에도召喚狀을 품고出頭하여서 괄세받을대로받었드면 내靈에는藥되었을것을 後悔莫及。○東京에서近衛內閣今日成立。

六月五日 (土) 曇。小雨。寬大히處分하여준 인사를드리기爲하야 今日午后에面事務所에 갔더니 面長以下面職員諸氏의親切溫恭한態度에 깊이놀라다。알고보면 面吏도善人들이오 우리도盜掘者가아니었다。우리境遇가 召喚狀을發送하야代金을徵收할境遇가아니었다는解說을들었을뿐더러우리大門앞으로馬車가通하도록路幅을 넓혀줄것과 其他아무런심부림이라도電話만하면應하여주겠다는等 料外의好意에浴하다。治理하는이가 이렇게한다면 우리面民된者도微力을다하야面長과面政을爲하야盡力하여야하겠다는決心을가지면서辭退하다。○近日市內公普女子部에서斷髮令이나려 우리집五年生도今日斷髮하다。本人은 매우기뻐하나 그머리를今日까지十數年間길러주신 그祖母님落心은不可形言。

六月六日 (日) 晴。로마書第九章初頭에依하야 바울의愛國心을工夫하다。午前午后二回講話外에 除草와原稿。○東京來信에『謹啓 오래동안問安못들이였읍니다綠蔭은아름답습니다。自然은 新鮮하고平和스럽습니다。그렇나人類와國家와社會는混沌가운대있읍니다。近邊에는여러가지問題가많은모양이나 小生 每日日務에埋沒되여 看過하고지내는것이 遺憾입니다。모든것에對한貴兄의 分析과批判을 興味있고有益하게 늘期待하고있읍니다。特히우리朝鮮問題를神이吾兄의게默示하시여 힘있게부르짖게하소서 恒常爲하야 祈禱합니다。小生今後歸鄕하도록成意케되면 더욱貴重한敎示도받고 힘있으면도아들이고저願합니다。貴誌는感謝히받아읽읍니다 平素의怠慢으로無理하여왔아오나 全혀不本意의일이니容恕하시고 同封誌代받아주시면千萬感謝하겠나이다。只此不備

六月二日 弟○○拜』

六月七日 (月) 曇。비오실듯 오실듯하면서도 容易히 비오지않어서 待雨의

마음이 山川草木과함께 간절하다。○注文書의一節에『眞實로感謝합니다 下送하신貴誌는無違拜承하와糧食을삼습니다。앞으로도 바리지마시고 떠러트리소서 개도그主人의床아래떠러지는 부스러기로사나이다……』라는緖言으로써 本社出版物一通을 모주리注文한것이다。이런謙虛한마음은 아무런데서라도 所得이없지않으리라。

六月八日 （火） 曇、雨。今日부터木手를들여 書齋의窓戶와 마루等從事。○아침朝禮時에上半裸體로써 六百健兒들과體操에叅列하니 그도一興이다。○咸北來信에『日前에下付하여주신 聖朝는感謝하옵나이다。前날에先生님膝下에서 未至하오나마 福音을받든일을回想하오며 聖朝誌를 몇번되푸리하여읽엇나이다。멀리홀로떠러저있는生으로서는 唯一의빛이오 채쭉이됩니다。

先生님께서는一層安寧하옵시기 伏祝하옵나이다。여러同伴들도 하나님과 先生님의 恩寵아래에 힘지게精進할줄믿나이다。生은 날마다 어린동무들과 뛰고노래하는것이일임니다。그네들은天眞함니다 그네들의또렷한눈은 生의 마음속까지비치고 놀살으는듯십습니다。그네들에接할때엔 언제나 幸福스런우숨이나오고 그네들을바라볼때마다 제自身이反省됩니다。

東萊로가셧다는 金周恒先生께서는 安寧하신지요。그先生님의住所를 下敎하여주섯스면感謝하겟습니다。

끝끝내 사랑하여주시고 가리처주심을感謝하옵나이다。餘不備上書

六月六日 門生 ○○○上書

金先生님前

六月九日 （水） 一時雷雨。今日도名義로만降雨。授業外의時間은木手를助力하야木工노릇。

六月十日 （木） 晴。時의記念日이라는데 工事로因하야늦게登校。長尾鷄廣告者來校講話。宿直으로蓬萊山에留宿。

六月十一日 （金） 晴。새벽四時半頃에軒下의 참새소리를 듣고 五時三十分부터 라듸오의北海道天然林에서보내는山새소리。但 雜音이많어서 不明하였다。○授業後에某處에서 小鹿島兄弟를만나 約一時間會談。癩患者中에도重患者일수록信仰이熱烈하다고。大體로信仰에關하야 羨望할만한消息을듣다。○歸宅하니、어떤兄弟來訪하야 自己의年齡이人生의半程에登하였으니 覺醒하여살기를 決心한다하며聖朝誌出版費를全額負擔하겠노라는提言이있어자못놀라다。但 聖朝誌의費用은 그讀者가完全負擔하는날까지 그主筆이天幕장이노릇하야擔當할것이다。朝鮮같은貧乏한따에낫다가 親戚故舊에게 신세끼치지않고간다면 그것이朝鮮을爲한最大事業인가한다。○今日까지木手의役事는一段落되다。

六月十二日 （土） 晴。헬렌 켈라氏의來鮮을待함이 간절하나 十二日夕入京云云의新聞報道는誤傳인듯하다。○咸兄의短信을읽은때에 意外의電話를받으니鄭相勳兄이釜山으로부터入京한것이였다。東洋羅紗商會에서 鄭兄外에柳錫東 崔泰瑢 金成實 鄭再雲諸氏와會談。北間島까지公務로出張가는鄭兄을餞送도못하고早急히歸山하야 半畢役된書齋에入室하노라고全家族의助力으로書籍運搬。이제生來처음으로五坪餘의專用書齋一室을 使用하게되였으니 이번에整頓되면 聖朝編輯의能律도多少進涉될가하야 스스로期待함도적지않고 기쁜마음全無함도아니다。밤十二時까지原稿。

聖朝通信

六月十三日 (日) 晴。시내의下流가枯渴하였음으로 洗濯군男女들이 多數히우리집近處로 몰린다。○로마書第九、十章의大意를講解하다。午后의 一人講座도如前。一人이 적지않은것을漸漸實感하게된다。헬렌 켈라의先生 살리반先生이五十年間에 오직 헬렌켈라一人을教育하였으나 어느教育者가 살리반先生보다 더큰教育者라고自任해내랴。○除草와木手노릇外에 자정까지執筆하다。

六月十四日 (月) 晴。登校授業後에宿直、不遠에對校職員庭球大會있다해서今日練習。但 一年에春秋二回의定期戰이오 이에對하야各一日식의豫備練習。○最近에反스탈린政權派토하첩스키元首等八將軍을死刑執行하였다던 蘇聯露國에서는 이번에外交界의巨頭等을逮捕하기로되였다고。自己以外의人間을 모주리銃殺한때가 가장安全感을 줄때일것이다。

六月十五日 (火) 晴。授業後는書籍의整頓。시냇물은漸漸마르는데 빨래군들은每日增加하는 형편이다。洞口에 가까이오면 재물냄새로 코를찌른다。

六月十六日 (水) 晴。흐리지안는날이거의없고 때때로雷雨도있으나 草木의枯渴을醫할만한降雨는今日까지 없다。○今日午后에面事務所에서 出張와서通行할道路와橋梁修築할地域을標示하여주다。地積圖로써 個人이占有하고있는國有地를嚴正하게指示하여줌으로써 聖朝社까지自働車길이라도敷設할수있게되는것이다。面當局者의好意와受苦를切實히感激하다。○短信一枚如下『聖朝通信을것처 先生님의傳道狀況은먼저잘알고있나이다「聖書講義」誌를通하야 우리福音을日本內地에傳達하게된것은內村先生을爲하야깃버하지안을수없었고 또우리들의使命을實行한게 깃버하지않을수없었읍니다。이것으로 內村先生님의朝鮮에對한企待가第一次로 이루워젓읍니다。한學期를맛치고 無事히도라왔읍니다 이번에 所得은朝鮮敎會에對한打診과使命을 점더얻었읍니다。七月號볼어는 이끝으로보내주소서 只此不備』內村先生이나天國에서 기뻐하실넌지 生存한先生들은기뻐하는것같지않다。聖書講義誌의投稿로因하야 內外의友人을많이喪失한것은事實이다。智者는沈默을 지킨다는理致를 이번에도痛絶히느끼다。

二四

六月十七日 (木) 晴。現代露西亞의巨頭들이本來는不學無識하던사람들인데 或은投獄中에서 或은捕虜된때에 할수없이讀書와默想의時日을 보내였음으로 後日의大成을 보게된것이라는事實이 甚히興味있게보였다。이스라엘百姓의荒野가 露國의監獄에相等乎。○今日第四學年生徒一人이 先生을辱한마디하고서卽決退學處分當하였다。先生을 욕하는生徒를 둘수없다고하는 學校의理由도可然하나 우리의子女들도 저렇게되면退學當할것이로구나하고 생각하면 몸서리 끼친다。우리子女를安心하고寄托할수있는學校가 그리워學校를扶持해 나가는일도 어려우나 산사람 길루는일은 果然어려운일이다。○歸途에自轉車修理。前號에自轉車交換의顚末을記錄하였더니 今日은辯明과謝過의 긴편지、願이라면 다시交換하자는提議를받었다。좋은 새物件을 古物과 바꿔준것만하여도 愛의負債가 지기어려운데 이번에는第二次의重荷를 지우라는心算인듯하다。

六月十八日 (金) 晴。授業을畢한後에生徒家庭訪問을 떠나 延禧莊區內에서番

地찾기에多時間을浪費하다。이것도教員生活에不可避의任務이다。加之에 書畵를좋아하는 學父兄某氏에게 잡혀서 古今여러時代의作品數十點을觀賞하지아니치못하여서 꽉 마음이 괴로웠다。書畵에對하야全然無趣味沒常識한것이 괴롭고 時間이 흐르는 意識이 괴로웠다。

六月十九日 (土) 晴。後援會費再徵收問題로 아침에家兒들의通學하는 府內公普校에들리니 後援會費全額領收證을 보여도 또後援會費를 다시내라는것이였다 어쨋던지 돈을내라는것이學校이매 學校보낼바에는 理致를 따지어 싸우기보다 돈을주는것이效果있을듯하여 달라는대로 주고오다。○登校授業後에 臨時로籠球部長代理事務를 보게되여 半日를虛送하다。在獄中의金亨道氏에게差入하기爲하야 本誌一九三五、六年度의合本과今年度上半期分의合本을 만들어서 今日郵送하다。但 誌友의好意로써 缺本을 보내주어서 이번合本이되였다。

六月二十日 (日) 晴。乾雷。今日 運動大會에參加하기爲하야 集會는臨時中止하다。○方今 소낙비 쏟아질듯하였으나 기어히 오늘도 萬百姓의待雨所望이 헛되였다。○暫時끝날줄알었던 書籍整理가 아침부터終日걸렸다。이제겨우大體的分類가되였다。○저녁에는 달과火星이 매우 接近하여보이다。

六月二十一日 (月) 晴。暫時雷雨。今日부터午前八時始業、三十五分間授業이되다。○오늘도 건성 우뢰소리만 들리고街路의散水車一過한것만한降雨있은外에 비오시지않었다。뜰안의 소채들 물주기에 모든식구가 끈피하여지다。비를 주시지 않음은 마치 우리들의 참는힘을 시험하시랴는 뜻인듯하다。○東京으로부터 길고긴報告의편지를받으니 나자신이 모든 광경을 가본것같다。

六月二十二日 (火) 晴。暫時雷雨。養正生徒中에서山岳部를組織하야 來夏季休暇에咸北冠帽山을 登涉하겠다는것을 學校當局에서阻止하였다。無事保安을圖謀함이唯一의策이다。○夕陽에 친구三人이來訪。一人은京城市內에서 屈指의商人이오 二는東海岸에서漁業鑛業의王者이오 三은 南海岸에서 産業機構의中樞를把持한이였다。모다靈界或은精神界에使命을 가진이들이언마는 現在로는그와反對方面인物質界에各其君臨하고있는 現象이實로奇異하다。어떻게하면 朝鮮靈界救援의大業을完成할까하는것이 우리話題의中心이였다。가까운將來에 우리가 오래待望하던일、사람의눈에奇異한일이 出現할듯도하다。○書齋工事가 끝났음으로 우리役事에忠實히助力하여준池中鳳君의住宅을 짓기로 作定하고 今朝에 그材木을選定하다。

六月二十三日 (水) 晴。一時雷雨、아침에 물지게로 도마도밭에 물주는것을 隣家의할머니가 보고「남들은 月給이나 받으면 그러지않는데 선생님은 어쩐은 그렇게 부지런히 일하시우……」하는 칭찬을 받었다、촌할머니의 칭찬은于先無毒乎。但 每日그렇게 부지런히일하지못한다。○改譯된舊約聖書세책(四號活字)新約四號活字한冊、希臘文新約한책을購入하다。어떤英語敎師가 옥스포드英語小字典을五六冊한꺼번에사서 書齋에는勿論、食堂、應接室、寢臺、便所、호주머니學校等々에 한冊식두고 언제던지 들처볼수있도록 한다더니、우리基督徒도 아무리平信徒일지라도 舊新約한벌만으로는 不便이甚하다。況改譯版을不備하랴。但이번改譯版에도 한글을 쓰지않은것이 섭섭하였다、譯文의內容은 아직未詳。○夕刊新聞에島崎藤村氏가 文部省에서 推薦한藝術院會員을 拒絶하였다는 消息이보였다。官憲의統制에對하야서는 藝術家도발서이모양이다。況信仰의領域에랴。

第一百號 滿十週年 記念特賣

五月一日부터 七月三十一日까지 本社로直接注文에限하야 左記대로特賣함。
但 期限지난後에는定價대로復舊함。

(1) 山上垂訓研究 全
金 敎 臣 著
四六版·二四五頁
特價五十錢·送料六錢

(2) 聖朝文庫 第一輯
푸로테스탄트의 精神
咸 錫 憲 著
菊版半·三十二頁
特價金五錢·送料三錢

(3) 聖朝文庫 第二輯
無 敎 會
咸 錫 憲 著
菊版半·三十二頁
特價金五錢·送料三錢

(4) 聖書的立場에서본 朝鮮歷史號 特價一圓(郵料共)

本誌의 舊號모은것인데 合計十九冊中에 現存殘品十五冊。但其中에는二三冊밖에 없는號도있으나 殘品十冊될때까지는 便宜上 右記特價대로取扱함。

(5) 本誌舊號 自創刊號 至九五號 殘品
特價一冊六錢(郵料共)
但오란것은褪色한것 一部破損된號도있다。

京城聖書研究會

講師 金 敎 臣
場所 聖書朝鮮社(京城市外貞陵里)
日時 每日曜午前十時半부터約一時間
會費 一個月二十錢聽講料每一回拾錢

지난四月부터 로마書研究를 시작하였다 大概이번學期中으로 十五回로써 畢講할豫定이다。七月第一日曜日은 第十二章의工夫부터 右의午前集會外에 特別班으로 午後四時부터 一人相對의講義를 當分間繼續하기로하였다 午前時間에相替되는 이의來參을歡迎。
但午前午後어느편이던지 遲刻은謝絕。

夏季休講、七月十一日까지에 羅馬書工夫를畢하고夏季休暇中은 休講합니다。主께서許하시면 來九月第二日曜日(十二日)부터 創世紀以下舊約聖經의輪廓을工夫하고저한다。이로써 우리의三個年計劃의聖書研究에 一段落을짓고저합니다。

夏季休暇는 今年부터 新規定에依하야 七月二十一日부터 八月二十日까지의一個月間。休暇中은要求하는데있으면 尋訪도나가겠고 찾어오는이있으면 반갑게迎接도할터이나 願컨대來訪은 每月曜日午後로하여주시오。午前時間은靈을爲하야公을爲하야特히聖別하사이다。

萬一에博物研究會의採集旅行 其他校務에關係한일로在宅을 許諾지않는경우도 있을넌지모르니 미리照會하고來訪하시면 덜未安할가합니다。

本誌定價

一 冊 拾 五 錢
六 冊(送料共) 前金九 十 錢
十二冊(一年分) 前金壹圓七拾錢
要前金。直接注文은
振替貯金口座京城一六五九四番
(聖書朝鮮社)로。

取次販賣所

京城府鍾路二丁目八二 博 文 書 館
京城府鍾路二丁目九一 耶 穌 敎 書 館
東京市神田區神保町一ノ一 三 省 堂 書 店
文化書店(元山府) 茂英堂(大邱府)
新興閣(咸興府) 信一書館(平壤府)
向山堂(東京市) 大東書林(新義州)

昭和十二年六月三十一日 印刷
昭和十二年七月 一 日 發行

京城府外崇仁面貞陵里三七八
編輯 發行者 金 敎 臣
京城府公平洞五五
印刷者 金 顯 道
京城府公平洞五五
印刷所 大 東 印 刷 所

京城府外崇仁面貞陵里三七八
發行所 聖 書 朝 鮮 社
振替口座京城一六五九四番

【聖書朝鮮】第一百二號
昭和五年一月二十八日 第三種郵便物認可
昭和十二年七月一日發行 每月一回一日發行
【本誌定價十五錢】(送料五厘)

昭和五年一月二十八日(第三種郵便物認可)
昭和拾貳年八月一日發行(每月一回一日發行)

金教臣主筆

聖書朝鮮

第壹百參號

昭和十二年(一九三七)八月一日發行

目次

文學靑年에게

近日에夏季休暇라고東京으로부터 도라온文學靑年一人이來問曰 基督敎의著名한先生님들이 文學에對한見解는 어떻습니까。文學과信仰과는 아주兩立할수없읍니까 고。

答。文學이란 무슨뜻으로 하는말인지 알수없으나 내가아는대로는 基督敎聖書안에도文學이있다。훌륭한 文學이있다。그러므로 舊約聖書文學이라는科目을擇하야特히專攻하는學者도있음은勿論이다。널리 世界의大文學을鑑賞함은 基督敎信仰과背馳할것이아니라 도리어基督信徒될만한者의一種義務라고도할수있다。그뿐만아니라 篤信者로서 自己自身이大文學을 남기고 간이도 많고 飜譯과批評等으로 널리紹介傳播의功을세운이도 적지않다。大體로 歐米의文學에서基督敎信仰에基礎한것을除外하고보면 文學이라할만한文學이 몇푼어치될줄아는가。단테 밀톤의詩는 말할것도없고 卑近한例로말하여도 君等이東京에서들은바內村鑑三先生은無韻詩人이라는데에 他의追從을不許하는特長이있으며 信仰을除外하고라도英文學紹介의先驅者로서日本文學史上에不滅의功績을占有한다고하지않는가。또藤井武氏는「仔羊의婚姻」이라는長篇詩하나만하여도日本基督敎文學史上에永久히記憶되리라고世評이있지않은가。

다만 文學을하라면 人間社會의萬般經驗을通過해야만된다는듯이생각하여서 信仰을버리고 가지못할데親近하던結果는 小山內薰 有島武郞같은終局을볼것이라고警告하는것을들었고、三文文士輩가軟文學을 그릴때의버릇으로 人間萬事를想像의世界 造作의幻影으로解釋하라는所謂文人들은 事實의世界인基督敎信仰을理解하기에 法學이나自然科學을工夫한者보다 못쓸물건이되여버린다고痛嘆함을보았다。敎科書工夫보다小說읽는편이興味있다고해서 天才로自任하고文學을志望하는輩는 人間의 찌꺼이라고、一流의文學者못될바엔二流의農工業者되라는新稻戶稻造博士의말슴이健實한줄안다。

文。술집(카페)에가는것이基督敎信仰과는背馳됩니까?

答。石手匠이 눈껍적이부터 먼저배우며、비스맑을私淑하는者 吸煙부터배운다고。文學을하라니 술집부터問題야。무릇健全한生活과平行할수없는文學은文學이아니다。술집出入은基督敎의問題가아니라 健全한人間으로서判斷할問題다。오늘날朝鮮上層의腐敗가 술에基因함은말할것도없고 農民의疲廢와義務敎育의施行不能과君의苦學問題가 보다 술집때문이아닌가!

文學靑年을보낸後 내가스스로 나를向하야憤激함을不禁하였으니 그는精神病醫師에게보내여 神經中樞를診察받게하여야할者를 通常사람相對로하야精誠껏應對한 나의愚鈍을向하야發憤함이었다。嗚乎 文學靑年!

헬렌 • 켈러

七月十三日京城府民舘에서열린 헬렌 • 켈러講演會에叅席하였다。講演會라고하나 思想의發表라기보다 生後十九個月만에盲聾啞의三難에一時에걸린人間이 어떻게하야 보고 듣고 말하게되였는가 하는것을說明과實演하는일이였다。盲啞教育의實際를보고 또한 헬렌 • 켈러全集에依하야 그生涯의苦心의程度를大綱살피는者에게는 別로新奇한感을주기보다 도리어凡常한일當然한일같은 느낌도 없지않였다。

그體格의健實함、表情의明朗、擧措의輕快、慧智의光輝等은 보는者를 놀라게하였다。三重의不具者로서五十八年間苦鬪한사람이라는 어둠에묻친悲哀와絶望의痕跡은 찾아보거어려웠다。能爛한指話와、完全에가까운發音、非常히發達한觸覺等은 도리어女史의刻苦勉勵의德과教師살리반先生의勞心의功을 無視케하는바있으나 도리켜생각할수록 盲 聾 啞의望柱石같은 헬렌 • 켈러 도 저렇게教育하며修養할수있다할진대 우리가今日까지 말아指導하던學生에게對한短慮速斷과 우리子女에게對한誠意없는 헛된慾心과 우리自身에對한焦急한悲觀을 모다懺悔하지아니치못한다。兄弟를 미련한者라고斷言하는者에게重罰이있으리라고하신主님의말슴이 强하게 나를審判하다。五官이具備한人間을鈍해서教育할수없다고하는教師와 五官이具備하면서素質을云謂하고自暴自棄하는者에게는 天罰이나릴것만같다。

헬렌。켈러今回의世界旅行은 五十年間저를敎導하야주고 昨年에別世한恩師살리반先生의「吊合戰」으로出發한것이라고、先生께對하야 하늘에닿을恩惠를最大限度로 갚을길은 오직全世界의不具者들의幸福增進을爲하야努力하는일인줄알고 떠낫다고、故로彼女의呼訴함에는 片言單句에도抗拒할수없는 힘이 들어찾다 「나의唯一한所願은世界平和와同胞愛」이라하며「하나님이 나의 앞뒤에계시니 내두려울것이없고 또한 모든일이聖意대로 되여갑니다」라고信仰을告白하는彼女는「나를不具者라고 가엾이보는이들이많으나實相가엾은것은 내가아니오 눈뜨고도 바른대로 볼줄모르는사람들입니다」하야自身은感謝에 넘쳤다。눈뜬具健者들을向하야「여러분의 눈에光明을주시고 여러분의귀에아름다운소리를주시는 하나님께感謝하는데는、어둠과默々의길을 더듬고있는그들을 돕는것이 더없는高貴한길입니다」라고說教한다。

그리스도의生命에사는者에게는 모든것이 그榮光을爲하야不可缺인듯하다。聾啞만해도不具요盲만되여도恨嘆할터인데彼女의게는三重으로不具된것이 더욱榮光의材料인듯하며、軟弱한女性으로태여났던것도主님의榮光을 들어내기에無妨할뿐더러 오히려必要했던것같이보인다。그리스도를中心에두고볼때에萬事가 다可하다 아ㅣ멘 이다 할렐누야 다。

헬렌 • 켈러 一

剽竊問題

헬렌。켈러의一生에 重大한危期가 한번있였다。그는十四歲되던해 겨울에 童話한篇을創作하야 當時에在學했던盲學校雜誌에發表햇던것이 剽竊한것이라고認定되였던일이다。事實은 이러하다 남의것을 들은記憶은 조곰도없이童話一篇을草하야發表했는데 그것이 매우잘되였다고師友의稱讚을 많이받은後에야 그보다먼저 꼭같은著作이公表되여있였던것을알게되였고、또 헬렌自身의意識에는없였으나 彼女도 어렸을때에 그內容의 이야기 들은일이 있였던것을追後로알게되였다。이事件에關聯하야 우리는 여러가지를 생각한다。

첫재로 이不具少女의 작난같은小品에對하여도 剽竊問題가發生하게됨애 學校當局에서는八人의審査委員을 選任하야 嚴肅한委員會에서審問하였다는事實에서、비록 그處斷이偏狹하고過酷하였다할지라도 이런問題를 이렇게까지愼重하게보는데에 그社會의健實性을 엿볼수있다。

둘재로 어렸을때에 들었던 이야기같은것이 潛在意識으로있다가 多年後에全然自己自身의思想처럼 솟아나오는일이 드문일이아니오 特히年少한때에 흔이있는心理作用인데도不拘하고、教育者側의審判이冷酷하야 어린被教育者에게終生토록危懼의念을解除할수없는大打擊을주어烙印하여버렸으니 天下에父兄된이와教育에從事하는이들의三省을要求하야마지않는일이다。教育에는探偵小說같은知畧으로만은 안된다。一個어린靈을引導함에 하나님의愛와能力과洞察이必要하니 어찌敢當할일이되랴。

셋재로 이事件以後로 헬렌。켈러는書信一枚를쓸때에라도 이思想 이文句가 自己固有의것인가他人의것인가를一々히吟味하고라야 썼을뿐더러、平生에 다시는童話같은類의所謂創作을안하기로決心하였다하니 이는「文字의遊戲」를안하고저함이라한다 世上에文字의遊戲를 일삼는者얼마인가。

넷재로 獨創이나創作이라는意義를再考할것이있다。獨創이란것은 이미있는것을거의다涉獵한다음결음인데 不學無識한者가 본데없이 쓴것을獨創으로이는일은可笑로운일이오、그나라그時代의標準文章을배운일도없이飜釋인지外國文인지알수없는文章을創作인줄自矜하는일도嘲弄거리된다。古今文豪들이執筆하기前에 반듯이名句數節을朗讀함에는 큰理由있다

나종으로聖書註釋과剽竊問題를생각지않을수없다。聖書처럼自古及今의註釋이多種多樣으로發達된部門에있어서 正確한意味의獨創이란것은 거의不可能事가아니면井底蛙의일임을未免한다。某大家의告白한바와같이現代東洋에서發刊되는雜誌나著書를詳考하면 그것이어느註釋冊에서나온것인지 어느雜誌에서取材한것인지甚하면 누구의語彙에屬한것까지라도 서로指摘할수있다。故로우리가尙今執筆하는것은獨創을崇尙하기보다 차라리널리大家의것을取하야 花蜜을採取하여蜂蜜로釀化하는蜜蜂처럼 얼마나消化한다는것과、내가아는그것까지도 모르는이에게 아는것이나傳하지아니치못하는心事로써다。

聖書的立場에서본世界歷史 (16)

咸錫憲

三、搖籃內의諸文明

歷史의黎明期 人類歷史의進行하는모양은 마치물이흐르는것과같고 불이붙는것과같다。그처음에니려날때는 시냇물이 골짝이의落葉속으로 숨여들고、조고마한 불꼬치가 단으로쌓은섭우에 떨어진것같아서、거이그存在를알수없고 別로그變遷을 보아낼수없다。지금까지우리가보아온 新舊石器時代數十萬年間의일은 그러한것이였다。거긔서는각별히알어볼만한變動을 보지못하는동안에 千年二千年이지나가는일은例事였다。그러나숨여들던물이 한대모여 한번언덕을끊고떨어지며 밑으로스서루타든불이 한번發火點에達하기만하면 形勢가갑작히猛烈하야저서、滔々한물결이 두언덕을치고흐르고 焰々한불길이 하늘에다을듯이 올으는것같이、千年一日같이한모양의生活을 反復하는것같던 歷史의 걸음도 어떤한地點을지내자 갑작히奔放한形勢로달음질을하게되여 거이端倪할수가없이된다。오늘날에와서는 하루동안을넘지않으면 하루의떠러짐을본다하면것은 발서지나간말이되였다。하루가안니다。한時동안에世界는豫測못햇던方向으로 달음질을치는일이많이있다。그리고이걸음의始作은 大畧距今六七千年前項붙어始作되였다。이른바文明의發生이다。

嚴正한意味의 人類歷史는 이때붙어始作된다。그前까지의人類에도 文化가없였던것아니오 歷史가없였던것아니나 그는아모래도朦朧한일이오 더듬는일이였다。우리가石器時代의저들을對할때는 비록그들이우리와같이 사람이오 같은人類的生活을하는줄 알기는하면서도 아무래도저들과우리사이에는 成年者와學齡前의幼兒가 서로對하는것같아서 서로通치않는것이있음을느끼지않을수없였다。저들의일을알려면 우리는直接은할수없고 그모양과周圍의事情을綜合하야 推定하는수밖에없였다。그러나 이제우리는理性에눈이뜨인 少年을본다。이제는 저스스로가하는報告를 들을수있다。人類가비로소 처음으로自己의過去를도라보아 그記錄을지어서、남기게된것이다。故로이제붙어는 歷史變遷의明瞭度가 갑작히 더하야진다。그런故로이記錄이始作되는때를가르처 歷史의黎明期라고한다。

文字의記錄을 남긴다는것은 人類의成長에있어서 一大飛躍이다。이前과이後의살림은 그性質이크게달라진다。우리가이를 瀑布의떠러지는대比하고 불ㅅ길이터저올으는대견줌은 이때문이다。말이라는것이本來 神秘로운것이오人類發達의原動力이 거긔있는것이지만 그말이記錄으로됨에따라 一層偉大한힘이되였다。 내가말하면 저짝이알어듣는다 ―――世上에이것처럼奇妙하고 이것처럼 不可思議한것이 무엇인가。 웨내가손으로전드리지도않고 발로다치지도않는것이되 입을놀려무에라하면 저편의얼골이붉어도지고 푸르러도지는가。 그보다도 가슴속에생기는무엇이 聲帶를通하고 몸짓을通하야 나올수있다는것은무엇인가。 都大體가슴속에 말슴이생긴다는것은무엇인가。 無神論者가무슨소리를하던지、 저가무슨소리를發하고있는限은、 우리는사람의가슴이라는샘터에고이는 말슴으로서의生命의根源되는하나님의靈이 宇宙에가득참을믿지않을수없다。 그런데또그말슴이 記錄이된다。 말슴이記錄을낳는다。 흐르는것이 흐르기를멈추고 刹那的인것이 永遠的인것이된다。 太陽의가는길을멈추였단다고 믿지않으려고하지만 이야말로 太陽이멎는것보다도더奇蹟이아닌가。 번개를붓들어매여 永遠히서있게한다면 그를가저무엇이라할가。 神이라할가。 그렇다면모든사람은神이아닌가。 저들은오직손가락을꼬불거림에依하야 胸中에번쩍이는번개를 永遠히붓들어둔다。 그러고이魔法에붓들려매인靈은 언제나어면사람이나 오직眼光이라는奇妙한呪文에依하야 그놀라운能力을發現식일수있다。 그리고無窮하게。 모세가시내山불꽃가운대서 보았던것을 오늘날우리도 보고싶은때에 自由로볼수있고、 예수가二千年前、 曠野에서發했던말슴을 오늘날우리가 願하기만하면 들을수있다。 文字의發明에依하야 말슴은이神秘로운나래를타고 宇宙와人間의가슴속을 自由로 두루싸단닐수있게되였다。 果然文字의發明以後人類의歷史가 急작히活氣를 띄게되는것은 偶然이아니다。

四

그리고記錄의意義는 거긔만끊치지않는다。 그効能이클뿐아니라 그를使用함으로因하야 人間의自我그自體가變하였다。 記錄을남기는것은 後代에오는者를 爲하는것인대、 後代를爲한다는것은 自我의範圍가 個人的、 現在的인대서버서나서、 社會的歷史的인대까지 및였단말이다。 여긔니르러人間의自我는 漸々그偶然的인制約에서 解放되여 더욱實在的인것에 到達하였다할수있다。 사람의참自我는 決코個體的、 刹那的인대있는것이아니오 全體的 永遠的인것에있다。 故로記錄을남긴다는것은 人類社會안에 永遠性을띄는 運命共同的인全體에對한意識이 니러난것을말하는것이다。 簡單히말하면、 사람들이나라는것을알고 나라的生活을하게된것이다。 그리고이것이야말로 사람의文野를區別하는標準이다。 우리가人類의發達程度를말할때는 文明이라野昧라하는말을쓰거니와 그文明과野昧의區別은、 흔히생각하는것같이 生活內容에있는것이아니요 이러한生活態度에있다。 生食을하고 石器를쓰고 自然力을人格化하야믿고 하는故로野昧가아니오、 高等한料理를먹고 飛行機를날리고 知識이豊富해서 文明이아니다。 發達한生活技術을가지면서도 아직

野昧한心情을가진사람이많다。文明과野蠻의區別을 먹는飮食과 입는衣服과 쓰는器具의差異에있는것같이생각하는것은 皮相的觀察에不過하다。그보다도、그生活이 個人的本能的自我밖에몰으는것이면野昧요、社會的歷史的自我를가지면文明이며、一時的利害的目標外에 다른것을몰으면 未開요、永遠的道義的理想을가지면 文明이다。人類가人類인以上 文化的生活은 언제붙어던지 가질수있다。舊石器時代에도사람은발서 動物的生活은하지않었다。그러나그것으로即時 文明이라할수는없다。저들에게人間性은있으나 그것은自覺된것이아니오 저들에게 社會가있으나 그社會는매우局限된것이였다。또거긔對한意識좇아도 자못朦朧한程度의것임을不免하였다。文明은그文化活動에 一定한組織이있어야 비로소있다할수있다。體系化된文化 그것이곧文明이다。農耕이있고 工業이있으되 그것이物質主義的인人生觀에依하야 體系化되지않으면 物質文明이라할수는없고、言語가있고 詩가있고 法律이있으되 精神主義的인 世界觀에依하야 統一되지않으면 精神文明이라할수없다。그런대그體系化는 重心點없이는 不可能한 것이오、그重心點은곧 全體的運命共同體로서의國家에노혀있다。故로最初의記錄이있는곳에 이믜國家生活이있고 國家意識이 니러난後人類는急速한發達을하게된것은 決코偶然이아니다。

國家의起源 그러면人類가 그러한國家的生活을하게된原因은무엇일가。勿論그根本原因을 우리는神의敎育以外에서찾을수는없다。國家는宗敎에反하는것이아니오、眞實한宗敎를爲하야 健全한國家는必要하다。그러나神은人類를 敎導하는대있어서 決코死物을달으듯이하지않는다。또반드시奇蹟的인方法으로하지도않는다。때로奇蹟이없는것이아니나、그는特別한境遇요 平常의境遇에는 普通의自然的、人事的條件을써서 저로하여금스스로깨닫게한다。또그奇蹟까지도반드시自然法則에反하는것이아니다。그런대우리가歷史를찾는대있어서 닞어서 안될것은 이敎導條件이다。그러면神은어면것을써가지고 人類를國家的生活로 이끌였던가。그하나는 農工生活이오 다음은種族의分化다。農工生活은 우에서도이믜 말하였거니와 必然的으로定住를 要하게되는대一旦定住生活을하게되면 外的으로는人的交涉이 緊密하야저서 社會制度를니르키고、內的으로는 心意生活이活潑하야짐을따라 生活의統一이나가게된다。그리하야 드디어「나라」라는 觀念이 發生하게된다。이事實은 文明의起源이 어면一定한地域即大河流域에 局限된것을 아울러생각하면잘알수있다。人類의棲息한것은 반드시埃及이나 메소포다미아나、黃河流域이나、印度河畔만이아니였는데 文明의發生이 거긔만局限된것은 거긔一定한地理的條件이 必要하다는證據다。

그러나 같은그地域에서도 文明은처음붙어있었던것이아니

오、距今六七千年頃에와서、마치雨後에 種子가 트고나오듯이 모든文明이 同時에니러낫다는데는 또別로히原因이있지않으면안된다 그것을우리는種族의分化라는事實에서 發見한다 같은地域에서도 種族的特質을 構成함에미처서 비로소 團體精神이생기고、團體的으로接觸함에따라 더욱緊密한 全體意識이 發達하게된다。敵意를가지면 더욱이오設或敵意를 아니가저도 團體와團體의 並立交涉은 統一的求心力을 强化식인다 社會的으로만아니라 歷史的으로까지다 歐羅巴에國家發達이盛하고 人文進步가甚한것은좁은地域內에 多數한種族이 對立하야있어서 協和反撥의團體的影響을 많이주고받는대서 나온것이다 古代文明의始作에있어서도 마천가지다。

그러나最后로 한가지더낮어서는않될것이있다 그는道義的自覺이라는것이다 人類를本能衝動의덩어리인 一個生物로만보고、社會生活의現象을 單히自然的인見解로써만 보려하는이들은 國家의發生을말함에있어서 以上에말한 地理的社會的條件의說明으로써만 알려하나、決코그런것은아니다。眞理를가리우는것으로서 이러한것은또없다 國家意識이나 文化意識은 決코그러한 生物的인原因만으로 니러나는것이아니다。그러한自然的條件으로因하야 誘發된團體感情이 宇宙에그根源을두는 道義的인것에依하야 變質되고 向上되지않으면 全體意識이되지못한다。歷史的社會的全體意識이란 道義를그魂으로하고 生命으로한다。이것으로因하야 感情이높어저 精神이되고、本能的希求가變하야 理想이된다 故로宇宙와그根源을같이하는 道義없이는國家도없고 文明도없다 이事實은 太古의모든文明이 반듯이高尙한宗敎를가지고있는것을보면 알수있다。이宗敎와文化의關係에對하야는 次章에서다시論할것이다。何如間、오늘날같이政治에서宗敎道德을 無視하는時代에있어서는國家의起源이 宗敎에뿌리를두는 宇宙的道義念에있다는것은特別히强調하야둘必要가있다。國家는決코 方便이아니다。生活을爲한 方便이아니다 國家生活그自體가 一個價値다。國家없이文明은 絶對까지는몰라도 거이不可能하다。古來로國家를等閑視한民族으로서 볼만한文明을 發達식인者없다。道義、國家、文明、이세가지는 한나무의뿌리와 줄기와 가지와같이 서로連한다。國家를生活保障의 手段만으로생각하는故로 術策으로써 나라를세우려한다。術策으로써나라를세우는故로 文明이詛呪받는文明이된다。文明이沒落이라는부르짖음이 들리는오늘날에있어서 사람들은 文明의搖籃時代에올라가서 다시배울必要가있다。어떤때에文明이盛햇고 어떤때에 文明이衰하였나。어떠한國家가興하고 어떠한民族이亡하였나。

聖書槪要 〔二八〕

金 教 臣

학개書의大旨

학개書는小預言書의第十冊이다。오직二章(三十八個節)으로된小冊子이나 유대宗教史上에 重要한位置를占할뿐더러 우리信徒의實生活上에도 적지않은教訓을 주는冊이다。이冊과 이冊다음에있는 스가랴書와는同年에 預言한바이오또한함께聖殿建築에關한內容인故로 不可分離의關係가있다。

著者 학개 라는意味는「祝祭的」또는「神의祭」라는等뜻이있으나 舊約聖書中에 이런이름은 다시없였다。학개의預言者로서의公生涯에關해서는 本書以外에도 에스라書에如下한記錄을 볼수있다。

> 선지자들 곧先知者학개와 잇도의孫子스가랴가 이스라엘 하나님의 이름을 받들어 유다와 예루살렘에 居하는 유다사람들에게 예언하였더니

云々(五·一)。同書第六章十四節에도 같은文句가있다 卽학개는 紀元前五百二十年頃에突然히世上에出現하야 約四個月間預言하고 그後에는 또突然히 없어지고말였다。故로彼의私生涯에關한資料는 前에도後에도 찾어볼수없다 다만 彼自身의預言中에「너의중에 남아있는자 곧이殿의 이전榮光을 본자가 누구냐。이제 이것이 너의게 어떻게보이느냐 이것이 너의눈에 보잘것이없지아니하냐」라는(二·三) 句를根據하야 학개는 필경從前의 榮光스러운 솔로몬의聖殿을目擊하였던 少數殘存者의一人일것이라고推測하는學者가있다。果然이推測이 맞었다면 預言할當時에는古稀에達한老人이였을것이다。그活動期間이 짧었음과그 預言에 젊은氣運이乏如한것도 右와같은推測을裏書한다。

當時의歷史的背景。 바벨론捕囚當時의預言者들이 異口同調로 그不遠한將來에釋放되여歸還할것을預言한것은 一大奇觀이라고할수있었다。特히 예레미야같은先知者는 그歸還할年數까지明言하였다。

> 여호와 이처럼 날아시기를 바벨론에對하야 七十年 기한이 차면 내가 너의를 권고하고 나의선한말을 너의게 실행하야 이곳으로 도라오게하리라

고(二九·一〇)。이리하야 바벨론에서歸還할날을待하는것은 유다百姓의懇切한期待였을뿐더러 그날의榮光은 옛적出埃及의光景보다도 더클것을豫想하였었다。

不信이스라엘의服役의期限이 거의 끝나게될때에 果然 여호와의 손이 움지기기 시작하야 預言그대로의事實이 成就됨을 目前에보게되였다。東方바사王고레스는 近隣을

平定하야 바사帝國을建立한威勢로써 때의强大國인 바벨론을向하야 그槍끝을 돌렸다。바벨론은 마침內訌이있어 國王은逃亡하고百姓은 싸우지않고城門을열어 바사軍門에 降服하였다。때는紀元前五三八年、에스라書에依하건대 波斯王고레스는 바벨론占領後에 곧如左한詔書를 나리였다。

바사王고레스는 말하노니 하늘의神여호와께서世上만국으로 내게주셨고 나를命하사 유다 예루살렘에殿을建築하라하셨나니 이스라엘의 하나님은 참神이시라 너의중에 무릇 그백성된자는 다 유다예루살렘으로 올라가서 거기있는 여호와의殿을 건축하라。

고(에스라一·二―三)。五十年間捕囚生活하던 이스라엘百姓을 이처럼解放하야歸還시켰을뿐만아니라 그殘存者들에게까지 분부하야「맛당히銀과金과其他물건과 즘생으로 도아주고 그외에도 예루살렘 하나님의殿을爲하야 례물을 즐거히 들이라」고하는 同時에、옛적에 느브갓네살王이 예루살렘聖殿에서捕獲하여왔던貴重한聖殿긔명까지도還附하여 주어보내였다。저들이 애우라지希望을 붙혔던 先知者의預言이 目前에應하야實現되는것을볼때의 이스라엘百姓의 기쁨과 놀람은 口舌로形容하기 어려운바있었다。如狂如醉한雀躍으로써 여호와를 찬송하며 故國長安예루살렘에歸還한 이스라엘百姓들은 五三六年二月부터 아스듸엘의아들 스룹바벨과 요사닥의아들여호수아의指揮下에 聖殿再建을起工하였다。

八

이렇게되여 저들의先知者의預言은一旦그文字대로實現되였다고할수있었다。그어느條件하나를 들고 責잡을것이없으리만치實現되였다。그러나未來에두고 待望하든날까지는 오히려 달큼한것이있었고 憧憬하는마음의引力이있었으나 實相나타난現實을目睹하고는一沫의悲哀좇아 없을수없었다。바벨론에서歸還할때의光景은 옛날모세의出埃及光景보다도 더燦爛한것인줄로 待期하였었고 再建築하는聖殿은 옛날 솔로몬聖殿의榮華보다 못하지않을것으로 期待하였것마는 現實은期待에符合치못함이컸다。첫재로 바벨론에서 스룹바벨과 여호수아等과함께歸還한者는 祭司長들과一般百姓을 合하야四萬二千三百六十人이오 奴婢의數가七千三百七人이였으니 人口로보아도出埃及當時에比할바가아니였을뿐더러 그나마나 바벨론에捕囚된者全員이一致團結하야 떠나온것이아니오 物質的으로有力한者의多數는 오히려 그따에殘留하는形便이였다。加之에着工한聖殿의規模는到底히 예전의榮光을再現할수없었다。그럼으로定礎式當日에 다윗의규례대로 여호와를 찬송하기는했으나 喜悲相半하는奇現象을보았다。

서로 찬송가를화답하며 여호와께 감사하야 가르되 주는 지선하심으로 그인자하심이 이스라엘에게 영원하시도다 하니 모든 백성이 여호와의 전지대가

놓임을보고 여호와를 찬송하며 큰소리로 즐거히부르며

제사장들과 레위사람들과 족장들중에 여러 로인은 첫 성전을 보았었는고로 이제 이전지대 놓임을보고 대성통곡하며、여러젊은사람은 기뻐하야 즐거히부르니

백성의 크게웨치는소리가 멀리들임으로 즐거히부르는소리와 통곡하는소리를 백성들이 분별치못하였나니라

고(에스라三・一一|一三)。同一한事件에接하야 젊은이들은즐거워부르짖고 늙은이들은前日의榮光을記憶하면서痛哭을禁치못하였다。雪上加霜으로 이貧弱한工事나마나 그대로進行할수없는事件이突發하였다。그것은 聖殿建築工事에協力하고저하는 사마리아人들의提議를 유다人側에서拒否하였음으로因하야 그復讎로서 사마리아人들은 바사王에게여러가지로讒訴하야 聖殿工事를中止하지아니치못하게만들었다。工事中止된대로五二〇年까지 이르렀다。

이때에 이러나預言한것이 학개였다。저는 여러가지見地로서聖殿工事의續行을 그百姓에게慫慂하였다。工事가中斷된것은 바사政府의干涉에依함이라고하나 其實은 그보다도 유다百姓自身의熱誠不足、하나님께對한 사랑이 뜨겁지못한것이 第一原因이라고 보았으며、凶年이거듭하야民力이疲廢하였음을理由로 建築尙早의意見을가진百姓들도一部에있었으나 이것은 학개로 말하라면本末顚倒라고할수밖에없었다。이스라엘百姓에게困苦가加重함은 聖殿을지어 여호와를 저들과함께安住하게안한까닭이니 모름즉이무엇보다 먼저 여호와의殿을建立하야 災禍를 물리치고福받을것이라하였다。때마츰 밖에는 바사王다리오의卽位後에 바사國內에 큰內亂이勃發하야 當時世界의支配勢力인 바사國의運命이如何히될것을 難測할形勢이며、안에는다윗의後裔인 스룹바벨이 유다方伯으로就任하였으니 이는將次올 메시야 인줄로 알었다。

如斯한內外情況을洞察한 학개는 爲先여호와의聖殿建築함으로써 民心을統一作興하는것이 一은目下의沈滯와墮落에서救하는方途요、二는將次올機會에預備하는길이라고確信하였다。저는五二〇年六月부터九月까지約四個月間 熱烈하게預言한結果 百姓의마음에 두려움이 생겼다。학개보다二個月뒤저서 스가랴도 이러서 聖殿建築의時急함을力說하였다。이리하야五一六年봄에는 드디어聖殿의落成을 보게되였다。

本書의特徵 本書에는 預言者를第三人稱으로 부른것이다른預言者—이사야 예레미야 에스겔 아모스 호세아等—와는 다르다。이것으로써 학개自身이 쓰기는했으나印象을深刻하기爲하야第三人稱을使用한것이라고하는學者

도있으나 大體로는 다른第三者가 학개의預言을編纂한것이기때문이라고 보는것이普通이다。

本書에年月日이明記하여있는것은 에스겔書 스가랴書等과共通한特性이오、純粹한預言外에 簡單한說明的報告를添加하였음은 요나書와 그軌를 갈이한다。但요나書처럼充足한說明은 아니다

本書의教訓 학개書는僅々二章으로된小冊일뿐더러 그預言의內容이란것은 全혀聖殿建築問題로써始終하였으니 때가이르러니 이山에서나 예루살렘에서나 너의가 아바지께 례배하지아니하리라—는(요한四·二一) 오늘날福音主義의基督教徒들에게 이冊이무슨相關이있겠느냐고輕視하는이가있다。그러나학개의當面한境遇를考慮할진대 道德問題보다도聖殿建立問題를焦眉의急으로力說한까닭을 짐작할수있다。바벨론捕囚의處地는解脫하였으나 그것은預言者이사야의預言한대로의堂々한것이못되고 아직바사王의權下에 얽매인것이니 다만支配者를交替하였다할뿐이다。유다에歸還한後라도旱魃과凶作이連續하야 民力은衰退할따름이오 邪教에接觸함으로써 信仰은 도리어危險하게되는것뿐이였다。起工하였던聖殿工事가十數年間그대로廢墟갈이放任되였음을보아도 유다의病根은決코녉은것이아니였다。이런때에多岐多種으로說教하기보다 가장緊急問題하나만力說한학개는決코庸夫가아니였다。우리도 여러가지困苦와悲運에빠진때에 할일은 한가지뿐이니 하나님의일을第一次로할것、곧聖殿建築이다。그리고 우리의聖殿이란것은 예루살렘에 세울것도아니오 눈에보이는物材로 쌓을것도아니오 우리自身이곧聖殿인것(고린도三·一六)은 다시論할것도없는일이다。

학개書概綱

第一預言 (一·一—一四)

다리오王第二年六月一日。스룹바벨과여호수아에게

가、預言。여러가지災怏의原因은 여호와의安住할聖殿이없는까닭이니 速히再建하라。(一—一一)

나、그結果。建築起工。(一二—一四)

第二預言 (一·一五、二·一五—一九)

六月二十四日에 스룹바벨과 여호수아에게(?)

起工以前의慘狀은不可形言이나 今後에는祝福받는다。

第三預言 (二·一—九)

七月二十一日에 스룹바벨과 여호수아에게。

이번聖殿이貧弱하다고落心마라。(一—五)

天地를震動하는 여호와의榮光이殿에차리라。(六—九)

第四預言 (二·一〇—一四)

九月二十四日에 스룹바벨과 여호수아에게。

第五預言 (二·二〇—二三)

九月二十四日에 스룹바벨에게對하야

스가랴書大旨

스가랴書는 小預言書의第十一冊、우리가普通使用하는舊約聖書로는 학개書다음이오 끝으로 둘째冊이다。학개書와는 同時代에同一한問題의預言인故로 不可分離의關係에있다함은 학개書에서既述한바이다。本書는全部十四章으로되엿으나 그것이 한사람의著作이아니오 한時代에記錄한것이아닌것은 더議論할餘地도없는事實인데、몇사람의著作이며 몇時代의作品을編纂한것인지 그詳細한區分에至하야는 學者의意見이區々하야 얼른 어느한편에加擔하기가困難하다。그러나大體로보아서 第一章으로부터 八章까지를스가랴의預言、第九章以下十四章까지를 다른預言者들의各其다른時代의作品으로取扱하는것이 여러註釋家들의 거의共通한常識이다。우리도 記述의便宜上 前篇後篇으로 나누어解說하고저한다。

前篇 第一章 第八章

著者。스가랴의名義를 붙혀도妥當한것은 第一—八章인데 이部分을 第一스가랴 라고도稱함은 마치 이사야書를第一、二、三、이사야 라고區分하야稱함과같다。스가랴는「잇도의손자 베레갸의 아들」이라고(一・一)했으니、우리預言者의祖父잇도는 바벨론捕囚에서 스룹바벨 여호수아等과함께歸還한祭司族의一人이다(느헤미야一二・四、一六)에스라書에 다만「잇도의아들 스가랴」라고記錄된것은 필경 스가랴의父親베레갸는天折하였던 까닭인가한다。歸還者의一人인 잇도의孫子라면 預言者로서의公生涯에、나선때에도 스가랴는 아직 매우젊은青年이였을것이다。젊은스가랴는 늙은先知者학개의同勞者인것처럼 또는後繼者인것처럼突然히出現하야 國民危急之秋에 聖殿建築을中心으로한預言을 힘있게 웨치고 또한突然히 없어젔다。彼의預言者로서의公生涯는不過二年間의記錄밖에 남은것이없으나 國民에게對한彼의感化는深且大하였다。스가라도 학개와같이 그爲人이 매우熱意의人이였으나 後者는老人답게常識에長함이있였고 前者는青年의幻影이豐富하였다。스가랴書의本部가 八大幻影으로된것은 그特色을 나타낸것이다

時代。스가랴는 학개보다 二個月늦어서預言하기 시작하였음으로 그歷史的背景은 학개書에서詳述한바와 마찬가지다 歷史的背景과 當時유다國民의心理를把握하는것이本書를理解하는捷徑인故로 預言시작한紀元前五二〇年頃의國內情況을 다시한번要約하여보면如下하다。

고레스王第一年(前五三八年)에 바벨론에서釋放된 유다人의大部分은 故國예루살렘을向하고 도라왔다 各其自己故鄕에落着하기는하였으나 現實生活은理想에그리던것처럼달콤한것뿐이아니였다。半世紀間이나荒蕪하였던田圃를 다

시開墾하는일은 決코勤勞의膏汗이 흐르지않고될일이아니였고、겨우開拓한耕作地에도年復年凶作이掩襲함을經驗할때에 百姓의意氣가 자못退嬰的으로 傾向하지아니치못하였다。加之에 近隣의先住民과의사이에 不快한分爭이 끊을날이 없다싶이되니 불꽃같은理想에 憧憬을못이겨서歸還한 이스라엘百姓들도 이제는 거의自暴自棄할境遇에 이르렀다。歸還한翌年부터再建築을起工하였던聖殿役事도 先驅者학개가同胞에게甦生의氣魂을 부러넣고저 預言을 시작하기까지(五三六—五二九)近二十年間에 아무것 하나도進涉한것이없였고 百姓은牧者없는羊떼와같이 向方을分辨하지못하야 聖殿工事에도 確固한信念으로써 돌한덩이運搬할수없였고 其他日常生活로부터大小萬搬事에 推進力을잃은 烏合之衆이되고말았다。이때이다 老先知학개가 簡單한題目을 들고나서서 이스라엘百姓에게生氣를喚起하였고 그일을助力하는듯이 引繼하는듯이 青年先知스가랴가 登場하였다。

內容。스가랴의預言(第一—八章)은 다시 세區分으로明確하게 갈라진다。

一、第一章一—六節。다리오王二年八月。

여호와의恩寵을忘却한듯이 斷念한듯이 無活氣無所望의百姓에게 첫째로必要한消息은 여호와의變함없는際限없는恩寵의提示어다。恩寵에浴한者에게 맛당히 있어야할準備가있으니 그것은悔改한마음 부스러진靈魂狀態이다。故로希望과慰撫의預言者스가랴도全百姓의悔改를慫慂함으로써開口하였다。

二。第一章七節—六章十五節。다리오王二年十一月。

連續的으로八回의幻影을본것인데 이것이 스가랴의預言의中心이오特色이다。幻影은모다當時의重大問題에對한希望과激勵의解答이다。유다의將來運命이如何한가、隣邦의異教徒사이에서 어떻게對立하여나갈까、聖殿工事는百姓의所願대로成就될것인가 하는 여러問題에對하야、여호와의約束은 틀림없이 그百姓에게成就될것、內憂外患이一時는避치못할運命의惡戲같이도보이나 結局에는 하나식둘식除去될것을宣布하였다。또 스가랴의預言은 當面한一時的問題의 解答인同時에 그속에 메시야思想의要素가多分으로包含되여있는것이 本書가 預言書로서의價値를極히 높게하는所以이다。但이問題는後編(第二第三스가랴)에至하야 더욱高度로進展하였는故로끝으로 다시論하기로한다。正確하게區分하면 第六章八節까지가幻影에關한것이오 同九節以下十五節까지는 關聯된史實의附錄이다。

三。第七、八章。二年後、다리오 王第四年(五一八年)。

聖殿再建工事를시작해서부터二年지난때에 이스라엘百姓의有力者들은使者를預言者에게 보내어 예루살렘落

城國恥記念日의斷食을 尙今도續行할것인가아닌가를問議하였다(七·三)。이는第四月九日에 예루살렘이바벨론軍에게占領되였고(예레미야五二·六、七)、第五月十日에聖殿王宮과 온市街가燒却되였고(同五二·一二、一三)、第七月三日에叛將이스마엘이 그달야를 暗殺한날이오 (同四一·一—三及列王二五·二五)、第十月十日에 바벨론軍이예루살렘城을包圍한날이였다。捕囚된以來로 右와같은잊을수없는國辱記念日에는斷食하며哀哭하야記念하여왔던것인데 只今聖殿再建의工事가 날로進步되니 이제는斷食과哀哭을 그만둘것인가 聖殿役事는果然妨害없이竣功될것인가 하는危懼의念을못이겨서 先知者에게물은것이다。이에對한 스가랴의答은極히明朗하고平和한것이였다「萬軍의여호와가 말하노라。四月의斷食과五月의斷食과七月의斷食과八月의斷食과十月의斷食이變하야 유다族屬의게 기쁨과즐거움과喜樂의節期가되리니 오직너의는眞實과和平을 사랑할지니라」고(八·一九)。

이스라엘百姓들이 지켜온斷食은 발서形式化하였고 外飾의具가되였음을指摘하고 바른審判을行하지않은故로國辱의慘狀을當한것을注意한後에(七·四—一四)、斷食의繼續을督促하기보다 慰撫에넘치는音聲으로써 이스라엘에게 힘주고저하였다。여호와親히 시온에、도라와계실것을宣言하고 예루살렘은眞理의城邑이라 일캇겠고 老若이城邑거리에憩戲할것이며 하늘은 이슬을나려 따의産物을豐裕케하고、너의列祖의게는怒를發하였으나 이제는恩惠를 베플터이니 두려워말라。오직城門에서眞實을말하고 心中에서로害하기를 도모하지말라。그리하면 모든斷食記念日이變하야復興感謝의祝祭日이되고 百姓의行하는일은 眞實과平和의生活이오戰爭과不安은 다시 저의를危脅하지않으리라(八章)고했으니 慰勵의先知스가랴의面目이躍如하다。

特徵。幻影은 이스라엘預言者의直覺으로보는바이어서稀窄한일은아니나(호세아一二·一〇、아모스七—九章、이사야六章、예레미야一、二四章)、幻影으로써預言을말한것으로 가장完全하 우리에게傳해온것은 에스겔書와 스가랴書의二冊이代表的存在이다。

스가랴의預言에特異한것은天使의存在함이다 前期의預言者에게는天使가介在하지않였다(아모스七—九章、예레미야一、二四章)。말슴이나行動이나 여호와親히하셨다。오직例外로列王記上二十二章十九節以下와 이사야六章에天使의出現이보인다。그러나에스겔의預言에至하야는 天使가審判하기도하며(에스겔九·一—一〇·六)、預言者를指導하야測量하기도하였다(同四〇—四八章)。스가랴의預言에는天使가恒常함께한다。스가랴는 여호와를보았거나 그말슴을 들은일이없다。곡天使가幻影을說明하여주였다(一·一三、一四、一九、二·三、四·一、

四、五、五·一〇、六·四)

스가랴의본八幻影中에 처음 둘과(一·七—一七、一八—二一)第一나종것(六·一—八)은 이스라엘과近隣異邦과의關係를말한것인데、같은問題라도 先代의預言者들과는 그取扱한方法이 매우다르다。例컨대 아모스 호세아 이사야 예레미야等은 앗수르或은 갈대아人等의現實國家와의關係로 이스라엘을警戒하였는데、스가랴는, 언제던지抽象的으로말하고實際政局의問題를 擧證하지않었다. 남어지 다섯幻影에는 이스라엘을 한國民으로取扱하여慰勵하였다。

스가랴가 즐겨返覆하야使用한句는「萬軍의여호와 말슴하신다」는것이다。第八章에만하여도十數回나 나왔다。이는 이스라엘의救援과平和의回復이 人智나政權에있는것이 아니오 여호와自身의經綸에있으며能力에있다는宣言이다。故로 그成就는 무엇보다確實하다。이스라엘百姓은 여기에信仰의根據를 둘것이오 따라서事業의前途에對한危懼의念을버리고 새로운勇氣를 얻었다。스가랴書第八章은 이사야書第四十章에比할만한 偉大한慰安의源泉이라고한다。

後篇 第九章—十四章

年代及著者。 第九章以下는 文章으로보던지內容上特色으로보던지 前篇과는現著한差異가있다、同一한사람의作이아닌것은確然하다。짐작컨대 預言者스가랴보다 後代의人이著作한것을 그보다도後時代에合처서一冊으로編輯한것임이分明하나 그著者도 누구인지 알길이없다。뿐만아니라 第九章以下의것도적어도二人以上의作이오 그年代가 서로다른것일터임을認識할수는있으나 此亦是 얼마나先後가있었는지指摘하기는困難하다。

第二스가랴、第九章—十一章及第十三章七—九節、第三스가랴、第十二章—十四章(但一三·七—九를除함)

어면學說에依하면 第二스가랴는 알렉산더大王의 部將세류구스의建立한 수리아王國의支配下에서 이스라엘國民이抗爭하던時代의作이라(九·一三參照)하며、萬一第十一章十五節의「惡한牧者」란것이 紀元前一五九年에 죽은祭司長알김스를指示한것이라고하면 第二스가랴의年代는紀元前第二世紀頃、一五九年以前의作으로推定된다。

第三스가랴의部分은 다시數年後의作이라한다。假令第十二章十節의國民哀悼는 紀元前一三五年에殺害當한 마가베家의시몬을爲한것이라하면 第三스가랴의年代는大畧그時代에屬할것이라한다。

內容、 第二스가랴中에 뚜렷한預言이 둘이있으니 첫째는「驢馬에탄王」이오 둘째는「善한牧者의悲劇」이다。紀元前第二世紀中葉에 수리아의支配下에서 聖殿再建工事는落成하였다고하나 尙今異邦의包圍壓迫은 벗어날수없었다。이때에萬軍의여호와親히이스라엘을爲하야外敵을진滅하실것을預言하야 이스라엘로하여금永久히失望없는百姓되게하였다 그때에 새로建設될王國의主人은威風이當々하야百姓을威壓號令하는舊式의王이아니였다。바벨론捕囚以來로 온갓辛酸을맛보고遜謙을體得한 이스라엘百姓의理想의國王은 正義로救援을 베프며 溫柔하야驢馬에탄王이였다。

善한牧者는法定額銀三十(出二一·三二)을받고百姓에게 버림을當하였는데 여호와께서는 그百姓과百姓의膏骨을搾取하는僞牧者를罰責하실뿐더러「여호의伴侶」인善한牧者까지滅하랴라고하였다。이는甚히抑울하고無理한處分인듯하나 그렇게안하고는 패역한百姓을容赦할길이없는까닭이다。以上의「驢馬탄王」이던지「善한牧者의受害」던지 平和의主 萬王의王인 예수그리스도의實生涯를念頭에두고읽을때에 이第二스가랴의預言이 얼마나靈的으로進展向上하였음을 알수있다。

第三스가랴는 또다른預言인데 첫째로 여호와自身이親히 유다周圍의强敵을 물리치고 유다에는恩惠를加하실터인데、百姓들은「그찌른바 그를바라보고」 그를爲하야 哀痛하기를獨子를爲하야 애통하듯하리라하였다。여긔에「그」라는것이 누구를指稱하는것인지學說이歸一하지않으나、이스라엘은 일즉이 그善한牧者참救主를 저바리고 刺害한일이있고 그後로 하나님께서恩惠와祈禱의靈을 부어주심으로因하야 비로소自己의罪를 깨닫고 悔改의哀哭을한다는것이다。이國民的悔改의 哀哭의날에 罪를씻는 샘물이다윗의집에서 열린다(一三·一)。샘은 하나님의靈을象徵한다。여호와의靈에依하야罪와더러움을씻고 偶像은斷絶되고僞先知者는 그踵跡이없어진다。여긔에 놀라운것은 참으로하나님의靈感을받은사람은「預言者」라는稱呼를 부끄러워하야「나는先知者가아니오 나는農夫라」고對答하리라한일이다。特히奇怪한것을 자랑하던熱狂的宗教家는滅絶되고 健全한常識을가진平信徒가 여호와의預言者된다。罪와 더러움에서淨潔함을받은社會에는 所謂宗教家라는職業이一掃되리라하니 實로明朗한世上일것이다。

第三스가랴의 끝엣預言은(第十四章)世界完成의預言이다 먼저 예루살렘攻圍가있으매 여호와親히出現하야救濟하신다。(一四·一—六) 다만外敵의退治뿐이아니라 地震으로써地形에大變動을이르켜 河流의方向과海陸의地界가 달라지며 하늘에는晝夜의別과四季의循還이 없어지리라하니 이는終局의大變化이다 그날에는軍馬의 방울까자 여호와께聖潔하다하였으니 이는 이스라엘百姓의日常生活이 모주리聖化하야 禮拜를利慾에利用하는商利根性이消滅하게될것이며 所謂聖職者階級과俗人들의區別이撤廢될것이라한다。이十四章은默示錄의新天地에比길만한高遠한啓示이다

主要教訓 스가랴書에 第一、第二、第三스가랴가있다함

은既述한바와같거니와 이렇게時代와著者가各其다른預言을 한冊에編輯한것은 預言者스가랴의信仰에共通한바있는까닭이다。共通할뿐만아니라 時代의經過에따라 信仰이靈的으로純粹하여지고 더높게發展하였다。第一、第二、第三스가랴는共通한信仰의平面的羅列이아니라 發展純化의動的統一體이다。第一스가랴의信仰中心은 그百姓에게希望과平和와赦宥와繁榮을預言함에있였다。故로 스룹바벨과여호수아에게 여호와의選任을認證하고여호와의事業遂行을屬望했였다

第二스가랴에至하야 右의信仰은一段靈化하야 百姓을救하는것은 스룹바벨과 여호수아가아니오、公義로오며救援을베풀며謙遜하야서 라귀를타고오는王(九·九)이라하며「그찌른바 그」로써暗示하야 예루살렘復興은終末觀的內容으로써預言되였으니 예수의入城과 十字架의光景을多分으로엿볼수있다。

第三스가랴에는 바벨론 바사 헬라等 大國家의盛衰無常中에서 地上의聖殿復興의信仰으로부터 눈에보이지않는靈的內容에까지飛躍하였다。이스라엘의政治的外形的國民生活이날로衰退하여갈수록예수그리스도의出現과神의王國새예루살렘의信仰은漸々確然하게準備되였다。個人의信仰經路에있어서도外的形勢와財産과健康等이衰退해가고 우리의現世的希望이餘地없이부스러질때에 우리의內的信仰生活은層一層깊어지고 우리의靈眼은더욱高遠한世界를向하야潤開한다。이런信仰生涯에는果然우리의肉身은날로 후패하나 우리의속사람은 날로새로워짐을經驗하는歡喜의生涯를가진다。

이스라엘에서는政治와宗敎가不可分의關係에있였다。스가랴도政治的長官스룹바벨과宗敎的指導者여호수아의協助에救援의屬望을두였으나 이信仰은政治的으로萬王의王이오宗敎的으로大祭司長의職任을一身에具備하신 예수그리스도의出現에至하야 所望이現實化하였다。스가랴書三章八節에「내종 순、을나게하리라」하였는데 이「순」이라함은 메시야를가르키는말인데 第二第三스가랴에 이르러 메시야思想은階一階로 뚜렷하게나타났다。「謙遜하여서 라귀새끼를타고오는王」은 福音書에記錄된 예루살렘入城의그리스도를豫表한것이오 銀三十의法定額으로써善한牧者를팔고 그를刺殺까지한것은 十字架의 그리스도를預言한것이다。

第十四章은 어김없이再臨의그리스도를預言한것이다。큰審判後에天地가새롭게되고 聖都예루살렘은建設되고 여호와의統治하시는王國이完成된다。「萬軍의여호와」라는 字는 스가랴書의特徵을表示하는字인데第八章까지에四十四回、全部五十三回나왔다。理由와如何를不問하고「萬軍의여호와 말슴하시니」成就된다。우리의信仰도 여기根據한다。

스가랴書의概綱

前篇

一、이스라엘百姓의悔改를喚起함 (一·一—八·二三)

(一·一—六)

二、八種의幻影 (一·七—六·一五)

第一幻影。 여호와의四騎馬兵、四隣의列强 (一·七—一七)

第二幻影。 四角과四人工匠。 四大强敵。 (一·一八—二一)

第三幻影。 測量者。 城界없는새예루살렘。 (二·一—一五)

第四幻影。 祭司長여호수아와사탄。 (三·一—一〇)

第五幻影。 七枝의燈臺와 두橄欖樹。 (四·一—一四)

第六幻影。 날어가는 두루마리。 詛呪。 (五·一—四)

第七幻影。 에바中의女人。 信仰과利慾。 (五·五—一一)

第八幻影。 四戰車의驀進。 異邦審判。 (六·一—八)

附錄。 歷史的記要 (六·九—一五)

三、國恥記念日은復興感謝祝祭日로變하리라。 (七·一—八·二三)

後篇 (九·一—一四·二一)

第二스가랴。 紀元前一五九年前의作(?) (九·一—一一·一七、一三·七—九)

라귀사끼란王、善한牧者의悲劇。

第三스가랴 紀元前一三五年頃의作(?)(一二·一—一四·二一)

그 찌른바 그를바라보고。 專門宗敎家의消滅。 聖俗無差。

그리스도의十字架贖罪、再臨과新天地。

遺傳과敎育의關係를論함

遺傳과敎育의關係를論함

楊 仁 性

遺傳의現象이구레고ㅣ르、멘델氏가말한原理를原則으로하야嚴格히實現된다고하며敎育이라는後天的努力으로써被敎育者의게變化를준다는것은容易한일이안임을누구나否認치못할것이다。 그럼으로써善良한人間을產出하랴고하면爲先善良한人間同志가結婚하여좋은素質을가진子孫을生產하는데서지내는일은없을것이다。 그러나참말人類의發達에對하야遺傳과敎育그어느것이더重要한役割을하는냐고물으면甚히重要한問題가되는것이다。 專혀遺傳의現象만硏究하는사람은遺傳이무엇보다重要하고敎育及環境은極히無力한것이라고말할것이다。 이와反對로예로붙어「사람은境遇와敎育의生產物이다。 모든사람은날때는한글같은것이나차츰善、不善、賢、愚로난와난것은오직境遇와敎育이그렇게한것이다」라고말하여왔다。 廢一言하고事實에있어서善良한人間을作成함에는좋은父母에依한좋은遺傳과좋은敎育에依한좋은陶冶가必要한것은누구나否認치못할것이다。 그러나다만寞然히遺傳과敎育두가지中에어나것이人間性質에더많은功獻을하느냐고論議함은無意味한것이다。 한가지特質의差異가遺傳과敎育두가지中어느便에서더많이오느냐고하는것을硏究함은甚히意味있는 아니大端必要

한일이다。 實際上그差異는遺傳에依하는것도있고또教育에依하는것도있다。 어떤個人의特質을一見하고서그것이遺傳에依하여온것인가或은教育에依하여온것인가하는것은甚히困難한일이나如何間그두가지中어느것이우리들人間性에더큰影響을주느냐하는것을研究함은大端興味있는일이다。 여기서우리는遺傳과教育또는環境이주는影響에對하야서英國優生學者갈톤氏가研究한雙生兒에對하야叅考하여보는것이매우意味있는일이라고生覺한다。

雙生兒에두가지種類가있으니 하나는兄弟雙生兒이고또하나는同體雙生兒이다。 兄弟雙生兒라고하는것은 둘或은그以上의卵球가母體內에서同時에授精하여發育生産한것이고、同體雙生兒라고하는것은卵球가둘또는그以上의卵細胞로分割하였을때에그것이各々獨立的으로發育하여完全한個體를이루워産出한것이다。 前者는大槪性質과容貌가달너서普通兄弟姉妹와다름이없으나後者는性이같을뿐더러容貌가恰似하여往々區別하기가어려운것이다。 그뿐아니라더욱놀라운일은두사람이遠距離에 즈음처있을때에 꼭같은일을生覺하기도하고또같은時間에同一한病에걸리기도한다。 萬若教育及環境이天來의性質을變化할수있다고하면同一한生殖細胞分裂에서出生된同體雙生兒도住所를달리하고生活樣式을變化식히면그兩者間에어떠한差異가날것이다。 또이와反對로두個의生殖細胞로써난兄弟雙生兒도같은教育、같은家庭同一한友人으로써사괴여、成長케하면兩者間에天來에타고난性質의差異가없어질것이다。

갈톤氏는同體雙生兒에對하야다음과같은事實을發表하였다 幼年時代에있어서저이들은목에나손목에「리봉」을달지않으면둘을區別하기가甚히困難할程度로酷似하였고傳染病에나또는非傳染病에도恒常同時에걸리는傾向을가젔다。 또兩者가同時에어떤不快感을늦겨서苦痛받였으며 或은같은손가락을곱을이는奇癖或은同時에같은齒牙가脫離되는일까지있였다。 以上말한갈톤先生例擧한實例外에도다른實驗者들이많이恰似한實例로써同一遺傳또는普通遺傳의一般原則으로써는說明할수없는齊一遺傳의特徵을說明하고있는것이다。 相互間에存在한性質及心靈上酷似한點은저들雙生兒를長期間離居식히고즐혀다른環境과教育으로써養育하여도오히려그것을持續하는것이라고한다。 그럼으로써갈톤氏는精神上또는肉體上의類似는生活樣式을如何히變更하여도오히려不變하고終生토록持續하는것이라고主張한것이다。 萬若그類似에變化를生하는일이있다고하면그는重病에걸리거나或은幼年時代에潛在하였든天性이늦게發達함에依한것이다。 여기에서우리는境遇가天性을變化식히지못하는것은明白한事實임을알수있다。 다음에兄弟雙生兒를同一한境遇에두고教育하면어떻게되는가。 設令兩者의養育받는環境이거진同一하다고하여도그幼年時代에顯著히나타나던遺傳的差異는조곰도減少되지않는다。 그實例로서는亦是갈톤氏가二十餘組의兄弟雙生兒를가지고研究한結果出生한때로붙어同一한食物을주고共通한境遇에處케하고또全然同一한敎育을施하였으나體質上知能上은勿論그感情에까지全然아무關聯없는두少年에比하여何等의差異點을發見치못하였다고한다또出生되면서붙어十五歲될때까지全然서로떠러저있지않게하고食物과衣服은勿論敎育其他一切凡節을꼭가치施行하였으나그性質、習慣、趣味等에對한差異는秋毫도減少치않고繼續되였다고한다。要컨대그結論은環境及敎育의힘은天賦의性質을變化식힐수없다는데에歸着하는것이다。어떤遺傳學者가「人間各個體間에恒常多少의差異는있으나그러나그個人누구의게나常住不斷의一要素는卽自然傾向이다」라고喝破한말슴은意味深長한것이라고믿는다。우에말한모든實例로써「天賦의힘은環境의그것보다强하고」또善良한環境은(勿論敎育도)優秀한遺傳에對하여發現의機會를많게할수는있을지언정不良한天性을變化하여善良한天性으로할수는없다는것을證明하여주는것이다。이와같이말하면한反對者는出現하여「偉人과天才는環境과敎育의所産이다」라고말할것이다。如何한天才와偉人도善良한敎育과環境의恩惠가없으면그才能을充分히發揮식힐수없다。어떤歷史家는「따ㅣ윈으로써一八〇〇年代에支那에出生케하였으면決코進化論者로서의　따ㅣ윈은못되였으리라또亞米利加에南北戰爭이勃發되지않였든들偉人린컨은出現되지못하였을것이다。또한걸음나가서二人의出生國이달렀으면米國에따ㅣ윈이없였을것이고　英國에린컨이없였을것이다」라고말하였다。實로이말슴에는一大眞理가包含하여있는줄안다。環境과敎育이人間活動의方面乃至範圍에큰制裁를주는것은事實이다。現在日本에있는(明治維新以後)많은科學者들도二百年前德川幕府時代에나섰더면武士로써끝맺는이가大部分이아닐가생각한다。그러나이와같은環境及敎育의힘도根本우리가타고난天賦의힘卽遺傳性을變化식힐수는없다。比較心理學者는「한方面에卓越한才能을所有한者는　또다른方面에있어서도普通以上의能力을發揮한다」고말하였다。

따ㅣ윈으로써亞米利加에出生식혓든들生物學者로서의따ㅣ윈은못되였을망정氏로써一個平凡한匹夫로서終身하였으리라고믿지못할것이다。想必그는他方面에異彩를發하는　一大業蹟을끼처스리라고믿는다。以上論述한바에依하야우리는좋은社會에處하는것卽善良한環境안에사는것도必要하고또좋은陶冶卽좋은敎育을받는것도必要하지만　보다더좋은人間으로서生存하는데에第一必要한條件은보다더좋은素質을타고나는것이라고믿는다。우리들이미世上에生命을받어살고있는者들은只今그遺傳素質을어찌할수없지만이제로붙어生을가질未來우리子孫들의게는어느程度까지完全한素質을가지고나게할수있을것이다。卽그것은比較的完全한素質을所有한者同志가配偶되는優生學的結婚에서찾을것이다。참으로人類社會를사랑하고同胞國家의將來를憂慮하는者들은　좋은遺傳을가진子孫을끼치도록힘써야할것이다。卽善良한素質을가진子孫을生産하여거기에좋은敎育을베플고또좋은社會環境을맨드러야眞正한理想的國家社會가永遠히繼續되리라고　굳게믿는바이다。

聖朝通信

一九三七年 六月二十四日 (木) 晴。夏至지났어도 一時的우뢰소리뿐이오 가물은 날로심하다。○今日 咸興永生高普校長金觀植氏來校。國體明徵에關한施設 國語奬勵實況國旗揭揚臺、校務分掌等狀況을詳細히 묻는대로 대답하다。오늘날 學校長되는일도 容易한일 아님을 짐작하다。○밤十二時까지執筆과校正、밝은 달빛 두고잠자기 아까웠다。

六月二十五日 (金) 晴。새벽에도原稿와校正。登校、授業後에職員會。校長先生으로부터 國語奬勵에關한公文朗讀과趣旨說明이있었다。從來로實行하던授業用語는勿論이오 生徒와敎師의私談、職員끼리하는閑談까지도國語를쓰라고。또한 이것은 可否를議論하자는會議가아니라 命令의傳達이니 今日부터곧實行하라고添加하였다。○今日午後四時에出發하는 朝鮮博物研究會主催의江華島採集旅行에參加。뻐쓰로金浦通津을지나江華邑에着하니七時半。다시貸切車로써傳燈寺어구에 내리니日沒頃。乘合自働車에서 몹시 더웁고疲勞하였으나 今日路程은初行인것과 路傍의農況이旱災를 모르는地域이어서 困苦를 적잖케 덜어주었다。五六年前보다、寺境內의樹木이 더욱鬱蒼하고 밤九時後의鼎足山城은심히고요하다。

六月二十六日 (土) 雨。早朝에叢中에서祈禱。俗人도成佛할듯한仙境이다。傳燈寺僧侶들은 저녁九時에就床하고 새벽三時半에起床하야 禮佛과修學、午前六時에朝飯이라는데 食事마다規模있고靜肅한것이 부럽고 工夫하는 少年중들이 많은것이 有望하게 보였다。但 女僧은養育해도十七八歲만되면 죄다逃亡하여버리는故로이제는養育하기를 아주斷念하였다고。女僧이病나는것은 대개新聞雜誌를읽는까닭이라고、說明하든 중이 嘆息을吐하였다。○이슬비 나리는중에 우리는摩尼山을向하여出發。三人行必有我師라고했거니와 이번採集旅行에 나처럼有福한사람은 없었다。一行中에 두분은 最近에出版된朝鮮植物鄕名集의執筆者인植物專攻의先生들이오、한분은 다음에出版될動物部委員인動物專攻의先生이었다。故로植物이나動物이나採取하는대로 그名稱과分布와生態等에關하야豐富한經驗談을 들을수있었다 專攻하는先生들은各其新奇한種類를 찾노라고야단들인데 나는 가장平凡한것을採取하는故로 不平不滿을말할餘地없었다。地圖로써行程을指點하는것이 나의唯一한長技였으나 此亦是나의責任진任務는아니었다。但 塹星臺에서暴風雨에進路를잃었을때는 적잖未安하였다。風雨에全身이濕寒하여서採集을中止하고 歸路에淨水寺에들리니 前에있던女僧들은 보이지않고 멀구눈같은男僧一人만보이다。李建昌參判宅舊基앞을지나 船頭浦堤畔으로서 傳燈寺에歸來。밤엔採集品整理。

六月二十七日 (日) 雨、後晴。潮汐干滿의影響으로船舶의出入을任意로못하는島中이라 할수없이午前八時에溫水里發。八時半에草芝에서森信汽船을타다。十時頃에仁川上陸、午正에歸京하야登校採集品整理。校庭에前에없던碑石이보임으로무른즉伯林大會마라손制覇를永久히記念하기爲하야養正同窓會에서孫基禎君紀念碑를 今日午前에建立한것이라고 ○밤에는또原稿와校正。

六月二十八日 (月) 雨。授業을畢한後에 博物室에숨어서校正과原稿에分秒를다

두는때에 東京으로부터誌友高兄이來訪。잡았던일을 물리치고歡談數刻에 時間의흐름을不覺하다。○隣家에失業한食毋一人이 아모리해도就職이안되여서 애씀으로 우리집에臨時로雇用하기로햇더니 매우忠實한사람인것을發見하다。忠實한人間이衣食에困苦한것처럼不合理한일이없다。

六月二十九日 (火) 雨、後曇。校內水上大會의날이다。雨中에京城運動場풀에出勤。出席點呼하는任務外에는 그事務室一隅에숨겨서 校正과原稿。大會畢한後에는博物室에가서聖朝일의繼續。昨日은 어린이의第一三〇〇日、今日은어른의第一三二二日。

六月三十日 (水) 曇、後晴。校正으로한창분주한때에 東京遞信省技師篠原라는이로부터 面會하자는要求가있어 遠來의客을接見하니 이는松前技師와同僚이며同信仰의兄弟。南部아세아被壓迫民族의自由要求와福音宣傳等 平信徒의 새로운事業企圖에對하야興味있는이야기로써時間의흐름을깨닫지못하다。○밤에는 박넝쿨올릴덕을만들기爲하야 새끼約三十발꼬다。

七月一日 (木) 晴。今日부터 電話度數制와車輪고무制를實施하게되다。○午前中에授業과校正을畢하고 午後는가지〻모三十餘本을 심으다。○어떤敎役者로부터『孤獨하게內村先生의後進으로滿足하시려는先生님! 愚生의妄言이나마容納하소서 ①貴誌에서旣成敎會의非를論提하시는것은感謝하게생각하옵니다。然而 公正한立場에서 旣成敎會의是를 또한忘失치마십시오。②敎會밖에도救援이있다고하시는것을主張하시는것은 너무當然하오니同感이옵거니와、敎會안에도救援이 또한있을것도當然한줄아실터이오니 이것도勿忘하시며排斥에專門하시지 마르시옵소서。③가장主張하시는것이(敎會主義者의非)、사람에게있고敎會에없는줄앎니다。故로 우리無敎會에도非가있을수있고、다聖하다할수없아오니 이를勿忘하소서』云〻。無敎會人에게도勿論非가있다。故로「敎會밖에도救援이있다 는말은 너무當然하다」고贊同하는이에게對하야 우리는敎會問題로論爭할必要를 느끼지않는다。그러나 아직까지도「敎會外에救援이없다」고主唱하는敎派根性으로써錯覺을 이르킨者가없지않다「敎會」라는意義를 아무리 새로定義햇다할지라도 그것은辯明이못된다。敎會外에 救援이없다(EXTRA E.CLESIAM NON SALUS)함은 보마 카도릭敎會의黃金律이다。이말을使用하는者는 모다 카도릭派요 거짓말하는者요 可憎한者요 滅亡을免치못할者이다。挑戰者없을진대우리는基督徒끼리 싸우기를願치안한다。오직 무슨意圖로서던지「敎會外에救援이없다」고떠드는무리를向하야서는 우리無敎會者로서의一矢를應하지않을수없다。但 近來의世態가 날로變轉하야 泰平時節과같이內部的分爭을일삼을수없는情勢를感함이切實。

七月二日 (金) 晴、乾岔子事件으로黑龍江上에風雲이急迫하였다고報道、篠原技師 公務를畢한餘暇를利用하야來訪、平信徒끼리만(專門傳道者의叅加拒絕)傳道爲主의集會와雜誌를 시작한다는消息이快하였다。信仰을같이하는所以로서 舊面보다더한信賴로써 서로胸襟을 열수있음을感謝하면서 時餘를快談하고 氏는午後三時半車로平壤向發、東京—新京間에松前氏式으로電話架設하는工事에出張中、今日檢閱濟된七月號의光景을篠原氏에게보이고 矢內原敎授와其他東京人士들께 이런消息傳하

라고하다。○小鹿島短信에「……前日에小生이滯京時엔 貴重하신時間을割愛하시고 바쁘신데도不拘하시고 벌게하여주심은참으로感謝합니다。小生은當日밤車로發京하야麗水愛養園에서數日구경하고麗港을 거처 지난十八日에歸島하엿읍니다。主님께 感謝합니다。와보오니誌友와島內諸兄姉님믈 恩寵으로無故하와感謝뿐이외다云々」

七月三日 (土) 晴。登校途次에印刷所에들려督促하고、또電話로走馬加鞭하는等하야 一部分먼저製本된것을 博物室에가져다가 要急한것만 흩로祈禱發送。市內書店에配達하면서日沒後에歸山。○新聞에「嫌疑없는敎徒들은今後로續々釋放」이라는標題가보이기로 우리가爲하야祈禱하는이들의釋放인줄알고 반갑게들고보려했더니 이는白々敎徒의事件이엿다。失望。○某女高普에新任된先生의消息에「몇개나 고개를넘어貞陵里에先生을訪問한지도 아마三個月채다못된일인가합니다。그런데 저自身의內的及外的生活에는 實로놀라리만한變化가 있읍니다。데ー지ー薔薇는 맘대로피어 무르녹엇고 나를幸福스럽게하여주면 스피아도只今은完全히夏裝을하여緣化했읍니다。그리고 모다詩로보이던것이散文的으로되고「敎員生活」이라는內容을아는데따라 그리고人間을敎導하는者의 괴로옴을 맛볼수록 此感은 더욱培加하는듯합니다。그러나 그런때—힘도 모주리빠저버리고 눈물도涸渴한듯한때에ー저는初任當時의感激과緊張을 그리웁게懷想합니다」云々。

七月四日 (日) 豪雨。風雨의 요란한소리에起床하니 이게야말로今春以來로참보는本格的降雨로다。기쁜맘으로 장재기 家具等 비맞을것을 치우고 채양에서떠러지는 물에서 물마지하다。○퍼붓는듯한雨中에는 올사람도 없을것으로알고家人들끼리禮拜集會나 하려했더니 午前十時半正刻에는 如前히平素와다름없이會合。그중에는約三十里가까이徒步로온이도있었다。誠意에感激하면서로마書第十一二章을講하니 거의 두시간이나 걸리다午後의一人講座도如前。○솟적다(佛法僧)의소리가 들리지않어서寂々하더니 요새는 맹꽁의소리가洞內를震動시긴다。今夜는 맹꽁이 마루에뛰어올라서 큰물이날징조라고 모다 두려워하다。시내에 물이 맑고 많고 요란하다。

七月五日 (月) 雨、後晴。맑은놀이곱실곱실 시내에 흥용한다。降雨로自轉車를 못타다。學校에서修養團理事某의講話있었으나 듣지않고 그時間으로植物標本의新聞紙를 가라넣다。午後는 일즉이도라와서原稿와發送事務。시내ㅅ물에誘引받어內服두어가지를 빨래질하여보다。서투른솜씨라도 白雪같이 하게되는데에 자미있다。저녁에도 原稿쓰기。誌友의來信一枚『……每月보내주시는先生님의貴重한時間과精力의結晶인聖朝誌를 받어들기가죄송스러운것같습니다。아직信仰의길에光明을찾지못하와 煩悶과焦燥 그리고苦痛속에서헤매이며 社會惡人間 惡의 모든現實的環境에이끌리어 抵抗할힘을잃을때마다自己欺瞞的辯明으로滿足하고마는 小生이옵에 聖朝誌를손에들고 지내간一個月間을넓으신主恩안에悔改하며 앞으로을一個月間을거룩하신사랑과眞理안에 지내랴決心하옵나이다。聖書的立場에서본朝鮮歷史는歷史다운歷史를읽지못한小生에게는모든것이새로운事實같이 생각되나이다。希望잃은朝鮮靑年에게도 오히려明日의朝

鮮을꿈꿀수있음을 늦겼나이다。(下略)、

一九三七、七、四日〇〇〇上書』

七月六日 (火)半晴。速히 나오지않어도 좋을것이速해서 걱정인것은 도마도것순이오、오래남어있어도 좋을것이 速히잊어버려저서 걱정인것은外國語單字。〇學校로부터 도라와서 시내에一浴하고 폼푸물로 양치하면서「천당도 우리집보다 벼다를것 없을것이라」고햇더니「그런담에야 천당가라고 애쓸사람 누구랴」는反對가있음으로「천당이 낫을것은 먹지않는일 한가지뿐일것이라」고答하다。스가랴書의工夫。

七月七日 (水) 雨。七夕이라고 오시는비인가 午後엔本格的으로降雨。午後일즉이 도라와서 小預言書工夫。〇紙上에서蔣介石氏의西安半月記를다시읽고잪이感服하다。策略과方便으로써政治家의生命인줄아는群小政客들은失色할진저。如斯한眞人으로써 四億萬生靈을救濟하시는 하나님의經綸의展開야말로볼만할것이다。

七月八日 (木) 雨、後晴。夜來의降雨에 前川水量이 더욱豐足하게되였다。洞內에 넘치는것은 푸른草木과 맑은물소리、市內에 다녀와서 이돌에一浴하니 나래치면空中에 솟아오를듯하다。但一長이있으면一短이있음인가 電報가電報답게通치못하야今日도 큰失手하다。再昨日받었을것은昨日에、昨日午前十時半에淸凉里郵便所受信이란것은 今日午後에야 받게되다。親戚에不幸이있어서 毋親님今夜咸興向發。京城驛까지餞送하고 牽牛織女와火木星들의燦爛한光景을 머리우에이고洞口에도라오니 밤중에 넘처흐르는 시내돌소리는또한各別하다。朝夕에다니는길이엇마는合水끝에 또한번佇立하지않을수없다。

七月九日 (金) 小雨。昨朝過京한楊君短信이今朝着『主님안에서平康하십니까、聖朝는東京서받었읍니다。이번에는 도라오던길에 천々히만나서 여러가지 이야기도하고 新築한宅도 가볼가하였던데再昨日急작히父病危篤이라는 電報받고 只今京城驛을通過하여咸興으로감니다。아마도 이번에는赦하시기 매우어려울듯한豫感이생김니다。많이爲하야祈禱하여주시오主님의作定도奇妙하오며 그채찍이는可히받엄직합니다(어렵지마는)。原稿보냅니다未熟합니다마는」。因하야悲哀의人을爲하야기도。〇小鹿島에서『……지금 저는 고요한섬에 앉었으랴니 어쩐지 쓸々한氣分도생기는것같읍니다마는 不過數日間滯京하는동안에 修羅場같은 長安거리들생각하니 공연히 눈이아퍼지는것같읍니다。그러고 先生님께서는 그몬지구뎅이에每日自轉車로 다니심이健康에 害나없을가 못내念慮됨니다。下送하신舊約聖書(四號活字)는 지금拜領하여놓고 이刪우에몬지나 끼지않을가 어깨가 무거워집니다。〇新興生活七月號에安部磯雄氏談話中、에머ー손氏의句라고引用한「質素の生活 高遠の理想—Simple living and high thinking라는出處를 에머ー손文集에 찾어보려다가 多大한時間을浪費하고말다。이것이英國田園詩人Worlsworth의 Plain living and high thinking are no more 에서나온것의誤記는아닌가몰라。願大方家의敎示。

七月十日 (土) 小雨。오늘부터第一學期考査시작。某紙社說에「長老敎宣敎師諸君에게」라는文을읽고 그筆者가매우아는척했으나 宗敎에對한門外漢인것을嘲笑치않을수없다。平日에宣敎師에게對한感情이끔직하지못한 우리로도如斯히보이거던宜

敎師自身들이야 얼마나可笑로워하며 그無知한論說을얼마나可憐히보랴。○倫敦타임스紙에依하면 大英聖書公會에서 이미聖書를印刷한方言數가七百餘이오、이번에아프리까白耳義공고地方々言들까지飜譯함으로써 第九百九十九와第一千方言의飜譯이完成되였다하며 同公會에서百年間旣刊聖書數는五億卷以上에達하였다고。○몇일전에滿洲國東편國境線에서不過三十分以內에露國軍艦一隻을擊沈했다는號外가돌었는데 이번에는西편國境넘어서蘆溝橋附近에서日中軍隊對峙의號外가날리다。그야말로左衝右突의勢。○今日午後一時부터五時半까지 帝大講堂에열린「中等敎育改善刷新」에依한新訂地歷敎授要目講習會에出張被命하야滿네시간반 졸고오다。世界地理와歷史를敎授하는것은日本地理歷史를 잘알리기爲한方便이오 日本地理歷史를敎授하는目的은國體明徵에있다고、修身、公民、博物其他百千가지學科가決局은國體明徵으로歸一돼야한다고。모든道路는羅馬로通했고모든敎育은國體明徵으로通한다。

七月十一日 (日) 風雨、後曇。夜來로風雨不止하는中에도 이山麓까지 來會하는者 平素와不變함에慰勵를받으면서 로마書第十三章以下를講了하다。午後의一人講座까지畢한때에는심히疲勞함을느끼다。

七月十二日 (月) 晴。아침에 학개 스가랴書工夫。容易히 끝나지않는일이다。登校監試하면서 헬렌•켈러全集을 읽기시작。明日午後講演듣기前으로輪廓이나마通覽하려고大馬力。○新聞號外는蘆溝橋事件이擴大되여日中兩軍의形勢急迫한것을報한다。事件의發生은專혀中國側의不法行動에基因함으로責任은全部中國側에있다고報한다。前日의乾岔子事件까지아울러생각컨대日滿國境에는모다不遜한놈덜만 사는모양이다。매우 괘씸한나라들인것같다。○歸宅하야 시내에一浴하고 友人들의 住宅地를周旋하기爲하야 洞內山골목을一巡하면서보니「天父의집에는居할곳이많다」는句가聯想되다。골작이藥水가에 市內某富豪의家率들이와서 蓄音器에「여보하고부르면……」이라는 레코드를 듣고있는光景을보고 憐憫의情을難制하다。푸른숩과香氣로운 꽃과 버레와山새들의노래와 흐르는물소리等々의自然을冒瀆하는 무리들을一網打盡으로 主예수께서聖殿을淸潔하듯이革鞭을들어 一掃하여버리고싶기도했으나 座中에妙齡의淑女(?)들이 있었음으로 直接行動은 억지로참었다。但明日부터洞口에다「蓄音器携帶嚴禁」이라고 揭示나하면 좋을까。

七月十三日 (火) 晴。밤중에 방안에서 큰쥐한마리俘虜하노라고睡眠不足한대로登校했더니 試驗監督中에 졸며서혼나다。○北支那에서는 이미日中兩軍의戰爭이시작되였다한다。○午後四時半부터 府民館에서 헬렌•켈러講演會에參聽。指話發音、生涯이야기等이 볼만한것이었다。켈氏約三十分남어지講話ㅣ라기보다實驗ㅣ하고 其他에는 톰손秘書와岩橋武夫氏의補助講演이었다。大講堂의三層까지一千八百餘座席에超滿員。그야말로不具者된것은父母의罪도自身의罪도아니오 하나님榮光을나타내기爲한것임이分明하다。

七月十四日 (水) 晴、後雷風雨。午前中은原稿、午後에登校試驗監督。市內에는「祝出征」이라는旗와燈이街頭에羅列하였고店頭와電車自動車에까지國旗를꽂아送迎하며市內警戒가一層嚴格하여보이는等 戰時氣分이매우濃厚하여졌다。新聞에는「强硬斷乎決意」等의文字만 크게보인다。昨日講演會에서헬렌•켈러博士가 自己의唯一懇切한祈願은 「世界平和」라고絕叫하던光景이. 더욱印像을새롭게한다。盲者가 도

리어具眼者인가보다。

七月十五日 (木) 晴, 北漢山麓의淸雅하고閑寂한早朝의景槪를窓前에바라보면서 못내感謝한생각으로預言書의原稿를 쓰는 때에、學校로부터非常召集오ㅣ토바이門前에와서督促하는爆音이書案의人을놀랜다。쓰던原稿와其他가질것도 채다갓지못하고 不安한가슴으로登校。學期試驗中途임에도 不拘하고 試驗中止。地方生徒는今明日間으로歸鄕하도록、旅費未備한者에게는學校에서貸與。

七月十六日 (金) 晴。學校에서多少의校務外에 原稿를쓰면서午前時間을보내고 午後時間은分秒를虛費말고能律을 돋우기爲하야 學校에서午飯을畢하고떠나니 이는食後에消化될時間을控除하고저하는수작이었다。 그런데歸宅하야 땀도 채다씻기前에來客第一軍이侵入, 이는千里外에서온貴客이라 반갑게接待할수밖에。第一軍이退却하기前에來客第二軍이突入。一二軍이共席하였는데第三軍이 또들어오다。來客三軍을치르고나니 발서心身이困疲하였고時間은就床할때가되여버렸다。三次의來客이라할지라도文明國같으면十五分으로써足히處事하였을것이니 저편도恨스럽거니와 나의焦燥한時間을率直하게披露하야速々히退却시기지못한 나의虛ㅅ된것과弱한것이憤하여 못견디다。

七月十七日 (土) 半晴。午前은登校。關赴戰高原에 採集旅行갈것이確定되여 關係處所에手續하다。午後는 스가랴書研究。읽어볼수록問題가 더욱多岐多端。不過十四章의小册이나 滿足하게研究할수는없고 또이것을短縮하야要領을 들어내기가難事

○咸兄短信에『……눈은 그만 괜찬으나 왜그런지 붓이 무겁습니다。거기다 헬렌·켈러女史를 볼생각이있어 除萬事하고昨日平壤나갔다가 只今이야 왔읍니다 不充分하나마 今夜에整理하야 보내겠읍니다(原稿)。二三頁分밖에 못될듯합니다 時局關係로貴校도不意에休暇되였다는것은 알었습니다, 우리는二十日입니다。하나님이이時代를 어떻게하시려는지요 답々합니다。驛頭에서 이렇게쓰며 이만。十六日』또肺患中의兄弟의葉書에『七日과十日發惠信感荷沒量이외다。十日의詩는累次讀誦하야慰安받나이다。그리고至極하신사랑感激而已외다, 弟回復不如意, 攝食第八日에浮症、三日만에 빠지더니 四日만에更且부어서 今日까지六日채 아직 안나리고 한끼미음 한공기가 消化안됩니다。斷食後에極度로衰弱한데다가 이다지營養攝取가不能하야 不安을 느낌니다。三伏더위에꼭누어있음도苦痛이려니와 七旬이來年인老親이오셔서關念하심 참아못뵈옵겠나이다。끝까지希望과信仰을가지고 이難關을突破하려精神을가다듬으며、一方 設使起生못하더라도 內子를爲始하야家族들이入信케된다면多幸일가하고祈禱할뿐이외다 七月十三日午後』 하나님의敎案에順從하면서우리는祈禱의共同戰線에있다。夕에來客一軍團。

七月十八日 (日) 雨。集會도없이完全히쉬는하루인줄알었더니 降雨를무르쓰고 午前에來客、로마書를 이야기하고함께기도한後에 보내다。靈에關한 손님은 괴롭보다彼此에有益이 남는다。午後에는理髮沐浴하고 스가랴書의原稿。○長女 京畿道에서施行하는普通學校敎員檢試에應하야 于先그筆記試驗에一百六十名中二十七人이及第한데에合格되였다고來報。訓導되고안되는것은且置하고 應試하기爲한努力이적지않었음을認定하는뜻과 內的으로나外的으로나私的으로나公的으로나援助하여줄수있는일까지도助力하여주지않었던懺悔心을못이기는「親心」을아울러若干한賞品으로써 그勸賞을賞하다、아이들께 헬렌·켈러를이야기하다。

第一百號 滿十週年 記念特賣

期間을八月三十一日까지延期。 本社로直接注文에限하야 左記대로特賣함。
但 期限지난後에는定價대로復舊함。

(1) 山上垂訓研究 全
金 敎 臣 著
四六版・二四五頁
特價五十錢・送料六錢

(2) 聖朝文庫 第一輯
푸로테스탄트의 精神
咸 錫 憲 著
菊版半・三十二頁
特價金五錢・送料三錢

(3) 聖朝文庫 第二輯
無 敎 會
咸 錫 憲 著
菊版半・三十二頁
特價金五錢・送料三錢

(4) 聖書的立場에서본 朝鮮歷史號 特價一圓(郵料共)

本誌의 舊號모은것인데 合計十九册中에 現存殘品十五册。但其中에는二三册밖에 없는號도있으나 殘品十册될때까지는 便宜上 右記特價대로取扱함。

(5) 本誌舊號 自創刊號 至九五號 殘品
特價一册六錢(郵料共)
但오란것은褪色한것 一部破損된號도있다。

京城聖書研究會

講師 金 敎 臣
場所 聖書朝鮮社(京城市外貞陵里)
日時 每日曜午前十時半부터約一時間
會費 一個月二十錢聽講料每一回拾錢

지난第一學期동안 로마書研究를畢하였다
右의午前集會外에 特別班으로 午後四時부터一人相對의講義를 當分間繼續하기로하였다。午前時間에相替되는 이의來參을歡迎。
但午前午後어느편이던지 遲刻은謝絕。

夏季休講。 七月十一日까지에 羅馬書工夫를畢하고夏季休暇中은 休講합니다。主께서許하시면 來九月第二日曜日(十二日)부터 創世紀以下舊約聖經의輪廓을工夫하고저한다。 이로써 우리의三個年計劃의聖書研究에 一段落을짓고저합니다。

社 告

一、今八月號는 例月보다數日일측이發刊하도록準備되엿던것인데 大東印刷所에서 七月末부터新築工場으로移轉하는役事로因하야 도리어定期日보다늦게되엿다。不得이한事情이니願海諒。

二、今月號以後로는 先金拂込以外의進呈은一切中止하겠으니 繼續하야읽기를 願하는이는定規대로 子讀하시요。
但私信代身으로 이편에서或時보내들이는것은 代金을要求하는것이아님은 勿論。

本誌定價

一 册 (送料共) 前金 拾 五 錢
六 册 (一年分) 前金九 十 錢
十二册 (一年分) 前金壹圓七拾錢
要前金。直接注文은
振替貯金口座京城一六五九四番
(聖書朝鮮社)로。

取次販賣所

京城府鍾路二丁目八二 **博 文 書 館**
京城府鍾路二丁目九一 **耶 穌 敎 書 館**
東京市神田區神保町一ノ一 **三 省 堂 書 店**
文化書店(元山府) **茂英堂**(大邱府)
新璧閣(咸興府) **信一書館**(平壤府)
向山堂(東京市) **大東書林**(新義州)

昭和十二年七月三十一日 印刷
昭和十二年八月 一 日 發行

京城府外崇仁面貞陵里三七八
編輯發行者 金 敎 臣
京城府公平洞五五
印 刷 者 金 顯 道
京城府公平洞五五
印 刷 所 大 東 印 刷 所

京城府外崇仁面貞陵里三七八
發行所 聖 書 朝 鮮 社
振替口座京城一六五九四番

金教臣主筆

聖書朝鮮

第壹百四號

昭和十二年(一九三七)九月一日發行

昭和五年一月二十八日(第三種郵便物認可)
昭和拾貳年九月一日發行(每月一回一日發行)

目次

二三事實의修正

如左書信을받고 여러가지로생각하게되엿다。近似한感嘆의書信이前에도記載되엿슴으로 한꺼번에修正及辯明하여둘必要가있는듯하다.

「……日前에는 雨中에 미친개와같이 철벅거리고가서 先生님에게는貴한時間의消費와 많은피로옴을끼처드리고 저는 代價로큰사랑을 받고 왓습니다。저는 입이 둔하여 心中에感謝를 잘發表하지못하기 때무네 잇다금 인사성이없다고非難을받는수도 있습니다마는特別히 先生님宅을 떠날때는實로 말로表現을못하엿스나 맘속에는 感謝와感激을 가득이품고 도라왓습니다。저는그날眞正한意味로서의 信者(兄弟)한사람을 맞나보러갓든것임니다。제가先生님을찾어간것은무슨教訓을듣는것이目的이아니요「바람에움즉이는갈대」를 보러갓든것도아니요 「아름다운옷입은사람」을보러갓든것도아닙니다。單只 그리스도의弟子요 使者인先生님의얼골보러갓든것임니다。先生님얼골이나보려왓댓는가하고 怒하지마십시요、얼골이보고싶다는것은尊敬하기때문이요 사랑하기때문임니다。戀愛結婚은問題外이나仲媒의紹介로約婚한두靑春이 맘속에은근히그리워하고 그얼골을 보고싶어하는 心情과近似한것이 아닌가함니다,

偉大한說敎는 無言中에도 있을수있다고생각햇습니다。英國의 어떤 文學者두사람은 서로訪問하여 맞나서는 몇時間식 沈默을 직히고 있다가 헤여저갓다고하는데 우리두사람은 그날 그리스도의말은 一言도없었으나 저는復興說敎를드른 以上의感激을 느꼇습니다 先生님은「Inspired man 아요 또 다른사람에게靈感을수는 Inspiring man 이라고생각햇습니다。

비에젖고 물에빠진 구두를 말니워주시고 더러운양말을 모르는사이에 빨러서말리워주신것을 받어신을때 저는 弟子의 발을 씻으신 예수의사랑을 聯想햇습니다。『사랑의訓練所』인 先生님의家庭을 단여온지五、六日이지낫스나 訪問의印象과感銘은 사러지지를않고 곧感謝의편지를 올리랴고 하엿든것이 오늘이야 펜을들게되엿습니다。

殘暑에自愛하시기를바라며先生님과貴家庭에그리스도의恩惠와平和가恒常있기를바라며 붓을놓습니다。××莊에서 ○○○ 拜上」

이것이單純한稱讚이라면 우리는敢當할資格이全無한者인것을 스스로잘아는바이다。또한이것이多感多情한 히스테리女性의發作的言辭라면지 또는年少한靑年의一時的興奮에서나온文句라면 다시介意할必要도없다。이것이現在京城市內某高普에서教鞭잡는 우리의敬畏하는이의親書인까닭에 두려움으로써받고 또 가림없이修正하고저한다。첫재로聖徒의눈에는邪惡이보이지않는다는眞理의再認識이다。소에게 닭이、범에게 조이、사람에게 바람、고기에게 물이 各其보이지않는다고하거니와 聖徒의눈에는他人의缺陷이보이지않는듯하다。우리의不足한살림을보고 오히려感嘆의辭를不惜하는이들은 皆皆그生活이 거룩한이들이었다。本誌第百號二三頁에실린來訪感想記도亦然하다。

둘재로 언제던지 누구에게던지 右와같이親切한사람이못된다는것을 미리告白하지아니치못한다。右發信者는約二年來로本誌의讀者요 그의親舊를通하야 그의爲人을미리알었고、照會로써主人에게時間準備를미리시켰고、來訪한날은暴風雨사나운데「미친개처럼 철벅거리면서」도約束한時間대로와서 우리로하여금 退溪와栗谷의逸話를記憶하게하였다。

셋재로 尋訪한目的이眞正한友誼外에 아무것도없었다。教理로學識으로 우리를試驗하랴는者에게 우리는恭遜치못하다。表面靈的指導를請하면서內面物質的扶助를策하는複雜한心性者에게 우리는親切치못하다。傳道의使命을 받었다고떠들던者가 某某生命保險會社의勸誘員으로 來訪하였을때에 우리는 길게座談할興味를못가졌었다。不幸히原稿나校正에몰린때에來訪한이는 驕慢한者의피수라고辱說한다。우리는周公이아니다。誤解와失望을 덜기爲하야 미리告白하노라。

預言者의 소리

이스라엘最後의預言者라고稱하는洗禮요한이曠野에서 웨치기를「毒蛇의種類들이 누가 너의를가르쳐 將來의怒하심을避하라하더냐。그런고로悔改함에合當한열매를맺고……이제 독기를나무뿌리에놓았으니 좋은열매 맺지아니하는나무는다 찍어 불에던지리라」고 재촉하기까지 時代가隔하고人物이달랐어도 이스라엘預言者의 一貫不變한슬로-간이있었으니 그는即 道德生活에歸還하라는것이였다「最終篇의預言書인 말라기書에 一家庭의救援은 夫婦의敬虔한生涯와父子의孝道에서부터 시작한다고했으며、社會와國家의中興은 當時의指導者階級이였던祭司長들의聖潔한生活에달린것이라고警告한것도 亦是마찬가지다。個人과家庭의救援、社會와國家의隆盛은 똥이健全한道德生活의基礎우에서지않으면안된다는것이다。健實한道德的生活에도라오기만하면 亂麻같이된當時의 유대民族이라도 甦生의業이 땅짚고 헤염치기보다易々한일이라는것이 저들의確信이오 基督敎의恒久不變하는原則이다。그리고 道德이란 무엇인가。한가지 두가지의過誤失策의問題가아니다。生活의根本方針에있어서 하나님께對한態度 곧信仰이道德이다。하나님을敬畏하고隣人을自己처럼 사랑하는것이 道德의始作이오信仰의完結이다。하나님과의 바른關係、이것이道德의總和요甦生隆盛의原動力이라고 古來의預言者가 번을갈아서면서 웨치는소리다。

「義는 나라를隆盛케하고 罪는百姓을辱되게한다」는것이(箴一四·三四) 基督敎의國家道德이다。이스라엘歷史는 이自明한公理의實驗錄이어니와 世界歷史、異邦歷史도 이鐵則에서例外를 지을수는없다。그러나 가장接近한物件을 最後에發見한것이人類의科學發達史이였던것처럼 가장明白한眞理를 最後까지 더듬고疑訝하는것이 怜悧한人間의 지고나온運命인듯하다。

옛날은 말할것도없고 近代에至하야 十九世紀初頭에 「獨逸國民에게告함」이라는 피히테의講演이 伯林에서 들릴때에 地上에健實한國家가 생길것같았다。果然獨逸의隆昌은日進月步하였다。그러나個人의境遇와마찬가지로 國家도相當한程度로富强해진담에는 그功勢의全部를自我의力에歸한다。「力은正義」라는哲學이 니-췌를待하지않고라도發生한다。이새로운原則을實際歷史에證驗한것이世界大戰이였다。人類는實로巨大한受業料로써 「力은正義아니라」는證明을배웠다。그만하면人類는道德으로써正義로써榮盛의盤石을삼고 다시動搖함이없을줄알었더냐 現下의世態는試驗濟의法則을 前보다더한受業料로써 다시한번試驗하지않고는마지못할形勢이다。이때에우리는預言者의소리에傾聽하면서世界史의變轉을注視하고저한다。

無神論者를探照함

오늘날도 無神論者、唯物主義者라는것이 아직存續中인가 或은발서絕滅했는가 가장 알고싶은消息中의하나이다。지금부터十數年前만하엿어도 이過激思想의熱病이 온世界를風靡하엿엇다。當時갈으면 基督信徒로서行世하기에 가장 頑强暴虐한對敵은 저들일것갈앗다。저들이 때로宗敎撲滅運動을 일으키면 그演說會에서攻擊의標的이되는것은 論할것도없이基督敎가 알파요 오메가이엿다。우리의信仰하는 예수와 그이버지 하나님은 저들의熱火같은毒舌惡談에餘地없이撲滅되는것갈앗다。그때에 괄세받으시던樣은目不忍見이엿다。當時에 意氣衝天하야 天下의快男兒는自己들뿐인줄알고 世界의知識은自己들만이通達한줄로自任하면서橫行濶步하던 無神論徒輩들의姿態가 昨日의일갈이 아직우리의印象에 새롭것마는 그들의最盛期로부터不過十年못지나간今日에至하야 彼等의存在가 어듸있는가。宗敎撲滅運動이撲滅된以來로 하도寂々한心懷를못이겨서 저들의健否를찾고저하나 찾을길이없으니 어찌된일인가 우리에게萬一巨大한探照燈이있다면白頭山으로부터漢拏山까지의골목골목을 모주리 뒤져보고싶은생각도全無하지않다。古生代의三葉虫갈은 저들의末路어찌된것을 더듬어보고저。

그러나 우리의目的은 朝鮮에서의唯物主義史를編纂하라는것도이니오 無神論者의某々를追擊하야快哉를 부르려는것도아니다。우리의經驗하는 모든事變을通하야 聖句의眞理性을再吟味하며 여호와神의永遠無窮한榮光을 찬송하고저하는일이다。우리는世態의變轉함을 바라볼수록 左에列記하는聖句를 스스로口吟하게된다。

모든肉體는 풀과갈고 그모든榮光이 풀의꽃과 갈으니 풀은마르고 꽃은떠러지되 오직主의말슴은 世々토록있나니
(베드로前一・二四・二五)

時間의陶汰를받아서 더욱榮盛하여지는것은 여호와의말슴이다。눈에보이는것은暫時있다가 없어지는것이오 보이지않는것은永遠히 남는것이다。

十字架의道가滅亡하는사람에게는愚蠢한것이되고 救援을언는우리에게는權能이되나니、記錄하엿으되「내가智慧있는人의智慧를滅하고聰明한人의聰明을廢하리라」하엿으니 智慧있는人이 어듸있으며士子가어듸있으며 이世代의辯士가어듸있나뇨 하나님께서此世의智慧를愚蠢케하신것이아니뇨 (고前一・一八—二〇)

우리는 바울以上의辯論을加할必要가없다。過去二十年채다못되는信仰生涯에 우리가當面한 모든思潮와運動과迫害는모다主여호와의榮光을돕는材料로서의役割을다하고退却함을보앗다。今後若何乎。짐작건대 더强暴한波濤가 밀려올것이다。主여 그때에 저無神論者들처럼虛ㅅ되게맙소서 저唯物主義者들처럼卑怯하게맙소서、勝利의榮光을 당신이收穫합소서。

二

聖書的立場에서본世界歷史 (17)

咸錫憲

三、搖籃內의諸文明 (續前)

埃及文明 世界最初의 文明이니러난곳은 埃及이다。오늘날阿弗利加라면 猛獸毒蛇가 써글거리고 野蠻黑人이사는 暗黑大陸을 곧聯想하고、埃及이라면 英人의帝國主義밑에 업눌려 自由를찾으려애쓰는 一個弱少民族을 생각할뿐이지만、曚昧의地球우에 文明의횃불을 처음으로든榮冠은 그阿弗利加의東北端에있는 埃及에 돌리지않으면안된다。오늘날의 文明諸國은 다埃及의弟子요 後孫이다。

埃及文明의 놀랄만한点은 爲先그歷史의 오란데있다。記錄에길은 埃及歷史는 西紀前三千四百年頃에서 始作이되니 지금으로부터算하면 五千餘年前、檀君紀元보다 앞서기가 千數百年이다 그때그들은발서 後代를爲한 明確한記錄을 남겻는대 거긔依하면 메네스라는 偉大한人物이이러나 當時에있던 上下두埃及을 統合하야 나라를세우고 都邑을 멤퓌스에定하야 第一王朝를열었다。그리고보면 埃及에는 距今五千年前에 발서統一國家가있었던것이다。그러나國家라는것은 一朝에갑작히니러나는것이아니라 徐々히 發展의過程을 밟아서되는것이오 또이미上下埃及이 있었던것을 統合햇을뿐이라한즉 그들이國家生活을 始作한것은 발서前이었을것이다。事實近來로盛히되는埃及學의 가르치는바에依하면 이들古代埃及人은 紀元前二萬年 乃至一萬二千年붙어 이미石器時代의文化를 가젔고 王朝時代에 들어오기 발서前붙어 農牧을行한것은 勿論이오 金屬의使用까지 알엇다。土器에는 彩色을하야굽는方法까지알었고 더구나놀랄것은 化學的인方法으로 硝子를製造하야 裝飾用으로 쓴것이다。農業에따라 灌漑術이 發達되고 工藝는매우精巧하야 굳은石材를가지고 여러가지그릇을 만들어썻는데 그솜씨의能함이 오늘날사람으로도 밋지못할것이있다한다。또일즉붙어 太陽曆을 使用하얏는데 學者의研究에依하면 그것이始作된것은西紀前四千二百四十一年이었으리라고한다。埃及의文明은 그렇게오란것이다。모세가同族이스라엘사람의 慘狀을보고 救援運動을 니르키려 그바로의宮中에 憂愁의날을 보내던때는 埃及은발서 數千年의歷史를가지는 文明强國이었다。

埃及文明의特質은 單히오란대만있지않다。또壯大한性質을가진다。모든것이 規模가크고 莊重하다。五千年埃及文明을 지금도오히려 말하면서 나일江畔에 屹然히서있는피라믿드는 人間의손으로된것中에는 最大의것이라할것이오 그앞에엎드려、二十世紀의 文明人에對하야 疑問과嘲

笑의 視線을던지고있는 스핑그스는 宏壯그것이라할수밖에없다。그밖에카르나크의神殿 람세스의石像、方尖塔、許多한 石造墳墓、어느것이나 大와 壯과 重과 嚴을 말하지않는것이없다。一例로 키제ㅣ의大피라믿드를 살펴보면 그大槪를알수있다。이것은 基底가 四方約二三三米의正方形이오 直立高가 一四七米로되는 角錐形의塔으로서全部가石材로된것이다。여긔使用한石材는 江畔近處에는 없는것이매 건너편 아라비아沙漠中에서 가저왓으리라는데各個의重量이 約二噸半이오 全部를算하면 二百三十萬個에達하리라한다。希臘의史家 헤라도터스는 이塔을쌓는대十萬名人夫를 每年三個月間식 使役하야가지고 二十年은들였으리라고 計算하는데 이計算은 現代科學者의눈으로도 그럴듯한것이라한다。그안에들어있는 記錄에 依하면職工의食料로쓴 무、마늘、파價格만하야도 千六百탈란트나된다고하니 其他의것을 合算하면 얼마나한費用이 들였겠는지 可量할수도없다。그러나物資도物資러니와 그만한人夫를 그만한歲月동안 規模있게 動하야가지고 그러한事業을 이루어놓은 그背後에는 能한技術과 遠大한맘과 緻密한組織이 반드시있지않으면않된다。그러한것이있였는故로 四五千年의歷史를가지는것이오、世界文明의根源이될수있다。

大者는粗하기가쉽고 壯者는朴하기가쉬운대 埃及人은 크고도精密햇고 壯하고도아름다왓다。피라믿드같이 그렇게큰建築이오 오늘같이發達된器具를 가지고하는것도 아닌대 그各邊의誤差는 不過一糎라하며、그렇듯壯嚴한建築의內部에 裝飾된그림이나 彫刻을보면 그色彩와線의 아름다움이 實로놀랄만하다。故로그들은 科學과 藝術의두가지發達을 다볼수있였다。天文도一年의日數를 三百六十五日로하고 一個月을 三十日로하고 年末에五日의 公休日을두리만큼 그觀察이精密하였다。

四

그러면 埃及사람이 그렇듯優秀한文明을 發達식인原因은무엇일가。爲先은그特異한 地理를 생각하지않으면않된다。헤라도터스는「埃及文明은 나일江의선물이다」라고햇지만 果然埃及의모든文化는 나일江에依한天惠없은 自然아니고는 있을수없였다。埃及의따와氣候는 다른곳에서 볼수없시 文明發生에 最適한것이였다。江물은 上流地方의豪雨로 每年定期泛濫이 생기는대 그泛濫이지나가면 肥沃한冲積土가 沿岸一帶에 쌓이게된다。그리고氣候가溫暖하야 겨울에도靑草가 땅을덮는다고한다。故로原始人이農業을배우기에는 가장適當한곳이였다。農業을안다음 그들은 여러가지것을 배왓다。灌漑의必要에서 器械를지어내고、泛濫의時日을 豫知할必要에서 天文觀測을始作하고、各々一定한土地를 耕作하는데서 所有의觀念이發達되고、所有紛爭을 處決할必要에서 法律規約이생기고、地區를一

定할必要에서 測量術이 니라낫스며 그것이 數學發達의 端緖가되였다。그밖에 나일의巨流와、한번넘치면 모든것을 삼켜버리는泛濫과、茫々한沙漠은 그들에게 「大」의性質을 길러주었다할수있고、四面沙漠과바다에쌓여 外敵을 몰으는 그國土는 그들에게 「平和」의風을주었다고할수있다 그렇게볼때 埃及文明은 果然나일江의선물이다。

그렇나 그것만으로는 안된다。豐饒한自然만으로된다면 文明의發生이 어찌埃及만이리오 年中勞作을要치않고 路傍草木의 甘果를한個 빌기만하면 長々一日을 綠陰下에 누어서보낼수있는 常春地帶는 곳々마다 文明이니러낫을 것이다。地上에그러한곳이 반드시적지않다。그런대그런것을 보지못하는것은 地以外에 더根本的으로 必要한條件이 있기때문이다。自然도自然이지만 그보다 더緊한것은 그自然을쓸수있는 사람自身이다。埃及文明이 나일江의선물임은 틀림없지만、도야지에게는 眞珠를던저도 선물이 되지못한다。埃及사람이 놀랄만한文明을發達식인것은 그맘에 아름답은것이 있어서 된것이아니면 안된다。事實 그들은 勤勉하고 平和를사랑하고 높은理想을 가지었다 그리고이를길러낸것은 저들의宗敎였다。古代에는 埃及만 아니라 어느民族이나 大槪 宗敎國家를 일우는것이지만 저들은特히그리햇다。저들의모든活動은 그淵源이 다宗敎에있다.故로埃及의文明은 埃及人의信仰의나타남이다。

피라믿드의建築을보고 사람들이 놀라지만、그는埃及사람의 宗敎信仰을 몰으고는 理解할수없는것이다。흔히말하야 그러한大事業을 民力으로한것을보면 當時帝王의 權力이 盛大햇던것을 알수있다하지만、이는單純한暴壓에 依하야만 된것이아니다。그들에게는 王은單히權力者만아니라 生命의根源인 日神라ー의아들이오、生命의賦與者였다 二十年間그大役을 일운것은 이信仰에根據하는 崇拜念에依한것이였다。또이것을짓는王도 그目的이豪遊에있었던것이아니다。아직學者間에는 意見이서로달라 或이를天文台라하고 或墳墓라고도하나 누구나다갈이 그것이어떤 宗敎的目的을爲하야된것이라는것은 認定하지않을수없다。墳墓로하엿다하더라도 그는單히豪勢를 보이거나 永遠한 紀念物을 끼치자는 虛榮心에서 나온것이아니오 저들이 緊切히믿엇던 靈魂不滅을爲한것이 아니면안된다。그들은 사람의靈魂이 死後도永遠히生存한다고믿엇다 故로埋葬時에는日用品을副葬하고 그居所가되는墳墓를 될수록堅固하게하였다。저有名한 木乃伊를만든것도 이信仰때문이엇다 靈魂은반드시寄依할肉體를 要求한다고믿엇는故로死體保存은 저들에게 重大問題였다。그리하야 發明된方法이 木乃伊를만드는것이다。故로이것이帝王의墳墓라할때 우리생각으로하면 無用의浪費인듯하나、그信仰을알고보면 조금도異常할것없는일이다。또天文台라하더라도 그들이天文觀

測을熱心으로한것은 決코農業上必要로만아니엇다 그보다도 占星術때문이엇다。即人間萬事는 星辰이主掌하는것이라믿엇는故로 그吉凶禍福을 豫知하자는것이 目的이다。

그는一例거니와 같은理致는 그들의文化活動의 어느方面에서던지 볼수있다。그러나그中에도 重要한것은 道德的方面이다。高尙한道德은 高尙한宗敎思想없이 不可能하고 高尙한道德없이 文明의發達은 있을수없다。埃及사람들은 各種神을섬겻으나 그中에도主되는것은 日神이엇다 그神은 「빛의神이오、和樂의神이오、生命의神이엇다」故로 그宗敎는 저들에게 高尙한道德을發達식혓다。世界最古의 慈悲의書는 埃及古墳에서나온것中에있다。그들은死後靈魂이 神前에審判을받는다고믿엇는대 그中가장 重要한德은 眞實이엇다。死者는爲先神前에서 自己一生을 告白한後그것이 眞實한것인가 아닌가를 證據하기爲하야 그心臟을 神의저울에 올려놓아야하는것이엇다。故로그들은 사람이 죽으면 저가自己의生涯의告白을 틀림없이하기爲하야 그一生을告白體로쓴記錄을 만들어 그것을屍體와같이 副葬하였다。이것이有名한 所謂「死人의書」라는것이다。거긔보면 當時저들의道德이 매우發達된것이엇던것을 알수있다 貴族의墳墓에는 自由로出入할수있는 墓室을만들고 거긔一生記를 삭이기도하는대 어떤墳墓에서發見된것에는 이러한것이있다。

「나는百姓의말을 虐待한일이없고 寡婦를 없이녁인일이없고 農夫를 逐出한일이없고 牧者를 放逐한일이없다。…………饑饉이온때에 나는城內의百姓에糧食을 供給하야 一人도餓死한者가없게하였다。나는 寡婦에게주기를 男便있는者에게하는 것과같이하고 높은者라하야 낮은者보다 많이준일이없다。」

(로빈손 뿌레스테드著歐洲史大系)

이로써 當時道德의程度를 짐작할수있다。

그러나또 以上의事實에 眩惑하야서는아니된다。埃及의 宗敎에高尙한思想도있었으나、또幼穉한迷信도많앗다。一神的思想도 없지않엇으나、그들은아직 天地의主宰인 唯一無二의 참神을 明確히알지는못하였다。그리고도리어 그外衣를더듬는일이많앗다。故로그宗敎는 多信的信仰임을免치못하였다。그리하야 人文이나가고 生活이올라감에따라 古代의素朴한 宗敎精神은 窒息되고、風習化한 多神崇拜가盛하게되였다。그리하야 埃及文明은 腐敗의悲運을보게되였다。「宗敎의精神은 나라와百姓을 살라는것이오 그外形은 이를죽이는것이다—埃及人이 神靈한푸다ㅣ神을 崇拜하고 光輝와希望을 라ㅣ 오시리스神에서 求한때는그들이興起하는國民이어서、그美術과建築物은 活氣生命을잃지않고 그들은文字를짓고 法律을編纂하야 人類初代의大敎師로 世界의暗黑을비최였다。그러나그들이 그宗敎의精神을바리고、그形骸에置重하게될때 그宗敎는 그들을束縛하는것이되여버리고 그들의墮落과衰亡을 招來하였다。푸타ㅣ를崇拜하지않고 그使者로믿였던 牡牛를 崇拜하고 라ㅣ代身에 매(鷹)를공경하고 바스토神을섬기기爲하야 고양이、獅子앞에 엎드려 드디어禽獸는埃及人보다 貴하게되였다。여긔니르러 埃及國의滅亡은 當然한것이였다。」

(內村鑑三著 興國史談)

聖書槪要 [二九]

金敎臣

말라기書의大旨

小預言書의第十二冊인同時에 우리가使用하는舊約聖書三十七卷中의 最終에位置한冊이다。單四章으로된小冊子이나 그傳하는眞理는決코小한것이아니며、이冊의著者와年代가未詳한것과 그內容이律法의準行을爲主로唱道한것에不過하다는것等으로 그價値를輕視하고저하는이도 적지않으나 詳細히 알어볼수록 그것은獨斷을免할수없는淺見인것을發見한다。

著者。 혼이 다른預言書의境遇와같이 書名이 곧 그著者의名에由來한것이라면 말라기書의著者도 말라기라는人物이라야 할것이다。 그런데 말라기라는것이 固有名詞이냐 아니냐 하는것은 學者間에大問題였을뿐아니라 오늘날에至하야는 固有名詞아니라는편이 거의決定的으로承認되였다고할수있다。 다른舊約文書中에 말라기라는 人物은 한번도記錄된일이없다。

말라기가 普通名詞로使用된것은 本書第三章一節에「나의使者」라고 번역된字가 그字인데、人名으로使用한다면 「나의使者」라고는 썼을수없으니 「말라기야」 即 「하나님의使者」라고 썼을터인데 그略稱이 남어서 「말라기」가 되였을것이라고推測한다。 그러나 最初의飜譯인 七十人譯(希臘語譯)에도 그表題를「그의使者에게依하야 이스라엘에게臨한 여호와의重荷」라고 하였고、탈굼(아라미語譯)에도「나의天使의손에依하야」라는 다음에連하야「그의名은 學士에스라라고부른다」고 添註하여있다。 그러나 에스라가 本書의著者였다는것도 그根據가 매우薄弱하다。

짐작건대 預言書를 처음編纂할當時에 本書는題目없는 文章으로있였을것이다。 그때에編者의便宜上 書名을 붙쳐야할터인데 著者가 누구인지는 調査할길이없으니 第三章一節의「나의使者」라는「말라기」를借用하여다가 書名으로 썼을것이다。 編者에게는 말라기(나의使者)라는것이 元著者가 著者自身을 가르키는말로보일수도있고、本書의 內容으로보아서 著者의役割이 여호와의使者에符合하다고 理解할수도있였을것이다。 그래서 말라기(나의使者)라는象徵的表題를 붙쳤던것이 記元後第二世紀頃부터 「말라기」라는人物이實存하였던것처럼 생각하게되여서 예롬 其他

의碩學들도 오래固有名詞說을支持하게된것이라한다。

그 이름부터 右와같이漠然하나 著者의生涯에關하야는 더욱 알길이없다。오직本書의內容에依하야 彼의思想 信條와그時代의背景을 推測할수있으나 이는 다음에「時代背景」이라는項에 통트러論述할것이다。

年代。 이冊이 바벨론捕囚에서釋放되여 歸還한後의著作인것임이分明한것은 第一章八節에 유다人總督의統治下에 있었던事實을示唆한것으로도 알수있으며、또한 에돔人들이 그鄕土에서追放되였던事實(第一章二節以下)로도 더審議할必要없으리만치 確然하다。

뿐만아니라 聖殿再建의預言을使命으로하였던 학개 스가랴의 두預言者보다도後代에屬할것이다。발서聖殿은落成되여있었고(一·七、三·一、一〇)禮拜儀式은 多分으로腐敗墮落하야 학개 스가랴時代의 敬虔性과 素朴한氣風은 발서 찾어볼수 없게되고 後代의 에스라 느헤미야時代에彷彿한바가있다(一·六以下、二·一以下等等)。

에스라는 紀元前四五八年에 ─ 스룹바벨 여호수아等이 바벨론捕囚에서釋放된 이스라엘同族을引率하고 歸國한後 八十年에 ─ 略七千人을 거느리고 예루살렘에 歸還하야 유다人들의雜婚과解弛한弊風을發見하고 크게놀라 改革을 시작하고、舊約聖書를編纂하는大事를遂行한人物인것은 널리아는事實이다。

느헤미야는 바사朝廷에仕官하다가 故國患難의報를 듣고 紀元前四四五年에 王의許可를얻고一時歸國하야 惡意의 사마리아人들이威嚇하며 妨害함에도不屈하고 右手에 광이를들고 左手에劍을잡으면서 役事하야 五十二日間에 예루살렘城壁의再建을竣工하였다。其後十二年間느헤미야는 유다總督으로留任하면서 百姓을牧養하다가 바사宮廷에一旦召還된일이있었으나 얼마안되여 (四三二年) 곧 다시 예루살렘에 도라와서 유대百姓의雜婚 安息日違反 其他 여러가지惡習을廓淸하였다。

以上두改革家의時代 即紀元前四五八年에 에스라가歸還한때부터 同四三二年에 느헤미야가 둘째번歸國한때까지의約四半世紀間의時代에 預言者말라기(假稱)가 預言한것이리라는데는 別로異議를 두는者없으나、이보다 一步를 나아가 좀더的確한年代를 指摘하라고하면 學者의論爭이 蜜蜂의소리보다 더嘖々하여진다。

學者의說을 綜合하면 大體로 三種의說이있다。第一은 紀元前四五八年에스라의改革에앞서서預言하였다는것。第二는紀元前四四四年에制定된(느헤미야의統治時代)祭司法典이 發布되던前後에預言하였다는것。第三은同四三二年에 느헤미야가再次歸國한前後의預言이라는것等이다。

第二說은第一章八節에「너의總督에게獻納하라」는事實과 느헤미야書第五章一五、一八節에「拒絶햇다」는 記錄이 一

致하지못한다하야 別로 돌보지안한다。

第三說은 매우有力하다。말라기의譴責하는題目인 雜婚 安息日侵犯、什一稅不納、聖殿禮拜衰退、祭司長의不敬虔等等의諸種弊害는 느헤미야의第二次訪問時代의光景과完全히符合하니 (말라기二·一〇—一六과 느헤미야 一三·二三以下、말三·八—一〇과 느一三·一〇—一二、三一、말二·八과 느一三·二九等對照) 이는同一한時代의事件이 아니라할수없다고한다。이說에依하면 紀元前四三二年前後에 예루살렘에서 말라기가預言한것이된다。

그런데近來에는 第一說에有力한學者가 漸々더加擔하게된다고한다。그理由는 말라기가婚姻問題와律法問題를高唱하면서 이問題의權威者인 에스라에게一次도言及함이없었으니 이는 에스라가 아직歸國하기前에 預言하였던證據가된다고한다。또한 말라기의言語에는 申命記的인色彩가濃厚하고 (二·二、四、三·五、一〇、四·四等祭照) 所謂「祭司法典」과는 그關係가 매우 淡薄한것도 아직 에스라의律法을몰랏던까닭이라고。이說에依하면 말라기의年代가 第三說보다 約四半世紀일즉이될것이다。

그러나 聖書本文이 서로完全히符合함으로써根據를삼는後期說에도 有力한反對가 없지않고、多數의近代學者가贊同한다는前期說에도 缺陷이全然없는것이아니다。우리平信徒로서는 如下히理解함으로써滿足하는것이 가장實際的일가한다。卽말라기는 에스라 느헤미야들과 同時代의人物이오、그 두改革者와는 全然獨立的으로서서 改革者들의事業의意義重大함을力說하였던것이라고。

時代背景 유다地域이 바사帝國의統治에屬한後에 聖殿을 예루살렘에再建하기를竣工한것은 紀元前五一六年、스가랴의最後預言보다二個年後의 일이다。그後 略半世紀남은時日의歷史에關하야는 우리가詳細히 알수없으나 (에스라書第六章과七章사이에는 約六十年의間隔이있다) 其間에유다와 사마리아는恒常紛爭이不絕하였고 特히後者가前者를 바사朝廷에向하야 여러가지로 謀陷하였던것은(에스라六·六)現著한事實이다。

紀元前四五八年에 에스라가 바사王의許可를얻어 바벨론으로부터 예루살렘에歸還할때는 바사朝廷의好意와援助를 받음이不少하였다。바사王自身으로부터 聖殿에禮物을보내였을뿐만아니라 바벨론出發時에 이스라엘同胞數千人을引率歸國하기를許하였으며、예루살렘所管의稅務官에게命하야國庫로부터 에스라의改革事業을補助하게하였으며、祭司長 레위人 其他의聖殿職員에게免稅를許하며、地方有力者들로하여금 에스라의改革에協力하기를 분부하는等 에스라의活動을 여러가지로自由롭게하여주었다。歸還當時의光景은 에스라書第八章에詳細하다。에스라는想像以外에墮落腐敗한故國의情況에 놀라면서 或은이스라엘長老들의委

員會를組織하며 或은雜婚防止令을制定하는等活動을開始하였으나 또한번史記가中斷되여 느헤미야의出現까지十三年間의暗黑이繼續한다。 짐작컨대 이동안에 유다人들은 예루살렘城을重修하고저하였고 사마리아人들은바사政府에對하야 온갓讒謗을傳達하였을뿐더러 直接行動으로 그工事를妨害하야 마지않었든모양이다(에스라四·七—二三參照)

紀元前四四五年에 悲慘한 故國消息에接한 느헤미야는 바사王의承諾을얻고 예루살렘에 올러가 多大한困難과—特히 산발낫輩의妨害에對하야 —— 싸우면서 五十二日間에 城廓再修의役을畢하였다(느헤미야二—四章及同六章) 紀元前四四四年第七月(티슈리)初一、二日에 百姓의請願에依하야 에스라가「律法의書」를講解할때에 느헤미야도 이일을協助하였고、百姓으로하여금 ①雜婚禁止 ②聖日嚴守 ③安息年實行 ④聖殿行事를爲한人頭稅 ⑤十一稅獻納等을誓約하게하였다。職務가一段落됨을보고 느헤미야는바사王宮廷에歸還하였었으나 四三二年에 再次故國訪問한때에는 발서以上의神聖한誓約이 完全히蹂躪當하고있음을發見하였다。이時代의腐敗하고亂雜한世態에對한知識이 特히 말라기書의理解를돕는다。 그詳細는 느헤미야書第十三章을 보라。

짐작컨대 이時代의 이스라엘百姓은 民族全體가元氣沮喪하고 큰不滿속에 있었을것이다。 先代의預言者들에依하야 품었던希望은 그대로實現되지못하였다。 바벨론에서歸還하기는했으나 그것은第二이사야書에預言된것같은 榮光스러운것이못되였다。 聖殿再建을竣工하고 보아도 학개와 스가랴의約束했던것같은 메시야時代는臨하지않었다。예루살렘復興의工事는遲々不進하야「그城은廣大하고居民은稀少」하니(느헤七·四、一一·一) 보는者로하여금廢址에선者의悲感哀愁를不禁케하였다(느헤一·三、二·三、一七)。加之에農作은凶乏하고(말三·一一)隣邦과의軋轢은不絶하고(에스라四·七 二三、느헤四·二以下) 移住者全般의貧窮은日復日더하야졌다。百姓들은 이른바恒心을 잃었다。 朝三暮四의民이오 虛浪放蕩한무리로化하였다。 이러한 時代의大勢가全國을風靡하였다。特히精神的支柱가되여서 百姓을指導하여야할祭司長云하는宗敎家階級의解弛와迷惑이甚하였다。 祭司長들이 여호와를無視하고 그祭壇에는 가장 값싼物件이아니면 흠있는物件으로써獻祭하였다 賄賂政策은公然하게流行하고 公義를세우라는者없으니孤兒와寡婦의怨恨이世上에찼다 肉慾에依하야生活標準이 서는故로 糟糠之妻라도 滿足지못한날에는버리고 돌보지않으려드니 離婚의流行은 이時代의特色이오 모든亡國民의唯一한享樂이다, 무당과 姦淫과 虛僞의證言이 또한이時代에盛하였고 宗敎家와識者階級은懷疑主義에빠졌어「여호와가 언제 우리를 참말사랑하셨더냐」고(一·二)잠고대질하며、여호와를섬기는일도虛人된일이오 義人이惡人보다 낫은것이무엇이냐 審判의神이있기는어듸있어(二·一七、三·一四)하면서 뽐내였다。

통이말하면 이때에 이스라엘百姓들은 大概 ①無神無道德의浮浪輩와 ②여호와를蔑視하며惡을任意로行하는驕慢한者와 ③懷疑主義者(三·一五)의三分天下이였는데、그밖에 極小數이였으나 끝까지 여호와께忠誠과信賴를다하는 무리가있였다(二·一六)그少數者中에서 말라기가 일어나 審判의날을 預言하게되였다。

特徵及教訓。말라기預言의目的도 다른預言者의 그것과 같이 百姓으로하여금 道德과信仰의眞實한生活에歸還하도록 웨치는것이였으나 그方法은 다른預言者들보다 매우 다른것이 있였다。

첫째로 律法의尊重을飜覆主唱한일이다。聖殿禮拜와其他大小儀式을 文字대로實踐하기를慫慂하였다「너의는 내가 호렙에서 온 이스라엘을爲하야 내종 모세에게命한法 곧 律禮와法度를 기억하라」고(四·四)。다른 先代預言者들의 生命이躍動하며 自由롭고新鮮한맛에比하면 말라기는預言者라기보다祭司長이라고 부르는것이 穩當할것같다。故로「律法中의預言者」라고通稱한다。다만注意할것은「律法下」가아니오「律法中」의 預言者라는點이다。말라기는律法을 萬人生活의實踐的規範이라고大聲疾叱하였으되 律法의型의 속에있는精神을實踐하라는 웨침이였다。

둘째로 聖殿禮拜와 아울러 雜婚禁止를重言復言하였다 이는 오래異域에捕囚되였던百姓이 故國에歸還하야 아직 異邦民族의勢力이輕視할수없는環境에서 이스라엘固有의信仰國民의特性을保持確守하려는方策으로도 말라기가當面한 가장重要한問題였으나、原來婚姻問題는 人間社會의問題에 끝치는것이아니라 實로信仰生活의根本問題、하나님과 사람과의神秘한關係에까지相通하는重大問題이다。

여호와는靈이裕餘하실지라도 오직하나를 짓지아니하셨느냐 어찌하야 하나만지으셨느냐 이는敬虔한子孫을 얻고저하심이니라。

는(二·一五)句는難解한節이나 그러나우리의判讀에틀림이없을진대 이는創世紀에있는人類創造의經綸을說明한것이다。하나님은 모든것이豐富하시것마는 同時에多數한男女를創造하시지않고 아담一人을만들어 김을 부러넣였다。또한 男女를各々創造하신것이아니오 아담의 갈비를뽑아서 만들었으니 저들은本質的으로一體였다。넉넉하시고全能하신 여호와께서何必이와같은煩多하고手苦스러운方法을擇하야創造하셨느냐。答曰「이는敬虔한子孫을얻고저하심이니라」고。人類가 하나님께結合하는일은 夫婦가合一하는理致와共通하다는것은 主예수께서도 자주말슴하신바이다。結婚觀의 깊은理解에있어서도 말라기는皮相的律法主義者가아니였던 것을알수있다。聖書의結婚觀은創世紀第二章 마태第十九章 에베소書第五章等을並讀할것이다。

秩序의預言者인말라기는夫婦關係에連하야父子關係의秩序

를唱道하였다。「보라 여호와의 크고두려운날이 이르기前에 내가先知者엘리야를 너의게보내리니、그가 아비의 마음을子女에게로도리키게하고 子女들의마음을 그들의 아비에게로도리키게하리라。」고(四·四)하야 여호와의 크신審判의날이臨하기前에 必然코嚴正한道德觀念의復興이있을것을말하였고 健全한道德의復興은父子關係即孝道로써大本을삼었다。孝道는兩人格者의秩序關係의基本이오 모든道德의典型인까닭이다。

律法과禮拜와道德問題같은것을力說한말라기는 生命보다形式에興味와熱心을가졌던가。저는一個蒙學訓長에不過한者이였던가。말라기는預言者로서의靈感에있어서 그品位가一階段낮은者였던가。決코그렇지않다預言者말라기가凡庸한律法主義에끝치지않었던것은예루살렘을中心으로한유다中心主義와偏狹한宗敎觀念을膽大하게打破한左句로써도알수있다。

> 만군의여호와가 이르노라 해뜨는곳에서부터 해지는곳까지의異邦民族中에서 내이름이크게될것이라。各處에서 내이름을爲하야분향하며 깨끗한祭物을들이리니 이는내이름이異邦民族中에서 크게될것임이니라、

고(一·一一)。유다人뿐아니라 丁抹、印度人이나 朝鮮人도 여호와의百姓이오、예루살렘이나敎會堂안에서만禮拜할것이아니라靈으로禮拜하는곳이면聖殿이다(요한傳四·二一)바울의萬民救拯主義、信仰의普遍性은實로말라기에서發源한것이다

말라기書槪綱 一二

一、序 言 (一·一—五)

題目 (一·一)

여호와 眞實로 이스라엘을 사랑한證據가있느냐 하는疑問에對하야 야곱과에서、이스라엘과에돔의史實로써 말라기가答辯함。 (一—五)

二、祭司長의不信 (一·六—二·九)

이스라엘百姓、特히그祭司長의不信 冒瀆(一·六—一四)

祭司長에對한警告 (二·一—九)

三、社會一般道德의墮落 (二·一〇—一六)

結婚問題(雜婚、離婚)、社會問題의解決의鍵은 여호와께對한敬虔한信仰에있다。

四、여호와의正義의審判。 (二·一七—三·六)

義로써世界를統治하는者實在乎 (二·一七)

먼저準備하는者오고 여호와는不時에審判者로臨하신다。 (三·一—二)

審判은 먼저祭司長을、다음에全國을 (三—六)

五、不信에對한審判의實施 (三·七—一二)

유다凶作 蝗虫의災禍等은不信에對한審判。

六、根本的懷疑에對한解答 (三·一三—四·三)

自暴自棄한百姓에게 모세律法의尊重을再唱함。

七、結 論 (四·四—六)

엘리야 다시와서百姓의悔改를準備하리라。

七十五日間의東京生活 (一)

宋斗用

一、人事의말슴을代身하여

前後、左右、上下가 모다 푸른빛이다。눈에보이는것은 全部가 파란하다。全部라고하나 보이는것은 오족 하눌과바다뿐이다。午前十時三十分에 下關을떠난德秀丸은 勇敢하게도닥쳐오는물결을 얼마던지 박차면서 釜山을向하여 前進하고있다。그態度는 마치 千兵萬馬의敵軍을向하여 怯없이行進하는 勇士와같이보인다。船頭에부닥치는물결은 놀란듯이 兩便으로避하면서 消息없이攻擊하는暴行을 憤慨하는것도같이보인다。散々이흐터지는白波의 怨望스러운貌樣은 자못 同情을자어낸다。그러나 보는사람에게는 그것이 아조 愉快하고도滋味있다。

오늘은 多幸이 波濤가比較的 잔々하여서 그다지苦痛을느끼지않고 甲板우에서 自由롭게 散步도하며 談話도할수있다。

地圖를펼처놓고 朝鮮海峽을들여다보면 얼마되지않는것같으나 船上에서내다보면 하눌이넓고큰것같이 그만치바다도넓고크게보인다。하눌과바다는 맛대인것같이 보여서 無限히 廣闊한것도같으나 다시生覺하면 몹시 局限되여있으니 아조 狹窄한것같이도 느껴진다。矛盾인듯하나事實이다。世上事가 모다 이러하지않은가고生覺한다。「小事에忠한者가 大事에도忠하며 生命을버리는者라야 永生을얻으리라」고하신 예수의말슴이 記憶된다。가장큰眞理인가한다。

배는지금도 다름질한다。아마 한時間남짓하면 釜山에到着된다고한다。배는 一九三七年七月二〇日午後五時가채못되였다。

回顧하면 꿈결같다。지금부터七十餘日前인 지난五月三日낮에 나는 景福丸에몸을실어 釜山을떠나 下關을向한것이다。即지금내가 取하는「코ㅣ스(方向)」의正反對이였다 目的地는 日本帝國의首府요 東洋의第一都市인東京이다。내가어찌하여 渡東하게되였는가? 「其動機도 理由도 目的도 나自身은아지못한다」고말하면 듣는者는 누구나異常하게 生覺할것이다。그러나 그것이事實이니 어찌하랴? 나는 다만 커다란 챗찍에몰리여서 까닭도모르고 精神없이 다라난것뿐이다。(關釜連絡船德秀丸甲板에서)

못난者라면 確實이못난者이며 어리석다면 이보다더어리석을수는없을것이다。그러나 「달고치면 누가아니맞을가?」결에서 보는사람보다 當事者自身은 더욱沓々하고苦痛스러운말이야 무엇으로形言할수있을가。나에게는 前後

七十五日間의東京生活

事를 生覺할餘裕도없엇거니와 將來를計劃할能力도 知力도없엇던것이다。生覺하면 몹시 부끄럽기도하거니와、차라리 慘憺한自身을도라보아 다만悲感에몰려울뿐이엿다。

古人은말하기를 「歲月은如流水라」고하엿으나 나에게는 마치 電光갈엇다。一年의五分之一以上의거ㄴ歲月도 不知不識間에 흐르고말엇다。나를 東京으로몰던 그챗찍은 다시움지기엿다。그래서 나를 나의가장기뻐하고 사랑하는 三千里半島江山으로 이끄럿다。

그렇다、챗찍은다만하나이다 같은 챗찍이 먼저는 나를 東京으로 몰아내엿다。그런데 또한 그챗찍이 이번에는 나를 故國으로이끄럿다。그런데 몰리울때는 도모지아모 認識도없엇다。그러나 이끌릴때는 多少間 精神을찾을수잇는것갈다。마는 나는 確實한무엇을 잡엇다고맘할수는없다。어쨋거니 무엇인지 흐미하나마 잡은것갈이生覺된다。그것이 몹시적은것이며 또아조 변々치못한것인지도알수는없다마는！

나는 붓을들기에 몃번이나 躊躇하엿는지알수없다。이러한 가장 적고도못난人間의 아조변々치못한 體驗의一端을 記錄한대야 第三者에게는 何等의利益도 興味도없을것을 알기때문이다。그러나 그런데도不拘하고 웬일인지 나는 少數이나 나의사랑하는몃兄弟와 또나에게對하여 關心을갖인 몃友人에게 내가 今番에 七十餘日間 東京生活하게된 顚末에對하여 簡單하게나마 알릴必要가잇다고生覺된다。그래서 나는 不得已 붓을들기로決心한것이다。나는이일이結局 제얼굴에 침뱃는일인것을잘알고잇다。그럼으로 이글을記錄하는일 더구나發表하는일은 나에게는 相當이 괴롭고쓰라린일이다。그런데 나를몰아내고 또 나를이끄러들이는 그챗찍은 또다시 나로하여금 이글을쓰도록 衝動하여마지않는다。그래서 나는어면意味의責任感까지 느끼게되여 그여코 甚히무거운 붓대를움지기고잇다。

그러나 이記錄이 다만의報告에끌칠넌지 或은紀行文이될넌지 그렇지않으면 一種의體驗談이될넌지 或은 어면意味의 懺悔錄이 될는지 나는알지못한다。무엇이되거나 나는 다만 나를 몰아내기도하고 이끄러들이기도하며 괴롭게도하고 기쁘게도하며 失望하게도하며 所望을갓게도하는챗찍、도모지나에게서 떠날줄을모르는굳센책찍、그러나 참으로아름다운챗찍、이챗찍을 依支하면서 記憶에떠오르는대로 붓대를움지기려고하는것뿐이다。

그런데 나는 이글을쓰기前에 한가지말하여둘것이잇다。나는 이글을少數나마 내가보여주고저하는몃분에게 무슨方法으로傳할가함을生覺할때에 甚히未安하나마 오족聖朝誌의紙面을 빌리는수밖에는 아모道理도없다고 生覺이되엿다。그것은 내가 이글을 보이고저하는 분들은 結局

聖朝誌主筆을비롯하여 其讀者가 大部分인까닭이다. 그러나 나는이러한쓸대없는것으로 聖朝誌의紙面을더럽히기에는 너무도 無勇한者이다. 그런데 前番同誌第壹百貳號에 나의私信의一部分이記載된것을보고 나는많은勇氣를얻었다 萬若그런것이 聖朝誌에 記載될 무슨理由와 價値가 조곰이라도있다면 내가자금부터쓰고저하는것도 적어도 그만치는理由와價値가 있다고 生覺한까닭이다. 그러고 나는 純全한私信을아모提意도없이、通信에引用한것도아니고 堂々하게記名公表한데對하여는 크게抗議함을 마지않는바이다 그는 너무도 意外임에 놀랐기때문이다.

그러면 나는 于先 이것으로 聖朝誌主筆과讀者諸位에게 人事의말슴을代身하고 次號부터 無用의惡文을通하여나마 今番나의東京生活에對하여 몇분兄弟의疑惑을 多少間이라도 解除하고저하는바이다. 몇號까지 繼續될지알수없으나 어쨌던 이글이 가장적게나마 讀者로하여금 信仰生活에 參考가된다면 筆者는 그以上의 滿足과기쁨을 期待하지아니한다. 彼此가弱한人間임으로써다.

나는 題目도없는글을 여긔까지써왔다 무엇이라고 題目함이適當한지알수없기때문이다 그런데 먼저 私信의一端을 「江戶消息」이라하였으니 이글을「七十五日間의江戶生活」이라고 나하여둘가! (京釜線夜行列車中에서)

〔釜山서우리의敬慕하는C兄을찾어一夜를슬기고저하였더니 맞임 兄이 梵魚寺等地에出張中이라함으로 果然섭々한마음을抑制하면서 釜山을作別하던달밝은 그날밤에子正이좀지나서 이글을 맺인다〕

無意識的行動은大禁物

李 應 坤

때마즘녀름날(八月十四日)終日酷暑에시달리든몸을 저녁바람에疲勞를恢復하고멍ㅣ허니앉어있을때에 어머님은吸煙을하시고있었다. 나는至今것吸煙을大禁物로삼고或同伴之間에도吸煙하는者가有하면 恒常叱責하였다. 그렇나오늘은옛날學窓時代와달라서아모러한制限받는몸은아니라 自由가옛制服時代와比하면퍽있는便이다 또한그렇할뿐더러近心적고無邪氣하든學窓時代를지난오늘과 그때와는環境으로도判異하게다르다. 即오늘의나의生活은浪人의生活이다 더욱이家計좆아維持하기困難한境地라 집에서間接直接으로받는苦痛은나와같은첫經驗者로는디할수없는打擊이라고할것이다 이러한立場에있는身勢라죽을때까지誠心誠意를다해서實現하고저하는理想의길에도 검은구름이낄때가한두번이아니다. 누구를勿論하고 苦痛을받을때는옳지못한곳에뛰여들어가기쉽고墮落되기쉬운것은 사람으로써가지는共通性이라고할것이다 如斯한때를當할때마다 우라修養期에있는青年學徒들은恒常反省이必要하며 意識的判斷을내리워서 옳다고意識하는行動을하는것이잘못을없에는데있어 가장必要할것이요 또한各自가銘心할바라고認定한다. 나는無意識中에어머님에게

수작을걸었다 어머님나도한번먹어봅시다 그것어떻한物件이야요 어더맛이나봅시다하고 猝然히어머님있는데로달려들어서담배한대를빼앗어빨기를始作하였다。 이것이말하고저한無意識的行動이요 一種虛榮的好奇心에不過하다。 不知不識中에全部가火燒해버렸다。 如斯히사람도저소나되야지貌樣으로未練하기짝이없을때가많다。 사람에게意識的作用을제바린다고만하면 소나되야지와 조곰도다를理없다고나는斷言한다。 소나되야지가잘못했을때에鞭을던저야精神을차리는것과같이 사람도한번혼이나봐야만 精神을차리는것이常例다 그래도萬物의靈長이라고자랑하는사람—그불쌍한사람이라고할것이다。 이제야頭痛이甚하였다 때맛츰어머님은沐浴하려外出하셨고父親任은某商店에가셨다 이제도나쁜일을할려고만하면꼭내게달렸고다른사람에게制限되는것이아니였다 이제야죽을地境이다 나는나가자빠저自己過誤를切實이느낄뿐이다。 나의잘못을容恕해주시옵소셔하나님아버지시여 하고나도모루게마치僧侶가念불하듯이혼자중얼거렸다。 한참后에야어머님은밖으로붙어드러오셨다 이꼴사나운光景을보시고 너무나어이없어叱責도못하고어리벙々하야 처다볼따름이였다 나는말도못하고눈만지벅〳〵할따름이였다 그렇나어머님의사랑은넓다 또한크다 곧 應急治療하기始作했다 砂糖물을풀어다주기도하고 시원한 아이스케키를사다준다 그래도염체좋게받어먹는나야말로사람이아니였다 나는혼자나를욕했다「배웠다는네가將來에뭇은일을하겠다고네가무엇을해」하고중얼거려보았다 그렇나또다시生覺해볼때 이미지나간失過를後悔해야할수없다 過去의잘못을悔改하는것이將來에좋은結果를지흐면되지 하고그것으로補充했다。 이제生覺하건대 누구를勿論하고 墮落者가있다고할것같으면 本來붙어그러한行動을하려고하는者는아니였다고믿는다。 어떻한意識的判斷을缺하는데서乃終큰過失을짓는다고切實이믿는다。 먼츰잘못이없게할려고하면큰것보다도조고마한일에恒常注意하여야될것이다 (八月十四日) [끝]

主筆曰。 이글의筆者는「……」讀하시고 不充分한點이많다고認定하시면 除해버려도좋습니다」라고 謙遜하게말하였으나、그叙述한가운데나타난 참으로純粹한靈魂의 呼吸을看過할이가없을것이다。 우리의第一緊要事는 이스라엘사람中의 이스라엘사람 조선사람中의 조선사람되는일이다。「나의잘못을 그대로써서讀者諸氏에게 多少라도도음이될가해서……」쓴것이라고햇거니와 이러한사랑의動機아니고는 이런失態를自進告白할勇氣가 나올수없을것이다。 吸煙뿐이아니라 人間世上의凡百惡習이 大概는無意識中에시작되며 單純한好奇心의衝動으로 이러난것이 不知中에 第二의天性化해서 나종에는不可抗拒의勢力으로써 陰府에까지 사람을 휘탈시기고야만다。 少量의水滴이能이大岩을破裂할수있듯이 이仔少한失策이能히德學兼備의士를一瞬에顚伏시기는일이 稀事가아니다。 實로戰慄할일이다

켈러孃의一分間의寶訓을듣기까지

星泉生

나는 어렬때부터 靑年이될때까지 무엇보다도 소경을 미워했다。中學時代에는「萬一 내가 政權을 잡는다면 어떠한輿論이 일어나더라도 全國의 소경을 모주리 잡어 處分하리라」이같은 무서운 空想도 해보았고 동모들에게도 이말을거듭했다。내가 소경을 몹시미워하는첫재 理由는 소경그들이 一生토록 何等의하는일이없이 徒食할뿐더러 반듯이 한사람의 少年이나 少女를 그들의 奴隸로 만들게되는것이다。이것도 나에게는 견델수없는憤怒를 일으키게하는대 더구나 소경이란 열이면 열이 경을읽어나 점을치거나하야 무서운迷信의 씨를뿌려 이百姓의 靈魂을 害毒함은 實로 큰것이다。이로써 나의同族을사랑하는마음이 젊은가슴속에 漲溢하야갈수록 그들을 憎惡하는度는 自然이 漸々 높아갔다。

이때부터 나는小說읽는버릇을버리고偉人傳記를耽讀하던때이였다。崇拜하는人物이거나唾棄할人物이거나間에史上에 이름을남기고간 그들의一生中에는 반듯이무엇이고 젊은魂을感激케하는 몇토막식의記錄이숨어있는것이다。

專門學校의 새校服을입은나는 鍾路某書店에서 보잘것없이 製本된 헬렌•켈러孃의自叙傳을發見하였다 傳記를 읽기始作하였을때에 적은憎惡의感을 일으키였으나 不久에 나는 그의生涯에 큰好奇心을 일으키였다。好奇心은 차차感激으로 變하기始作하였다。그의生涯가 勿論 驚異그것이려니와 더구나 그의 學校生活에對한 그의所感과 宗敎의思想은 내가 平素에 아프게 느끼던것과 全然同感이였다。나의 心琴이 쉴사이없이 共鳴될때에 나는 좋은同志를 얻은때의 기뿜을 맛볼수가있었다。

學校生活의記錄에는 이러한것도있었다「大學에入學한지 한學期도 채 맛치기前에 나는 大學이라는것이 自身이 平素에 想像하던것과같은 知識의寶庫도아니오 어진사람들의 모인곧도 아닌것을 깨달었다。敎授들은 智德의結晶體로만알었던것 講堂은 賢人과哲人과 大學者들의 精神이 넘치는곳이라는것等의 想像은 여지없이깨여젔다。大學에서 배우는바도 勿論있지마는 反面에 損失도 적지않은것을알었다。」

宗敎에對하야 이같이써인곧도있었다。「어떤때 나는 왜 이世上에는 저같은 數많은 宗敎宗派가있는가를 불크스 僧正에게 물었더니 그는 世上에는 오즉 사랑의宗敎가 있을뿐이다 全心全靈을다하야 너의 하날에게신아버지를 사랑하며 또 너의힘이 미치는데까지 하나님의子女들을 사랑하라고 對答하야주었다。그의生活은 이對答의 산說

켈러孃의一分間의實訓을듣기까지

明이였다。 그의마음가운대에는 큰사랑과 智惠와 知識과 信仰들이 一體가되여있는것이다。 그는 나에게信仰箇條나 宗派의定說따위는 하나도 가르처주지않였다。 그로말미암아 나는가슴속깊이 두가지의 큰眞理를 삭이게되엿으니 即 하나님은 우리들의아버지이신것과 人類들은 모도가다 同胞兄弟이라는 것이다。 世上의 數많은 信仰箇條도 形々色々의 宗教儀式도 結局은 이두가지眞理에 돌아가는것이다。 하나님은 우리들의 사랑의아버지이시니 우리들을 둘러싼 검은구름도 어느때이나 멀리사라저버리고 밝고부드러운빛이 우리들우에 빛우일것이다。」또 이런곳도있였다。「누가 나에게 聖經에서 얻은 最大最高의知識이 무엇이냐고 묻는다면 나는서슴지않고 눈에보이는것은 잠깐의것이오 눈에보이지않는것이야말로 永遠한것이다라고 對答하겠다」

그는自己의 不幸한肉體를 이같이말하였다「나는 甚히 自由롭지못한 身上이나 그래도 여러가지로 다른사람들과같이 아름다운世界에 부다칠수가있다。 暗黑과沈默가온대도幸福은있는것이다。 나는 나의境遇에滿足하는者이다」

나의記憶에남은 感激의句節을 列擧하자면 아즉도끝이 없다。 나는 卒業生이나 在校生이나間에 失望하는 生徒들에게는 孃의生涯를紹介하고 이로激勵하며 또 나스스로를 鞭韃하여왔다。

孃의 朝鮮來訪이 新聞紙上에 發表되니 나의 기쁨은 컸다。 나는 孃과同行하는 日本의큰盲人學者인 岩橋武夫氏가 나의信仰의同志인 C兄의스승인것을알고 그를通하야 孃을 招聘하려하였으나 일우지못하였다。 나는 서울서 그의講演會가 臨迫한것을알고 서울에들려 入場券을 사려하였으나 이미賣盡後이였다。 몇知人에게付托하였으나 虛ㅅ된努力이였다。 그대도歸家했으나 이대로斷念하기에는 너머나憂鬱하다。 나는 孃의平壤行의豫定表를 新聞에서보자 特急列車가 이곧에서 一分間쉬는機會를잡을수있음을 알고 雀躍하였다。 校長을通하야 數次의글을보냈다 또그를招待할某外國婦人에게도 편지로勸告하도록 付託하였다 生徒를다리고 驛에서 기다릴터이니 窓外로 얼골이라도 보여주던지 될수있으면 한마디라로 말슴해달라는것이였다。 그들은快諾하였다。 京城서 講演會가始作됨애 生徒들은試驗準備도不顧하고擴聲器裝置室에 가득히모여靜肅히기다렸다。 그러나講演放送은某事情으로中止한다는것이였다。

七月十五日午後四時四十分에 生徒職員二百餘名은 警備中의(武官北行으로)警官들의 까다로운干涉을받으며 驛內에서 기달렸다。 車가驛에가까워오니 孃은 自己의얼골을 잘보이기爲하야 帽子를벗고 秘書턴손孃과 岩橋夫妻와함께 展望臺에서 기다리고있였다。 車가驛에닿기도前에 그는 거의人事도 序論도없이 또連絡도없는말을 부르짖었다。그는어느곳에가서던지 반듯이하는 盲啞教育에 힘써달라는말좇아 한마디도못하였다。그는一分間에 꼭해야할말만 우리에게한것이다。岩橋氏의譯도 불이 타는것같이 힘찻다。내가速記한 그의一分間의實訓은 다음과같다。

「여기모인 젊은동모들이여! 이人間社會의 무서운暗黑面을 開拓할사람은 다른이가아니라 여러분 自身인것을 깨달어야합니다。우리도 하로 한가지좋은일에 한결같이 最善을다하는데서 가장偉大한일을 일울수가있읍니다。

여러분! 힘을모으시오 그리고 굳게團結하시오 그앞에 일우어지지 안는것은 없읍니다。

여러분! 이世上은 밝은빛을要求하고있읍니다。이어둠을 비최일光明의빛이되소서 사랑뿐이 이世上을向上식힐수있나니 사랑없는世上은 오직退步와滅亡이있을뿐입니다。

사랑하는 동모들이여ㅣ 이무섭게 캄〻한 暗黑이 두렵지는않읍니까 決코 두려울것은없읍니다。우리들의 앞에도 뒤에도 우리를 사랑하시는 하나님은 恒常직히고 게신것을 우리들은 아나니」

平和한빛이 넘처 빛나는 얼골에는 後光이 빛외는것같고 이世上의 如何한權力도 눌을수없는 눈에보이지않는 큰힘이 움즉임을늣기게한다 驛의係員들도 그들의사랑의熱辯에취하야 發車信號를 한동안잊은貌樣이다。

車가 고요히 움즉임애 그는 손을 數없이 흔들며「여러분ㅣ하나님을믿는者에게는 두려움이없읍니다。사랑하는 여러분ㅣ 主를믿는者에게는 두려움이없읍니다」그는車가 이미 멀어졌음에도 아즉도무엇인지連하야부르짖고있었다。아마도 두려워말라는付託일것이다 우리는 두려워말고 正히 主안에 굳세게서야할時代에서있는것이다。

우리는一分間이라는時間을 그다지貴히여일줄몰은다이같은一分의時間은正히十年百年以上의價値를가질것이다。나는 이一分의時間을許諾하신이에게無限한感謝를올리는者이다。

우리는 一分동안에 그를通하야 하나님의 偉大를 充分히 接할수가있었다。하나님은 그의偉大함을 世上에높은者가온데서 나타내시지않으시고 온世上이 다버리고돌아보지도안는 쓰러기같은 人間들을 擇하사 나타내심을 史上으로도 數없이보았거니와 우리로하여금 肉眼에接하게하졌다。이는 우리百姓으로하여금 充分히 反省하고希望을 버리지말것을 雄辯으로말한다。

나의擔任教室에는生徒들의손으로孃이開城驛頭에서우리에게一分間絶叫하는場面의寫眞이걸리게되였다。이寫眞은 나로하여금 어떠한低能兒라도어떠한惡한心靈의生徒라도 그들을引導할때에希望을抛棄할理由와辯明을 許諾치않을것이다。또生徒들에게도落望과自棄의口實을 주지않을것이다。

나는 끝으로 그의수고로운旅行이 虛〻되이世上의求景거리가되지않기를 衷心으로 비는者이다。

聖朝通信

一九三七年七月十九日(月) 豪雨。夜來의風雨에아침後에는발서相當히增水되였다 ○普校二年兒童에게雜誌를준다고代金一年分을徵收하고선報導月報라는 兒童의程度와는千不當萬不當한冊을 한번주어보냈더니이번에는賣藥을사라고收金督促。우리집에는 家庭常備藥이具備하여서小藥局만치나하니 더사올것이없으며 萬一病난때에는大小醫院에親한醫師가 한두분뿐이아니니念慮말고工夫나 잘해라。衛生에關한일은父兄이責任지는것이니 學校先生님은글이나가르켜달라고해라 하고 아무리說諭해도 先生님의命令이라고 올기만하고듣지않음으로 賣藥代金十五錢을 주어보내다。訓導라는일이 얼마나有閑事業이관대賣藥仲介까지하고있는지모르나一般學父兄의「迷惑」이얼마나할가고同情不禁。○市內電車乘替場에서廣告紙를받으니「北支事變時局對應 大講演會」인데 演士中에 듣던이름은 尹致昊 徐椿等々이보였다。또新聞에보니 黃海道에서書堂一百四十餘個(그兒童四千餘名)를閉鎖命令하였다고。

七月二十日(火) 雨、後晴。싫음없이 오시는비에 시내의 물빛과 물소리 더욱洞內를仙化한다。○登校하야今日로써敎師들도夏季休暇。事務畢한後에도 學校에서原稿쓰는것이來客의妨害없을가하야일감을携帶하고갔었으나 殺風景한博物室에앉었을수록 우리洞內의 푸른草木과 맑은물소리 그리워서 來客의危險을무르쓰고束裝歸宅。果然 待하고있는來客一組에 적잖케 놀랐으나 이는店頭에서聖朝誌를읽고「別有天地」貞陵里를 구경하랴는것과 聖朝舊號를求得하기爲한母女두분의一行이였다。當幸히 찾어온이는 알고보니 우리長女와進明同窓이어서二重의기쁨을發見하고 接待의勞는畧하야 豫定대로곧執筆하다。但 이母女분들도 이洞內에住宅을求한다하니 今後로는洞內자랑을過히쓰지말어야 할것같다。過大한憧憬에는 큰失望이따르는危險이있는故也。그러나夕飯後에시내에一浴할새 陰十三日달이正南에솟고火星은西南에木星은東南에 걸린아래에서北漢山맑은물에 앉으면어깨에 넘치는急流、우러러보면一月이오 굽으려보면百千조각의달이물속에흘러가는데 手巾에 물혀서씻으면冷感이더하고 차라리 몸을 물속에당그면溫感을준다。亦是우리洞內가第一좋은듯한實感은 은위할수없다。

七月二十一日(水) 時雨時晴。終日完全히書齋를지키다。原稿에바쁜中인데 咸兄으로부터赴戰高原同行의意向來信、卽時要件回答。午後에李德鳳先生來訪。住宅地두어군데視察。좋은 이웃을期待하는마음懇切。李先生도赴戰嶺同行이確實함을알고마음은 더욱蓋馬臺地로 다름질한다。올라도 끝없는高山을생각할수록 써도 끝나지않는 나의原稿가걱정。夕飯後에例와같이 시내에一浴하고 밤午前二時半까지에于先重要한部分은(八月號)脫稿되여 모든參考書를 본래位置에 꽂을때의身輕心快의感도各別。

七月二十二日(木) 曇、後晴。時刻을다투며 밤을새면서 남은原稿를 畢하여가지고 일즉이印刷所에 다라가니 때마침新築한工場으로移轉하는時期가되여서 今後로도十餘日間은機械運轉이不可能할것같다하니 赴戰嶺旅行出發前에八月號를發送하랴던企圖는水泡에歸할듯하야悲觀하다。먼저組版된部分을校正시작。밤에도校正。

沐浴數回。近來의新聞들은 참아 눈에걸어 볼수없다。故로 오직 시내의물소리를듣고 풀숲에 버러지들노래에 귀를 가우리는수밖에 없다。달이木星에接近하니하늘에 두달이있는듯하다。

七月二十三日 (金) 濃霧、晴。金星이찬란한빛을發할동안까지는 하늘도山野도透明한듯이 맑은것으로 사람의靈을 씻어주더니、日出時刻이 가까워질때부터 안개山野를 가리워 遠近의景槪가 一幅仙畵갈이化한다 그젔고 그윽한맛可賞한데前庭호박꽃이 뚜렷해보인다。○午前부터印刷所에出動하야大馬力으로校正。檢閱許可願件으로 道廳과總督府로뛰어다니다。저녁에도校正。○로마書講義의報酬로葉書一枚如下『……小生一個人을爲하야貴重한時間을 아끼시지않고 이썩은靈을 살리기爲하야講解하여주심은 生이 오늘까지工夫한것以上의眞理를感得하였아오니、무거운짐을 다버서버린듯하옵고、重生한느낌이온몸을抱懷하고 감々하든前程이 밝게展開되는듯합니다。로마書갈은偉大한書籍의大旨의千分之一이라도 解得하게됨을無上의榮光으로아오며、同時에貴로先生님의敎示가아니면一生에 이貴實를 읽지못했을넌지 알수없읍니다云々』。

七月二十四日 (土) 朝霧、晴。아침부터印刷所에가서校正。但 新築工場에印刷機裝置하는工事가 速해도今後一週日을要한다고해서 校正할힘이없어지다。오늘로校了。明日或은 모래쯤은發送할것인데 이렇게되여遺憾千萬。께임을抛棄한選手처럼풀없이歸宅하니 五山서誌友來訪。시내에沐浴함으로써接待하여보내다。

七月二十五日 (日) 晴。昨今兩日의苦熱은今年最酷暑라고。日曜日임에도不拘하고午前中은印刷所에가서校正。午後에宋斗用兄來訪。東京消息많은中에 그이들도朝鮮에서救援의빛이 일어날것을 크게期待하더라는消息 놀라웠다。基督敎를잘이理解하기에는朝鮮사람의境遇가 어느民族보다도 가장適當하다고認定하더라고。

七月二十六日 (月) 晴。早朝에 五山咸兄着京、宋兄과 함께 마주어 北漢山麓綠陰과淸溪에서或談或浴의一日을 보내다。但 未畢한用件으로 暫時入市하야 銀行에借務를갚고 印刷所에督促해보았으나新築工場의機械架設工事가今後로도一週日이걸릴넌지未確하다하야 될수있는限으로一日이라도速히印刷하여주기를부탁하고、밤十時車로赴戰高原을向하야咸兄과함께乘車하니 博物硏究會員諸氏도車中에相逢、

七月二十七日 (火)晴、霧、雨。午前七時頃에咸興驛에下車하니 負傷兵歸還으로驛頭에多數한 出迎團體가보이다。元山과咸興에서 우리團員이添加하야一行九人이되다。一行은 곧 咸南線에乘替하고 나만은 더부리고온 어린아이를馬場洞에 맡가가爲하야 午後車를西咸興驛에서타다。市街地의擴大와官舍住宅地의移動이現著한것、城川江에水量이많은것等이 눈에띠어보이다。여러번乘替하면서 白岩山오르는「인클라인」에 다다르니 이는起工當時에架設된一部分을 타본以來처음經驗。赴戰嶺上에 올랐을때에濃霧로因하야咫尺이보이지않는것이千載遺憾이었다。淸凉한氣候만은 어김없이高原이오 黃紫白紅의千姿萬態의花草가一時에滿發하였음도高山이아니고는볼수없는天地이다。車는緩傾斜의高原地帶를다름질하니想像했던것보다湖水까지의距離가멀다。赴戰湖畔에下車한때는 궂은비에道路가泥海되였다。驛前국수ㅅ집에

서一泊할새 벽에서 빈대軍이分列式。그여름은「레끈」인가。넘어多數함으로 하나둘 잡을생각이 나지않다。高原엔 꽃도많고 우리네살림엔 빈대도많다！

七月二十八日 (水) 晴。手荷物의到着을待하기爲하야 湖畔에서 들죽을 따먹으며 採集하면서 기다리다못하야 荷物追送을驛長에게 부탁하고午正지나서湖上의聯絡船에 오르다。湖面은海拔約一千三百메돌 風景의佳도可賞하나 科學的人工의偉大함에驚嘆을 자주發하게되다。湖上約一時餘에赴戰山莊에上陸、고개넘어漢垈里南鮮旅舘에 짐을 부리우다。저녁에二三兄弟와함께 近隣長老敎會에叅席하니 三日禮拜를全혀 우리에게一任。固辭하다못해 나는司會及說敎、李德鳳 咸錫憲두兄은祈禱。저의와우리에게서로有益하였다。

七月二十九日 (木) 晴。後雨。早朝에叢林中에서祈禱。〇赴戰高原의地理調査를等閑히하였던탓으로 지난二日間을虛送한우리一行은 高山植物採集의目的地인遮日峯에오르기를決定하고 今朝漢垈里發。但一行中에患者一人과手荷物待하는余는 漢垈里장날구경하고 赴戰山莊에서荷物찾은後 午後二時餘에出發。途中에蝶類를採集하면서 人家와들으로 둘째집인大漢垈里申載萬方에서 先陣一行과 아울러留宿하다。長木으로짜지은 구들집에 잠자기는生來의첫經驗인데 감저와 귀밀밥을 못먹고 이밥에罐詰찬을먹지아니치못한것은千萬遺憾。시내ㅅ물은 우리시내보다 더차고 더많고 더맑었다。

七月三十日 (金) 晴、後雨。午前七時에出發 植物採集과毒蛇의조심에 精神을빼앗겼다가 때々로 정신을수습하고 周圍를 도라보면 叢林의 욱어진것과 溪流와 그옥한것이 볼만하고 들을만하다 遮日峯은二五〇四메돌의高山인데 거의絕頂까지灌木地帶가連한것과、頂上에廣大한平地가있을뿐더러遠近高峯을連結하면 一大平原을想像하게하는것이奇觀이다。小形의高山植物外에 遮日峯天然産의大黃두어뿌리採取한것이 장하였다。오늘도夕陽에비오시니 高原地帶氣候의傾向인가보다。

七月三十一日 (土) 晴 後雨。早朝에溪邊에서 찬송가도할새 이곳에移住하고감저농사짓고싶은생각이 간절하다。但그렇게되면聖朝誌도廢刊하는수밖에없을것이다。〇朝飯後에申氏方을떠나 漢垈里南鮮旅舘에서束裝。기다리는兄弟가 상금到着치않었으나 一行의發程에 끌리어서 우리도午後二時에漢垈里出發。長津으로넘어가는 袂物嶺風景이甚히雄大하다。葛田里에서 大海같은長津湖上의聯絡船에搭乘。泗水에서汽車、黃草嶺에서 잉클라인。이때에湖上에서부터降雨시작하야沿線光景은도시 볼수없었다。約二十年前에踏査한豐流洞 下碣隅 古土水의風景도 그리웠으나 別수없었다。비오는 밤중인데不拘하고 咸兄은三巨驛에下車、眞興王巡狩碑를探査하기爲함이다。남은一行은 밤十一時近하야西咸興驛에下車。咸興호텔에一泊。午前二時까지標本整理하고 쉬다。

八月一日 (日) 雨、漸晴。午前中은各其標本整理하고 午後에는市內及興南見學으로出動。그틈을타서 三平에喪家를吊問할豫定이었으나雨後의道路險하다하야市內의親戚故友몇군데尋訪。一行諸氏는今夜車로南向하고余만人事未畢의까닭으로滯咸。발서發刊配達되였을터인八月號가尙今咸興에不着하였음을알때滯在하는一刻如三秋。

八月二日 (月) 晴。일즉이三平行。아

직도 진탕이 많어서 自轉車에서數次失脚하다。두어집弔問을畢하고 소매를 버이다싶이 뿌리치고떠나 午正車로咸興出發。聖朝誌를 하로바삐發送하가爲하야는人情도體面도없다。車中에正孫이相對로작난하면서 夕十時頃에歸京하다。

八月三日 (火) 晴、暑。다녀보아도亦是北漢山麓이 우리나라요 貧弱한書齋가나의舞臺다。○印刷所에가니 겨우機械裝置完了되였다고해서 印刷를督促하다。午後에標本整理와 來信閱覽等。○滿洲消息에『……今年에는 突發事件이 생겨서 이곳도 影響이 큰듯합니다 今年부터는 匪賊이 아조 없을듯이 생각 되엿댓는데 反對로 더욱 甚한모양이오니 아마 그事件의 影響인듯 합니다 그렇나 市內는 平安하고 아직 外村도 관게치 않으나 某處에서는 匪賊의 습격으로 일본군의 손해도 잇는듯 하외다。防護團이 이곳도 組織되여서 演習에 奔走하외다 田穀은 大豐이나 畓穀은 凶年이여서 우리民族의 受難이외다 東邊道一帶는 아마 그런모양이외다 우리가 經營하는 農場도 大打擊을입사와 損害莫大하외다。언제나 京城을 가게 될런지몰으겟읍니다 今年 冬季集會에는 가게될런지요「無敎會信徒に對する希望」이 잇으면 一冊 보내주쇼서。』云々。

八月四日 (水) 晴。酷暑。植物標本整理에每日半나잘식은 걸린다。今日도午前은 그일。午後는除草와書信閱讀。洞內에서는 우리집 우물을藥水처럼떠가노라고야단인데 우리는 藥水마시가위하야 夕飯後에全식구 藥水골로往返。今日도八月號出來하지않어서焦慮不禁。

八月五日 (木) 晴。午前은植物標本整理。標本製作을忠實히하랴면 博物敎師는讀書할틈도全無할것이다。○待하다못하야八月號發送皮封쓴것을가지고印刷所에가서製本을助力하면서 먼저된것부터發送하고市內書店에配達하다。某日 發送係員一人을두라고。둘形便도 못되려니와 實相두고저하여도 사람이없어서 못둔다。世上에博學의士가많고 敏腕의才子가不少하야 社長이나主筆될人物은數多하나 聖朝誌같은雜誌의校正係 發送係 配達夫될人物은없나니 一人도없다。咸兄까지도 校正係員으로서는 아직及第點에未達하다고 不信任中이니 餘他는 말할것도없다。但 八月號의表二末三行에「모다」가「보다」로誤植된것과 第十七頁上段末行에 十字架의架字가二重된것이 發送時에發見되였으니 忿한일이다。이런仔少한일을忿해하며怨痛하면서精誠것다해보라는것이聖朝誌의일。

八月六日 (金) 晴。午前中은發送事務의續。午後에植物標本整理와 배추밭再播에從事。不在中來信의閱讀을겨우畢하다。

八月七日 (土) 晴。아침五時頃이면 매암이一齊히 울기시작한다。標本整理外에苗圃와 도마도밭除草及午睡等。

八月八日 (日) 立秋。晴、夜雨。매암이들이 亦是아침마다五時二十分頃에 一齊히울기시작하야 約五十分間울고는 또한一齊히 끊치니 저들도 찬송례배함인가。○安鍾元 吳世昌兩翁이 早朝에來宅하시며曰「歲拜」라고。惶悚無至。白髮을尊敬하라는箴言의句가 때에사겨저 고마웁다。○午前에崔鳳則氏來訪。近來에 알고싶던消息을詳細히 들을수있음感謝無量。崔兄을 따라 養老瀑에 물마지함으로써물에산에。

八月九日 (月) 後雨。休暇中生徒監督

의任務를 다하기爲하야 指定받은中央舘과本町通書店街의一帶를巡回했으나別無事件。○오래病床에있는兄弟로부터 『……弟十餘日喫粥中 再昨日부터二食粥、一食飯而消化도 그대로되는樣 順調롭게갈것갈사외다。焦熱과싸와가며 死生의境을彷徨하면서 모든失敗와非難과嘲笑中 所得이或잇다면基督과復活의宗敎、再生力을믿는宗敎람을어렴풋이나마實感하게된點이며 아울러苦難에對한態度를一層더確立식힌點일것이외다。 月前S君東京來鄕中寮訪。여러가지激勵와慰安많이받엇사오며 오래그리워하던(來此以來)舊約聖書를보내주어方今每日읽고잇나이다。箴言、傳道書、雅歌를마치고 이사야書에이르러七章童貞女孕胎의豫言을읽고不禁感歎、詩篇은今朝四十五篇畢了、次々音記와小豫言書를보고 創世記를볼가하나이다。

爲先무엇보다聖書를좀더 親히해야되겟슴을切感하엿사오며 潛念하고읽게되는中도로혀疲勞를늣기게될때잇스니，祈禱의人이못되고 文字의人이되기가쉬운弊自憫이외다。八月四日 弟 ○ ○ ○ 拜』

八月十日 (火) 雨。連日의降雨로 시내ㅅ물이相當增水하야昨夜도물소리에 오래잠을 일우지못하다。窓을 열친대로누엇으면 마치遮日峯下의申載萬方에누엇는것만같다。○平北地方의水災가甚하다고報道하나 近來의新聞紙는 온전히造作宣傳의機關이매 얼마나割引해야 그眞相과符合할넌지判讀하기어렵다。밤 늦도록原稿。

八月十一日 (水) 雨。비오시는 틈을 타서 道路擴張工事를 시작하였으나 점々雨勢가 심하야中止。○豪雨中인데도不拘하고 約束대로誌友C氏來訪 十五分以內에辭退하고오라는 그夫人의부탁을 번저宣布하는것을 이편에서懇請하야約一時間餘快談。八月號의接客十五分說이 筆禍를 이르킨모양。그러나 오늘같은風雨水難에 西大門外에서本社까지 오는일은 平日에鬱陵島가기보다 못하지않은일인데 十五分에 돌려보내기는 넘어不安한일이다。○시내ㅅ물이 매우增量急流하니 어김없이遮日峯下의火田民집에 앉은感이다。이렇다면長津移住의必要는解消될모양이다。

八月十二日 (木) 晴、後雨。郵便發送하는일과 日用品購入件으로入市하였다가 또雷雨를 맞어돌아오다。路傍에悲哀에 잠긴一女性을보아同情不禁하다。슬픈때에맘대로 슬퍼할수나 있으면 오히려 위로되는수도 있것마는、슬퍼도 슬픔을表情할수없고 따라서慰勞의말한마디 먼저줄사람 없으니 슬픔은 갑절 때에 맺아질것이다。모든것이虛僞요恐喝의世上。○養正學校校庭에세웠던 孫基禎君紀功碑의冠宇毁撤(依官命)되였다。또學校에 점심나르던 淸料理집興盛園이閉門한것과 우리집建築에材木과洋灰를供給해주던宮澤商店主人이보아지않는것이섭々하다。○某氏來訪하야結婚式主禮를請하는것을 固辭。

八月十三日 (金) 晴。臨時召集으로登校。地方歸省中生徒들이上京할때에乘車配定한日時를通知하기爲한件。○昨日은治道工事、今日은 무씨播種。○燈邊에 모여드는昆虫을 잡아먹기爲하야 큰개구리 두어마리 저녁마다 대청마루에來集하는光景도 우리山麓生活의一興也、鈍한개구리의 敏活한跳躍은 實로可觀이다。

八月十四日 (土) 晴。오늘은 大馬力으로原稿쓰고저햇더니 배나무 菜圃等이사람의助力을請함이 時急한光景을 못보는체할수없어 對案할틈을不得。栗俵의流

失을不覺하는境地도 부럽다。○生後第二六二日되는女兒가近來四五日째 따로서기를시작하야 온집안의花形役割을한다。人類가 비로소直立하게되던地質時代를 거슬려 생각하면서 祖上들의勞力을感謝。

八月十五日 (日) 晴。休暇中當直으로 아침부터登校하야 蓬萊丘上에留宿。庭下의京城驛에서 때々로軍隊迎送하는群衆의萬歲소리울어나오고空中에는푸로펠라爆音이 요란하게날때도있으나 오늘까지세상은別故없는듯하다。北支事變은 그中心이上海로옴겨간듯。○시골에歸省한生徒의短信에『……農村도 요즘은 戰爭이야기로不安한듯합니다。어제밤에洞里靑年會堂에 官吏가와서戰爭에對한講演을하다가 聽講者中하나가 한번 하품하는것을보고 뺨을따리며講演을繼續하는光景을 구경하였읍니다』云々。요새같은炎天苦熱에 온終日땀흘려 품팔고도 먹을것좇아 넉넉히 얻어못먹고 그래도官命이所重한줄알아서 聽講하는者의數효를 채우고앉었는『水飮百姓』의情狀을洞察해줄이누구일까。

八月十六日 (月) 晴。學校에서歸途에 石탁키 와니스類를十餘圓어치購入하다。石工 木工의世界를 약간 엿보았으니 다음번은 塗裝工의世界를 구경하고저함이다。○무 배추밭에 벼루가넘네其他多種의害虫이不遜하게跋扈하야 今年度김장을虛地에 돌려보내게될듯한形勢인故로 참다가못해 今日은科學戰을宣布하였다。이편에서는 우리夫妻가噴霧器를들었을뿐인데 저편에서는逃亡하는者死傷하는者가不知其數였다。저들에게는空中爆擊이나當한感일듯하야 可笑로웠다。但炎天下에두세時間이나 이科學的空中爆擊의役事를畢하고난때는 裸體로始業한余自身의全身에도 땀의洪水였다。눈에도 땀이넘처 쓸아리고 입에도 땀이 흘러들어 짭즐하였다。實로壯快한 땀이었다。因하야 흐르는땀 그대로 우리 시내에沐浴。몸이식을때까지 十分十五分으로 全身을 물에 당근대로 夏雲의奇峯을 우러러보고있으니 此亦是仙境이오非人間。

八月十七日 (火) 晴。約束에依하야仁川行。外로는數年來로 숭어잡이 구경오라는招請에應對할約束、內로는 여름來로 졸르는家兒들의海水浴約束을畢하라는것。午前七時에出發하였으나 月初에變更된汽車時間을 알지못했던탓으로 近두시간이나車를待하는等失策。仁川에下車하자마자 誌友某氏宅에客이되여 어찌할수없이多大한愛의負債를 지고야말게된것은 그誠意가고마운程度를 지나처서 千萬뜻밖에 지워진 무거운짐이怨恨스럽기도하였다。但 이것은 나를爲한다가보다 三百六十五日에하루도自己를爲하야사는慰安의날도없고 休息의時間도못가진主婦를慰勞하는것이分明하매甘受。目的하고간 숭어잡이는 潮汐의關係로 一泊하고明朝에보아야된다고 挽留極盡하나 九月號原稿未完한中이매此는斷念하고 月尾島에一浴後歸鞭。그 누추한人工의 푸ㅣㄹ에서游泳하는近代靑年男女의心理가果然不可思議로다。梧柳洞에途中下車하야 宋兄을暫訪하니 旅行以來의病床에서今日처음起床함을알고 놀라다。여기서도 또한精誠껏設備한사랑을 人情없이辭退하고 다음車를 잡어타니 오늘도全혀遊興의날은 아니었다。밤十時餘에月影을밟으며歸洞。

八月十八日 (水) 晴。終日말라기書를工夫하였으나問題는 더욱複雜해질뿐이다 舊約最終의書인만치 괘難解의冊이다。○참새들의空襲을當할수없어 오늘 가장秋收、호박도秋收하니 먹고 남은것이一百數十個이다。但 今年호박은退化하야 심히작은것이다。○某미순學校先生의 길고긴 편지에接하야 그進退兩難의處地에同情不禁。大體로宗敎學校처럼宗敎人을容納지않는데가 世上에없는듯하다。

八月十九日 (木) 晴、一時雨。菜圃에施肥。Y兄의來援을얻어 뺑키塗裝시작 이만하면뺑키屋看板을부치자는動議있었다。

舊約一書一講의 完結

本號의 말라기書로써 創世記以下 舊約聖書三十七卷의 輪廓을完結하였다。聖書는 註釋冊을 널리읽기보다도 本文을熟讀吟味하는것이 가장靈糧이된다。但 初學者에게는 그大體構成이 어떻게된것인지알지못해서 읽으면서도要領을 把握하지못하는수가 많다。그런不便을除하고聖書本文읽기를 助勵하고저한것이 이一書一講을쓰게시작한動機였다。

書名	號	發刊年月
聖書의大旨	三八	一九三二·三
創世記大旨	同	同·同
出埃及記大旨	三九	三二·四
利未記大旨	同	同·同
民數記大旨	四〇	同·五
申命記大旨	四一	同·六
여호수아大旨	同	同·同
士師記大旨	四二	同·七
路得記大旨	四四	同·八
삼우엘上書大旨	五四	一九三三·七
삼우엘下書大旨	五五	同·八
列王記上大旨	五六	同·九
列王記下大旨	五八	同·二
歷代志大旨	五九	同·三
에스라·느헤미야書大旨	六〇	三四·一
에스더書大旨	六二	同·三
約百記大旨	六三	同·四
詩篇의大旨	六五	同·六
箴言의大旨	(六六)六九	同·(七)十
傳道書大旨	六八	同·九
雅歌의大旨	同	同·九
이사야書大旨	七二	一九三五·一
예레미야記大旨	七九	同·八
예레미야哀歌大旨	八四	一九三六·一
에스겔書의大旨	九一	同·八
다니엘書의大旨	九二	同·八
호세아書의大旨	九三	同·一〇
요엘書의大旨	九五	同·三
아모스書의大旨	同	同·同
옵아듸야書大旨	同	同·同
요나書의大旨	一〇〇	一九三七·五
미가書의大旨	一〇一	同·六
나훔書의大旨	同	同·同
하박국書의大旨	一〇二	同·七
스반야書의大旨	同	同·同
학개書의大旨	一〇三	同·八
스가랴書의大旨	同	同·同

京城聖書硏究會

講師 金教臣
場所 聖書朝鮮社(京城市外貞陵里)
日時 每日曜午後二時半부터約一時間
會費 一個月二十錢聽講料每一回拾錢

今九月第二日曜日(十二日)부터新秋始講。創世紀부터舊約聖書의 大綱精神을工夫하야 新約福音의由來를詳考하며 信仰生活의基礎를닥고저한다。新舊約과 讚頌歌持叅爲要。

本誌定價

一冊 拾五錢
六冊(送料共) 前金九十錢
十二冊(一年分) 前金壹圓七拾錢

要前金。直接注文은 振替貯金口座京城一六五九四番 (聖書朝鮮社)로。

取次販賣所

京城府鍾路二丁目八六 博文書館
京城府鍾路二丁目九一 耶穌敎書館
東京市神田區神保町一ノ一 三省堂書店
文化書店(元山府) 茂英堂(大邱府)
新聲閣(咸興府) 信一書館(平壤府)
向山堂(東京市) 大東書林(新義州)

昭和十二年八月三十一日 印刷
昭和十二年九月 一日 發行

京城府外崇仁面貞陵里三七八
編輯兼發行者 金教臣
京城府仁寺町一一九ノ三
印刷者 金顯道
京城府仁寺町一一九ノ三
印刷所 大東印刷所

京城府外崇仁面貞陵里三七八
發行所 聖書朝鮮社
振替口座京城一六五九四番

【聖書朝鮮】第一百四號

昭和五年一月二十八日 第三種郵便物認可
昭和十二年九月一日發行 每月一回一日發行

【本誌定價十五錢】(送料五厘)

金教臣主筆

聖書朝鮮

第壹百五號

昭和十二年(一九三七)十月一日發行

昭和五年一月二十八日(第三種郵便物認可)
昭和拾貳年十月一日發行(每月一回一日發行)

目次

敬慕하는聖經人物

야곱의아들 유다

聖經人物이라고하면 아브라함이있고 그아들이삭 또그아들야곱이있고 또그아들十二支派의祖上된中에는 요셉이있음을우리가 잘앎다。 모세 다윗 솔로몬以下로 新約時代에까지 미츨진대 百指로도 오히려 끝을헤아릴수없거니와 只今은 十二支派의祖上된 야곱의아들들中에서 골라보기로하자。

創世記第四十四章을읽으면 파레스티나地方의大凶年을當하야 야곱의아들이埃及으로粮食求하려갓다가 어려서 죽여버렸던줄알었던同生요셉을相面하는光景이展開된다。 아무리勞力하여도 더簡潔하고도躍動하게描寫할수는없음으로 聖書本文대로 몇줄만引用하고저한다。

유다가 요셉에게 가까히가 이르되 우리주는 바로와一體시니 종이 主께 한말을엿자옵기를 용납하사怒하지마옵소서。 이전에主가 종들에게무르대 아비와兄弟가있느냐하시기에 우리가主께告하되 아비가있어老人이오 늙었을때에 낳은 어린아이가있고 그同腹兄은이미죽은지라 오직 그어미의게서난者가 홀로이만남었으니 아비가 심히사랑한다 하였더니、主가 종에게命하되 다리고와서 나로目睹케하라하신지라。 종들이主께告하되 그아이가能히아비를 떠나지 못할지니 만일 아비를떠나면 아비가 반듯이죽겠나이다。……………우리아비는 그아이와 서로의지하야살거늘 이제 내가도라가 주의종내아비를볼때에 아이가 우리와함께있지아니하면 아비가 아이없는것을보고 반듯이죽으리니 이같으면 종들이將次주의종 우리아비의 힌머리로하여금 슯이地下에나려가게함이니이다。 종 내가 아비옆에서 아이를擔保하되萬一다리고 도라오지못하면 내가平生토록 아비앞에罪人이되겠나이다 하였으니、 지금 우리主께求하노니 종이 아이를代身하야 머믈러主의종이되고 아이는兄弟와함께 도라가게하옵소서。萬一아이가 우리와함께 도라가지 못하면 어찌참아가서 아비를 보리오。 아비의禍맞나는것을 볼가 두려워하나이다 (一八—三四節)

라는것은 요셉의策略에걸려서辯明할餘地없이된때에 素朴重厚한 유다의以實告之한雄辯이오明文이다。 요셉의生涯와 그才와德에高貴한바가없다는것이아니나 이場面에關한限으로는 요셉은策略의人이오技巧의士요複雜한心性의所有者이였다。 유다의過去에愚鈍함과不信行動이 없었음이아니였으나 그아버지야곱에게對한盟約을다하기爲하야 몸을바처異腹同生벤야민을救出하고저하는信義와誠實함은 놀라웁다고안할수없다。 이때의유다에게는策略도없었고技巧術數도없었고 오직忠誠으로써單純하게率直하게 事實대로處事하였다。 人間의智略으로自滅하는 이世代에 誠實無巧의人유다가甚히그리웁다。

信仰强化의秘訣

篤實한信者일수록 自己信仰의小弱함을嘆息한다。冷靜하게생각할때에 누구던지小弱하지않은사람이없다。우리가福音을傳道하려고할때에도 좀더偉大한信仰을가졌으면、좀더學識을、훌륭한親舊들을、넉넉한資金을、集會出版의自由를……가졌으면 하는생각이 안나는것이아니다。그리고 이러한생각을 품는동안은 우리가決斷코强大하여질수없다。그것은 이미가진것이 넘어많기때문이다。바울先生이 가르되

(主) 내게 이르시기를 내恩惠가 네게足하니 대개 내權能은弱한데서 온전히 일우어진다 하신지라。이런고로 오히려기뻐서 여러가지弱한것을 자랑하노니 이는 그리스도의權能이 내게居하게함이라 그런고로 내가 그리스도를爲하야 여러가지弱한것과凌辱과窮乏과逼迫과患難당함을 기뻐하노니 대개 내가弱한때에 곧强하니라 (고린도后一二·九ㅣ一〇)

고。即우리가願하는대로强함을얻지못함은 自己의健强에依支하는바있는까닭이오 名譽와地位를保持하랴고主그리스도를爲하야凌辱받기를回避하는까닭이오 資金이없다기보다尙今도所有財産이남어있는까닭이오 自由없다고嘆息하기보다十字架에죽은主예수의逼迫과患難을分擔할覺悟없는까닭이다。現在에가진것으로써足한줄을알고 弱한그대로窮乏한그대로無識한그대로 于先主그리도를爲하야凌辱을敢當하며 여호와神을섬김으로써 오는患難과逼迫을甘受忍耐할것이다。그때에 우리의信仰이 스스로强化함을 깨다를것이다。

福音宣傳의理由

眞理에對한反應이乏弱한朝鮮에서、現代와같이混頓한亂世에處하야 福音宣傳과雜誌出版같은일은徒勞가아니냐고 우리에게智慧를 돌려주는이가있다。그러나 우리는 同志가있으면좋거니와 없더라도可하고 時勢에合하거나 않거나 福音宣傳을 쉬지않고저한다。그理由는이렇다。

그런고로 우리가 겁내지아니하니、것사람은 후패하나 속사람은 날로 새롭도다 대개 우리의暫時받는患難의輕한것이 우리를爲하야至極히크고永遠한榮華의重한것을 일우게함이니、우리가 보이는것은 도라보지않고 보이지안는것을 도라봄은 보이는것은暫間이오 보이지안는것은永遠함이니라 (고린도后四·一六ㅣ一八)는말슴의 眞理性을確信하는까닭이다。實로 보이는것은 풀의꽃과같고 보이지안는것은 하늘의恒星과같은것이다。暫時의患難을크다하랴。故로怯내지않고傳하리라。

宣傳의方式

福音을宣傳함에는 크다란伽藍을짓고 白晝에燭불을켤必要가없다。憲法을만들어敎徒를拘束하고 儀式을神秘하게行하야信徒와聖職者를隔離할必要가없다。人間은弱한것이니誘引敎導의必要있다云云해서 主그리스도의大權을橫領하기를願치안는다。오직 다소人바울의方式에準行하고저한다。

이에 숨은 부끄러움의일을 버리고 궤휼가운데行하지아니하며 하나님의말슴을混雜케아니하고 오직眞理를나타내여 하나님앞에서 各사람의良心에對하야 스스로천거하노라 (고린도后四•二)

고。基督敎는 良心에訴明하며 또한人間의良心을 더욱銳敏하게하는것이 그特色이다。故로不義를行하는者는 무엇보다도 먼저 그百姓에게서基督敎를 없이하고저힘쓴다。우리의傳道法은 바울과같이 하나님앞에서各사람의良心에對하야訴明하여보면足한것이다。그러하여서도 가리운바가있어通할수없다면 「침륜하는자에게 가리운것이다」。

또한가지態度가있다면 그는他人의세운礎石우에建築하지않고저함이다。三十萬乃至五十萬의敎徒도 적은것이아니나 二千百五十萬은더크다 우리는 힘써欄外의羊을찾어 「와보라」고 웨치고저한다。

存在의傳道

基督敎의傳道는 아름다운言辭나文句로되는것이아니라 十字架의事實과復活하신 主그리스도의能力으로되는일이다。特히現代와같이基督敎의型骸만路傍에轉轉하는世代에있어서 그러하다。只今은說敎로 또는所謂文書傳道로써福音을證據할時代가아니오、信徒의全存在그것으로써立證하여야할때를當하였다。바울은 말하되

우리가 구원얻는者에게나 침륜하는者에게나 하나님앞에서 그리스도의香氣가되나니、이사람에게는 死亡으로좇아死亡에이르는香氣가되고 저사람에게는生命으로좇아生命에이르는香氣가되나니 누가 이것을敢當하리오。

라고 (고린도後二•一五、一六) 또가르되

이후로부터 누구던지 나를 괴롭게말라。내가 내몸에 예수의印친 흔적을 지고가노라 (갈六•一七)

고。바울의 몸에는 예수쟁이라는烙印을 찍은것이있어서 어듸가든지 예수쟁인것을 감출수없였고、바울의몸에서는예수쟁이라는强烈한 냄새나서 能히殺生하기까지하였다。使徒바울의使徒된것은 그學識과文筆의힘에있은것이아니오 實로存在그것이였다。그러나今日傳道者의無臭無痕하야八方美人的인文化人이 어찌그리많은가。

非常時局에處한信仰態度

原來 基督信者의生涯란것은明日을期約할수없는 살림이다。오늘까지 산것은 오로지主님의恩寵으로 말미암음이오、오늘밤중에라도 生命을주신이가 도루찾어가실수있으니 내일일을豫約할수없느니라 는것이聖書의敎訓이다。

또 비유를베프러 무리다려 일러갈아사대 한부자의밭에 소출이풍성하매 심중에 생각하야가로되 「내가 곡식쌓아둘곳이없으니 어찌할고」하고、또가로되「내가이렇게하리니 내곡간을헐고 더크게짓고 내모든 곡식과 물건을 거긔쌓아두리라」하고 또내가 내영혼에게 이르되 「영혼아 물건이많아 여러해쓸것을 쌓아두었으니 평안히쉬고 먹고마시고 즐거워하자」하되 오직 하나님은 이르시되 「어리석은자여 오늘밤에 네영혼을도루찾은즉 네 예비한것이뉘것이 되겠느냐」하셨으니 자기를위하야 재물을쌓아 부자가되고 하나님을 위하지아니하는자가 이와같으니라

고 (누가一二·一六—二一)가르키셨고、야고보도 일렀으되

자 너의중 오늘이나 내일이나 아무 성에 가서 거긔서 일년을 유하며 장사하야 리를얻겠다하는자들아、내일일을 너의가 아지못하는도다 너의 생명이 무엇이뇨。너의는 잠간보이다가 곧없어지는 안개니라、오직 너의가말할것은「주께서 허락하시면 우리가 살기도하고 이것 저것을 하리라」할것이어늘 이제 너의가 교만함으로자랑하니 이러한자랑은 다 악한것이라。(야고보四·一三—一六)

고 斷言하였다。其他이와같은性質의敎訓은每擧하기煩多하다。이러한自明의眞理를 배웠음에도不拘하고 昨日生活로써미루어今日과明日의生活을 當然한것으로期待하려하며依支하려하고、昨年의 살림으로써 今年과明年 或은十年二十年後의 살림을 헤아려計劃하고저하는것이人間이다。人無遠慮必有近憂라는修身齊家의敎養으로써 자라난우리들은 먼將來의일을 念慮하며計劃하면 할수록 賢明한君子인줄로 알어먹는다。故로 老後의身勢를爲하야 子孫의敎育을爲하야……는本意가아니라면서도 곧은眞理를 굽혀行하는일을 스스로辯明하려하며 世上이또한容納하야 다시怪異히녀기지않는世代를當하였다。

이때에 人間에게人間의實相을 알려주기爲하야 하나님의無限量한慈悲心으로써 燈火管制時代를到來케하였다。다른곳은 알수없으나 서울서는 이러한光景이다。燈火管制令이 한번發布된後로 街燈과外燈은全部떼여버린故로 長安은暗黑의街로化하였고 스피ー드를 자랑하던自動車들도路傍에 제처놓어야하게되였고 自轉車까지도消燈하야 끌고다니라는분

부요、學校 工場 官廳等의時報사일렌은一齊히停止되여長安이前보다倍나靜肅하여젓고、防空의防護團員들은戶々의內燈까지 끄라고發惡하듯、街路의목목이 지키고서서防空寄附金募集하듯하야 危險의急迫하였음을加一層刺戟하여주며、學校와工場과官廳과百貨店等々의集團々體에는防空講習會와 部隊의排列編成과 非常召集系統作成等諸般準備를 가추어놓고 今夜이냐明朝이냐하면서 敵機의來襲을待機하는形便이다、

이처럼周到綿密한防護의施設과訓練을市民에게하였어도 專門家의說明에依하건대 오히려危險함을免할수없다한다

그러나專門家의詳細綿密한數字와理論은 도리어空然한恐怖心을人心에印침으로 이를略하고 우리는 이러한現實은念頭에두면서 다시聖書의敎訓에도라와 恐怖보다安定을얻을것이며 傷하기보다養하기에 힘쓸것이다 누구의말인가聖書는地獄大門앞에서 읽어야 잘理解한다고。

兄弟들아 때와期約을 의론컨대 우리가 너의게 편지할것이없음은、主의날이 밤사이에 도적과같이 이를줄을 너의도 자세히 아는것이니、사람들이 平安하고 든々하다 말할때에 곧解産기약이 아이밴女人에게 이름과같이 滅亡이忽然히 이르리니 결단코 면치못하리라。兄弟들아 너의는 어두움에 있지아니함애 그날이 도적과같이 너의게臨하지못하리니、대개 너의는 다빛의아들이오 낮의아들이라 우리가 밤에屬하지않고 또어두움에屬하지아니하였나니、그런고로 우리는外人과같이 자지말고 마땅히 깨여 존절히할지라 대개자는자는 밤에자고 醉한자는 밤에취하되、오직 우리는 낮에屬하였으니 마땅히 존절히하야 믿음과 사랑으로 호심경을붙이고 救援의所望으로 투子를쓰자 (데살로니가前五·一—八)

고。獄中과病床과貧寒이信者의心靈을害롭게못한것처럼 非常時局에處한때가 또靈界의豐年을招來하지않을수없을것이다、

아초부터 하나님을敬畏할줄모르며 그리스도의 발자취를따르고저하지않는者들은論할것도없으나、敬虔한마음은 깊이갈망하고 主예수를思慕하는마음이懇切하면서도 도리어純眞치못한살림 卑屈한行動까지敢히行한것은 全혀明日의生活과子孫의걱정을念慮하는데서나온것이였다。只今은淸算할秋節이아닌가、空襲의危險이 처마끝에 다다른것이分明할진대何必子子한살림을今日도繼續하랴。明日을期約할수없는 人生이라할진대 오늘이라는오늘하루를 옳게勇敢하게千秋에恨없는 하루生涯를完成할것이아닌가。再臨의날은멀다고하랴 審判의時間은臨迫했단다 무엇을逡巡할가 무엇을屈託할가 하물며無形의爆彈이 언제頭上에떠러질넌지 알수없는處地이다。本誌의編輯도 또한이態度이니 읽는이의心事가또한그렇기를 바란다

聖書的立場에서본世界歷史 (18)

咸 錫 憲

三、搖籃內의諸文明 (續前)

메소포다미아文明 埃及文明은 놀랄만치오란歷史와 豐富한獨創性을 가지는것이였으나 그것이世界文明의 唯一의根源은아니였다。그것밖에 또 그起源의오라기로나、그 價値의크기로나 그埃及의것과 匹敵하는文明이 다른곳에서 니러난것이있다。亞細亞의 西南部 타우르쓰山脈에서 發源하야 퍼시아灣에 흘러드는 지그러쓰•유풀라데兩河流域에 열리는 메소포다미아平原에 니러난文明이곧그것이다。普通으로는 埃及文明으로써 世界最古의것이라고하나 어떤學者는도리어 이메소포다미야文明이야말로 世界의 어느文明보다도 앞서는文明이라고한다 더구나近來 考古學者의손으로 發掘되는 우르地方、이것은 舊約을아는者에게는 아부라함의 聖召에따라 차던지고나온 故鄕의 이름으로 興味있는地名인대、그우르地方의太古時代의遺物이 研究되여감을따라 이主張은 漸々有力하야간다 그러나아직까지는 傳說에갈는部分은 別問題로하고 確實한記錄으로하면 반드시메소포다미야가 埃及보다 앞선다할것은없다、그러나何如間 둘이 서로 別로直接交通하는일이없이 同時代에 서로系統을 달리하야가지고 發達하야 各々世界文明의 一根源이된것은 事實이다

埃及文明이 나일江의선물이라면 메소포다미야의文明은 지그리쓰•유푸리데兩河의선물이다 메소포다미야란이름은 河間의地라는뜻이다。여기서도 埃及의境遇와 마찬가지로 河水氾濫에因한 肥沃한沖積土와 溫和한氣候가 社會生活을 可能케하였다 穀物의栽培는 알수없는때붙어 行하야젔는대 麥類같은것은 二三百倍의收穫을 年二三回할수있다하며 各種家畜의飼育을하였다는 古記錄도있다。그러고 이地方에는 石材는 全然求할수없으나 흙이 넉여서 日光에쪼이기만하면 곧벽돌로쓸수있는 性質의것인故로 住民은 일측붙어 이를利用하야 建築을하였다。우에서말한 우르에서나오는 遺跡中에는 이볕에말린벽돌로지은 宏壯한王宮과神殿의자최가있다。그리하야그들은 발서 오란적붙어 여기都市國家를 일우어가지고 文化의生活을 하고있었다

그러나메소포다미야는 埃及과는 다른것이있었다、埃及은四方이沙漠이오 外族의侵入을 보는일이없는故로 그文化는 平和속에자란 文化였다。史上에記錄된것으로는 그들은오직一次 힉소쓰라는人種의 侵略을받아 一時壓迫을받었던일이있을뿐이다、그런대메소포다미야는 그와다르다。

이것도 四方으로 沙漠 山地 바다가 둘려있는것은 갈으나 그不毛地의還境에는 定住할줄을모르는、遊動하는雷雲같이 危險性을많이含有하는遊牧民族이 여럿이있였다。그리하야 그歷史는 恒常抗爭의繼續이되지않을수없었다。中央의平原을 舞臺로 民族의新陳代謝、英雄의逐鹿戰이 쉴새가없었다。그리하야 이河間地는 부글々々뒤끓는 民族의풀무독안이였다 그리고보면 그文明은 埃及에서자란平和의文明과는 自然다를수밖에없였다。따라서 그世界歷史에 貢獻하는바도 다르다。

메소포다미야文明이 世界우에가저온 第一의선물은 帝國이라는것이였다、後世에 여러時代를通하야 歷史進展의動因이되고 文化發達의 推進力도되지만 또許多한罪惡을美名下에 敢行하게하는 陰凶한 偶像도되고 헤일수없는民族、階級의 피와눈물을 마시고 醉하는 大淫女도되는帝國이란것은 이메소포다미야에서 생겨나왔다。여기 첨으로 文明의터를 세운것은 스메르라는 人種이였다。埃及에王朝時代가 始作되던때에 이들은발서여기서 都市國家를일우어가지고 農牧을하고 자못精巧한 器具를 만들고文字를지어서쓰면서 살고있었다。그런데 그들의사는곳은 河流의下流地方 即南方이였는데 上流地方 即 北方에는 이들平和의百姓과는다른 好戰的인民族이살고있었다。그는 셈人種에屬하는 아카드라는種族이였다。그리하야두사이에 싸움이 反復되여왔다。아카드가武力으로하면 스메르는文化의組織力으로하고、아카드가掠奪을하면 스메르는부즈런이 生產을하야 견대였다 그러나드디어 武力의이기는때가왔다。아카드族中에 사르곤一世라는 傑畧英雄이 나리남에미처 스메르는마츰내 滅亡을當하고 아카드族이 四隣을征服하야 一大帝國을 세웠다。때는西紀前二千七百五十年이다

저들이 처음으로 눈이 띄였을때 저들은 그것을 幻惑的인 自然속에、말하자면 神의 外衣에서 求하였다。그리하야 모든 自然에 對하야 驚異와 崇拜의 念으로써 對하였다。그러나 이제 그들은 그러한 蒙昧의 階段을지나 文明의 地域에 들어왔다。故로좀더眞인것에求하지않으면안된다。그리하야 神의影像으로서의 神의肉的表現으로서의 人間同志中에서、偉大한人間中에서 發見하게되였다。사르곤一世란 그러하게發見된 最初의한사람이였다。그러나帝國은 저들에게서 過大한代價를 要求하였

다。저들의自由를 발이지않으면 안된다고하였다。이스라엘人이 王을求할때 삼우엘은 그들을向하야 王을세우려거던 그들의子女를 그의奴隸로발이는일을 甘受할것을 覺悟하고하라고 警告하였지만 그는모든民族 모든時代에 다通하는眞理다。그리하야人間은 自己네의손으로세운 이神의 影像앞에 오래동안 끔직한犧牲을 들이지않으면안되였다。그影像의뒤에 아지못하는동안에 奸凶한 늙은배암이들어있어 神의목소리를 거짓發하고있는줄은 아지못하고。그러나 永遠한 아가페의宇宙에있어서 모든것은 無用에止치않는다。이어려운修練은 人類에게對하야 神의나라를爲한 準備가되였다。마침내神의權威그대로를가지고 萬物우에臨하는 永遠의王者가 나타나서 그진저리나는修練時代의 지나간것을 宣言하고 모든人間을 子女의資格으로그의나라에 부르게되였다 그러나그때가올때까지는 人類는 이거짓王者의앞에 엎대여 그를神으로섬기지않으면안되였다

그러나 表面으로보면 사르곤의帝國은 모든것을征服한듯하나 內面에서보면 반드시그렇지않다 그帝國의힘으로도 民族의魂의發顯인 文化는 어떠케할수가없였다。아카드人의强한칼날은 스메르人을 屈服식히고 掠奪하였으나 文化的으로는 도리어自己네가 스메르人에게 屈服하고征服을當하지않으면안되였다。그말을쓰고 그文字를使用하고 그生活樣式을 배왓다。이로써우리는안다 칼보다도强한것은 溫柔한心情의所產인 精神的文化의힘인줄을。

함물라비法典 사르곤의帝國은 數百年이지난後 活力을잃어 東方에서온 엘남이라는 未開人種에게 滅亡을當하고 天下는 다시 어지러워졌다 그리하였더니 數世紀의混亂後에 西方에살던 아모리人의 一族이 漸々强盛하야四方을威服하고 바빌로니아나라를세웠다 그王中에 함물라비라는王은 뛰어나는 英雄으로 三十年間의 攻伐後에드디어近隣諸國을 統一하야 一大帝國을 일우었다(西紀前二千百年頃)王의代에바빌로니아文明은絕頂에達하야 그國威는 멀리地中海에까지 미쳣다 그들은商業國民이어서各民族과 物質의交通이 盛하고 거기따라 그들의神話傳說 宗教 文學 生活樣式이 四方으로퍼졌다。太陰曆의發明地도여기오 七曜制를 世界에퍼친것도 저들이다 世界最初의 銀行은 이메소포다미야平原에서 니러낫고 돈변을내라고 흰눈자위를 굴리는 高利貸金業者의元祖도 여기있였다 그러나무엇보다도 우리게 가장興味를끄는것은이함물라비大王의손으로 世界最初의 成文法典이 된것이다 저는戰爭으로 天下를統一햇스나 單純한軍人만은아니였다 故로統一完成後 十二年間在世하는동안에 나라를平和로다스리기에 힘을썼는데 그를爲하야한 가장큰事業이

聖書的立場에서본世界歷史 八

古來의 스메르 아카드의 모든法律을 綜合修正하야 一大法典을 뱃은것이다。 이法典은 그全部가 오늘날까지알어볼수있게 길어있다。 그리하야 메소포다미야文明이 世界歷史우에 끼친 第둘재에선물은 法律이라는것이다, 研究家의말에依하면 이法의特色은 正義의主張이 매우强한것이라고한다 弱者의保護에 많은注意를 두었다고한다 이는必是이메소포다미야가 諸族의交通頡抗하는곳인 結果에서 나온것일것이다 各色人種을 包含하야 한個帝國을일우는 그나라에있어서 武力의暴威가 가장많이있을수있는 그곳에서 무엇보다도要求된것은 正義일것이다, 神은 그러케하야 人類를教導하는듯하다。

앗시리아의軍國主義

메소포다미야文明이 第三으로 人類에게 끼처준것은 軍隊다. 人類가만들어낸 物件中에는 異常한것이많다. 魔術師가 스스로불러내인 惡靈으로因하야 奴隷가되여 그하자는대로하는것같이 人間이만든것中에는 可憐한그創造主를 종으로苦役식히는怪物들이있다, 술이라는것이있고、公娼이라는것이있고、돈이라는것이있고 制度라는것이있고、 그리고軍隊라는것도 그中에하나이다 軍隊를組成하는것은 勿論다른사람과 다를것없는 人間이다 집에있으면 그도아들이오 아버지요 너머진아이를붓들어니르키는者요 이웃사람의것을 尊重하는者다 그러나 一旦軍隊라는이름을가지고 나서면 그는그外의 어떤것이되여버린다。 外形만을 人間대로두고 속에다다른어떤怪物이들어가서 저들을부리는듯하다。 果然레기온이 그속에들어앉는다。 歷史上에 이레기온의所爲를 생각하고 우리는 憮然하지않을수없다 人類는이것을 스스로呪文을외여 불러내였것만도 한번나와서 自己를덮어눌은以後는 敢히自己의뜻을發하지못하고 그하자는대로 끌짜이로 달리고물로뛰여들고 온갖自制의줄을끊고 死體가있는 무덤을그집으로삼게되였다 (마가五。一ㅣ二〇)그런대 이무서운레기온의靈을 불러낸 것은 바빌론니아의뒤를니어 이메소포다미야에니러난 앗시리아라는나라이다。 앗시리아는 셈人種의一族인대 지그리쓰河上流地方에살였다。 性質이매우暴猂한民族이어서 스스로自己네는 軍神앗수르의子孫이라하며 隣接한他族과싸우기를 끊지지않었다。 바빌론니아가 强할때는 거기服從하였으나 그衰弱함을보고 드디어南下하야 平原을征服하고 西로는 시리아를치고 이스라엘•유다를 짓밟고 一時埃及까지를 屈服식혀 일측히 보지못햇던 大帝國을 建設하였다。

앗시리아의 그렇게强햇던原因은 그軍隊에있였다。 戰爭이라는것은 옛날부터 있였으나 거기緊密한 組織을넣어 隊的訓練을한것은 歷史上에 이앗시리아가처음이다 그러고 저들은 처음으로鐵製武器를 많이使用하였다。 鐵은原

來쓰던 靑銅보다 훨신더强한것이다。 그리하야 酷한本神性과 組織있는軍隊와 鋼鐵의武器가 앗시리아의힘이되였다。 저들은이것으로 世界를統一하려하였다、 後日에 알렉산더ㅣ와 씨자와 나폴레온 카이제르 또오늘날의 모든强國들이 꿈을꾸고있는、 그러고 그러는동안에萬骨이굴헝에서 썩게하는 所謂世界統一이라는思想은 이들 앗시리아人이 끼처준遺産이다。 地中에서 發掘되여나오는 遺物을보면 當時앗시리아王의 榮華는 實로燦爛하였던듯한데 그王의힘이된것은 이軍隊였다 앗시리아는 武器가날카롭고 싸우기를잘하는 軍隊만있으면 天下는생각하는대로되는줄알었던 第첫잿사람이다。 그러나神은 그것을許하지않었다 이스라엘의歷史家는 記錄하야말한다。

「이밤에여호와의天使가나가서 앗수르陣中에서 軍士十八萬五千名을 죽임애 사람이아침에 일즉니러나보니 앗수르사람이 죽엄이된지라 앗수로王산헤립(세나게립)이 니러나떠나 도라가 니느웨에居하야 그神니스록의殿에 歡拜할때에 앗으람멜넥과 사레셀이 칼로처죽이고 아라랏따로 逃亡하니 그아들에살핫돈이 位를니어 王이되니라。」(列王記下十九章三五ㅣ三七)

이것이 天下를삼키려던 軍國앗시리아王과 그의軍隊의運命이다 오늘날의 史家는말한다ㅣㅣ이는疫病에因한것이라고。 疫病이였건 무엇이였건 사람의뜻에버서나는 여호와의뜻에서 나온것은 틀림없다

그러나 앗시리아滅亡의原因은 그것만아니다。 神意의干涉을 아니기다리고도 滅亡의原因이 自己內部에있었다。 殘酷한 自己의民族性과 戰爭에因한 壯丁、 經濟의缺乏과 사나온軍隊의行動에因한 被壓迫者의 反抗이다 그리하야 그帝國은 그强軍編成者인 사르곤二世를지나기 겨우百五十年에 衰하야버리고말었다 劍을쓰는者는 劍으로亡한다고한다 앗시리아 滅亡의原因은 바로저들의長技이였다。 이로써 우리는알것이니、 劍은足히 依支할것이못된다 그런데現代의國家들은 얼마나그劍의긴것을 서로타투는가.

文明의苗床地 앗시리아亡後에 메소포타미아에는 갈대아라는나라가 새로니러낫다. 이時代에 가장有名한것으로는 그王中 네부기드네자르(느부갓네살)이라는님금이 유다사람을 바벨론으로잡아간일이다。 그때바벨론은 다시殷盛을極하였다 그러나오라지못하야 메디아人에게 눌린바되고 메디아는다시 波斯에게亡한바되여 成長期의末에밋는다. 그러나當時에 니러난文明은 그것만이아니였다 시리아에가면 페니키아文明이있고、 거기서北으로接하야 힐타이트人의文明이있고、 地中海에들어가면 크리트文明이있고 팔레스타인에는 헤부류文明이있었다 그와같이메소포다미아에서 埃及에니르는 좁다란弓形의地는 마치文明의苗床地인

듯한觀이있었다。 그地理的環境을 吟味해보면 볼수록 이 것이無心히된것이라할수가없다。이땅은 異常하게도 四方이 沙漠、山岳 海灣等으로 둘러쌓여 다른世界와 完全히 隔離되여있었다。그리고는그안에들어가서 世界無比의 沃野가열려 사람의生活을 可能케하였다。마치울타리를하야 苗床을꿈이고 沃土로써넣은것같다。거기다 그歷史를 秉하야 생각하면 더욱더그러하다。文明의發生期가 지나간後 이地方에는 世界的으로 別로注意할만한것이없다。土地는瘠薄하야지고 氣候는不順하야저서 도라보는者없고 近世에니르러는 地球上 人文發達에 가장 不適한地方의 하나가되여버렸다。그寂寞함은 마치苗木을뽑은以後의 苗圃를 보는것같다。故로우리는 생각할수밖에없다—— 造物主는 이때에 이곳을 文明의苗床地로 選擇햇던것이라고。

苗床은 그自身을爲하야 있는것은아니다。오직移植될苗木을길으기爲하야서다 埃及、메소포다미야는 그自身永存할것이아니였고 오직다른文明의苗木을 기르기爲한것이였다。오늘날 埃及과메소포다미야에서 길어난文明들은 하나도그대로 길어있는것이없다。그모든文明들로서 萬一한그루의苗木을 길러내지못하였다면 모든것은無用에 도라갈수밖에없었다。그한苗木이란무엇인가。日、基督敎다。埃及文明은 그自體가 훌륭한것이오 그것이地中海에들어가 크리트文明을니르키였고、크리트文明은 다시多島海를건너 燦爛한 希臘文化를 니르켰다고할수있다 그러나萬一 基督敎가없고 希臘的인것이라면 그것이무였인가。이어지러운世代에있어서도、事件의外樣과속을區別할줄알고、偶然的인것을 꿰뚫고本質的인것에 到達할줄아는 眼光을가지고하면、世界를支持하는支柱는 希臘的인것보다도 헤부류的인精神이라할수밖에없다。故로埃及文明의價値는 希臘的인것의 淵源이되였다는點보다 이스라엘民族의、民族的生命力을길으는乳母가되였다는데 보다緊大한貢獻이있였다할것이다。

同樣으로 메소포다미야도 그國家學과 政治學과 商學과 軍事學이 크지않은것은아니나 그것만이라면 메소포다미야의文明은 永遠한價値를가진다할수없다 그보다도 더큰 意味는 이스라엘의神觀을 進步식인대 있다、우에서말한 함물라비法典은 모세律法과깊은關係가있다。그中에는 十誡命의思想과 共通되는條目이많이있다 勿論一部의學者가 速斷하는것같이 十誡命은 함물라비法典에서 자라나온것이오 舊約의天地創造記事는 메소포다미야의神話에서 變하야나간것이라고할수는없다。이미指摘하는사람이있는것같이 兩者의서로같은것보다 서로다른點이 더크다。같은것은 外形이오 그內的生命 即그兩者의宇宙觀 人生觀의根本態度는 全然다르다。故로헤부류의 宗敎思想이 메소포다미야의그것에서 派生된것이라하는議論은 極히淺薄한것이라할수밖에없다。 그러나材料的으로 影響을크게받은것이 否認할수없는 事實이다。 또이스라엘의 唯一神思想이 一段의進步를한것도 바벨론被虜中에서다 그前에單히이스라엘의 神이던 여호와는 바벨론에있어서 世界를統御하는 神이되지않을수없었다。 이는메소포다미야가 諸族出沒의市場이어서 世界的色彩가 濃厚햇던탓이라할것이다。 이렇게 보아서 兩河地方에서 끊임없시열리던 諸族奪爭의 流血劇奚이도 意味없는일이아니다。

支那·印度의文明 以上의것은、西洋文明의 根源이다。 나오기는 東洋에서나왓으나 歷史的으로는 西洋文明으로 자랏다 이밖에 純東洋的인文明이있다。 即支那와印度에서 니러나서 자란文明이다. 究極에서말하면 이것도 메소포다미아의것과 한根源에서 나왓다할수있다 일즉히佛蘭西의東洋學者 라쿠페리氏가 支那文明西方起源說을 提唱하야 學界를震動햇던일이있다 그는言語、文字 여러가지로써 支那文化가 메소포다미야起源인것을證明하려하였다 그러나그後 反對者가많아 그學說은그대로 사라지게되였다 그랫던것이 最近에와서 우르地方의 考古學的研究와 더구나 中央亞細亞의 先史時代遺跡이 研究됨을따라 東西文明의 連絡은漸々緊密하야가는듯하다 그렇나그렇다하더라도 兩者가서로다른特色과運命을가지고 서로다른길을 걸은것은 너무나도顯著한事實이다。 故로 이제우리는 눈을 그西方苗床地帶에서옴겨 東方으로向하기로한다

亞細亞의地圖를보면 거기一目現著한 한個現象이있음을 알수있다。 即이大陸이 二部로난우이는일이다。 이제西南端 페시아灣頭에서 出發하야 東北으로向하면、 이란高原、 힌두쿠스山脈、 파밀高原、 天山々脈、 알타이、 사얀、 야부로노이、 스다노보이 諸山脈이連하야 亞細亞를二分하고있다。 그리고그두部分은 地理的으로現著한差異를 가지고있다。 따라서人文狀態도 다르다。 歷史的으로한다면 그線以西는 事實上 西洋에屬하는部分이오、 純東洋歷史는 그以東地方에 限하였다 西部는 그門이西方歐羅巴로向하야 열렷고 東으로있지않다。 古代에있어서 交通이 물로써먼저되였고 또便햇고 陸地가不便햇던것은 누구나아는일이다 故로西南亞細亞에열린 文明의苗床은 地中海를通하야 西方으로 發展하는것이 自然의 길이였고 東洋은 境界線以東에서 스스로一特別한區域을 일우지않을수없다. 이로써보면 東洋西洋의別은 地球우에 터를잡을때붙어 定햇던 것인듯하다。

그런데그東洋을보면 그것이또三區로 갈림을알수있다。 그 即南部의 印度。印度支那가 그一이오、 中部의支那가 그二요、 東北部의 滿洲、 朝鮮、 日本列島가 그三이다。 그리고 이세區는 各々一個의中心이있다. 一區에서는 간지스河

流域이오、二區에서는 黃河楊子江流域이오、三區에서는松花江流域이다。이들은모두다 나일이나 지그리스 유푸라테에서와맛찬가지로 肥沃한平野와 便利한交通으로 일즉붙어人類棲息處가 되엿고 社會生活의 舞臺가되엿다。故로各기다 四五千年以上의 歷史를가진다。

支那는그中에 가장重要한部分이된다。地域으로도 第一넓고 사람으로도 第一많을뿐아니라 歷史가 가장오라고文化的으로 恒常波心이되여왓다。現代에니르기까지 東洋의歷史는 支那에서니러나는 變遷에따라 左右되여왓다 三皇五帝의時代는 그만둔다하고라도 堯舜時代에오면 발서文化에 볼만한것이있엇다。그러고그文化의中心은 道德에있엇다 사람들이漢族을評하야 實利的이라한다。果然그들은 勤勉하고 商業에長하고 農牧을잘하기로는 世界에一이라할수있다。殖貨術은 先天的으로가젓고 그들의動하는것은 全혀利害로되는듯하다 그러나 그럼에도不拘하고저들이世界文化史우에끼친功績은 그養蠶術이나 製紙法이나 指南針이나 비단、磁器의製作에나있기보다는 그道德思想에있다 人生을道德的으로생각한이는 저보다더한者가없엇다。支那文明의眞髓가 儒敎인것은 말할것도없는대儒敎는世界의모든道德思想中에서 가장高尙한것의하나라할것이다。그리고그根據는 어대있는가하면 宗敎에있다 儒敎의根本思想은「天」一字에 歸한다고할수있다。天道를行하는것이 目的이다。支那思想으로하면 나라는天意로되는것이오 님금은天命을받어 서는 天子요 歷史는天數로되는것이엿다。이것이學問的으로말하면 天理가되고 信仰的으로하면 天帝가된다。그思想은 이스라엘人에있어서와같이 完全한唯一神觀에까지는 못갓다。그러나거기서멀기 一步에지나지않는다 이로써보면 東洋人은 基督敎를 가장잘理解할수있도록 養育된民族들이라할수있다。

그러나그「天」의思想은 實際道德으로는 알기쉬운것이나깊기에있어서는 不足한것이다。故로 그깊은 宗敎的信仰은 다른데기다리지않으면안된다。그役割을한것이印度다。印度는그自然環境으로서 神秘로운瞑想의 흘러나오는곳으로 가장適當한곳이다。거기서모든것은 現象以上의것을暗示하지않고는 마지안는다。여기서深邃한佛敎思想이나온것은偶然한일이아니다。印度民族은 佛敎를낳기爲하야 보낸者인듯하다。저들은人種으로하면 亞細亞人이아니오 아리안卽白人種이다 白人種이라면 그特長이 科學的인대있고實利的인대있어 活動性이豊富한사람들이다 그런대印度人같이 非活動的인民族은없다。二億의人口를가지면서도 英國의羈絆下에 꿈쩍도못하고있다。四五千年의歷史를 가지면서도 佛敎를除한外는 別로注意할만한일이없다。그러나그思想의깊고精神的인대있어서는 다른대比할者가없다 果然印度에서 佛敎를除하면 길는것은零이다。

亞細亞의三區中에 支那와印度는 그할것을하였다 그런대東北區만이 아무獨特한文明을 낳은것이없음은웬일인가 여기主人이 朝鮮族인것은 말할것없다 松花江流域에 맨처음으로 文化의塔을쌓기始作한것은 朝鮮사람이였다 그歷史의 길이에있어서는 支那와匹敵한다。그런데그獨特한것을 일우지못하고 支那文化圈內에 隸屬되여버린것은 웬까닭인가 다른것아니오、그宗敎의淺薄햇던까닭이다 文化內容으로하면 朝鮮의固有한것이 반드시없었다할수없다 그러나 文明은그것을 한體系로만들지않으면안된다。脊椎없는 文化、그는참文化가아니다 그런대 朝鮮文化는 그脊髓가甚히 軟弱하였다 朝鮮의缺點은 무엇보다 深邃性深刻性이없는것이다 平面的인人生觀、儀式的으로 行使되는福利觀的宗敎、그것을가지고는 文明의支柱가될수는없다。世界文明의 모든根源을 다찾아보아서 우리가 아는것은 그民族의가지는 宗敎思想이 그文明의色彩를 決定하고運命을支配하는것이다 埃及文明은 그믿던日神의낳은것이오 앗시리아文明은 軍神앗수르의낳은것이다 그런대 古代의여러文明을 니르킬것으로 使命을받었던中에 朝鮮만이唯一의失敗者가되였다。

朝鮮歷史號（聖書的立場에서본）

亞細亞第三區의主人公인 우리朝鮮族의過去의運命과未來의使命에關하야 聖書的立場에서批判을加하고預言을宣明한것이다 本誌第六十一號로第八十三號까지十九號에亘하야發表한것인데、其中約半數는品切되였고 現在十冊內外가殘在하다。但그中에는讀者에게서新刊과交換回收한것도있음으로多少汚損된것도있다 單行本으로 나오기까지는相當한時日과困難을要할것임으로 現在每月執筆中인咸先生의世界歷史를읽는이의便宜를爲하야 以上殘號를每冊十錢식으로減價提供하기로한다 어느一冊에실린것이던지 朝鮮族에對한 하나님의攝理의손이躍如하게 그려내어있다

冬季聖書講習會에關하야

照會하는이에게 이로써豫報한다。日時는十二月二十九日(水曜)午后二時부터 明年一月四日(火曜)午正까지 場所는昨年과같이梧柳洞 咸先生의 히브리書硏究는一週間繼續할터이며 主筆의外典講話와其他會員의課外講話와祈禱會等있을豫定이다。場所의準備도있으니 될수있는대로일즉히申込하는것이좋고、不參하는이도祈禱로써加援企望。

編輯餘言 宋斗用兄의「七十五日間의東京生活」은 今月에도原稿되였으나編輯關係로次月號에繼續하겠나이다。

謙虛한心情을

學而時習之不亦說乎라는一句節로써 그偉大한存在를要約하며 論語의數千語句를代表하게한孔夫子는甚히學習을 질겨한 어른이였다。夫子스스로의말을들건대 子曰十室之邑 必有忠信 如丘者焉 不如丘之好學也라고。好學은孔夫子의自任하는 特色이였다。그리고 學業을 좋아한다함은必曰周易의表紙를七八번替纂하는일만이아니다、사뮤엘。죤슨博士에게는無用한 時間이없었다함도 好學의一例어니와 참으로好學하는者는 書籍에서배울뿐만아니라 無學한農夫와老婆에게서도 배울것을發見하며 能히배워내는謙虛한爲人이다 先進國에가 배울뿐더러 後進國으로보이는데서도 배울것을發見하며、大先生께서 배울뿐더러 不恥下問하는者라야可히大成의殿堂을成就할者이다

基督信者는本來謙遜이저들의生命이오 謙虛하야好學하여야할사람들이다 저들은一스스로 아는척하는者는 이직 알어야할것도 채다알지못하는者이라」는것을 배운者들이다、또『……너의중에 누구던지 이세상에서 지혜있는체 하는者어든 미련한자가되여라、그리하여야 지혜있는사람이되리라』는 使徒바울의敎訓을받은者들이다、다른일에는或時缺陷이있다하고未熟한것이있다할지라도 배우랴는謙虛한心事에至하여는 斷然코一大特色을發揮하여야할사람들이다、아직完成하였다는것이아니라 將次나타날榮光의날을向하야 뒤에ㅅ것을잊고 앞에標대를向하야 다름질하는長成의人들일것이다

그런데現下朝鮮基督敎徒들의實況은若何한가、저들은敎派가 다르면 발서 배울길이없고 가르킬因緣이없지않은가 化·石된法規에依하야拘束되고 弱者의抑壓에나有効한老會總會年會等々의決議로써 人形의춤을추면서 한갓頑迷固陋을向하야 다름질하고있지않는가。이는決코基督敎本然의姿態가아니다。敦篤한信者일수록固執不通의癖에빠지는이가많다。우리는 이직天然한人間으로 남어있어 배울수있고 悔改할수있고 成長한裕餘있는 謙虛한살림을할것이祈願이다 願컨대動脈硬化病보다도 더두려운病、우리心靈의硬化를免케하야 끝까지 부드럽고 만만한心靈、배우고 자랄수있는靑年으로 두어줍소서。

結婚의意味

宋 斗 用

結婚이 人生에있어서 甚히 重且大하며 또한 神聖하고 尊貴한것은 누구나 否定할수없는 事實입니다。옛적부터 誕生과結婚과死亡의 세가지를 人生의 三大重要事件으로 取扱하여온것은 當然한일인줄앎니다 그런대 近來에와서는 結婚에對한 思想이 甚이 低落하여저서 一般이 結婚을 아모렇게나 輕率하게하는 傾向이 있어서 其中에包含된 깊고거륵한意味는 거의 도라보지않게됨은 가장 잘못된일이며 크게 슳어하지않을수없는일의 하나입니다 結婚은 決코 마지못하여서 하는일이아닙니다。하나님께서 制定하신 人生의原則의하나입니다, 다시말하면 結婚은 하나님의攝理이며 大經綸의하나입니다。

하나님은 天地와萬物을 創造하셨읍니다, 그러나 그것은 天地나萬物의 其自體를 爲하여서가아니라 萬物의靈長이며 創造의中心이고 絕頂인 人間을 創造하시기爲하여서의 準備인同時에 또한 人間으로 하여금 其主人公이 되게하신것입니다。舊約聖書 創世記라는冊에 以下와같은 記錄이있읍니다。「太初에 하나님이 天地를 創造하시다」(一의一)「하나님이 自己形像대로 사람을創造하시니 創造하신것이 곧 하나님의形像이라、一男一女를 創造하시고 하나님이 福을주시며 이르시기를 生育하고 繁盛하여 따에充滿하며 따이네게服從케하여 바다의고기와 空中에새와 따에기는 모든生物을 다스리라」(一의二七—二八)。

以上의말슴을보아서 人間이 얼마나 尊貴한것이며 또 祝福받은것임을 알수있읍니다。그런대 하나님은 처음부터 一男一女를 만드신것이아니라 처음에 男子를만드시고 다음에 其身體中에서 女人을取하신것입니다。그리고 그것은 女子로하여금 男子를도웁는 짝이되게 하기爲하여서입니다。이事實을 聖書는 아래갈이말하였읍니다。「여호와하나님이 가르사대 사람이 홀로 處하는것이 좋지 못하니 그를爲하여 도아주는 짝을만들리라 하시더라」—(創二의一八)「여호와 하나님이 男子의몸에서 取한갈비대로 女人을만드사 이끄러 男子앞에 이르게하시니 男子가 가르되 이는 나의뼈中의뼈요 살中의살이라하더라。이렴으로 사람이 父母를떠나 안해와聯合하여 두사람이 한몸을 일우리로다」(同二의二三—二四)。

이말슴에依하여 女子는 男子의半身인것을 알수있읍니다。男子는 身體의一部分과함께 生命의一部分을 잊어버린者입니다。그래서 結婚으로因하여 비로소 잊어버렸던 뼈中의뼈 살中의살을 찾는同時에 生命도 또한 完全함을 얻은것입니다。卽 結婚은 잊어버렸던 一部分을 回

結婚의 意味

復하는일이며 떠려졌던것이 結合되는일이고 不完全한것이完全하게되는일입니다 그럼으로 結婚은 生命의完成이며 人格의充實입니다 따라서 結婚에는 이러한 意味의 新生의 기쁨이 있는것입니다。

結婚은 確實이 新生하는일입니다。두 男女가 各自의 人格과生命을버리고 하나로結合하여 새로운完全한生命과 充實된人格을일우어 새사람의誕生이 있게되는것입니다。

그런대 結婚은 새生命의發生인同時에 舊生命의死亡입니다 卽 結婚은 一男一女 雙方의죽엄을 意味하는것입니다 두사람의 人格과生命은 結婚으로因하여 各各破滅하여버리는까닭입니다。사람은 二十年 或은其以上의오래동안 生命보다도 더사랑하고 重히녀여 지켜오던 各自의 貞操와 全人格을 한男子에게 或은 한女子에게 바처버리는일이 어찌 죽엄이아니고 무엇입니까 그러기에 眞實한者의 正當한結婚에는 지금까지의 自己에게對한 死別의눈물좇아 없을수없는것입니다。이러한 結婚이아닌것은 한갖遊戱에 不過합니다。(아! 그러나 結婚觀念이몹시 卑劣하여진現世에있어서는 遊戱의結婚이얼마나많읍니까)

結婚은 두生命의結合이며 두人格의同化인以上 거기에는 離婚을認定할 餘地도없읍니다 이에對하여 예수께서는「사람이 其父母를떠나 안해와合하여 둘이한몸이되나니 이럼으로 이에둘이아니요 한몸이니 그런즉 하나님이 짝지어주신것을 사람이난호지못할지니라」(可一〇의七ㅡ九) 고말슴하였읍니다 그럼으로 結婚生活의 自然解體로 볼수있는 特別한事件(姦淫)以外에는 死亡이結婚生活을 解消하기까지는 絕對로 不可分離할것으로 基督敎가主張함은 至當한일입니다 離婚을 認定하는結婚은 가장無意味한일입니다。아니 그것은 明白한罪입니다 殺人이나 强盜가 罪인것같이 한가지事件以外의問題로 離婚함은 그것이무슨理由를가졌던지 確實한 犯罪입니다 하나님의 聖意에 順從하여 正當한意味와 嚴重한內容을가지고하는 結婚이아닌以上 그것이 오래가지못하여 無慘한悲劇을 演出함은 當然한歸結입니다。

그리고 두사람이 한몸이된以上 結婚에는 一夫一妻야를 쫓아반치며 全人格을 내맡겨야만하는까닭입니다。그러니 結婚의對象은 다만하나이지 決코 여럿일수는없읍니다。그러기에 一夫一妻는 天地의公道이며 人生의鐵則입니다。東洋에서敢行하는 一夫多妻는 말할것도없이 크게잘못하는일입니다 女子에게 貞操가 必要하다면 으레이 男子에게도 必要할것이며 한女人이 두男便을 가지는것이 犯罪이면 한男子가 두안해를가지는것도 곡마찬가지로 犯罪일것입니다 따라서離婚이 罪인것도 明白한事實입니다。

그러면 이러한 神聖하고 尊貴하며 嚴重한意味를가진 結婚生活은 어떠할것입니가。하나님은 男子에게 女子를 도아주는짝으로 주신것입니다。그래서 結婚生活은 말할것도없이 彼此가 도아주는生活입니다。

그런대 大體 人生은 무엇입니가。아마 우리는 人生을 한旅行으로보아서 틀림이없는것입니다。그렇습니다。人生은 確實이旅行입니다。그러나 이旅行은 目的이없는 다만의旅行이아닙니다。이사람은 저사람을、저사람은 이사람을 眞實과사랑으로써 섬기는데 人生이라는 旅行의 目的이있는것입니다。「무엇이던지 남에게 待接받고저하는대로 너희도 남을待接하여라」(太七의一二)고예수가 말슴하신것이 곧 그뜻입니다。使徒바울도「온律法은 一言而弊之하고 네이웃사랑하기를 네몸갈이 하라하신데있다」(갈나듸아五의一四) 고말하였읍니다。그런즉 人生의目的은 「남에게 待接받고저하는대로 남을待接하」는일이며 또「이웃사랑하기를 내몸갈이하」는일입니다。이것을 簡單이말하면 奉仕의生活 또는 犧牲의生活입니다。사람은 이深奧하고 高貴한 人生의目的을 成就하며完成하기 爲하여 結婚하는것입니다。決斷코 다만의幸福이나 歡樂의陶醉를 맛보기爲하여서의 結婚이아닙니다

旅行者는 반드시 同行을求합니다。又況 五十年 或은 六十年의 기ㄴ人生을旅行함에있어서 어찌同行者가 必要하지않겠읍니까。그래서 하나님은 人生의同行者 卽도읍는짝으로 男子에게 女人을 주신것입니다。얼마나感謝한일이며 意味깊은일입니가。山을넘고 바다를건너며 들을지나고 골짝을걸을때에 慰勞받을만한 同行者가없다면어떠할가요? 더구나 人生은 苦海라고합니다。人生에는無數한苦痛과 危險과 悲哀와 疾病이있읍니다。때로는눈물도흐르며 때로는 嘆息도하게됩니다。落心과失望도 때때로있읍니다。이러한때에 慰勞도하고 奬勵도하며 看護도하고 助力도하는者가 곧 男便이며 안해입니다。

그럼으로 이러한男便과안해의關係가 거룩하고 바르지못하면 그들의生活도 또한 거룩하고 바를수가 없는것입니다。그런대 夫婦의關係를 가장 明確하고 徹底하게 말한것은 亦是 聖書입니다「안해된者여、男便에게 順從하기를 主께 順從하듯하라。大槪 男便이 안해의머리가 됨이 또한 그리스도께서 敎會의 머리가 되심갈으니……敎會가 그리스도에게 順從함과갈이 안해는 凡事에 男便에게 順從하라。男便된者여、안해사랑하기를 그리스도께서 敎會를사랑하사 爲하여 몸을 버리심갈이하라」(에베소五의二二—二五)「마땅이 이와갈이 男便은 안해사랑하기를 제몸갈이할지니 안해를사랑하는것이 곧제몸사랑하는것이라」(에베소五의二八)

男便과안해의關係는 사랑과順從입니다。男便된者는 몸

을버려서까지라도 안해를 絕對로사랑할것이며 안해된者는 언제나 무슨일에고 男便에게 絕對로 順從할것입니다。男便의사랑은 決코 氣分的이여서는 아니됩니다。男便의사랑은 그리스도께서 몸을바처서 敎會를 사랑하심과같이 永遠不變의 無限의사랑이여야합니다 안해의順從은 敎會가 一切를通하여 그리스도에게 順從함과같이 絕對不變의 永久한順從이여야합니다。男便의사랑과 안해의順從! 그것은 男便과안해가 두사람이 한몸이된것같이 둘이면서結局은하나입니다 卽 信賴입니다。絕對의信賴입니다。絕對信賴의 사랑、絕對信賴의順從、이얼마나 아름답고 거룩하며 또祝福받은일입니가 이사랑과 이順從이없는곳에는 무엇이있을지라도 참된家庭 平和한家庭 따라서 거룩한家庭은 決코 있을수없읍니다。

오늘 新郞 △△△와 新婦 ○○○ 兩人의 結婚으로因하여 成立되려고하는 新家庭은 이러한 사랑과順從을礎石으로한 家庭이기를 衷心으로 祈願하는바입니다。

그런대 끝으로 우리가 잊어서는 아니될것이있읍니다。그것은 以上의말한바모든것이 理論이나 或은 다만觀念이라면 알수없거니와 罪惡에넘치며 不義에파뭍혀있는現世에서 愚鈍懦弱한 우리人間으로서는 到底이 自己의힘으로서 實行할수없는일이라고 生覺합니다。그러나一사람으로는 能하지못하거니와 오즉 하나님께서는 그렇지아니하니 대개 하나님은 能하지못한일이 없나니라一고예수께서는 말슴하셨읍니다 果然 이말슴그대로 하나님께서는 全知全能하십니다。그리고 하나님은 모든것의根源이시며 또 우리의아버지시입니다。그런대 우리는 萬有主이신 하나님을 아버지로섬겨서 그關係가 가장 바로된때 하나님의祝福과矜恤로因하여 언제 어데서던지무엇이고 할수있는것입니다。그럼으로 무엇보다도 먼저우리는 바른信仰을 가지지않고는 決코 바른 家庭도 바른生活도 또 바른人生도 바랄수없는것입니다。따라서우리는 結婚도 人生도 其他모든問題를結局바른信仰이없이는生覺할수없으며 또한解決하지못할것을 믿는바입니다

(結婚의意味) 一八

戰鬪後感

우리人生은 싸움이라하지마는 더구나信仰生活은 果然싸움이다。不信의自我、罪惡의社會、反逆의人類、이것이 모다 우리의强敵이다。언제어데서든지 무엇에고 우리는 싸우지않고는 一時一刻도 바른意味의生活 다시말하면 하나님을섬기는生活은到底히 할수없는것이다。今般 우리들사이에 하나님의 恩寵으로因하야 한結婚이있었다。이일이 기쁜일、感謝한일인것은 勿論이다。그러나 우리는 一便 不安과恐怖좇아없을수없었다。그것이또한 큰싸움인까닭이다。그래서 우리는 于先 서슴지않고 우리의 先鋒인聖朝誌主筆에게 請兵하였다。即應援兵을 付託하였다。

그러나 때맞임 聖朝誌의出版이 其主筆을 사로잡은때이다 聖朝出版 이것은每月行事이다. 結婚 이것은 一生의한번이다 마는前者는 後者에게比하여 더큰싸움이다 그뿐더러後者는 一時戰이니(但結婚式의主禮를意味함)成敗間 素人도 할수있는것이나前者는持久戰이니 特別한精兵이안이고서는할수없는일이다. 더구나 其싸움을爲하여서 揀함을받은者이랴 不得已 믿었면 請兵은 參加하지 못하게되였다。 우리의 不安과 恐怖는 一層더度를加하였다 그러나 우리는 믿는다。 그래서믿었다. 우리의 싸움은 우리가싸우는것이아니라「내가世上을이겼노라」고 宣言하신 우리의 大元帥이며 우리의 總司令長官이신 우리의救主예수께서 싸워주심을, 우리는 安心하고決心하였다。 이번싸움을 怯없이싸우리라고。

勝利를 疑心하지않은 우리는 勇氣을 다하여膽大하게싸웠다. 感謝할가나 우리의믿음을嘉納하사 하늘에계신 아버지는 우리에게 勝利를돌녀주셨다. 이일을 보게된 우리는 스스로놀나였다 結婚式은참으로 主님의鴻恩中에 畢하였다 크게 感謝하자않을수없었다 그러나 우리는 이번 結婚式을通하여 結婚式以上의것을보았다 平素에는 우리自身이 우리에게믿음이있나없나를 疑心하면터이다。 이싸움을앞에두고 不安과恐怖를느낀것은 이까닭이다 오! 그런데 不信地方에서、 아니 無神社會에서 조곰도 不安과恐怖가없이膽大하고 勇敢하게 많은사람앞에서 한꿋소래높여「예수의이름권세여」로始作한 우리의싸움은「내主여뜻대로行하시옵소서」로凱旋하였다. 朝鮮百姓이 不信이라하거니와 우리地方以上의 不信은 別로없을것이며 그러한地方에서 그러한大衆앞에서 우리는 怯없이 하나님의이름을 讚揚하며 하나님의말슴을 證據하고 特히貞操에對한眞理를부르짖었으니 이어찌痛快하지않으랴。 이야말로 하나님이實在하시는무엇보다도 큰證據이다. 그러나 이光景을 보는 눈과듣는귀로보고들은者가있는지없는지?

우리는 彼此 無益할듯하며 또 嚴肅하고靜肅한中에지내랴고 洞里사람쫓아 式場에는한사람을 請한일이없다. 그러나 式場에는定刻前에 不請客이滿堂이였다。 처음에는 退場하게하려하였으나 그도될수없기로 그들이 世上에서 처음接하는異常하고놀날만한光景을보여주었다。 또한 主의뜻인가한다。

그러나 勿論 有益은 저의에게보다 우리에게있었다。 우리가또한믿음의힘을 明白히본까닭이다。 우리中에는 病中에 오래동안呻吟하던者가 이일을通하여 굳센힘、 새로운所望、 膽大한勇氣를얻어 거의生活을 改革하여 지금까지는머리로만살어오던것이多少間손과발을 움지기게된者도있을많금 革命이일어난事實좇아있게되였다 사람의눈에는 도모지 異常하다。 이리하여 우리는 後援兵없이큰싸움을無難이 싸워이겼다。 그리고 彼此가 모든榮光을 오즉하나님에게만 들일수있음을 크게感謝하고참으로 기뻐하는바이다. 머구나「無意識的行動은大禁物」「켈러孃의一分間實訓」等 싸움의實記와「無神論者를探照함」의 무서운宣戰布告를읽고서 果然「잘도다하나님의智慧와知識의富饒함이여……主의마음을알者가누구며 함께議論할者가누구이냐」고웨쳤다. 할렐루야、 아ㅣ멘 (九、八、새벽에)

聖朝通信

昭和十二年 八月二十日 (金) 晴、一時雨。每朝에濃霧로山麓을 가리움은 여호와의 무슨뜻을啓示하고저 하심인것갈기도하다。今日도 말라기書와 씨름하다。但 午後부터疲勞로發熱하야 執筆도談話도 하기싫은때에 普通文官試驗에落第한 某求職青年이來訪하야 간신히應對하고 저녁에는 일즉就床。

八月二十一日 (土) 晴。朝夕은 발서 秋風이確實하나 日中은赤是「殘暑」에 견디기어렵다。○今日開學。當直으로蓬萊山에 留宿。今夜七時부터全京城에燈火管制를一齊實施인데 當幸이室內燈은 當分間放任한다고해서 우리는「燈火可親」으로 밤중까지執筆。但 身熱이 아직不下하야 半病身노릇。

八月二十二日 (日) 晴。식전에 두어시간執筆하고는 終日勞働하다。大部分은 펭키칠하고 나종에堆肥製作。○近來의新聞記事는 한번組版해놓고每日日附 만박궈서發刊하는듯。昨日이나今日이나千遍一律。三面記事나社說이나一般 記憶力이弱한우리로도 近日의新聞記事는 모조리暗誦할수도있으리만치 一色뿐이다 예전같으면 同一한東京新聞이라도 萬朝報 讀賣 國民 時事 朝日新聞等이各其各自의 오리지날리티가있었고各自의香臭가있었다。그러나只今은 아무데드볼수없다 因하야今日부터新聞購讀을中止한다고通告。但 配達夫君의懇請에못이겨滿一個月차기까지延期하기에同意

八月二十三日 (月) 晴 登校二時間授業外에는 終日執筆。旱魃이甚하야夕陽에 蕪白菜밭에汲水

八月二十四日 (火) 雨。새벽세시쯤부터小雨。낮동안도 조곰식오시다가 저녁에는本格的으로되여菜蔬蘇生하게되다。○登校 한時間監試外終日終夜校正과原稿 나종에는腦속이 텡빈것처럼疲勞해서就床

八月二十五日 (水) 半雨。校務外에는 校正또校正。歸宅後는 펭키칠과 배추ㅅ모하기。○嶺南消息에『……이곳은近一個月間降雨를 보지못합니다。이炎天에田園에灌水하는農人의情況은實로目不忍見이외다 感覺性이遲鈍한百姓에게의贅法이 이러하지아니치못하니 人間의苦情도 이에생기거니와 하나님의苦情도 좀을 생각합니다云々。○香港 上海等地에虎列刺流行하기시작했다고。近來에드문 뉴ㅣ쓰。天空에는爆擊機橫行하고 內臟에는虎列刺菌이蔓延하고。어느편에 凱歌가 오르나 두고볼일이다。

八月二十六日 (木) 雨。午前八時에印刷所에出勤하야一時間半 校正하면서督促하고 登校하야監試하면서校正、午后에印刷所에 들려서校正하고 또携帶하야 밥에도校正。近日은 편지回答한장도못하야 內心不安不無。

八月二十七日 (金) 雨、大東印刷所에 히브리語活字가있음을發見하고놀라다 적은印刷所라고할수없는 印刷所임을알다。但 히브리文活字를「希臘語」라고 써붙인것이一景이다。차라리希臘語活字까지完備하였으면 朝鮮의聖書學에 크게貢獻하렸마는。○시내ㅅ물이 더욱맑고 더욱많아지고 더욱急流가되여 물소리높으니 사람을「좌ㅣ口잉」함이여간이아니다 萬一에이런溪流없는住宅에 들어살어야만한다는날이있다면……하고 생각만해도못견딜일이다。○무 배추발害虫에게 第二次空中

爆擊을斷行하야 그橫暴함을徹底히膺懲하다, 其他펭키칠 세멘工事等。

八月二十八日 (土)曇。 여러가지蹉跌로 遲滯中이던孔德里家屋賣渡手續을今日에야 捺印하야 넘기게되여 한가지걱정을덜다 이일로龍山出張所(府廳)往返。○監試後에 職員會, 軍事後援의件。○印刷所에서校正 한後 도라와 펭키장이노릇。

八月二十九日 (日)曇, 小雨, 登校當直하면서校正。

八月三十日 (月)曇, 后晴。第一學期分의考査完了되고今日부터授業시작。授業後에는答案採點에몰리우고 또聖朝九月號의檢閱許可받고 印刷所에가서校了하는等 眼鼻莫開의狀況, ○乳兒여러날째身熱이三十六、九度로上下하면서 알는故로 몇몇醫師에게受診服藥하여보았어도別無効果하야 민망하더니 數日來로洞內에 복학잡는다는 늙은農夫에게가서 消毒도하지않은裁縫針같은것으로 손가락을몇군데 뚸진結果로今日부터完快하였다고、平日에新醫를信賴하던나에게對한구박이大端하다。新醫師들은果然복학의治療法을尙今發見치못했단말인가하고, 新醫의名譽와余의信用을爲하야 자못憤慨하였으나쓸데없었다.

八月三十一日 (火)晴。午前四時頃의東南天은實로燦爛의極이오壯嚴의極이다, 牡牛 오리온 大犬의星座들만해도 이미星座中의王者들만모인것인데 加之에달갈은金星이天狼星과相對하여雙雙쇄ㅅ불을들고섰으니 主여호와의寶座以外의榮光일수없다. 詩篇을朗讀하라나

만유의主여호와여 그거하신곳이 아름답도소이다

여호와의 전을 戀慕하고渴望함으로 내령혼이 죽을지경이외다

나의心靈과肉體가 살아게신하나님께부르짓나이다。……(詩八十四篇)

○지금은 개구리 맹꽁의時節도 지나갔고 매암이노래도 드물어졌는데 귀뜨람이 씰씰이 벗장이等々의 온갖種類의秋虫들은 밤을새면서大交響曲을演奏하야마지안한다。○登校授業四時間外에는 日夜를連하다싶答案採點。일ㅅ감을携帶歸宅하야採點하는中에 未知의過客두어분이들어와서 우리집運致좋다는것을數없이 칭찬한後에 住宅地를求해달라는要請인故로洞內를一巡하면서案內, ○참다못해新聞購讀中止하기로決心한지가우리는 애우라지一朔도 다못되였는데 東京某誌主筆은感한바있어國語新聞을 中止한지 발서二三個月되였다고。果然大家요先生님이라고嘆服하다。氏는 라듸오 뉴ㅣ쓰도안듣는다하였으나 라듸오뉴ㅣ쓰 안듣기로는 이편이大家일것같다

九月一日 (水)曇 昨日될터이었던九月號 今日午正에出來, 發送날인데 學校에서는成績點數交附의날이라, 가장紛忙한날이 겹쳤으니 容易할수없다。當幸히同僚한분의失策으로採點交附日을二日間延期하지아니치못하게되였음을奇貨로 또採點을제처놓고午後부터博物室에서 홀로皮封을써서發送하고市內配達까지畢하였다 日沒頃에도라와 배추밭에施肥하고 시내에一浴하니 夕飯은꿀과같이달다。

九月二日 (木)驟雨、后晴。風雨中에登校하야授業과採點。今學期부터高等普通學校朝鮮語漢文科全廢되였다고수군수군。○午后에는白菜밭에 第三回爆擊을加하야暴戾無比한 벼룩벌레軍을 徹底히膺懲하다。

九月三日 (金)晴。지난八月그믐날아

침氣溫이 十九度로降下하야 新秋의맛을 비로소 깨닫게하다가 다시二十五六度로 繼續되더니 今朝에는十五度로 急降하야 아이 어른 할것없이 두터운옷을 찾게 된다, ○登校, 授業外에成績調製로紛忙하고 午后는心機轉換策으로 배추밭除草와 施肥。支那人歸國의餘波로 蔬菜가高貴하리라고하니 今秋는어떻게하던지 김장감을自作自給하기를目標로 힘쓰는中,

九月四日 (土) 曇。露支兩國의不可侵條約이成立되였다고 떠들어도 우리가別로 놀랄것이없으나宋兄으로부터「舊約은 三十九卷」이라는注意를받고크게失色하였다。가장校正을 잘하노라고했던九月號에 이런大失策 第七頁上段二行과表紙廣告上段第二行에, 但「舊約一書一講完結」이라는 廣告에는三十七「大旨」를列記하였고 新約全書의二十七卷에七字가있음이錯覺읕일으킴인가? ○某突發事件이생겨서 授業後에 急작히生徒家庭尋訪, 尋訪이라기보다家宅搜索하기爲하야 鍾路ㅣ東大門外ㅣ往十里까지巡回하고 나종에는自轉車를 굴릴수 없도록困疲하야 歸宅하다, 그 途中에東大門外에서牛市場을見學한것은一大所得이였다, 亦是우리의興味는 말보다 소에있다, ○失職으로갈ㅅ바를얻지못하여臨時助力하여주던食母가 適當處를發見하였다고 今日退去。本來못난사람인까닭인가 우리는 사람을부리기가 매우 조심스럽고不自由하더니, 이제부터는부엌간도自由로出入하게되고 本然의「제일은 제손으로 하는主義에 얼마큼이라도徹底케된것이 기쁘다。그동안他力依存에慣習된安逸을打破하기爲하야 아이들은房掃除마루掃除로各其分擔하고主人까지 부엌간前線에나서서 督戰하기로하다。우리부엌간의非常時局을 克服할配置가即日成立되다。

九月五日 (日) 雨, 새벽四時前부터起床하야 主婦를助力하면서朝飯準備, 아이들도各自의擔當區域을掃除整頓, 食母간後의 家庭에 아무異狀과狼狽가없을뿐인가 凡事가一層井然하고情답게進行되는일이感謝。아마도 할수만있으면 家庭살림은簡單할수록本然의姿態인듯하다, ○降雨로因하야野外禮拜는中止。午前中에家族끼리야고보書第三、四章을읽고禮拜, ○뜻밖에섬에서온兄弟一人來訪, 多時間歡談後에 聖朝誌代로一七四號까지의先金을주고가다。지난夏季에는某大會에參席하야「朝鮮의基督敎」를講演하였는데 그때에도聖朝誌를 紹介하였노라고。全혀 꿈에도생각지못했던일이다。

九月六日 (月) 曇。

歸途에南山에서自轉車란것이 黃金町까지 발한번 놀리지않고 文字대로「自轉」하야 굴러오는일이무엇보다재미스러웠고、北漢山麓시내에 돌아와例의버릇대로沐浴하랴니水溫이冷氣를催하게된것을 깨달았다。

九月七日 (火) 雨, 近日라듸오에 들을것이있다면 天氣豫報쯤인데 그것다나 太半은 거짓말放送。今日도狼狽하였다, ○學校에서는授業外에 成績調製의일로連日頭痛, 點數計算의일처럼 우리性味에맞지않는일은 다시없는듯하다, ○第四學年 地理時間에 鷺梁津六忠臣墓에參拜한일있는 사람을 물으니 甲乙組一百二十人中에單七人이오 幸州德陽山에權慄都元首의 史跡을 踏査한者를 물으니 同人數中에 單六人이였다,

九月八日 (水) 晴, 지난六日의愛國日에 神社不參拜했다는까닭으로 光州須彼亞女學校와崇一學校及木浦貞明女學校와永

興學校의四校는 即日로廢校處分되였고、全州의新興學校와紀全女學校等二校는 七日朝에自進廢校를宣言하였다고報道。○漢藥에神通한効果를본後인故로 長男正孫의身熱이三十八九度로오르네린지一週日이넘도록洞內舊醫의治療를爲主로받다가 今日赤十字病院小兒科 原博士의親切周到한診察을받은結果相當重態의腎臟炎인것이判明되여서即日로入院。이일로因하야 職員會에도參與못하고 病院과家庭사이로奔走히날뛰다。우리집에야말로一大非常時가 닥처온것같다。

九月九日 (木) 晴、食母나간後에主婦를助力하야새벽朝飯을짓던것인데 이제主婦마저病院으로가고 今朝에는長女次女를主力으로三女를補助兵으로하는 新軍團을編成하야 이를督勵하면서朝飯을지어學生들과敎師가 모다正刻대로登校하다、아직도第四女는豫備役으로 늦잠자고누었으니우리의炊事陣地는 可謂安心乎 ○病院을거쳐登校。授業外에 第一學期成績發表。防空準備로 學校 工場 官廳의 싸일렌못들은자도발서半朔이나되니 싸일렌소리없어진것만해도世上이매우종용한듯하다 歸途에도入院한아이의동무하여주고오다、

九月十日 (金) 曇 새벽마다부엌에불넣는役割을맡은지數日에 가장적은나무로써 가장짧은時間에 솥을 끓여내는일에一大進境이고여서愉快하였다、○日支事變의時局收拾의時期를 質問하였음에對하야支那側이抵抗을中止하는때가終端되는날이라고 議會에서答辯하였다고報道、○授業外에病院에들리고 돌아와白菜밭에施肥。

九月十一日 (土) 晴、多少無理한까닭인가 右眼에充血되여 緊要한때에 參考書도 읽을수없이되여焦燥、○地中海會議開催되였으나獨伊알三國이不參加했다고。東西모다 걱정아닌것이없다、今日宿直、

九月十二日 (日) 晴。昨夜눈의充血을醫癒하며 一週間疲勞를回復하기 爲하야일즉이就床하려는때에 宋兄이宿直室도어를뚜두려서十時지나도록會談。疲困은 또今週로繰越되였다、○새벽에母親님歸京을驛頭에出迎하고 病院에들리고 想峴을넘으라니 秋涼快晴한日氣에 白雲台以下北漢連峯이 팔을펴면 만질것같이 가까히보인다、때에Mountain calls, sea calls 라고 口吟하면서歸宅、○午前中에李鼎燮先生들에산에一行이來訪、李先生의說敎一場은 우리 몸무물보다도 더痛快한맛이었다。日 祖上의祭事도안들이고 오직여호와만禮拜하노라면五十年來의朝鮮耶穌敎와그敎會들은完全히 없어졌너니라고。○午后二時半부터新秋의第一回集會、序論을述하고次回부터創世紀를詳述하기로하다。

九月十三日 (月) 曇、授業外에往復二回病院에들리는일과今日의乃木神社大祭에生徒들을引率하는일과 日沒頃에歸宅하자마자白菜圃에施肥하는일等으로써 餘地없이困疲하야就床、○滿洲로부터冬季集會의日時를照會하였음으로 來十二月二十九日午后로부터 一月四日까지滿一週間의豫定이라고答、

九月十四日 (火) 雨、后晴、山東半島의地理를敎授한다는것이 드디어論語講義가되고말었다、山東半島에서産出하는鐵과石炭과 農産海産物이 적지않은것이라하나 孔子一人의貴重함에 比길것이못된다고明言하다。孔子의말슴을 日常生活의準則으로삼는사람을 물으니 六十名한學級(第四學年)에 한두사람식있었다。寒心事也。孔子를爲하야 크게說敎하노라고 鍾

친줄도몰랐으니 米突이多少지나친듯。○來信一枚「그리스도를爲하야 孤身奮鬪하시며 獻身努力하시는者에게 하나님의右手는臨하실것이오. 主예수를사랑하시는마음이변치 않으시는 忍耐의 머리우에聖靈의기름더욱 쏟아지리이다、얼골은對하지못하였고 思想은通하지 못하였으나그리스도안에서 벌ㅣ서 親해졌으며 벌ㅣ서 同事하였을것이니 以後에도또한그러할뿐아니라 서로靈肉間에 더ㅣ아는가운데지나기를願함니다。聖書朝鮮誌를發見하고感謝不已。他人稱言에 貴下의主義別異風聞이나 그리스도를알고믿는데, 主義何뇨? 貴誌急送至願 될수있는대로 今年一月號서부터 皆送하시면……」

九月十五日 (水) 晴。授業後에市內中等學校職員庭球大會에選手로 推薦하는것을固辭不應하니 校長先生으로부터特別呼出。또固辭。家兒入院中인줄을知悉하면서나가라는것이니 그必要性이얼마나緊切하다는것을 짐작할수있는同時에 余自身의非妥協性 非圓滿性이甚히괴로웠다。京畿道主催의中等學校職員庭球大會가每年日曜日인故로年々이不參하여서 그敗因은余一人에게돌리는터인데 今番大會의責任도避할수없을것이다. 그러나 아무리誤解가크다하여도 長男入院以來一週餘日은半自炊生活로새벽四時頃부터 부엌간에出戰하는者요 自轉車通學만이라도保健運動量을超過하는데 菜圃의施肥除草는 恒常過勞를積滯케하는터이오 무엇보다도聖朝原稿가完備못된때인데 每日세께임四五時間식三四日間出戰하기는過大한圓滿이다。○歸途에西大門外에서某氏와初對面。氏는發刊하던基督敎雜誌도廢刊하지 아니치못하게되였고 牧師이면서說敎할수없이되였다한다他人의일인것갈지않다。○入院中이던長男少快하야 今夕에退院歸宅. 저녁에는 온식구感謝祈禱會。

九月十六日 (木) 晴、今朝부터 부엌간出征은被免받었으나 그間過勞의까닭인가 드디어感氣發熱。授業后에歸宅午睡。○今日東京서到着한雜誌에도 新聞과「라듸오」를中止하였다는記事가보이다。賢者智者는 보지않고듣지않어도 眞相을能히잘認識하는까닭인가

九月十七日 (金) 晴。四時間授業을간신히畢하고 身熱과過勞로 宿直室에 暫時누엇을때에 敎職員庭球選手의徵發令을받고 억지로庭球場에 끌려 나가게되니 日「戰時體制에個人의自由를不認한다」는것이다。職員室黑板에는 지난二日間全勝한成績과應援激勵의美文이 씨어있고 選手中一人이負傷하여危急存亡之秋를當한때인대 金敎臣選手의出場을强要한다는決議文이添書되였고 連日出戰한選手들의戰功을賞讚하야各其知將略將勇將聽將猛將突將等의稱號를준後 余에게는「聖將」이라고부친것이實로滑稽이었다 이렇게까지할뿐더러老校長은余에게身熱退治秘法을傳授曰「運動發汗하면卽時快癒하리라」고。달래며威嚇하는통에 할수없이原稿쓰려든計劃을抛棄하고 自動車에실려서試合場인普成高普球場에이르러約十分間이나 써ㅣ비쓰 넣는練習을한後에出戰。儆新과는三對四 中央과는四對一로 졌으나 다른組의德으로決局養正이今日도二戰二勝하였으니 人皆日善戰하였다고 應援團이주는果實과 산드워치를甘食하면서생각하니 十年써도 산드워치한조각 주는사람없는 聖朝誌原稿쓰는일보다 매우有利한듯하다。晚餐은新興寺에設한다는것을 身熱에핑계하고早退

하다。 但午后二時에 서둘러서부터七時에
歸宅하기까지 滿五時間이飛散하였다。○
外國新聞의報道와論評을읽으랴니 北支와
上海等地의消息에 새롭게接한듯하다。

九月十八日 (土) 晴。夜雨。感氣不退
햇는데激烈한運動을加하야 筋骨이모다結
縛한듯이 괴로우나今日試合이 가장重要
한것이라하야休息을不許。捕虜兵처럼잡혀
서自動車에실려出場。對中東戰에는四對二
로勝。對徽文戰에는三對四로敗하였으나結
局總點으로養正七十七點이第一位있어 今
番聯盟戰의覇權을잡게되니「實力대로되였
다養正은 고루다」는소리를群衆속에들리다
그러나 어떻게하면다음번부터 이런庭球
試合에叅關치않고견댈수있을까하는것이勝
利의瞬間이일어나는생각이었다。養正職員
庭球의第一第二팀은相當히强팀인데 第三
팀이弱하다。余가出戰하면零敗를免하는故
로 第一第二팀의强力이發揮되여優勝圈內
에들수있는데 不叅하면一팀이零敗하야第
一第二의强力도徒勞에歸하야優勝圈外에떠
러지고만다는것이다。이까닭에庭球의經歷
도없는余가마치養正職員庭球의死活을左右
하는듯한重要멤버라고 試合있을때마다一
大騷動을이르키게된다。普成高普後庭에서
산드위치 대접받음은 昨日과같었으나校
長의祝勝晩餐會는固辭。途中에沐浴까지하
고나니 午后一時부터 서들은것이 七時에
야歸宅。六時間의虛費뿐아니라 疲勞로 아
모일도못하고 加味滋解散한첩마시고就床
하지 아니치못하다。○家庭에不可한일이
있어서 나스스로責하는뜻으로昨夜도禁食
하고今夜도禁食하다。○滿洲誌友의消息이
마음을傷하게않을수없었다。 新禱할뿐。

九月十九日 (日) 雨。連日庭球試合으
로 平日에使用치않던筋肉을突然히激烈하
게運動했음으로 오늘은全然起動할수없이
全身이괴롭다。加味滋解散을繼續하면서午
前中臥床。午后二時半부터創世記第二講。
滿二時間餘를費하였으나創世記五十章을講
하기에는 넘어적은時間이었다。그러나 라
듸오듣지않고 京城市內도보지않고終日을
山麓에居하면서 매로聖經을講하면 마
음에平和가回復됨을깨다를수있다。○中秋
明月은北漢山에찾고 秋蟲의노래는天空에
찾는대 恩寵의맑은시냇물은 잔잔히躍動
하여흐른다。誌友의 일터와机邊과病床에
도鑑感의 이슬이 더욱豊盛할것이다。

社告

定期日보다 매우늦었으나 繼續하
야發刊하게된일——그달은넘기지않고
여러誌友의손에 보내게된일만 奇異
하고感謝한일이외다。旬日遲滯된것쯤
은寬容하여주시오。

그러나今後로 몇號까지發刊할수있
을넌지 다음달號가出現될수있을넌지
도 豫言할수는없읍니다。編輯者는恒
常그달그달이最終號가 될줄알면서最
善의努力을傾注하여 보내여왔고 今
後로도 그心境으로 일에當함니다。

아주廢刊하거나或은長期休刊하게될
境遇에는 先金拂込金을無違返呈하고
저 이번에演習하여두었읍니다。이번
號가發行되는故로 殘金返呈은當分間
中止합니다。따라서殘金處分에關하야
指示하신이도不少하였으나 다시通知
하실것없이 모주리從前대로當初에拂
込하였던趣旨대로의 先金으로 治簿
하여둡니다。

本誌의今後態度는 더욱純全한宗敎
雜誌가되겠읍니다。現世에關하여는感
한바있더라도論하지않겠읍니다。오직
主그리스도와 그十字架만을 알고저
합니다。이는 우리彼此에게有益한일
인가합니다。

舊約一書一講의完結

前月號의 말라기書로써創世記以下 舊約聖書三十九卷의輪廓을完結하였다。聖書는註釋冊을 널리읽기보다도本文을熟讀吟味하는것이가장靈糧이된다。但 初學者에게는 그大體構成이 어떻게된것인지알지못해서읽으면서도要領을 把握하지못하는수가많다。그런不便을除하고聖書本文읽기를 助勵하고저한것이 이一書一講을쓰게시작한動機였다。

書名	號	發刊年月
聖書의大旨	三八	一九三二・三
創世記大旨	同	同
出埃及記大旨	三九	同・四
利未記大旨	同	同
民數記大旨	四〇	同・五
申命記大旨	四一	同・六
여호수아大旨	同	同
士師記大旨	四二	同・七
路得記大旨	四四	同・八
삼우엘上書大旨	五四	一九三三・七
삼우엘下書大旨	五五	同・八
列王記上大旨	五六	同・九
列王記下大旨	五八	同・一一
歷代志大旨	五九	同・一二
에스라・느헤미야書大旨	六〇	一九三四・一
에스더書大旨	六二	同・三
約百記大旨	六三	同・四
詩篇의大旨	六五	同・六
箴言의大旨(六六)	六九	同・(七)十
傳道書大旨	六八	同・九
雅歌의大旨	同	同・九
이사야書大旨	七二	一九三五・一
예레미야記大旨	七九	同・八
예레미야哀歌大旨	八四	一九三六・一
에스겔書의大旨	九一	同・八
다니엘書의大旨	九二	同・八
호세아書의大旨	九三	同・一〇
요엘書의大旨	九五	同・一二
아모스書의大旨	同	同
옵아듸야書大旨	同	同
요나書의大旨	一〇〇	一九三七・五
미가書의大旨	一〇一	同・六
나훔書의大旨	同	同
하박국書와大旨	一〇二	同・七
스반야書의大旨	同	同
학개書의大旨	一〇三	同・八
스가랴書와大旨	同	同
말라기書의大旨	一〇四	同・九

本誌定價

一冊 五 錢
六冊(送料共) 前金九 十 錢
十二冊(一年分) 前金壹圓七拾錢

要前金。直接注文은
振替貯金口座京城一六五九四番
(聖書朝鮮社)로。

取次販賣所

京城府鍾路二丁目八六 **博文書館**
京城府鍾路二丁目九一 **耶穌教書館**
東京市神田區神保町一ノ一 **三省堂書店**
文化書店(元山府) **茂英堂**(大邱府)
新聲閣(咸興府) **信一書館**(平壤府)
向山堂(東京市) **大東書林**(新義州)

昭和十二年九月 三十 日 印刷
昭和十二年十月 一 日 發行

京城府外崇仁面貞陵里三七八
編輯 發行者 金 教 臣
京城府仁寺町一一九ノ三
印刷者 金 顯 道
京城府仁寺町一一九ノ三
印刷所 大東印刷所

京城府外崇仁面貞陵里三七八
發行所 聖書朝鮮社
振替口座京城一六五九四番

【聖書朝鮮】第一百五號
昭和四年一月二十八日 第三種郵便物認可
昭和十二年十月一日發行 每月一回一日發行

【本誌定價十五錢】(送料五厘)

昭和五年一月二十八日(第三種郵便物認可)
昭和拾貳年十一月一日發行(每月一回一日發行)

金敎臣主筆

聖書朝鮮

第壹百六號

昭和十二年(一九三七)十一月一日發行

目次

掘井而飮

一年에한번식 夏節마다 山麓의 우리茅屋을 찾어주는 두老人이있다。 지난여름에 두분老人을迎接하야 庭內를案內하면서 구석구석이 도라다니다가 우리의 우물가에佇立하였을때에 例와如히 그우물파던일과 그깊이와 물맛의淸新함과 뽐푸까지說明하였을때에 한분老人은 홀로서서 「掘井而飮 掘井而飮」이라고 飜覆하기 여러번이였다。後에 이老人께 글씨를請하야 얻은것은 身無半畝憂天下 眼有千秋愧此生 이라는것이였다。 儒家이신老人이 무슨뜻을 이에 담어주신것인지는 다헤아리지못하나 우리는基督敎的으로 이것을解讀할때에 使徒行傳과 고린도書 빌립보書等에 躍動하는使徒바울의一生을 이에壓縮하여보여주는듯하며 우리生涯의標的으로할座右銘을指示하여준것같아서 몇갑절이나 感謝함을 마지못하다。

掘井而飮! 물맛의淸楚함、大都市의組織과煩累에서超脫하여生活하는仙趣、冬溫夏冷의德等々 그意義가 한두가지에끊지지않겠지마는 우리는掘井而飮에도 基督敎的解釋을부친다。 깊이十八尺만 팟던故로 旱期에는浪費하면不足을 느끼어서 二十尺을 못팟던것을後悔하는일이種々있다。 그러나 여긔가 우리우물의無比의 우물이인所以가있다고 우리스스로는 足하여하며 고마워한다。

水量이 적은故로 計量器달리지않은 물이지마는 한바가지물이라도 濫用해서는 못쓸것을 우리는배운다。 五千大衆에게 배부르게 먹이시면서도 떡부스러기 열두광주리를 모우게하시던主예수를 우러러보면서。 獨逸國民은 國家를爲하야 水道와電氣와瓦斯等의消費를嚴히計量한다거니와 우리는宇宙의市民으로서 여호와의創造의 尊貴한勞力을생각하면서 뽐푸한번식 눌를때마다 어머니의乳房을 빠는생각으로 大地와함께生活하도록 敎育받는다。

水量이적으나 濫用을안하면 열남은 우리식구의必要를充足케하고도 아모不足을 느끼지않는다。 우리肉體의 健康도力拔山氣蓋世의偉丈夫가아닐지라도 받은筋骨을濫用만안할진대 다해야할使命을敢當하리라는信念을 우리에게 일으킨다。 또우리는博覽强記의才士가아니나 우리의精力을浪費하지않을진대 閃光같이 흘러가는淸想쪼각을모여서 能히友人의靈台를慰勵할수있을것을 배운다。

水量이적은故로 묵은물이없이 每日새롭게 바위틈에서솟아나온물을 마실수있다。 博學多聞이 種々陳腐의毒素를發하야 自他를傷함이 적지않음을 볼때마다 魯鈍한素質에貧弱한書齋일지라도 그날그날 새롭게迎接한靈感의샘물을 밝은世上에提供하야 渴한者의목을醫함이 오히려緊急한일인것은 우리는掘井而飮에서演繹한다。

理想의 人物

우리基督을 믿는者가 理想의人物이라고 말하면 의레히 그리스도 예수가 그이라고 누구나 即答할것이다。그러나正直하게 告白하라면 우리는 그리스도를理想의人物로 가지지못하는者이다。예수의智와能力과愛와誠과 그 모든것은 아무리 더듬어보고저하여도 그限界를 더듬어낼수가없다。그리스도를 더듬어보랴는것은 마치 우리가 집웅에올라서 하늘의高와幅을 더듬어보려고 上下左右前后로 팔을둘러보는感이不無하다。故로 우리의祈禱의對象은 그리스도일수있으나 우리의現實生活의理想的人物로 바라볼수는없다。

其他모든分科의所謂專門家라는것은 理想의人間으로볼수는없다。한사람앞에 사람된우에專門家라는것은貴한것이나 專門以外에 아모取할것없다는人間은 極히憐悶할物件이다。專門家中에도 가장 불상한것은 宗教專門家이다。宗教를專業을삶는者처럼 世上에無益有害한것은없다。宗教專門家란것은 上簇하게된五齡蠶처럼 그體質이透明無色하야 血氣가없는것이 그特徵이다。저들은 虛僞造作을 보고 듣고도 憤내지않고 不義를目睹하면서도 怒發할줄모르며 抑울한일當하는것을 보면서도 救濟할마음이發動하지아니함으로써 道를通햇고 世俗을超脫한까닭인줄로自矜한다。우리는 그러한超人間을唾棄하고저한다。近來에 우리가 所謂無教會主義者라는一派를向하야 痛絕한不滿을吐露한것은 저들中에 이러한宗教專門家가出現하려는傾向이보이는때문外에 아무까닭도 아니였다。

우리의理想의人物은 모세이다。모세가理想의人物이라고함은 三千年前에 그의著述한宇宙創造說이 今日二十世紀에와서도廢退하지않으리만치 그의學識이萬古에超越했다고해서 그러함도아니오、文明世界의法典의始初된律法書五經을 남겨주였다고해서 그러함도아니오、한갓宗教的天才라던지 한갓大政治家或은偉大한軍人의典型이였다던지 또는 이런모든要素를一身에兼備한까닭에 理想의人物이라고하는것도아니다。저를理想의人物이라고하는것은 이까닭이다。

모세가 애굽사람의學術을 다배워 그말과行事가能하더니、나이四十이되여감애 마음에생각이나서 그兄弟이스라엘子孫을 가볼새 한사람의 원통한일當함을보고 보호하야 눌린사람을爲하야 원수를갚아 애굽사람을 처죽였으니……이튼날 이스라엘 사람이싸올때에 와서和睦시기랴하야 가르되 너의는兄弟라 어찌 서로害하느냐……

고(使徒傳七•二二ー)하였다。다만이까닭이다。저는怨痛한일當하는것을보고는 참을수없는 피ㅅ기운이 있는사람이였다。

最後의사랑을

科學의發達이 日進月步하였다고感嘆不已하나 그進步된科學의惠澤을 가장먼저 가장크게 입는것은 戰術과武器에關한일이라고한다 그리하야 科學이進步하면할수록、武具와戰術도 따라서 달라진다고한다。부려운일이다。

크리스챤이 世上에서 살어가는것도 一種의戰鬪일뿐더러 眞正한意味로서는 가장크고根本的인 決定的인싸움이다。그러면 크리스챤의 싸움에쓰는武具와戰術은 오늘날까지에 얼마나進步變革되였는가。우리알기로는 二千年이하루와갈아서 조곰도進步라고할만한것을 認定할수없는듯하다 그러나 이는 슯은일이아니오 實로感謝할일이다 크리스챤의싸올싸움의 最强最新의武具와戰術은 後世사람이發明해내야될것이아니라 二千年前에발서 主그리스도가準備하여주였든까닭이다。다만 이武具와戰術은活用하는이가 全無하거나 또는甚히少數이였던故로 이제 우리들이 最新發明한것으로實演할機會를 가졌다。

크리스챤의武具戰術이란것은「진실한것으로 허리띄를띄고 義의 호심경을 붙치고 和平한福音의豫備한것으로 신을신고 그중에 믿음의방패를 가지고 能히惡한者의 모든火箭을消滅하고 救援의투구와 聖靈의劍을取할지어다……」라는것이나(에베소六章十五節以下)이를 다시要約하면 사랑으로써 사랑하는것、이웃사랑하기를 내몸과같이하는것이 最强의武具요最新의戰術이다。

사랑이란 무엇이냐。基督敎의 사랑이란 무엇이냐。인사하는이에게 答禮하며 나를사랑하는者를 사랑한들 그것이 무슨 낫을것이 있느냐고하였다。基督敎사랑은 그런따위사랑이아니다 가장 미워하는사람 或은 가장詛呪하고싶은나라와民族、그것을熱愛하라는것이 基督敎의사랑 即아가페이다。우리가眞心으로 사랑할수없는個人或은國家가 남어있을동안까지 우리는武具없는兵士이다。假예수쟁이다。海星이라는動物은口腔이狹小하야 能히삼킬수없는食物을 만나면 自己몸덩이의直經보다 더큰 조개라도 胃囊을漁網처럼 둘러씨워놓고消化한다거니와、우리가 우리사랑의 주머니속에넣을수없는惡毒한人間과痛忿한百姓을當하거던 우리사랑의주머니를 뒤집어씨워놓고라도 녹여내도록 奮發하여야할亂世에處하였다。사랑치못할바 없을때까지。

사랑의熱度를 어듸까지높일가。最後의사랑、訣別의사랑(요한福音十三章以下)까지높이라。이사랑으로써 사랑하는瞬間에 우리는主와함께 발서世上을이긴者이다。來日이나明年을期約하지말고 오늘밤에 겟세마네로 갈覺悟로써最後의사랑을傾注하자。그리하야 어느한사람의蹉跌도 나의責任으로、어느한나라의救援못받음도 나의責任으로。동무여奮起하라 이때는愛의武具와戰術로써 極度까지熱愛하여야할때이다。

聖書的立場에서본世界歷史 (19)

咸錫憲

四、宗教

宗教와文化 前數章에있어서 우리는成長期에들어온以來의人類의外的生活의展開를 말하였다。個人에서말한다면저의身体가어떠케자라고活動을어떠케하게되였으며 어떠한生活様式을 가지게되였느냐를 말한셈이다。그러나그보다도더重要한것은 그內的生活이다。그魂의狀態가어떠한가하는것이다。本章에서우리가 말하려는것은 이魂의成長이다。

歷史는쪼려들어가면 結局精神的것이되고만다。사람이個人的으로 또는 種族的으로 여러가지일을하나 究竟에있어서 먹고입고 繁殖하는일에 도라가는것이오 또그러한限動物과根本的으로 다를것이없다。世界大戰이 니러나世界의文明國全部가모혀 가진文明의利器를 다使用하야가지고싸웟다하자。그러나 그것이 單히싸움으로만끗치는限은한조각뼈다귀를 다토는 개의무리와 다를것이무엇인가。大戰의意味는 거긔잇는것이아니오 도리어 저들이그싸움을하며 어떠케 생각햇나 그싸움의結果 어떠한精神的階段에到達햇는가하는데있다。故로人間의人間된所以는 그內的生活에있는것이오 精神的인것이없으면 사람의歷史가없다。人間의일은 무엇을먹나 무엇을입나 다토나 和하나하는데있는것이아니오 그것을먹고입고 그것을하며 어떠케생각하느냐 저自身과世界에對하야 어떠케생각하느냐하는데있다。그하는생각이야말로 저의行動을 人間的으로規定하기때문이다。故로 人類歷史는 結局精神의歷史다。精神에向한 精神에依한 成長의歷史다。그리고 그精神인것의中心이되는것은 宗教다。모든思想의絕頂에는 神이앉는다。精神文化란 곧神의寶座를 앉치는鐵柱를 中軸으로삼고 둘려쌓는塔이다。故로宗教를말하지않고 世界史를말할수는없다。神이있느냐 없느냐 그것은別問題로하고、宗教는참이냐 거줏이냐 그는잇다가討論할심하고 世界史의事實을事實로바라보는限、어떠한思想的見地에서는 史家라도저가學的良心에 忠實한限 宗教를빼고 歷史를쓸수는없을것이다。또今後는그만두고 적어도오늘날까지에있어서는 神이야말로 歷史의製作者임을 否定할수없을것이다。그러나萬一 그러타고하면 十萬年間의事實을 偶然이라고하고 自己의 案頭片想을가지고 옳은것이라해서 宗教를否定하려하는者는壯은即壯인듯하나 차라리憐笑할만한 暴言이라할수밖에없는바다。宗教를除하고 人間의生活은 成立되지않는다。人類의歷史가精神의歷史인以上 結局宗教의歷史다。사람이天地의主宰되는 神에對하야 어떠한態度를 取해왔는가 이것이 곧歷史의核心이다。

그러나世上에는 그러케생각하지않는사람이많다。宗敎를 人間의本質에서 나오는것이라하지않고 過去蒙昧한時代의 一時的現象이오 따라서發達한今日에는 있을수도없고있을 必要도없다고한다 또 그러케까지는아니하고라도宗敎는政治、經濟、藝術、學術等과맛천가지로文化의一部門임애、特히核心的인地位를要求할權利는없다하며、或은그보다도나려가서 宗敎는時代生活을反映하는것에지나지않는것이라고하는사람이許多하게있다。이러한생각은所謂人智의發達에따라니러나는것이오 그러케되는것이大勢라고一般이認定하는傾向을가지고있다。그러나이는正當한생각이아니다。이는皮相的인科學의一時의揚言을듣고過去의歷史를無視하는말이다。皮相的인것은 언제나贊同을얻기쉽다。그러나그것이 眞理가아닌以上 修正되는때는 반드시온다。現代의이非宗敎的傾向은修正되는때가올것이다。그러고그것을하는것은 宗敎家보다爲先眞正한科學者가할것이다。우리는眞實한考古學人類學者들의硏究에依하야 알려진事實의二三實例를들어人類文化史上에있어서가지는宗敎의地位를 밝힐것이다。거긔依하면宗敎는언제나文化發達의中心이되고動力이되여왔다

사람이母胎에서 떠러저나오자 첫재로받는 文化遺產은 옷이라는것이다。人間文化는 爲先옷이라는形象으로 저를 기다리고있어 人間世上에 나오자마자 저를둘러싸고 以來저를떠나는일없이 죽는瞬間까지 아니라 三尺土밑에서 썩을때까지 같이썩는다。옷은그러케重要한것이다。여긔着目을하야 一個哲學을말한 칼라일은 當代一의哲人이였던만큼 偉大하였다할수밖에없다。저의말과같이 果然人間社會는 衣裳우에 서있는듯하다。그런대 그重要한 衣服의起源은어대있느냐하면 놀날만치 滋味있는일이있다。지금우리게있어 옷의効用은 두가지가있다고한다。爲先은身体를保護하는것이오 다음은儀容을가추는것이다。이로써推想한다만 本來벗은몸으로살던人類가 옷을닙게된것은 寒暑를避하기爲하야한것이라고함이 가장自然인듯하다。그러나事實은그러치않다。衣服의使用은 그러한實用的價値의自覺에서나온것이아니다。近來의硏究에依하면 衣服은女子로부터입게始作하였는대 그女子의衣服은 當初에 腰部에다가貝殼을꿰매여 둘으던것에서 나왔다고한다。그러고그貝殼을 꿰여둘는理由는 무엇이냐하면 一種의宗敎的信仰때문이였다고한다。原始人類의社會에있어서 가장有力햇던 精神的勢力은「生命」이라는觀念이였는대 女子는 이生命을낳는者인故로 그는生命의賦與者(Life giver)로서 社會上獨特한地位에있었다。古代에있어서 萬物化育의神이 이女性으로表示된것은 이때문이였다。그런대貝類 더구나子安貝같은것은 그形象으로보아 女子의生產力을 象徵하는것임으

로 그것을表示하기爲하야 腰部에그것을 느렸던것이라고한다. 그러고보면 世上의英雄들이 그雄姿를 나타내노라고 千金을던지는禮服이나 美人이그아릿다운모양을 돕기爲하야 珠玉으로꿈이는彩衣는 모도다 일즉히 原始女將軍의 두다리사이에 드리엿던것의 變形에지나지않는것임을 알수있다. 그러고그것의原因은 生命賦與者에對한 信仰에있다. 옷을지은것은 經濟가아니오 信仰이다.

衣食住라해서 집은 사람의生活에서 떠날수없는것인대 그집을짓는 建築術의發達은 어떠케되였느냐하면 그것도 宗敎에 起源이있다 歷史에 찾어보아서 建築術의進步가 언제나 宗敎寺院에서 始作된것은 明白한일이다. 오느날 文明都市를 일우는 石造建物도 그起源은 墓所에있다. 지금은石材를單히美觀이나堅固價値로보아서使用하지만 人類가當初에石材를쓰게된것은信念으로부터였다. 原始人은일즉부터靈魂不滅을믿었고 그靈魂의依存을爲하야는肉体의存在가絶對로必要하다생각하였는故로그들은 온갓手段을써서 肉体保存을圖謀하였다. 墓所를石材로꿈인것도이때문이다. 돌은萬代不變의性質을가지는것인故로死者를永遠히살리기爲하야石造墳墓를지었다 그것이한거름나가서自己네의現存한 生命賦與者인王者의집을石材로짓는대 니르렀고 거긔서다시應用되여 一般建築에 쓰이게되였다

이밖에 彫刻、木工、繪畫의境遇도 맛찬가지다. 一般으로도 藝術發達의起源은 宗敎에있다. 本來藝術은 지금처럼 사람을爲한것이아니였고 神을爲한것이였다. 神의눈을 질겁게하기爲하야 그림이오 演劇이요、神의귀를 질겁게하기爲하야 音樂이였다. 劇의發達은 希臘에서 始作되였는대 그는本來 다이아나女神의祭式에서 그女神을象徵하는 山羊의탈을쓰고 그山羊의소래를 숭내던것이 起源이라한다. 世界的으로有名한 오림픽도 希臘에서 始作된것인대 그것도本來는 神殿에서 行하였던것이다. 그를行한理由도 單히祝賀를爲한것이아니였다. 後日에는 그리되였으나 當初는 이기어서 神의祝福을 自己게로 가저오는것이 그目的이였다. 첨에있어서는勝者는王者 곧生命의賦與者가되는法이였다 이러한風은古代埃及에도있었고印度에도있었다. 우리朝鮮에 지금도질어있는正月十五日에石戰 줄다리기같은것을하는風도 그起源은아마그리한것일것이다.

다음現代人의生活에있어서 가장重要한役割을하는 貨幣에對하야보면、이것도오늘날 우리의理知判斷으로하면 貨幣의効用은 交換의媒介에있는것이오 그職能을하기爲하야 가장必要한資格은 一般으로 貴重히 녁임을입는것인故로 當初에人類가 貨幣를使用하게된것은 그런物貨交換의必要上考案하야낸것일것이라고 하고싶지마는 事實은그런것이 아니다. 貨幣의가장原始的인것은 貝貨即조개껍질을貨幣로쓴것인대 그原因은 全혀宗敎에있다. 다시말할것없이

貝殼이 貨幣로된것은 그것이原始社會에서 매우貴重히녁임을當한대있는대 그러케貴하게녁인까닭은 決코實利的인때문은아니엿다。바다ㅅ가에널려있는 조개껍질을 무슨所用이있어 누가 貴해하리오마는 原始人에게는 그러치않엿다。우에말한대로 그들은貝殼을生命의象徵으로알엇다。그리하야 死者의埋葬에는 반드시 이를副葬하야 그生命을 延長식이려하엿다。佛蘭西 도루드뉴ㅣ에있는 萬三千年前의것이라고斷定되는古墳안에는多數한子安貝를넣은것이있엇다。그리하야單히實利나裝飾으로가아니라信仰上의必要로貴重視함을받는동안에어느덧交換의媒介者即貨幣가되여버렷다。漢字에서도돈에關係된字가다貝邊인것은이때문이다。

조개外에 古代의貨幣가된것으로는 소가또있는대 소도亦是 宗敎的으로 神聖視햇는故로 社會的으로 貴히녁임을當하엿다。埃及에서는 神으로섬겻고 印度에서는 現今도 소를 神聖히녁인다。

그다음貨幣는 所謂金銀寶貨라고 金銀、더구나金이 오늘날도 代表的인것인대 이것도原因이 마찬가지다。모든金屬中에 金은 가장實利的價値는적으면서도 가장貴重視되는대 그貴重視되는理由는 지금은그裝飾的인價値때문이라고밖에는 생각지않으나 그는오란傳統때문에 모르게되엿기때문에 하는말이오 本來는그렇지않엇다。人類가金을안歷史는 大端히오란것인대 그金은變치안는것인故로 重히녁엿다。古代의王者는特히金을많이使用하엿는대 그理由는 이金이不變의性質을 가지는것인故로 그것을所有하면生命을永遠히保有하리라는생각에있엇다。故로이렇게알고보면 돈인故로貴하다는것은 지금의생각이오 本來는貴한故로돈이되엿고 그貴한理由는生命을주는것이기때문이엿다。

故로原始의모든文化는 이生命希求의 宗敎的要求를 내놓고는 있을수 없엇다。航海術의發達같은것도 거긔서나온것이다。지금文明國의勢力의程度는 그交通能力에 달려있다할수있고 海上權所有의大小는 그國力을決定한다고하는것인대 그航海術이發達하게된것은 永遠의生命을얻자는불타는祈願에서 나온것이다。人類는本來 모든動物中 가장水中活動에 不適하다는것이다。다른動物은 물속에빠지면 大概다 本能的으로 헤을치는대 唯獨人類만은 特別히練習하지않는限 水泳이全然不能하다。그런人類가 萬難을무릅쓰고 蒼波에떠서 멀리海外에갈생각을한것은 이必要不可缺한 生命延長劑때문이엿다。金、金、金을얻기爲하야 죽기를冒險하고 나갓다。그러나그目的은 지금과같이그것으로 땅을사고 집을사자는것이아니라、生命을얻자는것이엿다。印度의各處에는 이미西紀前三千五百年頃에 埃及사람이와서 盛히金鑛을한 遺跡이있다고한다。또前記佛蘭西古墳에있는 貝殼은 地中海에는없고 紅海에서나는것임애 아마거긔서 가저갓던것이라고한다。또이貝殼이나金

外에 古代埃及人의 航海의目的物이된것은 孔雀石이라는 것이였다。埃及人의人物畵를보면 女子의眼尾에 綠色을칠하였는대 그것은當時人이 花粧으로 孔雀石의粉末을 바른것을 表한것이다。綠色은나일江의水色이오 나일江은 저들에게 生命의根源이라、故로 永遠히靑春을 保有하기爲하야 그生命色을 칠한것이였다。그리하야그들은이孔雀石을얻으려 멀리地中海를나가 四方으로探求하였다。그러는동안에 航海術이發達하였다。그러고보면莫强을다투는 世界列强의鋼鐵艦은 埃及女子의花粧盒에서 나온것이라할것이지만 一層더들어가말하면生命의宗敎에서 나온것이다。

지금世上을 科學의時代라하고 宗敎를否定하려하는것도 科學이라고하나 그科學도 起源을찾으면 宗敎的信念에있다。科學中에 가장몬저發達된것은 天文學인대 天文學의 始作은 占星術에있다。하늘에對한信仰이 하늘을熱心으로 探究케하였다。人類가 놀랄만치오란녯날에 이미天体運行의法則을 매우精密히알게된것은 全혀이信念때문이였다。天文學과아울러 近世科學의淵源이되는것은鍊金術(Alchemy)에있는대 그것도亦是 生命希求에서나온것이다。鍊金術이란低金屬을가지고 金을만들어내는法을찾는것인대 金을그렇게求한것은 우에말한原因때문이였다。이밖에寺院의位置方向을測定하는대서 地理에關한知識이나오고 貝殼을模造하자는대서 陶磁術이發達한것도 注意할만한것이다。

이以上말할必要도없다、宗敎는文化의反映이아니오 分明히그源泉이다。그러나오히려反對가있을수있다 宗敎가그렇듯 文化의源泉이된것은 古代의일이오 今日에 있어서는 文化는宗敎에서떠나 完全히獨立할수있다고、果然그러한듯하다。오늘날에있어서 科學者가되기爲하야 宗敎信念을반드시가질必要는 없는듯하다。無神論反宗敎主義者로서 世界的으로 有名한學者가 不少하다。그러나그는마치 뿌리에서찍힌樹幹이 足히數月동안 枝葉을내일수있다해서 나무는뿌리아니고도 살수있다 할수없슴과같다。아무리現代라도 眞實한學的良心과 崇高한敬虔念없이 科學을硏究하고 藝術을發達식이고 政治를하여갈수는 없을것이다。宗敎信者될必要는 없을넌지모르나 人格없이 文化를낳을수는없을것이다。그런대그眞理探究心과 敬虔念은 어대서온것인가하면 數十萬年間 宗敎的信念과体驗에依하야 養成되여 血管속에들어가고 細胞안에 숨어들어 天性으로되고 遺傳으로되여 오늘날까지온것이다。故로오늘當場에 結果가 나타나지않는다하야 宗敎없이도 人類는살수있다는것은 어리석은말이다。오늘날의反宗敎思想은 그禍를 아직 오늘날에는 나타내지않을것이다。그러나數十百年乃至數千年後에나타낼것이다。그렇게생각하고 우리는慄然하지않을수없다。民族萬代의後를생각하고人類永遠의未來를念하는者로서 누가손을가슴에대고눈을우으로向하지않을者있으리오。

小鹿島消息

(前略) 燈火管制等으로日支事變의餘波가없지안사오며 라디오셋트는 섬中의人氣를獨占옵하고 新聞은찢어지다싶이되니 참으로可觀입니다。聖經을이렇게다토아읽는時代가 언제나올까 싶읍니다。

그러나 이것이小鹿島消息은아닙니다 아마도殺風景한것만이 世上의全景은아닌것같읍니다。家庭에서까지쫓겨난 同患千餘名이 今秋에우리食口가운데加入한다는것이 어찌우리의기쁨만이되오며 同情을被蒙하는者만의기쁨만되겠읍니까。實로하나님의기뻐하시는바이라고생각합니다。사랑은無形이라 눈으로볼수없다고 어떤冊에서읽은것같습니다마는小生은確實히 사랑을 이肉眼으로보고있읍니다。

健康치도못한自己肉體를돌보지도않고 病舍改築에 땀과몬지가운데서도 기쁨으로工事를進行하고있는兄弟들을 數日前에 北病舍에가서볼때에 이것이사랑이로구나 아니할수없었읍니다。어느點으로보나寄生虫을自處하지않을수없는우리를近四千名(今秋에五千名)包擁한小鹿島는確實히사랑의實現이라고아니할수없아오니 國恩도클여니와社會의同情에 感泣치않을수없읍니다。하나님은사랑이신지라 이모든것이하나님으로부터 오는사랑임을믿사오매 가장불상하고賤한者世上이다돌보지않든者에게特別히限없이퍼부어주시든主예수의 크신사랑을二千年後오늘날確實히눈으로보는것같습니다。한편으로는 새食口千餘名兄姉에게信仰을注入할責任이 먼저믿는 우리들의使命이니 어깨가무거움을 느낌니다마는 주시는이는主님이시오 길우시는이도聖靈이시오매 人間無力도樂觀을할수있아오며 四對一比例로傳道하여야할것을 祈禱하고있읍니다。小鹿島는只今肉으로靈으로 참多事한때입니다。罪悚하오나爲하야祈禱하여주시오。기왕우리에게病苦를주실바엔最惡의固疾을주신것을感謝하지않을수없읍니다。어리석은人生은自己의몸이便하고 좀幸福을느낄때에 하나님께依支하는맘이없어지는까닭입니다。새로올 兄姉들도 이와같은意味로보아小鹿島로온다는것이 곧하나님께로온다는것을 믿습니다。잔득곪긴傷處는 건드리기만해도 터집니다。그네들의 발서부터 그무슨偉大한힘을찾고있는熱은 마치化濃한傷處와같을것이라고 自己의過去를빛우어切實히느껴집니다。未收容者를爲하여서도祈禱하여주시기바랍니다。

前에 스토우夫人著「안클 톰스 캐빈」이라는冊을읽은일이있읍니다마는 오늘날三南地方을流浪하는癩病患者의生活이야말로 解放前黑奴들의生活보다 몇倍나慘酷합니다。先生님無禮함을 용서하여주십시요。只今도 이편지쓰는中에 몇장의片紙가配達되였읍니다 그중에歸省者의片紙만은 안읽을수없어서 쓰든펜을멈추고읽었읍니다。이와같은行動은 우리는歸省者의身邊을 몹시念慮하는까닭입니다。공연히읽었읍니다。눈물과義憤에 마음이 散亂해집니다。그文面의한토막을여기적어三南地方을流浪하는우리의 兄姉인하나님의떳떳한子女의權利를가진者들의 참아말못할情景을 우리를늘記憶해주시는先生님에게나마 하소연하지않고는 견딜수없읍니다。『恩惠의섬을떠난小生은 李××누님의짐을不得已한事情으로 自轉車에실ㅅ고代橋까지밀고왔더니(길에 자갈이甚해서 타지못함)발이全部불켜터저一步도行할수없어 一日에五里或은十里식 겨우麗水近處까지와서 오래동안굶은탓으로 그만氣盡하여넘어졌든模樣입니다。찬이슬에깨여보니 自轉車는勿論 몸에진인지갑까지없어졌읍니다。갈ㅅ길은망연하나起身할수없어 빈들에홀로앉어 未久에죽기만기다리고있읍니다』云云。小鹿島를떠날때若干準備한食物外에는 돈이있어도 밥한그릇못사먹었답니다 흐르는시내ㅅ물도洞里사람보는데마셨다가는棍棒의人事를받는身勢가世上에있다면 그래도 고지듣지않을사람이많을것입니다。小生도亦是過去四年間에이러한토막토막의哀話를數百番들었읍니다마는 一言으로否定하였읍니다。이번에 實地로體驗하고自己의輕率을苦笑하였읍니다。愛養院을訪問한歸路에途中에서下車命令을두번이나받어驛員과 警官과한時間以上을다툰일도있아오며 남에게폐를끼치지않으려고露宿하려다가 退 (二十頁에繼續)

新約聖書概要 (二)

金 敎 臣

요한福音大旨

요한福音은 新約聖書의 마태 마가 누가等의 세福音 다음에順位하여있는故로 第四福音이라고도 일카로나 前記세福音書와는 그觀點에大差가있는故로 前三冊을共觀福音이라고通括하야 이 요한福音과對立하게한다.

요한福音은 처음 읽는者로서理解하기困難하기로는 짝이없는冊이라하나 一旦味解의域에到達한後로는 平生토록 마시고마시어도 盡할바를 알지못하는 眞理의甘泉이라고 해서 많은靈界의聖徒들이 朝夕에誦吟하야마지못하는福音이다. 以下에著者인聖요한의生涯부터 順序로羅記한다.

聖요한의生涯. 요한의生涯에關하야 整理된記錄은 찾을수없으나, 新約聖書의 이곳저곳에있는記錄을綜合하면 거의確然하게 요한의爲人을 엿볼수있으며 그우에 初代敎會로부터傳해오는口傳中의 몇가지만 들어도 聖요한의特異하고强烈한性格을 넉넉히 짐작할수있다. 먼저聖書의記事를綜合하여보고 다음에傳說몇가지를摘記하고저한다.

一、요한의出生年月日은 알수없으나 필경主예수보다年少하였던듯하며 十二使徒中에도 가장젊은편이였던듯하다. 세베대와살로메夫妻의아들인데 야고보가長子요 요한은次子인듯하다. 세베대는 갈릴리地方벳새다人이오漁夫이였다(一·四四及마가一·二〇). 삭군들을 부렸던것으로보아서 세베대는 相當히資產을所有한사람인모양이다. 세베대의이름이單獨으로福音書에記載된것은 오직한번뿐이나(마태四·二一、二二、마가一·一九、二〇). 그러나 —야고보와 요한의아버지—로는여러번 보인다.

살로메는(一九·二五參照) 聖母마리아의同生이였던모양이오, 그렇다면 요한은 主예수의 姨從兄弟間이었을터이니 다른弟子들보다도 特히親近하였던關係等을納得하기를 도웁는材料가된다. 나종十字架밑에서主예수의母親마리아의寄托을받은것도 요한이였다(一九·二六、二七). 살로메는 그리스도를 좇으며—物資를提供하야 섬기던女人들—의 하나이였다(마가一五·四〇、마태二七·五五、누가八·三). 이렇게專心全力을 다하야 主께師事한것은 필경 그男便세베대의死後의일일것이다. 이로써 보건대 요한의兩親은 相當한生活을할만한資產을가졌으며 그아들도 웬만치出立할만한人物로敎養하였던것은(一九·二七) 當時의祭司長과親分이있었던것으로도(一八·一五) 짐작할수있다. 特히 살로메의敬虔하고 메시야를待望하는信仰이敦篤하였던性格은 그아들에게

遺傳하였으며乳房의訓練으로 나타나서 聖요한으로하여금 깊이感受하며 거룩하게待望하는天性의大使徒의素質을準備하게하였다。

聖요한은 背逆者유다를除外한 다른使徒들과 마찬가지로 갈릴리사람이였다。 그成長한故鄕의風土와民俗은 저들로·하여금 主께서「雷의子」라는 이름을 받기에 適合하도록되였다(마가三·一七)。 갈릴리住民들은 周圍의 諸民族들과같은 文化의文弱의弊에 아직 물들지않고 남어있었으며 俗世의傳統과曲禮에對하야는無知하였으나 律法에對하야는單純한信仰을가지고文字대로實踐하려는百性들이였다。政治的術策과 哲學的議論에는興味없였다。陰謀的策略보다槍劍의直接行動에敏活하였으며 瞑想보다勞働을擇하는性格이였다。 故로五千餘名에게 넉넉한糧食을提供하시는예수를發見하였을때에「억지로 王을 만들랴고」示威한것도 저들이였다。人口는 매우調密하고 수리아人유대人等이雜居하야 異族間의軋轢도 끊임없는地域이였다。이러한地方에태어났고居住한요한은 나면서부터 勤勞的이오健實하며强硬한精力家의氣象이豊富하야 무릇曖昧逡巡하며陰謀欺計함에는 견딜수없는性格이였다。故로洗禮요한이曠野에서 웨침에 于先나아가 悔改의洗禮를받고 그弟子되였거니와、後에主예수의 부름을받을때에 그父親세베대와 삯군들과漁網을함께버리고即時에遂從하였다。그날부터 저의生涯는아주一變하였다한다(一·三九)。요한이 그兄야고보를主께引導한것은 안드레가 兄베드로를引導한것과彷彿하였다(一·四〇、四一)。요한은「愛의使徒」라하야 古來의書家를이女人의相같은요한을 그리는것은 그一面만을表現한것에不過하다。聖요한은筋骨이頑强한偉丈夫이였으며 고요하기 갈릴리湖水같은一面이있는同時에峻嚴하기 헤르몬山嶺같은他面을가진二重의人格이였을것이라는말이 가장可然할듯하다。

聖요한은 처음부름을받은後에 一旦歸家하여家業에從事하고있다가 再次主예수의召出을받고나와使徒된듯하다(마태四·一八、누가五·一―一一)。 使徒中에서도 特選된三人團―兄야고보와베드로와함께―을形成하야 主예수의가장內部的이오秘義的인일에까지叅與하였다。야이로의딸을更生시길때가其一이오(마가五·三七、누가八·五一)、變貌의山에侍從든것이其二요(마태一七·一、마가九·二、누가九·二八) 겟세마네동산의苦禱에 가장 가까히모신것이其三이다(마가一四·三三、其他共觀記事)。 또한번은 안드레까지四人이 예루살렘滅亡을豫告하실때에(마가一三·三) 侍立하였다。이런때마다 勿論베드로가 弟子의先頭에섰였으나 主께 가장가까이모시며主의貴염을받은者는「예수의 사랑하는弟子」이였다。

「雷子」의急性을 잘나타낸것은 以下의 세事件이였다。

(一)『요한이 예수께 여짜오대 선생님이여 우리가보니한사람이 주의 이름으로 사귀를 내여쫓거늘 우리가

禁하였나이다』라고(마가九·三八、누가九·四九)。 이때의 그리스도의對答은 여호수아에게答하는 모세를想起케함이있었다(民數記一一·二八)。

(二) 사마리아人들이 예수의一行을 迎接하지않었을때에

主여 우리가 불을命하야 하늘로좇아나려 저의를滅하라하기를願하시나이까。

한것도(누가九·五四)저의兄弟들이였다。

(三) 예루살렘으로最後에 올려갈때에 저의母親살로메로하여금 한아들은 메시야의右편에 다른아들은左편에 앉혀주기를敢히請하게한것도 저의兄弟였다(마태二〇·二〇、마가一〇·三五)。主께 그처럼親近하였으면서도 아직主의나라의性質을分辨치못한 저들의荒暴한野心이發露된것이였다。

最後의晩餐時에는 베드로와함께요한이準備하는任務를맡였었고(누가二二·八)、席上에서 主께 기대어 謀叛者가누구인것을質問하였다。예수가 잡혀간後에 祭司長의門內로友人을紹介周旋하야 入場하게한일이있었다(一八·一六)。예수를 따라 十字架밑에까지 모신것은「예수의 사랑한弟子」이였고、거긔서聖母마리아의保養의責任을받었다(一九·二六)。落伍한베드로를勿咎하고 다시 어깨를마추어서 復活의아침에 主의墳墓에 가보았고、復活의 消息이 먼저베드로와「主의사랑한弟子에게」傳來하였다(二〇·一、二)。베드로는「내가 무엇을할까」하였고 요한은「예수가 무엇을하실까」고생각을하였다。前者는行動하고後者는待하며 바라보았다。故로 베드로가『帳幕셋을지으리까』……『갈로칠이이까』하고 무를때에 요한은「보며 또한믿었다」。

使徒行傳에보이는 요한은 恒常副役의地位로 나타난다(使三·四章及八·一四—二五等)。 예루살렘에 보이지않었다하였으니(使八·二五) 사마리아에 歸還한時期인듯하며、바울이第一次예루살렘訪問時에도不在하였다한다(갈一·一八、一九)十二年乃至十五年쯤經한後에 다시 예루살렘에居住하였으나(使一五·六) 그居住한 期間은不明하며 割禮받은무리를引導하였던것은 갈라디아第二章九節로보아서 짐작할수있으나 其他에는 파토모스島에갔던것이 自身의記錄(黙示一·九)으로 남은外에는 聖書에記錄된行蹟은없다。

二、傳說에 依하건대 聖母마리아의死後에(?)예루살렘을떠나 에베소에가서 거긔를中心地로하고傳道하였다한다。그러나 바울이 에베소敎會의長老들과 울며作別하였을때에도(使二十章) 요한의말은없었고 에베소書에도 요한에關하야는半句도 쓴것이없었고 其他牧會書簡에도 한번도요한의이름이 보이지안는다。傳說中에서 가장 요한的色彩濃厚한것을 두어가지 들면 如左하다。

① 에베소에서公衆沐浴蕩에入浴하려다가 그안에 세린투스(受肉說을否定한者)가있음보고 沐浴도안하고 急히뛰어

나오면서「모두들 沐浴蕩에서 뛰어나가자。眞理의 敵인 세린투스가 이안에있는故로 沐浴蕩建物이 우리우에 문어질까 두렵다」고 웨쳤다한다。路加傳九章四九、五四節에있는바와比較하야 늙어서도雷子의性質이躍如함을 볼수있다。

② 파토모스島에서歸還後에 各處敎會의監督과長老들을任命하기爲하야旅行하다가 한곳에서有爲한靑年을發見하야 各別히 어느監督에게附托하여둔일이있었다。그靑年은監督의敎訓을받어洗禮까지받었다가 墮落하야盜賊團의괴수가되여버렸다。後에 요한이 다시그곳을尋訪하였을때에 그監督을보고「여보監督! 나의任置한것을 내라」고 졸랐다。요한에게서借用한일도없는監督은 그뜻을깨닫지못하야 매우當惑하였으나「그靑年、한兄弟의靈魂말이야」하고說明할때에 비로소 뜻을알고 그靑年의顚末을詳告하였다。요한은駿馬한필을準備케하야盜賊의巢窟로 모라들어가 곧 저의들께 잡히웠다。그러나聖요한인줄認識하자마자 逃走하려는괴수를 요한은 뒤로쫓으면서불렀다。요한의사랑의 눈물과勸告는 드듸어盜賊靑年을 더부리고敎會로 도라왔다한다。

③ 요한의晩年에는 氣力이 甚히衰弱하야 壇上에서能히길게說敎할수없었다한다。그럼으로 或時說敎한대야「어린아이들아 서로사랑하라!」는것을 되푸리할뿐이였다。이單調에嫌症이생긴聽衆들은質問을發하였다「先生님 당신은웨 이말한마디만 언제든지飜覆하십니까」고。「이것이主의誡命이다。그리고 이것만行하였다면 足하다」고對答하였다고한다。

本書의企案。 예수의傳記를記錄한共觀福音三冊도 그叙述의企案이全無한것은아닐레지마는 요한福音의 그것에比하면 아주無企案으로 되는대로羅列한素材에不過하다고하여도無妨하리만치 이 요한福音은自初至終으로整然한企案下에著述되였다。그配列은一定한目的을達成하기爲하야取捨選擇한것을表現할意義에따라 素材를配定한것이다。그러기에갈은異蹟을記錄하였으되 처음에는 물이葡萄酒로化하는것같은 比較的容易하게생각되는것부터시작하야 漸々困難한것、死者의更生復活에까지 및으며、物質界의驚異로부터 靈界의驚異로 나아갔으며、다함께洗禮요한의曠野에웨침을傳하였으되 요한福音에는 主예수를紹介宣明하는洗禮요한을뚜렸하게 그려냇다。

요한福音에는 信仰과不信、光과暗、生命과死殼이 새끼꼬인것처럼 螺線形으로出沒하는데 그强度가層一層 段一段으로 높아간다。黎明의 어두움이甚하며 强度의光明있는곳에는濃暗한影子가 따루는것처럼 眞理요生命이요道인主그리스도의行하는일마다 가시는곳마다 이런兩面의彩色이歷然하게 나타나보인다。그리하야 나종에 十字架上의죽엄과 그復活로써 光明의極에達하는同時에 처음부터 빛을 꺼려하든人間世上에는 暗黑의極이臨하고말었다。其他取材의內容을一々히吟味할진대 本書를稱하야立体的傳記라하며靈解의能筆이라하며 主그리스도를 가장깊은데서体驗한自古及今의聖徒들의唯一의福音書라고指稱하는所以를 容易히窺視할것이다。

本書의目的、 記者自身이 明白히記錄하였음으로論議할餘地도없다。

오직記錄한이것은 너의로하여금 ①예수께서 그리스도시며 ②하나님의 아들이심을 믿게함이오 또 ③너의가 믿고 그이름을 힘입어 生命을얻게함이니라

고 異邦人과猶太人、割禮의有無、野蠻이나文明人、奴隷와自由人을論할것없이 오직 그리스도는萬有의主되시고萬有안에계시나니라(골三·一六、갈三·二八)고。 이以上 以外에目的을 더論할것이없다。 짐작전대 聖요한은 세린투스等當時의 모든眞理에拒逆하는무리를背擊하고 彷徨하는 羊떼를 바른길로指導할必要에臨迫하야 이冊을著述하였던모양이다 이러한實際 的確한目的을 가졌던故로 그筆致가想像의世界에서弄絡하는所謂「創作」과는全然다르다。 그取材와配列이모다 目的을達成하기에完全히符合하였다。 예수一生行動의靈的意味를모주리記錄하려면全世界에도容納할수없을터이지마는于先요한은二十一章으로그目的을完全히達하였다

요한福音分解表

一、序文 (一·一—一八)

① 말슴의性質 (一—五)
- 말슴 과 하나님(永遠) (一)
- 말슴 과 宇宙(創造) (二—五)

② 말슴 과 人類——歷史 (六—一三)
- 洗禮요한의干證 (六—八)
- 人類의信과不信 (九—一三)

③ 말슴 의 受肉 (一四—一八)

二、本文 (一·一九—二〇·三一)

가、外界의干證 (一·一九—五一)

① 洗禮요한의干證 (一·一九—三七)
- 나는 그리스도 아니다 (一九—二八)
- 뒤에 오시는 예수야말로 하나님의羔羊 (二九—三七)

② 洗禮요한의弟子들의干證 (三八—五一)

나、內界의示顯——業蹟으로 (二·一—二〇·二九)

요한福音分解表

甲、一般世上에對한示題 (三・一―一三・五〇)

A 信仰과不信仰의發生 (二・一―六・七一)

① 最初의異蹟――가나의婚宴 (二・一―一二)

② 유대에서行하신일(業蹟) (二・一―三・三六)

a 聖殿의整潔――宗教商人의逐出 (二・一三―二二)

奇蹟信仰――根據薄弱 (二三―二五)

b 니고데모와對話――新生의秘義 (三・一―二一)

c 洗禮와洗禮요한의最後干證 (二二―三六)

③ 사마리아에서行하신일 (四・一―四二)

한女人의信仰(우물가에서) (一―三八)

사마리아人들의信仰 (三九―四二)

④ 갈릴리에서하신일 (四・四三―五四)

갈릴리人들의迎接 (四三―四五)

王의大臣의信仰과 그全家救援 (四六―五四)

⑤ 벨에스다池畔의異蹟――生命의根源 (五・一―四七)

a 三十八年來의病人治癒 (一―九)

b 安息日破戒의問題 (一〇―一六)

c 生命의根源인 그리스도――論戰 一四 (一七―四七)

⑥ 五千人에게 떡의異蹟――生命의保持 (六・一―七一)

a 五千人에게 떡分配 (一―一五)

b 水上行步――王으로擁立하라는群衆回避 (一六―二一)

c 生命의糧食인基督――群衆의誤解 (二二―六五)

d 弟子들의蹉跌、離散。 (六六―七一)

B、信仰과不信、光과暗、生과死의衝突 (七・一―一二・五〇)

(一) 信仰과不信의增長 (七・一―一一・五七)

① 光의根源이신 그리스도 (七・一―九・四一)

a 帳幕節에 숨어上京하심 (一―一三)

b 聖殿에서辯證하심 (一四―三九)

意外의結果――예수에對한意見區々。 (四〇―五二)

〔附〕 姦淫한女人――挿入乎 (七・五三―八・一一)

c 그리스도自身의辯駁――유대人을攻擊 (八・一二―五九)

d 盲人을治癒하심 (九・一―四一)

② 사랑이신 그리스도 (一〇・一―一一・五七)

a 善한牧者의說話 (一〇・一―二一)

b 修殿節에論爭하심――業을믿으라 (二二―四二)

c 라사로의復活――나는復活이오生命 (一一・一―五七)

(二) 敗北의勝利——公傳道의終結 (一二•一—五〇)

① 死와勝利의徵兆 (一—三六)

a 死의徵兆——마리아의塗油 (一—一一)

b 勝利의徵兆——驢馬로入城、異敎人의歸依 (一二—三六)

② 附言。 (三七—五〇)

a 信仰과不信——記者의審判 (三七—四三)

b 예수傳道의總約——하나님의審判 (四四—五〇)

乙、弟子들에게對한示顯 (一三•一—二〇•二九)

A、最後愛의發露 (一三•一—三〇)

謙卑의愛——弟子들의洗足 (一—三〇)

너의도 서로 씻으라 (一—二〇)

叛逆者의指示 (二一—三〇)

B、訣別의說敎——弟子들을慰勵함 (一三•三一—一六•三三)

其一 (一三•三一—一四•三一)

① 새로운誡命——서로사랑하라 (一三•三一—三五)

베드로의背信豫告 (三六—三八)

② 慰勵——保惠師를約束함 (一四•一—三一)

其二 (一五•一—一六•三三)

① 葡萄樹의說話——서로사랑으로 (一五•一—一七)

② 世上이 미워해도 격정마라 (一五•一八—一六•三三)
〔내가 이미 世上을 이기였노라〕

C、最後의祈禱〔大祭司長의祈禱〕 (一七•一—二六)

① 自己를爲하야祈禱 (一—五)

② 弟子를爲하야祈禱 (六—一九)

③ 온敎會를爲하야祈禱 (二〇—二六)

D、死와復活의示顯 (一八•一—二〇•二九)

① 예수就縛 (一八•一—一一)

② 審問 (一八•一二—一九•一六)

a 유대人의宗敎裁判 (一八•一二—二七)

안나스의審問 (一二—一四、一九—二四)

베드로의否定 (一五—一八、二五—二七)

b 로마人의世俗裁判 (一八•二八—一九•一六)

빌라도의審問 (一八•二八—四〇)

十字架刑의判決 (一九•一—一六)

③ 死와埋葬 (一九•一七—四二)

요한福音分解表

一六

a 十字架에달림 (一七—二二)

b 母親마리아를弟子에게寄託함 (二三—二七)

a 死——누마더 말슴으로 운명 (二八—三七)

b 埋葬 (三八—四二)

④ 復活 (二〇·一—二九)

a 空虛한墳墓 (一—一〇)

b 顯現 (一一—二九)

마리아에게(一一—一八)、弟子들에게(一九—二三)、

도마에게——도마의大告白(二四—二九)

다、結論——本書의目的 (二〇·三〇—三一)

三、附錄 (二一·一—二五)

① 七人의弟子에게顯現——大漁〔世界傳道〕 (一—一四)

② 베드로에게顯現——나를사랑하느냐〔殉敎〕 (一五—二三)

③ 附記 (二四—二五)

以上에分解한것을 좀더要約하야 輪廓만을摘記하면 다음과갈다。

序文 (一·一—一八)

① 말슴의 性質 (一—五)

② 말슴과 人類——歷史 (六—一三)

③ 말슴의 受肉 (一四—一八)

本文 (一·一九—二〇·三一)

가、外界의干證 (一·一九—五一)

① 洗禮요한의干證 (一·一九—三七)

② 요한의弟子의干證 (三八—五一)

나、內界의示顯——業蹟으로 (二·一—二〇·二九)

甲、一般世上에對한示顯 (二·一—一二·五〇)

A、信仰과不信仰의發生 (二·一—六·七一)

B、信仰과不信、光과暗、生과死의衝突 (七·一—一二·五〇)

乙、弟子들에게對한示顯 (一三·一—二〇·二九)

A、最後愛의發露 (一三·一—三〇)

B、訣別의說敎 (一三·三一—一六·三三)

C、最後의祈禱〔大祭司長의祈禱〕 (一七·一—二六)

D、死와復活의示顯 (一八·一—二〇·二九)

다 結論——本書의目的 (二〇·三〇—三一)

附錄 (二一·一—二五)

七十五日間의東京生活 (二)

宋　斗　用

2、魯鈍한者의그릇된人生觀

때는 흐른다。事情없이 흐른다。電光같은速度로 끊임없이 흐른다。내가 人生의꽃이라고할수있는 달콤한 學窓生活을떠나 風波많은 家庭生活과 屈曲甚한 社會生活을 始作한지도 어느틈에 十個星霜이지났다。그리고 突然이 全能한손에잡혀서 무서운채찍에 몰리기始作한지는 滿十二年이되였다

滿十年、滿十二年、기ㄴ것같으면서도 짜른그동안、짜른듯하면서도 몹시기ㄴ그동안 나의 愚鈍懦弱한 靈魂은世上風波에 限없이시달려서 아지못한틈에 極度로衰弱하여지고말였다。

人類社會! 매우거륵한것같이 들린다。大端이 훌륭한듯이 生覺된다。거기에는 文學이있고 藝術이있으며 哲學이있고 科學이있다。그뿐인가 敎育이있고宗敎가있다。人道와 正義가있으며 倫理와道德이있다。말하자면 모든 眞善美가 모조리 가득차、一切가 거륵하고 무엇이고 理想이 그대로 實現될것으로 알려진다。他人은 모르거니와 적어도 나自身만은 그렇게 믿어왔다。더구나 스스로몸을받혀 絶對者를 敬畏하고 奉事하는 靈魂들의 사이에는 至上善과 最高의正義와 廣大無邊의 至極한사랑이 흘러넘처서 거긔에 『유ㅣ토피아』가있고 『파라다이스』가있을것이니 이것을말하여 地上天國이라할것이다。生覺만하여도 마음은 불타오르며 몸은 뛰놀아마지않는다

幸福하도다。나自身이여、어찌 感謝하지않을수있으며讚頌이없을수있으랴! 歡喜가있고 滿足과平安이있음은 自然한일이다。或者가 말한바와같이 내가 世上에나되 萬物中에 最貴한靈長이되였으니 于先기쁜일이며 사람中에서도 男子가되였으니 또한感謝하고 더구나 하나님의擇하심을입어 그사랑하시는 子女의一人이되였으니 이어찌 滿足하지않을수있으랴? 나는成功하지않고 成功한者이며 勝利함이없이 勝利의榮冠을 갖인者이다。아! 나의名譽 나의特權、나의榮光、오! 福받은者여!

이렇게말하여 나는 空想하는者가아니며 꿈이야기를하는것도아니다。못난者中에 가장못난者인 나는 世上을 또 人生을 樂觀하였다。짧은人生을 될수있는대로 즐겁게기쁘게 웃고 노래하면서 지내는것이 自然이며 따라서 當然한것으로 알었던것이다。(實際에있어서는 多少間 아니 아니 얼마던지 人生事가 거의 苦痛과悲哀와 患難의덩어리인것을 認識하면서도。) 그래서 中學時代같은 때는 同伴들이 二三人만 모여도 벌서 나를 찾으며 으레이

내가 叅席하여야 무엇이고 愉快하며 滋味있다는것이友人間의 評判이였다。

아모 生覺도없이 엄벙덤벙하면서 人間을 無意味하게 지낼뿐더러 罪惡에잠겼으면서도 오히려 닥처오는滅亡을 怯낼줄모르는 불상한人間을 矜恤이 녁이시고 사로잡어 救援의길에 집어처넣으신 사랑의하나님은 淺薄한希望과 安價의平安으로 滿足하려는 輕擧忘動하며 가장적게믿는者를 嚴肅하고 深奧한 人生의 正路이며 公道인 十字架의길로 모라넣으시는 正義의하나님이시다。

不信時代에는 죽고亡하는것도 아지못하고 불에덤벼드는 날버레와같던 나는 무서운 챗찍에몰리여서 겨ㅣ우 信仰生活을 하게된때는 마치 범무서운줄모르고 分別없이날뛰는 하루강아지와같었다。얼마나 못생긴者이며 그릇된者일가? 아마도 이러한人間이야말로 罪人中의魁首요 人間의찌시럭이中에서도 가장 찌시럭일것이다。아! 生覺만하여도 두려운일이며 부끄럽기짝이없다。

3、勇敢한베드로、卑怯한베드로

不健全한 家庭生活에서 誤解된人生觀을갖인者의 二十餘年의 複雜多難한 不信時代는 떠나갔다。兩肩의重荷는 어느틈에 버서졌다。別眼間 意外에 權能의손에잡혀 信仰生活은 始作되였다。井中蛙는 大海에進出한것이며 두더쥐는 日光을보게된것이다。그놀람、그기쁨、무엇이라말하며 무엇에比할고? 罪囚는 監獄을 버서난것이며 肉의人間은 靈으로新生한것이다。感謝와滿足은 말할것도없거니와 理想은 하눌같이높고 抱負는 宇宙보다컸던것이다 오! 그러나 티끌같은理想、겁품같은抱負!

나는 果然 信仰生活하게된것을 人生의 가장幸福으로 生覺하였다 그것은 바른生覺이였다。기뻐서 感謝하여서 견대지못하였다。그런데 아! 그런데 大海에는 井中에서 想像좇아할수없던 無數한大敵이있음을 누구알었으랴 두더쥐가 日光을만난때는 그것이 死의宣告인것도 채生覺하지못한것이다。엇잿던 不信時代에 樂觀하던 나이다 그暗黑中에서 그죽고亡할자리에서。又況 信仰生活을 맛보게된때이랴? 아모리 信仰답지못한信仰이라할지라도。

그렇다、「베드로가 배에서나려 예수께로가랴고 물우로 걸어가」던때는 가장幸福하였다(太一四의二九)。 코로 숨쉬는人間으로서 이以上의幸福、이以上의榮光 이以上의理想을 더生覺할수없다。그기쁨 그滿足 果然 當然할것이다 이야말로最高의기쁨이며至大의滿足일것이다。오ㅣ 그러나 그동안은 몹시짧었다。文字대로의瞬息間이였다「바람을보고 무서워 빠저가매 불러 가르되 主여 나를救援하시옵소서」하고 부르짖은것은 바로 다음瞬間의일이였다。

世上에는 이베드로의事實을 믿지않을者가많을것이다。

基督信者라고 自稱하는이들中에도 疑心하는者가없지않을것이다。그러나 이일은 그다지 믿을수없는일은아니다。사람들은 이말을듣고 눈을크게하여 입을버리고 大端히 놀라며 疑心한다。勿論 이일은 奇蹟이다。어려운일이며 놀라운일이다。稀罕한일의하나이다。그러나 決코 있을수없는일은아니다。特히 信仰世界에서는 能히 있을수있는일이며 또 그렇게 新奇한일이되지못한다。그럴뿐더러이와 비슷한異蹟은 他宗敎에서도 볼수있는일이며 甚至於迷信界에서까지 있는일이라고한다。믿음으로 重患이全快하였다거나 祈禱하여서 所願이成就하였다거나하는 種類의일은 우리가 때때로 보고듣는일이아닌가? 하물며全知全能하신 하나님의世界에서 어찌 이만한일이 그렇게 끔직하랴。차라리 當然한일이며 自然일것이다。

따라서 우리는 特히 求道하는者 또는 信仰生活初期에있는者로서는 이事實을들은때 또한 이러한일이있다는것을알게된때 얼마나 반가운일인지알수없다。우리는 사람이믿으면 믿기만하면 물우로도 단일수있다는消息을듣고서 雀躍을禁할수없다 慰勞와所望이 넘치기때문이다。그야말로 아모리 無識하고 無智하며 愚蠢하고 懦弱한者일지라도 믿는者에게는 또믿기간할때에는 이와같이될수있는것을 알어 우리의 勇氣는 百倍하고 所望은 至大하며 理想은 深遠하지않을수없다。이 적은事實——靈界에서는 가장적은事實의하나이다——을通하여 더큰事實더重要한事實을 믿을수있는까닭이다。그러기에 우리는 創世記 一章一節을 疑心없이 絕對로 믿을수있다。그말슴그대로를 秋毫만도 加減이없이 確實이 믿는바이다。『太初에 하나님이 天地를 創造하시다』라는 一節을믿어서 우리는 聖書六十六卷을 모조리믿을수있는것이다。이어찌어름어름할수있는일이랴? 이일은人生의根本問題이다。이야말로 우리의死活問題이다。人生의運命을左右하는問題이다。이얼마나重大且緊急한問題이랴?

그러나 우리의注意는 베드로가 물우로걸어간일에보다도 바람을보고 무서워빠지는일에 더욱 集中된다。처음부터 우리는 베드로가 물우로걸어간일을 베드로自身의能力 또는 權威로因하여된것으로 生覺하지않는다。그것은 예수께서 『오라!』고 命令하신 그權威와 權勢와權能으로因하여 되였기때문이다。그야勿論 其命令에服從하여 물에뛰여들어간것만은 베드로의單純한信仰에있다

아— 그런데 베드로는 바람을보고 무서워빠지라하였다 이것이 무슨意外의일이며 얼마나놀라운 事實이냐? 먼저 베드로가 물우로걸어간일은 우리의 期待한바이며 所願하는일이여서 意外라하여도 기쁨이따르고 놀라면서도 安心한것이다。그러나 이제 베드로가 무서워빠지라함을볼때에 우리의意外임에는 커다란失望과슬픔이따르고

놀랄에는 말할수없는 恐怖와不安이 全身을둘러싼다。

베드로가 예수를 絶對로믿고 其命令에 服從하여 물우에 뛰여들어간베드로가빠지라한다。 우리는 이것을보고 等閑視하거나 遠山火로 녁일수는없다。 베드로의일은 곧우리의일이기때문이다。 이야말로 人生의問題이며 人類의問題이다 모든問題中에 問題는 여기에있다。 이제와서는 우리의死活問題或은運命을左右하는問題이나하고論할餘地도없게된것이다。 우리는 死境에놓였다。 滅亡은 우리를삶키고있다。 우리는 앉도서도못하게된者이다。

(나의처음生覺에는 좀더 나自身의不足한것、淺薄한것、輕率한것、愚鈍한것、頑惡한것、固執한것、庸劣한것等等에對하여 告白하려고하였다。 不信時代의 醜態、入信의動機、最初의信仰生活에對하여도 써볼가하였다。 그러나 이런것은 筆者나 讀者에게 別로 有益이 없을것이며 또한 現在의 나의生活이라야 別것이없을뿐 더구나不信時代의일이라던지 또는 人間으로서의 모든缺点과短處에對하여는 多少間이라도 사라 良心을갖안者이거나 或은 보는눈과 듣는귀를 갖인者이라면 或은 各自의自身에게서 或은家庭에서 或은接觸하는社會에서 얼마던지 언제나보고들을수있는일、지긋지긋하고 끔찍끔찍한일 生覺하여도 戰慄을禁할수없는일、『이것이 人生이면』하고 失望하며 落心하지않을수없는일인것을 再考할때에 나의머리는混亂하여지며 나의붓대는 도모지움지기지않는다。 그리고 웬일인지 나의마음은 몹시 不安을 느껴진다。 그래서 마음속이 캄캄하기짝이없다。

本是가 게으르고 鈍하기 限이없는者이지만은 그리고 別로 글을써본일도 없지만은 이글처럼 써지지않는글을 쓰기는처음이다。 부끄러운말이나 이나마 쓰기에열마나 여러날이 걸렸는지 알수없다。 더구나 몇페이지는 八月末에썼건마는 글쓰지못하는者의 不幸이여! 讀者는 나의心的態度를 깊이 諒解하여 글의不調和、말의無連洛等에對하여 容納하는마음으로 읽기만바란다。 처음부터 이글을 發表하고저한것은 아니였으나 不得已 다른 道理없기로 貴重한誌上을 빌리기로한것이니 公表하면서도 몇분만이읽에주기를바라는矛盾의作亂이다

小鹿島消息

(八頁에서繼續) 却命令을받어洞里사람들과長時間다룬일도있읍니다。 麗水順天長興寶城近域에있어癩患者의金錢이란 얼마전露西亞紙幣와別로다를것없읍니다 하물며사람으로서의모든特權도없읍니다。 있다면 그리스도를 믿을수있는것뿐입니다。 나에게도 스토우夫人의붓이있다면 사랑의눈이어둡고人情도義理도없는冷血漢의 마음病이나 고처주고싶은생각이 없지않습니다。(下略)

크리스마스와小鹿島 〔社告〕

크리스마스라야別다른行事도없이지나는 우리는 小鹿島의靈의親族을記憶하는일이唯一의기쁨이된다。 特히今年에는 그곳兄弟들의必要한바를確然히알었으니 비록略小한것일지라도 兄弟들의맘에合할수있을것이安心된다。 誌友들은 眞正한맘으로하시라거든 本誌第九十七號第二十一頁의 小鹿島通信을叅考하시고 各其사랑을傳하도록하라。 萬一本社와 어울려보내기를願하는이는多少不拘하고 十一月末日까지本社에到着하도록 보내시오。 다른데보다郵送에時日을多要하는故로 일즉發送하여야 크리스마스前에達到될것이오。 또冬期集會에叅席할이는먼저金額만通知하고 追後로計算함도可함。

聖朝通信

一九三七年 九月二十日 (月) 晴。大邱에열렸던長老敎總會에서 한글採用과延專世專崇專等에對한絶緣을決議하였다고。이것이現下朝鮮基督敎會의中心勢力을가진長老敎總會에서 發表할수잇는最大最緊한意思表示이였던가。○新聞報道에依컨대兵亂支那에서避難오는數百名米國宣敎師들의入國許可條件이두가지인데 一日 日支事變에關聯된言動의絶對謹愼、二日 神社參拜問題에絶對로干與치말것。○愛國婦人會에서學校講堂을使用하게된關係로 午后授業二時間식을短縮하니「時間을먹었다」고 기뻐하는것은生徒들뿐이안이였다。

九月二十一日 (火) 曇、霧。誌友로부터 冬季集會의日時를照會하였음으로 今年十二月二十九日午后로부터明年一月四日午前까지라고答。冬季集會의準備아직遙遠한中인데咸兄으로부터 히브리書의參考書어떤것을 가지고있느냐고照會왔으니 발서自己의所有는 모주리讀了하고서限없는讀書貪慾을부리는모양。이편에는 칼빈 마이엘 델리취等의世上에定評이있는大註釋外에 別로新奇한것이없으나 있는때로今朝鐵道便에托送。○英文紙의記事一節如下 Down with schools and universities and up with illicit opium, and the easier becomes the task of the invader ! ○오즘싸게(蟷螂)産卵하는光景을庭內에서 觀察할새그技術의巧妙함에驚嘆함을마지못하다。이것도山麓大自然中에 사는恩德의한가지。

九月二十二日 (水) 霧、後雨。學校敎職員의非常召集系統表를作成하는데 北漢山下에사는余하나만은文明의利器인電話電信도通치않고 원체距離멀어서使人할수도없다고해서系統圖에서除外하였다한다。○웬만하면忠南牙山에서請하는데應하고저했으나 아직도原稿未畢하야斷念하고 도라와長時間對案하고앉어보아도 기어히思想의실마리를 잡지못하다。다만時宜의降雨에 기뻐뛰노는듯한菜圃를 바라보면서 雨滴을듣는일은 限量없는詩趣를자아낸다。

九月二十三日 (木) 快晴。秋分。하루를온전히書齋에있을수있는일이 더할데없는滿足이오 기쁨이다。때로白菜밭을 어르만지는外에는 終日終夜原稿쓰기와校正。○山麓에사는百姓들에게 每年幾日間식國有林에서自由로 取薪하기를許可한다는데今年度는今日이開山날이라고、早朝에洞內人夫들을모여整列하고서 滿洲쪽을向하야遙拜하고萬歲三唱함으로써開山式을擧行하였다고한다。○北漢山登山군들여러隊來訪。

九月二十四日 (金) 晴、昨夜는一睡도하지않고 밤새면서執筆하야 原稿도完結하고校正도 거의一回를畢하다、登校途中에印刷所에들려 남은校正을마저하고 光線의速度같이 自轉車를굴려서 간신히授業時間에닿고、歸途에다시印刷所에들려再校시작하다。但 不眠의疲勞는 참을수없어때때로눈이멀이고 머리가急顚直下三千尺함에 놀라깨곤하면서 남볼까 두려워함을不禁。저녁엔아무일도못하고 九時就床。

九月二十五日 (土) 晴、夜雨。印刷所에들렸다가登校授業後에梧柳洞行。宋原用兄宅의優良한農事成績을보니 우리農事는甚히拙劣한것임을알다。도마도의珍味를賞하면서 가나의婚宴을 생각하다—나종에上酒를주든것처럼 只今도마도를 먹을수있는일이神奇하였다。마당에서는農家마다義務로徵發令을받었다는軍用馬草를製作中이였다。梧柳學園에서는先生과兒童이一體되여大掃除中、學校內外뿐아니라 멀니洞內의街路까지 除草淸潔하는것이였다。이런奉仕의본보기를爲하여서도 學園存在의理由充分。冬季集會件을相議하고 歸路에。○다시印刷所에들렸다가 途次에某別世한친구의客地에둔 어린아들을尋訪하고歸山하니 病床中에서도 오히려이기고 넘치는歡喜의消息二枚가待하고있었다。一枚는小鹿島消息인데 넘어길어서第八頁에、또一枚는今春에公普訓導로就任하였다가肺患을얻어歸鄕療養中인兄弟로부터『連三次나冊을下送하시였습에도 上書못하와罪悚罪

悚하옵니다。病勢는逐日好轉하와인제는매우生氣가납니다。近來에는起動하기에도매우便하여젓습니다。언제나눈을감고귀도하오면맘이편안하여저서모ㅣ든것이조곰도겨정이안됩니다。下付하여주신冊은每日매매로읽습니다。人生은決코失望과落膽이안이고 希望과歡喜라는것을늣겻습니다。그리고門生은 하나님의恩寵을더받는것갈사와「幸福한사람이다 나는」하는生覺이납니다 그러나때때로 疑惑에사로잡히지안이함이안임니다。이惡魔를어찌克服해야옳사올는지모르겟읍니다。生과갈은至極微弱하고정성이적은者도구원을받을수있는것을生覺하옵고感謝하옵나이다。먼저이말올나이다

九月二十四日 門生〇〇〇上書』

九月二十六日（日）雨、後晴。간밤동안驟雨에 앞시내ㅅ물이今年度最高水準으로增水되다。물소리滿洞。今日의登山禮拜는中止하고 午後二時半부터 出埃及記를講하다。滿二時二十分間을述하고나니 眼球가휘둘어가는듯하다。남은時間에는校正。

九月二十七日（月）晴。새벽에 怒濤와같이 우렁차게호르는 시내의돌물에나가全身을씻으니心身이아울러 맑어지는듯萬瀑洞에서楊蓬萊昇仙했다는것도虛事갈지않다。〇五十三歲된父親이滿二十一歲의誕日을맞우는其子에게주는「我子에게」라는短文이 青年에게매우有益한듯하야 昨日모엿던研究會員에게說解하여주고 今日그책을 그아들과同年輩의아들가진이에게보내다。또나의아들이 그年輩될때에이런글월을 읽겨주는이가있기를 祈願하는마음으로。〇登校途次에 來往두번印刷所에들리고 밤에도校正。〇再次決心하였다는快消息『新聞紙上에報導와聖書朝鮮八月號에盲聾啞의三難에걸린 헬렌•켈러孃의紹介를읽고난後로부터 限없이强한것도人生이요 限없이弱한것도人生이라고늣기엿읍니다。三重의不具者로써 五十八年間에苦鬪와不具者가안이 저의二年間의精神的苦痛을比할수는없사오나 二年동안에不足努力으로 意如치못한것으로저의天職이안이니하고 斷念하는것은너머나도輕率치안이한가함이다。그리하여서 다시參考書를準備하여놓았아오나 家事와軟弱한마음에 障碍되여서豫定의四分之一도實行치못함니다先生任明年에는 저의앞길을꼭開拓하여주서야되겟음이다。云云

九月二十四日 門生〇〇〇上書』

九月二十八日（火）晴。秋季遠足會날。第五學年生徒約百名과함께 淸凉里外의東九陵에參拜하다。陵墓에對하야敬意를表할것이라는說敎도하고 寫眞技師노릇도하면서 林間을逍遙。陵域內의老木은前任看守가팔어먹엇다고。京春街道가舖裝된것과中央線(?)鐵道工事매우進涉되였음이 눈에뜨이다。〇咸兄短信에……「歲月形便은우리에게 朝鮮의今日을爲한靈的準備를命令함이더욱緊急해가는듯합니다。神이 우리를바리지마시기懇切히바랍니다。그려면健在健鬪하십시오。」云云」

九月二十九日（水）晴。午前六時十分까지 京城驛頭에敎職員이集合하라고해서五時半에月影을밟으면서 自轉車를달리니街道에行人이적은때인故로 힘대로快走하다〇授業後에 大小官廳과印刷所사이로 분주히날뛰고、도라와 시내ㅅ물에울분을씻어흘려버리고 夕에는十月號發送할皮封을쓰다。詩篇에同苦者의慰勞를얻으니 일렀으되

내마음이 풀과같이衰殘하였으니 내가飮食먹기도 잊었읍니다。
나의歎息소리를因하야 나의살이 뼈에붙었나이다。
나는曠野의 당아새갈고 荒廢한곳의부형이갈이되였아오며
내가 밤을새우니 집웅우에 외로운참새갈으니이다。
내원수들이終日나를毁謗하며 나를對하야 미칠듯이 날치는者들이 나를害하라고盟誓하나이다。

家族禮拜時에 끌로새第三章을輪讀하니 바울先生의敎訓이 亂世에處한우리에게 새롭게音響을준다。

「너의가 그리스도와함께 다시살었으니 우에있는것을찾으라……우에있는것을생각하고 따에있는것을생각지말라……」고，果然그렇다 따에있는것을爲하야 時代問題等을爲하야傷心할必要없다。

九月三十日（木）曇。朝飯舍에 불때는 任務를다하고詩篇을펴드니

아비가子息을 불상히녁임갈이 여호와께서自己를敬畏하는者를 불상히녁이시나니

이는저가 우리의體質을아시며 우리가塵土임을記憶하심이로다。

人生은 그날이풀과같으며 그榮華가 들의꽃과갈도다。

窓前에는百花滿發하였고 시내ㅅ물소리는長津火田民家를記憶케한다。○登校授業外에 明年度就職志願者의學業成績 性行調書等을作成하기에 땀흘리다。○道警察部로부터電話있어서警務局에 다녀나오다。聖朝誌의廢刊決心。

十月一日（金）晴。早朝에 이슬을 차면서登山祈禱，終日在宅，聖朝의廢刊을作定하고나니 十年동안의疲勞가 一時에모여나오는듯。午後는낮잠만자다。○發送皮封쓰던일을中止하고休刊通知의葉書에記名。

十月二日（土）晴。多量發送用의大封筒一千枚注文했던것이왔으나只今은無用物。學校에서歸途에沐浴。아무것읽지도않고아무일하지도않고 앉었으니 聖書朝鮮을中止한것으로因하야 無限量한時間의裕餘만내앞에놓인듯하다。

十月三日（日）晴。午前中에는 窓戶를바름으로써過冬의準備하고、午後集會에서는 레위記 民數記 申命記等三冊의大意를講하다。今日宋斗用兄來會。밤늦게宋兄을想峴까지餞送하고 어두운松林의길을도라오랴니 나는大地에사는者라는느낌을感하다。實로우리는 서울이라는都市에居住하는者가아니오 地球에棲息하는者로다。

十月四日（月）晴。咸兄의世界歷史만注文하는이가있어서 찾어내여보니 발서前後十七號에亘하였음을發見하고 놀라다。그注文書如下『……特히 聖書朝鮮誌에실린聖書的立場에서본世界歷史를 몇號본以後에는 恒常聖書朝鮮을購讀할맘은간절하였아오나 여러가지事情에얼매여此日彼日지내온것이 只今와서는晩時之歎을禁키難함니다。

先生님！처음으로未安한말슴이옵지만聖書的立場歷史號만代引便으로發送하여주실수없겠는지요事實先金을付送할여도代金을未知하와先送치못함니다。그리고앞으로는永遠한讀者가되여보고저하오니 이靈에굶주린몸을어엽비녁이사 生命의糧食될말슴을많이聖書朝鮮에실니여주세서 참眞理에서살도록指導하여주심을바라옵고 이만하옵나이다。一九三七年十月一日』○東京서渡來한無敎會人한분을더부리고 佐藤敎授來校。學校內外를案內하니「惡戰苦鬪의經營」이라고。私學의貧弱한樣을洞察한것이었다理想의學校를論하며 聖朝誌休刊後의行事等을長時間이야기하다。○某氏로부터 矢內原敎授의論文을보내여주어서一讀하니世上에나왔던보람이있는듯하다。貴한것은義와人이다。이世代에 이런「사람」이있어！

十月五日（火）曇。食母나간後로室內와마루掃除를分擔한普校五年二年生에게는各其그勞働에對한報酬를주기를約束하였더니아직學校에못가면서 가장삼부럼많이하는第四女가平日의不滿을祖母님께抗議하였다그祖母님과의對話를傍聽하던 一千四百日된長男이 그內容을알자마자自己도 한區域말아하겠다고提議，이에同意하였으니이제는 우리장막안에勞役없이먹는사람은來月末에 돐이되는乳兒一人뿐이다。이러하야하나님의無限한恩寵으로써 우리집은天下의樂園이다。世上에아무地位도 부러운것이없다。眞實로滿足이오感謝요 讚頌이다。願컨대能히勞役에견디며勞働을기뻐하는子女를世上에提出하고지고。○學校로부

十月六日（水）晴。愛國日이라고平日보다三十分일즉이登校하야 式後에二時間授業하고 朝鮮神宮과京城神社에生徒職員參拜。今日부터朝禮時間에誓詞朗讀。다시歸

校하야 明日의校內大運動會準備。休刊에對한慰勵의書信에 깊이感激하다。今日도封書葉書電報等사랑의비ㅅ발이 分에넘치게퍼부엇다。肉體는不時에安逸하게되고友愛의怒濤는意外에 사납게 몰려드니 모다變調같아서 두렵다。아무리해도 깊은傷處는慰勞안된다。長子를잃은者에게는長子를 도루주는것밖에慰勞의길이없는까닭이다。隣家의老婆가月桂樹一株를주어 아름다운꽃 두송이피었으니 알고보낸것인가 모르고慰安준것인가。

十月七日（木）曇。登校하야校內大運動會에審判의役割을맡으니 이것도相當한苦役이었다。宿直인故로夜宴에出席免除받은것은意外의幸。

十月八日（金）晴。近來에恩師를 꿈에보기累次。困難한일에當하거나 靈性이多少警醒한때에種種있는現象。孔夫子가周公을 꿈에보지못한지 오랐음을嘆息한心境도稍察。○연고있어 道警察部와警務局圖書課에 다녀오다。印刷所에도들려오다。誌友로부터慰勵의편지여러장와서 甚深感激。白菜圃에汲水하고 저녁에는 家族祈禱會。來月末에돐이되는乳兒가 昨今數日來로 두세자국ㅅ식 걸음을시작하야 家內의人氣를一身에集中하였다。

十月九日（土）晴。聖朝休刊後에는閑暇할터이니 庭球練習하라는注文도있다。우리는本來 庭球 籠球 陸上競技 其他各種競技에 남보다못하지않게興味를가졌던者이며 現今도가지는者이나、只今은 더큰興味를菜圃에서發見하였다。旬日前에小粒을播種하였던것이 아름들이나되는白菜폭 다담대같은 무가 된것을 바라볼수록그奇異한造化에驚嘆이오讚頌이며、農夫의게으름에도不拘하고 豫想以上의成果를볼때는 무 배추를向하야 나의怠慢를懺悔하며 길러주신造物主를向하야惶恐感謝。必要로論하면 都市人에게는運動競技場도있어야하겠지마는 우리田園生活者에게는거름통메는것과 물길어주는일로써保健運動에足하니 때마다粗餐이라도 꿀같이달게먹음은 그證明이다。○夕陽에直隸白菜를結束하다。

十月十日（日）晴。早朝에 꿩의 나래치는소리急하다。獵夫가接近함인가。○午後集會에서 여호수아 士師記 룻記의三冊을 한번에講解하다。無謀한일인줄알면서도 豫定한時間內로舊約의大綱을通解하라는까닭。今日集會에臨時傍聽客두어분。閉會後에 그한분에게서植物標本查定을받고 또한분에게서時計를修繕하다。來客利用法의妙案을發見한줄알다。○聖朝舊號를請求하는이가있어서 書庫를뒤져創刊號로부터第一〇四號까지 찾어造荷하는데四五時間이걸렸다。이번에는九冊品切。

十月十一日（月）晴。早朝濃霧。登校途次에聖朝舊號를鐵道便으로發送。地理時間에 하와이 몰로카이島와 神父다미엔을말하랴니 우리小鹿島이야기를 안할수없었다。○感氣不退하야午後에加味淸解散三帖을지어마시면서就床。

十月十二日（火）晴。집을찾기어운것은우리집뿐인줄알었더니 今日은市內蓬萊町四丁目에서 誌友某氏의宅을約二時間이나찾다가 기어이斷念하고도라오다。峴底洞만치나番地混頓한곳이었다。

十月十三日（水）晴。初霜。昨夜에또夢見恩師。患難이 새로臨하려함인가 困難이解結되려함인가。어쨌던 單純한믿음에돌아서서 결워야만할것은明若觀火。○今日聖朝第一〇五號의出版許可나왔음으로 印刷所에 다름박질하야 校了하였던版을再校正하다。印刷發刊되는일이 實로神奇한일이다。○昨夜서리쳤음으로 今日은 고추ㅅ대하노라고 全식구 야단들。但주인은十月號皮封쓰기。다음號의發刊을 장담할수없음으로 이번皮封은全部主筆自身의손으로쓰다。今夜의火星 木星 月 等의三天體가 같은間隔으로 南天에나라니하였다。

十月十四日（木）晴。授業後에 新京간다는이에게傳言하기爲하야孔德里에들렸다가出征軍人의家庭에山本老婆를慰問하다。十月號의發送皮封쓴것을들고 印刷所에가서督促해보았으나 기어히今日로는 製本이못되다。도라와白菜밭에汲水하다。○東京에서오는雜誌들도 하고싶은말 해야할말을 하지못하고 苦悶의 한숨소리만吐한것이歷々하다。그러니 서울서헌것을히다고 말하기 어려울것도勿論。當分間은 새벽마다 별들이나 치[illegible]보는[illegible]이가장賢明한길인가보다。○[illegible]엽스[illegible]하니 果然큰나라新聞인것을感映하게하다。

十月十五日(金)曇。먼저皮封쓴것만가지고印刷所에가서 製本되는대로一部分發送하고 市內配達。○今日은養正學校의開校記念日이라고休業했으나 京城運動場에서全京城男子中等學校生徒의建國體操가있음으로 生徒職員이에參列하다。○歸途에다시印刷所에들려督促 製本되었음으로即時配達하여주기를約束하고 도라와待하였으나虛事이었음을發見하고憙도憤懣不勝。

十月十六日(土)雨。아침에印刷所에먼저들려서 配本하여주기를再三請託하고登校授業後에 다시한번印刷所에들려서 果然配達했나안했나檢視하고 도라오니、丁抹같은 나라의出版業者에게는 이런苦痛은없으려니하매 부럽지않을수없다。○雨後에卒然히寒氣甚하다。成兄의短信에「昨日글월받잡고 다시消息기다리고있읍니다 먼젔던붓은 다시들어原稿整理를합니다。○只今聖知誌를받어 그中出征軍人의글을읽고暗淚를不禁합니다。나와그의몸을換置하면若何요。우리는 나무랄것도 슬퍼할것도怯할것도없읍니다……」出征의消息은儒夫에게도覺悟를促하야마지안한다。

十月十七日(日)快晴。旗行列에生徒를引率키爲하야 午前八時半龍山驛前廣場에集合。軍司令部로부터三坂通을지나 朝鮮神宮까지行列하고 午正가까워서南大門下에서解散。今日京城市內에서旗行列參加者學生十萬名、其他一般이十萬名인데 二隊로노나서 一隊는龍山다른一隊는總督府앞에集合한것이라고。○午後二時半부터從前대로集會。오늘은召集받고出征하는軍國臣民의現實에關하야 實質의生涯와實體의世界에關한感想을述하다。閉會直時에來訪한두靑年에게(肺結核患者)信仰의道는神秘奇異한道가아니라 健全한人間의當然한戰鬪生活이라는것을力說하기에 數千語를費하다。夕飯後의家庭禮拜時에는 寄宿中의學生들과 家族에게生活態度宜明을說敎하기가約一時間。今日三回에多數한 말을하였다。나의게要求되는것은 오직沈默、

十月十八日(月)快晴。第一三三三日
○數日來의結霜에 茄子 落花生等의莖葉은 一齊히凍凋하고 몸푸도氷結하다。○京城神社에參拜하기爲하야 授業은二時間만하고中斷하다。일즉이 도라와 落花生을收穫하고 下水道의一部를改修하다。土木工事처럼神經을安定시기는일은 드물다。
○嶺南消息一枚如下「金先生님저는멀리서先生님의가르치심을받고있는者의하나이외다。오늘저녁先生님께數字上書하야 感謝하온말슴 드리는것을容恕하야주옵소서。

日前에當分間休刊하겠다는消息을들었을때는實로形言할수없을만치 落心하였나이다。聖誌야말로 이鄕村에서의唯一의福音이오、스승이였든까닭이외다。그렇나오늘意外로聖誌를手中에받게되오니、그기쁨이前番의落心만못지않게또한크외다。冊을펴들매、以後에도休刊할지알수없다는말이있아오니 저의不安은倍加하였아오니 先生님께서 하나님의뜻을爲하야어듸까지굳세게나아가겠다는힘찬말슴을드르니、든든하외다。많이사랑하시고 뜻이있는者에게많은試練을주시는것이 하나님의뜻인듯하외다、先生님、아모조록몸조심하시와 붉상한우리同族에게 참다운天國의眞理와따뜻한하나님의福音을베풀기에힘써주시옵소서그리고이未練한者를앞으로도많이引導하야주심을懇切히바라나이다。(中略)

數月前에보내주신「山上垂訓研究」는오날아침으로마주막페이지를읽었나이다。簡單한예수의말슴中에그와같이廣大한敎訓은包含하여있었다는것에놀라옵고 垂訓의輪廓이어렴풋이보인것같아와 先生님께아울려感謝를드리나이다。」

舊約一書一講의完結

一〇四號의말라기書로써創世記以下 舊約聖書三十九卷의輪廓을完結하였다。聖書는註釋冊을 널리읽기보다도本文을熟讀吟味하는것이가장緊樞이된다。但 初學者에게는 그大體構成이 어떻게된것인지알지못해서 읽으면서도要領을把握하지못하는수가많다。그런不便을除하고聖書本文읽기를 助勵하고저한것이 이一書一講을쓰게시작한動機였다。第三八號以下二十九回로完結되였다。

朝鮮歷史(聖書的立場에서본)

本誌第六一號로부터八三號까지에發表된것。大部分은品切되였으나 아직約折半은殘在。다음의世界歷史를읽고저하는이와 朝鮮에關한하나님의經綸을的確하게 把握하고저하는이는要一讀。單一回의分이라도 全擗理躍如。每一冊에拾錢식으로減價。

世界歷史(聖書的立場에서본)

朝鮮을알어야世界를알며 世界를알어야朝鮮을알수있으며 聖意를깨다를수있고따라서우리人生의 行方이定해진다。第八十八號以下連載되였다。이것은定價대로每冊十五錢식

基督教健在。『通信』第四七號(十月)를읽어보라。眞正한基督教와教督教徒即無教會主義者란 어떤것인가를 잘알수있다『無教會信徒에對する希望』은 只今應答하여진다。近來의低級宗教家의論說에 迷惑하는이는 이런高貴한文字를一讀할것이다。非賣品實費一部四錢、發行所 東京市目黑區自由ケ丘二九二 矢內原忠雄

第六回冬季 聖書講習會

日時、自一九三七年十二月廿九日(水)午后二時 至一九三八年一月四日(火)午正

場所、京仁線梧柳洞驛前宋斗用氏方

會費、四圓也(聽講料二圓五十錢宿食費三圓五十錢)

講題 히브리書의研究 咸錫憲
이사야書及外典講話 金教臣
其他課外講話數人。每日午前午后二回、每回約二時間식。

(注意)本誌一個年以上讀者及그紹介者만參席可能。座席宿所의準備도있음으로申込은 일즉할수록可함(豫定人員超過時에는不得已謝絕하게되겠는故)。毛布寢具等을持參할것。單只배우라는것아니라 싸우라는兵士의覺悟로參戰하라。

金教臣著
(1) **山上垂訓研究** 全
四六版●二四五頁 定價七十錢●送料六錢

咸錫憲著
(2) 聖朝文庫第一輯 **푸로테스탄트의精神**
菊版半●三十二頁 定價金十錢●送料三錢

咸錫憲著
(3) 聖朝文庫第二輯 **無教會**
菊版半●三十二頁 定價金十錢●送料三錢

本誌定價

一冊 拾 五 錢
六冊(送料共) 前金九 十 錢
十二冊(一年分) 前金壹圓七拾錢

要前金。直接注文은
振替貯金口座京城一六五九四番
(聖書朝鮮社)로。

取次販賣所
京城府鍾路二丁目八六 **博文書館**
京城府鍾路二丁目九一 **耶穌教書館**
東京市神田區神保町一ノ一 **三省堂書店**
文化書店(元山府) **茂英堂**(大邱府)
新聲閣(咸興府) **信一書館**(平壤府)
向山堂(東京市) **大東書林**(新義州)

昭和十二年十月三十日 印刷
昭和十二年十一月一日 發行

編輯 發行者 京城府外崇仁面貞陵里三七八 金教臣
印刷者 京城府仁寺町一一九ノ三 金顯道
印刷所 京城府仁寺町一一九ノ三 大東印刷所

發行所 京城府外崇仁面貞陵里三七八 **聖書朝鮮社**
振替口座京城一六五九四番

【聖書朝鮮】第百六號

昭和五年一月二十八日 第三種郵便物認可
昭和十二年十一月一日發行 每月一回一日發行

【本誌定價十五錢】(送料五厘)

金教臣主筆

聖書朝鮮

第壹百七號

昭和十二年(一九三七)十二月一日發行

昭和五年一月二十八日第三種郵便物認可
昭和拾貳年十二月一日發行(每月一回一日發行)

目次

北漢山麓의 집

北漢山麓도 昨年과今年이 같지않으니 明年과明後年이 또다를것이다。이에昨今의景況을記載하여두고저한다。

세상에 견더기어려운일이 적지않으나 都市의數十坪못되는小住宅에살면서 한뼘도 채다못되는地境을 隣家와 다투는 일도 어려운일이다。廣濶하게 살고싶은所願으로말할진대 遮日峯頂上에 집을짓고 蓋馬高原에 花草를심으고 東海에養魚하면서 滿洲벌판에 菜圃를두고싶으나、그렇지못한身勢임을 어찌할수없어 北漢山麓이나마 地界에荒地가 남어있고 어르만지면 草木이長成할수있는開拓의趣興이 남어있는것으로써 滿足하지아니치못한다。

都市서울을 멀리하고싶은생각으로말하면 漢拏山이나白頭山꼭다기에 홀로살고싶으나、거긔에는印刷所가없음으로 멀리갈수있는限界까지 오고보니 北漢山麓이되였다。現在의우리집은 서울서오는車馬路의終點이오 電燈의終柱가선곳이다。우리性味로 말하라면 아스팔트大道直路보다 林間의小路曲徑을擇하고싶으나 時間을短縮하기爲하야는 謙卑한自轉車道는 있어야하겠고 때로는自動車와馬車의通行할必要도 없지않은人間살림사리다 우리의趣興으로 살라면 江楓漁火對愁眠이라는 「漁火」의 반짝々々하는것이 마음을 그윽하게하나 發達한印刷術로된 書籍에親炙함에는 亦是電燈이고맙지아니치않다。이것이住宅을定하는 두가지要素였다。

清晨入古寺 初日照高林 曲徑通幽處 禪房花木深 山光悅鳥性 潭影照人心 萬籟俱此寂 猶聞鍾磬音 이라는常建의詩는 곧 우리가藥師寺에 그니는全景이매 昨年夏節에 耕墨道人先生이 우리茅屋을 찾으신때에 이詩를口吟하였고、今秋에先生의筆跡을얻어 이詩를案頭에 걸게되였다 實景도 좋거니와 詩詞도 아름답고 筆跡도貴하다 우리는飮食에關하야는「물지게 장사」라는稱號를 받으리만치 가리는것이없이 모주리먹고 잘마시는者이나、귀로듣는일에는 甚히 까드러운者인것을 스스로認識하면서도 어찌할수없다。우리가 참아 들을수없는것은 復興會의 祈禱소리와 라듸오擴聲이다。무릇擴大한것에 참것이없거니와 라듸오소리를屋外에 흐르게放任하는文化人들처럼 可憎한것은없다。우리가 듣고싶은것은 가늘고 고요한소리뿐이다。藥師寺의籟聲과鍾音은 우리의 이傾向을 도와줌이莫大하다。하물며 뜰에흐르는시내ㅅ물의 잔々한소리까지俱寂하게할때의 沈着함을 어찌 다形容하랴 때로 솔적당이 夜暗을 깨트리고 꿩의나래치는소리 아침空氣를振動하게하나 이는 다 動中의靜이다。或이周圍의景槪를稱讚하는者있으나 마음속에 主그리스도를 모시는때에만 天然의景槪도 삶것이되는것을 우리는 날마다經驗한다。

使徒바울의風采

使徒바울自身의記錄한中에「내 살에 찌르는 가시 하나를 주셨으니 곧 사단의 사자요 나를 치는자라」하였으며(고린도后一二・七)身病으로因하야 갈라듸아에서 滯留하지아니치못하였을때에 그곳에傳道하였다(갈四・一三)하였음으로 바울은半生토록固疾에 시달려病色을免치못하였을것이며 매우神經質이었을것이라고推測하는說도있으나 以上의根據만으로써 이렇게速斷함은論據가 넘어薄弱하다。갈라듸아地方旅行中에病席에 눕은것은 一時的身體의一部分의 疾病일수도 있었을것이니 이것으로써一平生蒼白한病色의바울을推想할수는없다。또 고린도書에 記載된病은 바울이啓示받은偉大한 眞理로因하야 스스로驕慢하지못하게하는 하나님의恩賜로받은 가시라하였으니 이것도 바울의役事를 碍害할만한重患은 아니였든듯하다。 비록聖靈의權能이 바울을 삼켜서 十倍百倍의役事를하게하였다할지라도 三回의大傳道旅行과羅馬行次의破船苦勞와改宗以後에當한 모든苦難에견던것과 그러는中에서도靑年期에習得하였던 天幕職工의副業으로써自己와 同勞者들의生活을扶支하면서 自足하였던것을 (使一八・三、二〇・三四、 데살前二・九、 데살後三・七、 고前四・一二、九・六、一二・一五、 고後一一・八、一二・一三等)並想할진대肉體的으로도바울은蒼白한인테리靑年과는매우다른바있었다고보는것이妥當하다

바울의外樣風采만은 꽤貧弱하게보였던모양이다。「대면한즉 그體容이弱하고 말이 시원치않다」는것이(고后一〇・一〇)바울에게對한사람의一般印象이였든듯하다。 또한 루가오니아의群衆들이 바나바는 쓰라라하고 바울은허메라하야前者를 더높고 뚜렸한神으로 모시랴고한것을보아도 (使一四・八以下)바울은 그內的素質의優越하였음에比하야 外樣은多少遜色이없지않였던것갈다。 그러나 어데까지던지外樣은暫時의것이오 內容은 永久한것이다。外的風采로써 群衆을 威壓하던 바나바와 아폴로等은 流星같이 다녀갔으나、 그體容이小弱해보여서 初對面하는者의輕蔑을받던바울은 오래接觸할수록 사람을 그리스도에게로醱酵시켜 限없이높은데까지向上靈化시김으로써征服하지않고는 마지않는偉大한勢力을가진者이였다

이스라엘中에外貌風采로有名하기는 初代王사울이였다。 저는「이스라엘子孫中에 그보다 더준수한者가없고 키는모든 百姓보다 어깨우는 더하더라」는(삼上九・二)外容을가졌으나 그末路는慘怛하였다。 또 압살롬은「온이스라엘가온대 저같이 아름다움으로 크게칭찬받는자가없었으니 저는 발바닥부터 정수리까지 흠이없음이라」고(삼下一四・二五)萬百姓이 부러워하는者이였으나 그父王에게叛逆한것밖에 한일이없였다。健壯하게보이는것이반듯이健壯한것이아니오 弱하게보이는것이 반듯이悲觀할材料는아니니다。

使徒 바울의性格

바울의先生이였던 가말리엘은 希臘文學的生涯와哲學的思潮에造詣깊기로써 當代예루살렘學界에最高大家이였을뿐더러 그性格이溫柔重厚한것으로써特色이있였다한다。그러나敎師의 그溫柔한性格만은弟子에게傳授할길이없였던지 바울(當時의 사울)은使徒되기前부터 그先生과는正反對의熱情的性格이였다 바리새主義의嚴格한氣質은 가말리엘의中庸的이오常識的인智慧의感化에도影響을받음이없였다。

바울은 여호와 와 그律法의名譽를爲하야는 매우熱情的이였다(使二二•三) 바리새主義에對하여서도非常한熱心이였다(갈一•一四)。무슨 한가지 생각에熱中하게된때는 아주猪突的으로猛烈하게 그目標를向하야突進하는性格이 젊어서부터 現著하였다。예루살렘에 크리스챤의小團體가形成될때에 猶太敎에屬한바울이 이新宗敎에對하야 可恐할敵愾心으로써對하였음도 神政과正統的律法의權威를爲하는忠誠으로나온것이라하나(使六•一三、一四)。또한 그天性이自然스럽게發露된것임을否定할수없다 그 불ㅅ길같은獰惡한心性은 스데반의殉敎當하는 마당에서 드디어爆發하였다。當時의사울은 아직前線에서指道하는役割은아니였으나 그래도自進하야 그일에贊同하였다(使八•一、二二•二〇)、그後얼마안되여서 敎會의權威를 몸에지니고 온猶太地方의基督敎會를逼迫하는者가되여 初代敎會의 가장큰恐怖物이되였다(갈一•二二)。바울은 크리스챤에게對하야決定的으로過酷하게加害하였다(使二二•三、二六•一〇等) 그加害追擊함이猛烈甚酷하였던것은 저가改宗한後에 그일을甚深하게痛絕하게悔恨하였으로도(고前一五•八、九、갈一•一三、에베三•八、빌립三•六、디모前一•一三等參照)。짐작할수있다。

바울自身이悔恨한것처럼 如上의行動은 그動機가自己의품고있는思想과信念을最高至聖한것인줄로알고 그릇된敬虔과元氣와忠誠을 다한것이였으나、그本心인즉利己的算段이 없이眞理를熱愛하며 여호와께盡忠하자는것이였다。그單純하고至誠한熱心이 바울을 모라 팔레스틴地方의國境을넘어 멀리 다메섹에까지迫害의毒찌을 휘둘우고저 떠낫을때에 非常한方法으로써主예수는 이非凡한人物을捕虜하였다(使九•一以下、二六•九、고前九•一、一五•八、빌립三•一二)。이때에사울은 하나님의아들인 예수를發見함으로써 모든眞理의源泉에到達하였고 모든能力의根源을把持하였다。使徒로서 그猪突的精神이遺憾없이發輝하야 다른十二使徒들보다 더넓게 깊게福音의眞理를擴張하며傳播하였다。비록 그體容은 小弱해보였으나 저는異邦世界를삼키고 全宇宙를그리스도의靈으로써 삼켜버렸다。저는迫害할때에도全力으로했거니와 主예수를爲함도專心으로하였다。바울은「半心」으로살수없는人間이였다。

新約聖書概要 [三]

金教臣

로마書大旨

新約聖書의前半은 예수의傳記와使徒들의行蹟을記錄한史記의部分이오、그後半은初代의使徒들이教會或은個人에게보냈던 편지를 모운것、所謂「書翰」들이다。書翰은 로마書以下모다二十二篇이있는데 其中의大部分은 使徒바울의著述한것이다。바울의著作中에도 다른書翰들은 特殊한境遇마다 바울의傳한福音의部分々々이 나타낫지마는 로마書에는 바울의傳達한福音의全體가 거의完全한體系를具備하여記述되였다。故로 로마書를理解함에는 바울의全生涯를 먼저알어둘必要가있다。그러나 바울의生涯를詳細히쓰라면 使徒行傳한권을 일우고도 오히려 남겠는故로 이에는極히簡單한輪廓만을摘記하고저한다。

使徒바울의生涯。 바울의本名은사울이니 猶太의第一世王사울의名을 일음지은純全한猶太式일음이였다。後日에羅馬式일음을 지은것이바울이였다(使一三•九)。

바울은 수리아와小亞細亞의接境되는길리기아地方다소市에서出生하였다(使二一•三九、同二二•三)다소는當代의世界的大都市어서 아덴 알렉산드리아와함께鼎立하는三大都市의하나이였다한다。故로當代文化의一大中心이였고 따라서希臘文化와學識의影響도 바울에게 多大히주였을것이다。바울이使徒된後 아덴市에傳道할때의有名한演說에引用한詩句와(使一七•二八)。고린도前書十五章三十三節及디도第一章十二節에引用한句節等으로推測하여서 바울이當代의希臘哲學과文學的生涯에全然沒干涉하였을수는없었을것이다。

바울의祖上은 벤야민支派에屬하야 (로마一一•一、빌립보三•五)、故鄕에있던幼年期에도嚴格한바리새主義의教育을받였던것은 바울自身이말한바와같다(使二三•六、빌립三•五)

바울의父母는羅馬市民權을가졌다하니 相當한階級에屬하였든모양이며、바울自身도 돈으로買得한것도아니오出生하면서부터羅馬市民權을가진者인것을 매우자랑한일도있었다(使一六•三七、二二•二五—二九、二三、二七等)。또 무슨必要로된것이였던지 바울의父母는바울에게天幕織造의業을習得시켜주어서(使一八•三) 後日傳道할때에 매우有助하였다。

바울이 벤야민支派에出生하야嚴格한律法主義의家庭教育을받고、希臘文化의中心地에生長하야當代의哲學과文學의素養을얻은것과、羅馬의市民權을가지였던일——이세가지要素는、예루살렘教會와關係를保持하면서 知識의都아덴과權勢의首都로마에까지福音傳道할異邦使徒된바울의特異한使命에

要緊한役割을 다하엿다

예루살렘에올라가 希臘文學의造詣깁기로는當代第一人者이엿다는가말리엘의門下에修學하면서 最高級의라비되고저準備할동안 律法主義에對한熱心이極烈하엿다(使二二・三)。이때에발서 바울의才質이優越함과意志의堅固함과感情의銳敏한것이師長들께認定되엿다한다。스데반의殉敎함을傍觀한것도 이修學時代의事件일것이다(使七・五八)바울의年齡이三十歲되엿을때에 라비學校의修業을一段落짓고公的生涯에들어가게되엿다。猶太敎에對한熱狂的忠誠과新宗敎(예수敎)에對한甚酷한憎惡의感情을가젓던탓으로 基督敎를撲滅하랴는計劃으로 다메섹으로向하다가 途中에서奇蹟的으로 예수의부르심을받고 卽日로改宗하엿으니 그詳細한記錄은使徒行傳第九章以下에累次실렷음으로畧한다。바울의生涯는 다메섹途上의事變으로써前後二期에 나누인다。그改宗以後의生涯는使徒行傳의後半과其他書翰에詳細記載되엿으며使徒中에 바울처럼 그行蹟이細密하게聖書에記錄된것이比類없음으로只今이에畧한다。新約聖書에使徒行傳地圖의附錄이있는冊마다 바울의第一次二次三次傳道旅行이라는行路가記入되엿으니 이는異邦人使徒된바울이小亞細亞와 발칸半島에福音을 처음으로傳播하야 내종은羅馬에까지傳하야 基督敎를世界大로만든偉大한足蹟이다。

本書의內容。 예수의게서 나타난基督敎는 生命의躍動이있엿으나 그說明의理論은없엿다。예수떠나신後에 그說明을要求함에對하야理論的根據를준것이書翰인데 其中에本書가 가장體系를具備한理論이다。勿論로마書도實質없는形式的理論體系는안이다。實質있은後에理論이라는形式的體系를빌어쓰고나선것에不過하다。로마書는 바울의全生涯의結晶이오 그가傳한全福音의要約이다。故로理論的으로基督敎를把握하랴는者에게는 로마書가第一捷徑이다。로마書를研究하며暗誦할뿐더러筆寫하는이가많은것은 이렇게重要한文字인까닭이다。

基督敎의經典은正確한意味로서는 新約聖書가 그것인데新約全體라야本來큰冊이아니다。로마書는 그新約의 또一小部分에不過하는小冊子이다。章으로十六、節數로四百三十三、字數로希臘原文은不過七千字의小著作이다。이小冊字가일측人類의著作한書籍中에最大의著作이라고한다。何故오。이小冊字속에 個人의救援과全人類의救濟와道德生活의根據와標準이簡明充足하게解明되여있는까닭이다。詳細한分解表는 아래에抄錄한바와같거니와 本書의重要한題目은 個人의救援、人類의救濟、信者의實踐道德、이셋인데 其中에個人의救援問題는 가장根本問題인故로第一章十八節에서第八章끝까지 本書의半分을費하야詳述하엿다。人間의努力으로하는律法의義로救援에叅與할수없으니 하나님의義곧十字架

에죽음으로써 몯은罪人의罪를代贖하신 그리스도의피를信受하는것이唯一한救援의道이니라는것이 그中心眞理(三·二五ー二六)이다

로마書가眞理의書인것은 本書를읽음으로써 個人의一生에나或은人類社會에偉大한變革을 일으키는事實로써證驗할수있다。史上에著名한것만 몇가지들게하라。

第十三章十一ー十四節은羅馬敎會의最大偉人오거스틴重生의聖句로世上에 널리記憶되는句이지마는 오거스틴外에도 몇百千의無名오거스틴이 이句節에서回生의能力을把持하였을것이다。賢明한 오거스틴은 오래前부터 거룩한生涯를思慕하는마음만은懇切하였으나 狂亂하는情慾의鐵鎖에얽매여서 願하는마음은있어도行하는能力이全無함을悲痛煩惱하든中에 하루는 멀리서「聖書를읽으라」는 가는소리들려서卽時聖書를 펴드니 로마書第十三章의끝이 보였다。저는熱誠으로十一節以下를讀了하고서强烈한決心이생겨서 그날을一期로하야 새로운生涯에出發하였다。저를通하야나온熱烈한信仰의웨침과高遠한思想으로써 人類世界에大革新을준것이였다。

本書의主題인第一章十七節의「義人은 믿음으로 말미아마 살리라」는句는 改革者루터를 서게하야 中世紀의暗黑를 깨치게한것도 널리아는바이다。北歐의健兒루터의年齡이三十에、自己所屬敎派의使命을띄고 羅馬府에갔을때에다른一般巡禮者들의하는法대로 무릎으로써 빌라도의廊下ー를 오르다가 문득電擊같이 이句가記憶에 솟아 올라서廊下의中途에서 일어나 도로나려왔으니、이때에발서 푸로테스탄트의新芽가 생겨난것이며 後日靈魂의自由를全歐洲와全世界에부르짖은것은 實로 이簡單한一句에서 얻은能力이었다 그리고宗敎改革의意義가 世界人類史上에 얼마나劃期的大事變이였던것을 充分히認識하는者일수록 ··介鑛夫의아들로하여금 當代의羅馬法王에게 叛旗를들게한로마書의眞價를味解할수있을것이다。

또第十八世紀의靈界의大復興을일으킨 監理敎의始祖죤·웨슬레이는 루터의로마書註釋의序文을읽고 信仰의불길이불기始作했다고하니 이亦是로마書의眞理가爆發된一大事件이였다

其他第三章二一ー二六節은本書의中心이오、이句節에依하야眞摯淸淨한靈魂이安慰와所望을얻은것은英詩人윌리암·쿠버外에도百萬千萬의靈魂이있었다。또第五章初頭의「우리들이患難中에도 즐거워할것은 患難은忍耐를낳고 忍耐는鍊鍛을낳고 鍊鍛은所望을낳는줄앎이니……」라는句던지、第七章끝에바울의『嗚呼라 나는苦로운者로다。뉘가이死亡의몸에서 나를 救援하라』는 嘆息같은 것은不信社會에서도方程式처럼引用하는句요、第八章은 일즉人間의綴著한文字中에 가장높고가장 아름답고 貴한글월이라할것이다。

新約聖書槪要

로마書分解表

序　文 (一・一—一七)

① 自己紹介 (一—七)

筆者의名——그리스도께서받은職任——受信者。

② 人事와本書를쓰게된動機。 (八—一五)

로마敎友들로因한感謝와關心事와責任感。

③ 本書의主題提出。 (一六—一七)

나는福音을　부끄러워안한다。사람은信仰으로만救援을얻는다。

本　文 (一・一八—一五・一三)

一、個人의救援問題 (一・一八—八・三九)

甲、義로움받는길—基督信仰이唯一의道 (一・一八—五・二一)

① 異邦人이나猶太人이나救援不得 (一・一八—三・二〇)

가、異邦人의罪狀 (一・一八—三二)

神의發怒 (一・一八)

偶像崇拜 (一九—二三)

不義不德 (二四—三二)

나、猶太人의罪狀。 (二・一—二九)

律法을알면서不實行。 (一—一六)

形式만으로는無効하다。 (一七—二九)

다、全人類의罪狀。 (三・一—二〇)

猶太의特權이全無하다는것은안이나、 (一—八)

罪狀은一般。人類中義人은一人도없다。 (九—二〇)

② 그리스도의贖罪로因한하나님의義。 (三・二一—五・二一)

가、律法의行爲와는全然無關係한救援의길 (三・二一—三一)

예수믿는者에게주시는義。神의　선물。 (二一—二四)

救援의原理——로마書의中心。 (三・二五—二六)

하나님께서　예수를贖罪祭物로세우심。

하나님이　오래寬忍하시다가只今은義를보이심。

그는信者를義롭게하는同時에自己自身의義를爲함

누구던지　자랑할수없다。異邦人猶太人無差別。 (二七—三一)

나、信仰으로義로움받은者의例證。 (四・一—二五)

아브라함을義롭다함은信仰으로因함。 (一—八)

割禮도아니오律法의行爲도아니다。 (九—一六)

舊約의人이나　基督者의典型이다。 (一七—二五)

다、義로움받은後의結果如何乎。 (五・一—一一)

우리에게最後救援의希望이確實하다。 (一ㅣ四)
그證據는 그리스도가 우리를사랑하시고 爲하야 죽으신까닭에。 (五ㅣ一一)

라、아담과 그리스도의關係。 (五・一二ㅣ二一)
아담으로因하야罪가臨한것처럼 그리스도로因하야 希望이臨함이確實하다。 (一二ㅣ一四)
아담은罪와死를、 그리스도는義와生을。 (一五ㅣ二一)

乙、義로움받은後의罪의問題——聖潔問題(六・一ㅣ七・二五)

① 恩惠를많게하랴고罪의生活을繼續하여도無妨한가(反問) (六・一)
가、決斷코否! 洗禮의意義。 (六・二ㅣ一四)
그리스도와함께죽였으니 그리스도와함께살것이오 다시罪와함께살것이아니다。
나、僕役生活의慣例。 (六・一五ㅣ二三)
奴隷生活에서自由生活로、 恩惠의支配로。
다、結婚生活의慣例。 (七・一ㅣ六)
律法의舊夫는死亡했으니 恩惠의新夫그리스도의支配下에있다。

② 그렇다면律法은果然罪惡이냐。 (七・七ㅣ二五)
가、否、律法은神聖한것。——律法의性質 (七ㅣ一三)
다만肉에있는罪의勢力이强하야二重人格이생긴다。
律法은 우리를救援할能力이없다。 嗚呼라 나는 괴로운사람이다。 (一四ㅣ二四)
나、主예수를因하야 우리가勝捷하리라 (七・二五)

丙、救援의完成 (八・一ㅣ三九)

① 그리스도를通하야 우리에게內住한聖靈의能力이 生命으로生命에引導하며、復活케하야 永遠한生命으로잇끄신다。 (一ㅣ一一)
② 하나님의嗣子되는榮光을입어 救援이完成될것을聖靈이 保證하니 確實하다。 (一二ㅣ一七)
③ 故로苦難을 두려워안한다 (一八ㅣ三〇)
現今多少의苦難받는것은最後救援希望의確證 (一八)
가、萬物이함께救援의날을待望하며呻吟한다 (一九ㅣ二二)
나、우리信者들도救援의날을待望하며、 (二三ㅣ二五)
다、聖靈自身도함께苦痛하면서우리를助力함 (二六ㅣ三〇)
④ 故로 씩씩하라 救援은確實하다! (三一ㅣ三五)
大讚訟歌。 하나님이 우리편이시니。

二、全人類救援의大經綸 (九•一—一一•三六)

同胞이스라엘의不信과 바울의痛恨。猶太人의不信과全人類救援의秘義。 (九•一—五)

① 하나님이約束을破棄하신것이아니다。 (九•六—二九)

가、約束은靈的이스라엘에關한것。 (六—一三)

나、하나님은獨裁專制君主이신故로、 (一四—一八)
그뜻대로選擇하셔도抗議할者없다

다、土器匠의實例。 異邦人이라도擇함을받을수있음은聖書에記錄된바와같다。 (一九—二九)

② 猶太人이救援못받는責任이어듸있나(九•三〇—一〇•二一)

가、하나님의義를받지않고自己의義를세우랴는것이根本的錯覺이다。 (九•三〇—一〇•四)

나、하나님은自己할일을 다하셨다。 (一〇•五—一五)

다、頑固히拒逆한이스라엘은抗議할餘地없다 (一六—二一)

③ 이스라엘과異邦이 함께救援에參與함。 (一一•一—三六)

가、이스라엘排除는一時的。 異邦에救援이臨하기爲한途程에不過하다。 (一—一二)

나、돌橄欖나무인異邦人들은謙卑할지어다。 (一三—二四)

다、이스라엘과異邦이모다救援받는奧義。 (二五—三一)

라、깊도다하나님의知慧와知識의富裕함이어。 (三三—三六)

三、基督敎徒의實踐道德 (一二•一—一五•一三)

① 基督敎道德의根據와 그性質。 (一二•一—二)
몸을 산祭物로 받치라。

② 謙遜하라。 (三—八)
有機體의一部分은他部分에 자랑할것이없다。

③ 사랑이 各分職의基盤이라。 (九—二一)
愛에無僞、憎惡好善(九)、友愛久敬(十)、勤實奉仕(一一)所望中에歡喜、患難中에忍耐(一二)、待客、祝敵(一三、一四)、與樂共哭(一五)、知分、報善(一六、一七)、復讎하지마라(一八—二一)

④ 政府와國家에對한義務를勿怠하라。 (一三•一—七)

⑤ 社會道德。 隣人을사랑함이律法의完成。 (八—一〇)

⑥ 때가가까워스니覺醒하라!(希望과道德生活)(一一—一四)

⑦ 寬容의德——小問題解決의鍵。 (一四•一—二三)
食物과安息日問題。 (一—一二)
審判하지말고 남을妨害마라。 (一三—二三)

⑧ 그리스도를模範하라(奉仕와容納의精神)(一五•一—一三)

附 錄

① 바울의傳道方針。 이편지쓰는辯解。 (一五•一四—三三)

② 바울의友人錄。 紹介와注意와傳言。 (一六•一—二四)

③ 終結。 頌榮의辭。 (一六•二五—二七)

西風의노래

P、B、쉘리 作

咸 錫 憲 譯

I

오 사나운西風이어、그대 가을의숨이어、
그대여 볼수없는그대앞에 몰리는시든닢새
術師에게쫓끼는 幽靈의떼와같으니、
누렇고、껌엏고、헤멀금엏고 뿔그레한、
염병마진무리처럼 도망하는者들이로다。
그대여、날리는種子를 몰아보내여、
캄々한겨울寢所에 깊이묻이게하는者여、
거긔서죽엄인듯 잠々히기다린後
새맑은 그대의봄동생이 피리를불어
싱々한새싹을 大氣속에 떼지어먹일때、
꿈꾸던大地의 들과언덕에는
生命의 빛과香氣가 넘처흐르나니、
사나운靈이어、간곳마다 움직이는者여、
破壞者면서 또保全하는者여、들으라、오、들으라!

II

그대여、그대의흐름우에는 무서운하늘의激動속에、
쏟아지는 거친구름이 落葉과도같으니、
그대는 蒼空과碧海의 얼크러진 가지에서
雷雨와霹靂의神을 흔들어떠러쳤도다。
透明한 그큰물결의 그푸른水面우에는
熱狂하는 미내드의 머리에뻗치는 金髮과같이、
그렇듯이、아득한地平線의 저끝에서붙어
높은하늘의 天頂에까지 올라닿아、
몰아치는暴風雨의怒髮이헛틀어졌고나。
그대여、숨지려는이해의 구슬픈노래여、
닥처오는이밤은 휘넓은그무덤의天井이라、
그대는蒸氣의엉킨힘으로 이를버치였도다。
그빽빽한氣壓속으로붙어는
캄々한비、번개、우박이쏟아지고야말지니、오、들으라!

III

그대여、 푸른地中海를 흔들어
그 여름날 긴꿈에서 깨운者여、
水晶같은흐름의 돌아드는 노래를 들으며、
빠이이浦口의浮石島를의지하고 그는잠이들었더라、
푸른잇기 香긔로운꽃이 한대욱어저
보는눈도 어지러워 못견댈듯絢爛스러운、
날뛰는물결대로 어지러히 흔들리는
녯宮城과塔그림자를 꿈속에보며。
그대여 그대의옴을 마지하기爲하야
平坦한大西洋은 갈라저 길을열고、
깊은속에 피는 바다의꽃、또海藻類들의
生氣없이 흐느적이는 닢새좇아도
그대의소래를 알아듣고 낯빛을變하고
무서워떨며 넋을잃나니、오、들으라!

IV

내萬一말은닢새이어서 그대를 탈수있었더라면、
내萬一흐르는구름이어서 그대와같이날릴수있었드라면、
그대의힘밑에 불리는대로 날뛰는 물결이어서、
그힘찬天性을 나누어 그대와彷彿히
自由로웠더라면、오、이억제할수없는者여!
또그아니면、내일즉히 어렸을때와같이
그대의짝이되여 하늘가에 헤맬수라도있었더라면、
푸른空中에 다름치는그대걸음을 따라서넘는것이
空想으로는아니뵈던 그때가될수있었더라면、
내이처럼그대와다토아 애타는祈禱를들이지는안을것을。
오、나를일으킬지어다、물결처럼、닢새처럼、구름처럼!
나는人生의가시밭에 엎더졌노라! 피를흘리노라!
그대처럼그렇게 억세고、날새고、自負하는者를、
이人生의무거운짐이 얽매고 머리를굽게하였고나。

V

그대여, 나를저수풀처럼 그대의검은고로삼으라,
내닢새가그닢새와같이 떠러지기로서 무엇이랴!
그대의 힘있는하ㅡ모니의 커다란 소리에
나나저나 같이切々한 가을노래를發하리로다,
寂寞은하련만 아름다운 가을노래를。
무서운靈이어, 내靈이되라! 猛烈한者여, 그대가나여라!

내 죽은思想을 시드른닢처럼 몰라, 몰아서,
宇宙사이에 휘날리어 새生命을주라!
그리하야 불으는 이노래의 소래로,

永遠의 풀무에서 재와불꽃을 날리듯이,
나의말을人類속에 날려흩으라!
내입설을빌어 이 잠자는地球우에
豫言의 라발소래를 웽치라, 오, 바람이어,
겨울이萬一왓거던 봄이 어찌멀엇으리오?

西風의 노래

쉘리는 一七九二年 英國에나서 一八二二年에죽은 所謂浪漫派詩人이다。享年겨우三十一, 그짧은生涯도 前半을 英國社會의疎外에서지낫고 後年은伊太利에서지낫스며 죽을때도 船遊中 갑작히 배가엎더저夭折한薄命詩人이다。

世上에서는 저를無神論者라고한다。저가어려서 이튼學校에배움에 동무間에서「無神論者쉘리」「밋치팽이쉘리」의別名을얻었고, 커서옥스포드大學에入學햇으나 無神論者의팜풀렛트를써서 敎授僧侶에게 配付한탓으로 退學處分을當하였다。社會權威에反抗하고 結婚을否認하야 自由戀愛를하야 남의집處女를꾀여 逃亡하기와, 그렇게얻은本妻도 다시다른女子를사랑하야 薄待하야서는終乃自殺케까지하고, 英國紳士의社會에서 逐出을當한것은 當然한일이였다。

그러나 그것이쉘리는아니다。그는쉘리의싹트는것에不過하였다。種子가發芽하려할때 熱이나는것은 避할수없는일이다, 偉大한魂이誕生되려할때 거긔苦悶이없을수없다。苦悶後에 쉘리는果然 그魂의燦爛한光彩를 發하기始作하였다。그의本妻의죽음은 그에게서 껍질을벗기는苦惱엿다。詩人으로서奮鬪는 그때붙어始作되여 드디어 홀로英國文學史上에만아니라 人類思想史上에서도 잊을수없는地位에 올으게되였다。

無神論者쉘리의글을 나는 웨 여긔실나, 그의生活에 씻을수없는罪惡이있음을알면서도 웨 내가 쉘리를좋와하나。

西風의 노래

傳記家는 그의性格을解剖하야 三要素로말한다, 感受性의銳敏과 熱情的인것과 모든外的勢力에 反抗하는것이다 果然그의짧은生涯는 反抗兒의生涯이였다。이톤에서無神論者라 밋친者라하는 이름을들은것도 이때문이였다 이톤學校에는 古來로 上級生이下級生을 奴僕모양으로酷使하는風이있어 新入生이들어가면 곧 그어느者에게던지隷屬하지안으면안되였다 그러나오직우리쉘리만은 거긔敢然히反抗하야 죽기로싸웟다。그것이저의一生을 不幸하게만든原因이였다。그러나萬一그도亦是 그弊風에수격々々 따라갓다면, 우리는한개산魂을 잃을뻔하엿던것이다。내가저를사랑함은 이反抗的인것때문이다 西風과맛천가지로 自由奔放的이려는것을爲하야서다 그리고 또그의 未來에對한懇切한希望때문이다。現實에反抗하는것은 未來을믿고 憧憬하는맘이 熱烈할새있는것이다 그의詩는모도 이두가지精神、權威에反抗하고 未來를希望하는 이두가지精神으로一貫되여있다。그를無神論者라 불으려거던불러도좋다 그는 或말로神을否定하고 排斥햇는지모른다。그러나 나는「무서운靈이어 내靈이되라」하고、熱禱를하며、「겨울이萬一왓거던 봄이어찌멀었으리오?」하고 豫言者의웻침을 하는것을듣고 저가神없이산者라고하고싶지는않다。正統信仰者는 저를詛呪하고 바려도좋다 우리는 모든形式信者와손을끊고 쉘리便에서서저를永遠히산者의하나에곱으리라.

눈을들어世界를보면、틀림없이 鮑魚의肆에 들어간것갈다 뵈는것은累々히 넘어저 腐敗를기다리는死骸뿐이요、生動하야 물결을끊고 瀑流을거슬러보려는者를 볼수없다. 이때에쉘리는 우리벗이오、慰勢者요、警醒者다 그러면우리는 應하는者없는 이社會를向하기보다는 차라리저와한가지로 落葉을空中에날리는 西風을向하야 노래하리로다。

一二

社告

一、正誤表에關하야

한字도誤植없는雜誌를發行하고저 過勞를不顧하면서 校正에힘써보았으나 亦是今年度에도誤植이없지않었다 第九六－一〇七號까지의發見된正誤表를만들어來一月號에 揭載할터인데 單獨으로는아무리勞力하여도 다할수없는일이다。誌友中에一字或은二字를發見한것이라도 적다녀기지말고通知하여주면 主筆의勞力을크게돕는同時에 여러讀者에게도 적지않은도움이되겠나이다。

二、冬期集會叅席에關하야

每年冬期에모이는 우리集會는無條件으로公開한會合은안이다 또大衆傳道의目的으로하는것도아니다。本誌의一個年以上讀者라야 出席할수있는것이오、그도主筆의承諾을 미리얻어두기로한것이다 信仰、福音、聖書에關한書籍은 모다無代로얻는것이「法」인줄「確信」하며、그런種類의集會에는 自己의마음이向하는대로自由로叅席할것이며、또그래야만 그것이「眞理」요「聖會」라고 主張하는따위狂信者는 우리와合席하기를願치안한다。우리冬季集會는 가장親密한친구끼리 表裏없이 터놓고이야기하는場所인故로無斷出入할데가아니다。우리의門은좁혀야한다 故로叅席할이는十二月十五日前으로 一次照會하여보시오 承諾하는이에게는 同二十日內로 承諾書를보내들일것이다。叅席하려다가 不得已不叅하는이는無妨。또平北方面에서叅席할이는 咸錫憲先生께照會하시어도可하다

七十五日間의東京生活 (三)

宋 斗 用

4 百八十度의轉換은하였으나。

人生은 變한다。끊임없이 變한다。其變함은 도모지 豫測할수도 想像할수도 없는것이다 昨日의富豪가 今日은 赤貧이되며 今日에 人望을一身에 모으던者가 明日에는 모든사람에게 是非를듣고 排斥을받는다、이와같은 일은 決코 드문일이아니다。어듸서고 볼수있으며 언제던지듣는바이다 이것이 人生이다、人生의 悲劇은여기에있다 果然 虛無한人生이라 할수밖에없다。그렇다 이것으로써 人生의全部이라면 人生보다 더可憐한存在는없는것이다 그렇다면 우리는 먹고 마시고 입는데나 全心全力할것이며 노래하고 춤추는것으로만 기쁨을삼을것이다。할수있는데까지 人生을享樂하는것이 人生의最高理想일것이며 그렇게할수있는者가 第一幸福한者이고 그러한生活을하는것이 가장 怜悧하고 智慧있는者의일일것이다。

그러나 人生은 그렇게 單純하고 簡單한것은아니다。여기에 놀라운 事實이있다 그것은 참으로놀라운일이다 即 百八十度의轉換이 그것이다。이야말로 人生의變化中에 가장큰것이다。變化中에 變化라할것이다。百八十度의轉換이라함은 지금까지 東으로向하여 行進하던 人生을 홱 도리켜서 其方向을 現在와는 正反對인 西便으로하는일이다。이일은 얼마나 놀라운일이며 異常한일일가。

百八十度의轉換! 이것은 新生하는일이다 別世界에 옴김을 받는일이다。따라서 人生의內容도 意味도 目的도 지금까지와는全然딴것이된다。아니正反對의것이되고만다。지금까지는「떡으로만」살며 또살려고하던 人生이「오즉 하나님의입으로 나오는 모든말슴으로」사는 또살려고하는人生이된다。現在까지의人生에는 모든興味를잃고 지금까지는 全然 不顧하며 또生覺하지도못하던것에 마음이 끌리게된다。이렇게하여 따에屬한人間이 하늘의것을求하게되며 暗黑中에 걷던者가 光明을찾게되는것이다。이러한生活이始作된때에 사람은물우로걸어나갈수있는것이다、마치 베드로와같이。우리는 이것을一種의傳說이나 或은 寓話로녁여서는아니된다。너무도 顯著한事實이기때문에。

그런데 感謝하게도 果然 感謝하게도 나는―滅亡할者이며 죽엄을免치못할者인나는―百八十度의轉換을하였다。이일은 決코 사람의일이아니다。코로숨쉬는 人間에게는 全然 不可能한일이다。아니〳〵 想像좇아할수없는일이다 그러나 宇宙를 創造하시고 主宰하시는 하나님에게는 能치못하신일이없다。그리고 하나님은 自己를 信賴하며

自己에게服從하는者에게는 超自然的 或은 超人間的의일을 行하신다。그래서 하나님의 獨生子 예수를 메시야 即救主로믿는者는 이百八十度의轉換을 누구나 經驗하는것이며 반듯이 通過하여야하는길이다、

오! 하나님의 거룩하신뜻은 深遠하고도 奧妙하여서 깨달을者가없고 測量할수도없다。末世에와서는 아모짝에도쓰지못할人間 참으로 無用의長物인 나에게까지 이變化와 이經驗을 許諾하셨다、너무도 意外의 事實이여서 아모도믿을수없는일이다。나自身이眞僞를 分別하기어려웠던것이다。우리는 여기 乞人이고 不良輩이며 或은 强盜이고 殺人者인 한人間이있어 그가 別眼間에 高官大職이나 或은 王子의地位를 받었다고 想像하여보자 그어떠할것인가? 그의기쁨과滿足 또는 榮光과 名譽 敢히 무엇에比하며 어떻게形容할수있을가? 그러나 百八十度의轉換은 이러한데 比較할程度의것이 決코아니다. 人間이 罪惡에넘치는人間、絕對로 滅亡을謀免할수없는人間、더구나 其中에서도 가장 바닥이되는 나와같은人間까지가 거룩하고 거룩하신 萬有主여호와하나님의 子女가되는일이다 被造物이 造物主의榮光에 參與하는일이다。人間에게는 이以上의特權과幸福을 더生覺할수없는것이다。

자! 보라。내가 이러한일에 參與한것이다。이렇게말하여 나는 決코 자랑하는것이아니다。勿論 그러한아모理由도 條件도 資格도없지마는 엇잿던지 하나님께서는 나에게 이變化를 이經驗을 許諾하셨다。이것을맛본나는 베드로와같이 물우를 그대로 걸어간일은없으나 그와비슷한 或은 其以上의일을 體驗한것이다。「三年以上 休養하지않고는 全治할道理가없다」고 醫師의宣告를받은大患은 三個月 아니三週日도못되여 完快하였다。其와同時에 오래동안 가장 憧憬하던 大學生活은始作되였다、大患이意外에 速治된것은 그다지 稀罕한일이아니고 더구나 大學生活이 그리大端하다는意味의 말은아니다。그러나 그때의 나의形便과 境遇로서는 이러한일이 到底히 人間의일은 아니였다 이때에 나는 예수만을向하여 前進하였다 아니突進하였다、예수를 떠나서는 나의存在도 生活도 意味가없게되여버렸다、이것을말하여 人生의꽃이라할가、或은 나의生涯의黃金時代라고할가、나는 마치 꿈꾼者와같었다 혼자서 기뻐하며 혼자서 滿足하였다、언제나 우숨을 禁할수없었고 무엇에고 感謝와讚頌이 넘치였다。보이는것은 오즉 主예수의十字架뿐이고 들리는것은 다만 하나님의 말슴뿐이였다、오는날도 오는날도 모다가 恩惠의날이며 當하는일마다 일우는일마다 一切가 祝福아닌것이없었다。나는 이것을 말하여 「물우를걸어가는生活」이라고하고싶다。나에게는 이것이 틀림없이 물우를 걸어가는生活이였다고生覺한다。

물우를걸어가는生活！ 누구나 祈願하는生活이며 될수있으면 오래동안 繼續되기를 希望하는生活이다、그런데 아！ 그런데 얼마되지안어서 畢竟 나의 꿈은깨였다。그러나 이말은 하나님이 나를 버리셨다거나 내가信仰生活에서 떠났다는것은아니다。人生이라는大海에는 것친波濤가 몹시甚하다、世上이라는들판에는 暴風雨가 끊임없이쏟아진다。 그래도 一般사람들은 이것을 認識하지못하는것이 普通인듯하며 多少間認識하는者도 그것을조금도 問題거리로하지않고 無視하여버리는 것같다。그러나 信仰良心을갖인者는 決코 이것을 모르는체할수는없다。그리고 特히信者 卽百八十度의轉換을한者에게는 더욱이 患難과苦痛이 많은것만도事實이다。何如間 나의「물우를걸어가는生活」은 不知中 動搖가 始作되였다。바람이불며 波濤가일어났다。二三年間의 黃金時代는지나갔다。즐거운 大學生活은 中斷되였다。第二次의學生生活도 끝이나고말았다。다음에 오는것은 風波많은家庭生活과 屈曲甚한社會生活이였다。그러나 이것이 나에게는「바람을보고 무서워빳이라는 生活인것을나自身도 卽時에 認識하지는못한바이다。엇잿던베드로는 바람을보았다。그래서무서워하였다。그리고 빳이라한다。오！얼마나 놀라운일이며 흔흔일이랴？ 이야말로 人生의窮極의問題이다。最後의問題이다。웨？하고묻는가、그는 百八十度의轉換은 人生의맛이막의길인까닭이다。이것은 人生의最高最善이며 至幸至福이다。그러기에 萬若 이길에서 이生活에서 卽信仰에서 變動이일어나거나 或은 아조 떠난다면 다시는 길이없는것이다。이어찌 人生의最大最後의問題가아닐수있으랴。그런데 世上의風波와人生의患難은 信仰生活의分水嶺이다。信仰自體를 判斷하는試金石이며解剖하는메스이다。

아！ 그런데 나는 畢竟 이問題에부닥친것이다。이길에 到達한것이다、結局 나는 俎上의生鮮이되고말였다、生이냐 死냐。滅亡이냐 救援이냐。肉迫戰은 始作되였다 最后의勝負는 分秒를 다투고있다。熱中하지않을수없다、其態度는 狂人과같였다。누가 辱하지않으며 흉보지않으랴、非難과 嘲笑는 狂風같이몰려온다。怨望과 憎惡와는 一身에集中하였다。그러나, 그것이무엇이냐、生死의境界에 彷徨하는者가 무엇을도라보랴？

5 鬪爭과分裂

信者를말하여 하나님의擇함을받은者 或은 부르심을입은者 또는 聖別함을當한者라 고한다。더할수없는恩惠의자리이며 가장높은榮光의일이다、名譽스러운일이며 자랑할만한事實이다。참으로그러하다、그러나 내가信者된일은 一便부끄러운일이다、그것은 내가 罪人인것을 表現하며 告白하는일이기때문이다。敢히 눈을들어사람을처다볼만한

勇氣좇아없는者이다。信者는 自己의罪는 버서날수없는罪안팔에넘처서어찌할수없는無限無窮한罪를깊이〳〵認識하고 하나님이여 나를容納하시고救援하여주소서하고 거룩하신 하나님앞에 一切를맥긴者이다。아니自己를내여던진者이다 「敢히 눈을들어 하늘을우러러보지못하고 다만가슴을치며 하나님이어 이罪人을불상이녁이소서 나는罪人이로소이다」 하고 哀願하며 痛哭하는者이다。그러기에 信者는 當然이謙遜하지않을수없고 따라서溫柔한者이지아니치못한다。누구와是非하며 무엇에對抗하랴? 더구나父母나長者에게랴! 끌면 끌릴것이고 차면 맞을뿐이다。信者에게 平和가따를것이며 平安이있을것은更論할바가아니다、더구나 우리救主이신 예수는말슴하였다

「너의는 내가 和平을世上에 베플러온줄로아느냐 너의게널르노니 아니라 도로혀 分爭하게하려함이니 此後에는한집에있는 다섯사람이分爭하여 셋이둘을치고 둘이셋을치되 아비가아들을치며 아들이아비를치고 어미가딸을치며 딸이어미를치고 媤母가며누리를치며 며누리가媤母를치리라」고。(누가一二의五一―五三)

우리는 이말을들을때 大體其意味를 納得하기어렵다。그리고 多少間그뜻을斟酌한다할지라도 疑問은如前히남는다、예수께서 平和의王이시며 사랑의源泉이심은 世人이 다같이周知하는바가아닌가? 내가 世上을平和하게하려고 왔노라하신다면 모르거니와 내가 世上에分爭을이르키려 오셨다하니 고지들을사람이누구인가。더구나 子息이父母를친다함은 무슨뜻인가、或是 父母가 子息을친다는말은 듣기도하였고 事實을보기도하였거니와 子息이父母를친다함은 적어도朝鮮社會에서는 있을수없는일이다。이에우리는 이말슴에놀라기보다도 冷笑를던질수밖에없다。아모리 예수의말슴이라하여도 이말슴만은到底히甘受할수없을뿐더러苦受하기도困難하다。世上에서 基督敎는不孝의宗敎라評함도 無理없는일이다。그러나 이것이 人間의固執이다。이것은 罪를먹고마시며 罪中에서生活하는人間 卽 너나나의말이아니다。世上의罪 全人類의罪 너와나의罪까지도 남김없이모조리지시고 하나님앞에贖罪의祭物이되여 十字架에달려 鮮血을 아니實血을 흘리신 우리主 하나님의 獨生子의말슴이다 이는 하나님의말슴에틀림없다、人間은 거짓이다 그러나 하나님은 참이시다。完全하시다。眞理이시다。따라서 그말슴도 그대로가眞理이며 事實이다。우리는 疑心이없이 謙遜하게 信受할것이다。

大體 친다는것은 무엇을意味함인가、彼方을앞으게함이다。괴롭게함이다。그러면 우리는 반다시 주먹이나돌로 맞어서만 앞은것이아니다。나의뜻에 거슬리매 나의所願에反對의結果를當할때 누가 앞음과괴로움을免할것인가? 주먹이나돌로마진以上일것이다。이것은 傷處가나으면 그

뿐이다、그러나 마음의앓음은 容易하게사라지지않는것이다。그뿐인가 이것은 一時的이나 저것은 繼續的이다。思想의衝突、生活의不合致、이것이分爭이아니고무엇인가。

그것은 다름이아니다。「大槪 義와不義가 어찌함께하며 光明과暗黑이 어찌사괴이며 그리스도와 벨리알이어찌合하며 信者와不信者가 어찌서로相關하며 하나님의聖殿과 偶像이어찌 同類가되리오、大槪 우리는 살어계신 하나님의聖殿이니라」고 바울이말한바와같다。이말은 決코 誇張이아니다、不信者를 侮辱하거나 蔑視하는말이 아닌것도 勿論이다。信者라야 別것이아니다 過去는 다같이 不信者이였으며 信仰生活한다는 現在에도 다같은人間은 차라리 不信者보다 眞實치못한일이없지않다。그러나 信者는 어데까지던지信者이다、저自身의生活이나 行動의如何를不問하고 저는빛에屬한者이며 義를입는者이다。하나님의 거룩한殿이된者이다。놀라운일이며 두려운일이다。그러나 人間은弱하다。甚히弱하여 몹시不足하고 참으로愚鈍한것이다。弱하고 不足하며 愚鈍한点에있어서는 信者와不信者의區別이없다。아니 信者가 不信者보다도 一層더弱한것같다。自己의罪를밝키認識할때 더구나 世上을휩싸는不義의暴雨와罪惡의狂風에 시달리는自身을 바라볼때에 아! 나는괴로운者로다 누가 이死亡의몸에서 나를 救援하나?하는 不絶의呼叫를 아니할者누구이랴?

그런데 異常한것은 이러한弱者가 世上을 두려워하지 아니할뿐더러 오히려 强者를對敵으로하고싸우는일이다。그리고 싸우면 반드시勝利하나니 더구나 新奇하기짝이 없다。이야말로 矛盾이다。도모지理解할수없는 커다란矛盾이다。平和를求할뿐아니라 謙遜하고 溫柔하여야할者가 鬪爭하는일도 異常하거니와 弱者가强者와싸워서 勝利하는일이야말로 더구나알수없는일이다。그야 信者도 코로 숨쉬는人間인以上 저에게도 感情이없을수없고 過失이나 失手가없는것이아니다。勿論 信者는 凡事에참어야한다、오래 참어야한다。嫉妬나驕慢이있어서 아니될것은當然한일이다。그러치마는 信者에게는 義憤이없을수없다。義俠心도없지않다。義勇도가진것이다。그러나 決코 이러한것들이 信者로하여금 싸우게하는原因의全部가될수는없는것이다。事實은 家庭에서나 社會에서나 不信便에서 信者로하여금 싸우지아니치못하게하는것이다。그러기에 信者의싸움은 大部分이 能動的이아니고 受動的이다。그것도 할수있는데까지는 回避하랴고한다。그러나 一旦싸움이始作된때는 勝負를決斷하지않고는마지안는다。마치 義理도 人情도없는者와같으매 아모區別도判斷도못하는者와같다。그래서 世人은말하기를 狂者라하며 痴人이라한다。不忠 不孝 不信 不義 不法 驕慢 頑惡 固執 剛愎 叛逆… 等々은 모조리 信者의代名詞인것으로 使用되고만다。슯은일이며 怨痛한일이나 하는수없다。그러치마는 싸움만은 언제나 信者에게 勝利가있다。그것이 참意味의信者의싸움이라면! 假令 그것이 사람보기에는 말할수없는 慘憺한敗北일지라도。사람의뜻에 敗戰일수록 現在에 悲慘한結果일수록 그것은永遠한勝利이며 眞正한凱旋임을어찌하랴 그것은무슨까닭일가? 簡單하고明白한事實이다。싸우게한것도 하나님의攝理이며 싸운것도事實은 사람이한것이아니라 하나님自身이싸우신것이다、그러니싸우지않을수도없거니와 싸워서이기는것도當然한일일것이다。그러기에우리는싸운다 勇敢하고膽大하게그리고安心하고싸운다。

아! 그러나 이러한싸움、무서운싸움、堪當할수없는非常한싸움이 나에게도 始作되였다。늘 지면서도 이기는싸움이 마음에없는不孝、莫大한不孝、世上에도드문不孝、義理가없는者、人倫을無視하는者、事理를分別하지못하는者過激한者極端인者、이모든것이 나의名稱인것을 알게된때果然놀라였다。너무도 意外인것같이生覺되였다、그뿐인가結局에는分裂이生起고 마지막에는出家(?)를마지못하는非運에빠지고말었다。아! 괴롭기限없으며 슯음이넘쳤다。나는 世上을怨望하기보다 나自身의運命을恨歎하는同時에나의信仰을疑心하였다 내가救援받은일은 確實性이없는가萬若그렇다면 神의存在까지도 믿을수없는것이다。基督敎가 참宗敎인가、하나님의宗敎인가、예수는 그리스도인가하나님의獨生子이며 人類의罪를代贖하기爲하여 十字架에달린것이事인가 모다가事實이라면 아! 나는滅亡할者인가、나에게는 예수의十字架도全然無効한것인가。나는人生의迷路에서 彷徨하지않을수없었다。그러나 事實은 그러한認識을가질餘裕도없었다、나는아모分別도없이그저싸운것뿐이다。그저 물에빠지지않으랴고 精神없이허덕이며 애쓴것뿐이다。그리고 마치 베드로와같이「主여 나를 救援하소서」하고 부르짖으며 몸부림할뿐이였다。나의앞길이東인지西인지 또는 北인지南인지 도모지아지못하였다。그러나 얼마던지 싸우며 헤치며 또 다라나기를쉬지않였다。巨額을들여 始作한營業을 廢履와같이집어던젔다。半個年의歲月을 苦心焦思하며 碎身粉骨하면서 基礎를닦으며 土臺를세운것도 糞土와같이 生覺하였으니 이것을輕擧妄動이라할넌지? 精神異狀이라할넌지? 一陣狂風은지나갔다。赤手空拳의生活은始作되였다。까마귀가 물어다주는것을 받어먹는엘리야의生活이 四五個月지난後는 광이와호미를벗삼는 農軍의生活이始作되였다。이것을 드고아牧者 아모스의 生活이라고하여둘가。그런데 어느틈에五六年이라는歲月은지나갔다。그러는동안에 意外에 페스타로치ㅣ아닌페스타로치ㅣ의 生活이始作되였다。그것도二三年이지나니 또다시動搖가始作되였다。

오! 인저는어찌되려는것인가 도모지괴롭기짝이없다。부끄럽기도하거니와 그보다도 두렵기가限이없다。그리고怯나며 무서운生覺도없을수없다。또한怨望스럽지않은것도아니다。아! 나의前途? 主예수여! 나를救援하옵소서!

慈悲한者福이있다 (馬太五章七節)

姜 濟 建

始祖以來 罪에빠진人類가 救援을얻는것은 무엇으로되느냐。專혀 하나님의慈悲로된다。하나님은 公義로우신이다。그러나그公義대로만하시면 人類는到底히 救援을얻을수없다。그래서慈悲를 베푸시어 罪를용서하고 살길로끌어내시였다。舊約中에적혀있는 이스라엘歷史는 이것을證明하자는것이다。即사람이自己힘대로 救援을얻는것이아니다 하나님의慈悲로써된다는것이다。

그러나그하나님의慈悲를 누구나받는가하면 그러치않다 받는者있고 받지못하는者있다。누가받는者냐。自己스스로또慈悲한맘을 가지는者다。慈悲하지않은者는 하나님의無限한慈悲라도 그를받을수가없다。하나님은사람이 스스로慈悲를 取할수있도록 길을베푸신것이다。왜그러케하시였느냐。스스로慈悲하지못하는者는 하나님의慈悲를 깨닫지못하는者요 慈悲를깨닫지못하는者에게 慈悲는慈悲가되지못한다。慈悲를깨닫는다는것은 即自己의不幸을 아는일이다。自己가罪에빠졌고 그罪에서버서날수없는줄을 아는者다。그것을아는故로 救援하는者를 慈悲로녀기어 感謝한다。萬一그맘이없으면、外形으로는 아무리救出을當한것같으나 自己는依然히 罪속에있다。사람이 누구나不幸한者를 同情할때에、他人에게서 援助를받는것을 當然한일로아는者에게는 決코同情을주지아니하는것이니、그는저가모처럼주는것을 感謝의禮도아니한다하는생각에서 그런것이아니라、援助를當然한것으로아는者는 아무리援助를하여도 救援할道理가 없기때문이다。援助를感謝하는者는 自己의不幸을아는者요 更生의뜻이있는者다。故로저가그것을가지고 다시自活하는 미천을삼을것은 定한일이다。하나님이人類에게베푸시는慈悲도 맛천가지다。하나님의慈悲를 깨닷지못하는者는 아직도罪가운데있기를 좋와하는者다。그런데慈悲를깨닫는者는 또自己가다른사람에對하야 慈悲한맘을가진다。不幸한者를 참으로同情하는者는 같이不幸한者다。故로慈悲한맘이있는者는 自己가自己의罪로因한不幸을 痛切히느끼고 거기서누가건저주기를 懇切히바라는者다。또다른사람을 慈悲로對함에 依하야 自己에게慈悲를 베푸는이의心情을 더욱 잘 깨달을수도있다。「慈悲한者는 福이있나니 저가慈悲함을 받을것이오」하는것은 이때문이다。

요셉이마리아와約婚한지數月後에 그孕胎한것을알었다。無論저는그것이 聖神으로된것은 알수없고 淫行으로된것이라고 判定할수밖에없었다。그러하면 마리아의 運命은

決定된것이다。모세의律法에依하야 돌로처죽이는것이맛당하다。요셉은心中에 煩悶하였다。事件을暴露하야 公義에 붙일것인가、어떠케할것인가。드디어一個가엾은靑春에對한 同情이 니러낫던것일것이다。가만히因緣을끊고말것을 決心하였다。社會의安寧秩序를 생각하는 法律家나 道德家의눈으로하면 요셉의일은 잘못되였다 할수있을넌지몰은다。그러나 저는人生을안者였다。聖經에는 저를義로운사람이라고하였다。義로운사람이란 하나님의慈悲를 아는者다。저는아마 여호와앞에 自己가하잘수없는 姦淫者인것을깨달아 마리아를同情하였을것이다。그럴때天使가나타나 그는聖神으로 孕胎하였다고 알려주었다。

이것을보면 요셉이예수의 養育하는아버지가되는 福을 얻은것은 그의性品이 훌륭하야 된것은아니다。요셉의긍휼한맘이 하나님의긍휼한맘을 体得하였기때문이다。하나님이예수를 誕生식이는것은 人類를갑없이救援하자는 慈悲에서나온것이다。요셉의마리아에對하야한일은 正히하나님의 이뜻에合致하였다。그러케생각하야서 요셉의일은 一段意味가 깊어진다。

야고보書에말하기를、「긍휼을行하지아니하는者는 긍휼없이審判을받을것이니 오직긍휼이 審判을이기고 자랑하나니라」(二章十三)하였다。우리는 이와같이 남을긍휼히 녀기는데서 예수를接待할수도있고 審判도 이길수있다。

聖朝通信의續

十一月十七日 (水) 晴。로마書만은 參考書를읽지않고라도 그 槪要를 써내려니하였다。그러나或時錯誤나생길가 두려워서 한冊을參考하노라던것이 또하나 또하나 하다가 드디어諸大家의包圍威壓을當하야 나自身의생각은 옴츠려지고말었으니 恣한일。○小鹿島의信友들께 크를쓰마쓰선물보내라고 滿洲의極貧兄弟로부터一圓이着하니 이것이今年度의 첫열매。○照會葉書에『……聖書朝鮮에 揭載하였던咸錫憲先生著인「聖書的立場에서본朝鮮歷史」를單行本으로發行한다는말을들엇는데 發行하였는지? 안하였는지? 또發行하였으면冊代는얼마인지、아직發行치않였으면 豫定冊代는얼마이며 언제나發行될지下敎하소서……』라고。今年內로發行하려던計劃은틀렸음으로 明年夏期頃까지는 되도록힘쓰겠다고答하다。○마라손王孫基楨君으로부터 學費에困難中(東京서)이라는消息에接하야 놀라다。伯林當時같으면孫君의學費와生計를負擔할사람이 半島에百千도 넘을것같더니 亦是그것도一場의復興會이였던모양。○家族禮拜。十五夜의 달빛이 地球를透照하는듯。北漢을바라보며 물소리를들으면서徘徊하기 한동안。

十一月十八日 (木) 曇、小雨。月食의部分이 보일터이였으나曇天이어서 볼수없었다。○今日두번小文을읽고 크게感激하다。一은 「三田評論」十一月號에「江南の陣中より」라는久保田氏의文을 벤또먹을동안 뒤져보다가 文字대로 눈물로써 밥을삼켰다。月溪小學校의貧弱한校舍、二十四歲의校長、모다 三十歲未滿의男女敎師五人이 男女兒童二八五人을더브리고 新國家建設의國民敎育에專心致力하더라는얘、그나라를攻略하는兵士中에 陣中에서도 오히려敎育者인自己의立場과使命을 잊지않고 그나라敎育者를感嘆하며배우려는 小學校訓導있음을알고、나 スス로의過去十年에한業績、今日以後에 하라는心志를생각하니 萬感이胸中에서뛰놀지않을수없다。二는「新の生活」誌十一月號에 「藤井武氏と私」라는文을읽고 藤井氏의高貴眞摯한生涯에感泣。

聖朝通信

一九三七年十月十九日（火）晴。「秋霜같은……」라고形言하는秋霜이滿天地한肅然한아침에詩篇을朗讀하다니

여호께避함이　사람을信賴함보다나으며
여호께避함이方伯들을信賴함보다낫도다
……
建築者의바린돌이　집모퉁이의머리돌이되엿나니　이는　여호와의行하신것이오우리눈에奇異한바로다(詩第一一八篇)。

本誌續刊을慶賀하는感謝편지여러장중에서『先生님의말슴대로참으로奇異하고　또感謝한일이올시다。然而已爲休刊의雜誌를旬日을넘기지않으시고　繼續發刊하실제先生님의그수고가얼마나하셨겟읍니까。休刊에서悲憤을말하고　續刊에서感謝를表하기만은넘어도罪悚합니다。

非常時局에處한信仰態度의結文이몃번이나되푸리하여읽혀집니다。입으로붓으로말못할、넘어도沈痛悲哀가사모칩니다。오늘十七日祝勝의노래行列이　온天地를　뒤흔드는속에孤獨한　저의靈은　천당그리워　아득한저쪽에[illegible]허매입니다……』

十月二十日（水）濃霧、晴。日氣稍和。學校에서도라와　시금치밭을除草施肥。今日까지生茄子로반찬할수있었음은年來에없던稀記錄이라고　놀라며感謝하며。約半年間이나　우리食卓을豐盛하게하여주던茄子나무、數日來의冷霜에　아주凋落하여버렸으니　그姿態를바라볼수록　사랑과犧牲과勤勞와多産으로　一平生을마춘賢婦人의모양인가싶다。그는凋落이아니라　完成이오衰退가아니라脫殼이오凱旋인것같다。生産또生産하다가　秋霜에　꺼꾸러짐으로써　그任務를終結하는茄子나무、嚴肅하기도하고부럽기도하다。（）저녁에　듸도第二章을輪讀하고家族禮拜。玲瓏한月色이山野에찬것을두고　잠자기는惶悚한感이不無。

十月二十一日（木）晴。二時間만授業있는날인故로　남은時間에原稿쓰기를　크게期待하였댓는데、不然間에道警察部에呼出나서二時間餘를待하였으나呼出한官員이外出中이라해서虛行으로歸校。今日對培材學堂職員庭球試合에는不參하고저內心에定한일이었으나　이미三四時間을無意味하게浪費하야豫定을破壞한後이라　同寮들을滿足케하는庭球試合에만吝嗇한들　무엇하랴는생각으로　이에欣然히參加。但　四對零으로慘敗하였으니　도리어未安하기　짝이없었으나、이렇게三四次만慘敗하였으면　다시는庭球試合하자는注文이　없을것이아닌가하는智慧가돋다

十月二十二日（金）晴　今日부터中間考査。京畿道警察部에呼出되여午後三時부터滿二時十五分間取調에對答하고　數十枚되는聽取書를　한번　읽겨듣지도못하고「읽겨들었는데相違無之候也」라는條下에署名捺印하라고해서하지아니치못하다　要領만記錄하면聖朝誌의半頁에도　못다찰것을數十枚의書類로作成하는데에놀라다。但、聽取書를著作하는동안에　틈틈이　쉬는時間을利用하여　에베소第六章十四節에서十六節까지의三節을希臘文으로暗誦할수있었음은一得이었다。日沒頃에歸鞭을불여山麓에도라온때는黃昏에電燈이반작이였다

十月二十三日（土）晴。로마法王은日本의軍事行動을支持하는聲明書를發表하였다하며、英國聖公會大僧正은反日本示威運動의大會를司會하였다고物論이嘖々。저들이다같이　眞正한基督을代身하는者들일진대同一한事件에二樣의判斷을表明할수없을것

이지마는 저들은基督을따르기보다各自國民의輿論에順應하는者들일뿐인故也。○헤치마(수세미)結實을爲하야는 나홀로만除草施肥의勞를 獨擔하던것인데 數日來로「헤치마콜론」을 만들기 시작한以後로는 女兒들이一精誠으로朝夕에汲水하며化粧液을計量함을보게되다。門內에化粧品禁輸入令을施布한 우리집안에는 헤치마콜론이처음이오唯一의化粧品이라 女兒들이그製作에熱中함도無理가아닌듯。因하야明年부터 헤치마一件에서는余의勞力을除할수있을터이니 딸많은것도 이런境遇에는受苦를減할것만一幸일것같다。○火星과木星이甚히接近하여진다。發火할까念慮!

十月二十四日(日)晴。全식구들을高工의作品展覽會로구경보내고 書齋에홀로籠城하야原稿。十月에半朔遲滯된일을十一月一日까지回復하랴는勞心이적지않다。午後二時까지 겨우原稿의大部分을段落지어보내고 二時半부터 삼우엘上下書通講。두시간 걸리다。○夕에新京갔던尹君이많은消息을가지고歸來하야 骨肉의情을蘇生시키다。家庭禮拜에 히브리書第二章輪讀。밤자정이넘도록馬力을다하야 十一月號卷頭文까지完結하고就床하랴니、北漢에 가득찬月光이몹시 아까웁다。○鴨綠江畔의消息如下『……前番에先生님의休刊된다는通知를받사옵고는實로 안타가운心情을禁치못하면서 每月큰眞理의敎訓을가지고찾어주는聖朝의 나에게對한役割이 어떻게컸음을날마다記憶思慕하던次에 奇跡的으로十月號가刊行이되여 「非常時信仰態度」「레기온에게잡힌 現世인것과、亞細亞東北區의主人公朝鮮人의 해야할使命」과「結婚의眞義」를배우게되여 눈물로써感激치않을수없읍니다。聖朝는큰使命이있어서나왔으나 그生死가攝理의큰意義가있겠읍지요。……先生님의眞理의라팔은 더욱强하시옵기를願하면서끊칩니다』。

十月二十五日(月)快晴。밤낮 쉬지않다싶이하야남은原稿두어頁分을完結하여가지고 今朝에印刷所에이르니 鑄造器의故障이라고해서 一週日前에보낸原稿도着手하지않은대로있는것을發見한때는 자못失望하였다。그런줄알었더면 잠이나充分히잤을걸! ○十年만에 멀리太平洋孤島에서來信이있어서 人生을다시한번짚이回顧하다。또嶺南消息에『어느날謄寫版에박힌葉書한장을받어읽엇는대 貴誌가休刊되겠다고 誌代를返送한다는寄別을接하든刹那에는 말할수없는痛嘆이不知中連發되였나이다。山間壁地에서事業을爲하야 원숭이노릇을繼續하는小生으로서도一個月에一次式찾어오는貴誌의面目을보고는 반가운우름感謝의눈물이없든바안이옵다가 이悲報를當한即時에는世上이캄캄하고모다가空虛한듯하여果然光明은사라지고 暗黑만닥처오는末世인것을알고 아바지여 우리들을바리시나이까 아바지여 우리들을바리시나이까 하는非鳴이連發되옵다가 이제貴誌를받으오니 반가움이倍前이로소이다』

十月二十六日(火)快晴。樵夫들의 서로부르는소리소리가午前三時頃의山麓을震動시긴다。勞働의아들들은 부지런하다。南天에燦然한參宿과大犬과月光을 바라며밟으면서 北漢山골작이로落葉글러오르는것이다。달빛알에서全身을冷水에씻고 詩篇을朗讀하고 이사야書몇章읽고 하루의祈願을알외고나니 藥師寺의木鐸소리 松林을흘러들리다。다섯시 지난모양。때에朝飯솥에불때고、登校途次에印刷所에들려보아스나 昨今이一般으로工程이遲遲不涉

함은鑄造器의故障때문。監試하는任務다한後에 다지印刷所에가서走馬加鞭하야 먼저된것十餘頁만校正하고도라와外典工夫。

十月二十七日(水)晴。登校監試一時間外에는 終日印刷所에守直하다싶이하고서서 겨우 組版을畢하였으나 鑄造器의能律이不伴하야 아직도伏字가太半이나된다 元來半朔이나늦은일을 하랴는것이지마는 이번처럼印刷에 애타기도空前之事 ○밤에는 擔任生徒의父兄來訪。甚히艱難하야 新聞配達로써獨子의學費를調達하는터이니 저는自己아들에게禁烟의美風을가르키기爲하야 自身부터 먼저禁煙을斷行한誠意와 勇氣를 가진사람인故로 敬愛의情을다하야接待。明日의生計가確立치못하고 따라서 아들의工夫도中途에廢할不安이있음으로 今日까지先生을尋訪할勇氣를얻지못하다가、이제는五學年도半이며갔으니中途에廢學하는 부끄러움은免할듯함으로 只今學父兄된인사를 왓노라는것이다。저와會談하는一時間餘에「가난한者는福이있나니라」는 예수님 말슴이 자주생각히었다。

十月二十八日(木)雨。雨中에自轉車로登校。途中에印刷所에들려 再校를畢하고 授業時間에 당게가랴고急行하다가衝突二件。처음은大漢門앞에서自動車에 밀려너머지고、둘째번은京城驛裏門앞에서急橫斷하는少女에게衝突。시골서 처음上京했다는少女가 警鍾을듣고 도망하려다가車道에 뛰어들어서衝突한것이다。스스로求하려는者는 잃고、목숨을 버리는者는 도리어保全하리라는聖句를想起하다。진땅에 너머진少女를 人力車에실어病院에治療케하고 費用을負擔하니 이것도自轉車군으로서의 첫履歷 急해서可한일 없는줄은 百번이나알것마는 時間은 줄이라다가無理가생긴다。나종에보니 나自身도右脚에 傷處가 생겼으나 내傷處의治療費는 주는사람이없었다。○今夜에上海戰勝提灯行列이있을터이었으나降雨로中止。宿直하면서第三回校正。

十月二十九日(金)雨。새벽에도校正。十一月號檢閱濟。授業後에印刷所에가서校了。今日도降雨로提灯行列不能。○今夜木金兩星이 가장接近할터이엇마는 구름에가리워서 볼수없으니遺憾千萬。다만 시내의물소리 매우요란함을깨닫다。

十月三十日(土)晴。날마다雨天延期해오던祝勝提灯行列을 今夜實施。但 當直으로蓬萊山을 지키면서聖朝發送皮封을쓰다。射手座에서火星이木星을따라 지나가는競走가 볼만하다。

十月三十一日(日)曇、後雨、今日도連續하야當直인故로 敎室에서聖書硏究會。列王記上下와歷代上下의大意를 約二時間으로써講하다。亦是배워야할重大眞理의冊임을 새롭게發見하는듯한感이不無。○今日第一〇六號製本出來하야 一部分은宿直室에가저다가 今夜로發送、늦을까念慮하던號가 도리어일즉이되였다。冬期集會參席申込의第一人着。

十一月一日(月)晴。午後에 市內書店에配達하면서歸山하니 三日間이인때一大旅行이나 갓다온感이다。포풀라의景觀이年中佳絕의時節이되였다。

十一月二日(火)晴。일즉도라와서 落花生收穫남은것을마저하다。이것도相當한勞役이나、庭球試合하루에 세께임식하기보다 쉬운役事인듯하다。

十一月三日(水)晴 登校祭式後에 某君의懇請을 못이겨서水原行。誠力을다한대접은 도리어 마음을괴롭게함이多大하였고、北東편城址一巡、特히練武臺以東의 城址는初行이어서 所得이많었다。仁川鐵道까지開通된水原에서보면 朝鮮에가장急速度로發展하는都市는水原인것같이보인다 交通網의發達한것과 大水原邑의區域擴張等等。그러나平壤가보면平壤、咸興가보면咸興、大邱가보면大邱야말로 朝鮮第一의發展都市로보이니 大體로都市集中의調子가 언제까지 이대로繼續될것인가豫測甚難。歸來하니 밤九時。車中에서 오거스틴五十餘頁읽은外에는靈的意義적은一日。

十一月四日(木)晴、夜曇 午後에 牧畜과日支事變에關한 映畵를參觀키爲하야 全校가府民舘行 但私事로因하야 일즉歸宅 木工노릇도하다。○定規讀者中에 移轉後住所通知없어서 雜誌返還되여오다。速히住所를通知할誠意좇아없을만한讀者일진대 차라리購讀을中止할것이다。殘金은 언제든지返送할터이니 ○誌友安氏 今日近隣으로移居。여러志望者中에서 처음으로決行者一人을보았다。

十一月五日(金)晴。어떤農事하는兄弟가 秋收한各種菜蔬를 골고루 가저다주어서 감당하기가 甚히황송하였다。○不在中에 이웃집老婆가書齋를들여다보려고 하는것을「매맞으랴구 그방에들어가」하면서正孫이禁止하였다고。이는平素의余의性癖을말한것이다。何必아이들이작난한다고해서가아니라 어른이라도 한번더녀나가면——비록余의不在中에 다녀나갔어도——그痕跡이室內에남고 思索의潮流에波亂을일으키는까닭이다。故로倚子一脚만둔것은 넓은地球上에 이五坪餘의空間만은余一人이獨占하고獨想하고저함이다。來客을 書齋에接待하지않음도 이까닭。

十一月六日(土)晴。아침에 쟁끼두마리 우리果園에 나라들어서 숫닭처럼싸웠다。꿩의나라에도戰爭은不可避한모양○登校하야 愛國式과三時間授業後에 朝鮮神宮에全校參拜。점심먹을時間도주지않고 午後二時에山上에서解散하여버렸다。歸途에神宮自動車路를快走하는滋味에惑하다가急角度回轉에自轉車顚伏하야左脚左腕에三四處傷處를내였다。自轉車도重傷○도라와서 시금치施肥와果樹의虫卵除燒等。

十一月七日(日)晴。오늘은安息日이나 오늘부터一週間의精神作興週間이 시작되는故로 午前九時에朝鮮神宮에全校集合。大廣場도參拜人으로市를成하야 容身할餘地없이되였음으로 멀리城外에서參拜하고가는團體도 相當히많었다。太原陷落을祝賀하는旗行列이 今日午後一時부터있다고해서 今日의聖書硏究會는中止하기로하고벤또까지 싸가지고入市했던데、陷落이덜돼서 今日旗行列은突然히中止한다고해서도라와午後二時半부터硏究集會如前。에스라 느헤미야 에스더等三冊의大意를講하다。○山麓을散步하라니 滋氣있는 골목에는봄날같이雜草茂盛하였고 松虫卵이孵化한것이보이다。異例의溫暖인가。

十一月八日(月)曇 立冬。氣溫이 매우低下하야 겨울이 옴을告한다。精神作興第二日이라고校內庭外의大掃除 街路에는 김장무 배추짐等이多數히往來 ○矢內原敎授의「通信」十月號를十餘部더注文하여온지 旬日되였으나 줄사람을發見치못해서大部分그대로있다。우리가 하고싶은말 하여야할말이記錄되였는故로 聖朝誌의補篇의뜻으로보이고싶은것 이미十一月號本誌에紹介廣告하였으니 本誌讀者는要求되는이마다 발서보았을터이며 其他에누구누구 생각해볼수록 개에게眞珠를던지는感으로尙今秘藏中. ○日獨伊防共協定이成立되였다고特筆大書로報道. 今夜宿直.

十一月九日(火) 晴. 精神作興의第三日로 午前六時에登校하야 金星 參宿 牡牛 大熊小熊等指點하면서朝禮體操함도一興. 午後한시부터慶祝旗行列의參列. 太原陷落과日獨伊防共協定을並祝하는뜻이라고. 우리는龍山驛前에모여軍隊地域을一巡하다. ○校歌校友會歌等의統制實施된다고報導.

十一月十日(水) 晴. 嶺南서某氏來訪. 咸先生의 朝鮮歷史號全部를求한다고하나 半以上品切되여서應치못하다. 그朝鮮歷史와世界歷史에나타나는「史觀」에對하야眞心贊同을表하며朝鮮風土의鄕臭나는基督敎의싹이聖朝誌에서長成할것을累累히證言하면서退去. ○今日은 벤또 안먹는것으로써 精神作興의第四日을보내다. ○總督府에열린臨時敎育委員會에서明年度부터朝鮮語는隨意科로 돌리기로決定했다고報導.

十一月十一日(木) 晴. 年賀狀廢止하기를政府에서議決하였다고해서 注文中의것을取消하는等야단이었다. 이런때는十年前부터廢止한者는泰然自若乎. ○前英國首相 맥도날드氏 지난九日夜에逝去했다고. 世界의平和를爲하야 저도自己의分을다하고 갔으나 世界는 아직도平和롭지못하다.

十一月十二日(金) 午前濃霧, 晏 우리가보는銀河보다五萬倍나 더큰銀河가發見되였다고 그縱은五千萬光年 그橫은二千萬光年인데 우리地球에서一億萬光年을相距하였다고 宇宙는 크고넓다. 하나님의能과智와愛를 누가能히 헤아려내랴. ○精神作興의第六日로 全校가弘濟外里에나가 舊把撥里까지 마라손競走. 今年은審判의役割을擔當하게되여서 함께뛰지못한것千萬遺憾이었다. ○歸途에有志生徒들과함께 弘濟牧場에安慶祿牧師를訪하야 國土의七割以上을占한山林을利用하야牧畜으로生計를立하여야할것, 玉蜀黍 甘藷 馬鈴薯等의獨特한二毛三毛作等實驗에根據한說明과, 生活問題解決에關한 確固한信念等 二時間에亘한有益한說話를듣고辭退하다. ○今夜五學年生徒一人은來訪하야 넉넉지못한學資로써 多大한無理를하면서上級學校하나더工夫하려던計劃을斷念하고 卒業하는대로歸鄕하야農畜에專心할決心을하였다고報告. 安慶祿牧師의說話듣는中에勇氣를얻은것이라고.

十一月十三日(土) 晴. 報恩感謝 國民親和의날인今日로써一週間의國民精神作興行事를 完了하였다. 오늘京城附近生徒들은各其祖上의墓詣에보내고 半數못되는시골生徒들만相對하고授業하다.

十一月十四日(日) 晴. 새벽山上祈禱. 오래간만에安息日다운安息日을얻어 별에쪼이면서 욥記를工夫하랴니 感情이激하지않을수없다. ○午前中에 뜻밖에桐山齋之助라는老人이來訪. 初對面에無敎會를多談하고退去. ○午後集會에서 욥記를講하다. 滿二時間을要하였으나勿論不充分. 淺薄한世上에서 짧은人生을講하랴니激하는感情을制止할수없어 드디어옷자락을젖치기數回. ○夕陽에京城白菜를收穫하다. 夕에는家族禮拜.

十一月十五日(月) 晴, 一時濃霧. 午前에授業하고 午後에는京城農業學校에열리는京城博物敎員會에參席. 우리가 유토피아建設을 꿈꾸던基地에新築된農學校에는볼만한것 배울만한것이많었다. 가장興味있는것은畜産部, 特히牛乳組合制度였다.

十一月十六日(火) 晴. 김장하기로連日家內總動員中. 今日까지에太半은畢하다. 非常히溫和한日氣인故로直隸白菜는收穫을延引中. 山에는 오리나무其他花草꽃이再發하였다. ○蓬萊町道路는月餘間이나修理中인데太平通에도交通遮斷하고道路工事中이어서길을轉換하야南大門通으로自轉車를몰려했더니 此亦通行禁止. 西大門通은半年間이나막혔고. 正히道路의亂世이다. 길인들便할수있으랴. 蜀道가險타기로서 서울道路보다 더했으랴. (第二〇頁에續)

聖書朝鮮合本 (總布洋製)

一九三七年度合本 (第九卷)

第九六―一〇七號 **定價二·二〇 送料〇·二〇**

右는十二月中旬까지 製本出來豫定. 本誌의 永久保存과 크리스마스 선물로適當함. 其他 前年度以前의合本도如左.

第八卷(一九三六年度) **各卷定價二·〇〇**
第七卷(一九三五年度) **送 料〇·二〇**
第六卷(一九三四年度) 本誌의創刊號以下
第五卷(一九三三年度) 完全히合秩한것은
第四卷(一九三二年度) 이合本뿐이다. 朝鮮歷史號도 이合本中에만完備하였다.

朝鮮歷史(聖書的立場에서본)

本誌第六一號로부터八三號까지에發表된것. 大部分은品切되였으나 아직約折半은殘在. 다음의世界歷史를읽고저하는이와 朝鮮에關한하나님의經綸을的確하게 把握하고저하는이는要一讀。單一回의分이라도 全攝理躍如。每一冊에拾錢식으로減價。

世界歷史(聖書的立場에서본)

朝鮮을알어야世界를알며 世界를알어야朝鮮을알수있으며 聖意를깨다를수있고따라서우리人生의 行方이定해진다。第八十八號以下連載되였다。이것은定價대로每冊十五錢식。第一〇六號까지既刊十九冊. 今月號에休載하였으나尙今繼續中이다.

新約聖書概要

題目	號數
마가福音의大旨 (但品切)	七四
요한福音의大旨	一〇六
로마書의大旨	一〇七

第六回本誌讀者冬季聖書講習會

日時、自一九三七年十二月廿九日(水)午后二時 至一九三八年一月四日(火)午正

場所、京仁線梧柳洞驛前宋斗用氏方

會費、四圓也(聽講料二圓五十錢宿食費二圓五十錢)

講題 히브리書의研究 咸錫憲
이사야書及外典講話 金敎臣
其他課外講話數人。每日午前午后二回、每回約二時間식。

(注意)本誌一個年以上讀者及그紹介者만 叅席可能。座席宿所의 準備도있음으로申込은 일죽할수록可함(豫定人員超過時에는 不得已謝絶하게되겠는故)。毛布寢具等을 持叅할것。單只배우라는것아니라 싸우라는兵士의覺悟로叅戰하라。

金敎臣著

(1) **山上垂訓研究** 全
四六版·二四五頁 **定價七十錢·送料六錢**

(2) **聖朝文庫第一輯**
咸錫憲著 **푸로테스탄트의精神**
菊版半·三十二頁 **定價金十錢·送料三錢**

(3) **聖朝文庫第二輯**
咸錫憲著 **無敎會**
菊版半·三十二頁 **定價金十錢·送料三錢**

本誌定價

一冊 拾五錢
六冊(送料共) 前金九十錢
十二冊(一年分) 前金壹圓七拾錢

要前金。直接注文은 **振替貯金口座京城一六五九四番** (聖書朝鮮社)로。

取次販賣所

京城府鍾路二丁目八六 **博文書館**
京城府鍾路二丁目九一 **耶穌敎書館**
東京市神田區神保町一ノ一 **三省堂書店**
復活社(京城府) **茂英堂**(大邱府)
莂聲閣(咸興府) **信一書舘**(平壤府)
向山堂(東京市) **大東書林**(新義州)

昭和十二年十一月三十日 印刷
昭和十二年十二月一日 發行

京城府外崇仁面貞陵里三七八
編輯兼發行者 金敎臣
京城府仁寺町一一九ノ三
印刷者 金顯道
京城府仁寺町一一九ノ三
印刷所 大東印刷所

京城府外崇仁面貞陵里三七八
發行所 聖書朝鮮社
振替口座京城一六五九四番

金敎臣主筆

聖書朝鮮

第壹百八號

昭和十三年(一九三八)一月一日發行

昭和五年一月二十八日(第三種郵便物認可)
昭和拾參年一月一日發行(每月一回一日發行)

目次

送舊迎新

年末을當한즉 各其類를 따라모여서 忘年會의一夜乃至數夜를 질기고 보낸다。그 기뻐함이 過去一年間의歡喜를一時에蓄積하여 기뻐함인가 或은 過去一年間의悲哀煩惱를一夜의歡樂으로 밖구어抹殺하여버리라는 앙탈함인가 다 알수없거니와、이러한 表面의悅樂과浮流의歡喜에 우리가 衷心으로 어울릴수없을것은勿論이다。

宗教雜誌—特히基督教雜誌들은 版에박은듯이 舊年에對하야는 感謝々々로써보내고 新年을向하야는 希望々々의文字를羅列하야 이를迎接한다。무엇이感謝요 무엇을希望한다함인가。지나간一年을回顧하면서 아직窒息의숨을 돌리지못하며 앞에오는一年을向하면서 도리어 여호와神의存在까지도疑訝하고저함은 唯獨우리의奇癖이란말인가 또는 우리의不信所致이란말인가。나타나 보이는世界에關한限 우리는感謝할것도 希望가질것도없다。

옛날傳道者코헤레스가 이미道破한것처럼

헛되고 헛되며 헛되고 헛되니 모든것이 헛되도다、사람이 해 아래서 수고하는 모든수고가 自己에게 무엇이有益한고。한世代는가고 한世代는오되 따는永遠히있도다。해는 떳다가 지며 그떳던곳으로 빨리 도라가고、바람은 南으로 불다가 北으로 도리키며 이리돌며 저리돌아 불던곳으로 도라가고……萬物의疲困함을 사람이 말로 다할수없나니 눈은 보아도足함이없고 귀는 들어도 차지아니하는도다。이미있던것이 後에 다시있겠고 이미한일을 後에 다시할지라。해 아래는 새것이 없나니、무엇을 가르처 이르기를「보라 이것이 새것이라」할것이 있으랴。우리 오래 前世代에도 이미 있었나니라。

고。現象의世界를 살필진대 果然허무한것뿐이오 맹낭한일뿐이오 억울한것뿐이다。그러나 우리의視線을 皮相의世界에서 떼여서 皮相의저편에 한껍질을透視할때에는 昨年같은一年에도感謝의材料가 없지않었고 新年의展望에도 새로운希望을制止할수없음을 깨닫는다。使徒바울 의 이른바「肉體의人은朽敗하나裏心의人은日新」한다。肉에屬한것形에나타난것은陳腐한것이나 靈에屬한것形에보이지않는것은 새로운것이오永遠한것이다。비록新年에도 우리目前에서 窒息할일이根絶되지않고 義로운者가患難을避치못한다할지라도、이는輕한일이오暫時의일이니「우리를爲하야 至大하고永遠한榮華의重한것을成就하게하는」일에比길바가아니다。故로 우리도「나타나 보이는것을願치않고 보이지않는것을願함은、보이는것은暫間이오 보이지않는것은永遠함이니라」고(고后四•一六以下) 우리의標的을定하리라。

微力을다하자

最近에「通信」第四十八號에서 肺結核患者인內田氏가 微力을 다하야 同患病友를慰勵하고저한다는決心에 움지기어서該誌主筆도肺結核患者를爲하야 微力을 다하기를決心하였노라는記事를 읽고 적지않은感激을받었다。

微力이오 또微力이다。財産도없고學識도없고 健康좇아結核菌에게侵犯되여서視力까지完全치못한一介青年患者가 그래도 남은힘을總動員하야 同苦의病友들을 扶助하여주고저하는 小誠과微力을 다받히는때에、이것을傍觀하던大學教授한사람이「그모양인 네가 微力을다한다고할진대 나亦是微力을 다하여보리라」고 決心하였다。이렇케되고보면「微力」은 발서 「微力」뿐이아니다。

이일에關하야聯想되는것은 첫재로獨逸나라의實業十誡命이다。그一條에曰「獨逸國民은獨逸서만든 조이에 獨逸製의鐵筆로써 獨逸製品잉크를 찍어쓰라。그리고獨逸製의吸取紙를使用하라」고。우리와같이神仙살림으로 物質에豪活한百姓들은 이런仔小한일을輕示하며嘲弄할것이나、現下의獨逸로하여금 蘇聯과佛國의威脅만 될뿐아니라 實로全世界의一大强堡를築하게한것은 右와같은細微한일에發端한것이였다。세상에 두려운것은「微力」이다。

둘재로聯想되는것은 地質學上에서間歇泉을說明하는 분센燈의原理이다。여러번 굽우러진曲管에 물을채우고 그下端에加熱하면 그屈曲이複雜하고水柱가 긴까닭에 對流作用이없어서 一時는加熱의効果없는듯이보이나 加熱을中止안할진대 드디어曲管內의水柱는 急時에氣化하면서 空中으로爆發한다는것이 분센燈의實驗이다。氷洲와 뉴지란드와 黃石公園等의大間歇泉은 이原理로써說明되였다 加熱하는일은 보이지도않는 微々한일이나 나종爆發할때는熱蕩의柱가 하늘을뚫고야 말것같은威勢를 보인다。

우리朝鮮에도「微力」을要하는일이 적지않다。肺結核患者의數가四十萬或은五十萬을報하며、癩患兄弟가二萬乃至三萬을推算하게하며其他此種助力을要求하는일을每擧키어렵다。그러나 사람들은 大力을待할뿐이오 微力을合한것이大力되는줄은 모르는듯하다。多少의善心으로써 公을爲하야 義를爲하야 慈悲心의動함으로써「微力」을 아끼지않던사람들도 그結果가大海의一粟에不過함을嘆하면서挫折하고마는것은痛忿한일이다。무릇善한것 참된것은 一獲千金式으로一擧에達成하는法이없다。故로「善을하되倦怠치말라」고하였다。微를積하고小를加하여쉬지않을진대 獨逸의强도거긔있고間歇泉의大噴出도거긔서나온다。그倍律은 오직 하나님의祝福에依하야 或은三十倍或은六十倍百倍에達할것이다。物界와靈界에亘하야「微力을다하자」함으로써新年의標語로하고저한다。生活問題도 微力을다함으로써自力解決하자。

現實生活과信仰

우리는 야고보의末流라는誹謗을 들을넌시 모르나 信仰生活에重要한部分이 現實生活——特히經濟的살림사리와不可分의關係있음을否認할수없다。學生時代나處女時代의信仰을 實際生活에들어가서維持못하게되는것은 그信仰이空想의域을超脫하지못햇던證據이다。그럼으로 六十이넘은寡婦라야 비로소寡婦로正式對接하라고햇던것처럼 現實生活의責任과苦痛을經驗한信仰이라야 비로소信仰이라고談議할地域에 들어선것이라고 우리는본다。

敎會를評하며 無敎會를論하며 聖靈의体驗을干證하며 聖書의知識을自矜하는聖徒가、三十이 넘은지오랬고 四十고개에 막다르면서도 十年이하루같이 그親戚故友에게寄生虫살림을繼續하는者를 우리가種々본다。不義한現世에서善人이失職하며 義人이 굶줄이는일인들全無하다하리마는 그럼에도不拘하고 우리는明言하고저한다 「三十餘歲에도獨立生活을못할만한者어던 다시聖靈을論치말고 聖書를議치말라。論議치않는것이 하나님께對한最大의奉仕니라」고。經濟的獨立生計를確立함은 决코적은일이아니오 决코等閑視할일이아니다。肉體와分離한靈魂이 살수없을진대 經濟的獨立을못한信仰도 살지못한信仰이다。우리는復興會叅席보다 聖書註釋博覽보다도 먼저必死的努力을다하야 最小限度의獨立生計의基礎를確立하고 누구에게던지屈하지않을만한現實生活을企圖함으로써人間의義務로알것이다。

思想을談하며 信仰을告白할때는 志士도같고天使도같던人物이 金錢貸借에關해서는 千秋가一日같이 거즛말로彌縫하는聖徒(?)가 또한없지않다。저들은辯明하기를 「내가金錢에는信實치못하나 其餘他에는 그렇지않다」고、그러나 現世에서金錢에信實치못한것은萬般事에不實한事實을감출수는없다。貸借의關係를淸算치못하는 살림에는 반듯이虛勢虛僞의生活이 그림자처럼 따르는법이다、收入을無限大로 늘일수없을바에는 支出을收入의範圍內로 줄이는일에 우리는一大勇斷이있어야한다。이일은决코世俗的일이라고一笑에附할일이아니다、收支맞도록生計를樹立함에는 눈에보이는 모든虛僞를燒盡하여버려야하며 날마다新生에躍進하는進軍의氣槪가있고야 되는일이다。故로 이런日常生活은 곧信仰의現實化 生活化의重大事이다

半島가 좁다하나 全地域의 三割못되는平野만을 말함이다、남어지七割餘의山林에牧畜과開墾을實施할진대 現人口의三四倍를扶持함도難事가아니라고한다、하물며滿洲의平原도高句麗의後裔의힘을待함이懇切하다하니 우리는勤勞와節制로써信仰의生活化에 크게飛躍하기를 힘쓸것이다。그리하야生活에不安이없음을 信仰生涯로써證據할것이다。

聖書的立場에서본世界歷史 (20)

咸錫憲

四、宗教 (續前)

宗教의起源 歷史를말하는者는 事物의起源을밝힐 義務가있다。모든事物의 根本性質은 그起源을알어서만 完全히 理解할수있기때문이다。宗教에있어서도、그리지않어도 宗教란무엇이냐 해서 許多많은 眞實한가슴을 태워오는 것이、以上의말과같이 人間文化의 源泉이되고 國家興亡의 原因이되는것이라면、참말宗教란무엇이냐고 새삼스러히 묻지않을수없는대、거긔對한 完全한對答은 오직宗教는 어떠케하야서 생겨난것인가를 알어서만 할수있는일이다。아무리적은問題라도 건드리지않고는 두지않는 이 學問의世上에있어서 宗教는勿論 여러가지學問研究의 對象이되여있다。그中에도가장힘써하는것은 哲學과 心理學이다。이들學者들은 宗教가무엇인지를 說明하기爲하야 或은宗教的現象을 思索에依하야 分析하고 或은 宗教的心情을 實驗으로써 還元하려고애쓴다。그러나 그熱心에도 不拘하고 그들學者自身에게있어서는 이것이야말로 하고自信이되는 解答도 人生의面前에 던저주어진다음에는 하나도滿足식이는것이없다。하나도 목이말으듯이 타오르는 人生의가슴을 시원하게하는것은없다。그까닭은다른것아니오 事實을無視하고 한갓想像을하기와 歷史的深淵에 들고들어가는일을하지않고 다만意識의表面에 떠도는 거품만을 가지고놀기때문이다。

거긔比하면 近來의社會科學이 宗教의研究에있어서 歷史的方法을 取하는것은 一段의進步라할수있다。그들은唯理論者가 하는것갈이 書齋에들어앉어 생각하는것이아니오 或은貝塚으로 或은古墳으로 或은洞穴로 찾어다니며 거긔끼처진 先史時代의遺物을 모으기도하고、北은에스키모로 南은 오스트라리아 붓슈맨、포텐톳토에니르기까지 모든原始的生活을하는 未開人種을찾어 그生活을 觀察도하야 事實로써 宗教의起源을說明하려한다。그리하야 여러가지 滋味있는學說이나왓다。그를여긔서 다말할수는없으나 其中重要한것을 簡單히列擧한다면、

爲先 物活論(animism)이라는것이있다。物活이란意味는 天地間의모든萬物을 禽獸昆虫 草木土石을 말할것없이 다 산靈을가젓다는뜻이다。即이論의主張은 人類가曚昧한 時代에 自我와他者의 意識이 仔細치못하고 物件과사람의 區別이 明確치못하야서、萬物을다 自己와같이 心情을가진것으로알엇는대 그것이變하야 神이라 靈이라 하는思

想으로되엿다는것이다。

다음은 토템崇拜에서 나왓다는說이잇다。토템崇拜라는 것은 지금도南洋이나 北美의土人間에 잇는것으로서 幼稚한原始部族社會의사람들이 自己네의部族과 어떤一定한 動物과는 特別한關係가잇다고 믿어서 그것을特히保護하고 神聖視하는 風이잇는것을 가르치는것인대 即이토템이變하야 部族神이되엿고、그것이다시 社會生活의 進化에따라 整頓된 宗敎形態를 가추게되엿다는것이다。

그다음은 魔術에서 온것이라고하는說도잇다。原始人은 일즉부터 自然界의 여러가지現象과 自己네生活과의間에 密接한關係가잇는것을 意識하야 一定한自然現象을 模倣함에依하야 好運을招來할수잇다고 믿어서 盛히그를行하엿다。이것이곧魔術이라는것이다。그리고이것이 漸次變하야 人間의運命을主掌하는 神이라는觀念에 到達하게되엿다는것이다。

마지막으로는 先祖崇拜說이라는것이잇다。이것은祖上을 崇拜하는것이 神恭敬으로되엿다는것이다。原始社會에잇어서는 經驗이곧權威엿는故로 長老者의地位는 非常히높은것이엿다。늙은이들의 指圖를듣지않엇다가 慘酷한失敗를 한經驗은 그들로하여금 長老者에게는 絶對服從이라는風習을낳게하엿다。그리하야 族長의地位에잇는者는 生前에 非常한 崇尊을받는다。그러나一旦죽은後는 그事蹟이 傳說로길어 漸漸더誇張되고 詩化되여 마츰내時日이지남을 따라서는 超人間的인性質의것으로되여버린다。옛날希臘의 神들이 이러한것인것은 말할것도없고 오늘날의乃木神社 같은것도 이와달은것아니다。그리하야이說의主張은 天地萬有의 創造主가되는 全智全能의神도 이러한族長神의進化한것이라고한다。

四

以上의모든學說은 다어떤眞理를 가지고잇다。그러나그 어느것이던지 宗敎起源의 正當한說明이라할수는없다。다 事實의 어떤部分을 傳하는것은 틀림없는일이나 全部의 事實 그대로는못된다。통틀어말하면 이들 모든學者들은 宗敎의起源을 科學的으로 究明하려하는대잇어서 두가지 根本的인잘못을 犯하는것이잇다。그一은 發達의原理를無視한것이오 그二는 現象과本體와를 混同한것이다。

人間의宗敎生活이라는世界를보면、마치뒷山의松林을 바라보는것같아서 外樣으로보면 다같은듯하나 안에들어가보면 千態萬象이어서 그間에 一個成長의原理가잇는것을 알지않고는 到底히그眞相을 알수없다。假令 이제우리가 鬱蒼한松林속에 들어갓다고한다면 그가운대 어떤놈은살진땅에 뿌리를깊이박고 堂堂하게자라서 그아름되는樹幹은 王者의氣象같고 그퍼진가지는 萬民을敎育하는 聖人의德化같고 구름을뚫고서는 그높은키는 一世에超絶하는 哲人의精神같다 날이맑으면 和氣가그樹傘에서리우며 淸

風이부는대로 天來의音樂을 알외고、暴風이 한번니러나 世上이어지러워지면、滿身沈痛한빛으로變하야 狂暴한風雨와싸와 怒呼의소리를 天地間에보낸다。나는새오면 그가지에쉬게하고 단는짐생이오면 그뿌리에가게하고、푸른이끼흐느적이는松落이 그가지에 감기고돗는대로 許하야두어 한個壯嚴한 美妙한 神秘한世界를일우어있다。그러나어면놈은그렇지않아 發育이不充分하야 半死의可憐한몸은 남에게依支하기도하고 또어면놈은좀먹고 病들어 꺼꾸러지기도하고、겨우살엇다야 야즈러진바위에 苟且한一生을부치고 조곰만한바람이불어도 蒼惶失色하야 一身을支撐하지못하는者도있고、난지발서數十年이것만도 바위틈에끼어去地不過數寸인者도있고 實로形形色色이다。우리가萬一經驗에依하야 아는것이아니면 그여러個를 다 한種類의나무라고는 到底히알수없으리만큼 差異가있다。宗敎도마찬가지어서 다같은이름으로 宗敎라하나 그差等이 實로形容할수없다。學者들의 제각기하는말은 그中의어면하나를들어서하는말이다。그러나여긔서우리가 반드시 注意할것은 그中어면것을들어서 全體를代表식여 說明할것이냐하는것이다。松林안에있는나무가 다같이솔나무인것은 틀림없는일이지마는 그것이다같이 솔의本質、솔的인것을 完全히表하는것은아니다。참으로솔的인것을 알려면 반드시그中에 發育完全한者를 擇하야 보지않으면안된다。시들고、좀먹고 傷한것도 솔은솔이나 그는솔의根本面目을 가지지못한것이다。그런대學者들이 宗敎硏究에서하는일은 正히그反對다。宗敎中에完全한것은 그들에게、即知的批判에너무벅찬탓인지 그들은모두 그것을바리고 그中에發育이不充分하고 故障을當한것에向한다。그렇게하는理由는 複雜한것은 簡單한것의 發達한것이라는생각에 高等한宗敎를 理解하기爲하야 그發達의經路를 劣低한것中에 찾자는것이나、그것은一理가있으면서도 根本的인誤解가있다。即 그들幼稚한宗敎는 單히未成長인者가아니라 發育不完全한나무와같이 어면原因때문에 數萬數千年을 지나면서病들고畸形化되고 退化된것들이라는事實을 닞은것이다。故로 그것만찾어가지고는 高等한宗敎、宗敎그대로자라난宗敎는 옳게理解할수는없다。物神崇拜나 토템崇拜에서도本質的으로 宗敎的인 어면것을認定하야 그를 宗敎안에綜合하는同時에 참宗敎의 成長의原理를 거긔서反證的으로 證驗하는것은 可한일이나、數十萬年間에 畸形的으로固定化한그것이 그대로直히 宗敎의起源이라는것은 잘못이다。그는마치 名匠의製作室에들어가서 壇上에놓인 作品은보지않고 殊常한發見이나한듯이 땅바닥에쓸어저있는失敗品들을 들어가지고 그作者를 批評하려하는것과같은일이다。그는一見眞理가있는듯하면서도外面的에不過한다。作者는正히 그失敗品中에 自己理想에反對되는것을 認定

하엿기때문에 바린것이다。藝術家를 正當히理解하랴면、그의作品中의 最優秀한것을 擇하지않으면 안되는것같이 宗敎를알려면 그中가장高尙한것 가장精神的이오道德的인 것을取하야 보아만한다。

그다음 考古學、人類學等硏究에依하야 宗敎의起源을說明하려는者들의 또한가지잘못은 宗敎現象과 宗敎의本體와를 바꿔친일이다。果然未開人의 素朴한心情에서、老木에서 木精을보며 바위에서 山神을보고 天地自然의 風運造化에서 風神、雲神을보던것이 變遷하야 全智全能의 神觀이되고、토템이部族神이되엿으며 部族神이 擴大되여 宇宙人生을다스리는 唯一神이되엿고、自然法則의 秘義를 안智能者가 神人間의中介者되여 僧侶로變하고、自然現象의模倣이 變化하야 複雜한宗敎儀式으로 되엿을듯이뵈이는것이 없지않다。그렇게說明하는것을듣고 輕薄한 우리理性은 爲先머리를 끗덕이려한다。그러나그는밖에나타나는 現象뿐이다。原始人이 木石을보고절하고 새와짐생을 神聖視하야 崇拜했다。그러나깊이생각해보면 그들이절하고 神聖視한것은 自己目前에있는 現實의木石或은 鳥獸는아니다。그들이아무리幼稚하더라도 自己가 방장 니리켜세운돌이 自己손으로 세운것이오、세울수있는것같이 또넘어칠수있는줄도안다。現實의自然物그것을 무서워한것은 決코아니다。그보다도 돌에依하야表示되는 돌的인것 남게依하야表示되는 나무的인것 소에게서볼수있는 소的인것 뱀에게서볼수있는 뱀的인것을 두려워한것이다。無論그는 意識에까지 떠오르지않은 直觀的인것이있을것이다。우리에게問題되는것은 이것이다。原始人類의 粗雜한心情속에 마치山間의暗淵의水面우에 번쩍이는 流星의빛갈이、것잡을사이없이 숫치고지나가며 때로는 山처럼壯嚴하게뵈고 때로는바다처럼浩蕩하게뵈고、太陽처럼光明溫慈하기도하고 猛獸처럼날새고무섭기도하고、純潔하기로는 山비들기갈가도하고 美妙하기로는 蓮꽃갈기도하고 그산힘은 찍어진羊의목에서흐르는 鮮血도갈고、그러나꺼진듯하다가도 다시니러나는 그永遠性은꼬리를물고누은뱀으로表할지 쭐었다느는 고양이의눈동자라할지、온가지것으로 다表해보고 다比해보아도 오히려不足한 그어떤것은都大體무엇인가。생각하 사람이란 왜그런것을 보게생겻으며 듣게생겼으며 생각하게생겻는가。問題는여긔있는것이오 決코 그表示된物件에 있지않다。人生은 그어떻게變遷되엿는가 그表示物의系列이 어떻게되엿는가 그것을묻는것이아니오 이根本의「어떤것」을 묻는다。그런대學者들은 저것을주고 이것이라고 한다。人生의眞情을 살펴알아주지못하는일이다。그 맘의水面우에비최는 流星그것을 說明하라、또그빛이 大體비치는까닭을 說明하라。그것을하지않는限 宗敎의起源은 알려지지않은것이다。

그렇게말하고 우리는 宗敎의起源을찾는것이 愚事임을 느끼지않을수없다。검푸른빛이 하늘을덥고 堂堂한軀幹이 몇아름이넘는 巨木을바라보고 누가그어느때에낫스며 어떠케자란것을 말할수있고、오는곳도없고 가는곳도없는 별의자최를 누가能히찾어서 그어떻게생겻으며 어찌하야 비최는가를 널러줄수있으리오。經驗에依하야 솔씨를심어 實驗해보고 無限한蒼空의저짝에서 별自身이 그光彩를들어내여 下界에보내지않는限 不可能하다。그러타 宗敎의起源을아는것은 靈魂의自己經驗과 天啓의두길밖에없다。思索이나 辯論이나、調査로는 알수없는것이 이두가지길로因하야 알수있다。솔을알고저하는者는 爲先充實한남게 열리는種子를取하야 그뜰앞에 심거보는것이 맛당하다。宗敎를알고싶거던 그가장高尙한者를받어 내心田에심어보라、그리하면 그어떻게發生하고 成長하는것을 實見할수있다。個人은一個宇宙다。個人에代代로 니러나는일은 일즉히宇宙의元始에서부터 있였던일이다。大宇宙와같이 그와같이小宇宙도 아가페(愛)로創造되였고 混沌에서 定形을取햇고、暗黑에서 光明을얻었으며、波瀾曲折로써 리즘을지어나간다。故로個人에게있어서 宗敎의始作이 말로할수없으면서 事實로있는것이라면 人類歷史에있어서도 마천가지다。사람이宗敎性을가짐은 天性이다。著者는일즉히 智能이 차라리中以下에屬하는七歲의少年으로붙어「사람이란 왜사는것이오」하는質問을 몸소받은일이있다。七歲의어린이를 누가가르처서 哲學者가되게할수있는가。나면서 타고난것이아니고는 不能한일이다。그러나種子안에 잠자는 生命力같이 그宗敎性이 人生의어린적에는 魂속에잠을자고있다가 物情을아는때가되면 비로소發하야 煩悶이되고、求道가되고 信仰이된다。누구나自己信仰이 어느날어느時붙어 始作된것을 알수있는가 時日은姑舍하고 어느해임은 말할수있나。어떤先生을맛나고 어떤冊을본것은 或日記에적을수있으나 그것이信仰의起源이아닌것은 播種日이 나무의始作이아닌것과一般이다。언제인지알수없고 누구에依햇다는것도없다。그저一旦눈이띄였을때는 自己가一個信을가진사람임을 發見한事實이있을뿐이다。그리고 이일은 大槪靑少年의 境界時期에 니러난다。우리人類歷史도 그 少年期를버서나고 靑年期에 들어가려할때 濕氣와溫度있는땅에서 種子가싹트듯이 宗敎가니러난것이다。이以上더묻는者는 스스로愚者임을 證明할뿐이다。宗敎의起源을 알고싶거던 스스로自己魂에 自省하고 實驗해보라。

故로宗敎는 人生의一個公理다。證明할수없는 또證明을 要치않는 眞理그自體다。이以上더 왜그런것이냐고 묻는 것은 不必要한自明의理다。數學에서말한다면 代數、幾何 微分 積分의 複雜한問題는 다簡單한 自明의公理에依하야 成立되여있는것이오 따라서 그公理를 잘理解應用하기만하면 어떤 難問이라도 풀지못할것이없다。그러나 그公理自體를 證明하는者는없다。또正常의智能者라면 그公理는 自明의것으로 首肯한다。公理를首肯하지않는者는 頭腦의不足者다。同樣으로 宗敎는人生의公理인故로 人生의모든難問을 그것으로풀수는있으나 宗敎以外의다른것으로 宗敎를說明할수는없다。宗敎의自明性、公理性을 認定하지않는者는 저自身人生으로서 缺陷되는點이있다고 斷定하는수밖에없다。이것이 事實이냐, 아니냐하는것은 歷史上에 驗算을行해보면 容易히알수있다。人類歷史上의 어느部分이라도 關係할것없이 任意로들어、人間에게 永遠한存在者인 神에對한 崇敬渴仰의念이 自明的으로 內在하는것이아니라고 假定하고、그意味를 풀수있나 試驗해보면알것이다。그로因하야 問題는漸漸더不可解에 빠질뿐이다。그러나한번認定하면 여러가지얽힌問題가 自然히氷釋한다。

그러나한가지問題가 더남아있다。그는 그러틋宗敎의眞理가 自明的것이라하더라도 사람이그를아는것은 어떻게可能하냐하는것이다。人間의心鏡이 어떻게 久遠의별빛을비치게되였느냐하는것이다。말하자면 사람이어찌하야 公理를알수있느냐하는것이다。그리하야 여긔啓示라는것을認定하게된다。公理를알수있는것은 公理自身이 우리앞에自身을 나타내기때문이다。우리가찾어얻는것이면 公理는아니다。우리가公理를만든것아니라 公理가우리를 만들었다。사람이數理的으로생기지않고 數學은不可能하다。宇宙에있는數의世界가 人間안에나타나서만 公理의理解는 可能하다。同樣으로 眞理自體가 人間안에 自身을 들어내놓아서만 宗敎는可能하다。眞理의主體가 그自身의眞理를 人間안에 들어내놓는것、이것을啓示라고한다。故로 宗敎는結局天啓로써 된것이다。學者들은 宗敎를分類하야 天啓宗敎니自然宗敎니하는모양이나 究竟에있어 天啓아닌 宗敎없다。自然으로써하거나 人事로써하거나 異象으로써하거나 結局은어떤 「말슴」을表하는것임은 마찬가지다。다못 그것을받고 理解하는個人과時代의 智能이나魂의程度、環境에따라 手段方法이 달려진것뿐이다。萬物中에 어느것이나 時代中에어느때가 天啓를 含有하지않는것없다。詩人이읊어서「하늘은하나님의榮光을 들어내고 궁창은그손으로 지으신것을 나타내여보이도다」(詩十九章一節)한그대로요、使徒가말하야 「옛적에 先知者들로 여러번 여러모양으로 우리祖上에게 말슴하신 하나님께서 이모든날마지막에 그아들로우리게 말슴하셧스니」(히브리一章一、二節)한그대로다。宗敎를알려거던 自己魂에 自省하고 實驗해보라고우에서말하였거니와 宗敎를 自己魂에 自驗해보는者는 또그것이 天來의것인줄을알것이다。언제어대서 어떠케되여생긴것을 모르는同時에 하늘로부터온것을 알게된다。暗

黑의潭面에 반짝이는閃光 그는永遠의별빛이 스스로나려와 비최지않고는 있을수없는것이다。人類의가슴안에 神의얼골을 비최주고 神의목소리를 들려준것은 先生도아니오 祖上도아니오 禽獸昆虫도아니오 日月星辰 大宇宙조차도아니다。神저自身이라는수밖에없다。神보다以下인者로서 이神的인 偉大神秘한일을 할者는있을수없다。

故로宗教의起源을 說明하는것으로서 우리는 요한福音一章以上의것을 다른대서 發見할수없다。學者의千萬言보다 不過二十節되는 簡潔한그말안에 永遠의神秘에서 始作되는 宗教의歷史는 남김없이 들어나있다。著者는서투른解釋을 하지않으려한다。讀者몸소精讀하면 自然히무릅을 치지않고는 마지못할것이다。果然우리는 요한의말한대로 말슴인 아가페안、바로神저自身인 그리스도를내놓고 宗教의 起源을알수없다。宗教를完成하는者가 宗教를始作한者다。靈魂을救하는者가 靈魂을지은者다。지은者自身이 아니고는 救할수가없다。故로우리는 그리스도가 宗教의 始作인줄안다。잘자란솔나무에서만 참으로 솔的인것을볼수 있고、그솔의열매에서 비로소 그始作을 알수있는것같이 神秘의世界에 뿌리를박고 永遠의歷史를通하야 宇宙의天心을 露고서는 基督教의巨木에서 참宗教的인것을 깨달을수있고、그 첫 이삭인 예수에게서 그起源 곧生命의起源을 理解할수있다。

宗教의意味 以上에서 宗教의起源을 길다랗게니야기한것은 그意味가무엇인가를 알기爲한것이다。宗教란 人類에對하야 世界에對하야 또神에對하야 어떤意味를 가지는것인가。무슨뜻이있어서 神은人類의가슴속에 宗教的渴仰의 불꽃을넣어주었으며、宗教가있어서 世界에는 무슨影響이있느냐。여긔對答하기爲하야 우리는暫間 物自然界의일을 譬喩로말하기로한다。

物理學에서 우리가배와얻은바에依하면、이物質的世界에는 萬有引力이라는것이있다。모든物體間에 서로끗는힘이있고 그힘에依하야 이宇宙가 成立이되여간다。地球가날마다 그運行을 어김없이하고 밤에보이는 蒼空에許多한별들이 제各기그갈ㅅ길을 規模있게밟아가서 날이가고 달이가고 四時가돌고 生物이成長하고、이런모든宇宙現象은 이萬有引力때문에 可能하다。萬一이引力이 電光之間이라도 없어진다면 이宇宙는 混沌에빠지고말것이다。그때는 空中의 恒星과惑星의運行도、水中生物들의 潛行游泳도 그대로 運行될수없으며、印度洋의깊음과 력키ㅣ山脈의 높음도 없을것이다。地球도 풀어지고 太陽도 雲霧처럼 흩어지고、金星 土星 北斗 三太 할것없이 온갓것은 다 없어지고 어둠과混沌이 깔을뿐이다。

人類의 文明이 細密한 機械를 자랑한다고하나 그도 이萬物有引力 있고서의 일이오、現代의科學이 未來의豫

測을 壯談한다고하나 그亦이萬有引力있은後의니야기다。이引力은 實로모든物的存在의 基礎다。基礎라기보다 物質그것이다。萬有란 이引力의 여러가지表現에不過한다。

이제宗敎는 精神的意味에있어서 이萬有引力과같은것이다。그힘없이는 個人의人格으로부터 人類의全歷史에 니르기까지의 모든精神生活이 하나도成立될수없는것이 곧宗敎다。人間의精神生活만아니라 넓게하면 宇宙間의모든存在現象이 이힘아니고는 不可能하다。우에말한 物質界의萬有引力좇아 여긔서떠나 別個로存在하는것아니다。그것도亦是 이것의한部分이오 한表現이다。故로宗敎는 宇宙의精神的統一이다。個人의人格을 心理學的으로 反省해볼때 結局統一力에不外하는대 그와同樣의意味에서 宗敎는宇宙的統一力이다。或은宇宙的求心力이다。西歐의말에 宗敎即Religion은 連結한다는뜻이있다하거니와 그는宗敎의本質을 適當히表示한 名辭라할수있다。個人에있어 知情意의各活動을 한中心에붓들어매여 人格을成立식이는것이 이宗敎요、父母와子女를 한줄에매여 사랑의家庭을成立식이는것이 이宗敎요、모든사람을 한主權밑에統一하야 나라를일우게하는것도 이宗敎다。이것이 精神的으로나타나서宗敎요 物質的으로나타나서 萬有引力이다。宇宙는 決코渾沌無秩序한 物質의흩어저있는곳이아니오 整然한秩序가있는것이다。코스모스(cosmos)다。한個格(Person)이다。神을統一主體로하는 한個이다。故로萬物을 神에붓들어매는것、이것이 곧宗敎다。萬物은神에連結되여서만 存在할수있다。神에서떠날때 引力을잃은刹那의 物質界와같이 모든것은 破滅에빠질수밖에없다。

넓은宇宙의일은 暫間두고 우리人間界에만 보기로하자。人類의歷史란 結局神을中心으로하고 不規則한圓運動을하는것이라할수있다。物質에反動力이있는것같이 人間에도神에서벌어지자는傾向이 內在하야 있다。그리하야 恒常이宇宙的中心에서 逸走하야 虛無中에 빠지려한다。그달아나는것이、마치善惡果가 먹기前에 아담에게매우、맛있엄즉이뵈였던것같이 非常히快感있을듯이뵈인다。그러나그대로行한後에는 길은것이 恐怖와懊惱만인것은 아담이이미實證하엿다。그런것을 愛의神의攝理에依하야 宗敎의救命繩에 붓들어매여 死滅을免한다。求心力이强하면 神에接近하고 遠心力이强하면 神에서멀어지면서 波浪우에흔들리는片舟같이 나가는것이 人生이오 人類의歷史다。神의품안에直入하려면서 못하고 神의얼골이 뵈지안는곳으로가려면서 못가는 이것이 百萬年의世界歷史다。

故로世界의根抵에는 宗敎가있고 宗敎의裏面에는 神의敎育的愛가 들어있다。그렇다 아가페없이 모든것은없다。信仰이란무엇이냐、神의敎育愛에對한 人間의反應에不外한것이다。

眞道證據

姜濟建

하나님은 한편으로하면 限量없이 仁愛하시는이오、또 한편으로하면 至極히義로우신이다。萬物을創造하야 繁盛케하심은 그仁愛요、노아의 洪水와 소돔、고모라의불로 審判하신것이나、예루살렘에殲滅之變이 니러나게하시는것은 그義다。故로 하나님은사랑이라 하는이가있다면 그는眞理다、그러나義로운一面을 낫으면 그는完全한眞理가 아니요、또하나님은 義라하는이가있으면 그것도眞理다、그러나그慈의一面을 말치안으면 그亦完全한眞理는아니다。世上의모든道理라는것은 다그리해서 다어떤眞理를 가지지않은것이없으나、그러나事物이란 반드시兩面을 가지는것임으로 한편에眞理되는것이 다른한편에는 가리우는것이된다。니른바一面의眞理다。그러나하나님의 참眞理 完全한眞理는 그런것이아니다。兩面이合致되는것이다。사람을 肉身이있는것이라해서 身体는萬事之本이라하면 一面의眞理요、靈魂이있는것이라해서 靈魂의貴한것만 말하면 그것도一面의眞理이어서 그대로할수없는것이오、肉身靈魂이合한것이 반드시 完全한사람인것같이 하나님의眞理는 그仁愛와公義를 다같이들어내는것이다。예수가 내가곧眞理라하신것은 그런意味로 생각할것이다。이世上을救援하시려 獨生子를 보내시는것은 無限한仁愛요 예수를十字架에 못박아죽이게하시는것은 至極한公義의要求에서 나오신것이다。하나님이 사랑이極盡하시나 그公義는廢하실수없고、또그義는至極하시나 사랑을끊을수는없으시다。그리하야 그를同時에나타내여 일우시는것이 그리스도예수다。故로그는 하나님의完全한眞理다。

예수에게있어 愛와義를 다滿足식이신하나님은 人生에對한賞罰을 이世上에서 決斷치않고 末世의大審判으로 延期하시였다。無限히참으시는일이나 終乃公義를 廢하실수는없다。故로이를 大公審判이라한다。이는公義대로되는 審判이다。故로하나님이 홀로만하실것아니요 天使와萬民과 마귀까지라도 다아는대로 하실것이다。여긔는辯護가 있을수없고 怨望도있을수없고 핑게도있을수없다。明々한 裁判이다。故로이大公審判에는 다른수가없고 오직證據가 必要할뿐이다。

이제이世上은 그末日의證據를爲한 豫備世上이다。그러기때문에 하나님은 人生이 이世上에있을동안 勿論善者惡者하고 다같이一体로 자랑하고 一体로 恩惠를베푸시고 一体로自由를주신다。이는하나님의사랑뿐아니라 公義시다。故로人生은 이地球우에서 富貴平安하다해서 반드시福을

받었다할수없고、困苦患難에있다해서 반드시 禍를받었다할수없다 다만이것으로 公審判에對한 豫備를할뿐이다(빌립보립章二八) 우리生活의뜻은 이世上에있는것이아니오 그乃終에 證據하는날에있다。아부라함을하나님이 試驗하야 그아들을祭物로 받히라하였다 全能하신하나님이 아부라함이 어떠할것을 몰라서하신것은아니다。公々하게證據하기爲한것이다。하나님自己의私事로운뜻에서 나온것이아니라、世上萬民을爲하야 그앞에알만치 證據식이자는것이다 또욥의境遇도 맛천가시다。하나님은욥의信仰을 처음붙어알으셧다。마지막까시 이기고날것을 아시는故로 하신일이다。그리고욥의그患難의原因은 욥저自身에 있었던것아니오、사단에게있였던것도아니오、實로하나님에게있였다。하나님편에서 몬저問題를 提出하야 그事端을니르켰다 故로이로써보면 욥을試驗하신것은 自己만을爲한것이아니라、사단에게까지알리어 욥의믿는바하나님의眞理를 一層더높이 世上에들어내시기爲한것이라할수있다。故로믿는者의이世上生活은 恒常眞理에對한 證據가되도록 豫備하는것이되여야할것이다。

正誤表

一九三七年度(第九六ー一〇七號)의發見된것。
但第九十九號十頁에發表된것은이에再錄치아니함。

頁	段	行	誤	正
九一	中	七	金柱恒	：周：
九五	下	一五	同上	同上
同	同	末三	請求中	講求中
九六	上	一〇	열고처	……저
百號	表二	二	感慨無重	……量
一四六		九	바른聯 을	……聯想을
一六四	下	三	내보냈으는	……냈으니
同	同	末三	比길주	……수
一六六	上	九	들덩이가	돌……
百三號	表二	末三	보다	모다
一八五	上	末	十字架架贖罪	十字架贖罪
百七號	表二	七	멸리하고	멀리하고
二六六		一四	悔恨하였으로	……하였음으로
二六七	上	一三	使徒行傳한궐	……한권
二七一	下	七	救授의完成	救援의……
二七八	上	一一	別眼間	瞥……
二八二	下	一一	事인가	事實인가
同	同	一〇	먼졌다	덮었다

七十五日間의東京生活 (四)

宋斗用

⑥ 意外의人生生活

意外로다、意外로다、人生은 意外로다。過去가意外이며 現在도意外이니 未來도 또한意外일것이다。人生의生死가 意外임은 更論할餘地도없거니와 昨日의高官이 今日은룸펜生活을하며 오늘健康을자랑하던者가 다음날에는 病床에서呻吟하고 어제까지人氣를集中하던者가 翌日에는 廢履와같이 누구에게도바림을받게되니 이것이모다意外가아니면무엇이랴? 그리고以上과反對의事實도얼마던지있으니 그도 또한意外임은勿論이다。世人이모다侮辱하고蔑視하며 自己自身도 인저는하고 落心失望하던者가 어느틈에一般이 羨望하는生活을하며、醫師도家族도本人도 다같이斷念하고 最後만기다리던사람이健康을恢復하고 昨日까지一個의룸펜이 오늘은百萬長者가되니 이도또한모다가意外이로구나。그렇다! 果然人生事는 意外아닌것은하나도없다。오[illegible]는다만意外에서 意外로向하여行進할뿐이다。

그러기에 바울은로마書에서말하였다「그런즉 願함으로 말미암음도아니오 다름박질함으로말미암음도아니오 오즉 矜恤히녁이시는 하나님으로말미암음이니라」고。(로마九의一六)。그뿐인가、「그런즉 하나님께서 누구를矜恤히녁이고저하시면 矜恤히녁이시고 剛愎하게하고저하시면 剛愎하게하시나니라」고도 聖書는말하였다(同一八절)。참으로 놀라지않을수없는말슴이다。極端의말이라하며 지나치는生覺이라할것이다。그러나 우리는 聖書의말슴을 決코割引하여서는아니된다。聖書는 하나님의말슴이다。하나님은 絕對者이시다。唯一의存在者이시다。至聖、至善、至高、至愛 全知、全能、全權者이시다。하나님의말슴은 眞實하시다、그대로가 最高의眞理이다。絕對로 一言半辭、아니一點一劃이라도 加減할수도없거니와 하여서는아니된다 아름답다、生命의말슴이여!이말슴을 犯할者누구인가?

자! 그렇다면 우리는浪打之 風打之의生活、即되는대로 아모렇게나 臨機應變의生活을할것이다。우리는 아모것도할수도없거니와 또하여서는아니될뿐더러 하여도되지아니할것이기때문이다 그렇면 于先 먹고마시며 춤추고 노래나부를것이다。努力、奮鬪、眞實、熱心、勤勉等모다가 아모所用없는것、아니全然쓸데없는것이아닌가、그러고보니 人生은結局 一場春夢이라 念慮하며 애쓰고걱정하며 근심하는것은 말할것도없이 가장못생긴者의어리석은일이다 「弱한者여! 너의이름은女人이로다」하고 누가말하였다하거니와 나는「愚鈍하고頑惡하며 固執하고剛愎한者여!

너의이름은 사람이로다」라고말하고싶다。아모리 흙으로 빚어지고 코로숨쉬며 始祖아담의罪를遺傳받은者라하지마는 이다지도어두운가、마음세가 이렇게도 뒤틀려먹었는가、悖逆함을 자랑하며 反抗을일삼는고나!

그러나 보라、다시한번 우리는 하나님의말슴을 삶가읽을것이다。「하나님이 이世上을 이처럼사랑하사 獨生子를주셨으니 누구던지 저를믿으면 滅亡하지않고 永生을 얻으리라」—(요한三의一六) 또말슴하시기를「모든사람이 이미 罪를犯하매 하나님의榮光을 能히얻지못하더니 예수그리스도의贖罪하심을因하여 하나님의恩惠로 功勞없이義롭다하심을얻었으니…………하나님이自己가義로우사 또한 예수를믿는者도 義롭다하시라함이니라」—(로마三의二三—二七)고하시지않었는가? 그래도 사람은 아즉도내세울말이있는가? 있거던말하여보라! 우리는 太初부터 하나님께서 얼마나 人間을사랑하시며 祝福하셨나를살펴보자「하나님이自己形像대로 사람을…………創造하시고 福을주시며 나라사대 生育하고繁盛하여 따에充滿하고 따를征服하대…… 모든生物을主管하라하시다」고 하였으니 人間은 決코現在와같이 詛呪받은者도아니며 詛呪받을者도 아니였던것이다。그러나 不幸하게도ㅣ그렇다 人生에있어서 이以上의 더不幸한일은없는것이다ㅣ사단의誘惑을받었다、그래서 하나님앞에悖逆하고 犯罪하였다。그러니 死亡이 人間에게臨하였다。「大槪 罪값은死亡이니라」고한바와같다(로마六의二三)。오!이어찌 슲은일이아니랴?

이에 우리는 生覺에넘치는바가 없을수없다。그러기에 우리는 다시한번 말하고저한다。人生事는 아니 全世界의 아니全宇宙의一切現象은 모다가 하나도남김없이 過去現在未來를莫論하고 하나님의뜻아닌것은 도모지없다고。그런故로 우리는 謙遜함으로服從할것뿐이다、絶對로信賴할것뿐이다、그럼으로「모든일이 合動하여有益하게되나니」라고말한바와같이 하나님께서 우리를矜恤히녁이심도 또는 必要에應하여 때로剛愎하게하심도 結局은全部가우리를有益하게하심이오 或은더큰恩寵을 나리시라는거룩하신 攝理아닌것이없다。따라서 야고보가 말한바와같이 우리는「오늘이나 來日이나 某城에가서 거긔서一年을留하며 장사하여 利를얻겠다」고 計劃할것이아니다。그는「來日일을너의가아지못하는도다 너의生命이무엇이냐、너의는暫間보이다가 곳없어지는안개니라」고 한바와같은까닭이다。그래서 우리는「오즉 너의가말할것은 主께서許諾하시면 우리가살기도하고 이것저것을하리라」고 한바와같이 다만 하나님의 거룩하신뜻에 順從하여 生活할것뿐이다。(야고보四의一三~一五)우리는 一切를主님께맡기고 凡事를 믿음으로行할것이다。우리는 믿을것이다。오즉 믿기만하여야한다。우리는놓인자리에서 말은職分에忠實하여야한다。

거짓없이、부즈런히、熱心으로奮鬪努力의生活을할것이다。
이리하여 우리에게安心과平安이있고 기쁨과感謝와滿足이
있으며 所望과勇氣가넘치는 生活과生涯가있는것이다。

⑦ 試驗과誘惑

地球上에는 高山도있고 平野도있다。沃土도있으나 砂
漠과같은荒野도있다。그래서 地球는 決코平坦하지못하다
或은 屈曲도있고 高低도있으며 아름답기도하거니와 몹
시거친곳도있다。그런데 우리人生도 亦是이와같은것이다。
때로는 기쁨도있거니와 슯음도있으며 괴롭기도하나 즐
거움도없는것은아니다。꽃다운人生이라는말도 없지않으나
시드른갈대와같은 人生도없지않다。그야 人生을苦海라함
도백판거짓말은아니나 人生에樂이 全然없는것도아니다。
「人生은薔薇와같이아름답기만한것도아니나 그렇다고戰地와
같이殺風景이나修羅場만도아니다」라고 어떤哲人이말한것
은 아마도眞理일것이다。그러고보니「人生은 矛盾이다」
라고 다른賢哲이말한것도 그대로가眞理이며 事實이다。
그래서우리와같이 魯鈍한人間은 人生의어떤 코ㅣ스를取
할넌지아지못하여 彷徨함이적지않다。그는 人生에는 이
世上을標準하여 肉의뜻대로 먹고마시며 춤추고노래하는
우슴의 길——마치시보레ㅣ號 택씨캡을타고 大都會地의
所謂都心地帶라는 가장華麗한市街의아스팔트道路를드라이
브하는것과같은길ㅣ即其길은넓고平坦하며 其門은甚히커서
人類의多部分이 아니 거의全部(九割九分九厘九毛까지)가걷
는길도있거니와 一便에는例外일넌지는알수없으나 보이지
않는永遠한世界를目的삼고 眞理에順從하여 義를思慕하며
또義를爲하여 盡心竭力하고奮鬪努力하며 義로因하여嘲笑
도받고是非도들으며 侮辱도當하고逼迫도받으며 때로는근
심걱정하며 或은애쓰고念慮하며 默想도하고祈禱도하는싸
움의길——마치 竹杖芒鞋 簞瓢子로 힘에겨운背囊을지고
高山峻嶺인 金剛山斷髮嶺 (但現在는그렇지도않으나)을寂
寞孤獨하게앓은발을멈치기도하며 숨찬가슴움켜잡고 때로는
歎息도하며 或은눈물도흘리면서 길을잃고彷徨도하며 猛
獸의소리에놀라기도하면서 或은바우틈으로 或은낭떠러지
로 僅僅히前進하는 집을떠나고世上에下直한可憐한僧侶의
길(?)——即其길은좁고危險하며 其門은몹시적어서 極少
數의人間만이걷는 찾기어려운길도있기까닭이다。右로할가
? 左로할가? 나는迷惑한다。나는躊躇한다。나는 戰戰
兢兢하기도한다。

아! 그런데 이때다。바로이때이다。나의救主이신예수
는 나를부르셨다。그래서 나로하여곰 좁은門 險한길로
向하라고命하셨다。其命令은 慈悲에넘쳤다 그러나 至極
히嚴肅하였다。그리고이것은 命令만의命令은아니였다。命
令이면서도指示 아니敎導이며 또引手이였다。그러니 나

는어찌할수없이 따라가게되였다。그러나 그것이十字架의길일줄이야? 그야말로 後悔莫及이여서 인저는 하는수없지마는!

人生은 複雜하다 그길은險하다 그야아스팔트裝飾한길도있기는하나 그러나 그길도반드시 容易하다고만은할수없는모양이다 택씨가電車와衝突되는일도 決코 稀罕한일이아니며 더구나安全地帶라고하여 증말安心하다가는큰일나는모양이다 얼마前에도 나의아는親舊한분이 安全地帶에셨다가 택씨에치인일이있다、日前 新聞에도自動車가安全地帶에올려민寫眞까지 記載된것을보았다。勿論非一非再한일이다 이模樣으로 人生의길에도 衝突도있으며 墜落도있다 그것은무엇일가? 試驗과誘惑이그것이다 참으로괴로운것이며 甚히무서운것이다。그러나 또한누구에게나반드시必要한것이니어찌하랴? 그는마치腸窒扶斯라는病은大端히危險한病이여서 十中九八는黃泉客이됨을免하기어려우나 萬一治療를잘하여恢復만한다면 前보다몇倍나健康體가되는것과마찬가지로 試驗에이기고 誘惑을잘通過만한다면 그것은 참으로有益한것이다。人生의길을바로찾을수도있고 이로말미암아 人生이빛나기도하는것이기때문이다。

試驗과誘惑! 이것은 아조딴것이다。前者는 好意에서나오는것이고 後者는 惡意에서일어나는것이니 말하자면兩極이라할수도있고 正反對라고도할수있다。하나는 生을주라는것이며 다른하나는 死를주랴는것이기때문이다。그런故로 하나님은 우리를試驗하시나 惡魔는 우리를誘惑한다。「하나님은 農村을만드시고 사단은都會를꾸민다」는말도 結局都會에는 誘惑이많다는 意味일것이다。그러나動機와結果가反對되는일도없는것은아니다。誘惑이라도잘벗어나면有益한것이며 試驗에도넘어지면亡하는것이다。都大體誘惑이거나 試驗이거나 그저무서운것이다。크게謹愼하지안으면아니된다。主님께서「우리를試驗에들지말게하옵시고 다만惡에서救하옵소서」라는一言을主祈禱文中에 特別히말슴하신것은 注意를要하는事項이다(마태六의一三)。그러니 大體로보아서 試驗이나誘惑을통트러서 試驗이라하여도無關할것이다 主예수를비롯하여 舊新約時代의多數의人物들 其中에도有名한 욥의事實을본다면 하나님便에서는욥의信仰을嘉納하사 좀더其信仰의內容과程度의如何를알고저하시는同時에 높이시며 徹底하게하시라는 慈悲하신經綸에서 試驗하셨으나 惡魔便으로본다면 도리혀 可憎과嫉妬로써 하나님의길에서 滅亡의길로墮落하게하랴는奸惡한凶計에서 誘惑한것이다。

그런데 人生에는試驗이있다。많이있다。大小의試驗이繼續하여襲來하는것이다。더구나 義人에게는 一層더많고크다。自己에게義는없으나 예수로因하여 義人이된者 아니義人의待接을받는者 即基督者에게도 亦是 試驗이많다、

그래서 假義人의末席을더렵히는 나에게까지試驗이있다、試驗은 大體로 苦難의形狀으로오는것이나 반드시 그것이正則은아니다。平安과慰勞의假裝으로 오는수가많을뿐더러 그것이더무섭고어렵다、眞僞를分別하기困難한까닭이다 더구나 試驗의特性은當하는者로하여금 其本體를判斷하지못하게함에있음에랴。

⑧ 東京은나의靈的修練場또安息處

人間에는 누구에게나 試驗이있다。그것은 어느때에나 廣野에서當하는것이 普通이다。于先 하나님의獨生子 우리救主 예수께서도 廣野에서 魔鬼에게 試驗받지 않으셨나。모세는 미듸안廣野에서 四十年을 지냈으며 바울은 아라비야砂漠에서 三年을 보내였다고한다。이것은 저의들의 準備時代이다、저의들은 이때에 偉大한本格的公生活을爲하여 準備한것이다。그것이 피와눈물로써된것만은 否認할수없는일이다。偉大한사람일수록 廣野의生活 或은 砂漠의生活이 顯著한것도事實이다。그리고 砂漠이니 廣野이니하는것은 말하자면 荒野 即거친 들을 意味하는것이다。荒野라면 으레이 寂寞할것이며 또 孤獨할것은 말할것도없다。

그런데 試驗에도 여러가지種類가있는것이며 또 其形式도 千態萬狀일것이다。各自의立場과處地、環境과周圍、思想과生活等을 따라서 또는 知識이나智慧나 信仰等의 程度를 따라서 差異가있을것이며 內容에相違가 생기는것은 當然한일이다。그러나 試驗은 結局 試鍊이다。一種의鍛鍊이다。어떤 意味에서는 精神修養이라고말하여도 無關할것이다。이것이 容易하지않을것만은 斟酌할수있는것이다 사람을따라 時期도 一定할수는없는것이다。아모래도 한번은 맛보는것이며 또 當하지않을수도없거니와 當하지않어서는 絕對로 아니되는것이다。사람은 醉生夢死할것이 아니기때문이다。

如何間 사람은 잠을깨여야한다。꿈에서 벗어나야한다。罪惡의 世上은 暗黑한것이다。人間社會에는 삶 송장이 가득차있다。이속에서 빛을찾는者、眞理를求하는者、正義를 思慕하는者、이것은 모다 잠이 깨인者이다 꿈에서 벗어난者이다。어찌 쓸쓸하지않으랴? 孤獨하지않으랴? 父母、兄弟、妻子等 食口가 버근버근한 家庭에있으면서도 오히려 孤獨을 免할수없는것이며 大都會中心地 即 京城鍾路나 本町通같은데서도 또한 寂寞을感하게된다。世人이沒理解할뿐아니라 도리혀狂人視함은 그래도참을수있거

니와 眞理를말하고 正義를論할수없는 일이야말로 견댈수없는것이다。그러고보니 따뜻한家庭도 砂漠일수있으며 繁華한都會도 荒野일수있는것이다、이도矛盾의 하나일넌지알수없으나事實인것만은틀림없다。따라서 試驗은반듯이 아라비아砂漠이나 유대廣野가 아닐지라도 可한것이다。

東京！全世界에 進展하는 大日本의首都、東洋第一의大都會、世界에서 자랑할만한文化都市、이것이大東京이다。人口로보아서도 런던과 뉴욕의 다음이라하니 더말할것없지않은가？ 그러나 여긔가 이東京이 나에게는 靈的修練場이다。나의 靈이 모든 人間世上을 떠나 오직 하나님과 交通하는곳이다 그리고 一便으로 나의安息處이다。내가 數三年間 靈的敎育을받고 精神的修養을한곳이即 東京이다。나一身上의患難이있을때마다 特히 靈的苦悶이 있을때에는 반듯이 하나님께서 나에게 東京行을許諾하신다。이러기도 벌서數三次이다。모세의 미듸안、바울의 아라비아、이것이 나에게는 東京이다。繁昌하고華麗한東京、複雜하고 擾亂한東京、여긔가 나의靈的修練場、나의安息處이다。나의道場、나의修養地帶이다。참으로異常하지않은가？ 놀랍다 하나님의 攝理와經綸이여！

葡萄園노래

이사야書第五章은 有名한葡萄園노래이다。여긔에「나의사랑하는者」라함은 여호와를 이름이오、이사야는 이노래를지어 公衆앞에서唱誦하였던것이다。

一

나의 사랑하는자가 포도원이 있음이어
기름진 山이로다。
따를 파서 돌을除함이어
極上品 포도나무를 심였도다。
그중에 望臺를 세움이어
그안에 술틀을 팟도다。
그리고 포도 맺치기를 바랏는데
맷친것은 들포도이였도다。

二

이제 예루살렘居民과 유다사람들아
구하노니 나와 내포도원사이에 판단하라
내 포도원을爲하야 한것外에
포도원을爲하야 무엇을 더할것이 있으리오。
포도 맺치기를 기다렸거늘

들포도를 맺음은 어찜이뇨

三

이제 내가 너의게 이르노니
내가 내포도원에 어떻게行할것을。
그 울타리를 걷어 불살우게하고
그 담을헐어 짓밟게하리라。
내가 荒蕪케하리니 가지를잘르며 북을도두지못하야
질려와 형극이 날것이오、
내가 또 구름을 命하야
그우에 비를 나리지않게하리라。

四

대개 萬軍의여호와의葡萄園은 이스라엘집이오
유다사람들은 그의 기뻐하시는 나무라。
그가公平을 바라셨더니 壓迫이오、
義로움을 바라셨더니 부루짖음이로다!

葡萄園은 이스라엘집이오 유다사람들은 그의 기뻐하시는 나무라고 이사야自身의解說이明白하니 더說明할것없이 簡單明瞭한眞理이다。故로洗禮요한도 이理致로써百姓의悔改를慫慂하였고 主예수도 이原理를累々히 부연하여 가르키셨다。이葡萄園의理致가 하나님의 宇宙經綸의 大原則인故로 우리가 世界歷史를想考할때에 이 法則에 벗어난나라를 찾아볼수없으며、「聖書的立場에서본朝鮮歷史」를 읽을때에 하나님이極上品葡萄나무를 여러번 갈아심으셨것마는 기어히 들포도 밖에 맺치지않었음을 알고 여호와와함께痛嘆을不禁하는바이였다。그러나 民族과 國家에만아니라 이原則은個人의生涯에도避할수없다。

우리各個人의一生을回顧하라。적으나 크나 찌르나 기나勿論하고 우리의今日까지의生涯에는 여호와하나님의多大한勞力과希望이 들어찻다。우리는各其一個식의葡萄園이다。우리分數에 지나치는 온갓恩寵은 여호와가 우리에게서收穫하고저期待하심이있어서力作하신것이다。이제 우리가情慾대로肉의버릇대로 들포도를맺을진대 우리에게禍가 엇찌없으랴。

우리는近日에小作料를받는土地를買收하라는誘惑을받으면서 特히 이葡萄園노래를記憶하였다。土地를 사는일이必曰罪惡은 안일것이다。不然하여도彊域의七割以上을占한山林地帶의一部를얻어開墾과牧畜等 남 돌보지않는일을 하고저하는所願은懇切함이있다。그러나 남들이 다투어 하고저하는法대로 良田과美畓을經營하고저하는일은 비록資

葡萄園노래

力이 있다할지라도 他人은 모르거니와 우리自身에게는 天罰이 今方내릴것같아서 이런일에는加擔할수없음을 깨달었다。

우리도全家產을털어받혀서良田美畓을買收하기에沒頭하며 또 그일을爲하야年復年汲々勞心할진대 未久에數千坪의地主노릇도 해볼넌지모른다。 그러나十年二十年을두고 힘쓴대도 地主로서는甚히弱小한地主에 지나지못하고 죽을것이다。 이에反하야 우리는 다른方面에巨大한富를 가진것이있음을覺識하였다。 그方面으로서는 우리는 이미百萬長者인것을發見하였다。 百萬長者! 百萬長者! 하면서 나는홀로 중얼거렸다。 이所有에對하야는實로確信을가진다。

우리의百萬巨產이란 무엇인가。 첫재는 우리가받은敎育이다。 스스로자랑한다고 남을말라。 朝鮮에서普通學校를卒業함은五十長者이며 中學校를卒業함은一千二百夫長이며 專門大學을卒業함은一萬五千人에한사람이니 우리는 적어도萬人長은된사람이다。 그뿐인가 나스스로가魯鈍怠慢하였음에比하야 우리를 가르켜주신先生은 化學 物理 動物 植物 地質鑛物 地理學 心理學等科目에 모다當代一流의大家、우리같은것을 가르키기에는 아까운碩學들이였다。主觀的으로判斷할때에 十萬長者인줄自覺함은 弘大無邊한하나님의恩寵에感激하여서다。

둘재로의 우리富는 무엇인가。 그것은聖書를 읽게된 일이다。 우리에게聖書를 가르켜주신이는 나에게는——他人에게는 몰라도——世界에 둘도없는大先生이였다。 어쨋던 그를通하야 우리는聖書를耽讀하게되였고 聖書는 나에게 造次間에도 여일수없는冊이되어버렸다。 聖書를 알고보니 그안에 숨은寶鑛! 어찌百萬이나千萬金으로만 헤아리랴。 또한 그뿐인가 當代一流의學者를擇하야 우리에게希臘語와 히브리語까지 가르키게하신攝理와恩寵에까지想及할진대 우리는 하나님의 두려운恩惠에 눌려서 거의壓殺當할지경이다。 讀者는 비웃지말라。 우리가 사람앞에서 客觀的으로比較할랴면 二千萬人中에도 가장 끝으로處할小器인것은勿論잘안다。 그러나 하나님앞에서——사람앞에서 아니고——今日까지에받은 모든攝理와恩惠를 곰곰 생각할때에 우리는百萬長者이다 라는確信을 움지길수없다。果然너그럽게받었다。 우리의 잔이 넘친다。

그렇다면、이미百萬長者라면 우리에게서 하나님은 무엇을期待하시나。 世上物質의 百萬長者들도 世上을爲하야 써야한다、내여 받혀야한다。 하물며敎養과靈糧에巨大한寵愛를받었으면서 不學無信의農奴나 본받어서、百萬巨資는 흙속에 썩이면서 一二十錢의小利를 다투고저할소인가。 바울은福音을傳치않으면禍있으리라고 두려워햇다。必曰福音宣傳뿐이아니라。 各自의받은恩惠를明確히知覺하야 葡萄園을設計하신 여호와의期待에添하도록 힘쓸것이다。

聖朝通信

十一月十九日(金)雨。女學生들이三尺長劒(木刀)을 메고登校하는 樣이눈에 띠이다。北漢山麓에는 가을이 잦어가며 시내ㅅ물소리도 날로맑아지는듯하다。

十一月二十日(土)曇。學校로부터 돌아와 道路工事로約二時間걸리다。○東京雜誌에서「朝鮮の讀者から「眞理の安賣は絕對許るしませんが、渴求者に對しては御惠で與へるのは當然であると確信して……」といつて聖知舊號全部の寄贈を依賴して來た。氣の毒であつたけれども斷つた」라고읽고 赤面을不禁하다。朝鮮에는「確信」派가相當히많은모양이다。하나님의判斷도 저홀로確信判決하여버리고 雜誌主筆의意思도 저홀로確信通告해버린다。얼마前에同樣의確信派가 本社에對하여도 咸兄의朝鮮歷史를 빌려주는것이 眞理與受일것을確信한다고强要하여왔다。저들이 이런無理를當然으로알고要求하는것은 雜誌같은物質은糞土같이 녀기는超俗的信仰에서 나온것이다。그點은奇特하나 그래도慾心은尙今남어있어서 言必稱舊號全部(九十餘冊)를 달라는 것이며、朝鮮歷史號全部(十九冊)를 希望하는것이다。우리도 꽤아낌없이 떡을 물우에뿌려왔으나 저따위「確信」派에게는單한권도 아까워서줄수없다。아까운것보다도 저들空想의世界를萬一에라도實體의信仰世界로誤信할까두려워서 못준다。

十一月二十一日(日)晴。午后集會에는 詩篇의大意를講解하다。○日氣漸冷하는故로 남겨두었던白菜 大根等의收穫을完結하다。

十一月二十二日(月)晴。氣溫이降下할수록 퐁푸물이더욱〻고마워진다。○學校授業을畢한後 印刷所에서校正시작하다

十一月二十三日(火)曇、夕에初雪。休日로終日山麓의 고요함을 맛보다。남었던 김장을 今日로써畢하노라고 全식구總動員하야 거의마칠때에 降雪이始作하다。쥐구녕을 메꾸느라고 세멘일도하며 김장무배추 씻기도하며 一方으로原稿도쓰면서 바쁘고도愉快한一日을보내다。

十一月二十四日(水)晴。昨夜積雪에全洞이銀盤化。往返二回 印刷所에서校正。初校를畢하고 再校시작。

十一月二十五日(木)曇 授業外에 歸途에印刷所에들려校正。밤에도校正。

十一月二十六日(金)雨。今朝에母親님元山向發、淸凉里驛까지餞送。同行하시는 먼親戚의老婆한분을 驛頭에서뵈니 襁褓時代의나를 보았던老人이라 兒名을불러「무더니 컷구나!」하는嘆息을 오래하시다。頭髮에兩色이진다고 남들이 떠들며 右와같은嘆息을 남에게向하야 發하기도드물지않는 聖朝主筆도 이老婆앞에서는 아주乳兒대접을받지아니치못하다。老人은 한번 굽우려 따를바라보며 또한번 울어려 하늘로 눈동자를 굴리면서 멀고먼過去를 追憶하는듯、놀라는듯。생각건대 老婆의春秋의半에達하라면 아직도五個年을 要하여야하겠다。○授業外에는校正。

十一月二十七日(土)小雨、后晴。아침에 쟁끼 세마리庭內에散步。閱兵式을參觀하라고해서 第五學年生徒와함께 午前九時부터 弘濟外里에集合。○十二月號의

聖朝通信

檢閱도畢하였고 校正도畢하다。○夕에默示第三章을輪讀하고家族禮拜。「네가 미지근하야 더웁지도아니하고 차지도안이하니 내입에서너를 토하야 내치리라」고。두려운 말슴이다。

十一月二十八日（日）晴。時間을 쪼개보고 붙여보고 하면서 갈까말까 하다가 責任上안가볼수가없어서 多大한勇氣를내여梧柳洞에宋兄을訪하려고下車하니 만나려면宋兄은 歸鄕中이어서虛行으로歸鞭。○午後集會에 箴言 傳道書 雅歌等三冊을 講하다。滿二時間半이 걸리다○오늘小鹿島兄姉에게 보내는消息二通接受。번々이 小鹿島에關心을가지는이가 意外의人인데 놀란다。가장窮乏한이와 困苦中에있는이들이다。

十一月二十九日（月）晴、夜雨雪。十二月號의製本出來하다。不足하였으나마 이로써 今年度의任務는다한심이다。간신히 다하였다。틈틈이發送皮封쓰기。三十分或은한時間식 남은時間마다 홀로쓰랴니 열마 자리나지 않는다。

十一月三十日（火）曇、一時雨。十二月號의第一頁第三行에「平生」을 「半生」이라고誤植한것이發見되여서 活字로써 이것을訂正。發送準備다되여서 取次販賣店에는發送하였으나、直接讀者에게는 通知할바가있어서 明定期日까지待하여發送하기로하다。雜誌가 되여있은즉 새달초하루날이 오는것도 怯날것없고 낡은달 그믐날 가는것도未練남길것없다。

十二月一日（水）小雨及雹。下鄕中이었던宋兄이午前에來校。冬季集會에關하야最後的協議後에 準備되였던十二月號를發送하다。우리가不義를行하는것이아니고 主그리스도를爲하는일일진대 갈데까지가보아야하겠고 當할일은避치말고當하여야하겠다는單純한斷案을듣고보니 心身이輕快하기比할데없다。○今日 沐浴釜한개購入해다놓고沐浴室設計로 저녁時間을浪費하였으나 妙案을얻지못하다。費用적게들이고 좁은面積을 넓게쓰는일、이것도決코 쉬운일이아니다。

十二月二日（木）雪、寒風。아침登校時刻에 눈보래 치면서西北風이强하다。逆風에自轉車타기에 꽤어려웠다。○저녁에는某專門學校生徒數名이來訪하야 各自의意見을陳開하고서 거긔對한批判과指導를 請한다는것이였다。今冬가장추운 오늘밤에 이山麓까지 찾어와서 열시지나도록 緊張한討議를하고 十里或은十五里길을徒步로 도라가는 저들의眞摯한態度를보고 잠이敬嘆함을不禁하다。

十二月三日（金）曇。昨夜의過勞와今朝의冷水摩擦後에 조곰한不注意로써 몸을 차게한것이原因되여 아침부터不時에惡寒이나서、暫時登校하야二時間의授業만畢하고는 도라와就床服藥。日沒頃에 발서 몸무가凍結하는酷寒이다。

十二月四日(土)晴。昨夜에 마시고 잔加味淸解散이奏效하야 今朝에는感氣少快。登校하야暫時任務를 다하고 도라와就床。○道路工事用의土管六個購入。○土地사라는勸誘에對하야 悲痛한回答을發하지않을수없어서괴로웠다。四十이不惑인지惑인지는 알수없다하더라도 그고개가 가까워질수록 내가世上에서할일의種別만은 確然하여지니 괴로워도 順從할수밖에없고 슬퍼도感謝할수밖에없다。

十二月五日(日)晴。自轉車道路工事시작。○午後集會에 預言文書의總論과 이사야書의大旨를述하다。滿二時間餘를 이야기하랴니 齒痛과咽喉가 괴로워서中斷하다。家族中의大部分은感氣에걸렸음으로 나홀도만患者노릇할수도없다。○이사야第十九章三節에依하야 어느나라를爲하야祈禱하다。

十二月六日(月)晴。數日來로多量發汗하였음으로 오래만에溫湯에沐浴하다。近日은讀書도執筆도如意치못하고 寒冷에抵抗하는것이일이다。

十二月七日(火)雪。오래肺患으로 死線을 넘나들다가肉體가恢復하였을뿐더러 그靈魂까지重生한 遠地의兄弟가 遇然한期會로上京하야 今日來訪하겠다고通知하였음으로、授業의任務끝나는대로 쏟아지는風雪을 무릅쓰고歸宅하야 除雪하야길을 닦아놓고待하다。聖書朝鮮이他人에게는使徒가아니라할지라도 이사람에게는使徒요靈的産出의 어머니이매 그靈的아들을待하야初待面하는날의 憧憬과 기쁨 찬송! 끝없는情話속에 夕飯을共卓하고서 水晶宮같은雪景의洞外에 저를惜別하다。今日이 長男의第四回生日인대 意外의珍客이 우리의 장막을 돌보아주었다。○또 우리家庭集會에 出席하던靑年으로 今春에普校訓導로就任한지半年채다못되여肺患에들려 休職療養中인 兄弟로부터『그동안 끊임없는先生님의恩惠로 조곰도적적하지않고 失望도煩悶도안했음을 衷心으로感謝들입니다。生에게는 이미 하나님을모심을否定못하겠읍니다。十字架의구원이 生에게까지 밋었읍니다。「祈りの生活」「通信」「聖書朝鮮」等뒤를이어 꿀이여주시는靈糧은 무엇보다도 반갑삽고 咸謝하였읍니다。날마다 되푸리하고 읽습니다。읽으면 읽을수록 새롭습니다。「後世への最大遺物」는 몇번되푸리읽었읍니다。몸이恢復되오면 內村全集을읽어보고저합니다………』

十二月八日(水)晴。北漢의雪景이 아름다울뿐더러 嚴肅하고崇高함이 신발을벗어야할것같다。이景概속에서市內로 들어가는일이 큰墮落같기도하다。但 市內道路도氷雪로凍結하야 몬지를 날리지않는것이一幸인데、그대신에 自轉車군들이미끄러지며 車와人이相轉하는光景도可笑롭다。○誌友로부터親切한訂正表를보내는편지一節에『金先生님 날이매우추워젔아외다。主님恩惠안에서 氣體候萬安하옵심을 바라는바이올시다。

三日前에보내주신聖書朝鮮은잘받었아오며반가운마음、이로헤아릴수없아외다。宋斗用氏의「七十五日間의東京生活」은여러가지로저에게 많은가르침을주어每月다음號를기다리게하옵고、先生님의新約聖書概要는聖書工夫에 많은도움을주어서感謝함을마지않습니다。

저는지금、제가京城있었을때에 웨先生님을일즉알지못하였나를後悔하고있으며、聖朝誌를通하야 先生님을懷仰하옵는情이날로懇切하옵나이다。直接先生님의말슴을못듣는것이 한恨이외다。冬季集會에는一年以上讀者가안이어서資格도없아오나、上京하게될지안될지도疑問이와저의마음은자못不安하외다。그렇나上京時에는꼭한번뵈와서 先生님의 가르치심을 받을決心이외다。많이사랑하시고 많이指導하야주시기를伏望하나이다。十二月五日〇〇〇上書」

일즉이 만나지못했던일은 彼此一般으로遺憾千萬인데、오늘날도 만나보고싶은생각은充滿하면서도 만나지못하는일이 人間世上의嘆息이다。○慰問品을 보낸다고 かちどき라는 단배를 生徒는 한갑식 敎師는 두갑식 모여보내다。이것이煙草費。

十二月九日（水）曇。아침에降雪小許。○일一時는陽光에路上雪氷이 많이녹다。○일직이歸宅하야原稿紙와 씨름하면서 자정까지 이르다。○平南中和邑敎會에 핍박이 대단한모양이니 걱정걱정。

十二月十日（金）曇。數日來로 骨肉의勢力이 心靈을煩惱케하야 原稿쓰랴고對案하였어도 思想의실마리를못잡게한다。後日天國에가서야 俗利世習으로 하늘向한者를 괴롭게한損失이 얼마나 컸던것을認識할것이다。妨害받아 豫定한일을못다하는것 怨痛하기限없으나 나 스스로피로옴當하는것밖에別途없다。○누가읽어보라고해서「敎會는하나님의法궤라」는論說을一瞥하고 놀라다。저렇게까지抑說을弄絡하지않고는 敎會를維持못하는고？하매 嘆息을禁할수없다。○昨今兩日 甚히溫和하야街路와山野의氷雪이 거의全消하다。○참깨를 사랴해도 大國서 나오지않어서 한되에八十五錢이라하며、대추를 약에넣으려고 求했더니 此亦大國서안나오기때문에 한되에一圓七十錢云하야 明年부터는 自作自給의必要를切感。

十二月十一日（土）曇。南京陷落의報가紙上에크게보이고、明日曜日午后五時부터提灯行列이있다는揭示가漆枚에보이다。○누가東京帝大新聞을 보여주어서 矢內原敎授의袂別의講義光景을알고安心하며 또敎主그리스도를讚頌不禁하다。「身體를滅하고도靈魂을滅할수없는人間을 두려워안한다。나는身體만肥大하고靈魂이瘦瘠한人間을輕視한다」고。○宋兄의原稿가速達郵便으로到着하였음으로 正月號의編輯을마취서 大部分의原稿를 印刷所에보내다。○今夜某富豪의招宴이있었으나 이에不叅하고蓬萊山上에서宿直하면서殘稿整理等。

十二月十二日（日）晴。殘稿數頁分까지完全히整理하야學校로부터歸途에印刷所에携帶하고十五日前으로組版하기를懇請하다年末十五日後에는出版許可提出手續이 매우困難한故也。○午後二時半부터 小預言書中에서 요나書를擇하야講하다。이로써舊約聖書概要도畢하였고 三個年計劃의聖書硏究會도完結하였다。但 明日부터養正學校의學期試驗인故로 解散式은來十九日에 聖誕節을兼하여하기로하다。○午後五

時부터 南京陷落戰勝祝賀의提灯行列에叅列하게되여서 龍山驛前에集合。八時에解散하고 도라올새 東小門에나선때에야 비르소 하늘에 별들이있는줄알게되며、想覵에올라서니 더욱 하늘이 빛난다。北極은仁壽峯우에 박혔고、大熊은道峯에서 머리만들었고、織女는文珠峯에 숨으려하·며、白鳥는 선바우 우에 나래치고있다 ○도라오니九時前。都塵을씻고 佳信一枚를開封하니

『先生님前 上書

尊顔을拜退하온後一路平安한속에 昨夕夜深하야歸省했읍니다。저今番여러해ㅅ만에 上京하와 보는거듣는것에 모다感慨깊은 中、特히 先生님宅에 다녀오는 想覵往返十里ㅅ길동안 저의가슴은形言할수없는 無量의 感慨와또感謝感激에잠기었읍니다。목마른사슴의 시내물求하듯이 過去半生동안求하던 한분의스승、지나간 다섯해 晝夜로思慕하던 先生님을拜面하게되는그 자리 저의感謝하고感激한마음이 그얼마나하겠읍니까。그러나 先生님의 溫容을 막상 咫尺에 對하고보오매 지나간날의 모든슬픔과 오늘의 모든 기쁨이 한데 어울터고 뒤섞여 그 錯雜하고도 억한 心情으로 말미아마 인사말슴 感謝할말슴 胸中에 쌓이고 쌓인懷抱를 어떻게 表現해야하올지 도모지 알수 없었읍니다。마치 얼빠진 사람모양으로 默默한속에 先生님의 尊顔을 우러르매 先生님의 머리와 얼골에서 後光같은 異樣의 光彩가 빛남을 느끼었읍니다。그리고 先生님의 諭諭하고 懇懇하신 여러가지 敎話中 제게 깊게 感銘되온것은 첫재 間歇泉原理의 比話이시었읍니다。둘재 農林生產에對하와 多分의興趣를 갖이시고 장차 實踐에까기 옮기시려는 先生님의 意圖를 感得케되올때 「아버지께서 지금까지 일하시니 나도일한다」「하나님과 함께 일한다」하신 主의 말슴 바울의 말슴이 生覺키워졌읍니다。先生님 저를 爲하야 特히 學校時間까지 일슥이 걷우시고 안쓰시면 房에 손소 불을짚이시고 또盛饌의 夕飯을 나눠주시며 夜氣 찬속에 親히 앞을서시어 洞口까지 길을 引導해주시면、先生님 저의 이感銘깊은 一夕의 感謝와 光榮을 平生에 잊을수있사오리까。흩노서 歸路를거느며 先生님宅의 내내 平康하심을 祈願하는 同時 S都R兄을 生覺함이 더욱 懇切하였읍니다 그리고

主의 인도로 金先生님宅에 나아왔다가 다시 主의 인도로 歸路에 오른 이몸、다음은 또언제나 이想覵을 넘게 되올지모르오나 앞으로 主를通하야 祈禱속에 한層 親密한 交通이있게하소서 그리고 또主의 뜻이시라면 只今 제게 지워저 있는 마음에 없는 여러가지 무거운 짐을 벗기여주시고 先生님과 한층 가까이 할수있게하소서

하는것이 想覵마루에선때의 저의 祈願이었읍니다 (下略)十二月九日夕○○上書』

글중에 分에넘치는讚辭가있음은 赧面不勝이나 우리가 서로 敬愛하는情으로말하면 이글에도 아직 나타내지못한바가 저에게도 남었고 나에게도 있음을告白하여도 無妨할가한다。

聖誕과新年을 祝賀해주신 이에게一々히答狀을 들이지못하옵고 本誌로써代身함을 寬容하여주시오。救主예수의平康과 希望의新年에多祥하옵기를祈願하나이다。

京城聖書研究會消息

一九三五年四月부터三個年教案으로시작하였던 우리聖書研究會는 지난十二月十二日로써 그課程을完了하고 十九日에一且解體하였다、會員의大部分이 中學또는專門學校를卒業하는것과 우리의會合이固定化하며形式化함을防止하기爲하야 때로解體하여버릴必要를 늣기는까닭이다。新年一月九日(日曜)까지는 全혀休講하고 同十六日부터以後는 例前대로每主日午後二時半부터本社에서家族禮拜가있었다。但이것은會員組織도아니오 一定한教案에依한것도아니다。當分間은聖書의 여기저기에서 文盲의樵夫山女에게 알수있도록福音을 들려주고저祈願이다。

社告

昨年末에 本誌는不得已休刊하기를決定하고 一部讀者에게는 其旨를通知하는同時에誌代殘金까지還送하였읍니다、그런데新年을當하야 다시事情이달라저서 續刊하여도 관게치않게되였음으로 旬日遲滯되였으나 只今一月號를 여러분에게보내들입니다。

수고千萬이오나 日前에返還한殘金을받으신이는 다시送金하여주고、今月號로써先金切되는이도 繼續하야誌代를 拂込하여주기를 切望하나이다。當分間은 이대로繼續될듯합니다。 一月十一日。

本誌定價

一冊 拾五錢
六冊(送料共) 前金九十錢
十二冊(一年分) 前金壹圓七拾錢

要前金。直接注文은
振替貯金口座京城一六五九四番
(聖書朝鮮社)로。

取次販賣所

京城府鍾路二丁目八六 博文書館
京城府鍾路二丁目九一 耶穌敎書館
東京市神田區神保町一ノ一 三省堂書店
復活社(京城府) 茂英堂(大邱府)
新聲閣(咸興府) 信一書舘(平壤府)
向山堂(東京市) 大東書林(新義州)

昭和十三年一月十日 印刷
昭和十三年一月十二日 發行

京城府外崇仁面貞陵里三七八
編輯發行者 金教臣
京城府仁寺町一一九ノ三
印刷者 金顯道
京城府仁寺町一一九ノ三
印刷所 大東印刷所

京城府外崇仁面貞陵里三七八
發行所 聖書朝鮮社
振替口座京城一六五九四番

【聖書朝鮮】第百八號
昭和五年一月二十八日 第三種郵便物認可
昭和十三年一月一日發行 每月一回一日發行
【本誌定價十五錢】(送料五厘)

金敎臣主筆

聖書朝鮮

第壹百九號

昭和十三年(一九三八)二月一日發行

昭和五年一月二十八日第三種郵便物認可
昭和拾參年二月一日發行(每月一回一日發行)

目次

小鹿島의報告

「金先生님전」拜啓 新春에 先生님 尊體萬康하심을 仰祝합니다。昨年度에도 크신恩寵中에서 至極히弱하나마 믿음으로 살게하셧슴을 眞心으로 感謝하오며 主님크신사랑을讚頌합니다。今年에도 또한如一히 保護하여주실줄믿고 크게기뻐하며 새해를맞이하였읍니다。就伏白 下送하옵신物品은 틀림없이 拜領하였읍니다 曲調讚頌舊曲五冊은 愛讀者中에들이기로 北部三 新生里에一 南部에一 比例로들였읍니다。當地에서는 舊讚頌을붙으는關係上、新讚頌은 一冊을北部에 一冊은 新生里에들이고 三冊은 讚頌을배우고있는 어린이들에게주었읍니다。小本(無符)讚頌百冊은 아즉그대로있으나 꼭必要하신兄姉에게 들이기로합니다。풋뿔은 이곳形便에依하야 醫院에一個 西北部어린이들에게一個 新生里어린이들에게一個 小生있는 中央里어린이들에게一個를 주었읍니다。지난 初四日엔 五部落어린이들이모여 中央運動場에서 아침부터 자미있게 유쾌하게 뽈을찻습니다。小生도 이하로를자미있게보냇습이다。勿論下送하신 공입니다。요사이는 밥만먹으면 뽈을차는어린이들을볼때 참으로感謝無量해짐니다。어린아이들을모아놓고 사람들을通해오는 하나님의큰사랑을날해주였읍니다。이들의깃븜을代하여、그리고讀者一同을代하여 참마음으로金先生님과 여러분의넓은同情을 感謝하오며 主님께榮光돌리나이다。餘不備白。

一月 七日

中央里 尹 一心」

報告 小鹿島에聖誕節마다 약소한 선물 보내오기도 지난聖誕節까지 三回를거듭하였다。이일에叅加하는 誌友들은 自己이름을世上에도 또 받는者에게도 알리지말라는條件임으로「왼손이하는일을 바른손에도알리지말라」는主님敎訓대로 하여왔다。그런데 回數를거듭할수록金額도많어지고 金額이많어질수록 用途를分明히할것이責任진者의義務인듯하다。그러나俗된廣告를할수도없음으로 大綱만記錄한다。第一回(昭和十年크리스마스)에는二十五圓餘、第二回 (昭和十一年)에는 四十餘圓、第三回(昭和十二年)에는五十餘圓의收入이있였다。第一、二回는略하고 第三回에는右通信에記載된바와같이 ①蹴球四個와 그附屬品皮紐一打 ②曲調讚頌歌 舊曲五冊 新曲五冊 ③無符小形찬송가一百冊을보냇다 其他조곰追送할것을考慮中인때에 本社에大問題가突發하야中斷되고 殘金數圓은次回로넘기였다。

以上은모다本誌第九七號第二一頁에記載된小鹿島通信에應하야物品을選擇한것이였다。될수만있으면 風琴一個를보내려고 애써보았으나 적은것은 넘어玩具같고 實用될만한것은勢不足이고해서 明年을期하면서恨을먹음었다。因하야 오는크리쓰마쓰에는 實用될만한風琴一座를보내여 小鹿島癩族들의 여호와찬송을 돕고저하니 誌友는이일에加擔하라。時價의變動은豫測할수없으나 約百圓內外品부터實用할만하다。一人의多額보다 願컨대一二十錢식이라도 誌友多數의愛와誠을모와 小鹿島의찬송소리를 높이고싶다。또한聖誕節臨迫한때에 이일을爲하야特히送金하지않더라도 今日後에誌代其他送金便에 其旨를記하야添送하면 따로積立할것이다。또 두고두고爲하야祈願하사이다。

惡乎善乎

지금부터五個年前에 어린生徒들을擔任하야 今日까지 지나올동안에 大概저들은肉體로健壯한丈夫가되엿을뿐더러 智德으로도 놀라울만한進就를한것이顯著하게 보인다。저들이入學하던入學式場에서——諸先生과多數學父兄이並立한가운데서——余는擔任敎師로서의敎育方針과抱負를說明한後에 一段語調를높여서「入學된學校에對하야서는勿論이어니와 前生의因緣으로인지 五個年間擔任하게된擔任先生에對하여도 天下에 다시없는先生인줄로알고 배우라!」云々의句로써演說을맺였다。壇을 네리면서 나스스로疑心하였였다——내가 미친사람인가? 스스로天下에만나기어려운 훌륭한先生이니라고廣告하다니! 勿論우리의擔任學科를朝鮮第一이나世界第一의敎師답게敎授하리라는것은 안이였다。다만熱誠만은多大한바있다는 主觀的決心이있었으나 그보다도 우리가 우리自身을 가르킬것이아니라 우리의背後에있는 그리스도예수를指示하리라는祈願이 있였던까닭이다。當時의入學生徒 即五個年間擔任生徒요 그中第三學年以後의三個年間의聖書硏究會에叅席한生徒一人의來信一節은如下하다。

(前畧) 歸家할때까지는 저는希望에차서있었읍니다。저의집을聖書的地盤우에다세우고 참된生涯로家族을引導하리라고왔읍니다 그러나 그것은完全히失敗해버렸읍니다 온家族이 다反對를하며、배워오라는工夫는잘못하고 예수敎가다무엇이냐、祖上을몰라보고祭祀도되리지않는예수敎는容納할수없다하며、어듸선지銅으로만든佛像을 사다모서놓고反對를합니다。저의집은代代로佛敎를믿어온집도안입니다 食事때에는 저의祈禱들이는것을 큰원수갈이녀기고 父親님은 함께食事함을避하시는듯합니다。저는 이러한것은 꿈에도想像하지못하였읍니다 先生님宅의 그平和스럽고和樂한光景을聯想하고 우리집도 꼭그렇게될줄만알었읍니다 이렇게家內가 도로혀不和하게될줄은 몰랐읍니다。前에는所謂世上에서말하는平和스럽고 즐거운家庭이었읍니다 아직굳어지지도못한弱한믿음으로써 이逼迫은到底히견대내지못하겠읍니다 外人이라면모르오나 逼迫者는血肉을나눈家族이올시다 밤이짚어진後에 저는先生님을몇번怨望한줄모르겠읍니다 저로하여금 예수를알게하신先生님을怨望했읍니다。차라리내가 예수를몰랐드라면 이러한靈的苦痛은없었을걸 예수를몰랐던그前에는 只今보다는靈的苦痛도없었고 미움안받고 훨신幸福이였읍니다 立身出世하야朝鮮을爲하야靑史에萬古에빛나는이름을記錄하야볼까하고 希望에넘치었읍니다 그러나只今은 예수를알고、世上을이렇게살고간 사람도있었다하는것을배운後로는 이러한생각은간곳없이 자취를감추었읍니다 어찌하면義로운生涯를보낼수있을까 어찌하면 깨끗하고 罪를犯치않는生涯를보낼수있을까하는 一面

으로消極的人間이되고만듯헙니다

아 예수를몰랐드라면! 예수를몰랐드라면! 하고長歎息한적도 한두번이안이였읍니다 聖書의「아우트라인」을배우고 수박겉할끼와같이千萬分의一도解得하지못하였으나先生님의强要하시는義로운生涯라는것은如此한것이다하는槪念을알고 나도한번義로운生涯를걷자하고 弱한믿음이오나 예수를믿노라고한後의 저의萬事는 百八十度의轉換을한것만은事實이올시다。 뿌리가잡지못한軟弱한草木에 너무나暴風이甚하야 언제뿌리서부터뽑히어나라날넌지요 다만主예수께全部를말길다름이올시다。…………休暇中에는 山上垂訓研究와레미제라블、獨逸國民에게告함等을 읽을作定으로 全力을다하야時間表를 짜놓고 읽고있읍니다。(下略)

敎師의責任! 저學父兄의失望과怨恨을推想할때에 窟이라도파고逃亡할까 所謂割腹이라도하여서 學父兄의期待에不副한敎師의責任을免할수있을까 하는苛責의 掩襲도不無하였다。 그러나 다시생각할때에 子女는父兄의私有物이안이오 한國家나社會의思潮의專有物도안이다 實로子女는一사람의子女ㅣ요 宇宙의一員이다。 人子가人子의걸을길로 도라왔다면 이는擔任敎師의責任問題가아니오 實로宇宙의責任이오 宇宙의主裁者요人子이신 그리스도自身의責任인것이分明하다。 主예수 말슴하시기를

내가世上을和平케하려온줄로 알지말라。 和平케하려온것이안이오 兵器를 이르키려왔노라 내가온것은 아들이아비와不和하며 딸이어미와不和하며 며느리가 싀어미와不和하게함이니、 사람의 원수가 그집안食口리라。 아비나 어미 사랑하기를 나보다더하는者도 내게合當치아니하고 아들이나딸 사랑하기를 나보다 더하는자도 내게合當치아니하고、十字架를지고 나를좇지않는者도 내게合當치아니하고 제목숨을 앗기는者는 장차 잃어버리고 나를爲하야 목숨을 잃어버리는者는 장차 찾이리라(마태一〇•三四—三九節)

고。 그렇다면擔任敎師가 저야할責任의半分以上 아니全部를 모주리 그리스도가 負擔하여주서야할것이다。

또 우리를指目하야 旣成敎會를攻毁함을專業하는者로誤解하는이들이不少하나 이는 우리가 어듸서 무슨일에興味를가지고있는者인것을 알지못하는까닭이다 우리는旣成敎會들끼리敎人을略奪하는일 같은일에는 아무興味도못가진者이며 이미聖徒된者의靈魂에對하야 주제넘게關心하는척하는짓은 힘써避코저한다。 다만 예수와는何等因緣없는자리에서 예수라는 누룩으로써 그心靈의根抵에서부터醱酵作用이일어나 드듸어「改宗」이라는驚天動地의大變動이생기는일을 구경하는일에 가장興味가 끌린다 그러나 이는 적어도三年以上에 한번보는光景이오、五年에 한두사람或은十年에二三人있거나말거나한일이다 이比例로 간다면 還甲의長壽를享有하면서傳道한대도 平生토록十人의同志를얻기어려울터이니 우리를指稱하야 새로운一種敎派를造成하는듯이黨派心으로써念慮하는이들도 그相變에不過함을알고 크게安心할것이다。

聖書的立場에서본世界歷史 (21)

咸 錫 憲

四、宗 教 (續前)

祭祀 太古時代의宗教에있어서 中心的意味를가지는것은 祭祀였다 따라서祭祀라는것은 人類歷史우에 매우큰影響을 끼친것이다 우에서우리는 宗教는 文化의源泉이라고 말하였지마는 이것을다시바꾸어말하면 祭祀에서 모든文化가 나왔다고할수있다 오늘날우리게있어서는 祭祀는그닷 重大한것이아니오 더구나프로테스탄트에있어서는 祭祀란 도모지없다 그는발서 지나간일이다 그러나幼少年期의人類에게있어서는 그러치않었다 그들에게는 祭祀는 宗教生活의 全部였다 宗教뿐아니라 全生活의中心이였다 모든境遇에있어서 祭祀는 絕對必要事였다 感謝에나 祈願에나 生、死、婚、葬、심는대、거두는대、알을때、낫을때、어느때나 祭祀가없을수없었다 그러는동안에 禮가 發達하고 文이發達하고 術이생기고 法이생기였다 그러케볼때 文化는 원目的이 神에게들이는것이오 우리는거긔들이고남은것을 使用한다할수있다 이는적어도 古代文化에있어서는 事實이였다 그리고그런限 그文化는健全한것이였다。 그러나文化가 人間自身의享有를 目的한것이될때 도리어 저들自身을 그릇치는것이되여버렸다。

太古時代의사람들에게는 祭祀가왜그렇게重要한것이었을가 그는그들의神觀이그러한것이였기때문이다。生活이아직 精神的方面、物質的方面하는分化를보지안은그들에게있었어는神은靈的으로接할것이아니고直接物的으로交涉할수있는이였다。 오늘날우리생각으로하면自然界의모든現象이直히그대로神의所爲는아니다 勿論究極의意味로하면神意에서나오지않는것없다할것이다 그러나個々의모든現象의뒤에神의손이因果律的으로일하고있다고할必要는없다 그런대그들은正히그러케생각하였다 바람이부는것은神이김을불기때문이오、雷聲을하는것은그가怒를發하기때문이라고생각하였다 身體의生理的活動으로부터外界의모든事件、衣食住、모든精神作用에니르기까지 다神이그原因이였다 故로그들은모든生活々動에있어서恒常神의뜻을얻는것이絕對必要하엿다 그리고그리는때는一定한條件이必要하고그條件은勿論現實的인表現에依한것이아니면안되였다。祭祀란 이리하야생긴것이였다

그들은왜그러케생각하였을까、思考能力이 幼稚햇기때문이라고、科學은 쉽사리건어치우려한다 日素朴、日迷信- 果然素朴한 觀察法이오 迷信的인생각이다。그러나그意味하는바는 그러케單純하지않다。 구름뒤에 神이있는줄 알였다던지 火山속에 神이臨하는줄 알었다던지 하는것은 枝葉의問題다 그보다도 根本的인問題는 어찌하야 事物

의原因을 神이라는一個存在者에 돌리였으며 그神과의交涉은一定한條件을 다하지않고는 안된다고 생각하였던가 하는것이다。이는一見 偶然히發生된 些小한일인듯하면서도 그意味하는바는 至大하다할것이다 倫理도 여긔터를잡고 論理도 여긔뿌리를 부치는것이다 學問은이를說明하야 事物間에있는 原果法則을 經驗에依하야알고 그것을人格化하야서얻은 觀念이라고하나、그는本末을顚倒한말이다 歷史上의事實로 宗敎가學問을낳은것이오 學問이宗敎를낳은것은아니다 法則에서 信念이나온것아니오、信念이知識化하야 或은俗化하야 法則의 觀念이된다 太古의人間이 物理的現象間에 神을보앗을때 皮相的으로解釋한다면 法則을人格化하야 보앗다고할수있다 그러나 다시그를생각해보면 人格化하려는、그리고 더구나 超人間的인人格으로 보려는、그傾向안에야말로 說明할수없는 秘義가들어있다 正確하게말하면 法則을人格化한것이아니오 法則을揚所로 보고 神을본것이다。神이物的法則의世界를 그示現揚所로 삼은것이다 神이거긔서떠나도 法則은法則으로 依然히길는다 오늘날우리게있어서 法則은法則이오 神은神으로區別되는것은 지금우리에게는 神이法則의世界를 그示現場所로 삼지않기때문이다 우리는발서 그程度는지났다 우리의神知識은 그보다높은地境에 達하였다。우리는神을알기爲하야 반드시 구름과 불꽃을必要로삼지않는다。그러나

神自身은 不變이다 程度에따라 우리가아는神知識은變遷하여도 神의性質은 變할수없다 따라서 神人間의交涉도 그根本性質은 不變이다 오늘날 우리는神에나갈때에 何等祭物을 손에들必要는없다 그러나 一定한條件을 다하기前에는 神의뜻을얻을수없다는것은 一般이다。正確히말하면 原始의人間이 自己의잡은 첫산양감을받들고 蓬蓬한頭髮을쓰고 꿇어앉을때 十字架의眞理는 이믜거긔있었다고할것이다 이를생각하야보라、人類가神에向하야 무엇을바친다! 全部를代表하는 처음난것、첫이삭、첫收獲物、맛아들을 바친다! 얼마나奇異한일이오 얼마나嚴肅한일인가 歷史란무엇인가 神에게바처오는일이아닌가。人類의한바 지나간일中에 이祭祀의歷史처럼 우리를感動식이는것은없다 純潔그것이라할 어린비들기가 불ㅅ길속에 던여지는것、그리스도로까지 比하는바되는 어린羊이 悲鳴을發하고 祭壇밑에 피를흘리는것을想像하고、人類의걸음은저리하야 걸어온것인가하고 생각만해도 悵然한맘을 禁할수없지만 뜨루이드敎徒들은 人身으로써 그神에供養햇고 몰록의神은 恒常赤熱의兩手를내밀어 父母로하여금 사랑하는내子女를 바처서 태우기를要求한것을 생각한다면 우리는말할바를 아지못한다。一國一族의 興亡이달렷다고할때 戰勝을爲하야 軍旗下에 許多한生靈이 祭物로 된것은 거이平凡한일이라고할만치 많었던일이다。그러나

現代人은 이것을野蠻이라고 우서서는안된다。지금은돌로쌓은祭壇도없고 石籠도없고 쇠로만든몰록도없다。그러나鮮血흐르는 哀呼悲鳴하는 祭物은 決코없지않다。一時에몇千몇萬이 砲彈과 毒瓦斯의 煙塵과함께 殲滅을當하는이地球는 그自身이 一大祭壇이아니고 무엇인가。祭祀를拒否하는 現代人、神의壇上의것을窃取하야 自己것으로私用하려는 現代人에게서、神은지금 强制的으로 祭物을徵收하고있는듯하다 오직우리바라는것은 그祭物의피가 虛에歸치않고 人類의新生을가저오는 代價가되는일이다。

그러나 우리는 그렇듯陰鬱한觀察만을 하지말기로하자。神은慈하나 또그보다도더仁慈한이다。祭祀를발서 神은廢하신지오래다。이제靈的으로 높은段에올은우리는 祈禱가있을것이오 祭祀가必要치않다。祭祀의極意는祈禱다。들이는물건은 무엇이엇던지 要컨대 神에對한 對答이다。宗敎는決코 債務의支拂이아니다。敎育이다。神의 愛로하는問答의 繼續이다。神편에서하면 啓示요、人間편에서하면祈禱다 神은啓示로써 그自身은 人類 乃至宇宙에向하야말하고 人類는 神에게들은바를 다시祈禱로 萬物을代表하야 神에게올린다 이것이歷史다。마치天來의雷鳴이 山河에부듸처 울려오고 또울려가는것같이 天地開闢以來、神과人類의問答은 天地間에울리여 往來하고있다 어떤때는 그소리가 波濤같이높기도하고、어떤때에는 軟葉間에

四、宗 敎(續前)

속삭이는 微風의숨갈이 가늘기도하고、或怪獸의웅얼거림같고 或小鳥의지저김같고 또或獵師에쪼끼는사슴의 悲鳴같아서 變化無雙이나 要컨대 神에向하야發하는 부르짖음임에는 틀림없다 그러케볼때 歷史는또 祈禱의過程이라할수있다 自己의생각하는바、願하는바를 神에向하야 말하는것이곧 文化다。그리고그생각하고願한다는것은 結局神을생각하고 願함이다。文化의意味는 그時代사람이 宇宙生命의根源인 神에對하야 어떻게알었느냐、그여러가지表現에지나지않는다。祭祀는그幼少年時代의 祈禱의方法이였다 人間이란 祈禱하는存在다

僧侶 太古의宗敎는 그와같이 祭祀가重要한것이였는故로 그를行하는 一種의階級이 社會的으로 存在하야있였다 그를僧侶라한다。푸로테스탄트의생각으로하면 사람이神과交涉하기爲하야는 何等中介가 必要치않다。直接神에게들으면그만이오 말하면그만이다 그러나 古代人에게는그렇지않었다。오늘날도오히려 카도릭이라는사람들이있어神에直接나갈수가없다하야 마리아를中介로내세우고 베드로를 紹介者로붓들거던 그때사람들에게는 말할것도없다。사람의性質에는 敬而遠之라해서 尊敬하는者에게서 멀리서는것이 尊敬을더하는 所以인듯이 생각하는버릇있어서神靈高遠한것일수록 여러層의 中介者를세우려한다。僧侶란 이러하야서 생긴物件이다 神없이生活할수는없다 그

五

러나神은 누구나自由로 接할수있는者가아니오 特別히好意를얻은者만이 할수있는일이다。이러케古代人은 생각하였다。그리하야自己네中에 어떤者를 神의好意를얻은者로 神을接한者 神의通하는者 神의代表者라고 發見하야 그에게 自己네의生死에關하는 重大한일을 付托하였다 따라서 그僧侶의權威란 絶大한것이였다 우리朝鮮歷史에서도 新羅의第二世님금을 南解次々雄이라하는대 次次雄이란 巫者의뜻이라고하야 古代社會의 殘影이길어있다。朝鮮만안이라 古代에는 어느社會에서나 僧侶가王者였다。사람들의生命의權을가지는 王者였다。

僧侶의權이 그러케큰것이있는故로 歷史上의 僧侶의功罪는 둘이다莫大하다。民衆에게 神의尊嚴을 가르친것은 그들이오 처음으로 社會生活을 指導한것도 그들이다。古代宗敎를 祭祀의宗敎라햇지만 祭祀의宗敎는곧 僧侶의宗敎다。古代宗敎의特色인 神秘의觀念、犧牲의觀念、律法主義、儀式制度、이는다 僧侶의손에서 되여나온것이다。權威를保持하기爲하야 神은漸漸神秘의帳幕뒤로 들어갈必要가있고 儀式은더욱複雜하고壯大할必要가있었다。이것이 아니엇더면 人類는敬虔의念을養成하기 어려웟을것이다。

古代의社會가 祭政一致의制度였던것은 누구나아는일이다。古代의社會生活은 지금과같이 武力의줄로 連結된것이아니오、良心上에臨하는 恐怖感의줄로된것이였다。故로 그保守性과 緊密度는 一層더한것이였다。山野에헤매이며 野獸의동모노릇을하던 原始人을몰아 組織的社會生活밑에 順從식여 所謂文化라는것을 낳게한것은 이들僧侶였다。

六

故로古代文化에있어 寺院은特別한意味를가진다。그는實로 文化의淵叢이오 寶庫였다。文字는 宗敎의秘義를傳하기爲하야 거긔서나온것이오 文學이거긔서나왔고 哲學이 거긔서나왔다。敎育의歷史도 찾어올라가면 마지막은 寺院의門으로 들어가고만다。오늘날로말하면 學校、圖書館 發明所의機能을 여긔한대兼하였던것이다。헤라토터쓰가 歷史를쓸때는 史料를 寺院에求하였다고한다.

그러나僧侶의일을 생각하면 니에 신물이도는것이있다。原始의淳朴한사람의손에서 그苦生하야얻은收穫物을 詐取한것은누군가。생사람의가슴을혯치고 그 벌덕이는心臟을 끄집어내여 祭壇우에놓은것은누군가。恐怖의줄로 民衆의良心을 얽고또얽어 奴隸根性을 일우어준것은누군가。自身은아니하는것을 愚衆에게는命하야 스스로살을찢고 피를흘리며 苦痛하게한것은누군가。政治家와結托하야 民衆을 파라먹은者는누군가。마지막으로 單純한民衆을 煽動하야 神의아들을 못박게한것은누군가。이는모도다 僧侶의일이아닌가 스々로神의代表者라고한 그들의일이안인가 저들은人類를 속인者다。

그러나또그러치않다。저들은人類의第一敎師다。乳母다。人類의生活이 아직本能的인地域을 버서나지못한때에 저들이 神秘의術을弄絡한것도 無理가아니라할수있다。또神人間에서는그들은 메시아의一面을 表한것이라할수있다。人類는저들이아니였더면 그朦昧한時代를 지나올수없였을것이다。다만兒孩가이믜자란後는 저는巧詐者가되여버리고 束縛者가되여버린것이다。

新約聖書概要【四】

金教臣

馬太福音大旨

新約聖書의 第一첫재冊이오、마가福音 누가福音과合하야 이셋冊을共觀福音이라하며、요한福音까지合한 넷冊을 四福音書라고稱하는것은 누구나 다잘아는바이다 다 갈이 예수의生涯를記述한것이나 各其特異한바가있으니 以下에 著者의生涯부터順次로詳考하고저한다。

著者의生涯 마태([illegible]——Theodore=Gift of God)는 「하나님의 선물」이라는뜻이다。이 이름은 마태가 예수께 師事하게된後에 받은것이오、그前에는 레위라고 불렀는데 新約聖書中에 或은 레위라고하였고 或은 마태라고 記錄하여있다。그럼으로 「알패오의아들레위」라는것이 (마가二・一四) 使徒마태와同一한사람이냐 別個의사람이냐 하는問題가 생겼다 이름이 各異하야 마가福音(二・一四)과 누가福音(五・二七)의 레위는 마태福音(九・九)의 마태와는 別個의人物이라고 主張하는學者도있었고 또 그것도 一理있는듯하나 이는皮相的推論에不過할뿐이오 조금 깊이 그內容을吟味할진대 이共觀福音의平行記事는 디베리아湖畔에서 稅吏마태를 부르실때의事實과語彙까지 全然同一한事件인것이明確하다

但 使徒들의名錄에는 (마태一〇・三、마가三・一八、누가六・一五、使徒傳一・一三) 마태가있을뿐이오 레위는 한번도쓰이지않었다。이는 유대人의慣例대로 一生에 重大한變革또는轉換을經驗할때는 改名하는것인데、稅吏레위가 예수의 부르심에應하야 따라나선일은 저의一生을 前半後半으로二分하는重大事件이었다。故로 稅吏의자리에서 부름을받을때까지의記事에는 猶太的인이름 레위로써 불렀으나 使徒로서의列名에는 발서 舊名을記憶할必要없었다。마태로通用하는것이當然하였다。마가와 누가의 福音書에 舊名레위를使用한것도 마태와同一한사람이란것이 當時의 一般知識으로通用되였던까닭이다 레위가마태로改名한것은 시몬이베드로로、사울이바울로改名한것과 방불한일이다。

알렉산드리아의클레멘트에依하면 使徒마태는 嚴格한猶太的크리스찬禁慾主義者이어서 肉食은 먹지않었다한다。(로마一四・一以下參照)。팔레스틴地方以外의곳에서 使徒마태가 무슨일을하였는지는確實히알수없으나 一說에는 에티오피아에서傳道하였다하며、或은 마게도니아와亞細亞各地에서役事하였다고도한다 또 그외죽음에對하야도 에티오피아에서 죽였다는것과 마게도니아에서 죽였다는것의 二様의說이있다

稅吏라고하면 옛날이나今日이나 過히好感을 사람에게주는일이아니다。特히 當時의稅吏는 一種請負業的으로羅馬政府에서權勢를買收하여가지고 自己同族을搾取하는일이였다。그럼으로 稅吏와共卓하는일은 當時의學者나宗教家로서는 있을수없는일이였다(九·一〇以下)。그런賤한階級에서 使徒마태를擇하였다함은 이일自體부터偉大한福音이다。

本書의特徵。마태福音의材料는 大部分마가福音에서取한것이오、其他에所謂Q에서引用한것이많다한다。그러나 마태의編纂方針에는 여러가지特色을 엿볼수있다。첫째로 類集 分類의配列이다。例컨대 第五章以下의山上垂訓과같이 教訓的說話를類集하야(其他第十章、十三章、十八章、二三、二五章) 一編을成하듯이하며「第八、九章에는異蹟을類集하였고、第十三章에는譬喩를分類하여놓은等々이모다마태의特色이다 그것도大概는 數字的으로考案하였다。例컨대 異蹟으로病을治癒했으되 三件식三組를列記한것等(八·一—九·三四)。其他에도或은七 或은五 或은十의數로써題目과事件을配列한境遇가많다。但 完全히 그대로된것은안이다

右와같은外形的인考案보다 더現著한特色이 마태에게있다。그것은 예수가「메시아」라는것을 指摘하랴는企案이다。卷頭예수族譜도 이때문이오、東方博士들의來朝와城外牧者들의讚頌禮拜、모세律法과新福音과의比較(山上垂訓)로부터 十字架上의罪標에쓰인「유대人의王」에至하기까지 모다 예수는 舊約聖書에先知者들이 미리約束했던 메시아라는것을證明하랴는것이였다。따라서 舊約聖書의引用이많기로는 福音書中에 마태가第一이다。

舊約聖書의引用이頻繁한것과 파레스틴地方의風習地名等에何等說明도없이 自明한常識처럼使用한것은 本書의讀者가 猶太人들이였던것을 證據한다。當時의 讀者유대人들에게는何等苦痛없이納得되였을뿐더러 確然하고强力한證明이되였던것이나、異邦人인우리에게는 相當히難問題되는바가 적지않다。故로 처음福音書를읽고저하는者가 本書보다 차라리 마가福音이나 누가福音으로부터 시작하는것이 이 마태의猶太的難關을避하고저하는 한가지便方이라할것이다

한번 이러한難關을通過하야 히브리語또는 히브리預言者들의慣用(例、一·二三、二·一五、一八、二三、四·一五、八·一七等)을 짐작한後로는 마태福音이 매우緊要하다。說話集 異蹟集 譬喩集等々으로 大體로分類하여놓았음으로 記憶하기쉽고 兒童教育等에도 便宜한點이많다。

本書만의獨特한特徵은안이나 福音書를읽는者의 누구나注意하여야할것은 예수一生傳記 全篇의大部分이 生涯의最後三年未滿의記錄이오 더욱이最後一週間의事件을 길게길게 詳細하게記載한일이다。예수의福音은 그 사는일과教訓에도있었으나、그보다도 그의 죽엄에 그의福音이있

였다 故로 福音記者들은 「그의一生涯를 모주리記述하랴면 온世上에 차고도넘치리라」는豊富多端한 材料中에서 特히 그의 어떻게 죽었으며 어떻게復活昇天하였는가함을記錄함에全篇의三分之一以上을費하였다。 이는人間의傳記에는 아무런偉人의傳記에도類例를 찾어볼수없는事實이다。

著作年代 初代敎會의敎父들(오리겐、 에피파뉴스、 예롬等)은 마태복음이 福音書中에 第一먼저된것이라고傳하였다 더욱 유세뷰스는 마태가 팔레스틴地方을 떠나려고할때에 쓴것이라고確言하였다 그러나 이레뉴스는 베드로와 바울이羅馬에서傳道할동안에著作한것이라고하였다 그런데 바울이使徒로서 처음 예루살렘에上京하였을때에 발서그때에 使徒마태의 예루살렘居住에關하야는 何等言及한바없으니(갈一、二章)以上二說은그時間의差異가 넘어크다。

이에反하야 近來의學者들은 마가福音이第一먼저되였고 마태福音은 그보다後에著作된것이라는데에 거의一致한다。 但 마태福音도 福音書로서의 完備한體制를 일우기前에 마태가 主예수의說話를 듣는대로 類似한說話를聚集한것 所謂「說話集」이라는것은 몇쪼각을 만들었을것이라고想像함은無妨할것이며、 또 그러한 쪼각쪼각을 모아두기는 完全한福音書의形體가되기보다 매우前일이였을것이다。 그렇게 모았던「說話集」을基本으로하고 먼저된馬可福音과 Q에서適宜한材料를採擇補充하면서 後世에傳來한바와같은 마태福音이完成되기는 필경 예루살렘滅亡의直前、 羅馬軍이 갈릴리地方을 이미占領하고 유대地方으로犯入하는時期의 일이였으리라고한다 本書는 原來히브리語로썼던것을 希臘語로飜譯한것이다

共觀福音의關係。 옛날에는、 福音書의 하나하나가 各其聖靈의感動으로써 機械的으로記錄된것이라고主唱하는것이 敬虔한態度인것같이 알였었지마는、 近日에至하야는 科學的緻密한檢討앞에 이單純한靈感說은退却하지아니치못하게되였다 即 마태 마가 누가等의福音書를仔細히比較하여보면、 서로共通한것이많다 事件이나 歷史의順序가一致한것이 있을뿐더러 遇然한失數나特異한表現方式까지共通한것이 많다。 題目의取捨와取扱樣式이며 語彙와連絡에至하기까지 奇妙하게一致한것이 적지않다 故로 福音記者들은 서로보고썼고 後者가先者의材料를利用하였을뿐안이라 舊約中에있는文句도引用하였고 使徒時代에殘存한傳說도 잡어넣였던것이分明하다。 그러나共觀福音의著作順序와 相關된句節을比較分解하는일은容易한일이안임으로 畧한다

마태福音에特異한記事中에서現著한것만 몇가지抄記하면 다음과같다 예수誕生(一、二章)、 예수洗禮받은理由(三・一四、一五)베드로의水上行步(一四・二八―三一)、 魚口의錢(一七・二四―二七)、 유다의最後(二七・三―一〇)、 墓派守兵(二七・六二―六六)、 八福(五・三―一〇)、 鹽과光(五・一三―一六)、律法과新福音(五章)、 救濟(六・一―四)、學者와바리새敎人(二三章)、 葡萄園勞働者(二〇・一―一六)、 賢과愚의處女(二五・一―一三)等々。

新約聖書概要

馬太福音分解表

一、準備時代 (一•一—四•一一)

甲、幼年時代 (一•一—二•二三)

가、예수의族譜 (一•一—一七)

나、메시야의誕生 [베들레헴] (一八—二五)

요셉에게四次現夢 (一•二〇、二•一三、一九、二二)

다、東方博士들의來訪——헤롯王의恐惶 (二•一—一二)

라、애굽避難 (一三—一五)

마、헤롯王이 베들레헴地方幼兒를鏖殺함 (一六—一八)

바、나사렛으로歸還 (二•一九—二三)

乙、成年時代 (三•一—四•一一)

가、受洗 (三•一—一七)

① 洗禮요한의宣敎 (一—一二)

② 예수 요한의게서洗禮받으심 [요단江] (一三—一七)

나、荒野의試鍊 (四•一—一一)

第一試(一—四) 第二試(五—七) 第三試(八—一〇)

二、傳道時代

一〇

甲、갈릴리傳道 (四•一二—一三•五八)

가、傳道시작 (四•一二—二五)

① 갈릴리歸還 [나사렛、가버나움] (一二—一六)

② 傳道開始——最初의弟子 [갈릴리湖畔] (一七—二五)

너의가悔改하라 天國이가까우니라 (一七)

나、說話의傳道——山上垂訓 (마태說話集其一) (五•一—七•二九)

① 緒言 (五•一—一二)

② 天國福音 (幸福스럽도다) (五•三—一二)

③ 基督者의使命——地의鹽、世의光 (五•一三—一六)

④ 律法의完成 (五•一七—六•一八)

A、예수는律法을完成하심——一點도不廢(五•一七—二〇)

B、예수敎義와律法比較——六種例示 (五•二一—四八)

殺人(二一—二六)、姦淫(二七—三〇)、盟誓(三三—三七)、無抵抗(三八—四二)、愛敵(四三—四八)

C、行爲와動機의關係——三種의例示 (六•一—一八)

序言——善行과動機의吟味(一)、救濟(二—四)、祈禱(五—一五。附「主祈禱」—九—一三)、禁食(一六—一八)

⑤ 基督敎者의處世原理 (六•一九—三四)

實物을天에쌓으라(一九—二四)、衣食을念慮하지말라

不使二君 (二四) 空中의새 들의百合花 (二六、二八) (二五—三四)
먼저神國과其義를 (三三) 一日의勞一日에足 (三四)

⑥ 審判하지마라—먼저自己눈의들보를 (七•一—五)
　但 豚에게眞珠를 주지마라 (六)

⑦ 求하라 찾으라——祈禱의根據 (七•七—一二)

⑧ 山上垂訓의要約——基督敎의黃金律 (七•一二)
　己所欲 施於人

⑨ 附言 (七•一三—二九)
　A、좁은門으로 (一三—一四)
　B、僞先知者를삼가라 (一五—二三)
　C、磐上의家——實踐하라 (二四—二七)
　D、群衆의印象 (二八—二九)

다、業蹟의傳道—異蹟集 (八•一—九•三四)

① 癩患者治癒(八•一—四)、百夫長의僕(五—一三)、베드로의丈母(一四—一五) [가버나옴]

② 暴風鎭定(八•二三—二七)、가다라의豚 (二八—三四)、中風病治癒(九•一—八)

마태聖召——罪人들과會食(九—一三)、禁食問題(一四—一七)

③ 官員의딸의復活——血漏症女人(九•一八—二六)、二人의盲者(二七—三一)、魔鬼들린啞者(三二—三四)

라、弟子에依한傳道 (九•三五—一一•一)

① 傳道開始의動機——牧者없는迷羊 (九•三五—三八)

② 十二使徒의派遣—(마태說話集其二)(一〇•一—一一•一)
　A、序言과使徒의名 (一〇•一—四)
　B、傳道訓—準備、決心、信賴、報賞 (五—一一•一)

마、傳道의結果 (一一•二—一二•五〇)

① 不信 (一一•二—三〇)
　A、洗禮요한의質疑 (二—一九)
　B、갈릴리人들의不信 (二〇—二四)
　C、적은者의信仰、疲勞한者는오라 (二五—三〇)

② 衝突 (一二•一—五〇)
　A、學者 바리새人들과衝突 (一—四五)
　(一) 安息日에 이삭짜른일 (一—八)

新約聖書概要　一二

(二) 安息日에 손을醫療한일 (九―二一)
(三) 盲目의啞者를治癒하신일 (二二―三七)
(四) 徵兆를拒絕하신일 (三八―四二)
(五) 七惡靈 (四三―四五)

B、骨肉의親도沒理解――眞意의親戚이란누구 (四六―五〇)

바、譬話의傳道――(마태說話集 其三) (一三・一―五二)

序言(一―二)、①播種人의譬話(三―九)、譬話로傳道하시는理由(一〇―一七)、播種人의譬話解意(一八―二三)②稗種의譬話(二四―三〇)、③芥種의譬話(三一―三二)、④酵母의譬話(三三)、譬喩가안이면不語(三四―三五)、稗種譬話의解義(三六―四三)、⑤숨은寶貨(四四)、⑥좋은眞珠(四五―四六)、⑦漁網(四七―五〇)、譬話의理解(五一―五二)

사、故鄕傳道의失敗 (一三・五三―五八)

先知者가 저의故鄕과家室外에는尊敬함을받지아니함이없나니라

乙、異邦巡徊

가、第一巡徊 (一四・一―一五・二〇)

① 헤롯王이 예수를恐怖함 (一四・一―一二)
挿話――洗禮요한의死 (三―一二)
② 湖岸의寂寞한곳으로―五千人에게떡(一四・一三―二一)
③ 海上을步行――베드로도水上行步 (一四・二二―三三)
게네사레上陸――病者治癒「게네사레」 (三四―三六)
④ 洗手問題――바리새敎人과의衝突 (一五・一―二〇)

나、第二巡徊 (一五・二一―一六・一二)

① 가나안女人의謙卑와信仰 (一五・二一―二八)
② 海邊에서治病과四千人에떡 「갈릴리湖東岸」 (二九―三八)
③ 갈릴리湖의西岸으로、徵兆를求함 (一五・三九―一六・四)
④ 바리새人의酵母 (一六・五―一二)

다、第三巡徊 (一六・一三―一七・二〇)

① 베드로의大告白 (一六・一三―二〇)
② 受難豫告――第一回 (二一―二八)

③ 山上의變貌 (一七・一—一三)
④ 山下의不信—治癒 (一七・一四—二〇)

라、갈릴리의最後說話 (一七・二二—一八・三五)
① 受難豫告—第二回 (一七・二二—二三)
② 聖殿納稅件 (二四—二七)
③ 天國道德—勿蹉跌 (說話集其四) (一八・一—三五)
A、天國에서 큰者가 누구냐 (一—五)
B、蹉跌시키는일에對하야 (六—九)
C、적은者를勿輕—迷惑한羊의譬話 (一〇—一四)
D、七回를七十倍—赦宥 (一五—二二)
E、惡한臣下의譬話 (二三—三五)

마、예루살렘行次 (一九・一—二〇・三四)
① 갈릴리出發 (一九・一—二)
② 離婚問題—神이合한것을不可離 (三—一二)
③ 幼兒祝福 (一三—一五)
④ 富者青年—永遠한生命의道 (一六—三〇)
⑤ 葡萄園勞動人의譬話 (二〇・一—一六)
⑥ 受難豫告—第三回 (一七—一九)
⑦ 세베대의二子의野望 (二〇—二八)
⑧ 二盲人을治癒 [九・二—三一 參照] (二〇・二九—三四)

三、受難時代—예루살렘一週間 (二一・一—二七・六六)

가、第一日 (月曜日)
入城(一—一一)、潔殿(一二—一六)、베다니아宿泊(一七) (二一・一—一七)

나、第二日 (火曜日)—論戰 (二一・一八—二五・四六)
① 無花果를詛呪 (二一・一八—二二)
② 宗教家와論戰 (二一・二三—二二・四六)
A、예수의權威問題 (二一・二三—二二・一四)
(一) 辯論 (二一・二三—二七)
(二) 譬話三種으로不信을責함 (二一・二八—二二・一四)
두아들(二一・二八—三二)、葡萄園의惡한農夫(三三—四六)、王子의婚筵—禮服(二二・一—一四)
B、納稅可否—바리새人헤롯黨과 (二二・一五—二二)
카이젤의것은 카이젤에게
C、復活問題—사두개教人과 (二二・二三—三三)
D、第一誡命이무엇이냐—바리새人과 (三四—四〇)
E、그리스도는누구의아들—바리새人과 (四一—四六)
③ 學者、바리새人의僞善痛擊(說話集五) (二三・一—三九)
A、바리새主義攻擊 (一—一二)
B、—禍있을진저—七回 (一三—三六)

三은敎會에對하야(一三—二二)、三은彼等의生活에對하야(二三—二八)、一은國民의僞善에對하야(二九—三六)

C、예루살렘滅亡의預言 (三七—三九)

④ 神殿破滅의預言 (二四・一—二)

⑤ 世界終末의預言 (마태說話集 其六) (二四・三—二五・四六)

A、그리스도來臨의徵兆 (二四・三—二八)

B、人子의來臨——突然 (二九—四四)

C、終末에關한譬話三題 (二四・四五—二五・三〇)

忠實한僕(二四・四五—五一)、十人의處女(二五・一—一三)、달란트의譬話(一四—三〇)

D、人子의審判——羊과山羊 (二五・三一—四六)

다、第三日(水曜日)——受難序曲 (二六・一—一六)

① 祭司長等의陰謀 (一—五)

② 한女人이香油를부음 [베다니아] (六—一三)

③ 유다의 背叛 (一四—一六)

라、第四日(木曜日)——逾越節準備 (二六・一七—一九)

마、第五日(金曜日)——受難 (二六・二〇—二七・六一)

① 最後의晩餐 [예루살렘] (二六・二〇—二九)

② 橄欖山에서——弟子離散預言、베드로壯談 (三〇—三五)

③ 겟세마네苦禱——聖意대로 (三六—四六)

④ 就縛——劍을잡은者는劍으로亡하리라 (四七—五六)

⑤ 議會의審問——嘲弄 [大祭司長邸] (五七—六八)

⑥ 베드로의三否定——베드로의痛哭 (二六・六九—七五)

⑦ 빌라도의審問——바나바냐 예수냐 (二七・一—三一)

⑧ 十字架——골고다行、二人의强盜와並列、사람들의嘲弄、罪標——「유다人의王예수」 (二七・三二—四四)

⑨ 絕息——十字架上의苦悶 (二七・四五—五六)

「엘리엘리 라마 사박다니」、갈릴리女人들

⑩ 아리마대요셉의義擧——屍體를葬事 (二七・五七—六一)

바、第六日(土曜日、安息日)——墓에派守兵 (二七・六二—六六)

四、復活과昇天 (二八・一—二〇)

가、第七日(日曜日)——復活하야女人들께보이다 (一—一〇)

나、買受된派守兵들이虛言流布 (一一—一五)

다、十一弟子에게現顯、世界傳道의命令 (一六—二〇)

모든나라百姓을弟子로하라

聖朝通信의續

다 (下略)』二는太白山嶺에서『×兄의葉信받은後 晝夜로근심되옵던中 先生님의仔細하신下答을伏讀하오매 無限히感謝하고 또慰勞가되옵나이다 先生님聖朝의할일이앞으로많은가하오나 目前의 조그만辱을참으시고 꾸준이繼續해주시옵기伏望하옵나이다』三은數日前에받은咸兄의短信『……心中에不滿없으리만 받고나니 반갑습니다 그러나 그렇게辱보셨다고는참놀랍습니다今後나일없었으면좋겠읍니다四는嶺南서『先生님宅을拜辭하고서 이곳으로온지가 於焉間二十日이가깝게되었읍니다 先生님께서 저를爲하야祈禱하야주시옵고、하로밤을先生님곁에갈이하게하신것은 잊지못할幸福이였나이다 오래동안思慕하옵든 先生님을눈앞에뵈오니、다만그것만으로도 先生님은저에게莫大한人格的感化를주신것갈읍니다。엿주어보고싶은것을많이갖었든저는、너무많었든탓으로結局아모것도못여쭈었읍니다 그러나 先生님은無言中에많은教訓을주셨고、또한저로하여금큰感激을받게하셨나이다 저는先生님의말슴으로도배운바가많었아오나、先生님이無意識中에發하신 言語와動作사이에서 보다 큰生生한實地의教訓을얻었나이다. 저는다만先生님의尊顔을 우러러보는그것만으로도 充分하얏었든것이외다。感激을품고 고개를넘어설때에는 希望의불길이全身에용솟음쳤아오나、倍加한思慕의情을갖이고 이자리에서先生님을懷仰하옵는저의마음은、다만慈父의膝下를떠난子息의마음과진배없나이다。父親이없는탓이라고만도할수없을터이지오

어제 聖書朝鮮을 받었나이다。다시는못볼줄알고 斷念하고있었든이만치、그기쁨이야어찌紙筆로代할수있아오리까。「現實生活과信仰」이라는先生님의말슴은 果然저의心臟을올리었으며、이것이야말로 至今껏제가 갖가지로空想과苦悶을거듭하든重大問題였든것이외다。그렇습니다。「누구에게든지 屈하지않을만한 現實生活」、거긔에서뿌리잡은盤石의信仰과 十字架의生活이야말로 저의希求하야마지않든것이었나이다. 마는뜻이있아오나 計畫이서지않고、計畫은섰으나 實行이極難하오니저의마음은杳杳할다름이외다。(下略)』

社告

本誌舊號減價

昨年十二月號로써廢刊된줄로알었던것이奇異하게今年度에도 발서二個月채刊行되였다 今後幾個月幾個年을 續刊케될것인지는 알수없으나 이機會에本誌舊號를 左記減價로써提供하기로한다。但 減價取扱期間은 今二月一부터三月三十一日까지。

自創刊號 至五九號는 每一冊에六錢식 送料五厘

自六〇號 至九五號는 每一冊에十錢식 送料五厘

第九六號以下는定價대로每一冊에十五錢 送料並

現在 左記以外의것은若干식殘品이있다。

但 舊號中에는褪色된것도있고 어떤號는殘品一二冊에不過한것도有함。

品切號、66 68 69 70 72 73 74 75 78 79 80 81 82

現殘舊本全部를一時에注文할時는 一次本社에照會하여보시오。

京城聖書研究會

貞陵里本社에서 前과같이每日曜日午后二時半부터 繼續中이다。지금은 福音書를爲主로、小兒와無學婦女들께理解할수있도록平易簡單하게工夫하는中。누구던지叅席無妨하나 聖書와讚頌歌必携 遲刻者謝絕

患難의意義

×君、惠書拜讀 多年間의鬪病生活만으로도 견디기어려운重荷인데、病褥에계신春夫丈께對한痛情에加하야令弟氏의急逝얼마나한 쓸아리고悲痛한經驗이였을까 實로洞察할수도없나이다。알지못한일이였지마는 吊問도못하고失禮千萬이였나이다。玆에 삼가慰勞와哀悼의意를呈하고저하나이다

貴君의患難、實로類少한것이지마는 友人으로×××君、스승으로×××先生을가진것도亦是類例稀罕한幸福인것은 勿論忘却하였을理萬無할터이며、小生으로는 이고마운二人의師와友가 貴君의難關에當하야賦與된일은 感謝하여야할天의攝理라고도思惟되나이다。하나님은傷케하시고는 또癒撫하시는이오、견디지못할試鍊에는遭遇시기지않는法이라고他人의게서도들고 自身으로도 읽였으나、貴君의境遇에도亦是貴君을慰勞하며 貴君의눈물을씻을使者를 보내신것을알고 貴君을爲하야感謝不已하나이다。

憂患만繁多한人生에서 病父를모시고病軀로써 살려는貴君에게는 前途에今回의哀歎보다 더할지라도 못하지않을艱難이不絕히 생겨나올것을推察하나이다。神은何故로 어떤特別한人間에게多大한重荷를負擔시키시는지는 알수없으나 小生이 아는대로는 淸廉하고高貴한性品을가진人士로서 患難또患難、거의一生을 하나님의鞭楚에맞어서 墳墓로 몰려들어간이가많였나이다 이것이人生의實情인가합니다。

實로人生의짐은 무겁고 憂愁는 견디기어렵나이다。그런데多幸으로 이러한苦惱의人에게는 또한世上에稀貴한友人을마련하여주시어서 그 팔을 껴들어주고 그눈물을씻어주게하시는것같나이다。비록神의愛에對한絕對信仰은確得하지못하였다하더라도 이런벗을얻어 그情에浴하는일이또한얼마나感謝할일인가。이는經驗없는이들의想像도못하는바이며、또한經驗하면서도意外에認識치못하는터이외다。小生은 貴君이 이稀類의友情에살며、이것을 이世上에對한唯一의連結點으로하고、여긔서부터今後의生活을發足하기를切望하나이다。政治를論하고經濟를議하기前에 한사람의人間으로서 설만한地盤은도리어 이러한想外의卑近한處에있는것이오。이友情 乃至 愛의눈으로써 于先家庭을보고社會를볼때에 貴君의進路는自然히밝어질것이외다。

願컨대 偉大한能力이 貴君을扶支하며、貴君의足下를照明하여주기를。不備。

昭和十二年十二月三十一日 ×××에서 × × ×

編者曰 이것은某官立專門學校의卒業期 한學期를남기고不意의肺患으로廢學하고死線을넘나들면서鬪病五個年。九死에一生을얻어起床한때는右와같은患難과債鬼。그에게보내는그의舊師의私信이다。같은患難의友를慰勞하고저하야 發受信두분의承諾도없이譯載하였다. 讀者는通信一月十日記事를並讀하며 本誌第八十五號「病床에서의消息」을參照하라。

上京數題 (一)

申瑾澈

겨울

겨울도 벌서 깊었구나。

四山의 霜楓이 이미 黃落하고 寒天明月에 울어예던 기러기소리 끊인지도 오래이라、一望에 오직 蕭條요 落莫한 景觀일뿐이다 헐벗고 마른江山에 다만 寒林의 千가지 萬가지가 찬하늘을 찌르고、여기저기 山陰에 깃드린 數三茅屋에서 실같은 아츰煙氣가 고물고물 기어오름을 본다

十里가 이렇고 二十里가 이렇고 百里가 또한 이렇게 寂寥單純한지라、同乘한 車客諸紳은 車窓에비취는 이寒山氷江에 倦怠를 感한듯 時局談에 無聊를 푸는것이다。

然이나 다섯해만에 다시病前의 輕快한 氣分을얻어、夢寐에 잊지못하던 옛江山의 그리운姿態를 對하게되는 나에게는 지나는 山마다 골마다가 묵은記憶을 일으키게하는것이다 보는것 뜨는것이 모다 憂患많은 半生過去에對한 無量感慨를 자어내는同時、索莫한 겨울景象을 얼싸고서 한개思索에 잠기게하는것이다。

오、겨울、荒凉한겨울、索莫한겨울、그리고 또冷靜한겨울 저寒天에 삐어저 솟아난 疊々山들의 야위고 말랐음이어! 발아래 구비처흐르던 長江의 말으고 해쓱함이어! 일즉이 靑草嫩葉으로 化粧하고、아지랑이 잔々한帳幕속에 나뷔나뷔 춤추게하던 봄날의 옛姿態는 어디로 갔는가 綠陰芳草로 왼몸을 휘감고 끝없는 活動과 成長을 마음껏하던 여름날의 意欲은 어디남어있는가 다시 五穀이 豐登하고 百果成熟하던 가을의 그充足한 氣象좇아도 여기서는 到底히 찾을길 없으니、山의나무 들의나무 잎지고 가지젖어 저 초라한 形色됨이어! 참으로 초라하다、쓸쓸하다、을쓰넝스럽다

허나 다시生覺하니 이것은 넘어도 單純한皮相의 觀察이아니냐 넘어도 천착스러운 現實의眼目이 아니냐。여기 萬一 마음의눈을 크게뜨고 眞正한 겨울의 品性을 靜觀하고 默念한다 해보라。一見 蕭條하고 落莫하

上京數題(一)

一八

고 寒冷한 이속에서 純粹하고 淸淨하고 凛烈한 氣品을 찾을수있지 아니하랴 헐벗고 마르고 차디찬 겨을 萬象에서 깨끗하고 굳세고 충성스러운 氣象을 엿볼수 있지아니하랴 그렇다 果然 그것은 高潔이다、强毅다、至誠이다 마른나무 찬바우 들에우는 모진바람、또찬하늘에 가득한 무서운 별빛들 그것은 다름없는 道通道士의風貌요、曠野에 웨치는 先知者의 부르짖음이오、한거름 더나가 여호와神의 嚴厲한音聲으로 聯想되지아니하느냐

오、겨을은 觀念의世界다。思想의나라다。信仰의極致를 象徵하는季節이다 겨을이됨으로부터 自然의萬象은 觀念化하고 思想化하야 凛烈透徹한 겨을의天地를 充滿하고 다시 아득한 저짝 實在의世界로더부러 交通하는것이다 보라 저맑은하늘 훨친한버덩 시원스러운숲、그한껏空明하고 한껏晶明하고 망껏玲瓏透徹한 겨을自然의景象을 거기는 터럭만한 가림도 숨김도 꺼림도없다。바위투성이 옹지투셍이 알몸으로 있는그대로 갖인그대로를 애낌없이 부끄럼없이 들어내놓나니、진실로赤裸々하고露堂々한 이겨을 姿態의 거룩함이어。春花와夏草의 온갖虛飾과形式을 벗어버리고、秋實의 豊滿한充足좇아도 超脫하야、참된充足 久遠의充足을 向하야精進하는 겨을의姿態 그것은 오직固有本然의姿態로써 實相一如의世界를 顯示함이 아닌가。

다시보라、여기는 봄날의 저러한歡樂이없고 여름날의 저豊盛하던 幸福도없고 가을의充足한喜悅좇아도 없지아니하냐 얼골을 나붓기던春風의 空調輕薄함과 得意滿志한綠陰芳草의 自矜自恃함이 있던대신、여기는 나무끝에 부는朔風에 剛健至誠의부르짖음이있고、눈속에찬明月에 無我抛擲하는 剛明澄徹의氣象이있다。그리고 가을의圓滿充足에서 生起하는 온갖喜悅을 止揚하고、거기따르는悲哀——무릇 現實的인滿足에因한喜悅은 不遠이現實에 幻滅을느끼고、超現實에對한 哀切한憧憬으로 말미아마 여기 沈痛한悲哀가 빚어지는것이다——그悲哀를 無限高調하야 마츰내 神秘로운 實在世界로 더부러 相抱하고、面接하고 道交하는것이다

오、그것은悟道다、道通이다、歸依信賴의極致를 象徵함이다。때로 山上에이(起)는 一片의浮雲이 있고 이一片浮雲이 번저서 맑은하늘을 흐리는적이 있다하나 그것은 오히려 悟後의一迷요、迷悟一如의幽玄한境地를 表徵함이니、하믈며 이迷雲이 皓々白雪로化하야 一瞬에 銀白한世界를 顯出함을생각해보라。다시 그白雪의世界、찬가지 굳은어름 그속에 光輝있고充實한 永遠의새生命이 깃드림을 冥想해보라

오、그것은常住의世界다、涅槃의世界다 다시復活永生의 法悅世界를 表象함이다。

어허、거룩한지고 겨을의品性이어!

(丁丑正月)

聖朝通信

十二月十三日 (月) 晴。今日부터第二學期考査。印刷所에들려督促하고 도라와 庭內의落葉을글어 溫突에 때이며 장재기패기等。○시골서果園經營하는 친구가 華果一箱을보내주었으나 번번이 받기만하고 갚지못하는일이괴로워。

十二月十四日 (火) 雨、後晴。冬至가 까가운데 降雨도變調이다 모다變調이다 우리生前에 世上의 큰變調를目擊할것만은事實인것같다 ○登校監試하면서校正하고、歸途에印刷所에서 組版을督促하면서 또校正하야 初校를맞우다。○東京서온雜誌에서戰時基督敎講演會의筆記를읽고失望하다。平和時節에는 預言者로待接받어도 固辭치않다가 非常時局을當한즉 별안간에「預言者」가 안이고「福音者」라느니「信仰만으로 救援받는다느니「使命이 다르다」느니하고辯明인모양。그러나 큰것을期待할것없이 知識만을 배우면足할것이오、우리는 우리할일을다할것이다。

十二月十五日 (水) 晴。總督府로부터 電話로써 指示가있었다。○夕에는忘年會에參席。暫間이라던것이 亦是三時間을要하다。今日부터妓生을 머리를 쪽지고 갓신 신어야하며 개평 띠는 慣習을嚴重히取締하게되였다는等 斯界의最新知識을 배웠다。○大賢은市井에 숨는다했것마는 大賢이못된까닭인가 우리는 完全히 숨겨지지않으니 매로遮日峰下의火田民生活이나 하여볼까하나 거긔도人間世上이라 구찬은꼴 全無할理萬無하매 그도決斷못하고사는둥 마는둥

十二月十六日 (木) 曇。女兒의身熱이 三十九度를넘어서看護하는일과 聖朝의運命을 헤아리는일로因하야 昨夜는安眠不得。○小鹿島크리스마스 선물을 몇일두고考慮하며交涉하다가 決局은昨年度에要求하던物品을 보내기로確定하고 昨日은 品目四個、今日은讚頌歌三種一百十冊을發送하다。○京城刑務所에서服役中인某兄弟로부터 來二十八日出獄한다는通信을接하고回答、『보내신書籍과 激勵의글월을받고도 곧 回書를못들이어 퍽미안하였나이다 그러나 어찌함니까?(中畧)금번 보내신 聖書朝鮮을받어 果然 新生命의 香氣를呼吸함많었읍니다。攝理의宇宙完成은 죽엇든者들이 新生命을얻어 다갈이 살아 永生不死의靈化함이라는것을알엇사외다。그리하와 福音으로의復興 完成에의漸進 이것이小弟의恩眼에 번적이고있읍니다。信兄! 聖書朝鮮은 如前히계속하시지요? 九十九首의 집에있는羊보다 길잃은한마리羊을爲하야의忠心으로 계속하시옵소서。번망한사회의 흐리터분한雜類에섞이어 물에덤벙 불에덤벙 紛紛虫輩格으로날뛰는衆愚에게 주의正路를開拓하야보여주시옵소서。五山歲兄 今冬期에 또上京하시겠지요李兄도。五山일은어찌되오며 梧柳學院은 주안에善進하옵는지요 信兄! 貞陵里로移轉以來 家苦나없읍니까? 今冬期會合은 어대입니까? 規定을좀알려주시옵소서 小弟는今月二十七日이滿期、二十八日에出獄되겠읍니다。所懷는맛나 말슴들이지요。特히 신근철兄의 病은 좀어떠한지요。小鹿島病友들 주의 사랑의손이 항상같이하시옵기만 祈願하옵니다。집소식은들었사오나 말로다할수 없는형편이옵고 오직小弟 주의正路에서 주의善導를받아 나갈뿐이외다。兄의우에 항상 주의祝福이 갈이하시옵기만 祈願

聖朝通信

합니다, 끝回書로 今冬期規定을말슴하여주시옵소서 오직 주의聖業에 萬全의努力을 다하시옵소서』, ○某誌友는 동생의急患으로大學病院에入院했는데 救할希望이적다하며 또誌友某氏는 喪妻하였다는訃音, 多事多恨의世上乎,

十二月十七日 (金) 晴。家庭聖書輪讀 昨日까지默示錄이 끝났고 今日은創世紀시작, 알거나 모르거나 創世紀에서默示錄까지 新約에서舊約으로돌고또돌고再讀또再讀, 一日一章을家族으로서의最低限度、그以上은各自의精誠대로 ○第三女의身熱이今朝에는三十九度八分에達하다 山上에올라新禱하다 家庭에서子女에게、學校에서生徒에게、聖朝誌를續刊하고저하는愛着心等에關하야懺悔와新求, 咽喉로부터大腸까지大大的으로灌腸을行한듯하야下山, ○校務를다한後에病兒를 더부러고 赤十字病院小兒科原博士의親切周到한再診察을받은結果病名을速斷하기困難하다는대로入院加療하여보기로하다 間嶋病棟第二號室에서看護하며成績採點하면서一夜를 보내다 ○東京에서 伊藤祐之氏로부터 그主幹誌「新シオン」十二月號부터 臨時休刊하지아너치못한다는通知오다。하나님말슴 飢饉時代가왔다

十二月十八日 (土) 雨、雪、後晴。病室로서登校하야二時間의監試를畢하고 또病室에歸還 夕에宋兄이校正을 가지고 病室에來訪 冬季集會에關한協議等, 看護以外에明朝三時에驛까지出迎할時間을 놓칠까하야 成績採點하면서 밤을새우다

十二月十九日 (日) 晴 새벽三時에 新京서오는親戚을 京城驛에出迎, 一旦病室을 여이어歸宅하야 午後四時부터 聖書研究會의解散式과聖誕祝賀의意義로 暫時講話後에會食 七時半頃에閉會하고 밤ㅅ中에 다시病室에와서看護, 咸興으로부터母親님歸京 보배라는十歲된女兒와 푸러리라는 강아지携帶하시다。

十二月二十日 (月) 晴。病兒의身熱이如前히三十九度七八分를上下, 看護하면서採點하다가 登校하야 또採點, 警務局에往返 採點과看護에 눈이 돌아나게 몰리며念慮하면서도 때때로 얼빠진사람처럼 멀꺼니앉어서聖朝의運命을 헤아리고時間의흐름을 깨닫지못하니 失戀한사람도 이럴까싶다。○今日부터看護의役을母親님과交代하고 山麓에도라오다,

十二月二十一日 (火) 曇、雪 어떤이로부터余의身邊을念慮하야電話하였다고、여러가지所聞이 들리더라고。고마운일 但 今日까지身邊에 아무 危險도없다, ○第三女入院中인데 第四女까지數日來로身熱이三十九度에達하야 今日 한病院에受診, 아직까지入院할必要없다는것만當幸 ○家內에憂患도 겹치고 學校에事務도煩雜하나 滿一週間마음의中樞를 틀어잡은것은 聖朝의廢刊問題이다 이問題가念頭에盤據하여있는故로 다른걱정근심,은外界에서 돌뿐이오、잡은일도 손에걸치지안한다, 新禱하며 또한熟考하다

十二月二十二日 (水) 冬至 半晴、小雨雪, 今朝에至하야 心中에曙光을얻어意를決하고 聖朝를續刊하도록努力하기로하다。사람에게는理由相當하나 主예수께는아직도理由不充分하다고생각한까닭에續刊이다, 親舊에게까지도 가장庸劣한人間으로取扱받는것이 至當한余의分이오 그때까지主예수께서釋放하여주시지않는故也、今日行程如下。出發──印刷所──學校──總督府──道廳──總督府──印刷所──

病院——印刷所——歸宅 家族禮拜에創世紀第七章輪讀 밤 새로 한시반까지成績調製와校正, 일을 필한때는頭痛이甚하다

十二月二十三日 (木) 曇、夜雨 校正한것을 印刷所에 가저가고、登校하야 大掃除와成績調製 한學期의決算日인데 失職中에있는 同窓某君이 求職運動으로來「訪」 同窓學友間에連絡과同情이없다고不平이나 自己가失職한때에라야 이런缺陷을認識하는일이奇特하며、中等學校의校長까지 지난이가 何必學期末日에求職訪問다니는것도感心한일! ○赤十字病院에나와 主治醫에게病勢經過를 들으면서 退院의可否를議論하는때에 ×君으로부터電話로써 大學病院에入院治療中이던同生이 昨日天國을向하여 떠나갔다고報知 몸이 一時에 둘이나 셋이 못되는일을痛嘆。 ○滿一週日만에 少快한女兒를退院시기고 途次에約束했던祝宴에暫時參席 今日까지에 家患도小安되고 聖朝一月號의校正도 끝났고 校務도通信簿記入까지 一段落。

十二月二十四日 (金)晴、溫和。登校途次에 帝大附屬醫院死亡室에×君兄弟를吊問하고、印刷所에들러고、登校하야 第二學期成績發表、終業式 ○改正하야再次提出한新年號가! 이까지盡力하여보았으니 이제는 主예수께對하여서도辯明이되였다 하나님이中止시기는것으로알고 長期休刊을決心하다 ○뽐푸凍裂되여서 今日洋田式大型뽐푸一個十六圓으로購入取付하다 ○溫和한日氣에表土解氷한틈을타서 庭前自轉車路修理

十二月二十五日 (土) 晴 새벽에 크리스마스家庭禮拜 終日在宅 이사야工夫 夕陽에 뒷山에散步、松林에서新禱 저녁에安商英氏宅家族까지合席하야禮拜, 正惠는漸快하나 正孫이 기침이昨日보다더하다

十二月二十六日 (日) 晴 午前中은 이사야書를工夫하고、午後에入市하야 ×君의就職紹介等

十二月二十七日 (月) 半晴 五山서上京하는 李贊甲氏의 要求로 學校에가서 面會 別故는없는일 ○登校途次에 總督府에들려보았으나「第一官廳에는 볼일이 없으니 警察署에서부르는대로가보라」는 것이었다 ○正孫이도少快하나 이번은第五女의感氣대단하다

十二月二十八日 (火) 雪 早朝에宋斗用兄來訪 聖書講習會를中止하는것이可한 뜻을傳함으로 맘이動하야、宋兄함께入市 ○歸宅하니滿洲에서誌友×君이來訪、夕飯後에留宿하다

十二月二十九日 (水) 晴 ×君과함께入市 漢城旅館에咸兄外五山一行과面談 朴 尹 劉諸氏 集會中止하는것이穩當하다는데意見一致하야 午後에梧柳洞行 宋兄宅에모인兄弟들께 集會中止를宣言하고 五時車로漢城旅館에돌아와柳先生까지合席雜談 九時頃에退席歸宅하니 五女도快하였는데 三女의病勢가再痛을發하며、家人이火傷하였다

十二月三十日 (木) 晴 午前中에咸兄來宅, 다음에柳君 柳君은梧柳洞에서昨夜留宿하였다고。夕陽에誌友李某來宅 午、夕飯을共卓하면서 이야기하고留宿하다.

十二月三十一日 (金) 晴、和。食前에山麓一巡하고午正까지會談하다가 留宿한三氏退去 ○午後에柳錫東氏來訪、聖朝廢刊과集會散解消息을 알려보내다 ○就床新禱中에除夜의鍾소리 울려오다 ○小鹿島短信一枚『永久不變한 하나님의恩寵中 우리先生님의榮光과平康을伏禱懇望합니다

聖朝通信

오ㅣ 멀리敬慕하는愛의先生님其間편지가 넘어늦어서甚히惶悚하옵니다。끝없이사랑하시는우리先生님主님의心臟으로寬容하옵소서。………小生은 한동안 무서운試鍊中에서 헤매옵다가 只今에야겨우 그리스도의愛의至聖所에서 고요히숨어靈의단장하기에 결을이없나이다。이무서운試鍊中에서苦悶할때에 달마다飛來하는聖朝는 얼마나 莫大한慰勞를주었는지요 말로形言할수없나이다。意味深長하게新年을맞이하시는 우리先生님聖靈의役事하심에서 深覺한靈感으로 百折不屈의굳센信仰과 勇氣스러운意志를가지고 萬障을突破하고 永遠한新天新地로突進하사이다』

一月一日(土) 晴。播種栽培의初夢。食前에家族禮拜、今日輪讀은創世紀第十八章 母親님께歲拜들이고 朝飯後에登校參式、當直、安校長宅에歲饌會食。

一月二日(日) 晴。當直任務를畢하고 歸途에明治座를찾어生徒監視。도라와年賀狀整理等。昨日부터 히브리語 羅典語다시시작하다 今年은聖朝에들이던時間으로 이方面에注力코저

一月三日(月) 晴。卒業生徒의秋田高農入學願書件으로 登校하야書類作成하고 途次에某氏宅에新年晩餐會參席。

一月四日(火) 晴。午前中語學、午後는登山과讀書。××××誌에失望漸多、××氏重患의消息에同情不禁이나「預言者」안인「福音者」는 이世上에不必要하다는聖旨인듯하야 두려웁다。

一月五日(水) 晴。終日在宅、郵便配達外에 아무도오지않고 實로고요한山麓이다。語學工夫外에 午後에는聖朝讀者의先金殘額을計算하다。

一月六日(木) 晴 食前에發行者件으로 某氏에게便紙를쓰다가찢어버리다。愛國日參式키爲하야登校、但自轉車故障으로遲刻하다。休暇歸省中의徐某와朴某의來信에感激。特히 後者의信仰生活에對하야는 全幅의責任感을느끼다。前者의편지如下

『先生님、이新年을맞이하고보오니 遠方의일과같이生覺하였든卒業이 단지不過二箇月未滿에切迫함을 놀라지않을수없읍니다 가만히卒業을생각하오니 過去五箇年間일이走馬燈과같이 眼前에髣髴함니다 先生任의그큰恩惠를 무엇으로갚을지모르겠읍니다。愚鈍한저는 五箇年間남과같이 先生님께좀더接近하야모시며 말하나공손히올리지못함이後悔됩니다。늘그리하고싶은마음은있으면서도 養正入學日부터先生님을두려웁게보아 只今까지라도先生님이 두려웠읍니다 그러나 저는두려움가운데 늘마음이安心되며 絕對로依賴되여있었읍니다 一旦지금先生님을 二個月後에는영을떠날運命을生覺하오니 참말로前途가무섭고눈물이앞을가리옵니다。先生님의五年間을하로와같이 하신말슴을깊이銘心하야 이땅을爲하야使命다하기努力하겠읍니다』

一月七日(金) 晴。히브리語文典을復習中이나遲遲不涉 여러兄姉가祈願中에있는까닭인가 밤낮休刊을決定해놓은 聖朝의續刊問題가顯夢하야 잠도不安眠 일도不充實한나날을보낸다 ○嚴寒이漸甚하야 前川이 合氷되였다 ○休暇中에歸省하야 家族傳道한學生의消息如下『(前略)放學後即時歸×하야 靈의方面에傾注하야지내왔읍니다 先生님 門生은 하나님께서分明히 사라계신것을믿습니다。先生님께서아시다싶이 不足하나마 門生만 믿어왔읍니다。그리하야 오는동안에도 父母님께 많은쓰라림을받아왔읍니다。그리하야 눈

물을흘린적도 一二次가안임니다。그리하야 門生은 늘 언제나우리家庭을主앞에引導하나하고 쉬지않고祈禱하야오든次에 어머님을부르시고 동생들도다부르시였읍니다 그리하야 어머님께서는三十餘年피우시든 담배를一時에禁하시고 三年間作定하시고 煙草費를貯蓄하야 五十圓을禮拜堂建築에 喜捨하시는것을 目擊할때에 門生은 변변치못한罪人의祈禱에應答하신것을 主님께感謝드리였읍니다 額數와方面은不拘하고 하여간門生은 기뿜니다 그리하야 近日 門生의집에서 讚頌소리가나기始作함니다. 그러나 또하나겨정은 아버님이아즉反對이시니다. 그러나 도라오실줄믿고 祈禱만할다름입니다 罪悚스럽습니다마는祈禱하여주시기를바람니다」

一月八日 (土) 晴 東大門署——道警察部——總督府——印刷所——또總督府로 도라다니면서 聖朝新年號를 다시許可願提出하다 ○休暇中에甚히勤勞하는生徒의消息에接하야 저를敬愛하는마음難制하다 『昨年은「躊躇의一年」이였읍니다. 올해는新年초하루날부터 아무생각도안남니다 아무새計劃도 재정신도안남니다. 아마이것은 每年計劃한것이失敗에도라가고마니이렇게되였나봄니다。올해는「되는대로」一年을지낼랴합니다。意志가없고精神없는놈이라고 욕하실테지요 門下生은 참으로寄生虫이고 障害物임니다 이세상에서조금도 所用됨이없는物件임니다。참으로意志가굳지못한놈임니다 비우서주십시요 放學後二十五日부터 突然히家事를보게되여三十日까지 잠이라고平均二時間밖에안잣습니다。그러고 생전처음손이터저보았읍니다 발바둥은얼어서 지금만저도살갈지안습니다. 다만얻은것은 아버지께서 이렇게苦生하시면서 工夫가륵키시는데 工夫하기를 죽기보다도싫어하는나!

하로平均九時間以上자드래도 學校서졸든나도緊張이되면잠을못자도견딜수있다는것임니다. 인저는남보다다르지않다、나도잠이많은내가아니라는것임니다。남에게才能은떠러저도그저熱心이부지런이하여야지된다는것을깨달었읍니다。우숩고도슬픈남니다 깨달어도實行할줄모르는남니다 잘못을깨달었으면實行하여야할텐데 門下生은勇敢치못함니다. 放學날先生님께서「력비」의繼續이라하시고(다른것도그렇지만)말슴하실때에 저는 참으로부끄러웠읍니다。그때確實히繼續의힘이크다는것을알었읍니다「塵合泰山」이라고繼續하면 成功할수있다 참으로 저는繼續하는것이없었읍니다 그저해보다마음에맞지않으면 그만두고하였읍니다 繼續이라는것이어려운것도그때깨달었읍니다. 나이는二十歲라무엇을할줄알고무엇을배웠나. 압깝다二十歲라그저밥만먹고자랐다. 올도그럴테지、그러나올이라는一九三八年은世界各國이非常時이지만 저에게는더超非常時임니다。따뜻한품속에서解放될날도目前임니다(下略)』

一月九日 (日) 晴 午前中에印刷所에가서校正 校正待하는틈을타서梧柳洞行。禮拜에參席하고淸談暫時。歸途에또校正。도라와 뜸푸에一浴하니神仙될것같다。

一月十日 (月) 朝片雪、後晴、溫和。새벽에祈禱하고 일즉이警務局에가서 出版許可를받고 印刷所에들려 校了되였던것을다시校了하다 日氣稍和함에 시내에빨래ㅅ군들갑작이많다 밤늦도록發送準備。斷念하였던일을 새로하랴니 뒤죽박죽이다 ○來信에『歸省하온後 即時上書할것이오나 生後 처음 當한 慘痛한 割半외

아픔으로 말미아마 다만 멍하니지내느라고 於焉半朔이나 되였읍니다 아구라기보다 차라리 친구로서 남달리 友愛있고 至情相依하면 그아우、病中五年 가장많은신세를 진 그아우가 저의 再起하는 今日、鴿原의 同樂을 기대리지 않고 一朝 先逝하오니、實로 眼中에無光하옵고 天地暗憺함을 느끼였읍니다 都是家門의 否運이오、亡弟自身의 壽算不長한 所致이오나 慈親의 悲號 痛惶하시는樣 참아 볼수없압고、上天의 聖意를 信仰하는 저로서도 天父께 버림을 當한듯 야속하와 傷心涕淚함을 不禁하였읍니다

然이오나 이患難을 通해서 다시 저에게 보이신바 하나님恩惠의 가지가지를 생각하오니 悲痛한中에도 感謝함을 마지 못했읍니다 아우를 데려가시는同時 特히 새兄弟 새姉妹를 저에게 보내주시니 無限고마웠읍읍니다。

그리고 따님의 病患과 校務로 因하와 忽忙中이심에도 不拘하시고 病室과 屍室로 親히 慰問해주신 先生님의恩惠와、賢閤의喪事로 餘念없으실×兄께서Y兄과 함께 病室로찾어와 주신일、그리고 訃電에 不遠二百里하고 來京하와 徹夜로부터茶毘까지一一히 일보아주신 Y兄께對하와 어떻게感謝해야하올지모르겠읍니다

日前 오래간만에 舊師×先生께 近況을 傳하왔더니 同封한바와如한 진실로 懇切한 答狀에 接하게되와 感激함을 마지 못했읍니다

스승으로 ×先生님을 모시고 친구로Y兄을 맞인것이 無限 고맙고 자랑스러운 同時、저의 이多福함을 主께 感謝하는이 있음이 또 無限感謝합니다。事實 저에게는 이앞으로도 더욱 많은 患難이 接踵할것을 覺悟합니다。然이나 如何한 어려움이 이를지라도 主께서 늘 저를 주관하시고 先生님과Y兄이 저를 扶掖해주시는限 能히 그어려움을 이기고主를 찬송할수 있으리라고伏念하옵니다(下畧)一月八日恭服門下生○○올림」

一月十一日 (火) 曇、後晴、溫和 工程을 督勵하기爲하야 아침에印刷所行 警務局에呼出받고往返 ○長旱에 개천물이거이다涸渴하였고 남은것도 嚴寒에結氷하여버렸는데 오직 우리앞시내ㅅ물만 少量일망정 흐르는물이있고 川邊이溫和하다고해서 遠近他洞에서 洗濯군男女가 早朝부터 개암이 糖片에모이듯이 모여드니 구찮다면 구찮기도하겠지마는 살엄직한 골목이란證明되는일로보면 感謝하기 짝없는일이다 ○卒業期를 앞에둔 擔任班生徒의來信에「……이번放學에收穫은 山上垂訓硏究를읽은後 宗敎가人生에 絶對로必要하다는것을누낀것이였읍니다。先生님의弟子가된後로 聖書硏究會에叅席못한遺憾이 腦裏에서떠나지않습니다云云」學校卒業期의後悔는 아직늦지않다、願컨대 이世上을卒業하고떠나는날에 같은後悔를 남기지말기를

一月十二日 (水) 晴 洞內에는 빨래방마소리가 夏節개구리소리같다。그것도 우리門前에 가장調密하게 모여았었다。○午前中은發送皮封을쓰다。午後入市하야 印刷所에一月號製本되는대로 一部分먼저 發送하고 市內書店에配達하면서 日沒頃에歸宅 ○友人의附托으로 某書籍商界의 元老에게 書店經營의方針을 물었더니、娛樂本位의文藝小說類를出版하여야 有利하니라고 書籍商出版業도 우리의理想과尙遠함에 놀라다

一月十三日 (木) 晴, 四溫이지나고 三寒이波及함인가 今日은急작히 추워지다 終日原稿쓰기하다. ○短信一枚『요망한구름장이 오락가락하고 찬바람이 휘휘돌고 어둠이 장차世上을덮을듯, 心中의悲哀와空虛를形言할길이없읍니다. ×兄의單信으로 오늘서야듣고 놀랐읍니다. 先生님身邊에別故나없으신지晝夜로 걱정되옵나이다云云』

一月十四日 (金) 曇, 原稿를完結하려던날에 歸省中의學生들이上京함과, 편지答狀數通쓰기와, 來客數組應待하기에 밤十時까지의時間을虛費하다. ○東京으로부터聖朝續刊을勸勵하는友愛에넘치는書信을接하고感激.

一月十五日 (土) 晴, 呼出받고 아침에敎岩町警察官派出所에, 學校로부터歸途에東大門警察署에 들리고 다시敎岩町派出所에들리다. ○學校는今日로써第三學期始業. 五個年間擔任한班이 이제不過一朔半이면卒業할터임으로 只今부터惜別의情이綿綿. 因하야 요한福音第十三章以下를聯想하면서 끝없는訓話 ―― 라기보다情談을約二時間述하다 學期初마다一時間乃至數時間을費하는基礎工事, 이것이成功하면 그學期敎程의半以上은成功이다。

一月十六日 (日) 晴, 봄날같이溫和。家族禮拜에서創世記第三十二章과馬太복음第十章을배우다. 夕陽에 앞개천에서 어름알애· 미꾸라지들잡어 저녁반찬에짖여먹으니 實로天下의珍味였다 이도또한山麓살림의一景. ○南北에서 기쁜소식이많다, 南에서는八歲부터癩患에걸려 人生行路의半程을지난今日에 손도발도 없어지고 오직不完全한 엄지가락끄투레기하나만남었다는 왼손으로쓴姊妹의편지。그歡喜에넘치는光景을誌上에報하야 恩惠를誌友와 난우고싶으나 發表하지말라는本人의懇請에따라畧, 北에서는滿洲通信이있었고 또嶺南서「家族全體의健康이 아슴아슬한線路上을彷徨함憫然이외다, 間或卒業生의委訪時는歡談時餘, 때로는興奮上熱되여後悔를하곤합니다」라는肺患先生의來信에『……近日一層切實히느끼는바는敎育普及, 經濟運動(消極的節儉과積極的生産), 倫理的自覺의셋이외다, 現在우리의갈길이여긔있지안나生覺히여 每有人訪我時는以此爲中心話題하고是正을비나이다。個中社會敎育과女子敎育의告急을 새삼스럽게느끼며 누구나모다分에應하야社會敎育家가될수있다는것을的實히깨닫지못한것自愧而已외다. 참된信仰을 가진이가救援의福音을萬人에게傳하랴듯이, 나날이새로운것을 生徒들은父母兄弟隣人等爲先가까운데서부터 日新又日新하는科學의福音은隨其勢而傳之해야될것이외다, 이것이貴且重한學問을 먼저 배운多幸한者의當行할義務요 또한사랑의具現이며歡喜일까하나이다云云』病床多年에오히려氣槪如是!

一月十七日 (月) 晴, 또佳信의一日이다, 내思想을記錄하기보다 來信은編綴하는것이 차라리성가시지않을것같다. 一은南海岸에서 『下送하신葉書와 聖朝誌는 오날同時에바다 拜讀케되였읍니다。出戰한兵卒이手足을잃고 負傷兵으로도라올재 그를 맞이한父母의반가운情이 어찌그의手足없음탓으로減損있으랴 戰死한줄로만알았든父母에게는不具者이나마 다시그容모를보게된感慨는彼此가一般일줄압니다. 先生님의心思도推察하겠나이다, 自進廢刊은此後로말어주옵소서 어떠한容자라도繼續해對面되도록切望하나이(第十五頁에續)

【聖書朝鮮】第[illegible]百九號
昭和五年一月二十八日第三種郵便物認可
昭和十三年二月一日發行 每月一回一日發行
【本誌定價十五錢】(送料五厘)

本誌定價

一冊(送料共) 拾五錢
六冊(一年分) 前金九十錢
十二冊 前金壹圓七拾錢

要前金。直接注文은
振替貯金口座京城一六五九四番
(聖書朝鮮社)로。

取次販賣所

京城府鍾路二丁目八六 博文書館
京城府鍾路二丁目九一 耶穌敎書館
東京市神田區神保町一ノ一 三省堂書店
復活社(京城府) 茂英堂(大邱府)
新聲閣(咸興府) 信一書館(平壤府)
向山堂(東京市) 大東書林(新義州)

昭和十三年一月二十九日 印刷
昭和十三年二月一日 發行

編輯發行者 京城府外崇仁面貞陵里三七八 金敎臣
印刷者 京城府仁寺町一二九ノ三 金顯道
印刷所 京城府仁寺町一二九ノ三 大東印刷所

發行所 京城府外崇仁面貞陵里三七八 聖書朝鮮社
振替口座京城一六五九四番

金敎臣主筆

聖書朝鮮

第壹百拾號

昭和十三年(一九三八)三月一日發行

昭和五年一月二十八日(第三種郵便物認可)
昭和拾參年三月一日發行(每月一回一日發行)

目次

사는일과家産

어떤富者兄弟가 遺業을分配하여주기를請한때에 예수께서 대답하신 말슴에 『「이사람아 누가 나를 너의우에 法官과 물건 난우는자로 삼었느냐」하시고、무리다려 니르사대 「삼가 모든 탐심을 물리치라。대개 사람의 사는것이 그 家産이 넉넉한대 있지아니하니라」하시고』라고(누가 一二·一四、一五)。세상사람들은 財産이 넉넉하여야 사는것같고 잘사는것인줄로 알었으나 예수의 생각은 그렇지않었다。이句를 읽을때마다 聯想하는 한家庭이 있다。

市內某新聞配達夫의家庭。夫婦와 외아들의三人食口。그 아들이 今春에養正高普를優秀한成績으로卒業하기까지 普通學校以來의十餘年間學費는 全혀新聞配達로써支辨하여왔다。但 中等學校에入學되였을때에 한꺼번에 支出할巨額을爲하야 全資本인一千二百圓짜리 기와집을 팔어 조고마한草屋으로 바꾸어들었고、그新聞이一個年넘어停刊되였을동안 세食口의糊口를爲하야 最後의所有權인草屋마저팔어 二百餘圓의全貰집에들고저 門밖으로나갔고、이번에 專門學校入學이確定되면 全貰ㅅ돈을찾어서 入學手續할作戰計劃이서있다。이配達夫는 아들에게禁煙의美風을 가르키기爲하야 自己스스로 平生의愛煙을 斷然히끊어버렸고、그 아들의卒業期臨迫한때에 그의擔任敎師를尋訪하고「오늘날까지 어느날中途에廢學하고 말게될넌지몰랐고 그때의 창피한꼴이 두려워서 찾지도못했으나 이제는學費不足으로退學할危險은 지나간듯하야 지금왔노라」고 四五個年分의感謝를 한번에深謝하였다。그집에 싸움이있다면 아버지가아들에게 工夫를過度히하지말라는 걱정이오、그집에隱諱가있다면 아버지 잠들기까지 아들도 자는척하다가 밤깊은後에일어나 燈을가리우고工夫하는일이다。얼마前에 이老配達夫가 配達監督으로昇任하였다는消息을接하야 우리기쁨이 컸든同時에 마음한구석의不安도除하였다。이러케 艱難하면서 이처럼 사는것같이 사는家庭을 大京城안에서 우리는 많이 보지못하였다。

대개 사람이 사는것이 그家産이 넉넉한데 있지아니하니라 고。家産이貧乏하기보다 어느程度로 넉넉한것은 有助할수도있을것이다。그러나 사는일과家産은別個의問題이다。巨萬의富를擁한 서울長安의紳商으로도 집안食口의猜忌와分爭과虛榮으로支離滅裂한中에서 죽지못해延命하는富者도있고、朝夕의糊口를念慮하는貧寒한配達夫로서도 그날그날을 참으로 사는家庭이있다。이우에萬一 空中의 가마귀와 들의百花를 먹이며 입히시는 이를믿고、오직 義와그나라를求하는信仰의살림 待望의살림에 立脚할진대 그는 사는일의完成이다。

마라나타（מרנא אתא）

고린도前書를終結할때에　바울은親筆로써問安하면서　意外의重大한眞理一句를插入하였다　「萬一　주를　사랑하지아니하는者어든　詛呪를받으라　주께서降臨하시나니라」고(一六・二二)　이에「주께서降臨하시나니라」는것은意譯이오　本來는마라나타（מרנא אתא）라는簡單한말이다。文典上으로「主께서降臨하시나니라」는未來로譯할수도있고　降臨하셨다라는過去로譯할수도있는　히브리語의特性때문에　다른邦言으로譯할때에도　이字만은本音대로抄寫하고譯하지않었다。뿐만아니라　當時에　발서慣用이되여서　마라나타라고만하면　基督信徒間에는　누구나理解할수있는强烈한意味를傳하는字였다故로　헬라文으로　쓰는　바울의편지에도　이字만은　마라나타（MARANATHA）로抄音만하였다　其他西歐各國譯이　모다그렇다。復活後에나타나신　主그리스도의現臨과　將次實現될再臨을同時에表現하는、主예수의再臨이目前에보이는듯한生々하고强烈한　信仰의글字이기때문이다

舊約聖書에서　한人物을擇하라면　그것은　틀림없이　모세일것이오、新約에서　또한　한사람을擇하라면　그는舊新約을通한主人公이오宇宙의主宰이신主예수一人을除하고는　다소人바울을薦하기에躊躇없을것이다　新時代의史家인非信者H・G웰쓰로서도　天地開闢以來의人類中第一人者에　나사렛　예수를　헬수밖에없였다하는데、그　나사렛　예수와　거의어깨를겨누는듯이　新約에　나타나는人物이있으니　그가　곧　天幕工人바울이다　新約聖書의量으로보아서　그半分以上이　바울과　그從者의손에　쓰인것일뿐더러、그內容精神　思想　神學의體系構成等으로보아서　學者들이　예수의宗教와　바울의宗教를二分하고저努力하리만치　그만치　바울이라는人物은　다른使徒들에게比하여도　卓越出衆한存在였다　그學識은　가마리엘의門下에서修練한것이오　그意氣는宇內를　삼키고야말大丈夫였다

이렇듯한快男兒바울의根本思想　基礎信念은　무엇인가。卽마라나타이다　고린도教會에對한勸說數千語、或은信徒間의分爭派別을誨諭하며、或은　그悖倫行爲를警戒하며、또는處女는處女대로　寡婦는寡婦대로　살기를勸한것도　모다　마라나타인까닭이다　權利있는者도　없는듯이、他人의益을爲하야　아가페의生涯를　살어야할것은　마라나타인까닭이다　主께서降臨하신다。이一語가萬般問題解決의鍵이다　비록　바울이　간지二千年이라할지라도　信仰이信仰일진대　우리에게도　今日마라나타이다。이미當한難題와　앞에일어날百가지患苦도　모다마라나타로써裁斷할것이다。그리고　바울의腦細胞의健全性을疑心하는이는　스스로의腦髓를　다시한번　어루만저볼지어다。마라나타！

마 라 나 타　　一

物質의價値

近來에 物價騰貴함을따라 生活難의 아우성소리도 적지않으나、物質本然의價値가認識되여지는일은 確實히戰時體制下의 한가지所得이라할것이다。常時에廢物로 버리던煙草와菓封의錫箔類도 直接國防器의材料로愛國獻品이되였을뿐더러 한뼘 남즛한鐵條片、녹쓸고 오그러진鑵詰통 구멍뚫어진 벤또箱 남비破片等々 그 어느하나가 高價로買賣되지않는것이없으니 이런것은 實用鐵物等屬인까닭이며、九金以上의貴金屬佩物을製作하기를容許치않는다하니 이는金融貨幣制度의基本物品인까닭인가。其他萬般物品이 貴하고重해졌거니와 그中에도 가장密接하게 우리生活에 關係되는것의하나는 온갖紙物類의騰貴함이다 거의無意識中에發送하는年賀한장도 國策의反省없이는 任意대로보낼수없이되였고、無心코濫用하던 수지한장도 惶悚한생각없이는 버리지못하게되였다

이렇게物品이缺乏하여짐을따라 우리는 두가지方面으로敎訓을얻을수있다 첫째는 唯心第一、靈界의일만、天國의노래만을 일삼든 非人間的聖徒(?)들이 物質界에對한 正當한理解와判斷을 가지게됨이다 이러한超現世的이란美名下에無責任하고無意氣하며無節操한生活者들도 時代色의鍊鍛을通하야 비로소 主祈禱의一節에 「오늘날 日用할糧食을 주옵소서」라는一句가 끼어있음의意義를 그眞正한意味대로納得할것이다 둘째로 唯物第一、物質界의일만、눈에보이는功利만을 일삼으면서도 그얻은바 物件의由來와惠澤을 깨닫지못하고 도리어物質을蔑視濫用함으로써 他人과世上을害할뿐더러自身의品性까지亡하던 무리가 極度의節約時代를當하야 크게自覺하는바있을것이다 듣건대 只今은戰時體制의 애우라지 그初期에入한것이라한다 이제 第二期三期로 漸々長久한計劃이 설것이오 그때에 石油 까솔린의缺乏으로 모든自動車는木炭불로運轉될것이며 모든虛僞의社交는根絶되고宴會席上에서正宗을便器에쏟아버리며煙灰를飯饌우에 툭々털면서 한갓富裕와飽滿을·자랑하던무리들이 비로소渴함을느끼며 굶주려豚飼의 팟겁지라도貪食하는날이올것이다

이리하야 純粹한靈界의人들도物質을 더럽히 녀기지않게되고、오직財物만을追求한다는무리들도 바른意味에서物質의眞意를覺得하야 物件을禮拜하지않는同時에放縱하지도않게된다면 現時의課程도意義있는課程이라할것이다 山麓의一木、溪邊의一草、白紙한장、冷水한바가지、이것이 모다 여호와하나님의限없는愛와能力으로된것인줄 깨달아 恭敬과友愛와驚異와讚頌으로써 이宇宙에 새로운 한걸음걷도록敎導하기爲하야 只今우리의밟고있는過程은 極히必要하다

聖書的立場에서본世界歷史 (22)

咸 錫 憲

五。武力國家

손과맘 生命이란 奇異한것이어서 서로反對되는 여러가지矛盾을 안에싸가지고있다。生과死、精神과物質、活動과休養 하는것과같이 複雜한對立이있다。그리고 그矛盾이야말로 生命의無限한樣相의基因이오 끝없는向上의動機다。마치 寶石의各面에서 反射되는光線이 서로交叉되여 陸離한光彩를일우고 널고꺼지는물결의波動에서 河流가進行하는것과같다. 그런故로 人生을알려는者、歷史를理解하려는者는 이를對立으로 보지않으면안된다. 歷史의進行은 直線運動이아니오 螺旋運動이다。滑走가아니오躍進이다。歷史를單純한 事件의連續으로만보아서는 皮相에지나지않는다。對立으로보아서만 깊은理解에 到達할수있다。싸움으로볼것이다。「싸움은萬物의아버지」라고 希臘의賢人은 말하엿지만 이는아가페를 反面에서본것이다。試驗하야 歷史를 解放의過程으로、即自由가束縛과、文이野와、平民이貴族과、理性이本能과、靈이肉과、싸워이기는일로보라、얼마나많은것을 네게가르치나。前者홀로善이오 後者반드시惡이란말은아니다 싸운다함은 반드시싸워 滅한다함이아니다 靈이肉을 滅한다하지는안는다、삼킨다고한다 精神이物質을 미워하는것이아니다 自己것으로 안으려하는것이다。對敵을사랑한다고한다 歷史는사랑의싸움이라할수있다。옛날로붙어 宇宙論、人生論에二元論이있는것은 이때문이다 支那의陰陽說、波斯의善神惡神의二元宗敎、基督敎의하나님對사단의뜻이 다이것이다。그런대 近世의哲學은一元論을세우려고힘썻다。學說로는 一元論이完全한것일넌지모르나 그러나 그代身그人生은 얼마나活力없고 光輝없는것인가。歷史는反復한다는말이있으나 그것도이意味에서 解釋할것이다 反復이라고하는말은 歷史의이對立鬪爭을 形式에서만、말하자면斷面에서만본것이다 螺釘을 틀어박는것같이 或은河流가 이언덕을치고 또저언덕을치며 흐르는것같이 斷面에서만보고果然꼭같은것을反復하는듯하나側面에서보면 더디기는하더라도進行하고있는것이事實이다

　人生이多面인以上 歷史上의그對立은 반드시한雙만이아니다 여러雙의對立이있다. 그러나싸우는形勢上 自然聯合이되여 兩個大軍勢를 일우어가지고있다 마치世界大戰에서 서로서로敵對하는 나라들이合하야 이편은聯合軍으로저편은同盟軍으로 되엿던것과같다. 그리고우리는 그兩軍의性質을表하는軍旗를 人間身體의 두機關에서取하야 그려줄수있다。한편에는 心臟을 또한편에는손을 人生이란

聖書的立場에서본世界歷史

四

이둘、卽손과맘의 對立이오 싸움이오 交涉이오 聯合이기때문이다。손은 肉을代表하는것이오 地에屬하는것이오 맘은 靈을表하는것이오 天에屬하는것이다。손의 나라는 政治의나라니 그는힘으로써되는나라다。政治家는 手腕이있어야한다하고、外交는 手段이必要하다。其他地上生活에屬한것은 모두손의힘으로된다。손수(親히)自手(自力)、손이不足(人力不足)、用手。이런말이모두 그것을表示한다。그와反對로 맘의나라는 宗敎의世界니 그는깨달음으로되는나라로 믿음으로되는나라요 바람으로되는나라다。사람은이두나라에 籍을둔다 肉體에關한限 政治의사람이오 靈에關한限 宗敎의사람이다 그리고 이둘이 서로싸운다 靈이肉을삼키고 사랑이힘을쓸어안는날이 올때까지 그싸움은끊칠날없다 거긔人生의懊惱가있고歷史의波瀾이있다 눈물과 피와 한숨은 거긔서흘러나온다 그러나歷史推進의힘은 거긔있다 道德이거긔있고 藝術 學問이 거긔있다。

宇宙의첨에 이두世界는 갈라지지않였다 하늘과 땅은 區別이없이 渾沌하였다고한다 그런대거긔 아가페의神이 命하야 둘이갈라지라하고 빛이있으라하였다 萬物이거긔서 나오기始作하엿다 人間의歷史에서도 마찬가지다 暗黑의洞窟속에서 曚昧의搖籃안에 흔들리고있을때 저에게는 行動과意識의 分離가없었다 마는神의손이 저를그窟에서 몰아내여 光明世界에보내였다。그리하야 짐생같이 四足으로 기지말고 우으로하늘을向하고 直立하라고 命하였다 저에게對하야 이는難事였다 生後一年의 어린아해와같이 저는할수없이 많이 넘어젔을것이다 그러나生命의神秘로운能力이 저로하여금 成功케하였다 그와同時에 큰變更이 저에게니러낫다 손이생긴것이다 힘의寶庫의열쇠를쥔것이다 그안에서는 無數한손 無限히긴손 無限히힘있는손이 너어너어나오기始作하였다 器具란손의延長에不外한다 그리하야그는 힘의나라에 들어서게되였다 그러나可憐한人間이어、너는네손으로 그나라의열쇠를 열었건만 後日은 너自身이 빠저나올수없이 그나라의捕虜로잡힐줄을 어찌알었으랴 너는農具를만들었건만、그는네손안에 農具대로 있지않었다。사단의한마디呪文下에 곧鬪爭의器具로 變하야버렸다。그리하야오늘날은 너는 거미줄에걸린나비모양으로 얼크러진機械의줄에 걸려있다。

그러나놀랄일은 그것만이아니다 더욱놀라운일이 다시더있다 맘의世界가 열린것이다。暗黑속에서 光明이나온것같이 種子속에서 새나무가나오는것같이 微妙한生命의原理에依하야 손의힘으로 맘의世界의門이열렸다。生理學者와 心理學者의 말을들으면 人間의精神能力이 다른動物에서볼수없게 非常히發達된것은 그主原因이 손을쓰게된데있다고한다 이는決코 想像이아니다 歷史上의事實이다 器具를많이만들어쓰는 後石器時代에들어와 人間의精

神生活이 豊富活潑해진것은 分明한일이다。이때비로소그들은 內的世界에 눈이열렸다。成長期의初頭에있어서 人類文化가 全혀宗敎的이였던것은 이때문이다。驚異의눈이 첨열렸고 神秘의소리가 첨들리기始作하였였다。모든것은 보고듣는 그대로直接 어떤산人格의 얼골이오 목소리였다 저들은몸으로써 산神靈體의 脈搏을 느낄수있였다。그리고 그들에게 이를가르처준것은 僧侶였다。저들도 흙에서나온 사람임은 一般이다。그러나마치 높은峯이 群山에超絕하야 靈氣를띄고 雲外世界의消息을 傳하는것같이 저들은 모든同類에뛰여나 靈界의모양을 直觀하는 天賦의힘을가졌였다 故로그들은 神의世界에서 보낸사람으로 尊崇함을받았고 生命의主掌者로 섬김을넙였다。前章에서 우리가말한 祭祀宗敎의時代가 곧그때다

그러나歷史의振子는 또한번反對方向으로 가게되였다 손이맘에向하야 叛旗를드는때다 僧侶는果然 幼少年期의 人類에對하야 乳母였고 家庭敎師였다 저의養護로 人類는 筋骨이자랐고 저의들려주는 許多說話와 저의가르처주는 仔細한節次로 世上이무엇인지를알고 社會生活의 基本原理를깨달었다 그러나그렇게자라고난날에는 드디어自己에 對하야 눈이뜨이고 그家庭敎師의말에 稚氣가들어있음을 느끼게되였다 그리하야문듯 少年의옷을 벗어뎐지고 손을들어 스스로元服을넙고 나서게되였다 이제는어제와갈이 想像의나래를타고 神秘의世界에 逍遙하는것이 問題아니다。두다리를 確實한땅에 드디고 現實의손으로 붓들수있는物件을 붓드는것이 일이다。前時代가 산世界를 發見한時代라면 이제오는時代는 人類가 自己의힘을 發見하는時代다 술이첨으로 發酵하듯이 人類가 血管속에 첨으로靑年의血潮가 떠올으는것을 느끼는時代다 그리하야 힘의世紀는 열리기始作하였다。

僧과王 오늘날國家라하면 반드시 武力에依하는것으로 생각된다。國家構成의 三要素中 가장根本的인것은 主權인대 그主權이란 要컨대武力에지나지않는다。여러가지修飾도있고 解釋도있을수있으나 結局武力이다。그러나첨불어그런것은아니다。國家發生當時에있어서는 武力은 全然없였던것은 아니라하더라도 적어도 그成立의重要要素는 아니였다 武力보다도 宗敎에依하야 된것이였다。國家를 建設한것은 손이아니오 맘이였다 그統治는 劒으로되는 것이아니오 良心으로되는것이였다 良心으로된다함은 古代人이다 有德의聖賢이였다는말은아니다。다만武力을 두려워하는것보다 훨신더 神을두려워했다는것뿐이다。歷史를보면 神없이建設된國家는 하나도없다。古代人은素朴하다하지만 素朴이란結局 다른말아니오 힘보다神威를 더 두려워한다는말이다 저들을向하야 長劒을번쩍일 必要가 없고 印章을직고 證書를내라할必要가없다 뵈지안는神으

로하여금 監視케하고 神明앞에 盟誓케하면 그만이다 그와같이 初代國家는 信仰의줄로連結된社會였다 故로一切의社會組織은 僧侶의손으로되고宗敎的意味를가지었다

그러면그러햇던곳에 어찌하야 武力의國家가 생기게되엿느냐 各自의境遇에 그獨特한事情이 있었을것은 勿論이나 極히一般的인方式에 統一하야말하면 이러하다 人類의文明은 그式樣에따라 두가지型으로 區別할수있으니 一은定住型이오 二는遊牧型이다 當初에있어서는 도모지다遊牧生活을햇던것은勿論이다 그리나定住文化가 始作되면서붙어 그새方式을따라 都市를일우어사는者와 從來의方式대로 水草를따라 移動하며 遊牧生活을 繼續하는者가 있게되였다 時日이갈수록 二者는 漸漸서로다른길을 걷기는하나 두사이에는 滋味있는 關係가있게되였다 定住者는 村落을일우고 都市를일우어살며 그안에는農業이있고 工業이있고 여러가지機械가있고 複雜한社會制度가있다 그들은그部族神에달려 그神의代表者인 僧王을中心으로하고 살어간다 여러가지發明發見에依하야 그生活은 漸漸文化的인것으로되여간다 그러나한걸음 그文化地城外에나서면 거긔는荒蕪地가있고 그荒蕪地에는 農工을모르는 遊牧種族이있다 그들의社會關係는 大端簡素한것이오 生活은習慣에依하야 되여가는點이많다 그리고定住人보다더 自然에가까운生活은 저들을보다더 放浪的이게하고 보다더勇悍하게하였다 故로定住者를萬一 智的이라하면 이는意的或은武力的이라할수있다 그러나 水草間에放浪을하는그들에게도 文化都城안에서 흘러나오는甘汁은慾心이나지않을理없었다 더구나 都市는 腐敗하지않고는마지않는物件이다 그弱해진때를타 柵外의武勇者는 달려들어 掠奪하는일이 있었을것은 定한일이다。都市生活者는 制度에는緊密하나 武力的抵抗에는 極히弱하다。故로그侵入者는 드디어이를征服하고 君臨하게된다。이리하야비로소人類社會에 征服被征服의階級이생기고 王者가생기게되였다 僧侶는그自族內에서는 良心에訴하는限 絕對의威力을가지나 他族에對하야는 何等實力을 가질수없다 古代의戰爭에서 各民族이 제各기그神에 熱心으로哀訴하는것을보는것은 이때문이다。그러나새王者는 武力으로征服은하였으나 一旦統治問題에當할때는 그렇게容易히 갈한자루가지고 할수는없다 그리하야비로소 舊支配者인 宗敎의權威者와의間에 妥協이成立이된다。그리고보면 從來의神政이던것이變하야 政敎分離의形式이되고 僧侶는 社會的으로 勢力을가지는者만이되여버린다。그러나新來의征服者는 아무래도文化的으로는 떠러진者인故로 歲月이지나는동안에 어느덧被征服者의 歷史的文化流에 녹아버리고만다 政治的으로는 征服者가 文化的으로는 도리어同化되여버린셈이다 그리는동안에社會는또腐敗의極에達한다正

히그때에柵外에는第二의 遊牧的侵入者의물결이待機하고있다。이리하야征服同化의新陳代謝가文化域과荒蕪地사이에反復되는것이였다、메소포타미아나 支那는그標本的인것이다。

그反復은 一時만있였던것이아니오 數千年間 繼續된것이다、이것을 部族間의 生存競爭이라고만보면淺見이다。그보다도깊은原因이있다。그原因은곧 우에서말한 손對맘 政治對宗敎의싸움에서 나오는것이다。이問題를 어떠케解決하느냐하는것은 人類에게던저준 永遠의課題다、이는人間性그것에 基因하기때문이다。그런대지금부터大體로三千年乃至二千五百年前頃은 一般으로 武力國家가 盛히니러난때다、옛날의祭祀政治가 踪跡을감추고 軍隊와 그를背景으로하는 法制에依하야 統治되는 强大한나라들이다。따라서人類思想史上에 닞을수없는 새思想이니러낫다、그一은王權神授라는것이다、卽王은그王인權威를 神에게서받였다는主張이다。어느나라의 始初를보나 그國祖는반드시神의아들이던지 神의보낸者로되여있다。이는一面으로하면原始時代의 先祖崇拜의思想으로붙어오는것이라할것이다 그러나또一面으로는 確實히 故意의政策이 들어있는것을看過할수없다。分明히이는 僧侶가神의代表者라는대 對抗하야 統治權의正當한것을 主張하기爲한것이다、是非는莫論하고 王權神授의思想이 人類史上에 큰意味를가지는것은事實이다。西洋中世의歷史는 結局이王權僧權이 서로神聖絕對를 다투는싸움이오、大英帝國의皇帝는 아직도僧侶의손으로 戴冠式을行할 必要를느끼고있다

第二는 國敎라는것의發生이다。國敎라는것은 神政時代에있어서 國民의全部가 그國神의信者였다는것과는 同一한意味가아니다 그는國敎가아니오敎國이다。宗敎國家다 이는政治가 그目的을達成하기爲하야宗敎를利用한것이다 無論이것은 前項의王權神授와 서로連結된것이다、國敎는 結局 國王을믿는일이다。古代에있어서 國王이 直接宗敎的禮拜를받은것도 決코드문일이아니다、

僧侶가 人類의第一敎師였다면 王者는第二敎師다。前者가人類의눈을 산宇宙에向케하였다면 後者는 現實의自我에向케하엿다 저의使命은 人類를訓練하는대있였다、家庭敎師의말하는 童話의世界에 厭症이난少年모양으로 눈트는힘의衝動을못이겨 僧侶에게서 뛰처나온人類를 嚴格하게訓練하야 自己의性能을 自覺케할 必要가있였다、푸레데리크大王이 獨逸國民을 다듬아낸것같이 저들古代의王者들은 靑年期에들어오는 人類를 다듬아서 自制의힘을길러줄 責任을맡였다、그러나그들은過하였다。第一敎師가狡詐에빠젔던것같이 第二敎師는 苛酷에기우러젔다、그러기때문에 삼우엘이미리 警告햇던것이다(삼우엘上八章十一十八)그럼에도不拘하고 人類는그멍에를 메기를自願하였다 스스로强者의榮光을取키爲하야、그러나그代價는 얼마나한가、그멍에밀에 흘린피는 얼마나많은가。愛의神의 玄妙한攝理의法則이아니라면 그는足히六大洲를 잠그고말었을것이다 그러나永遠의門에서서 바라보는 우리歷史에있어서는 저들의罪도 赦하고넘어가기로하자。

宇宙的最大의戰鬪 (一)

宋斗用

筆者가讀者에게

主안에있는兄妹들이여 이적은 一文을筆者의 創作이나 隨筆로는 誤解하지마사이다、 小弟의信仰體驗의一端이며 其事實입니다 글을쓸줄모르는 小弟가어찌 文字로써 靈魂잡은속의것을남김없이 或은第三者에게 시원하도록 할수있으리까? 大體만을 理解하신다면 信仰生活의 적은도움이나마될까합니다、特히 注意하실것은 너무抽象的이라던지 推測아니抑測이라고 速斷마십시오、더구나「피흘린다」던지「피범새」等의文句는 靈魂狀態를말함이고 決코現實을 말함이아닙니다、特히 人間自由는 하나님對사람을 말한것이지 決코사람對사람을 말한것이아니외다 絕對者이신하나님만이取하실수있는길입니다、오래동안惡靈에게 괴로움을받은者가 깨인때의實感實記입니다。

우리는創世記第三章을읽을때마다 마음이緊張되며 全身에 진땀이흐르는듯한 느낌이없을수없다、이것은決코 일부러만든 態度가아니다 조곰이라도人生을 바로보며 또한깊이 生覺하는者이면 누구나 그러할줄안다 더구나거륵하고참다운生涯를보내고저努力하는者라면 아니그렇지못할것이다、웨그런가하면 우리는 여긔에서 人生의根本問題中에도 最高峯에부닥친까닭이다。

우리는本是 運動이나 競技를할줄도 모르거니와 더구나 趣味좇아 갖이지못한탓으로 求時하여본일까지도 甚히드물기짝이없다。그러나 或時씨름、庭球、野球等을求景할때면 더구나 그것이 最後의決勝戰인때에는 到底히그저앉어서 冷靜한態度를取할수는 없는것이다(나는이以外의것을 別로본일도없고 또본대야 理解하지못하는不出이다)。或은 高喊을지르기도하며 주먹을쥐였다피였다 하기도하고 或은相을찡그리기도하며 소리처웃기도한다 觀覽客의 一人으로서 아모關係없는일이것만은 어느選手에게는 함부로쓸데없는辱도하고 또다른選手를向하여서는 空然한讚辭를쏫기도한다 生覺하면 異常하다기보다 實相은웃우운일이다 그러나 이것은 事實이며 또한누구나 그러한模樣이다、우리가 特히多感的이여서만 그런것은아닌듯하다。그렇다면 그것이 人間의 心情인가한다 하물며 우리團體나 우리學校 或은 우리社會나 우리國家의 代表選手와 他方의選手와의 對抗戰을 볼때이랴? 그런데 더구나 우리가萬若 하나님對사단의 肉薄戰을 目擊한다면 그어떠할것인가? 想像만하여도 끔찍한일이며全身의 戰慄을느낀다

우리는創世記第三章을 하나님對사단의 戰記로본다。그

런데 이싸움이야말로 얼마나 白熱戰인지알수없다 그러기에 우리는 여긔를읽을때면 決코書籍의 文字를읽는것으로만 生覺할수는없다 우리의現前에서 世界的아니〱宇宙的――그렇다 宇宙에이두勇士以上 또는 以外의 宇宙를 代表할選手는 前에도後에도 없는것이라――代表的選手인 두勇士의決勝戰을 目睹하는것같이 느껴진다 劍과劍이부닥처서 電光같은 불빛이번쩍인다 두勇士의 兩眼은 샛별같이明朗하며 그입은最後의決心과 堅固한意志를 보이는듯이 굳게〱 담으려졌다 혀나입설을 깨물고있는것도같다 其몸은彼此가 피투성이가 되였으며 땀은落水같이 흐르고 게다가흙좇아묻어서 全身이 피와땀과흙으로 뒤범벅이되였으니 그야말로 目不忍見의狀態이다 때々로 呻吟하는소리까지들려온다 其勇敢한것은말할것도없거니와 果然너무도 殘忍하며 너무도慘酷하다 그러나宇宙와 萬物을代表하는 兩選手는 조곰도 恐怖와憂慮의빛이 없음은勿論이고 疲困을쉬려는 態度좇아 보이지않는다 아즉도얼마던지 싸우려는것같이 보인다 아니〱싸움은漸次 白熱化할뿐이다 아! 얼마나 무섭고 놀라운 싸움인지 알수없다 果然 宇宙的最大의 싸움인것을깊이 느껴진다 오! 이싸움을 눈물없이볼者가 누구이냐?

하나님! 사단! 大體하나님은 누구이며 사단은누구者이냐? 하나님은 하나(唯一)이신者이다。하나님은 絶對者이시다 宇宙와 萬物을創造하신 造物主도하나님이시며그것을 主宰하시고 支配하시는 統治者도하나님이시다그뿐인가 그것을 養育하시고 保護하시는 어버이도 또한 하나님이시다。얼른쉽게 一言으로 말한다면 하나님은 곧우리의 아버지시다 그런데 우리의 아버지이신하나님은 쉬지도않으시며 졸지도않으시고 늘끊임없이일하신다。人類를爲하여、또萬物을爲하여 그런데 이하나님은거룩하시고 참되시다 義로우시고 사랑이시다 仁慈하시고 平和하시다 그래서 이하나님은 恒常恩惠와 矜恤과祝福을 豊成히나리사 흘려넘치게하신다。참으로 惶悚한일이다

그러면 사단은누구이며 또 어떠한가? 우리는사단이누구인가보다도 어떠한가를 먼저生覺하려한다。萬若 하나님을 至上善의神이라면 사단은 最大惡의靈이다 그러기에사단을 名稱하여 惡靈、惡鬼、惡魔 더러운靈 等이라고한다。萬一하나님의 靈을비닭이같다고 한다면 사단은 서슴지않고 배암이라고 할것이다 그래서 사단은邪慝하고 詭譎하며 驕慢하고 剛愎하다 不義 不信 不正不法은 勿論이고 外飾하는者이며 僞善하는者이다 그런中에 奸邪하기로는 짝이없다。그뿐이랴? 하나님을 祝福의神이라면 사단은갈데없이 詛呪의神이며 災殃의神이

다。그런데 이사단도 其實은 하나님의 被造物의하나이며 더구나 하나님의 가장높은使者 卽天使이엿던것이다 그것이 偶然한事件 더구나意外의 한적은일로因하여 두사이에葛藤이生起며, 分爭이始作되엿다 그래서 사단은結局 最高最大最後의 罪惡을犯한것이다、卽 하나님의地位를奪取하려고 叛逆하여賊臣이 된것이다 우리는 이以上의罪를想像좃아할수 없는것이다

아! 이얼마나무섭고놀랍고슯은일이냐? 이렇게되여사단은 무엇보다도먼저 于先人間을 誘惑한것이다 그것은 하나님이 被造物中에 人間을가장사랑하시며 가장中心問題로 삼으시는까닭이다, 말하자면 人間을自己手中에 넣는일이 勝戰의捷徑이기때문이다 이일은 말할것도없이自己의 權勢를擴張하며 確立하려는것이 目的이다。사단은 恒常 하나님과對立하면서 正反對의方向을取한다。其手段은 狡猾無雙하며 其方法은 奸惡無比하다。그러나 其內容은 暗黑이며 結果는滅亡과 죽엄임은 勿論이다 그러니結局 하나님對사단의 싸움은 人間奪取戰이다 그런데 其武器가 또한 人間이라니?

아! 貴하다 人間이여、萬物之中의 寵兒로다 아! 슯으다人間이여、敵과敵사이에끼인者로다 人間은 으례히아버지이신 하나님을 섬겨야할것인데 그것을 못하고 사단을따러서 아니될것은 當然하건마는 또한 그러한中에있는者로구나, 그러면 人間아! 너는 어듸로向하며 누구에게로가랴고하는가? 死亡이냐、永生이냐? 하나님이냐? 사단이냐? 오! 그런데 人間은 하나님을 떠나서 사단을向하다니? 人間이 사단의 兇器로서는 매우强하엿으나 하나님의 戰器로서는 너무도弱하엿구나 그것은 人間이 하나님을 떠나서 사단에게로가려는 때문이다 아버지이신하나님에게 叛逆하고 怨讐인사단에게따르려는 人間의 愚昧함이여、其結果、其將來、其最後의運命? 人間은 이것을 生覺하엿는가 아니하엿는가? 아! 불상한人間이로다 詛呪받은人間、사단의誘惑에빠진人間、하나님의 命令에 拒逆하고 恩惠의 자리인아버지의 따뜻한 품을벗어난人間

오! 놀라운일이다、슯은일이다 사단의 兇器의 銳利함이여、하나님의 武器의 꺾어짐이여、아! 하나님이弱하신탓이냐? 사단이 强한까닭이냐? 하나님의 敗戰이라니? 누가 이것을 肯定할者인가、그러나 事實임을어찌할가? 아! 아! 如何間 하나님對사단의 激戰은一段落이 진것이다 사단의勝利、하나님의敗北、사단은凱旋歌를부르나 하나님은 苦杯를 마시셨다, 사단의 意氣揚々함이여、하나님의 悲哀와 失望이 至大하도다, 그러나 싸움은 決코끝난것이아니다, 萬若 그렇게 生覺한다면그것은 우리의速斷이다、아니 誤算이다、失策이다 그리고

우리들의 너무도 輕率한所致이다。絕對로 그러할 理가 없을 것이며 또 그래서는 아니될것이다 그러면 休戰인가? 勿論그런것도아니다 그러면 이싸움은 어찌되는것인가? 하나님은 우리아버지시이다 아모리 우리人間이 聖意에不順하였다 할지라도 우리를버리실理는萬無이다 하나님의 義와사랑은 到底히 그렇게할수가 없을뿐더러 하나님은 決코 그렇게輕率하고 淺薄하신者가아니시다 이에 하나님께서는 다만 手段을달리하고 方法을 박구신것뿐이다 卽 短兵戰을 持久戰으로 한것이다 이것은 徹底한勝利와絕對의榮光을 獲得하시려는 때문이다 더구나 사단의 품에안겨서 滅亡의꿈을꾸는——그러나 其實은 사단의 殘酷한壓制아래에 拘束된것이며 自由를完全히 뺏긴것이다、卽 奴隷가된것이다。——人間을 死亡에서 좀더 安全한狀態로 救援하시려는 하나님의 無限至大한 사랑의經綸이며 恩寵의 攝理이시다 深遠하도다、하나님의 智慧여、豊盛하고 富饒하도다、하나님의 知識이여、奧妙하고 거룩하도다、하나님의 사랑의 役事여、其判斷하시는것을 可히 測量하지못하며 蹤跡도 可히찾지못하겠도다 主의마음을안者가 누구이며 함끠議論할者가 누구이냐? 놀랍다、人間을傷하지 아니하시려는 하나님의 安全策이여!

우리는여긔서 솔로몬大王의 智慧를 生覺하지않을수없다。어느날 王에게 裁判을求하는 두娼妓가있였다 其內容은 이러하다 두女人은 한집에사는데 한女人이解産한지 三日만에 또한其집에서 다른女人도 解産하였다 두兒孩가모다 男子인데 其집에는 두어미以外에는 아모도 없였다 그런데 어느날 밤에자다가 한어미가 自己아들을 깔어죽인것을알고 그밤으로 죽은子息을 다른어미곁에누이고 산兒孩를 다려다가 自己품에누였였다 다른어미가 아침에 잠이깨여본즉 子息이죽은지라 놀라서仔細히 삺여보니 自己아들이아니였다 곧산兒孩가 自己아들임을알고 내 아들을 달라하니 주지아니 하거늘 하는수없이 王의判決을 求하게된것이다 솔로몬王은 前後事實을들은後에 다음과같이 判斷을나리였다 『한女人의말은 이산것이 내아들이니 네아들은 그죽은것이라하고、또한女人의말은아니다 네아들은 그죽은것이고、내아들은 그산것이라하는도다 그런즉 칼을 갖어다가 산아들을둘에 난우어 半은이女人에게주고 半은 저女人에게주라』고 이말을듣고 그산兒孩의 어미되는 女人은 그아들을 爲하여 마음이불타는것같어서 곳말하기를『王이여 산아들을 저女人에게 주시고 決斷코죽이지마옵소서』하나、다른女人의말은『이것은 나의것도되게 마옵시고 저의것도되게 말게하사 다같이난우게하옵소서』하고 말하였다 아마 참으로 自己의子息이니 半이라도 찾기를 願한다는듯이 보이려한것갈다。 그러나 王은그好惡한꾀에넘어갈 理가萬無이다 이말을들은王은 卽席에서 未曾有의 名判決을나리엿다。『먼저말한것이 산兒孩의 참어미니 決코죽이지말고 그女人에게주라』고 果然놀라운 判決이다 아니 무서운智慧이다。이스라엘全國이 王의判決함을듣고 王을두려워함은 하나님의智慧가 王에게있다함이라 하엿으니 우리도 또한그대로가 事實인줄안다。(列王紀上의三의一六以下參照)。

그런데 우리는 또한 솔로몬에 對한 다른逸話하나를 잊어서는 아니될것이있다 卽 솔로몬의 智慧의出處에對한것이다 世人이 周知하는바와같이 솔로몬은다윗王의妾의 아들이다 다윗王의子女는 여러안해의 所生을合하면 二十男妹나되고 其外에도 妾의所產도多數이 라고한다 솔로몬은 그여러男妹中에서 王이되엿으니 원체잘나기도 하엿던 모양이다 그러나 다윗王은 이스라엘의 理想的王이엿다 더구나 다윗王은 正義와公道로써 其百姓을다스렷다한다(삼우엘後八의一五) 이스라엘百姓은 다시없는泰平을 누리며 더할수없는 滿足을느꼇다 따라서 다윗王의죽엄은全이스라엘에게 얼마나큰失望과悲哀를주엇을가 그런데 솔로몬은 이다윗大王、卽 王中王이엿던 그父親의뒤를이어 王位에오르게 된것이다、榮光이야 더말할것도없을것이나 一便恐怖와 憂慮가없을수없엇다 善한牧者를잃은 이스라엘民衆을 어떻게引導할것인가? 萬若 조곰이라도 先王인아버지의 이름을 더럽이면 어찌할가? 내가果然 하나님의 뜻에違反됨이 없이 選民이스라엘을 다스랄수있을가? 솔로몬王은 四六時中 이것을 念慮하고 이것을生覺하고 또 이것만을 研究하엿다 바로이때이다。 솔로몬은 一千의犧牲을받처 하나님앞에 燔祭를들엿다。아마 自己가登國함에臨하여 感謝와 祈願을兼하여서 일것이다 때에王은 懇切한祈禱가 없을수없엇다 切迫한問題에對하여 王의마음은 緊張하엿고 態度는眞實하엿다 그럼으로 熱心히 懇求하엿다『……나의 하나님여호와여! 종으로하여금 내先親다윗을 代身하여 王이되게하셨는데 나는적은兒孩라 出入할줄을아지못하고 主의選民中에있아오니 百姓의數가 많어서 헤일수도없고 調査할수도없나이다、智慧로운마음을종에게주사 主의百姓을裁判하게하옵시며 能히善惡을分別하게하옵소서、누가能히主의많은 百姓을 統治할수있사오리까』이것이 솔로몬王의 卽位後의 첫祈禱이엿다 하나님은 이렇게 祈禱함을기뻐하셨다하니 얼마나 貴한祈禱인가를알수있다 이에對하여 하나님께서는『네가 이것을求하고 自己를 爲하여長壽함이나 怨讎의生命끊기를 求하지아니하니 내가네말대로 네게智慧롭고깨닫는마음을 주노니 前에도後에도너와같은者가 없으리라 또네가求하지않은것도 네게주노니富貴와長壽와 財物과 榮華이니라』고答하셨다 그리고그대로하셨다(列王紀上三의一ㅣ一四、歷代下一의一ㅣ一二參照)。

우리는 솔로몬王의 智慧를 놀라지않을수없다、그러나 王에게 그러한 智慧를주신 하나님을잊어서는아니된다。그런데 우리는 사단과 싸우시는 하나님에게서 이솔로몬의智慧와 其참어미의 態度를보는것이다。그러나아니다 父母가子息을 닮을수가없는것이고 子息이 父母를 닮는것이 順序이며 自然이다。그러기때문에 우리는 하나님에게서 솔로몬의智慧와 참어버이의 마음을보는 것이아니라 솔로몬의智慧와 참어버이의마음에서 하나님의智慧와 사랑을보는것이다。그렇다 솔로몬에게 無限한智慧를 주신이도 하나님이시고 어버이의마음에 至極한사랑을솟아나게하신이도 하나님이시다。智慧의神이요 사랑의하나님이 우리들의 어버이시다。우리의참아버지시이다 우리들의 幸福함이여!그야勿論 太初부터 하나님은 사단을 이기실수가있었을것이다、卽人間을 사단의誘惑에들지않게 하실수가있었을것이다 그러나 智慧로우신 하나님은 그렇게하시지않으셨다、그리고 禍를變하여福이되게하셨다 이것은 愚昧한 人間의常識이나 理知의 範圍밖에일이다 웨? 하나님은 太初에人間이사단의 誘惑에빠지는것을 그대로두셨나하고 怨望하는者는 누구이냐?

하나님은 萬有의主이시다、宇宙를主宰하시는 永遠의神이이다。따라서 하나님의 經綸의 永遠함과 攝理의奧妙함을 코로숨쉬는人間이 어찌理解할수있으랴? 古語에도 人生七十古來稀라하지않었는가、聖詩에는『사람은 그사는날이풀과같고 其榮華는 들에피는꽃과같도다 大槪바람이지나간즉없어지고 그있던 곳은다시알지 못하리로다』라고 하였다 (詩一〇三의一五、一六) 다시말하면 人間은적은것이다、弱한것이다、어두운것이다。그런데 또人間은짧다 瞬間的이다。눈에보이고 귀에들리는 以上의것도 以外의것도 아지못하는者이며 알려고 하지도않는者이다 이러한것을 말하여肉이라한다 그렇다 人間은確實히 肉인者이다。暫時的存在이다。하나님은 이와正反對이시다。하나님은靈이요 眞理이시다。永遠不變의存在이시다。靈은다스리는者이고 肉은支配받을者이다。靈은산者이고 또살리는者이다。永遠의生命은 오즉靈에만있다。그러나 肉은죽을者이고 또한죽이는者이다。肉의結實은滅亡이고 最後는죽엄이다。그러기에 肉은靈의命令에 順從하여서 福을받고永生할것이며 靈을떠나거나 悖逆하여서 禍를입고 滅亡을當하는것이다。그런데 하나님과 人間과의 사이는 靈과肉의關係이다。

그러면 웨 하나님은 人間이사단의 誘惑에빠지게하셨나? 誘惑을當한것은 人間이 自意로한것이지 하나님이 그렇게 하실理는 萬無이다。決코 아니다。그러면 웨誘惑을 當하지않도록 아니하셨나? 그것은 하나님이 人

間을 無限히사랑하시고 絶對로信賴하서서 完全한自由를 주신까닭이다 卽 獨立的尊貴한 人格을 주신때문이다 萬若 하나님이 人間에게 自由와人格을 주시지않으셨다면 誘惑에빠지지아니 할뿐더러 처음부터 誘惑自體가없었을것이다 誘惑이라는 事實 다시말하면 犯罪가成立되지않었을것이다 그러나 그렇다면 人間은 人間이아니고 다만의 物體나 生物에 지나지못한것이다 마치機械와같이、或은草木과같이 그러나 人間은決코 그러한것이아니다絶對로 그러하여서는 아니된다 人生의最貴함은 그自由와 그人格에있다 人生의價値와意味도 또한 그것에있는것이다 設使 人間이誘惑에 빠저서 犯罪함으로 滅亡을當한다할지라도 人間에게 自由와人格을 주신하나님앞에 우리는 無限히感謝할것이다 그것이야말로 사랑의極致임으로 그러니 우리는 그저하나님의 聖號를언제나 讚頌할것뿐이다 苦痛悲哀中에서도 아니 滅亡의자리인 地獄에서 까지라도 할렐루야、호사나로다

그러면 人間은 一旦誘惑에 빠진者이니 永遠히사단에게만 屬하고말것인가? 勿論그러한것은아니다 하나님은사랑이시다 또 우리의 아버지시다 人間을 滅亡의자리에 永遠히두실理가 絶對로없다 아모리叛逆하고 犯罪한人間이지마는 그러면 웨 하나님은 人間이誘惑當한 그때에 直時사단에게서 救援하지않으셨나? 사단은 죽은子息의어미다。卽 죽엄의 어미다 그러나 하나님은 살者의아버지시다 生命의 根源이시다 그뿐더러 하나님의 사랑 卽 어버이의사랑 참사랑、산사랑、불타는듯한 사랑은여귀서 證明되였다 사단은죽여서 半이라도 갖이려고한다 그러나 하나님은 一旦人間을사단의손에 붙일지라도 人間을 살리려고하셨다 萬若 하나님이 人間을 卽席에서 救援하셨다면 그것은 救援이아니고 滅亡이며 죽엄이였을것이다 그야 無理로라도 自己에게 돌아오게 하실수는있다 그러나 그렇게 하시려면 人間에게서 무엇보다도먼저 自由와人格을 빼어야할것이다 어떠한 모양으로서라도 다시말하면 自由와人格을 그대로 두었다 할지라도 萬若 誘惑할時에 하나님이人間을 自己품안에안어주신다면 그일自體가 벌서 自由와人格을 빼은일이다 人間은 사단의말을 들은것이 自由였기때문이다 그러니 自由를抑制하거나 取消하는일은 決코 自由가아니다 그리고 自由없는곳에 무슨生命이있으랴? 그것은 곳죽엄이다 그러기에 하나님은 人間의自由를 爲하여 다시말하면 죽이지않으시려고 當分間人間을 사단의손에 내여주신것이다 怨痛하고 忿하면서도 아! 이때의 하나님의 마음은 어떠하셨을가?

그런데 사단은 그自體가죽엄이다 그를따러서 어찌死亡을 免할수있으랴? 사단에게 屬한일은 그것이 곧죽

엄이다 그러면 하나님은 어듸까지고 人間에게 自由를 주셨다 그러나 問題는이것으로 落着될수없다 웨 그런가하면 自由없는 곳에 生命이없는것처럼 生命없는곳에 自由가있을理가없다 그러기에 하나님은 人間을사단의손에서 救援하지않으시면아니된다 人間을 爲하여서도 勿論이지마는 그렇게 아니하시고는 하나님의 사랑은견딜수없는것이다 여긔에 하나님對사단의싸움은必然的이다 사단亦是 한번占領한 人間을 다시하나님에게 돌려보내려고할理가없다 그래서 사단은 恒常 挑戰的이다、暴力主義다 破壞者이다 거긔에는 人情도없고 道理도없다 다만 頑惡과 固執이있을 뿐이다 그러기에 사단이있는곳은 殺風景이요 修羅場이다 아니死刑窟이다 地獄이다 暗黑이다 거긔에는 슬픔과 괴로움과 무서움과 앓음이 있을뿐이다 따라서 嘲笑가있고 怨望이있고 憎惡가있고 詛呪가있다 生覺만하여도 떨리고 무섭고 몸써리나지않는가? 그러나 이것은 다만의想像이아니다 事實이고實際이다 우리가볼수있고 들을수있는일이다 아니 우리가 現在當하고있는 일이아닌가? 하나님의 품을떠나서 사단의支配아래있는 個人과 家庭과 社會와 國家가 모다 그러하지않은가? 東洋人도 西洋人도 白人種도 黃人種도 또黑人種까지도 남김없이 그러하도다 新聞의報道를 기다릴것도없이 우리의눈은 죽는者 또는 죽이는者를보기에지쳤으며 우리의코는 피비린냄새에 푹 젖었으며 우리의귀는苦悶中에呻吟하는소리를 듣기에疲勞하고말었다。 아! 언제까지人間은 이런狀態를벗어나지못할것인가?

그러나 人間아、落心할것이없다、決코失望하지말어라! 하나님이게시다 산하나님이게시다 사랑이신하나님이 살어게신다 하나님은 防戰的이다、平和主義다 建設者이다 그래서 거긔에는 慈悲가있고、義理가있다、또한 溫柔와 謙遜이있다 그러기에 하나님이 게신곳은 樂園이요 平和의王國이다 生命의 샘이솟아나고 義의太陽이 빛이는 理想國이다 卽天國이다 거긔에는 歡喜와 慰勞와 滿足과 所望이넘친다 따라서 讚頌이있고 感謝가있고 사랑이있고 祝福이있다 그런데 하나님의 나라는임의 따에서 일우어젔다 그길이열렸다 그것이 救援의 길이다 오래前에 하나님은 人間을 爲하여 全人類를爲하여 救援의길을 여신것이다 말할것없이 余輩와같은 버레만도 못한人間、人間中에 가장찌시러기、罪人의魁首、惡한者의 頭目까지도 버리지않으시고 모조리 救援하시려하신다 발서하셨다 이消息을 말하여 天來의 嘉信이라한다 하나님의 福音이라한다 그렇다 福音中에 福音이다 길은 임의 열렸다 그러나 사람은가지아니한다 참빛은 오래前에 世上에왔다 그러나 사람은 빛을버리고 暗黑에서 헤매인다 아! 얼마나 畓々한일이냐? 가장슬픈일이며 무엇보다도 怨痛한일이다。그러면 그것은 무슨까닭일가 그렇다 눈이있으나 보지못하고 귀가있으나듣지못하는까닭이다 아니、들어도듣지못하고 보아도보지못하는緣故이다。그래서人間은 迷惑한다 彷徨한다 罪惡의大海에서

오! 하나님은 사랑이아니신가? 萬若 하나님이 사랑이시라면 사랑의 하나님은 大體어찌하시려는것인가? 보여주어도 보지못하고 들려주어도 듣지못하는 불상한 人生들을? 옳다 그러기에 하나님은 싸우신다、人間을 죽엄으로 삼키려는 사단과 끊임없이 싸우신다 個人의 靈魂속에서 그리고모든家庭과社會와國家속에서。過去에도 現在에도또未來에도。完全히人類의救援이成就될그때까지 宇宙的最大의戰鬪를!

社告

一、姜濟健先生의病患 姜先生이누구이신것은 本誌々友들의 이미熟知하는바이다 多數한敎會를建設하였것마는 여러敎會의바람을當하였고 主예수께極盡하였던탓으로 그骨肉親友들께는 오히려阻隔하게된일도不無하다 只今그리스도의老兵이八十餘歲의高齡으로 病褥에누어起動할수없는形便이라하니 무릇主예수를사랑하는者들의愛의加禱를期待하며、또한物質의扶助도 아끼지말기를願한다。多少不拘하고 本社로보내던지或은五山高普咸錫憲先生께보내면 老先驅者에게慰勞를傳하겠나이다。

二、本誌의委托販賣에關하야 主예수그리스도의限量없는憐憫으로써 本誌도第一百號를算한後 발서十號를거듭하였고 創刊第十週年을맞이한前後로부터 意外에 眞摯한誌友의數도增加하였다 지금같으면 우리는 讀者의數를 늘이기보다 現在맺어진誌友에게 充實한靈糧을 傳達하기에 차라리急함을感한다

그러나 本誌刊行의趣旨가本來 마지못하는 大勢力에잡히어서始作된일인以上 좀더 다하여야할義務가 남어있음을 느끼게되였다 그것은 本誌를每月刊行할뿐더러 本誌의存在를 朝鮮사람사는곳에는 어듸던지 널리 골고루알려주어야하겠다는것이다 道、郡廳所在地만한大小都會地는 勿論이오 어떤僻地山村에서라도 聖書朝鮮이라는雜誌가朝鮮에있는줄알며 또 손쉽게求得할수있도록하야、알면서도 보면서도 읽지않을때 그때에 우리責任의 어깨가輕快하여질것이다

이目的을達하기爲하야于先現在誌友諸君의協助를願한다 誌友의存在한地方마다 親히 或은附近書店이나個人에게委托販賣를紹介할責務를分擔하기를請한다 이에必要한雜誌餘部는要求되는대로需應하고저 本社의準備가넉々하다 必曰多量收益을企望하는바안이니 單 ・・ 冊의取扱이라도可하고 또單한卷의販賣가없어도可하니 十字架의旗ㅅ대 하날식을 들고섯는者의覺悟로써 이일에忝加하라

天國은어떤것인가

마태복음第十三章四四—四六節의研究

金教臣

① 天國은 마치 밭에감추인寶貨를 사람이 맛나매 숨기고 기뻐하야 도라가서 제 있는것을 다팔아 그 밭을 삼과 같으니라 (四四)。

② 또天國은 마치 좋은眞珠를求하는 장사가 극히 갑진 진주하나를 맛나매 가서 제 있는것을 다팔아 그 진주를 삼과 같으니라 (四五、四六)

이두가지譬喩는 天國을 어떻게發見하는가 하는方法을 가르키는 同時에、天國이란 어떤것인가 하는性質도 잘 나타나있다 이것을 希獵語原文으로計算하면 ① 숨은寶貨의譬喩는 三十語、② 좋은眞珠의譬喩는 二十四語(冠詞도一語로計算)로써되였다。實로 天國에서 오신 그리스도가안이고서는 이렇게簡單한文字로써 이처럼內容充足하게 天國을表示할수 없을것이다。

天國이라는字義에 첫째로注意할것이다。朝鮮예수教徒들이 흔이使用하는「天堂」이라는말은 여러가지誤解를聯想케할 危險이있는故로 우리는獨占的 獨善的 閑逸退嬰的인 모든誤解를伴하기쉬운「天堂」이라는語를廢하고、原語의뜻에 가장가까운 天國이라는말을 즐겨 쓰고저한다 또한獨善其身하며 隱遁的이오神秘的인 모든異教的宗教와는根本的으로 다른 基督教의救援觀——神意가行하여지는 그리스도王國의臨現思想이 이天國이란一語에 잘나타났다。

① 숨은寶貨의譬喩를 解釋함에當하야 이것을寓話的으로解讀하랴는學者들은 古來로 여러가지曲解를弄絡한일이 있었다。어떤學者는 밭을聖書라하고 寶貨는그奧義라하였으며、오리겐같은大家도 밭은聖書의文字요 寶貨는 그寓話的意라고하였다 譬喩研究로有名한 트렌취는 밭을 보이는教會라하고 寶貨는 靈的教會라고解하였다 其他에도 밭은 여호와라、그리스도라、永遠의生命이라 는等 各樣解說이많었다。그러나 우리로써 말하라면 이런學說들은 모다 지나친說明이오 過不如未及이라는感이不無하다。

이는 文字대로 率直하게 읽을것이다。卽 어떤農夫가 小作으로 밭을갈었거나 흙을쓰라고他人의밭을 팠다고보아도可하며、또는 봄날에 메ㅅ싹을 캐랴고 밭을 깊이 파번지였대도可하다 그러다가偶然히 自己는目的도안했던 小櫃箱한개를 찍어냈다 그안에 金銀寶貨가 들어있음을 알고 週圍를環視했으나 아무도없으니 저는 그櫃를 남몰래土中에 묻어두고 기뻐도라가 自己全財産을 팔어서 그 밭을購入하였다고。이수작이 天國發見한者의 心理와

髣髴하다 함이다。

이렇게偶然히 밭에서寶貨를 캐내는일은 우리朝鮮에도 드문일이안이다 古墳을 허무르고開墾한地帶던지、古代에 戰禍있였던地域에 흔이볼수있는일이다 朝鮮이나 파레스티나地方은 모다列强의勢力이자주衝突하는地帶이였던故로 地中에埋藏하는일이 當時에는 가장安全한方策이였을것이며、따라서 意外의寶貨를 캐내는것을 예수도 자주見聞하셨을것이며、그런凡常한實例를引用하야 天國을平易하게 가르킨것이였다

但 여기注意할것은 이一節을 읽고서 남의밭에서實物을發見하였으면 卽時그主人에게 돌려줄것이지 隱諱하여두고自己所有를 만들랴는것은不可하다 遺失法違反이라고 不快히생각하며、예수그리스도라는이가 天國을 가르키는데 이런非道德的引例로써 하였느냐고 抗辯하는수가있다 그러나 여귀서 말하고저하는것은 遺失物을拾得한때의措處가안이오、通常人間이土中의 숨은寶貨를發掘한때에 기뻐하는 그기쁨을 引用하고저 하신것뿐이다。 이러한要點에 着眼할줄모르고 이모저모에서道德論만 휘두루는者는 一平生眞理는 어르만저도 못볼者이며、終生토록 外飾하는 바리새主義者로 마출것이다

② 좋은眞珠의譬喩는 더욱簡明하여서 더敷衍하여說明할것도없다。但 「眞珠를求하는 장사」라고한것은 單只商利를貪하는商人이안이오、眞珠의品質을 참으로識別玩賞할줄아는 珍奇高價한眞珠의 蒐集家이였을것이다 그리하야 旣爲蒐集한것보다 더욱珍品을 더욱 高貴한것을 찾고저 近方은勿論이오 멀리東方諸國에까지巡歷하면서求하던中에 드듸어所願하던 稀罕한珍品을發見하였다 마음에願하면서도生來에 맞나보지못했던 좋은眞珠를 찾았으니 그때의 기쁨과滿足은比할데없였다。速히歸家하야 至今까지蒐集했던 모든眞珠도팔고、家屋田土를 모주리放賣하여 全資産을傾注하여가지고 다시나가 이정말珍品인眞珠를 살때의 그熱心과 그기쁨의모양이 天國發見의그것과恰似하다함이다 옛날 金剛石이稀貴한時代에는 眞珠가 가장貴重한寶貨이였으며、예수當時에도 金額의多寡를不問하고 熱心으로 求하며 다니는 眞珠蒐集家를 자주 目睹할수있어서 生々한實例를 들어 가르키였을것이다。

이 두가지譬喩가傳하는 敎訓는 서로 다른것도있고、共通한것도있다。① 은 일부러 찾으라고努力한것이안이였는데 偶然히 意外에 寶貨를發見하였다 함이오、②는 힘쓰며 千辛萬苦한끝에 드디어 目的物인 좋은眞珠를 찾었다는것이다。天國發見에도 이두가지型이있다。어면이는 애써 求하기前에、차라리 하나님을廻避하야 逃亡하려는 途中에 天國을發한이가있고、或은 몹시 渴急하야求하며

一八

努力하며 祈願한後에 바야흐로 所期의天國에入參하는이도있다。그러나 前者만恩惠로받은것이오 後者는努力으로業績으로써 天國을 奪取한것이라고 할수는없는일이다。「求하라 그리하면 주리라」고 말슴하셨으나(마태七·七)또한求하는者의熱心으로써獲得할수없너니라(로마九·十六)고도가르쳤다。眞珠商人이熱心으로求했으나 決局發見한것은偶然의일이다 숨은寶貨의境遇보다 多少의努力이있였다고할것이나 恩惠의無量大함에比길때엔 그努力은五十步百步의差일뿐이다 熱心히求하는誠意도貴하나 努力하는者의熱心을奇特히보시는同時에 어둡고不熱心한蕩子들도 天國에拒否하시지않으시는것이 어버이의맘이오 하나님의맘이신것을 잊어서는안된다。信仰은 抑志로 自力으로만도 안되는일인것을 알수있다

共通한教訓의 하나는 全財産을 모다들여서 밭을사며眞珠를 샀다는것이다。天國은一部分으로서 살수없는물건이다 貧者의全財産이나 富者의全財産이나 天國의代價로서는相等價値를 가진다 百萬長者라도 그資産의半分으로서는 天國을 살수없는同時에 極貧者라도 있는것을 다받치면 살수있다한다。아나니아 삽비라夫妻의巨産이라도半分을 껴은때에는 地獄의代價밖에될것이없였고(使五·一以下)、寡婦의二錢이라도 全所有를献納할때는 足히天國의代價가된것이다(마가一二·四一)。어쨌던지全所有를 받친者라야만天國을所有한다 非單財産뿐이라、知識 感情 理想生命까지를 다받치라는要求이다 하나님은 確實히 嫉妬心이많으시다。그러나 이것이 여호와神이오、이것이天國取得의現行規例이니 할수없다

또 天國이란것은 全財産——其他 生命까지라도——을받쳤어라도 살만한價値있는것이라함을 이譬喩가 가르킨다。그리스도와 함께 全世界와宇宙를 차지하는嗣子가되는일일진대 비록巨富의所有地라할지라도 그것은掌幅에不過한것이며、永遠의生命에參與하는일일진대 使徒바울과함께 前에重하다貴하다하던것을 모주리糞土와같이 녀기지않을수없을 것이다。天國이란 무엇인것을 몰라서 그렇지그眞價를알기만한다면 全所有를 주고서라도 바꾸고싶은것이다。故로 참말로天國을所有한者에게는 다시不幸感不滿感이 있을수없을것이다(로마八·一七 고前三·二一、빌립三七、八、마태一六·二六)

以上 두譬喩에 共通하게 가르키는 가장現著한教訓은天國發見한者의 기쁨이다。숨은寶貨를發掘하였을때나 좋은 眞珠를 맞났을때나 그農夫와商人이 얼마나 기뻐하였던가。그때의 그기쁨이 天國을發見한者의 기쁨과 방불하다는것이 이譬喩들의中心인듯하다。信仰生活의 가장現著한特色은 기뻐하는生活이다。基督教를 誤解하는이는基督教教師가茶果먹는것을보고 意外임에놀라는이가있다

그는 基督敎라고하면 밤낮 찡그린面相으로써 苦心奮鬪하는道德訓長인줄 알어먹였기때문이다。그러나 참基督敎는 기뻐뛰노는 躍動의生命에 넘처사는것이 그眞面目이다。周圍環境의如何에不拘하고 참말天國을所有한者에게는 기쁨이있다。그適例는 使徒바울이였다。破船 疾病 貧乏 逼迫 誤解毁謗 獄中에서도 저는天國發見者의 기쁨에넘쳤고 또한能히他人까지도 기뻐하게하였다 기쁨을産出하는福音이라야 참福音이다

生活의獨立과協助

本誌第一〇八號의卷頭에 「現實生活과信仰」이란 小文을실였음에對하야 適切深刻한返響도 있였으나、이에反하야筆者의생각과는 매우다른方向으로解釋하면서 空然한苦痛을呼訴하는이도 한두사람에 끝이지않였다。因하야 이에좀더敷衍하고저한다

獨立生活이라함은 必曰狐立生活을意味함은안이다。或은財力을合資하여營爲하는일도있을것이오 或은一方이資本을他方이勞力을據出하야 아름다운協助共同의일을經營할수도있는것이니、이는 부끄러워할일이안이라 오히려美美할일이다。故로 손수勞動하기를 싫여하는者는 먹지말라고號令한바울은(데살后三·八―一二)同時에 奴僕되였던者는奴僕된대로 그職分에忠實하기를 가르쳤다(디모前六·一、二) 勤勞로써 땀흘리는者는 비록 그勞働의結果가 때로收支맞지못하는 境遇가있다할지라도 저는決코徒食하는者가안이다。收支를念慮煩惱하기보다 衣食이勤勞에必然的으로 따라오는것도안이오 實相은 하나님의祝福如何에 달렸음을깨닫고 쓸데없는종으로自處하야 女종이主婦의손을 처다보듯이 主여호와의손을 우러러보면서 感謝하는生涯를企願함이 一段의進境일것이다。

또勤勞라고하야 文字대로汗滴을 흘리는 肉體勞働만을意味하는것이안임은勿論이다。天然의法則대로는 누구나日光과空氣裕足한大自然속에서 每日相當時間의肉體的勞働을하는것이 더合理的이오幸福되는듯하나、今日과같이社會의諸般機構가極度로分化된時代에處하야는 願하는대로만擇할수 없는경우도 적지않다。或은机上에서原稿만쓰게된八字도있고 或은壇上에說敎하게만命令받은者도있고 其他各種雇傭사라도있으나 그어느것이라고無視할수는없다。打作마당에일하는 소에게 그糧食을拒否할수없다면 눈에보이지않는일 靈의일에從事하는者에게도 正當한衣食의供給이있어야할것은 넘어明白한理致이다。우리가現實生活을重大視하야論議함은決코貧者를괴롭게굴랴는意圖가안이였고 또한바리새的律法主義를建立하랴는것도안이였다

上京數題 [二]

申瑾澈

서 울

다윋王國의亡後 猶太의遷民들은 荒廢한예루살렘의消息을 들을때 눈물을흘리였다。우리는平素 一見尋常하고平凡하고無心한態度를 가지는者이나、서울에對하야듣고 보고 말할때 形言할수없는 複雜한感懷와 深刻한 悲哀를 느끼게되는것이다。

이제 다섯해만에 對하는서울、그것은 다섯해前에보면 서울이오、여덟해前에보면서울이요、또 二十年前에보았던 그서울이다。無限그리웁고 사랑스러운서울、끝없는追憶과 想像의 無罪하고도 優美한 懷舊의古宮으로이끄는서울이오、永遠不滅하는眞正한 예루살렘城의再建과 聖殿이룩의 明日을爲하야、熱血信神의人으로하야금 시온인希望의北漢을 우러르게하는서울이다。

그러나 많이變했다。더욱變했다。人口는 더욱稠密하고 屋宇는 더욱櫛比하고 往來는 한層煩雜한서울이되였다。그矮小貧弱한廛房과 草家瓦家대신에 尖端洋式의百貨店과 文貨住宅이들어서고、人力車와牛馬車대신에 無數한自動車가 았다러 달리고、無時로飛行機가 날으게되였다。그리고 「防空」「防毒」하는 새로운用語가 人口에 오르내리게되였고、카키빛戰鬪帽와 三尺의木長刀가 어린兒童들에게까지 準備되는 새로운面容의 서울로變했다。

歲月이 바뀐것이다。몇歲月이 바뀐것이다。戰帽와 마스크와 木刀의서울、그것은分明히 남바우와 조바우와 장죽의 悠閑한 어젯날의 서운이아니다。光化門을뜯고 宮墻을헐고 南山을넘고 漢江을건너고、다시 仁旺 北漢을 끼고도는 오늘의 大京城은 果然發展했구나 繁華하구나 殷盛하구나。

그러나 이제 長安의 네거리에서서 저紛然하고 雜然한往來를 凝視하는 이눈에는 오히려 눈물이 고이지아니하느냐。어허、이것이 웬눈물인가。

다시는 못보려니했던 이서울을 다시보게되였으니 넘어 느꺼워서 눈물이나는가。못본동안 이렇게도 殷盛하고 發展하고 繁華한서울이 되였으니、넘어도 고마워서 눈물이고이는가。또는 저華麗하고 奢侈스러운「紳士淑女」들의 눈부신 차림차림을 바라보고、自身의 초초한形色을 도라보아 옹종하게도 눈물을 흘리는가。或그렇지않으면 杜甫 屈原의漢詩나 元天錫 吉再의 노래를 생각하는가、에스라 느헤미아 當年의 그悲感한눈물이 느껍다하는가。아니다 아니다 모두가 다 아닐것이다

上[illegible]數題

「어쩌하야 胎中에서 죽지않았고 나와서 숨지지 않았던고」하는 욥의沈痛한嘆息이 없지않았던 苦患煩惱中에 무슨 現實에對한 意欲이 있고 愛着이있었으랴。나의보고지고하던서울은 이 악착한 叫喚의거리 現實의서울이 아니다。「惡한者가 虐待를 끄치며 困苦한者가 平安히 쉬고、사로잡힌者가 간役軍의소리를 듣지않으며、적은者나 큰者나 한가지로있어 종이라도 상전의손에놓인」저 無形平等한 彼岸의서울이 아니였더냐。 또이만한發展과 이만한繁華와 이러한施設에 놀라고 고마워하기에는 적으나마 나의가진常識이 너머도傲慢하고、또 나사는 시골의 發展과 繁華와 施設이 어지간히도 서울을 닮였지아니하냐。 그리고또自身의憔悴한樣을 설어하기에는 내表情은 넘어도鈍하고、華麗하고奢侈스러운 衣裝美와化粧美에 마음이쏠리기에는 나는넘어도非形式的이오 非流行的이다。 나도새사람이다。바야흐로 新生의一角에서 現實과未來의 茫茫한兩大世界에 所望을부치고 나가는 몸이、多事하고奔走한 이자리에서서 한갓 애틋한 詩想에잠기고 區區한懷舊의 消極的인눈물만을 흘리고있을것이랴。

서울은變했다。서울은發展했다。時急한「防空」과「防毒」을 要하는 非常時京城으로變했다。그리고 이變하고 發展한 것은決코 거죽의서울 外貌의서울만이아니다。서울의自然 서울의空氣 서울의마음、이모든것이變하고 發展한것이다 (發展이란 늘고 붙어 盛한단말이다)

보라 이煤煙의서울 紅塵의서울 惡臭의서울을。보는거 뜨는거 듣는것이 모두가醜惡한煤氣요 塵埃요 臭氣가아니냐。그리고 이醜雜하고 惡毒한空氣는 이미 서울의하늘을덮였고 서울의거리를채우고、다시 그毒素는 이안에 起居하는 온갓人士의心身을侵犯하고侵潤하야、마침내 그 心眼을眩惑케하고 그良心을痲痺케한것이다。저 네거리를 奔走히往來하며 電車自動車를 乘降하는千萬사람들의 焦躁하고 唐慌하고 不安하고 憂鬱한氣色을보라。得意然하게 自動車를 몰아가는紳士가있다。斷髮洋裝으로 衆目을 끄으는女人이있다。毛皮와金부치로 몸을싼貴婦人이있다。스켈을 들러멘學生이있고 自轉車를달리는勞働者가있고、意氣銷沈한 늙은父兄이있다。或은뛰고 或은달리고、불르고 웨치고、또 성난빛 슬픈빛 주린빛 치운빛 緊張한빛 實로形形色色이다。그러나 어데서 나와서 어데로들어가는지 알수없는 이숫한 사람의물결、그喜悲雜然한群像의 어느하나도 도무지 閑暇하고 無心하고 淳朴하고 眞實하고 鎭重해 보이지는안는다。사람마다 오직求하는빛이오 찾어헤매는 눈치다。金錢을求하고 衣食을찾으며 또그무엇을 얻으려고 모두가 赤眼이오 血眼이다 安全地帶에 얼며떨며 哀乞求乞하는 어린거지가있으되 한分

의施惠를 하는이가없고、어린兒女를 부축하지않고 늙은이에게 사양하지않는다。밀고 제치고 나홀로 먼저타고 나홀로 먼저내린다。코도 가래도 되는대루 배알고、남의 발등을 디디고 옷자락을 밟되 인사한마디 할줄모르는사람들이다。어디까지나 怜悧하고 聰明하고 冷靜하고 浮薄輕率한表情의 所有者들뿐이다。

사람마다 남의困苦를보되 憐愍의情을 이르키지못하고 世上의不義를보되 義憤을 느낌이 없고、姦惡이盛行하되 憎惡함이없고、詭譎을對하되 怪異히여김을 볼수없는것이다。所謂 先驅名流의多數도 그아는바 行하는바가 오직 當眼의俗務일뿐、大事에 邁進할勇氣가없고 魂力이없다。執着도없고 熱誠도없고 게다가 아무런疑惑도 煩悶조차도없는것이다。다만面前의事事를 彌縫塗糊하고 苟且偸安하야 一時의少康과 卑屈의無事를 일삼을뿐이다。아아無力하다 萎靡하다 沈滯하다 참으로 疲勞와倦怠가 彌滿한社會다。 그리고 이속에 한껏發展한것은 오직虛榮의風潮다。拜金宗과唯物宗의 偶像崇拜다 모든美와 愛와 尊敬의全部를 다만 金錢의多寡로써 秤量하는信條의 社會다。있는이는 있는체하고 없는이는 없지않은체하기에 제各己 全心全力을 기우리게되매 必然으로 이에 따르는것은 形式이다。假面이다。外形外飾의 徹底한 바리새主義다。여기는 衣食의外에 靈糧이없고 友人에 古人이 없다。化粧의美있으나自然의美를모르고 名利를 竭求하되 眞理를求함이없나니、어찌 精靈의慰藉 그무엇임을 理解하랴。瞬間의享樂과 傾刻의喜悅을 進求함으로써 至上의 滿足으로여기는 여기참된感興이없고 참된趣味가없고 참된 品位가 있을理없다。무슨意義 무슨價値를 云謂할것인가。日常에 보는바 오직反目이오 猜疑요 嫉妬요 또軋轢이오 鬪爭인것이다。

어허、대견하다 人心의倦怠여、良心의麻痺여、온갖 好意는涸渇하고 無禮홀로 橫行하는 이社會이거리여! 그리고 이미 이같이 서울의社會를 侵潤腐敗케하야、온갖 不德의 源泉이되고 모든罪惡의 根源을이룬 이惡毒한空氣는 時時로 無形의電波를따라 그毒素를三千里靈域에放送하고 있지않는가。그리고 이毒素가放送되는거기 곧人心의倦怠가傳染하고良心의麻痺가蔓延되는것이아니냐。어찌 慄然치않으랴、悚然치않으랴。

이것이變한서울이오、發展한 서울이다。時急한「防空」과 「防毒」을要하는非常時京城이오、그리고 또이제五年만에變하고發展한서울의面容을對하고서의 나의슬픔의말미암은바가 곧이것이라한다。

사랑하는서울의兄弟여 姉妹여、철없이「防空」「防毒」을 뇌까리는輕薄한人士들이어! 일즉이 이人間의靈魂을犯하는「空爆」에對하야 생각한일이 있던가。그리고또이미 우리네心靈에 끊이侵犯한 이無形의「空襲」을 장차 어찌處守한다하는가。우리 모름즉이 恐懼修省하고悔改入眞하는 거룩한念願을發하는것이 이때가아닌가。다같이 이傷한心靈을救하기爲하야 하늘맑고 바람시원한 郊外로나가자、東小門을나서자、想峴을넘어 北漢으로오르자。

「시온이어 깨고깨어 힘을옷입듯할것이오、거룩한城 예루살렘이어 아름다운禮服을입으라。이제부터는 割禮받지아니한者와 더러운者가 네게들어가지아니하리라。예루살렘이어 스스로 그티끌을 떠러버리고 일러앉으라。사로잡힌 딸같은 시온아 네 목에맨것을 스스로 풀지어다」

—이사야書五十二章一、二節—

聖朝通信

一月十八日 (火) 雪、雨 오래만에降雪、나종은化雨、氷盤이되여서 自轉車速度半減。登校四時間授業外에卒業生徒의成績과性行證明等을數枚쓰고나니午後五時되다。每日代書業者노릇。○佳信數枚 其中하나『(前略)發刊하시는即次로 잊지않으시고 보내주시는貴誌는 今月까지 반가히拜讀하옵니다。참으로 고적한生의周圍의반가운現像이옵니다 前에貴誌의休刊된다는片信을받아들고서 마치重한寶貨를 얻었다가 잃은바같은感情에떠서 가깝함을이기지못하든 얼마後에 繼續하여今日에至하는貴誌를對할때 또한先生님의個性삶글월을읽을때마다 生은 멀지는않으나 멀어저있는이자리에先生님의面影을 늘 맞나는것입니다 願컨대 더욱더욱 이天地가 흔들리도록 高喊처 주심을 祈願하옵니다。(中略)

今般 貴誌의「現實生活과信仰」이라는痛快스러운論調에는 그만宿痾의 적명어리가 떨어지는感입니다 平時에主張하든觀念이었읍니다。新年의 거룩한集會의盛況이 궁금합니다。저亦是參席하고싶은衝動을禁키어려웠든탓이었나봅니다。』

一月十九日 (水) 曇。印刷所에原稿를傳하고登校。授業外의時間으로原稿쓰기○多年間肺患에 시달린몸으로써 病床의兩親을看護하는 젊은兄弟의消息을接하고同情不禁。

一月二十日 (木) 晴。授業後에 新入學生徒募集에關한職員會 宿直。○未知의兄弟로부터「……혼잃은 우리社會의人間을救하려는 예수의이름으로建設된聖書朝鮮社는 하나님의保護하심을받어 不滅의빛을 우리靑年마음에 빛우어주기를懇求합니다。社會의中堅이될 이땅의靑年들은 自己가 누구임을 잊어버리고 自己의使命을忘却하고 享樂의칼날우에 춤추고있는것을 나는暗淚를흘리며 보는바입니다。(下略)」

一月二十一日 (金) 晴。大寒 授業과執筆○東京친구로부터「……最早聖書朝鮮誌を見る事を得ないのかと痛恨して居りましたところ 一昨日無事到着しましたのでホットしました 然し卷頭にあの文を强制的に揭載せしめられた貴殿の御心中を思ひ御同情禁じ得ませんでした 主義節操を生命とする聖書雜誌に 內容は如何にもあれ 强力を以って何事かを揭ぐべく强制される事は實に心外なことであります 貴兄が如何ばかりこの爲に苦痛を嘗められたかを思ふとき胸のいたむのを覺えますやがて內地にもかゝる不幸が來ることでせう。實に非常な時代になりました然しかゝる時なればこそ眞の福音が必要なのであります お互に最後の一瞬まで十字架の旗をかゝげて進みませう 如何なる權力暴力威武に脅迫されても變節沈默せぬだけの大切な眞理のみを說き傳へませう。呑氣な自分を省みて申譯なく思ひます 然し貴兄は主の名の爲めに苦しむ者の先鋒です ドウゾ ンツカリやつて下さい 祈ります云々」

一月二十二日 (土) 晴 通學時間外에는太陽에쪼일틈이없는것이遺憾 새벽二時까지原稿及校正

一月二十三日 (日) 晴。午前中걸려校正한것을印刷所로보내고 貧寒한優等生의卒業後方針에關한相議에應하고、午後集會에는 누가福音第十二章의前半을講解하다「肉身을 죽이고 그담에 더할能力을가

지지못한者를 두려워말라 죽인後에 또 한地獄에던지는權能을가진者야말로 眞實로 두려워할진저」 우리와 우리子女를爲하야 이句로써 新願하다。

一月二十四日 (月) 曇、暫雪。印刷所를거쳐登校。授業後職員會。終日틈나는時間은 모주리校正에 자정까지해도未畢한대로就床。

一月二十五日 (火) 雪。새벽에도校正。印刷所에校正을傳하고登校 四時間授業과 學父兄두어분의相議에應하고는 다시印刷所에가서校正。空腹을意識한 저녁때에야 점심먹을時間이없었던것을 비로소 깨닫다 밤에도校正。

一月二十六日 (水) 晴。學校까지全部氷盤道路에自轉車로往返。多數히顚伏되는中에서無故歸宅한것만千萬當幸。坂路에서는自動車바퀴도虛空에서 돌기만하는光景이었다。○授業外에呼出받고 總督府 東大門警察署 敦岩町警察官派出所에 巡次로「出頭」하다。○友人으로부터入學에關한請托의書狀二枚를接하니 今年度入學運動의嚆矢乎。어떻게하면 이入學戰의時期를速히지날까가頭痛件。이때만은十年二十年久阻하였던친구도急작히親密하여지며北漢山麓도不遠하다고。今日來信의一枚는中等學校時代同窓에서作別한後처음消息이니大略二十餘年後의友誼蘇生이다。○저녁에創世紀四十四、五章을輪讀及解說하고家庭禮拜。우리집에도 요셉의兄弟에近似한相逢이不遠에있을듯

一月二十七日 (木) 晴 氷盤의道路에自轉車로 無事往返함이一大事 授業外에 今年以後의檢閱方針을듣고、二月號出版許可된것을가지고印刷所에가서校了 途次에 和信의特賣場에들려보았으나 別로싼것도 없어서 十錢均一의封筒一束을사고 地下階에서上品벤도箱一個購入 ○밤엔發送準備로雞鳴을듣고就床。

一月二十八日 (金) 晴。數日來의氣溫이零下十九度에降하였다고 야단들 但今日부터稍和 ○滿洲에서友人들이農學校를設立한다는消息、또滿洲와서合同하야 좋은일 하나經營해보자는 勸誘等 차라리 聖朝의發行보다 성가시지않을듯도하다

一月二十九日 (土) 晴。太陽系와 그 成因을講하라니 또한번人間의小와宇宙의 大에 놀라지않을 수없다。生徒들보다도 自身을爲하야 적어도一年에한두번은 宇宙大의思慮에沒頭할必要있는듯하다。어지간한說敎듣기보다 宇宙의大와時間의久遠과人間의短小를思惟함이 훨신 사람을改善하는것같다 ○四溫日氣에 路上의氷盤이 매우녹었다、二月號製本出來 밤늦도록發送事務 舊正初에工場이쉬는故로 數日일즉이되였다。○저녁西天에 火星과土星이 日復日接近하는樣이可觀이다。

一月三十日 (日) 晴 陰曆섯달그뭄。洞內에서떡치는소리連日不絕하니 그래도 豐年의餘澤인가。○就職問題二件。하나는 中等學校敎師되기를願하는것이오、하나는 敎師를斷念하고다른方面으로突進하겠다는것 其他婚姻問題二件、入學問題二件。○二月號의一部分먼저發送하고 午後禮拜에 創世紀第四十九章輪讀과 누가福音第十二章解說 「목숨이 음식보다 중하고 몸이 의복보다 중하니라」는 (二十三節)自明의 眞理가通하지못하는故로 人間世上의萬般 悲劇이演出된다。

一月三十一日 (月) 晴。陰曆正月초하루가 아직도威力이있어 鍾路의商店들이 大部分은다쉬고 蓬萊町의勞働者와車馬가

出動치않어서 道路가 매우 넓고閑散하여보이다。但 各學校의授業은平日대로。○오래滿洲方面에있던同生이歸來하야 家內가一時에興盛하여지다 그동안지난辛酸과危險한消息을알고 다시금主여호와의聖護를感謝하다 저녁에는感謝의家族禮拜。創世紀第五十章을읽고 요셉一族에게 나린攝理를 우리살림에 比하야解說하면서 끝없는感謝와讃頌을主께돌리다。

二月一日 (火) 晴 校內氷上大會가淸凉里에 열림으로參列 昨年大會日에 쓰고 두었던 스켓을 털어내어 신으니 昨今이一般이라 技術에는一步의進就도없는데 스켓만은 當時의獨逸製品인데도 十餘年後의今日엔 발서古色蒼然한骨董品化하였다 只今 이 스켓을解體한다면 小型飛行機一臺는建造할듯한鐵物이붙었다。○往返모다林業試驗場林野를通過함이一興이오、歸途에崇仁公普에들려 入學手續件을問議하다 學校는 작으나 周圍의景概와通學路邊의野趣가 오히려賞할바있다。

二月二日 (水) 晴。外國新聞의論調는國內의그것보다 매우다른바가 보이며、또 누구나首肯할만한理論도 선것갈다。登校授業。夕에家族禮拜、出埃及記第二章輪讀。○某氏로부터 燈臺社發行의黃金時代、ナグサメ等을 보내주었으나 읽고싶지않었다 同一한人이 前番에는 細字의謄寫物을보내면서 忍耐하며 읽어보라고添書하였으나 忍耐할수없어서 그대로 休지통에 버렸다 이런일이있는故로 우리는聖朝와 其他出版物을 함부로他人에게寄贈하지안는다。그저받었으니 그저주라고하셨고 實相그저주고싶은 생각도 적지않으나 ── 또 그저줄수도 있는것이나 ──우리는그저주지못한다 여기에苦痛。

二月三日 (木) 晴。登校 二時間授業外에는 午後五時까지 卒業生徒들의上級學校入學手續者書類를調製하는일이었고、돌아와서는 밤十時餘까지 聖朝의治簿와返信等의雜誌事務였다 終日이 거의完全히「事務」의一日이었다 ○東京에서四十二頁의當當한雜誌가創刊되여왔음으로 그活字를計算하니大略二萬七千七百二十字。聖朝誌는二十四頁에略三萬三千五百八十字。字數로만 따진다면 二十四頁의聖朝誌는五十餘頁의大雜誌로만들어定價四十錢쯤은부칠수있는商品인것을發見하다。이런數字計算은 職業根性에서 나온일인지 알수없으나、예전날內村鑑三先生의聖書之硏究誌의壓縮編輯과今日의多數雜誌의延展編輯과에는 그方針에確實히天壤의差가 보인다。但 이것도時代色이라면 그만이다。

二月四日 (金) 晴。立春、새벽에 생무쪽을、朝飯에 艾湯국을 마시면서 傳來의家法대로 이날立春의節을慶祝하다 教室에서試問하니 立春節의太陽과地球와의關係(位置)를圖解하는者 高普三年級生徒百二十名中에 오직一人이었다。○授業後에校友某氏의招宴이있어 同僚諸氏와함께參席。火星과土星이漸々멀어저간다。

二月五日 (土) 晴。誌友間에 和協지못한事實이있음을알고 마음을傷하다。야곱이열두아들들께 期待하며 囑望한것은別다른것도안이오 서로다투지말고和協하라는것이었고、主예수가 十二弟子에게最後의附托을 당부하신것도 오직 서로 발씻어주면서敬愛하라는것이었다。聖朝誌와그主筆을사랑한다하며指導받는하는이들에게對하야 우리도別다른것을願치안한다。그저 우리를사랑해주는그 사랑으로써 서로서로敬愛하라는것이다。우리가사랑하며

信任하는兄弟를——自己들끼리는 더가까운親구이면서——容納지않으면서 우리를 思慕한다하며 聖朝誌를愛讀한다하는者는 거줏말쟁이다 눈에보이며 가까이있어서로依支하든兄弟를 사랑치못할진대 멀리있는 우리를敬愛한다는것도 헛된일인까닭이다、 오래反省치않으면 이런兄弟에게는購讀을拒絶하고저決心하다

二月六日 (日) 晴 登校하야職務를畢하고 도라와冷水에全身을씻고 또한 마시니 內外아울러淨潔하여지는듯하는하다 執筆하고저하나 생각의 실마리를 잡지못하야 얽우지못하다 ○午後禮拜에出埃及第六章을읽고、누가福音第十二章끝을講解하다 ○近隣의貧者의生活救濟策에關하야 적지않게勞心하여보았으나 別로妙案을얻지못하다 夕에는 고린도前書의工夫

二月七日 (月) 晴 暫雪 立春이 지났어도 寒氣는漸烈하다。授業畢하는대로 도라와 고린도書의註釋冊과 씨름하다。西洋一流의註釋冊에도誤植이있음은 우리로하여금 註釋冊만偏重하지말고 聖書本文을 자주對照할것을 指示하는材料로 볼때에 憤慨하기보다 도리어感謝한일인것을 깨닫다 ○夕陽에 雪片이 날리면서 눈보래칠때에 게ㅅ불도 때고 폼푸물도 길어들이고。

二月八日 (火) 晴。寒氣不退할뿐인가 漸漸甚酷한듯하다。登校하야朝禮時間에出席簿를 들고나서니 擔任班生徒들은 수日裁判所로見學가고不在 引率하고가야할 學級擔任教師는 見學간줄도모르고 學校에出勤하였다 이것이 우리學校란것이오 또이만한緊密程度에서 待接받고있는것이 우리가學校에對한關係이다 世上에處하나 學校에對하나 어데까지던지 客員이오暫時지나가는사람이다 우리나라는하늘에있다。이때에서는原稿나쓸만하면足하다

二月九日 (水) 晴 오늘도猛烈히춥다 授業外에는原稿。저녁에 家庭禮拜、出埃及記第九章을 輪讀하다 이사야 가르되 「禍있을진저 擄掠을當치아니하고도擄掠하며 속임을입지아니하고도 속이는者여 네가擄掠하기를 맛칠때에 네가擄掠을當하고 네가 속이기를 끌칠때에 사람이 너를속이리라」고(三三・一)。

二月十日 (木)晴。某紙今日부터改題、○咸興永生高普校長金觀植氏의罷職이紙上에보이다。機를察하기에賢明한金牧師에게 이런事變이생길줄은千萬意外이었다。○今夜宿直。市內公同沐浴場湯錢이七錢으로引上된줄 처음알다。밤에宋兄來談 열한시까지大事小事를 아울러議論하고退去。

二月十一日 (金) 晴 宿直室에서아침라듸오에 새소리를 들으니 꽤 들을만하다 電波를通한것이니 天然의노래보다 못한바있으나 그래도 저들의 소리에는 人間같은虛假가없고 宣傳하랴는故意가없다。○儀式을畢한後에今日도連하야宿直。寒書齋에 잉크가凍結함으로 일부러宿直을替番하여서 原稿쓰려는心算이었다。但宿直室에한동안은 장기 바둑으로 黑白漢楚의大戰役이열려서 塗炭의苦를避치못하였고、또한편에는 上級學校入學手續의成績과性行證明書類等調製의要求가急하야 終日의時間이 거의完全히消費되였다。○畔上賢造氏主幹「日本聖書雜誌」의發刊通知를接하고놀라다。얼마前에 한말이 預言된것같아서 심히두렵고哀惜하다 ○咸兄來信에 金兄그동안은別故나없으시오 主가우리를許하시지안는다면實로서나가기어려운世上이오、原稿는또一兩日늦을터이오

니 그리알으십시오。弟는 今日드디어宿題를決하였오。其前에 兄이十年이나채우라하시었던말이 다시생각나오。今年이滿十年이오。勿論그말슴을직히자한것은아니지만 果然이四五年은 左顧右視하하면서지나왔오。이제떠나기로決하니 劉備의數年徒守困 空對舊山川의句가생각나오、徒守가아니라면 아니기도하지만지금의即感으로는그리하오、學校의教育方針도맛지않고世上形편도그리고아무래도그만두려고는했으나 集會가아깝고弟가떠나버리면 無責任한듯하고하야 可及있어볼가하야(下略)」읽고나서는 섯으나 앉었으나 깨나자나생각이 이편지에集中됨을不禁、

二月十二日 (土) 晴、學校로부터歸途에 帝大附屬醫院에 某病友를慰問、山麓에 도라오니 亦是宿直室보다 靜肅하고昨今數日來의溫和한日氣에 書齋의 잉크도얼지않을만하다。○咸兄短信에「日來無恙하십니까、原稿 지금에야 부칩니다、(中略)、또어찌되면姜先生글을 數日後에追送합니다、그러나이는 믿지는마시오、지금 그선생은臥病起身不能하십니다、弟는 지금 뒷줄을 끊어놓고 앞을살피고만있읍니다」。또 入院中에서鉛筆葉書한장「……門生은今月二日부터 皮膚病으로苦生타가十日에는 할수없이××道立病院에入院했읍니다。아직差度는모르겠읍고 다만小鹿島의兄姉들이聯想되옵니다。爲禱하여주심을伏望하옵니다。頓首。臥床하와上書하오니 寬容하시옵기伏望」。

二月十三日 (日) 晴、後曇、새벽에山에오르니 樵夫들이盜伐하는樣 가엾기도하고 괫심하기도 하다。○早飯後에 南山까지散策하고 午後集會에는 路加복음第十五章을工夫하다、夕에宋斗用安商英兩兄이來訪하야 밤열시까지重要會談、三友堂時計店은今日부터 宋安두분의共同經營으로하는同時에 그內容을擴張하기로되고聖朝社도多大한關心과責任을이時計店의前途에分擔하게되였다。

二月十四日 (月) 雪、後晴、起床하니晩雪이乾坤을 새롭게 하였는데 휘여진가지가지의雪景은形容할句가없다。養正學校의兎獵하는날이어서 豫定대로午前九時에敎岩町에集合。行軍라팔隊를先頭로貞陵里一帶와華溪寺附近까지 雪中에行軍하였으나積雪이過한탓인지 토끼는 볼수없고오직雪景만을滿喫하다、五百餘名生徒로써兎君을團包하는일도 容易치않거던 五十萬百萬의大軍을指揮하는將軍의智略은如何할까하다。○昨上賢造氏夫人으로부터 그夫君의病狀에對한詳報를받고 漸漸差度가있음을알어少安하다、主그리스도를爲하야크나적으나 잘했거나 못했거나 그一生을 덩어리채 바친青年의 晩年身病이다、

二月十五日 (火) 晴、食傷으로 昨夜부터終日病身노릇하다、간신히登校授業、도라와無爲就床、

二月十六日 (水) 雨、雪、雪冠의北漢山이 바라보는者로하여금 스스로正襟케한다。나갈때도想峴에서 다시한번바라보고 도라올때도 또한번停車하고우러러보다、戴雪한上半峰이雲霧에 감추이니 그속에 모세의 중얼거리는소리 들리는듯도하다。○印刷所를거쳐登校、午前만授業하고 午後에는戰時講話、平壤神學校에大檢擧시작되였다는報導에 놀라며 또念慮不已、○도라와雨後의道路修理、겨울來로간신히涸渴을免하여오던 시내에 降雨와解氷으로淸流굽실굽실、바야흐로 우리동내의年中最勝時節이 도라온다、

【聖書朝鮮】 第一百十號
昭和五年一月二十八日 第三種郵便物認可
昭和十三年三月一日發行 每月一回一日發行
【本誌定價十五錢】(送料五厘)

淺野猶三郎主幹(月刊每月十日發行)

祈の生活

一部定價 十錢
半年分 五十五錢
一個年分 一圓

振替東京一一八一六七番(祈の生活社宛)

淺野先生은內村鑑三先生의初期弟子의一人이나 一般이認識하는無敎會主義와는달라서 敎會와의關係가아주圓滿하신이다 多年間 個人傳道와鮮滿各地의傳道旅行게盡力하다가 最近에右와같은個人雜誌를刊行하엿다 實際信仰生活을根幹으로한豐富한經驗의記錄은讀者로하여금스스로靈化하게하고야말것이다。지난二月號(第十八號)에는新敎의精神、來世問題等靈糧이豐富히실렷다。

矢內原忠雄主筆(月刊每月二十日發行)

嘉信

一部定價 三十錢
半年分 一圓八十錢
一個年分 三圓六十錢

振替東京三七九七九番(矢內原忠雄宛)

矢內原氏의著書에關하야는本誌第九十四號에、또同氏의「通信」에關하야는本誌同上號와第一〇六號에 이미紹介한바있었고 또「通信」은넉넉히請求하여다가여러知友에게分配한일도있었다。氏는本來大學卒業直後에朝鮮와서朝鮮人을爲하야일하고저志願하였던이오、殖民政策講義가人情味있고道義있다고해서東京帝大敎授의榮職에서 쫓겨난터이다。그唱道하는바에傾聽할것이많다。

京城南大門通一丁目一七

三友堂時計店

振替京城一九六七九番
電話本局②三三八三番

正直과勤勉을資本으로삼는宋斗用氏와技術의卓越과多年의經驗에確信을가진安商英氏의合同으로 基督敎的인時計店하나가 서울鍾路네거리附近에 서게되였다。좀더生産的인事業이 못된다는것이 저들의良心上苦痛거리였으나 時計亦是生活必需品의하나이된今日에 누구나한사람信賴할만한時計店하나를經營해주어야할것은精米所와薪炭商이 그런것과 마찬가지라는結論으로 도라와 드디어發足하였다。

大型의掛鍾座鍾類로부터小型의懷中腕卷時計까지 또그附屬品一切까지取扱함은勿論이나 實用品일수록低廉하게提供하고저함은이店의特色일것이며、修繕과地方注文의信實을保함에는特히注力할것이다。方今學年末과新學期初에際하야는學生用品에限하야特히割引販賣도하고販賣品은永年修繕無料。修繕品은모다一個年保險付라한다。

① **上山垂訓研究** 〇·七〇(·〇六)
② 푸로테스탄트의**精神** 〇·一〇(·〇三)
③ **無敎會** 〇·一〇(·〇三)

本社出版物은現在以上의三種、博文書館 耶穌敎書館 復活社書店等에서도取次販賣함。

本誌定價

一冊 拾五錢
六冊(送料共) 前金九十錢
十二冊(一年分) 前金壹圓七拾錢
要前金。直接注文은
振替貯金口座京城一六五九四番
(聖書朝鮮社)로。

取次販賣所

京城府鍾路二丁目八六 **博文書館**
京城府鍾路二丁目九一 **耶穌敎書館**
東京市麴町區九段坂 **向山堂書房**
復活社(京城府) **茂英堂**(大邱府)
新聲閣(咸興府) **信一書館**(平壤府)
北星堂(春川邑) **大東書林**(新義州)

昭和十三年二月二十七日 印刷
昭和十三年三月一日 發行

京城府外崇仁面貞陵里三七八
編輯發行者 金敎臣
京城府仁寺町一一九ノ三
印刷者 金顯道
京城府仁寺町一一九ノ三
印刷所 大東印刷所

京城府外崇仁面貞陵里三七八
發行所 聖書朝鮮社
振替口座京城一六五九四番

金敎臣 主筆

聖書朝鮮

第壹百拾壹號

昭和十三年(一九三八)四月一日發行

昭和五年一月二十八日第三種郵便物認可
昭和拾參年四月一日發行(每月一回一日發行)

目 次

하나가 둘되는일

中等學校의初年級에서 가르키는一般理科冊에 박테리아의分裂을 말한章節이있다。周圍의 모든條件이適宜한때에 박테리아는 三十分마다 한번식分裂하야 하나가 둘식된다하니 一晝夜二十四時間에四十八回를分裂했다면 一個박테리아가 하루동안繁殖하는그總數가 얼마나될것이냐고 무르면、生徒들의即答은大概四十八個된다 九十六個라 或은四五百個된다 또는 一千數百個된다고한다。一千個以上된다고答한生徒는 數學的頭腦가拔群하는者이다。그러나 그實數는千台에 끝이는것이안이다。試驗的으로計算해보라 어룬도 그큰數字에 놀라지않을수없다。

하나가 第一回分裂에둘이되니、第二回에四、第三回에八、第四回에十六、第五回에三十二……………第十回에一〇二四。

第十一回에二〇四八、第十二回에四〇九六、第十三回에八一九二、第十四回에一六三八四、第十五回에三二七六八。

第十六回에六五五三六……………第二十回에一〇四八五七六……………第二十四回에一六七七七二一六。……………

第二十七回에一三四二一七七二八……………第三十回에一〇七三七四一八二四……………第三十四回에一七一七九八六九一八四。

第三十七回에一三七四三八九五三四七二……………第四十回에一〇九九五一一六二七七七六個가된다。

第四十一回에 二、一九九、〇二三、二五五、五五二。 第四十二回에 四、三九八、〇四六、五一一、一〇四。

第四十三回에 八、七九六、〇九三、〇二二、二〇八。 第四十四回에 一七、五九二、一八六、〇四四、四一六。

第四十五回에 三五、一八四、三七二、〇八八、八三二。 第四十六回에 七〇、三六八、七四四、一七七、六六四。

第四十七回에一四〇、七三七、四八八、三五五、三二八。 第四十八回에二八一、四七四、九七六、七一〇、六五六。

即한개 박테리아가 好條件下에서一晝夜間에分裂하는數는 實로二百八十一兆四千七百五十億萬個나된다는것이다。每三十分後에 하나가 둘되는일이 二十四時間後에 이렇게까지 큰數字를일울줄은 웬만한境遇에는推則하기 어려운일이다。그러나事實이다。疑訝하는이는 손수 다시 한번計數하여볼것이다。

우리誌友中에 聖書朝鮮을 眞正옳게생각하는이가있거던 非單傍觀的態度에 끝이지말고 一年或은 數年이걸려서라도 하나가 둘되는일을 힘써보기를 우리는期待한다。이는最小의일인同時에 實相은最大의일이다。

우리가 무슨眞理를把持하였을때에 스스로 즐기는일에만 머므르지말고 나아가「하나가 둘되는일」을 實踐하여보라。이는各自의責務이다。그때에 비로소 銀十兩중으로써 다른十兩을 버리한사람은 칭찬하시고 銀한량중을土中에埋藏하였던者는 책망하시던主예수의心情을 더듬어알것이다。많은것을一生에期待하지말고 오직 하나가 둘만되라。그것이成功이다。傳道亦是그렇다。이제는 마라나타이다(三月號卷頭文參照)。各自의分을다해야할진저。

謝恩紀念品贈呈文

養正第二十二回卒業式（甲組代表朗讀）。

感謝之辭

鼻くそを垂れつゝ此の場にて養正への入學を悅びしも早や五年の昔。今や卒業式の爲め此の場に臨みぬ。そのかみは入學を悅びしも今は卒業を喜びつゝ相別るゝことを惜しむ。されど會者定離。行くものをして止まらせざれ我等は喜びを以つて悲しみの情を消し去るべし。

さらば我何を得てか悅び居るや。且つ卒業に臨み　その師に感謝の辭を捧ぐるや？　以下數言を以つて過去五年間が我等にとりて有意義なりしを證明し合せて我が師への感謝の辭とせん。

信義！　他より信任される人間たれ！と我が師の叫ばれしは實に我等が第一學年の夏休みを迎へるの日たりき。先生は己が小兒たりし日に己が母君に對して不信義なる事ありしを懺悔し以つて教場にてハンカチを濡らし給ひぬ。我等はそれを目睹したるよ！　あゝ　その日以來心に確と持ちて放さず且つ努め居るは實に信義ある人間たらんとのことなり。

信義！　之れあらば人間は何とでか天國たらざらん！　平和鄕たらざらんや！　先生よ！　我等は齊しく信義のために命を堵せんと覺悟するなり。願くば御放念遊ばさらんことを！

Boys be ambitious！と。　日常敎へたる訓。遠大なる野心なきところに滅亡が存す。須らく大局に目を放てよ！と。嗚呼青年よ汝の野心を遠大にと我等は心中に叫びつゝ世を渡らんのみ。

友愛　は永遠なるものなりと。入學の日から　ちき數日前まで先生は叫びしに非ずや。友は第二の我なり。良友を發見せよ！　知己を見出せよ。それには汝自からが相手の忠實なる友人たれ！　之れぞ良友を得るの唯一の方途なると。我等は永久に此の敎を守りつゝ良友を得んと努め且つ過去五年間の各々の友愛を增さんと勵まん。

願はくば師よ！　我等が友愛を永續すべく祈らるべし。

義！　此の一字何ぞそれ我等が肺腑をつくことの甚しき。先生嘗て鄭夢周の肖像の前に佇んで泣きたりきと云はれしに非ずや。何故先生は泣かれしか？蓋し鄭先生が善竹橋に流したる血痕は義の權化なればなるべし。嗚呼！我が師の義を愛せるよ！　先生又云はれたり「我等は不義にして義に勝たんずるものをアブホー(ablior)せざるべからず」と。嗚呼此の言やバイブルに源を發すといひ、我等が處世の方針たらざるべからず。須らく我が師は安心せらるべし。我等は此の訓を守るべければなり。

宇宙 の宏大無邊なるを敎へ且つそれに人間界の諸現象を比較させて苦笑せられたる師よ! 師の此の訓に依り我等は我が同胞はもとより敵をも愛すべきを悟れり。此の訓に依りて我等が人生觀は百八十度の轉換をなせるを知る。仰いで虛空を望めば日月がかり星辰列ると。

云つて〳〵 限りあらんや。此の邊にて打切らんことそれ却りて先生の尊嚴を高むるの所以なるべしと知る。

我等今茲に謝恩の微誠を表はさんとして粗品を贈呈せんとす。されど師の恩を謝するの行爲之れにて盡きんや。師の恩を謝する道は他に唯一つありと悟る。何ぞや 曰く「過去五年間の敎訓を實行すること」これなり。

師よ! 之の粗品を受取るべし。而して我等が師の訓を守り得たるのたよりをきかば大いに悅ばれたし。我が師の上に祝福あれ! 上を以て感謝の辭に代ふ。

養正十年

主筆

十年이하루같다면 좋은意味도있으려니와 하루같다는單調와沈滯의姑息도없지않다。十回의 卒業式을參觀하였어도 열번이 한번같다。機械로돌린듯이版에박은듯이。矢內原忠雄氏가痛嘆한바와같이 예전날卒業式에는 그것이 비록鄕村조고마한小學校일지라도 校長先生의熱々한訓話에應하야 卒業하는者다시가다듬은 주먹으로써 눈물을뿌리며 國家와人類를爲하는意氣서로交電하는場面이였는데 오늘날은感激이없을뿐인가 도리어禁物이다。그리고受驗戰線과就職戰線을바라보면서 발々떨고섯는것이일이다。그런데以上의「感謝之辭」가朗讀될때에別것을보았다。感激을制止치못하다。

現代의缺乏物中에 가장큰것은「敎訓」의品切이다。確乎한信念으로써能히敎訓주는이가없다。小學과中學에없을뿐더러專門大學敎授에도볼수없다。우리朝鮮만안이라世界列國이모다그렇다。米國시카고大學같은世界的大學에서도 이缺乏을느껴서不得已末席에있는植物學敎授코ㅣ터博士에게卒業式訓話의重任을多年間依賴하였다。그런데 우리는 가르킨生徒의입을通해서 人生의根本道義의訓話를들었다。

氣蓋世라면力拔山을聯想하거니와 道義에立脚한 確固한信念을背景으로한言辭는 가르킴받은者의것일지라도正히氣蓋世이다。滿場肅然! 무슨까닭인가 數枚의便箋을朗讀하는데 저決死的意氣! 余輩前期五個年을마춘날에辭表를提出하야敎育慘敗의事實을校長께陳謝하였으나 後期五個年의結末에際하야 다른意味의同樣感懷不無하다。다만十年間의疲勞가풀렸을뿐만안이라 敎育界에서언제退却한대도遺憾이나未練이秋毫도남을것이없다。

卒業後의第一信

受 驗 生

先生님께

(前略) 인제야붓을들게되옴은 늦인感이없지않사오나 事實오늘몇마듸 적어알외게되는動機는 卒業날느낀바몇가지先生님께도엿주어보고저하옵는데있었습니다。卒業當日이꼭一週日이지났사오니、그날當日밤으로 上書하고저붓까지들었던處地였사옴에、벌서 한週日이나 밀려와졌나봅니다。

先生님의境遇가불어웠읍니다 瞥眼間 短刀直入的으로이렇게말슴하오면 퍽 우스실일이겠습니다。先生님께서는敎育家되셨는것이 大成功임을切實히느껴졌든때문이였읍니다。아마昨年度總決算에있어서 더욱히 조선사람의處地로선 몰으긴몰라도 先生님갈이 大成功한이는 몇사람없었으리라고믿어졌읍니다。아니、先生님만한收獲을얻은이는다시없였을줄아는바이옵니다。漢然히 저의腦裡에박혀있였든것 先生님이가르치신數많은敎訓——이×××君의똑똑한口調로써明朗遒勁한文章으로 儼然한空氣속에서 흘러와서 저의鼓膜을振動하든그瞬間々々에 저로서는 일즉이가저보지못하든儼肅한態度로서 果然先生의功德은偉大했고나、偉大하고나 고느껴지면서 感激의눈물이저의뺨을펑돌게 맨들었습니다。K君의文章도 歎服했사오나 그로하여금 그와갈이느끼게한 先生님의功勞와 手苦를感謝하옵는情새삼스렇이못感激과 한가지로高潮케해주셨습니다。果然 K君의말을듣고보오니 그때 그때先生께서 저이들을앞에두시고熱誠껏타일러주시던場面場面이 歷歷히눈앞에走馬燈과갈이確然히볼수있사오면서 漢然히腦裏에亂雜히 감초어저있든것이똑똑히整理되여지면서 큰心臟의鼓動을그윽히느껴졌사옵나이다。그리고 K君뿐만이아니라 君과갈은 先生님의系統(流)의弟子들이 얼마나 많은가를 보았습니다。저와갈이五個年동안門下에서 늘先生께 걱정만 해들여진 不肖의弟子도있였다해도 이런것들은 今日의結果에있어서 先生님의精神을遺傳받은先生님流의弟子들이 偉大한힘으로 補塡하고도 오히려 남음이있으리라고 생각되여졌든것이옵나이다。그네들 나름나름이 모두意志剛健、思想堅固한前途有望한靑年들이옴애 後ㅣㅅ날一旦之秋에는 모두가 先生님의 精神下에큰덩이를일우고 그動하는바影響되는結果가 그얼마나壯하고偉大할것인가고까지 生覺이및여지옴에果然先生께서는얼마나 이世上에서 참靈的富豪임을 알아졌읍니다。이와갈이 壯하고偉大한先生의門下에列席할수있였든歷史를갖일수있는 저自身도얼마나幸福인가를느껴지면서 혼자서좋아서 펄펄뛸것과도갈사옵나이다。

過去에는不敏한것뿐이였든 이 저이오나 사랑하시는마

옴으로 불상히녁여주시사 앞으로도많은指導와鞭韃을앗김없이주실줄믿사옵나이다。過去에日記도적어왔으나 모두가要領不得함을느껴질뿐이오와 바라옵건대 卒業式날K君이贈呈한글을後에「聖書朝鮮」誌에나 실으시면 이것을手中에넣고서 「平生살어가는處世道로 더욱 先生님이가르처주신教訓을 懷舊하옵는데 한方途로 삼고저 生覺하옵나이다。그날 비단저뿐만이안이였을줄앎니다。또한저의 同窓들뿐만안이라 널리 조선全道에퍼처서 이것이 이를보는사람들로하야곰 處世에큰指導格이되게되였으면합니다。孔子도 그의弟子들이 自己先生이 말슴하고行하신일을 적어서 萬世에教訓인論語가되고 예수그리스도의 거룩한行跡이 新約聖書를일운것과같이 K君이적은 이글로하여곰그와같은거와 匹敵하게했으면합니다。이것뿐만안이라後에機會있는대로 先生님의弟子들中에서 이보다더한福音을일울넌지도 모를일일줄앎니다。K君의글을雜誌에실렸으면하는저의意見에對해서 先生께서도過히反對하시지않을줄믿사옵나이다。다른號는못사보아도 그號發行되는때는數部手中에넣고 親友들에게라도紹介하고싶읍니다。長時間동안下鑑하시기에 貴하신時間 消費하시게해들여서罪悚千萬이옵나이다。主恩中 先生님의健康을祈願하오면서卒業後의第一信으로 이글 들이옵나이다。

戊寅年三月十日밤八時 門下生 ○○○ 上書

教育의苦悶

主筆

右「第一信」은弟子가教師에게보낸私信이다子女가父母께對한感懷와만찬가지로弟子가教師에게對한感懷에는必然코過分의讚辭가석기는法이니右文을읽는이는이點을미리寬恕하라。

여기注意하여볼것은「先生님의系統(流)의弟子」라는말이다前期五個年教育에教育慘敗를스스로認識했다는것은 主로이點을말한것이다。前期에도 눈瞳子까지 빼주고저하는者가全無한것이안이였으나 같은學級안에對立하는思想의系統이現著하였다。當時에는唯物論 過激思潮의餘波가 아직쉬지않은때이였다。故로精神이니心靈이니道義이니信仰이니하는者를向하야는甚한憎惡의矢가恒常向하고있였다。

第二의五個年教育을發足할때에 가장用心不怠한것은一視同仁一이라할까 누구랄것없이 꼭같이가르키고 골고루끔찍히녀겨보리라고決心하였다。그런데結果는 또마천가지다。果然一先生님의系統(流)의弟子」와 그렇지않은弟子가判然하게갈라진다。생각할수록忿한일이오怨痛한일이오慚愧至極한일이다。때에 우리눈은主예수께로向한다。十二使徒中에 유다가出現함을防止못하셨고 가는곳마다信從하는者보다拒逆하는書記官과 바리새教人을더많이逢着하신主예수를우러러볼때에 우리는失望의골작이에서希望의嶺上으로오른다。果然「弟子는先生보다 크지못하니라」고。우리가 가는곳마다八方美人의君子가되지못하고 極盡히사랑하는少數者와烈熱히排擊하는多數者가 分明히對立케하는것은 아무리보아도主예수의影響인가한다。

新約聖書槪要【五】

金敎臣

고린도前書大旨

고린도。世界地圖를 펴처들고 多島海를 들여다보면 希臘半島의南端고린도地峽으로有名한곳에고린도市가있다。그形勝의地勢만보아도古來로交通貿易의都市로殷盛하였던것을 누구나 짐작할수있을것이다。아덴과 스팔타의二大都市의中間에介在한고린도는商業市의王이였다。따라서希臘의燦爛한文化도 이곳에集注되였거니와 同時에腐敗、墮落도甚하였다。「모든男子가 고린도로갈것이안이라」는當時의格言으로도 짐작할수있거니와、바울이 이곳에서記述한 로마書第一章後半에列記된罪惡의目錄도 고린도市에서目睹한바를 그대로列擧한것일터인즉「虛榮의市」고린도의大體를推想하기에足하다。

바울은 第二回傳道旅行의途次에雄辯을吐한 아덴에서大失敗한後에 이고린도에와서 約一年半을滯留하면서 確固한敎會의基礎을세왔던모양이다(使徒一七•一五—一八)。其後에一旦예루살렘에歸還하였다가(一八•一九—二二)、第三回傳道時에 紀元五十四年頃부터五十七年頃까지 約三年間을에베소에 滯留하야傳道하였다(第十九章)。이 에베소滯在中에 本書翰을써보냈던듯하며、또 그동안에 적어도一次쯤은 바울自身으로 고린도敎會를尋訪하였던듯하다。

本書의特徵。新約聖書의後半인로마書以下의書翰中에大部分은바울의著述한것인데、그中에서도特히 로마書와 고린도前書及後書와 갈라듸아書의四冊을 바울의四大基本書翰이라고稱하며、웬만히尖端을걷는批評學者라도 이四冊이同一한바울의著作이라는點에對하야는別로異議가없는듯하다。

그런데同一한바울의著作이면서도 그內容은現著한對照가있다。只今로마書와本書를比較할진대、로마書의第十一章까지가基督敎의敎理原則을說明하였고 第十二章以下에基督敎徒의實踐道德의勸奬이있는것과마찬가지이다。即로마書는大體로信仰의根本原理를 가르킨것이라면、本書는信者의實踐道德을指導한것이다。(本誌第一〇七號로마書의大旨叅照)。

또 로마敎會는바울이 몸소傳道하야建設한데가안이였음으로 가르키는때에 恒常外人에對한操心이있었고 謙讓의態度도없지않었으나(로마一五•一四、一五等)、고린도敎會에對해서는 全然그렇지않다『너의를 내 사랑하는子女갈이알고 권하노니、너의가 그리스도를믿는일에 스승은一萬이로되 아비는많지안이하니 대개 내가그리스도예수를련합하야 복음으로써 너의를낳았노라』고(四•一四、一五)主張한것처럼 果然아버지가子女에게 臨하는態度로써 一貫

하였다。 그嚴酷하기는 擔任敎師의책망갈고 그周到하기는 늙은어버이의念慮갈은것이本書의特色이다。 그책망은 눈물을짜내고야말며 威壓은能히견딜수없는데까지 다다렀으나 그러나 親아버지안이고는 할수없는말을하였고 만질수없는데를 만저주었다。 고린도信者들의모양도赤裸々하게 들어낫거니와 바울의人間的半面이 또한現著하게나타낫음으로 基督敎를實踐的으로 배우기에는 가장要緊한冊이라할것이다。

本書의動機。 本書의內容을一讀하면明確한것처럼 本書를 쓰게된動機의첫째는 고린도敎會의分派黨爭과一般道德的墮落의消息을듣고서 바울이自進하야 고린도敎會를勸戒하려는것。 둘째는 고린도敎會에서 바울에게質問한諸般實際問題에對하야 대답하려는것이였다。 거긔添加하야 셋째로 모든問題解決의鍵이오 健全한信仰生活의基礎되는復活問題를前보다充足하게說明하려는것이다。

그中에 첫째로나오는分爭問題의內容은이러하다。 人間이 모이는곳에分爭이없을수없지마는 特히宗敎的인集團에는人物崇拜가必然코따르는法이오 그結果가黨派싸움에 이르는것은東西古今이一般이다。 고린도敎會를開拓建立한것은바울인데、 바울은 아덴에서雄辯과智慧로써傳道하다가失敗한後로 고린도의一年半동안은『말과智慧의 아름다운것으로아니하였나니、 대개 내가 너의중에서 예수그리스도와 그十字架에못박힌것外에는 다른것은 아지아니하기로作定하였고……너의믿음이 사람의智慧에있지아니하고 다만하나님의權能에있게하려 하였노라』는(二•一—五) 精神으로써 傳道하였다。

그런데 아볼로라는人物은 예수믿는信仰에 깊지는못하였으나(使一八•二四以下)本來애굽 알렉산드리아出生으로서 聰明한데다 學問도하였고 聖書에도能通하야 巧妙한寓喩的解釋으로써 興味있게 가르켰다。 加之에哲學的素養도相當하였음으로 바울이 고린도를떠난後에 얼마 안되여서 이곳와서부터 고敎會一部信徒들의崇仰이 大端하였다。 바울의 예수十字架中心 하나님權能本位의傳道에比하야 아볼로의哲學的色彩를띤辯舌의傳道를 優秀하게보고 歡迎하는敎徒가相當히생겼던모양이다。

또한편에 베드로는 果然고린도敎會에 다녀간일이있었던지는確然히알수없으나 設令다녀간일이없였다 하더라도 예수의直弟子들중에도首位요 새로形成되여가는基督敎會의中心人物이였으니 고린도敎人들中에도 베드로에게歸依하며崇拜하는者가出現하였을것은 事勢그럴듯한일이였다。

如此히되여 고린도敎會內에는 바울이偉大하다는者들도 있고、 그보다 아볼로가 더偉人이라는者도생기고、 그래도 베드로가베드로이지 되는말이냐고 뽐내는者들도 일어낫다。 이리하야敎會안에分爭이不息한다는 소식을 글로에의

집사람에게서듣고 이 가장醜惡한禍根을除去키爲하야 붓을들었고、따라서一般道德의腐敗와 고敎會의質問과 復活信仰의動搖에對하야言及할必要를느낀것이다。

本書의內容 第一章一—九節까지는序文이오 第十六章은附錄이다。그리고보면本書의重要한本部는第一章十節에서부터第十五章末까지인데、그本部는 다시左의三部로써成立되였다。(詳細는分解表參照)。

一、고린도敎會의墮落에對한勸戒(一•一〇—六•二〇)
二、고린도敎會의質疑에對한答解 (七•一—一四•四〇)
三、復活信仰動搖에對한勸訓 (一五•一—五八)

第一의 고린도敎會의墮落에對한勸戒는 다시 다음四條目으로 나눌수있다。①分爭 ②悖倫行爲 ③信者間의訴訟 ④放縱生活에關한問題。

①分爭問題。

基督敎의傳하는福音이高貴한眞理인故로 그것을傳하는者들이人物崇拜의的이되여自他를亡치게한일이 적지않다。初代敎會에서 발서바울의人物을崇仰하는者、아볼로의辯才를感嘆하는者、베드로의權威를 높이는者等々이 發生하였고 甚하면 그것도저것도안이오「나는 그리스도黨이라」고 뽐내는 一派도있었던모양이다。

바울은 이에對하야 이것이모다人間의智慧에基因한過誤인것을指摘하고、信仰의眞理는人智以外에 하나님의聖靈의智慧로써하여야把握할수있다는것을 고린도敎會의事實에據하야說破하였다。이는古今을通하야原理原則이다。基督敎를理解하는것은學問 思索 經驗으로써되는일이안이오 聖靈의感化啓示로써 열려지는것이다。故로 아덴市의哲學者들은 들어도듣지못하고 보아도보지못하든것을、고린도의實業家 勤勞者들은 깨달었다。고린도에서도貴族 富者 識者들은 받지못했고 도리어福音이貧者와賤民과無識輩에게미쳤다。우리朝鮮에福音傳來한歷史도 마천가지다。이는特히基督敎가學問을蔑視한다는것이안이라 그性質上 福音은一部特殊階級의專有物이안이라 萬民共有할것인까닭이다。世上的 人間的모든障壁을超越하야 누구나共通으로 받을수있는것인故로貴한것이다。그래서福音이다。

또世上에는 傳道者를批判하기를職業삼아서 이敎會에서저敎會로、이敎派에서 저敎派로轉轉不息하면서 어느先生의人格은高潔하다 어느先生의學識은淺薄하다고 吟味評價하면서一喜一嘆하는信徒도 적지않으나 이런者들이 참福音의 眞理를把持할수없을것은勿論이다。敎師批判하는 버릇을向하야 바울은痛絕히論責하였다(三•一八以下)、또한信徒의評價如何로써 敎師의價値가 上下할것이안임을 明言하였다(四章)。

② 悖倫問題。

고린도敎會에는不信社會에서도 볼수없는可恐할만한墮落

이있였는데 웨 그런禍根을斷然히處置못하느냐고 바울은 叱責하였다。 여기注意할것은 고린도前書보다 먼저보냈던 書翰——紛失되여今日은傳來하지않은것——에서不道德한者와는絕交하라고 가르킨일이있였으나 그것은信者끼리하라는 말이오不信者에게實行하라는뜻은안이였다고註解한일이다。 萬一不信者의不道德한行爲에對하야一一히絕交한다면 結局 基督信者는山中이나孤島에隱遁하여야할터이다。 그러니世上 不信者의일은相關말고 다만信者라고自稱하는者에게 悖倫 腐敗의事實이있을때는斷然코絕交하라고 하였다。

생각하기에따라서는 信者不信者를區別하야處할必要없다고도할수있고、또는 도리어 한가지로兄弟된 信者끼리는 如何한허물이라도寬容하고隱忍하면서 悔改를기다릴것이라 할수도있다。 그러나 이는愛와義의十字架인데 實際問題에 들어서는實로難處한境遇도많으나 大體로바울의생각은 이 問題에關하여도 信仰과常識이健全한判斷이라고할수밖에없다。牛馬는모르거니와人間이라면階段이다른것처럼、不信에 居한者라면分別도없으려니와 信者라면서罪惡이罪惡인줄認識못하는限까지絕交하지않을수없다。 勿論그친子를爲하야祈禱하며 눈물흘리면서도。信仰은公的問題인까닭이다。

③ 信者間訴訟問題。

크리스챤은萬有의主여호와의子女들이다。 하늘의天使뜰까지라도審判할權限을所有한者들인데 같은兄弟인信徒들의事件을自主判決하지못하고世上사람들의裁判에依賴하느냐。이는本末의顚倒라한다。 또한 하나님을 아버지로모시고 靈의智慧를가지고 宇宙萬物을相續한者들인데 世上의權利를 利用하야些少한利害로써 싸우느냐。 웨 兄弟에게損을본들 못쓸야、괄세 좀 받은들 어떠냐고。

第二의質疑에對한答解도 ①結婚問題(第七章) ②偶像의 祭物에關한問題(第八ー十章) ③敎會안에서 머리에쓰는것 問題(第十一章) ④聖餐時의秩序問題(第十一章) ⑤聖靈의恩賜에關한問題(第十二ー十四章)인데 要컨대 ①結婚하지말고 바울처럼獨身生活하는것이可하다。 이는命令이안이오律法이 안이라 오직主예수를信從하기를爲主하는살림하기爲하여서다。②偶像의祭物이라고肉의質이變하는法은없다。마찬가지 肉이다 먹어도좋다。 그러나信仰이弱한이는 먹기를躊躇하는이들이있으니 兄弟에게碍害되지않기爲하야는 먹을수있는것도 먹지말어라。사랑으로써兄弟를爲하여하면 ③도같은精神으로解決할수있다。④는男子는男性답게女子는女性답게만한다면 時代와地域이다름에따라變化도無妨한것이다。 ⑤는有機體로써解明하고 남김이없으며 其中第十三章은萬古에不滅할愛의讚頌이다。

第三의復活問題에關하야는 이미가르킨바도있였으나 歲月이흐름에따러 이信仰의動搖의色이보였음으로 바울은소리를높여復活信仰이야말로福音의基礎요 信徒의唯一한希望이오 救援의根據요 또한凡百實際問題解決의原動力이라고 웨쳤다。故로本書의結言은 마라나타이다。主오신다 오셨다—이다。

고린도前書分解表

序文 (一·一—九)

바울의 인사말슴。 (一—三)

고린도敎會에對한特別한恩寵感謝。 (四—九)

本文 (一·一〇—一五·五八)

一、教會의腐敗에對한勸戒。 (一·一〇—六·二〇)

甲、分爭。 (一·一〇—四·二一)

① 그리스도 안에서和協一致하라 (一·一〇—一七)
바울도아볼로도게바도없고 오직그리스도만있다。

② 人間의智慧에依賴하는故로分爭이있다(一·一八—三·四)
十字架福音은人間智慧안이오神의智慧(一·一八—二五)
十字架가神의智慧인것은 고敎會가證明。 (二六—三一)
또余의傳道態度를보라(能力本位)。 (二·一—五)
하나님의靈의智慧(聖靈의役事)。 (六—一六)
人間智慧의結果(고린도敎會의信仰程度) (三·一—四)

③ 하나님使者의意義。 (三·五—四·二一)
아볼로나바울은役軍에不過。 (三·五—九)
基礎는그리스도。 餘他는建築師에不過。 (一〇—一五)
너의는 이렇게하야建築된聖殿。 (一六—一七)
人智와神智(智者되랴거던愚者로處하라) (一八—二三)
우리는예수의僕役軍(사람의審判無用)。 (四·一—五)
그리스도의役軍이받는蔑視(世上의汚穢物)(六—一三)
基督教의正當한師弟關係(靈으로產父)。 (一四—二一)

乙、悖倫行爲。 (五·一—一三)

① 낡은酵母를除去하라(姦淫을警戒)。 (一—八)

② 「前書」의趣旨說明(信者와不信者의標準)。 (九—一三)

丙、信者間의訴訟問題。 (六·一—一一)

① 天使라도審判할資格가진크리스챤인데 不信者의裁判을 웨받을것이냐。 (一—六)

② 차라리不義를甘受하라。 但不義의生活은不可 (七—一一)

丁、放縱生活을戒함。 (六·一二—二〇)

神本位의生活。 凡事가可하나凡事가有益한것이안이다。

二、고린도敎會의質問에答함 (七·一—一四·四〇)

甲、結婚問題。 (七·一—四〇)

① 될수있으면 나처럼結婚안하는것이可하다。 (一—七)

② 未婚者와寡婦에對한勸告。 (八—九)

③ 離婚問題와雜婚問題。 (一〇—一六)

④ 此種問題解決의根本原理。 (一七—二四、二六—三五)

⑤ 處女問題、(最後이日이가깝다)。 (二五—三八)

고린도前書分解表

⑥ 再婚問題。 (三九—四〇)

乙、偶像의祭物에關한問題。 (八・一—一一・一)

① 解決의原則(知識보다사랑으로써自制하라)(八・一—一三)

② 바울自身의節制(크리스챤의自主) (九・一—二七)

使徒로서의當然한權利도不用。 (一—一八)

福音을爲하야 온갖自由를犧牲햇다。 (一九—二三)

信者에게는節制가必要하다。 (二四—二七)

③ 祖上의不節制의結果若何乎。 (一〇・一—一三)

④ 偶像禮拜의危險。 (一四—二二)

⑤ 問題解決의要領。 (一〇・二三—一一・一)

自己를생각지말고他人의益을爲하라。 남을碍害하지말고 凡事에하나님의榮光을나타내라。

丙、教會에서의被物問題。 (一一・二—一六)

丁、聖餐의秩序問題。 (一一・一七—三五)

男子는男子답게 女子는女子답게。

사랑의紀念인聖餐을分爭의種子로만들믄何故也。

戊、聖靈의恩賜에關한問題。 (一二・一—一四・四〇)

① 靈的恩賜의差別과統一。 (一二・一—一一)

② 人體의教訓을보라。 弱하고낮은部分도貴함。(一二—三一)

③ 愛의讚美。 (一三・一—一三)

가장貴한恩賜物은사랑(아가페)。 愛없으면? (一—三)

아가페란? (四—七)

一〇

아가페는永遠不廢。 (八—一三)

④ 預言과異言과의優劣。 (一四・一—四〇)

預言은異言보다勝하다——他人의德을세움 (一—二五)

集會時의秩序。 (二六—四〇)

附、集會時의婦女의發言。 (三四—三六)

三、復活問題。 (一五・一—五八)

甲、그리스도의復活의歷史的根據。 (一—一一)

乙、復活의有無에關한理論。 (一二—三四)

① 復活이없다면——信者는世上第一可憐한者 (一二—一九)

② 하나님의宇宙經綸上으로본 그리스도의復活(二〇—二八)

③ 復活의否定은信仰生活의否定。 (二九—三四)

丙、復活의樣態如何。 (三五—五七)

① 天然界의類推。 (三五—四一)

② 血氣의몸과靈體와의關係。 (四二—五三)

③ 信者의勝利——死의敗亡。 (五四—五八)

結 文

① 捐補에關한것(一ー四)、 고린도訪問計劃(五ー九)、

② 데모데와아볼로에關한것(一〇—一二)勸戒(一三ー一四)

③ 紹介와인사 마라나타——問題解決의鍵。 (一五ー二四)

上城數題 [三]

申瑾澈

三、想峴 (上)

一

일즉이 이스라엘의詩人은 心靈의渴求를 形容하야 시내물求하는 사슴갈다고 노래하였거니와、果然우리는 저無限한法界의 滾々한溪聲을憧憬하야마지않는孤獨한心靈인것이오、또다시 이困苦와 怨恣의實生活에있어서 주리고마른목을축여주는現實의시내를 찾어헤매는사슴인것이다。

더욱이 지나간半生동안類달리 苛酷한困苦와孤獨의 시달림을받던 나라는 나는 얼마나 그法界의내 現實의내를 渴望하는憧憬하던 傷心의사슴이였더냐。이제 도리켜生覺함만도 진실로 눈물겨운事實이였거니와、저 그윽한골은옥한숲 이짝에서 그 오랜동안 바라고 기리고 사모하던北漢의淸溪를 더듬어찾어가는 이자리、이얼마나 고맙고 반갑고 마음뛰는事實이냐。더구나皎々한白雪이大地를덮였고 靑松枯木에 때아닌白華가滿發하였으니 나의貞陵里行을祝福하는 上天의施惠이신가。때마침 흐렸던하늘의一角이 티어저 靑天이 나타나고、한줄기斜陽이 北漢의이마를 비최이니 어허 거룩한지고 아름다운지고、北漢이어 三角이어。오른便에보이는 저것이道峯인가、또저것이 水落인가、北漢山城은 어디쯤보일고 하면서、한거름한거름 想峴인貞陵고개를 더듬어 오를때、나는 마치 十年戀慕의故鄕山川으로 도라드는듯、사랑의어버이품을 찾어드는듯 마음이 뛰는것이오。또다시 이승에서의 내날이다하는그때、내靈魂이 悠々한法界의저짝 白玉京 水晶宮의大宇宙로 도라가는날의風景이、或이렇지나 않을가하고 홀로微笑하는同時、머리를돌려 지나온길을 도라보고 이길보다는 오히려 힘들고 가파른길이던 過去內生活에對한追想에 잠기게되는것이다。

二

벌서 아득한옛일이다。내가 아직書堂에도 다니지않던 대여섯살때、우리집이 平昌에살던때일이다。어느봄날 나는그 길고긴 江다리를건너 논두랑길 밭두랑길을 더듬으며 꽃을꺾으려고山에올랐다。그러나 꽃을꺾기도前에 나는갑작이 외로워졌다。四方을 도라봐도 동무하나 사람하나없는 고요한山속에、나홀로 있는것이 몹시도 무섭고겁이났다。山에는 무서운짐승과 무서운 사람이있다는 아이들의 이야기가 머리에 떠오르자、나는꽃도 무엇도 다잊고 고만 울상이되어 줄다름으로 산을 나려왔다。그리자 마침 논두랑길에서 사람을맞났다。그는四十남짓한福스러운婦人이였는데、나를보더니 나의머리를 쓰다듬

上京數題 (三)

고 貴여운아이라하며、집이어더냐 묻더니 갓이고있던褓를 끌으고 그속에서 종이한장을 나에게주였다。그이는 어린아이혼자서 이런외딴곳에 있는것이 퍽 뜻밖이어 반가운모양이였으나、나는한참 무섭고 겁나든中에 뜻아니한救援을얻게되어 뭉청 반가웠고 또한편 몹시도 이상스러웠다。대체 누구인데 아지도못하는 나에게 이다지 고맙게굴며、또이종이는 무슨종이일가。그종이는 葉書장만한데 한쪽에는그림이 그리워있고、또한편에는 자디잔 글씨가 가뜩 씨어저있었다。

나는그때 그종이를 어찌하였는지、그婦人은 어디로갔는지 記憶에 남지아니하였것만、그뒤로 밤이면 나는어던지알수없는 사람없는 외로운길을 혼자서 쏘대다가、어머니를부르고 동생을부르고 다시 그이름모를婦人을찾었으나、아모도對答하는이없고 맞나는이없을때、나는외롭고 무서워서 고만 꿈결에 내처울어、때아닌밤中에 어머니의 꾸중을 받은일이 한두번이 아니였던것이다。아〻 그婦人은 무엇을 하는이였던고、어더루갔을고、하고 외로울때 꾸중을드를때 病을앓을때마다 그때일이 생각이났고 또풀지못할疑問으로 되였던것인데、아마도그는 傳道婦人이였고 그종이는 傳道紙였으리라는解答을 스〻로提供하고、그婦人을 다시 맞나기나한듯이 기쁜한것은 퍽이나 뒷날의 일이였던것이다。

一二

何如間어려서부터 나는 누구보다도父母兄弟에福받은몸이였으나、이상하게도 이環境과는 어울리지않도록 類달리孤獨을느끼였다。書堂에서는 天地玄黃을배우고、天地之間萬物之中에唯人이最貴하다고 늙은訓長이 가르키기는하였으나、그래도밤이면 화채깐이나 공동묘지에는 도깨비가 나돌고、山에는山귀신 물에는물귀신이있나보다하였다。그러나 나는일즉 사람이 죽는것이라는데對하야는 조곰도아지못하였다。할아버지라는말은 일즉한번도 불러보지도못하였지만、약주잘잡수시고 동네사람보고 호령잘하시던 할머니는、내가 다 자랄때까지 살아게셨고、아버지 어머니 兄님 동생 동네사람 또는내글방동무들、이中에서 나는일즉 아무두 잃어버린일이없었다。어머니와 아주머니 둘이서 바누질하시며、증주할머니가 빨래하시다가 도라가셨다는 옛이야기하는것을들었을때、도라가는것이 무엇이오하고물었고、물어도 가르켜주지않을때、아마증주할머니란이가 저 개울에서 빨래하다말구 서낭고개를 도라넘어서 어더루 멀리 다라났나보다하였다。그리고 사람은 누구나 다 늙으면 어던지 모르게 멀리 가버리고 다시 집으로 도라오지않는가보다하였다。그렇기에 남의 시제(時祭)지내는데가서도 좋다꾸나 떡을얻어먹였고、대감산수에올라가서는 羊馬石을내말이라고타고 좋아하였다。

때로 산수(山所)에기어올랐다고 용호를밟였다고 꾸중을

드렸으나 무슨영문인지 아지못하였다。

내어머니는 떡이나 귀신(神)을 위하는 이시다。무슨 명절때마다 대청마루 들보밑에 더운김이 무럭〃오르는 힌무리시루를 놓고、다시 뒤란 장독대옆에 소반에 양지머리 돼지다리를 고야놓고 두손을 부벼가며 중얼〃〃무엇을 비시는것이였다。또 때로는 치운밤 한밤中에 그뒨 서낭을 찾어가서、힌밥해놓고 果일놓고 燒紙올리며 그믈거리는 관솔불밑에、至誠으로 禍풀이 하시는것을無數히 보았다。그리고 그제마다 어머니의 眞摯하고 至誠스러운態度에 어린내마음도 터주님 서낭님 앞에 嚴肅하고 敬虔한마음이 되였던것이다。

三

그러나 내나히 열살이가까워 사포쓰고 冊보끼고學徒生소리 드르면서부터、一年이가고 二年이가고 三年이지나는동안、내눈은 떡이나높아갔고 아는것도 뭉청많기도 하였다。일즉 千字文글字를 또여주고 언문을 깨우쳐주시던 어머니보다는 내아는것이 더많다고 생각하였으니、어머니에게서는 더배울것이 없을뿐인가、어머니하시는일은 하나에서 열까지 모두가迷信이오 또迷信이였다。풀이 물마지 는 말할것도없고 고사도 제사도 甚至於 엎더어 절하는것까지도 모두가 迷信으로만 보였다。터주님도 서낭님도 대감님도 그런것은 도무지없는것이라고 핏대를 올려가며 우겼고、그래도 밤이면 오좀도변〃히 못누러나가는 주제에 도깨비도 귀신도 없는것이라고、그때는 그야말루 귀신같이 여기던 學校先生님의 말을 그대루 입내내였던것이다。

허지만 그뒤 내나히 열댓살 되였을때、나에게 처음으로 時調를 가르켜주고 金삿갓의詩를 가르켜주고 또 李太祖의建國逸話를 滋味있게 이야기 해주던、金재선先生에게서 「고시례」의起原을 드른다음부터、迷信을 쓰던 내鉛끝이 어지간히도 무디어진것은 엄청난事實이였다。그리고 뒤미처 普通學校를 마치고 高普에入學한다음、動植物을배우고 物理化學을배우는동안 우리네生活에對한 한層의非科學的이오、非合理的인缺點이 多〃 나의耳目을 거스리고、그제마다 남만못한 우리文化 우리環境이 恨이되었고、그못생긴祖上들이 원망스러웠다。게다가또내自身의남만못한體質 才質을恨하는마음이 겻드려、나는 한때 몸시도 憂鬱한속에 지났으나、또한편 언제나 남에게 지기 싫어하는 공한內向性의性格은 恒常스〃로 채쭉질하게하였다。그리고新聞雜誌에서 얻은 조고만常識은、어느덧從來와같이 不滿不足한 우리것에對하야 스〃로輕蔑하고誹笑하던 그態度를 바꾸어、恒常우리것을 辯護하고擁護하는자리에 서게하였으니、그것은조혀 우리가 이제特殊한環境의아래 不自然한敎育制度의 밑에서、不當한思想과

上京數題 (三)

因緣稀薄한 文化의强壓的인注入을 받고있다는自覺의우에섭으로부터였다。이한개自覺이 서면서부터 나는 비록消極的이나마 이注入思想 輸入文化에對하야 沈默한속에冷靜한批判이있고저하는同時、또한편 熱切한自我究明의一念에불붙게되였다。「우선 나를알자」「우리를찾자」하는것은그當時에있어서 우리社會識者들의 한갈같은 웨침이었던同時、나自身에있어서도 唯一한生活信條이었으니、나는恒常이全體問題를위하야서의 우리文化에對한不斷의 關心을갖이게되였었다。

四

이리하야 한때迷信으로 몰앗던어머니의信仰、「터주神」「서낭神」의信仰에對하야도、한개 깊은同情과 바른理解를갖이려고書架를 뒤지고新聞을 오리고하야、及力그方面述著를涉獵하노라하였다。

그리하야斯界先輩들의 가르키는바를 좇건대、「堂山」도「선돌」도 「터주」도 「업」도 그것은實로 綿々數千年의歷史를갖인、神檀先民들의信仰對象인 天의表象이오、이에對한告祀 祈禱 薦新은 지난날宗敎行事의後身이라하였다。

即上古朝鮮에있어서 檀君王儉을大倧의淵源으로崇奉하는光明檀族의神道인、「弘益人間」敎와 「接化群生」道 야말로오늘의저러한分散한儀俗의源泉인것이고、따라서古朝鮮의檀君、夫餘解慕漱의檀君、高句麗朱蒙의天帝子、新羅赫居世의白馬紫卵、金閼智의始林白鷄、加耶說話의金合金卵、首露의朱日靑裔、高麗王氏의始祖虎景等々 古朝鮮以後三國高麗에共通한「天降」「日生」「日子」의思想은、저檀君天王에對한信仰을中心하야 빚어진原質的인古說話인것이오。또夫餘의「迎鼓」、韓의「天君」、「獩貊의舞天」、高句麗의「東盟」하는 蘇塗儀式이 이것의틀림없는 前身이라하였고、또百濟의 「大壇」「南壇」의祭天과、高句麗의「國東上」、新羅의「三山」大祀하는、저三神崇仰의遺流가 다름없는 이것이라하였다。또 일즉 「居西干」「次々雄」「尼師今」「麻立干」하는祭司가同時에 君長으로、天과巫가同語요、君과巫가一源인 弗矩內以前祭政一致의世相과、「神誌」「仙史」「秘史」「鄭鑑」하는聖典이實存했고、또이古神道가東西로流出하야、日本內地의隨神道、中國의神仙道의根源이되었음도알였다。또다시 庾信郞이咽薄山中에서沐浴齋戒하고、國讐報復을誓盟祈禱하던「國仙花郞道」의信仰이 이것이오、皂衣先人 明臨荅夫가數千 「先人」으로 더부러、漢軍을 물리치던「先人道」의氣魂이 이것임도 알었고、「八關會가」이것이오「呼旗」가이것이오 「府君굿」이 이것임도깨달었다。

다만 이뚜렷한古神道 버젓한 古神仰이 남들과같은저眩惑的인浩瀚한記錄을 장만하지못했고、絢爛한造形美術을길지못했고、史書所傳의典獻마저幾多兵火에蕩盡되였고、게다가 歷代의政敎得宜치못하매、이古神道 어느덧疎忽해지고 解弛해지고、罹疊의道 鄒魯의敎가 이를掩蔽하고 歷倒하야、마침내 보기에도悽慘한 今日의殘骸留影으로 갈은것이라함을 長嘆하게도 되였다。

한때長江과같이 滔々히흘렀고 또한때 伏泉과같이潛流하야 비록 그隱見이不一하고 衰長이不同하였으나、이는 實로五千年의歷史를貫流했고、三千里의社會에濕潤하야、綿綿一貫하고 脈々相通하였으니 一點의疑惑을容할바아니다。오늘날 오히려三千里坊々谷々에서依然이依向하고 致誠하는、「山神」「堂山神」「城隍神」「天龍神」「大監神」하는 分散한儀俗과 各異한稱謂의 모든것이、다「하누님」인「天王님」의化身이오、「天王님」은 이모든神의本神이라믿었다。더구나 이朝鮮固有의崇神思想과 韓土自來의精神生活의餘流가、우리生活에나타난 모든言語와習俗과 山名 水名 城邑名乃至思想─「圖讖」思想 「南朝鮮」 思想 等等을 비롯하야 天道敎 普天敎等等近世簇出의宗團思想─에까지 相涉하고關聯하야、형전히도 흐르고있음을 생각할때 이 얼마나 대견하고 무게있는 저「迷信」의 存在이냐。

五

일즉이는 아무런自覺도定見도없이 식이는대루 남하는대루 虔誠한態度로써對하고、幼稚素樸한 어린마음에 모든傳說도慣習도 믿고 따랐던것이오、조곰뒤에는 철없는 學校先生의 입내만내어、덕없이 한分의意義도價値도없는 死迷信으로서얼마나타박주고 또一顧조차않던 저古神道의 遺流인 이「迷信」이였더냐。또내것 우리것은 어디까지나 나쁘고賤하고 값없는것으로서 賤視하고 蔑如하고 忽待하야、恒常옹종하게도 기지를 못펴든 내自身이였더냐。그러나한번저 尊敬할만한史學界先輩들의 神學的인研究闡明의論著를對하면서부터、우리 어떠한 우리라는한개自覺의 우에서게되니、從來의 그幼稚한迷信觀에는 風波와動搖가 일기始作하는 한편、矜誇할만한東方文化創始者의遺裔로서 久遠한理想을向하야邁進한다는 自尊自負의마음이 奔馬같이 날뜀을 느끼였다。그리고 이제까지 훌륭해 보이고 또대견해보이던 남의文化는、모두가 내古文化의傳流요變形이오造作인것 같이만 느끼어젔고、내것은 비록散佚하고 淡漠하고湮沒하였을망정、여기오히려眞光明 眞價値가 있는것이오、그러매 앞날의希望이 더욱크다고 믿었다。

아아그러나 생각하면 아직도過去의나와같이 내것이면 무턱대고鄙視賤待하고、自侮自蔑하는經忽의무리가 그얼마나많이 있으랴。날로變하고 달로바뀌는 이荏苒한歲月에 바래고 낡어가느니 우리의古色이어늘、이속에 나와우리를 窮究하고 認識하려는 求眞의人은 몇이나되며、陰蔽되고 歪曲한心情으로 自輕自喜하는 철不知는 또얼마나 될것인가 하고悲憤慷慨도하였다。

따라서 저古風遺俗을 모라 一律로迷信視하며 祆祀視하야

上京數題 (三)

毁謗誹斥하는似而非知識人을볼때、또 한껏偶像崇拜視하야 叱視 打罵하는宗敎人을對할때、그薄識淺慮를恨하지 않을 수없었다。저荒凉한古儀 蕭條한遺痕、그것을設使迷信이라고하라、偶像崇拜의惱祀라고한다하라。어찌하야 우리는이「迷信」의속에서 正信을 찾지못하며、이「偶像崇拜」에서 唯一神信仰에 이르는 眞信을求할수없다斷言할것인가。三千里의窮村僻巷、저 숫한愚夫愚婦들의無毒하고도虔誠스러운 歸依致誠을、非科學임네 非文明임네 迷信 祆祀네하고서 毁謗排斥하려는 鬼手毒舌에 어찌禍없다할것인가 (이는 情이다。이原始儀俗의信仰은 마땅이 進化宗敎로서의一段의進境을 보일것이라함이 於理에當然함은 母論의일이로되、이는 저절로 別論에屬하는問題일것이다)

나는 이때부터 眞生을求하였다、永生을求하였다。그리고 이眞生 永生은 意義있는生活을營爲함을云謂함이오、참된永生은 信仰의生活이라하였으니、無神의世界와人生、그것은究竟의意義와價値가無한 虛無空塚에不過하다는 蒿微하나마 光輝있는自覺의一角에서게되었다。그리하야 나의 어린時節가장 많은感銘을받은 어머니의信仰、大倧의信仰을 一直으로 求하였고、이때에있어서 나의하누님은 最高無上한 「天祖한배검」을 부르는 이름이었다。「風伯」「雨師」「雲師」를 거느리시는宇宙의「全能」하신이오、「主穀 主病 主命 主善惡 凡主人間三百六十餘事」하시는「一切生主」이시었다。다만思索的이오 抽象的인存在가아니오 桓雄天王의三千團部로써 太伯山에下降하신우리네始祖이시고、三危太伯을中心하야 우리의國家와 文化를創造하시고 兼하야宇宙萬物을攝理하시는血統的親愛와理論上正當을 兼全하신「꼭게시고 안게시지못할」至聖至高한存在이시었다。오늘의朝鮮사람은 모름즉이 純眞한마음 淨潔한몸으로써 이거룩하신 하누님께歸依하고 信賴하고 崇奉할것이니、이自然敎이자 倫理敎인 古神道의本流인 大倧의敎旨야말로 朝鮮사람의生命이라고믿었었다。

그러나 나는 많이 외로웠다。目前의 온갖 不如意로 말미아마 不滿不平의속에懊惱傷心하는적이많였다。重難한 現實을凝視하고 崎嶇할 앞날을 展望하면서、黑暗한憂鬱의深淵에 잠기는적이 이따금있었다。그리고 그 외로울제마다、나는내一身을 自然의품에 안기우고 또書冊의속에 벗을求하였다。或은鳳儀의古城趾、빗긴夕陽속에 서々 뭔貊國의過去를 읍조리고、或은昭陽江흐르는물가에 걸터앉어、久遠한앞날을 노래하던것이 모다 이때의일이었으며、또書室에偃臥하야 古人의史蹟을 뒤지다가 그대루꿈의나라로 드러가、十月상달저「太伯山」「大」「蘇塗」「天坪」 千里를 뒤흔드는 三神禮讚의큰「굿」으로 覲參의길을떠나기도하였고、「徐伐」서울 「不耐」서울로 꿈에서 꿈으로遍歷의길손이 되기도하였던것이니、이것이 모두내二十歲前後의일이었다。

——(未完)——

메네메네데겔우바르신

文信活

一、本文다니엘五章

내가遇然히 이글을쓰게될때에 感懷가깊도다。

나는 이글에對한깨다름과 새로운느낌이많아 現下朝鮮靈界로向하야웨친다。바벨론왕느부갓네살의孫子벨사살이王位에나갈때에 모든大王들과 貴人들로더부러 王宮에서宴會할새 그祖父느부갓네살이 예루살렘聖殿에서가저온 거룩하신하나님의金銀긔명으로술을부어마시고 醉하야소리하고 풍유하고放蕩이놀때이다。意外에王宮벽에세운평풍에 어떤손가락이現하야 글씨를썼다。그글이如何한글인지알수도없고 王의마음이답々하야 博士와 그나라學者를불러왔으나 다아지못하고 最後에는할수없어 다니엘을불러 이글을무렀다。그글은곧 메네메네데겔우바르신이니 하나님이베사살의世代와 베사살王을다라보시고不足하다하심이니 그나라를때앗어 파사王의게주라하심이다。나는現下朝鮮靈界를삷일때 이런 하나님의손가락으로쓴글字가있는것을보고 떨엇노라。하나님은 今日의朝鮮靈界를저울질하시고 바리셨다。저의中에重量있는靈魂이없고 무게있는生命이없음을보시고 저의게메네메네데겔우바르신이란暗號를주셨다。그래서이審判의宣告는 朝鮮의靈魂들우에나려붙었다。저의生覺이헛되고 일이그릇되여 하나도重量있는것이없음으로 하나님의손가락은이글을썼다。朝鮮의基督教야 너의中에重量있는魂이있고 무게있는生命이있었던들메네메네데겔우바르신이란 審判은나리지않었을것이다。너의는돈에醉하고 사욕에醉하고 淫慾에醉하고 世慾에醉하고 毒酒에醉하야 비틀거름을치는고나。너의教會에 너의家庭에 네이마에 하나님의손가락으로쓴 이審判의宣告는붙어고나。이제朝鮮教會의實狀을보건대 두려움을면치못하겠도다。

돈에팔려가는者 淫女의게끌려가는者、世慾과人情과形便과境遇에끌려가는者들이로다。저의들의魂은돈에팔리며 儀式에팔리며 人情에팔리며 物慾에팔리고말었도다。이와같은쭉정이는바람에날리고 불에타서사워고말었도다。저의所望은불타고 저의믿음은形骸만남은지라 어찌이같은審判의때에서리요。天地보다重量이있는 生命이있어야될것이안이며 日月보다光明한義를가저야될것이안인가? 우리눈앞에서天地가떠나가고 日月이失色하고 山岳이믄허저도 우리의生命所望 信仰은굳게서야될것이안인가? 이러한生命이야말로貴하지아니하냐。天地의法權을 그信仰中心에把握하고 萬物의所望을그日常生活에서나타냄、이것이眞實한그리스찬이

아인가。 이것이天地보다重한그리스챤의生命이안인가。 二十世紀란末世를當하야 不義의波濤는山같이이러나고 赤馬 黑馬 靑黃色馬는 各聖徒의心靈을騙踏하는지라 이때에맛당이重量있는靈魂이안이고는 이러서지못할것이오 天地보다重한生命과 日月보다밝은義가안이면 救援을얻지못하리라。 朝鮮의靈界는비엿다。 놀라게하는暴風과 태우는불속에葬事를지낸바되엿다。 朝鮮敎會야朝鮮敎人아 너는참으로메네메네데겔우바르신이로다。 너의하는일이 어느것하나가큰것이있느냐? 어느것하나가불타지않을것이있느냐? 너의가敢히聖經을模本하야傳道를하고 救濟를한다마는 그것도 썩어질써로된것이로다。 바련바된朝鮮아 汝가悔改하여라 重量있는生命이되라。 天地보다重한生命은예수요 萬物보다빛난榮光은聖徒의義로다。 너의가大衆을모와놓고 하나님의恩惠와言約을背反하야 거룩한이름으로모여서 肉體의자랑을삼아禮物을나누며노래하며 풍유하며 醉하며 放蕩함이니 베사살의잔치로다。 하나님의손가락은나타나서 글써를쓰신다 그러나너의는모르는고나 너의中에아는者가많고 知識있는者가많다。 하나 하나님의손가락으로쓴 이글을모르는고나。 너의스승은소경이오 너의가르치는者는 베사살나라의博士들이로다。 聖經을외우면서도이것을모르고 神에感動하엿다하면서도 이말슴을모르니眞實로愚盲이로다。 내가이제이글을보니 깨닫겠도다。 하나님이그손가락으로 너의이마에써놓은글은 메네메네데겔우바르신이로다。 聖經이너의게封書와같해지고 默示와預言이 꿈과잠고대같이되엿고나。 그러나너의가알랴고도하지않고 驕慢하고悖逆하야黨을지으며 兄弟를속이며 兄弟의所有를빼앗으며 兄弟食卓을占領코저 兄弟의權利를빼앗고자 얼마나부르짖느냐。 너의良心이둔하야스스로착한체하며 참남된자리에앉어있거니와 너의손에는피가묻언나니라。 이렇게悲慘한現在를가진朝鮮靈아 너의中에하나도우는者도없고 두려워하는者도없고나。 先知者中에누구가 그時代에나타난하나님의말슴傳코자 生命을밫이지아니한者가있더냐。 禍있도다 禍있도다 禍있도다 朝鮮靈들아 將來의審判을免할진저。 너의中에믿음이있는者가어대있으며 福音을가진者가몇이냐。 世人보다낫음이무엇이며 不信者보다자랑할것이무엇이냐。 절문女子는 妓生같이녀기고 人間의議論을 단술처럼퍼먹여 너의가온대淫行과貪心이가득하고나。 하나님은온世上을審判하신다。 그앞에는天下萬人이 다ㅣ메네메네데겔우바르신이다。 孔子도 孟子도 釋迦도 老子도 소크라테스도 다ㅣ메네메네데겔우바르신이다。 모세도 엘리야도 洗禮요한도 다ㅣ메네메네데겔우바르신이다。 예수홀로 그의기뻐하는者오 예수를믿는者홀로 하나님의즐겨하시는者이다。 예수같이重量있는生命이되자。 하나님의저울은苦難이다。 옳의全事實은곧 하나님이옳을달아보심이다。 恩惠를주어서도 달아보시고 苦難을주어서도 달

一八

아보신다。 天地보다크신예수우리게있으면되겠다。 世上萬事萬物은 다ㅣ六百六十六이다。 六百六十六은곧肉이다。 다ㅣ重量있는것이안이다。 다ㅣ못쓸것이다。 너의는무엇이되고저하느냐? 重量있는靈魂이되라 값있는生命이되라。 天地를주어도박구지말人格을預備하여라。 볼지어다 우리는一萬因緣을끊어바리고 사랑의예수와사괴자。 萬物을다ㅣ주어도받지말고 예수의사랑에끌려가사이다。 朝鮮에이런生命을創造하시고저 예수께서十字架의괴로움을當하나니 이괴로움은天地와萬物이다ㅣ모르는바요 오직主와聖徒만이아는도다。 사랑의神이우리게臨하셨으며 우리는사랑으로이것을아노라 사랑은예수의自身이요 하나님의內容이시로다。 사랑이없는곳에 하나님의게심이없고、 사랑이안인곳에 하나님의存在가없도다。 사랑은生命의重量이요 靈魂의달이로다。 사랑은하나님의얼골이오 예수의自身이로다。 알파와오메가란사랑의付號이오 暗號로다。 舊約의全部가 이스라엘앞에써놓은메네메네데겔우바르신이안인가。 저의게모세가있고 엘리야가있고 아브라함이있고 욥이있어도메네메네데겔우바르신이로다。 新約의全內容이天上天下에나려불은 메네메네데겔우바르신이란 하나님의宣告가안인가。 예수홀로 너는사랑하는아달이오 기뻐하시는者라하심을받지않었는가。 默示錄五章中에일곱印과 안밖으로글쓴冊을뗄者가누군가。 天上天下에다ㅣ能히뗄者가없으되 예수홀로이冊을떼고이印을떼셨도다。 이는곧잠긴東山이오 덮은샘물이니 스스로도는불꽃劍으로막아놓은生命나무의길을여심이로다。 사랑의東山이오生命의샘이로다。 默示錄全部가 예수의피흐르는사랑이로다 朝鮮의靈들아 金을모우지말고銀을貪내지말고 世慾과人間慾을바리고 피묻은손을씻고 사랑의예수를받어라。 天地보다重한예수의福音을받어라。 여긔서너의도重量있는生命이되고 値價있는靈魂이되라。 예수는너의生命의힘이시오 靈魂의能力이시거늘 어찌이무서운審判台앞에서문허질담을쌓고있는냐。 金을돌과바꾸며 銀을흙과바꾸는者여 그리면서도兄弟의눈에 가시를파라하는고나。 너의게는사랑이없다。 사랑의能力이없다。 너의는사랑의이름도모르고形狀도모른다。 眞實로이사랑은奧妙로다。 새예루살렘黃金길과 十二眞珠門과 사랑의太陽예수의게通過치않고는 이사랑을노래할자가없도다。 너의사랑이란것은淫女의술잔이로다。 미련한者를醉하게하고 눈먼者를속이는바벨론女王淫行의술잔이로다。 孔孟도 老莊도 釋迦도 맑쓰도 레닌도 律法도 다ㅣ하나님의震怒하시는술잔을들어 너의게醉토록먹이는고나。 바벨론의淫行의 더러운榮光辱된寶貝로너의富를이루고 貴를삼었고나。 世上과和親하고 淫女와입마추고 즘생의표를받은者들아審判을免할소냐。 볼지어다 하나님의손가락으로쓴글자가너의이마에붙었으니 메네메네데겔우바르신이로다。 투철한靈眼이너의를볼때어찌떨지않겠느냐。 朝鮮基督敎는곧고다

메네메네데겔우바르신

란骸骨處오 千萬靈魂을葬死한埋葬地로다。칡칡한밤중에鬼火만 번적거리고 怨慟한女魂의우름만들리는고나。저의哭聲은天地에사모첫고 저의鬼火는 世人의눈물을眩亂케하도다。教會가教會로더부러송사하고兄弟가兄弟를끌고法官에게이르니 이안이鬼神의우름이냐。世人이너의를미워하고꺼림은 너의의썩은냄새를因함이라。아ㅣ朝鮮靈魂을埋葬식인基督教야 너의소리는女鬼의소리갈고 너어얼골은鬼神의얼골갈으니 너를思慕하는者가없고 너의소리를들는者가없도다。아ㅣ이亡한朝鮮教會여 밖으로는鬼火가번적거리고 안으로는哭聲이들리는朝鮮의埋葬地인教會야 옛배암붉은龍의게물려죽은怨慟한魂들이 白晝에含怨하고있고나。너의발바닥부터 머리까지死亡의그늘이덮이엿고나。이러하고야무삼平安이있으며 이러하고야어찌死亡을免하겟느냐。무덤을깨치시고살아나신예수 너의게오셧나니 사랑의生命을받아들이라。이무덤이變하야復活의東山이되고 哭聲이變하야讚頌이되고 餓鬼의形狀이變하야사랑의얼골이되라。그때에世上이너의게屈服할것이오 天地가너의것이되리라。사랑이너의품속에안기기를願할것이오 너를찾는者가많으리라。너의가 도리켜意思轉換을이르키는때에 天國의榮光이 이를것이라。

아ㅣ메네메네데겔우바르신이러한審判의宣告를받은朝鮮아 悔改하라。各心靈을저울질하시는하나님께맡기고 生死를그에게맡기자。사랑은審判을우습게녀기며 死亡을草价갈이보는도다。사랑의太陽예수 너의心靈에떠오르기까지 너의는審判을받게되리라。이제는사랑하자 사랑으로 서로사괴자。내가하는이말은사랑이오 사랑을因하야씀이로다。—(끝)—

小鹿島의注文書——三友堂時計店으로

謹啓 貴店의發展을慶祝합니다。陳者小生은當地兄姉들의 謝絶할수없는付託으로各地時計店에서累次時計를注文해온일이있었는데 그價格이時價의 三四割은으레히빗쌀뿐더러不親切한造荷로因하야途中에破損되여 거의廢物이되다싶이된일도있아오며 그나마注文後三個月、甚하며五六個月式이나되여야 配達되는等、우리의弱点을利用하는저들의商策과不親切엔不快를지나痛嘆아니할수없었읍니다。이러한意味에서우리는貴店을眞心으로기뻐합니다。따라서只今부터는貴店에폐를끼치려합니다。于先前부터付託하여오던 몇兄弟의分을合하야左記形態의時計六個를注文합니다(以下 送金送荷와修繕品과掛鍾目錄等에關한記錄이있으나略함)

編者曰 이처럼하야三友堂의出現을가장기뻐하기는 小鹿島兄姉들이오、또한三友堂으로서도 저들과같이不自由한處地에있어서現品을보지못하고督促못할지라도安心하도록奉仕하는일을 무엇보다感謝하는터이다。現今宋安두분은每夜十二時前에就床하지못하며日曜日까지일해도 다할수없는形便이다。그러나主日嚴守 每夜九時閉店하기를 나는最后通牒하였다。商店은사람을爲하야있는것이다。사람이살고야볼일이다。 그리고每月第一月曜日밤에는三友堂關係者의祈禱會가聖朝社에서열린다。誌友의加禱를願함이切實함은勿論。

聖朝通信

二月十七日（木）晴 昨夜以來西風이 强하고 춥다. 終日不息. 逆風에自轉車타기 困難. 三月號廣告欄原稿까지完結하여보내다. 第五學年은今日부터卒業試驗시작 ○近日의新聞紙에報導되는 東京帝國大學과 그敎授들은 마치滿洲事變當時의東北大學(奉天)과一樣의取扱을받는模樣이다.

二月十八日（金）晴 지난새벽한時에 姪女出生하다. 이로써現在우리食口十八人, 今日까지의最高記錄에達하다. ○登校하니 昨夜放送하였느냐고 묻는이가있었다. 午前授業、午後는建國體操, 歸途에印刷所에서校正하고 日沒後에歸山.

二月十九日（土）晴 今日까지도 一樣으로西風이强하고寒冷하야 시내ㅅ물은 다시凍結하고 自轉車타기甚히괴롭다. 往返二次印刷所에 들리고、卒業生徒의就職紹介로某會社에 들리다. ○成兄短信에『昨夜放送하셧다는것을 그만못들었읍니다……』라고했으나 昨夜放送한이는 믿을신字의金敎信氏가儒敎의經典解說하였다는것이고 聖朝主筆은안이었다. ○또中途에廢學한不良生徒의來信에『……처음이라도모르겠거니와 二次나學校에서處分當한저는父母님께對할面目도없겠거니와 父母님도子息갈이生覺지않으시오니 子息으로서 對할수가없읍니다. 오직行人과갈이지내게되였읍니다. 모든사람에게 버림을받은저는孤獨이라는것을느꼈읍니다. 孤獨을느끼는者는 社會에나 모든사람에게 버림을받은者가말함이라고 생각하였읍니다. 그러하오나孤獨한者가갈길을發見하였읍니다. 그때에先生님 생각이났읍니다. 小生이學校에缺席만하고있었을때 先生님께서 下宿을移舍하라든 말슴이생각납니다. 그當時에 곧順從하야先生님宅으로 갔었더라면 어찌되였을까 하면서、先生님이 말슴하시옵든 예수믿는일에對하야 생각이났읍니다. 先生님의責望과訓話는 順從치못하였아오나 先生님이믿으시는 예수에對하야 저도예수믿기를 작정하였읍니다. 그리하야 忠實한敎人이 되고저 힘써왔읍니다. 小生이 先生님께 이러한말슴을 올리게된 動機를 말슴들이고저함니다.

數日前에 京城서織田牧師께서오셔서一週間復興會를하였읍니다. 其中에 自己의 立志傳을 말슴하옵는데 그는中學時代에 不良者여서 各地로도라다니면서 좋지못한짓을行하였다고 말하오며、異常한機會에宗敎라는것을알어 基督敎에 들어가서 참信者가되고、그리하야 그는 모든罪를 自白하고神學校에入學하야 牧師가되여서 참다운사람이되였다고(中畧) 그리하야小生은 自己의모든前에行한바를 생각지않을수가없었읍니다 저에게는 아직배우지 않으면 안되겠다는것을 착실히 느꼈아옵나이다 그리하야 갑작이 先生님께되지못한글로써 몇자 올리게되였읍니다(下畧)』그야말로九十九首보다一首가 더반갑다. 養正在學生徒六百名의편지보다이退學生一人의편지가 반가운것은事實이다.

二月二十日（日）晴. 連日구찮게굴던暴風이 끝이다. 또한 오래만에 出勤을免除한日曜日——참安息의하루를 얻으니 각별히感謝. ○우리장막안에서는 唱歌禁止令을네리다. 近日養正學校에樂隊가新設되여 本來音樂의理解없는余의耳膜을 單調한歌曲으로써 괴롭게만하야 用務畢하는대로 學校를脫出하는터이며、街路에흐르는 라듸오歌曲이 또한듣기싫은것뿐이나 制止할勢力이없음을痛嘆할따름인데 내집에서까지참을수없어서禁止令. 요새唱歌들처럼殺風景인것은前無했다. ○午後禮拜에마태第十三章四四—四六節工夫. 宋兄來參. 夕에宋安兩兄合席하야三友堂時計店件相議.

二月二十一日（月）晴 授業外에擔任班卒業試驗과上級學校入學手續의證書類作成等. 또校正. 紛忙의極인때에 總督府에呼出받고往返. 急작히原稿四頁分을追加할必要생겨서 밤 늦도록原稿쓰기 因하야 今夜의某宴會도棄權. ○入院加療中이던某同窓學友의危篤다하는報에萬感이交錯.

二月二十二日（火）晴 今日로卒業考

査完了 今番卒業하는五學年班을擔任한後로 한가지 저들에게有益한일한것으로은근히自信했던것은、저들에게日記쓰는習慣을養成해준일인줄로알었다 그런데其中한사람의日記가問題되여 禍가 그生徒의一身에밎었을뿐더러 그擔任教師와學校에까지 밎으리라고한다 命令에依하야、第一學年以來로勸勵하면서 써왔던 저들의日記를 모주리燒却하기를說諭하고、余自身의日記도——열설된때부터 聖朝에公表하기까지記錄한部分 約三十餘册을 모주리燒却하기에同意하다 생각할수록哀惜하기도하나 北支或은中支의戰場地域에살다가兵火에燒失된심만 잡으면 그만이다.○夕陽에梧柳洞往返하면서往復車中과停車場待合室에서校正、밤九時에야山麓에도라오다

二月二十三日 (水) 晴 上級學校入學手續證書類調製와 卒業成績調製의틈틈의時間을 도적하다싶이校正 歸途에印刷所에가서校正 ○새벽엔 이사야第五十二三章을읽고、저녁엔 出埃及第二十三章을輪讀하고서家庭禮拜 ○米國上院議員풀러氏는「米國의國策은 海軍軍令部長에依하야指導되거나決定되는것이 안이라는것을言明하여둔다」는意味의演說을했다고

二月二十四日 (木) 晴、晝夜를連하야卒業班成績調製의事務、午後에暫時時間을도적하야 印刷所에가서三月號校了、아직完全히校了된것이안이나 數日더遲延한대도 學校事務에서時間을 낼틈이없음으로 이번校正은疎忽한대로斷念하다 ○英國이든外相이失脚한것은 四十歲의理想主義青年이六十九歲의現實主義者켐버린首相에게敗退한것이라고、理想主義의敗退를 기뻐하는者많다○小鹿島에서短信과原稿到着、

二月二十五日 (金) 晴、敵機臺灣에飛來하였다고 다시音響管制實施 ○來信一枚『……滿身에傷痍요혈痕淋리한 戰상병을對하는感이있읍니다、이런일을恒茶飯으로당하시는先生님들의心境을 조금이라도짐작하겠아오며、이번일에있어서는特히先生님께對하야罪悚한下情 測量없읍니다。上京數題[三•完]은「想峴」으로서 信仰告白을兼하야 約四十枚豫定으로 于先二十枚만草하였아오나 古神道에對한見解가또한번 이모양을 거듭하게되올듯 이젠아주고만두기로하였읍니다

우에서許諾하신다면 後日 純宗教的인思索이나記錄하와伏星伏計이오며 不備上白하노이다』

二月二十六日 (土) 晴、學業成績計算을 마추어가지고登校 卒業判定職員會에서 擔任班五十名과 甲乙組合九十七名 모주리卒業되기로決定。于先반가운일이었다 ○今朝學校에와서 不穩書籍을檢閱하였다고。但養正學校에는 한册도問題된것이없었다、어떤書籍을押收하던지 舊新約聖書一卷을남겨두는날까지 우리에게는損될것이없다。○某氏招宴을辭退하고 필하지못한成績事務件을自轉車에실ㅅ고 도라오니今日의溫和한日氣에解氷된 시내ㅅ물이맑고山麓에는松虫잡는 婦女老少들이市를成하였다。氷雪의山林에 발서松虫이孵化된지오랐다하며 一合에四十錢식賃金주고買上한다고。

二月二十七日 (日) 曇、今日某氏宅壽宴에祝辭하라는부탁받었으나 參席할틈을얻지못하야 마음괴로웠다。다만爲하야祈禱할뿐。○明日이卒業成績發表日인故로아침부터通信簿와 學籍簿等의記入整理하는中에、午後엔三月號雜誌製本出來하야 家族의全能力을統制하야 發送事務에注力——밤十一時頃까지要急한것만 一段落하다 ○今日禮拜集會에는馬太十三章四七—五〇節工夫。○入學件으로來客二組 其中하나는養正學校에서不良하다고退學當한後에오래彷徨하다가近日悔改入信한重生의消息을帶하고。찾어온者、우리의오네시모와夕飯을共卓하면서 將來를設計하다 義人九十九人보다 이悔改한罪人一人의來訪은實로반가웁다。○또 밤十時頃인데 허덕허덕찾어온두青年이있었다 余의身邊에關하야들리는바있음으로安否를알고저함이라고。友愛의極盡함에感激하다

二月二十八日 (月) 曇 작은달인고로일즉이서둘었던結果、큰달보다 도리어하

루일즉이發送할수있게되였다 郵送할것外에 市內書店에도配達하면서登校、歸途에도配達。○登校하 卒業班에成績發表 한사람도落伍者없이卒業하게 되였음을共祝하고、敎室에서의最後의訓話 ─── 라기보다情話를하기에 時間흐름을 깨닫지못하고午後五時頃까지卒業에關한事務繁多하다。○某生徒가 「イエスと性慾」이라는글이실렸다고 「日本評論」三月號를 빌려주다。人間의推測으로서는 매우努力한推測이라할것이다 何如間이런雜誌한권에定價一圓인데는 놀라다 或이나 有益한말 正當한論旨 어듸한句節이라도 있을까 뒤저보다가 하품하였다

三月一日 (火) 曇、夜雨 學校로부터歸途에 三友堂時計店에 들러니、聖朝誌의廣告를보고 時計修繕왔다는이가있었다고。效果의速度도 놀라운일이지마는 大體로聖朝誌의廣告가 效力發生한다는것이놀랍고、또 그讀者가意外의職業의意外의人이라는데에 더욱 놀라다 우리의 알지못한동안에 뜻밖의兄弟姉妹가 맺어있는일 고맙고두려운일이다 ○昨今日氣의溫和에解氷의流水시내에넘칠듯 想峴을넘어서면山麓一帶는스스로仙境을일우었다

三月二日 (水) 雨 風雨심하야 自轉車를 못타다 登校하야 明日의卒式業準備와上級學校入學手續의成績證明等 午後五時까지執務 ○今日의된비에 市內市外의道路가 도리어 딴딴하고 깨끗하게되였으나養正學校골목만은泥海를成하야 車不進人不步의形便 이런골목에서脫出하야想峴을넘어선때의北漢山麓의 感慨는넘어자랑하는듯하여記錄하기를주저치아니치못하다 今日의 비ㅅ물까지合하니 萬歲橋一帶에서부터 岙洞이 돌물소리에흔들린다 밤家庭禮拜에出埃及第三十章을輪讀。

三月三日 (木) 曇、後晴 起床하야冷水摩擦하고 今日의卒業式을爲하야 特히五個年間擔任해서 卒業하고나가는五十名의將來를爲하야 呼名하야主예수께各別한부탁을들여祈禱하다 平日보다一時間일즉登校하야準備 午前十時부터式을擧行 例에依하야 型에부은듯이 版에박은듯이式을마추다 例年보다한가지다른것은 皇國臣民誓詞를唱誦하는일이었다 公開한式을一段落지어 來賓과學父兄과在學生을 돌려보낸後에 校長以下의諸先生과九十七人의卒業生만 따로모여서 예전時代에 이른바「謝恩會」라고할만한會가 시작되다 첫째로 卒業生一同으로부터 母校에記念植樹用樅苗三十株贈呈、둘째로甲組生徒로부터擔任敎師에게寫眞機一臺、셋째로乙組生徒로부터其擔任敎師에게卓子一座贈呈、넷째로學校長으로부터 卒業生一同에게慶祝菓子주는일 順序의둘째번이었다 甲組五十名을代表하야 일어선生徒하나가 포케트에서紙片을끄내어들고朗讀하기를시작했다 「謝恩紀念品贈呈文……」이라고 (그內容은別項參照) 「贈呈品」이있다는것은 듣기도했으나 「贈呈文」을朗讀할줄은 도모지豫期치못한일이었기때문에 받는余自身이놀랐을뿐더러 陪席하신諸先生이 또한당황한빛을 감추기어려웠다 朗讀하는者의一句一節이進行할수록 語調는嚴肅하고또切實하야 사람의肺腑를 찌르는듯 靈魂을 어이는듯하니、이는儀式의祝文을奉讀하는類가안이오上官의告辭를代讀하는本도안이다 이런光景은지나간十年동안養正에서는 못보았다 他地他校는모르고 朗讀者의感激이一段一階로昇進함을따라 生徒中에도 느끼는소리들리고 余自身은드디어感激을制禦할잘개를놓쳤다 ○午後에入院中인宋斗用氏의三男을赤十字病院에尋訪하고、저녁에는校長先生이주시는慰勞宴에參席、두卒業班의擔任敎師가主賓대접받음도惶悚한일 밤엔宿直。

三月四日 (金) 曇、夜雨 授業外에蓬萊町警察官派出所에呼出받고、赤十字病院에患兒를慰問한外에 昨日받은寫眞機로써試寫數枚 ○山麓에돌아와 庭前시내ㅅ물소리를들으면서 昨日卒業式顚末을母親님께報告하고 菓封을들이고 寫眞機를說明하여들이다

三月五日 (土) 曇 學校에선卒業生에關한證明書類쓰는것이職務요、鍾路에선商略의機微를들으면서한숨짓고、水量이넉넉

하고맑고 힘차게소리질러흐르는 시내ㅅ가에 돌아오니 살ㅅ것같다 暫時川邊道路修理 ○投機事業에沒頭한이의來訪이있어 人生觀의轉換을强要하며 미련한듯이보이는信仰生活을力說하여보내다 듣고안듣는것은 저편責任이니、이편에서할일 다하지못한즉 내몸에禍및을것같다 ○西北來信에 『五山集會도咸先生님이 五山學校를 떠나심으로 或끄치지나아니할가하고 마음이퍽조마조마하여집니다 聖書朝鮮을받을때와또는五山集會에갈적마다、이것이마지막같은感이있어 퍽緊張하여집니다 世上의모든일이 단한번인것같이생각되였으면좋겠읍니다 世上은점점어려워가는데 이苦難을참고이겨나아가 後에 어려운試練이저의들께올때 싸와서굳세게이기여야할것같습니다 믿는것은至極히어려운것이오나 누구던지 現代의朝鮮사람으로서는 믿지않으면아니될것같습니다(下略)』 또 咸兄短信에 『봄이다되였읍니다、江山에덮였든 그어둠이 그저시원하게확나가버렸읍니다 우리맘에서 이렇게 시원하게풀리는날이왔으면 합니다、云云』

三月六日 (日) 雨 午前中은도란에들어安息을잃고、午後에山麓에도라오니 뒤니어五山咸兄來訪 또宋兄도合席 午後二時半부터의禮拜에出埃及第三十四章輪讀과咸先生의에스겔第三十七、四十七章의講解있었다、餘他의時間은夜深토록情談淸論…○三年來로寄宿中이던金相國이今番養正學校를卒業하고鹿兒島高農受驗次로今日서울을떠나가다

三月七日 (月) 晴 잠깨는대로 이야기를繼續하야午前十一時까지에總括을짓고 咸宋二兄을보내다 ○登校하야軍事講演會의뒤끝니어二時間授業하다 某富豪學父兄의盛宴招請은辭退하고 市內에某敎友를尋訪하야 福音傳道의企圖를相議하다 ○어떤敎師의來信에 『下書받잡고感慨無量이올시다 S兄께이같은믿음과健筆을許諾하신主께 오즉感泣할뿐이올시다 門生께加禱하라하시는下命 先生의心臟의一部分을어르만지는것같읍니다 오늘에있어저를爲하야祈禱하는마음은 病床에있는저를爲하야祈禱함보다 오히려더욱懇切합니다

聖朝通하야三友堂時計店의出現을기뻐하오며初志貫撤할수있기를暗祝합니다 云々』

三月八日 (火) 晴 在學生의學年度試驗시작 三友堂時計店에對하야 意見書를提出하다 ○저녁에는 防空演習의燈火管制로 끄며막으며 푸로펠라소리等야단이었으나、이옥고 밤이깊음을따라 人間의모든소리는 사라지고 山麓에남은것은오직藥師等의木鐸소리、시내의물소리、空中의달빛뿐이다 나중에남는것은沈着한것永遠한것透澈한것이다。

三月九日 (水) 半晴 試驗監督以外에 上級學校에보내는 學業證明書類의調製로 늦도록執務 校內防空演習도있었다 밤에도一部職員과生徒가남어있어서「防空」한다하더라 ○저녁禮拜에出埃及第三十七章

三月十日 (木) 雪 지난밤來로晩雪에 落々長松이獨也靑靑하다 終日降雪 雪路에自轉車매우危險하다 島山安昌浩翁이帝大病院에서昨夜逝去하였다고報導 享年六十一이라고。

三月十一日 (金) 晴 三友堂에提示한 意見書에對한回答을받어 우리가信仰第一主義에一致할수있음이明白하여저서感謝하다 ○登校하야 午前中은試驗監督、午後는卒業生들의證明書類調製로 분주하게일하고 歸途에三友堂에 들려서 新學年度廣告件과 店舖擴張의議에參與 國內의時計工場에서時計만들수없고 外國品輸入의途가 막히고해서 時計의品切이斯界의大問題라한다 ○米國宣敎師裵義禮嬢(미쓰 베어)이 세브란스醫院에入院中 昨日別世하였다고導報되니哀惜不禁 二十五歲로부터五十歲까지 人生의가장 꽃다운時期를 半島에받처주었다 養正學校에會話가르킨因緣으로親分이있어서、濃厚한福音傳하기에專力하라고勸해보았으나 저도一般米國宣敎師의例에빠지지않고 社交니奉仕니 音樂이니 俱樂部니하는것으로써 貴여운一生을——前萬古後萬古에 다시볼수없는 이世上의一生을 보내고말었다 再昨日떠나신安島山先生은還甲의壽로가셨고昨

日의裵孃은五十으로가셨다. 六十에서五十이差不多이니 五十에서四十이그렇고 四十에서三十이 또한그렇다. 언제누가간들不當타抗辯하리.

三月十二日 (土) 晴. 午前中在宅 書齋의 와니쓰칠을畢하다. ○「卒業生의第一信」(別項參照)을받고 感激하다. 그心情도貴하거니와그文章도놀라웁다. ○午後에登校하야監試三時間後職員會. 밤에는採點.

三月十三日 (日) 晴. 安息을얻어 山麓의 깨끗한空氣에 맑은溪邊에서 따뜻한陽光을쪼이면서 읽으며. 생각하며 기도하며 원고쓰는일은실로황송한일이다. ○午後集會에 누가복음第十六章의前半을工夫하다. 意外의珍客도來參하야 有朋而自遠方來의喜悅感을難制하다. ○入學件의來客이두어차례있은後에 夕陽부터새벽한시까지 三友堂時計店에關한會議.

三月十四日 (月) 晴. 今日부터音響管制가解除되였다고 學校에서도 사이렌소리들리다. 視學官이來校하야 야단들이었다. ○墺國首相슈슈닉博士는監禁되고 獨逸國防軍은 國境을넘어墺國에侵入中인데 히틀러總統自身이親히軍隊를指揮하고저出發하였다는等 놀라운消息만傳해온다. ○昨夜에無節制하게長時間會議한탓으로 咽喉를傷했고 心身이疲勞해서 今日은時間이있어도 일하지못하고 일즉就床하다. 하루ㅅ일중에 가장重要한일은 새벽時間에하는일이오, 새벽時間을 바르게使用함에는 저녁就床時間을嚴格하게固執스럽게지키는수밖에道理없는듯하다. 某先生의主義대로 밤十時後에깨여있음은罪惡이다.

三月十五日 (火) 晴. 二時間授業後에 일즉도라와原稿整理. ○咸兄來信에 「곧글월을 올린다는것이 이리되였읍니다. 平安하십니까 弟는數日재病으로누었읍니다. 毒感에腎臟炎이생긴것이랍니다. 그리하야 그만글도못써보내고말었읍니다. 그리고 柳先生이昨夜七時半에 世上을떠나가셨읍니다. 兄에게단녀온後 試驗成績이急하야 곧가뵙지못하고二夜後에간則 大端重態여서 意識은明瞭하고 말하는것을알아들기는한다하고 반가워도하시나 눈으로보시지도못하고 言語을分明히일우지도못하였읍니다. 兄의慰問을傳한즉 大端感謝해하시었고 孫婦되는이도感激해눈물을흘리더이다. 그리고 그날저녁에 數時間앉었다왔는데 그後漸漸더하시었던모양으로 昨夜그와같이가셨읍니다. 어제밤은 弟도苦痛이大端甚하야 五山서의마지막聖日集會를 아무조록힘써지내려고 낮엣時間을 밤으로延期했더니 밤에 더했음으로 不得已冒病出席하였었는대 그集會를畢하자 先生被召의報가왔읍니다。

이제先生의마지막글이 하나있읍니다. 來日부치겠읍니다. 저는이번은 歷史는못쓰겠고 今夜에所感하나듬써서 되면明日붓치겠읍니다(下略)」 早晩間에 떠나실걸음인줄은 알었어도, 가셨다는 소식들으니 亦是意外이로다. 老將떠나신後의朝鮮靈界가 한층더寂寞한感을禁키어렵다.

三月十六日 (水) 晴. 登校하야 二時間授業. 意外에某氏來訪. 現下平壤長老敎會의事情을告함에 듣고同情과痛嘆을不禁하다. 또한實際問題에對한余의意見을求함으로率直히所信을答하다. 그리고長老敎會總會의決議는 어떤基督者던지 偶崇實踐할것임을附言하다 ○지난日曜日밤에 無理하게 늦도록會談한後로 呼吸器를傷한듯 기침이나며 목이붙ㅅ고해서 今日도半病人노릇하다.

本誌定價

一冊 (送料共) 拾五錢
六冊 (一年分) 前金九十錢
十二冊 前金壹圓七拾錢

要前金。直接注文은
振替貯金口座京城一六五九四番
(聖書朝鮮社)로。

取次販賣所

京城府鍾路二丁目八六 博文書館
京城府鍾路二丁目九一 耶穌教書館
東京市麴町區九段坂, 向山堂書房
復活社(京城府) 茂英堂(大邱府)
新聲閣(咸興府) 信一書館(平壤府)
北星堂(咸川邑) 大東書林(新義州)

昭和十三年三月二十九日 印刷
昭和十三年四月一日 發行

編輯兼發行者 京城府外崇仁面貞陵里三七八 金教臣
印刷者 京城府仁寺町一一九ノ三 金顯道
印刷所 京城府仁寺町一一九ノ三 大東印刷所

發行所 京城府外崇仁面貞陵里三七八 聖書朝鮮社
振替口座京城一六五九四番

【聖書朝鮮】第百十一號 昭和五年一月二十八日 第三種郵便物認可
昭和十三年四月一日發行 每月一回一日發行

【本誌定價十五錢】(送料五厘)

主筆 金敎臣

聖書朝鮮

第壹百拾貳號

昭和十三年(一九三八)五月一日發行

昭和五年一月二十八日(第三種郵便物認可)
昭和拾參年五月一日發行(每月一回一日發行)

目次

定價改正

우리信仰의本領

基督敎는結婚觀이嚴格하야 一夫一婦主義만容納하는故로 家庭의平和를保持할수있다고主張하는이가있다、或은그럴넌지모른다。基督敎는隣人愛 四海同胞主義를 高唱하는故로 慈善事業으로써社會를潤澤케하며 平和思想으로써國際軋轢을除防할수있다고宣傳하는이가있다、或은그럴넌지도모른다。

그러나 이런 以上모든것들로써 우리信仰의本領이라고할수는없다。하물며禁酒斷煙쯤으로써基督敎信者의本領인줄로推斷하는것은言語道斷이라할수밖에없다。우리信仰의本領은 아무리보아도 죽엄을이기는일에있다。現實生活에는無益한宗敎라고排斥하는수있더라도 이는어짤수없는事實인듯하다。예수가「이미世上을이겼다」하신것은(요傳一六・三三)羅馬政權을이겼다는말은안이였다。使徒바울이救靈의大原理를論述하다가大勝戰歌를부른것은(로마八・三一以下)누구와싸워 이겼다는말인가。곧死亡을이겼다는凱旋歌이다。故로우리는世上아무稱讚받을만한일을못했을지라도 죽엄을이기는날우리는忠實한크리스찬이다。우리나라는天國이다。(빌립三・二〇)

身邊近況

鴨綠江畔에서一旬未滿에 惡性紅疫으로 어린이넷이世上떠난친구의家庭이있으나紙筆로써慰勞의마음傳해낼수없으니몸소가서 만나보기나할까하는생각懇切하며、太白山脈이南海에臨하는곳에서 大手術後에危篤한中에있다는誌友의子女로부터 甚한苦痛中에도聖朝誌를보면慰安받는自己아버지를爲하야 이世上떠나기前에 편지한장이라도더보내달라는懇請이있으니 편지뿐이랴 뛰어가問安하고싶은마음 또한制止하기어렵다。이리하야 맘은北으로南으로달리는데 몸은그대로如前히얽매여있다。

市內入院患者인친구中에도命在傾刻、오늘못만나면 다시볼수없다는듯이威嚇하는경우만도 두어군데。入學時期안인오늘날까지入學々々으로 졸르는떼ㅅ군이 두어組달라붙였다。答信을期待하는편지와産業企圖其他小々한緊急事는除煩하고 學校敎師된職務와聖朝誌續廢의一切煩惱等々。

行有餘力則爲學問이라는敎訓을 고맙게아는者로서 行할일먼저行치못하는괴로움! 매에決心을새롭게하기를 親切한친구노릇하자던것도斷念하리라。善한牧者나隣人되려던所願도拋棄하리라。謙卑한聖徒도自棄。그리고敎師노릇과聖朝誌의일만에沒頭하리라。死亡通告한後에무슨禮儀範節이랴。

炳憲아 炳憲아

三月三日의卒業式이지난後겨우三週日에 突然히安炳憲君別世의訃音을接하니五個年間學窓을함께한우리에게驚愕이컷다。

第二學年末頃이었다。安君은擔任敎師에게自己의信仰立場을告白하고 한가지問題에關하야는 學業을斷念하는수있더라도 自己의信念을實踐하겠노라고提言하였다。그單純確固한信仰을알고우리는甚히부러워했다。大槪예수敎家庭에生長한 學童들은 信仰이있다하여도形式的인死殼殘骸에不過한法인데 저安氏家庭에는 어쩌면저런信仰의아들을두었으랴고。

安君은入學當初의帽子洋服洋靴를卒業까지 갖었다하거니와 그帽子 制服 內服 양말까지恒常形言할수없는襤褸한것이었다。그러나 그렇게 초조한外樣속에 仁壽峯처럼우뚝솟은高邁한氣品을包藏한安君을볼때마다 衣食의貧乏을 부끄러워하지않는다고孔子님의稱讚받든顔淵을聯想하지않고는 못견디였다。天然스럽고泰然하였다。

安君은五六十名의同級學友中에도 가장艱難한者의一人이었다。그런데도不拘하고 數百圓되는學級費의會計는(學級自治)언제던지安君이被選되는것을보고 또한奇異하지않다할수없었다。예수쟁이오固執不通한安君에게 사람마다好感을가졌다할수는없었으나 金錢을저에게맡기는것이安全하다는信任에至하야는全班一致하였던모양이다。적은일에忠實한者는 큰일에도 忠實하다。가난하면서도 오히려他人의金錢을任置하는信任을볼때에 不遇한時代의 아브라함・링컨大統領을目睹하는感을禁할수없었다。五十人의信任은 곧全國民의信任과 마찬가지가안인가。

音樂에關한素養이없는우리는 安君의音樂的技能이얼마나한것인지는評할수없으나 樂器를携帶한君을볼때마다 속에磐石같은改革的信仰을가지면서 능란한音樂으로써兒童의讚揚을引導하던鑛夫의아들 말틴・루터의風彩도 저렇지나않었을까고 疑心케하여 마지않었다。音樂으로써 우으로 하나님을讚頌하고 아래兒童을純化하는일은 부러운일이다。

安君은眞心으로 하나님을두려워한外에 아무것도 두려운것이없었다。生徒들中에는擔任敎師의얼골이두렵다해서 敬而遠之한이도있고、學校가두렵다其他무엇이두렵다하는이도있었으나安君은할말을하고行할것을行하되正々當々하였다。安君이正義感에對하야銳敏하게感應하는態度는 마치鐵片이磁石에吸引되는것같았다。羊과같이柔順하던瞳子가 義에感觸하는瞬間에는 獅子같이咆哮하려는姿態였다。基督敎界는勿論이오 오늘날人類社會에緊急히要求되는것은 저와같은참人間인데 忽然히 이世上을떠났으니 이무슨뜻인가。百이나千이라도 많다할수없거든 하나마저떠났으랴。君으로 더브러 할일많은때에 아、炳憲아 炳憲아!

安炳憲君의略歷

安炳憲君의畧歷

先生님의惠函을받아보오니別世한炳憲을다시만나보는듯感想이새로워질뿐아니라生前에先生님을恒常말하든것이明白히도生覺납니다。聖書朝鮮은炳憲뿐아니라집에서도愛讀하는바이오니繼續하시와付送하여쥬심을바라오며五月號에感想文을記錄하여쥬신다하시니感謝하올뿐아니라一生을通하야紀念으로保管하겠나이다。幼年時代와二十日間事를記錄하여보내라고하심에對하야는元始常識이없는中　精神이散亂하와明白히는記錄치못하고大綱만을記錄하여보내오니容恕하시고받으셔서參考하시기를바랍니다。

炳憲은戊午年四月八日文岩里出生하야己未年一月十七日에監理教에서洗禮를받고六歲時에京義線南川里에移舍하야七歲時에南川公立普校에서一年半을다니다가文岩里로다시와서一年을집에서놀고四里以上距里되는伊川公立普校에가서寄宿하며工夫하다가　나이어린것이寄宿關係로退學하고距里二里가넘는安峽普校에入學하야집에서通學하면서十四歲되든해에卒業을맞였으나家勢가貧寒하여上級學校에가지못하고一年間집에있으며工夫못함을怨恨하기에形便없는것을養正高普에入學하야卒業하기까지金錢의困難을느껴가며工夫하는中洋服、모자、구두는入學時에準備한것으로卒業하였읍니다。昨年一年은저의食代를뜯어서누의同生을聖經學校에入學케하였엇담니다。其間에집形便은좀나아저서炳憲저도이번에와서家庭形便을알아보고모든것이하나님의恩惠라고기뻐하며많은希望을가

二

젓섯습니다。放學때마다오면　먼저金先生의愛는그리스도에게서　울어나온純潔하신愛라고하며　義를爲하야서는生命을앳기지않고　끝가지싸와勝利하여야된다는것을배왓다고　食口를모와놓고한時間式이야기하든것이　더밝아옵니다。

炳憲母는元始分明치못한사람으로五年前에出家하야現在는行方不明中이외다그래서저의兄弟들은母性愛를모르고자라낫다하며아래로누의同生셋을特別히사랑하며引導하였섯읍니다

三月三日卒業式을보고開城姑母宅에서一夜宿泊하였는대그곳서憾氣에걸린것을그대로南川저의四寸집에가서一夜를經過하야三月五日에집에왓읍니다。감긔가풀리지않은것을그대로할것을하며八日까지지내다가할수없이病席에누으며下腹痛이난다고盲腸炎인듯하다하기에疑心은되나病院에가지못하고醫師를請하야보다가十九日에는不得已開城十字病院에入院하엿더니盲腸炎이라고判明되엿읍니다。그러나一日동안治療하는中盲腸炎은意外에도完治가되고敗血症이右便다리에發生되여二十二日午前十時에手術한後로는漸々더하야午后四時에姑母집으로나아가서二十三日午前三時半에別世하고보니　믿었든大小家와어린同生들失色은　말로할수없게되였읍니다。

學業에對하야는東京農大에志願하고渡航證明까지準備한것을집에서못가게하니까水原高農에뜻을두엇섯읍니다。一生事業은　그리스도안에서安慶祿先生과金周恒先生갈이自力自給하겟다구말하였읍니다。以上略書를올립니다。

四月三日　安　承　訓　白

故安炳憲君

悲哀々々하여도千가지悲哀萬가지悲哀中에 知己의벗을잃은者의悲哀보다더한悲哀는없을것이요。 울음々々하여도知己의벗을잃은者의울음이 참으로슬픈울음일것이다。

나는安君의別世의消息을接하고나의生涯을通하야가장큰悲哀와울음을가지여보았다。 그러나이悲哀와울음은刹那的나의感情의反應인듯싶다。 나는閑寂한곳을찾아가安君의過去를追憶하였다。 安君은참偉大하다 나는君의精密하고正直하고眞實한것을讚美한다。

君의性格은素朴하고堅實하였다。 君은남의돈을맡으면明治十二年돈이면明治十二年돈그대로맡앗다주는性格이라 班의財務는專任特許하다싶이하였다。

「君子는無敵」이라는말은安君에게한말갈다。 君이가는곳마다調和가되는것을보면果然敬服안이할수없다。 君은責任感이忠實하였다。

安君과나는日曜日이면市外에나가서貧民兒童들을指導하여보았다。 君은遠距離에風雨와弱한몸을不拘하고나와서指導하였다。 君의熱誠에感化된兒童들도許多하였다。 君은道德家로써能히世上을겯을수가있었을것이다。 그러나君은人生의正路인예수敎의信仰을갖이였다。 나는歐洲를호령하든니폴레온의生涯보다安君의生涯가斷然勝利라고膽大히말하고싶다。

三學年夏期放學에停車場으로나왓드니 歸省하는男女學生이人山人海를일우고있는待合室복판에 모습이낯익은사람이섯는대 그를보고近處에앉은女學生들이 허리를못펴고웃기에 異常도하다하고仔細히보니 틀림없는安君이였다。

君의行裝이좀異常하였다、내가보고도우슴을抑制못하였다。 조각헌겊을몯아서만든 검은물드린보로써짐을싸 양억께에질머지고 손에는 바을린提琴을들고썼으니 보는사람마다웃는모양이다。 그러나依然한態度로섯는安君의態度야말로 굳々하였다。 나는달려가提琴을들어다車에까지주고도라왓다。

君에게짐을지는理由을무르니朝鮮學生들은「짐을지기싫여하니깐 나붙어저야겟다」고 하는答에同感이였다。 이러한高貴한靈은일직가는보양갈다。 君과나와의離別은時間的이다。 君은짤분生涯를價値있게산勝利者다。

나는安君의生涯을生覺할수록 그의靈에하나님의恩惠가있을줄믿노라。(仁川學友)

三月三十一日(晴) (木曜日)

午前에店에서崔××兄來信받다。 그消息은너무나無情한消息이였스며 너무나突然的事實이였다。 試驗치려東京간다는安君이죽었다니 世上事가이렇게도無情한가? 世上事가다이렇게無意味한가? 어저께悲觀하시는아버지와한동모에게 왜父母를원망합니까? 왜하나님을원망하야不公平하다고합니까 世上은公平합니다 富豪는眞理를깨줄모르고 文章家는大概몸이弱하고 大能家는게을코 헬렌켈라갈

故安炳憲君

은이는記憶力이많고 英雄은友人적고 悲觀하는이는慰勞를받을수있고 거만된者는미움을받고 苦盡甘來요 興盡悲來니 世上이웨公平하지아니하단말이오 道德이라락하면그나라가亡하고 道德이發達한나라는土地와糧食이적드래도亡하지아니하니 世上은公平하며、또父母를怨望하면아니될것이 子息을잘敎育시킬마음은있지마는 肉體를가진人間이니깐不足한點이있어서잘敎育못시킨것이고、 그다음에는政治家가미웁지마는 그이들도不足한人間이니깐 寬大하게容恕해줄만하고 그다음에는 하나님이怨望스럽지마는 하나님은이世上사람에게鍛鍊을주시는것이니 아무도怨望하지말고 오직自己를責할따름이다라고力說한내가 安君의죽은消息을드른나는곧疑問이生하였다。眞實한安君이죽었다니 世上事가虛無한것이로구나! 嗚呼라! 이世上이대관절어떤世上인가하고 분개하고歎息하다가 安君의寫眞을보았다。微笑를띠우고서있는 산安君이 나를처다본다。寫眞帖에서安君寫眞을띠여서 답답한가슴을안고 고요한山으로갔다。寫眞을내여놓고또보니 如前한산安君이였다。그때난대없는가마귀가와서 열마동안 까옥까옥하고울다가가드라。저까마귀가 安君의죽음을分明히알리는것인가? 도생각되였다。솔솔부는바람소리까지 슯흐게들리였다。 사방은고요하고내옆에는뫼가있었다。 또여러가지생각이획획지나갔다。消息듣기前日나는생각하였다。 安君이지금東京있겠구나 四月一日二日兩日間은試驗을치르겠지 도라올때는우리집에를들릴넌지? 하고기뻐했지아니한가 하고혼자歎息하였다。그러다가나는 입을버리여 소리쳤다。

「將來우리들이 같이한동내서理想的으로 살아보자는計劃까지세워놓고君은웨갔는가? 西洋留學도그렇게가고싶어하드니 그런計劃도다斷念하고웨가셨는지요? 自然속에누워계시는兄이여! 봄이왔습니다。 노랑나비 흰나비는 춤을추워兄을慰勞해줄것이오。兄이누우신뫼이옆에는 하나님이創造하신고운꽃이兄을깨끗하게 장식해줄것입니다。兄님이시여! 自然! 아름다운大自然속에서 平安히누워계시요! 롱펠로의 詩를읊어봅시다『人生은참되고 人生은眞實한지라! 뫼가終局이아니너 흙임으로흙으로도라간다는것은靈魂의일은아닌지라。………』그렇습니다 兄님은永遠히사라게십니다。兄님의靈魂이살아게심을쪽믿고 兄의사랑을바랍니다。바람은솔솔붑니다。 自然의音樂이올시다。 그音樂을드르시고 慰安을받으시요。山川에草木이봄철마다새싹을내는데 人間은한번죽으면 그만일理가있읍니까。깨끗하신兄에게는반듯이永生이있겠지요。그러면웨兄의죽음에對하야슯흠이있을가생각할때 그것은다른것이아니라 사랑하는者를外國留學이나보낼때눈물나는 경우와같이兄과弟와는오래동안만나지못할테니깐自然슯흔마음이나는것이라고 깨달았습니다。

兄님이여! 兄의죽음은우리들에게큰忠告큰敎訓을오게합니다。即人生을깨끗하게살고 가자는것입니다。 또사랑으로서 누구에게든지寬大하게對하라는忠告를줍니다。 이것이兄의付託인것같기도하고하나님의敎訓같기도합니다。 머지아니한世上에서 僞善的行動을하지말고 씩씩하게사라나가라는느낌을줍니다。 첫번에山에올때는 人生은虛無한줄만알았든弟는 人生은眞實함을깨닫고 兄의죽음을슯허하지않고 우리들과離別한것이 오래동안못맞나는것이슯혔다는것을알고 하나님을다시찾게되였습니다。 弟도얼마있다가 兄을따라가리이다。」그동안安寧히계십시요。」하고얼마동안있다가 집으로도라왔다。집에와서는얼빠진놈같이精神없이하로를보내였다。(끝)(慶北學友)

主所求於家宰者忠也 (고前四章)

姜濟建

離婁之明과 公輸子之巧로도 規矩를쓰지안코는 方圓을 일울수없다한말은 참옳은말이다。世上萬事에는 理致或은 原理라는것이있어 거긔依치안코는 사람이아무것도 自己 任意대로 일울수없다。사람의智慧才能이란것은 이天理的으로있는理致에 順從하는일이다。오늘날같이 文明이發達되면 사람의偉大한것이 매우들어난듯하나 그것을도리어 裏面에서보면 그無力함을 나타내는것이라할수있다。精妙한 文明의器具일스록 理致에忠實하고 規矩를 嚴正하게 쓰지안코는 만들수없다。信仰의일에있어서도 마찬가지다 眞理에依하지안코는 하나님의하시는일을 理解할수도없고 따라서그뜻대로行할수도없다。하나님의 世上救援하시는일에는 奧妙한眞理가있어 그眞理에따라서 된것이오 決코 사람의才能으로 헤아릴수있는것아니다。眞理란 곧하나님의智慧다。故로우리는 이하나님의智慧를 배와서만 能히 그뜻을行할수있다。

그러면 그하나님의智慧란 어떤것이냐。한말로써하면 모든것에있어서 사람의智慧와 才能을 廢하고 自己가모든것의主가되고 萬物이自己에게 돌아오게하시는일이다。

大槪하나님이 世上을創造하실때에 그거륵하신말슴으로 지어내섯슴애 사람의生命이 곧말슴中에생겻고 사람이그 말슴으로 살게된것이엿다。그런대 슬푸도다、人類의始祖가魔鬼의꾀임을받아 하나님의말슴을 拒逆하엿는故로 그것이罪가되여 世上에苦痛이있게되고死亡이생기게되엿다。甚至於는 이罪가浸々하야 末世에는 옳은사람은 하나도 없고 다죽은者가되여버렷다。그런故로 仁慈하신하나님이 참아볼수없어 그救援하는길을 열어주시게되엿다。하나님이義로우신이인지라 罪를그대로둘수는없다。그러나그嚴하신公義대로 審判하시면 人類는滅絶하는수밖에없고 따라서그仁慈는 廢하게될것이다。그리하야 거륵하신하나님이 그義와愛를 兩全케하시는길을 取하신것이 곧사랑하시는 獨生子를 世上에보내여 罪人의모양을取하야 十字架에犧牲이되여 人類를代贖하게하신것이다。

이는實로 다시더할수없는方策이다。이로써絶望에떠러졋던人類에게는 生命의길이생겻다。同時에人生에는 根本的으로새로운生活이 始作되지안으면 안되게되엿다。當初에 사람이罪에 떠러짐에 自己로서는 어떠케할수없는狀態에 빠졋다。사람은아무리偉大한者라도 다같이血肉의사람이라 罪에屬하지안을수없다。다같이罪人이면 저의中에서 自己네를스々로救援할힘이 나지못할것은 定한일이다。故로하나님이不得已 거룩하신自己몸에서 갈라내여 人類를代身하는者로세웠다。그가곧獨生子예수다。그는形像은비록 우리와一般이나 罪는없는이다。故로能히 罪人의罪를 代贖할수가있다。그리하야人類가 저로因하야 新生을얻은것이다。

이제우리가 그意味를 詳考하야보면 이偉大한救援事業의動機가 人類에게서 나온것아니오 全혀 하나님의게서 나왓다。사람은罪를 自取한것임애 滅亡이고救援이고 論할形便좇아도 되지못한다。그런것을다만 하나님이 純全히그限量없는 矜恤로因하야 救援의慈悲를 發하신것뿐이다。故로今後로는 人類에게 自己의生命의權利를 主張할아무것도없고 오직贖하신者의任意에 맡기는것밖에없게되였다。사람은오직 感謝할것밖에없고 恩惠를받는것밖에없다。그前과根本的으로다르다는것은 이때문이다。

救援의動機만아니라 그方法도 全혀하나님에게있다。사람의어떤 功勞나 美德을보아 容赦하신것도아니오 그어떤能力을 돕거나 利用하야서 하신것도아니다。사람들의하는것같이 全體를統一하야가지고 團體의힘으로 하신것도아니오 優秀分子를 網羅하야가지고 敎化運動을 니르켜서 하신것도아니다。오직그아들로써、自意로 獨力으로하신것이다。故로여긔는 사람이一切容喙할 資格이없다。果然世上에 富한者가누구며 智慧있는者가누구며 辯論者가누구며 能力있는者가누구며 思索家 文士者가누구뇨。모든것이다하나님앞에서는 없는것과一般이다。그것이萬一有効한것이있으면 어찌하야그것으로써 살지못하고 이와같이죽는經過에 니르게하였는가。비록사람의생각에 如干이러한사람이있다할지라도 이것은다 이世上廢할者의智慧요權勢에 지나지안는다。

그러면하나님이 그러케하신것은 무슨目的때문인가。다름아니오 저가모든것에서 主가되시기爲하야서다。人類의犯罪가 不忠에서된것같이 또그를救援하는대있어서 하나님이要求하시는것도 오직忠誠뿐이다。저에게絕對信賴하고絕對服從하야 오직感謝하는맘으로섬기는 忠誠을願하시는것뿐이다。죽었던中에 살아난人類는 이제는自己生活이아니오 하나님의집에 家宰가될뿐이다。家宰에게는 忠誠以外의것을 求하지도않고 許하지도않는다。故로聖經에「나는慈悲함을 즐겨하고 祭祀는즐겨하지않는다」(馬大九章十三節)하시며 兄弟를 서로사랑하는것이 곧하나님을恭敬하는것이라(요한一書四章)하신것은 이때문이다。그런卽우리는 모든것을하나님이주시는대로 받을것이오 시기시는대로 順從할것이오 自矜하야自己에게 榮光을돌리지말고 恒常하나님이우리게依托하야 行하시는대로 나타내여 世上사람으로하여금 榮光을하나님께 돌리도록할것이다。信仰이란다른것아니오 順從이다。

姜濟建先生의 一生

咸 錫 憲

先生의一生이라고하나 내가先生을뵌것은 지금부터겨우五年前에 始作된일인故로 내가 아는先生의面目이란것은 老年의그것이오 少壯當時의것이아니다。더구나 先生이五山에來居하시게될때는 거이孤客과같이되여 親故한분도없는形便이엇던故로 間接으로 들어알길도없었고 또家族여러분과도 자조맞나며지나게못되였는故로 거긔서들을수도없었다。先生在世當時에 말슴이 或少壯時節의니야기에미츠면 實로滋味있는것이 많었음으로 꼭한번仔細히들어記錄까지라도 하여볼가하던것을 뜻두고 일우지못한동안에 아조떠나가버리시고만것은 哀惜하기限없는일이다。故로지금은 先生의葬式當日에 報告되였던 略歷을 基礎로하고 거긔다 直接先生에게서들은바 或其他의것을 叅酌하야八十二年生涯의 大略을쓰기로한다。

先生은 哲宗八年丁巳六月二十二日 郭山塩湖洞 姜致祐氏의長男으로出生하시였다。이때는朝鮮의國政이 極度로어지러웟던때요 西洋文明의물결이 잠자는朝鮮사람의귀밑에바야으로 사납게달려들려하던때다。故로先生이자라나신것은 지금우리와는 롱다른世界와雰圍氣속에서다。政治로도 그렇거니와 精神界의일로는 더구나그리하야 새로드러온基督教、그때말로天主學의思想이 社會的으로 大波瀾을니르키어 逼迫이甚하고 半島에는 새로운人生觀을낳으려는暴風雨의暗雲이 低迷하고있었다。先生이나신지 三年後에崔濟愚는 東學을니르키었다。그러기때문에 다른사람과갈지않은資質을가지고난先生은 일즉부터 거긔反應이있지않을수없었다。十二三歲에이미 老人들이 天主學에對한말을하는것을 곁에서듣고 「그러틋사람이 죽으면서도 하는것이라면 거긔반드시 무엇이있을것이라」하는생각에 後日한번알어볼생각을 하였노라고 몸소記憶을말하는것을 들은일이있다。

當時先生의家庭은 比較的裕足하게지낫던모양이오 일즉부터漢文을배와 文理에通하얏다。少年時를지난後는 一定한스승은없이 自學하신모양이고 讀書는질겨하야 손에冊을놓는일이없엇으며 또文才있어 四律에能하였다。

青年時節에니르러 職業은 술팔기를하시였는데 先生의性質이 老來에는그저 溫慈하고 謙讓한이지만 젊어서는 자못豪俠하였던모양이오 兼하야文才있는故로 自然선비를 많이사괴게되여 時務人生에對하야 談論을하는일이 많이있었다。時勢의 어려운것에對하야는 改革의熱心이있엇고 自己一流의見解가있엇던것아 鄕友間에先生을가리처 姜內部라했던것을보면알수있고、생각하는바있어 光武元年에上

京함애 남들이曰 內部大臣을벌려고간다하였다。그러나하나님이 先生에게내여준길은 政治가아니엇다。일즉부터儒林으로더부러 天理人性에關하야 討論함에 매양儒敎의가르침에 缺陷있음을느끼어 그를指摘하기도하며 스々로疑惑未決하는바있였더니 上京하야 書肆에 노니다가偶然히「德慧入門」「自西徂東」을보고 于今껏煩惱未得하던것이基督敎안에있음을 깨닫게되였다。그리하야도라온後는 聖經과其外基督敎書籍을耽讀하야 뜬거운信仰에들어가고 傳道하기를決心하게되였다。때에先生의나이四十一歲였다。

이것은先生의一生에 一大轉換이였다。新生이였다。그러나그新生에는 거긔따라오는 産痛이없을수없였다。第一次로온것은 들의·誘惑이였다。이보다前에 先生의 指導勸言을받아 새時代에活動하기爲하야는 새文明이必要하다하야 東京에건너간靑年이있였더니 그가 거긔서 當時滯在中이던 朴泳孝氏의幕下에들어가 先生을紹介하게되였음으로 朴氏는親筆로써 先生의出馬를 請하게되였다。이意外의글은 先生이바로 新生의出發을하려는때에왔다。故로이때문에 先生은 적지않이 煩悶하얏다。글은한번만아니오屢次왔다。한번許諾하고 나서기만하면 志士의顧問이된다。英雄의生涯가始作된다。잘하면榮譽의자리가온다。하물며이는 平生에생각하고計劃하던바랴。그리하야先生은心中에 猛烈히싸웠다。그러나아무리하야도 새로드러온眞理의말슴은 이招請을가지고 이世上의誘惑이라고 斷定하기를 마지않였다。그리하야드디어 이名譽의또는幸運의招聘을 一蹴하고 傳道의生涯로 힘있게저어나갓다。

그러나 앞길은 漸漸險하였다。이때껏하던酒業을爲先버리지않으면 안되였는데 그리고나니 糧食의길은 끊어졌다。이때까지親交로去來하던 모든벗이 아모개는 예수쟁이됐다하는消息을듣고 다떠러저나가고 四十이지나도록 다른職業을배운것은없고 家族의理解조차없고 오직一切를 하나님에게 맡기는것밖에없였다。當時先生의 生活이란것은 엘리아의 그것과같이 祈禱가그糧食의出處였다。아모準備도計量도없이 祈禱만하고있는동안에 가마귀아닌가마귀가뜻도안였던곳으로좇아와서 먹을것을주는일이 한두번만아니였다고한다。

이와같이우리가注意할것은 先生의入信이 宣敎師에게서注入的으로된것이아니오 하나님이直接주시는 異常한攝理로 自發的探究的으로된것이다。後年先生이 宣敎師의機關안에들어가 일하면서도 總始 그심부름군으로만되지않고獨自의信仰을 가지고나가게된 큰原因이 여긔있는듯하다。先生便에서 信仰을爲하야 스승을求하였다。그때마츰 宣川에敎會가첨생기는때였음으로 熱心으로그곳을찾아 去來하였고 니어戊戌年十一月에 濂坊郭陽魯氏私宅에 禮拜處所를 新定하고 近坊人을 眞理로救援하기에힘쓰게되였으니 이것이 先生의힘으로 첨세운敎會다。

그러다가 그다음해 即己亥年春에 郭山東面王海鎭公室을빌어있으며 近坊人을募集하야 傳道하게되였는데 이때는 生活의困難이極度에達하야 家人의柴糧이떠러지는일이 자조있었고 世人의誹笑憎惡가甚하고 先生의生命을빼앗으려하는者도있었다。貧困을견대여보며 生食을試驗해본것도 이때의일이였다。其後 郭山邑 洪今龍氏家를借得하야 禮拜處所로하며 熱心傳道하기를 쉬지않음에 敎人이차차늘고 서로有無를通하며 患難을救하며、禁食祈禱하고、異蹟奇事를行하는일이있었다。

그리는동안에 基督敎도 一般社會에 차차認識이되고 先生의敎會內의地位는 드러나게되여 定州邑敎會에屬한 新安學校先生으로被任이되여 낮에는學徒에게敎授하고 밤에는 信徒에게 聖經을가르치게되였고 翌翌辛丑年에 郭山敎會領收로 被擇이되였다。

다음壬寅年夏四月에 東區域助事로 擇함을받아 郭山、定州、嘉山、博川、寧邊、泰川、雲山、江界、慈厚昌等地에 傳道하게됨에 先生의傳道者로서의 가장빛나는時期가 始作되게되였다。이런小邑地境은 아직어둠의그늘에 그대로 있는곳이라 各樣迫害가甚하였는故로 危險을當함이 한두번이아니였다。飢渴이甚하야 오좀을먹고야겨우 눈을떳다는것도 이때일이오、江물이낫는데 越川도아니해준다하야 죽을번하던것도 이時節의일이다。그것만아니라 여러가지 눈물없이는 못들을말이 많이있다。그러나그러함으로 白頭山밑깊은골 蓋馬高臺의높은峯우에 첨으로眞理의빛을비취고 첨으로解放의讚訟소리를울린 開拓者의榮光을 先生은 얻었다。지난날에도 江界에어떤老長가 偶然한機會에 先生의消息을듣고 크게기뻐하야 「그姜助事」가 아직살어계시냐고하며 寫眞을求하더란말을들었다。當年의姜助事、姜傳道는 實로 범같이勇하였고 凱旋將軍같이 일음이높았던것이였다。그러나그러면서도 先生은所謂手腕家나 活動家는안이였다。이러한니야기가있다。언제인가傳道地로부터 도라와 그報告를하는대 敎人이몇이요 禮拜處所가몇이오 하는것을 事實대로報告했더니 或이曰 그러케하야 되느냐고。그러케하야서는일이되지않는것이다 듣는사람이힘이 나도록 報告를좋게하야한다고、했다고。先生의힘은 說敎에있었다。聖經의眞理를 캐여내는대있였다。先生은 일이되도록主義者가아니였다。이것이또先生으로하여금 孤寂같이늙게한原因이다。

其後先生은 故鄕인郭山에서 敎會의重鎭으로 傳道에敎育에盡力하얏다。甲辰秋九月에 郭山湖隅里에 瓦家三十六間을敎人의捐補로 買得하야 敎會로쓰고 그앞에 溯源學校를設立하야 自己가敎授하였고 丁未年春에 郡守李啓爽氏가 鄕校를廢하고 私立興襄學校를 設立하는데 많은盡

力하였다。

그담에도先生은 或은自己가直接으로 或은子女들을식여 間接으로 敎會의元老로일하는것이많이있었다。그러나先生의時代는이미지나갔다。普通例로하면 敎會創立의元勳長老로 恭敬을받는中에 有力하게늙었을先生이 어찌하야 그리되지못하고 故鄕에서떠낫는지、敎會와因緣이멀어지게되였는지 그仔細한說明은들은것이없으나 敎會에서낮음을當한것만은事實이다。故鄕을떠난것은 家勢가기우러저서그런것인가。그리하면 믿는者라는것은 傳道者를 그쓸때에만 쓰고 늙은後는 老妓처럼 안도라보는것인가。或은先生에게 무슨不足이있어그런것인가。老來의先生을 우리는接해보아서 아모그런것을보지못한다。先生에게罪가있다면 才幹을 부리지못하는것이罪요 거즛을하지못하는것이罪요 區々한것을行하지못하는것이罪다。先生이敎會를버린것은 決코아니다。우리所謂無敎會信者라는사람들을 찾으시며、또우리보기에는 둘도없는無敎會信仰이면서도 마지막까지 敎會를바리지는않였다。故로自己는無敎會主義는아니라고하였다 그러기에 先生이敎會에서 자리를잃고 나온것은 敎會편에서 先生을멀리한것이다。그러케생각하고 우리는이老將을보고 惻然한맘을禁할수없였다。나이로하야 孫子에當하고 經驗으로하야 乳嗅를못免하고 數로보아 不過數人에지나지않는 우리無敎會무리를 이老將이 왜찾였을까。寂寞해서라고 爲先생각이된다。마지막까지 말할동모없는것을 恨嘆햇고 맞나면喜色이 老顔에넘첫다。그를보면 確實히 孤寂을느낀것이였다。善한싸움을다싸운後 勇士가집에있어寂寞을느낀다。現代敎會가 戰鬪的勇氣를잃은것은事實이다。그러나 決코孤寂을慰勞하기爲하야서만아니였다。爲先얼골에愁心의빛이없다。그리고만나면 그저솟아나오는말이샘갈다。이제라도聖經討論을하자면 그저좋다고하군하였다。눈은어둡고 귀는멀고 입은語音을完全히 일우지못하여도 胸中에는 그저자라나는것이있었다。그러기에恒常代筆者를求햇다。주리지않은糧食을 그는먹었었고 끊치지않는生水가 그의속에는있었던것이다。

先生이聖朝誌와 關係를맺은것은 三十四年겨울부터다。그해여름에 信友李贊甲兄의紹介로 내가첨으로先生을뵛고 그담主筆金兄과議論하야 先生의글을실게되였다。그글은先生의信仰生涯一生의所得으로 아지못하는後人을爲하야 眞理에들어가는길을 指示해주기爲한것으로서 冊으로다되면 이름을 「天路直徑」이라 或「自覺信仰記」라할것이였다。지금까지난것이 前篇이오 하나님이許하시면 後篇을쓰시면 좋겟다고하던것인대 그리되지못하였다。글字는보지도 쓰지도못하였음으로 첨에는 先生의口述을 金仁奎君이 其後는 或申翔哲、或李贊甲兄이 받아쓴것을 내가現代語로 고치고 多少加辭하야 文脈이쉽게한것이였다。글을주실때마다 많이添削하야 잘하라하군하였다。그보다 그대로내는것이좋다고對答하면、그러케말하는것은 自己글을빛내기爲하야 하는것이아니오 眞理는公것임애 私見으로할수없는것이니 自己뜻만으로도아니되고 咸의뜻으로할것도아니오、또 主筆의뜻도合하고하야 公正한것이되야하겟는故로하는말이라고하였다。大概謙遜함이 그리하였다。

先生을 肉眼으로뵙지못하고 글로만아는이는 或先生의風采를 빼나고높게 그릴넌지모르나 事實의先生은 그러치않다。키가작으마하고、수염이적고、머리가빠지고、眼光이흐리어 咫尺에서도 語音이아니고는 사람을分辨치못하고 다듬지도않은지팽이에 지축々々하는걸음으로 겨우단니는이였다。그모양을보고 그論說이나오리라고는 조곰想像하기어려운形便이였다。

늙기는늙어서도 맘은젊어서 傳道紙를 만들어주시기를願해서 만들어들인일도있었다。그러나 단녀온後의所感은落心이였다。自己로는 젊어當時의 信仰의親故로알고 찾어가나 爲先첫생각에 저老人이 老來에生活이 裕足지못하니 慰勞해야겟다하야서 肉體의待接이나하려 힘쓸뿐이오 眞理의討論에는 귀를기우리지도않고、또或은 무슨補助나請하려왔나하야 敬而遠之하고 이런形便이니 어떠하오하고는 말한일이있다。

恒言에 우슴말로 自己는 八十二歲에 世上을떠난다고하였다。그까닭은 自己三十歲때에 熱病을알어 一時絶命햇던일이있는대 그때非夢似夢間에 地府에가니 너는잘못왓으니 命을五二를加하얏다하는것을 듣고깬일이있는대、五二라해서 十年을더하나하얏더니 四十에도別世안코 五十二歲인가햇으나 그도아니니 加五二면 八十二일터이니八十二되는今年은 아무래도가는것이라고햇다。그러더니果然그말대로되엿다。病이漸々危篤하야진때에 하루는찾으니작구疑心이나서 안되엿소 하고 숨찬말로 묻는다。모든것을 主님게맡겨야되는줄로 알면서도 그대로安心하면좋겟는대 또한편 그렇게맡긴다는것이 잘못은 아닐가하고疑心이납니다한다。그말슴하는態度는 所感을發表하는것만도아니오 議論하는것만도아니오 어린生徒가 先生에게묻는듯한 眞實을가지고 말하는것이였다。그를듣고 나는慰勞의말을하면서 속으로그아름다운靈魂에 愛慕하는情을禁치못햇다。내가自己에게물을말을 自己가내게물으니 마지막急한場面을 맞나면 人生이란저런것인가 하는생각도있지마는 白髮도다떠러진 禿頭를쓰고도 그리고그나마도 멀지안어서 내버리고 永遠히自由로운나라로 飛揚을하려는百鍊鋼鐵같은魂으로도 그리케率直하고 그리케童心다운것이 말할슈없이 尊敬스럽고 貴여웠다。그리고 數日을지나서 다시갓더니 그때는발서 혀가굳어저서 말을알어들을슈없이되였다。눈은뜨지도못하고 왓다는말을듣고 반가워하며 熱心으로말을하나 듣는사람은 무슨말인지 알어들을슈없엇다。그리나 그때는憔燥의빛은없고 泰然히남은時間에 自己所懷를 말하자는態度엿다。말슴하지않어도咸先生이다아신다고 몸을안고있는 孫婦가말하면 그렇다고 고개를 끄떡이엿다。내가先生을본것은 이것이마지막이엿다。그後二日을지나 三月十二日主日夕에先生은떠나갓다。

先生의葬式은 極히簡單하엿다。나는마지막先生을뵌後는 工巧히毒感으로 數日을呻吟하다가 先生이世上을떠나시는 저녁에도 가보지못하고 葬式에는期於히 參與하야 이老勇將의 마지막凱旋을爲하야 不足한말이나마加하야 一片援聲으로하려하엿더니 異常하게 時間을어긋놓쳐 그것조차도못하엿다。式場에는 家族、親戚數人外에 郭山、定州에서 몇사람의 舊友가왓을뿐이엇던모양이더。時間을놓친내가 달음질로 달려나간때는 葬輿가발서 떠낫고 이들몇사람이 뒤에달렷을뿐이엿다。이리하야 이잊어버림을當한 숨은老將、숨은開拓者는 最後에맞낫던 無教會信仰의後輩로부터도 送詞를듣지못하고 고요히떠나가버리엿다。하나님이萬一 記憶하지안는다면 果然가엾은일이다。손바닥같은五山에서도 그가姜助事인지 누군지、聖書朝鮮에글을쓰는지 어드리는지 病으로있는지 마는지 甚至於는葬式은 지낫어도 그런老人이 살엇는지죽엇는지 모르는사람이 거이全部다。지금쯤은 알엇던사람中에도 그의일을 머리속에두는사람은 거이있을것갈지않다。

그러나 그의八十二歲의存在는 意味있는存在엿다。獨墺合邦이된다는宣言을하는때까지 그가있을때 그는 現代의水面에떠나온 산過去엿다。새朝鮮우에彷徨하는 녯朝鮮이엿다。그存在속에 教示가있고 審判이있다。教會創設의元勳이 외롭고외로와 볼것없는 無教會者의깃을찾을때 그무엇을 意味하는것인가。저는 오는時代의젊은이를爲하야 朝鮮教會의첫날에서 그대로골라서 기터두엇던 산標本이아니엿나。저를벗으로하는者만은 저를알수있고 저를아는者는 저의生涯의意味를 알것이다。姜傳道의靈魂에, 永遠의祝福있을지어다。

梧柳洞聖書研究會 (社告)

講師 金教臣

場所 京仁線梧柳洞驛前宋厚用氏方

日時 每日曜午前十時부터約一時間

注意 遲刻謝絕。聖書와讚頌歌携帶할것。會費負擔(詳細는宋厚用氏께就問하고承諾얻을것)

京城聖書研究會

講師 金教臣

場所 京城府外貞陵里本社

日時 每日曜午後二時半부터約一時間

注意 同右。現在兩便에서모다 고린도前書研究中이다。當分間그대로繼續할터이다。參席함에는 미리承諾을要함。

姜先生님의말슴

李贊甲

先生은 조선의한귀하신 眞理探求者로 마침내 信仰에까지 니르러 이로붙어 믿음만에 살으시며 이를傳하시고 말슴하심으로 一生을 맞이시셨다。그래서 先生은 先生의 한文集을 「自覺信仰記」라고하신것도 先生、스스로도 이를 느끼시고 이름하신것임이였다。이러하신 先生으로 珠玉갈으신 말슴이신들 오죽많으셨으랴마는、다만 질둔하고、늦음성많은 내에게도 그래도 늦을수없고 내속에움즉이고 있는 몇말슴을 들어서 삼가 先生을엿보며、다시금 그貴한敎訓을 받고저한다。혹시나 내가잘못들엇거나 또잘못적어 先生의말슴、그뜻을 흘이어 버림이나 없을까?하는두려움도 없지않다。

참말로 先生은 많은사람이 흔이믿게되는모양으로、그당시의 어떤宣敎師와傳道師의傳道나 勸告를 들어서믿게되기보다 眞理探求의길에 결국信仰케되신것이다。朝鮮에뿌리를박은 儒敎、아니그만精神없이 거기에 원통삼키워중독이되여버린儒敎이언마는 先生은 거기에서 배울것은充分히배우시되 또한휩쓸려 들어가시지는 안으시고 아마도 儒敎로는 不足함을 느끼신바 계시어 그무엇인지 어려운生覺으로 그당시理學들과 늘言論하심이 게셨다한다。「儒敎는아모래도 不足함이있다。儒敎는 現世의갚음인『陽報』만있고 來世의갚음인『陰報』는없지안은가?그런것으로는 解決치못할것이많다」하시는말슴이셨다는것이다。그러다가 어찌되여 서울가신길에 書店을찾어 書籍들을뒤지시는중 마침「自西徂東」이라는책을 들추게되였셨든바、여기에 이「陽報」와「陰報」의 니치가 확연히 들어있음을 보시고、즉시로 사시어耽讀하시며 聖經을 보시는가온데 信仰에들어서게 되신것이엇다는것이다。

이에 先生은 現代敎會를보심에 또한항상 그眞理探求的態度로 나아가시는것으로 보심이어서 能히 남이 헤아릴수없는것을 들이어다보시며 얼마나 自由롭게 생각하시면서 쪼개며 헤치어내심이게시엇는가。先生은 뒤에無敎會에 대한말슴을 들으시고는「內村씨는 아마도 넘우하였든가보다。사람은 넘우靈界의일을 다알려하여도 잘못되기쉽다。純靈에 대한것은 주께서 오는나라에 하실일인줄안다。이世上에서는、사람이옷을 全혀 無用하다고는할수없다。옷을主하거나、거기에 支配되지 말라는말이다。우리는 다만당신을처다보며 全혀바치어 世上을걸어갈것이다」라고 하시면서도 純朝鮮이낳은 現代敎會를、한번 벗기고、다듬어놓은敎會觀을 가지신 말슴이어서、한참말슴 하실때는 한때의 宗敎改革者들에 대한말을듣는

姜先生님의말씀

듯 또한그야말로 크게부르짖은 內村氏안인 內村氏를그대로 보는듯도 하여지는것이엇다。

이리하야 先生은 맞나기만하면 언제든지 信仰眞理에 대한 말슴이시였다。 그討論뿐이시였다。 先生이 늘말슴하시든 그야말로리치!「그이는리치있게믿는다」「리치있게행하더라」고하시든意味의 모든리치를 들어 이를 밝히시며 나아가시는 것이였다。 늘 그생각 뿐이시요 그 사모뿐이시요 그말슴뿐이시였다。 그러하신 探求者、信仰者로 八旬이넘으시어 아니 돌아가실림시에 잘보시지도못하시며 語音좇아 잘맺지못하시면서도 가서뵈옵기만하면 無限히 반가워하시며 힘들게 일어나앉으시고는、또그저 時間가는줄도 모르시고 오히려 젊은이들이 어찌할줄 모르도록 그동안 막히어 쌓이시였든것을 터놓아말슴하시며가르키심 주시는것이엇다。 아、주께서 늙으실수록 赤子갈이 사랑하시며 恩惠의샘을 끊임없이 주시든 先生이시였다。 이같으신이의말슴을 얼마나기억하며、리해하며 또 준행할수있을까。

先生은 그렇게도 福音의말슴 하늘나라의리치를 기뻐하시며、질거워하셨다。 그래서 이때까지 敎會生活을 하시나 얼마나 외로우시고 적막하시엇는지 至極히 미미하고 하잘수없는 우리같은것들을 맞나시고는 무슨새珍界나 發見하신듯이 기뻐하시고 또貴해하시였다。 맺해전

에 그늙으신몸으로도 오히려 傳道의길을 떠나신다고떠나셨다가、돌아오시어서는 다시過去의 그지리하고 답답하기 그지없엇든 敎會生活이 回顧되심에따라 느끼어지신바 게시엇든지「이번길에 나는失敗하였다 일반敎會狀態가 그저 그모양대로이고 또누구누구를 맞나서 討論을 하여보거나 글을보이어도 덮어놓고 『좋다』하고말거나 또『저영감은 무엇을 그러는고』하고 마는形便이더라」는탄식의말슴을 하시고는「나는몇분들(無敎會者)을 맞나지안엇드면 거저왔다가 거저갈번하였다」하시는 말슴을 하시며 다만 先生의앞에서 귀를 기우리고있는 젊은이들에게 또그끊질줄모르시는 말슴을 하시였다。

先生은「基督敎는罪에서 救援하는道다 그럼으로 그罪를 풀어주심받도록 하게함이 傳道者의 할일이다 그러나 이를 힘쓰지아니하고 靑年會、俱樂部하야 講演이니 무슨主催이니하야 떠들음은 그릇되여가는 敎會의 현상이다」하시기도 하셨고 또한「罪는무서운것이다、罪는 곧死亡이다。 그罪를 피하고 멀리하여야한다。 原理대로는 信者는 그罪와는 인연이 없어진것이다。 그러나 지금敎會는 罪는 그대로두어두고 犯罪를 常事로 알다싶이하고 나아감은 아주크게 경게하여야 할일이다」하시는말슴도하시어 基督敎의眞髓를가르키시며 現代敎會의모양을 개탄하시면서 人生의根本問題 特히 우리젊은信者들에게 크나큰 정성을 주신것이엇다。

先生은 예수믿는일이 人生의 가장 根本的인 큰革命인것을 말슴하시면서 「信者는 변화하여야한다。그맘이前과다르게 변화되고 그性格까지도 변화하게되어야한다。거즛말장이가참된사람으로、도적이 善하게 되어야할것은 말할것없고 過去에 忠誠하든사람은 하다못해 밋인줏이라도하여야하고 옛적양반은 그根性을 根本的으로 고침받어야한다。믿기前이나뒤에나 그저그모양대로 나아가면 아니된다」하시며 信者의 그根本的革命받음에따라 변화되는 狀態를 明確히 말슴하셨고「믿을때에 아주다른새목표가 세워지고 무엇을하나 주에게 榮光이 돌아가게함만이 信者의일이다」하시어 全혀 우리의사는 中心이달너짐을 또한뚜렷이말슴하심도 게시였다。

先生은 참말 무엇이나 眞理로 밝히시고야 말으셨나니 한때에 朝鮮的으로 有名하다는 한牧師가 復興會로단니며 異蹟奇事를行한다고하야 크게 놀랍게알어、간곳마다 환영하며、떠들을때에 先生홀로 眞理답게 이를 아니라 솔직하게 말슴하신 모양이다。「그때그처럼한참 모든敎會가 떠들다싶이함이 마귀의놀음에 걸림으로보이엇다。이제 저것이 얼마나 敎會에 성해지며 폐해가생기어질까하였다。聖經에 異蹟奇事의 기록이있으나 그처럼그것을 큰것으로 알거나 專門的인것이아니다。가르키심이 있고저 하실때와 또불상히 녀기시어서 하신것으로그와는 根本的으로 다르다」하시며 말슴하셨다。이는참말로 그처럼全敎會이다싶이 하나님의權能이 特히朝鮮에크게行하시는줄알고 이에 몰두하며덤 빌때에 담대히 안인것으로指摘하시며 참眞理가 어대있는것을 말슴하신것이엇다。그러고 또한 이것도 朝鮮的으로 權威있는 牧師로 復興會를 引導하려 단니며 한번復興會에 定해놓고 받다싶이함이있음애 또敎會는 으레이 그럴줄로만알고 이를行할때에、使徒、바울의取한態度를말슴하시며「그것이모다眞理가아니다。그것이무슨줏이냐」고하시며 또한現代敎會의 어지러워감에 대하야 바른자리가 어떤것인것을 밝히심도 게시였다。

도대체 現今敎會의 그復興會같은것을 푸닥거리같이보심도 게시거니와「나는印度의싼다싱그에 대한말도 들엇으나 그는듣기는하되 나는잘모른다」하시였으며「聖經가온데 默示錄같은것은 믿기는하되 질거이보지는못하였다福音書、그가온데도 요한福音같은것은 오이다싶이 좀닉히본셈이다」하심을보아도 現代敎會가 툭하면 復興會를열고 異像을 잘말하고 末世代의工夫라하야 默示錄을펴놓군함과는달라 先生은 오직眞理의中心을붓잡고 生命인데로 向하야 점점 자라나아감을 알수있엇든것이다。

이리하야 先生의 깊으신信仰과 많은經驗은「마츰내信者는 낮어야한다。높아지기가 어렵은줄로 알엇드니 事

姜先生님의 말슴

實은 낮어지기가 어렵더라 낮어지기를힘쓰어야한다」는 말슴과「남을위하여야한다。내利益을 위하야서가아니라 우리의生涯는 온혀남을위함이어야한다。남을위하는生涯、이것이 信者의生涯이다」하시는말슴을 하시게되셨나니 이는 참말로 나의記憶에서 닞을수없고 내에게 큰책망을주심이시고 또한격려를주시는 말슴이시였다。

또한先生은「주의종은 忠誠밖에없다 주께서 우리를救援하실때에 우리의재조나 地位를보고 하신것이아니라、다만 궁휼로만 하셨나니 이제무슨 재조를 부리려거나 또잘하려고도 할것없이 오직여기는 忠誠밖에 없는것이다라고하셨으며、또한「믿는다는것은 또다시말하면 順從이다。주의말슴대로하면 될줄로만믿고 行하는것이다 조곰도 거즛이아니시고 그대로하면 우리에게 最善의것을 주시는것으로 믿고 그命하신대로 하는것이 곧믿음이다 하시며 공연히 주의일을 한다하고 儀式만따라 행하거나 또한 믿는다하고 말뿐만하는것을 크게경계하시며、그깊은데에 우리를 끄으러들이어주셨고 그生命인자리에 다다르게 하시고야 말으셨다。

이러하신 先生은 사랑하는 아기를 빼앗기운者에게「그저 믿을것밖에없다。이제는엇잿거나 믿는것밖에없다。이제우리가 이미믿기시작했고 또믿지않으면 어대나갈데없으니 그저모다 들이어 말기고 믿어나아가는것밖에없다

一六

하시더니 바루 先生이 돌아가시기 이틀전에 特히몇날동안 받으시든 그야말로 시험같은 큰괴로움——道가높으신이에게 의혹이 더많다더니 過然그러심인가 先生은 몇날동안 크게괴로워하셨다——도 모다 물리치시고 사랑하는 忠誠된 孫婦에게 「참어렵다。그러나 기쁘다。나는 이제 내나이 찰대로다차서 ——先生은일즉붙어 여든둘이되시면、세상을떠나 가신다고 우리가듣는데에도、몇번이나 말슴하시였다——아바지에게로 갈터이니 기쁠뿐이다。너는조곰도섦어말고 끝까지 예수를 잘믿어라」하시는 부탁을 거듭거듭 하시였다。

先生은 간난신고로 어릴때붙어 게제있게 공부는못하시였다한다。그러나 그처럼 探求的態度는「일을할때에도 글생각에 그만잘못된일이있다」고도하셨지마는 그렇도록글을 一生을通해서 좋아하셨든 모양이시며 그러고「나는 그이들안테 좀배워야 하겠다」는말슴도 하시군 하셨다。따라서 대하는이에게 「先生」이라 칭호하시며 반듯이 예로써 말슴하셨다。겸손과 배우시는態度로 끝없는 말슴 眞理를 産出하셨든 모양이다。

眞理探求者、信仰하는者、先生의一生、先生의말슴、얼마나 貴하셨고 놀랍으셨는고! 나는 나에게 살아있는몇 말슴을 다시금 차례로 끄어내어보며 다시 그가르키심 받게됨을또한감사한다

——戊寅四月十四日——

聖朝通信

三月十七日 (木) 晴。登校하야大掃除行事後에 進級成績判定會議。○어린아이기침에 닭알기름이有效하다하나 기름짤줄모른다고 배우려온이가있어서 母親님께서實演하여가르키는것을 함께見學하다 卵黃만을 태워서 기름짜는일이 實로神奇하였다。나도 지난主日以來의기침에藥될가하야 卵黃十個分의기름을 짜마시다。

三月十八日 (金) 晴、朝夕曇。在學生徒의進級成績發表日。三友堂時計店에들리니注文修理等殺到中인데 두분力量에敢當키어려운모양。小鹿島注文도多量到着인데 小鹿島심부럼만忠實히하여도三友堂의意義가있는듯하다。○豚 兎의注文을爲하야 彰義門外에柳先生宅을察訪。兎는豫約할수있었으나 豚은求할수없었다。牧牛 特히朝鮮牛養畜에關한企圖에 많은興味를 느끼면서돌아오다。年條로보아서도 余의自轉車實力이相當한줄로만自矜하였더니 東小門이나想覗에서訓練한技能으로서는彰義門고개에는 어림도없음을發見하고自暴自棄(?)할지경이었다。○歸宅하니入學試驗에關한來客이數組待合中。시골서온一組는留宿하면서 성화。前川에 세멘暗橋工事今日完成하니 우리집交通史上에一大進境也。

三月十九日 (土) 半晴。午後一時부터新入學志願者를校庭에 모이고 受驗에關한注意가있었다。入學周旋을請하는이들이多數하나 그것이別効없는일인줄 잘앎으로、今日崇仁公普에入學査定받으려가는第四女에關하야 一言半句도請托을안하였다。才質이있는者는他人의子姪이라도工夫시길것이며 없는者는 나의子女라도斷念하는것이 社會正義이일뿐더러、그다지 애써서 學校敎育을받게할必要도 느끼지못하는까닭이다。

三月二十日 (日) 早朝濃霧、後晴暖。今日부터入學試驗인故로午前八時에出勤。交通巡査가出動하기前이어서快走如意。試驗監督하면서使徒行傳두어장을읽고祈禱하니、이것이蹂躪된聖日의一片이다。午前엔學課試驗、午後엔身體檢査하면서 不淨한空氣中에서 煩雜散亂한하루를보내고나니夕陽에는氣盡하고頭痛이甚하다。山麓에돌아와冷水에씻고大氣를마시니 비로소蘇生할듯。○今日主日禮拜도意外에神學校出身인(養正出身으로)某君이來訪引導하여주어서 요한第一書를 매우有益하게배웠다한다

三月二十一日 (月) 雨。春分。終日降雨甚하다。自轉車도못탔고、身體檢査의方式도一部急變하는等 入學試驗陣營에天氣의影響이컸다。但이렇게急變되는통에 余의職任이消失된것을奇禍로 博物室에숨어서四月號의校正을 오로지할수있었음은 큰僥倖이었다。○今日도某氏로부터生活의困難한形狀을 細字로報導하여오다。보고 마음을傷할뿐何等扶助의方策이없다。사람이란大槪自己할일을 다하는사람도적다。그런데自己할일을 스스로다하지못하는者에限하야 他人은얼마던지扶助力이있거니하고依賴하려든다。어떤이는 좀처럼自己의窮狀을 친구에게알리지않어서 걱정인데또어떤이는事變뉴쓰放送하듯이 朝夕으로飛檄을날려서 一大事變이나突發했다는듯이 自己家計를布告하는이가있다。各個性의差異뿐일까。

三月二十二日 (火) 雨。六七月장마처럼連日降雨不息。시내의水量이不多不少。보기에 깨끗하고 듣기에 잔잔하고 씻기에써원하다。

午前八時부터午後六時까지同一한問題로써數百번 다시묻는教師에게도試驗은地獄。○歸途에三友堂과印刷所와教育相談하려는某學父兄과面會하고 도라와午前一時半까지校正。

三月二十三日 (水) 曇。登校하야口頭試問如昨。같은問題를數百번繰覆하는일도피로운데 室內의木炭煙氣에醉하야一時臥床하다。밤八時餘까지 入學生徒採決의標準에關한討議로싸우고 宿直。○入學試驗은 教師에게도地獄같애서 連日새벽부터저녁까지過勞에시달리는中인데 其事務外에聖朝編輯과校正을兼行한다고 印刷所主人盧益亨翁이「世上사람이모두金先生같았으면……」하면서三嘆四嘆하였으나이稱讚받는當人의心中은달초맞는듯、칼로어이는듯。우리도聖朝以外의일에있어서는 盧翁이 민망하게녀기는一般店員職工官公吏其他雇傭꾼들과 別다른바없음을 스스로認識하는까닭이다。또萬一우리가聖朝에對한것처럼 世上萬百姓이各自의業務를다한대도 그것도안된일이다。世上이뒤집혀질것을確信하는故也。

三月二十四日 (木) 雨。午前午後의口頭試問도畢하고 午後六時半까지合格判定會議도畢하야 一百十二名을今夜七時半라디오에發表。○틈을 도적하여校正。咸兄의「노조미」를校正하면서 博物室에서 홀로抱腹絶倒하면서 웃고또울었다。○밤에漢江莊(食道園別莊)에나가學校主催의慰勞宴에參席。隣席의某醫師에게妓生과先輩가번갈어들면서强혀勸酒하는樣을보고 氏를爲하야同情不禁하다。우리처럼滿天下에公告된後인즉 敢히勸酒하라는妓生도나서지않고 自己體面만保持하려는老人도없으나禁酒界의初年兵들은實相피로울것이다。성가실것이다。會中에早退하고도라온것도十時半지난後에야歸着하였다。

三月二十五日 (金) 曇。印刷所에들렸다가登校。午前十時에 新入學生揭示。○最近에平壤다녀온兄弟來訪하야 老會의形便과指導者들의意見等을傳해주다。○上級學校에入學志願者의證明書類十數通調製發送함으로써 年度末事務를一段落짓고 明日부터休暇。○四月號의 檢閱濟되였다。또다음原稿를써야하게되였다。○卒業式지난二十日만에安炳憲이別世하였다는訃告를받고 놀라다。

三月二十六日 (土) 晴。午前中까지에至急한原稿數十枚를써가지고 印刷所로다름질。三友堂과養正에들려專門學校入學試驗合格者發表를 라듸오에傾聽。今春卒業生들의入學律이比較的優良하다해서赤面을免하다。其中에水原高農合者二人이 모다余의擔任班이였고、只今부터五年前에入學했던一人도余의擔任班이였는데 養正으로서는 余의擔任班만이高農에合格한다해서한턱하라고졸르는等 同僚들의感激에넘친場面이 아름다웠다。다시생각해보니 水原高農만아니라 農科或은農事와 우리가全然關係없다할수도없는듯하다。○사랑溫突을改修하고 밤 새로두시까지原稿。기침이나서就床。

三月二十七日 (日) 曇、夜雨。原稿의붓이鈍하야 午前十一時까지 겨우畢稿하여품고印刷所로다름질하다。○途次에上京中인親戚을暫訪하고 登校하야上級學校受驗手續一件을써주고 山麓에돌아온때는心身이아울러病人같이疲勞했다。○여러날만에今夜十時前에就床함을얻으니 우리休暇가이제到來함인가。

三月二十八日 (月) 小雨。午前부터印刷所에가서走馬에加鞭하면서校正。午後三時에校了。이번도印刷所에서特別한好意로써하여주었음은 感激함을마지못할情景이오、官廳에서도職務上碍害안되는限까지最大程度의便宜를圖謀하여준것은 심히고마운일이였다。바울의말과같이 우리는職工에게도官員에게도 갚어야할責務가多大한者임을느끼다。一層奮發하야 모든사람의

意外의好意에對하야 多少라도갚는바있어야하겠다。

三月二十九日 (火) 曇、後晴。昨日부터 안방溫突을修理中인데 미쟁이의技能에蔑視할수없는바있음을알고感嘆하다。終日在宅하였으나 近日의疲勞아직快癒치못하야 文字대로休養하는外에 아모한일이없다。

三月三十日 (水) 曇、小雨。午前八時에登校하야卒業生의學業과性行證明書一枚를調製하여普成專門學校로보내고、歸途에入浴하야積滯한疲勞를 풀고저힘써보다。○高工과高農에合格한生徒來報。今日까지의入學律로보건대 每日曜日聖經工夫에叅席한것으로써 不合格이되였다는핑게는할수없음이明白하야 聖書가르킨敎師가 비로소安心하다。그러나聖書를工夫한効果는今日까지의것보다今後의것이 더클것이며人生의終點에 가까울수록現著할것이다。○卒業後第二信如下『先生님께。擔任하시든班을卒業시켜내보내시고 또新入生合格시험도끝난요즘休暇를當하셨대야 先生님께서는 如前바쁘신中에계실줄아옵나이다敎訓하심을잊삽고數十日間安을모르와 下懷섭섭하와한번짝찾어가뵈옵고싶사온下情懇切했아오나 일단上級入學시험에失敗되고보옴애 참아先生께拜謁이라도하올面目이없아와 하로하로를後ㅅ날로밀어오옵다가 今日까지니르러젔아옵나이다。先生님께서는 넉넉히門生의마음을鑑察해주실줄믿삽고門生의어리석음을過히責하지마시옵소서 世上에는僥倖이란게없는줄 늘體驗해오든저였사오나 이참과같이切實히깨달어본적은일즉이없었사옵나이다。勿論집에도말만은自信有하오나 下念마시도록 말하고오든저였사오나 지금에當하고보오매廉恥없아와 벌서부터成果를보면서 卽時歸家하라하시는 吩咐대로遵守치도못하고卑屈하고消極的人間이되고말어진듯하옵나이다。부지런하지않은者맛당히 무슨일에라도成果를일우지못하는것인줄아오나 果然 저亦이렇게지내온處地에 이와같은結果는當然한일일줄 잘깨닫고있아옵나이다今般各官專合格者를보면 養正으로선例年에없든良好한收穫이라하옵겠나이다 其中三人은先生님이가르치신 저의甲組生이니一層意氣揚揚케도되오나 이렇게되고보오매 맞임저혼자만世上의落伍者가된듯한感不無하와 더욱괴롭습니다。明年에는期必코最善을다하야 저도이榮譽스런境遇를當해보고저決心하옵나이다。于先歸巢했아옵다가 準備工夫次로 올九月初에나上京하올作定입니다。

비록 先生님의가르치심을떠나 지내게될지라도 恒常 先生님께서드리우신 數많은敎訓을銘心하와 處世道로삼고 나아가보고저하옵나이다。

卒業後近一個月이나滯京하면서 一次도拜謁케못되는 이門生의心情을 너무怒하시지말어주심 千萬伏望하오며

先生님氣體萬安하압시고 宅內均寧하시옵기祝願하오면서 이만 서울을물너가나이다

三月二十九日 門下生○○上書』

合格한成果를來報하는일도 기쁜일이안인것이안이나、내가 꼭만나 한마디부탁하고싶은者은 合格者보다落伍者인데 落伍한者는 이모양으로 슬금슬금避해버리니풀리지못한同情이 가슴에사모차질뿐이다。그러나이筆者처럼痛切하게敎訓을體得한以上 더할말도없으니 明年度의所願成就를祈望할다름이다。○저녁엔家庭禮拜。

三月三十一日 (木) 晴。昨日에鄭相勳兄入京의報를들었으나 만나지못하였음으로入市。鄭兄을中心으로 두어兄弟와함께産業機關에關한것을協議한結果 于先書店하나를開業하기로하고 其他商界에對한知識을 배옴이많었다。○四月號製本出來하였음으로 저녁에는余食口의助力을얻어發送事務。자정까지걸리다。

四月一日 (金) 晴。聖朝새달호를發送하고 市內書店에配達하면서登校。郵便所의金庫를 아직열지않어서切手못사고、書店의門을열지않어서待하는等。○學校대문에는「養正中學校」라는 새看板이붙었고、始業式後에職員會。

校長先生과敎務主任으로부터 一新紀元을지어서 學校를아주잘해보자고累累히力說하였다。○滿十一年間在職한黃澳氏가辭職하였다는事實을今日처음알었다。그辭職의動機에同情不禁하는바있으나 그러나可히退却할때를選擇하였다할것이다。오늘을當하고보니 三月限으로退却한이들은——咸兄도——賢明하였다。夕에黃先生送別會에參席하였다가 三友堂에서鄭兄을다시만나時餘를淸談하고 十一時넘어서歸山。

四月二日 (土) 晴。授業後에 張志暎先生指導下에 寫眞現像法을實習하였으나寫眞에惑하는마음보다時間흐름을意識하는마음이切實하니 寫眞技術의向上은 애예斷念하는것이옳은듯。○歸途에入學件問題로相當히졸리우고 山麓에도라오니 梧柳洞宋厚用兄의農場에서豚仔牡牝한쌍과馬鈴薯種子十貫을보내주었다。저러한勤實한農家가있음으로 우리같은 얼띠기農事軍도農事할수있게되니感謝。오늘로써 우리집生畜은 수ㅅ닭 한마리 암닭 아홉마리 병아리二十二羽 犬一匹 豚二頭되다。○某學園에서敎師를求하는故로 今春卒業生의一人을推薦하려했더니 「敎師는싫다」고。그理由를무른즉 先親의遺言인故로 月給의高下不問하고斷念했다고。但그先親은오래公普校訓導로 늙은이였다。

四月三日 (日) 晴。强西風。아침에 山에올라 담쟁이덩굴十餘뿌리파오고 登校하야祝賀旗行列에參加。○午後에歸宅하니每年植木하는余의慣習을記憶하고助力하고저來待하는靑年五六人이있어서 側栢 葡萄 담쟁이덩굴 포플라等을植付하다 但注文中의栗木其他數種이未着하야 오늘심은것은移植과自家養成한少量苗木뿐이었다今年에는苗圃의面積을늘여 明春심을것을充分히準備하기로하다。어쨋던지 우리가出生하기前보다半島를좀더綠化하고떠나가기를祈願이다。○午後禮拜에는故安炳憲君의學友가여럿이參席하였음으로安君을紀念하는會가되였다。聖經은삽우엘下一章一九—二七節을略解하다。저녁엔初旬달밀에火星이달린光景이 볼만하였다。

四月四日 (月) 晴。學校授業外에 오늘은 세번 간절한기도를함께들일수있었다。첫째로 어느敎派를指導하는이가來訪하야 無敎會主義의要領을 묻는대로答한後에기도、둘째로今春에神學校를卒業하고某敎會에就任하는牧師와前途의多難을겨정하면서기도、셋째로三友堂時計店에一個月間의恩寵을回顧하며 前途의攝理의손을부탁하면서祈願하다。午前한시에會議를畢하고 山麓에물소리들으면서就床한때는午前二時였다。○今日宴會의參席을强要받어서仁寺町에天香園을찾기에 和信商會에서부터 더듬어 半時間이나虛費했고、一時間이나遲刻하여갔것마는 食卓나오기까지또一時間半이나待하다。이런浪費의宴席에參列한것을懺悔하면서도 먹을것만은모주리먹고第一着으로早退하야三友堂會合으로。

四月五日 (火) 晴。登校하야四時間授業。安炳憲의父親의回答을읽고 敎壇에서도炳憲의생각에 눈이흐림을 禁키어려워暫時廊下에나와서 感情을制止하는等醜態를演하다。安君의靈魂이 天國에갔을것을確信하면서도 무슨까닭에눈물인가 우리의믿음은 헛된일이란말인가。헛되다할者는하라 우리는울리라。믿으리라。○歸途에二個月남어入院中에있는친구를帝大病院에暫訪。그야말로九死에一生을拾得한목숨이라 우리의會話는말로써하는會話가아니오 電氣와光線으로써하는談話였다。○連日睡眠不足의疲勞로 食飮의맛도모르고 讀書執筆이亦不能이니 不得已暫時午睡。

四月六日 (水) 晴。登校途中에東小門을 카메라에넣다。不遠에毁破된다는故。○博物時間에 蜘蛛類로써說敎하다。보는눈으로써하면 거미도聖經이다。○卒業生中에 上級學校의開學日이臨迫하야 出發할터이라고 말씀을來請하는者있어서 가진바修學의秘訣을傾注하야 주어보내고、또하나는入學試驗時의身體檢査에 性病의嫌疑로써落第하였노라고來報하는者있어서몸의潔白을立證하기까지斷念하지말라고勸

勵하다。그러나中學卒業生이性病嫌疑로써落第된것은 한둘뿐이아인모양이니 事實이라면寒心寒心。○도라와道路工事하다。

四月七日（木） 雨。얼마전에街路에서 辭職했느냐고 묻는친구가있더니 今日은 千萬뜻밖에 學務局에불려서 某官立師範學校로오라는交涉을받었다。官立學校에任官된後에는 여러가지로優待한다는前途의好條件도있었다。一旦猶豫를請하고答을保留하는것이禮儀인줄은아나事務를敏活히進涉시기기爲하야即席에이를辭退하다。如何間好意는深謝하다。이일에聯想되는것은友人들의出世와余의不出世의對照이다。同期同窓學友中에서速한者는 視學官以上이오普通이라도大概校長은되였고 後輩들도거의校務主任級은되였는데 余홀로始終如一하게平敎員으로남었다。現在가그럴뿐더러今後十年을지나도 마찬가질것은 養正의現校長은約四十年勤續이오 敎務主任은約三十年、其他敎務係 庶務係에二十年內外의勤續者가드물지않으니 우리滿十年級은養正에서는所謂「新兵」에不過한故이다。加之에今年에는 學級擔任도免除되였으니養正에있는일처럼 輕快하고自由로운데가世上에둘도없는줄알며、末席平敎員은 우리가敎師노릇하는平生의素願이었다。○夕에는宴會를棄權하고 일즉도라와 시내ㅅ물에몸씻고 물소리들으며淸氣를呼吸하다。酒杯를의례히拒否하며 宴席을自由로缺席하여도 置之度外하고 不問其責하니 이것도養正이안인 다른어느社會에볼수있는일이랴。

四月八日（金） 曇。狩獵의禁止期間이된까닭인가朝夕에 꿩의소리 자주들린다。○午前中二時間授業하고午後부터新入一學年生徒의入學式。入學式이例年보다類例없이複雜하여졌다고하나不叅하다。○往返二回三友堂에들리고 도라오니南쪽에서不良學生의母親한분이愛子의敎育을爲하야來訪對面。事情을듣고 어떻게하면父母의所願대로報導하여낼까하는걱정으로 空然히어께만 무거워지다。

四月九日（土） 晴。授業은 두시간이였으나 그밖에入學周旋과就職紹介의일을爲하야 實로勞心焦思하였으나別効보이지안하다。이런일은 우리性格과技能에 가장不合한일인데 當面한즉 그慘酷한情景에못이겨서動해놓고 勞力과時間이無制限으로이일에蕩盡됨을發見하고선「假死亡」을通告한몸인自我를回顧하고 咬臍後悔하니後悔莫及이다。또우리같은非現世的人間에게까지附托하는事件이란것은大概발서容易하지않은일뿐이다。故로 아무리勞心한대도効果없을것은旣定事이다。다만 스스로의良心에對한 義務로서 함께 피로움을分擔할뿐이니 더욱苦痛이다。○來信一枚『……只今上書하옵은感慨無量한바있어서올시다。第一로聖朝誌속에서배움이컸음은勿論이옵고、다음은聖朝誌의皮封에因함이올시다。去月의皮封에는「聖書の日本」의皮封에倫敎타임쓰紙의皮封을 두집어부친것이었고、今月分의皮封은「舊約知識」의皮封에紙片을부처서 聖朝誌의皮封을만든것이오니、그廢物利用하셔서節約하심을생각하오니 果然先生님이아니면 다시볼수없는것이옵고 門生에게感動시김이無限大로소이다。참으로感謝하외다。餘不備上書

四月八日 門下生○○○上書』

보는눈에따라서 益을얻는이도있고 害를받는이도있다。보는눈과 듣는귀를 가진者만이 아브라함의子孫이다。

四月十日（日） 晴。庭園植木業者와서 벚나무를 사라고勸하나 안사겠다고答。再三强勸하며「押賣」하고저함으로 돈주고사기는고사하고 우리는벚나무가보기싫어서 길ㅅ가에있는것도보지않고다니는사람이라고答한즉 아규 선생님두 참 넘어과하시우……」하고退却하다。○午後集會에는 고린도前書第一講。第一章一─九節까지工夫하다。○夕陽에登校宿直。新聞紙는漢口에서勝戰祝賀를盛大히하였는데民衆을속이는行動이오、東京에서內閣總辭職說이流布되였는데無根之說이라고報導。

四月十一日（月）曇。學校로부터歸途에 大學病院入院中인친구를尋訪。面會謝絶의붉은글자가 마음을무겁게하다。○補缺入學志願者를周旋하여주고저하야心勞가甚하다。○某專門學校新入生의消息「入舍後感想은怪常그것뿐이올시다。朝鮮사람은따로있사온대 一般氣分이놀고먹고보자는것이외다。上級生들의말은 工夫하는人間은 變態이니 그저臨渴掘井式으로試驗에만通過되면 그만이오 卒業後에就職이나되면 그만이라는式 공부法들이올시다。이思潮를學校에서는 물리치기에 精力을다하고있사오나 成績이올라가지안는모양입니다。今日처음공부가始作되였삽는데 四時間中一時間만。그것도十分間하고말았습니다。缺講缺講하고야단들이외다。이것이專門學校인가할때에 우숩도나고숭겁기도합니다。

自己室에서 공하기는 거의不可能이올시다。인제는 남들잔뒤에읽을作戰을해야하겠습니다。(下略)四月九日」

四月十二日（火）晴。今日은 우리아이들의入學件으로 분주히다니다。아침에崇仁公普第一學年에새로入學하는第四女를다려가고 府內惠化公普第三學年에在籍中인第三女를崇仁으로轉學시기기爲하야 惠化와府廳에往返。轉學動機의消極的理由는現擔任敎師를避하라는것。아무리機械化한現代의敎育이라도 擔任敎師가兒童에게影響주는것이學校가주는것보다크다。積極的理由는大自然에조곰이라도더密接하게生活하도록하자는것。敎師나學校나別달리擇할것이없게된世上인以上 좀더廣濶한天地에서淨潔한空氣와日光이나 넉넉히받는것이有益할가함이다。○同僚二人과함께十週年勤續記念品을學校에서받고 저녁에는祝宴에參席。主賓席에앉었음으로早退할수도없었다。今夜宴會를本町通江戶川에設한것은朝鮮料理店에가면警察署調査가 성가신까닭이라고。料理먹는데도 성가시게구는데가있는모양。

四月十三日（水）晴。昨日부터籠球部長을再次被任되다。○轉學補缺入學等周旋件으로頭痛이甚하다。自今으로此種問題에는絶對不關心하기를內心盟誓。남들의附托을爲하다가近日은聖朝의原稿도못쓰고 沈着하게思考할틈도얻지못한다。이제는入學에關한問題라면 첫마디에斷然코拒絶하리라。그리고永遠한眞理의問題에잠기는時間을얻으리라。○友人이 그아들을府內公普校에轉入學(五學年)시켰는데 京城府納稅告知書로써八十圓現金을即納하고 그學校에一百圓寄附하고서 겨우得許하였노라고。또府吏와敎員들의金錢搾取術에는 진저리가나더라고。嗚呼 이런府 이런學校에서도 敎育시겨야할까。都大體 敎育이란데對한우리의迷惑이 날로濃霧가重첩하여지는것마는事實이다。

四月十四日（木）風雨。授業을畢한때에頭痛이나다。저녁宴會를缺勤하고 도라와얼마동안道路를補修하면서腦를쉬우다。○長老敎會의어떤牧會者로부터 自己敎會가죽었으니 이제辭職하노라는通知。翁은敎師도善한牧者도 모도歸去來로다。

四月十五日（金）晴。東京留學生이來訪하야東京消息을많이듣다。기쁜소식보다寒心한일이더많다。○저녁에는招待받은대로府民舘에音樂會參席。音樂會란것이이런것이라고納得한外에何無所得。近來의學校唱歌보다부드럽기는하나 어째박수갈채하는지 도모지알수없었다。歌詞는모다戀歌인데 原言로하는노래를 그대로느끼면서搏手再請하는聽衆의水準이높은(?)것이神奇하게보였다。施設具備한大講堂도思想의發表와福音의證據에는쓸길이막히고 한갓모보모걸等의限없는虛榮心培養에나使用되는世上이 가엾기도하다。歸途에想峴을넘어서니 十五夜明月이北漢에찻고 山麓의물ㅅ소리 귀를씻는다。野人에게는野趣만이格에맞나보다。

四月十六日（土）晴。安慶祿牧師來校하야産業運動에協力하자는相議는 반가운소식이었다。○略二週日前부터飼育하는豚仔가不時에脚病이나서 京城農業學校까지뫼여가問議해보았으나方策이없다。○今日도招宴에缺勤하다。

四月十七日（日）晴。復活主日이오日

氣晴和함애野外禮拜하고저午前十時에白雲臺向發。一行中에는健壯한青年들도있거니와 六十가까운老人과今春겨우滿六歲로入學한小學生까지完全히걷고、今日로써一五九三日되는正孫이는半이나걷고 그以下一年半、六十日차지못한아이둘은 업고登山。白雲臺上의登山客이市와같으나 우리一行이 가장異彩인듯、보는者들은嘆聲을發하였다。道詵寺쪽으로나려서 밤九時頃에야歸宅하다。○養正出身으로延專文科在學生인鄭煥麟의自殺소식듣고哀惜不禁。自殺을決行할만한人間이면 꼭 쓸모가있는人物인것을!

四月十八日 (月) 晴。오래간만에登山한탓으로疲勞甚하다。겨우授業을마추고歸途에入浴。○지난十日에爆死說을傳하던蔣介石氏는中華基督教全國聯合會의懇請에依하야 十六日저녁에漢口에서『何故로基督教를信仰하지않으면안되나』라는演題로써全支那에放送하였다고。○五山咸兄來信을接하고余亦是얼빠진듯 매맞은모양。오직기도。

四月十九日 (火) 晴。五月號를休刊할까 차라리 아주廢刊해버릴까 망서리다가 頭痛끝에 何如間손에있는原稿를 모여서 印刷所에보내다。○南海岸에서來信一枚『뵈옵지못한先生님께 上書드림을용서합소서。聖書朝鮮을通하야 先生님을잘알고있읍니다。特別히四月號를볼때 感慨無量하였읍니다。數千萬의學生들이 다先生님의膝下에서 자랐으면 얼마나幸福스럽겠읍니가 人生의土臺를확실히세우는사람처럼 幸福스러운일없는줄아옵나이다。저아부지께서 (××○○○)重病으로大手術하시고苦悶의生活을하시옵니다。平時에도 先生님을尊敬하셨지마는 特別히信仰的으로많은慰勞를받으시고 또기뻐했읍니다。病中苦痛이甚할때라도 聖書朝鮮을보시고는安慰를받으시며기뻐하십니다。平時부터좋와하시든先生님의말슴을 死境에서 싸울때얼마나큰慰勞며반가웁이겠읍니가 그마음을족곰이라되平安하게해드리기위하야 不敏한저가뵈옵지도못한先生님께 勇敢스러이上書함을 널니諒解하실줄아옵나이다。先生님께서도 아실줄아옵나이다 분주하실줄아옵나이다마는 땅우에서함께살든親友가 세상을떠나려고할때 安慰의말슴을보내시기를기뻐하시는 先生님이신줄아옵나이다。恩中健康하시옵고 하시는事業에 많은恩寵을받으시옵기願하옵나이다。○○○拜上』危急한듯하야即時答書。聖朝誌가 教會와識者들의無視를當했더라도 이와같이 病中苦痛이甚한때의安慰가된다면 福音의能이 그안에있는證據인가한다。

四月二十日 (水) 曇。驟雨쏟아질듯하다가 바람이나고말다。○養育한以來로近三週間나날이 달라보이게자라던豚仔한마리 기어이昨日죽었다。

四月二十一日 (木) 晴。授業後에籠球選手들監督으로日沒頃까지運動場에있다。○애우라지 二十四頁의小誌를 달달이發刊하는일도 實로容易한일이아니다。近日에至하야 困難은日復日더하여진다。五月號의編輯을 이리로뜯어보고 저리로붙혀보고하다가 되는대로되게하다。

四月二十二日 (金) 曇、風。學校에서도校正。印刷所에가서도校正。○여러醫師의診察을받은結果 同生의身病이 상서롭지못한줄알게되여겨정。○聖朝誌印刷料金騰貴로因하야 誌代引上도不可避할듯、여러가지로考慮中。全然無代로주지못할지라도 可成廉價로提供하려면것인데飛躍的物價騰貴의餘波에 全然히超然할수는없을모양이다。

四月二十三日 (土) 晴。近來에는사꾸라꽃 구경때문에 市內交通量의最大中心이昌景苑附近에集中되였는데 加之에貴賓들의來往이많어서 때로通行遮斷을當하며때로左右側通行規約을無視하고 한편쪽으로만 몰리우듯 危險한일이많다。○登校授業後에印刷所에서校正하고 一旦歸宅하야來客두어차례接待하고 伊太利使節歡迎提灯行列에參加次로龍山까지往返。부역을필하고歸途에自轉車빵크나서 二十里길을끌고오다니 더욱火만나다。

(1) **山上垂訓研究** 全

金敎臣 著

四六版・二四五頁
定價七十錢・送料六錢

마태福音第五—七章의三章을詳細히解釋한것이다。이簡明한文字中에서基督敎의心髓를把握할수있다。그中의主祈禱文의解義만一讀하여도基督敎가다른宗敎와는根本的으로差異가있는宗敎인것을누구던지看取할것이다。처음求道하는이에게는基督敎의入門이되려니와近來에는神學生들의參考書로도需要가不絶하다。

(2) **聖朝文庫 第一輯**

푸로테스탄트의精神

咸錫憲 著

菊版半・三十二頁
定價金十錢・送料三錢

人間은出生하면서부터카도릭信者라한다。달팽이가石灰質殼衣를分泌하듯이人間들도그릇된敎虔과頑迷로써殼型을만들어쓰고야비로소安心하고저한다。그러나安定된때는발서死殺化한때이다。이死殺化하려는人間傾向에對하야改革의精神이福音의源泉에蘇生하게警醒한것이이册이다。

(3) **聖朝文庫 第二輯**

無敎會

咸錫憲 著

菊版半・三十二頁
定價金十錢・送料三錢

無敎會主義라고하면既成敎會를攻擊論難하는消極的인것에不過하다고納得하여버리는簡單한腦細胞의所有者도있으나無敎會란그렇게簡單한것이아니다。積極的建設的眞理가그속에들어있다。無敎會의實際와理論을가장簡明充足하게表現한것이다。

社告

一、會場移轉。復活社講堂에서引退한後貞陵里山麓에서繼續해오던**京城聖書研究會**는今五月十五日(日曜)부터左記대로다시市內로나오게되였다。

京城府明倫町四丁目三三의一宋斗用方

二、本誌定價引上。萬般物價의暴騰、特히紙類의乏絶이甚하야滅頁報國運動까지있는際이며、따라서本誌도不得已定價改定을하게되였다。今五月號부터는一册二十錢半年分一圓十錢一年分二圓二十錢으로改定하게되였다。

今後에代金拂込하는이는右改定額으로願하며五月以前에既拂한바는右의比律로適宜換算할터이다。

朝鮮歷史(聖書的立場에서본)

本誌第六一號부터八三號까지에發表된것。大部分은品切되였으나아직若干部數殘在。다음의世界歷史를읽고저하는이와朝鮮에關한하나님의經綸을的確하게把握하고저하는이는要一讀。單一回의分이라도全攝理躍如。每一册에拾錢식으로減價。

世界歷史(聖書的立場에서본)

朝鮮을알어야世界를알며世界를알어야朝鮮을알수있으며聖意를깨다를수있고따라서우리人生의行方이定해진다。第八十八號以下連載되였다。이것은第一九六號以下는定價대로每册十五錢식。第一一〇號까지既刊二十二册尙今繼續中이다。

新約聖書槪要

題目 (但品切)	號數
마가福音의大旨	七四
요한福音의大旨	一〇六
로마書의大旨	一〇七
마태福音의大旨	一〇九
고린도前書의大旨	一一一

本誌定價(自今月號改正)

一册 貳拾錢
六册(送料共) 前金一圓十錢
十二册(一年分) 前金貳圓貳拾錢

要前金。直接注文은**振替貯金口座京城一六五九四番**(聖書朝鮮社)로。

取次販賣所

京城府鍾路二丁目八六 **博文書館**
京城府鍾路二丁目九一 **耶穌敎書館**
東京市麴町區九段坂 **向山堂書房**
復活社(京城府) **茂英堂**(大邱府)
新聲閣(咸興府) **信一書館**(平壤府)
北星堂(春川邑) **大東書林**(新義州)

昭和十三年四月二十九日 印刷
昭和十三年五月一日 發行

京城府外崇仁面貞陵里三七八
編輯兼發行者 金敎臣
京城府仁寺町一二九ノ三
印刷者 金顯道
京城府仁寺町一二九ノ三
印刷所 大東印刷所

京城府外崇仁面貞陵里三七八
發行所 聖書朝鮮社
振替口座京城一六五九四番

【聖書朝鮮】第一百十二號 昭和五年一月二十八日 第三種郵便物認可 昭和十三年五月一日發行 每月一回一日發行

【本誌定價二十錢】(送料五厘)

昭和五年一月二十八日(第三種郵便物認可)
昭和十三年六月一日發行(每月一回一日發行)

金敎臣主筆

聖書朝鮮

第壹百拾參號

昭和十三年(一九三八)六月一日發行

◎ 目次

定價改正

「皮肉」의 大家

過日 어떤이로부터 내가記述한文章에는 「皮肉」이 많고、特히聖朝通信에至하야는徹頭徹尾「皮肉」의덩어리니 그런빗뚜러진文章은 쓸것이아니라는好意의忠告를받고 나自身으로도失色大驚하였다。文은人也라하니 그爲人이 그文章에照影될터인데 凡事에端正하고저願하며 빗뚤게쓴帽子를보고도 不安을느끼는 내가 어찌端正하고率直하게 意思表現을못하고「皮肉」의文을革하며「皮肉」的으로事物을觀察할까。스스로생각해도怪異한일이다。

그러나 도라와檢査의目的으로五月號의聖朝通信을 再讀吟味하여보니 果然尙今도「皮肉」의덩어리란말이맞였다。尋常한생각으로 날마다逢着하는身邊事件을 可成的端正한筆致로써記錄하노라고無意識中에했던일이 意識的으로 어떠한角度에서檢討할때에 나自身의 눈에도果然「皮肉」의덩어리임에 틀림없이보이니 놀라지 않을수없였으며、特히文章만을—「皮肉的」이안인人間이——皮肉的으로 表現하였다는것이아니라 나의觀察 思想 生活等 나의存在全體가 一個「皮肉의塊」인것을發見하고 自認識한때의 놀람과周章狼狽함은 더욱切實하였다。나의「皮肉」이란것은 일부러 皮肉的文字를綴編하려하야쓴것이아니오、모든事物을皮肉的으로 보고듣고思惟하고선 그대로端的으로記錄하야된「皮肉」이니 그病根이相當히깊였다할것이며 따라서嘆息을 깊이하지아니치못할경우에 臨迫하였다할수밖에없이되였다。

때에 이러한「皮肉」的性格까지影響받게한由來를詳考하여본즉——必自責任迴避策이아니라 다만事實을——우리의動物學先生丘 淺次郞博士에게는 六十萬種의動物이個個어느것이라고 皮肉의材料안되는것이없였다。그는半世紀에亘하야大日本帝國々民敎育의總本山에서育英의業에從事하니 萬人의師表되는이오 地位高官을極하고 學威世界에汎하였으니 헛튼수작할사람이아니다。한데 그의歷史觀 人生觀 敎室講義等에 그一流의辛辣한動物學的「皮肉」이連發되는것을傍觀함은實로一大莊觀이였다。우리에게도 저先生의影響이全無하다할수없을것은勿論이다。

其他自古及今에 무릇偉大하다고稱할만한人間——例之 단테、沙翁、루터、톨스토이等等이 言辭文筆로나生涯方式으로써 그누가皮肉家가 안이였다고할넌지 나의管見으로 判別키어렵거니와、皮肉으로도 가장深刻한것은亦是聖書에있다。聖書에있다기보다聖書그物件、特히新約은皮肉의덩어리라할것이다。新約의半分이나著述한바울을 고린도後書를通하야볼진대 저는罪人의괴수라기보다皮肉家의괴수라함이마땅하다。그러나弟子는스승보다偉大할수없다함은 이일에도適用된다。實相그리스도야말로皮肉家의으뜸이다。福音書에비춰볼때「皮肉」받는感을 느끼지않는存在가누구일까。

十字架의道

十字架의道가 滅亡하는사람에게는 미련한것이되고 救援얻는우리에게는 하나님의權能이되나니라(고前一·八)

「十字架의道」라고하면 世上不信者까지도 大概무슨意味인것을짐작하리만치 넓이流布된말이니 基督信者는 勿論누구하고. 그뜻을알것이며 또한 스스로아는줄로自處하는이가相當히많다。그意味를알었다할뿐아니라 그思想內容을憧憬하며 漠然하나마 自己도 十字架의道를 걷고저하는者도 世間에적지않다。그러나「十字架의道」가 果然무엇인줄을알지못하고 세베대의아들들같은野心을부리는者도不少하다。저들은 그리스도의 잔이라도 받을覺悟있다고뽐낸다。

「十字架의道」라고譯한本文을原語의順序대로配置하면『그말슴 그러나 그十字架의』로된다。그런즉「十字架의道」라함은곧 고다로가는道路라는뜻이안임을勿論。「十字架에關한 우리의說明」「우리의十字架註譯」等의意味가있다。

「十字架」라는字는 바울이特히使用한말인데「그리스도의生涯와事業에서當한 모든苦難의模樣」을통틀어말한것이다。다시 말하면 그리스도의全生涯를軌道로하고目的地로하고서따라가라는 使徒의說敎이다。決코容易한일은아니다。그徹底하게謙卑한 그리스도의苦難의生涯는 모든通常的人間思想과는正反對되는일이다。그十字架의道를個々人이思慕한다信仰한다하면서 너나없이贊同하는듯이보이는것은 現代人들의一大錯覺이라고하지안을수없는일이다。

우리는 무슨必要로써 이러한意見을交換하고서 서로놀랐다。甲이「오늘날같은 患難의世代에處하야 그리스도를믿으랴면 한家族의各個人이 골고루確固한覺悟를가저야한다。더욱主婦된者는 信仰의緣故로 危害가主人의一身에及하는날에는 一家老幼의責任을擔負하고서 굳세게信仰의길을 지켜나갈準備가있어야한다」고 함에對하야 乙의答은「살림사리는 힘껏해나가려니와 信者의家庭이 各其그렇게慘憺하게 된다면 도리어 그리스도에게辱되지않을까、傳道가 막히지않을까」고。이는十字架의道와는正히百八十度의角度를挿한생각이나 그러나 오늘날大部分信者의思想觀念을代言한告白이며 또우리各者의信仰에不知不識間盤據하는信條이니 놀라지않을수없고 悲痛하지않을수없다。

信仰生活이라고하면 病弱하던者는健壯해지고 없이살던者는富裕해지고 失職했던者는就職되며 地位낮던者는昇進되여 信任이厚해지며 子女없든家庭에는玉童子가생기며 不和하던食口는和睦해지는法인줄로알어서 어면傳道者는 이런모든條件을傳道의 미끼로까지利用하려한다。이렇게되는것으로써 하나님의祝福이라하나 果然이것이十字架의道일까。

十字架의 道 (二)

예수그리스도는自己를따르랴는者들에게 明言하시기를

……이말슴을 明白히하시매 베드로가 예수를붓들고간하거늘、예수 도리키사弟子를보시며 베드로를 꾸지저가르시되 사단아물러가라 네가 하나님의뜻을 생각지아니하고 사람의뜻만생각하는도다 하시고 무리와弟子들을불러서 가르시되「아무던지 나를따라 오랴거든 自己를이기고 제十字架를지고 나를좃으라 大槪누구던지 제목숨을救援코저하는者는 잃을거이오 누구던지 나와 밋福音을爲하야 제목숨을 잃는者는救援하리라。사람이萬一온天下를얻고도 그목숨을잃으면 무엇에有益하리오。사람이 무엇을주고 그목숨을 바꾸겠느냐。대개 이淫亂하고罪많은世代에있어서 나와 내道를 부끄러워하는者는 人子도 아바지의榮光으로 거룩한 天使와함께나려올때에 그사람을 부끄러워하리라。

고(마가八・三二以下)하셨고 또十字架의道를解明하신말슴에

내가 불놀 따에던지려왔노니 내所願이무엇인고 불이 이미 붙었더면 좋을번하였도다。내가맛당히 받을洗禮가있으니 받을때까지 나의답々함이 어떠하겠느냐。너의는 내가和平을世上에베풀러온줄로 아느냐 내가 너의게이르노니 아니다 도로혀分爭케하려함이니 이後에는 한집에있는 다섯사람이分爭하야 셋이둘을치고 둘이 셋을치되 아비가 아들을치며 아들이 아비를치고 어미가 딸을치며 딸이 어미를치고 싀어미가 며느리를치며 며느리가싀어미를치리라 하시더라

고(누가一二・四九—五三節)。이처럼明白한信徒募集廣告文이있었는데 우리들은 누구에게속아서 예수를따르면서 平和團欒한家庭살림을渴求하고저하며、各自의十字架를 지고가지않는十字架의道를 걷고저하는가。

十字架의道、十字架의말슴、十字架를지나가신 예수의謙卑苦難의全生涯의原理그대로의生活、이는重生하지않은天然産人間으로서는到底히願할수없는길이다。希望해서는 안되는길이다。悲劇을前提로한길이다。人間本然의생각과는本質的으로相逆하는길이다。보라猶太人들이 메시야即그리스도를待望한歷史가悠久하였으나 그出生엔 반듯이首都王宮의寶座에서榮光이怳惚한中에 誕降하실줄 期待했던것이 나사렛木手의아들로客舍의구유에 떠러진때부터 人間의道와十字架의道와는天과壤으로對立되였다。예수가擇한弟子와친子 예수가容納한稅吏와淫女 예수가詰責한宗教家와學者等々으로부터 하나님의獨生子인身分에相應치도못하게 十字架上에慘憺한屍體를걸기까지 아々 어느것이 우리意表에뛰어나지않은것이였던가。十字架의道! 十字架의道! 아、果然 알고 따르려는가。

事實이라면

先生님 恩惠中 安寧하옵시며 하시는사무에 많은滋味보시옵나이까。十九日에주신 글월을 오늘이야읽고 너무도 先生님의 親切하심에 이마음 무엇이라고말할수없나이다。아부님께서는 四月二十二日 午前九時二十五分에 永遠한나라로떠나시고말었읍니다。아부님 떠나시기前 先生님께서보내주신편지를받었읍니다。

苦痛中에서 늘 걱정하시기를 너무 甚한苦痛인故로 이길수가어렵겠다고 하시드니 二十二日午前六時頃 아ㅣ이제는다이겼다고 아주滿足의感謝를 連發하시면서 平安과喜悅에넘치는嚴肅하신음성으로 祈禱하시고 찬송하시고 詩篇二十三편과二十五편을朗讀하시고 子女孫의게 最后의訓話와 祝福의祈禱와 하나님의뜻대로 살아야한다고부탁하시고 이제는 平安하다고 기쁨에넘치는滿足한얼골로 다되엿다고하시드니 조용하라고 하시드니 가시고맙듸다 한번가시드니 도모지 도라오시지않고 平安하게 곱게〳〵苦痛과世上을잊어버리시고 永々떠나시고맙듸다。最后를 모ㅣ든사람들에게 보이고싶었읍니다。너무도壯嚴하고滿足하고確信과平安과喜悅에넘치는 最后를 先生님께 보이고싶었읍니다。生前에 늘 말슴하시기를 참그리스도人은 金敎臣先生이요。참朝鮮人은先生님이라고 자조말슴하십듸다。期會만있으면 先生님을뵈오려 上城하시겟다고말슴도하시고 라디오放送하셨을때 그苦痛中에서 苦痛을 잊어버리시고 끝까지 들으셨답니다。며가 집에오니 말슴하십듸다。先生님께對한 讚辭가대단합듸다。그래서 저도先生님께對하야 한번뵈옵고저합니다。어머님에게聖書朝鮮을읽어들리시고 일々히說明하셔서 어머님께들렸읍니다。生前에 가장사랑하든冊은 聖書朝鮮이옵고尊敬하고愛着을가자신이도 先生님이옵니다。아부님께서 先生님의訪問을받으셨더면 얼마나기뻐하였겠읍니까 참말할수없깃기뿐이였을것입니다。그러나 至今 그靈은 先生님의뜻을 잘알고感謝를올릴줄確信하나이다。

先生님 아부님은떠나시고 안계시지마는 다른식구들 다 先生님을뵈옵고저하오니 南道尋訪을 한번하여주시옵기바라나이다。이곳敎會참웨 이다지도 心界들이 좁은지한심한일이옵니다。敎育부터 忠實히하여야 이心界들도 좀높은곳을 向할줄아옵나이다。先生님이곳青年들을 先生님께接觸시키고싶어요。先生님을理解하는이들이 漸漸많아집니다。××敎會青年몇사람은 隱隱히先生님을뵈옵고저하는분들도있으며 先生님의講義를듣고저하는분도있읍니다。先生님尋訪에 何等害될것없아옵고 두려워하지않읍니다。××敎會에靑年牧師님이계시옵니다。많은理解를가지고게시오며 內村先生의書籍을 많이보는牧師이옵니다。얼마간이라도 엣날과現在의進步가있어 높은곳을向하는心情을가진者많은줄아나이다。先生님 한번 방문하야주시옵기바라나이다。

四 事實이라면

이편지중에 筆者에게關한過分의讚辭는勿論不當한것이다。 그러나 人將去其言也可라고 이世上을떠나는臨終가까운때의말인것이事實이라면 우리는感激함을不禁하는理由가있다。 이편지中의主人公은最近에世別한某敎會有力한長老이였다 (本誌一一二號四月十九日日記叅照)。 그地方에서는 문둥病者가病室에서聖書朝鮮읽는것도禁止했을뿐더러極力핍박을加한곳이다。 그런地方의敎會重鎭인長老가 한번面談한일도없이 特別한因緣도없이 聖書朝鮮과그主筆을 이처럼사랑했다는事實을 그가世上떠난後에야報告듣고보니 우리의입술에서「事實이라면?」하는말이 자주 곱씹어진다。 이런일도있을수있을까하는奇異한感이없을수없다。 事實이라면 이眞實한靈魂한사람의벗이되며 慰勞하기爲하야서라도 聖朝의存在가無意味한일은안이였다。

그러나 그보다 더크게 根本的으로놀란것은 이長老의凱旋昇天한光景이다。 苦鬪가深刻함을따러 果然이겨낼까고 근심걱정함을마지못하더라하니 이는正直하고純潔하고眞摯하고勇敢한靈魂이 죽엄이라는强敵을面對한때에發하는共通한嘆聲이다。 그믿음이虛人되고 그個性이懦弱한까닭인듯하나決코그렇지않다。 죽엄은絕對로强暴한者이다 아무런勇者라도危縮시킬만한威勢의所有者이다。 그리고强敵을對陣하려할때에 먼저自己의弱少함을느끼는것은古來의名將의넋이다。 特히靈界에있어서 스스로弱함을깨다름은 弱한中에서하나님의强함이 나타나려는階段이다(고後一二·一〇)

때이르러激烈한肉迫戰도지나가고 勝利의確保를잡은때에午前九時半에殞命하리가 午前六時에——三時間餘의世上살림을남긴때에『아々 이제는 다이겼다고 아주滿足과感謝를連發하시면서 平安과喜悅에넘치는 嚴肅한音聲으로祈禱하시고찬송하시고 詩篇二十三、二十五篇을朗讀하시고 子女孫에게最后의訓話와祝福의祈禱와 하나님의뜻대로살어야한다고 부탁하시고 이제는平安하다고 기뿜에넘치는滿足한얼골로 「다되였다」고하시드니 「조용하라」고하시고는 가시고맙더다』하였으니 이때도死라亡이라滅이라는字들로써形容할소인가。 이것이야말로 새로운旅行의出發이아니고무엇인가。 죽엄에對하야이렇게沈着하고 이렇게勝捷하고 이렇게平安과歡喜의나라로出發할수있다면 이일이事實이라면 이제우리 저先發隊인長老와한信仰으로信從하려는者에게 걱정될것은무엇이며 두려운것은무엇이며 逡巡할것은무엇이며 구차한살림할것은무엇인가。 故로 우리도 바울과같이 智慧로운方策과 아름다운言辭를쓰지않고 예수그리스도와 그十字架의事實外에는알지않기로作定하고 學識의不足을怯낼것없이德性의不備를嘆할것없이時代의荒浪을臆할것없이 하나님앞에서 各사람의良心에對하야 우리친구의事實을證據하리라。 疑訝하는이는事實을와보라。「참그리스도人이오 참朝鮮人」인 이長老의勝利로凱旋한事實을와보라。 보고믿는이는前進하라。 이일이事實이라면무엇을躊躇하랴。

新約聖書槪要 〔六〕

金敎臣

고린도後書大旨

本書簡은 고린도前書와 로마書와 갈라듸아書等셋冊과 合하야 所謂바울의四大基本書簡의하나이며、本書가바울의 著作인것은多數學者가共認하야 더論할餘地도없는바이다。그러나本書의內容에關하여는 甚히問題가複雜한바있고、理解하기어렵기로서는 바울書翰中에서도有名한冊이다。

本書翰의統一 多少注意해읽는이는 本書가몇군데에서 토막토막끊어진것을發見할것이다。이렇게 끊어졌음으로因하야 이書翰이 바울의著作임에는異議가없으면서도 果然한번에써보냈던單一한書翰이냐或은前後數次써보냈던各個의書翰이 後日에하나로 모여진것이냐 함에對하야는 今日까지도 學者間에意見이區區하야 歸趨할바를 알지못하는所以이다。

一 첫재로第十章以下의四章이 全然特異한色彩인것은 누구나感知할수있는것이다。第七章까지에 고린도敎會에對한急迫했던感情도 大部分緩和되여 기쁨에넘첬던바울이——第八、九章에서捐補問題를記述한後——第十章에 들면서부터 그態度가突變하였다。猛烈한形勢로써攻擊하며 責망하기를 시작하였다。그語調와文脈이 아주一變하였다。

이不自然한聯絡을說明하기爲하야古來의學說이區區하다。第十章以下의所謂「四章書翰」은初頭를紛失한편지요、고린도後書는第九章以下의末尾를紛失한편지인데 偶然히別個의두편지가連接되여傳來한것뿐이라한다。그렇다면 이「四章書翰」은 所謂「눈물의書翰」이라(二•四)하야 고린도前書와後書와의中間에著述한것이라하며、或은 後書까지써보낸後에 고린도敎會에反바울熱이盛行해저서 그對策으로써보냈던것이 이四章인데後日에連結된것이라고도한다。그러나 이것도學者의推測이오 的確한證據를얻은것은안이다。

第九章과十章과의사이에外觀上으로巨溝가橫在한듯이보이면서도 其實은異時에쓴別個의편지가안이오 同時에쓴同一한書翰이라는說明은이러하다。十章처음에

「나 바울은……너의를勸하고」라고飜譯한朝鮮聖經에는 重要한字하나가빠저서確然히알수없으나 原文에는 나 배울「스스로」 또는 「自身으로」 라던지、이境遇에는「나 바울이親筆로써……」라고譯할만한autos, (Myself)라는字가第一첫끝에있다。그러면 第九章까지는代筆者에게口述해주다가 第十章에와서는 바울自身이 손수執筆하였던것을알수있으니 代筆과親筆의境界에多少무더가있을것도 짐작할수

있는일이다。

또한 바울은 다른書翰에서도 나종 인사의말을쓸때만은親筆로써썼던것처럼 이十章에서도于先九章까지의大旨를要約하야簡潔히記錄한後에 結尾의인사로써 끝을맺으려고했을것이다。그런데 두어줄記錄할동안에 고린도敎人들로因한前日의傷處에感觸되여 突然한熱情이迸出함을制止할줄모르고 단숨에 이四個章의火焰같은文章을成한것이리라고하는說이다。

이것도勿論한가지想像說에不過한것이나 바울과같은强烈하고熱情的인性格을理解하고보면 차라리이것이自然스러운解釋이라고도할수있다。우리는 이說에依하야 第十章以下의四章도同時에記述된一個書翰인것을前提로하고 말하는者이다。이와같이前後聯絡을알어볼수없도록 그思想이急變하며 또한그렇게脫線한때에珠玉같은大文章과永遠不滅의大眞理를吐露한것이 바울文章의特色인데、가장現著한例몇개만들어도알수있다。羅馬書第八ー九章의사이、고린도前書第十三章과 갈라듸아書第二章十五節以下及이제論述하고저하는本書의두어군데。

二 둘재로問題되는것은 第六章十四節——第七章一節의部分이다。第六章十三節과十四節의聯絡이不自然함으로이것을除去하면 第六章十三節에서第七章二節에連續하는것이思想의前後關係가自然스럽다는것과、이部分의思想 文體 語彙等이모다 바울的이안이라해서 이部分은時間의前後가問題아니라 차라리全然바울의著作이안인 다른것이混入된것이라고主唱하는學說이相當有力하다。그러나文章의前後聯絡이不自然한까닭으로써除去해야한다면 고린도前書第十三章같은愛의讚美와其他右에列擧한바울의高貴한思想을 모주리除去해야할터이니、此亦是바울의强烈한天禀과纖細한神經을아울러洞察하면서 行間의光景까지解釋하야吟味할것이다。

即바울이口述하면서第六章까지 써올동안에 고린도敎會에對한바울의忿怒도漸次溫和하게되여

고린도 사람이여 너의를向하야 우리의입이 열리고
우리의 마음이 넓었으니

云云하였을때에(六・十一) 문듯不信者에게對해서도 이렇게放心해서는안되리라는老婆心으로써 警戒的文句를挿入한것이라고보아서 조곰도不可한것이없다。勿論이것도 바울의性格으로써推測하는解釋이지마는 이에反對하는說도 바울것이안일듯하다고想像할따름이지 언제 어떻게해서 다른이의文書가 바울의書翰의中複에混入된것이라는確證은없다。그런즉우리는 여러聖書本文에從하야 이部分도亦是바울의著作일뿐더러 同時에쓰인單一한本書의一部分인것을承認하는것이 더욱自然스러울것이다。

其他 第二章十四——第七章四節까지도脫線으로볼수있으나 要컨대脫線이라고 바울의것이안이라할수없음은 以上

論述한바와마찬가지다。

前書後書의關係　고린도前書와後書의關係는甚히稀薄하다 그리스도黨에關한것이잇으나(前書一·一〇—一三、後書一〇·七) 前書에서처럼分爭을重要問題로取扱한것이아니오 後書에는 單只그리스도黨이라는存在를想像할수있달뿐이다。 바울의[illegible]辯問題가前後書에共通하나(前書二·一以下、後書一一·六) 兩者의깊은想關은없는듯하며、 예루살렘敎會에對한捐補問題가 있으나(前書一六·一以下、後書八、九章) 이것도兩者의事情이 매우달라졌다。

要컨대前書와後書에共通한問題란것은右의三件에不過한데 그것도關係가매우稀薄한程度이며、 其他는全然다른雰圍氣에 別個의問題이다。 即 前書는大體로和平한空氣中에서敎會의 秩序에關한問題를論하였는데 後書는暴風雨같은熱情으로써 辯證的으로攻擊的으로 나온態度이다。 前後書를記述한時間의差가不過一個年內外인데 兩者에共通한問題는적고 바울의態度에一變을招來한것은 바울과고린도敎會사이에事態가 急變한事實이發生하였던것을意味한다。 이러한當時의背景을 살피는것이 本書翰理解의鍵이된다。 本書와使徒行傳等에依하야 學者들이推測한事實은如下하다。

1、五五年六月　에베소에서 고린도前書를써보내다。

2、同年秋　바울이 고린도敎會尋訪。但고敎會의空氣一變하야 바울에게不利함으로 크게 失望하야 에베소로歸還。

3、同年冬　責望의편지——「눈물의書翰」을써보내며 反抗者의處分을要求함。

4、五六年春　에베소에暴動이있어 드로아로逃避。

5、同年夏　마게도니아에가서 듸도에게서吉報聽。

6、同年九月　고린도後書를써서 듸도에게派送。

7、同年十二月——五七年四月頃　바울이 고린도訪問하고、 여긔서 로마書를쓰다。

即고린도前書와後書와의사이에 두가지重大事件이있었는데 一은 바울自身이 고린도敎會를尋訪한것이오 二는「눈물의書翰」을發送한것이다。 前書를써보낸後 數朔을지나 바울自身이 고린도敎會를訪問하였을때에 敎會員多數가 바울에게好感을가지지않었을뿐더러 會員中에放縱한生活로墮落한者있음을보고 制裁를加하고저하였다가 도리어大反對를받고意氣消然하야 에베소로歸還하였다。

에베소에서 이른바「눈물의書翰」을써서(二·一—一〇、七·八—一六) 듸도에게 품겨서보냈다。 고린도敎會人들도 이眞情이發露된文字에는 크게感應하는바있어서 前過를悔改하고 바울에게順從하라는轉換이생겼다。 이때에 바울은에베소를避하야 드로아에서傳道하고있었으나 고린도消息을待하기急한생각으로 마게도니아까지渡航하야 고린도로부터오는듸도를迎接하야 고敎會의消息을接하고 그改過한모양을

매우滿足히녀기면서 다시一書章를하야보낸것이本書이다。

이러한背景을記憶하면서 읽을것이다。

本書의特色 難解하다는것이本書의一大特色이다。우에記錄한바와갈이 本書에는中間々々이前後文意가 잘通할수없는斷層이많다。不連續線이나온다。그래서第十章以下는年代가다른것이라느니、第六章十四節──七章一節은非바울的이라느니、其他에도 여기서脫線저기서脫線해서 外樣上으로도 줄기를 가리고 統一을잡을수없다한다。또內的으로도 바울의心情의變化가 急激하야飛沫을날리며 火熱하야熔鑛할듯한모양이 世上一樣의것이안이오、加之에書翰의內容인즉極히個人的인것이어서 바울對고린도敎會의一切關係를詳細히 알지않고서는理解하기어려운데가많다。

바울의爲人을알기에는 이冊에지나는資料가없다。바울의十三書翰中에 가장形態가完備하고內容이充足한것은 로마書이나、이것은 넘어完備하여서一大論文이라할것이지 書翰이라稱하기에는不合한듯이보인다。故로 로마書를通해서보이는바울은大使徒라던지或은神學博士로 나타난다。또한고린도前書에는亂麻갈은實際問題를指示解決하는基督敎의敎師나牧師로나졌다。그런데本書에至하야는「聖」바울이안이오一個人間바울이赤裸々하게 들어났다。때로激怒하며 때로涕泣하며 때로滿悅하며 때로叱責하는一個人間바울、그心臟의皷動과神經의伸縮까지透明하게보이는듯한바울이다。

이것이 여러가지難解한問題를包藏하였음에도不拘하고 本書가 우리의愛着心을誘引하야마지않는까닭이다。例컨대

가、바울의風采 不美、言語野卑(一〇・一〇、一一・六)。

나、橫暴한行動 (一・二四)。

다、卑怯하고 懦弱하다는評 (一〇・一、四・一、一六)。

라、自家宣傳에能하고自己일만말한다(三・一以下、四・五)。

마、破壞的人物이라 (一〇・八、一三・一〇)。

바、狂者라 (五・一三、照마가三・二一)。

사、身病 (一二・七以下)等々。

本書를體系있게理解하기困難한데反하야 座右銘으로할만한格言佳句、基督敎信仰의基本眞理의句가 여기저기散在하야 設令本書全篇을學問的으로納得하지못한者일지라도 그어느部分에서던지豐富한靈糧을찾어볼수있는것도 本書特色의하나라고할수있다。故로部分的難解한句章을詮索하기보다通讀하면서如左한句節을吟味暗誦함도一策일것이다。

死活香。우리가 구원얻는者에게나 침륜하는자에게나 하나님앞에서 그리스도의香氣가되나니 이사람에게는死亡으로좇아 死亡에이르는香氣가되고 저사람에게는生命으로좇아 生命에이르는香氣가되나니 누가 이것을敢當하리오(二・一五、一六)

自由。주는 곧靈이시니 主의靈이 계신곳에는 自由있나니라 (三・一七)

化像。우리가 다 얼골에수건을벗고 거울을보는것갈이 主의榮光을보고 저와같이形像을化하야 榮光으로말미아마榮光을더하니

이는主곧靈으로 말미아믐이니라(三•一八)

바울式傳道法。……怯내지아니하고 이에 숨은부끄러움의 일을 버리고 궤휼가운데行하지아니하며 하나님의말슴을混雜케아니하고 오직眞理를나타내여 하나님앞에서各사람의良心에對하야 스스로薦擧하노라(四•一—二)

死不死。우리가四方으로 욱여쌈을當하여도 눌리지아니하며、답답한일을當하여도落心하지아니하며、逼迫을받어도 바린바되지아니하며、거구러터림을當하여도亡하지아니하고、우리가 恒常예수죽인것을 몸에질머저 예수사신것도 우리몸에나타나게하노라 (四•八—一〇)

內生日新。그런고로 우리가怯내지아니하니 것사람은 후패하나 속사람은 날로새롭도다(四•一六)

永遠한榮華。대개우리의暫時받는患難의輕한것이 우리를爲하야지극히 크고永遠한榮華의重한것을일우게함이니、우리가보이는것은도라보지않고 보이지않는것을도라봄은 보이는것은暫間이오 보이지않는것은永遠함이니라(四•一七、一八)

外形無益。그런고로 우리가 이제부터는肉體대로 사람을알지아니하리니 비록肉體대로 그리스도를알었으나 이제는 다시 이같이 알지아니하노라(五•一六)

福音의精神。(五•二〇、二一)

百萬長者。근심하는者같으나恒常기뻐하고、가난한자같으나 여러사람을富裕하게하고、아모것도없는자같으나 모든것을가진자로다 (六•一〇)

神憂와世憂。대개 하나님의뜻대로하는근심은悔改를일우어 구원을얻게하는것이오後悔할것이없거니와 世上근심은 죽는것을 일우나니라(七•一〇)

連帶責任。누가弱하면 내가弱하지아니하며、누가 남에게거리끼면 내가 애타지않더냐(一一•二九)

弱時强。그런고로 내가 그리스도를爲하야 여러가지 弱한것과 능욕과窮乏과 핍박과 困苦當함을 기뻐하노니、대개 내가弱한때에 곧强하니라(一二•一〇)

己欲立而立人。우리는弱하나 너의가强하면 우리가기뻐하고 너의가 온전한사람이되기를求하노라(一三•九)

祝福의規範。주예수그리스도의恩惠와 하나님의사랑과 聖靈의感化하심이 너의무리에게있을지어다(一三•一三)

고린도後書分解表

序文 (一•一—一一)

바울의 인사말슴。 (一—二)

感謝。모든患難中에서慰勞에넘침。 (三—一一)

本文 (一•一二—一三•一〇)

一 바울個人及使徒職의辯護 (一•一二—七•一六)

甲、個人的辯明 (一•一二—二•一七)

먼저信徒의眞實을믿으라 (一•一二—一四)

고린도訪問中止의辯——寬恕하기爲하야 (一五—二•四)

눈물의書翰 보낸眞意。 (二・五ー一七)

乙、使徒職의尊貴와使徒自身의卑賤。 (三・一ー七・一六)

1、使徒職의尊貴。 (三・一ー四・六)

고린도敎會가推薦狀이다。 (三・一ー三)

使徒는모세보다優越한榮光。 (四ー一八)

公明正大한宣布의方法。 (四・一ー六)

2、土器인使徒와그職分과의調和。 (四・七ー七・一六)

우리는土器요、예수의死를負함。 (四・七ー一二)

肉의人은日壞하나靈의人은日新。 (一三ー一八)

永遠의집으로 옷입듯하기를思慕。 (五・一ー一〇)

肉體로사람을不知하리라。神께和睦하라。 (一一ー二一)

使徒로서의感銘한일——거리끼지않게。(六・一ー一〇)

우리마음이寬容한듯이 너이도和順한마음으로

우리를對하라。 (一一ー一三)

但 不信者에게는放心하지말라。 (六・一四ー七・一)

디도의報告에滿足。 (七・二ー一六)

二 예루살렘敎會에對한捐補件。(八・一ー九・一五)

마게도니야人들의實例를보라。 (八・一ー一五)

金額보다愛心이問題。 (六ー一五)

디도를보내니 準備하라(내가기前에)。 (一六ー九・五)

기쁨으로 주라、하나님이報應하리라。 (九・六ー一五)

三 敵의攻擊에對한辯護와反駁。(一〇・一ー一三・一〇)

對面하면謙遜하고 떠나 편지하면굳세다는바울이나

나의勇氣를必要치않도록注意하라。 (一〇・一ー一八)

나는超大使徒이다——傳道者의裏面記。(一一・一ー三三)

默示받은點에關해서도他使徒보다못하지않다(一二・一ー一五)

身病이있는것은事實이나 나는弱한때에强하다 (六ー一三)

第三次訪問할터이니操心하며準備하라

(一二・一四ー一三・一〇)

結 文—祝禱 (一三・一一ー一三)

平安하라 完全하라 慰勞함받으라 和睦하라(一一ー一二)

主예수그리스도의恩惠와 하나님의사랑과 聖靈의感化하심

이 너의무리에게있을지어다。 (一三・一三)

애쓰랜도의 跋詩

R・부라우닝 作
咸錫憲 譯

夜半의 고요한 잠자리에서
그대들의想像을 맘대로 놓아줄때
그들은어대로가나——어리석은者의생각처럼 죽어——
일즉이 그대들을 그렇게사랑햇고 그대들이 그렇게사
랑햇던者가 누어있는곳에가서
나를 가엾다고 할터인가?
오、사랑하기를 그렇게햇고 사랑받기를 그렇게햇건만
그렇게도 오히려 몰라봄은 무엇인가!
나는이世上에서 저들과 무슨일이있엇던가
저들 게으름뱅이 저들貪慾쟁이、저들怯쟁이와?
저目的도없고 하잘수도없고、바람도없는무리처럼 나도
침을 게게흘렷던가
누구관대、나는?
나는 일즉이 도라설줄을모르고 앞으로만 다름질을친
사람이로다

마침내는 구름이 홑어질것을 일즉이 疑心치않엇노
라
正義가비록 一時敗하야도 邪惡이마침내 이기리라고
는 꿈도꾸지않엇노라
恒常믿노라 우리넘어짐은 이러나기爲함이오 敗함은
더힘있게 싸우기爲함이오
잠은 깨기爲함이라고。
아니라 사람들의 분주히일하는 낮배에
그보이지안는者를 拍手로맞으라!
그더러 나가라하라、가슴은앞에두고 등은뒤에두고。
불러주라『싸우라、이기라! 勝利、奮鬪、成功、
거긔서도 예서같이!』

[註] 애쓰랜도=그의詩集의이름
나를가엾다고할터인가=詩人이自己죽은後에 平素에 自己사랑하던벗들이 할것을 想像하고하는말인故로、意味는、내가죽은後 그대들은 어리석은者가人生은 죽으면 그만이라고 생각하는것같이 나를記憶하고도 불상하다 할터인가 하는말。
아니라=一節의 나를가엾다할터인가 하는問辭에對한自答。即 불상하다할것이아니라拍手應援으로맞으라는뜻。
그보이지않는者=即自己의靈魂。
거긔서도 예서같이=저世上에서도 이世上에서 勇敢하게이기던것같이 이기라는뜻。

주여、오! 주여、

주여、오! 주여、

李賛甲

주여、
지금 이땅덩이 우에는
미워함만이 더하여갑니다——조수에도폭풍에밀림처럼——
어두움만이 꽉차어갑니다——금음에도흐린날의밤처럼——
오、주여、
이쪽 또저쪽에서 들리는소리、
살벌 뿐이로소이다。
우상만이 뒤끓는 노름뿐이로소이다。
주여、
당신은 여기에
일즉이 그처럼 깨우침이자서한『십게명』도 주셨읍니다。
또다시 생명의길이 분명한『복음』도 주셨읍니다。
오!주여、
그래도 이때까지 이로교훈받고 이를 따르려든이세상이、
이런굴형에 이처럼까지 떠러질줄은、
이런어두움에 이렇게도 삼키울줄은 애여몰랐나이다。
주여、
나리어다 보시옵소서。
이에또 쓸어만집니다。성호를열심히도 불으든무리들도、당신의
양의떼를 먹인다든이들까지도——거침도없이——
오!주여、
나리어다 보시옵소서。
오직하나의 소망을 불일수있든곳의것、

二

그마저 깜빡꺼저 이러굴되고말렴은 참아못보겠나이다。
주여、
그러하옵니까?
진암은 벌서 새벽이 다다랐음을 알웝이구요。
극한은 벌서 새싹이 트고있음을 보임이라구요。
오!주여
그러하옵니다。
당신의 참빛은 영원을 향해 비최나이다。
당신의 성의는 영원을 향해 일우어지나이다。
주여、
이제비옵나니、
이속에서 당신의사람을 불러내이시옵소서。
이와싸울 진리의용사를 니트키옵소서。
오!주여、
지극히 원하옵나니
외아들 예수의 뒤를따라『남은고난』의짐지고、
당신의 빛을 두루비최게할 용사를일으키시옵소서。
주여、
그래서
이줄기에도 소망이 있게하시옵시며
이원누리에 광명만이 가득케 하시옵소서。
오!주여、
그러하와
당신의 이름만이 들어나시옵소서。
당신만이 영광을 걷우시게하시옵소서。

오월열아호랫날아츰。

上城數題 [三]

申瑾澈

想峴 (中)

六

高普를 마친다음 나는農學에 발을내어드뎟다。그리고 이때에있어서의 나의精神生活은 高普時代의延長이였다。다만 實地없는 空論幻想의觀念遊戲를弄할바아니오、新文化建設運動을爲하야 나도應分의心力을 이바지함이 떳떳한일이라하야、한生을學究의生涯로一貫하리라는念願을세운것이였다。오、學究의發願、그發願만은 아마도 거룩하였으리라。그러나 그것은 내게있어서分數에지나친大願이였던가。

修學三年——저新忝兄弟들의 아니꼬운優越感에對한鬱忿의속에 몹시도 바쁘고 고되고 또힘들던——그三年이 다하기도前에 大望大海에 돛을올린 내조고만攻學船은 물이야불이야그모든裝備를 거둬치우지않으면안될陷天의怒濤가내앞에 일기始作한것이다。아아、生覺할스록恨스러운일이어니와、저思索의벗이던麗妓의숲、反省의거울이던西湖의散策、그것을 등진때부터 내앞에는 生死의慘憺한血戰이展開되였고 그야말루最後의關頭에 서게되였다。뜻두고일우지못하는일이 그얼마나슬픈일이오、病軀로故山을 찾어드는일이 또얼마나 가슴아픈일인가를切實히體驗하였다。

다만 이西屯들學窓의三年을 回顧할제마다 마음느긋이생각되는것은 여기서尊敬할만한友人同志들을 많이對할수있었던일이다。그리고特히 社會機構의根本的改造를唯一의急務로信奉하는寮友와도 많이接觸하게되였는데 그中에도가장熱烈한指導格이던 L君과의同情많은交際다。(아아君은이제오히려 붉은城舍中의몸인가)

그리고 나도 그들의 부르짖는바와같이 今日社會制度의온갖矛盾撞着과 現下우리네經濟의慘憺한破滅相을認識하고、또이變遷한時局의必然한現勢로서의그들의主張과運動에 多分의同情을가지기는하였지만、그 너머도唯物論的인見解에이르러 恒常비위가 뒤집힘을느끼였다。그럼에도不拘하고우리는恒常緊急한現實工作에있어서의共同戰線布設을爲하야일쯕 한번의衝突을보지않었던것이다。

巷間의臭氣紛々한似而非鬪士나 第三流의主義者와같이 한갓指導原理나觀念形態만을 互相論難하고確執하야自相踐踏하는것이決코 이重難한現實에處하야서의 우리의取할바當爲가아닌것이였다。即右커나左커나 무릇盡善에살고저할때人性은 언제나愛의高峯原頭에逢着하는것이라고 느끼였으니、分裂對立의 그너머도辛酸하고明瞭한經驗을過去史實로

上城數題（三）

가지는우리로서는 너머도當然한일이오、또오늘날 우리들의 過渡期的인混亂한分裂狀態에도 決코悲觀을容할바아니라하엿다。

然이나 또한편 내가일즉尊敬하던社會先輩들에게對하야 그言行의乖離를嘆하고、朝變夕改하는志操를恨하야 새로운 失望을느끼고、또오늘날 人間心性의 그얼마나卑怯하고不善한가를痛切히悵嘆한것도 이때의일이였다。所謂模範農村을見學하고、學校講義에서와다름없이 나날이成長하고振興한다는統計의說明은대견하였으나 우레주레따르는 어린이들의憔悴한飢色을볼때 거기深刻한苦憫이없지못했고、남들이모다壯히역이는近代文明의京城이였으나、몇달에한번식그 밝고어둔거리、넓고좁은거리를거를때 거기또한沈痛한煩悶을놓지못했다。다시軍縮이니聯盟이니事變이니하는世界政局에눈을던질때 진실로缺陷矛盾의덩어리인人類社會가 넌더리날지경이였다。그리고 이不義하고俗惡한世相을憎惡하는 마음이强猛하야갈수록 주제넘게도 내一身의責務도더욱큼을 느끼였고、그때마다孤苦怨忿의多事多難한實生活에있어서 서로이끄러주고 미러주고 힘이되어주는先輩友人을希求함이懇切하였다。

그러나一人의師一人의友를求得함이 어찌그리쉬운일이랴 일은바斷金이니刎頸이니金蘭이니心胸이니하는 赤心相許의 友人同志란 一生을通하야간신히 한두사람을求하거나말거나하는것이人間世上의實情이아닌가。하물며 이澆薄한世上 나날이變하는時運에、일즉한때는侃諤의熱辯을吐하고筆鋒을 휘둘러 民衆을指導하노라하던憂國愛民의志士가、날로달로 權勢에阿附하고 威武에卑屈하는오늘에있어서이랴。

내 다만 여기서 내한生의導師가되고伴侶가될 두분의 師友를 맞나게되는機緣이 맺어졌음을 上天의恩寵으로서 無上의感謝라하는바이다。

七

그러나 저러나西屯들三年의學窓生活은失敗로마쳤다。내가肉體의不幸으로말미아마涕淚長嘆속에 이三年의故鄕을離別한다음 半年이가고一年이가는동안、身病은一向差度없을 뿐인가、尋常치않게進行하는한편일때、그心中의苦憫焦躁야 말로實로形言에絶하는바있였다。

過去半生동안不動의價値로서信奉했던 學問도思想도政治도經濟도 다시는 아모것도 내眼中에없였다。—그래도 설마病魔에지기야하랴—하고 如前히 지기싫은마음이 내마음한편에 자리잡고있기는하였지만、現實에對한온갖不滿不平과 生에對한愛着 死에對한厭惡로말미아마恒常懊惱傷心의배암에게 몰리우고、또失望落望絶望의深淵에 송도리채 빠지고빠지고하였다。

그래도 아직醫藥을믿었기에 及力名醫良藥을求해도봤고、다시 마지막一縷의希望으로 靜養의땅을西海ㅅ가에求해도봤다。그러나 여기서도從來唯一의救援으로믿었던醫藥에對하야完全히失望하지않으면안되었다。醫는能히人命을救하지못하고 藥이란반드시効驗있는것이아니라는 움즉일수없는事實그대로를깨닫게될때、그마음의괴로웠음이어、슬펐음이어、집두고 벗떠러저天涯地角에서 다만朝夕으로 枯瘦隻影을어루만지며孤煢寂寞을恨하던그때 내心中은 말할수없이외로웠고 괴로웠다。그리고 그中心無限의憂悲苦惱를號訴할偉大한對象을渴求도하게되였으니、이때내머리에 첫재로떠오른것이大倧의神이였음은毋論의일이다。아츰저녁으로 눈물과 한숨속에 그거룩하신 하누님앞에 내眞情의所願을吐露하였다、號訴하였다。그러나 그眞情의所願이란 거지반이 내한몸 내肉體에關한것이였고、좀넓게하야 우리집우리社會의쌓이고많은憂患을一除해줍소서、씻어줍소서一하는單純한祈願인것이였다。허나 이眞情의祈願마다 나는다시 마음한편 구름을잡는듯 虛空을치는듯 形言할수없는心中의空虛를느끼였다。곧 그眞情의눈물이어린赤誠의祈願에도不拘하고 天地는依然히寂然하야一言의應答이없을때、내게는 언제나一段의悲哀와空虛가따렀던것이니、아아참으로 외로웠음이어、외로웠음이어。나는아직도信仰의人이아니였고、宗教가그무엇임을眞正하게體得못한것이였다。

지나간한때 그렇게도熱心히求하노라했던大倧의敎旨도이때의내게있어서 이렇다할만한慰藉가되지못하였다。그것은그때의내게있어서는信仰이오 宗教라기보다는 차라리 하나의學問이였고 思想이였다。學問과思想그것은到底히 그때의그渴急한心靈을慰藉하는靈糧은될수가없였다던것이。

어리던날의 그信心은아득히사라저버리고 새로운眞信은아직터잡히지아니한이때 心身에엎치고덮치는 憂悲苦患은마침내 내心中에懷疑의바람을이르키고마렀다。하누님이란果然무엇인가。復活再臨은무엇이오、念佛稱名은또무엇인가。모두가一念의迷惑이오 思索의遊戲가아닐가보냐。人生은다만苦生이다。어디까지나苦生이다。사람은나서苦生하고病들고죽는것이니 누구나다百年이못가서죽는다。무엇하러나서무엇하러싸우고 다투고 하비저거리다가 죽어가는것인가。設使十年을더살고 五十年을더살아봤자 그것이무엇하는것인가。結局은죽엄이아닌가 滅亡이아닌가、虛無가아닌가。富貴는무엇이며 健康은무엇이며 學識名譽는 또무슨所用이있는것인가。人生은 한바탕의꿈이오、宇宙그것이또한虛無의終極이아니냐。

이리하야 한때싹트려하던 내信仰心은加重하는肉體의不幸과社會苦惆에對한切切한悲哀로말미아마餘地없이 무지러지고만것이였다。그리고 진작부터 그方面先輩들의人格과事業을通해서많은好感을갖어왔고、또 基督의偉大한垂訓과그實踐的인一生에서 가장進步的인宗教라고했던基督教의信者를直接많이接觸하게된것은 여기海州에서의일이였다。即

上城數題 (三)

내가내一命을依託하고있던病院이基督教人의經營인만치 그들信者들과朝夕으로相接하게된것이였는데、그때 아직 基督의生涯에對한眞正한理解와同情을가지지못했고、蘊奧한宗教的眞理를體得치못한나로서는 그言行이乖離하고表裏不同한假面의信者들을對함으로말미아마基督教에對한全然의興味까지를喪失하고만것이였다。여기서 사람들은나에게基督教入信을勸誘慫慂하였으나 나는그들과함께「主여主여」하는것은더할수없는自己侮辱이라고生覺했다。나는그들教人이보기싫였다。聖經까지도보기싫였다。내게는如前히어디까지나虛無死滅의悲哀가있을뿐이였으니、이 너머도벅찬슬픔을 이기려고 잊으려고 나는다만될수있는대루自然의속에벗을求하였다

八

아츰에 눈이떠서 밤이어둡기까지 나는松林에누어서完全히自然을벗삼었다。고요한 솔숲아래 홀로누어서 푸른하늘을 슬몃슬몃지나가는千態萬狀의白雲을바라보기도하고、푸른바다 가없는바다우에떠도는 白帆의數爻도세여보고、저녁노을 붉은하늘에흘나르는 갈매기의가는곳을지키기도하였다。때로氣分이少康하면 홀로 막대를이끌고 이리저리거닐다가 얼빠진듯 우두커니섯기도하고、바위우에걸터앉어水天一色의 茫洋한바다를바라보기도하였고、或은共同墓地푸른잔디우에 턱을고이고脉놓아엎드려、솔가지에 부는바람소리와山새소리에 귀를기우리기도하였었다。

그리고 이럴제마다 다시 그 싱싱한잔디의茂盛함을 눈익여보고는 나도 저한포기草綠의存在로태어났으면하기도하였고、또저녁하늘에 외로히떠도는 한조각구름을보고는 허전한 내運命의앞날이 너머도 허술한양 느끼였다。그리고 또내가 이제 여기누었는가 섰는가、나라는것이果然있는것인가、或은 나도 저푸른잔디의한포기로 여기 자라나고있는것이나아닐가、한조각구름으로서 쓸쓸한저녁하늘을 외로히 나르고있는것이나아닐가……하고 끝없는瞑想의밀물에 잠기고잠기고하던것이다。

即自然의속에 나를보고 다시 내속에自然을보는 一種의同情과感應을 느끼던것이니、이것은單純한感傷에서 우러나온바一時의애틋한詩觀만이아닌것이오、보담깊고 보담넓이、나를 저自然萬有로더부러結緣하려는 恒久眞實한 그무엇을因함이아니였을가。일즉公冶長은鳥語를解得하였다하며、아씨시의聖者프랑씨스는 장안에기르는 새까지도 나의兄弟라불렀다하거니와、나는自然의속에 나를보고、나와한가지슬픔과祈願을分有한法友로써對하는同時、한거름더나가 내(小我)가 곧自然(大我)이오、自然(大我)이 곧나(小我)라는融會合一의世界로흘러가는것이였다。여기自然과나、宇宙와나사이에 自他가없고 主客이있지않었으니 自然에서나서自然에서살고 다시自然인大宇宙의속으로融合還元하는

것이라하였다。 이리하야佛家의말하는虛無요 靜寂이오 無色無相한靜寂涅槃、即差別의萬法을 一味同光으로抱攝하고 大我의無差別海로歸入하는靜寂大默인涅槃淨樂의本地風光이란或이런것이아닌가하였고、또이따금天道教의經書를繙讀하고서 그人乃天思想과志氣一元論이 매우 그럴상하다고感歎한것도 여기서의일이였다。

即이때에있어서의 나의信仰乃至神觀이란 억지로말한다면 그것은多分히倫理的이오道德的이오、그리고哲學的인汎神觀이였다。差別의神이아닌絕對의神이오、人格神이아닌無相實相의神이였다。나는이러한神觀이러한信仰의밑에서孤竹園半年의配所生活을全혀南山 黃浦의自然을벗삼어지냈다。그러나 이렇게自然을벗삼고自然의속에파묻혀心身의修養에 애쓰노라하야 죽엄에對한若干의安心을얻은듯도하였것만、내肉體의病은一向나을줄을 모를뿐인가 한層의苦痛과衰弱이加할뿐이였다。「그래도그래도 났겠지」하던一縷의希望좇아도 完全히버리지않으면안되였다。

九

—三四年여름、나는 집에도친구에게도 온다간다 한마디말이없이病院과作別하였다。不治의病軀를이끌고 또한번故山을찾어가는것이였다。그러나 그때의나는現實世上에對한一切의愛着도未練도 다버리고、無望絕望의孤魂으로 무덤길向하는 한개허재비에지나지않었다。다시는他人의耳目을끄려서禮儀範節에勞心할必要가없였으니 체모니 인사니하는모든外形假飾이無用의冗物이였다。중이 적삼에 밀짚벙거지하나 머리에얹고 막대하나 손에든 그때의 그草草한枯瘦衰影이란 이제오히려 눈물어리는難忘의記憶이어니와、저陰雲이감돌고 구즌비쏘다지는 海州延白의벌판을휑뎅그레한새벽車속에 내홀로 그얼마나 무서운슬픔속에잠겼었던고。다시는도라오지못하는虛無의世界、靜寂大默의死世界로向하는 마지막길이라生覺할때、아아天地가 나를爲하야流涕하고啜泣하는것만같지않었던가。그리고途中七百里 車中에서客店에서 일즉想像못하던 冷待侮蔑을받게될때、얼마나世上이 야속하였고 또얼마나 내運命의刻薄함을詛呪하였던고。

집에도라온後두달동안 그것은참으로形言할수없는 괴로운 두달이였다。八月炎天 暴陽이 나리쏘는 좁은房속에 높은熱과甚한苦痛과그리고絕望的인衆視下에서喘喘苦悶하던情景은 來世아닌現世에서의無間地獄인것이였다。

아아酷毒한지고天地의神이어、慘憺한지고 내人生이어、어찌하야運命의神은 이제 그宇宙大의魔力을 내方五尺의世界에集中하는고、내어찌하야 人生의悲哀를 홀로 도말어여기暗憺한苦悶의日夜를되푸리하게되였는고。아아 아아人生이진실로 슬픔이구나 괴로움이구나。이제 이宇宙的인죽엄의大威力앞에 그 야위고 마른몸이 한껏몸부림하고

上城數題 (二)

발버둥하고 헐떡이며 괴로워하야 마침내는 저無邊無際한暗黑世界로 刻一刻끌리어가는것이아니냐。어허、이世上내앞에 다시남어있는것이 그무엇이냐。있다면 그것은 다만 生死流轉의唯一한事實만이아니냐。오、「生卽苦」다、「生卽苦」다。生死流轉이야말로 三界의唯一한事實이다。그렇다、이衰殘한몸熹微한眼光에 비추어드는것은 오직苦痛이오 悲哀요 虛無일뿐이니 天地가꺼지고 萬有가슬어저가는 이자리에、人間의富貴니權勢니名譽니 醉歌歡樂이니하는 그것이 다무엇인가。뭔山에 구슬피우는 빼꾹이도 柱礎밑에 또루루우는귀뜨라미도 花瓶에꽂힌꽃도 그것이다무엇이냐。나는새도 뛰는개도 햇별도 달빛도 구름도 그무슨 있는것아라하랴。있는것은 다만苦痛이오 슬픔이오 죽엄만이아닌가。어버이도없고 兄弟도없고 친구도없고 國家도社會도없다。

어허、슬픈지고 괴로운지고。이리하야 이 衰殘의病骨은 마침내病魔의暴力 自然의威力앞에拜跪屈服하야 허술하게도 쓸쓸하게도空山孤墳의冷冷한 한줌흙으로 도라가고마는것인가。

生覺컨대病患은眞實로 人生難堪의苦痛이오、生死超脫이란 思議言說과같이 그리容易한일이아닌것이다。才子도佳人도英雄豪傑도 이病의앞에 죽엄의앞에 한갈같은苦憫을免치못하는것이니、自古로高僧大德의士란이도 人生을達觀하고 生死를超脫하기에 그얼마나深刻하고 眞實한苦憫을맛보았던고。하물며 平素生死問題에對한 이렇다할心靈의思索修練을쌓지못한凡愚拙劣의몸으로써、어찌 그酷毒無慈悲한죽엄의앞에 安穩함을얻을수있었으랴。일죽성하던한때에있어서는 제법 스스로 한개信仰을가진체하기도하였고 人生을達觀한양 곳잘말해본적도있었으나、이 속이지못하고움지기지못할儼然한事實을面對하고體驗하면서부터、그얼마나焦操하고 唐慌하고 어리석은醜態를演했던고。

生死超脫의問題야말로 진실로人生最難關의問題인것이다

十

사람은弱하다 無限히弱하다。그러나 사람은弱하면서도 그弱함을自覺하고、弱함으로말미아마도리어無限굳세어지는 하나의靈性이賦與되어있는것이라고생각된다。내게 힘이있고 내힘으로 안될일이없다는自負아래 바스라거리고 허비저거리는거기 人生의철없는苦憫이始作되는것이오、내힘이敢히 運命의힘을 억이지못할것을 깨닫게되는때 落望絶望의暗黑에 덩굴게되는것이나、다시그無限絶大한客觀의힘과自我의無力을眞正하게自覺하는 그때그瞬間、사람은다시安心立命하는굳센나、本然의나로 도라가는것인가보다。即내가、「사람은 왜 죽엄을 두려워하는가」—「죽엄의뒤에는果然 暗黑만이 따르는가」—하는 이人生根本의難題를부뜰고 고요하게 眞摯하게 다시 瞑想을始作한것은、내가 이世上 마지막의安息處로定한 둥그재草堂에 病床을 옴기고 自然의품안에 편안히숨쉬면서부터였다。

오、둥그재의二年半！ 그것은내肉身에있어서도回生의기쁨을얻은恩惠의자리였거니와、보담 내信仰에있어서 더욱이 잊을수없는 心靈의道場인것이다。여기서 나는오래잊었던 自然의품 썩寂의나래밑에 고요한默想에 잠기게되었던것이다。

鳳儀에돋는아츰해가 于先내病室을비처주었고 맑은바람이終日 내寢床을나들었다。앉어서 西窓北窓으로 구비구비흐르는北漢江이보이고、다시그너머로 내先塋이있는 오미山과 내가난 노쫌골이 或은十里或은二十里저짝으로 손에잡을듯이 바라볼수있었다。일즉 海州서와같이 여기는 그茫洋한바다와夕陽에흘나르는갈매기를볼수는없었으나 그래도無時로江을 오르내리는 힌돛 붉은돛 기운돛이 보기아름다웠고、뻐꾹이 종달이 두견이 가지〻〻山새소리를드를수있었다。누은채三岳의落照를볼수있었고 저녁이면고요한달빛이 내이마를 비추어주었다。아〻 아름다운 구름이어、고요한달빛이어。나는 이속에서 내몸의괴로움을많이 잊을수있었다。世上에버림받은 외로운귀양사리의몸이라는 그것좇아 잊는적이많었다。

그러나海州서와같이 現實世上을完全히 離脫할수는없었으니南쪽으로 멀지않은곳에 人家가 오밀조밀하고 工場煙筒은검은煙氣를吐하고、언덕아래로自動車 牛馬車가지나가고이따금劇場의 요란스러운廣告와 또搖鈴소리悽凉하게喪擧도지나갔다。

即 悠〻淸明한自然과 鬱〻偓促한人間社會와를 번가라바라보며 살펴볼수있던 둥그재의病舍거기서、나는人生의終極과宇宙의終極이虛無라는觀念을 다시 뜯어生覺해보았다。果然宇宙人生의終極은虛無인가。저驚異神祕의燦爛하고明朗한自然의森羅와 單純하고調和롭고 壯嚴均整한宇宙의萬有가 다만虛無의途程을過程하고있는 無意味한偶然의存在일것인가。다시 數千年의權威있는歷史를장만해온偉大한人間의思想과事業의모든것을虛無로만돌릴것인가。그러할진대 人類의모든歷史도 文明도 人道의理想을爲한恒久精進의努力向上이란것도、마침내 그永劫眞理의根據를喪失하고말것이오、다만永遠偉大한時劫의大流우에 暫間일었다 자최없이스러지는잔물결이아닐수있으랴。

우리가 萬一宇宙自然의속에 意識的이오 精神的인 純一하고永遠한 絶對의生命을觀照하고信念할수없다할진대、저大自然의奧妙하고淸朗한配布景象이란 너머도 안타까웁고허술한 한바탕의무지개요、또鬱〻한人類社會의文明文化的인發展向上의努力精進도 理想의實現成就도 그것은 너머도믿엄성없고 보람없는 可惜한 한때의꿈이아닐가보냐。오、무지개와꿈、한때華麗하게도 나타났다가 자최없이 스러지는 무지개와꿈、그自體에美가있고 眞이있고絕對의價値가있다고하랴。即宇宙人生의行路는究竟에있어虛無의終極인것이나 다만그行路의步々自體에絕對의價値가있고意義가있는것이라고해보자。그러나意識的精神的인永劫的意識을띄지못한 그絕對의價値에對하야 到底히首肯못하고滿足못하는 이理性과心靈의無限한渴求를 어찌할것인가。어허、宇宙人生의終極이果然虛無이냐。그리고無常迅速하고變幻無雙하고 또嚴酷無慈悲한現實이대로에果然無上의價値와意義가있을것인가。참으로 그러할진대그누가眞情으로人道를말하며正義를부르짖을것이랴。다만弱肉强食하는阿修羅의世界에本能의奴隷가되어 먹고 마시고 악쓰는頹廢餓鬼道만이横行할것이아님을 그누가敢히말하랴。오오生覺할수록 두려운일、몸서리나는일、그야말루 한매의꿈이오 꼭두다。宇宙的인絕望의外에 아무런所望도慰安도주지못하는 다만巧妙한言語의幻術이오 自己欺惝이다。

아니다、宇宙의終極은 無光의虛無가아니오、人生의終極은無明의寂滅이아니다。적어도 宇宙를都攝하는意識的이오精神的인生命의大流가 永劫의威嚴으로써 눈뜨고實在한다는하나의信仰이없고는 到底히 이神秘롭고驚異로운天地人生을理解할수없는것이다。밤이다하면 다시 아츰이밝어 어둠의뒤에 빛이있다는確固한信念의밑에 우리가 하루하루를 살어가는거와마찬가지로、이승에서의命門이닫기는그매다시 저승의永生門이열리리라는信心이없을진대 어찌安穩하게한生을보낼수있으며 다시 마지막의죽엄을平安한속에마지할수있으랴。

그렇다 저승을믿어야한다 來世를믿어야한다。已往한史蹟의위 幾多信仰의先人들이 그理想을實現하고眞生命을把握하기爲하야 차라리 기쁨으로써刑場의이슬이되어 이승이목숨을끊은바와같이。아아그러나 내게도果然이같은敬虔한信仰이있는가。참으로 이렇듯確固한 信心이있다할진대왜 아직도 區區히 죽엄을두려워하는가。죽엄을두려워함은肉體의死滅을무서워함인가、意識의消滅을슬퍼함인가。그러나肉體의死滅은五官組織의解體요細胞分子의原素로의解體를意味함일뿐이니、그肉體組織에깃드리고活動하는 超物質的인 生命그것은 決코 이物質의制約을 받지아니하고、그肉體組織의解體消滅後도依然히 그生命만은 相續相傳하야永生함이 있지않는가。

하믈며生命以上의靈能을保持한人間의意識精神은、肉體의死滅과함께消滅하기에는 너머도 單純靈明自在한存在가아니냐。비록肉體의死滅 五官組織의解體와함께 그肉體組織을媒介하야生起하던모든感覺知覺은消滅할지라도、그感覺知覺以上으로特出하는理性의統一的直覺的觀念、眞善美의眞理에關한表準觀念인靈魂은 그것이 肉體의죽엄과함께消滅歸空하리라고는到底히 믿어지지아니함을또어이하랴 —(未完)—

聖朝通信

四月二十四日 (日) 晴。午後集會에서 고린도前書第二講(一·一〇—三一節)。할일이焦燥해서午前中來訪한 病客을充分히 迎接하지못했더니 섭섭한얼골로退去한이도있었다。차라리土曜日午後로부터 日曜日午前까지는來訪謝絶이라고門前에揭示하는 수밖에없다。아무래도 八方美人노릇할수없는바엔。但 集會필한後에來到한數組의客들과는 快談할수있었고 남은時間에果苗의 除草와施肥等。

四月二十五日 (月) 晴。아침에寄宿中의學生이 늦잠잠으로退去命令을네리다。登校하야五山消息을接하고 今夜車로五山가보려고 作定했다가 여러가지事情으로實現치못하다。○慶南誌友×××長老의訃音을받고 놀라다。저는聖朝誌第六十三號以來의讀者이었으나敎會의重鎭인故로 저에게毁謗이및을가念慮하야 우리는 일부러저와親近하기를操心하였다。저가本誌를甚히愛讀했다는것은 그子女된이의書翰에依하야(四月十九日記事參照)비로소 알었다。但 二十二日에別世하였다하니 내가보낸글은 보고 떠났을넌지? 惜哉。授業外에校正과自轉車修理와五山이야기等으로 三友堂을떠나歸山한때는 자정넘었다。

四月二十六日 (火) 晴。봄철에四時間睡眠으로서는 매우疲困을느끼다。그런데오늘부터精神强調週間이시작되다。○印刷所로서登校하야强調式에參列하고休業인故로 일즉도라와連日疲勞를못이겨서不得已午睡。夕에는 野馬같은學生을 길드려는訓話。○嶺南서온振替通信에「하나가 둘되는일」을實踐코저決心하였으니 다음달號부터四部식增送하라는消息있다。但五月號가順調롭게發刊될넌지疑問中。或은四月號가 마지막이되였는지도모르겠다。

四月二十七日 (水) 曇。印刷所에들렸다가登校。授業後에戀愛問題의學生處分件으로職員會。○얼마前까지는 聖朝誌같은雜誌는純宗敎以外의領域을犯論할것이아니라고責망을받었더니 其後不過數旬인今日에至하야는政治社會問題를揭載하지않으려든다고 꾸지람을듣게되다。時代의變轉이實로急템포로다。○教師노릇과雜誌出版等이 모다진저리나는때에 東小門外에多數히建築하는 새집들을보니 우리도建築業者나되여서 便利한부엌과靜肅한書齋를世上에提供하고싶은생각이懇切하다。○저녁에家庭禮拜。민수기第十九章을輪讀하다。

四月二十八日 (木) 晴。登校途中에自轉車빵크로고생하다。午前中만授業하고午後時間은 銃後報國强調의 講演會。昨日도今日도每日講演會。○不幸한中에있는이의來信一節에『……先生님의恩惠로 하나님의存在를믿게되였읍니다。그리하야今日은하나님이아니고는 살수없는小生이되였읍니다。그야말로 先生님께서는 不過의小生을四時長春흘러나리는 生命水시내로引導하여 주셨읍니다。先生님! 父母兄弟 親舊의사랑보다 하나님의사랑이 더至極하심을알었읍니다。저의마음에는恒常하나님이계시오니 무엇世上을서러워하리오。先生님께서十餘年間때때로付送하여주시는 聖書朝鮮은愛讀하면서도 日常不安하였읍니다。그는다름아니라 그와같이誠意를베푸러주시는데 册價를들이면失禮나안될까 여러가지로 주저하다가 저의責任은責任대로實行하고 싶었읍니다。그리하야數日前에半年分誌代先金을보냈읍니다

云云』。悲哀 疾病 極貧者에게는 때때로 進呈하기도하나 誌代를先拂하고要求하는 이에게보내는것이規例요 彼此安心되고또한有益하다。

四月二十九日 (金) 晴。午前七時半에 登校叅式。某宴會는棄權하고 一旦歸宅하였다가 午後三時에京城運動場에다시나가 比律賓對延專籠球試合을叅觀。이는籠球部長된責任을다하기爲하여서다。○五月號編輯을大大的으로改編하야印刷所에傳達하다 밤중에는 솔적다(佛法僧)의 소리들리다。

四月三十日 (土) 晴。第四五學年이修學旅行으로昨日滿洲向發하였고 多數先生이引率하였음으로 今日은 第三學年以下學級에 二時間식만授業하다。○午後에京城運動場에서 比律賓對普成專門籠球戰을叅觀。連日連敗하는遠來의客에게同情不禁하다。宿直으로蓬萊丘上에 쉬다。

五月一日 (日) 小雨。宋兄의請促에依하야今日은午前에梧柳洞集會를引導하다。午正車로도라와本社에서 午後集會。하루두번集會의疲勞가퍼로우니 弱者임을自認하는수밖에없다。○東京來信에『먼저사뢰올것을잊었아오이다 동모들의말을들은즉 저의들組友뿐만아니고 全校生徒가다갈이崇仰하고模範을받든安炳憲君이 오래呻吟中이다가 畢竟醫藥이無効하야 永眠하였다하오니이러한놀라울일이 있겠아오이까 아무리生覺해보아도꿈갈은生覺만나서 동모의便紙를再三읽어보았읍니다마는 事實을어찌하오리까。문득生覺나는것이 先生님의「이世上은 참異常도하게 正直하고 옳은일하는좋은 사람은 生涯가짜르다」라고 말슴하신것이였읍니다。아무리生覺해보아도眞理인것이 虛空한 저의頭腦에도 또다시認識되였읍니다。友人이던門生의 處地로서는實로 그悲報를接하올때얼마나 驚愕하였아오리까 涕淚가 縱橫하야 暫時精神을못차렸아오이다。君의父母兄弟의哀悼沈痛한心懷는 어떻하겠아오며 先生님의 驚愕하심과 哀毁하시옵는 心懷는어떻하시오리까。君은身體는비록健康한便이못되나마 意志가强하여마음이和樂하야 그갈이夭折할것갈지는않었었읍니다 君은 모ㅣ든點에있어서責할만한點이없었아오며 實로現代靑年의模範이될만하였고 참으로 君의將來를 全朝鮮同胞가다 祝福하며待望하든中이온데 참全朝鮮社會、한걸음더나가 全人類社會에 一大損失이라하겠나이다。君을愛惜함은 生覺할수록더할뿐이오이다』또五月號에編輯하려다가紙面을얻지못해서畧한것如下。①『其間安炳憲君이永眠하였다는 놀라운訃音을意外에받자오니 어찌놀라지않을수있겠읍니까。安君의身體가弱하다는것은 周知하는바이옵니다마는 어느强한힘이있어서 그렇게일즉이死別할줄은 꿈에도생각지않었읍니다。그의將來가 궁금하였고 成功을期待하였읍니다。噫! 世上은虛無하고無情합니다。그러나 安君은 天堂이있다면昇天하야幸福한生活을하고있으리라고 믿어疑心치못하겠읍니다。門生은安君과마음이맞지않어서 親한사이는되지 못하였사오나 그의堅固한意志라던지行動等여러가지로배울點이많이있어 友人이라기보다先生과갈이알고지내왔읍니다。참으로堅固하고潔白한精神을가진安君에게는感心아니할수없읍니다。七十의生涯를지내고가는사람中에도 그와갈은精神을가지고 죽는者가 드무리라고생각합니다。……』②『……도라와意外로安炳憲君의訃告를받고 꿈인가生時인가悲痛한心事를禁치못하였읍니다。五個年

聖朝通信

間한자리에서 先生님의敎訓을받든同窓이 헤여진지몇날안되여 世上을떠낫다는것은 참으로거짓말같으며人生의虛無하고無常한것을切實히느끼옵니다。君은平時에도言行이全班의模範이엿읍니다。그리하야同窓들이牧師라는別名까지지었읍니다。하나님께서사랑하사 더러운세상에서 다려가신것도갈습니다……」③『安炳憲君의訃音을손에들고 참으로驚顚를禁치못했읍니다。世上이넘어믿지못할곳이라고생각되기때문입니다。그러나安君은存世不過二十年이나 참으로潔白한生活을한사람의하나이라는것을생각하니羨慕之念을制止치못했읍니다…』

五月二日 (月) 曇。一一二號의許可願을再提出하다。○登校二時間授業外에는終日校正。歸途에京城運動場에서籠球試合叅觀。普專前衛에延專가드混成軍을比軍이破하다。延專과普專이各勝하였으되 聯合軍만이敗하였다。○저녁九時後에三友堂新禱會가 本社에열리니 또 자정넘은後에야解散하다。業績도 달마다 볼만한것이있으나 그보다信仰健立問題가 가장中心。

五月三日 (火) 曇。留宿한宋兄과함께入市。明倫町四丁目에宋兄의新住宅을구경하니 集會場所로서는 훌륭하다。今日은一二學年까지遠足갔음으로 第三學年만在校。○午後 印刷所에들려서 第一一二號의第三次出版許可願을提出하고、늦도록校正또校正해서 오케된때에 비로소空腹을깨다르니 午飯時間을 잊었던것을發見。

五月四日 (水) 雨。五月號出版許可되여 印刷所에들려督促하고 도라와發送準備。저녁家庭禮拜에 民數記第二十三章輪讀。○도적놈같이强健하던蹴球選手S君의短信에『……×××外科醫院에入院하고있읍니다。今日밤에手術하게되였읍니다。前에는小生보다더튼튼한者는없어보이고 世上에저처럼體軀에自信力있는者는없이생각하였는데 저의못난생각에도 病魔에對해無力임을알었고 언제죽게될넌지 헤아리기 어렵습니다。先生님聖朝今月號를博文書館에사러갔었는데 아직發刊되지않었음으로못사왔아오니 나오는대로×××에게傳하여주시오。云云』。聖朝는病床에서나要求되는모양。「성한사람은醫員이쓸데없고病者라야要求하나니、내가義人을부르러온것이아니오罪人을부르러왔노라」는말슴記憶

五月五日 (木) 雨。今日은五月號製本되였을터인데 用紙品切되여 온서울紙物商을 뒤지며찾노라고印刷遲滯된것이라云云。○奇異한來信一枚『先生님! 그間安寧하시오며宅內가均安하십니까。저는지금奇異한꿈에놀라깨여 일어나서올릴글월을쓰는참입니다。지금은새벽네시올시다。奇異한꿈이란 先生님이市內某處에가서病客訪問하시고慰安시기다가 腦貧血로急別世하셨다는데 先生님宅식구가 도모지우는이가 하나도없었읍니다。……或무슨難境에나 닥치지않으셨는지요……』。五月三日새벽이라면五月號의出版許可願을 세번째提出하려하고 續刊廢刊을胸中에考慮하면서 煩惱하든때이였다。○우리山麓의晩餐食卓에는 쑥갓의珍味가 반찬중王座를占한感이있다。손수培養한蔬菜의安全味新鮮味는 各別한感謝味를자아낸다。

五月六日 (金) 雨。五月號製本出來하야 미리準備했던一部分을學校에서發送하고市內書店에配達。이모양으로發刊해도可한지否한지 스스로難斷。○昨今豪雨에增水하야想硯에올라서면山麓一帶가 물소리에찻고 新綠이花時에勝하다。도라와溪邊에서暫時道路工事할새 補土硯우에 金星

火星이甚히接近한것도‧우리洞內의景致!

五月七日 (土) 晴。雨後의北漢山麓이 맑고아름다워서 登校途次에 想峴에서의 遠望을 카메라에넣다。○某教會의牧師로부터 日曜禮拜說教를請托받었으나、一個教員職外에 雜誌編輯과 每日曜日午前午後二回集會를擔當한形便을 率直히告하야 謝絕하니、그럴듯하다고 다시말없이納得해주어서 고마웠다。午後에 고구마밭을 뭐지어 移植할準備하고 개천修理等。저녁에는母子三人이서 밤늦도록會議。骨肉의愛情과 信仰的欲求와의兩極引力이 서로强하다。○嶺南서온信書一枚에크게感激。

五月八日 (日) 晴。午前엔十時부터梧柳洞集會。午後엔二時半부터 本社에서集會。하루 두번說教는어렵기는하나 그래도聖書의眞理를 밝히는일은 勞力할만한 보람있는일이니 後悔없다。○夕陽에 梧柳洞서얻어온 도마도移植과馬鈴薯除草。

五月九日 (月) 晴。李先生 님의忌日。登校하야二時間授業만畢하고 도라와對案하였으나 原稿不涉。밀렸던便紙答狀여러장處置한것 큰일이었다。可成葉書主義。

五月十日 (火) 夜雨。五山서咸兄이上京하였음으로 學校授業外의時間은 낮에도 밤에도 會談하는것이일이었다。밤자정된때에도 未得成案한대로 宋兄宅을辭退하고 雷雨中에歸鞭。○今日 某中學校長으로부터 博物教師薦擧의 附托을받었으나 意中에不得其人。

五月十一日 (水) 晴。午前中은授業하고 午後에咸宋兩兄을博物室에 마주어會談繼續。亂麻錯雜한思考中에서 겨우今朝에至하야 一條의端緖를 確執하였음으로 이를提議하였더니 兩兄의協贊을얻어 咸兄은今夜歸鄕하여 諸般準備를 가춘後에 다시上京하기로決定하다。夕陽에咸兄과함께 本町通書肆一巡하면서 書籍의高價를 嘆息하다。○讀者某氏로부터 誌代計算에 關한일로 不遜한葉書왔음으로 證據書類를添送하야 答書하면서 萬一衷心으로 謝過안할진대 代金을拂込한대도 이편에서 拒絕하겠다고 通告를發하다。

五月十二日 (木) 晴。춥고 바람 사나운日氣가 連日繼續中。○京畿道學務課主催의 府內中學校職員庭球大會가 不遠에열린다고해서 또選手徵發의督促이 성화같으나 頑固不叅。○授業後에 榮轉하여가는 同僚의送別宴에叅席。○卒業生의消息에『先生님 小生의近日每日生活은참으로 同情할만한可憐이외다。晚起晚寐、힘없는 價值없는 作定없는 所謂 먹고는자는 簡單한生活이외다。世上에許多한落伍者의生活과 心志가 이러한것인가 生覺이납니다。學校에 단일때가 第一좋다고 말함이조곰도틀림이없읍니다。참으로學校단일때가 樂園이였읍니다。飼羊人밑에자라는 群羊은幸福함니다。嚴嚴한指導者가 없는小生은 群羊에서쫒겨난 放浪하는羊과같이 외로움과 恐怖를느끼게됩니다。拘束이없는 自由스럽게 生長하는者는終末에不幸한結果를맺게됩니다。嚴親嚴師가 다시그리워짐니다。家庭의不和 衆人의嘲笑를免하랴八方으로 알듯한知人先輩를찾어단이며 生後처음哀願도해보았아오나 갖대로되지안는世上事는 只今와서는 다만 先生님이恒常말슴하시면 審判이라는말슴이느껴짐니다。罪많은小生은 過去五年間의適當한審判을받는것이라고 生覺이됩니다。어떤때에는 滿洲로가라고도 生覺하야보았고 巡査試驗을처보라고도하였읍니다。이럴때 마다、平常에凡然이들었든名句名言이 直接小生으로 體驗케하였읍니다。先生님의指導를떠난 墮落한小生이過去에 先生님이말슴하시던 教訓을잊이않고있다면 거짓말로아실지모르나 小生은過去五年동안 아모것도 배움이없다하야도先生님이 말슴하신教訓만은 腦에서사러지지아니하였읍니다。教訓에基하야 善行을하야본일은 없으나 그러나그릇된生覺이들적마다 그教訓이 小生의良心이되였고채축이된것만은 事實입니다。小生一生에처음이며 또한마즈막일 先生님의教訓이頭腦에 있을뿐이외다。先生님、小生은過去의先生님教訓을基礎로 또한번再出發을하야볼作定입니다。(中略)

先生님께 말슴들일것이많이있아오나 多

感難筆로이만알외오니 잊이마시고 每月聖朝誌를 付送하야주시기 바라옵나이다 餘不備上書 五月十日門下生○○○上書』

五月十三日 (金) 晴。外國新聞雜誌의 購讀에도統制의旋風이 臨하고야말듯하니 걱정。○東大門外家畜市場에들리니 市日이五日十日이라고 오늘은볼만한것이없었다。○五月蠅이 넘어盛하여서 昨日부터 噴霧器로써化學戰을시작한結果 戰績이現著하다。○骨肉의離別은 亦是쓰리고 아픈일이안이라할수없다。原稿쓰기 爲하야 일즉도라와對案하였으나 孤影이飄然히出家함을보고 아무일도못하다。

五月十四日 (土) 晴。登校授業後에午後一時부터昌慶苑에열리는 京城博物學敎員會에參席。苑長下郡氏의三十餘年間經驗談이興味있었다。氏의動物園에關한知識처럼聖經의章節에能通하고싶다。○저녁에는寄宿中의不良學生一人을說諭하기에勞心。

五月十五日 (日) 後雨。아침에意를決하고 不良學生을逐出하다。悔改한罪人은引導할길도있으며 悔改안한惡人도 同情할餘地나 있으련마는 悔改한척하면서其實은 假裝밑에서前科犯을 再演하는者는우리힘으로改造할수없음을發見하고 斷念하여버렸다。○午前은梧柳洞集會를引導하고 午後는今日부터明倫町의宋斗用兄宅二階에서 集會하다。○日前에는無禮한書狀을보낸讀者에게 購讀拒否를通告했더니、이번은如下한振替通信을보고 놀라다 『貴社에서許諾하실수있이오면 저도一聖書朝鮮」의 一讀者가되고싶으니 左記에依하와送本하시기바라이나다』 라고。

五月十六日 (月) 晴。學校의하루일도마추고 山麓에도라와小休하려할때에 東京서珍客來訪。內務省高官의身分이나 主예수의緣故로 이처럼謙卑하게 우리茅屋을찾은것이다。雜誌發刊의苦難과基督敎徒에게臨하는災禍의事實을報하니 大驚失色하면서 問題의個所를細密히聽取하야 明日總督府訪問의 材料에쓴다고云。初對面이나十年舊友같은情誼로써 끝없는談論과祈禱에時間흐름을未覺하고 드디여모든交通機關이運轉되지않음을 發見하고서 留宿하게되다。高位高官의친구들과當代一流호텔의客舍들市內에두고도「말한동무」를찾어僻地오막시리에 부드럽지못하고豪華롭지못한寢具속에잠든 먼곳손님을헤아릴수록 내心이또한興奮함인기 오래잠들지못해서月下에홀로그닐기數刻。

五月十七日 (火) 晴。아침에 珍客을보냈는데 午後에또한珍客이東京으로부터來訪。이번은遞信省官吏인데 軍機와國策에關한重大한任務를띠고入京。寸暇를利用하야尋訪한터이었으나 내가 일부러라도東京가서 여러知人에게알리고싶던생각이많어서 會談正味二時間半을 지나버렸다그가携帶한紹介書의一節如下 『拜啓御平安を賀し上げます 陳者早速乍らこゝに同志○○○○○兄を御紹介申上げます 同兄は遞信省に勤めて居られまが 多年內村鑑三先生に師事せられつゝある主に在る同志で 目下は特に松前重義兄と共に海外傳道の爲に盡されつゝあります 此度官用で貴地方へ出張せらるゝ機會に 貴地の諸君と親しく會談せられ度き御希望につき何卒よろしく御願申上げます 同兄の貴地御訪問により我等相互の交友と同情と歡喜は更らに深められ强められるゝと存じます 何卒我等東京に在る者一同の心の代表者として同兄を御迎へ下され度願上げます 度々御見舞を頂き常に心より感謝して居ます 又五月號の貴誌を拜見し御苦衷を遙かに推察して暗然となりました 深き御同情なきを得ませんどうか出來る丈け堪へ忍んで最後まで戰つて下さい。(下畧)』。오란친구의紹介狀이란實로貴重한것임을알다。

五月十八日 (水) 晴。夜雨。今日學校講堂에서 學士犬의演藝가있었다。全校生徒가 개를向하야敬禮도하고 拍手喝采도하였다。實相近日의名士講演會나 某某基督敎徒大會보다 볼만한듯하였다。○國一舘盛宴을 缺席하고 歸宅하야原稿。○밤에는家庭禮拜에서 申命記第四章輪讀。

(1) 金敎臣著

山上垂訓研究 全

四六版・二四五頁 定價七十錢・送料六錢

마태福音第五―七章의三章을詳細히解釋한것이다。이簡明한文字中에서基督教의心髓를把握할수있다。그中의主祈禱文의解義만一讀하여도基督教가다른宗教와는根本的으로差異가있는宗教인것을누구든지看取할것이다。처음求道하는이에게基督教의入門이되려니와近來에는神學生들의參考書로도需要가不絕하다。

(2) 聖朝文庫 第一輯

咸錫憲著

푸로테스탄트의精神

菊版半・三十二頁 定價金十錢・送料三錢

人間은出生하면서부터카도릭信者라한다。달팽이가石灰質殼衣를汾泌하듯이人間들도그릇된敬虔과頑迷로써殼型을만들어쓰고야비로소安心하고저한다。그러나安定된때는발서死殼化한때이다。이死殼化하려는人間傾向에對하야改革의精神福音의源泉에蘇生하게警醒한것이이冊이다。

(3) 聖朝文庫 第二輯

咸錫憲著

無教會

菊版半・三十二頁 定價金十錢・送料三錢

無教會主義라고하면旣成教會를攻擊論難하는消極的인것에不過하다고納得하여버리는簡單한腦細胞의所有者도있으나無教會란그렇게簡單한것이아니다。積極的建設的眞理가그속에들어있다。無教會의實際와理論을가장簡明充足하게表現한것이다。

京城聖書研究會

場所 京城府明倫町四丁目三三의一

日時 每日曜午後二時半부터約一時間

지난五月까지는 고린도前書를工夫하였으나 六月부터는咸錫憲先生이擔當하여주게되였다。여기서는沈着한맘으로聖書를研究해가는淡泊한일을爲主로한다。右場所는宋斗用氏宅인데文化住宅式으로된二階에六疊四疊半이連하여있어서 우리集會로서는充分하고靜肅한곳이다。市內뻐쓰東崇橋에서下車約二分걸린다。大學法文學部籠球場건너편廣信商會나進雅春(支那料理店)에서물으면 잘알수있다。每月會費五十錢以上또는每一回聽講料二十錢을要함。遲刻謝絕。

梧柳洞聖書研究會

場所 京仁線梧柳洞驛前宋斗用氏方

日時 每日曜午前十時부터約一時間半

講師는 지난五月까지는金敎臣獨擔으로해왔으나六月以後로는第一、第三日曜에는咸錫憲氏第二日曜에는金敎臣氏第四(五)日曜에는宋斗用氏가서로交代로引導할터이다。現今은仁川서까지參席하며婦女와少年들까지出席하는小教會를成하였다。參席함에는미리承諾을要함。月額會費負擔할것。

新約聖書槪要

題目	號數
마가福音의大旨 (但品切)	七四
요한福音의大旨	一〇六
로마書의大旨	一〇七
마태福音의大旨	一〇九
고린도前書大旨	一一一
고린도後書大旨	一一三

本誌定價(自五月號改正)

一冊 貳拾錢

六冊(送料共) 前金一圓十錢

十二冊(一年分) 前金貳圓貳拾錢

要前金。直接注文은

振替貯金口座京城一六五九四番

(聖書朝鮮社)로。

取次販賣所

京城府鍾路二丁目八六 博文書館

京城府鍾路二丁目九一 耶穌敎書館

東京市麴町區九段坂 向山堂書房

復活社(京城府) 茂英堂(大邱府)

新聲閣(咸興府) 信一書館(平壤府)

北星堂(春川邑) 大東書林(新義州)

昭和十三年 五 月二十九日 印刷

昭和十三年 六 月 一 日 發行

京城府外崇仁面貞陵里三七八

編輯發行者 金 敎 臣

京城府仁寺町一一九ノ三

印刷者 金 顯 道

京城府仁寺町一一九ノ三

印刷所 大東印刷所

京城府外崇仁面貞陵里三七八

發行所 聖書朝鮮社

振替口座京城一六五九四番

【聖書朝鮮】第一百十三號 昭和五年一月二十八日 第三種郵便物認可 昭和十三年六月一日發行 每月一回一日發行

【本誌定價二十錢】(送料五厘)

金教臣主筆

聖書朝鮮

第壹百拾四號

昭和十三年(一九三八)七月一日發行

昭和五年一月二十八日(第三種郵便物認可)
昭和十三年七月一日發行(每月一回一日發行)

目次

不公平한 하나님

至公無私한것이 하나님의屬性이라고 생각하는이가 많다。果然하나님은 善人과함께惡人에게도陽光과雨露를 한갈같이주어養育하시며 높은者를낮후시고 낮은者를높이시며 스스로智慧롭다는者를 愚鈍한者로써 부끄럽게하시는이시다。一個人生涯로나 一民族歷史로보나 全人類의大經綸으로보아서 하나님의至公無私하신實證을實로每擧하기繁거럽다。그러나 하나님은一律로推理할수있는一個法則은 안이시다。

하나님은極力으로公平을行하시기를 기뻐하시면서 또한一方으로 심술궂은일하시기를茶飯事로아시는듯하다。무릇公平이라는觀念과는正反對의行事를不關許容하실뿐더러 自進勵行하셔서 自稱敬虔한者라篤信者라는무리들로 하여금 그 좁은염통이 터지게하시며 그 적은心臟이破裂케만들어 비로소 하나님의無限大하게偉大하심을 나타내시며 人間의庸劣함을懺悔케하야 一段一段으로靈性을向上시키는敎育에熱中하시는듯하다。이는 하나님이 죽은理法의神이안이오 사라계신분이기따문이며、木石과같은感覺을超脫한存在가안이오 憎愛의情이濃厚한까닭이다。

보다 우리骨肉의親子의關係를。무릇 어버이된者는 두셋子女或은 열남은子女라도 한갈같이 골고루 어르만저 사랑할것이것마는 實際는 반드시 그렇지못하다。그렇지못했다고 그어버이가 어버이답지못한것이아니라 도리어참다운어버이에게 憎愛의情이熱烈한것을 우리周圍에日常볼수있는일이다。

이삭은長子에서를사랑했고 그妻리브가는次子야곱을寵愛하였을때에、그어느편의容貌가 잘낫다못낫다해서가아니오 知識의優劣로因함도아니오 孝誠의高下로判斷함도아니오、오직 아버지의사랑은 에서에게로 쏠렸고 어머니의愛情은 야곱에게極盡하였다할것뿐이다。까닭도없고動機도알수없는일이다。그렇다고 이삭은야곱의아버지가 안인것이아니오 리브가는에서의어머니가 안인것이아니다。저들은 모다 참아버지와 참어머니의祖上이었다。

以來로百千代의 많은家庭에悲劇이없지못했던것처럼 하나님의不公平으로因한悲劇도千萬代의聖徒의가슴에 사모차지않을수없었다。하나 에서의아버지가同時에야곱의아버지였고 야곱의어머니가同時에에서의어머니였던것처럼、至公無私하게보여서 快心한때에도 하나님은하나님이오 不公平하게보여서 답々한때에도 하나님은하나님이시다。公平한하나님을믿는믿음도좋으나 不公平한하나님을 찬송해내는믿음은 더욱좋은믿음이다。

警告無効

年齒不惑에가까운 어른이있어 就職되려는때에卒業狀줄無함으로 괄세當하고、古賢의遺訓을배우고저하되素養의貧乏을痛感하였다。自己만工夫했드면 얼마던지할수있었던幼時의學窓生活을回顧하야 그옥히悔恨하는痛絕한맘으로써 弟姪과後輩에게勸學을한다。그言也과연悲痛하것다는 듣는者에게는亦是初聞이오凡常事이다。

自由戀愛의風潮에따라 天下에 나하나 저하나뿐인줄로만알고意를決斷코 사랑의보금자리를꿈인新女性하나。結婚十餘年에 그親庭에影子를 보일수없었음은親意에拒逆한詛呪의報應이오、十餘年同棲에所生이없음도 그詛呪의罰인듯。自由戀愛의男便의사랑은 어듸까지던지自由의軌道를奔走하야第二第三의愛巢를無難히지었고、사랑은잃고病菌만은 내몸에培養하고울고 앉었는身勢를發見하였다。그뿐인가天下에저한사람뿐인줄알었던男便은血統좇아不明한人間이안인가。現今은犬馬도族譜있고雞鳩도系統이있는데 姓氏도알수없는人物을。때에切齒痛嘆하는情으로 맞나는後輩마다自由戀愛의非를說敎해주것마는 젊은이들은 모다 의례히듣던말인줄로만 녀기더라고。

生來에身病의苦를 맛본일없는鐵石같은丈夫하나있다。加之에頭腦明晳。배위達하지못한學術이없고 받어通하지못한試驗이없다。저는學窓時代부터 매로豪飮泥醉하야謹直한學友들의無能을嘲笑하였거니와 立身揚名한後로는 더욱 그酒杯의大器를擇함으로써自己의偉才임을宣揚하려하였다。或時그酒量을諫止하는同僚가있으면 저는燕雀이鵬鶴의志를難度할것으로써罵笑하였고 過量의酒害를誡責하는醫師가있으면衆人環視의座中에서라도醫師의無知를擧證하였다。그러나大厦一朝에顚倒하듯이 저도一朝에病床의人이되였다。主治醫의說明에依하건대 저의肺臟心臟肝臟等々五臟六腑의 그어느하나라고 성한것이없더라고。듣는者에게 몸서리치는事實이아닌가。저는慰問간친구의손을잡고「인제는健康에留意하겠읍니다」라고。그러나多數한小英雄들은酒量을돋움으로써浩然之氣를培養하기에만競爭할것이다。

홍포입은富者가死後의괴로움을못이겨서懇請하야 라사로를自己집에보내어 다른食口들께 그苦痛을免케해달라할때『아브라함이 가르되 저의게 모세와先知者가있으니 들을지니라 하니、가르되 그러치아니하니이다 아버지아브라함이여萬一사람이 죽은가운데서나와서 저의게가면 저의가悔改하리이다 하니、가르되모세와先知者의말을듣지아니하면 비록사람이 죽은가운데서살아날지라도勸함을받지아니하리라하시더라』고(路一六·一九以下)。과연警告無効

容認과敬愛

그리스도를믿고 聖書의眞理를 고맙게알기는알되 職業과處世의方便으로 남보기에는不信者와다름없는生活을하였노라고來告하는 친구가있다。오란친구요 多年間의誌友요 그心情을살필때에 우리도 그處地를同情하며 容認하기에 吝嗇하지않다。마는 恭敬하며 처다보게는안된다。萬一에聖書의眞理를生活化하기爲하야損害본일있고 그리스도를 따르기爲하야地位를빠앗긴일있는이라면 그가우리의친구도안이오誌友도안이오他地他族의人이라할지라도 우리는 그를 敬愛하야 마지못하리라。

人生의荒野

一個人에게나一民族에게나 반듯이 한때의荒野가 없을수없나니 이는 하나님의至愛의선물이다。千載一遇의機라는것은僥倖보다荒野를가르킨것이어야한다。荒野四十年을지나간이스라엘에게만 가나안따이福地된것이다。荒野四十日의試驗을지난後에救主예수의完成이있었다。그런데荒野를지났으되荒野같이못지냈고 남은것은埃及戀慕의情뿐이오 하는일은吐했던것을 다시먹는豚子의慣習뿐인때에 悲慘은極에達했고 輕蔑은스스로招致할것이다。

世上의구경거리

使徒바울은 傳道者의情況을如下히말하였다。

（고前四·九ㅡ一三）

내 생각건대 하나님이 使從된우리를 미말에두시고 죽이기로作定한사람같이하셨으매 우리는世界와天使와 사람에게 구경거리가되였노라。

우리는 그리스도의연고로 미련하되

너희는 그리스도안에서 智慧롭고、

우리는 弱하되 너희는 强하고

너희는尊貴하되 우리는卑賤하야、

이때까지 우리가 주리고 목마르며 헐벗고 매를맞으며 있을곳도없고、또 수고하야 親히손으로일하며 후욕을 당한즉 축수하고 逼迫을당한즉 참고 毁謗을당한즉 착함으로勸하니

우리가 지금까지世上의 더러온것과 萬物의 때 같으니라。

크나적으나福音을傳하는者에게如上한待接이附帶物이다。世上의구경거리요 萬物의때라는意識은抹消할수없다。公開販賣하는雜誌이면서도 될수있는대로 여러사람에게 보이지않고저願함은「世上의구경거리」되는意識때문이다。必要不可缺이안인이는 제발本誌를보지말라、그것이最大同情이니라。

新約聖書槪要 〔七〕

갈라듸아書大旨

金教臣

갈라듸아書는 고린도前後書와 로마書까지合하야 바울의信仰과思想을 가장特色있게表現한所謂四大基本書翰의一이다。外的要素로보나內的性質로보나 本書가바울의著作임에對하야는 아모런左翼學者라도異議를 이르킬수없는 現著한바울的特色을띄인文字이다。

本書의特色。 基督教의眞理——特히原始基督教의眞理를簡單明瞭하게傳한것이本書의特色이다。로마書가 가장體系完備하게基督教眞理를傳한冊이라하면 本書는 로마書의核心되는中心眞理、그重要精神만을 더욱힘있게表現한것이라할수있다。

一 로마書는十六章(四百三十三節)으로써되였는데 本書는六章(一百四十九節)으로써되였으니 量으로보아도 로마書의約三分之一에不過하다。로마書는理論이緻密詳細하나잘못하면 그 中心眞理를 놓지기쉬워서 마치樹木을보면서山林의全容을沒却하는類의念慮가不無한데 本書는 그렇지않다。갈라듸아書는要點만을指示하였다。故로簡明하고峻烈하고深遠하다。로마書의縮圖와같은것이니 그말하는眞理는同一한것이다——卽 사람의救援은律法을完全히行하는行爲로되는것이안이오 오직信仰으로된다는것이다。同一한問題라도 그說明하는方式이各異하다。本書는理論을且置하고于先短刀直入的으로簡明한眞理로써 人間의靈魂에突入하는氣概이다。

二 그럼으로 갈라듸아書는特히힘、의書翰이다。眞理의劍과聖靈의焰으로써 모든腐敗와無益한形骸를爆擊하는偉大한힘을包藏하였다。信仰歷史의今日까지에 本書로因하야改革의原動力을얻은事實은每擧할수없으리만치數多하다。그中에도第十六世紀의 루터의宗教改革은 이冊으로써發火한것이었다。루터는 갈라듸아書를稱하야 「이는 나의書라」고하였다。一介鑛夫의子로써 當時天下의最大의勢力과暴威를獨擅한羅馬法王을向하야對陣할때에 루터에게堅固한城도되고勇莊한武器도된것은 實로갈라듸아書 이冊이였다。暗黑한中世紀에至하야 教會에는教權이라는確固한中心勢力이서서教徒는 그教會가課하는信仰箇條에얽매이고 教會의周圍에는教會를護衛하는煩瑣哲學의墻城을둘리고 社會에는人類를煩勞케하는 온갓 病的思想이 거미줄같이 느려졌을때에루터는 갈라듸아書의傳하는單純한眞理——割禮卽儀式과.律法에依하는것이안이오 나를爲하야自己를버린者를믿는信仰으로써救援얻는다——의一彈으로써 이모든魔物을瓦礫같이

粉碎하고도 남음이있다。 오래잠자던基督敎가다시原始基督敎의生々한信仰으로 도라갔을뿐만안이라 實로歐洲天地가이로부터改造되였고 全人類의自由가 이로써恢復되였다하여도過言이아니다。

現在우리無敎會主義者들은 聖書를重히녀기고聖書硏究에만 치우친다는誹謗까지받는수있으나 이는無敎會主義의一面을잘말한것이다。果然無敎會主義는舊新約全書를 그信仰의基礎로안다。 그러나 聖書六十六卷中에서 無敎會主義讀本이라할만한것一卷을 擇하라면 그는躊躇할것없이 갈라듸아書를 들것이다。참으로 갈라듸아書는 「우리의冊」이오 「나의冊」이다。無敎會를忌嫌하는者中에는 無敎會主義를알어본일도없고 그主義者를맞나본일도없이 그名詞부터蛇蝎視하는수가많은데 그런이는 無敎會主義를 알기爲하야 갈라듸아書를通讀해볼것이다。갈라듸아書를 알수있다면 그는無敎會主義를可히談할사람이다。無敎會主義란現代語로한 갈라듸아書이다。萬一갈라듸아書까지 嫌惡한다면그가無敎會主義를알수없을것은當然한일이다。

三 갈라듸아書는 割禮받는일은無益한일이니 오직예수그리스도를救主로믿으면救援얻는다고한다。이割禮라는것은반드시猶太人들의割禮라는儀式만을意味함이안이다。모든律法主義 儀式主義 形式主義는 의割禮主義의異名이다。現代의우리가經驗하는일로써說明하면이러하다。按手禮를주어

四

야만救援받는줄로알고서 紋白蝶이十字科植物을골라다니듯이新敎徒의뒤를 좇아다니는天主敎神父들의 카토릭主義도이割禮黨임은勿論이오、慈善事業이나社會奉仕이나 難業苦行이나해서業報로써救援의條件을만들려는것도 또한割禮黨이오、聖餐禮式이重要하다敎會에屬해야한다 生命錄에治簿해야天堂간다해서 善男善女들에게捕虫網을씨우려는者들도또한割禮黨이오、神學校大門에나出入하고선 곧敎會라야만救援을받는다느니 敎權에服從할것이라느니 神學的基礎가있어야하느니하면서煙幕을配布하야 스스로 속으며 百姓을巫迷케하는者들도 바울이 이른바 거짓말쟁이오割禮黨이다。

이러한 온갖妖雲을一朝에消散케하는太陽과같은光明이天地를삼키는眞理가있으니 바울이일렀으되

내가 그리스도와함께 十字架에 못박혔으니 그런즉
내가 산것이아니오 내안에 그리스도께서 산것이라。
이제 내가肉體가운데 사는것이 하나님의아들을 믿음
으로 사는것이니 그는 나를사랑하사 나를爲하야 몸
을 버리신지라

는(二·二〇)것이다。初代基督敎의信仰、바울의信仰、또한無敎會者들의信仰은 이것이全部이다。이以外의것이ㅣ律法的인것이救援의必要條件이라하면 그는 하나님의恩惠를廢하는일이오 果然「그리스도는 헛되히 죽으셨나니라」이다。

爲一여러가지附帶條件으로써 우리의信仰의길을 가로막는무리에게對하야는 바울과함께對答할것이다。

이후로부터 누구던지 나를 괴롭게말라。내가 내몸에 예수의 인친 흔적을 지고 가노라。

고(六・一七)。 여긔는生命의世界오自由의世界오힘,의世界다。

本書의內容。 갈라듸아書는僅々六章으로된것이니 한時間未滿에通讀할수있는것이오 따라서 그內容도一見明瞭하다 即本書翰은初頭의序文인 인사의말슴과 尾末의祝福의部分을除하면 그本文만이三部로成立되였다。第一部는 第一、二章인데 바울의自己辯明이다。그精神을要約한것이

……내가傳한福音이 사람의뜻을 따라 된것이아니라。대개 내가 사람의게 받은것도아니오 누가 나를 가르킨것도 아니오 오직 예수그리스도의啓示로 말미아마 받은것이라。

한것이다(一・一一、一二)。 簡單한中에 바울의爲人과 信仰이躍如하다。

第二部는 第三章에서五章十二節까지인데 바울이宣傳한福音의基本的眞理를宣明한것이다。이部分을要約하야말한것이第三章十一節이다。『義人은 믿음으로 말미아마 살리라』고。이것을 좀더敷衍한것이 第二章二十節이였다。

第三部는第五章十三節以下인데 基督敎道德을가르켰다。이部分은羅馬書第十二章以下에該當한것인데 그要旨는五章十六節이다。『聖靈을奚아行하라 그리하면肉體의慾心을 일우지아니하리라』고。百千가지善行이 이로부터 나올것이다。

場所와年代。 갈라듸아는 北部南部의區分이있었고 그中에南部갈라듸아에는 바울이傳道했을수있었으나(使一六・六) 北部갈라듸아에는傳道했을것같지않다하며、또는南部北部에모다傳道했다하더라도 同時에하였을수는없었으니 南部보다北部는 매우後日에傳道했을것이라는等 學者의推測이많으나 그正確한地域은 오늘까지의學問으로서는 알道理가없다한다。要컨대 小亞細亞 即오늘날土耳其國土의中部地方이 갈라듸아라는地方이였고 거긔에 바울의傳道로因하야創設된 여러敎會에對하야發信했던것이 今日우리가 알고저하는 갈라듸아書翰인것을 알기만하면 本書翰의眞理를배움에는于先充足하다할것이다。

年代에關하여도詳細히는 알수없으나 大體로는 짐작할수있다。新約聖書를一見하는者가 卷頭로있는 福音書들을처음記錄하고羅馬書以下의書翰들을追後로著述한것같이 생각하는이도不無하나 其實은大體로反對順序이다。大概書翰편이 먼저쓰인後에 그信仰으로써 예수傳을著述한것이福音書이다。書翰中에도 데살로니가書가 第一먼저된것이오 다음에쓰인것이 고린도書가안이면 갈라듸야書일것이라하니 本書는新約聖書中에서도 매우初期에된것이오 따라서 初代基督敎의信仰內容을 알기에有力한材料이다。

갈라듸아書分解表

갈라듸아書分解表

序 文 (一・一-九)

바울의 인사말슴。 (一-五)

참福音에서背離하기迅速함은奇怪千萬。 (六-九)

本 文

一 使徒의自己辯護。 (一・一〇-二・二一)

나는 그리스도의奴僕이니人意에迎合하려는者아니다。 나의傳한福音은人間의게서傳授받은것이안이오 直接예수그리스도의啓示로由함이다(一〇-一二)。 그證據로는

가、나는 이前에熱心한유대敎人이다。 (一・一三-一四)

나、啓示받은後에도 베드로와야곱을暫時맛난外에 아무使徒와도關係없고 예루살렘敎會와도無關係(一五-二四)

다、十四年後에上京(예루살렘)하엿을때에 나의無割禮福音과異邦傳道를 使徒들도公認하엿다。 (二・一-一〇)

라、會衆의面前에베드로를叱責한것도 하나님의救援은律法에잇는것이안이란것을明白히함이엿다。 (二・一一-一六)

마、結語。 나는그리스도와함께 十字架에죽엇다。 지금 내가肉體로 산것은 그리스도가 사는것이다。 故로律法의束縛을받을내가안이다。 (二・一七-二一)

六

二 福音의眞髓辯證 (三・一-五・一二)

가、어리석은갈라듸아人들아……누가 너의를 꾀이더냐。 아브라함도 그믿음을義로定하셧다。 (三・一-六)

나、믿는者는――유대人이나異邦人이나 마찬가지로 아브라함과같은祝福을받는다。 (七-一四)

다、人間의契約도 함부로改廢할수없다。 하물며아브라함에게對한 하나님의約束이廢하랴。 人類는모다아브라함의後裔、約束의相續者이다。 (一五-二九)

라、그리스도 오시기前까지는未成年이엿으나 이제는奴僕이안이오子女이다。 (四・一-一一)

마、前日의熱狂的歡迎을생각하라。 今日의再産苦! (一二-二〇)

바、이스마엘과이삭의比較、律法과恩惠의差。 (二一-三一)

사、이미自由人되엿으니決코奴僕되지말라、 (五・一-一二)

三、實踐道德訓 (五・一三-六・一〇)

[要旨] 聖靈을좇아行하라。 (五・一六)

結 文 (六・一一-一八)

바울의親筆。 割禮는無益。 祝禱。

하 나 님

(누가복음十二장)

○

全智하오셔늘 내 마음만 못녀겨서
全能하오셔늘 내 힘만도 못녀겨서
믿어야 하올이셔늘 못믿어온 내러라

○

내시와 길우시와 먹이시와 입히시와
빛으로 비최시와 어루시와 만지시와
품에 늘 안으시어늘 안겨시다 하니라

○

잘하면 잘한값을 못하올젠 못한값을
더도 들도 없이 적으시와 셈하시와
고로게 나리우셔늘 야속하다 하니라

○

임아니 겨실진대 어둔세상 어이살리
하물며 죽음길에 의지할이 그 뉘런가
진실로 임겨오시매 마음든든 하여라

하 나 님

○

내 털 오리오리 모르시는 오리있나
내 날 하로하로 임이 마련 하신것이
하늘에 새 한마리도 잊으심이 없으셔라

○

봄비 나렸으니 주신 씨나 뿌릴것이
잎이 자랐으니 기심이나 매올것이
여물고 익히시기는 임이 손소 하실것이

附記「오 적게 믿는 자들아!」적게 믿음은 내 어리석은 교만이엇습니다。「두려워하지말지어다!」날마다 불안이 있고 시각마다 두려움이 있는 나여! 안믿으랴던 교만은 어찌하엿는고? 너와 나와 날로「내일 일을 위하야」무엇을 먹을가、무엇을 입을가」하야 염려하야 얻은것은 오직 괴로움과 죽음이 있을 뿐이로다。너와 나와의 아우성은 믿음을 잃은 소리니 너와 나와는 바야흐로 믿음의 구원을 부를 날에 다달앗도다。

—石 谷 人

七

聖書改譯의必要와目標

金教臣

現在우리가 읽고있는舊新約聖書의飜譯이完全치못한것은 一々히擧證할必要도없이 聖經읽는者의 누구나 느끼는바이다。우리의日曜講話에서 고린도前書第四章의講義를들은中한사람이 閉會하자마자「그런즉無識한사람이聖經읽는것은 헛수고이게!」하고 嘆息을發하였거니와、이는 고린도前書第四章만이 特히拙劣한飜譯이라해서가아니라 원체現行朝鮮文聖書로서는原文에忠實치못할뿐더러 先進諸國文譯——例컨대英文 獨文 漢文 和文等에比較해서도全體로遜色이多大한까닭이다。그럼으로 聖書句節을暗誦할때에도실상을말하라면 朝鮮文으로暗誦하기는 헛수고같애서 그勞力그時間이 아까운생각을 禁키어렵다。우리가 이런말하는것은 朝鮮文外에읽을수없는사람은 聖句暗誦도할것이없다거나、공연히外國文만禮讚하려거나、몇푼어치못되는外國語知識을 자랑하려는等等의생각으로써하는心志는決코아니다。願컨대 하루바삐 信賴할만한飜譯、原意에忠實한同時에 참으로朝鮮글답은글로 써어지는날이 오기를 懇切히思慕하는焦燥한마음 있을뿐이다。

고린도前書第四章及其他의誤譯 拙譯을例示할것이나 넘어細密한일이되는故로 只今은略하고、聖書改譯의目標에關한管見을披露하고저한다。

우리집에 개 한마리養하던것이 四五日前부터 없어졌다。或은不良輩들이 때려먹은것인가하고 忿해하기도하였으며或은 멀리나갔다가 도라오는길을잃고彷徨하는中인가해서食口總動員으로隊를지어 敦岩町 城北町 東小門一帶까지뒤저보기도했다。그러나 하루가고 이틀가고 사흘 나흘가도도라오지않으니 이제는 도라오기를待하던맘은、고만斷念하라는暴力에 눌리는形勢가現著하여졌다。그리고는飼育數個月間의追憶이 시작되였다。우리개는 돈으로 산것이아니오 情誼로얻어온것이다。元山驛에서淸凉里驛까지運賃一圓五十錢이들었으나 저편 이편에서 수고해준이들의 사랑과精誠은一々히金錢으로換算할수없였다。누가 가르킨것도아닌데每日就學하는學童을途中까지餞送하는것을任務로行하였다。近來의軍用犬이나狩獵犬같은神奇한것도없었고 番犬이나鬪犬같은暴虐性도없었다。있을동안은 저의存在좇아도別로意識못할程度였다。그러나一朝에 없어진後로는 그의存在가뚜렷하게意識하게되여졌다。特히 나自身은 저에게對하야甚히苛酷하였더니만큼 哀惜한마음不安한생각이 一層더하지않을수없였다。겨울에 춥다고 부엌에들어올때나

비온날 질다고 마루에올려올때에 處罰하는役割은 家長되는 나에게돌려지였다。家兒들이나生徒들처럼 저개도 한갓嚴格하고冷烈한사람으로 나를알고 갔으려니 하매 ── 一種悲哀와寂漠의感委아 없을수없다。이리하여 식구가 모이면 어제도오늘도 개의이야기요 自轉車타고東小門고개를 넘으면서도 或이나 보일까고 눈을팔지않을수없었다。

이렇게한지第五日만에 아침食卓이열렸을때에 第一먼저 長男正孫이 벌떡이러서면서 소리질렀다──저긔오는것이 우리「푸러리」안이냐고。꿈갈이復活갈이 들리는동안 온식구의視線은 푸러리 오는편藥師寺쪽을向하였다。옳다옳다 푸러리 살어온다! 푸러리! 푸러ㅣ리! 家人들의姿態와音聲을確認한듯 푸러리 는 네굽안고 뛰어들어오지않느냐。우리는老少모다 술人갈을던지고 大門쪽을向하야내달었다。눈에 눈물고인 푸러리 는 無數히 뛰어오르며 할트며 짖으며 이아이에게 씰어보며 저어른앞에서 구울어보는等 實로形言할수없는 기쁨의場面이였다。이날아침만은 主人도多少의愛情을色에나타내여보여주였다。

이光景中에電光갈이聯想되는것은「다시맞나볼동안……」이라는讚頌歌와、復活하야 사랑하는者와의對面、九十九頭의羊을두고 한마리 마저찾은牧者의기쁨、蕩子의歸還을본어버이의歡喜、背敎靑年의悔改를본敎師의滿足等等이였다。이러한思想을背景에두고 잃였던 개 돌아온기쁨을 文字로써記錄하라면 우선 그題目을 무엇이라고할고 하면서 생각하였다。여긔가 聖書改譯에關係되는일이다。

찬송가의「다시맞나볼동안……」이影響함인지 첫재로

다시맞난 기쁨

이라고하라고 생각하여보았다。그러나「다시맞난」이라는 글자가 넘어 지리한것갈고 느러진것갈고 싱거운것갈아서 다시맞난者의電光갈은情景을表現하기에 매우不足한듯하고、「기쁨」이라는말도 그때의 우리心情을 고대로表現하기에는 어쩐지 좀弱하고 히미한듯하다。그래서

再會의 歡喜

라고 써놓고보니 前者보다 매우含蓄性이있는듯해서 우리의 그날아침實感을表現하기에 얼마간近似한듯하다。그러나 다시疑心생기는것은 꼭갈은意味인데「다시맞난」이라기보다「再會」를、「기쁨」이라기보다「歡喜」를더含蓄있다고 보는것은 그文句의 客觀的優劣性 眞僞性에있는일이아니라 單純히 우리의敎育이漢文을爲主하였던까닭으로因함이 안일까하는것이다。設令「再會」라「歡喜」라는句는 아주朝鮮語化하여서 日常使用하는말이되였다한다하더라도 이는 그根源이漢語에있으니 이를테면漢語的朝鮮語이다。마치希臘的獨逸語、羅典的英語等과갈다。常用化하였다하여도 어듸인가間隔이 남어있다。좀더無識한이라

도 알만한말로써 우리의感激그대로表現할만한簡明한文字는없을까하고 생각해보았으나 明案을얻지못하고悶悶하였다。

때에偶然히文藝道의大家에게 이苦衷을 如實히呼訴할機會를얻었다。이는 다만 하루아침의感激을表現하라는일뿐이안이오、聖書改譯을 하려할때의 苦難이다。現行聖書는「再會의歡喜」式의譯이다。漢文에다 諺文을 섞어놓은것뿐이다。참漢文도아니려니와 참朝鮮文도 朝鮮말도아니다。이런程度의譯文으로써聖書를 읽는다는것은 實로 부끄러운일이다。그렇다고改譯하려면 大概는「다시맞난 기쁨」의程度를 지나지못한다。文法的으로原語에좀더忠實할수도있을수있으나 含蓄性이甚히貧弱한것이되고만다。改譯하려는者가外國語硏究에만沒頭하고朝鮮語를活用함에力量이不足한탓인즉 右와같은경우에救助할만한案이없을까고 물었다。그答에

例컨대「再會의歡喜」에있어서 먼저漢文으로 생각해놓고朝鮮語로譯하고저함으로 含蓄이없는譯이되는터인즉、順序를바꾸어서 먼저朝鮮語로써「再會의歡喜」를「반가워」라고하며 거기다「라」를 붙여서「반가워라」하면 좀더强해질것이며 또한번「아이」를 붙여서

아이 반가워라!

하면 더할것이 무엇이오 하였다。듣고 무릎을치며 驚歎함을不禁하였다。이렇게適當하고쉬운말을 두고 그렇게애써생각했더냐고。讀者도 웃을것이다 고만한 말을 생각못했더냐고。그러나 其實은 쉬운것이 어려운것이다。

聖書飜譯에 적어도左의 三階段이 있는듯 하다。

①「再會의歡喜」時代

②「다시맞난 기쁨」時代

③「아이 반가워라」時代

우리로 말하라면 現行朝鮮文譯은 ①의時代 即臨時假譯의程度요、現行日本文改譯은 ②의時代 即原意를 패내기에沒頭하는時代요 獨逸의루터譯과英國의欽定譯等은 아마도③의時代에達한것이라할것이다。아주完全히移植된程度이다

이렇게 바라볼때에 우리의改譯의大願을成就함에는 아직도前途遙遠하다。오늘날까지外國語를工夫했다야 그것도戊齊爲名으로 하나完成한것이없는데 고약한習慣만붙어서文을보면 格이니時니數니하야 分解하고組合해보아도 그것만으로는 산것이나오지안한다。이제切實히要求되는것은平易하고純粹한朝鮮말이다。「아이 반가워라」같은말이 손쉽게 튀어나오는날에라야改譯의일이可望있다。그런즉 첫째로福音을理解한믿음、둘째로聖書原文及先進數個國語를參考할만한外國語學、셋째로 무르녹은朝鮮말。이것을一身에兼할수없다거던 兄弟서로協助하여서라도 文明國의水準까지聖書를改譯하여야할것이다。

無題

北漢山人

余輩를非社交的人物이라고評하는이가있다。果然맞었다。「非社交」라는世間的意味로말한다면 果然 「非社交的」이다。그러나 이것은 모든交友를忌嫌한다는肯定은아니다。우리도어지간히友人과의會談을 기뻐한다。特히 이山麓에온後로는 여긔까지찾어오는 그誠意만하여도 여간하지않게생각한다。故로 때로脫線하야 밤새면서歡談하는일도있었다。그러나 그것은願하는일이아니오有益한일이아니었다。이에우리友人들께 미리諒解를求하고저하는바있다。

우리는自主하는者가아니오 예수그리스도의奴隷이며、自由自處하는者가아니오 侍下에있는몸이며、教師노릇은하여도教育家라는一家를成했다는것이아니오、아직一介學徒——그도一介苦學生에不過한者인것을 알지않기를不願한다。其外에聖書朝鮮이라는月刊雜誌——이것은二十四頁의小誌이나字數로따지면約五十頁의雜誌를編輯、校正、發送、配達、收金하는것과 每日曜日에一回或은二回의聖書講義를하는者인것을알고待하여야 彼此섭々한일이없을것이다。

그리스도의奴隷이니 人間의눈에들라는慾心은當初부터없으며、侍下의몸이오那翁같은英雄이못됐으니 잠잘時間은充分히자야하며 苦學生이니 무엇보다도時間이 군색하다。以下몇가지非社交的日割을 固守하여가는것은 이러한事情에서 생겨난일이다。善々諒解하기를來訪하려는友人에게바라는所以가 여긔있다。

每週土曜日。 世上에서는土曜日은社交日이오宴會日로定해진듯하나 우리는그렇지않다。새로운一週間을 싸워나가랴는準備의날이다。이날에 내가靈化하고못함에따라서 翌日의聖書集會의成敗가 달렸고 一週間의生涯의意義가 갈라진다。故로 이날의招請은 의레히拒否하는것이오 이날에來訪한이는 비록接待한다할지라도 마음것歡樂할수는없는터이다。이날은 모든사람과社會와는 絶緣할수록可하다。

每週日曜日。 午后四時半以後—即集會필한後는 歡談自由。

每週火曜日。 이날은學生時代에聖書語學을工夫하던날이다當時의先生이過히嚴했다기보다 學友가甚히俊銳熱誠이어서朝鮮人인體面을擔負하고 저들을따르기에實로千辛萬苦하였다。一週間에 水曜日아침은 내몸이 가장膨大感을느끼는날이오 木曜日부터 하루하루縮少되여가다가 月曜日로火曜日저녁에至하야는 내몸덩어리가 한줌도 못될것같이緊張하던 그火曜日이다。故로只今이라도火曜日저녁은 홀로書齋에對案하였으되 여러學友와함께先生을모시고앉은것같으니 이는 스스로聖別해진火曜의夕이다。苦學生인지라 날마다 많은時間을 다하지못할지라도 이火曜의夕만은世上

의妨害받기를願치안한다。火曜日妨害者는禍있을진저！

每週水曜日。이날저녁은 家庭禮拜의날이다。나自身은꼭叅席해야되는것은아니나 집에있는食口 모다모여서禮拜들이는것을規例로알고있다。信仰의人은 차라리 이런날에와서 恩惠를 나누어주기를願한다。

每月初旬에는 雜誌發送과原稿의일이 분주하고 每月下旬에는 雜誌校正으로 日夜를連하는때가 종々있다。또初旬에하라던일이 中旬까지밀리는경우도없지않다。

每月第一月曜日夕은三友堂時計店의일로會合하는날이다。지난한달의業績을檢討하는同時에 오는한달을信仰的으로推進해보고저힘쓰는날이다。이는三友堂이信仰的으로經營될希望이있다고보이는날까지叅列할것이다。

一年中에는 冬季와夏季休暇가 가장閑暇할터인데 事實은休暇中이 더욱紛忙하다。例컨대 今年度夏季休暇는七月二十一日부터八月二十日까지一個月間일텐데 其中에七月下旬中은校命으로總督府主催의講習會에出勤할터이오、八月上旬中의約一週間은妙香山에博物採集갈것이既定되였고、八月十日부터總督府主催講習會에 또한번出勤하여야할것이다。

以上에大略實情을말하였으나 萬一暴力으로强要하는경우에는違算도생길것이다。五里를强要하는者와함께 비록눈물을뿌리면서라도 十里를가주어야할터이니까。그러나以上形便을살펴주는來客은甚히感謝하겠다。우리는 자라는學徒다。

六月十四日（火）晴。農業授業中에故徐起河君을紹介하라니 君의夭折이더욱哀惜하다。歸途에三友堂에들리니某實際問題에關하야余의意見을徵함으로卒然間에憎愛의念을爆發시겨버렸다。예수믿는다하면서 其生活에信義가없는者와는 一切去來를斷絕할것이라고主張하다。하나 後에생각하니 오늘도「無用한興奮」이였다。一分錢도利害關係없는일에 圓滿한君子노릇못했을뿐더러 責任은余의一身에지게되고怨讐는平生토록맺어졌다。○印刷所에原稿를傳하고도라와개천돌 저들이는工事如昨。저녁後는聖書語學의밤。

六月十五日（水）雨。登校하야四時間授業。○今日의驟雨에通路를傷한것의責任이우리에게있다고 隣家에서是非를함으로 天然界의不可抗力에對한責任을질수없다는것과 平素의自己의棟梁같은허물은모르고 他人의눈에티끌을때라는態度를兼하야指摘한즉結局爭論이되고말었다。모다讓步한대도要컨대小事요隣人사이의일인지라害받음도恨스러울것없으나、沈默할수록無視가益加하매 여긔도人間이있다는것을 한번示威한것뿐。○저녁에家庭禮拜。申命記第三十二章의 모세의노래를輪讀하다。

六月十六日（木）雨後晴。京城運動場풀에서第二回校內水泳大會열리다。暫時出席하였다가 도라와原稿。틈틈이豚舍構築의土役도助力하다。○敦岩町과新設町을通하는新道開築工事의進涉이 놀란만하게되였고 沿道에羅列한新築家屋이無數함은 都市人들의機를察함에敏捷함을三嘆케하다。

六月十七日（金）快晴。早朝의淸新爽快한風景은實로比할데없다。옥수수 감저 側柏과松林이生命에젖었고 讚頌에뛰는듯하며 시내가 노래하고山들이춤추는듯하니 새들인들 어찌기쁘지않으랴「山光悅鳥性」이라곤 잘도表現한말이다。○五山서便箋九枚의편지받고 여러가지로考慮하게되다。

上城數題【三·完】

申 瑾 澈

想 峴 (下)

十一

靈魂의復活永生을希冀信仰하는主觀의要求는 이를否認抹殺하려는牢固한成心에對하야、恒常 보담强烈한渴求로되어지는것이다。果然人間의生命이란 다만藐然한肉體의一死와 함께泡沫같이消滅하고마는 그렇듯淺薄無意義한것일수있는가。그것은 너머도人類를蔑視하고 人間의靈性을貶視하야 人性發展의可能을局限하는淺薄輕忽의謬想이아닐수있으랴。그러면 이靈魂마저肉體의生理作用과無關遊離하야서는 그 意識의統一力 人格의同一性을喪失하고마는것이라고하는가、그렇다면 또어찌하야 그모든感覺知覺乃至一切活動에 一體性 一如性을賦與하고 眞善美에關한標準的觀念이되는神秘自在한靈能이、반드시五官의生理作用만을媒介하고 物質組織에局蹐하야서만存在할것이라고말하는가。物質을超越하고五官을離脫하야 보담靈能하고 보담神秘로운 그무엇을 媒介하고中保하야新觀念體를組織함으로써 永遠無窮한新生에드러가지못할것인가。

생각하면 肉體의身體組織과精神組織에있어서도 消滅과 新生의不斷한代謝作用이있고、또 저 버러지의世上에도 환토(變態)原理가있어 生命의不絕한進化向上이있지아니하냐 卽이代謝原理 變態原理와 비슷하고도 또그以上인神秘로운原理에依하야、肉體의死後 그靈魂만은 다시 새로운觀念材料를攝取하야永劫不朽의新觀念體를組織못할것인가。그리고 이新觀念體는永遠無窮한大地의普遍意識으로더부러한가지하야靈存하는客觀的實在일것이니、이러듯深奧한客觀的實在의根據를內函한 人間의心靈이 어찌肉體의壞滅과함께 자최없이消滅하고말것인가。이는哲學이나科學이나常識上의理論이그무엇이라고하던間에、何等의分析도解剖도說明도不容하는自證直覺의權威있는事實이오、信仰感情의要求인同時 또한理性의要求로도 되는것이아닌가。허지만 靈魂의永生을信仰함에도不拘하고 다른한편依然히 生에對한愛着 死에對한嫌惡의念이 사라지지아니함은 또어쩜인가。靈的復活에對한信心의薄弱함을因함인가。肉體를떠난靈魂의存在에 不滿이있음인가。또는生時暫別에도哀切한離別苦가 따르는거와 마찬가지心理로서、이世上마지막하직에對한悽切한離別恨에서인가。何如間나는 肉體의死後 靈魂의復活永生을 信仰하게되는强烈한主觀的情意의支配를받는同時、또 이를 그대로信受치못하고 個人意識의消滅을拒否치못하는冷靜한 客觀的理性의桎梏을벗지못하나니、참으로主觀的情意의要求

上京數題 (三)

는 그客觀的眞理인것인가。或은物質論者의말하는바와같이 한個主觀비空想에不過한것인가。아아理性心情의 이矛盾됨이어、撞著됨이어、對立葛藤함이어。

이리하야 먼저는社會問題 生死問題에對한 單純한悲哀恐怖에서苦悶焦躁하던내가 이제는 보담根本的이요 보담深刻한懷疑煩惱에서苦悶하게된것이였는데、이理性對心情의矛盾對立으로말미아믄苦悶은、또다시人間道德性의問題에있어서의理想對現實의慘憺한矛盾對立의悲哀苦悶으로展開하는것이였다。

卽理想의光明함과現實의暗憺함을對比省察함에서生起하는悲哀苦悶인것이니、諦觀하건대 우리에게는恒常理想의無限天을우러르고高擧健步하는至大至彊함이있는또한편、崎嶇한現實의嵯峨하고洶湧한峯巒河海에서蹉跎 蹣跚 溺沒하고있는 가엾은身勢인것이다。곳現實의나 經驗의내가理想의彼岸을向하야 굳건히도一步를 내어드덜때 理想의저는蹌踉한 내거름의接近을容納지않고 보담큰거름으로 보담멀리한발을내어드더 現實의나에게서멀어가고있지안는가。아아現實의나實踐의나는恒常너머지고 미끄러지고 傷하고 피흐르건만、理想의저는恒常빛나고 아름다웁고 거룩하고。게다가冷靜한理性은 오히려 渴急하고傷하고피흐르는몸에鞭撻를加할따름이아니냐。그러나 아무리 애쓰고 기쓰되어더까지나蹉跌의一路를버서나지못하는 이脆弱한人間性을가지고、무슨수에 이루그嚴厲한理性의命하는대루의善業을쌓어 血痕淋漓한傷痍의몸을[illegible]醫하고 過去現在의無盡한罪業을贖償함을얻으랴。어허、생각하면 우리는 모두가罪人이다。道德的理想의輝耀한거울의앞에 나서는그때 너나할것없이 크나 적으나間에 한가지로罪人임을免치못하는것이오、그리고 이罪果의사슬은、理性의權能이指示하는바와같은 스스로의힘으로는 버서날수없는 너머도큰悲哀의사슬이아니냐。어、슬픈지고 괴로운지고。이미數없는슬픔과괴로움이 엎치고덮치고 눌리고지둘린바되어 갱신을못하는여기、또다시 쓰리고도 거신 이하나의自覺을지니게되다니。大體이어떠한因果의사슬이뇨 業報의수갑이뇨。이다지도 괴로울진댄 차라리世上에 나지않었던것이 좋을번했고 나서진작죽었더면 좋을번했고 오래사느니보다 이제죽는것이 낫지아니하랴。日月이無光하고 天地가無色한이慘憺한苦惱는眞實로 天地와人生存在의 根柢를뒤흔드는沈痛深奧한煩悶이다。오직詛呪와破壞와暗黑과 그리고疑惑恐怖 悲哀 孤獨의어지럽고도 사나운 깊은속에 휘감겨버서날길없이 몸버둥할따름이니、이中에홀로 악쓰고소리처救援을부르나 茫茫한兩間은 오히려寂然無聲하니 아아차아리 죽엄을速히함이 그可할것이냐。

그러나 또죽엄은果然 이當面의難題를釋然히解決하고 남김없을것인가。참으로 그렇기도하다면自進하야죽엄을甘取

도하려니와、 허나 죽엄이 이모든疑惑을解決지으리라고는 또어떠한根據下에서 그얼마나 미덤성있는일이냐。 삶이풀지못하는疑惑을 죽엄인들能히풀수있을가。 嗚呼、人生이眞實로苦惱의極이로고、죽엄조차自取할수없는進退兩難의身勢이라니。 疑惑에서疑惑으로 暗黑에서暗黑으로慘憺한矛盾懷疑煩悶葛藤의 이生을 그어느때까지나繼續해야하는가。

十二

나는 스스로풀길없는 沈痛深奧한懷疑煩惱와悲哀寂莫에 견디다못하야 마침내또다시、나와갈고나보다偉大한이를求하였다。 사랑至極한 내어머니와갈고 내어머니보다도偉大한이를求하였다。 二十年前平昌郊外에서의圓滿多情하던 그婦人과갈고 그보다도 더偉大한이를求하였다。 求하고求하고 찾고 부르고 웨처보았다。

그러나森羅한萬有의 그어디메에 나의求하는바 有情의偉大者가있는가。 大愛의權能者가있는가。 내 슬프고 외로워 눈물로써呼訴하고 부르짖되 天地가 나를爲하야號哭하느냐。 自然이나를爲하야 가슴두드리느냐。 아아헛되도다、외로운나의靈은 水山萬里낯서른江山을 한껏쏘대되 마침내倚信의對象을求得할바길이없나니、다만 疲勞困憊한채로 또다시暗房孤床쓸쓸한枯瘦의肉體로도라올뿐이아니냐。 일즉 한때는山城趾斜陽에 서서 過去를읍조리어 自然에서慰藉를 느끼기도하였고、流水江畔에逍遙하면서 自然에서生命의노래를부르기도하였으나、아아 그아름다운詩歌의世界 詩歌의自然은 이제어디메 그痕跡이나마 남어있는가 閑靜하던 옛동산에는 사나운北風에 가랑닢휘날고 접에질린까마귀 바람에몰리어 悽涼하게도 까와거리지안느냐 垂楊버들아름다운숲속에 꾀꼬리노래하고 잔물결平和로웁던 希望의냇가에는 나무가지앙상한데 怒濤홀로 출렁이지안느냐。 아、詩歌의國土、詩歌의自然、그것은 한껏아름다웠으나 마침내미덤성없는꿈이었구나。 恍惚하였으나 안타까웁게도스러지고만 무지개였구나。 그러면詩歌의生命은어디까지나詩歌自體에만 그치고마는것인가。

이리하야悲哀煩惱에휩싸인 나는詩歌를떠난自然에서 渴慕無限의對境을求得할길이없이 한層의悲哀와孤獨을걸머지고다시 어둔房외로운床우에 두눈을부치고觀念의나라 思想의나라로沈潛하는것이었다。

어、觀念의世界 思想의世界、여기도 하늘높고 들은뭔데 꽃피고 나비나비춤추는 아름다운世上이다。 아까自然에서 주리고목말러氣盡脈盡했던나는 보담아름다웁고 보담自由로운 이觀念의나라에서 마음껏空想의나래를펴고、自由의너른들 平和의푸른숲을 훨훨너머나르는것이었다。 더욱높이 더욱멀리理想의하늘을向하야 天馬같이뛰어 나를때、어、自由로워라、平和로워라。 이야말루 내獨自의世上이로다 快哉를부르지안었던가。

허나 이觀念의世界 空想의世界에서의自由와平和의기쁨인들 오래야 내게許與될수있는일이랴。한껏平和로옵고 아름다옵고 自由自在한냥느껴지는내獨自의觀念界인것이였으나、여기도 아까그自然界에서와 다름없이洶湧하는河海와 嵯峨한峯巒이 발길에채이고、咫尺을分揀치못할濃霧掩煙이 눈앞을 막아서지안느냐。卽내主觀的觀念의支配下에屈服지않고獨立軒擧하야 나와對立하고、보담높이自在하야 나를威壓하고 壓倒하고 拘束하는 無數한客觀獨立의權威가存在함이어、내主觀的觀念의支配頤使를甘受하는草々한襤褸乞丐以外에 아득히높고 아름다옵고 거룩한幾多客觀的觀念의威嚴이綦峙羅列함이어。아까暫間空想的觀念의如意自在함만自恃하야 내獨自의世界로라得意滿盈하던 그漫大의態度는 어느덧허술한樓閣으로부서지고、내渴求의對象인信賴의至情者마저 찾지못하고말매 이內世界에도 結局길는것은다만恐怖요 悲哀요 煩惱만이아니냐。

어허、救援받지못한 이몸에게는 自然界가憂鬱한風景이오、觀念界가또한暗憺한景象이구나。어、외로워라 슬퍼라 무서워라 괴로워라。끝없는슬픔 다함없는무서움、이속에서 나는다만 울었다 또울었다。어둔밤한밤中 그외딴病舍에서 몇밤을몇밤을 소리처울었던것이다。

十三

無限한悲哀 無盡한恐怖、이속에서 울고울고또울어 우름에지치고 눈물이다하야氣盡脈盡한그때、寂然한내病室의窓門을두드리는이있었으니 오、반가워라 고마워라 그것은聖書朝鮮誌의來訪이였다。

聖書朝鮮。내가 그이름을알고 그誌友인이를通해서、親愛充溢하는 그信仰同志들의交分에 無限의欽羨을느낀것은이때이미三年인것이였으나、내가 그날까지지나온環境의氣圍氣와歷來의思想으로서 저들과 猝然히親近하기에는距離稍遠함이있었던것이다。따라서 內心저에게對한敬意와羨望의念은不絕하였으면서도、그以上接近할機會는許諾되지않은채이미三年가까운歲月이흘렀고、그동안 나는內鑠의身病을말미아마苦惱大海에轉輪하게되매 어느듯 저를잊었던것이다허나 나는 저를잊었으되 저는 나를잊지않고 이窮塞스러운病舍、외로움과괴로움에 지둘린나를 찾어오지않었느냐。이미親戚故舊가 나를잊었고 父母兄弟가 내將來에對한所望을놓은이때、頻死의나를 버리지않고 慰勵의同情을보내지안느냐。어、반가워라 고마워라 느껴워라。

그러나 생각하면 聖書朝鮮은내게있어서 單純한三年의舊面만은아닌것같다。二十年前 平昌山길에서 여섯살의어린내가 외로움과무서움속에서 救援의感謝와感激으로腦裏에깊이印象된 그傳道紙 福音紙가 오늘의 이傳道誌 福音誌인 聖書朝鮮誌가아닌가。그때 그傳道婦人의 사랑이나이제聖書朝鮮誌의主筆인이와 다시그誌友들의사랑이 모두가愛神愛人의唯一純潔한 그사랑이아니냐。

오、사랑이다、사랑、子息을代身하야 몸소病을지고저하는 어머니의사랑、病友를爲하야는 팔이라도 다리라도犧牲하고저하는 親舊의사랑、일즉一面의素가없음에도不拘하고 이世上가엾은同胞를爲하야慰勞의한마디라도 뜨거운精誠으로주고저하는聖者의사랑。또「弘益人間」의사랑、「慈悲衆生」의사랑、그리고 저골고다에서 길이完成된「十字架」의사랑! 오、功利를超越하고 打算을蹂躪하는사랑、時間도空間도超越하는偉大한사랑。한껏虛無하고無常迅速한냥한 이自然萬有、그生命大海中에 彌茫遍滿한 이純潔偉大한 사랑의因緣이어! 이사랑이야말로 일즉아득한옛날恐怖孤獨에서 나를救援했고、다시二十年뒤오늘、無限한悲哀와無窮한苦悶中에서 또한번 나를건지는唯一의救援이아니냐。卽懷疑煩悶의暗黑을비취는唯一의光明이 이사랑이오、厭世自殺의深淵에서 발굼치를돌리게하는唯一의救援이 이사랑이아니냐。理性心情의慘憺한矛盾葛藤을풀고 理想對現實의杳邈한懸隔을連結하는唯一의힘도、自家擴充의大願과自已獻身의理想을 하나로調攝하는偉大한動力도 그것은오직이거룩한 사랑의힘이아니냐。

진실노、나를버리되 다시 나를얻는것은 사랑이오、나를잃어버리되 다시 나를찾는것은 오직 이愛神愛人의「愛」인것이니、「神子」로서의 崇高自在한意識과、「쓸데없는종」으로서의 謙虛無限한意識과의 이두個偉大한 矛盾對立을하나로統一包攝하는 神秘無限의힘은 다만이「사랑」의 힘인저。

이때 생생한소리있어 울려오니 그것은「너이들 마음에근심하지마라 하나님을믿고 또나를믿으라」함이라。오、부드럽고도 사랑에넘치는 그無聲의大聲이心奧에振動함이어、心耳에鏜鞳함이어。이仁慈無限의 音聲이야말로 내가오랜동안 찾고求하야마지않던 그至情者의溫聲이아니냐。思慕하고渴慕하야 마지않던天地 大愛者의 大愛그대로를直傳하고妙示하는權能의大聲이아니냐。참으로 반가운지고、고마운지고、느꺼운지고。그리고 이와同時하야 다시「하나님은 사랑이시오 우리는 하나님의 아들이니라」하는부르지즘이 내입에서 웨처지게되였으니、지나간半生동안기쁘나 슬프나間에恒常 나를떠나지않던孤獨의感、누르랴누를수없고 채우랴또한채울수없던 그無限寂寥의意識中에歡喜感謝의念이 용소슴하기始作한것이다。일즉이 맛보지못하던自由와平安과光明과 無所畏의새로운 境涯로한발을내어드디게된것이다。

이리하야 먼저는「虛無觀」에서、다음은「罪意識」에서 懊惱傷心하던客塵煩惱의몸이 이제 뜻아니한 聖書朝鮮의救援으로말미아마、天地愛에對한耳目이열리고 愛의大能者의溫容을不遠한곳에서未久에面對할수있게되다니! 진실로 놀라옵고도 느껴운 산事實이 아니냐。 그러면 또 大體 어찌하야 지나간오랜동안 이天地에彌滿한偉大한 사랑에 눈뜨지못하고 그曲折많은崎嶇의길을걸어왔던고。어찌하야 毒스러운智慧의열매를貪食하고 그진저리나는苦惱大川의浮沈을 되푸리하였든고 지나온길 그許多한煩悶 詛呪 怨恨 不平의몇구비 여울여울을回想할스록에、이제聖書朝鮮을通해서 내게啓示되고垂示된 이眞理妙詮의거룩함이어、偉大함이어。

十四

나는다시大自然에 눈을떳다。그리하야 한때 그憂鬱하던 風景의一草一木에서까지 일즉보지못하던同情의熱淚가 넘처흐름을 느끼였고、다시 눈을감고觀念의世界에沈潛하야 거기서또한 親愛充溢한同感同情의따뜻한품에안기는法悅의 一境을 發見하게된것이다。

또오래잊였던聖書도 여기서 다시펼치였다。그리고 일즉 難解無味하던 그聖書文字의言々句々는 이때文外의文 言外의言으로써 새로운意味 새로운內容을띄고、光彩輝煌하게도 그崇高無限의眞理를發揮하고있음을 느끼게된것이다。일즉철없던한때 聖書란 한個修身書이려니 道德經이려니 했던 그未熟蒙昧의見은 어느덧 사라지고、어디까지나「生命의書」「救援의書」로서 眞理躍動하는活文字로變하게된것이다。그리고神을「天父」라부르고 人을「神子」라하는神秘靈交的인自覺의一端을연어、攝理와恩寵의속에呼吸함을意識하는그瞬際마다、오、油然涌出하는荷恩의情이어、感謝의念이어。일즉 不可解 難思議하던聖神의孕胎도 奇蹟도 復活도 이제는벌서 已往과같은 그抑塞과無理와 糢糊 荒唐을 느끼지않을뿐인가 도리어無限의慰藉와救援이 이中에儼存함을 느끼게되지안는가。몸소 우리의멍에를지고 우리의 슬픔을 나누려는仁慈無限한天父의大愛를個中에서感得치안는가。오、天父!우리는恒常저를背反하되 저는 우리를背反치않으시고、우리는저를忘却하되 저는우리를버리지않으시고、우리의迷惑하는때 너머지는때 恒常그慈光의燭火로써引導하시지안는가、即내無限한蹉跎의途程에서數없이저를 疑心하고背反하고忘却하였건만 저는오히려 이罪業深重한 蕩子를버리지않으시고 잊지않으시고 그恒久無盡의大愛로써끌끝내 내運命을 引導하시지안느냐。

오、우리가기뻐하매 저도 기뻐하시고、우리가슬퍼하매 저도또한 슬퍼하시나니 億萬事億萬곳、기쁘나 궂으나 다나쓰나間에、瞬時도刹那도 우리를떠나지않으시고引導하시는攝理大愛의거룩함이어。우리는워낙 연弱한人生이라、無量의슬픔을지니고 태어났으나 哀痛하는者 이미저에게있어서 慰勞함을얻었고、마음의가난한者 이미저에게있어서 天國을所有하지않었느냐。

어허、사랑의아버지를 우러러보자、榮光의나라 天國을

우러러보자。우리의仰慕無限한無盡의要求는 無量劫의 그 옛날로부터 거기이미豫備되어있지안는가。無限愛의天父는 우리가求하기前부터 우리의쓸것을 미리아시고勝利와充足과法悅로써準備하지않으셨는가。그리고 생각하면 지난날의모든困苦와怨恣도 詛呪와不平도 懷疑와煩悶도 그것은 벌서天地大愛者의攝理요恩寵이아니었을가。即그모든孤獨의길은迷路에彷徨하는 연약한우리를 저에게歸依케하려는聖旨요攝理인것이니、그攝理의힘은 저 모든困苦中에있어서 우리들로하여금 저偉大者에게對한不知不識間의懇切한要求를낳게하심이라、困苦 孤獨그속에 이미解脫新生의祝福이 彷彿히 움즉이고있음을 느끼지않는가。그러매 모든것은 오직恩寵이오 感謝라하노니、어허 내生의歡喜여 感謝여!

다만人生은薄明의路程이다。더구나 내劣機의浮生으로서 이제보는바確然치못하고 믿는바鞏固치못하매、오히려無限의悲哀와無盡의눈물이 내게纏綿하고、無時로 主의앞에蹉跎와悔恨을 거듭하는 身勢인것이나、何如튼 이제一步를 光明의大路로 내어드뎌、人生이天地間의存在하는意義를自覺하고、다시道德과社會에關한人生問題를解釋하는唯一의鍵鑰을個中에서把握하게되였다함은 진실로진실로分에지나는 上天의恩寵이아니시냐。

이리하야 나의心靈은眞理마나를味得하는恩寵의新生涯로 一步를轉하게되였고、肉身의나도 또한 死線을넘어서 다시사라나게된것이다。

十五

나는다시現實의나로도라온다。둥그재生活이끝나고 집에도라온지一年인一三七年十二月七日、久慕의聖書朝鮮社金先生宅을찾어 눈길의貞陵고개를넘고있는只今의나로도라온다。오、金先生、그리운내先生 思慕하는내先生。先生의宅은이 貞陵里너른골 어디메쯤되는고。

나는 그새 지나간내半生史、信에서無信으로 希望에서 落望으로 樂觀에서悲觀으로 갔다 왔다 왔다 갔다하던 崎嶇하고曲折많은內生活에對한追想에잠기는동안、어느듯貞陵고개를 밀직이 지나넘게된것이다。줄곳 큰길을따라오다가岐路에이르러 왼편길로들어서고、그다음 오른便으로 시내를건너서서 北漢山이나즉이평퍼슴이끝난곳에、나는迷하지않고 惑하지않고 바루先生의宅을찾었다。우선내몸의 묵은먼지와 長安에서묻은都塵을털고 깨끗이쓰친길을걸어 너른마당을지나드러선때 거기서곳先生을對하게되였다。그때先生은 빡々깎은중머리에 한복 버선 고무신의차림으로 손소 부지깽이드시고 遠來의나를爲하야 閉房인거넌房에 불을지피고게시였다。나는先生을對하는瞬間、

오、先生님 내先生님 내金先生님!하고 와락달려들어 그품에안기어 울어보고싶은、크다란衝動을느끼였고、다시 冷靜한理性의힘을依支하야 그衝動을制止한瞬間 머리가앗

질하여짐을느끼였다。그것은實로瞬間의일이였으나 너머도 緊張된瞬間이였고 너머도 感激한瞬間이였다。오、久戀의 貞陵山川、久慕의金先生宅！ 내비록 지나간數年間밤으로 낮으로 이山川과 이先生에게對하야無限의渴慕를마지않었다하되、意中에再起를生心치못했던 그苦患中에서 어찌일즉오늘있기를豫期하였으랴。생각할스록 느꺼운일이아니냐、놀라운일이아니냐、참으로꿈갈은事實이아니냐。어허、形言할수없고表現할수없는 胸中에서리고서리는無量의感慨여！

先生을모시고先生의懇々하고諄々하신數時間의教話를듣는동안 나는時々로새로운感激에잠기였다。先生의말슴은 모두가「믿는일과 사는일」에關한活教訓이시였다。그래고이感激하고光榮있는一夕에서 내게印象된先生은 一个學者가아니시였다、思想家가아니시였다。다만慈悲와同情이가득한내父兄이시였다。朝鮮의父兄이시였다。어디까지나 사랑이넘치는 내아버지요 내兄님이면서、또어디까지나犯할수없는威嚴을가추신 내아버지요 내兄님이시였다。참으로참되신朝鮮의父兄이시였다。그리고先生의빛나는이마 그것은實로聖書朝鮮의孤獨하고도光榮있는過去十年의歷史와、또努力精進의結晶이신 先生의半生史를 말슴하시는 빛나는거울이였다。빛나는이마、빛나는머리、그崇高한거울에서 熱心眞實 不屈不撓의偉大하신氣象을 우러를수 있었고、나는머리 절로 숙어짐을느끼였다。또先生의教話中間歇泉原理의譬話에이르러 先生의豫言者的인偉大한一面을感得할수있었으니、나는여기서 일즉經驗하지못한歡喜 感謝 感激에잠기게되였다。오、그렇다、우리의 나갈길은 다만「微力」을다하는 그길뿐이다。「盡善」에사는 그길뿐이다。「神子」意識下에 새로展開한新義務의天地、여기서 우리가取할길은 오직「微力」을다하야 「盡善」에사는 그길뿐일지니、未久한그날에있어間歇泉아닌間歇泉의 그轟然한音響、그洞然한景象！ 이제생각해봄만도 진실로 마음뛰지않느냐。

나는先生의宅을辭別하고 先生을뒤따라洞口까지나왔다。歸路에올랐다。밤은깊어간다。하늘도 땅도 눈속에 안개속에、다만模糊하고漠々한夢中의 景觀같이展開한다。山도내도 나무도 집도 모두가 雪霧의一色에 젖고 醉하고녹아들어 여기저절로顯示된雪白淨嚴의世界！여기는 先生이時々로號哭하고 또時々로感謝의祈禱를올리시는 그윽한숲도 시원한시내도分揀할길없고、꿩의소리 시내물소리 또藥師寺의木鐸소리까지도 들리지않는구나。先生이 밤마다새벽마다 觀象하시는天上의白鳥도 天馬도北斗도 아니 달까지도없구나。한껏바라보아도 한껏우러러보아도 다만模糊할뿐、漠々할뿐！ 오、이世上모든기쁨도 슬픔도 大愛一色의 밀물에잠그는慈悲圓滿의大海여！어느덧 나마저 이模糊大海中으로 몸이푸러지고 마음이녹아드는듯。

나는 다시 想峴을 오른다。

(完)

聖朝通信

五月十九日 (木) 雨後晴。途次에印刷所에들려서 料金引上에關한對策을議定하고登校。○小給事君이明夜의宴會에出缺與否를回覽紙에答하라함으로「缺」字를써준즉「缺席하셔도會費는번답니다!」라고注意。「응」하고納得한즉 적지않은損失을自取한다고愛惜해하는것과 不可思議한措處를抗議하려는表情이小給事君의滿面에現著하다金錢의損失만은感知하면서 時間의取得을計數할줄모르는것도奇特한일。○다시日記를繼續한다는消息如下『(前略)前日上京時에"The Confessions"를 사가지고왔습니다또한先生님이下送하신衣裳哲學은 감사한中에奉受했습니다。全力으로읽겠습니다。

門生은지난十日부터 日誌를始作했습니다。京釜線車中에서逢變한후 있든日記帳까지불질러버렸든門生이 다시始作하온動機는이러합니다。偶然히×××氏의文章讀本을읽게되여 그中에第一節이「釜山에서일이있는後 내日記는中止되였다。그러나이제繼續한다云々」하옵는글이있습니다。그氏의事情이꼭門生의것과髣髴합니다。그래서쓰기始作했아온대 이것은直接原因이옵고 큰衝動은 記錄없는生活은醉生夢死같은感이있은故입니다。反省이없이는向上이없아온대 하로를도라보는機會는日記쓰는때밖에없읍니다。其實××入學한以來今日까지의門生은 醉生夢死地境을벗어나지못했읍니다。肉身에鞭楚칠機會를짓고저 다시시작했읍니다。

食前時間三十分을聖書에다바치였읍니다하로에三十分만 爲先읽어놓고보자는 心算이올시다。昨日로써마가福音을讀了했읍니다。先生님의 聖書가르치심을받은곳은적히理解되오나 그렇지않은部分은 모르겠습니다。이제와보니그때에怠慢했든것이怨痛합니다。오오主여入信을許諾하소서! 五月號聖朝誌通信欄에先生님께서 炳憲君을생각하시고廊下에나아가셔서울으셨다는글에門生亦是暗淚를先生과같이했습니다。그의믿음을믿사오나 나오는눈물은어찜이뇨? 先生님의安君、安君의스승先生님! 嗚呼! 安君의靈에祝福이있을지어다。

五月十八日　門下生○○上書』

五月二十日 (金) 晴。偶然히古今著名한大戰의作戰과戰術史를뒤저보다가 그興味가甚히誘惑的인것을發見하다。三國誌가尙今도耽讀物되며 戰術을專攻하는이들이그方面에치우치는것도無理안임을알다。勝敗의基因을만드는作戰의優劣이興味의中心인데 籠球같은競技도 그點은마찬가지다。○昨夜宿直。今夜의宴會에는缺勤하고 일즉山麓에도라오니滿洞의綠蔭과淸溪의물소리一層生生해보인다。때에來信一枚『金先生任무엇이라고 이제感謝하여야옳을지모르겠읍니다。入院室에서 先生任께서下送하옵신聖朝를拜見하온門生의기쁨。그야말로沙漠中에서목마른旅人이「오아시스」를찾인기쁨에比할바있었아오며 無限한힘을얻었읍니다。聖朝에실린活字、表紙에박힌活字까지 한活字빼놓지않고 다읽었습니다。入院은四月二十九日에하야三十日夜에手術하고 五月十五日에退院하였읍니다。아즉도醫師말슴이今月廿五日까지는人力車로藥治療허라다니라하였읍니다。집에서는房에발닥누어서天帳만처다볼따름이올습니다。그동안恒常옆에獻身的으로看護하야주시는어머님이계시온데 어쩐일인지獨孤한맘이切迫하야 끊지지않었읍니다。참얼마나先生任뵈옵고싶었는지요。그리고 처음으로親友가 얼마나그리웁고慰勞되는것인줄을 잘이깨달았읍니다。養正時代의組友가날날이그리옵습니다。(下略)』

五月二十一日 (土) 晴、暫雨。第一學年生徒들은飛行機京畿號獻納式參列次로갔고、第二三學年은徐州陷落提灯行列參加。

五月二十二日 (日) 曇、後雨。午前엔 梧柳洞集會를引導。여긔는婦人班이優勢한 듯하야 敎會의氣分도없지않다。雨中에市內에도라와宋兄宅에서午後集會。但매우不足한것을느끼니 하루에二回의講話는 現在의余에게 아마도無理인듯하다。○밤에는 強한카피茶를마셔睡眠을擊退하면서 새벽三時까지原稿。

五月二十三日 (月) 晴。昨夜의降雨에 洞內一新한듯、綠蔭이 더한층生生하다。○登校授業後에籠球試合監督次로京畿道商業學校에往返。初陣에敗退。相對편이强하다기보다 養正籠球部가弱해진것에놀라다。敗戰은亦是忿하다。○某富豪의漢江招宴은 缺席하고 물맑은山麓에도라와校正또校正。

五月二十四日 (火) 曇、後晴。校正하다가登校、四時間授業을마추고歸途에또校正。今日로써初校를畢하여多少어깨가輕快해진듯。○帝大病院에病友를尋訪하고山麓에도라오니某氏某處로呼出된다고일부러來告。○夕에不良한子女가진母親한분이不遠千里하고上京來訪。相議하는中에母性愛의至極함에感激하다。

五月二十五日 (水) 晴。午前八時에印刷所로出勤하야校正하다가登校。歸途에도校正。

五月二十六日 (木) 晴。印刷所를거처서登校授業。午後에는海軍記念日講話있었다。○印刷所에가서 校正하다가 가지고도라와서도校正。○在學五個年中에 가장말성부리던生徒의來信에 『(前略)지난五年間을回顧하니 아무것도 印像에남은것은없고 다만先生任께꾸중들고 매맞은것밖에는하나도없읍니다。先生任께서도 저를아마 生前에는못잊으실것입니다。저亦是學校에다닐때는 지긋지긋하드니 이제나와生覺하니先生님의恩惠를 뭘로갚어야할지 그것은아마이놈이出世하는수밖에없을것입니다。先生任思想을가지고서 出世하는것뿐일것이예요。先生任이 아니계시면아마이놈이養正高普를卒業못하고 不良者가되였을것입니다。先生任어떻게라도 또擔任을맡으셔가지고 저같은놈을또있는데로 다 저와같이만들으시고 저에게다하드시보다 一層더苛酷하게하셔서 아모조록先生任思想化하도록 만드세요。先生任은何如間偉大하십니다。先生任께서두차례擔任하셨지요。精神上、肉體上、苦痛을받으시드래도 忍耐하시고 生前에어서 다만한사람이라도더길러내세요。先生任直下弟子는不過몇百名에지나지않지만 全部가先生任思想化하니까 先生任과같은사람이몇百名이안될것입니까。꼭 バクテリヤ가繁殖하는것과같습니다。先生님정말그렇게하세요。學生生活때에 先生任께다만조금이라도좀더接觸해서 말슴이라도좀더들을것을後悔가莫甚합니다。卒業할지음氣分이좋은것은 先生任德澤으로第一꼴찌로 卒業하고 또다른友人들은못받은달초를받았습니다。그달초를시골갔다잘保管해두고 煩惱가甚할적에는 그것을내놓고본답니다(下略)』나도 저도 果然못잊을것이다。

五月二十七日 (金) 晴、夜雨。아침에印刷所에들려校了하고登校。○東京서는內閣大改造라고報道。○朝鮮內의基督敎를統制한다、平壤神學校를改造斷行한다、寶城郡某敎會에서는脫敎聲明書를發表하였다는等等。

五月二十八日 (土) 雨、後晴。聖朝六月號의校正도끝났고 一週日授業도 마추었고、일즉山麓에도라와 맑은시내에沐浴하매 綠陰芳草는 우리書齋를爲하야 옥어진듯 閑寂한半日이甚히 惶悚한中에서고린도前書工夫。○佳信一枚 『[illegible]脊로思慕하옵는先生님尊體候連하야萬安하십니까。五月도 앞으로 數日을남겼을뿐이오니、陰霧한가운데 봄은 어느듯 사라진가보옵니다。나날아 짙어가는 綠陰과芳草를茫然히 바라보올제 다시假刷를받자오니「또한달이갔구나」하고 가슴이뜨끔하여집니다。이룸없이 흘러가는 時間에對하와形言할수없는 慚愧와悲哀가 용소슴합니다

衣食이란、사는일에있어서 그다지所重한것이못된다고 恒常輕蔑의態度를 가지면서도 또恒常그支配를벗지못하고 그를爲한雜務에 가진힘을 기우리지 않으면안된다는것은 사람다운生活에서볼때、그것

이 먹지못해 굶는일에서 果然낫을수있는가하고 疑心하게됩니다。疑心하면서도 如前히같은일에억매여 하루하루를헛되히 보낸다는것은 참으로 苦痛이아닐수없읍니다。(下略)』

五月二十九日 (日) 晴、一時雨。이른아침 맑은시내ㅅ물에全身을씻어 聖日의齋戒沐浴에代하고、午前中은書齋에對案할수있음이 히한한일갈기도하고 고맙기도하다。○午前의梧柳洞集會는 宋斗用兄께부탁하고、午後의市內集會에서 고린도書研究。○어떤牧師로부터短信一枚『走馬갈은 세월은닫고있는데 人生들은 如前이破器다툼이 熾熱다하올지 시진다하올지끝날줄을몰라합니다。世上과 無關한靈도긴ㅣ긴緊張에서지고있는듯하오이다。聖朝만이깨인채 새벽을 기다리는듯싶습니다。끝까지 環境의支配없는勞力에 衰하지마사이다。眞理의새벽벽이 보염직도하여서『오라고부르는소리들리네、맛날일생각하니 마음이조며、어둡든 그의가슴자조뛰도다』타ㅣ골翁의「쪼긴이의노래」를찾는마음 가여운 어리석음 한테뭉처 嘆息에늙습니다。世上은쌓우고肉은울라 마음속사람만 日新하리라 이것이 近日의苦衷이오이다。小生表記와같이 所를옴기였아와 아뢰이나이다。來來우리들의일이 그의아신바되여(갈四·九)眞、正、義를爲하야公道에 빛나사이다』云々。

五月三十日 (月) 半晴。六月號가製本出來하였으나 誤植도많고 印刷도不明한데있고 製本도醜雜하야 發送하지못하고 印刷所에抗議促醒。○北鮮에近代式化學工業視察을畢한大久保氏도라왔음으로 宋兄과함께迎接하야夕飯共卓하면서 자정가까울때까지歡談하다。

五月三十一日 (火) 曇。今朝까지印刷所에들려서六月號印刷製本의失態를詰難해보았으나 單純한過誤인것이 明白함으로不滿과不安을참고 그대로發送하다。○授業後에 市內書店에 配達하면서 歸山。○昨夜와今日낮동안에數次防空警笛이들리더니、今日부터 다시 音響管制가實施되여學校싸일렌도 休止되다。

六月一日 (水) 雨。連日비오셔서 시내ㅅ물漸漸增加하니 朝夕에 몸씻는일만하여도愴悚無至。○寄宿中의學生들이身病으로因하야 하나는歸鄕하고 하나는市內로移舍하다。○登校監試。도라와 헤티마移植。저녁家庭禮拜에申命記第十八章輪讀。

六月二日 (木) 曇。藥師寺의增築으로因하야 앞山바위돌은 거의全部破壞당하는中이다。저돌이法堂이나 되였으면 좋으련마는 酒客들의座席이나넓히고말것이라면 아까운일。○學校籠球部長의任을辭退하기에今日成功하였다。일이될라면 매우容易하게되는것도 놀라운것이다。이로써暫時의일은 조곰이라도 덜고、永遠한일에 좀더注力할수있을것이다。今日열리는各部長會議부터 自由롭게解放되여 일즉歸宅하야 聖書語學을復習하고 때로庭內의除草와施肥等。

六月三日 (金) 晴。아침 이슬맺힌綠陰과 맑게흐르는 시내ㅅ물! 別有天地라고 또어듸에있을까몰라。○登校二時間監試。咸兄은 드듸어今學期中으로五山떠날수없이되였다고來信。五山서도敎會가大端괴로움當하는모양이니可嘆。

六月四日 (土) 晴、夜雨。○府民館에「皇軍必勝祈願舞踊の夕」라는것、德壽宮엔李王家美術館」이라는看板이새로붙었다。○某高等學校敎授의短信에『聖書朝鮮 いつも有難く拜見してゐます 特に先々月號卒業謝恩の生徒の辭には——會々學校へ行く途中省線電車の中で拜見してゐましたが——思はず涙が出て仕方がありませんでした云々』

六月五日 (日) 雨。午前八時五十五分發仁川行列車에 間髮의時間으로 간신히뛰여오르니 慶南서올려온誌友一人이待하며찻는中이었다。함께梧柳洞集會에參席하고 또함께市內集會로。두集會와座談에完全히疲勞하야도라오니 如左한意外의消息이 하루의困苦를醫癒하고도남음이있다。

『金先生님前上書。綠陰이 勝花한 此時에 主恩中 先生님의 氣體候 隨時萬萬平康하시옵나이까。伏祝不已이로소이다。先生

님께서는 主님께서 받으신 사랑그대로 이全然未知의 小生을 사랑하시려고 主안에서 거룩히 發刊하시는 저「聖書朝鮮」을 애낌없이 惠送하심으로 참말小生은 기뿜에넘치는 하로하로를 보내고있읍니다

先生님! 先生님을 思慕하게된 動機랄까 端緖랄가를 後日사뢰겠다고 小生이 前日上書한일을 或記憶하시겠지요? 實은 이무슨헛된짓이나는生覺도 없지않습니다마는 또한편에는 勿論先生님側에서도「어떤者가 聖書朝鮮을 읽으려고하는고—」하시는 生覺도 生起실것같으므로 부끄러움없이 사뢰고저한바이올시다 부디모든點그리짐작하시기바라옵나이다。小生은하날平巡査노릇을하는者인대昭和十年一月부터 비로소 예수님을 믿게되였읍니다(그入信의動機는 이번에 알외지않겠읍니다) 그래서 첨으로 基督敎書籍을무슨册을 읽었느냐하면 內村先生 著「基督敎徒の慰め」를읽고 다음으로「求安錄」「基督敎の問答」等을 읽은後에 朝鮮語聖書新舊約을 사보게되였으나當初無味하고 地名人名이어려워서 그렇게耽讀하지못하고、週報이든 基督申報를사보면서 基督敎에對한 認識을 가저오다가 昭和十一年부터 兵庫縣 黑崎幸吉氏主筆「永遠の生命」을 購讀하면서 日本內地의 無敎會先生들의 著書를 求해왔읍니다。그러나 朝鮮語로되고 純福音的立場에서 發刊하는 月刊誌가 있지않는가하고 基督申報紙의 書籍廣告欄을 뒤저본結果 活泉誌를發見하야 限二年間보다가 비위에 맞지않어서 집어치우고、그러자 基申에서「福音的信仰」이라는 題目下에 大邱계신 文學士요牧師이신 C××氏가 連載하신 글을읽어본즉 매우 福音的인것같이 生覺됨으로 마음에 이先生님의 朝鮮語著書가 있다면 必有多益일것같어서 客年十月初에 全然不知이면서도 不顧失禮하고 그先生님에게로 書面照會를 五種類로 나누아서 했었드니 即時答書가 왔는대 如下하였읍니다。

1. 福音的朝鮮文月刊雜誌

참으로 좋다고推薦하여들일만한것이 없어서 무엇보다도遺憾입니다。그中에서도 信仰的內容으로보아서 第一낫기는 金敎臣氏主筆의「聖書朝鮮」誌와、崔泰瑢氏가主幹으로된個人雜誌謄寫印刷의「靈과眞理」가第一낫을터이지요。勿論그이들은朝鮮敎會에서異端이니무엇이니 하는辱說을듣는사람들이나그산信仰 그恩寵에對하야는 그누구보다도 낫은이들이며 또內村氏弟子라고할수있는 이들입니다云云。

이같은 반가운 回書를 받고 어찌나 기뿐지 또即時 그先生님에게「聖書朝鮮」과「靈과眞理」를 어디서 發行한답니까 住所를 가르처주셨으면 좋겠습니다하고 上書하면서 如前히 返信料까지 添送했는대 終無消息이였으므로 속으로 그先生님이 어찌된일인고하고 걱정만을 하여왔었읍니다。그러다가 去五月十日에 小生이四年前에間接으로 主님께引導를받은 全南××邑內 ○○醫院A先生님宅을尋訪하야 기뿜으로談話하는데 突然히 그A先生님이 「聖書朝鮮」을 내놓시면서 우리朝鮮에도 이러한先生님이 계신다니까——하시지요、그래서 小生은 기뻐하면서 그「聖書朝鮮」을 보고 即日歸巢하야 先生님의뜻도 살피지않고 今年一月號부터 注文했었던것입니다。그래서 읽어본즉 勿驚十年前부터 우리땅에 빛나고있었는줄을 알은同時、하마하드면 廢刊問題로 못살것인데하고 生覺할때에 참으로 아실아싫하였읍니다 인제는 滿足합니다。和文으로는「永遠の生命」이요 朝鮮글로는 「聖書朝鮮」을 求했습니다。去年부터서는 聖書도 味讀하고있습니다。小生이 先生님과 聖書朝鮮을알기까지의 由來를 無識한所致로 이렇게 支離하게 썼읍니다 무엇보다도 貴重한時間을 虛費하실가가 惶悚되옵나이다。부디寬恕之地伏望이오며 來來主恩中平康하시기를비옵고 不備白하나이다。三八、六、三日。一讀者 再拜」

이筆者와같은職業의人이 本誌같은性質의 雜誌를渴急히찾어읽는다는것도意外이오、大邱계신C牧師와全南某醫院의A醫師두분

이 모다對面한일도없는터인데이처럼好意로紹介해주셨다니亦是意外。世上에、特히基督教界에 惡意의人만이 안인것을알고主께感謝하는同時에 孔子님의「不患人之不己知 患不知人也」라는敎訓이聯想되여 余의不敏함을 깊이悔恨하다。

六月六日 (月) 曇。學校의授業을마추고一旦歸宅하였다가 夕飯後에다시入市하야宋兄宅에서三友堂月例會에參席。밤十一時넘은때에 물소리요란한山麓에도라오다。

六月七日 (火) 曇。얼마前에勉勵青年會가解散되였다더니 이번엔基督教青年會가萬國聯合會本部에서脫退하고 自發的으로解體한다고傳한다。少數의無教會者를迫窮하며壓迫할때는獅子같이猛烈하며毒蛇같이酷毒하던教會와青年會의末路어찌그리脆弱한고! 無教會者를講壇에세우지못하게決議通牒하던教會堂안에 지금은 무엇이섰으며、우리에게는 빌려쓰기도拒否하던거룩한(?)青年會舘을 이제누구에게빌릴터인가。○授業後에寫眞現像。드라와除草除虫等。밤엔聖書語學。

六月八日 (水) 晴。午後에全校가鮮展參觀。그途次에京城醫專病院에入院中인某氏를尋訪。발서退院하였을줄알었던것이尙今도臥床中임을보고놀라다。 滿半歲를病室에지났노라고。무거운짐이나 벗은듯한輕快感과 再起의날을約束하는듯한希望을가지고謝退。또歸路에大學病院에들러患者를尋訪하고저했으나重態라面會謝絶中。오직看護人에게서經過容易하지않음을듣고共憂不已。○건너편藥師寺에서 재가있다고 구경군들이林間에市를成하다。晝夜兼行인듯。

六月九日 (木) 晴。午前五時前에 찾는이있으니職을얻어出發함을告하기爲함이었다。○五時부터藥師寺어구에多數한僧侶가모여서서 무엇인지燒却하는데火光이衝天하였다。昨日부터시작한 재가끝난모양。때는非常時局이오 나라와百姓들이 아우성치며싸우는이때에 一千圓돈과十俵白米와多量한衣類를燒散한즉 極樂世界를安保할줄아는人間들도 福있는者라할진저!○登校授業後에 일즉도라와原稿。

六月十日 (金) 晴。所謂「時의記念日」이라하나 記念하는方式이前보다 달러졌다。午前六時半에登校하야 朝禮時間에東方遙拜하고 일즉이授業을畢하다。○今日은일즉始業하였음으로 일즉下學하고도라와集會準備의工夫와原稿。○도야지물먹는것을觀察할새 그들世界에는強大者가正義者인듯하다。또 병아리중에 弱少한것하나가 여러마리에게 뜯겨서 거의죽게된것을 特別保護하야 따로두고 지렁이두어마리 캐여먹였더니 곧 낮어서 나를따르는양이 심히측은하였다。

六月十一日 (土) 後雨。東小門毀破工事 드디어終局。今日그아ㅣ치돌을뽑아내리다。○宿直하면서來日集會準備의工夫。

六月十二日 (日) 雨。宿直室로부터梧柳洞集會行。移秋의午餐이準備되였다해서閉會後에參卓하고、歸途午後에市內集會。○山麓에도라오니 시내ㅅ물이 漲溢하야우리세멘도暗渠를넘었다。밤새도록 실갈이흐르는水勢에 집이흔들리는듯하니 여긔가 곧非人間인것도같다。

六月十三日 (月) 曇。登校時에 東小門을넘어서니 某葬禮式의出發準備인듯 東星商業學校々庭에는無數한自動車가路邊까지넘치도록蟻集하였고 花環은雙列로大學正門까지達할듯이보이다。그盛大하니만치그만치空虛와悲寂의感을돋우는듯。○歸途에는帝大法文科校庭에서朝鮮人志願兵의入營式이있는模様。附近一帶에配列한警官만보아도 매우盛大한式이었다。○시내ㅅ물사모스런마음못이겨서 일즉도라와一浴하고溪邊에서原稿。都市의中央에서피로운職務에從事하는이들을생각할수록 山麓에그니는 八字가惶悚하여못견딜지경이다。但大都會에있지않어도可한者가있으며 都會로오지않어야할者가왔으며 郊外로나갈수있는者가안나가면서 고생을自取하는者그太半인것을헤아릴때에 우리의惶悚한맘도五割은減해야할듯하다。○夕飯後에 이번增水로因하야露出된개천돌을 多數히패내다。이로써豚舍를 짓고저함이다。

〔以下第十二頁下段에續함〕

金敎臣 著

(1) 山上垂訓硏究 全

四六版・二四五頁

定價七十錢・送料六錢

마태福音第五—七章의三章을 詳細히解釋한것이다。이簡明한文字中에서 基督教의心髓를把握할수있다。그中의主祈禱文의解義만一讀하여도 基督教가 다른宗教와는根本的으로差異가있는宗教인것을 누구던지看取할것이다。처음求道하는이에게는基督教의入門이되려니와 近來에는神學生들의參考書로도需要가不絕하다。

藤井武全集再刊紹介

東京이 넓다하나 藤井武全集만은古本屋에서찾아볼수없으며或時있다해도定價의三四倍로呼價하더라는嘆息을들은것도한두번뿐이아니었다。이번에矢內原氏에依하야多數人의懇切한要求가應하게됨은甚히고마운일이다、朝鮮人으로서읽을수있는가장純眞한信仰文字이다。但 豫約申込者가五百에未滿할時는發行을中止할넌지도不知한다하니願하는이는左記要項參照後에至急申込하라。

體裁 四六版上製十一冊、總頁數七、七〇〇頁

定價 一冊三圓七十錢(送料市內六錢、其他十七錢)
一時拂四十圓七十錢(送料市內不要其他一圓三十錢)

申込 昭和十三年九月十五日迄(第一回分拂込)

發行 本年十月부터隔月一冊식 (昭和十五年六月完了)

發行所 東京市目黑區自由ケ丘二九二
矢內原忠雄方藤井武全集刊行會
(振替口座東京三七九七九番)

京城聖書硏究會

場所 京城府明倫町四丁目三三의一

日時 每日曜午後二時半부터約二時間

右場所는宋斗用氏宅인데、우리集會로서는充分하고靜肅한곳이다。市內뻐쓰東崇橋에서下車約二分걸린다。大學法文學部籠球場건너편 廣信商會나進雅苑(支那料理店)에서물으면잘알수있다。每月會費五十錢以上또는每一回聽講料二十錢을要함。遲刻謝絕。

梧柳洞聖書硏究會

場所 京仁線梧柳洞驛前宋厚用氏方

日時 每日曜午前十時부터約一時間半

參席함에는미리承諾을要함。月額會費負擔。

夏季休講。京城聖書硏究會는 七月第三日曜日(十七日)까지열고、七月二十四日부터九月第一日曜日(三日)까지休講。主에수께서許하시면九月第二日曜日(十一日)부터다시開講하고저한다。

住所通知。移轉하신때는舊新住所를並書하야通知하시오。市區改正으로地名과番地號數에變改있는경우에도一報를願함。夏季休暇로歸省或은轉地하는이도同號까지어듸로發送하라는것을通知하시오。先金切된때는皮封에「先金切」이라는捺印하는外에別로督促이없다。先金拂込이있기까지不必要하다는뜻으로알고發送을中止함。

新約聖書概要

題目	號數
마가福音의大旨	七四
요한福音의大旨	一〇六
로마書의大旨	一〇七
마태福音의大旨	一〇九
고린도前書의大旨	一一一
고린도後書大旨	一一三
갈라듸아書大旨	一一四

(但品切)

本誌定價(自五月號改正)

一 冊 貳拾錢

六 冊(送料共) 前金一圓十錢

十二冊(一年分) 前金貳圓貳拾錢

要前金。直接注文은

振替貯金口座京城一六五九四番

(聖書朝鮮社)로。

取次販賣所

京城府鍾路二丁目八六 **博文書館**

京城府鍾路二丁目九一 **耶穌敎書館**

東京市麴町區九段坂 **向山堂書房**

復活社(京城府) **茂英堂**(大邱府)

新聲閣(咸興府) **信一書館**(平壤府)

北星堂(春川邑) **大東書林**(新義州)

昭和十三年 六 月二十九日 印刷
昭和十三年 七 月 一 日 發行

京城府外崇仁面貞陵里三七八
編輯 發行者 金 教 臣
京城府仁寺町一一九ノ三
印刷者 金 顯 道
京城府仁寺町一一九ノ三
印刷所 大東印刷所

京城府外崇仁面貞陵里三七八
發行所 聖書朝鮮社
振替口座京城一六五九四番

【聖書朝鮮】第百十四號 昭和五年一月二十八日 第三種郵便物認可
昭和十三年七月一日發行 每月一回一日發行
【本誌定價二十錢】(送料五厘)

金敎臣主筆

聖書朝鮮

第壹百拾五號

昭和十三年(一九三八)八月一日發行

昭和五年一月二十八日(第三種郵便物認可)
昭和十三年八月一日發行(每月一回一日發行)

目次

내가 믿는 하나님

一

余輩에게서 얼마동안聖書배웠다는學生하나가 肺患이라는診斷을받고、休學靜養하라는 醫師의命令을받은때에 空中에 나는 참새 한마리도 하나님의許可없이는 떠러지지않는다하였는데 예수를믿는 제가 쉽사리 죽겠습니까。또病菌이傳染한다는것도 알수없는일인줄압니다。傳染할것같으면 발서발서 했을터인데요………라고 눈을 부르뜨며 주먹을 바루쥐고發惡할때에、그意氣는 장하다할것이오 그대로放任하는것이 肉身의病患에는多少의益이 없지않을넌지모르나 殘忍한생각을 무르쓰면서 余輩는明言하지아니치못하다。

너 다시는 나의게서聖書배웠다는말을 아무에게도 하지마러라!고。그理由說明如下。(1)우리는專門以外의일에는專門家의指導에順從한다。우리는病난때에 醫師의指示대로服藥하는者이다。(2)무릇참으로勇敢한者는 매우怯한사람들이다。잘뛰는龍馬는 뛰기前에 한번 뒷걸음한다하며、一旦弱해저야만 弱한中에서强함이 나타나는役事가 일우어질것이다。그런데 첨부터血氣의勇을 부리는것은 크게敗因을 짓는일인것이 明若觀火한일이다。(3)하나님의護圍안에있으라면 하나님의法則에서 살어야할것이다。참새의 살림에참새에게合當한法則이있는것처럼、사람의살림에는 사람相應한法則이있어야할것이다。日常生活에있어서 飮食은完全咀嚼을 한일없이 삼킴으로써意氣揚々하였고、大氣와日光은일부러避하다싶이 하고서는 좁은房속에蟄居하였고、睡眠時間을 無法하게短縮하야 特待生되기만 기쓰고競爭한것이아니냐。平日의 살림사리는 모주리 하나님意思에 어그러지게해놓고서 죽지않는信仰만은 하나님께强要하려드니 내가萬一하나님이었더면 발서 最後의呼吸까지回收하였을것이니라。

二

無敎會主義는 아무런儀式과律法에도拘碍하는것이없는絕對自由의信仰이라고해서、朝夕을友人에게 신세지는身分이면서도吸煙은勿論이오酒肴를貪하기에汲々하며、負債로써社交하기를茶飯事로알면서도 無敎會主義로自處하야 旣成敎會를論難하며 無敎會主義로서의交誼를要求하는이들이한둘뿐이아니다。때에 우리는說解矯正의術을 알지못함으로 一言으로廢之하나니 曰「그렇다면 우리는無敎會主義者가 아니노라」고。웨? 基督信徒는 書記官과 바리새敎人들의義보다 一層낫지않으면 決斷코天國에들어가지못하는것임을 배웠기때문이다。

流行의尖端

世上이唯物論一色으로塗沫되여서 神이라靈이라하면서祈禱하는者를嘲弄함이極했을때에 우리는祈禱하는生活을 시작했더니 지금은 너두나두할것없이 이나라 저나라 東洋西洋할것없이 全國民全人類가 어쨋던지 祈禱하고라야 견디어내는世代를當하였다。 只今은 祈禱하는사람을보고 嘲笑하여낼者가天上天下에 하나도없지않은가。 참으로 今昔의感이切하다。

하이칼라 머리 길우기를 焦燥해하는學生心理가怪異하야 教師노릇하는날까지 나부터 몸소 중의머리(丸刈)로싹깎어버리리라고 所謂하이칼라를 떼여버린지도 十年옛날의일이되였는데、近來에至하야 國民精神總動員의餘波로서 于先大學生以下가 모주리 우리黨이되였고 學校教師와學務官公吏와 府吏面吏員들이 우리를追從하지아니치못하게되였으니 생각하면 이것도 一代의決心事라아니할수없다。

人間은大氣中에서 太陽볕에 쪼이면서 땀흘려勤勞할것이 人類生活의公理原則이라는생각으로 數年前에 北漢山麓에 茅屋을꿈이고 移居한것인데、今夏에至하야 勤勞報國의命이全國에 내리니 生來에勞働이라고 해보지못했을뿐더러 몹시蔑視해오던先生님들이 炎熱에 서서견디는것관이라도 一日의長이없지않다는것으로써 우리와같은農軍을부려워 마지않으니 이도 또한 사람의눈에奇異한現象이라 안할수없다。

商人들과外交的術策을弄絡하기不快한것과 大商店에出入하기 어색한感으로써 弊衣古靴를 그대로 참어왔더니 今日에至하야는 이것이 도리어 忠君愛國의標謗이 되리만치 高位高官의貴人으로부터 巷間의防護團員과用達社員까지 一色이되였다。 그런즉 十餘年前에少年斥候隊服같다고 우숨거리되면서製作하였던 우리의登山服이 바야으로時代의尖端을 걷는流行服이되였다。

其他 가솔린統制의督促이急함을따라 自動車 오ㅣ토바이黨이悲鳴을發하는樣을보면 今日까지는 그렇지도않지만은數十日或은數個月넘지않어서 自轉車全盛의時代가 안오리라고斷言할수없는形勢이다。

四圍의形勢如斯히되고보면 只今 이時代는 마치 우리의時代인듯하다。 短髮에弊衣古靴로써 能히勤勞하며 까솔린신세지지않고서進退自在한村夫가 이時代의尖端을걷는流行兒로되였다。 勿論이제數年을지나면 오늘날流行도廢하게되는날이올것이나 또다시五年 十年을 지나는동안 追從하지않고도 우리는時代流行의尖端에 서게될것이確實하다。 時代는오고時代는가되 永遠한하나님의말슴에居한즉 때로尖端을걷기도하며 때로『時代遲』의嘲笑도받으니可笑로다。

病床談片

尋訪客。病勢危篤하신때에 이번만再起하면期必코完成하고싶다는所願이있었읍니까。

患者。예전에 어떤王이 莊子를찾어가서 나라를 잘다스릴方策을물었더니對答도않고責望하여보내더라합니다。其後에數年지나서再訪하고 내가 잘사는方針을 가르켜달라한즉 무릎을치면서快諾하고 일어나應對하더라합니다。나도 이제는 큰事業成就보다 내가 참되게살아갈것이所願이오。

客。…………

患。刑務所에서生活하랴면 別々놀라운일을 많이봅니다。아무리殺人强盜와其他極惡의人物이라도 이편에서 사랑과誠心으로對한즉 그눈瞳子에感應하는光彩가보입니다。大體 놀라운일이안입니까。卽 저들에게도 아직救援의所望이있더라는말슴이올시다。저들은思想犯이라면 매우尊敬합니다。그런데 끝끝내感應이없고冷冷한것은詐欺犯들이올시다。저들은智能的犯罪者인이만치 容易히他人의말을듣지않고 好意에對하야도疑訝로써應합디다。예수께서 바리새教人들과書記官들을痛擊하신것은 넘어過하신듯한感을不禁이었으나 그도 아마智能犯인까닭인가합니다。다른罪人은 모다救함을얻는다하더라도 知能犯만은永遠히救濟받기어려울가합니다。

客。果然그럴것이올시다。

患。半年以上入院生活을하랴면 病院이내집같습니다。그러나便所門을열어보와서 넘어醜雜하면 門을닫고 다른門을열고들어갑니다。그러나 이것이萬一내집이라면 어떻게할까。또他人들이보면 누가 이렇게 어즈럽게하였느냐고 물을때그心中에 朝鮮人!以外에 누구를짐작하겠읍니까。그래서우리는看護靑年과함께 不潔한便所를맞날때마다 淸潔하기로하였읍니다。하나는 우리할일을하기爲해서 또하나는 單한번이라도朝鮮人의 욕먹을機會를除해주고저해서。

○患者의思想의 시내는 흐르고 또흘러서 끝칠바를알지못한다。말슴을 먹고산다함은 이런사람을 가르킨것인가싶다。病床에있는일은 이미同情할일이다。그러나病床에누워서生理的病勢의進退以外에 아무런思想의來往이없는사람처럼可憐한人間이없다。저는 괴로움을 괴로워하는外에慰勞받을 길이全혀막힌사람이다。몸은病魔에잡혀있으나 그靈은恒常時間의古今을通하야飛躍하며 그마음은 언제나生命의愛에젖어있을때에 저는홀로있어서도慰勞에넘치려니와 慰勞하고저오는客들까지도 도리어慰勞주어보낸다。걱정할것은思想의枯渴이오信仰의浮動인저!

新約聖書槪要 (八)

金 教 臣

누가福音大旨

누가福音은、四福音書中에 셋째福音이오 마태 마가福音과合하야 처음三冊을共觀福音이라고 일카르는것도 누구나 잘아는바이다。

聖누가의生涯。누가도 요한과같이 自己의著作中에 自己의이름을記錄한일이없다。故로 누가福音과使徒行傳에는 누가의이름을 한군데도 찾어볼수없다。그럼으로 누가에關하야 우리가 아는知識은 大部分傳說과想像에依한것뿐이다。

누가自身으로自己의名義를記載한것은없으나 聖書의다른部分에 세번 누가의 이름이記錄되엿다。오직三處밖에없고、이三個所에依하야 많은推論을進展시길수있다。

① (골로새四・一四)사랑받는醫員누가와 또데마……

② (듸모데后四・一一) 오직 누가만 나와같이……

③ (빌레몬一四節)……데마와 누가도 문안하나니라。

以上으로써보아서 누가는使徒바울과特別히親密한關係에있었던者인것을 짐작하기어렵지않다。使徒의平常時傳道에忠實한同勞者이었을뿐더러 멀리 羅馬獄中에있어서 ─그囚人된것을 부끄러워서─ 바울의 知人故友들도 하날식 둘식離散遠隔하여버린後까지 우리누가는變함없는爲人이었다。慰勞가必要한때에慰勞해준友誼를가진人物이였다。

누가가 유대人이냐異邦人이냐 하는問題도 오란동안論議하였으나 今日까지異論이많다。聖누가와 구레네사람누기오와 同一人이란것은(使一三・一) 確實히錯誤로된 說이오、七十人弟子中의一人이라는說도 누가自身이否認하였다(一・二)。또 예수께 뵈러고願하던希臘人中의一人이라고(요한一二・二〇)斷定하기도 어렵고、엠마오途上두弟子中의한사람이라고(二四・一三) 말할수도없다。누가가 直接예수께師事한일이없었던것은 누가自身의言明한바이오(一・二)가장信憑할만한傳說에依하건대 저는 수리아地方안듸옥에出生한異邦人이였다고한다。이는 유세뷰스와 예롬도支持하였을뿐더러 이地方事情과 안듸옥敎會에關한 누가의詳細하고 親密한知識이 이것을立證한다。

누가가 어느때부터 使徒바울과親近하게되였는가。그時期와場所도適確히알수는없으나 누가의事績을 말하는材料에 有名한一人稱複數(우리)가있다。

使徒行傳第十一章二十八節을 베재經典대로읽으면 ─우리가 함께모였을때에─ 라는句가添加되였다。그렇다면 누가는 바울이 바나바의請促을받고 다소를떠나 안듸옥에進出한後 얼마안되여서 안듸옥教會에出席하였던모양이다。勿論 異邦人으로서基督教에改宗한最初의人들의하나이였을것이며、바울은割禮없는異邦人들에게도充分한基督信者의待接을許하였으나 베드로는同一한食卓에서 먹기를躊躇하였다는것도 이사람들과關聯된事件이였을것이다。그러나 이部分은推測과想像이多分으로 섞여있다。

가장確然하게 누가와 바울의關係를 말한것은 使徒行傳第十六章十節에 突然히第一人稱複數가 使用되여서부터 바울과실라가 빌립보를떠나갔다(使一六・一一)는데서第一人稱複數(We)가 第三人稱複數로(They)다시 換置된區間까지의 ——「우리部分」(We Section)이다。이에 누가自身의記錄에依하건대、저는 드로아에서 使徒바울의一行에 叅列하야마게도니아로가서 歐洲傳道의創業에 劃叅하였다。이때에 바울은 身病으로因하야 旅行을一時停止하고 갈라듸아에서療養한일도있었음으로 醫師인누가가 더욱緊要하였을것이다。

바울과실라가 빌립보를떠나간後의누가에關하야는 聖書는 또한번沈默을 지켰으나、짐작건대 누가는 빌립보에떠러저있어서 醫業으로써自活하면— 約七年間은傳道하였던모양이오、바울이 빌립보에서 고린도後書를 써보낼때에 디도와함께 누가가이것을携帶하였던것이다。다시 先生과同僚들과함께 빌립보를떠나 예루살렘으로向發한記事(使二一・一八)까지는있으나 其後의일은 또한번漠然한雲霧中에 사라지고말었다。바울이拘束된몸으로羅馬로出發하게될때에 가이사랴에二個年間이나 함께 있었다하니 그동안도 한결같이 바울의同勞者이였을것이며、또事實 바울이 가이사랴를떠나羅馬로가는船中에도作行者였고 로마在獄中에도 끝까지 바울을 여이지않었던듯하다。

使徒行傳이 中斷된데서부터 우리는 더욱 누가의일을 찾어볼길이없으나 牧會書翰의記事(듸모后四・一一)로써보건대 使徒行傳의終端記事以後에도 略二個年은 바울先生의곁에서生存하였을것이며、바울이殉教당한後에 著作에着手하였을것인데、使徒行傳을完結치못한대로 둔것은 무슨突發事故던지或은 누가自己의死亡에因한것이라고한다。

누가의末年에關하야 언제어듸서 죽었는지確實히알수는없다。希臘에서 죽였다는說이 가쟁有力한傳說이다。또殉教의죽엄으로 죽였다하며、或은橄欖나무우에十字架刑으로죽였다는說까지 傳來하였으나 要컨대傳說의傳說이다。누가를畵家였다는說도있으나 이는同名異人의錯誤일것이다。

모든無根之說은除하고라도 누가自身의確實한筆蹟에만依하야보아도 聖누가는 아주完成된希臘文章家이였고、緻密한觀察家요、偏俠하지않은 歷史家요、信賴할수있는醫師였고、가장眞實한 벗이였다。이러한누가가存在하였음으로異

邦人使徒의生涯와그傳達한福音이우리에게如實히傳해졌다。

本書의特徵。 요한福音은 全然다른見地에서記述한것이니除外하고、마태 마가 와 本書는 所謂共觀福音이라하야셋冊에共通한記事가 많다。 各冊의記事內容을百으로한때의比例를表示하면如左하다(스트라우드氏의計算에依함)。

書名	特異한記事	共通한記事
마가福音	七	九三
마태福音	四二	五八
누가福音	五九	四一
요한福音	九二	八

이것을 節數로計算하면(류스氏에依함)、

共觀福音에 서로共通한記事가 大略三百五十節、

마태福音에만特異한記事가 大略三百五十節、

마가 〃 〃 〃 大略六十八節、

누가 〃 〃 〃 大略五百四十一節。

누가福音에獨特한記事가 第一多量이다。各其特異하다는것은大概「이야기」卽「物語」에屬한것이오、共通하다는것은 예수의說話이다。

요한福音보다共觀福音편이 먼저著述된것임에는 異論이없으나、共觀福音셋冊中에 어느것이果然먼저著作되였는가함에關하야는學者의說이區々하다。어떤이는 누가福音을第一먼저된것이라고하나 이런學說은 차라리例外로 돌리고마태 와 마가福音이 第一問題된다。但 지금은 이問題를詳述하기를略하고、다만 마가福音이第一먼저記錄된것이라는近來의學說에 우리도追從한다는것과 누가福音은前記두福音書보다後에된것으로 안다는것을 말해둘것뿐이다。

四福音書中에 마태와요한은 예수在世中에 따라다니든使徒들의記述이오、마가와 누가는使徒도아니오 예수在世中에 그言行을 몸소目擊한弟子들도아니였다。마가는或時예수의最後의光景의一部分을目擊하였을넌지 모르나、누가에至하야는 全然그런듯한根據를 잡을수없다。그러나마가福音이使徒베드로의證據한바를記述한것이라는것과 마찬가지로、누가福音은 使徒바울이理解한 예수의生涯와行蹟이骨子가되였다。卽 누가福音은 一名바울福音이라고 하여도無妨할것이다。바울의思想과 누가福音과에 얼마나共通한것이많은가함은 左記數節을參照하여보아도 알수있다。

누가福音	四・二二	골로새	四・六
仝	四・三二	고前	二・四
同	六・三六	고后	一・三
同	六・三九	로마書	二・一九
同	九・五六	고后	一〇・八
同	一〇・八	고前	一〇・二七

同　一一・四一　듸도　一・一五
同　一八・一　데살后　一・一一
同　二一・三六　에베소　六・一八
同　二二・一九、二〇　고前　一一・二三—二九
同　二四・四六　使徒　一七・三
同　同・三四　고前　一五・五
同　同・四七節은　바울福音의結論이다。

누가福音의特徵을　알기爲하야서는　다른福音과比較하여보는것이　그捷徑이다。

一、요한福音과共觀福音과의差異。

共觀福音은　갈릴리傳道를詳述하였음에對하야　요한福音은유대地方傳道를重視하였고、共觀福音은　예수의奇蹟과譬話와外的事件을重大視하였음에對하야　요한은　예수生涯의無形한靈的意味와理論을充足히取扱하였다。共觀福音은不信世界에　그리스도를示達하고저힘썼음에對하야　요한은信者에게目標를　두었다。前者는그리스도의事業의　客觀的事實을爲主하였고　後者는主觀的意味를　말하였다。前者는그리스도의外形的存在를　充分히그렸고　後者는깊고깊은生命의神祕를記錄함으로써　그리스도의全像이完成되였다。前者는多樣의表現이오　後者는單一의記錄이다。前者는　한社會의經驗을基礎로한記錄이오　後者는　사랑받은弟子의直觀으로된것이다。共觀福音은基督敎會의幼年期의福音이오　요한福音은壯年期의것이다。前者는　여러사람들의넓은經驗을合成한것이오　後者는　한사람에게　갈망되였던　깊은神祕의뭉치이다。共觀記者의三方面으로써　그리스도의外觀이形成된우에　요한이　靈的生命으로써　最後의點睛을　施하였다。그리하야　共觀福音記者들과　또요한의共通한目的인ㅡ오직記錄한　이것은　너의로　하여금　예수께서　그리스도시며하나님　아들이심을　믿게함이오、또　너의가　믿고　그이름을　힘입어　생명을　얻게함이니라ㅡ는(요한二〇・三一)大願을成就한것이다。

二、四福音書의比較。

①마태는　유대에서유대人들에게　읽기고저　썼다。필경아라미語로　썼을것이다。이것은　히브리國民의福音이오、過去의福音이오、메시야를立證하랴는福音이였다。그리스도의族譜에　그리스도는……다윗의아들、……아브라함의아들이라고起筆한것은　유대王國의後裔와　유대民族的約束의實現을證據하려는것이다。마태는　언제던지　舊約의豫言이　成就하기爲함이라ㅡ하며、모세의律法을　破棄하려는것이아니오完成하려오신것이라고　累々히說明하였다。마태福音이傳한예수는　모세보다一層高尙하고細密한律法者요、새王國의王인同時에審判者인　예수였다。

②　마가는　로마에서로마人世界에　써보냈다。現在의福音이다。그筆致가生々하고躍動한것도　人間中에서生活하며

움즉인 산예수를 그린것이다。古代의豫言에拘抵하지않고 現世代의王者예수로表現하였다。

③ 누가는 希臘에서 希臘人에게 쓴것이다。回顧的이 안일뿐더러 現在의榮光에도 恍惚하지않고 오히려未來에 向하야 前進的이다。律法的이아니오 豫言的이다。國家的이아니오 世界的人類的이다。그文章은 가장洗練된것이오 內容의配列은第一藝術的이며歷史的이다。

누가는 예수를 다만 유대人의 메시야에 끝이게하지 않였고、또한列邦과宇宙를統治하시는能力者로만 나타내지 않였고 罪人의救主로 그려내였다。律法統治가안이오 人情味있는主요 또한 벗이였다。

누가福音의精神을 가장 잘傳하는것은 그第十五章이다。有名한放蕩子의譬喩는 누가福音의眞髓라고稱할것이다。여긔에 하나님과人間과의關係、하나님이人類를救濟하시는道理가 簡明하게 들어났다。蕩子가救援받음이 그行爲에因한것이안이오 오직父親의限없는 사랑을信依함에있었다。蕩子는 罪過의몸 그대로 父親께와서 그信賴心으로써救援되였다。어버이된者는 그子女에게 이것을期待하는것이다。무릇 어버이가 子女를救援하고저하는 생각은 子女가 스스로自己를救하려는情보다 더욱切實하다。그럼으로

相距가 오히려머나 父親이보고 이에 측은히 녀겨 다라나가 목을안고 입을맞후니라

고(二十節)하였다。이것이 迷惑한 子女에게對한 어버이의 거짓없는眞情이오 또한하나님이 迷惑한世代의人類를爲하야 가지시는眞心이다。이리하야 누가福音은 하나님의無條件한赦免 全的恩惠의赦免을傳한다。甚히 親近할만한人類의友人으로보인다。마태福音의過度로嚴格한데 못이기는일들이 질겨 누가福音을耽讀하는것도一理있는일일뿐더러、누가福音을 읽어서야만 한층더 높고넓은階段의 信仰에 나아갈것이다。

④ 第四福音에至하야 한가지 남였던問題가充足되였다 即 永遠。이에 이르러서 그리스도는 單只유대人의메시야만도 안이오、萬邦의君主만도안이오、한갓人類의救主만도 안이오、實로 化肉한말슴이였다。復活昇天하신人子에 끝인것이안이오 하늘로부터나려온 하나님의아들이였다。神人이였을뿐만안이라 化肉한神이였다。

태초에 말슴이있었다。말슴이 하나님과 같이계시매 말슴은 곧 하나님이시라。……말슴이肉身이되여 우리가온데 居하야 恩惠와 眞理가 가득함애 우리가 그榮光을보니 하나님의 獨生子의 榮光이러라。

고 웨친때에 福音의啓示의階段은 그完全한地域에達하였다。이리하야 하나님의獨生子의生涯를傳하는데 마태 마가 누가 요한의四人이撰擇된것도 無限한恩寵의攝理로써된일이였다。感謝할일이오讚頌할일이다。

누가福音分解表

누가福音分解表

一、序言 (一・一—四)

本書의目的과特徵。

二、準備時代 (一・五—四・一三)

甲、幼年時代 (一・五—二・五二)

A 誕生 (一・五—二・二〇)

가、誕生의告知。 (一・五—五六)

1、洗禮요한 (五—二五)

가브리엘이 사가랴에게洗禮요한의出生을告知함(五—一七)。 사가랴의不信(一八—二三)。 엘리사벳孕胎(二四—二五)。

2、예수。 (二六—五六)

(a) 가브리엘이마리아에게 예수의誕生을告知함 마리아의信受(二六—三八)。

(b) 마리아가 엘리사벳을尋訪함(三九—五六)。 막니피갇(四六—五五)。 歸宅(五六)

나、誕生 (一・五七—二・二〇)

1、洗禮요한의誕生。 (一・五七—八〇)

誕生(五七—六六) 베네딕투스(六七—七九)、成長(八〇)

2、예수의誕生。 (베들레헴)(二・一—二〇)

誕生(一—七)。 主의使者牧者에게出現(八—二〇)。

八

B 幼年 (一・五—二・二〇)

가、割禮와潔禮。 (二一—三九)

시므온의預言(二五—三五)。 안나의感謝(三六—三八)

나、成長과 十二歲의逾越節。 (四〇—五一)

어찌하야 나를찾었나이까。 내가 내아바지집에 있어야 쓸줄을 아지못하였나이까(四九)。

C 숨긴十八年 (나사렛) (二・五一)

예수의智慧가 더하고 키가 자라매 더욱 하나님과 사람의게 고임을보시더라。

乙、成年時代 (三・一—四・一三)

A 受洗 (三・一—二二)

가、洗禮요한의宣教。 (一—二〇)

① 洗禮요한의宣教年代와그出現。 (一—六)

② 洗禮요한의說教。 (七—一四)

③ 洗禮요한의告白。 (一五—一七)

④ 헤로데 요한을投獄。 (一八—二〇)

나、예수 요한의게서洗禮받으심。(요단江) (二一—二二)

B 예수族譜 (三・二三—三八)

注意。마태福音의順序와는反對。누가는神子아담으로부터、마태는 아브라함으로부터起筆。前者는七十七代요後者는 四十一(二?)代。아브라함—다윗까지의部分外에는 거의全部一致를缺함。

C 荒野의試錬。 (四・一—一三)

第一試——돌다려떡이되라고(二—四)。第二試——魔鬼를禮拜하라고(五—八)。第三試——하나님을試驗하라고(九—一二)。魔鬼退却함(一三)。

注意——마태복음과는第二、第三試錬의順序다름。

三、傳道時代。 (四・一四—九・二七)

甲、갈릴리傳道 (四・一四—九・五〇)

A 傳道시작。 (四・一四—三〇)

가、傳道의開始。 (갈릴리) (一四—一五)

나、나사렛會堂에서說教——失敗。 (一六—三〇)

B 가버나움附近의傳道。 (四・三一—七・五〇)

가、어느安息日、(가버나움) (四・三一—四一)

① 더러운 사귀들린者를治癒。 (三一—三七)

② 시몬의 장모를 고치심。 (三八—三九)

夕陽에 많은病者治癒。 (四〇—四一)

나、巡廻說教(갈릴리?) (四・四二—四四)

다、게네사렛湖의大漁——시몬聖召。 (五・一—一一)

라、癩病者를治療하심。 (五・一二—一六)

마、바리새人、教法師와衝突(가버나움)(五・一七—六・一一)

① 반신불수 고치신일로써。 (五・一七—二六)

② 稅吏와同卓한件으로써。 (二七—三二)

③ 禁食問頭로써——새것과 낡은것。 (三三—三九)

④ 安息日에摘穗件으로써。 (六・一—五)

⑤ 安息日에 죄손、고치신일로써。 (六—一一)

바、十二使徒의選任。 (六・一二—一六)

사、平野의說教——(마태의山上垂訓乎?)(六・一七—四九)

① 序言——많은群衆。 (一七—一九)

② 幸福스럽도다(四)、禍있을진저(四)。 (二〇—二六)

③ 愛敵——無抵抗。 (二七—三六)

④ 審判마라。 (三七—四二)

⑤ 果實로써 나무를알라。 (四三—四五)

⑥ 磐上의家屋과土上의家屋——實踐唯貴 (四六—四九)

아、가버나움傳道餘錄。 (七・一—五〇)

누가福音分解表

① 百夫長의奴婢를治療하심。(가버나옴)(七・一―一〇)
② 나인 寡婦의獨子를復活시기심。(一一―一七)
③ 洗禮요한의迷疑。(一八―三五)
洗禮요한의質疑(一八―二三)、洗禮요한에게關한
證言(二四―三〇)。現代의不信(三一―三五)。
④ 罪잇는女人의香油。(三六―五〇)

C 巡廻傳道 (八・一―九・五〇)

가、巡廻開始――弟子와女人들도奉仕。(八・一―三)
나、譬話의說教。(八・四―二一)
播種人의譬話(四―八)。譬話의目的(九―一〇)。播種
人譬話의解義(一一―一五)。譬話의活用(一六―一八)。
福音을듯고行하는者라야 참親戚(一九―二一)。
다、奇蹟四件。(게네사렛湖上)(거라사)(가버나옴) (八・二二―五六)
暴風鎭靜(二二―二五)。거라사의豚(二六―三九)。
야이로의血漏症女人(四〇―五六)。
라、十二使徒의派遣。(九・一―一〇)
마、北方巡廻。(九・一一―五〇)
① 五千人에게떡。(벳새다)(一一―一七)
② 베드로의大告白――使徒訓練의絕頂。(一八―二〇)
③ 受難豫告(第一)――十字架를지고따르라 (二一―二七)
④ 山上의變貌。(헬몬山?)(二八―三六)
⑤ 山下의不信――惡鬼退治。(三七―四三)
⑥ 受難豫告(第二)。(四三―四五)
⑦ 弟子들의順位競爭――謙卑의教訓。(四六―四八)
⑧ 拒逆하지안는者는容納――寬容。(四九―五〇)

乙、누가의旅行記――갈릴리出發後。(九・五一―一八・一四)

一、예루살렘向發――사마리야人에게寬度 (九・五一―五六)
二、이핑계 저핑계――장기잡고後顧하는者 (九・五七―六二)
三、七十人派遣――二人식一隊。(一〇・一―二四)
예수의滿足과歡喜(二一―二四)。
四、永生의道――善한사마리아人。(一〇・二五―三七)
教法師의質問(二五―二八)、譬話(二九―三七)。
五、마르다와 마리아――하나만必要不可缺 (一〇・三八―四二)
六、祈禱에關한說話 (一一・一―一三)
――主祈禱와夜半友人의譬話。
七、바리새教人들과의正面衝突。(一一・一四―五四)
① 惡鬼쫏아낸事件――바알세붑의힘이아니다(一四―二八)
② 徵兆를拒絕――솔로몬보다 요나보다큰이(二九―三六)
③ 바리새人과教法師에게對한痛罵――禍々々(三七―五四)
八、多種의勸戒。(一二・一―一三・九)

① 逼迫을두려워말고信仰을告白하라。(一二・一—一二)
② 貪慾無益——미련한富者의譬話。 (一三—二一)
③ 衣食을念慮마라——寶物을하늘에쌓으라(二二—三四)
④ 恒常깨여있으라。 (三五—四八)
善한종(三五—四〇)、智慧있는支配人(四一—四八)。
⑤ 分爭을 참아 견디라。 (四九—五三)
내가 불을 따에 던지려 왔노라。
⑥ 時期를알어라——惠機勿失。 (一二・五四—五九)
⑦ 罪를悔改하라——結實없는無花果。 (一三・一—九)

九、어떤會堂에서。 (一三・一〇—二一)
① 十八年間病든女人治癒。 (一〇—一七)
② 天國의譬話——芥子씨、누룩의譬話。 (一八—二一)

一〇、天國에入叅할者——좁은門으로。 (二二—三〇)

一一、예루살렘滅亡의豫言。 (一三・三一—三五)

一二、바리새敎長의家에서。 (一四・一—二四)
① 安息日에治病。 (一—六)
② 席次의譬話。 (七・一一)
③ 貧者를請하라。 (一二—一四)
④ 大晩餐會의譬話。 (一五—二四)

一三、弟子되려는者의覺悟。 (一四・二五—三五)
父母兄弟를미워하라(二五—二七)。 塔의譬話(二八—三〇)。 戰爭의譬話(三一—三三)。 鹽(三四—三五)。

一四、하나님의愛에關한三譬話。 (一五・一—三二)
① 잃어버린羊。 (一—七)
② 잃어버린銀貨。 (八—一〇)
③ 放蕩한子息。——兄의不平。 (一一—三二)

一五、富의利用에關한譬話 (一六・一—一三)
① 不義한支配人——智慧롭게利用하라。 (一—一三)
小事에忠한者 大事에도忠誠함。但不使二君。
② 富者와 라사로의譬話——富를誤用한者(一四—三一)
모세와先知者가있으니 들을지니라(二九)。

一六、犯罪케하는者의罪에關한勸戒 (一七・一—一〇)

一七、十人의癩患者——異邦人의敬虔。(一七・一一—一九)

一八、天國의來臨。 (一七・二〇—三七)
보이는것으로오지않는다。電光처럼온다。

一九、祈禱에關한譬話。 (一八・一—一四)
① 不義한裁判人——落心말고祈禱하라(一—八)。
② 바리새人과稅吏——먼저謙卑하라(九—一四)。

丙、예루살렘行次 (一八・一五—一九・二七)

一、幼兒와天國。 (一八・一五—一七)

二、富者인法官의質問。 (一八・一八—二七)
何得永生——盡賣하야貧者에게주라(一八—二三)。
富의危險에關한說話(二四—二七)

三、一切를 버린者에게對한報酬。 (一八・二八—三〇)

누가福音分解表

四、受難豫告(第三)。 (一八·三一—三四)
五、盲人의눈을 뜨게하심 (여리고附近)(一八·三五—四三)
六、桑樹우의삭개오。 (여리고)(一九·一—一〇)
七、僕十人에게十斤의銀을 맡긴譬話。(一九·一一—二七)

四、受難時代—예루살렘滯在(一九·二八—二三·五六)。

가、예루살렘入城。 (一九·二八—四八)
① 入城光景——바리새人의抗議。예수涕泣(二八—四四)
② 潔殿。聖殿에서 가르키시다。 (四五—四八)
나、論戰의一日 (聖殿內)(二〇·一—二一·四)
① 예수의權威問題——祭司長、學者들과(二〇·一—一九)
葡萄園의惡한農夫의譬話(九—一八)
② 가이사에게納稅의可否。 (二〇·二〇—二六)
③ 復活論—사두개人들과。(討論終結)(二〇·二七—四〇)
④ 그리스도는 다윗의子孫이아니다(二〇·四一—四四)
⑤ 虛僞와眞實의比較。 (二〇·四五—二一·四)
學者들의僞善(二〇·四五—四七)、
寡婦의두푼(二一·一—四)。
다、世界終末에關한豫言。 (二一·五—三八)
① 聖殿破壞의豫言。 (五—六)
② 終末의豫言。 (七—三七)
라、受難序曲。 (二二·一—六)

二二

① 祭司長等의 예수殺害陰謀。 (一—二)
② 가롯 유다의謀叛。 (三—六)
마、最後의晩餐。 (예루살렘)(二二·七—三八)
① 準備及晩餐。 (七—二三)
② 큰者가 누구냐? (二四—三四)
弟子離散豫言베드로의莊談(三一—三四)
③ 옷을 팔어 劍을사라。 (三五—三八)
바、就縛——橄欖山에서苦禱。 (二二·三九—五三)
사、審問。 (二二·五四—二三·二五)
① 祭司長의審問——산헤드림(大祭司邸)(二二·五四—七一)
베드로의否認(五五—六二)、
守備者들의嘲弄(六三—六五)
② 빌라도及헤롯王의審問。(各其官邸)(二三·一—二五)
아、十字架及埋葬。 (골고다)(二三·二六—五六)

五、復活昇天 (二四·一—五三)

가、復活의 아츰(日曜日)——空虛한무덤(二四·一—一二)
나、두弟子에게顯現——엠마오途上에서(二四·一三—三二)
다、十一弟子에게顯示。 (예루살렘)(二四·三三—四九)
두弟子歸京(三三—三五)。 예수十一弟子에게顯示(三六—四三)。 受難에關한豫言과釋明(四四—四六)。
世界傳道의委托과聖靈降臨의約束(四七—四九)。
라、昇天。 (二四·五〇—五五)

世上을이기는勇氣

(나의懺悔)

咸錫憲

現代의世相은 어떤意味로보던지 決코歡迎할만한것이못된다。온世界의사람이 不安과焦燥와疑惑과壓迫感밑에 살지않으면안되는 이世代는 分明히不幸한 한時代다。그러나不幸함에도不拘하고 敎訓은많이들어있는時代라。平坦을잃은땅이 絕景을낳는것같이 平穩을빼앗긴이時代는 前에볼수없었던眞理를 깨닫게한다。

基督者의눈으로 現代를보면 初代敎會時代를 聯想케하는點이많다。오늘날信者는 自己와世上과의사이에 마치初代敎會의信者와 그살던世上과의사이에있었던것과같은 間隔이있는것을 느끼지않을수없다。그러고 이는 數百年來의새發見이라할수있다。元來를말하면 基督者와世上과의사이에 一致가있을수가없다。그런데 이三四百年來의基督敎는 그것이可能한줄로 믿었고 그接近은 나날이더하야가는줄알었다。그런데 이제와서 갑작히 그것이迷妄임을 一朝에깨닫게되였으니 그놀람을 可히想像할수있다。

그러나 놀랄것은 그것만아니다。두時代의信者의態度가 더놀랄만치 서로다르다。初代의信者는 그數로보나 그敎理、制度의整頓程度로보나 現代信者에 比할수없으리만큼貧弱하였음에도不拘하고 猛烈한戰鬪心에 불붙고있었다 저들은 世上에對하야 積極的態度를取하였었다。그런대現代의信者는 그와反對다。極히消極的이다。두사이에合할수없는間隔을 느끼면서도 敢히攻勢로나올생각을못하고 守勢에있어서나마도 스스로의안에 勇氣가없는것을 自認하고있다。이는世界全般에亘한 事實인듯하다。그러나널리世界는直接보지못하니 그만두고라도 적어도우리周圍에서는否認할수없는 事實이다。基督者가스스로 自己內部에 勇氣의缺乏을 느끼는것。

이들事實은 基督者에對하야 悲痛한일이지않을수없다。그러나우리가보기로는 現代안에들어있는 하나님의敎訓은바로여기있는듯하다。世界를救하기爲하야 基督者에게 戰鬪的精神을 이르키기를 要求하는일이다。우리는確信을가지고 斷言할수있다。人間이信仰에依하야 根本的으로 다시남에依하야 世界를救하려하는 運動이이러나지않는限、이痛歎할世相은 決코끝을뵈지않으리라고。人間은在來戰鬪의存在다。故로人生은 싸움이라 는見解는 반드시基督敎를기다리지않고라도 이미있었다。이는 어떤思想家의意見도아니오 어떤詩人의 譬喩도아니다。人間이歷史의過程을 實踐하는동안에 깨달은眞理다。그러나基督敎에서는 다사더할수없이分明히深刻히 人生을戰鬪的存在로認定하야 놓았다。

一내가너로 하여금 女人과원수가되게하고 너의後孫이 女人의後孫과 또한원수가되게하리니……一(창세기三章十五節)라고 創造의처음에 적혀있다。예수自身의입으로 明白히 一내가世上을 和平케하려온줄로 알지말라。和平케하려 온것이아니오 兵器를 이르키려왔노라一(마태一章三十四節)라고말슴하셨다。基督敎의人生觀으로하면 人間에게싸움이 없는것은 두가지境遇밖에없다。저가永遠히死亡에들어가던지永遠의生命의나라에들어가던지。그리고永遠의生命의나라에들어가는것은 間斷없는싸움에依하야만可能하다고한다。저에게있어서 人生은 單純히培養할것이아니오 攻取할것이며 奪還할것이다。世上은非善非惡의 中性的素材가아니오 사단의權威下에있는나라다。故로基督者는 自己가싸움을하고있는者임을 刹那도잊을수없는일이다。그런데그基督者가 戰士로서의 自己의資格을 잊였다면 어떠할가。짠맛을잃은소금外에 아무것도아니다。事實 現代의基督敎會는 밖에바려 밟힘을입는 맛잃은소금의身세에서 지나는것이없다。하나님은 이모양을보기에 참아못하야하시어이時代를 보내였다。平和란거줏이오、싸움이人生의事實인것을 깨닫게하기爲하야 모든假裝平和를뜯어바리고 空中에勢力을잡은者로하여금 怯弱한現代人에 軍隊的訓練을 식이게하는時代다。簡單하게말하면 近世以來의 基督信者가善한싸움을 勇敢히싸왔던들 이時代는아니오는것이였다。

그런데 저들이 그싸움싸움을 아니싸왔는故로 이싸움의時代가왔다。文藝復興以來의 그릇된人文主義는 人間에게서戰鬪意識을 빼앗고 似而非平和理想을세워왔다。道德論에서는 發展說이니 完成說이니 하는것으로 罪의意識을鈍케하야 戰取的生活精神을 抹殺식이였고 政治的으로는外面으로만하는 國際協調思想을가르처 國家間의衝突을 더욱陰性的것으로만들었다。專門家의말에依하면 이제世界戰爭이나면 모든文明이 다破壞되고 人類는다시野蠻狀態에도라갈수밖에없다고하는대 그처럼戰爭의禍毒을 深刻하게만든것은 이僞善的平和主義다。表面으로平和主義를가지며內面으로는 鈍하야진良心을가지고 科學을惡用하야 秘密裡에 戰爭準備를 하려는대서 現代戰術은나왔다。故로그人文主義와손을잡았던 基督者가 이世代에對한責任을질것은當然한일이다。故로現代戰爭의意味는 어느나라가이기고 어느나라가 敗하는대있는것아니오 基督者가 人間主義에向하야 다시宣戰을하게되는대있다。어려운敎訓이다。

그런대現代의基督者는 여기對하야 어떤反應을보이고있나。오랫동안懦弱에젖어있은 그들은 이뜻하지않였던患難에直面하야 蒼皇失色하고 한갓소리를높여一主여우리게能力을주시옵소서 主여우리게智慧를주시옵소서一하고 울부르짖는다。그情形이야 가없기는卽가없다할지라도 根本的

깨다름에 이르기에는 아직멀다。 저들은自己의弱을안다。 그러나그弱의原因이무엇임을 아직모른다。 저들은勇氣를願한다。 그러나勇氣가 어대로좇아오는지를 오히려생각지않는다。 저들은엘리야를알고 모세를알고 베드로 요한을알고 바울을안다。 그러나그들의權能이 그저하나님이주어서만 있였던줄알고 그內的條件이무엇이였던지를모른다。 故로그熱心있는祈禱에도不拘하고 하나님은一向應答하지않는다。 故로祈禱를할때는 熱心으로하여도 그房門밖에나와 難問題가다시眼前에던저질때는「그러니어찌하노ㅣ」하고막혀버린다。 그들은自己의祈禱가 하나님에게上達되게못하는原因이 自己內部에있음을 생각지않는다。 예수말슴하시기를

「禮物을祭壇에들이라고 거긔있을때에 네兄弟가너를因하야 怨望하는것이 생각나거던、禮物을 祭壇앞에두고 몬저가서 兄弟와和睦하고 其後에와서禮物을들이라ㅡ」

(마태五章 第二十三ㅡ二四)

이것이다。 要點은여긔있다。 저들의맘이오히려 罪에잡혀있다。 그런故로저의게勇氣가날수없다。 누가참勇者냐 누가사단의權勢앞에서 무서워하지않는者냐 그良心이罪에서解放된者다。 現代의信者는 이것을잊고있다。 저들의맘이 根本的으로 罪의毒에 痲痺되여있음을 생각지않고있다。 모세의權能을 말하지만 그가그렇게 權能있게되기는 무엇에依하야선가。 그가埃及에있어 當時의學問을 다배우고 貴한자리에있었을때에도 普通사람의하는 情意의生活을하는사람에지나지않었을때 얼마나弱하였나。 一時的熱情에몰려殺人을行한後는 「나이四十이됨애 心中에思想이發한」그이것만도 무서움을이기지못하야 曠野로逃亡하지않었나。 그러나거기서 하나님의學校에서 修練을받은後는 어떠하였나。 잿물과비누로漂白하듯이 시내山의하나님의불꽃가에서 四十年人間生活에젖은良心을 맑앟게씻어 罪에서解放된사람이되고 하나님앞에 徹底히謙遜한사람이될때 全埃及의威嚴도두려워않는 勇敢한사람이되였다。 그런대現代의信者는 그權能만을願하고 그맘이맑아지기를 求하지않는다。 저들로서 萬一옳은祈禱를한다면 能力을求하고 智慧를求하며 어려운場面을 어떻게免하고나올것을 생각하기前에「主여 우리를 試驗에들지말게하시고 罪에서건저주시옵소서」할것이다。 能力을주고안주는것은 主에게있음애 말할것없고 우리할것은 스々로가깨끗한靈魂이되기를 願하는일이다。

예수의마지막저녁의일은 이境遇에우리게 가장힘있는教訓이된다。 그마지막저녁 다락房에서 저녁을먹을때로붙어 이튼날새벽 유대사람의손에 잡혀가게될때까지의 하루저녁은 形容할수없는 苦惱의저녁이었다。 이어려운場面을놓고 두人格의行動이 두드러저나타난것이있다。 하나는勿論主요、또하나는베드로다。 普通人情의判斷으로하면 이境遇에 누가勇者같았고 누가弱者같았느냐하면 前者는베

드로오 後者는예수라할수밖에없다。 예수는平日에두고두고 이번길이있을것을 모르지않었고 스스로自取한길이다。 그러나그렇건만도 정작그苦難이 眉間아래에올때는 두려워서一내가甚히憫망하야 죽게되였으니一하였다。 이는無限한苦惱를먹음은一語다。 이를듣고 우리는 無限한愛着을느끼지만 이는弱者의歎聲이라 할수밖에없다。 그리고는一이잔을 내게서 떠나게하야주시옵소서一하는말을듣고는 하나님의 아들로서 意外로도 弱한말이아닌가하는 疑心도난다。 거긔比하면 베드로의行動은 잘對照된다。 저는예수가 너의가이제 다 나를져바린다고할때 팔을뽐내며 단々盟誓하였다。 一내가主와같이죽을지언정 아지못한다하지않겠압나이다一라고。 그리고軍士들이와서 實地로잡을때는 칼을빼여 對抗했다。 壯이아니고、勇이아닌가。 그러나조곰後에는 어떠하였나。 하나는죽을따로끄는羊같이 默々然히 죽음을바라보고들어갔고 하나는 詛呪하는말로 나는예수를모른다고하였다。 그러면그原因이무엇인가。 베드로의勇는 왜그리弱했으며 예수의弱은 어찌그리勇했던가。 다른것아니오、하나는罪의사람이오 하나는罪의勢力下에있지않는 靈魂이기때문이다。

一그러나 내하고저하는대로 마옵시고 오직아버지의 뜻대로하시옵소서一

이一語가 그것을잘表示한다。 이것은예수의 地上三十年生涯의 目標였다。 첨부터나종까지. 그의生活은 이것으로꿰뚤려있다。 아버지의뜻을일우는것、 저에게는 一毫의私心이 없었다。 一點의慾念이없었다。 人間主義가 片影조차도없었다。 거긔예수의예수인點이있다。 베드로는壯한듯하나 人間의範域을 버서나지못한맘이있다。 感情、意志의程度를 지나지못하였다。 道德學者는 人間의意志는 修養하면 無限한힘이있고、自由가있는듯이말하지만 實地에있어서 그런것은없다。 自由意志란 말만듣기좋은것이오 事實로는없다 오직罪없는魂만이 自己意志를 自由로쓸수있고 强할수있다。 故로아직罪에서놓이지못할때의 베드로의決心은 저를 救하지못하였다。

그러나누가罪가없을수있나。 義人은없나니 한사람도 없다고한 그대로아닌가。 그리면우리는 永遠히 사단의멍에 아래있을것인가。 아니다。 하나님의福音은여긔있다。 사람은 罪에서 完全히깨끗할수없으나 스스로罪에屬해있음을 痛切히뉘웃치는者를 하나님은義롭다해서 그에게勇을주고、智를준다。 强者가되는第一步는 스스로罪人임을알고 告白하는일이다。 基督教가 世上과싸우는武器는 이것이다。 사람이그리스도의軍人으로서기를 自願하고 그軍籍에이름을 둘때 저에게供給되는武器는 이悔改다。 스스로罪人인줄아는것。 故로예수의傳道는 다른말이아니었고 一悔改하라 天國이갓가오니라一이것이였다。 基督教의目標는. 다른데있지않고 이悔改에있다。그리하야 사단의멍에아래 弱하게있는者를 놓아서 勇敢한戰士로세우자는것이다。 베드로의境遇를생각해본다면 初代敎會에있어서 저같이强한鬪士는없었는데、그렇게弱하던그가 어떻게그렇게 强하여졌나。秘訣은다른데있지않고 悔改에있다。닭이운後、나와서 슬피울고悔改한것、이것이 새 베드로의生活의 出發이였다。그後부터그는 弱者가아니였고强者였다。그러나悔改는 一時로만 다되는것이아니오、끊임없는悔改가있지않으면안된다。우리게罪의誘惑은 끊임없이있기때문이다。電氣의스윗치를트는것같이 사람은恒常그良心을 悔改의方向으로 틀어가지고있어야한다。녯날의엘리야는 하나님의사람이라는이름을듣는 勇敢한先知였다。꿰여진털옷을닙고 헝트러진머리에 막대하나만을가지고 君王앞에서기를 두려워않었고、임금便에서 무서워서避하던사람이였다。그러나한번人間的熱情에몰려 발神의豫言者들을 屠戮하고 大成功을한줄로믿었던때는 弱한人間이 다시되지않을수없었다。一女子이세벨을무서워하야 曠野로逃亡하였다。생각하여보라 좀前에單身、數百名對敵을 저짝에두고 싸우던사람이 이제두눈이휘둥글해、숨이턱에다아 曠野로다름질을치다가 로뎀나무그늘밑에꺼꾸러저『하나님이어 이제는죽여줍소서』하는것은어떠한醜態인가。어젯날하나님의사람이였던 사람도 오늘날罪의사람이되면 이런것이다。그러나거긔서저는 다시悔改하얐다。「내가내列祖보다 낫지못한者로소이다」—스스로罪의사람임을알었다。그럴때天使가다시 저에게臨하야、힘을주었다。故로오늘날우리의할祈禱는、「主여저는罪人이로소이다」하는것이어야할것이다。或은「제가罪人임을 깊이알게하여주옵소서」할것이다。權能 智慧만을求하고 悔改의눈물을흘리지않는 現代信者는 本末을꺼꾸로한것이다。

近世以來 人間主義는 우리맘의核心에까지 뿌리를박었다。故로우리가自身을 惡한것으로告白하기는 非常히어려운일이다。오늘날信者가 自己의個々의愆過를 悔改하는일은行한다。그러나人間을總體的으로 否定하는일을 하려하지않는다。이것이悔改인줄은모른다。그러나 도리어 根本的意味의悔改는 이以外의것이아니다。人間그것、—自己理性에依支하고 自己意志에依支하고 自己를究竟의目的으로아는 그人間그것을 神앞에서 否定하는것 이것이悔改다。이學問、이藝術 이人間自己를爲한 이文明이 하나님앞에서 無價値한것으로、그에反하는것으로알아 버려야할터인데 現代人은 그것을하지못한다。現代信者의 弱함이여긔있고 懊惱가여긔있다。바울은「내가强할때에弱하고、弱할때에强하다하였는데、現代사람은 스스로强者가되여가지고있는故로 저의가 罪앞에弱할수밖에없다。人間主義는오랫동안 사람을向하야 神앞에服從하는것은 人間의尊嚴을

世上을이기는勇氣

害하는것이오、人間中心主義를바림은 스스로貧困에빠짐이라고 가르쳤다。그러나事實、人間을否定하고 神에게로나가기만하면 無限의富가거긔있고、無限의榮光이 거긔있는데、아버지의집에있는것은 다내것이되는데。이를行하야본者는아는데 現代人은 들으려하지않는다。自己가진것이있는줄아는故로 바리려하지않는다。그러나 가진것이있는사람처럼 弱한것은없다。富者는家産때문에弱하고 校長은學校때문에弱하고 學者는知識때문에弱하다。이른바、富者가天國에들어가기는 약대가바늘구멍으로나가기보다도어렵다는것이다。無一物者처럼勇敢한것은없다。저에게앗가울것은 아모것도없고 앞에있는目標만이 뵈기때문이다。일즉히善한싸움에서 勇敢하게싸워이긴者들은 다 이렇게人間과 그가진모든것을 無用한것으로 바린사람들이였다。故로우리는爲先悔改하여야한다、스스로의驕慢을 뉘우치고、「許多한干證者들이 구름갈이 우리를둘러싼데서 맛당히 여러가지 거리끼는것과 束縛하기쉬운罪를 버서바리고 참음으로 우리앞에있는 競走場에서 달으며、믿음을主張하야完全케하시는 예수를바라볼것이다」(히브리十二章 一ー二節)。우리는비록微弱하기 밀알갈아서 사단이 우리깔이기를 밀알깔이듯할터이나、우리가罪에서버서나 義의便에서기를願하기만하면、저가 우리믿음을 保全하야 그때에必要한 勇氣와智慧를주어 이기게할것이다(누가二十二章三十一ー三十二節)。

聖朝通信의續

七月十九日 (火) 晴。大掃除와勤劵報國의練習勞働。○午後에歸宅하야 개천雜草와路傍의풀을버이다。疲勞가度를지난까닭인지腦가活動치않어서勞働이다。心氣를轉換하야 부럽만한天然勞働의場所있음이고마웠다。○저녁에는 矯風會靑年部의發會式이라고잡혀나가듯이하야 또開會辭를안할수없이하고 中途에退場하야 조곰식執筆하다。

七月二十日 (水) 朝濃霧、晴、暑。잘하나못하나 第一學期通信簿를주어보내니 臨時擔任敎師의한學期일이完了되였다。○電話로불러내임을받어 洞內矯風會幹部들과 東大門警察署앞에모여 敎岩町警察官派出所와崇仁面事務所까지歷訪하고 途次에小學校에도들리다。甚히더울뿐더러 밀린일이많어서、밖으론炎天의熱이오 안으론心火의熱이 한데뭉처서 心身이아울러피로운하루였다。

七月二十一日 (木) 朝濃霧、晴、暑。長霖後에炎暑가酷甚하다오늘부터十日間이勤勞報國週間이어서 全校가休暇없는休暇인데、理科敎育講習會에參席하기를 被命되여 自今五日間金融組合聯合會大講堂에參席하게되다。于先午前八時닿게가랴고急行하다가 自轉車衝突事件이생기다。但傷處는나지않다。開會式과 二時間餘의「理科敎育改正趣旨」說明을간신히듣고 晝食時間을利用하야 校正하고저印刷所에 들렸다가 時間을놓쳐서 午後의龍山鐵道工場見學은棄權하다。

社 告

本誌의主筆은 八月二日밤車로出發하야 八月三日부터 一週間을 妙香山에서 캠핑生活하고저합니다。八月十日에나歸京할터인데 그동안 本社로보낸 通信은 모다停滯될것이니海諒하여주시오。

聖朝通信

六月十八日 (土) 晴、後雨。授業後에 印刷所에들리다。도라와校正과原稿。○故大島正健先生의養正時代의逸話에、五六年間에缺勤은全無했으나遲刻一回있은것이遺憾이라고했다하며、每日모닝코ㅣ트에威儀를端正히하고授業하셨는데、하루는登校途中電車안에서떠러진것인지 넥타이없어진것을教壇우에서發見하매授業첫時間十分不過했는데도不拘하고「紳士體面에關係한다」하면서授業中止하고歸宅하시더라고。平常에도「紳士는禮儀를尊重할것、時間을지킬것」이라고。力說하셨다고。果然師表의龜範이었다。但모닝코ㅣ트 입고서 自轉車탈수는없으니 우리는急然히본받기어렵다。

六月十九日 (日) 雨。梧柳洞集會는宋兄께부탁하고 午前中은原稿와校正。午後에市內集會參席。

六月二十日(月) 晴。꿩이나래치는소리山麓새벽空氣를震動한다。印刷所에서校正하다가登校。歸途에三友堂에들리니信仰과有神論哲學과의싸움이요란하였다。○밤늦게까지校正。하루ㅅ일을畢하고感謝의祈禱들이고나니、반듸ㅅ불 두셋이 이창저창에붙어서 반작반작。

六月二十一日 (火) 小雨。校正을印刷所에傳하고登校。授業後에 또校正。日間은時間과勞力의全量을校正에傾注。그래도六月號처럼誤植이많으니걱정。養하던 개가昨朝에나간것이 도라오지않어서 今日은食口分隊로東小門附近까지 찾어보았으나알수없었다。저녁에는聖書語學。

六月二十二日 (水) 晴。夏至。登校授業後에 印刷所에가서校正。午後四時에同僚結婚披露宴에暫時參席하고 途次에入院中의患者두어군데尋訪하다。今年以上病床에있으며一時는거의絶望하였다가恢復되는이에게 生命을救得하면 꼭한가지成就하고싶은일이 무엇이더냐고 무른즉「전에는 우리도 주제넘게 민족운동이니 무슨사업이니하고 날뛰었지마는 이제는나자신의일에 조급합니다。단 하루 라도사람답게살고가자는것밖에없나이다。큰著述이 나의事業이아니오 속마음 바르잡기、믿음으로 사랑으로 사는일이 나의事業이라」고。意外의答——그러나 當然한答에 놀라다。病은亦是다른것으로 바꿀수없는役割을 사람의靈魂에일운다。○밤에는시골서誌友來訪하야 늦도록歡談。나간 개가 오늘까지消息없다。

六月二十三日 (木) 曇。授業畢한後에總督府에들리고 印刷所에서校正。宋兄來助。둘이協議하고咸兄의글의一部分改書하다。이렇게時急한때는責任分擔人이있는일이 고마웠다。○오늘까지도消息없으니、푸러리 도라오기를斷念하는수밖에없다。

六月二十四日 (金) 晴。아침食卓에 온식구 둘러앉었을때에 없어진줄알었던개가 도라오다。아직 멀리藥師寺앞에 오는것을 長男正孫이 먼저보고「저긔오는개가 우리 푸러리 아니냐!」고소리치니、못믿어하면서도 視線을따라向한 어른들눈에도 틀림없는 푸러리 온다。主人을確認한때에 개는 네굽안고뛰어오며 사람은 술ㅅ갈들을 던이고 달어나가 途中에相逢하는歡喜의場面이展開되다。羊이나 개라모 잃었던것을 다시맞나는일은이렇게 반가웁다。前日에 개장사가와서三圓에팔라五圓에팔라고했다하나 이제는千圓주어도안판다고、팔수없는개라고明言하기를命하다。○먼저印刷所에가서組版과

校正하고、道廳으로서總督府까지。登校하야時間講師모양으로責務만畢하고는다시總督府―道廳―總督府―印刷所로 뛰어다니다。○途次에 어떤入院患者를 찾은것은 저를慰勞하려기보다 내心火를못이겨서였다。과연많은慰勞를받고 聖朝의編輯方針을今後로는더욱純宗敎的眞理만取扱하기로決心하면서도라오다。○机上에「蕪稿送呈하옵나이다 先生의意氣에느껴力疾하고쓴것입니다」라고添書한原稿來到。面會謝絕中의患者까지스스로動員하게한責을 어찌다贖해내랴。밤늦도록執筆。

六月二十五日 (土) 晴。새벽한시까지急한原稿를써가지고 印刷所―總督府―學校―總督府―印刷所로。印刷所나官廳에서까지도聖朝에對한認識이各別함을알고感謝함을마지못하다。過去에도그랬거니와今日도分에넘치는好意에浴하다。더욱奮勵하야聖朝의任務를忠實히하는同時에 모든사람을眞心으로敬愛하며信賴하여야할것을다시느끼다。오늘하루는 二時間授業外에 大部分印刷工場炎熱한中에지났더니 夕陽에校了한때는頭痛이甚하다。이炎天에每日한갈같이勞働하는이들을생각하면 敬意와同情을不禁。自己의職業과地位에 不平을가졌어는天罰이있을것같다。저녁엔日記쓴外에아모한일없이疲勞를醫할것뿐이다。良心의許可下에休息하다。

六月二十六日 (日) 快晴。連하야日曜日마다降雨라고 원망하는이들이많더니 오늘은終日快晴이오昨日처럼炎暑도아니다。午前中은原稿를쓰고 午後에는明倫町에나가禮拜。저녁에는七月號의發送準備。○富平農場에서보내준百合花가今日滿開하니花形과薰香이아울러훌륭하다。

六月二十七日 (月) 晴、一時雨。不吉한날이있다면 오늘같은날이다。登校하자마자第五學年乙組의臨時擔任을被命되니、마치 하나님을避하야逃亡하려는者가 더욱하나님에게捕虜되듯이、十年만에 겨우擔任休息年을얻은것이오 最近에籠球部長까지 억지로辭退한터인데 또다시 잡힌것이怨痛하다。일하기 싫여서가아니라順次도아닌때에 다만 毒蛇에對한 망구ㅣ스役을하라는心事가不快至極。둘째로 約束한時間대로某旅館에某氏를맞나고저갔으나請해놓고出他中이어서 一時間기다려맞나니此亦是나의敎師인資格과基督信者인感化力(?)을利用하려는것。나의若干한것을利用하라는것뿐인것을忿해하면서歸宅하니셋째問題突發。그는집에일하던雇人이警察에被檢된일이다。車를돌려서敎岩町派出所로부터東大門署까지가서 여러가지로交涉後에罰金十圓으로써贖하다。저녁에는長男正孫의身熱이八度一分에達하다。

六月二十八日 (火) 曇。昨日來로頭痛이나더니 今日은授業하기도甚히괴로웠다。但 歸宅하야馬鈴薯를 파내며 花壇을除草하는동안 鎭痛되다。○今午後에七月號의製本出來。今番은印刷와製本에過大한失手나免한듯하다。○注文中의 키텔氏編纂히브리語聖書到着。印刷와製本으로만보아도언제나朝鮮서도 이런册子가出版될까하매寒心한일이다。○聖書語學의밤。但 頭痛의念慮로 發送用皮封等을準備하다가 일즉就床하다。

六月二十九日 (水) 晴。學校大講堂工事가이제本格的으로進涉되여 今日은「掘リ方」시작。얼렁러리 노래소리요란하다。○授業을畢한後 臨時擔任班五學年乙組生徒에게訓話。○歐米宣敎師들의敎育事業總退却이報導되다。培材、梨花等의西洋人校

長이 모다辭職했다고。또基督敎宣敎事業도 룽이引退하리라고。或이曰「그래도長老敎가괜찮다」고。○七月號一部分먼저 發送하다。早晩이생겨서讀者에게不公平하게될넌지모르나 餘暇餘暇에하는일인故로이령다。한대피우는동안 한잔마시는틈이모여서發送되고、장기바둑에 消日하는때等等이合해서 聖朝原稿가된다。歸途엔市內書店에配達。저녁엔家庭禮拜。여호수아第十二章輪讀。

六月三十日 (木) 晴。東京及奧羽地方에水災와地震이甚하다고號外돌다。○畔上賢造氏지난二十五日午後七時에別世하였다는訃音에놀라다。그날以後로귀어히再起못하였도다。惜哉。○今日까지에七月號의緊急한發送은거의필하다。○面事務所에서豚數調査왔음으로家畜을計數한즉 犬一頭豚十五頭닭五十二羽都合六十八頭인것을알다明日은山羊한마리增加할터이니可謂盛哉!

七月一日 (金) 雨。아침登校時에「祝應召××君」이라는布旗를붙이고龍山을向하는自動車隊가市內여긔저긔 보이다。今日正午부터燈火音響管制實施되였음으로저녁엔全家消燈하고 九時부터就床하니 아마도 우리처럼徹底하게燈火管制를實施하는사람도없을까하다。○五山消息에『只今聖朝誌를받고 읽어서感謝한맘가득합니다。日間으로悶悶한맘이없지못하였는데 小小한근심을다시쏠어바릴勇氣납니다云云』。

七月二日 (土) 雨、後晴。식전엔東편松林에서、석양엔南쪽藥師寺叢林에서 꾀꼬리소리들리다。저 꾀꼬리소리를 누가어떻게創造하였을꼬하고생각할수록놀랍고또놀랍다。또한가지、저풀숲의평의소리에는나의靈까지 나래치는듯하며、저나무끝의꾀꼬리노래에는 나의뼈까지 녹아나는듯한데 요새의학교창가와 음악대회의演奏곡조에는 아무趣興을느낄수없으니 우리가文化에뒤떠러진것이 大略五千年이라고해도可할것이다。이는「皮肉」이아니오實情이다。○學校에서 授業後에 上級學校에受驗志願하는第五年生徒들께、今春卒業生이自己經驗을써보낸「受驗秘策」을代讀하여주다。其他성가신일一件맡기는이가있어서默默히處理하고 歸途에自轉車우에서생각하니世上엔怜悧한人才도많다는것과 나스스로의못난樣子、잘속고 잘利用당하는것을嘆息하지않을수없다。理髮하랴니白髮의數가漸加한다는注意와 世上萬事에善한일은 傳播되지않고惡한所聞만 널리퍼지는것처럼 黑髮보다白髮이 더길다는걱정이다。이나이되면 좀더怜悧할때도되였것마는 남의利用당하기에 만만하기는昨今이一般이니寒心한일이다。

七月三日 (日) 晴。午前中은 이사야書工夫。傳道에成功못한先覺에 이사야가있었음을알때에 焦燥한생각의大部分은스스로사라진다。午後에明倫町에서禮拜。디모데後書第三章十二、三節의感想을말하다『무릇그리스도 예수안에서경건하게살고저하는자는핍박을받으리라。다만악한사람과술수하는자는 그악함이 점점더하야 속이기도하고 속기도하나니라』고。○某教派를指導하는이가 東京으로工夫간다는말듣고 놀라다。年前에도某새敎派를領率하는이가一個年以上某地神學校에가서 聽講生으로있었다던事實과 아울러생각하니 朝鮮에서 新敎派를創設하고 그指導者되는일은將次留學가랴는 한階段工作인듯하다。老大할수록學而不息하려는精神은甚히莊하다할것이나 靈界의일은 世上百貨店經營과는多少달러야할것이다。年年이달달이輪

入하지않고는 品切될바엔 아초에開店하지않을것이였다。自己와自己教會있을뿐이오朝鮮과朝鮮人의體面은念頭에다시없는모양。但이일에關하야는 既成大教派도遜色이없을것이다。往年에長老教總會長某氏가明治神學校寄宿舍에있던일을 생각함애新派만남을할수도없다。저들이朝鮮안에서싸울때는 新派처럼反抗하기에傲慢한者 다시없었고、舊派처럼强壓하기에 尊大한者를想像할수도없는者들이였으나、他人에게對하야는 自尊心도自負心도痕跡을볼수없고 박쥐갈이順하며 두더쥐갈이謙虛한者로化한다。奇特한聖徒들인저!

七月四日（月）晴。授業後 教授細目을꾸미노라고長時間애쓰다。同僚中에慶事있어서 披露宴에參席하고、大學醫院에病友를尋訪하니 今日退院했다고해서 반가운생각못이겨서 그집에까지 좇아가본즉病勢快差해서退院한것은아니라니 걱정되기는如前이었다。○미리祈禱의準備를굳게하고 意에 決한바있으면서 午後八時부터 宋兄宅에서 三友堂會合。信仰으로써한걸음跳躍하기를誓願하기에 一致할수있였으니 이일도무슨모양으로던지 우리信仰生活의肥料가되고야말것이다。燈火管制下에 會議祈願을마추고 座를떠난때는十一時지났다。山麓에도라오니 포플라끝에달린木星이 더욱반짝이는듯하다。

七月五日（火）晴。登校授業後宿直。連日教授細目쓰기에 온군時間을허비하고床아래흐른부스러기時間으로써舊約工夫。황송한일인줄아나할수없다。○燈火音響管制解除되여서 市內가多少活氣를恢復한듯이보이다。但 昨夜의疲勞로因하야 일즉이消燈就床하다。

七月六日（水）雨。授業필한대로山麓에도라오니 昨日洞內에張樂亭氏宅에서新築落成하고 移舍든줄알다。希望者는많으나 市外移轉을斷行하는이는甚히드물다。主여主여하고부르는者는많으나 天國에들어가는者는적으니라는것도이런모양일까?○저녁에家庭禮拜。여호수아第十九章輪讀○昨日어떤誌友가遠路에찾어왔다갔다는데무슨뜻으로인지 「사이다」두병을주고갔다。이것이우리집에는 매우珍貴한것이어서禮拜後에 「試飮會」를열었다。長男正孫이는매우渴急해서 재촉하며 慾心부려 한「컾」가뜩이받어놓았으나 힘쓰고 애쓰고해도기어히半컾을못다마시고 退陣하지아니치못하였다。第二女는生來처음인데四分之一컾이나 마셨으니 매우盡力하였다할것이오、第三女는生後두번째라하나 亦是비위에맞지않는다고 냄새만맡었고、第四女또한生來처음이라는好奇心에 입만대여보고는 고약한것이라고退하였다。其他식구도或은처음或은두번째라고 골고루맛을보라고권하며 사양하며하였다。이런珍品을우리집에주신이의厚意를衷心感謝하였거니와이와같은文化生活의飮料品이 우리食口에게는何等愛着心을 끄을만한힘이없음을發見한때에——即우리식구는 어룬아이모다文化生活에는 엄청나게「時代遲」한者인것을 스스로證明한때에 主여호와께 눈물로써感謝하지아니치못하다。願컨대 언제까지던지 이러한「文化的」이라는 온갖事物에서는 五百年이고五千年이고 뒤떠러지게하옵소서。내가福音을부끄러워하지안는다고 바울先生이말슴하셨거니와、果然내가「非文化人」인것을부끄러워하지않으리라。 「掘井而飮」으로不足함이없다。

七月七日（木）雨。밤새도록쏟아부운듯한驟雨에 시내ㅅ물이세멘暗渠를휩신넘였다。牽牛織女의 눈물흘리는날이라하나 今年은하늘에서도 울음날일이많은듯 終日눈물이끝이지않다。○登校하야午前授業後에正午부터支那事變一週年記念式擧行。支那에서는黃河와楊子江氾濫、奧羽京濱阪神地方에風水震災、京城地方엔長霖이시작하다。○늦도록教授細目을꾸민後에 돌아와越川하야 내집에들어서니 別世界에나온것같다。우리의살림全體가 서울과는다른것이지마는 시내ㅅ물이大河같이 奔流하니 더욱서울과 우리집사이에 區劃을確然하게 그은듯하야內心에滿足함을느끼다。서울아 물러가라人間主義여退却하라。

七月八日 (金) 雨。連하야 사흘째비오셔서 自轉車를못타니 뻐스電車에 밀고제차면서먼저타라는競爭도참아볼수없다。市內의 모진人心과惡한道路에 傷한心身을안고萬歲橋畔에돌아와 하루일畢하고가는늙은農夫와 인사를交換하며 南北의淸溪川맑은물이모여흘러 살같이 큰바위넘고작은바위넘어호르는光景에 어느듯佇立하였을때에 기쁨 感謝 찬송은 오늘이때의나안인他人에게는 알릴도리좇아없다。○東京에留學中이던某君으로부터意外의短信에……『小生은去月十二日父親이別世하시와十六日歸家하였아옵니다。모든것이限量없는主의恩惠를背反한小生의罪로소이다。또한不足한信仰이나마 主님의最善을믿어感謝가운데 父親과갈러질수있아옵은 오직先生님의教導로天國福音에 이르온德分이옵나이다。八月中一次訪問하와今後諸種教示를받잡기願하오니指示를비옵나이다。先生님께옵서는酷暑此時에健康을注意하옵소서。東京××先生은 늘先生님께옵서過勞하시는듯하다고하시며 健康을念慮하심을들었아옵나이다(下略)』。

七月九日 (土) 雨。여러날만에自轉車로登校하랴니 亦是獨行獨止와緩急自在가내格에맞어서快하다。○咸兄의葉書한장을入院患者某先生께傳하기爲하야即日尋訪。女流文士에게佛道를講하며 哲學에올매인青年學徒에게說法에熱中하시는等 病床도오히려閑暇롭지못함을보고 健康者의怠慢이부끄러웠다。○夕陽에어린이들을다리고川邊을그니다가 배암이한마리따리다。約十年前에漢拏山에서 妊娠中의살무사잡은後로는 毒蛇의두려운줄알어서 함부로배암이따리기를안하였고、오늘도한번지나보내였으나 어린이들이無時로沐浴하며 작란하는곳임을생각하고 다시도라서一擊。但一擊에배암이即死한것은可하나 近十年間愛撫하던妙香山紀念短杖이 부러진것은怨한일이다。오는八月에 또그런短杖을妙香山에서發見해낼까疑問。지팽이도 먼저맞난것이最善인듯。

七月十日 (日) 雨。集會는宋兄께부탁하고아침부터밤까지書齋에籠城。聖書를學究的으로 工夫하는趣味는 大端한것이있으나 이것을이대로雜誌에쓰거나 講義하여서는 興味를가질사람 有益하게받을사람이不過몇사람못되니寒心事。오늘날現在의聖朝誌도 더쉽게더쉽게하라는註文뿐이니 언제나되면朝鮮서도 좀더根據있는解說을하여도 無妨하다는날이올까。지금우리는아주水準을낮우어서 누구나알도록하려는所願과勞力과、또한편으로一般의水準을높여서 남과같은程度로하고저하는所願과勞力와 相反하는兩極가운데끼어있다。現在는不可不밥을먹이지못하고 젖으로써哺育하는수밖에없으니 前途遙遠이란우리의處地로다。○저녁에青年團創設問題로洞內에暫時나가고、五山서誌友來訪하야 반가운消息많이듣고 함께留宿。

聖書通信

七月十一日 (月) 雨。오늘부터第一學期考査시작하다。試驗監督의任을畢하고、도라와시내에沐浴할새 여긔는에덴동산인가傍若無人이다。對案하였으나 思想의실마리가 容易히잡히지않다。○自稱不信者라는이의注文書에『……然이나小生은決코基督信者라고는할수없는罪人이외다。小生과같은不信者도聖朝誌를購讀할수있도록許하여주시면 感謝하겠나이다。인제來月即八月分부터半年分을別紙小爲替로注文하오니 每朔手苦하여주시옵기를企望하옵나이다』라고。基督信者로自處하며 聖朝誌의創刊號부터읽었노라고 親狎하면서도 聖朝誌의한冊도理解못했고 그主筆을알지못했고 그主예수를보지못한者가 여긔저긔더글더글할때에、이와같이罪人인것을自覺한不信者는 오히려對하기가輕快하다。

七月十二日 (火) 雨。벤또 먹을동안에 「クラーク先生とその弟子達」라는冊을뒤움뒤움읽다가 눈물로서 밥을삼켰다。물말이는消化안된다하나 눈물말이는 더잘消化될듯싶었다。○監試필한後에校長의生辰晩餐에參席하고、途次에明倫町에서이야기하다가 물맑은山麓에도라와 全身을물에담거 沐浴하니 世上에比길樂이없는듯하다。○養正出身으로今春에某專門學校法科를卒業하고 某地方法院에就職한青年의就職感想如下『……在學中에는就職하기를願하와 此就職생각으로 頭腦가充滿되여 이생각으로 全生活이支配되었는데 一旦就職을하고보오니 在學時代와는 모든것이天壤之差가有하다고하여도可할듯하외다。先生님 저의將來를爲하야 모든것을指導하여주시기를伏願伏願이외다云云』그림자같은것을追求하든者의終末은 이밖에다른것이있을수없다。就職한지不過數朔에 발서 이悲哀와空虛를 느낀者는 아직늦지않다할것이다。지금부터라도 實된것을求할것이다。

七月十三日 (水) 雨。長霖이아직도不止。오늘이第三女의生日이라고祝意。○試驗監督하면서 明治初年에北海道에基督敎傳道되던記錄을읽다가 한게치一枚를 다젖히고도感이極하야 때때로冊에서눈을돌리지아니치못하다。試驗에餘念없는五學年生徒들도 感激으로읽은冊이있었으며 또한將次있을까생각함애 無限가없어보이다。○未知의誌友(間接讀者乎)로부터『主님의이름으로貴社의日就月將을비옵니다。貴社發行의「聖書朝鮮」第七五號를甚히읽고싶사온대 어찌할道理가없는지요。讀者를사랑하시는맘으로서 如何한方法이라도可하오니 一次읽도록하여주시옵소서。古物이라도좋으니賣渡하실분이없으신지요。그冊을손에들이는方法을 下敎하여주시기바랍니다』라고。이는勿論 品切된지오랜것이라어찌할수없다。○저녁에家庭禮拜。사사기第二章輪讀。

七月十四日 (木) 曇、雨。昨夜동내에불려나가 青年團創設의會議에參席하다。새로獨立的青年團을設立할것이아니라 從來로있었던矯風會에青年部를組織하기로議決。자정지나서야 結論에達하고洞內有力者懇談會를閉會。우리에게政治的野心이있다면 그는政黨首領이나政府의首相되여서所謂高等政策에手腕을 부리는일도아니오各種運動으로自薦哀乞하여되는 市府의議員되여서 無益한論戰하려는것도아니오、오직蒙昧한村落에있어서 文盲에게文字를가르키며 各種信用組合의運用을實施하야적으나마丁抹과같은健實하고 平和한洞內하나를建設하고저하는일에는 關心이적지

않다。 但昨夜처럼많은時間이걸릴진대 이것도내할일은못된다。 ○저녁에佐藤教授來訪。 教育界의卑劣한心事와餘地없이腐敗한情況을慨嘆하면서 「새로운學校」의꿈이야기하다가 雨中에退去。 小學으로부터大學까지 「사람」養成할곳이 안인것은事實이다。 이렇게생각하면 創立始初의札幌農學校같은學校가 얼마나그리운지알수없다。

七月十五日 (金) 曇。 今日까지第一學期考査를畢하다。 成績採點에 그야말로困沒無暇의連日。 ○嶺南한誌友의轉地通知書의一節에 『一片靈糧을엎드려받는卑者로서 無言의感謝를느끼여祈禱를참지못하고、 祈禱로써 靈的交通이不絶히있음을믿어 主앞과貴社앞에感謝합니다。 永遠토록貴社를通하야받는信徒의얼골이빛나시옵시사 主앞에榮光이되시옵소서。 貴社의莫大한手苦가헛됨이없이 이卑者의渴한靈魂에 生水가되여지기를 스스로힘쓰며、 아버지께求하옵나이다。 貴誌를通하야받은恩惠는 그數를計할수없고 그量을測할수없나이다。 또다시비노니永遠히빛나소서……』 ○저녁에避하다못해서 또한번 동내公廳에불려나가니(때에午後十時) 온洞內의老少가모여앉었고 崇仁面事務所로부터出張員이臨席하야 待하는中이었다。 面書記로부터 먼저 一般洞民에게非常時局認識의强調를要請한後에 貞陵里矯風會長을새로選任할터인데 第二區에는 柳興植老人이오 第一區에는余의이름을指名하여 今後로貞陵里矯風會는第一區第二區로分立하야 一大革新을할터이라고宣言하여버렸다。 將次어떻게될일인지漠然한대로 자정지난後에도라오다。

七月十六日 (土) 晴。 午正까지食飮을폐하다싶이하고서 成績採點을畢하여 各其擔任先生께交換하고、 五乙組臨時擔任의事務도착실히걸머지고歸宅。 저녁에는 또矯風會일로公廳에끌려나가 總會를司會하며 矯風會趣旨를說明하며 나종에 各部幹事를指名하는等 번거러운일을마치고午前二時에야就床하다。

七月十七日 (日) 晴。 今學期最終의市內集會로午後二時半부터明倫町에모이다。 오늘은春川으로부터 申瑾澈君이參席하였고 또한聖朝를通하야 申君을思慕하며사랑하던兄弟姉妹들이遠近에서모여와서 甚히아름다운會合이었다。 고린도前書第六章第十二節以下에依하야 아가페(愛)의自律을力說하다。 閉會後에도語言로써交換할수없는懷包가限없이남어있어 어떻게措處할바를分別치못했으나 할일이넘어重疊하여서 그만割愛하고退散하다。 但連日의矯風會일에豫定은통이틀어지고、 成績調製의일原稿쓰는일 妙香山準備의일等等이 밀리고밀려서 到底히 손대일수없이되였다。 破産者의心理에同情안할수없다。

七月十八日 (月) 晴。 登校二時間授業하고成績調製와通信簿記入等事務에몰려서 讀書執筆은生心도낼수없다。 職員도 많은中에서 何必順番도안인나에게 이런貴찮은事務가맡겨졌나하고 원망도안나는것이아니나、 이것이모다理由있는일일듯해서 스스로省責하며勞務에服할뿐。 但저녁에는한가지 꾀가났다。 矯風會幹部의會議가있다함으로 成績調製의事務를 그座席에펴놓고때때로 할말은하면서 이사람에게珠算을저사람에게記錄을시겨서 내할일도다하여버리다。 亦是자정넘어서야散會하다。

(以下第十八頁下段에續)

(1) 山上垂訓研究 全

金敎臣著

四六版・二四五頁
定價七十錢・送料六錢

마태福音第五ㅡ七章의三章을詳細히解釋한것이다。이簡明한文字中에서基督敎의心髓를把握할수있다。그中의主新譯文의解義는一讀하여도基督敎가다른宗敎와는根本的으로差異가있는宗敎인것을누구먼지看取할것이다。처음求道하는이에게는基督敎의入門이되려니와近來에는神學生들의參考書로도需要가不絕하다。

(2) 聖朝文庫第一輯 푸로레스탄트의精神

咸錫憲著

菊版半・三十二頁
定價金十錢・送料三錢

人間은出生하면서부터카도릭信者라한다。달팽이가石灰質殼衣를分泌하듯이人間들도그릇된敬虔과頑迷로써殼皮을만들어쓰고야비로소安心하고저한다。그러나安定된때는발서死殼化한때이다。이死殼化하려는人間傾向에對하야改革의精神福音의源泉에蘇生하게警醒한것이이冊이다。

(3) 聖朝文庫第二輯 無敎會

咸錫憲著

菊版半・三十二頁
定價金十錢・送料三錢

無敎會主義라고하면旣成敎會를攻擊論難하는消極的인것에不過하다고納得하여버리는簡單한獨細胞의所有者도있으나無敎會란그렇게簡單한것이아니다。積極的建設的眞理가그속에들어있다。無敎會의實際와理論을가장簡明充足하게表現한것이다。

クラーク先生とその弟子達

文學博士 大島正健先生著

四六版・二八六頁、定價一・八〇
帝國敎育會出版部發行 振替東京六八二八六

大島先生은北海道札幌農學校第一期出身으로母校敎授의任과札幌獨立敎會牧師의任을兼하고敎育及傳道에盡力하시다가그信仰의緣故로官學에있지못하고京城세부란스醫事敎授로渡鮮。後에養正學校에도五六年間敎鞭잡으셨다。생각할수록奇異한因緣이다。本書에는明治初年에基督敎가日本에傳來하야內村鑑三、新渡戶稻造等偉大한聖徒들을이르키면記錄이詳細하다。또한本號七月十二、三日通信參照하라。

住所通知。

移轉하신때는舊新住所를並書하야通知하시오。市區改正으로地名과番地號數에變改있는경우에도一報를願함。夏季休暇로歸省或은轉地하는이도何號까지어듸로發送하라는것을通知하시오。先金切된때는皮封에『先金切』이라는捺印하는外에別로督促이없다。先金拂込이있기까지不必要하다는뜻으로알고發送을中止함。

新約聖書概要 (但品切)

題目	號數
마가福音의大旨	七四
요한福音의大旨	一〇六
로마書의大旨	一〇七
마태福音의大旨	一〇九
고린도前書大旨	一一一
고린도後書大旨	一一三
갈라디아書大旨	一一四
누가福音大旨	一一五

本誌定價(自五月號改正)

一冊 貳拾錢
六冊(送料共) 前金一圓十錢
十二冊(一年分) 前金貳圓貳拾錢
要前金。直接注文은
振替貯金口座京城一六五九四番
(聖書朝鮮社)로。

取次販賣所

京城府鍾路二丁目八六 **博文書館**
京城府鍾路二丁目九一 **耶穌敎書館**
東京市麴町區九段坂 **向山堂書房**
復活社(京城府) **茂英堂**(大邱府)
新聲閣(咸興府) **信一書館**(平壤府)
北星堂(春川邑) **大東書林**(新義州)

昭和十三年七月二十九日 印刷
昭和十三年八月一日 發行

京城府外崇仁面貞陵里三七八
編輯兼發行者 金敎臣
京城府仁寺町一一九ノ三
印刷者 金顯道
京城府仁寺町一一九ノ三
印刷所 大東印刷所

京城府外崇仁面貞陵里三七八
發行所 聖書朝鮮社
振替口座京城一六五九四番

昭和五年[illegible]月二十八日 第三種郵便物認可
昭和十三年八月一日發行 每月一回一日發行

【本誌定價二十錢】(送料五厘)

昭和二年一月二十八日(第三種郵便物認可)
昭和十三年九月一日發行(每月一回一日發行)

金教臣主筆

聖書朝鮮

第壹百拾六號

昭和十三年(一九三八)九月一日發行

目次

쫓겨난때의感想

우리가 亦莊亦秀의妙香山에모여서 盛夏의數日을 고요히보내고저함은 略半歲를두고企圖하던일이오、檀君史跡에由來깊은溪谷에서 致誠의時間을얻고저함은 오래前부터思慕하던일이었다。故로場所를擇하되 普賢寺의俗趣를避하고 下比盧庵의幽寂한곳을찾어 行裝을 나리웠다。그러나基督教徒이냐?는試問에 否라는對答을 못한까닭으로써 當場에留宿拒絶의宣言을받었다。佛教를毁謗하는사람들이아닌것과 日沒한山中에서 갈곳없는事情等을具陳하야 單一夜의假宿을請하기에情을다하고理를盡하여보았으나 虛事였다。決局寺院에서쫓겨나 溪邊岩盤에서露營하는수밖에없었다。

생각건대 우리一行中에는 農事와工業을經營하는이도있고 學生과教師도있고 地主와紳商도있으며、現金도가졌고糧米飯饌도準備하였으니 아무모로보던지佛寺에서 그다지괄세를받을處地는아니었다。우리도 남과같이 教化團體니 眞理運動이니하는 둥근이름으로써行勢했다면 佛門에서라도尊敬을받을지언정 夜深한때에放逐當할理는萬無하였을것이다。그러나 우리는 「예수쟁이」로 모난사람들이기때문에 예수의이름緣故로 쫓겨났다。비록 적은일이나 예수의이름때문에—其他아무런 허물도不足함도없이 다만 예수의이름만으로써 괄세받게되다니 이게 무슨幸運이냐고 달빛에彼此의얼굴을 처다보면서 뜻밖의僥倖을驚嘆하야 마지못하였다。

비록夏節이라하더라도 深夜山中에서 露宿하라고 쫓아내고서 法堂에서念佛하는 僧侶의固執은且置하고 何如間 예수쟁이라면 쌀도싫고돈도싫다는硬骨僧侶가있음을볼때에 朝鮮佛教의將來에一種曙光이보이는感도不無하니 佛教를爲한우리의感謝가 또한적다할수없었다。追後로 듣건대 예수쟁이를逐放하기는末寺一庵의行動이아니오 大本山決議에依함이라하였으니、이것이單純한宗派心의域을超脫한다면 或은意外의益이全無하지않으련만 果然그動機若何乎。

佛寺에서 쫓겨난때에 聯想하지아니치못하는것은朝鮮안에있는基督教會에서 그教壇에 우리를容納지않기로決議한것과基督教青年會가 우리를拒否한일이다。다 같이 예수를救主로믿고 天國에所望을두는者들이겄마는 오직 教會至上主義에不贊하는까닭으로 이 괄세를 우리가甘當치아니치못한다。이미 基督教徒안에서 이와같은 괄세를 充分히받어練鍛하였은즉 佛僧의沒人情쯤은 그야말로茶飯事이다。佛教徒를怨恨할생각은秋毫도없고 오히려凡事가合同하야 우리를救援에參與케하는資料되고動因되는일을感謝하며 찬송할것뿐이다。

新秋를 맞음

다른곳은 모르나 北漢山麓의近日은 日中의殘暑—더웁지않은것이아니되 朝夕의凉爽한기운이心身에浸透하는 느낌을 抗拒할수없고、맑어진銀河아래서 밤새여 노래부르는 묻버러지들의交響樂소리 날날이透澈해지는大勢를 못보는체 못듣는체할수없다。 매 바야흐로新秋가 도라옴인가。 해々년々이 오고가는가을이였마는 新秋의새로운느낌은 은위할수없으니 이도또한奇異하다안할수없도다。 새가을을 느낄뿐더러 씹어먹으면 더욱 새로운듯하다。

가을을 맞으면서 생각나는것은 天高馬肥之節이라는 옛날形容詞이다。 即 生理的恢復期인 가을이다。 말도 살지려니와 사람도 살지는時節이다。 모든貧民에게도糧食이풍겨질수있는時節이어니와 모든病者에게食慾이許諾되는節候이다。 이때를當하야 醫藥의効果가 가장遲々하였을뿐더러病勢惡化의危險이第一많던夏節을 闘病保命한病友들을記憶함이自然히懇切하지않을수없다。 우리는競走者를應援하는心思로써 저들恢健勝捷을待望함이切實하다。 이제는年中에도 가장不利하고險惡한 코ー스는 이미지났다。 只今은平坦大路를 달리는것과같으니、먹은飮食은營養化할것이오 마신醫藥은十二分의効能을發하리라。 하물며心靈까지緊張하며覺醒할터이니 不遠에健快의 반가운消息이 우리귀에 들리리라。 貧困에서病魔와싸우는 모든兄姉들을記憶하면서新秋를맞음은 우리에게希望이오 기쁨이다。

書案을對하리만한人生은 누구나 燈火可親의情을 몸소느낄것이다。 요사이의燈火는 뺨에만지고싶고 품에품고싶지않은가。 우리같이 달々이年中을通하야 펜을잡고 씨름하지아니치못하는運命을 질머진者에게는 이新秋의來訪이各別히고맙다。 겨울처럼机上의 잉크 얼지않고、봄처럼疲困을느끼지않고、여름처럼 땀에原稿를버리지않게되였으니 우리에게는年中佳節이야말로 이秋節이다。 그나그뿐인가 버러지들의노래는天國을向한望鄕歌曲을傳하며 朝夕의凉氣는靈感의甘雨를쏟아부어 全身을적시듯하니 肉이靈으로化하며 따에서 하늘로飛躍할때가 이時節인가한다。

農夫에게는 秋收의節이니飽滿과感謝의期인同時에打作決算의節이다。年初의解氷以來의勤勞의結果를 통트러決算마추어야할때이다。 스스로의勤勞以上의成果를보고恩寵에感激하기도 이때이려니와、받칠것을 들이고 찾을것을찾는嚴肅한事實에 눌리는것도 이時節의일이다。 始作이있으면結末이있다。 一年의秋收는 곧一生의秋收를 가르킨다。 비록貧弱한農作이였을지라도秋收節을待望함은農夫의本能이다。 오라! 人生의秋收節이어 예수이름아래서 우리가 이節期를待望하노라。

基督敎徒의理想

基督敎徒의日常生活을 엿볼때에 禁酒斷煙이나하고一夫一婦主義로써 단란한家庭生活이나하는것이 저들의理想인것갈기도하다。或은 그程度에 끝치는것일넌지모른다、또歐米에서傳來한半世紀의基督敎傳道事業을傍觀할때에 基督敎의理想은 널리慈善事業 社會奉仕나하는데있지않나하고疑心할수도있을것이다。事業또事業이오 活動또活動이오 奉仕또奉仕이다。이러한景氣있는文句를 빼놓고는 基督敎를想像할수도없다하는이들도 적지않을것이다。

그러나 놀라운事實인것은 基督敎의理想은 活動과事業에있지않고 安息에있다는일이다。하나님이太初에宇宙萬物을六日間에創造하시고 第七日에는安息하셨다하였고、古來의 많은聖徒들이 이生이畢하는날 저生의安息을約束받고故鄕도라가는心情으로써登程한것도 이 예수쟁이의理想이 그安息에있는까닭이다。實로人間이 하나님의게서 배운것중에 가장큰敎訓은 이安息의希望이오 받은것중에 가장큰祝福은 이安息의約束이였다。

그런데 淺薄한宗敎家들은 敎徒를 모라내여 무엇무엇이니무슨事業이니 하는 活動舞臺로만 이끄러넣였다。그렇지않어도 義務니强調니해서 主人이家事에專心할수없고 主婦가 부억간을 다스릴틈이없는世代에 사람의靈臺의至極히深奧한데를主管하여야할宗敎家들까지도 歐米의淺薄한思想에感染되여서 한갓浮游動搖의일을 일삼고있으니痛恨事가아닌가。옛날 이스라엘사람들은 人間萬般事에——家畜奴婢와田土의耕作에까지도 安息을 주었고、우리東洋사람들은 古來로靜寂을思慕했고緩々히擧措하였다。일렀으되「너의가 도리켜晏然히處하여야救援을얻고 잠々하고 信賴하여야힘을얻으리라」고。

그런데 보라 近來의世態는如何한가。스피ㅣ드 스피ㅣ드하야 陸海空의交通機關은 極度로發達하였고 執務와社交의機構는 일즉想像도못했더니만치完備되였것마는 現代사람처럼紛忙한人間들이 일즉있었던가。安息을無視한人間들은 强調할수록浮動이오 스피ㅣ드가 加해질수록忙殺이다。生產할수록 物資缺乏苦는 날로더해지며 活動할수록 空虛의感은 날로切實하지않은가。大體로 깊은安息을모르는人間이 强調한대야 그는 참强力을發하지못하며 永遠한大安息의所望을못가진者가活動한대야 그는實된結果를 볼수없는까닭이다。世上과같이動하는者는世波에 부서질것이며 스피ㅣ드를 따르는者는 스피ㅣ드에浸沒되리라。모름지기 不動하는偉大한安息에理想을두고 安息을맛보는生活者가되여서 緩々하게悠々하게 한걸음한걸음을運步하는者라야만 이浮動忙殺의世上에서 救援함을받을진저。安息을理想으로품는基督敎에 참救援이있는所以를 알진저。

新約聖書概要 [九]

金　敎　臣

共觀福音問題

本誌前月號에 누가福音大旨를述함으로써 新約聖書概要中의福音書의大旨는 한벌畢한심이다。처음에 마가福音、둘째로 요한福音、셋째로 마태福音、나종에 누가福音의順으로述하였다。그中에 요한福音은特異한것이니 論外에무고、마가 마태 누가等三福音은 서로 關聯되는問題가적지않음으로 이미論述한中에도 그때그때에 多少論及하였으나 恒常斷片的임을免치못했다。이共觀福音問題는 예수를 더잘理解하며 信仰에精進하려는 누구에게던지 重大하고興味있는問題인故로 只今福音書의大旨를一段落지은때에 우리는 다시한번項目을 곧쳐가지고 總括的으로共觀福音問題를大觀하고저한다。但 이問題는 問題中의問題인故로 聖書學者의意見이 아직도甲論乙駁으로 그歸趣를잡기어렵다。只今우리는 이問題의權威者인 스트리―터氏(B. H. Streeter)의說에依據하고저한다。

共觀福音問題。마태 마가 누가等세福音書를 多少注意하야 읽은사람은 所謂「平行記事」라는것을發見할거이다。마태福音에서읽은記事와 꼭같은것이 마가福音에도 나오고 누가福音에도 다시나오는事實을 깨닫는다。勿論예수한사람의生涯와敎訓을記述한것임으로 그것이 서로共通한部分이있을것은當然한일이라고 할수도있으나 그共通한程度가特異함으로 여긔에問題가發生하는것이다。

例컨대 두文章家가 同時에金剛山을구경하고서記行文을썼다면 거긔에共通한內容이없지않을것이오、數名學生이籠球나蹴球其他對抗競技를同時에叅觀하고서 그날日記를記錄했다면 거긔에亦是共通한內容이不無할터이오、또는二大新聞社에서從軍記者를特派하야 同一한戰鬪를報導케하였다면그도또한共通한內容이多大히있을것이다。그러나 이러한境遇에 그內容이共通하다는것은 아무리同一한事件을同時에記述한것이라할지라도 그記述者가各其個性을保持한人間이였다면 그內容의共通이라는데도程度가있고限界가있다。文章의薰香이다르고 筆勢꼭갈지못할것이며 單語의語彙에 또한差別이있을것이다。

그런데 共觀福音의平行記事에至하야는 놀라리만치 그文章과語彙의採擇까지 거의完全히一致하다。그一致한程度가 오늘날 라듸오 뉴―쓰를 筆記하야發行한 新聞들의題目과內容까지一致한것보다 더精密히一致한것이많다。그런즉大體로 共觀福音셋冊은 처음에 어떻게記述編纂되였을까 여긔 疑訝가생기고 問題가일어난다。

新約聖書概要 四

一、마래 마가 누가等은 서로關聯된일없이 全然獨立으로個別的으로 예수에關한各自의所聞所見所信을記錄했던것인데 써놓고보니偶然히 이렇게一致하였다고 할수있을까。그것은到底히 있을수없는일이다。짐작건대 예수傳의原本이라고할만한資料가있어서 그資料에依據하야執筆했던結果로 所謂 平行記事의一致가 생긴것이라고 볼수밖에없다。그렇다면 그資料는 어떤形式으로傳해왔나 하는것이 다음에 일어나는問題이다。

첫재로는 口傳說이있다。即 예수의生涯와敎訓을 口碑傳說로써暗誦하야 敎會에 서로傳해오던것이있었는데 그것을資料로하고 썼음으로·平行記事가 있게되였다는것인데 예전에는行하였으나 只今은學者間에信憑되지못하는說이다。

二、다음은 文書傳來說이있다。即 口碑傳說로써暗記하야온것으로서는 두사람以上의記者가 꼭一致한文章을 著述할수없으니 必然코共觀세福音이共通으로依據하야著作된바資料의原本이 먼저저있였거나、或은 共觀福音中의 하나가다른두冊보다 먼저著述된後에 다른二記者는 그것을資料로引用하였거나 何如間 文書로되여傳來하였다는說이有力하며、그中에도 二元說이라고稱할까①마가福音과②마가福音에類似하나內容이多少相違한다른文書(現今은傳來치않은)하나가並立하여存在하였고 마래와 누가는 이두가지資料를任意取捨하야福音書를著作하였다는說이 가장權威있는學者들에게支持받게되였다。그러나 이는百餘年來로激烈히論攷하던問題인故로 一致한點이라해도 다시細密한部分에至하면 對立을免치못하는수가있다。지금 一致或은對立되는몇가지意見을列記하면如左하다。

1、마래 와 누가 가 各其獨立的으로各自의福音書를著述했으나、其時에 마가福音또는 마가福音에類似한文書를原本으로使用하면서 그中에서或은除外하며或은多少文句를變改하며或은本文그대로各自의著作에引用하였으리라는것은 多數學者가 거의完全一致하는바이다。

但 그原本이란것이 現存마가福音 그것대로이냐或은現存마가福音보다多少簡單하였으리라고推測하는「울 마가福音」——Ur-Marcus 에依據하였을까 하는問題에至하야는 學者의意見이區區하다。

2、多數의學者는 마래와누가가 마가福音을資料하는同時에 다른資料(Q)를並行하야使用하였으리라고말한다。이 다른資料라는것은 學者들의Q字로表示하는文書인데 마가福音보다 얼마먼저著述되였고 예수의敎訓을爲主로記錄한簡單한(마가福音보다)文書라고推測하는것이다。

馬可原本說 上述한바와같이 마가福音또는 그와類似한

文書를 마태와누가가資料로使用한것은事實인듯하나、우리는 마가福音이 먼저著作되여서 마태와누가가各自의福音書를쓸때에 마가福音을資料로使用하였다는結論을支持하면서 以下에 좀더具體的으로共觀福音書의內容을比較하여보고저한다。

一、마가福音의三分의二는 마태福音과 누가福音에共通하게引用되였다。또 남어지三分의一도 마태福音에引用되지않은때는 누가福音에引用되였고、누가福音에引用안된때는 마태福音에引用되였다。但 마가福音中의 三十節만은 마태 누가 어느福音에던지引用되지않은것이있다。그相關된節數를列記하면如左하다。

① 마태 와 누가福音에引用되지않은 마가福音特有의 句節은 이렇다。

二·二七、 三·二〇、二一、 四·二六—二九、
七·三、四、 七·三二—三七、 八·二二—二六、
九·二九、 九·四八、四九、 一三·三三—三七、
一四·五一、五二、 (以上合計三十節)

② 마태福音에引用되지않은 마가福音句節、(이것은 누가福音에引用되였다)。

一·二三—二八、 一·三五—三八、 四·二一—二五、
六·三〇、 九·三八—四一、 一二·四〇—四四、
(以上合計二十五節)

③ 누가福音에引用되지않은 마가福音句節。(이것은 마태福音에는引用되였다)。

一·六、 四·三三、三四、 六·一七—二九、
六·四五—八·二六、 九·九—一三、 九·四三—四七、
一〇·一—一〇、 一〇·三五—四一、 一一·一二—一四、
一一·二〇—二二、 一一·二四、二五、 一四·二六—二八、
(以上合計一二九節인데 其中半分以上을占하는七十四節은 六·四五—八·二六의 한뎅어리에 뭉친것이注目된다)。

④ 누가는 마가福音에서引用하면서도 마가福音에있던順序를變改하거나或은文句를多少變化케하야 一見相關없는事件처럼보이나 綿密히調査해보면 마가福音記事를引用한것에 틀림없는것이發見된다。그런句節이左와같다。

마가福音	누가福音
一·一六—二〇、	五·一—一一、
三·二二—三〇、	一一·一四—二三、
四·三〇—三二、	一三·一八—一九、
六·一—六、	四·一六—三〇、
九·四二、	一七·二、
九·五〇、	一四·三四、
一〇·一一—一二	一六·一八、

一〇・四二―四五、　二二・二五―二七、
一一・二三、　一七・六、
一三・二一―二三、　一七・二三、
一四・三―九、　七・三六―五〇、
一四・二九―三一、　二二・三一―三四、
一五・一六―二〇、　二三・一一、(以上合計五十節)

二、語彙의分布로보아도 마가福音의語彙가基本이된것을 發見하기 어렵지않다。即 全體로大觀할때에 마가福音의 大部分은 마태 누가 두福音에共通히引用되였고 남어지 小部分도 마태福音이아니면 누가福音에引用된것처럼、共觀福音에共通한어떤標準記事의語彙를調査하여보더라도 마가의것이 大部分은 마태 누가에게共通하게引用되였고、남어지小部分은 마태或은 누가의 어느한편에만引用되여있음을 알수있다。

三、福音書의內容配列順序에있어서도 그目次를 골라본다면 大體로 마가福音의順序가 마태 가누 두福音書의本이되였던것을알수있다。但 左와같은興味있는事實도 兼하야發見한다。

a、마가福音의順序에서 마태福音이 어그러지는때는 누가福音이 마가福音의順序를保持하였었다。

b、마가福音의順序에서 누가福音이 어그러지는때는 마태福音이 마가福音의順序를保持하였다。

c、마가福音의順序에서脫線한때에 마태 와 누가福音의順序가一致한일은決코없다。

d、마가福音三・三一―三五節은例外로 三福音書의各異한處所에나온다。

其他 特殊한配列이二個處있다。

1、마태第八章―十三章까지는 마가福音一・二九―六・一三에該當한部分인데 두福音書가 매우相違있고、누가福音은 마가의順序에大概一致하였다。마태도後半에서는 마가福音順序를 떠나지않었다。

2、外觀上으로 누가福音과 마가福音이相違한것같으나 其實內容은同一한것이라는五十節은(五頁末―六頁初參照)누가가마가福音의節句를略하고 或은其他資料에서補充한것일터이며、十字架의記事에關하야도 누가는 다른資料를많이採擇했던것같다。

四、마태福音과 누가福音에 마가福音과非마가的인것(或은其他資料)이配列된것을詳細히調査해보면、마태와누가는 마가福音을主要資料로하고 Q其他의것을任意添削한것이明確히 보인다。

그런데 마가福音의順序를輪廓으로하야 骨子로삼어起筆하면서 非마가的인資料添加할때에 確然한成案은 없었던모양이다。그러기에 「荒野의試惑」에關한記事와 「十字架의光景」같은事件의 時와所가明確한것은 各自福音書의初頭

와末尾에 갈러붙쳤으되、其他의譬喩와 敎訓等을挿入할때는 곡「어느때 어듸서」라는 定見이없였던듯하다。故로 마가福音의順序를輪廓으로한 마태 와 누가 의 記事中에 非마가的인것이補充된때에 한번도 그順序가一致한場面에 나타나지않었다。即 마태는마태대로 누가는누가대로 各自가適宜하다고보는데에挿入하였다。그래도 마태에게는 마태의編輯方針이있었고、누가에게는누가로서의方針이全然없지않었던모양인데、짐작건대 左와같은興味있는單純한方針이였든듯하다。

馬太 는可笑로울이만치單純한方法이였다。마가福音의骨子로써記述하다가 무슨問題가 나오면 거긔近似한非마가的資料를 모주리取하여다가 마가福音의輪廓속에編綴하였다。때로는極히簡單한것을挿入하며(例之마태一九・一〇—一二) 때로는 마가福音에서얻은조곰한暗示에서發端하야 길고複雜한論說을挿入하였다。例컨대

1、十二弟子派送하는 마가의七節이 마태의四十二節로 된것。

2、마가六・七—一三은 마태第十章을 일우었다。

3、마가第十三章은 마태第二十四章에第二十五章을添加한것이되였다。

4、惡한農夫의譬喩는(마가一二・一—一二) 두아들과王子의婚姻의譬喩두가지를補添하였다 (마태二一・二八—三二、三三—四六、二二・一—一四)

5、마태福音第五、六、七章에亘한有名한山上垂訓은 마가一・二一節을充足시키기爲하야補充한것이다 (마태七・二八參照)

6、마태福音의葡萄園人夫譬喩는 (一九・三〇—二〇・一六) 마가福音一〇・三一의『몬저있는이가 나종되고 나종있는이가 몬저될자가 많으리라』는것을解說하기爲함이였다。

路加 의編輯方法은 마태와는 다르다。그러나亦是單純한方法이다。나사렛에서排斥받은일과 베드로의聖召에關한記事를除한外의 非마가的資料는 모주리荒野의試惑과最後晩餐의中間에三大群團으로挿入하였다。

1、第六章二〇—第八章三節。

2、第九章五一—第十八章一四節。

3、第十九章一—二七節。

以上三大群團의略半量은Q에서、남은半分은 누가福音에만獨特한것이다。

五、 三福音書에共通한句節을 細密히比較해보면 內容意味는 하나이면서도 마가福音보다 마태 누가福音의文章或은文法이 改善된것이많다。이것도 마가福音이原型이였고 다른二福音은追後로되였다는痕跡이다。

例컨대 語勢가 넘어强하거나 또는解釋에難題를 일으

키는것은 多少緩和하며 調子를낮후였다。

(一)마가六・五에「거긔서는權能을行할수가없으되…」한것이 마태一三・五八「거긔서權能을많이行치아니하심은……」으로 되였고

(二)가一〇・一八「네가 어찌하야 나를착하다읽갔느냐…」태一九・一七「어째 내게 착한일을 묻느냐……」로 되였다。

繪畫的形容이많어서 事物을生生하게記錄한것이 마가福音의特色인데、마태와 누가는 必要치않으면 이런句를略해버리고文章을簡勁하게한傾向이있다。例之

(一)가四・三八「……고물에서 벼개하시고………」

(二)가八・一四「……배에 떡 한덩이外에는 없는지라」

또한가지 마가의特徵인 過剩의說明과 한말을 다시곱씹는 버릇도 마태 나 누가福音에至하야는洗鍊되였다。例컨대마가一・三二에「저물어 해질때에…」한것을마태는「저물어……」만取하고、누가는「해질때에……」만擇하였다。

以上의事實과思考로써判斷하건대 마태 누가兩福音은 그內容으로보던지 그目次의順序로말하던지 또는 그用語의語彙로써比較하더라도 마가福音과甚히恰似한資料를共通하게使用하였다고斷定할수밖에없다。그렇다면 그資料라는것은 마가福音以外의것일수없다。마가福音은事實存在한것이오「울・마가」란것은單只假說에不過한것이기때문이다。

그런데 共觀福音의共通한資料가 마가福音이라고——即마가福音을骨子로하고서 마태 누가兩福音이編纂되였다고斷定하면 두어가지反對가 일어난다。

(一) 마태와 누가가 各其마가福音을資料로하고著述하였다면 웨 마가福音의全部를引用하지않고 마가福音의一部分은 버리면서 다른資料를添加하였느냐。이는 마가福音보다簡單한「울・마가」라는原型의것이存在하여서 마태와누가도 그것을資料로 썼을뿐더러 우리 마가福音도 그것을增補한것에不過한것이라는說이다。

그러나福音記者들은歷史家이였다는事實을 잊어서는안된다。史家의眼目으로써 權威있는資料를採擇하는것은 寫眞박는일과는 다르다。있는資料를 모주리引用해야된다는것은아니다。또 福音記者들이記述한「卷皮」Rolle에는 制限이있였다。마태 누가兩福音書는 普通두루마리 한개의分量을 지나쳤음으로 不必要한記事는 自然히略縮하였을것이다。그런즉 마가福音의一部分을引用하지않었다고 即時에「울・마가」說을提起하는것은不當하다。

(二)三福音에共通한記事를細密히比較하면 微妙한表現에있어서 文法과語彙에 마태 누가 가 一致하고 마가福音과는相違한것이二百二十餘군데있는것이問題된다。그러나이것은 마태와누가가利用하기前에 마가福音이 한번文法上改正이되였다고보는것이 가장穩當할것이다。

傳道者를기다림

咸 錫 憲

傳道者를 기다린다。偉大한傳道者의 나타남을 기다린다。將次올世上을爲하야 하나님의 말씀을 힘있게웨치는 偉大한傳道者가 이時代에나타나기를 기다린다。東편하날을 우러러 밝은샛별을 기다리듯이 그것을기다린다。

오늘날은 말씀의饑饉時代다。옳은道理의말씀을 靈魂에 糧食이되는 眞理의말씀을、사람을救援하는 하나님의福音의말씀을 얻어들을수없는時代다。그말씀이말렀는故로 사람들의靈魂은 죽을地境에 니르렀다。砂漠을흘으는 갯바닥같이 맞나는사람마다 맞나는사람마다 心臟의밑바닥까지 타말은사람뿐이오 生命의푸른氣운을 보여주는者는없다。그들의얼골은 누렇게말랐고 두눈이쑥빠저 凶惡한모양이되였고 그들의목소리는 가을바람처럼시들어말렀다。

勿論饑饉은 오늘이나어재 始作된것이아니다。발서발서 오래였다。우리 聖書朝鮮이 이것을警告한지도이미滿九年이되였다。(第八號卷首 主筆의글參照)이제와서그때를생각하면 今昔의感을 禁할수없는대 그때에도「最高度」라했거든 스피드、스피드、스피드하는時代의 九年을 지난오늘의 人心의주리고말은狀態는 얼마나할가。果然지금은발서 意識을 잃고 精神異常의症狀을 나타내기始作하였다。물인지불인지몰으고 그저金鑛으로 鐵鑛으로 滿洲로 北支로 덤비는것은 미친사람의 行動밖에 더되는것없다。

官廳에가보라 거긔도돈소리요 敎員室에가보라 거긔도 돈소리요 敎會에가보라 거긔서도돈잡는이야기가아닌가。都市에가면 勿論돈이요 山골을가도 맛천가지로돈이다。親故의집이라 찾어가도 成功하는말만하자고 病院에가도 알는사람까지 黃金을꿈꾸면서 알코있다。이것이 미친時代가아니고 무엇인가。

사람이젊었을때는 적어도한번은 거륵한野心에 불이붙어보는것이다。어면公義的인것에 一身을드리어 偉大한것을 世上에주고 自己도얻자는것이다。그것이잘되면 理想이오 못되면空想이다。그런대지금靑年에게는 理想도空想도없다。있는것은 도야지같은 九尾狐같은 現實뿐이다。二十에이미 就職에머리를재우고 三十에발서 有力者의배를 나려쓸고있다。十年敎育을해도 이百姓의 精神의指導者가되여보겠다는 大望을가지는 한사람의靑年을 보지못하였고 그렇게가르치는 한사람의敎師를 보지못하였다。才智있으면 醫學하기를勸하고 細密하면 金融組合에보내고 謹實하면 鐵道에紹介하되 저들에게 리빙스톤이되라는者는없고 마르틴・루터가되라는者는없고 바울이되라는者는없다。저들에게 뭇소리니나 포드나 에디손의生涯를

傳道者를 기다림

가르처주는사람은있어도 모세나 삼우엘이나 에레미아의 生涯를 가르처주는사람은없다。 오늘날靑年에게 公義心이란없다。 義俠心도없고 瞑想도없다。

에레미아！ 그렇다 우리는에레미야를 待望한다。 저같은 亂世의偉大한傳道者를 渴望한다。 저는人心의墮落이極하야 미친時代에 나타나서 生命의말슴을 웨치고 웨치다 웨치다죽은傳道者다。 저의때와같이 지금은미친時代다。 慾心에미친時代다。 미친時代를보고 眞理의말슴을 하는것처럼 危險한것은없다。 지금은 冬眠하는動物처럼 죽은듯이 엎대여있을때라고 사람마다말한다。 그러나 그러기때문에 말슴의必要는 漸々더緊切하야간다。 生命을내대고라도 亂舞하는狂人을 抑制하려는 懇切한사랑을 가진者가아니면 그의生命은救할수가 없는것처럼 現代를爲하야 一命을밭이는 傳道者들이 나타나지않으면 이時代의앞은 캄々할뿐이다。

或이말하는가 이時代에 物質의 增産을말함은 옳으나 말슴의缺乏을말함은 迂濶한일이아니냐고。 果然物質는缺乏되였다。 그러나物資의缺乏을 物資의缺乏만으로아는것은어리석은일이다。 生活의裕足은 物資以外에 어떤由來하는源泉이있음을 알것아닌가。 가르처말슴하신그대로니 空中에 나는새가 심으지도않고 거두지도않으되 사는것이요 들에 百合花가 受苦질쌈아니하여도 솔로몬보다 榮光스럽게넙는것이다。

「사람이 팡으로만살것이아니오 오직하나님의입으로나오는말슴으로 사나니라。」그렇다 現代사람이 이말슴을먹엇던들物資의缺乏은 느끼게되지않었을것이다。 맞나는사람마다 맞나는사람마다 배불은사람이란 하나도없고 모두가 飢渴못견대어 였찔줄을몰으고 미처덤빈다。 富者도그것이오 貧者도그것이다。 저들은다만 먹는것이不足하고 마시는것이不足한듯만하야 먹기를더急히하고 마시기를더盛히하나 그러면그럴수록 가슴을태우는 毒酒와같이 넘어갈때에 시원한듯하나 속에들어간後는 漸々더불길을 니리킬뿐이다。 그리하야 世上은餓鬼의모힌곳이된다。 그러나그 原因을 아는자도없고 찾으려하지도않는다。

先知者아모스의말이 또한번 드러맞였다。 曰

「主여호와의말슴이 볼지어다 날이이름에 내가饑饉을
이따에 보내리니…………」

그렇다。 主여호와가 이날을보내신것이다。 이饑饉은 하나님의懲戒로 臨한것이다。 무엇때문에 懲戒인가。 生命의糧食이되는 그의말슴을 貴히녁이지 않었기때문이다。 우에는指導者라는 사람들로붙어 아래는農山漁村의 匹夫匹婦

에 니르기까지 黃金이貴한줄만알고 道理의貴한줄은몰으며 勢力이貴한줄만알고 信仰이貴한줄은몰은다。 그代價는 이苦痛이다。 故로 맘을도리켜 生命의根源으로向하야 그를 마시지않는限 어떤金山을캐내여도 어떤無邊沃野를언어도 이飢渴은 멋지않을것이다。

또或이말하는가。 말슴은넉々히있지않느냐고。 아침여섯時붙어 밤열두시까지 까마귀처럼지저귀는 라디오가있지않으며 날마다 단으로묵거던지는新聞雜誌가있지않으며 圖書館마다 書肆마다 들어찬書籍이 그것이모두다 말슴이아니냐고。 또數千의牧師傳道師가 主日마다 祈禱會마다瀑布처럼쏟는 講說이있지않느냐고。 果然있다。 많은 말이있다。 그렇나그속에 하나님의生命은 들어있지않다。 生命없는말 그는生氣없는 가을바람이다。 뒤흔들수록말을뿐이다。 라디오와 新聞과 著作家와 世上의모든떠드는소리를 다沈默케하라 그러면 가늘고고요한 하나님의말슴이 들릴것이다。 우리가바라는傳道者는 반드시나발을가진 떠드는宣傳者가아니다。

우리가이時代의民衆을 무엇으로形容할가。 天使의무리라할가 虎豹의무리라할가。 예수의말슴대로牧者없는羊이다。 예수의맘을 우리맘으로하고본다면 예수의가슴에있던 사랑을 우리가슴에 芥子씨만큼이라도 품고본다면 이時代의民衆은 牧者없는羊이다。 잃어바린羊이다。 저가無限한사랑으로 世上을보시었을것을 생각할때 그가嘆息햇다는理由도알수있고 예루살렘아예루살렘아 하고 색기찾는암닭처럼 애를태우던것도 알수있고 禍있을진저하고 바리새主義를 詛呪하던것도알수있다。 牧者없이 헤매는羊! 이人類는 그의聖眼에 그렇게보였던것이다。 그것이저로하여금十字架로向하고 들어가게하였다。 저가갈길을分明히 열어놓앗것만 羊은아직도헤매이고있다。 사단은미운것이오民衆은 가엾은것이다。

傳道의精神은 사랑에있다。 사랑하는者는 잠々하지않는다。 저에게子女를사랑하는 사랑이있는가。 그는子女를向하야 잠々하지않을것이다。 저에게國家民族을사랑하는 사랑이있는가 그는同胞를爲하야 그저있지않을것이다。 그러나참偉大한傳道는 하나님을사랑하는 사랑에서나온다。 나를爲함도아니오 世上을爲함도아니오 오직 하나님을위하야傳道함이다。 예수께서 世上에서하실 自己일을 다하시고永遠의나라로가시려하야 自己를 따르는者의 代表로서의베드로를놓고 後事를부탁하실때、 네가天國에가고싶으냐하시지도않었고 네가이스라엘을사랑하느냐하시지도않었다。「네가나를 사랑하느냐」하였다。 그리하야 거긔對한告白이있은後에「내羊을치라」고하시었다。 참으로人間을사랑하고참으로世上을爲하는者는 그리스도를사랑하는者다。 모든偉大한 傳道者는 다하나님의발앞에서서 世上을굽어본사람들

傳道者를기다림

이다。

예수의가르치는대로 世上을건너다보면 곡식이누렇게다녀어 秋收를기다리고있음을 볼수있다。社會는간곳마다、罪惡의本源地인 都市만아니라、村에까지 深山골작이에까지 傳道의必要가眉間에까지 切迫한것을본다。山골이隱遁處라던것은녯말이오 汽車、自働車、金鑛군의끌이 所謂文明의띄끌을 坊마다골마다 아니몰아넣는곳이없고 아니쑤서먹는곳이없는 오늘날은 더러워지지않은곳이없고 말으지않은곳이없다。이대로조금만더간다면 사람의子息中에는 淫亂의子息아닌것이없을터이오 江山에는 盜賊의窟이뚫리지않은峯과 殺人의피가떠러지지않은 골짝이가 없이될것이다。世上은이러틋緊急히 하늘나라아들들의 일을기다리고있다。그러면 하나님의天使에게서 그큰낫을얻어가지고 휘둘러서이누른곡식을거두어 기쁨의단을묶을者는누군가。

靑年이어 너는젊었느냐 젊었거던 이넓은들판을바라보고 大望을發하라。黃白의實貝는 이世上의무리에게 던저주고 靑紫의高位는 現實의아들들에게 辭讓하고너는濁流에몸을던저 빠지는者를 救하려는 勇士처럼 이어려운世上에冒險하야 하늘나라의 秋收군이되자는 거륵한大望을가지라。늙지말라。우리의先驅者예수는 三十의몸으로 永遠한나라에들어간 永遠의靑年이다。

가물이甚한昭和十三年八月九日저녁綏項嶺上酒店에서 강낭국수를만들어주던八十老人과하던問答을回想하면서。

一二

「나의福音의大意」續

患難아너의이김이어대있느냐。生命은陰府보다强하고 사랑은 죽음보다强하나니 네가울수록 나는더욱 그를그리워하노라。國亂에思賢臣이오 家貧에思賢妻함같어 이 불붙는풀무속에서 나는더욱 그를 그리워하노라。나는 春香傳에서 春香의十杖歌를보고 울었다。사랑은 그렇다 사랑은둘이아니오 하나이다。매를칠수록 사랑의讚詞가나오고 杖下에서 碎骨粉身이될수록 사랑을그린노래 任을思慕하는心情 紅爐속이라도 타지않고 至極한呼訴가 九重深處에까지사모쳤도다。아! 이노래가 나의任을向한 나의노래인것을 새로히느낄때 눈물을禁치못하겠도다。아하 사랑에서울자 아하나의벋을아 紅爐갈은苦難 十字架의祭단앞에서 피를뿌리고 땀을흘리고 魂을쏟아놓고 任과울자 아하現代란現代 朝鮮이란尸體를안고 싫건울라。十杖歌와같은 十字架를부르자 나의兄弟야 나의姉妹야 네살속에 네피속에 主의가있느냐 네魂속에 主의숨이있느냐 그러면울리라。아! 十字架란刑틀에매달려 사랑의노래를부르자 나때문에 그가 주고 그때문에 내가죽고 나를안고그가울고 그를안고내가울고 朝鮮의兄弟들아 이노래를듣느냐아느냐。死亡아 네가나를 이刑틀에달았으나 任을向한나의사랑은빼앗이못하리라。天地法하고 日月이共證하고 晝夜가同度하나니 禁할法이없으리라。十字架는이것이라 與天地合其德하며 與日月合其明하며 與四時合其序하며 與鬼神合其吉凶하나니、先天이 天不違하고 後天이逢天地時라十字架피는이러한大ㅣ調和大親密이로다。今에聖人이復起하사도必從吾言하리니此를曰余의立命界라하며新天地라하노라。聖哲의解釋도이대로되여있도다。할렐루야아멘。

나의福音의大意

文信活

내가確感된新天地를 說明하겠도다。

猶太人은 律法으로 여호와를說明하였고 요한은 헬라語로고쓰思想으로說明하였는대 나는이제萬人이잘알수있는法으로說明하겠다。나는 하나님의天地를 陰陽으로經驗하였다。陰陽이라하니 묵은말로 알지말라 周易깨나읽고 術數나하는 所謂陰陽군의 陰陽이아니라 十字架內容되고 天地가印치고 萬物이「아멘」하는 天使長의 라팔속에 막바로나타나는 예수의얼골이다。操心하라 아론의執行이가術客의執行이를삼킨것같이 이제이法이 天地를 消化하리라 陰陽은 하나님의現顯이시라 하나님의사랑이시라 하나님이天地를 陰陽으로지였였고 人生을 陰陽으로 살리시고 陰陽으로審判하신다。律法이 陰陽으로되였고 예수가 陰陽의調和로되졌다。陽은天이오 陰은地이다。陽은天法이오 陰은地法이다。周易에九는天數요 人은地數로하고 默示錄에 天數七이오, 人即 地數六이라하였다。萬物에 分明히 이法이다抱含되였으니 天地에寒暑가있고 人生에氣血이있다。晝夜가있고 明暗이있다。寒은陰氣오 暑는陽氣오 氣는陽이오 血은陰이다。晝는陽이오 夜는陰이다。이렇게다 말할랴면 歲月이不足하리라。人生에 善惡愛惡가있다。善은陽이니 天法이오 惡은陰이다 愛는陽 惡는陰이다。이렇게 딱갈라놓으면 털끝도可히헤아리리라。그러면陽이있는以上 陽陰도있으니 이둘이 서로 各各어떤性質이있느냐 陽은陽대로되려하고 陰은陰대로되려한다。그런고로 陰陽이相克된다。陽은火요 陰은水라 彼此다툰다。天下의不祥事가다ㅣ여기있다 人生의氣(陽)血(陰)이順치못함에 百病이將起하고 寒暑가不調하야 風雨가大動하니 以此推之컨댄 自天地로 至於微塵까지 陰陽의動靜이分明하도다。肉體는心靈을거스리고 心靈은肉體를거스려 罪와苦痛을이르킴이 陽이陰을거스리고 陰이陽을거스려 天地에亂禍를끼침과 善惡이相敵하야 人倫에慘狀을내는것과 風雨가不順하야草木에凋落을재촉함이 어찌다르리오。

더神靈한法을배호라 모세의律法은 하날로부터받은것이니陽이오 人間道德은 따에서났으니陰이라 律法은人生을치고 人生道德은律法을거스린다。故로律法은 하날로온故로 하나님께祭祀하는것을主張하였고 道德은 따에서된故로人倫을爲하나니라。奧妙함이여기있으니 陽中에有陰이라 故로律法에도 人間倫氣를말하였으니 十誡命中 五誡로 十誡가있고、陰中에도有陽이라 故로道德에도敬天之法이있으니 例컨대天祭禱天 孔子의所謂天命같은것이라。陰陽이서

나의福音의大意

로 며날수없건만 왜서로다토느냐 太陽이아니면 江河가 흘을수없고 江河가아니면太陽界의爆熱을敢當할수없건마는 水火는왜相戰인고。人生의氣가 안이면 血을運行케못하며 血이안이면 氣를維支치못하건만 血氣血은 왜不順해지는고。靈이안이면 肉을上達케못하며 肉이안이면靈을成長케못하건만 靈肉은 왜다토는고。

嗚呼嘆哉嘆哉로다 然而나陽中有陰 陰中有陽之法은 萬物에共通하였으니 太陽系에도 寒水之氣가있어 寒風을일으키고 河海에도熱火가內在하여 江河가流注하며 熱風이往來하야 潮度를일으키며 氣中에有血하야 氣行血旺하며 血中有氣하야 血生氣順이라 靈中에肉이있어 生의愛着과 死의恐怖가있고 肉中에도靈이있어祈禱心과 宗敎心禮拜心이있으니 是中에何를바리며 何를取하겠느냐 이도거륵하고 저도거륵하거늘 何를愛하며 何를惡할가?

嗚呼라 天上天下에此妙理를아는者있느냐?然而나陽은陽대로치우치고 陰은陰대로어리여 陽은陰대로亢龍有悔가되였고 陰은陰대로堅氷而至하야 律法은律法대로 人生을定罪하고 人生은人生대로 하나님을反逆하고있으니 이무슨矛盾이냐? 基督敎는律法의係統이니陽이다。저의는하날밖에모른다 陰과調和를못하였다。然而나 陰中에도有陽하야 陰을支配하건만 基督敎는그렇지를못하니正陽이안이오 亂陽이다。人生은陰이나 陰中에도有陽하거늘 저의게는良心이둔하고 宗敎心까지없으니亂陰이다。人生의氣가亂하면亂氣오 血이亂하면어血이되며 男子가亂하야淫男이오 女子가亂하면淫女니 亂陰亂陽에 어찌正道가있으며 病夫病妻에 어찌俊傑이生하며淫男淫女의게서어찌君子敬女가나겠느냐。더깊이말하자 義와罪가어찌分別이있겠느냐 罪人의게도義心이있고 義人의게罪心이있지않으냐。罪를말미암아하나님의사랑을깨닫는者도있고(右便强盜) 義로말미암아 더욱惡해지는者도있지않으냐(猶太人)。그런즉 하나님의사랑이罪를짓는길도될수있고 罪가 하나님의사랑을깨달을수가있으니 어느것이낫으냐? 罪는陰이오 義는陽이니 陽이안이라고陰이나뿌냐? 決斷코안이타 우에서말함갈이 氣運은좋고 血은나뿌냐? 決斷코안이다。罪와義도이런關係가있다 더위만 늘있고 추위는 없어서될것인가?

아ㅣ妙하도다 사랑의秘密이여! 나는이둘이 다 하내님의사랑이라하노라。그러나寒心한것은 그렇지못하고 天堂地獄 魔鬼 天使 사단 하나님善惡 罪義를 딱갈라놓고있으니 平安을주는하나님은사랑하고 患難을주는하나님은怨妄하고 讚頌케하는하나님은讚頌하고 강퍅케하는하나님은욕하니 이것이어찌正道냐? 陰疑의陽하고 陽疑의陰하야 天地相戰에其血이玄黃이로다。嗚呼라 東洋의老佛思想과孔孟道德이 西洋律法앞에갖다두면 罪人으로審判을받을것이오 西洋律法을 老佛孔孟앞에갖다두면 人倫과 感情思想

에甚히不足할것이니 何短何長고彼此오랑캐가될뿐이로다。西洋은낮이오 東洋은밤이라 눈을뜨고찾는대는西洋이낫고 눈을감고더듬는대는東洋이낫다。天地의大罪는天地의法곧陰陽을紊亂케하는者니라。聖經에曰 淫行이第一큰罪라하였으니 男陽女陰이라 陰陽이亂함이 天地의大禍다。노아洪水도淫行을因함이오 소돔고모라의天火도淫行을因함이니 淫行은 곧 陰陽이亂함이라 이제약간 陰陽의術數를行하야 世上을속이고 運命을判斷하는者있으니 容納할수없는盜賊이라。天機를盜賊하야 돈받고팔어먹고 절받고팔아먹으니 正道가 許諾치않으리라。陰陽이란이속에 사단이숨였다。말은 天使같이하고 智慧는배암같고 行爲는개같이하는者가 사단의子息이다。저의는食慾에안빠졌으면 色慾에빠졌으니 이는聖經이가르처 사단의子息이라하니라。聖經이가르치는義人은 陰陽을犯한이가없다。陰陽에對한冊과道德과宗教에對한冊이 天下에山보다많이쌓였으니다불살리리라。天下에書籍이란것은 다불질을것이오 聖經註釋도다불태우고 聖經한권만남으리니 이는天下의審判이라。나의이ㅣ金尺이나타나고 新天地가開闢되면 다 문허지리라。많이祈禱하고 깊이生覺하라。이제西洋이란것은亂陽이되여서 亂狂陽燥하야군두박질하고 葉衣下被하며 口無論語하야 大發狂者가되고 東方이라 重陰沈陰하야 朦朧한九雲夢中코를골고있으니깨워도모르고찔러도모르니 이兩者를爲하여서 누가와야될가。나의教會란것은 이陰陽이란두사이에 돌을놓고이兩者를곤처가지고 이돌앞에절하는것이다。陰陽의絕大中心은예수시다。부쳐도 神仙도이돌앞에서는절하지않고는견딜수없으리라。然而나 陰陽이各各그正義之性이有하니天道(陽)는先也니待陰이行하고 地道(陰)는後也니順陽이隨하나니라。天道는大通利固니彊也오地道는柔順利貞이니順也라。陽이不幷 陰而獨行이면亢龍有悔하고 陰이不後 陽이不先하면堅氷而至하나니、天道(律法곧靈)人道(道德곧肉)을不兼하고獨行하면 불붙는시대山같에서 人生이나이르면다죽을것이오 地道가天道를先하면 아론이金송아지로 여호와를拒逆한것같에서 彼는亂陽이오 此는亂陰이라 陽은陰을기다려行하고 陰은陽을順하야隨할지니 此가人身의氣가血을主하고血이氣를順함같도다。이스라엘陣에불기동은陽이요 구름기동은陰이라 이스라엘이廣野로行할새구름이地上에올라오면行하고 雲不地上이면行치않겠으니이가곧陰陽이交感됨이니 누가此法을否認할가。人倫道德에天命이主하지않으면惡化하야 堅氷而至하고 天理靈感이人倫의調和가없으면乾燥無味하야 亢龍有悔가 될지니라 이를調和할者가누구냐?

天使는하늘消息을傳하고 魔鬼는地獄불꽃을傳하니 어찌할고 마치魔鬼와天使가 모세의尸體를가지고是非함같도다 神仙은구름을타고춤을추고 부쳐는虛空에浮游하고있고孔孟

은麒麟과놀고있거늘 西洋科學이어쩌이에及하며 燥爆한律法이어쩌이를容納할가。東西가通하고 天地人物이調和하고 陰陽이나의宿願이다。陰陽中에뿔건龍이있으니 至聖所를더럽피고 天地를混沌케하니 天命을拒逆하야 靈界를紊亂케하고 眞理를어지럽게하고 人生의氣血을亂케하야 淫行을惹起하니이는天地의敵이라。天道之道를紊亂케하야 亂陰亂陽이되게하고 人生의陰陽을亂케하야 淫行을이르킴이萬物의種禍者라。天地에魔鬼둘이있으니 一曰陽邪요 二曰陰邪라。陽邪는在天 陰邪는在地라。夫사탄이란者陰邪陽邪의總稱이니 在天則變陽邪하야 至聖所를막아하늘을어지럽게하고 在地則變陰邪하야 淫行을主動하며貪心을이르키니 아奧妙한魔鬼로다。聖經이이를말하지않었느냐 聖經에두가지審判이있으니 一曰陽邪의審判이오 二曰陰邪의審判이라。고라의무리가 모세와아론을對敵하다가 無底坑에빠진것은陽邪審判이오 하나님의아들들이 사람의딸들의고흠을取하야 淫行하다가洪水를당한것은 陰邪의審判이라。물審判불審判이란것이 이것을두고한말이라。陽邪는律法속에움직이고 陰邪는人倫속에움직이니 六十六卷聖經이 이두가지의審判에不過하니라。西洋에는陽邪가움직이고 東洋에는陰邪가잠겼으니 사탄이天地의門戶에서 變陰變陽하야 恍惚케나타날때呼風喚雨하며 上天下地하니 天使도驚嘆하고 聖徒도아멘할지라。아！사탄의奧妙여 아는者없도다。然而나의金尺(陰陽)으로헤여보면 毫末이라도나타나나니 어찌숨길가? 陰陽의至聖所는예수다。내가이제까지한말이이말하기爲하야한것이라 陰陽의中心은十字架오 陰陽의絕對調和는復活이다。예수는分明陰陽의至聖所다。天使도아멘하고 魔鬼도아멘하리라。律法아래있는者도救援하시고 人倫아래있는者도救援하셨다。그는罪人도救援하시고 義人도救援하셨다。十字架의피는 陽邪陰邪의怨恨이막풀린다。孔子도그앞에서는悔改할것이오 釋迦도 그의게서는 내主라부를것이다。聖神은分明히陰을살리고陽을살린다。聖神이行하시매陽이陰과交感되고 善과惡이調和된다。나는이聖神이陰陽을살리고 東西古今이調和되는대가新天地라하노라。天이地를抱하고靈이肉을抱하고 天使가魔鬼를안고 陰과陽이서로안고입을맞우며 살中에살이오 뼈中에뼈로다하며 실컨울고통곡하고가슴을치며 榮光의主앞에서 사랑의잔치를베풀며神仙은춤추고노래하며 부쳐는太空에서和答하며 孔孟은道德으로노래하며天使도노래함이 나의新天地의宿望이로다。이제이예수는오시니 못맞날者없으리라。자든聖人의무덤을이르키신예수는오신다。모세 孔孟老莊釋迦의무덤도이러나리라。마지막死亡의무덤도이러나리니 할렐루야!

나의新天地는여긔있노라。陰陽사이에다가돌을놓았으니하나님이이돌에印첫나니라。내가陰陽이라하니 周易卷이나보는이가그法과같은줄로알면禍있으리라。가멜山에聖火가 바알先知를審判하고 아론의執行이가 術客의執行이를삼킨것같이 나의이信仰의確感에서된陰陽은 所謂周易을審判하고 陰陽을審判하고 天地를審判할者로天命을授하야나왔으니옛하늘옛따는 이光明앞에녹아지리라。이는모세의律法이그리스도피에서 새로지으신바니 오묘하도다! 이至聖所는十字架와通했으니 피없이는들어가지못하나이다。十字架를지고 피를흘리고 오는者外에는 나의 이新天地를 許치않노라。

아! 處女야 이러나라 新郞이오신다。花朝月色 任을그리워想思에病든貞女야 너마음 그가알고 그마음네가알뿐이로다。憂愁를誰與訴할고 想思를知者知라 네마음아시는任이 너를보러오신다。단장하고 새옷닙고거문고들고나오라 울고보며보고울면서네怨恨풀어라。五音六律을좇아풍流도울리고너도울고 거문고도웃고 너도웃고 아!즐거울때가왔다。新羅의花郞道속에자라나든朝鮮의魂아! 너는果然어엽쁜나이라。男子는君子오 女子는淑女라。樂而不淫하고哀而不傷하야 너는참아릿다웠나이라。아慘酷하도다 支那로부터儒敎 儒敎中에도正敎가아니오 酷毒한程朱學이 넘어와서 너를압제하고 얼마후에印度의佛敎가들어와서덮였으니 꽃다운네게는程朱의毒血이몸을사로잡고 佛學이란混沌한바람이네精神을어지럽게하야 너는옛모양을잃고自由를잃고있었는대 西洋으로부터 無理無禮한虐待敎가들어와서 [illegible]三重의苦痛을더주니 너는其中에畸形兒가되였나이라。아! 朝鮮의靈이여! 너의任이왔다 네가任을맞나면 天使가모를우슴이있고 萬有가모를우름이있으리라。때가왔다 이제時期가왔다 같이울자 같이웃자。朝鮮이란天地가明朗하고江山이秀麗하야民情이영오하고 思想이敏活하야愛神拜天之心이先天的으로富하고 神仙活佛仙女等의理想的觀念이本能的으로富하야 言必稱仙境仙風道骨仙味 仙童仙女라하니 朝鮮人의 理想이란 通俗的으로 高潔하다。然而나 西北으로는 支那의大疆西伯利亞의 熱風과함께 深遠한中國의文化思想 印度의 長城鐵壁같은 佛敎思想 支那의 暴惡한政治網에걸리어 能히自由할수없고 挽近으로 歐洲의 銳敏한分裂刀아래 七裂八傷하야 魂도놀라고피도亂하야 奇病怪形의 變態兒로되였으니 朝鮮의 狂奔兒奇病兒는 그리스도가와야 本性의美를 發하리라。以此觀之컨대 解剖刀같은 西洋敎會가 朝鮮의 民牧을 살니지못하고 도로혀 氣血을亂刺하야 傷處를 더크게하나니 今에朝鮮敎人은 곧朝鮮이란病人은歐米의阿片注射를맞고 狂喜狂舞하며狂嘆狂哭하나니 可哀可哀로다。이제그리스도는 律法 道德 政治의權勢에서 靈魂 生命의自由를回複하야 父子有親 君臣有義 夫婦有別 長幼有序 朋友有信케하나 이는家庭의救援이오 國家의和平이오 天下의太平이니 孔子仁

나의福音의大意

과孟子의行義 政治說이此에及할수없나니라。

默示錄에 물우에앉은淫女는곧 陰邪로 하늘에있는龍은 곧陽邪니 陰邪는따에서 淫行을일으키고 陽邪는하늘에서 迷信을일으키며 거즛의言을하며不法한異蹟을行하나니라。陽邪가在人하여는 危險思想을일으켜 不忠 不孝 不信의 思想之患을일으키고 陰邪가在人하여는 疾病과 色慾을일으켜 血氣之患을일으키니 天下國家庶人의禍가 皆此로由함이니라。此는先聖의經驗을因하며 天地의救援을傳함이니 나의福音은이것이로다。나의새敎會의律法은 天에在한것도 아니오 地에在한것도아니라 人에있나니 吾人의呼吸動靜 喜怒哀樂 愛惡의法을準하야 天地의法에까지사모치여 呼吸의自由 氣血의順行 思相의調化로부터 天地調和陰陽의 交感 萬物의和平 天堂과地獄의調和 사람과하나님의絕對 調和에까지이르렀도다。君子之道는 比如行遠必自邇하며比如登高必自卑라 함갈도다。大哉라 此道여 愚夫愚婦로도 可히알고行할것이오 及其至也하야는 大聖大哲이라도 不及하며 至哉라 此法이여 三尺童子라도 行知할것이오 萬代의聖智로도 測할수없도다。十字架가이를貫通하나니 피없는者는 들어오지못하리라。

男女의피로난者들아 예수의피로 거듭나야되리라。正陰正陽에서난者들아 正陰正陽으로거듭나야되리라。이十字架의피로 重生한者外에는 三尺童子로부터 大聖至聖이라도 가까이할수없나니라。우리의게는 慘憺한十字架의事實이따라다니나이라。우리가그의살을먹고피를마시기前에는 決斷코들어가지못하리라。하날로뛰다가는 陽邪의게붓들릴것이오 따에붙다가는 陰邪의게잡히리라。十字架는陽邪와陰邪를征服하나니라。속지말라 大聖至哲이나 天使가와서否認할지라도 이는 十字架의眞理로다 누구가否認하겟느냐? 하나님이옳다하시고 天地가共證하나니 막을者없으리라。周易에曰 陰陽不測之를 謂之神이라하였나니 陰陽은十字架愛의律動이라。十字架의道는 哲學도아니오 道德도아니오 神秘도아니라。至聖所로부터 人間의俱體的生活과至於微塵에까지 사랑의불이타고있나이라 피가흐르고있나니라

아ㅣ 奧妙하도다! 우리一刻사이에 萬代歷史가와서調和하고 우리의一生에 天地의全體가消化되나니 이는十字架의秘密이로다。나는十字架의道를이陰陽의中心 天地의門戶 陽邪陰邪의中間 晝夜의사이 男女의사이 人生氣血의사이 呼吸의사이에두노라。나는聖經을 여긔서消化하였노라。律法과誡命을 여긔서經驗하였노라。嗚呼라 그가나의呼吸에들어오시고 그가나의氣血에運行하시고 그가나의喜悲에同參하시니 내가울때그가우시고 내가우슬때그가우스시고 내가病들때그가病드시고 내가患難을當할때그가患難을當하시도다。死亡아네勢力이어대있느냐? (十二頁에續)

聖朝通信

七月二十二日 (金) 朝濃霧、晴。理科敎育講習會第二日參席。晝食時間을利用하야音樂練習이있었는데 「소미레」하면서부르는音符는 하나도알수없었다。하이하ㅣ들같은것 벳드같은것이많으면 難曲인모양이었다。午後는鷺梁津에燃料選鑛硏究所와地質調査所等을見學하다。〇來往二次印刷所에들려校正하고 도라와執筆했으나能律不進。〇卒業生短信『……今日집에있는生徒들이夏季休暇라고通知簿타가지고오는것을보오니 門生의在學時夏季休暇日일이腦裡에생각됩니다。그날先生님의敎訓。曰 早起、偉人傳記、讀書、日課表作定、開學日에括目相對、臨渴掘井式態度破棄、其他날날이머리에솟아나옵니다。門生은지금다시先生님敎壇밑에서 夏季休暇에對한敎訓을받는마음이胸中에切迫하오며 따라서怠惰하기쉬웁든精神이 다시緊張케됩니다』云云。敎師노릇十餘年에 아무能한것이없었으나 生徒에게學問의興味를 이르키고修養의決心을奮發케함에있어서는 多少의自信도있었고努力도하여왔다。但이번臨時擔任班에對하야는 한마듸도힘있는말 못하였다。生徒와敎師가一心一體된때에라야되는活舞인것을發見하다。받는者에게準備없이는줄라도줄수없다。貴한것일수록그렇다。

七月二十三日 (土) 濃霧、後晴。午前理科敎育講習會出席中에學校로부터緊急電話있어서 登校하야就職交涉中인卒業生의證明書類를調製하여發送。〇佳信一枚如下『…日前明倫町集會에서는 여러가지로깊은感謝가많었읍니다。×兄弟를通하야나타내신하나님의사랑의攝理는 이미其兄弟의글을읽을때마다 몇번이나感謝하신主여!하는祈禱를들이며 感激한마음을禁치못하였던만큼 今番에肉으로는初面이었으나 親熟한兄弟를맞나는것같이 마음으로는참반가웠읍니다。앞으로그兄弟를因하야 主님께서더큰榮光을받으실줄믿고 心祝하였아오며、아직도靈肉이한가지로 死線에서헤매이는 數많은靑年兄弟들이聖書朝鮮과××님을通하야 하나님께로도라와 살ㅅ길을찾는사람이많게하여주옵소서 하는기도가 간절하였읍니다……량식이없어흉년이아니오 물이없어 기갈이아니라 하나님말슴을듣지못한心靈들이枯渴하다함은 聖經에말슴하신대로、지금도眞理의말슴을듣지못하여 牧者없는羊과같이 彷徨하는靈들의모양은가련합니다。主님의許諾이계시오면 新學期부터 이곳에도先生님들께서인도하시는集會가있기를바라오니 祈禱하여주십시오』云云。〇學校敎務室黑板에는斷髮(丸刈)令이揭示되였다。

七月二十四日 (日) 晴。會場에서中途退場하는일은 講師에게失禮되는일、聽衆에게妨害되는일인줄잘아는터이오、그러나듣기싫은것을듣고앉었기도 실상良心의苛責을받는일이다。連日參席하여야하는理科敎育講習會에時間割대로傾聽하고앉었기는참말困難한일인데 昨日은卒業生就職의件으로學校로부터急한電話있어서會場에서早退하였고、今日은어찌할까고 생각할지음에 隣席에앉었던同窓先輩――經歷과學識과人格이兼全한大家가開會十分未滿에快然히座席을떠나退場하는것을보고勇氣를얻어그뒤를좇아早退하였다。人先輩를가진幸福을切實히느끼면서 도라와書齋에籠城하다。

七月二十五日 (月) 晴。간밤은 드디어 밤새면서執筆校正하다。原稿와校正을

印刷所에傳하고講習會에出席。講習會도끝날이어서 아침부터忠實히傾聽하다。一睡도못한우에 들을興味도없는講話를억지로듣노라니 조우는것이일이었다。그래도五日間講習을修了했다고證書를받어가지고散退하다。○歸途에印刷所에서校正。右眼에充血이甚하다。저녁九時半에就床하니約四十時間깨여있는것도相當히疲勞한듯하다。그러나보이는나라를爲하야不眠不食으로日夜를連하야戰線에서싸우는兵士들을생각하면 이만한일로써疲困云云할道理가아니다。

七月二十六日 (火) 晴。午前八時十五分發車로京義線列車의客이되다。지난五日間繼續했던理科講習會의延長으로黃海道甕津金鑛까지見學가는길이다。土城驛에서乘替한後로부터 黃海線은大概初行의風景이라 車窓의趣興이적지않다。一望無際한沃野의連續과、白川延安海州等地의都市가괭장하는모양、이름좋은首陽山의姿態等等이모다想像에지나치는바많었다。午後二時餘에 目的地인甕津邑에到着。驛頭에는黃海道學務課長以下郡廳의某某하는이들多數히우리一行을맞우었으나 누가누구인지알지도못했고 알려고도안했고 案內者를따라甕津호텔에旅裝을풀다。岩村視學官은지난五日間의講習會疲勞를養癒하기爲하야 수日午后를自由休息으로溫泉에나담거있게한다고宣言하였으나 余에게는五日의五倍나繼續된疲勞였고、講話나듣고앉었는일뿐이아니라 두세가지일을兼行하다가 드디어밤새면서지나온터이다。半日을休養하게된日程이甚히고마웠다。但溫泉에서나온後의조꼼한不注意로感氣에들리고 半朔에亘한天然法則違反의生活의疲勞가 放心과함께一時에爆發함인가 저녁부터咽喉가부어오르고身熱이大端하다。天罰도至當하다。

七月二十七日 (水) 晴、一時雷雨。아침에도身熱不下。午前七時半부터甕津市外에있는日本鑛業株式會社에모여見學。처음約一時間은山에關한概要의講話를듣고、다음에安全帽와坑內服을가라입고坑內를一巡하고、셋째로選鑛作業을見學하다。이鑛山은年產額이三百五十萬圓에達하야 朝鮮第三位라고說明함을들어도 平生에이런巨額의金錢을取扱한體驗없는우리에게는 鑛山의大小에關하야 何等實感을느끼지못하다。但 坑內到處가 심히淸潔整頓된것이놀랍고、坑內막다른골목에이르렀을때에 暗暗한中에 鑿岩機를잡고섰는十五六歲의少年하나가 나의가슴을 멀컥내려앉게하였다。鑛脈보다 이少年이나의全注意를끄으려버렸다。저가 꼭내동생 내아들만한것에서견달수없었다。坑內컴컴한것을奇貨로鑛壁을向하야無量의눈물을뿌리지아니치못했으니이것이博物敎師의 鑛山見學의總收獲이었다。坑內에서 이런少年工夫三四人을맞나는대로 年齡을무른즉十六歲。學業은普通學校도못다녔다하며、日收五十五錢이라고。저들도普通敎育을받고 바울을읽으며 예수의福音듣는날오기까지 우리가어찌晏然히瞑目해내랴。午正가까운때에鑛山에서주는辨當을먹으면서今般見學旅行의解散式。○零時二十分甕津驛發車로出發。途中에海州邑에下車。다음列車를待하는時間으로海州名勝이라는四美亭、百歲淸風、芙蓉堂等을一巡할지음에東明商會主人崔昌文氏의好意로써 南山꼭다기에「드라이브」하야 四圍를指點大觀하다。이름난救世療養院도발밑에보이다。下山하야海州一流의實業家된金明燁氏를暫訪하고 車時間에재촉받으면서 다시車中의人이되니 午后十時가까운때에歸京。山麓에들아와 몸씻기는十一時餘

아직도身熱이不退하니 이번처럼피로운旅行도없었다。

七月二十八日 (木) 晴。身熱은不退하고消化는不良하고 右眼에充血은甚하나校正이急함애終日印刷所에就하야校正。午后五時에工場閉하는鍾소리듣고서야 午飯時間을놓쳤던줄깨닫다。배가 고파서 고픈것이아니라 이렇게까지해서出版한들 점심한끼쯤忘食하고 읽어줄이가있을까하매 시정함이느껴진다。○九江陷落의報가있고 紙類乏絕로因하야 新聞雜誌의 減頁와紙質低下의 統制된다고하다。紙質에關하야는 聖朝誌가 第一次에問題될것。紙面利用에關하야는 聖朝以上으로壓縮할수는없으리라。世上一般雜誌를聖朝처럼編輯한다면大概그十分之一或은二十分之一의紙面이면足할것이오 宗教科學類의雜誌라도아직二分之一或은三分之一의紙面에壓縮할수있을것이다。壓縮編輯에關하여도 우리는時代의尖端을걸어온듯하다。

七月二十九日 (金) 晴、一時雨。印刷所에가서午前中으로校了。눈에는充血이甚하고、咽喉는부어서 침도삼키기어렵고、消化器官은完全히傷害된듯하야食慾이全無하고、頭痛이甚하고身熱은如前하니 이에들림없는病人이되였다。이번에는八月號를定期日에發刊하고저해서世上에나왔던사람모양으로 無理橫暴하게身體를傷했다。그러나 물러가休息할時日이아직不到하야、登校하야 卒業生들의就職에關한證明書類를製作하는職務를하다가 정영피로움을참지못해서漢藥三帖을지어가지고 도라와臥床服藥。

七月三十日 (土) 晴、夜驟雨。身熱은稍下하였으나 頭痛은아직如昨。스스로診察컨대重한神經衰弱인듯하다。○登校하야卒業班生徒의就職調書를完結하고、勤勞報國團十日間의任務를完全히畢하고 解散歸省하는臨時擔任班生徒들께 乘車割引卷其他를分配하여주고、生徒處分에關한臨時職員會에參列하다。이로써第一學期의職務가名實함께 一段落되고明日부터休暇된심이다。○午後에 뜻하지않었던 八月號製本出來하였으니 豫定보다一日일직이된것이다。印刷製本도失手없이된모양임으로 即時發送準備。저녁에發送事務에熱中하였을때에 驟雨쏟아저서 暫時間에개천물이暗渠를넘었고 流失된桶을찾기爲하야 濁流中에下流로다름박질하듯一大소동이었다。

七月三十一日 (日) 晴。午前中엔家族禮拜。오늘은午前中부터저녁까지珍客非珍客이連續不絕하야 하고저하였던豫定은全部돌려놓지아니치못하다。宋柳兩兄의案內로찾어준早稻田大學講師 早稻田國際學院副院長名取順一氏의來訪은甚히반가웠다。氏는希臘語班時代의 余의가방을記憶하야懷舊의情을蘇生케하였다。學友에지나치는친구가없다。米國基督教會消息과 歐洲及팔레스타인風景에 關하야많이듣다。이번에國際學院學生들을引率하고 北支와滿洲로修學旅行中인데우리洞內같은仙境은못보았다하며 여기서聖者의生活하는것이라하나、但環境이아모리좋다할지라도 그안에사는人間이果然聖者인지안인지는別問題。

八月一日 (月) 晴。早朝에들리는 매암의소리 날로清朗하여지는듯하다。午前中에市內書店에八月號配達次로入市。途次에某患者를尋訪하니肉身의病外에家庭內의信仰壓迫이더큰苦痛이라고。同情不禁。○김장 무 배추種子를사랴니、昨年보다約四五倍비싸게된것을發見하다。○今夜동내에는矯風會總會열린다고재촉이甚한터이나

缺席은通告하고、三友堂月例會로本社에모이고。자정가까운때에會議와祈願을畢하다。

八月二日 (火) 晴。새달號雜誌發送도필했으니 완완할듯하면서도 그렇지못한하루、준비된듯 못된듯한焦燥함 마지못할즈음에 意外에宋斗用 柳錫東兩兄來訪하야 本社隣接果園若干의購買에關한相議를마치고退去。○妙香山向發의時刻이 드듸어 닥처와서 밤十一時車로京義線列車에오르니 一行四人。車中이심히雜踏하야서서 가는이들이많은中에 한자리식 차지한것만 당행이었다。

八月三日 (水) 晴。午前에平壤서滿浦線列車에갈어타니 이線에는初行이다。价川驛에서 乘替하야 오르는誌友들을加하니 一行十七人이되였다。豫想人員에超過하였으나 할수없이列車의進行에맡기다。正午에妙香山驛에下車하니 八年前에博川寧邊、球場을거처徒步로왔던時代와는 百般風景이一變하였다。乘合自動車로써 普賢寺어구旅館村까지 다름질한것도前과는다른世界였다。人工이늘어가는대로 그만치天然은退却하였다。普賢寺를 그냥지나下毘盧庵까지奮勵躍進한것은可했으나 基督信者의入山을拒否한다는宣言에一大衝動이생겼다。懇請도해보고辯論도해보았으나三年前부터本山에서決議한事項이라고 變通할餘地없었다。할수없이 서울서携帶한天幕한벌만치고 餘他는河床의岩盤에서露營하기로하다。一行中의婦人세분은 特히僧房에留宿하기를得許하였으나 余其그好意(?)를辭退하고 다른兄弟들과함께露營의苦를分擔하기로決心하다。이럭저럭午後十時頃에이르러 香山深谷에들어와서도文字대로「머리둘곳없음」을깨달은基督者十七男女앉을만한 넓은盤石우에모여 무릎꿇고入山第一回의會合을시작하라니 입술을뚫고나오는찬미는第一四九章이아닐수없다。

내고생하는것 넷 야곱이
돌벼개베고 잠 갈삽내다
꿈에도 소원이 늘찬송하면서
주께 더나가기 원합내다。
…………………

라고。우리는첫째로 基督教徒라는緣故만으로써 斷然放逐하는佛教徒의意氣를보고半島의佛教를爲하야慶賀함을不禁하였고、둘째로 그리스도의이름까닭에薄待받어深山溪谷에별을헤면서露營하게된 우리들의榮譽를爲하야感謝찬송을制止할수없었다。우리는異口同調로告白하였다——오늘밤一回의모임만으로써解散한다하더라도 不滿이없노라고。即이번集會에期待하였던恩惠는오늘밤에받은것으로써足함을깨다렀다。이번싸움은 씨우기前에발서勝利를確保。

八月四日 (木) 晴。오늘은下山하려던豫定을變改하고、이까지왔으니毘盧峰까지登山하기로議決하다。午前十時頃에下毘盧를떠나 中毘盧庵趾에서午飯。여긔는암자가있었던것인데 年前에登山客들의失火로써失燒되였다고 只今은불타던그르터기만여긔저긔호터저있다。여긔샘물하나가있어서 우리의渴을解함이多大하였다。다시上毘盧까지 오를동안이金剛山景概와恰似한바있으나 描筆로는 그려낼수없다。上毘盧庵趾의後峰(約一千八百米)에오른때는발서斜陽이地平線에가까웠음으로 이곳에서記念撮影하고下山하다。上下共히 길이라고할만한 길도없는險路인데 三人姉妹의健脚은驚嘆할수밖에없었다。下毘盧에歸着한때는夜陰이溪谷을삼킨後인故로第二夜의露營을거듭하다。

八月五日 (金) 晴。아침에捕虫網을들고 우리天幕을지나가는이들이있어서 맞나본즉 서울R先生과松都S先生이었다。博物採集안하는博物教師가昆虫採集하는博物先生들을맞나니 부려울기짝이없다。또 저의들은 基督信者이냐아니냐」하는試問에對하야 「아니라」고答하고서 下毘盧庵에留宿하였다한다。○下毘盧庵에서는 쫓겨났으나 듣건대金剛庵에는老大圓熟한중이있어서來客을괄세안할듯하다하며 또우리一行中에는 그老僧과親分있는이도있는것을僥倖으로알고 行裝을수습하야가지고 金剛庵으로向하다。但斥候隊를派送하야探査한結果 과연寬大한老僧이있어서「예수교인을薄待하는것은 부처님의뜻이안이라」고痛嘆하기는하나 大本山의統制策에는拮抗할道理가없다하며 昨年에도 어떤牧師가檀君窟에서祈禱하려고올라간것을알고本山에서壯丁二人을보내여 기어히逐出하였다는回報。할수없이金剛庵下의溪邊에輪座하야 余는「健全한人物과健全한信仰」이란題로써 이사야의一端을紹介하고 咸錫憲兄은 難解의書인 히브리書의大綱을一覽表같이明瞭하게解說하다。이로써今回모임을解散하기를宣言하니、一部分은檀君窟로上院庵을돌아가기로하야分隊하고우리는歸路에就하야普賢寺아래平壤旅館에一泊。

八月六日 (土) 晴。식전에、새로발견되였다는약수까지산ㅅ보하다。그동안에安心寺에서부터上院庵까지 구경간이도있었다。午前十一時에旅館村을辭하고妙香山驛으로向하다。途中의맑은溪流를두고 오는일 심히피롭다。오후一時半乘車。球場驛에서蝀龍窟구경하리들下車하니 一行中大部分은 떠러졌고 平壤驛에서一人마저떠러진後 單身으로南行車에갈어타다。

八月七日 (日) 晴、夕雷雨。午前七時에歸京하니 炎暑더욱甚한듯하다。北漢山麓에도旱魃이오래계속되여서 시내의水量은減少했고山野의草木이또한疲渴의色을帶하였으니 亦莊亦秀한妙香山溪谷이戀慕戀慕。積滯했던書信읽는것과主日禮拜와낮잠잔것과 庭內의除草等이오늘일이었다。夕陽에雷雨있어凉味加하고 시내ㅅ물이불었다。某退院患者의短信에「日前退院表記處에서 매암이쓰르람이소리를듣고있읍니다 山居何所有 嶺上多風雲、宅近淸溪水 水聲晝夜聞。」이라고。

八月八日 (月) 立秋。晴。妙香山歸程이빨려서 今明兩日은豫定以外의時間인故로 어머님모시고養老瀑으로물마지가다。凉味있기는妙香山보다낫다。但入院手術中인親戚을尋訪키爲하야 山腹의仙境을떠나세브란스醫院까지往返。途次에某重病患者를찾으니面會謝絶의禁을破하고面談時餘。死線을彷徨한지八個月餘에至하야 그心靈이甚히謙虛하여졌고 그心事가 참을사모하게된形狀은 눈물없이는 참아볼수없다。이렇게까지苛酷하게하여서教育하시는 아버지하나님! 이제肉身의情誼로서는일즉느끼지못하던마음의感動을느끼면서 돌아와 저를爲하야某醫師에게修書하라니 便箋이涙滴으로젖었다。○夕에洞內公廳에서矯風會열린다고불려나가司會하다。前區長孫臣奉辭任과新區長李南極就任이發表되니 이로써洞內革新의陣容이一段落된심이다。面吏員으로부터時局認識、勤勞報國、貯蓄報國等講話있은後자정가까워서退散하다。

八月九日 (火) 晴。물마지第二日。오늘이라는오늘만은 아무런妨害도받지않고 終日을山腹의養老瀑에서安息하고서明日부터는 귀찮은講習會에參席하리라고內心에

期約하면서떠났더니、첫땅을필하자마자使人이있어來客을告하니 案을굽히고下山。宋柳兩兄이來訪한것이였다。當面한所事를畢한後다시宋兄과함께登山하야 물마지게속하다가 日沒頃에下山。今休暇中에唯一의온전한休暇日인줄알었던오늘도 이럭저럭 지나고말었다。

八月十日（水） 晴。夕雷雨。今日부터四日間、總督府主催의中等學校實業科敎授要目研究會에參席하기로被命되여 午前八時에京城師範學校에出勤하다。午後에는同會의主催로永登浦所在인東洋紡績會社를見學하다。四萬五千錘一萬五千機라는大規模에놀라다。工場主任의說明에依하건대朝鮮와서工場經營하는第一困難은 職工의無斷缺勤에있다고。二三圓벌리하고는 그돈없어질때까지徒食하고할수없이되여야 또工場에나온다고。이는余輩의最近實驗과一致하다。洞內의一貧民에게 먼저衣食住를解決해주고救濟해보리라던實驗은恒常이고개에이르러서 도루미끄러지고말었다。좋은方法있는이에게顧問其策。歸途途中에雷雨를맞나다。但雨量은連日의旱魃을解하기에不足不足。某誌上에서前月初의阪神地方水風炎眞狀의一端을알고놀라다。

八月十一日（木） 晴。오늘도京師講堂에參席。研究發表란것은甚히無味乾燥한것인데、午后에澁谷禮次라는이의「北支貿易に付いて」라는講話는 매우興味있었다。總督府主催인會合에서이런이야기듣기는千萬意外이였다。工場見學에는缺席하다。○歸途에三友堂에들리고市內某患者를尋訪하야轉地治療等相議에答하다。

八月十二日（金） 晴。敎授細目研究會에出席하야 졸며깨며 日課의大部分을치르고、午后의取引所와農業學校見學은棄權○阪神水風災의詳報는初聞者를놀라게하는데、其中에도阪神國道를廻週케한富豪久原邸의十萬坪이岩塊에埋沒되였다는記事가注意를끄을다。富豪들하는일中에 邸宅敷地를넓게차지하는일만은稱讚할만하다。十萬坪이나가지면 夫婦싸움이나 라되오擴聲으로써隣人의讀書執筆를妨害할일이萬無한까닭이다。但富豪의邸宅이라도 北漢山麓의집보다는못할것이다。

八月十三日（土） 晴、今日午后三時까지에中等實業敎授細目研究會에出席하는義務를다하고歸宅하니 今夏季休暇에할바義務의큰것은畢하였다。이제도當直二回가남었다。○여러날동안不自然하고無意義한會合에參席하다가 호미들고除草하랴니 생선이물에든格이다。사람은사람할일만하면可하고足하다。그以外의多種多樣한일을演出시기랴니 힘만들고頭痛만생긴다。○저녁에는矯風會幹部에게끌려나가寄附金募集을爲하야 함께洞內有力者를歷訪。午前한시에야겨우就床하다。

八月十四日（日）。晴。今日은休暇中當直으로午前八時부터登校。大講堂建築工事가第一階를畢하고第二階를쌓기시작하다。睡眠의負借를갚으려고낮잠자는것이 오늘日課였다。李鼎燮先生이來訪하야 小鹿島兄弟들의形便을알고가시다。○東京올림픽大會는中止되였고。漢口攻略은進涉中이라하며 鮮滿蘇國境의張鼓峰問題는最惡의境遇의直前에서 平和解決될모양이라고。世上의變轉은實로一寸앞일을難測이다。

八月十五日（月） 晴、夜雷雨。昨夜十一時半부터雷聲、電光、風雨가天地를震動시켰다。蓬萊丘上의大小建物은勿論이오大京城全市가粉碎되는것같았다。짐작건대半時間에亘한이莊嚴至極한時間만은 七十萬

市民의한사람도敬虔치않은사람이없었을것이오 悔改치않고견딜자없을것이다。○當直의義務를畢하고歸宅하야 全家族協力으로써 除草하다。頑惡한雜草를뽑아버리고善良한穀蔬을가꾸는일처럼心身을調和롭게健强하게하는일이다시없다。○今日저녁에도雷雨電光이心膽을서늘케하였다。消燈하고일즉就床하다。

八月十六日 (火) 曇、夜雨。末伏。昨夜의落雷에隣家徐氏宅포플라 아까샤等이中折되였음을發見하다。○午前中은全식구함께 果園에나가除草하다。午后에母親님모시고養老瀑에末伏물마지하다。○저녁矯風會幹部會議를召集할새 區區한意見의固執으로因하야 時間을浪費하고 午前한시에야解散하다。

八月十七日 (水) 雨。 우물처넌外에無爲의一日。咸興地方에水電會社落雷로因한水災로交通杜絶되고 市內沈水家屋多數라는消息들리다。저녁에家族禮拜。삼우엘上第十二章輪讀。○或이나그生活을補助해볼까고애쓰던池中鳳이 드디어그家產若干을거두어메고떠나가게되다。저는平均한勤勞生活보다 一攫千金을꿈꾸면서 鑛山을向하였다。이사람에게關해서는衣食住를먼저解決해주고보자던試驗은 完全히失敗하였다。

八月十八日 (木) 雨、后曇。答信負債여러장써보내고果園에除草조곰하다가 또原稿쓰기에無理해서는안된다는 家人의注意로對案執筆해보았으나 아직成熟期에不至한모양이다。○東京伊藤祐之氏로부터金雲虎君소식을알려주어 고마웠다。但아직念慮를놓을수없다。某誌友의片信에『每月一次는進謁하고저하는마음있아오나 每年一次도뵈옵지못하오니罪悚千萬이로소이다…………聖朝百拾五號에실린咸先生님글은·글中의글이오信仰中의信仰이로소이다。숙독하야 오이고저합니다。×××先生님께서도 참좋다고 누차말슴하더이다。七十五號는 누가읽고저하시는지 買하고저한다면十圓이라도不賣할것이오나 잠간빌려라면빌려들일수는있읍니다。』云云。生命넘치는文章을쓴이도確實히恩寵으로된일인것은勿論이지마는글월의眞價를吟味하며文章저편의生活까지透視하는이도쉽지못하다。特히今日과같이輕薄한世代에있어서는 이를맛나보기가 마치 새벽별과같이 드물다。大概는本誌一一四號의「하나님」이라는글도 無心코 지나보냈다가 그石谷人이라는이가 朝鮮最大文豪이라는것을알고서야비로소 그글을 고마워하는形便이다。故로本誌의紙質이類달리좋으니 낮은것으로쓰던지定價가비싸다느니하는여러가지注文도있으나默而不答。○저녁에는矯風會幹部會議로公廳에모여會計檢查와發展部委員을選任하다。밤十一時半散會하니 이會로서는 아주記錄的으로 일즉이破한심이다。

八月十九日 (金) 曇、暫雨。아침에珍味의果實을가지고 來訪한誌友있어 生活上에많은實驗談을듣다。○처음開城가서自炊하면서 夏季休暇를보낸生徒의通信一節에『……先生님말슴하시던豚肉을 좀먹어보았는데 약념을잘못해서 무슨맛인지모르고 먹었읍니다。그리고 똥오줌 재(大小便灰)를一二錢에賣買하고있는것을보고開城사람은 영악하다고하신先生님말슴이똑맞었다고생각하였고 따라서 開城사람의心理를 잘알었읍니다』云云。地理時間에들은說明이實生活의한가지資料된것이興味있고奇特하다。

讀書의新秋에特價販賣。

燈火可親節을當하야一般讀書家의便益을돕고저本社는十月末日까지의期間에左記대로特賣한다。

(1) 山上垂訓研究 全

金教臣 著

四六版·二四五頁 定價七十錢·送料六錢

마태福音第五―七章의三章을詳細히解釋한것이다。이簡明한文字中에서基督教의心髓를把握할수있다。

(2) 聖朝文庫第一輯

푸로테스탄트의精神

咸錫憲 著

菊版半·三十二頁 定價金十錢·送料三錢

(3) 聖朝文庫第二輯

無教會

咸錫憲 著

菊版半·三十二頁 定價金十錢·送料三錢

(4) 本誌의合本

定價二·二〇 送〇·二〇

以上은모다定價의二割引으로提供함。送料는그대로。

(5) 本誌舊號의減價

(가) 自創刊號 第五九號 까지特價一冊六錢(送五厘)

(나) 自六〇號 至一〇七號 까지特價一冊十錢(送五厘)

(다) 自一〇八號 第一一二號 까지는定價대로一冊十五錢

(라) 自一一三號以下도定價대로一冊二十錢

以上의外에五人以上團體로講讀하고저하는時、創刊號부터一時에또는歷史號全秩을一時에購讀코저하는이는本社로一旦照會하라。特價期間內에는特別取扱함。

京城聖書研究會

場所 市內明倫町四丁目三三宋斗用氏方

日時 每日曜日午後二時半부터約二時間

會費 一個月五十錢以上、每一回二十錢식

九月第二日曜日(十一日)부터始講。但九月中에는野外禮拜도있을터이다。講師는金教臣氏가當分間고린도前書를續講할터이나咸錫憲氏도不遠에上京하게되였다。

梧柳洞聖書研究會

場所 京仁線梧柳洞驛前應谷宋原用氏方

日時 每日曜日午前十時부터約一時間。

會費 各自의定額을每月負擔함。

以上二集會모다家庭的集會인故로 새로出席하려는이는먼저한번承諾받을것。

新約聖書概要

題目	號數
마가福音의大旨(但品切)	七四
요한福音의大旨	一〇六
로마書의大旨	一〇七
마태福音의大旨	一〇九
고린도前書大旨	一一一
고린도後書大旨	一一三
갈라듸아書大旨	一一四
누가福音大旨	一一五
共觀福音問題	一一六

本誌定價(自五月號改正)

一冊 貳拾錢

六冊(送料共) 前金一圓十錢

十二冊(一年分) 前金貳圓貳拾錢

要前金。直接注文은

振替貯金口座京城一六五九四番

(聖書朝鮮社)로。

取次販賣所

京城府鍾路二丁目八六 博文書館

京城府鍾路二丁目九一 耶穌教書館

東京市麴町區九段坂 向山堂書房

復活社(京城府) 茂英堂(大邱府)

新聲閣(咸興府) 信一書館(平壤府)

北星堂(春川邑) 大東書林(新義州)

昭和十三年八月二十九日 印刷

昭和十三年九月一日 發行

京城府外崇仁面貞陵里三七八

編輯兼發行者 金教臣

京城府仁寺町一一九ノ三

印刷者 金顯道

京城府仁寺町一一九ノ三

印刷所 大東印刷所

京城府外崇仁面貞陵里三七八

發行所 聖書朝鮮社

振替口座京城一六五九四番

金教臣 主筆

聖書朝鮮

第壹百拾七號

昭和十三年(一九三八)十一月一日發行

昭和五年一月二十八日(第三種郵便物認可)
昭和十三年十一月一日發行(每月一回一日發行)

目次

否定의 宣言

近來에 우리는 우리信仰의立場을 자주宣明하였음에도不拘하고 似者非의信條로써 理解하느니贊同하느니하는聖徒들이많아서 이를退治하기에困憊함을 이기지못한다。正面으로敵對하는敵과 싸우기는 오히려可하나 품에서 뛰어나가는敵은實로心痛事이다。그러나 이것도教師된者로서避할수없는苦杯인듯하다。

우리를 同志라先生이라稱하는者로서 우리의無教會主義를讚하고 聖朝誌發刊의勞苦를謝하면서 그經濟的生活에全然軌道없는者있음을볼때에 우리는憤然한생각을制止하지못한다。經濟的、物質的生活에 當然한權限도自進하야制約하고 苦痛과恥辱을 날마다當함이없이 放浪放縱의生活을泰然히하면서 우리에게親近하려는者를向하야 우리는激烈히웨치노니 同志라先生이라는稱號를返上할뿐더러 聖朝의購讀까지를中止하라고。

如斯히하야 우리는數人의 自稱弟子를放逐하였고 數人의 오란誌友를除名하였다。基督教를傳하기爲하야 如此々々한것이라고 웨치기보다 그런것은아니라고 웨칠必要를 더욱切感함이 近日의所懷이다。

生命의 價値

어면青年醫學士한사람、大學卒業後에 大學附屬醫院에서 研究를거듭하야 不遠에博士學位獲得할準備도 거의되여갈때에 그父母兄弟와親戚故友와社會國家의期待도 적지않은 完成의域에達하랴는一步앞에서 하루밤醉氣에生命을받친일이있었다。저는同僚들과함께 野球試合에나가 이기고 祝勝宴에서醉하고 料理店쿡크와싸워서 맞어죽였다。大學附屬醫院의完備한設置로써最後의應急手當을하노라고 함께醉한同僚들이 제各其들고쑤시는無數한注射도嘲笑하는듯이 青年醫學士는죽고야말었다。禁酒論者들을嘲弄하던英雄心으로써英雄의죽엄답게倅然間에 죽고말었다。오직 남긴것은 크다란疑問한개ㅣ

이르되 生命의價値란?

술醉하고 料理店쿡크에게 맞어죽는일도 없지않는世上이거던、손목이나 뒤ㅅ등에腫氣하나난것으로因하야 生命을잃는일도 있을수있는일이다。사람의生命이란 저와같이싸구려々々의賤物이오 이처럼纖弱한것일진대 차라리 이것을걸고 무슨主義하나 무슨信條하나 지키다가 죽는다면 얼마나廢物利用이될까。

未知의 道

牧 者 譯

앞일을몰으게마련된것이 人格陶冶의一緊要條件이다。萬若人生에無常이없다면 世上사는滋味도적어지겠고 冒險心도줄어질것이다。또 自己를抑制하야 앞날에닥처올일을맞일覺悟를分明히하야두는 自己修養의一面은아조없어질것이다。突然히豫期치않든試驗을當하고 善處할바를몰라周章狼狽하는例는종々볼수있다。無常은統一性있는完全한人格을길으는데 참으로큰힘이된다。

無常에對하야 사람은各人各色의態度를取한다。或者는恐怖와心慮를일으킨다。그들은世上事가豫想과는아조달을수있는것을몰으고 本來의運命을무서워한다。神經質인不吉한생각을끌일수없음으로 人生을즐거웁게살지못하며 日常生活의無能力者가되어버린다。或者는無常에刺戟을받어 人格向上의資를삼는다。그들은約束에成功이 오리라꿈꾼다。그들은計畫을세우되 大規模로하며 일이되도록생각하야 希望과歡喜를느낀다。

主예수의未來에對하야取하신態度를삺여보면 警戒와信仰의必要를主張하신것을알수있다。「깨어있거라」watch 는主가여러번입에올리신警句이였다。往時、使徒들은 한時后에무슨일이날지도몰랐음으로 精神을가다듬어 警戒치않을수없였다。그들이暫時동안이라도 放心하였드면 하나님께忠實치못하고 罪에빠졌을지도몰은다。「신들매하라」와「燈을豫備하라」로써警戒의必要가 新約에例示되어있다。

그러나 그에끝이지않고使徒들은信仰을가저야만되였다。信仰은하나님의性格에依支하는데서생기는待望의精神이라고 말할수있겠다。待望이야말로 基督敎信徒의一特性이지만 樂天的天性보다는훨신程度가높은것이다。大槪 待望은하나님께서 사람인아들들에게 善意의目的을가지셨으니까 絕對로믿고 依支할수있다는信念을基礎로함으로써야다。希望은新約에나오는偉大한말씀의하나이나 늘예수그리스도의事蹟과 그로因하야일우어진救援에關聯되어써워있다。

初期基督敎徒는熱々한待望속에살었다。그들은그리스도가速히世上에돌아오시기를苦待하였든까닭으로그리하였다。이希望은使徒들에게非常한緊張과 奮鬪力을주었다。이緊張과奮鬪力이야말로 現代人에게크게缺乏한것이오 꼭다시언자않으면안되는것이다。「天國이가까웠다」는말씀은 그때나이때나 眞理이다。

未來에對한吾人의態度는 必然的으로 하나님을믿는信仰의强弱如何에딸아決定된다。信仰이적은사람은 宇宙란沒人情한것이오 사람이란물결치는대로 바람부는대로흔들리는것으로보기쉽다。그러나 하나님이行하심이善하시고 道德的임을깊이믿는사람은 設或그가당하는일을모다는說明할수없으나 賢明한攝理가 늘같이하시며 未來人일을하나님이 말어다스리심을確信하리라。

Grow old along with me, The best is yet to be

右記의詩句는 基督者의將次當할일에對하야 맛당히取할바態度를指示한다。슲은일을當하든지 일이뜻대로되지않으면 基督者는轉禍爲福을힘쓸것이오、幸福이나成功이오면 그는 더욱더욱主恩에感激할것이다。要컨대 基督者는 未來의幸不幸을통트러 하나님과에 맺어진關係를더욱堅固히하는機會로볼것이다。

吾人은지난날에 經驗에서얻은바人格向上의資가豊富할수록未來事를泰然自若하야 勇敢히對할것이다。사람은 自己의外的環境에對하야 두갈래의길이놓여서 其中한길을擇하야行動할수있게되어있다。그는環境에눌리고 左右될수도있고 環境을利用하야 自己修養의機會를發見하야써 終始一貫한人格을일울수도있다。前路를取하면 次々自由와自制力을喪失할것이고 後路를擇하면 心靈的獨立을積極的으로主張하게된다。前者에있어서는 人生은道德的中心이없는事件의連續이오、後者에있어서는 人生은試練이다。이試練을通하야 사람의靈魂은하나님에게로向하야 하나님과더깊이交通할수있게된다。大抵하나님이사람을당신의形像대로創造하셨으니 被造者인사람으로서는 하나님과交通하는것이 人生의큰目的일것이다。未來는現在에서誕生하는것이다。現在의經驗에서心靈的教訓을探求할수있으면 未來問題를解決할道理도있는것이다。信者는지난날의失敗를回想하야 警戒의必要를느끼고、지난날의勝利를經驗하고는 最后의勝利가約束되였음을깨달을것이다。

死別의悲哀

骨肉의死別은實로悲痛한일이다。最近에 이일을經驗하고 우리는 새삼스럽게 그悲와 그痛을깨달었다。그러나 내가骨肉의親과 함께悲痛하면서도 한가지奇異해서 못견딜것은 今日의死別은적어도數旬前에病名診斷의날부터覺悟했어야할일이였든데 不可當한事件이今日별안간에靑天霹靂같이降臨하였다는듯한態度요、한걸음 나아가생각한다면 이世上出生의날에 발서今日의死別은預定된것인데 그것은千萬뜻밖엣일이라는抗議的言行이奇異하다。

사람은屍體를안고呼哭하나 나는死에對하야健鬪力이强하지못한듯이보였던靈魂을向하야 운것이오、사람들은 먼저죽은者를爲하야悲痛하나 나는悲痛해하는이들을爲하야臨迫한運命을깨닫지못함을悲痛하지아니치못하다。죽엄을 이기는길이있고 죽엄을이긴사람이있것마는 世人이이에着眼못하니 우리가 다시悲嘆을거듭할수밖에없도다。基督教가萬一죽엄을征服하는實力을信者에게形成하지못할진대 그것이무슨所用이있는것이랴。

新約聖書概要 [一〇]

金 敎 臣

使徒行傳大旨

著者及年代。 使徒行傳의著者가누가福音의著者와同一한사람인것은本書의卷頭에서도(一·一) 짐작할수있고、文章과記事內容으로도알수있는바이다。 聖누가의生涯에關하야는 누가福音大旨에詳述한바있었다(本誌第一一五號三頁以下參照) 누가는 헬라胎生인信賴할만한醫員이오、훌륭한希臘文章家요、緻密한觀察眼을가진 敎養높은歷史家요、使徒바울의弟子인同時에最後까지忠誠至極한벗이오同勞者이였다。 最初에 바울을 小아세아에서마게도니아(歐洲)로招來하였다는所謂 마게도니아人(使一六·六ㅡ一〇)은 누가自身이었을것이다。 저가 드로아에서부터 바울의世界傳道의鴻業에參劃한人物이였던故로 本書의記事中에「우리記事」라는部分(一六·一〇ㅡ一七、二〇·五ㅡ一五、二一·一ㅡ一七、二七·一ㅡ二八·一六)이있어 바울의行蹟을目睹한者自身의筆致로써 初代基督敎의歷史를記述한것은 偉大한功勞라할것이다。

著作年代에關하야諸說이不一하다。 누가福音을「먼저記錄한冊」이라 稱했으니 福音보다後에쓴것임은勿論이나、紀元七〇ㅡ八〇年頃으로推測하는以上더正確히는 알수없다。 著述한場所는 로마였든듯하다。

題目及性質。 本書를使徒行傳이라고稱하나 十二使徒의傳記를 골고루記載한것은아니다。 使徒中에도 도모지言及한일이없이 默殺한듯이된者있는反面에 스데반의殉敎 빌립의傳道아볼로의說敎等은特筆大書하였다。 베드로와바울의事蹟은比較的詳細하다할수있으나 그도亦是 各使徒의傳記를詳細히記錄하랴고해서 쓰인것이아닌것은 一見明確하다。

本書의題目은 當初부터現在와같이 「使徒行傳」이라한것이아니다。 옛날經典에는 單히「行傳」이라고도 하였고、「베드로와바울의行傳」이라고도하였고、「聖使徒들의 行傳」이라고도稱하였고、其他우리語文으로는表現困難한單數複數의差와冠詞의種類의別等々으로 여러가지差異있는題目이었던것이 後世에至하야 現行의「使徒行傳」으로通用하게되였다。 이로써보더라도 本書는 使徒個個人의 傳記가目的이아니였던것을알수있다。 卷頭에 데오빌로에게 獻한다고 쓰인것은 누가福音과마찬가지이나(누가一·四、使一·一)이는반듯이一個人에게限하야보낸것이아니라 一般사람에게보이고저한것이다。 누가福音을「먼저쓴冊」이라했으니 本書는 後에記錄한冊」이된다。 前者는 예수의傳記、그復活昇天의事實까지를記錄한것이오、後者는 그리스도의昇天後에聖靈으로弟子들사이에나타낸事實을記錄한것이다。 卽初代基督敎의

出現과 그發展의歷史이다。

本書의企案。 使徒行傳의卷頭에「데오빌로여 내가 먼저 記錄한글에 예수께서 처음부터昇天하신날까지行하신 모든일과 가르키심을 가춘지라……」하였은즉、얼는 解讀하기에「예수의誕生으로부터昇天하신날까지의 모든言行을 大小長短區分할것없이 하나도남기지않고 모주리記錄하였다」는듯이보이나 이는 우리譯文이不完全한까닭이다。「처음부터」라고譯한字를 外國語로읽어본사람은 朝鮮文譯과 그本意가다른것을發見할것이다。卽 著者누가의말하고저하는것은 右와反對로 예수의言行과敎訓의始初만、一小部分만을記錄하였노라는뜻을表示코저한것이다。多種多樣한言行과無窮無盡한敎訓中에서 이런性質의 言行도보았다 저런意味의敎訓도들었노라고 본보기될만한 몇몇가지言行을記述한데不過하였노라는것이다。이러한態度는 누가뿐이 아니라 다른福音記者들도 마찬가지였다。그럼으로萬一에 예수의自初至終의言行을「날날이記錄하려면 내생각전대 記錄한冊을둘곳이 이세상이라도不足하리라」는(요한傳末節)것이였다。

「前書」인 누가福音이 예수平生言行의始初、一小部分식을記錄한것인것과같이、「後書」인 本書에서는 弟子들을通하야成就되는 예수의行하심과 敎訓하심의始初、一小部分을記錄하고저한것이著者의企案이였다。福音書가「始初」의書인것처럼 本書도「始初」의史記이다。使徒들의言行을全的으로 모주리記錄하려는것이아니라 이런種類의言行도있었다 저런性質의살림도하였다고 본보기를 몇가지만列擧하려는것이였다。

使徒行傳의性質이 이처럼「始初」만의 歷史인것은 記者自身의記錄에依하야알수있다──『예루살렘과 유대와 사마리아와 따끝까지이르러 내證人이되리라』하신 예수의指示에따라 本書의骨子가作定되였다。이課題를 成就함에 使徒들이 어떻게各自의立場에서各自의分을다하였나하는點을專心하야記錄한것이다。故로卷頭에 十一使徒의이름을列記해놓았으나 列記했달뿐이오 다른記事는念頭에두지않였다는듯하다。또유대의代身에맛듸아를選擧하야使徒를補充하였다고했으나 다시 더記事를남기지않었다。記者의붓끝은 昇天後의그리스도가聖靈을通하야 무슨일을어떻게成就하시나함을記載하기에急하였다。첫째로 예루살렘城內에서弟子들께聖靈이降臨한事實과 예수를證據하는證據가城內外에넘치는始初를記錄하였다。둘째로福音이유대와사마리아地方을넘처傳播하기始作한動因을記述하랴니 스데반의殉敎를詳述하였다。나종으로福音이 따끝까지傳達된것을 記錄하랴니 빌립이에티오피아內侍에게洗禮준것과 바울이羅馬에까지傳道한事實을썼다。弟子들을通하야行하신일을完全히記錄하랴면 이도또한九天에까지차고도 넘칠것이다。

使徒行傳分解表

前篇 팔레스틴及수리아傳道 主로 베드로의傳道 (一·一—一二·二八)

甲、教會形成。 (一·一—五·四二)

A、緒 言。 (一·一—二·四一)

一、教會前史。 (一·一—二六)

가、序文——「몬저 記錄한글」(누가傳)의要旨。 (一·一—五)

나、예수의昇天——再臨의約束。 (六—一四)

다、十二使徒의補充——베드로의說敎(一) (一五—二六)

二、教會의形成——五旬節의異蹟。 (二·一—四一)

가、聖靈의降臨。 (一—四)

나、使徒들이異邦語를말함。 (五—一三)

다、베드로의大說敎(二) (一四—三六)

라、三千人이洗禮받어——教會形成。 (三七—四一)

B 예루살렘教會의活動과發展 (二·四二—五·四二)

가、初代信者團의生活狀況(其一) (二·四二—四七)

나、베드로 요한의奇蹟——(美門에서) (三·一—四·三一)

①、베드로 앉은방이를治癒함。 (三·一—一〇)

銀과金은내게없거니와…… 나사렛 예수그리스도의이름으로다니라(六)。

② 베드로의說敎[三]——悔改를促함。 (三·一一—二六)

③ 베드로와요한이拘留됨。 (四·一—三一)

信徒五千人(一—四)。 베드로의說敎[四](八—一二)。 傳道를禁止하고釋放(一三—二二)。 膽大히證言 (二三—三一)우리가 보고들은것을 말하지않을수없다(二〇)。

다、初代信者團의生活狀況(其二)。 (四·三二—五·一一)

共產的生活(四·三二—三五)。例바나바의無慾(三六—三七)

反對의一例——아나니아 삽비라의貪慾 (五·一—一一)

라、使徒들의異蹟——信徒增加。 (五·一二—一六)

마、使徒들의逮捕당함。 (五·一七—四二)

逮捕된것을 天使釋放함(一七—二一)。再逮捕와베드로의 說敎[五](二一—三二)。 使徒搏滅論과 가말리엘의達見(三三—四二)。

하나님께로낫으면能히문허터리지못하리라(三九)。

乙、教會의成長。 (六·一—一二·一)

A、序曲——스데반의殉教。 (六·一—八·一)

가、스데반 빌립等執事七人을選任。 信者增加。 (六·一—七)

나、스데반의殉教。 (六·八—八·一)

① 스데반의逮捕와議會審問。 (六·八—七·一)

② 스데반의大說教—神의愛와人間의頑迷 (七·二—五三)

宗祖時代(二—一六)、 모세時代(一七—四三)、

士師及王朝時代(四四—五〇)너의頑迷!(五一—五三)

③ 돌로打殺——사울(바울)도參與함。 (七·五四—八·一)

使徒行傳分解表

B、異邦傳道의過渡期。 (八・一—一二・二五)

팔레스틴 수리아地方안듸옥까지。

가、예루살렘教會의迫害와信徒의四散。 (八・一—三)

나、사마리아地方傳道——主로빌립의傳道。 (八・四—四〇)

① 빌립이사마리아에傳道함。 (四—八)

② 魔術師시몬의信從。 (九—一三)

③ 베드로 요한의 사마리아傳道。 (一四—二五)

④ 빌립이 에듸오피아內侍를悔改케함。 (二六—四〇)

다、다메섹地方傳道——사울의回心。 (九・一—三一)

① 사울의改宗「二二・三以下、二六・九以下參照」。(一—一九)

② 사울의傳道——예루살렘教會尋訪、歸鄕。(一九—三一)

라、부리스地方傳道——베드로의傳道。(九・三二—一一・一八)

① 애니아를治癒함——룻다에서。 (九・三二—三五)

② 다비다를甦生케함——욥바에서。 (九・三六—四三)

③ 고넬료의入信「異教徒의最初改宗者」。(一〇・一—四八)

고넬료의幻影(一—八)、베드로의幻影(九—一六)、

베드로의가이사랴行(一七—三三)、 베드로說教「六」

와고넬료等의受洗(三四—四八)。

④ 異邦傳道의辯護—베드로의說教「七」 (一一・一—一八)

마、안듸옥地方傳道—바나바、바울의傳道。(一一・一九—三〇)

사、예루살렘教會의迫害——헤롯王의虐政。(一二・一—二五)

六

後篇 (안듸옥에서 로마 主로 바울의傳道) (一三・一—二八・三一)

甲、第一回傳道旅行。 (一三・一—一四・二八)

가、바나바와바울이傳道者로被選。 (一三・一—三)

나、안듸옥(수리아)에서 안듸옥(비시듸아)(一三・四—五〇)

a、① 실루기아出發。 (一三・四)

b、구브로上陸。 (一三・四—一二)

c、② 살라미에서 마가도同行。 (四—五)

d、③ 바보에서 魔術師 바예수敵對。 사울이激憤하야 박수를 盲化함。監司서기오바울의信從。 사울이 바울로改名함。 (六—一二)

三、④ 버가에서 마가가分離하야歸還。 (一三)

四、비시듸아⑤안듸옥에서。 (一四—五〇)

a、安息日에會堂에서 바울의大說教「一」(一四—四一)

b、바울과바나바의順序逆轉。 (四二—四三)

c、異邦傳道의決心——바울의生涯의劃期 (四四—五〇)

다、비시듸아 안듸옥에서 더베까지。(一三・五一—一四・二一)

一、⑥이고니온에서 脫走함。 (一三・五一—一四・七)

二、⑦루스드라에서바울이앉은방이를治癒(一四・八—二〇)

群衆이바나바와바울을禮拜하고저함。

三、⑧데베에서傳道。 (一四・二〇—二一)

라、더베에서 수리아 안듸옥까지。 (一四・二一—二八)

⑨루스드라 ⑩이고니온 ⑪안듸옥 ⑫버가 ⑬앗달리아
⑭안듸옥(수리아)。傳道報告後에滯留。

乙、예루살렘使徒會議──(갈二・一以下)(一五・一ㅣ三五)
가、會議의發端──割禮에關하야意見相違。(一ㅣ五)
나、會議의狀況。(六ㅣ二九)
召集(六)、 베드로의意見──救援에無差別。(七ㅣ一一)
바나바와 바울의異邦傳道談。(一二)
야곱의決裁──異邦人에게는割禮無用。(一三ㅣ二一)
會議의決議──유다와실라持參。(二二ㅣ二九)
다、會議의結末。──안듸옥敎會에報告。(一五・三〇ㅣ三五)

丙、第二回傳道旅行─바울과실라。(一五・三六ㅣ一八・二二)
[「우리記錄」第一ㅣ一六・一〇ㅣ一七」]
가、안듸옥(수리아)에서빌립보까지。(一五・三六ㅣ一六・四〇)
一、바울과바나바同伴者件으로論爭。(一五・三六ㅣ四〇)
二、①수리아 ②길리기아를 지나며傳道。(四一)
三、③더베 ④루스드라 듸모데를割禮同伴(一六・一ㅣ五)
四、⑤부루기아 ⑥갈라듸아 ⑦무시아⑧드로아。(六ㅣ一〇)
마게도니아人의幻影으로渡歐決心。⑨사모드라게
⑩네압볼리──渡歐하야⑪빌립보入市。(一一ㅣ四〇)
傳道와投獄(一二ㅣ二四)、地震─獄守入信(二五ㅣ三四)
釋放時의바울의익살(三五ㅣ四〇)
나、빌립보에서 아덴까지。(一七・一ㅣ三四)

一、⑫암비볼리、⑬아볼로니아로다녀。(一)
二、⑭데살로니가傳道──三週間滯在。(一ㅣ九)
三、⑮베뢰아에서아덴까지。(一〇ㅣ一五)
四、⑯아덴傳道。(一六ㅣ三四)
a、會堂과市場에서辯論 (一六ㅣ一八)。
b、아레오바고에서大說敎[二] (一九ㅣ三一)。
、아덴傳道의收穫──失敗 (三二ㅣ三四)。
다、아덴에서 안듸옥(수리아)까지。(一八・一ㅣ二二)
一、⑰고린도傳道──一年半滯留。(一ㅣ一八)
아굴라 브리스길라와天幕製造하면서傳道。
二、수리아로歸鄕의途에向發。(一八ㅣ二二)
⑱겐그레아・──剃髮 ⑲에베소 ⑳가이사랴 ㉑예루
살렘 ㉒안데옥(수리아)歸鄕。

丁、第三回傳道旅行──바울。(一八・二三ㅣ二一・一六)
[「우리記錄」第二ㅣ二〇・五ㅣ一五、同第三ㅣ二一・一ㅣ一八」]
가、안듸옥(수리아)에서에베소까지。(一八・二三ㅣ一九・四一)
一、①갈라듸아 ②부루기아地方。(一八・二三)
二、③에베소傳道。(一八・二四ㅣ一九・四一)
a、아볼로의傳道。(一八・二四ㅣ二八)
b、바울의傳道──二年三個月滯在。(一九・一ㅣ四一)
聖靈의洗禮와 會堂에서傳道。(一ㅣ二〇)
듸모데等이 마게도니아로先發。(二一ㅣ二二)

使徒行傳分解表

銀細工데메드리오의騷動。 (二三－四一)

나、에베소에서 예루살렘까지。 (二〇·一－二一·一六)

一、④마게도니아⑤헬라⑥마게도니아週廻。(二〇·一－一五)

二、예루살렘途程──밀레도까지。 (二〇·六－三八)

⑦빌립보 ⑧드로아──유두고에게異蹟。(六－一二)

⑨앗소 ⑩미둘레네 ⑪사모 (一三－一五)

⑫밀레도에서에베소長老들에게告別辭 (一五－一七)

三、예루살렘까지。 (二一·一－一六)

⑬고스 ⑭로도 ⑮바다라 ⑯두로──挽留。

⑰돌레마이 ⑱가이사라──逮捕의預言。

⑲예루살렘──兄弟들의迎接。 (二一·一七－二六·三二)

戊、逮捕와審問。

가、逮捕。 (二一·一－二三·二九)

一、傳道報告(二一·一七－一九)와潔禮를行함(二〇－二六)。

二、異邦人을聖殿에들렸다고逮捕됨(二一·二七－四〇)。

三、바울의辯明[說教其三]。 (二二·一－二一)

四、辯明中途에暴動이일다。 (二二·二二－二九)

나、審問。 (二二·三〇－二六·三二)

一、議會의審問。 (二二·三〇－二三·一〇)

大祭司를욕함 (二三·一－五)、바리새人 사두개人들의分爭──바울의機智(六－一〇)。

二、가이사라監禁──(二年間?)(二三·一一－二六·三二)

a、가이사라에護送。猶太人들의陰謀(二三·一一－三五)

b、監司벨릭스의審問。 (二四·一－二七)

大祭司等의提訴(一－九)、바울의辯明[說教其四]

c、監司베스도의審問─가이사에上告 (二五·一－一二)

d、아그립바王에게辯明。 (二五·一三－二六·三二)

王의所願(一三－二二)、베스도의意見。(二三－二七)

바울의辯明[說教其五](二五·一三－二三)、審決。

己、羅馬旅行── (二七·一－二八·三一)

[「우리記錄」第四－二七·一－二八·一六]

가、그레데島까지。 (二七·一－八)

가이사라出帆 ①시돈 ②구브로 ③길리기아 及

④밤빌리아海 ⑤무라 ⑥니도마즌편 ⑦그레데海岸

⑧미항。

나、멜리데島까지──暴風、破船。 (二七·九－二八·一〇)

一、暴風의難航──十四日間 ⑨가우다島(二七·九－二六)

二、坐礁、上陸──바울의沈着한勇氣(二七－四四)

三、⑩멜리데島滯在──三個月間(二八·一－一〇)

四、로마까지──⑪수라구사 ⑫레기온 ⑬보듸올

⑭압비오 ⑮삼관 ⑯로마(二八·一一－一五)。

다、로마滯在──滿二年間。 (二八·一六－三一)

詩篇第二十三篇

金敎臣

이詩는 필경 다윗王이 그아들압살롬의 叛亂을當하야 首都예루살렘에서蒼倅히逃亡하야 유대荒野를 이리저리彷徨하고다닐때의作일것이라한다(삼우엘後書第十五章以下)。

叛亂을맞나王城을亡命逃走하는일만하여도 失意悲嘆할處地라할것인데 그逆賊의魁首는自己의實子압살롬이니 그苦痛과失意는二重三重의것일것이다。父로서는 아들의叛逆인同時에 王으로서는臣下의背叛을當한것이다。私的으로는家庭生活의破綻이오 公的으로는國家生活의顚伏이다。人生의當할수있는最大悲慘事가 다윗의一身에一時에겹처臨迫한때의詩인것을 알고읽을진대 우리는 다윗의非凡한 信賴에 놀랄것이다。王者의몸으로서 一朝에流浪의客이되였것마는 그래도 오히려「내가不足함이없으리로다」라는 깊은 信賴의詩歌를 부르짖었다。저는自己의少年時代에獅子와싸우며 곰을때리면서牧羊하던信賴할만한牧者란 어떤것인것을回顧하면서 自己의牧者이던經驗을通하야 여호와하나님께 如斯한偉大한信賴를 가지였던것이다。

이아름다운詩는 單只六節로써된것인데 二部로 나누인다。第一ㅡ四節과 五、六節로。처음은牧羊者를主題로하고 다음은 여호와의饗宴을主題로하야 여호와의 愛護를讚美한다。

여호와는 나의牧者시니 내가不足함이없으리로다(一節)

이는豐裕滿足에넘치는소래이다。宇宙萬物로써豐足함을입은者의노래이다。그러나 이는 世俗的幸福에飽滿한者의소리와는 다르다。이世上的으로서는窮乏하고患難많은中에處하였을지라도 여호와께全身全靈을依托하야 아모것도所有한것이없으나 모든것을 차지한者(고後一一·九)의 平安함을告白함이다。따라서 이詩句에는 아무 卑俗의냄새없고 다만單純한信賴와 고요한讚美의調이다。

그가나를 푸른풀밭에 누이시며 쉴만한 물가으로 引導하시는도다(二節)。

착실한牧者는 羊의表情으로써 지금 풀을 要求하는가 샘물을 마시고저願하는가 또는 먹고마시기보다 强한日照를避하야 푸른그늘에 누어 疲勞를醫하고저 하는가를 잘識別한다。다윗은幼時로부터 유대山野의 이골작이 저개울로羊을引導해주던經驗으로써 休息할만한草場은 어듸에있으며 渴을解할만한 맑은시내는 어듸쯤인것을 잘알였다。또終日풀밭에서飽滿하게 먹인後에는 黃昏이大地를

가리울때를따라 近處水邊에羊떼를 쉬게할줄도 알었다。

이러한能란하고도眞實한牧者의經驗으로써 詩人은 여호와하나님을 우러러보았다。하루〳〵의生活에도 晝間의激務에 꺼꾸러지지않도록 거룩한말슴으로써扶持하시며 夕陽에疲勞한몸을 쉬일때에는聖靈의慰勞를 더하신다。우리의一平生도 또한一日의延長이다。人生의대낮인壯年期의奮鬪時이나 또는最後에 눈감는 黃昏時이나 하나님은 우리를希望의푸른풀밭과 永遠의生命의시내ㅅ가로 引導하야 平安을 우리에게圖謀하신다。人生에患難이많은듯하나 여호와께서는 決코 질수없는짐을 우리에게 지우시지않으시며 걸ㅅ기어려운距離의길을 우리에게强迫하시지않는다。必然코 慰勞와扶助의손이 함께하신다。

내靈魂을蘇生시키시고 自己이름을爲하야義의길로 引導하시는도다(三節)。

牧者가羊의生命을蘇生하며 扶助하는것과같이 여호와는 우리의靈魂을蘇生시키시며、牧者가迷羊을滅亡에서救濟하야 바른길로引導하며休息處를얻게하는것처럼 하나님은人生을 救濟하며引導하신다。이는人生自體가貴한것이라던지 값있는것이라해서가아니라 實로 여호와自己의이름을爲하여서다。自己의이름을爲하여서라 함은 自己의本質上 어찌할수없이 그렇게된다는뜻이다。여호와의本質이란「하나님은 自己의義를 나타내시고스스로義롭다하시기爲하야、또 예수를믿는者를義롭다하시기爲하야」救援하신다는 로마書의 救濟原理에 드러난 하나님의本質이오、또한「여호와는慈悲하고矜恤하고 怒하기를 더대하고恩惠와 眞實함이많은 하나님이로다」라는(出三四·六)것이 그의性格이다。이런故로 그慰勞는 힘있고 그救援은確實하다。

내가死亡의陰沈한골짝이로 다닐지라도 害를두려워하지아닐것은 主께서 나와함께하심이라。主의지팽이와 막다기가 나를 安慰하시나이다(四節)。

이는 유대高原의實景이다。이편草原에서 저편草場으로 갈때에、유대地方高原은 一望無際의大平原이아니오 峽谷과峽谷으로써連絡되는 山地의 토막〳〵한草場이많었다。兩岸이聳立한峽谷을 지날때마다 거긔는猛獸 毒牙를 다듬고棲息하는곳인故로 人畜의危險이 不絕한곳이다。그러나 그러한險谷을 지나야 疲勞를休憩할草場이있고 生命을蘇生시길 샘물이있었다。人生의行路도 마찬가지다。義의길 生命의길은 언제던지 좁고險한골짝이를通過하여야한다。平坦大路를遊興氣分으로걸어서는 靈魂의蘇生을받은者없고 참된平安을 누린者없다。苦難의道는 實로 義의目的地에 達하는 가장 바른길이오 確實한길이오 第一捷徑이다。이길外에 生命에達하는길이 없나니 일렀으되「좁은門으로

드러가라。死亡으로引導하는門은크고 그길이넓어 그리로 드러가는사람이많고、生命으로引導하는門은좁고 길이險하야 찾는者가 적으니라」 고(마태七·一三、一四)。

陝路狹谷이 그저좋다 安全하다는것이 아니다。「主께서 나와함께ㅣ하시는까닭에 든々한 것이오「主의 지팽이와 막다기가 나를安慰ㅣ하시기에 確實한것이다。다윗은獅子의어금니에서羊아지를救해내였고 곰의발톱에서 수羊을찾아내였다。故로 저가 지팽이를잡고 섯는데면 死亡의골짜이라도羊떼에危害가 미츨수없었고、저가 막다기로써指針하는곳이면 羊떼가安心하고 따라갈수있었다。이와같이 하나님을 착한牧者로 우러러보는무리에게는 周圍에迫到하는 무서운光景과危險한情勢를當하야 두려움에 떨리면서라도 指導者인 여호와께絕對信賴로써追從하야 이골짜이를通過할것이다。그리하야險한死亡의골짜이를 지나놓고보면 존·번연이 天路歷程에서經險했던것처럼 意外에도 鐵鎖에매인獅子인것을發見할때도있고 단테가 버ㅣ질의案內로써 몸솔이치는地獄風景을通過한때의 느낌도經驗할것이다。사랑이신 하나님의 지팽이아래있을진대 우리로傷害할者없도다。

主께서 원수의目前에서 내게床을 베푸시고 기름으로 내머리에 발으셨으니 내盞이 넘치나이다(五節)。

詩人의붓은 여기서一轉하였다。突然히饗宴을主題로하는 노래로되였다。

다윗이 아들압살롬에게 쫓겨서 마하나임에 이르렀을 때에 암몬族屬의某等이나아와서「寢床과대야와 질그릇과 밀과 보리와 밀가로와 복근穀食과 콩과 팟과 복근綠豆와 꿀과 뻐더와 羊과 牛乳치스를 가져다가ㅣ다윗과 그 함께한百姓으로먹게한일이있었다(삼下一七·二七ㅡ二九) 이는 원수의目前에서設宴한것이였다。必曰 山海의珍味를 가추었다고해서 大饗應이아니다。一飯一菜라도 사랑으로 精誠으로써주는때에 盛大한 잔치가 열리는것이다。稅吏레위가 바리새人들과書記官들面前에서 그리스도를 爲하야 晩餐을設한것(마가二·六)도 正宴이였다。다윗은亡命途中에 뜻밖에饗宴받었던記憶을、생각하면서 하나님의 거룩한攝理에感激한것이다。몸은不遇에處한듯하나 其實은 하나님의 사랑을받고있는것이다。나의 生命을 要求하는원수들은 밤낮追窮할지라도 나의毛髮하나도 건드리지못한다。나를 傷하려는者는 여호와께對敵하여야한다。天上天下의 모든 威勢로써하여도 우리主예수그리스도 안에있는 하나님의사랑에서 우리를 끊어낼者는없다(로마八·三一以上)。

나의平生에 善하심과 仁慈하심이 정영나를따르리니 내가 여호와의집에永遠히 居하리로다(六節)。

詩篇第二十三篇

仇敵이 아무리猛烈히좇아올지라도 여호와하나님이 나를保護해주시니 나를擊滅할者는없다。人間의一生에 이러나는 여러가지事變은 미리헤아릴수는없다。하나님의 사랑안에있는者에게라도——있는者일수록 災禍와苦難이 적지않다。故로 終生토록 살동안에는 여러모양의事件도臨迫할것이다。그러나 무슨일이臨하여도可하다——그는 여호와 하나님이 나와함께하시는 까닭이다。「하나님이 함께계실진대!」하는信賴의생각이 詩人의 가슴에 臨하매 亡命의旅廬에있으면서도 形容할수없는 平安과歡喜가 솟아올은것이다。

그러나現實은如何한가。首都의王宮을떠나 異鄕을放浪하는一介亡命客의身勢요、異邦人中에寄寓한孤寂한處地이다。저의思慕하고願하는것은 故鄕인首都에還宮하야 여러兄弟들과함께 여호와를敬拜하는 살림에들어가는일이였다。사모하는聖殿있는 서울을떠나 朝夕의居就를定할수없는王者의衷心所願이였다。안모런不遇의 處地에서라도 하나님이 함께하면 豐足을 느끼며 慰安을 누리는 다윗王이라할지라도、저의永住할곳은 여호와의聖殿이다。거긔서公共然하게 百姓들과함께 여호와를찬송할것을 생각하매 詩人의戀鄕의念이懇切하였다。永久히 여호와의宮에 살고저함은 저의至極한所望이오 比할수없는 기쁨이였다。

이詩篇에 나타난 다윗의信仰은 實로偉大한信仰의 본보기라할것이오、信賴하는者에게許與된希望이 果然絕大한것을 나타내였다。骨肉의叛逆에處하고 生命의危害 이마에迫到하였을때에도 하나님만 함께하신다면 安定이磐石같은信仰이오、逆境에逆境을거듭하는中에서도 하나님의至純한愛를 疑心할수없을뿐인가 그聖殿에서 永遠히 居할것을戀慕하야 마지못한다。이러한純愛의 하나님께依支하였음으로 荒野도 오히려宮殿같었고 人生의苦海도 오히려希望의源泉이되였다。참信仰의發露요 高貴한 希望의詩인저。

얼마前에 人生五十八歲를一期로하고 天國을向한 愼尙翼長老가 殞命할三時間前에 家人親戚을 모여놓고 이詩를朗讀시길때에 읽는이가 第二節을「푸른草場에」라고朗讀한즉、病床에서듣던이가「푸른 풀밭에서……」가아니냐고 訂正하더라고。信仰의勇者는 다윗의詩心으로써 이詩를 질겨했고、또 그 글字까지 字々로暗誦하였었다。聖句는 徹底히暗誦할것임을 聖徒의살림에서 우리가 배운다。이世上苦難에서 이詩로써 하나님께信賴하고 이人生의黃昏에 最後의숨을 걷우려할때에 이믿음과 사랑과 希望의 노래로써 저나라ㅅ길로 떠난이는 福있도다。願컨대 우리에게도 平生토록 이詩가 입술에있고 最後의瞬間에도 이詩가 힘되는生涯가있기를。

사랑은뷔였다

金眞珠

사랑은뷔엿더라。아모것도없이뷔엿더라。아모形狀도없고 맵시도없더라。尊卑도없고貴賤도없더라。너도없고 나도없고 萬物도없고 宇宙도없고 善도없고 惡도없고 罪도없고 義도없고 나라도없고 自他도없고 魔鬼도없고 天使도없고 사탄도없고 天堂도없고 地獄도없더라。아모것도아인대 사랑뿐이더라。아모것도없는데 사랑뿐이더라。

×

사랑은뷔엿더라。그림자도없이뷔엿더라。自己의存在도 義潔도 人生의反逆도 天使의聖潔도 萬物의파괴도 하나님의 위엄도 律法의詛呪도 善惡의싸움도 넘치는기쁨도 怨痛한우름도 多情한親舊도 몹쓸怨讐도 거긔서찾을수가없더라。거긔서는 자최도없더라。아모것도모르지만 사랑만알너라。아모것도안보이나 사랑만보이더라。

×

시작붙어끝까지가 사랑뿐이오 처음붙어 나종까지가 다만사랑뿐이더라。日月도빛을잃고 星辰도떠러지고 山岳이문허지고 섬들이제자리에서떠나가고 王과王族과 제후와將軍과 종과 자주者들이 자최를감추고 天地가거긔서는녹아지고體質이풀어저바리고 殉教者의呼訴도 다ㅣ없어지더라。

×

사랑은뷔엿나니 흔적없이뷔엿나니 天地와人生과萬物이 다ㅣ그안에담겻서도 그래도안차더라。그래도 그대로엿더라。뷘자리뿐이더라。이모든것들이 그안에 다ㅣ감초였으나 그것들은 흔적이없어지고 사랑만보이더라。사랑으로만보이더라 사랑뿐이더라。

×

이人生 이宇宙 이萬物 이道德 이宗教가 다ㅣ사랑에서죽고 살아지고 녹아저바리고 사랑만오도다。사랑으로만되여오도다。사랑으로만 나타나오도다。

뷘사랑으로 時空이없는사랑으로、경계가없는사랑으로오도다。사랑이여오소서 사랑이여오소서 영원이오소서。아멘。

거룩한十字架에對한忠誠의길

토마쓰·아·켐피쓰
葡萄園農夫 譯

『自己를이기고 제十字架를지고 나를좇으라』(太一六·二四) 하심은 峻嚴한말슴이라고 하는이가많은 것같다。그러나 『詛呪를받은너의여 나를떠나 永遠한불에들어가라』(太二五·四一)는 말슴을들음은 一層더峻嚴하지않은가。지금 기뻐으로 十字架의말슴을 듣고좇는者는 大槪 永遠의刑罰이라는 宣告에對하여 恐怖할것이없을것이다。審判하시기爲하여 主님이오시는날에 반드시 天國에있어서 이十字架의徵兆가 나타날것이다。十字架에 못박히신그리스도를배워 其生涯를보낸信徒는 審判날에 多大한信任을받어 그리스도의곁으로가까히 부름을입을것이다。

그런데 너는 어찌 너를天國으로다려가는 十字架를무서워하는가。十字架안에 救援이있다。十字架안에 生命이있다。十字架안에 敵을막는要塞이있다。十字架안에 하늘의기쁨이있다。十字架안에 意思의動力이있다。十字架안에靈魂의기쁨이있다。十字架안에 道德의理想이있다。十字架안에 聖潔의完全이있다。十字架外에는 靈魂의 救援이없고 永遠한生命에對한 希望이없는것이다。그러기에 十字架를지고 예수를좇으라、그러면 無窮한生命에들어갈것이다。예수께서 먼저 十字架를지시고 너를爲하여 十字架우에서 죽엄을當하셨다。그러니 너도 또한 너의十字架를지고 예수와같이 十字架에서 죽을수있는것이다。네가萬一 예수와 같이죽는다면 또한 예수와같이 삶을얻을것이다。네가 萬一 예수와같이 刑罰을받는다면 또한 其榮光을 같이할수있을것이다。

보라! 一切는 十字架에있다。그리고 또 一切는우리가그우에 죽음으로因하여 解決된다。大槪 날마다 肉의慾望을制禦하여서 十字架의길을 完成하지않으면 이外에는 生命을얻을길이없고 또 마음에平安을얻는方法이없다。너의願하는곳으로가라、그래서 너의願하는것을 求하라! 하늘로向할지라도 따에파묻칠지라도 거룩한十字架外에는 安全한길이없으리라。너의마음이向하는대로 凡事를處理하라、그러나 너는 오히려 무엇에던가 苦痛없을수는없다。네가 願하거나 願치않거나를不拘하고 너는반드시 十字架에 부딪지지않을수없는것이다。其肉體에있어서나 또는 靈魂에있어서 너는반드시 苦痛을가지지않고는 아니되는것이다。

너는 때로는 하나님을爲하여 괴로울것이며 또때로는 同胞를爲하여 괴로움을받을것이고 또는 가끔〳〵 네自

身으로因하여 困憊할것이다。 네가 아모것으로도 救援을 얻지못하고 或은 慰勞를받지 못한다할지라도 적어도그것이 하나님의 기뻐하시는바이라면 삼가 참지아니하면 아니된다。 大概 하나님은 네가 慰勞없는苦痛을참고 하나님에게 完全히信賴하여 苦痛받음으로 因하여 一層더 謙遜하게되기를 要求하시기때문이다。 그리스도와같이 몸소 괴로워하지않으면 그리스도의苦難에 同情할수는없다。 이로써 十字架는 到處에準備되여서 너를기다린다。 어느곳으로向하던지 이것을 避할수는없다。 그는 가는곳마다 너는 自己를같이하며 또 自己를發見하는때문이다。 上下나內外를莫論하고 너의낯을向하는곳이면 十字架를 發見하지못하는곳이없이 너의마음에平安을갖고 永遠의凱旋冠을얻는 기쁨을 바라거던 于先 慘憺한工夫를 할必要가 없을수없는것이다。

　네가 萬一 自進하여서 十字架를진다면 十字架는 도리혀 너를저다가 其願하는目的地에 다려갈 것이다。 卽 너는 場所의如何를不拘하고 苦痛없는따에 이끌릴것이다。 네가 萬一 不得已하여 마음없이 이것을진다면 스스로 煩惱를거듭하며 其지고갈길이 漸々멀게될것이다。 더구나 네가 萬一 한十字架를避하여 다른데로向한다면 그보다 더 훨신무거운十字架는 반드시 네게올것이다。

　따우에 人間으로 한사람도 避할수있는者가 없는것을 네가 홀로 免할수있다고믿는가。 世上에있었던 聖徒中에 어느누가 十字架없고 苦痛없었던이가 있었는가살펴보라。 예수그리스도까지도 오히려 地上에 게실때에는 일즉이 한時間일지라도 苦痛을免하신 일이없다。 또 니르시기를 『그리스도일지라도 이런害를받고 榮華를얻는것이 마땅하지아니 하냐』(누가二四·二六)고。 그런데 이거룩한十字架의길, 卽忠誠의길을 다른데서 求할수있을것이냐。

　그리스도의全生涯는 十字架와殉敎의죽엄이였다。 그런데 너는 自身을爲하여 安逸과歡樂을求하는가。 너는 속을것이다。 그렇다, 네가 萬一 患難을참을수있는 다른길을求한다면 반드시 속을것이다。 大概 이世上의生涯는 悲慘한것으로넘처있어 어듸로向하던지 十字架의그림자를 보지않을수있는곳이 없기때문이다。 靈性에進步한 高尙한人物은 자조〳〵 苛酷重疊한十字架를 發見한다。 이는 其滅亡할者에對한悲痛은 하나님에게對한사랑을加하면서 漸漸 더하여지는까닭이다。

　그러나 이와같은十字架를지는者는 其苦痛이甚히많을지라도 能力을새롭게할만한慰勞는 반드시 이에따르는것이다。 이는 其十字架를 짐으로因하여 苦痛을참는 많은利益을 얻기때문이다。 사람이 萬一 自進하여 十字架아래에 其몸을던지면 苦痛煩惱는 그자리에서 天來의慰勞를 받는希望으로 變하는것이다。 그래서 肉體에받는 苦痛이

거룩한十字架에對한忠誠의길

漸々甚하여지면 其마음에받는 恩寵으로因한 靈性의힘은 더욱〱 强하여지는것이다。이러하여 人間은 困苦患難까지라도 달게받을수있게까지 이에따르는 慰勞를즐길수있음을알고 그리스도의十字架를 眷戀하며 도리혀 悲痛困苦없음을 恨歎하게까지되는것이다。大槪 기쁨으로 十字架를지는것은 하나님에게對하여 참는일임을믿고더욱〱 그리스도를爲하여 괴로워함을 許諾받은것을 믿는까닭이다。그러나 이것은 決코 사람의能力으로因하여서가아니다。恒常이것을버리고 이것을免하려고努力하는 弱한肉으로써 이러한큰일을 할수있음은 오족 靈性을通하여 이것을奬勵하며 이것을사랑하시는 그리스도의恩寵으로因하여될것뿐이다。

十字架를지고 十字架를사랑하며 情慾을버서나 完全히 克服하고 名譽를내여버리며 기쁨으로侮辱을참고 스스로 낮어지며 또賤待받기를바라고 가진患難을견듸며 이世上의榮華를버리는것은 사람의能力으로 因하여서가아니다。萬一 네自身을도라보아서 이러한 種類의 무슨일이던가를 할수있는 能力이있는가。이와反對로 네가 萬一 主님을 信賴한다면 能力은하늘로부터받을것이며 世上慾望과情慾은 너의命하는대로 服從하기까지될것이다。또한 이뿐만 아니라 네가萬一 信仰을甲冑로하고 그리스도의十字架를 其印綬로하면 너의强敵인 惡魔까지도 두려워할 必要가 없이되기에 니를것이다。

그리면 너를사랑하셔서 結局 너를爲하여 十字架우에 못박히신 너의主님의十字架를 膽大하게지고서 其善良하고 또 忠誠된종으로써 自任하라。그리고 이悲慘한世上에있어서 모든 艱難辛苦를참으려고 覺悟하여라。設或覺悟없을지라도 네가 가는곳마다 이것을 發見못함이없고 어듸로나 네가 避할곳이없기때문이다。大槪 苦痛悲哀는 이것을 免할道理도없고 手段도없다。오족 이것을 참는 한길만이있을뿐이다。그리스도의벗、그리스도의黨派되기를 참마음으로願한다면 欣喜眷戀함으로 主님의잔을 마시지 아니치못한다。慰勞를주시고아니주시는것은 이것을 하나님에게 一任하여라。그리고 하나님을 기쁘시게하기爲하여 하나님께서 하시는대로 막겨버려라。그래서 스스로 苦痛을참고 이것으로써 너의最大의 기쁨을삼으라。大槪 現世의 온갓苦痛을 네一身에지고 이것을참는다하여도이것을 네가 來世에받을 榮光에比하면 그야말로 何等의 價値도없는것이기때문이다。

네가 이러한地境에達하면 如何한患難도 아름답게늣겨지고 그리스도를爲하여 이것을즐겨하게되며 네게서떠나지못할것인줄을生覺하기까지에이르러 樂園은 即時에地上에서 發見될것이다。苦痛을苦痛으로녀겨 슲어하는동안은 이것을 免하기만을求하면서 其向하는곳마다 이것이 너를 따르지않는곳이없음을알리라。

自己의當然한地位에 도라가라。 即苦痛과죽엄을求하라。 너는 當場에 幸福하게되며 또平和를얻을 것이다。 네가 設或 바울을따러 第三天에올을지라도 오히려 또한너는 患難을免하지못한다。 예수는 말슴하지않으셨나、『그사람이 내이름을爲하여 害를얼마나받어야 할것을 내가보이리라』(行九·一六)고。 그런故로 네가 예수를사랑하며 쉽지않은 忠誠을다하려면 오즉 괴로워하지아니치못할것이다。

오! 네가예수의 이름을爲하여 무엇에거나 苦痛의價値가있다면 너의榮光이야말로 其얼마나 偉大할고、하나님의 聖徒의 이에對한기쁨은 果然어떠할것인가。 其同胞를 啓導하는 힘인들 얼마나偉大할가、 그야 忍耐는萬人이모다推奬하는바이다。 그러나 기쁨으로 自進하여 이에 부다치는者는 甚히 稀少하고나。 世俗의苦痛의 酷烈함을 生覺하면 그리스도를爲하여 些小한苦痛을 참을 것임은 으레히 當然하지아니한가。

너는 主님을爲하여 죽엄의生涯를 보내여야만 될것을 明白히 알지않어서는아니된다。 그래서만 사람은自己에죽기를漸漸잦이하고 하나님에살기를더욱〳〵旺盛하게 할수있다。 그리스도를爲하여 困苦를참으면서 自己를克服하는 者가아니면 아즉도 天界의事情을 밝히할수는없다。 그리고 萬一 이것을 擇할수만있다면 너는 많은 歡樂으로 因하여 慰勞받기보다는 차라리 그리스도를爲하여 困苦를참기를 願하지 않으면 아니된다。 이것은 大概 네가 더욱〳〵 그리스도를模倣하여 많은聖徒와 漸漸類似하여지는 緣故이다。 우리의 靈性의 價値와發展은 많은歡樂과慰勞로因하여 오는것이아니라、 오즉큰苦痛과患難을힘써서 참음으로因하여 얻을것이니라。

萬若 一層더便宜하고 一層더 사람의救援에 利益되는일이 苦痛보다도 나은것이있다면 그리스도는 其말슴에 또는 其行爲에 반드시 그것을 보이셨을것이아닌가。 其弟子들은 그리스도를좇으며 또 그리스도를 模倣하기만을 求하였는데 그리스도는 저의를가르처 니르시기를『아모던지 나를 따러오랴거던 自己를이기고 제十字架를지고 나를좇으라』(太一六·二四)고。 우리는 읽어서 여긔에 니르렀다。 其結論으로 如斯히말하게하라。『우리가 하나님나라에 드러가려면 여러가지 患難을 격거야 할것이니라。』(行一四·二二)고。

譯者曰 本文은 信仰과思想의偉人토마쓰·하마켄의著書인『基督의模倣』(The Imitation of Christ) 中의一文이다。 即其中의 第二卷第十二章이끝이것이다。 토마쓰는 一千三百八十年에北歐普露西亞 라인洲켐펀에서 農夫인 아버지와 小學校教師인 어머니사이에第二男으로 誕生되였다。 十二歲때에 其兄과같이 네사란드에있는 碩學구르드가創立한有名한學校에다

거룩한十字架에對한忠誠의길

니게되였는데同窓들은 토마쓰를向하여「케 펀에서온토마쓰」即「토마쓰·아·켐피쓰」라부르게된것이다。「福音으로써 萬事의基礎를세우라、研究의土臺를삼으라、또生活의模範이되게하라、이것이基督의品性을몸에옴기는길(道)이니라……」。云云의校則下에서자라난토마쓰는 오거스틘派에投身하여一生을지내였다한다。勿論몸을主님에게바치랴는心情에서된일인가한다。頭腦가明晰하고思想이豊富한토마쓰의數많은著書中에이것은四十歲때의著作이다。本書의原作은羅甸語로되였으나 現今에와서는英佛獨語는勿論 聖書가있는나라로서 이冊의翻譯이없는곳은없다하여도過言이아닐만큼되였다。그러나 아즉朝鮮語의翻譯이있음을 寡聞의筆者가알지못함을섭섭히生覺한다。더구나此文亦是二重三重의翻譯임을不免함은크게슯은일이다。그러나筆者는決코翻譯을하기爲하여서翻譯을한것이아닌것을 良心으로告白한다。어느날冊欌에끼여있는것을 끄내여한폐지두폐지읽는동안에其一言一句가모다 나의心靈의깊은데를찌르는듯하였다。其眞實、其深刻、其忠誠함에너르러서는 果然혼자서읽기에는 너무도愛惜한感이없을수없었다。그래서筆者가敢히堪當치못할바임을잘알면서도이나마의譯文이라도 要求되는兄妹가있다면이眞理의말슴을通하여 넘치는恩惠를갈이할가하는衷心에서 其中一文을抽譯하게된것이다。筆者의펜이움지기게된動機를讀者는諒解하기바란다。그리고언제인지咸錫憲兄이「그리스도의模倣」이라는題目으로翻譯한것이記憶되기에찾어보니 聖朝第二十一號에「죽엄에對한默想」과「예수의十字架의愛人은적다」의二文이記載되여있다。

社 告

一、咸錫憲先生이 今春以來로 서울로 올러오신다던일은그간 여러가지碍害로써實現되지못하던것인데 九月二十七日에는 萬事를제처놓고라고 發程하기로作定하였였다。그런데 이번에는 五山教友들의懇切한挽留로因하야 不得已當分間이라도그냥五山에 머물게되였나이다。그럼으로 서울陣容은 매우 軟弱한感이不無하나사람을依賴하지말고 하나님께直接祈禱의生涯를忠誠하기爲하야는 이것도 또한攝理인가하야 서울있는우리들도 一層警醒奮發하고저한다。

二、咸先生著「聖書的立場에서본朝鮮歷史」는 文字대로洛陽의紙價를높여 本社에는 발서前부터 여러卷이品絶되였던것인데 最近에新古本交換等으로써誌友에서蒐集하야 全秩十九冊中에서約十冊은 얻을수있게되였다。單一回의分이라도 各朝鮮사람이 한번식읽기를勸하는바이다 (表紙의特價廣告欄叅照)。

三、咸先生著 「聖書的立場에서世界歷史」는 事情에依하야中斷하고있는中이다。이미發刊된것이本誌로二十二冊。이를一時에要求하는이에게는 特賣期間中만特價二圓二十錢(送料共)으로應需함。

一八

聖朝通信

八月二十日 (土) 晴。妙香山叅會를拒否當했던誌友某氏가 우리에게 多大한不滿을가지게되여 서울서經營하려던事業도抛棄하고 어듸로인가떠나가버렸다는消息들리다。저들에게는定員도없고 資格審査도없고締切도없고 宿食의準備도없이 그저自己하나만特別取扱해준대야 聖神받은聖徒의일이라하며 仁慈한先生이라 칭찬할것이다。우리하는일 하나하나가怪異할것이다。또怪異해야할것이다。○當直으로登校。오래간만에新聞을보니 北西鮮水風災는想像以上이었던모양이다。咸興地方의十六日雨量은 一一一・四미리어서全日本의記錄을突破하였다고。元山以北은汽船으로聯絡中이며船賃이漸騰한다云云。京濱阪神地方을휘돌은風雨가半島에와서北西鮮即工業地帶를襲擊한것은무슨意地로함인가몰라。

八月二十一日 (日) 晴。宿直의任務를畢한대로山麓에돌아와休暇中最後의날을書齋에서보내다。終日한일도原稿數枚에不過하니家人들보기도面目이없는듯하다。저녁에 果園의풀을모여堆肥쌓는것으로써 保健運動하고 家庭禮拜에삼우엘上第十六章輪讀。사울이 하나님命令대로服從치않고 奪取한牛羊은祭祀들일것이라고핑게댈때에『삼우엘이 가르되 여호와ㅣ燔祭와다른祭祀를그말슴順從하는것만치 기뻐하시겠느냐。順從이祭祀보다낫고 듣는것이 수羊의기름보다낫으니라。拒逆하는것이邪術의罪와갈고 頑固한것이邪神偶像에게 절하는罪와갈으니 네가여호와의말슴을拒絕하는故로 여호와도네게王되기를拒絕하셨나니라』고。健全한人物의健全한宗教인저。

八月二十二日 (月) 晴。新學期始作으로登校。오늘은慶事스러운일이많었다。첫째는 肋膜炎으로오래동안轉地治療中에있던同僚가完快出勤하였음으로余는臨時擔任을免除받은일이오。둘째는鄭相勳兄이入城하야面談할수있은일이다。그러나 오늘도기쁜일만이아니었다、그와反對의일도있었다 하나는 온식구 協力하야 적잖은정성으로 준비해놓고 約束한來客을 待했으나 何等通知도없이期待를 어그러터리고 時間勞力의虛費와失望을招來한일이오、둘은補缺入學件으로귀찮게구는所謂親戚이오、셋은不時에洞內에불려나가 洞民大會의司會를하게되고 자정지난後에야 解散된일이다。오늘부터一週間은 國民精神總動員經濟戰强調週間이라고해서 學校에서도그問題로職員會했고洞內에서도洞民大會。職員會가있었다。

八月二十三日 (火) 晴。午前八時登校三十五分식授業。○歸途에原稿를印刷所에傳하고、咸亨澤長老(咸錫憲氏父親)의處方을얻어某重患者에게傳하니 甚히기뻐하다。咸先生의秘方이 이不治의固疾을治癒할수있기를所願不已。○어떤牧師의振替通信에『金先生님 너무도罪悚하와 아모말도여쭙지못하겠읍니다。聖朝를通하와先生님의奮戰을 늘보오며 다만過勞를念慮하였읍니다。小生에게其間도主함께하였음은事實이었읍니다。福音傳道者로 先知者中小卒로小生의一生을 맞칠것만은 事實입니다。主의손에 붙잡혀서만生의意義있음을切實히느끼나이다。제깐에는義로眞實로써 살어가야하겠나이다。하나님의말슴을찾아맞날수없는이時節에「聖朝」의使命은큽니다』

八月二十四日 (水) 晴。一時雷雨。處

暑。登校하야午前中授業을마추고 도라와 執筆。저녁에는 家庭禮拜。삼우엘上第十九章輪讀。洞民大會에불려나가 午前한시에야退散하다。이렇게時間이無制限으로虛費된다면 다시市內로移舍하는수밖에없다。

八月二十五日 (木) 晴。明日은明智山植物採集에參加하라고 學校의命令이있어서 出發前時間으로大馬力을내고저 일즉歸宅하였더니 來客이 뒤따러들어와서九月號를定期日에發刊하려던企圖는 아주拋棄하니、도리어 마음이安靜함을보다。◯來信一枚『先生님 참감사하옵은 聖誌六月號에「事實이라면」 事實에 對하야 너무惶悚하오며 感謝하였읍니다。그마지막聖스러운 最後를 여러사람께 보이는대선 先生님글로써 여러사람께 보여주서서 아부님의靈도기쁘하실줄 아옵니다。

「事實이라면?」자주곱씹어 지신다구요 事實일줄 아옵니다。聖朝誌와 先生님의誠意와 先生님의精神 先生님의 참된信仰을 참으로잘理解하신同時 참사랑하셨고 참 기쁘하셨고 참慰勞가되셨읍니다。참慰勞하시고 기뿜을주신이도先生님이였고 滿足함을 주신이도 先生님이였읍니다。보지않고 사랑함 얼마나 더偉大한 일이옵니까。先生님의글을 通하야 先生님을 확실히 볼수있었다는 事實에서 先生님을信賴하고 尊敬하였을줄 아옵니다。先生님 이報告가先生님께 기뿜이된다면 저도 참기뿜니다。사람을 기뿌게함 처럼 즐거운일은 없는줄압니다。그뜻을理解하는것처럼 반가움이없고 기뿜이없는줄압니다……』。當時에 글쓸때에도 글의主人公된長老의姓名을明白히表示하고 讀者와함께吊하며 또한배우고싶었으나 그姓名을公布하지않은데는理由가있었다。教會가彼의遺骨과 그遺族을迫害毁謗할까 念慮하여서다。오늘날本誌讀者中에도 教會의牧師或은傳道師로있는이들은 皆曰自己의信書를發表치말어달라는부탁이니 그얼마나迫害가甚한形便을 짐작하기어렵지않다。문둥患者가 本誌를읽고慰勞받는것까지處罰한다하니 教會根性도 두렵지않은가。

八月二十六日 (金) 曇、後雨。張鼓峰事件을近處에서 見聞한이가 간밤에留宿하여서 奇異한消息을 많이듣다。◯登校授業後에 明智山植物採集會에參加하고저 準備次로 일즉歸宅하였더니 藥專學校에서急使와서 人員이不足하야後日로延期한다는通知。우리가하는일은모다이러하니寒心또寒心。차렸던行裝을收拾하고原稿쓰다。

八月二十七日 (土) 曇、雨。登校하야授業만畢하고 일즉도라와執筆하다。夕陽에鷄舍를大掃除하고 근대에施肥等。저녁엔洞內矯風會에불려나가기를 避하기爲하야 일즉就床하고、밤十一時부터 일어나새벽까지 原稿。但이제後로는發行日字를嚴守하기爲하야無理하기를斷念하다。되는대로遊戲氣分으로하기로하다。

八月二十八日 (日) 雨。남들은山으로간다 溫泉으로간다고야단들이나 우리는집에앉은대로登山이다。午前十時에家族禮拜。삼우엘上에依하야 다윗의이야기。來客一人外에 아무도妨害하는이없이 終日書齋를 지키다。

八月二十九日 (月) 雨。原稿를印刷所에傳하고 登校授業。歸途에印刷所에서校正。틈을얻지못하야 점심도놓지고 未畢한校正은 携帶하야밤늦도록校正하다。◯咸兄短信에『約束이고規模고는 그만두고兄의健康을 칼로깎어들이는듯하야心中不安無可形言。허브리書硏究를쓸가하다가中

止하고 다른것을쓰려니如斯晩晩。一日發行에二十六日付原稿도 쓰는鐵面皮로 神前에가니 하나님도 딱하실듯、上京은突發事件없는限期於實行、但日字는 아직未定中云云。

八月三十日 (火) 曇。校正한것을印刷所에傳하고登校。視學官來校라고 야단법석인中에授業만畢하고 또印刷所로다름질하다。宋兄의來援을얻어今日로써校了。도라와果園에서除草한乾草를處理하고前川에一浴。連日장마에水量도豐裕하게되였으나妙香山닮은 시내를보고온後로는 우리시내에 多部分정떠러진것이一大損傷이다。赴戰高原시내를보고온昨年에는 그렇지도않더니今年은아주더러워보인다。

八月三十一日 (水) 晴。오늘은學校授業만畢하고서 總督府와印刷所로 두번식來往하다。昨日校了했던것을 다시校了하다。○歸途에某病友를尋訪하니 아직도死線을넘나들고있기는 半年如一日。尋訪者의마음도 민망함을못이기거던 當患者와家族의생각 어떠하랴。○저녁에는 삼우엘上第二十六章을 輪讀하고家庭禮拜。

九月一日 (木) 晴。아무리督促하여보아도 九月號製本까지는 되지못하다。當直으로學校에留宿。시골近親으로부터 意味未確한電報飛來하야不安한中에 하루를지나다。○第七信如下『處暑도一週日前에지내보내였고 氣候는次次서늘해지는때가되였읍니다。지난休暇동안에先生님께서는많으신 質로봐서豐富하신生活을누리셨을줄斟酌되여지나이다。九月號聖朝誌上에실려질先生님의休暇동안의行跡을 듣기만苦待됩니다。

때는그새十餘日이나지났다해도 아즉도新學期의氣分이채풀리지않을이때에臨하와배움에 處해있지못한저이오나、先生님의親히가르켜주심을떠난後처음當하는秋期新學期를當하와지나간해에先生께서滿場의嚴肅한空氣속에서衝天의意氣로써 늘訓誡하시는말삼을듣던、더군다나、休業式當日과開學式當日의 그것이記憶에새로워집니다。지금에이르러선 甚히 그때의그갈은 雰圍氣좇아그립습니다。日記册을 뒤져보아도單지 한追憶의材料밖에못되고 實際그때의氣分을가지게못됨에는 혼로遺憾쩍하게녁여질뿐입니다。

先生님의가르키심을떠난지도벌서 날로百八十日 半年지났아오나 조곰도 進步라고없었는듯한느낌뿐임에 先生님의가르킴을遵行치못한罪悚스런下念뿐입니다。怒하시지말어주시옵소서……』

九月二日 (金) 晴。午前七時에京城驛에出迎。地方醫料施設로써는治療할수없다해서上京하는危篤患者를맞우기爲하야。豫想에넘치는重態에놀라면서 即刻으로大學附屬醫院에入院。○登校하야授業을畢한때에 九月號의製本出來하다。하루늦게되였으나 이만큼速히된것도 豫期以上의速度였다。火急히督促했던탓으로 製本이잘못된것과、表紙의紙質이不良한것이 混雜되여不快至極하나 現代朝鮮의道德律로서는 어찌할수없는事情이매 返品도抗議도斷念하고 그中可良品만골라서發送하다。歸途에市內書店에配達。入院患者尋訪等。

九月三日 (土) 豪雨。授業畢한後에 비끊지기를待하면서發送事務의 남어지를맞후다。但아침부터 시작한 비가終日終夜不息。大學病室에들렸다가 山麓에도라온때는 시내ㅅ물이 발서 暗渠를넘쳤다。밤이깊어갈수록雨勢점점더하매堤防에多少補强工作을加해두고就床。물소리가 兵車

聖朝通信

의進軍소리갈기도하야 온 골목이 흔들리는듯하다。

九月四日 (日) 快晴。九天의銀河水堤防이나 터진듯이 쏟아붓던豪雨도 昨夜자정때의水量을最高記錄으로남기고 今朝엔快晴。오늘 다할바 人間으로서의義務는 첫째로入院中의父兄을尋訪看護하는일인줄 잘알고있으나、또한편쪽에强烈한要求가擡頭하고있으니 그는 義理와人情을다끊어버리고永遠한일에沒頭하여야한다는義務感이다。心中에서 큰씨름 끝난담에窓을바라보니 마침 오늘은 시내ㅅ물이大河를일우어 살같이 쏟아져 흐르는지라 天成의境界線을 넘어서 世俗일로써번거럽게구는來客도斷定코없을것이매 意를決하고書齋를지키기를作定하다。그러나일은 成意치못하다。室內를整齋하고 아침禮拜를 식구들과함께들이고 오늘일을着手하려는때에 少年郵便配達君이越川해들어오려다가 急流에치어 自轉車와郵便物까지 한덩이로 水中에빠지는 事變이突發해서 한참騷動하고、浸水된郵便物을받어 말리며 읽으며할지음에 第一着의來客이 急流를 건너들오다。現在教育事業에從事하면서 將次職業을轉換하고저하는協議인故로 談論은自然히 人生問題의根本에까지나려가고 時間은不得已 장황할수밖에。如何間結論을지어 이손을보내고정신을 가다듬어 오늘일에精進하고저對案한때에 第二着의來客두분이 江저편에서서 悲鳴을發하매 主人된處地로 못들은체할수없어「나하까」를끌고 나가越川해들이고보니 舊面한분初面한분。이는東京地方의郊外生活에習慣된이로서 住宅地를求하고저함이니 이亦是一種의同志라 반가운맘못이겨서 온洞內를一週하면서 아는데꺼지紹介。이두친구를越川해넘겨보낸車에宋兄이앉어들어오니 第三着의來客이라。夕飯까지共卓하고보니 오늘豫定事는完全히틀어졌다。차라리人間的義務나다함만갈지못하다는생각으로 月夜에大學醫院까지尋訪하고 자정가까운때에 달빛을먹음고흐르는 시내ㅅ가에도라오다。

九月五日 (月) 晴。登校授業하고、病室에尋訪가는일等의日課를 맞훈後에 午後八時부터明倫町에서三友堂時計店月例會로三人이鼎座하다。

二二

여호와 나의牧者시니
　내가不足함이 없으리로다
나를 푸른 초장에 누이심이어
　잔々한물가으로 인도하시도다
내령혼을 소생케하심이어
　그이름을 위하야 의의길로 인도하
　시도다
내가 사망의 음침한 골짝이로 행함이어
　해를 두려워하지 않도다
당신이 나와 함께함이어
　당신의 집행이와 막다기가
　　나를 안위하시도다

…………

○學生通信에『門下生은如前히中學校時代와같이 夏期休暇를無意味하게지냈읍니다專門學校들어와서는잘해보자는計劃도허므르지고말었읍니다。이제故鄕에있다가學校에와보니、週圍還境은박귀고、마음은다시새롭게되여、先生님께서前에學期初에訓戒하신말슴을追憶케해서、또意味있는生活을해보자는決心을갖게되였읍니다。

오늘아츰校長께서「너이는나갈문이있나니이것을닫는者는없으리라」는聖書의말슴을比較해서말슴하신데에 感激하였읍니다。』

九月六日 (火) 晴。오늘은遠方에서찾어오겠다는信仰의家族을迎接하기爲하야授業필하는대로病室을 잠간尋訪하고는 일즉歸宅하야 온식구協力으로客室을整齊하며 蔬饌을準備해놓고 앞길만바라보면서待했것만 기어히虛事였다。먼길이오初行이라 或은途中에무슨事故나아닌가고 念慮도不少。어쨋던지 이世上은이世上대로、손님에對해서도 넘어極盡할것은 아니라는것을 또한번배우다。今後에 우리집을찾은손님중에 푸대접받고怨한생각나는이가있다면 그는主人의責任이아니라 먼젓손님이信實치못했던탓으로알진저。

九月七日 (水) 曇。登校授業을필하고는帝大醫院에들려 叔父의病床에侍立。오늘은衰弱이甚한듯하야 意識과言語모다明瞭치못할뿐더러 余의손목을잡고悲感이極하여하심으로 萬一의境遇를 念慮하면서枕頭에서徹夜하다。

九月八日 (木) 曇。病室로부터登校하야 業授필하는대로 病室에도라오다。病勢一進一退하야放心을不許。日間은 집안病患에몰려서 다른病友들을尋訪할수없이되다。○病院뉴쓰에 어떤地方에서온辯護士가 診察받은結果에 胃癌이라는宣言을받고서 即席에蒼白하야지며 宣言안받었드면 約二三個月걸려서 衰弱하여질것을單一時間內에衰弱하여지더라고。法庭에서면千言萬語로써 있는罪도없다하며 없는罪도만들어붙이려하면서 膽大히 참새처럼 지꺼려내던高名한 辯護士君도 自然法則에基因한審判에對하야는 片言半辭도못하고 별에쪼인 곰팽이 처럼 녹아지고 말더라고。嗚呼 强하고威勢있는듯하면서도 虛々되고弱한것은神없이산人間이로다。○病室에서나와歸宅하니 岳父別世의電報가기다리고있다。多事多端乎。○月夜에洞內를一巡할새 第二區青年團의運動場工事하는소리요란하다。

九月九日 (金) 曇、夜雨、아침에病院에들렸다가登校。下學後에다시病室로。帝大病院內에虎列刺病菌이發見되였다고 今日午後부터出入하는이들의消毒을行하다。또病院뉴쓰一件如下。昨日에某野球試合에出戰하야帝大醫院內少壯醫師軍이優勝하고그祝勝宴席에서 料理店쿡크와싸워醫師一人이맞어죽었다고。캄풀注射와別別應急手當은있는대로다했어도 別効없이絶命하더라고。싸구려싸구려 人間의生命! 果然그렇다 自進하야 술먹고 싸워서 쿡크에게 맞어죽을수도있는것이 人間生命의價値이다。何必죽을까죽을까고怯나하랴。그러나 죽은者는 스스로의生命을鴻毛의輕함에두어 쿡크의 주먹에 받혔으나、저를學士되기까지養育하고 이제不遠에博士되는날을 손곱아待하던 어버이의 가슴은若何하랴。○오늘은母親님이 病室看護를助力하시고余는歸宿하다。밤에風雨。

九月十日 (土) 曇、一時雨風。授業後에學校에서理髮。今秋부터全職員이短髮된故로 理髮器具一式을學校에準備해놓은까닭이다。○文世榮氏著朝鮮語辭典十册을購入하다。專門學者의評은區區하나 어쨋던지 첨으로辭典出版한이의勞苦에對한敬意를表코저함과、每月적잖은文字를編綴하는者의責任을다하기爲함이다。○午正부터夕陽까지帝大病室에서看護를助力하다。近日은病室에자주出入하는탓인가恒常죽엄이라는것을、따라서人生一平生의價値를 생각

하게된다。 바울先生이 죽엄을이겼노라고 웨친데는 큰意義가있었음을 새롭게느끼다。死에對한問題가解決되기까지 모든問題가解決된것같애도 實相하나도解決된것이없다。○東京佳信一枚如下『拜啓 到る處の天災が神の戒めを示すが如く我國に展開されてゐる時愈々御健勝にて御國の爲に働かれつゝある事何より意義ある事と存じます。此の間は御手紙と寫眞とをありがたう御座いました何より紀念になります。聖書朝鮮拜受。漢字の部分しか讀めないので朝鮮語を勉强したい衝動に驅られましたこの雜誌を讀むためだけで朝鮮語を勉强する値打は十分にありさうに思へます、雜誌が用紙節約で制限を受けて大衆的な一般のものの頁數が減少される事は大變結構な事と思ひます夫で減つた量だけがキリスト教のものに振替へられるとしたらどんなに良いでせう、大いに頑張つて下さい。(下略)

九月十一日 (日) 晴。朝飯後에 暫時間除虫藥을뿌린것을端緒로 여러가지雜務와來客이接踵連起하야 드듸어新秋最初의集會에遲參하는失態까지생기다。不信社會에서는 大小事를 모와두었다가 日曜日아침부터 一擧에集注하는故로 日曜日마다 一層煩雜을極하게되니 걱정걱정。土曜日午後부터日曜集會時까지 避身하고도싶으나 그럴形勢도못되고。○午後의明倫町集會에서 이사야第四十章으로써「죽엄을이기는信仰」에關한感想을述하다。○大學醫院에들리니 衰弱은날로더한듯하나 明日의小川博士診察을받은後에歸咸을決定하기로하다。○南大門禮拜堂에 出席하였다가 京城驛에就하야患者乘車에關한交涉等。歸途에病院에다시들리다。

九月十二日 (月) 雨、後晴。午前六時半에淸凉里驛에出迎하는일로 새벽부터家人總動員。登校授業을畢한後에 大學醫院의들리니 叔父病患이 드듸어絕望이라는宣言을主治醫小川博士에게서듣게되였음으로 一刻이라도速히歸咸하고저退院、乘車等諸般準備되여夜十一時車로出發決定하고 午後四時半에余는病室을退出하야旅行準備次로歸宅。그런데意外의急報가追踵飛來하야午後五時에叔父別世하였음을報하니嗚呼萬事休。때는日沒頃。黃昏에自轉車를날려病室에다다르니 遺骸아직溫氣남었고 얼굴에平和가가득찼을뿐이다。이옥고醫師의最后處理를畢한後에今夜運輸가 不能한故로屍體를死亡室로옴기고徹夜하기로하다。밤중에 다시한번貞陵里에도라와 葬事까지參列할準備를 가추어가지고 想覘을넘을새無心한달빛만皎皎하다。死亡室밤은길다。얼마前이곳에徹夜하던S君도생각나다。

九月十三日 (火) 曇、小雨。黎明을기다려喪主인從弟와함께靈柩를모시고 京城驛에서午前八時二十五分發車로向咸。普通客車와는隔離된故로對話할사람도없고 때때로痛哭하면 서로慰勞하면서午後二時餘에元山驛을通過하랴니 殖銀關係者其他多數弔客이 驛頭에參列하여 慇懃한弔意를表하여주었고、五時餘에咸興驛에着하니悲痛을먹음은一家親戚들의悽慘한哀情은骨肉의哀痛을一時에爆發시키는듯。靈柩를馳馬町舊基에모시고招魂式을畢한때에는彩虹이東天에半時間남어머물렀으니 有心함인가 또는無心함인가。지금은他界에계신이가일즉이어르만지시던怪岩奇石과異樹別草를庭內에바라보면서 雲谷書棲의一夜를새랴니 最後의말슴이더욱 새롭게記憶된다——너를본것은兄님을본것이오、同生을본것이오 족하를본것이라고。

九月十四日 (水) 晴。早朝에 세수器具를가지고「큰갠」의엣風景을찾아나아가보았으나 큰개천은 발서半世紀前의것이아니라 沙礫은河床에차졌고 水量은 소오좀만못하게되였고 河川敷地는寸地도餘存없이開墾되여버리지않었나。우리가沐浴하면자리는 어듸쯤일까、우리가소먹이던넓은풀밭은어듸로갔을까。民有地外의國有河川敷地까지 싹싹깎어開墾해먹은者의子子孫孫까지詛呪하고싶은맘으로 한거름한거름溯流하면서 幸여나 엣날面目의天然味를맛볼수있을까고 찾던중에 馳馬臺앞에이르니 落水물마지터가보이다。이것도 우리叔父가創設한것이오 每年맞으시는물마지에 나도亦是없을수없는從者였다。氣溫이벌서相當히冷凉하나裸體로써 물맞으면서 過日의叔父를追憶하다가下山。○訃告發送과其他準備를하면서 新約聖書를몇章읽음으로써 오늘을보내다。

九月十五日 (木) 晴。새벽四時부터시작하야五時에 成禮式舉行、景熙叔의斷腸의弔辭에悲痛의感은一層더하고、終日多數弔客이 밤되도록不絕하다。弔客中에安鎬英氏의文章書畵에關한意見이 고마웠고、農業學校長小久保豊吉先生을뵌것이 多幸이었고 韓林君과 情談의機를얻은것이기뿐이었다。喪家의儀禮에關하야는 全然見習生인故로 이번에 배움이實로많다。

九月十六日 (金) 晴。早朝에 물맞이터에浴하고祈禱。 昨夜에 호릿하던日氣가다시快晴하여저서 今番大事에困苦를덜게된일을서로感謝하면서今日일을시작。午前九時에發靷。後麓의門中共同墓地에葬事를畢하고 三四回의祭事를連하야들이기까지多種多樣의儒教的禮式이있었다。主로于河運先生의指示에依하다。

一家親戚의 挽留가심하나 儀式의끝난것을僥倖으로斷然코歸鞭을 불이다。驛에下車해서馳馬町으로갔고 馳馬町을떠나니驛으로向한單線旅行이었다。發車時間을待는동안에 石火같이岳父의別世를弔問한外에 空前大水災中의 親舊도誌友도맞난사람이없었으니 이번걸음은完全히葬禮專門의길이었다。午後八時二十分發車로 서울을向하니 腦裏에는十月號編輯의일만이 가득찼다。過餘의疲困과來日의勤務를爲하야 寢臺의사람이되다。

九月十七日 (土) 晴。午前六時半에東京城下車。歸宅하였으나 心身이모다疲困하야 學校에도못가고讀書도못하고 때로川邊秋草나버이면서心氣의轉換을策할따름이다。그사이에積滯한書信處理若干。○來信一枚如下『集會로 떠나신後로도 一字安候못잡지못하와 罪悚하옴측양없나이다。節候 밧귀는때에 氣體候萬安하옵시고宅內諸節이均安하시오니까。門生은雜務로貴한여름休暇를虛送하옴생각하오니 回想할수록 憤하오며 咸先生의 『校長은學校때문에學者는學問때문에』하신말슴이 時時로뼈에삭여듭니다。妙香山에서 恩惠에넘치는 讚頌을 함께올리지 못함 모다門生의信仰의不足한所致로소이다.。(中略)九月號通信에서八月號聖朝보내기까지의經路를읽고默想에잠기다 祈禱하고 八月號를再讀하였읍니다。願컨대讀者가이수고의百分의하나만한뜻으로라도읽어지이다하고 스스로와讀者를爲하야祈願합니다云々』

九月十八日 (日) 晴。夜小雨。十月號의編輯으로寸時를다투는때에遠路에서意外의姉妹一人이來訪。매우複雜困難한問題를가지고온것이다。시골서 大學醫院까지찾어온患者는 病이이미難治의病인것이오、聖朝社까지 찾어든姉妹는 이미順調로운女性은아니다。내가 이미 할수없어서主예수께救濟를請한者이매 또한 모른다할수없어 적잖은時間과勞心을 이일에쓰게되다。○午後集會에서 고린도前書第七章上半을講하다。實際問題인만치 愼重에愼重을더하지않을수없다。○故愼尙翼長老의寫眞을入手하야甚히반가웠다 (本誌第一一三號「事實이라면」參照)。信者의다른것은外面에있지않고 內的生活에있으며、生前살림에있기보다 最終죽엄을當面할때에있다。우리의敵은 죽엄以下의것은아니다。

讀書의新秋에特價販賣。

燈火可親節을當하야一般讀書家의便益을돕고저本社는十月末日까지의期間에左記대로特賣한다。

(1) 金敎臣 著
山上垂訓研究 全
四六版・二四五頁 定價七十錢・送料六錢
마태福音第五―七章의三章을詳細히解釋한것이다。그獨特한文字中에서基督敎의心髓를把握할수있다。

(2) 聖朝文庫 第一輯
咸錫憲 著
푸로테스탄트의精神
菊版半・三十二頁 定價金十錢・送料三錢

(3) 聖朝文庫 第二輯
咸錫憲 著
無敎會
菊版半・三十二頁 定價金十錢・送料三錢

(4) **本誌의合本** 定價二・二〇 送〇・二〇
以上은모다定價의二割引으로提供함。送料는그대로。

(5) **本誌舊號의特價**
(가) 自創刊號 第五九號 까지特價一冊六錢(送五厘)
(나) 自六〇號 至一〇七號 까지價特一冊十錢(送五厘)
(다) 自一〇八號 第一一二號 까지는定價대로一冊十五錢
(라) 自一一三號以下도定價대로一冊二十錢
以上의外에五人以上團體로購讀하고저하는時、創刊號부터一時에또는聖史號全秩을一時에購讀코저하는이는本社로一旦照會하라。特價期間內에는特別取扱함。

京城聖書研究會

場所 市內明倫町四丁目三三宋斗用氏方
日時 每日曜日午後二時半부터約二時間
會費 一個月五十錢以上、每一回二十錢식
講師 金敎臣。十月第一日曜日에는고린도前書第八章의研究시작이될터이다。市內뻐스東崇橋下車、約三分。遲刻謝絕。

梧柳洞聖書研究會

場所 京仁線梧柳洞驛前應谷宋厚用氏方
日時 每日曜日午前十時부터約一時間。
會費 各自의定額을每月負擔함。
以上二集會모다家庭的集會인故로새로出席하려는이는먼저한번承諾받을것。

新約聖書概要

題目	號數
마가福音의大旨 (但品切)	七四
요한福音의大旨	一〇六
로마書의大旨	一〇七
마태福音의大旨	一〇九
고린도前書大旨	一一一
고린도後書大旨	一一三
갈라디아書大旨	一一四
누가福音大旨	一一五
共觀福音問題	一一六
使徒行傳大旨	一一七

本誌定價(自五月號改正)
一冊 貳拾錢
六冊(送料共) 前金一圓十錢
十二冊(一年分) 前金貳圓貳拾錢
要前金。直接注文은
振替貯金口座京城一六五九四番
(聖書朝鮮社)로。

取次販賣所
京城府鍾路二丁目八六 博文書館
京城府鍾路二丁目九一 耶穌敎書館
東京市麴町區九段坂 向山堂書房
復活社(京城府) 茂英堂(大邱府)
信聲閣(咸興府) 信一書館(平壤府)
北星堂(春川邑) 大東書林(新義州)

昭和十三年九月二十九日 印刷
昭和十三年十月一日 發行

京城府外崇仁面貞陵里三七八
編輯兼發行者 金敎臣
京城府仁寺町一一九ノ三
印刷者 金顯道
京城府仁寺町一一九ノ三
印刷所 大東印刷所
京城府外崇仁面貞陵里三七八
發行所 聖書朝鮮社
振替口座京城一六五九四番

【聖書朝鮮】第一百十七號 昭和五年一月二十八日 第三種郵便物認可
昭和十三年十一月一日發行 每月一回一日發行
【本誌定價二十錢】(送料五厘)

金敎臣主筆

聖書朝鮮

第壹百拾八號

昭和十三年(一九三八)十一月一日發行

昭和五年一月二十八日(第三種郵便物認可)
昭和十三年十一月一日發行(每月一回一日發行)

目次

朝鮮歷史注文書

第二信。

(前略)。小生이數年前부터歷史에 생각을두어 여러가지歷史書類를精讀하든中 特히朝鮮歷史에趣味를두어 數卷을購讀하였아오나 則日記에不過하고 時代의思想이라고는 少毫도發露되지않었음으로自嘆을마지못하던中에 去番貴社發刊「聖書朝鮮」誌에連載된 咸先生著「聖書的立場에서본朝鮮歷史」에 눈을멈추어 一次讀破하였아오나 他人의所有物이라返還하였읍니다。再讀할意思도있아옵고 歷史研究及將來子孫에게 遺傳할것으로 特히必要할것같애서 玆에購入코저하오니 多忙中에罪悚하오나 聖書朝鮮第六十一號로八十三號까지求置하시고 同封한切手를利用하시와 定價及部數를通知하여주심을仰望하나이다。

九、五、 ×××白。

第三信。

貴社의懇曲하신下書는拜承하였읍니다。小生은今年十八歲의靑年으로 片母님膝下에一個月八圓의收入을가지고 三食口의殘命을連續하여가며 昨年四月부터每月幾拾錢식을貯蓄하여오든바、貴社의朝鮮歷史를購入코저하였삽든것인데 念外에下敎하여주신價格則×圓××錢이란엄청난金額에는 놀라지않을수없었읍니다。……然而 物價暴騰에依하야經濟生活上苦痛을받어가며 겨우貯蓄한總額을拂戾하여본즉 ×圓××錢이란것外에는一分도 더되지는못하였읍니다。數日後에는經濟上融通이될듯하오나 期日이遷延되면購入키不能할듯하옵기에 殘額을後日에送呈爲計로 先金×圓××錢을振替口座로 別送하오니會計上困難하시더라도朝鮮歷史號全部를下送하여주시옵소서懇望하오며、끝으로 貴社諸先生尊體내내安寧하심을바라나이다敬具。

九、二十一日 ×××拜上

이것은 最後의 한질을 注文하여간이의 편지이다。대개 이와같은熱情으로써注文하는이들의손으로「聖書的立場에서본朝鮮歷史」號는配附되였다。이歷史실린號가品切되기시작한以後로 곧單行本으로出版하고저企圖하여 보았으나實現하기어려웠고、和文譯으로東京에서出版하고저準備進涉中에 支那事變이突發하여서 今日에至하였다。그동안에右와같은懇曲한要求에應하기爲하야 新古本의交換을仲介한일도있었다。이제 남은것은十九冊中의八九冊뿐임으로 只今은筆寫하노라는消息이 여기저기서 들려온다。이런文字를編綴한이의榮譽는勿論이오 이런高貴한글월을出版함에忝劃하였고 또 읽을수있었던八字를 깊이感謝하지아니치못한다。

降伏三件

人爲的으로社交를求치않은 우리에게 많은 친구는 없으나 그래도 求치않고 맺어진친구가 아주없지는않다。 그중에 竹馬故友라할까 幼少時代로부터 알어오는친구요 또한敬畏함을 마지못하는친구三人이있다。 各其特色있는 이세사람이 各自의걸은人生에關하야 一種의「降伏」이라할만한證言을表示한일이있는데 이는異常히도 때를 거의같이하야發表하였을뿐더러 人生의公道에關한 公然한證言인故로 이에記하야 함께眞理의遺産을 받고저한다。

一은 어려서神童의號를받었고 弱冠에발서海外에雄飛하야世界政局의變轉에叅劃하였고 時勢를察하고는高等文官試驗에應하야 同僚學友들의 美望을集中케하는高官이되였다。 이사람에게缺한것은 오직酒量에限界없는것과 宗敎나信仰이니하는 모든靈界의일을蔑視乃至無分別한일이였다。 저는 限度없는酒量으로써 五臟六腑를餘地없이傷해놓고 오란病床에呻吟하면서 하루는 그친구에게降伏하였다──「내가 恢復하는날이있다면 다시는 술을 마시지않겠소。 또 이만한 病床生活로써 발서轉向하였느냐고 비웃는이도 있을넌지모르나 率直하게말하면 내가 이전날、宗敎、信仰에對했던 態度를懺悔하지아니치못합니다。 외람한말이오나 이젠즉 눈에보이는 살림보다 눈에보이지않는生涯의貴함을 알였읍니다」라고 病魔에蒼白한얼굴에도熱淚가 흐르고 듣는者의눈이 또한 뜨겁지않을수없였다。 내가 이降伏을 얼마나 기다렸던고? 그러나 이降伏 듣지않기를 또한 얼마나 願했던고!

二는 普通學校로부터大學까지 首席이아니면안하든秀才이나 足脫不及이란文句는 우리가 이친구 따르라는때의 形容詞였다。 그러나 이사람의長技는 學才에있다기보다 그의鐵石같은意志에있였다。 匹夫의志를 꺾을수없다는標本은 이사람에게서 우리가 보았다。 故로 저를 아는이는 저를敬畏하지아니치못하였다。 그런데 이사람에게缺한것은 階級鬪爭으로써 鍛鍊한意志로써 그糟糠之妻를離婚하기를 決心한일이다。 이決心에對하야 自初至終으로極力反對를 表明한친구하나있였다。(本誌第六二號一四頁叅照)。 그친구에게 對하야 저는最近에降伏하였다。 새夫妻의 살림이 別다른것없을뿐더러 患難衾아 많은것과、 離婚당한先妻의幸福된 其後살림을報告한後에、 저는 말하기를「最後에 離婚을決行하고저할때에 누가挽留하는이가 곁에있었드면 나는離婚안했을것을……」라고。 저는離婚하기를言明했던 그體面과 決行하려던惰力에 못이겨서 저질렀달것뿐이다。

降伏三件 二

三은 「株」와 「期米」의市場에서 完全히失敗하고「젓습니다 完全히失敗했읍니다 내가果然젓습니다」하면서 도라오는친구인데 그降伏하는모양이 마치 柔道場에서締込三十秒지난때의光景과방불하다。이는現代의最高學府라는 某京某大學에서敎壇에셨던사람이니 우리知友中에 學問的階第로는 으뜸되는사람이다。저가 우리에게降伏하려온데는 理由가있다。肉身으로竹馬故友라는外에 저가學識의增長으로써基督敎信仰을버린때와 眞摯한勤勞의生涯에서 一獲千金의投機事業으로轉向할때에 强硬하고도 지긋지긋한抗議를 우리에게서 받었던까닭이다。

以上三大事件이 前後하야 이러날때에 우리의 느낀바는 이러하다。웨 좀더熱誠것祈禱를繼續하지못했고 좀더强硬하게警告하지못했던가。웬만치 하기도했지마는 그래도 좀더 지긋지긋하게 抗議못했던고。좀더 徹底히干涉하고 制裁했드면……하는悔恨이其一。

俊銳한才質과 굳센意志도 別것이아니로다。저의智와識으로도 今日이있을것을 몰랐던가、저사람의意志도 고만한것이였던가。才子의才라도十年을 내다보지못했고 志士의意志로도十年貫徹못하지않는가。이는 우리친구의 이사람 저사람이高貴치못하다는것이아니오、大體 코로숨쉬는人間이란 別수없다는것뿐이다。永遠히 흐르는時間의審判에 붙일때에 才도志도 없고나하는 느낌이其二。

『十字架의道가 멸망하는사람에게는 미련한것이되고 救援얻는 우리에게는 하나님의 權能이되나니、記錄하였으되 내가 智慧를滅하고 총명한사람의 총명을 폐하리라 하였으니、智慧있는사람이 어듸있으며 선배가 어듸있으며 이世代에辯士가 어듸있나뇨。하나님께서 이世上의智慧를 미련케하신것이 아니뇨。하나님의智慧에 합당한것은 이世上이自己智慧로 하나님을 아지못하는故로 하나님께서 세상이 미련하다하는 전도로써 믿는사람을 구원하시기를 기뻐하심이로다。……대개 하나님이 미련하다는것이 사람보다智慧있고、하나님이弱하다하는것이 사람보다强하니라』고、說破한바울은 과연大先生이였다。法律을論하며政治를談하면서 宗敎니信仰이니하는일은 愚夫愚婦들을統治하는方便에不過한것이라고長廣舌을 자랑하던때에 우리입에 대답이 없었으나 不過十年에 스스로의입으로써訂正함을 우리가目睹하였다。離婚을不許하는基督敎는 부루조아階級을擁護하기爲한産物에不過하다고豪言莊談하던친구가 離婚決行後 열두달이채다 못지나서 宇宙의法則을蹂躙한非를懺悔함을 우리가본다。古考學的硏究의正確性으로써舊新約聖書를不信하고 그學究的頭腦로써株의相場을『그라프』로硏究하였던學者가 그림자를좇았고 물거품을 잡으랴고 했던일을 悔恨함을 우리가보았다。果然 하나님이 미련하다하는것이 사람보다智慧있고 하나님이弱하다하는것이 사람보다强하니라는文字대로이다。

新約聖書概要 〔一一〕

金敎臣

에베소書大旨

로마書 고린도前後書 갈라듸아書等을 바울의四大書翰이라고稱함에對하야 에베소書以下의바울書翰을 바울의小書翰이라고通稱한다。小書翰이라고함은 大概그分量으로大小를말한것이오 그안에있는眞理의大小를 이른것은 아니다。特히 本書는그內容으로써 알수있는바와같이 그眞理는決코 적은眞理가아니다。

福音書를工夫하는이가 四福音書를同時에通達하기어려우면 먼저馬可福音같이簡單한福音한책을精讀함으로써 四福音通達의捷徑을 삼는것처럼 한다면、로마書以下의 바울書翰을通達하려는이는 먼저 에베소書를擇하야精讀할것이다。救援의原理를述함이 로마書의構成과恰似하나 로마書보다簡潔함이三分之一의量이오、고린도前後書처럼特殊問題로繁雜하지않고 갈라듸아書와같이戰鬪的氣分에興奮하지않는것이本書의特色이다。人類救援의原理와基督者의實踐道德을宣明함이 로마書의配列과 방불하면서、靈化의奧義를闡明함에는 前者보다도 한걸음 나아갔다고할것이다。

에베소敎會。아무리 感情이鈍濁한사람이라도 使徒行傳第二十章十六節以下의 밀레도港에서使徒바울이 에베소敎會長老들에게告別設敎하는光景을읽고서 눈물없을 사람은없을것이다。우리에게 萬一天禀의書才가 넉넉했다면 한번붓을들어 主그리스도를爲해선斷定코 목숨을받치기決心한늙은使徒바울과 그와함께 꿀어엎데여祈禱하고 그의목을안고매달리던長老의一團을 한幅에 그려내고싶었다。에베소란 이렇게 바울의사랑이 쏟힌곳이오 그敎會란 이렇게 우리를感激시키기는 사람들이였다。

바울은第二回傳道旅行途次에 暫時에베소에들린일이있었다。거긔서 아굴라와브리스길라夫妻를얻어 獨立傳道의勢를分擔하였다。第三回傳道旅行時에는 三年間이나 에베소에滯留하면서傳道하였으나、銀細工데메드리오의騷動으로因하야 여긔서脫出하지아니치못하였다。女神아데미의神殿이있어 偶像崇拜가盛行하는곳이오 小亞細亞의西端에位置하야貿易이殷盛한商港이였다。

本書는 에베소에있는聖徒들께보내는 편지라고하였으나 에베소敎會에만限하여보낸것이아니라 小아세아에있는 라오듸게아 골로새等 諸敎會에回覽케하였던 模樣이다。卽主의眞實한執事두기고에게 품겨서 바울의 간절한사랑을小아세아各地敎會에傳達하며 主안에 더욱 굳게서도록 勸勵한것이다。

著者及年代。 本書를 바울의書翰이아니라고主張하는이들은、바울的인色彩가濃厚한바울의友人의著作이라하는說과、後世의人이 바울의信仰에基因하야著作하고서 바울의名義를 빌어다붙인것이라는 說이있으나、이는 모다 本書가 바울的인要素가濃厚하야 달리變動할餘地없음을證據하는것이라고할수밖에없다。

著作된年代에關하야 가장 일즉한年代를 推定하는이는 紀元五十八、九年을 말하야 그보다 일즉이되였을수는없다하며、가장 늦은年代를 말하는이는 紀元七十年을推測하야 그보다後日에著作된것은 아니라고한다。紀元六十一、二年頃이라는說이 가장穩當한듯하다。

本書의目的。 빌립보書 골로새書와함께 本書는獄中書翰이라稱하야 바울이羅馬幽囚中에記錄한것이라한다。이편지쓰게된動機는 어떤特殊問題에關한 質疑에對答하려한것도아니오 또는 組織整然하게 神學體系를著述하랴는意圖도그안에發見할수없다。오직老使徒바울의 가슴속에 主예수그리스도께向한忠誠의불ㅅ길이 幽囚中에도層一層切々한것과 主의肢體인教會——特히小아세아各地에 바울自身의艱難辛苦로써創立한 여러教會를 생각함이懇切하야 信仰의奥義를 저들에게明示하며 끝날이 가까울수록 信仰에굳게서도록 한것이다。靈的戰鬪의秘訣에關하야는 本書에지나치게適切該當한指揮書가 없다해도過言이아닐것이다。

內容의梗槪。 모든名著가 그러한것처럼 에베소書의大旨는 그卷頭의序論에結晶되여있다。第一章一節에서十四節까지에 感謝와讚頌으로써序言을述할동안에 어느듯 基督教의基本教理인豫定의攝理를闡明하였다。救援의根據가 여긔있고 新生의道德原理가 여긔서發源하였다。

本書를貫通하는 한가지思想이있음을 누구나一讀한이는 깨다를터인데、그는和協一致의思想이다。第一根本的으로要求되는和平은 하나님과 그創造함을입은人間과의和平인데 한번拒逆한人間은 그대로 하나님께和平을要求할수는없었다。故로 하나님편에서 獨生子 예수그리스도를 세우사 그를通하야 하나님이人間과和協할수있고 人間이 하나님께一致할수있는것이다。本書第一章十四節까지에「그리스도안에서」라는句가八回나飜復된것을注意할것이다。그리스도에居하여서만 神人이和平할수있고 사람과사람 사이에 眞正한一致가있을수있다。

第二章은 不信社會에서改宗한 우리異邦人들에게는 特히 나自身의告白文같은 느낌을주지않고는 마지않는다。

第四章以下에 實踐道德의原理를 가르킴에는「부르신 부름에合當하게」라는一句로써 千萬가지道德律을一綱에 꿰여들였다。恒常 事物의根源을 把握하는데에 偉大한敎師의넋이가 엿보인다。絕對謙遜은基督教道德의基調요 모든虛僞의根絕은新生한人間들의天性이라야된다고바울은웨친다。

에베소書分解表

問安 (一・一—二)

그리스도 예수안에 信實한者에게。

本文 (一・三—六・二〇)

一、序論 (一・三—二三)

가、豫定의讚頌。(一・三—一四)

1、豫定의聖意。(四—五)

2、그리스도의 피의救贖。(六—七)

3、統一(그리스도안에)。(八—一〇)

4、嗣業(그리스도안에)의保證。(一一—一四)

유대人의嗣業。(一二)

異邦人의嗣業。(一三—一四)

나、感謝와祈願。(一・一五—二三)

甲、感謝——①主예수믿음과②聖徒사랑함을。(一五—一六)

乙、祈願。(一七—二三)

聖靈을 주사、(一七)

1、부르심의所望을把持하도록。(一八)

2、嗣業의榮華의豐盛함을 알도록。(一八)

3、하나님의大能을 알도록。(一九)

大能——그리스도의例證으로說明。(二〇—二三)

死亡에서復活시킨大能。(二〇)

敎會의 머리로세운大能。(二一—二二)

敎會는 그리스도의몸이다。(二三)

敎會는 그리스도로써充滿。

그리스도는 모든것을充滿케함。

二、救援의經綸——大能의實際適用。(二・一—三・二一)

가、新生의經路。(二・一—一〇)

1、空中의權勢下에서恩惠의救援얻기까지。(二・一—七)

2、救援의由來。——자랑치못함。(八—一〇)

너의게서 난것이아니오 하나님의선물。

나、유대人과異邦人의障壁撤廢。(二・一一—二二)

3、割禮의有無와言約에對한差別。(一一—一三)

4、그리스도로因한融和、新生。(一四—一八)

5、하나님의 권속이오、聖殿이라。(一九—二二)

다、異邦使徒의職任에關한啓示吐露。(三・一—一三)

異邦使徒의職任에對한自覺。(一—五)

異邦使徒의使命內容。(六—一一)

에베소書分解表

異邦使徒된者의覺悟。 (一－三)

라、에베소敎會에關한祈願과讚頌。

甲、祈願——①마음속사람에게權能을、②그리스도內住。 (三・一四－二一)

③사랑으로健立 ④聖徒의靈交 ⑤成長과充滿。

乙、讚頌。 (二〇－二一)

三、基督者의實踐道德。 (四・一－六・二〇)

가、基督者의生活原理。 (四・一－二四)

1、부르신 부름에合當하게——謙遜、和協一致。 (一－六)

A、身一、聖靈一、所望도一。 (四－六)

B、各사람에게 주신恩寵이充滿。 (七－一〇)

C、받은恩賜의各樣各色。 (一一－一六)

2、異邦사람의舊態(虛妄)를버리라——新生。 (一七－二四)

A、異邦人時代의特色。

마음의虛妄(一七)、暗愚와頑固로生命을斷絕(一八)

부끄럼을不知、放蕩에빠짐(一九)。

B、改宗以後의新生命。 (二〇－二一)

그리스도의眞理로써。

C、脫舊 衣新하라。 (二二－二四)

義와眞理의 거룩함으로써創造한新人。

나、新生에따르는新道德。 (四・二五－五・二一)

1、肢體된者의살림——虛僞根絕。 (四・二五－三二)

서로 인자하며 서로 불상히여기며 서로 용서하기를 하나님이 그리스도를因하야 너의를 용서하심과 같이 하라(三二)。

2、自己를 하나님께獻祭하라。 (五・一－七)

사랑함을입은子女가 그父母를 본받듯이 너의는 하나님을 본받으라。 (五・一)

3、빛 있는者처럼 行하라。 (八－一四)

대개 빛의열매는 모든 착한것과 義로운것과 眞實한가운데 있는것이니라(九)。

4、智慧있는者같이行하라。 (五・一五－二一)

光陰을아끼라(一六)、술醉하지마라(一八)。

詩歌和答、心信口唱、主名感謝、彼此順服。

다、特殊關係數件。 (五・二二－六・二〇)

1、夫婦關係——敎會의眞義。 (五・二二－三三)

2、父子關係。 (六・一－四)

3、主僕關係。 (五－九)

4、사단(惡靈)에對한戰鬪秘法。 (一〇－二〇)

結 末

두기고를派遣함。 頌榮。 (六・二一－二四)

바듸매오와삭개오

누가十八章三十五節―十九章十節

咸錫憲

十字架의受難을 目標로하고 最後의直線코ㅣ쓰에들어간 예수의발길이 여리고에니르렀을때 群衆의注意를끈 두가지事件이니러났다。 하나는 소경바듸매오가눈을뜨게된일이오、또하나는 삭개오가信仰에들어온일이다。 둘다 方今예수가目的하시고가시는 그큰일에는 一見아무直接關係가없는 조고마한사람들의일이다。 그러나 길ㅅ가에피는 모양적은들풀의꽃도 꺾기어女王의가는길에던저지면 一段의光彩를發하는것같이 微々한 이두靈魂도 메시야의榮光의길우에떠러저서 永遠의香氣를發하고있다。

바듸매오는소경이오乞人이였다。 光明을잃은그는 人生의太半을잃은者였다。 삶의질거움을그는모르고 自然의아름다움을그는알수없었다。 남들이밝음을기빼하나 밝음이무엇인지、어둠을避하나 어둠이무엇인지。 그에게는 푸른하늘이空然히푸르렀고、맑은시내가뜻없이맑었다。 봄날의滿發하는꽃이 그에게所用이없고 가을밤에반짝이는별이그에게는좋은것이없다。 요단江우에 希望의金波를타고오는 아침해빛도 그의것은아니오 유다山上에 平和의彩霞에쌓여넘는 저녁별도 그의것은아니였다。 그에게있는것은 오직永遠의暗黑뿐이였다。 발이있어도 自由로걸을수없고 손이있어도 自由로쓸수없고、살어가는生計를 내힘으로할수가없다。 無視가頭上에있고 侮蔑이全身에에워있다。 그리하야 집집마다의門간을더듬어、或은지나가는길손의同情을얻어 가엾은存在를 남의世上에부치고있을뿐이였다。 그의平生의所願은 富도아니오 貴도아니였다。 家庭이란생각도못할바요、나라일이란꿈꿀資格도없다。 오직、다른것을다말고 오직 光明을주시옵소서、보고모든것을알수있는 눈을열어주어 이몸을不自由에서 풀어주사옵소서! 그러나死海永遠의詛呪를 푸는者없는것같이 이바듸매오의 멀어진눈을뜨게하는者는없었다。 저는永遠히不幸한者로 世上을마출것인가。

어떤날그는들었다、나사렛예수라는이있어 큰權能을가지고 소경의눈을뜨게하며、귀먹어리를듣게하며、앉음뱅이를걷게한다고。 그러나그예수를 어떻게맞나나。 心中에그윽히全能한하나님께빌뿐이였다。 그런대天佑냐神助냐 그예수가오늘이여리고城에왔다。 메시야가臨하였고 하늘나라가이제方장온다고 온城의群衆이 뒤떠든다。 이눈먼바듸매오의胸中은얼마나울렁거리고 얼마나燥急하였으리오、그러나아무도 이可憐한人間의찌꺼기를 손끌어예수에게가저다주려는

者는없었다。저는스스로不自由의몸을이끌어 그지나가시는 큰길가에앉어 기다리는수밖에없었다。드디어때가왔다。사람들의소리가 더가깝고 예수의가까히오신것이分明하다。그는목소리를높여 부르짖었다、그의가진唯一의武器는求하는、哀願하는 목소리가 남어있을뿐이였다。

다윗의子孫이어 나를 불상히 역이소서!

熱狂하는群衆은 이거룩한行次에 어떤거지소경이 不徹하게들레는고、잠잠하라고꾸짖었다。그러한人間의 찌꺼기는 메시야의나라에叅與할資格좇아없는것이라고 생각하였기때문이다。그러나그는들으려하지도않었다。저에게 이는生死의갈리는時間이였다。저는全身의힘을다짜내여 불렀다、

다윗의子孫이어 나를 불상이 역이소서!

群衆의생각과는어그러지게 예수는親히서서 이미친듯이絕叫하는 소경을불으라하시였다。그리하야 傳하는사람의말이、불으시니安心하고오라 할때 저는옷을집어던지고 허방지방 달음질을처서 나갔다。

「네가 나다려 무엇을 하야달라느냐。」

「主여 보게하야 주소서。」

가슴속에서、창자곱은지속에서、生命의맨속에서 나오는哀願이다。그저 이먼눈을 보게만하야 주시옵소서。

「곧보라、네믿음이 너를성케하였다。」

나는어릴적부터 이바듸매오의이야기를 感激없이는보지못한다。群衆이꾸지저잠잠하라할때 더욱불으짖어「다윗의子孫이어……」하였다는것、오라할때 옷을벗어던지고 갔다는말을볼때、어린맘에 견댈수없이 눈물지게 同情스럽고 痛快했던것을 지금도잊을수없다。저의信仰의態度는 實로 痛快하기짝없다。急湍이 가로막는바위를 단숨에차고넘으면서 轟々한소리를 發하는것같다。

삭개오는 바듸매오와는달으다。저를울움짓고웨치는急湍이라면、이는落葉밑으로숨어드는물이다。人間社會에서 찌꺼기待遇를받는것은一般이나 저는꺼릴것이없이 反抗하고나서는者요 이는 눈마자 굽는 솔가지처럼避하는者였다。같은아부라함의子孫이면서도 삭개오는稅吏인탓으로 사람待遇를받지못하였다。그는또無理가아니였다。나라는이미亡하였을망정 先祖傳來의 거룩한宗敎는있거니、그를無視하고利를爲하야 壓迫者로마人에雇犬이되여 同族에서苛酷한稅를받는 이들稅吏는 良心없는무리라할수밖에없다。故로愛國心强한유대人이 이들을침뱉어 賣國奴라하고 손가락질하야罪人이라하며 같이서기를부끄러워하고 한자리에먹기를즐기지않은것은 그럴만도한일이였다。그러나人間의일은外樣으로만判斷할수는없다。나라가이미亡하였거던 賣國奴아닌者어대있으며 이미받히는者있거던、받는者를特히惡하다할것이무엇이리오、世上에可憎한것은 形式主義者다。스스로高潔한체하며 可憐한魂을虐待하는것으로써 自己義를

들어내려하는者다。삭개오도그짓밟는발밑에 呻吟하는한사람이였다。그는稅吏長이오、또富하였다。그러나社會的으로는 埋葬當한者였다。心中에생각하는바없지않것만 社會의信用이발서떠러졌고、理解를求하려하여도 말할벋이없었다。저가스스로바린것아니것만 지금저에게서는 選民의한사람으로서의資格이 빼앗겨버렸고 先祖를잃어버렸다。隣人의가슴도 저에게對하야는막혔고、敎會의門도 저를向하。는닫처버렸다。富야없지않것만 그것이무엇이리오、道德的으로나 宗敎的으로나 저는放逐當한者였다。生命財產을保護하는 로마의法律만아니라면 저는어느날에 뭇손의던지는돌밑에물여버렸을런지몰은다。저는가엾은者였다。兼하야저는體貌좇아보잘것없이적였다。우리는想像할수있다、이가련한小人이 등을꼬부리고 그조고만한알몸을굴려 사람을바로보지못하는곁눈으로 左右를가만히살피며 여리고의거리를往來하는모양을。저는永遠히외로운 사람으로그칠것인가。

그러나職業이賤하다하야 사람을賤히보지말라、貴한良心이저에게도있음을알라、몸이적다하야 맘도보잘것없다말라 높은精神은반드시 長大한몸에만있는것이아니다。메시야를기다리는것이 어찌書記官만이며、하늘나라를待望하는것이어찌바리새敎人의特權이리오、삭게오의胸中에도 一片썩지않은생각이있었다。예수가여리고에왔다고하자 저는한번보고싶은생각이懇切하였다。그리하야 나갔으나、에워쌓고떠드는群衆에 가까히갈수도없었다。곁으로、氣分으로미치는群衆매문에 正直謙遜한靈魂이 自由로그리스도앞에갈수없는것은、녜나이제나、肉體的으로나 精神的으로나 一般이다。바듸매오와같이 勇氣있는者는 不顧廉恥하고 그를햇치고뛰여들것이다。그러나世上에는 바람에불리는갈대같은靈魂이없지않다。저들은直線으로突擊할혐을가지지못한者들이다。그러나直線으로못하면、돌아서라도 가고야만다。삭개오는 熱狂하는 群衆은 싸울것없이 그대로말겨두고自己는돌아가는길을取하기로하였다。예수가 지나가실길에 앞으로나가서 길ㅅ가에있는뽕나무에올라갔다。群衆은 이小人의小人다운行動을보고 一場의웃음을 웃었을것이다。그러나올라가는者에게는 작란이아니였고 眞實이였다。至誠이神을움직인다。삭개오의、이웃으리만큼單純한眞實이無限한사랑을 움직이고야말였다。「예수거긔니르러우러러보시고、「삭개오야速히나려오라。내가오늘네집에留하여야겠다。」「速히」다。예수를獨占하려는 群衆에게는 그대로말끼고自己는돌아가자는者에게「速히」오라는길이 特許가되는것은 또무순익살이오 또무순道理인가。

바듸매오와삭개오가 서로달러도、또서로같은것은 그熱心、그單純이다。熱心인故로 單純이오、單純한故로 熱心이다。直面路를取하거나、側面路를取하거나、肉迫을하거나逃避를하거나、하나님앞에 그것은問題가 되지않는다。다만 맘이主를向하는것、어한일뿐이다。強한것이자랑될것도없고弱한것이念慮될것도없다。問題는우리맘이 主를向하였나아니向하였나 하는대있다。두사람은그맘을 單純히主에게로向하였었다。主를맞나자、主를보자、이一念이저들의생각의全部였다。어린아의같은單純이다。單純인故로熱心이있고、熱心있는지라 達할수가있다。經에널러말하기를

求하라주실것이오 찾으라맞날것이오 門을 두다리라열어주시리라。求하는者마다얻을것이오、찾는者가맞날것이오 門을두다리는者에게 열어주시리라。(마태七·七ㅡ八)

現代人에게부러운것은 이熱心 이單純이다。오늘날사람처럼생각이많은사람은없고、생각이많은지라 躊躇하고狐疑할수밖에없다。저들은有利하기爲하야、合理롭기爲하야、賢明하기爲하야、언제까지머뭇거리고 半만치잡고있을수밖에없다。믿으라고勸하면 저들이對答하야曰、「하나님이정말있을가、」「死後永生이라는것이果然可能할가」、「學問을어떻게하리오」「家庭을어떻게하리오」、「國家社會를어떻게하리오」、「曰무엇曰무엇……」 그리하야저들은 複雜한思念을하는사람일수록進步한사람이라고 생각하고있다。그러나 그現代人도 單純한熱心을發하는點이없지않다。道에對하야는그렇게多思할지라도 利에對하야는單純하다。思惑의雲霧中에 헤매이다가도「有利!」라고들리면 불빛을본나비처럼 安危를不顧하고突進한다。元來本末을顚倒하고 輕重을바꾸는것이 사람의맘이라。價値있는것일수록賤待하고 쓸대없는것일수록貴히녁인다。金剛石은一分의實用價値없는것이것만千萬의값을주고 사고 空氣日光은分秒를떠날수없이 緊한것이것만 清淨한田園보다도 더러운都市를 더좋와하는것이 사람의 버릇이다。歌劇團이지나가는대 나무가지에 올으고 집웅에올렀다면 異常할것이없으되 道德의先生 宗敎의敎師를보기爲하야하면 衆人의웃음거리가된다。官人이 내집에온다면殺鷄作食하고 掃을쓸고待하고 有産家 나를맞난다면 叩頭數拜하고 慇懃을다하야接한다。그러나傳道師 나를찾는다면력으로가리처 門前에서보낸다。그리스도信者라하는사람까지 저와利와를 저울의兩端에 놓아보지않는者없다。그리고大槪의境遇는 저可憐한나사렛사람은 一圓紙幣보다도가볍고、술한盞보다도 맛이없다。利害를爲하야는 基督敎紳士도 聖經冊을冊床밑으로넣고、事業을爲한 交涉을한다면基督敎敎師도 娼女를본받아 술盞을들어 맘몬의好意를求한다。萬人을爲하야 十字架에달린예수여、그대처럼輕視되는者는世上에없고、尊敬받는듯하면서 그대처럼侮辱當하는者는없다。年末에헛날리는葉書를 그대는한張받었던가、葉子한箱을받었던가。그대의有識한現代의弟子들이 한손에그대를넌짓이잡고 한손에世上을잡고 現金主義의 交涉을行한後、그대를놓고도라서버릴때 그대는心中이어떠하던가。아아、黃金에對한 現代人의熱心을 그대에게 向하였더라면、

事業에對한 現代人의誠意를 그대에게들엿더라면、學問에對한眞實한探究를 그대에게向하엿더라면。

精神보다는肉體가緊하고 하늘보다는 땅이더가깝다。五官의快樂을爲한熱心이첫재요、地上의事業을爲한熱心이둘재요、몬저하늘나라와그義를求하는者에니르러는 새벽하늘에별처럼드물다。發達한物質文明를가진現代人은 道를求하려하야 생각이繁雜하지않을수없다。바듸매오의 해여진누덕이一件도 그리스도에가는대妨害가되엿거던 버려야할裝飾이많고많은現代人이 어찌생각이적으리오。그러나信仰은單純한것이다。많은比較를하고 많은헤아림을하는것이 信仰은아니다。그리고單純한靈魂앞에 길은스스로열리는것이다。눈먼바듸매오와키적은삭게오가 群衆을헷치고 예수를맞날方法을研究만하고있엇더라면 그機會는永々없을것이다。예수는그런것을기다리고있지않다。그러나單純한熱心이있으면特別한方法을講究할것없이 예수를볼수있는、내힘으로는어떻게할수없는 젊은靈魂을도와 예수를볼수있는方法이 自然히있다。길가의뽕나무면足하다。삭개오가올라간것은 信仰의뽕나무엿다、많은사람이 뽕나무는마다하고 사다리를自作하려는동안에 예수는永遠히지나가버리시고만다。또單純한맘으로 뽕나무를추어올으는者는 예수를볼수있을뿐아니라、다시靈魂의자람이있다。求한것以上을주시는것이 하나님의일이다。願한것은 單純히한번보기만하는것이엿지만거긔對하야 갚어주시기는 넘치게하시엿다。그리하야그에가서 留하시기까지하엿다。이것이信仰의法則이다。예수를眞實로보기願하는者는 볼뿐아니라、예수가自己안에와居하고 自己가또예수안에居하게된다。(요한十四・二十三) 그리하야드듸어靈魂의 成長을본다。예수를집에맞게된삭게오가 마침내心中에變化가니러나、家產의半分을 가난한者에게주고남의것을빼앗은것이있으면 모세律法대로 四倍를갚아주겠다고한것은 이것이다。

그러나이두事件의 中心的意味는 그보다도차라리 다른대있다。榮光의入城을하시기一步前에서 이두사람을맞나게되신것은 두사람의不幸을除하고 그아름다운信仰의態度를들어내기爲한것만이아니엿다。그것이無意味하다는것은아니오甚大한價値가 거긔없다는것아니다。二千年이지난오늘에있어서、靈魂의먼눈을 어루만지기만 하며 多思多疑하야머뭇거리고만있는 現代人에게、바듸매오의부르짖음은 산가르침이오、善惡이뒤바뀐생각에 쓸대없는것을爲하야狂奔熱中하고 生命의主를待하는대 冷談을極하는 文明人에게、뽕나무우에앉는 삭개오의작은키는 배울만한 높은模範이다。그러나그것이全部가아니다。더큰意味가오히려있다。

「예수對答하야갈아사대 이사람이罪를犯한것도 아니오 그父母가罪를犯한것도아니오 그에게서하나님의하시는것을 들어내고저함이니라。」(요한九・三)。

바듸매오와삭개오

두사람에依하야들어난것은 하나님의맘이다。

이때에예수는 十字架를目前에 바라보시는때였다。 여리고에오시기바로前에 弟子들에게드디어 自己決心을 明言하시였고、이제조곰더가서 벳바게에니르면 나귀를타시고 호산나入城을 하시게된다。故로當時群衆은一하나님나라가 곧나타나실줄로一(十九・十一) 알였고 예수自身도 心中이大端緊張하고 切迫한感을가지시였을것은 推知할수있는일이다。受難贖罪 人類救援의큰일로、이 宇宙의宏大를 가지고도 比할수없는큰일로、胸中이가득하시였을것이다。사람이大事있으면小事를낮고 全體를爲하야는 部分을버린다。大義親을滅한다고한다。이때에예수는 宇宙歷史의中心的問題를爲하야 다른모든것을 닞고도라보지않으실때였다。그런대저는 그렇지않고、길가에떠러지는 들菊송이같은이두사람을 一一히酬應하고있었다。발길로無心스러히 그꽃을차고가는것이 그榮光그尊嚴을 들어낼지언정 一一히허리를 꾸부려 그를집어드는것은 稚인듯하고 俗인듯하다。예수는무슨생각으로 그렇게하셨을가。

바듸매오가接近을求할때 群衆은꾸짖었고、삭개오를맞나실때 예수를怨望했다。그리고그는無理가아닌일이였다。全人類、全이스라엘의救援回復이 目下의일인대 何暇에이微微한사람들을 相對로하고있을가 더구나삭개오의집에留하시기까지하시겠다는것은 무슨뜻인가。그는爲先메시야에合當치않은일이다。저삭개오는罪人의무리다。先祖의遺傳을無視하고 祖國을몰으고 良心이없는 破廉恥漢이다。사람은 그짝하는법을보아 그爲人을안다고。예수萬一삭개오와親故되면 메시야될資格이없다。이스라엘을回復할메시야는 그런것이어서는안된다。저는威嚴이萬民을壓頭하고、스스로높이가지기를 레바논의高峰같이하는者가아니면안된다。그대의그權能과、衆人의感服하는能辯을가지고 一氣에예루살렘을直搗하야 모든惡한者를물리치고 反抗하는列邦을屈服식히고 하나님의나라를 선자리에서일울것이오 鄕間의稅吏罪人輩로 時間을보낼것이아니다、라고 무리는생각했다。또 그뿐아니라、예수의그일은 不公平한處事라고 생각하였다。擁圍하는사람이많고많으며 自進隨從하는사람이있고또있는대 그를다바리고 何必稅吏삭개오에게가는것은무엇인가。우리中에깨끗한사람이없단말인가、여리고城이비록적다기로 그안에 예수에게一夜의安宿을드릴資格있는者가 한사람도 없단말인가。저는罪人이오 우리는 하나님의律法을 사랑하고 메시야를苦待하는者라。우리에게 薄함이어찌 그러하며、그에게 까닭없이 厚함이어찌 그러한가。우리를無視함이오 侮辱함이아닌가。그렇지않으면 저는 奇癖있는者인가、好事者인가。

衆人의이생각 이疑心 이不平은、人間으로생각하야 반드시잘못된것이라할수없였다。예수의態度는 따라오는모든사람에게 적지않게거리끼는일이였다。 그리면예수는 왜 사람의뜻에벗어나는 이일을하시였나。 왜 많은사람을疑惑과 嗟讚의危險에까지두면서 그런일을일부러하시였나。 거긔對하야 몸소對答하신것이 十節의말슴이다。

「人子가잃은者를찾어 救援하려왔노라。」

너의들은내가 저불상한바듸매오를爲하야 고처주었다하야 疑心이냐、이不幸한삭개오의집에 祝福을하였다하야 不平이냐。 너의는내가 메시야로서榮光의卽位를할길에서 어느결을에 그런것을相對하고있느냐고 怨望하느냐、그人間의 찌꺼기들을爲하야 때를虛費하는것보다는 더많은사람을爲하야 더많은일을하라고 나를가르치려느냐、너의는義롭고 저의는惡하며 메시야는義人을爲한王이오 惡人의敵이라고 생각하느냐。 그는너의人間의생각이오 내생각은아니다。 人子가온것은 奉仕를받기爲하야온것이아니오 奉仕하기爲하야 十字架에죽어 뭇사람의罪를贖하기爲하야온것이다。 성한사람을爲하야온것아니오 病人을爲하야왔고 義人을爲하야서가아니오 罪人을爲하야왔다。 너의義人은 스스로義人의倚子에앉어 義人의살림을하라。 나는나려가 저稅吏와罪人과 娼妓의벗이되고 兄弟가되고 救主가되지않으면안된다。 내가예루살렘에는 왜가는줄로아느냐。 王이되기爲하야인줄아느냐、아니다十字架를지기爲하야다。 너의世上義人의 事業은 義人의社會에있으나 내事業의分野는 罪人의社會에있다。 病든몸을고처주고 傷한靈魂을甦生케하는것이 내일이다。 그를爲하야 나는 社會의下水道에나려간다。 그것이 내使命이오내일이다。 有識階級과 教養社會는 나와關係가 없다。 나를要求하지않기때문이다。 그때문에 내가는길은十字架의길이다。 十字架는 地理的예루살렘에만있는것아니다 光明을渴急하는한個靈魂이있으면 거긔가곧十字架있는곧이오 罪中에서버서나려애쓰는 한生命이있으면 거긔가곧예루살렘이다。 바듸매오의絶叫를無視하고는 其外에또十字架가없고 삭개오의집을 지나치고는 그것말고또다른 救拯事業이없다。 너의들기에이것이 아라들을수없느냐。 예루살렘은촌보다더重하고 많은사람은 한둘보다더重하다고 생각이되느냐。 너의人間의 利害打算으로하는 人間數理로하면 그러니라。 만은내天國數理는 그렇지않다。 내게는九十九는一보다더많은것이아니오 義人은罪人보다 더資格있는것아니다。 잃어진一首는 남아있는九十九首보다 내게는닞을수없고 나갔던蕩子는 方正한長子보다 나는더사랑스럽다。 바듸매오、삭개오는 헤매이든한머리요 나갔던蕩子다。 내가어찌그를닞을수있으리오。

「天下人間에 다른이름을가지고 우리가救援을 얻지못하리니。」(行傳四·十二)

그렇다、모든다른사람은또몰라도、적어도나는 이福音을絶對必要로한다。 잃은者를찾는 이福音을要求한다。 天地의어느子석에 내몸을容納할곳없을때、그래、내自身좇아도容納하려하지않을때에도 저만은「팔을벌려나를받는다。世上의强者나를向하야 너의는 몸을던저 이悲慘의굴헝을채워 우리로하여금 文化의高塔을쌓게하라하고 强要할때에도 저만은그慈悲의옷자락을벌려 나를가리운다。나는나의값을 저같이높이보는者를 世上에서볼수없다。그렇다 나는 들레는 世上의 길ㅅ거리에앉어 저가 올때까지 바듸매오처럼 부르짖을것이다。

「다윗의子孫이여 나를 불상히녁이소서!」

或은그것도許諸지않는世上이라면 삭개오와같이 뽕나무우에앉어 저가올때까지 한世上을기다렸으면!

嘉信

發行所。 東京市目黑區自由ヶ丘二九二矢內原忠雄方
振替口座。東京三七九七九番。 定價一部 三十錢。

右「嘉信」第十號(十月號)에「朝鮮基督敎會に關する事實」이란글이실려있다。그글 끝에 默示錄에서抄錄한 短句가있고、卷頭文에「捕囚」란것이 있다。한번 읽어볼만한 글인故로 玆에 紹介하거니와 읽고 잘 생각해보기를 誌友들께 勸한다。本號에 限하야 本社에서 取次함。

社告

本號로써 先金切된 이들이 많은데 皮封에「先金切」이라는 印을 찍어 보내는 外에 아무督促도 안한다。또 繼續하야 先金보내주기를 願하거니와 無理가 없도록하기 爲하야 先金拂込이 있기까지는 一齊히 發送을 中止하나이다。不必要하다는 意思인줄 알기때문이다。이點엔親疏의別이 없아오니 잘 諒解하여주시오。

從來로 代金追送할 約束으로하고 數個月滯納되였던것과、極少數에게 無代進呈하여 오던것도 今月號로써 中止합니다。이點엔「親疏有別」이외다。親한 이에게 일수록 더욱 嚴格히 履行하나이다。

但 極貧者、重患者에게는 無代進呈도 全폐하지는 않습니다。

그대가그리워

리 찬 갑

그립습니다。
그대가 그립습니다。
제내력을알고 ——저를알고——
제말을할줄아는——제넋이든——
그대가 참말로 그립습니다。
저를몰으고 어찌 제죄를 회개할수있을까?
제넋이없이 누가 믿음을 가저질수있을까?
오! 그제가 깨어나고 살으렴에、
그저로 통회할줄알아、구원받은
아! 나는 아니로라고 주당신을 처다보는
그대가 그립워、그대가 그립워。
아! 그립습니다。
그대의얼골이 그립습니다。
어면누가 대신할수없는그대——오직하나인그대——
따로이한개성을 타고난그대——다시더없는그대——
그대가 참말로 그립습니다。

그대가그려워

모—든잡티 다떠러지고 맑지어진그제얼골、
모—든어둠 다벗겨지고 밝게되온그제마음、
피안을향해 넘뛰려는 새로지음받은그대、
영원을향해 날르려는 새로령을받은그대、
아!그련저 그제얼골을가진
그대가 그립워、그대가 그립워。

그립습니다。
그대가 그립습니다。
인생의역사를알고——제내력과의깊은관계여——
생명의말슴을듣는——또제말과의깊은관계여——、
그아담의죄、유전의죄를알아、
끗없이깊이、회개할줄을아는、
오!그말슴에、놀나깨이어、
오직그영원의、말슴에사는、
영원을 향하야 빛내이는얼골、
아!그려하온 그얼골을가진
그대가 그립워、그대가 그립워。

아!그립습니다。
그대의얼골이 그립습니다。
주인을되다시찾은그대——그제자리에찾어간 그대——
아바지품에 돌아간그대——이제가아들임을안그대—
끗없이 크게도 기뻐하고 날뛰며
그풍성한것을 소유케된 그대、
그광명의나라를 알고、
다시금 제사명을아는、
오!그영원히 구원받은 빛나는새얼골로、
여호와아바지 그이름을찬양할줄아는그대、
그대가 그립워、그대가 그립워。

=무인십월이일동녁나라에서=

그리스도의정병

리찬갑

그대여、
일어나거라。
깰때이나니 깊은잠을깨어 밥비일어나서
그리스도의정병이어라。
그리스도의정병이어라。

그대여、
아느냐?

그대는 그리스도의정병만인것을。
그대는 이때에 이에대한 준비로
옛、그때붙어 택하여 짐인것을。
그대여、
지금의 저싸움!
그것은 이를 밝히어줌이어니、
곧그대는、
당신의명령만에따라 싸우라시는것을。
그대여、
보아라
저들은 싸우려나간다。
명령일하에 서슴지않고 나선다。
저싸움―곧대적―의허로향해、용감히도。
그대여、
보아라。저기저들을。다시금。
쓰러나와죽는다。
무섭게도 나와죽는다。
대담히도 온힘을다해、죽음이사명임과도같이。
그대여、
그렇다。
그대라고빠지랴。언제든한다하랴。뜬구름같으랴。

그 리 스 도 의 정 병

제자리가있나니、참말싸움인 그싸움이그대의것이나니、
주의나라위해、이세상을향하야 싸우라는싸움의자리。
그대여、
그대의싸울대적은 곧공중의마귀、
항상인간을、어두움의굴헝으로쓰러넣으려는
모든불의를지어내는、이제최후의발악같이들붓고 있는
그것、
아!참말그명령일하에、그대는나서라、서슴지말고。
그대여、
그대에게―이세상에서모다잃은그대에게―
그참싸움이있다。그영원을얻게하는싸움이、
그뿐일까、이세상을 구원하는 그영예의싸움이、
아!참말 이제그대는죽음이사명으로알고나아가라。
그대여、
그대는이제일어나라、그싸울것이문앞에니르렀다。
너로해결하여야할것이―그싸울것이―
이쪽에서 저쪽에까지 맞이게될것인、
그어두움、또그옳지안음과크게싸워야할참된싸움이。
그대여、
깨어라。일어나라。나서라、나아가라。
무릉타는핑게말고、주만을바라보고。
그리스도의정병이어라。
그리스도의정병이어라。

=무인팔월이십이일동녁나라에서=

聖朝通信

九月十九日 (月) 曇。登校하야一週日餘에 첨으로新聞紙에서 世上소식을알고보니 췌코問題로英國 췜벌린首相이急據히總統을訪問하였다는등、平壤長老教神學校가存廢問題에있어서 아직新學期開學도못하고있다는등 亦是多事多端한세상이다。○그동안昨日까지連四日間學課를廢하고教練만하여서疲困할것이라고 今日은한時間늦게始業하야二時間만授業하고休課하다。일즉도라와白菜에施肥도하다。○學窓消息如下『前學期試驗이來十五日부터二十三日까지이온데요사이生徒들의顏面에는愁心이가득하와 이시험을치를準備에 그야말로困沒하고있읍니다。通常時에는그렇게떠들든寄宿舍도靜肅해졌아오니 이雰圍氣가永久했으면하고門生은 바라고있읍니다。

三學年은好景氣로써 벌서부터就職이口上에올라 마음이 들뜬모양입니다。『二十에就職에腦를태우고 三十에有力者의 배를쓰다듬』이니 可嘆인가합니다。日前××農林卒業한某畏友가自己가「×農을卒業할때의감상은 두려운것뿐이였다。世上은나를中學卒業者로처주나、내自身을돌볼때아모것도못가졌으니世人을對해서무엇을선물로줄까?에對答못해오즉悚懼했을뿐이였다」고하는告白을들음에 이嘆息이門生이高×을卒業할때에發할것인것같습니다 每日하는일이눈에보이는일뿐이요永遠한것이없아옵고 思慕는하면서일우지못하오니養正의옛품이 아니先生님의옛품속이그리워집니다。××온以來『西湖를自省의거울삼아』울어볼라고했아오나 울음안나오니더욱 애탓습니다。울기싫은때 울수있는이는祝福받은이야요。

××○寮의썩어가는風潮에같이휩쓸리어갈뿐이요、超越을못하오니죽어옳을까요?내自身이特히憫忙합니다。오즉하나힘의줄生命의줄은聖朝誌외다。咸先生의「傳道者를기다림」의 줄句節은門生뿐만이아니라××高普出身의某校友도 感激시켰읍니다。

先生님! 門生은 懇曲한民族愛의思想이薄弱함을最近느꼈읍니다。精神의異常인가봐요。아모리힘찬글이라도읽는瞬間에허!하고감탄하고는뒤에무엇하나남지안는形便이올시다、말하자면熱하기쉽고冷하기쉬운 알미니옴그릇같사옴을 스스로느끼오니痛嘆事이외다。最近××出身의二年生으로부터「聖書的立場에서본朝鮮歷史」를얻어처음부터죄다읽을수있아온대 堂堂한吾族의出發을읽을때 주먹을불근쥐였아오나 곧식어버리오니 이무슨緣故일까요? 사랑으로써鞭韃해주소서。(下略)』

九月二十日 (火) 晴。後曇。간밤에개(푸러리)가娩하다。마루밑짚이들어갔음으로 아직몇마리 낳었는지도알수없다。第一學年農業時間에弘濟町安慶祿牧師의牧場으로見學引率하다。

九月二十一日 (水) 晴。午前中授業만畢하고 일즉歸宅하였으나 낮잠자버려서豫定했던일은 다틀어졌다。저녁에家庭禮拜。삼우엘下第十六章輪讀。

九月二十二日 (木) 晴。東京에서 理博大賀一郎氏의「蓮の開花の觀察と開花音の實驗」이라는冊子數種을 보내준이가있어서一覽하니 學者의研究란細密한것이라고感嘆도되려니와、學者란世上못난이들이나할일같기도하다。우리朝鮮서도 蓮꽃필때는爆音이난다고傳해왔는데 이번大賀博士의研究로써 古來의傳說이全혀無根之說인것이 科學的으로證明되였다。

九月二十三日 (金) 雨ヽ後晴。秋季遠足會日。남은時間으로原稿쓰기爲하야 가장가까운華溪寺班에따러가다。正孫이도伴行하였더니 라괄手에게 대단興味를이르킨모양이다。○各小學校에서秋季運動會練習씨ㅣ즌이라고 아이들을늦도록 보내주지않어서 山골사는집에는 큰걱정이다。

九月二十四日 (土) 晴。아침부터 저녁까지 來客의日이었다。열몇사람이라고 아이들이計數報告。크게期待했던 오늘休日도 한일없이飛散이다。낮동안來客을應接하며 기뻐했던값으로 밤에는늦도록原稿쓰면서 피로움을 내몸에 돌리다。

九月二十五日 (日) 晴。故愼尙翼長老의 骨肉의親을 마주어 그病患의發生으로부터 最後辭世의瞬間까지의事實을 본듯이 詳細히듣게되여甚히반가웠다。우리의信仰은空中을따러는일이아닌것을 더욱明白히알다。○午后의明倫町集會에서 고린도前書第七章十七節以下에依하야 結婚問題를完講하다。○來信一枚『金先生님에게 올리나이다。去十七日付로 下送하신「聖書朝鮮」創刊號五部와葉書는 無違拜受하였읍니다。그런대 大端罪悚스럽게되여서 다못小生의 멍청한것만을 恨嘆하였읍니다。그러한中 感謝하온것은 特別히 사랑하시는마음으로써「聖朝」五冊을 下送하시여 주신것이올시다。

아닌게 아니라 小生의 生覺에도 請求대로 下送해주실란가한마음이 들었었읍니다마는 創刊號를一讀後 혼차만기뻐하고있을수없어서 몇군대 紹介할마음으로만 特價規定에 對한本意에 違反된請求를 하였든것이올시다。然이나 先生님께서 此를 一蹴하시지않으시고 오직 主님의 聖意에 合當한使用을 하도록 五冊이라도下送해주셨으므로 生도此를深謝한同時에 五冊이지만 十冊만이나하게主님의聖意에合當토록使用하기로 하였읍니다。

先生님! 그五冊中에一冊은 先生님의계시는京城府內로 올라갔읍니다。이것이主님의聖意에合當케使用되기를 빌고있으며 또三冊도各各갈리어있고 아직一冊만이 남어있는대 今明間에 나갈듯합니다。

이 特히 創刊號만을 求해서 紹介하려는 本意는 如此합니다。우리가무슨冊이든지 처음볼때에 반듯이 그冊의 序文을 읽는것이며、또그冊內容의 價値의如何를 序文으로써 判斷하는것같이「聖書朝鮮」도 그創刊號로써 그光彩를 能히窺知할수있을것이므로 生覺하고 그러한바이올시다。참으로 創刊號의 創刊辭를 읽을때에 알수없는 感激에 넘치는 눈물이 뼁 두눈에 돌았읍니다。朝鮮사람이라면 아니 宇宙의一員인人類라면 非木石인以上 心奧의한구석에서 그무엇이 아니될수없었읍니다。「太初에 하나님이天地를 創造하시다」라한一句가 能히 聖書六十六卷의 全價値를發揮하듯이 聖朝創刊號의 세先生님들의 創刊辭는 참으로 今日의 光輝있는「聖書朝鮮」의 價値를 充分히 評價하였다는것을 切實히느꼈읍니다。生覺하면 할수록 感慨無量이올시다。昭和二年七月一日 저異域玄海灘저쪽의 江戶城一隅에서 主님의 聖意가 이地上 特히 漢城三千里땅우에 이루어지도록 重大한天國使命을 雙肩에걸메고「聖書朝鮮」이 처음날그때는 生이 아직 ○○××에서 靈의 닭알時代였든것을 回憶하게됩이다。其後 十有餘年이란 長久한歲月이 흐른 今日에사 비로소 그옛날의 創刊號를 읽었다는 自我란것을 生

覺할때에 그感은極에達한바있었읍니다。그遲晩함이야 赤面할뿐임니다마는 우리곳에 아직도 몰은사람이 幾何이며 또 알고본들 그냥케케묵은것으로 집어치워볼者가 있지않을가하는것을生覺할때는其中에서도自慰를 느껴지기도합니다。秋菊春蘭各有時라니萬有가有時한것이겠지요。

先生님! 日本內地에서 限死하고罪의世代와 肉迫戰을 繼續하는 無敎會의 先生님들의 絕對의勇氣를 볼때나、또 先生님의 全生命을 내던지시고 오직 主님을 爲해서 싸우시는 每日의 거룩하신生活하심을「聖朝」를通해서 볼때에 恒常生覺되기를 차라리一日二次의 죽을 마실지라도主님을爲해서 살고계신先生님들의 밑에가서 眞心竭力 奴僕노릇하는것이 이대로있으면서 一日三次의食事하는것보다 더낫지않을가 하는生覺도납니다。

聖朝九月號를 보드라도 先生님께서는健康을 害처가면서라도 福音을 爲해서싸우신것、참으로 豆腐같은 根性을가진이같은 무리들로서는 무엇이라고 말슴사룰수도 없읍니다。저黑崎先生의 말슴과같이『傳道の仕事は結局自分を苦しめて人に福音を與へる事なのだから、病氣をするのも止むを得ない事なのであらう』한것과같이、또「舊約略註の事で依然と不健康の身であり乍らも『目下每日机の側に斃れてもよい決心でやつて居る』と云ふ鈴木俊郎先生の事」等을生覺할때에 참으로無敎會先生님들의 一擧一動에는 全部가 聖神이 合하야 같이 活動해주시는것이 確實하게 生覺되옵니다。此를 볼때에 聖神을 받지못하여서 아무能力없이 지내는 生은 間間히 心中에 生起는 것이「아서라 너같은 無能한者는 基督信者되려는 生覺을 일즉버려라」고합니다。그러나 한쪽에서는「네가 그만큼 無能한것을 알거든 내게로 오라」하는소리가 들리므로 實은進退兩難인셈입니다。然이나 四年前에 불상히 보시고 불러주신 主님께서는 永遠히 버리시든않으실줄로 믿고있읍니다。時局이重大化할수록 人心들이 右往左往하여 어찌할바를몰으고있는 昨今일수록 生의不寒不熱의信仰일지라도 예수쟁 (저같은것도 예수쟁이라고한다면) 이된것을 主님의 恩惠로알고 感謝한바이올시다。(中略)

끝으로 부듸 先生님께서는 主안에서一層保健上 注意하시사 福音傳道로써 이땅의 젊은넋이들의 滅亡의길을 밟지않도록引導해주시기바라오며 주예수그리스도의恩惠 先生님께豊盛하시기를비옵고不備白。戊寅年九月二十三日夜 ×××再拜』

九月二十六日 (月) 曇。간밤도 거의徹夜하고、印刷所에 들렸다가登校。歸途에도印刷所에서校正。체코와獨逸이一觸即發인데 英國艦隊가北海에集結되고佛國軍團이國境에移動된다고報하나 우리에게는十月號의校正이야말로 最大의問題이다。○五山咸兄으로부터 二十七日出發豫定을다시延期한다는葉書오다。○意外의편지한장『拜啓 初面에先生님께 몇자失禮합니다。其間安寧하신지요、저는養正生徒와같이마ㅣㄴ이놀게되므로先生님의여러가지이야기와 學生들과 親密한사이를 잘아옵고저는先生님을 본적도많습니다。그리고先生님이쓰시는聖書朝鮮도본일도있아옵고生徒들에게紹介해주신冊도많이보았읍니다。日曜日에聖經도가리켜주신다하므로同伴와같이가뵈옵자하면서、이같이書信으로人事하오니罪悚하옵나이다。여러가지로性格까

지도잘짐작하고있읍니다。 저는京城은第二故鄕이옵고第一故鄕은○○××이옵니다。

여러가지틀린點이있아오면容恕하시고보아주시옵기바랍니다。 先生님이文學을퍽사랑하시므로先生님의指導를받으라고합니다先生님의文學에對한思想이 내마음에도最適合하리라고 生覺하므로、 여러가지方面으로 先生님에좋와하시는冊을 많이紹介하여주셨으면感謝하겠읍니다。 아무러한冊이라도 先生님이좋와하시는冊이시면紹介하여주시옵기바랍니다。 至今까지제가본冊이라고는現在마ㅣㄴ이나와있는傳記도보옵고 世界文學全集몇卷보옵고、 섹스피아全集몇卷과李光洙氏作品은마ㅣㄴ이보았읍니다。 이만失禮하옵니다。 수고시러운대로紹介하여주옵기 바랍니다。 不備上書』

九月二十七日 (火) 晴。 印刷所에校正한것을傳하고登校授業。 다시印刷所에와서校正。 ○午前八時인데 府民舘入口에는多數男女가入場하고저班列지어섰음으로 처다본즉 中村某라는大歌舞技一行이온것이였다。 非常時局인이때에 저有閑마담들의時間과 돈과精誠！ 참으로놀랍다。 ○咸兄短信如下『前日글월을보시였을듯합니다. 二十七日出發한다하였더니 이미兄이짐작하실대로 不得已爲先延期하는수밖에없읍니다。 몰랐더니 宋兄게로 여러兄弟들이片紙까지하였던모양이오 今日集會後에正式으로 弟게말이있읍니다。 얼마前出發日字를 確定하야宣言하였더니 그後더구나그議論이 强해진모양이오 그前부터몇兄弟는 挽留하야온것은 事實입니다。 前番말대로 今番은期於히올라간다고決心했던것인대 또이런難題가나옵니다。 昨日에야兄弟들이宋兄께 片紙했단말듣고 弟의입으로「그런다야 그것은 咸이自決할것이라할것밖에없다하겠지」하고 저도말한것이나 정작말들어놓으면 一蹴하기는어렵습니다。 爲先은이年末까지 있어달라는것인대、 左右間二十七日出發은못하겠읍니다』

九月二十八日 (水) 晴。 먼저印刷所에들러校正하고、 登校하야 二時間授業하고다시印刷所로。 雜誌일로某處에갔다가 많은評論을듣다。 ○校正과授業에발서疲勞했는데 友人의土地買賣件으로 쓸데없이분주한우에 今夜急작히 原稿쓸일이생겼는데 矯風會總會열려서 자정넘도록出役하고、 其後時間으로執筆하고저午前二時頃까지 애써보았으나心身이아울러 녹초되여아무리奮發하랴도運筆할수없으니就床。 ○今日長女를趙成震君에게許婚하다。 이런일을當하매 門父兄을「미쓰」함이切하도다。

九月二十九日 (木) 曇。 學校는午前中缺勤하기로하고서 붓을달려火急히原稿를쓰다가 채다못쓴대로登校。 授業後의十分休憩時間에도執筆。 이런때에如下한편지를먼저보냈던親舊來訪『親舊의好意와骨肉의盡力도 간곳없고 蕩敗의무덤만 지었읍니다。 이제인즉 カブナリキン은淸算하고最後處事로一家分散하야 가마통 짜기라도하야 各自自己입버리나 하여야겠읍니다。 今日午後三時頃養正으로 찾어가뵐까합니다』 라고。 事勢여간딱한일이아닌줄을짐작하나 原稿畢하는대로官廳時間午後四時前에到着하여야할데가있는故로 面談을저녁時間으로밀기로妥協成立。 自轉車를날려某官廳과印刷所로 달리고 三友堂事件으로四人會談에叅席後歸宅。 밤에는約束하였던來客面談과執筆等。

九月三十日 (金)半晴。 淸晨의山上祈禱中에 聖靈의强壓을 感함이있어 生來의人間意志로서는 굽힐수없는自我를굽히고

某氏와面談。그結果에世上常識으로서는想像도할수없던光景이展開되다。人間으로서의 나의人品은 낮아졌으나 나의靈臺가甚히 輕快하고 滿足하였다。○먼저印刷所에들려校正하고、登校하야四時間授業、다시印刷所、總督府、또印刷所로。印刷를넘어燥急해한다고 結局 是非까지들으면서 午後五時半에 再次校了하다。그러고歸途에某友人의宅地賣買件에도暫時容喙하지아니치못하고 도라오랴니 昨今數三日間의紛忙은實로形言치못할程度였으매 心身의疲勞는 또한번絕頂에達한모양이다。明日出來할十月號도難產中難產인가보다。○어두운後에도라오매靈的近親一人이待하는中이어서 그의先親의信仰이야기、幼稚園敎育談等으로써一夜의歡談을얻은것은意外의기쁨이었다。그先親에 그後裔인저。○病床의訓導로부터『오래ㅅ동안 上書못하와 罪悚千萬이로소이다、生은其後집에서참고療養하였압더니、많이 差度가있아와感謝히지내나이다。그러하오나、生에게는肉體보다 맘에 더病이있는듯하옵니다。

每月下送하옵신 聖朝誌는참으로 맘의淸涼劑였압나이다 聖朝誌로말미암아얻은勇氣가안이였었던들 이제까지 참고祈禱하며지내지 못하였을가하나이다。그러하오나、이제는 어느 절같은곳으로가서 이가을철을지냈으면 身狀에 大端히有益할듯하와、두루생각中이옵나이다。

大端히 惶悚하온말슴이오나、

先生님께서、或 그런데適當하온寺刹이있아오면 下敎하여주셨아오면 感謝하겠나이다。그보다도、生은지난봄부터 先生님계신附近에가서、徹底한믿음의生活과、先生님의敎訓을빌며 지내기를 낮이나밤이나生覺하였아오나、어찌하면 좋을지를몰라와 이제껏 이르렀나이다。藥師寺나그附近等地에서 下宿하올곳이 없아옵겠나이까。大端히 외람하오나、下敎하여주시옵기伏望하옵나이다。云云。

九月二十九日 門下生 ×××上書』

但예수쟁이를寺刹에容納해줄까가問題이다

十月一日 (土) 曇、後雨。山上의祈禱에 尙今數軍이來襲함도 可憐하다。여러날만에閑日을얻으니 疲勞가發露됨인가身熱로咽喉부어오르다。終日書案도對하며白菜施肥도하면서 悠然하다。○夕飯後에明倫町宋斗用兄宅에가서十月號의發送準備하면서 製本出來하기를待하다。오늘 늦어야製本되겠으니 貞陵里까지 配達할수는없다해서 發送事務所를市內로臨時移動한것이다。밤十時가까워서製本到着。豫備하였던封筒에넣어서明朝發送을附托하고辭退。○歸途에支那料理進雅春에서 電話를빌려쓰다가、故意로 스위치를끊고도 料金만내라는卑劣한行動을是非하다。爭論해도多數를믿고暴行에及할形勢이매 물러나東小門警察官派出所에 이事實을告發하다。支那語에能通한巡查가 支那人을呼出하야叱責하는것과 또 거긔應答하는模樣을보면서、後日에같은問題로是非받을 사람들을爲하야 多少善事한줄自信하면서 東小門고개를넘으랴니 秋雨축축흐른다。

十月二日 (日) 雨。새벽에도 이슬비끊이지않다。未明에 夫妻함께淸涼里驛으로向하다。歸京하시는母親님 맞우기爲하야。驛에서 入場券과는이가不親切無誠實하야 爭論끝에切符販賣口의硝子窓을余의주먹으로 破壞하는殺風景을招致하다。但列車到着前五分까지販賣口木窓을열지않었다는것과、列車없다 또는延着이라는等虛言한것 (列車는正刻대로午前六時四十五分

着同八分發) 等으로써 事件發端의責任이全혀販賣係員에게 있었음이明白하야 硝子窓辨償의要求도取消되고、우리夫妻의入場料도안받는다고해서 一段落되다。예수의潔嚴行動같은 이事件을보고一般乘客들이甚히滿足해하는樣을보면 淸凉里驛員들의橫暴怠慢은 昨今에시작된일만이아닌모양이었다。甚至어靑色制服입은 鐵道工夫까지 余에게接近하야 讚辭를述하면서余의行動을支持하였다。○多量의手荷物을받어놓고運搬할人夫를求하였으나 雨中이오道路不便하고荷量이많어서 못가겠다고 擔當하는勞働者없음으로 余自身이「니하까」에끌고오다。개천을 건너며 想峴을넘으면서 筋肉勞働者두사람이라도 못하겠다고 물러서는役事를能히홀로서敢行하는余의體力에想及하니 자랑도 없을수없거니와感謝의 눈물좇아 앞길을흐리게하지아니치못하다。歸着하야時計를보니歸路가도리어五分速하여서一時十五分間이걸리다。勞働者의懦弱함이余의詩心을動케하도다。凡事有益함이어!○午後의明倫町集會에서고린도前書第八章及第十章第二十三節以下를講하다。저녁家庭禮拜에는 列王記上第二章을輪讀。趙成震君이來宅하야結婚式日字를今月十七日로確定。

十月三日 (月) 曇。젖먹이姪女京惠가身熱이甚하야 受診하니丹毒하라고해서赤十字病院에入院시기다。一方에서는結婚準備他方에서는生命이危篤。非常時局에또非常時局인저。○英國首相쳄벌린이 平和의神으로全英國民의稱讚을받는다는記事가보여서 新聞을注視한즉 체코國을救濟한平和가아니라犧牲으로바치고얻은平和였다。그래도皆曰 大政治家라고。○歸途에病院尋訪。○저녁에는 三友堂月例會로本社에모이다。一新紀元이생기다。

十月四日 (火) 晴。市內孝悌小學校外두어小學校에서 朝鮮語科를廢止한다고해서社會輿論이 분분한모양이다。○入院中의姪女 千萬뜻밖에 生命의危期를免한듯하야왼집안에다시生氣가돌기시작하다。但昨日以來로余自身이身熱과苦痛이甚하다。

十月五日 (水) 晴、夜雨。今日부터一週間 銃後報國强調週間이시작되다。疲勞아직不癒。○讀史消息에『聖朝誌는감사한가운데、奉讀했읍니다。某學友로부터「朝鮮歷史」를빌려서 읽었아온대 한벌門下生도 가지고싶사와 그冊을빌려벗길作定까지했아옵던바 이번號에 그같이發表하시오니 감사至極하외다。至急히 朝鮮歷史號를 있는대로 한벌下送해 주옵소서云云』○저녁에矯風會總會열린다고 呼出온것을 拒否하다。

十月六日 (木) 晴。咸兄께서來信에『글월 받었읍니다。붓을들고 글을써볼이려다가 막을라가뵈고싶은생각이 솟구처올라와서 붓을던지고 今日夕出發키로 생각했던次이었읍니다。말슴하신대로中旬頃에가지오。겨울은爲先이곳에있을것이오。이곳兄弟들뜻은있으면서永久한計劃을하라는것입니다。左思右考했고、여러번맞나기도했으나結局爲先있는것으로決했읍니다。서울보다는 더좁은틈바구니로 몰려들어가는일입니다。큰생각도생각이오 工夫도工夫려니와 그보다 兄의짐이나多少라도더러들였으면 했는데 許諾안됩니다。또이번달原稿로因해서도辱보시었읍니다。時事를닿치지말자다가도 또 그리되군합니다。그럼맞날날 기다립시다』○姪女恢復이尙今完全치는못하나 長女의結婚式準備等으로紛忙하야 今日退院시기다。

聖朝通信

十月七日 (金) 晴。登校授業外에長女의結婚式請牒을發送하는일도相當한役事였다。○저녁에는洞內의教育問題를討議하고 先生한분을 모셔오기로議決하다。○專門學校學生으로부터學友間에「聖書的立場에서본朝鮮歷史」를 차례로 돌려가면서읽을뿐더러筆寫하는中이라는報告오다。大部分品絶된今日엔 가장賢明한方策일것이다。

十月八日 (土) 晴、夜曇。授業後에職員會。二時間을通하야沈黙하다。저녁엔中秋明月이나구름이많어서遺憾이었다。○緊急한書信에答書를써서即夜로敎岩町까지나가發送하다。○注文書一枚如下『……들일말슴은 저의同生××君이……今秋에東京에서 入學準備를하고있는中입니다。철없고世上風波가 어떠한것인지 모르는것이物質文明이滔々히흐르는 近代都市에居하는故로 어려서부터믿는하나님을 저바릴까念慮마지못하와 聖朝代金一年分을附送하오니 半年分은 十月號부터××에게附送하옵고 殘額半年分은 제게附送하여주심을바랍니다』라고。果然 우리聖朝誌가 바벨론市같은東京에서 어린靈魂을安保해낼넌지모르나 同生을外地에둔兄님의精神에感激하야 우리도兄者의新約役에參戰하고저한다。또東京에子弟를보낸이는 좋은日曜集會가있고 基督信徒의經營하는 下宿이있는것을 記憶할것이다。

十月九日 (日) 晴。午前中의半日은何等碍害없이書案을對할수있었다。하늘은맑고 山麓은 아직푸르고 들의코스모스 바야으로 滿開하였으니 登山者들이 때때로 우리門前에佇立하야 嘆聲을 오래發하고 지나간다。○午後의市內集會에서 고린도前書第九章一節로부터 第十章十三節까지 講解하다。難解의部分이나 亦是많은教訓이들어있다。今日부터集會의廣告를看板에써서 두어군데 세우다。우리가福音을 公開하지않은것이아니다 듣지않는것은 우리의責任이 아니라는것을 明白히하기爲함이다。

十月十日 (月) 雨、後晴。밤중부터시작한豪雨에 시내ㅅ물이 불어서 아침登校時에는 발서暗渠를넘었다。빼쓰 電車로登校。授業後에 矯風會幹部數人과함께新設町에東山學院을訪하고 學院經營의經驗談도듣고 教師招聘의交涉도하다。學院은적으나 非凡한人物이 그안에앉었음에놀라다。저녁에는矯風會幹事會를모이고 今日交涉의結果를報告하는同時에 우리洞內의文盲退治方策의 具體案을協議하다。教師選任交涉의任을余에게一任한다하니 此亦是頭痛의資가안될수없는일이다。○한동안書案을對하고앉었으니 中秋의月色이넘어도 誘惑的이어서 시내ㅅ가에나가 空中에솟은달을 우러러보며 물속에잠긴달을 굽흐려 찾으며、秋虫의노래에 귀를기우리고 흐르는물소리에 마음을 씻으랴니 오직 내홀로에게만 이은혜있는듯도하고、調密한 서울장안에사는 七十萬人生의 시내ㅅ물모르고 달빛 못보는文化人들에게 측은한同情心을制止할수없다。아、내살림 오늘하루라도 足하다。때는 자정지나서 한시간。

十月十一日 (火) 晴。新聞의報導에依하면 朝鮮語는絶對로廢止않는다고 井坂文書課長이言明하였다하며、兒童死亡은朝鮮이世界第一高律이오 平均生命이男子는三十二、女子는三十五歲라고。歐米人들의平均年齡의半을사는심。그렇다면 우리는 발서平均年齡은 지나살었으니可謂福者乎。○어떤公務를帶하고梧柳洞往返。참意味의

教育은 서울에있음도아니오 大建物속에있음도아니오 大學者團에있음도아닌것을發見하고 기뻤다。○저녁에洞內에不審한人物하나가 突入하였다고해서 青年團과洞民全體를總動員하야 非常線을配布하고搜索하다。이일로因하야 자정까지 공청에出席指揮하다。○十月號卷頭의「否定의宣言」을읽고서憤然히購讀中止를通知한이가있다. 彼의生活이 그글에抵觸될줄은 내가몰랐던것인데 自己스스로 이글에맞었던모양이니 可憐한聖徒인저。

十月十二日 (水) 晴、夜雨。昨日열렸다는 基督敎敎役者愛國座談會寫眞이紙上에보이다。「投票重復新記錄、監理會總理師選擧異聞」이라는題目도 보이다。昨今에도總理師候補者들이 꽤많어 二十數回投票한모양。同一紙上에「染病의首都서울」이라는活字도보이다。무엇으로던지첫재라면고만。○午後에일즉도라와 庭內淸掃等役事若干。저녁엔 青年團會合에暫時出席하다。○來信一枚『지난一日부터當地郡農會에技手로採用되와畜産事務를보고있읍니다其間不過旬日이오나所謂官廳雰圍氣의 어떤것임을 대략 짐작하겠아오며 여러가지로可笑可憎하고 또可矜可悶한情景을對하게됩니다。當初에는職務가過激하야 健康이堪耐할가念慮되였아오나 그보다는차라리 마음에없는應酬交際를逃避하는것이 여간한心苦가아니올시다。然이오나 저의 今番就職은學費捻出의一方途로臨時取한길이오매 구태 남에게阿諂할必要도없아오며 고만두라면 언제던지 고만둘覺悟委아있아오니 스스로心中의 綽綽함을 느끼기도합니다。

다음、佐藤先生께서一高로榮轉되여歸國하신일 여간섭섭한일이아니올시다。朝鮮과朝鮮青年의앞길에對하야 衷心의同情을가지는先生을 잃은것은 진실로 큰損失이오며、今後저곳에서眞理運動에 한층힘쓰심이있기를 懇切히祈願하게되옵나이다。前日先生께서온短信이있압기同封하옵나이다。——××府に嫁はれ朝鮮學生に憎まれそれでも十二年といふもの半島の地に厄介になつたのに拘らず、不思議な導きで母校に歸つて來ました。今半島の地を想返して眞の教育といふものが、如何に行はれ難いものか、自分の様な灰色のものでさへ困難たつたのだから、眞に半島を愛する人はどんなに苦しいだらうと感じてゐます。目に見る厳めしい物、きらびやかなもの、美しい物、それはやがて亡びて行きます。弱くても生命長いものを固く保つて本當の人間としての生活を足許から築いて行く様努めて下さい。祈ります、祈ります』。지난여름 하루저녁에 佐藤兄은來談하기를「世俗的人間들은 自己地位를保全하기에本能的으로强하다」고。그리고自己의辭職意思를表明한때에 抑志로挽留함을 마지못하였다。마는某學者의말과같이「退却해도좋을人間들은 옴지기지않고 꼭留任해주어야할사람들은 歸去한다」저와같은 참사람 하나를 容納지못하는朝鮮의今後를 헤아릴수록寒心哉。한가지奇異한것은 周圍의俗吏들이 저를壓迫할수록 저는榮轉하여가는일이다。水原서 서울로、서울서東京一高로。이제 한번더迫害가오면 大學으로갈터이오 또한번當하면 天國으로 갈것이다。사람의 눈에는奇異하다 안할수없다。

十月十七日 長女의結婚式에際하야分에넘치는厚意를 베푸러주신先輩誌友親知諸位께 삼가感謝를 들이옵나이다。金敎臣。

金敎臣 著

(1) 山上垂訓研究 全

四六版・二四五頁 定價七十錢・送料六錢

마태福音第五―七章의三章을詳細히解釋한것이다。이簡明한文字中에서 基督敎의心髓를把握할수있다。그中의主祈禱文의解義만一讀하여도 基督敎가 다른宗敎와는根本的으로差異가있는宗敎인것을 누구던지看取할것이다 처음求道하는이에게는基督敎의入門이되려지와近來에는神學生들의叅考書로도需要가不絕하다。

(2) 聖朝文庫第一輯 푸로테스탄트의精神

咸錫憲 著

菊版半・三十二頁 定價金十錢・送料三錢

人間은出生하면서부터 카도릭信者라한다。달팽이가石灰質殼衣를汾泌하듯이 人間들도 그릇된敬虔과頑迷로써殼製을만들어쓰고야 비로소安心하고저한다。그러나安定된때는 발서死殼化한때이다。이死殼化하려는人間傾向에對하야改革의精神 福音의源泉에蘇生하게警醒한것이이冊이다。

(3) 聖朝文庫第二輯 無敎會

咸錫憲 著

菊版半・三十二頁 定價金十錢・送料三錢

無敎會主義라고하면 旣成敎會를攻擊論難하는消極的인것에不過하다고納得하여버리는間單한腦細胞의所有者도있으나無敎會란 그렁게簡單한것이아니다。積極的 建設的眞理가그속에들어있다。無敎會의實際와理論을가장簡明充足하게表現한것이다。

京城聖書研究會

場所 市內明倫町四丁目三三宋斗用氏方

日時 每日曜日午後二時半부터約二時間

會費 一個月五十錢以上、每一回二十錢식

講師 金敎臣。十一月第一日曜日에는고린도前書第十三章의研究시작되려이다

市內뻐스東崇橋下車、約三分。遲刻謝絕。

梧柳洞聖書研究會

場所 京仁線梧柳洞驛前應谷宋厚用氏方

日時 每日曜日午前十一時부터約一時間

會費 各自의定額을每月負擔함。

早天祈禱會

明年一月七日(土曜)부터一週間北漢山麓에서 새벽祈禱會를하고저한다。每日午前中에는咸先生의히브리書講義、午后에는本誌主筆其他의聖書講義있을터。大體로前年의冬季聖書講習會와같은것인데 다시廣告도안할터이니 詳細를알고저하는이는返信料를添하야本社로照會하라。

新約聖書槪要

題目	號數
마가福音의大旨 (但品切)	七四
요한福音의大旨	一〇六
로마書의大旨	一〇七
마태福音의大旨	一〇九
고린도前書大旨	一一一
고린도後書大旨	一一三
갈라디아書大旨	一一四
누가福音大旨	一一五
共觀福音問題	一一六
使徒行傳大旨	一一七

本誌定價(自五月號改正)

一冊 貳拾錢

六冊(送料共) 前金一圓十錢

十二冊(一年分) 前金貳圓貳拾錢

要前金。直接注文은

振替貯金口座京城一六五九四番

(聖書朝鮮社)로。

取次販賣所

京城府鍾路二丁目八六 博文書館

京城府鍾路二丁目九一 耶穌敎書館

東京市麴町區九段坂 向山堂書房

復活社(京城府) 茂英堂(大邱府)

新聲閣(咸興府) 信一書館(平壤府)

北星堂(春川邑) 大東書林(新義州)

昭和十三年十月二十九日 印刷
昭和十三年十一月一日 發行

京城府外崇仁面貞陵里三七八
編輯兼發行者 金敎臣

京城府仁寺町一二九ノ三
印刷者 金顯道

京城府仁寺町一二九ノ三
印刷所 大東印刷所

京城府外崇仁面貞陵里三七八
發行所 聖書朝鮮社
振替口座京城一六五九四番

【聖書朝鮮】第一百十八號 昭和五年一月二十八日 第三種郵便物認可 昭和十三年十一月一日發行 每月一回一日發行

【本誌定價二十錢】(送料五厘)

昭和五年一月二十八日(第三種郵便物認可)
昭和十三年十二月一日發行(每月一回一日發行)

金敎臣主筆

聖書朝鮮

第壹百拾九號

昭和十三年(一九三八)十二月一日發行

目次

荒蕪地

서울彰義門밖에 나서면 北岳山과仁王山과北漢山사이에열린四五洞內가配布된 골목이있다。옛날엇던兵營과 曝白場은 거의자취만남겼으나 능금栽培와製紙業은 도리어盛해가는듯하고 大都市를相對로하는花草栽培는 날로發展할形勢이다。 彰義門樓上이나或은洗劍亭近邊에佇立하야 봄이면봄날 여름이면여름날 또는 가을아침겨울저녁할것없이 하루終日서서 이골목에生活하는사람들의生活樣式을注視할진대 제아무리無心한사람이라할지라도 自然히 머리숙어짐을 깨달을것이다。숙어지지않는다면 저는彰義門으로 지고넘는지게마다 무엇을지엇나 알어볼것이오、그 지게가 山꼭대기 어듸까지올라가나 눈여겨볼것이오、果圃의地質은무엇이며 傾斜는 몃度나되나 알어볼것이다。

흔히朝鮮사람은 게으른百姓이라하니 果然게으르기도할것이다。그러나彰義門밖사람들은 決코 게으름방이아닐뿐더러 짐작건대世界어느나라百姓과比較해도 遜色없이 부지런한사람들이오 영악한사람들이다。저들은 土壤에서農事하는것이아니라岩石을耕作하는이들이오、山麓을開墾하는것이아니라山등까지 깍어먹는者들이다。餘地없이 깍어먹은땅을보려거던彰義門밖에찾을것이다。게으른者로警醒發奮케하기도하려니와 바라보는者의神經을疲困케하는힘도크다。

갈이 서울北편에隣接했으나補土峴을境界로한東北쪽은全然다른世界를 일우었다。彰義門밖보다地勢는傾斜가緩々하고山骨이露出하지않어서草木이恒常푸르고 廣潤한沖積平野에比길수는없으나 그래도밭도있고 논도있을뿐더러 洗劍亭一帶에比한다면可謂沃土良田이라할만하며 그처럼開墾하려면 現耕作地面의五六倍乃至十餘倍의地積을얻을만한餘裕가남어있다。地理的單元으로된想峴과吉音橋까지의廣汎함이 彰義門밖의數倍나되련마는 人口는 애우라지 貞陵里한洞內뿐이니 이亦是補土峴西便처럼 山골짝이까지居住하게되는날에는 能히 한邑을成할수도 있을것이다。

이렴으로貞陵里에는孫서방의밭과王서방의논 사이의境界線이 아직 날카랍지않은데가많다。寸土로싸우는京城府에서想峴을넘어 넉넉한地界와荒蕪한防築을 밟을때、山등까지 치켜 깍어먹은彰義門밖으로부터補土峴을넘어 아직도開墾할餘裕많은林野의 부드러운품에 안길때에、게으름방이洞內라고辱할이도있으련마는 그래도靈臺와心身에形容할수없는 잖은慰安을주는것은 우리荒蕪地이다。우리도直線新作路를便케아나「曲徑通幽處」의맛을 모른다할수없고、農事試驗場처럼區畫整理된논과 彰義門밖처럼 영악하게 깍어먹는果圃를 장해하지않는것이아니나 貞陵里山麓地帶의 荒蕪한林野와溪邊을 고마워안할수도없는者이다。所有者없는荒蕪地에散步하는것은 우리에게는 곧 에덴동산에 노이는感이다。

責任의限界線

세상에 귀한것은 責任感이 강한사람이오、세상 못쓸것은責任感없는人間이다。다음에 못쓸것은 지나친責任感인듯하다。近日우리는 奇特한 젊은姉妹의 强한責任感을보고 놀라지않을수없었다。생각에 잠기지않지못했다。

이 젊은姉妹는 우으로 出嫁하야健全한家庭살림하는兄이있고、또 先親의遺志를따라 家門의名譽를 損失치않으리만한 오빠가 우에健在한터인데、막난딸인自己가 그片母를幸福스럽게모시기爲하야 서울에求職하고저하는것이였다。그心志의 庸劣치아니함은勿論이오 女息으로서의濃厚한愛情과 世上을모르는處女로서의純眞한心思는感嘆할만하였다。

그러나 도리켜 우리의男子로出生하여 長子의責任을 나면서부터 걸머지지아니치못했고 妻子에對한義務까지 나날이增大하여지는者의立場에서 저姉妹의心事를 헤아리고저할때에 到底히理解할수없는巨溝가 그사이에橫在함을發見하지 않을수없었다。우리로 말하라면 이미 지였던짐도 벗어버리지못해嘆息이오 지어야할짐도避할길을 찾지못해애쓰는데 저런奇特한 딸들이있을까。이미出嫁하야安定한兄이있고大丈夫오빠가있어도 自己걱정으로맡으려할까。

예수 열두살되였을때에 찾어간母親께對한 대답은 우리에게 무슨消息을傳하는가(누가二・四一ー五一)

어찌하야 나를찾였나이까 내가 나의아버지집에 있어야쓸줄을 알지못하였나이까 라고。예수가 그父母께對한孝道의情과義務는 이때에 발서 한번斷絕된것이였다。그랬음으로 十字架우에서까지도예수는 참된孝子이였던것이다。釋加가王宮을떠나 出家의길에올랐을때에 저는 義務의 쇠사슬을斷絕하고 나섰다。저들은 一家와一國의義務를 버린듯했으나 天下萬邦의義務를 맡아진것이오 千秋萬代의大義務를 차지한것이다。

父母된사람의心情을 알고본다면 父母가딸子息에게期待하는것은 生活의保障도아니오 都會地에살림하는 호사도아니오、父母에게 걱정시기되 多少적게시기면當幸이오、出嫁하거나或은職業에就하거나自己일을自己가다하는날을보면泰山이다。父母를幸福스럽게 호사하게云々하는것은父母에게對하야도 주제넘은줏이오 健在한長男에게對하야는侮辱。朝鮮의딸들은어찌自己어머니있는줄알고 數千數萬의어머니들을 생각지못하는가、나이팅・게일、클라라・바ー톤、스토우夫人같은女性이 出現하면朝鮮父母들이怒여워할까。벗어버릴수있는責任까지 맡어지고가랴고하는故로 참다운責任은等閑이된다。父母와妻子도 저바리고 自己生命까지도 미워하고서 나를따르라하신 예수의心情을생각할것이다。男女勿論하고責任의限界를 잘지키는사람만이 無限大의重責을 질수있는人物이다。

親疎有別

一般세상에서는 親疎에別이있음이當然한일같이되였다。有利한일은親密한이에게許하고 不利한일은疎遠한사람에게負擔시기려하며、親한이에게는緩和하게할일도疎隔한터에는 딱딱하게구는것이通則이다。그래야人情味가 있다하며 親知가 고맙다고한다。이는東西古今을通한人情의鐵則인故로 或時이法則에서 어그러진者있으면 한洞內한家門의怒를산다。

그러나親疎를區別하는일이助長되면 社會의弊端이 한두가지뿐이아닌故로 親疎無別을 웨처行하는超人情의人物이 종종出現한다。親疎無別은有別보다 確實히一段우에서는자리이다。親疎의別을 두지않을때에 乘車切符는 선차례로 사게되는것이오、學校의入學은實力대로許하게되는것이오、醫師의診察은受付順次로 될뿐더러 貧富貴賤의別도없이 골고루親切周密히 받을것이오、各種官廳의萬般認可와許可와證明等은 機械로 돌린듯이 順序整然하게 나올것이다。親疎의別을없이하는것은 人間社會에서 누구라할것없이 힘써야할일인것은 論을待할것도없는일이다。

그런데第三段으로 親疎의別을 두는일이있고 두어야 할데가있다。例컨대 本誌의配付가 그렇고 우리의交友의道가 그래야한다。本誌는 極貧者와重患者와其他 예수가 누구인지全然不知하는이게는 無代로配付하는일도있였다。그러나 예수를 알고 그의福音이生命인줄알며 本誌가 어떻게發刊되며 그달그날에發行되기爲하야는 그主筆과其他兄弟들이 몇밤식새며 몇매ㅅ식忘食하고서 되는일인줄 잘아는親知에게對하야는 先金切된때가 마그막번이다。金錢만알고 親分을 몰라보는사람이라고 抗議받는때도 있으나 그는 親分을 몰라서가아니라 잘알었기때문이다。親疎有別인까닭이다。中止하는것이 가장親密한兄弟에게對한 가장尊敬하며親切한行動인것을確信하기때문이다。

金錢의借用은 어떤境遇에던지 할일이아니지마는 萬不得已하거던 貸金業者나典當舖에서正式手續하고서 쓸것이다。우리가 서울장안을 좁다고借金얻고저 다니면서도 돈가진友人에게借用하기를敢히請치못하는 어른을보았으니 이는 그사이가極히親密한까닭이오、三錢切手한장을 친구에게請할수없어서數日間郵便發送을遲滯했으니 이는 한갓못난所致로 만 돌릴것이아니다。

이스라엘百姓에게苦難이各別했음은 저들에게 여호와神의親分이 두터웠던까닭이오 義人에게患難이많고 貴여운아들에게鞭楚가 끊지않으니 이것도親疎有別인까닭이다。이런意味의別을 두지않고서 우리를理解한다하며 우리의友誼를要求하려는者는 그 거즛이露出하기前에 어서 물러갈진저!

新約聖書槪要 [一二]

金敎臣

빌립보書大旨

獄中書翰 本書는 에베소書、골로새書、빌레몬書等과함께 通稱「獄中書翰」이라고이른다。바울이獄中에捕囚된中에서著述한것이기때문이다。入獄하였던場所에關하야는 에베소 或은 게사리아說을主張하는이도있으나 大槪로마說이 가장有力하다。더욱 빌립보書는 그本文中에明記한바있어서 다른抑說을不許한다。即「全侍衛隊」라하며(一·一三)、「가이사家人」云云은(四·二二) 本書가 로마에서記述되였다는것을自證한다。로마獄中에서 明日의運命如何도安心할수없는處地에서 빌립보敎會로 써보낸 편지인것을 알고읽으면 이書翰의眞價를 더욱 깊이認識할것이다。

빌립보敎會 小아세아에서의 바울의傳道가 失敗와困窮으로 앞길이 거의完全히 막히려할때에 白衣의天使가出現하야 마게도니아로 바울의一行을招請하였다。이에 亞細亞大陸에서歐羅巴大陸으로、實相은 小아세아一小地域의宗敎로부터全世界救援의莊途로登程하는 一大轉換이 생겨난것이다。歐洲大陸에足跡을印치면서 第一먼저福音을傳한곳이 빌립보市였다。여기서歐洲最初의福音열매가맺혔다。第一먼저福音을信受한이는紫紬장사하는 루듸아라는女人이오 둘째로救援받기는占하는邪鬼들린女人이였는데 그女巫를두고貪利하던主人의告發로因하야 바울과실라는棍杖으로맞고도投獄當했다。桎足한대로獄中에서 바울과실라가祈禱하고讚頌을 시작했더니 밤중에地動이일어獄門은 열리고 囚人들을締繫했던것은 죄다脫解되는奇蹟이나타났다。이일로因하야 獄의司掌과 그家族은入信하야洗禮받었고、가만히 이問題를隱蔽하고저하는法官에게對하야 바울은羅馬人이라는法的權利를主張하는 一場익살을부려서法官으로하여금 매우當惑케한일도여기서생겼다(行傳一六·六—四〇)

이렇게 歐洲大陸에서 처음맺힌靈的結實의地로보나 또는肉體的困苦의記念地로보던지 빌립보는 바울에게 잊을수없는땅이되였다。여기敎會가 일우어진後로 바울은 第三回傳道旅行時에도二次나 이곳敎會를尋訪하였고(사도行傳二〇·一、六)、前後十年間이나 바울과빌립보敎會는 親密한關係가持續되였고、다른敎會에서는物質的선물을 받지않는바울이 빌립보敎會에서만은再三次선물을 받었고 또 그것을滿足해하였다(四·一五—一六)。

빌립보는 마게도니아地方第一流大都市였다。紀元前四世紀項에 알렉산더大王의父王마게도니아의빌립이建設하고自己名으로써命名한것이다。바울이第二回傳道旅行時에 이곳에들렸을때는(紀元五十年頃) 발서羅馬의植民地였다。

本書의特色 로마獄中에있는바울先生의窮乏을慰勞하기爲하야 빌립보敎會의선物을 가지고왔던代表者에바부로듸도가重病에걸려呻吟하다가 恢復되여歸朝하게될때에(二·二五一三〇)、感謝한情을表하는同時에自身의困難한境遇가 도리어福音傳道의役割을 다하고있는現象을말하야 빌립보敎人들의不安을除하며 一層奮勵向上하기를 부탁하려는 편지다。매우親密한사이의個人的私信과갈은것이特色의一이다。

그리스도예수의僕바울과듸모데云云

으로 시작한것도 本書가全然私的이오親密한情誼를 나타낸것임을裏書한다。이와正反對로公開狀의性質을濃厚하게表示한것은 갈라듸아書翰이다。그端緒에 가르되

使徒바울의使徒된것은人의게서出한것도아니오云云

하였다。갈라듸아書中에 나타난 福音의自由에關한論爭의激烈한것은 발서 그卷頭의一行에서 엿볼수있다。「僕」이라함은謙遜과親愛를表하는말이오 「使徒」라함은使命과權威를主張하는말이다。갈라듸아書에는權威者인 두려운使徒바울이 나타났고、로마書에는組織整然한神學者바울이 나타났고、고린도書에는 亂麻갈이엉크러진敎會內의複雜한問題를一刀兩斷으로處理하는實際的牧會者바울이 나타났으나 本書에는親愛한 친구바울이 드러났다。

내가 예수그리스도의心臟으로 너의를 어떻게戀慕하는지 하나님께서證據하시는지라

고(一·八) 한것은 우리로하여금 다윗이요나단을爲하야 부른弔歌의句를聯想치않고는 견딜수없다。

奇異하도다 네가 나를사랑함이어、女人의사랑보다勝하도다

라고(삼后一·二六)。바울이 빌립보敎人들을 사랑함도 이런사랑이였다。또 일렀으되

나의戀慕하는兄弟들아 너의는 나의기쁨이오 나의冕旒冠이니라

고(四·一)。바울은 빌립보信徒들께對한自己의사랑을表現코저하야 言辭의貧乏을切感하였을것이다。嚴格하고勇敢하기사단도 뒷걸음치게하는바울의性格에 이와같은 꿀송이같이달큼한사랑의一面이있었던것을 보여준것은 우리의人生學에 一大發見이 안될수없다。

本書의特色의 다른하나는 歡喜의文字라는것이다。老齡에 멀리他鄕에囚禁된使徒로서明日의運命如何도安心할수없는處地이니 있다면憂鬱이오 난다면嘆息뿐일터인매에, 빌립보敎友들을 생각하는老使徒바울의가슴에는歡喜요또歡喜의潮水가 넘치고넘침을制止할수없었다。

너의를爲하야 기쁨으로恒常懇求……(一·四)

내가 기뻐하며 또한기뻐하리라(同一八)

恒常主안에서 기뻐하라 내가다시말하노니 기뻐하라

(四·四)

等等 이 조고마한冊、四章百四節로된書翰中에 기쁘하라 或은기쁨이라는字가數十번 나타났으니 全篇이모다 기쁨의文字인듯이보이는것도當然한일이다。

빌립보書를읽는者에게 눈에띄여보이는文字가 또하나있으니 그는「코이노니아」라는字다。一章五節에「너의가參與함」、二章一節에「聖靈의무슨交涉이」、三章十節에「그(그리스도의)苦難의같이함」、四章十四節에「患難에參與함」이라고譯한字는希臘原文은 모다同一한 Koinonia 라는字이다。이字는「協力」「同心」「參與」「分擔」「贊同」等으로譯할수있는字이다。「코이노니아」를「友誼」로譯하기도하나 單히友誼에 그치는것이아니오福音傳播에協力하며、그勤勞를分擔하는뜻이있다。福音을爲하야榮辱을함께한다는뜻이다。빌립보敎友들은 單只바울의思想信仰을傳授받은弟子일뿐아니라 實로福音傳播의責任을 바울과分擔한者들이오 그費用을分擔하였고 그傳道의成敗를 저들自身의事業과같이關心하였다。그런心事가 福音의「코이노니아」이다。故로 빌립보敎會에는 敎理에依한和協一致를說敎할必要는없었다。그리스도의困苦에參與하며 福音傳播의榮辱을分擔함으로써 저들은 참되고 깊은友誼——「코이노니야」에서 살었다。우리各自에게도 이「코이노니아」가있고저祈願할진저。

빌립보書分解表

序文 (一·一—一一)

甲 인사。 (一·一—二)

乙 感謝와祈願。 (一·三—一一)

너의가福音傳播에協助한일、또 하나님이 이일을成就하실것을믿음으로 내가恒常感謝한다(三—六)

내가 너의를戀慕하는證人은하나님이다(七—八)

너의愛와知識과悟性이 날로增加하며、하나님의榮光을 나타내기를祈願한다(九—一一)

本文 (一·一二—四·二〇)

甲 바울의個人消息。 (一·一二—二六)

나의入獄(로마?)은 도리어福音傳播에有効했다。惡意로써宣傳하는者도 要컨대 그리스도를宣傳하는까닭에 나는 기뻐한다(一二—一八)。凡事가 나의救援의役割을 다함을 믿는故로 나는 기뻐하며、나의唯一의所願은 그리스도가讚揚받는일이다(一九—二〇)。生死어느편을擇할것인가難處하다。나로서는 죽어가서 그리스도와 함께居하기를願하나、너의를爲하야는生存하는편이必要하다(二一—二四)。

빌리보書分解表

或은聖意에따라釋放될넌지도 모른다(二五—二六)。

乙 勸誡。 (一·二七—四·九)

一 信仰을爲하야 싸워라。 (一·二七—三〇)
信者답게生活하라、信仰을爲하야勇敢히 싸워라。苦難을 견디라、救援은確實하다。

二 教會內의和合。 (二·一—一一)
一致和協하라。謙遜하라(一—五)、그리스도讚頌歌(六—八)。저는 낮어진故로 높여졌다(九—一一)

三 信仰의服從과救援의完成。 (二·一二—一八)
하나님께順從하며、救援의完成을準備하라(一二—一三)
하나님의 흠없는 아들、世上의빛이되라(一四—一六)
그를爲하야는 나의피를 뿌려도 기뿌다(一七—一八)

〔四 旅行計畫。〕 (二·一九—三〇)
디모데를薦함(一九—二三)。나도不遠에 가리라、
지금은 에바부로듸도를派遣한다(二四—三〇)

五 主안에서 기빼하라。 (三·一)

〔六 유대人의誤謬와 바울의前進目標。〕 (三·二—一六)
개같은割禮黨을 조심하라。우리가 참割禮黨이니라(二—三)。히브리人된 바울의자랑(四—六)。그러나只今은糞土같이 여긴다(七—八)。信仰의義를얻고 그리스도의苦를分擔하며、復活에參與하는것이唯一의祈願이다(九—一一)。
勿論내가 이미完成했다는것이아니다。나는 뒤에있는것을 잊어버리고 앞에있는最後의目標를 잡으려고 突進한다(一二—一四)。너의도 이같이하라(一五—一六)

六

七 나를 본받으라。 (三·一七—四·一)
나를 본받어 거르라、十字架에對敵하야 거른者많은까닭에。저들은 따의일만 생각한다(一七—一九)。
그러나 우리는天國市民이다。그리스도가 우리를迎接하야榮光을 나타내실날은 가깝다(二〇—二一)
그런즉 나의戀慕하는兄弟들아、나의 기쁨、나의 면류관이어 主안에 굳게서라!(四·一)。

八 最後의訓誡 (四·二—九)
個人的訓誡(二—三)。기빼하라 기빼하라、寬大하라
기도하라、求하라、感謝하라、主ㅣ가까웠다(四—七)
무릇善事는 모주리行하라(八—九)。

丙 贈物에對한感謝。 (四·一〇—二〇)
나는窮乏에自足할줄아는者이나、이마음이 너의게 생겼음을 너의를爲하야 기빼한다(一〇—一八)。
하나님의補償과頌榮(一九—二〇)

結語 (四·二一—二三)

하늘나라百姓의資格

마태十一章二十五節—三十節

咸 錫 憲

「受苦하고 무거운짐을진 사람들은 다 내게로오라、내가 너의를 便히쉬게하리라。」

가장福音的인말슴으로 흔히사람의입에오르나리는 이句節은、이것을孤立한一語로만、即 아무歷史的關聯이 없이 그저苦惱하는人生을보시고 예수께서發하신 慈悲의宣言이라고만보아도 感謝의눈물없이는 지나가지못할 偉大한말슴이다。또事實一般的으로 하는解釋이 그러하다。그러나 이말슴의根本뜻은 그것만이아니다。이것을 그發하시던때의 實地境遇를 心中에두고 씹어보면 一層더놀라운것이 있음을 알수있다。

예수가이말슴을하시던때의 心中을헤아리려면 創世記첫머리붙어읽는것이 正當하다할것이다。그러나그것까지는그만두고라도 적어도 馬太九章末에서붙어는 보아야한다。거긔보면 예수게서는 그無限히慈悲하신눈으로「무리가牧者없는羊과같이 苦生하며 流離하는것을보시고 불상히여여」「秋收할것은많으되 일군은적으니 그럼으로秋收하는主人에게 懇求하야 일군을보내여 秋收하게하야주소서하라」고. 弟子들에게命하야、傳道의急한것을 말슴하시였다。穀食이누렇게 다익어 秋收하기가 時刻이急하게된것같이 人心의狀態가 天國福音의傳播를기다림이 그렇게急하였다。그래서十章에보면 十二弟子를불러 權能을주시고 懇篤한注意를주시어서 四方으로보내여 傳道하게하시였다。그러고自己도「가르치시며 頒布하시랴고 各城에가시였다」(十一章一節)。그리하야農夫가 누렇게익어 고개가푹푹숙으러진穀食단을 기뿜으로걷어드리듯이 悔改하야아름다운靈魂을天國門안으로 안아드리기를期待하시였다。그런대實地는어떠냐 結果는期待와달러서「權能을 가장많이 펴신고을이悔改치않었다」(十一章二十節)。이때에 예수의마음이 어떠하였으랴 한번생각하야볼 必要가있다。빛이强하면 그림지도濃한法이라。無限한사랑의맘에 느껴진아픔도無限하지않으면안되였을것이다。故로罪가없는 그의말에도 거룩한嫉妬가 불붓지않을수없다。

「禍있을진저 고라신아……

「禍있을진저 벳세다야……

「가버나움아 네가 하늘에올을듯싶으냐 地獄에떠러지리라……」

肉의생각으로하면 天地가 아득하고 가슴이 鉛갈아지며 魂魄이黃밀처럼 녹으려할때다。내希望아 너는어대 있느냐

내理想아 너는어대로갔느냐 하고 부르짖을때다。그러나 저는 肉으로난者가아니오 聖靈으로난者였다。故로慾에屬한사람갈이 落心하지아니하고、失敗속에 도리어 하나님의 거룩하신攝理를보시고 더욱光明의나라로 올라가셨다。그리하야 二十五、六節의 저놀라운祈禱가 되어나왔다。

「感謝하옵니다、아바지 天地의主宰시여、당신은 이것을 智慧있는者 智覺있는者에게는 감추시고 어린아이에게 나타내셨사옵니다。올습니다、아바지여、이것이 당신보시기에 合意하옵니다。」(私譯)

누가福音에보면 이祈禱를하시는때에 예수는「聖神으로 기뻐하시였」다고 하였다。果然聖神아니고肉으로는 이런 아름다움、이런壯嚴、이런榮光、이런聖스러움이있을수없다。

感謝의祈禱있은後 거룩하신胸中에 光明은一層더하고確信은 새로더하였다。그리하야 새證據가있다。二十七節은 예수自身의獨白이라고도、或은하나님과 그지으신萬物앞에서하신 眞理의表明이라고도 할수있다。이것을潛心하야보면이안에 從前에比하야 眞理의一段높은啓示가 들어있음을알수있다。지금까지 一般으로天國을頒布하였으나、사람이거긔應치않고 들어오는者는 一部少數者에 지나지않었다。그러나 그로因하야、

「아바지밖에는 아들을아는者가없고 아들과아들이하고저하는대로 나타내여보여주는者밖에는 아바지를 아는者가없나니라」

하는 새眞理에 이르렀다。여긔서예수의傳道方針은 一變할수밖에없어졌다。從來 一般公衆을相對로하시고 敎會堂을찾어들어가 가르치시며 넓이傳播하시던것을 그만두시고「귀있는者는들으라」하시며 奧妙한天國福音을 一部少數者에게만 말슴하시고 一般聽衆에게는 들어도듣지못하며 보아도보지못하게 하시려는듯 譬喩가아니고는 말슴하시지안는方針을 取하시게된다。우에말한「受苦하고 무거운짐을진사람들은 다내게로오라」는 宣言은 이 새傳道方針을表明하시는 第一聲이였다。故로그뜻의重心은 흔히생각하는것갈이「다내게로오라」는「다」에있는것이아니오「受苦하고 무거운짐진사람은」이라는대있다。다른사람은 모른다 너이受苦하고 무거운짐진사람들은 내게로오너라 오면 내가너의를 내나라에받아들여 便히쉬게 하리라、하시는 뜻이다。

이로써보면 이宣言은 예수가그길을 넓히면서가아니라 失敗後에 傳道方針의一大轉換을하여、길을 좁히면서 하신말슴인것을알수있다。예수에게失敗가있다면 異常하게들을수있으나、예수에게도 失敗가있다。예수에게도있다기보다도 예수의一生은 사람의말로하면 失敗의一生이라함이 正當하다。저의不足無能力으로因하야서가아니라、人間의頑惡으로因하야서다。예수라도 聖神을 拒逆하는 頑强한人

心은 어떻게할수가없다。그러나 福音의歷史에서 滋味있는것은、失敗는恒常 보다높은級의眞理를 끌어내는일이다。人間이神의經綸에 거스리지않고順從하면 勿論그것으로聖意를일우시는것이 있을것이다。그러나 人間이거스린다하여서 하나님의일하심이 無에도라가지는않는다。거스리면거스릴수록 그로因하야 一層더높은眞理가 들어난다。예수의公衆傳道가 萬一成功이되였다면 勿論以上없이좋은일이오 그로써 하늘나라가臨하였을것이다。그러나 公衆은그를拒絕했다。拒絕했기때문에 受苦하고 무거운짐진사람을불러 天國百姓을삼는 貴한眞理는 나타났다。

그러면 一般傳道에失敗하신 예수는 왜 새傳道의對象으로 受苦하고 무거운짐진사람들을 불렀느냐、그것이우리가알지않으면안되는일이다。그를爲하야 우리는 다음의 세가지를 생각할必要가있다。

一、왜 智慧있는者 智覺있는者 에게는 天國理致를 감추고 어린아이에게 나타내는것이 聖意냐。

二、受苦하고 무거운짐진사람이란 어떤사람이냐。

三、아들이 自己의하고저하는대로 나타내여보여준다는것과 내게로오라는것과는 어떻게關係가되느냐。

一、여기關하야는 다른말을할必要가없고 明快하고힘있는바울의말을들으면 足하다。

「兄弟들아 너의를부르심을 볼지어다。肉體를依하야 智慧있는者가 많지아니하며 能한者가 많지아니하며 잘난者가 많지아니하니、이에하나님게서 世上의 어리석다는것을 擇하사 智慧가있는者를 부끄럽게하시고 世上의弱하다하는것을擇하사 强한것을 부끄럽거하시며 또하나님게서 世上의賤하더하는것과 蔑視받는것과 없는것을擇하사 있는것을廢하시니 이는肉體를가진아모라도 하나님앞에서자랑하지못하게하심이라。너의가 하나님을힘닙어 그리스도예수안에있으니 예수는하나님이세우사 너의에게智慧와義와거륵과贖罪함이되셨으니 記錄한바와같으니 일였으되 자랑하는者는 主로써자랑하라하였다」(고前一章二十六節——三十一節)。

예수의말슴하신「어린아이」를 說明하면「어리석은것」「弱한것」「賤한것」「蔑視받는것」「없는것」이다。

二、受苦하고 무거운짐을진사람이라는것도 그사람에지나지않는다。人生은、眞實히살려는限、짐임을免할수없다。社會에對한義務라는것이 짐이오、家庭에對한責任이라는것이 짐이오、五尺短軀를 七十年間 地球引力에抗拒하야 끌고다니는것이 爲先짐이다。아니다 무엇보다도、이볼수도없고 만질수도없시 方寸之間에 들어있는것이짐이다。가렬것없고 꺼릴것없이 그저달라고 손을 허우적이는것 이것을慾이라하고、놓을수도없고 낮을수도없이 그저올라가

하늘나라百姓의資格

자고 불길처럼타는것 이것을理想이라하며、내가울거나웃거나 冷然한態度로 自己올ㅅ대로오고自己갈ㅅ대로가는것、이것을自然이라하는대、그間에一點깜박거리는存在가있어「너는善할지어다!」하고 命令을한다。果然人生이란 짐을진存在라고 할수밖에없다。人間의온가지活動은 이짐을處分하려는데서 나온다。經濟여긔서나오고 政治여긔서나오고 學問藝術이 여긔서나오고 思想道德이 여긔서나온다。爭奪도 여긔서나오고 도적질도 여긔서나온다。

짐을진것은 그처럼 人間이나면서붙어가지는狀態요 거긔對하는方法도 여러가지나 그마음의態度로하면 두가지다。하나는그짐을 지자는것이오 또하나는 그짐을免해보자는것이다。그러고 大多數의사람이 後者인것은 勿論이다。文明이란다른것아니오 人間이짐을벗어보자는 努力이다。크기로는 國家間의戰爭으로붙어 작기로는 個人間의쌀움에니르기까지 그究竟目的하는바는 다같이自己짐을 좀벗어보자는것이다。그리고 그벗는方法中에 가장徹底한것이 自己짐을 다른사람에게 떠넘기는것이다。世上이强者라는것은 그짐을忌憚없이 잘떠넘기는者요 智者라는것은 그짐을가장巧妙하게 떠넘기는者다。그러기때문에 사람들이다 强者되기를願하고 智者되기를願한다。한번 칼자루를 쓰다듬으며 呼令하면 周圍의弱者가 恐懼하며 自己의最貴의所有로써바치면서도 입으로그德을 讚頌하니 그것이 잘란者아닌가。한번선우숨을치고 富者의등을 어루만지면 守錢奴도 그櫃를열어萬金을받치며 그돈을가졌으면 스스로貯蓄의苦心을않고도 人望있는 社會事業家가될수있으니 그것이 能한者아니며、한번三寸舌를놀리면 上官의信用을 얻을수있고 寡婦의信賴를 얻을수있어、높은地位에올을수있고 裕足한生活을 할수있으니 그것이智者아닌가。世所謂活動家、手段家、敏腕家、일군、やり手、하는것이 그假面을벗기고 正體를붓잡아보면、이 짐을떠넘기는才操노름꾼아닌것이없고、正當한事業을 社會道德에 거스림없이하여서 成功하노라는사람의일까지도 眞實의手術臺에 올려놓고보면 이 智慧道에 依하지않은者 거이없다。그러기때문에 世上이이것을 生存競爭의原理라하며 處世의哲學이라하며 成功의秘訣이라하야 正當한것으로생각하고 조곰도疑心치않으려한다。

그러나世上에는 또그와反對種類의 사람이있다。그들은 自己짐을 敢히벗어보려할줄을 모르고、더구나그것을 다른사람에게 떠넘기려할줄을몰으고 다른사람이自己것을가저다 그등우에지워도 抗拒좇아하지못하는者들이다。그들은 避할줄모르고 辯明할줄을모르고 誇張할줄을모르고 남을利用할줄을모른다。故로社會가恒常 저를가르처 單純한者라하고、無才한者라하고、愚直한者라한다。그러나 가장困難한일이있으면 반드시저이에게 付托한다。大概 그들은

一〇

回避할줄을모를뿐아니라、命하는대로 忠實하기때문이다。그리하야그들은 永久히 짐을진者로 呻吟한다。

前者를 우리는 사람中에大人이라하고 後者를小人이라한다。大人이란그마음이크기때문이요 小人이란 그마음이적기때문이다。大人은 스스로强者로自任하고 智者로自許한다。友人間에있어서는 스스로牛耳를잡아 周旋者가되고 社會에있어서는 스스로指導者然하야 民衆을左右한다。저들은外를힘쓰고 內를다스리지않는者요 結果를보고 動機를論치않는다。故로 目的은手段을神聖化하고 法律의範圍가道德의範圍라고믿는다。그것을가르처 大凡이라하고 不拘小節이라하고 現實的이라한다。小人은참小한사람이다。저들은 世界보다도 自己가슴속을 더重大視하고、結果보다動機를 尊重한다。人力車 自働車를 不安스러워못탄다하고 한마디圓滑한말을못하야 就職자리를놓치고、責任感하나를無視하지못하야 다른사람의 過誤의結果를自己가쓰고、世上이어려워 山으로들어갈생각을하기와 大學을 마다하고 村塾敎育을 主張해보기와 白米를廢하고 玄米 小米를먹자하기와 이런생각을하고 이런生活을한다。知識이 누구보다 반드시없었던것아니것만 오직良心때문에 그를못쓰고、頭腦가누구보다 반드시鈍濁한것아니것만 다만뵈지않는神때문에 才幹를發치못하고、그리고는 世上으로불어는偏狹하다는말을들으며 固陋하다는辱을먹으며、時代認識을못한다고 嘲笑를받고 自尊한다고 非難을當하고 乃終에는 못난者로 無視를當하고만다。그리고弱한 그억개우에 넘치고넘치는짐이 쌓이어진다。예수가불은것은 이사람들이다。저는世上의잘난者에게서 失敗한後、이못난者 이小心者들을불러 그百姓을 삼기로하였다。

三、왜 그들을불렀나。그들의무슨資格을보고 불으셨나。다른것아니오、眞實때문이다。人生에맡겨진짐을 떠넘길줄모르고 지고가자는 그眞實때문이다。이들은小하기는小하나 그眞實이 몾히새예루살렘을、하나님의참聖殿을 建築하는材料로쓸만하다。저들은비록크나 그안에眞實이없다。自己짐을떠넘기고 人生이있을수없는데 있는듯이생각하고、제가세운것아닌것을 제가 세운듯 하나님의것을 盜賊하고 民衆을欺瞞하는데 不眞實이있다。砂丘는아무리높아도 實없이문허질것이다。砂丘같은그大人들을가지고 神의殿을지을수는없다。故로、예수가 自己하고저하는대로 나타내여뵈이는것은 그大人에게가아니오 小人에게다。世上을救援하려는 예수의마음에 어찌差別이있으리오마는 大人은스스로의强과智로因하야 예수를要求하지않는다。故로그들을부를수는없다。小人은 그지는짐에 견대지못하야하는者다。故로 저들은 福音을要求한다。

그와같이 眞實이란것이 問題되기때문에 受苦하고짐진사람을 그저可憐히녁여 無條件하고 부르는것이아니다。

하늘나라百姓의資格

自己自身을 나타나뵈여 그로써 하늘아바지를 알게하기爲하야 마음의眞實한者를 부르는것이기때문에 一定한條件이있다。 그것이곧 二十九節이다。

「나는마음溫柔하고 謙遜하니내멍에를메고 나를배우라」 二十八節의「受苦하고 무거운짐진사람은 다내게로오라」는 말을引用하는사람들도 이二十九節을 니여서引用하는사람은적다。 그것이 이意味를 深解하지못하는證據다。 二十八節이 受苦하고 무거운짐진者의 마음의眞實을 보고하시는 말슴인줄 아는사람이면 二十九節의말을 닞을理가없다。 人生은어데까지 眞이오 實이오、 그저安息할수 있는것은 아니기때문이다。 福音은無條件이라하나그는마음의態度에까지適用할말은아니다。 그리스도의멍에를메고 그를배우는일이 嚴密히 要求되고있다。 그리스도의멍에란 무엇이고 그리스도의마음이란 어떤것인가。 聖經의다른記者가말하기를

「비록아들이시라도 그받으신苦難으로 順從함을배워完全하였은즉 自己를順從하는 모든者에게 永遠한 救援의 根源이되시고」(히브리五章八節ㅣ九節)

하였다。 그리스도의멍에란 苦難의멍에다。 眞實한 마음으로 하나님이지우시는짐을 지는일이다。 十字架의멍에다。 그리하야 그리스도의順從을배운다。 世上에서 受苦하고 무거운짐진者는 그眞實한마음때문에 天國에가는그리스도의멍에를멜만한資格이있다。 故로불러서 나를배우라는것이다。

그렇게말함은 大端히 殘酷한듯하다。 이미世上에서 受苦하는者에게 또그리스도의 멍에를 메라、安息을주마하는것은 거즛約束이아니냐고 하고싶다。 우리는 여긔對하야 많은말을 虛費할必要가없다。 말이이미뚫어진地境이기때문이나。 다만許多眞實한靈魂이 實地經驗한 事實을말한다면、 거긔奇妙한 交換이니러나는것이다。 그리스도의멍에를멘者는 어찌된일인지 그리스도가 自己의짐을 바꾸어졌고自己몸은 大端히가비어운것을 發見한다。 그리고「내가너의를 便히 쉬게하리라」 하는대對하야 「아멘」하게된다。

우리는祈禱하기를

「나라가臨하옵시며 뜻이하늘에서일운것같이 따에서도 일우어지이다」

한다。 이따우에、 이 서로짜먹고 뜯어먹고 멱살을서로물어뜯는 이地球우에 하나님의뜻이 일우어지기를 願한다。 그러나 그를爲해第一로要求되는것은 人生이眞實해지는일이다。 貧困이있으면 貧困을 正直히지고가려하고 不幸이왔으면 正直하게 不幸을當하고가려는 眞實한마음이다。 그런데 눈을들어世上을보면 眞實이란 터럭끝만치도없다。 甲이不幸을 乙에게떠넘기려고、乙은다시丙에게 넘기려고、그리는 동안에 不幸은 二倍가되고 三倍가되여 꺼꾸러지는者는 다시니러날수없이 꺼꾸러지고 虛妄한手段으로

榮華에뜨는者는 바람에亂舞하는 겨와같이 空中에떠있다。가장높이뜬者는 가장虛妄한者다。그런대온世上이왼통 그러나우리가感謝하는것은 하나님이우리가장못난者 가장小한者 가장 젓냄새나는者을擇하야 오는나라를約束하심이다。다만 우리등에지어있는 이조고만한짐을보시고다。그러나 우리는元來至極히적은者다。多幸히 體積의極小함을因하야 뜻을얻지못하고왔다。萬一우리에게 洞里에서 區長의 地位라도오고 學校에서校長의地位라도오고 學問에多少成就하는것이라도있어 體積이多少라도增大하는 일이있으면 우리는곧 自己짐을떠러치고 뜰수있는者다。하늘나라 百姓이되고싶을진대 體積의增大、가장警戒할것은이것이다。主여 우리의 至極히적은重量에 適合한 至極히적은體積을 許하야주시옵소서!

小鹿島와聖誕節

크리스마스 도라오면 誌友中에는 小鹿島를생각하는이들이있으리다。主예수를 사랑하는마음으로各自의사랑을傳하시오。또合하야보내고저하시는이는 本誌第一〇九號卷頭의「小鹿島의報告」를恭照하시고 **十二月十五日頃**에到着하도록應分의것을보내시오。合하야傳達하오리다。

여호와의종

淸水 譯

舊約의모든偉大한人物들가온대서、예레미야는우리가가장잘알수있는사람의하나이다。舊約文學에서 우리가들어가는곳은 한훌륭한畵廊이다。아브라함이나、요셉이나、모ㅣ세나다윗이나其他누구를勿論하고、그들은 우리가그鮮明한印象을가질수없는稀微한人物들은아니다。그들은畵布우에描寫하야놓은血과肉의實在的人物들이다。

그렇지만舊約은 우선사람보다는神에關한것이고心理學보다는神學에關한것이기때문에 그偉大한人物들에關한우리의知識은 全體的으로不完全치않을수없다。아모스、이사야、에스겔의內的生活은그秘密을직히고있다。그들이 어떠한內面的奮鬪努力과疲勞困憊를느꼇다손치드라도、그들은이것을絕對로吐說치는않었을것이다。여긔에 그秘密의幕을暫時건어친사람이하나있으니 그는호세아다。그는自己의家庭의큰破滅을 우리에게보여주는同時에、이렇게큰破滅속에도 아직希望과사랑의餘地가남어있다는信仰을가지도록하야주었다。호세아의後繼者는예레미야이다。

모든世上사람들이예레미야를오직徹底한悲觀論者의代表者로만알고있다는것은大端히哀惜한일이다。이에서더큰誤評을

나릴수는없을것이다。事實인즉예레미야는悲觀論者는아니고 다만時勢를바로解得하는同時에 그意味를自己自身이나世上 사람에게감추지않는사람이기때문이다。說或그가悲觀論者라 는말이正當하다치드래도 一個人間으로서그에게屬한人間性 의深刻한諸事實과 預言者로서그의一生의모든일을通해서남 어있는深刻한諸事實의關係下에서 考察할때에만理解할수있 다。그의이야기는舊約가온대서가장悲慘하다。그것은 비록 하나님이그에게서얼골을돌릴때에라도 自己自身의큰犧牲을 내면서까지眞理와義務에對한忠誠을維持하여가는 한靈魂을 그의속에서 볼수있는까닭이다。

그는自己一身의生命을鴻毛와같이녀기고、正義가命한다면 녕녁히自己生命을던질만한所謂英雄의한사람은아니였다。巡禮者에關한반얀의偉大한讚美歌는한편으로힘들이지않고軍刀를칼집에서빼면서도、또한편으로는닥처올싸움이기뻐서기쁨의노래를터치는壯士를暗示하였다。예레미야는眞實로巡禮者였다、自願해된것은아니였지마는。다만그는自己가결머진짐이엄청나게도過重하다는생각에서、自己靈魂의辛苦를남에게도보혀주려고한사람이다。이辛苦속에서그는地上이나天上에모든援助를빼았긴것같이생각될때일지라도그는決코勇氣나信仰을잃지않었였다。하나님의손은全智全能하시다는信仰과、나라는반드시破滅에서回復되리라는信仰의證據로써예레미야가먼날을豫備하야아나듯땅을샀다는事實보다도더훌륭한것은 없다。事實그땅에 또다시집과、밭과、葡萄園을가지는날을 이豫言者自身도 보리라고는 생각치않었였다。

宗敎는期必코慰安은아니다。또한信仰도靈魂이늘內部에맑은하늘을享樂할수있다는것을保證치도않는다。때로는絶望의奈落속에떨어저서、人間生活을究極의無價値로브터救出할수는없다고말하는群衆과一致하기는쉬운일이다。

「否定의靈」이 가까이와서 뚜려지게 똑똑한목소리로 말하는때가 있다금식있다。그러나 그惡靈을案內者로選擇하기前에 이古代히브리豫言者의記錄으로 돌아간다면、人生의絶望가운대서도 하나님의말슴을듣고 이에服從할수있다는것을 그는 이權威者에게서 배울수있으리라。

正誤表 自一〇八號至一一七號의發見된것。

頁	段	行	誤	正
六六	下	末	天國을發한	……發見한
一一八	上	一九	공하기는	공부하기는
一二一		八	아님음	아님은
一二三		末七	것기뿜	는기뿜
一五二	上	末六	사림은	사람은
一六九		末九	標謗	標榜
二二四	上	七	一五ㅣ一七	一六ㅣ三七

結婚의意義 (마태十九章三節—十二節)

趙成農君、金鎭述孃結婚式에서말한것。

咸錫憲

오늘 이結婚式은 現社會에서 類例없는 結婚式입니다。지금 結婚式이라고하기만하면 누구나 곧 府民館 이나 어느敎會堂의 크고華麗하게꿈인式場과 禮服花冠의 盛裝과 數十百의群衆이 料亭에서떠드는 盛大한잔치를 생각하지마는 오늘여긔는 그런것은 아무것도없습니다。그리고 있는것은 오직 嚴肅하게솟은北漢山과 맑게흐르는앞시내와 고요하고깨끗한 이家庭뿐입니다。이런式을擇한理由는 主人金先生이 몸소말슴하신대로 오늘 두분의 人生의새出發을될수록 嚴肅한가운데 뜻있게하도록 하기爲하야서입니다。

우리는 一般으로流行하는 世上의結婚式을 볼때마다 心中에 不安함을禁치못합니다。거긔서는恒常 人生이 侮辱을當하고있기때문입니다。人生의一大事라고 말로는하는그때에있어서 人生의意味갈은것은 별로생각하는일도없이 오직 먹고마시고 富를자랑하고 貴를자랑하고 떠서노는浮虛한것만이있읍니다。그런데 우리가 오늘 사랑하는이두분의 뜻깊은이날을 極히簡素한 이式으로써 嚴肅하게 誠心으로 보낼수있는것은 어떻게感謝한일인지 알수없읍니다。이것은眞實하신하나님이 우리의믿는信仰때문에 許諾하야주신일로 믿습니다。우리는 지금 이자리에서 가장참된맘으로 人生의 이큰일의뜻을 깊이생각함으로써 이許諾하신뜻에合하게 이날을보내고십습니다。

첫재로생각할것은 結婚에對하는 우리마음의態度입니다。오늘社會의 結婚式이 그렇게亂雜하야진것은 저들의結婚觀이 亂雜한것이기때문입니다。結婚式을 一個遊蕩의機會虛榮取得의機會로아는것은 結婚그것을 快樂生活의 一方便으로알기때문입니다。그러나우리가믿는 聖書의立場에설때 가장 排擊할것은 이것입니다。結婚은 人間이自己生活을 快樂하게하기爲하야 自意로짓고 自意로문허칠수있는것이아닙니다。이것은거룩하신하나님이 定하야주신것입니다。故로絶對神聖한것입니다。

「하나님이짝지어주신것을 사람이 난우지못할지니라。」

라고 예수는 말슴하시였읍니다。이런말을하면 現代人은 大端히舊式의말인것같이 人間의自由를束縛하는 頑固한말인것같이 생각합니다。그러나그判斷이 옳은것이냐 긇은것이냐하는것은 現代人스스로의 生活의事實로써 말하게하는것이 가장便합니다。自由結婚을主張하고 合理的結婚을實行한 現代人生이到達한結果는 實로가장悲慘한것입니다。所謂달콤한理想으로 出發했던家庭이 破綻의悲運을맞나고마는것을 우리는잘알고있읍니다。그러나問題는 個人

結婚의意義

的인대간 그치지않습니다。結婚觀의如何는 社會生活全體의運命을 支配합니다。사람들의가지는 結婚觀의如何에따라 男女關係가 決定되고、男女道德의 健全不健全에따라 그社會의道德的空氣의 맑고더러움이 決定됩니다。現代文明의어지러움과 現代人의 結婚觀의어지러움은 表裏서로應하는事實입니다。今後는또모르나 적어도오늘날까지의人類社會는 어데를가던지 家庭을單位로하지않고 된곳은없읍니다。故로 깨끗한家庭生活없이 健全한社會는 바랄수없읍니다。그런데 그깨끗한家庭이란 結婚의神聖을 지키지않고는 絶對로있을수없는일입니다。

다음은 結婚의目的은 무엇이냐 하는것입니다。結婚의意味를 깨닫지못하면 이것을 하나님이지어주신 神聖한것이라하야 一生을 變함없이지킨다하더라도、아무貴하다할것이없고 또事實지킬수도없습니다。여긔對하여 우리가첫재로할것은 結婚은幸福을爲한것이라는 一般의觀念을바리는것입니다。結婚은決코 幸福을爲한것이아니오、幸福이있을수도없읍니다。사람이젊어서는 꿈을꾸는法이오 꿈中에 가장달큼한것은 이 幸福스러운 理想的家庭生活이라는것입니다。그러나幻滅의悲哀를먹는것中에 이에서더甚한것은없읍니다。結婚生活을 이미하고있는사람은 이것을잘알터입니다。흔히 結婚式에가보면 慶事라고 壽富多男子하라하고하야 祝辭를하는것을듣습니다。그러나나는그것을들을때마다 能히良心을가지고 저렇게말할수있는것인가고疑心합니다。속임없이 眞實을告白한다면 서로結婚하는사람들을맞날때의 우리의感想은 이미戰線에있는軍士가 새로配給되여오는新兵을 맞을때에가질 그것과彷彿한것입니다。내가이미지나보았거니 너도또이어려운곳으로오는구나하는祝賀는姑舍하고 애처러운생각이있읍니다。家庭이란 幸福스러운것이아닌것은 다잘알일입니다。짐입니다。힘드는짐입니다。가다가때때로는 그저 집어내던지고 활활自由로와보자는생각을하는것은 한사람만이아니고 두사람만이아닐줄압니다。家庭은、正直한톨스토이가 나이八十이되여서出家를하지않으면안되는것 이것이家庭生活의 眞狀이라할수있읍니다。事實을모르는 靑年男女를보고 幸福의살림을하라고 말쉽게祝辭를내던지는사람들은 大體누구입니까。

그리면우리는여긔서 一大疑問에 逢着합니다。結婚生活이 그렇게 무거운짐이라면 人類를祝福하는하나님은 왜그짐밑에 사람을얽매였느냐고。예수의弟子들이 結婚의神聖을 嚴肅하게말슴하시는 그말슴에對答하야、

「사람이 안해에게 이같이할진대 차라리 장가들지않는것이좋삽나이다」

한것은 그럴만한말이였읍니다。그런데創世記의말슴을보면

「사람이 홀로處하는것이 좋지못하니」(二章十八章)

하시어서 모든사람을 그法則下에 매신것은 分明한일이

오 예수께서도 前記弟子들의質問에對하야

「이말을받을만한者는 받을지어다」

하시어서 獨身으로있는것을 一部特別한 恩惠로받은者에게만 可能한것으로 말슴하시엿습니다。그럼 왜結婚生活을하도록命하시엿습니까。幸福說이 설수없는것인줄을안담에 人格의完成說을 말하는사람이있읍니다。則 사람이男性만으로도 完全한人格이라할수없고 女性만으로도 完全하다할수없고、兩性이 서로依支하고 서로돕고 서로合하야 完全한人格을 일울수있기때문이라 하는것입니다。이것은

「둘이 한몸이 되나니라」

하신말슴을생각하면 首肯할만한說明입니다。그러나이것만으로는 聖書에있는 結婚의뜻을 充分히드러냈다 할수없읍니다。爲先 男女兩性으로 갈르기는 왜하셨느냐 하는것이 說明되지않은問題요、또事實에있어서 人格的으로서로補足하는家庭이란 大端히보기드뭅니다。

그러면 結婚은무엇때문에 합니까。나는 하나님의맘성을 배우기爲하야서라고 생각합니다。人生의모든일의目的은 究竟여긔서 버서지지않습니다。結婚生活은 그中에서도 最高의工課입니다。結婚生活은 때로는幸福스러히 뵈일수도있고 때로는苦痛스러히 뵈일수도있습니다。그러나 언제나變치않는 中心的意味는 하나님의사랑을 배우는일입니다。

子息을둔後에 어버이의마음을안다고하지만 아는것은 어버이의마음이아니고 하나님의마음입니다。싀집을 간後가아니고는 하나님이要求하시는順從이무엇인지 貞潔이무엇인지를體得할수가없고、안해를가저본後가아니고는 宇宙라는큰家庭의 家長으로서의 하나님의마음을 眞實로엿볼길이없읍니다。幸福스러운 家庭만아니라、가장不幸한 破滅에 臨한家庭에서 도리어 가장잘알수있습니다。하나님의사랑을 누구보다도더 切實히안것은 淫行하는안해를두어본 호세아요 蕩子를둔 아바지였읍니다。그리고 이 하나님의마음을 多少라도배와얻은때에 幸福아닌幸福을 맛볼수있읍니다。各々自己標準의 幸福을追求하는때에 結婚生活은 不自由로化하고、家庭은苦痛의場所가됩니다。마는 幸福을願치않고 그안에서 하나님의마음을알고 그뜻을 조금이라도行하야보자고할때 내버렸던幸福은 제스스로옵니다。

오늘두분은 이날것 그야말로安樂한家庭에서 곱게자라났다할수있읍니다。그러나 이제부터는 다릇습니다。이제까지도 人生아닌것아니지만 이제부터가 實人生입니다。이제두분은 하나님의敎育의 最終階段에 니르렀읍니다。사람이나서는 父母의무릅이라는 學校에서 하나님의사랑을 배웁니다。그담 자라서 事物을分別할만하게되면 敎育을通해서 하나님의道理를 배웁니다。그것이다된後 마지막에 結婚에依하야 남편이되고 안해가되고 父母가 되여봄에

依하야 하나님의맘성의 가장깊은곧을 배우게됩니다。이最終의學校는 決코安閑한것이아닙니다。지금까지의敎育을 兵營안에서받은 操練이라하면 이제는 戰線에서는것입니다。두분은 이제人生의實戰에叅加하는것입니다。惡戰苦鬪하지않으면안되는 實戰입니다。善한싸움을싸와 하나님의뜻을 배우시기바랍니다。

두분의 새出發을 心祝하시는뜻으로 모힌우리여러사람도 普通例事의祝辭로만하는것보다는 實戰線에서 새로운두분의 應援을얻는것으로생각하고할것이오、오늘 이자리에서만아니라、앞으로々々々 저들이뜻하지않었던 苦難을맞나는때에 잊지말고 손을빌리고 援聲을주는것이 참으로하는祝賀요 激勵입니다。

지금우리朝鮮은 하나님의뜻을알어行하자는믿음으로되는 깨끗한家庭을要求하기 緊切합니다。참朝鮮의生命은 社會길거리에서도바랄수없고 學校에서도바랄수없읍니다。家庭에서밖에 維持되고 甦生될길이없읍니다。實例를들어말하면 言語같은것입니다。이것을爲하야 깨끗한家庭은 絕對的으로 要求되고있읍니다。이런때에 信仰으로자라난 두분의 새出戰을맞게된것은 이미滿身에瘡痍를닙은 우리에게 얼마나힘이되고 希望이되는일인지 모르겠읍니다。바라건대 여긔서맺아지는 두분의結婚우에 거룩하신하나님의 祝福이 豐盛하시기를 願합니다。

結婚觀의 三階段

一八

一

結婚의意義도 알지못하는年少한新婦가 울며불며發惡하면서 잡혀가듯이出嫁하는光景은 우리記憶에도 드문일이아니였다。저들에게는 慶事가도리어不安恐怖의날이였다。

二

欣喜雀躍하야 손에손을잡고 어깨에어깨를겨누면서 속에 幸福의 단꿈이 사모찾고 밖에希望의連峯만아 내다보이는結婚이나 이는 新式男女의共通한理想이다。그人生觀은엷기가白紙같고 그幸福感은 비누방울만큼 오래누린다。

三

意義를 몰라서가아니라 알기까닭에、年齒가不足해서가아니라足한까닭에、울음으로出嫁하며悲嘆으로結婚하는이있으니 이것이 이른바第三階段의結婚이다。「帝國戀愛」로써 一世를요란케한윈서公이 일즉不惑이넘도록結婚안하는理由묻는者에게答하되「나는 아직나를爲하야 살고싶은까닭이라」고。果然英國은英國이다。비록不義의戀愛로써世上을騷動케한사람이라하나 그래도結婚의意義의一面은바로알었고 깊이알었다。結婚은自由롭던過去의自己를埋葬하는날이오、새로운義務에束縛되는날인줄 알매에 悲嘆이없을수 없다。

『聖書朝鮮』第壹百拾九號 附錄

昭和十三年十二月一日發行
昭和五年一月二十八日 第三種郵便物認可

聖書朝鮮一九三八年度 自第一〇八號至第一一九號 總目錄

研究

新約聖書槪要(一書一講)

聖書的立場에서본世界歷史

其他研究

講演

教理及信條

宣言及告白

感想

詩歌

故人追憶(記念號)

姜濟建先生文集

小鹿島文集

雜

聖朝通信

『聖書朝鮮』第壹百拾九號附錄

昭和十三年十二月一日發行(每月一回一日發行)
昭和五年一月二十八日第三種郵便物認可
高陽郡崇仁面貞陵里三七八
編輯發行兼印刷人 金 敎 臣

聖朝通信

十月十三日 (木) 雨、後晴。長女의結婚式準備로 아무리해도 뒤숭뒤숭하다。思考와讀書를못한지도數日。오늘은北滿으로부터骨肉의消息을接하야慶事의慶事였다 ○고구마 캐기、庭內掃淸等。

十月十四日 (金) 曇。登校授業外에白菜밭施肥等。저녁에宋兄이來談。結婚式節次가意外에繁雜하게되는듯하야頭痛이 생기다。實際와信仰이分離되여서는거즛이다。

十月十五日 (土) 快晴。養正學校開校記念日이라해서休業。終日人夫와함께 장재기패기、菜圃施肥、道路修築及書齋整頓等으로勞働의하루를보내다。○今朝부터結婚式參列客이 시골서上京。저녁에는 主禮의重任을擔當한咸兄이 好壽敦在學中인長女를 더부리고 入京。明日日曜集會의責任을免除當한土曜日은 어께가 가벼운듯하다。○嬌風會幹部會를열고 教師招聘의件을再議하다。善한牧者를發見하기極難。

十月十六日 (日) 快晴。別로 한일은 없으나 結婚式準備라는空氣中에 고요하지못한午前時間을 보내고 午後에咸兄과 함께明倫町集會에出席。마태福音第十一章에依한「實있는人生」이라는咸兄의說敎는 우리듣는이들의靈臺를 몇十번몇百번뒤집어 흔들지않고는 마지않었다。近隣의誌友와五山出身兄弟數人만이 이豊盛한 말슴의잔치를 독차지한것이 황송하였다。○래일婚宴에參監코저 시골서親族을代表하야 門中어른이上京하시니 이에 우리 잔치의重量이倍加하게되였다。또한靈의親族된兄弟姉妹數人도來宿하니骨肉으로생각하나靈性으로보나百萬援軍이來屯함같다。

十月十七日 (月) 快晴。새벽五時의우리마당에는 오리온座로써 차일을 치고 天狼으로써燈을 달고 北漢連山으로써 병풍을 둘린것같다。人生이 무엇이관대 그 머리우의 하늘이 저다지 찬란하고 그 左右의山嶺이 이다지嚴肅한고。○오늘結婚하려는長女를爲하야 새벽祈禱會를열다。信仰의百戰을鍛煉한朴晶水女史는 우리의大事를靈化하기爲하야 昨夜부터留宿하고 이祈禱會를司會하여주다。箴言第三十一章十節以下에依하야 이스라엘女性의規範으로써 부탁하시다。○正午에長女와趙成震의結婚式을擧行。余는 이場所에서 이모양으로擧行하는趣旨를宣明하야 約二時間을嚴肅히앉었기를要求한後、咸錫憲兄의主禮로式을進行하다。마태福音第十九章에依하야說敎。男女約五十名珍客이參列。式이 끝난後에 余의손으로記念撮影하고 披露宴을略設。感想談으로祝辭를말하는이 가르되「必然코 다른것이 있으려니」하고來參하였더니 적지않게參觀하던結婚式中에 果然이번結婚式은 司會者의說敎로보던지 新郞新婦의自然스러운朝鮮衣服입은 차림으로보던지 前에 일즉類例를 보지못했던일이라고。그러나 우리로말하라면 다르게하라고 한것이아니라 演劇할줄모르는性味에 오직分數에適合하도록天然스럽게한것뿐이였다。○많은祝文祝電中에左와 같은文을 精誠것 써보내주신이도있다。

祝 婚 姻

새로운 집일사록 더럼 더욱 타옵니다
날마다 쓸고 닦아 띠끌없이 하옵시면
임께서 깃거오시와 함께 겨시오리다。

石谷樵夫。

十月十八日 (火) 晴。午前中은登校授業하고、午後는全校朝鮮神宮參拜。靖國神

社祭日로明日은休業하게되다。○咸兄은趙君을 보내기爲함이라고 일부러貞陵里를다녀 補土峴을넘어舊基里로向하고、저녁엔 宋과用 楊能漸兩兄이來宅하야 新夫婦를爲한新禱會를열다。宋兄이司會하고楊兄은 新約聖書만이 眞理의ノタジリ라고證言하다。余는出嫁訓으로 ①小刀를품고가서 父母의名譽에關한때는 죽고 다시오지말라。亦是 烈女不更二夫오 貞潔第一이니라。②今日로써 親庭과의關係는 싹끊는것이다。다시 뒤도라보지말고 가라。出嫁는背水之陣이다 退却不許。吉凶禍福을 오로지媤宅과함께하라。나와 너와 무슨相關이있느냐! 其他 夫婦의個性에關한것、家庭살림에關한것數件。

十月十九日 (水) 晴。今朝에新郞新婦를 보내다。宋兄이 後行으로 赫과正孫이를 더브리고伴行。或이 무르되 떠나보낸오늘當해서는 그래도心中이多少다를테지요? 答曰 조곰도 섭섭하다는 느낌이없는것은 스스로생각해도異常합니다、라고。생각건대 이번結婚은 하나는肉으로낳은딸 하나는靈으로낳은아들、그어느하나가 他人이라는感이없을뿐더러 靈으로낳은者일수록 더욱信賴할수있는故로 나의게不安이있을理萬無하다。○咸兄이白雲臺登山으로부터柳永模先生과함께來宅하고宋兄은後行으로부터도라와 모다함께留宿。

○結婚式에參列하였던이로부터 『오늘새벽에는 아버지 하나님의 은혜와 사랑을生覺할때 넘어도 感謝하고感激해서 흐르는눈물을 禁할수 없었읍니다。이江山이百性中에서도 참된 하나님의사람을일으키서서 이따우에서도 眞理의말슴이들리워지고 에스겔골작이 해골들을니르키시든生命運動에盡忠하시는 분들의存在를生覺하올때 글로말로 發表할수없는 感激함이中心에사못찬 까닭이었읍니다。

昨日의結婚式은 後에는있을는지몰라도 일즉이듣지도·보지도못한 果然未曾有의式이였음은 저一人의生覺만이안인줄압니다。하나님의臨在하심을切實이 認識할수있는거룩하고 敬虔한 式場에 咸先生님을通하여나타내시는 하나님의말슴은 句句節節이 거짓된人間에 骨髓를 쪼개는 날센검이요 生命이枯渴한 心靈에 넘처흐르는 眞理의 生水이였읍니다。

不信者에게는傳道會 信者에게는復興會新郞新婦에게는結婚式、모다 合하야 아버지의榮光을爲한 役割을 다할수있도록引導하여주신 主님의恩寵을 眞心으로感謝하지않을수없읍니다。

또한 靈으로만 思慕하고 사랑하든 兄弟姉妹들이 肉으로한자리에서같이즐길수있었음이 참으로반가웠아오며、眞摯한態度로 眞理를探求하는 姉妹들이 여러분계심을볼때 暗黑한世上에도 希望에빛이빛외는것같아오며、새힘과용기를倍나 얻는것같습니다。(中略)

저生覺에는 先生님들은 이江山에特別이보내신 眞理의使徒로서 金先生님은書籍으로 咸先生님은言論으로 不義와罪惡을 攻擊하고 天國福音을證據하서서 義와 眞理의씨를 朝鮮안方方谷谷에널리뿌리여주심이 主님의뜻인줄믿고 그대로일우어지기를 간절이 祈禱할뿐 입니다。』

十月二十日 (木) 晴。登校途中에南大門에서 交通巡査에게잡히다。南大門通道路工事가完成되였음으로 오래ㅅ동안禁止되였던車馬通行이昨日부터解除되였음으로南大門週廻의交通系統에變革이생긴까닭이었다。數多한自轉車軍들과함께잡혔으나余

는故意로犯한것이 아님이分明하다고 即時釋放되여서 다른同僚自轉車軍들께未安千萬이였다。南大門을 돌게되여서今後는每日平均一分식損失하게되다。○歸宅하니昨夜에留宿한 세어른이 온종일하여도 끝나지못한이야기를 계속중이오、이으끄 옛친구 한사람을 이에加하야五人이合席。우리가 서로眞實을다하야 或은說論하며或은責望하며或은看證하였다。여호와하나님을 모시고하는 御前會議였다。누가말한바와같이 이런자리는世界에 다시없는자리오 實로宇宙에 다시없는 貴한자리重한時間이였다。자정도 훨신넘어서會議는 끝막고、한사람만 물러가고 남은네사람은 한용마루밑에留宿하다。○結婚式에參列했던이의感想一枚『……又同じ信仰の多くの兄弟姉妹方に會ひ、短い間ではありましたが、和やかな語らひが許されました事を重ね〳〵御禮申し上げます。同じ主を信じ同じ人格を慕ふ群の心の一致が此の上もなく嬉しふ御座いました。

咸先生の御講演、深淵の眞淸水を汲み上げるが如き眞理を語られる先生の御熱演に唯懺悔と嬉れしの涙に浸るばかりでした。私もやはり此の時代の子供であつた事を鋭く示され、同時に「主に從はう」とする聖靈の御導きに依る勇氣も新に與へられました。唯一時的の感激にとゞまる事なきやう新つてゐます』云々。

十月二十一日 （金） 晴。余의自轉車番號가「理致배우세」라는(一七八五三)뜻인것을今日처음알다。但이것은 柳永模先生의發案。○連하야日夜에亘하면 이야기會議도今朝로써 解散作別。但咸兄은來主日까지滯京하기로하고明倫町에留宿케되다。○洞內의學園敎師件으로 市內에某氏와面談했으나尙今未定。

十月二十二日 （土） 晴。바이야스灣에上陸한지十日만에廣東城이 陷落하였다고오늘은 서울市內에서旗行列과提灯行列。○일즉 도라와 밤늦도록原稿。래일의日曜集會準備의責任이없음에 얼마나 輕快한지 알수없다。○春川高普盟休의餘波서울까지 뻐여온듯하다。

十二月二十三日 （日） 晴。午前中은原稿、午後에明倫町集會에參席司會하다。咸兄은 에베소書第四章에依하야 새로운生命의 살림을 힘있게說敎하여 座中一同의感銘이잖었다。閉會後에某氏의 信仰立場問題로意見交換하고、咸兄今夜歸五。○「嘉信」誌第十號에「朝鮮基督敎會に關する事實」이란글이있고 그卷頭의「捕囚」와 卷末의默示錄一句와아울러 볼만한글이 실려있다。朝鮮사람된者는 一讀할진저。

十月二十四日 （月） 一時驟雨。印刷所에校正을傳하고 登校授業。歸途에도印刷所。途中에驟雨를맞나니 넋을잃고 鍾路街路에서 갈팡질팡하는 行客들의姿態가볼만하였다。옛날 우리 祖上들은驟雨맞나뻐여가다가도 그 점잖지못한態度를反省하고는 다름박질 시작했던자리까지 도루가서 천천히 비맞으면서 걷기시작했다는逸話를생각하고 自轉車우에서 破顏大笑하기幾十回인지몰랐다。但 옛사람본받어 平時보다도緩緩히 굴려 歸宅하고본즉 帽子로부터 양말까지 아주 물ㅅ쥐되였다。○洞內學園에盡力할意向가진先生세분이實際踏査키爲하야來談하다。○某中學校校長으로부터 敎師招聘의件을依托하였는데 ①酒草를 즐기는者는 不可하다하고 ②殉敎的誠意와熱이있는者를求했으니 이는兩難이다。①은世上에稀貴한것 ②는있

聖朝通信

다해도 認可얻기어려울것。

十月二十五日 (火) 曇。 印刷所에서校正하다가 가지고登校하야監試하면서校正。 歸途에도印刷所。○新聞紙에依하면鍾路中央基督敎靑年會에서 年中行事로하는 傳道大講演會는 今年度에도 十月二十四日부터 同二十九日까지 一週間施行하는데 그演題와 辯士를보면(列擧하고서)、이는 基督敎傳道라기보다 時局認識講座가된심이오、每夜五百餘聽衆이 熱心傾聽하는것을보면 一般基督敎徒가 옛前처럼 偏狹하지않고 大端히自由主義的傾向을 가지게된것이라고 매우 칭찬하였다。只今가면 우리無敎會者들도가래지않고講堂을빌려줄듯하니 于先반가운일이라할것이다。

十月二十六日 (水) 晴。 새벽마다 다섯시 못되여 藥師寺중의木鐸소리에 깨게되니 고마운警鍾이다。 오늘새벽은 서리가 대단히 나리었다。○漢口突入의號外돌다。 監視두시간外에는全혀聖朝誌校正에沒頭하다。 夕陽엔川邊雜草를버이고 저녁엔 公廳에모여靑年團員께講話한外 洞內敎育問題討議等。 敎育에對한洞民의熱誠은 놀랄만하다。 妨害하는者만없다면 山麓에서라도 참敎育을 해보련마는。

十月二十七日 (木) 曇。 印刷所에校正을傳하고登校。 오늘로써中間考査完結。 今夜宿直。 ○夕刻에至하야漢口陷落이報導되다。 就床하야 初잠들랴는때에 요란한電鈴에甘眠을깨니「京畿道內務部長으로부터學校長에게」 하는電話인데、 明二十八日부터祝勝行事를實施할터이니 萬般遺憾없도록準備하라는것이오、 이뜻을電話系統으로다른學校에時急히通知하라해서 中央 徽文두학교에電話하다。 이일지난後로 오래ㅅ동안 잠을일우지못하야 적잖게 고생하다。 ○來信一枚『……咸先生님의 말슴은우리들께 큰힘을주었읍니다。 咸先生님과××朴先生님의祈禱에 自然히 눈물까지흘리게되드군요。 하루바삐하나님의뜻의萬分之一이라도實行하여榮光을 돌려들이고싶었읍니다。 云云』

十月二十八日 (金) 晴。 오늘부터漢口陷落의祝賀行事로 서울장안이 뒤죽박죽끌어난다。 養正學校는提灯行列班에 配定되였음으로 小灯은勿論이오 大灯에別別祝文을記入한것을 連日造成하야 校內가灯의陳列場갈이보인다。 午前두어時間만授業하고서 午後에는國防博覽會參觀、 밤에는提灯行列。 但余는出版에關한일이急해서官廳과印刷所사이를 뛰어다니노라고以上아무데도參列못하다。 오늘도 간데마다意外에寬大하며 甚히 親切하게해주어서 예수敎傳道者에게는 過分의 對接인듯하였다。 今日校了。 ○어떤이를 初代面하니談話의 자리를 얻기爲하야 余를 茶店으로 引導하려하면서 하는말이「그런데로도 가실넌지요」 라고。 이는勿論極盡한誠意와 尊敬으로 나온것이겠지마는 듣는者로시는甚히 거북하고 피로웠다。 내가 願하기는 나도人間世上에普通人間取扱을받고지고하는것인데 사람들은 나를聖者(?)로 높이지않으면 惡魔로떠러뜨리고야만다。 但 오늘 우리가 들어갔던茶店은 數年前에現聖朝社基地買收件으로꼭한번出入한일있었던唯一의茶店이오、 열마前에某君某孃의仲介件으로도 참아茶店으로 모이라할수없어서想覵넘어山麓까지呼出했던것이오、 學生諸君——特히女學生들이茶店出入自由롭게하는樣을보고선 그膽力에嘆服하지아니치못하는余인것은事實이니까 今日初對面한이가 그만큼躊躇할

必要를느낀것도 無理아닐것이다。어쨌던 洗禮요한이禁食하면 먹지않는놈이라고욕했고、예수가 먹고마시면「물장수」라고 시비했다。우리인들 시비없이 살수야있으랴。〇밤에養正出身한사람 찾어들어 當分間寄宿하기로하다。適當處에就職하기까지再敎育하여달라는것이다。〇今朝에某氏結婚式에祝電을 發했는데 意外에 또同窓先翟權尙淵氏訃音을받고 吊電을보내다。最近까지 이런일은 헛된일로만알고서無心코지나보낸적도많었으나 내스스로叔父喪을當해보고 또長女의結婚式을 치르고보니 그全然無意義한일이아닌것을 깨다렀다。晩悟의誹를免치못할것이나 아직도늦지않은줄알고 今後로는 슬퍼하는者와함께슬퍼하며 기뻐하는者와 함께기뻐하는일에 좀더힘쓰고저한다。但 이 고마운생각이 얼마나繼續될것인지는保證할수없다。넘어繁거롭게되면 또한번死亡通告라도發하고서沒人情漢이될必要가迫到할듯。

十月二十九日 (土) 曇、小雨。오늘도 祝勝行事로因하야 二時間만授業하고、神宮參拜(午後一時)柔術實演(同二時)等行事있은後에 職員들은 校長室에모여 祝勝宴會(同三時)한다하였으나、余는十一月號出版에關한일이時急하야 授業만하고서官廳과 印刷所로 다름박질하다。〇歸途에某處에某氏를맞나 東京서拘留中에 여러달지내는 某君을爲하야 協議하다。〇歸宅하야 白菜結束도하며 고런도書工夫도하다。〇來信一枚「가을도漸漸짙어가는듯하옵나이다。黃金波들니른들과、收穫에奔忙한農夫들을볼때마다、先生님의쓰신、人生의秋收節을待望한말슴이 생각납니다。

先生님께편지를드린지가 벌서 몇달을세게되었아오니、참罪悚한말슴 이로헤아릴수없읍니다。그러나 언제나 先生님을思慕하는情간절하오며、더구나 聖書朝鮮을받을때마다 이책이내게들어올때까지 얼마나先生님께서 手苦하셨으며、모든괴로움과거리낌을 무릅쓰셨나 하고생각되와、가만이앉어서 이같은恩惠를받는것이 感謝하다하올지 惶悚하다하올지 모르겠읍니다。그러나 멀리서 선생님을기뿌게하는길이 오직 이聖朝誌를더욱사랑하야 참基督者가되는데 있다고믿사와、더욱그렇게되기를 힘쓰렵니다。

果然凉氣새로운고요한가을밤、燈불을가까이하야 聖書朝鮮을펴들고、하나님의聲을接할때에는 하로의피로함과苦痛을 모다잊어버리고、恩惠와사랑을 一身에모은듯한感激이물솟듯합니다。그때만은 不過一間의 이房도 빛과 希望이넘처흐르는듯하옵나이다。誌代를 발서 送付하랴하였으나、이달俸給이오늘에야나와서 이렇게되었아오니、以此諒解하옵심을 伏望하옵나이다。「旅信」十月號에실려있는「事實」을보고 놀라웠읍니다。咸先生님께서는上京하셨읍니까。차차치위가닥처오는데 先生님康健하옵심과、聖朝誌를爲하야 祈禱하옵나이다。」云々。

十月三十日 (日) 雨、後晴。午前中에는 約束하였던대로 學園關係의來客이있어 敎育問題 住宅地域等 유쾌히 이야기하다。〇午後의市內集會로 떠나가는때에「저기오시는손님은 우리집 오시는이나 아닌가!」고 놀라며 걱정하시는소리에 앞길을向하니 果然우리손님이分明하다。時間을 저울에 다라놓고 나가려는때의 來客이 가장 겁나는事變인것은 온식구 잘아는까닭에 놀란것이다。集會時間이 急함을率直히告하니 손님도 함

께나가면서 이야기 시작되다。이는今春卒業生의父兄인데 그 아들敎育에對한苦衷를吐하고 對策을講究하기爲함이라고。來意를듣고感激을 禁치못한것은 世上學父兄이란것은 어째 百에 하나 敎師를尋訪하는이가있다면 그는在學期間中에限한일이오、그도劣等生不良生徒의父兄에限한것이오「或時卒業後에尋訪하는이가있다면 그는반듯이 就職請托또는 그와類似한구구한부탁하기爲하야 오는法인데、오늘 이어른은純粹한「敎育相談」으로 온걸음이니 感激。이런事情인故로 不得已遲刻되는줄알면서簡單히對答。○明倫町集會에서 고린도前書第十一章에依하야 婦人問題와聖餐問題를硏究하다。○十一月號의製本이出來하야 먼저 皮封準備했던것은 今日發送하다。産苦가甚하던마련하면 意外에 일즉된심이다。저녁에도 늦도록發送事務。

十月三十一日 (月) 晴。登校하야 처음에 漢口陷落祝賀式을 擧行하였다 [redacted] ○歸途에 明倫町에서 崔鍾卿 金顯錦두姉妹와會談。貞陵里에創立되는北漢學園先生으로赴任하기로承諾을받다。이重大한責任을敢當하려는決心에至하기까지의 心的(自我)外的(骨肉親知)苦鬪의詳報를듣고 感激을禁치못하다。이로써 余는 一個月남은동안 지고있던責任의重荷를 벗은것이오、貞陵里里民은 最低級의學園에超高級의敎師두분을 모시게 되였다。저녁에는 矯風會幹事會를召集하고 承諾얻은報告를하는同時에 學園經營에對한確固한決心을가다듬게하다。

十一月一日 (火) 晴。每月六日이었던 愛國日이 이달부터 一日로變更되여 今朝에愛國日式을擧行하고 全校가神宮參拜後에南山週廻의遠足에 떠나가다。[redacted] 그途次에鮮一旅館에 들려學園敎師의住宅件을 억지로解決짓고、또東大門警察署에就하야 矯風會事件두어가지 交涉할새 意外에도 主任警官이養正學校學父모이라고하면서 親切極盡하게周旋하여주다。도라와 學園敎師住宅의整頓과學園敎室될公廳修理設計等。이렇게되고보면 養正 聖朝 矯風會、어듸가本職인지 알수없이된다。저녁엔理髮하고 發送事務의續。

十一月二日 (水) 晴。아침에明倫町에 들려發送事務。登校하야 二時間授業하고 即時歸宅하야 學園先生과經營方針協議其他接待及學園敎室될公廳修理參觀。저녁엔 靑年團員會合과 幹事會에參列하고보니 자정가까웠다。오늘은 食後의若干時間을聖朝發送에 쓴外에는、두時間을養正에쓰고 十餘時間을 洞內矯風會에 받친심이었다。

十一月三日 (木) 晴、夜雷雨。寄宿中의靑年은 今朝에補士峴을넘어退去하다。休日을利用하야 온식구 함께 龍仁郡趙成震君宅을 尋訪하다。水原서乘替時間을利用하야華虹門까지 市內구경。打作에紛忙한農村들이 볼만한바가많었다。夕九時頃歸宅。○저녁에矯風會에出席。學園先生님들의荷物은靑年團員들이搬來하여오다。

十一月四日 (金) 晴。東京서 內閣總理大臣의重大聲明書發表되였는데 이제는 國民政府라도容納하고相對하겠노라고했다니 果然重大聲明이다。[redacted] ○登校授業後에 某事件으로써 京城YWCA에 그總務와會見하다。YWCA는 첨보는 구경이었다。○「嘉信」十月號를 사려고 約十키로以上길을 달밤에來訪한이가있다。

또今日到着한「聖書の日本」第五十號（十一月號）에「信仰と行ひ、福音と預言」이라는 글이실려서 읽고 가슴이 씨원하였다。내하구싶은말을 어쩌면 이렇게도 表現했나 싶었다。無敎會도 늙으면 할수없는모양이다。新陳代謝로、맛을잃은 소금은 버림을當할것이오 늙은者는 모주리 썩어질진저。預言者아닌 無敎會者는絶滅할진저。○洞內의 學園先生두분이 今夜부터移舍하여張樂享氏別莊에留宿케되다。○幹事會를모이고 敎師두분就任까지의經過報告及開學準備等協議하다。

十一月五日（土）晴。登校授業後、崇仁面事務所에 學園開學의交涉을하며 學園入學願書를謄寫하며、歸宅하야學園建物修繕을 監督하며、저녁에는 矯風會臨時總會를召集하고 北漢學園開學에 이르기까지의 經過를報告하는同時에 將來의抱負를 發表하야 生徒募集의 趣旨를說明하다。오늘도 거의全日이洞內일이었다。○來信一枚『가을을자랑하면田野冬藏되니 寂寞하기그지없오이다。主께서 스무世紀前에秋穫을드르시고일군을求하라하셨거늘 田野冬藏어느해잊은때있었던고。主님근심하신 人間秋穫을어느해 누구記憶한때있었던고。仍하야 그의十字架再演이 必要한가？ 이제人間의同情과사랑은 말랐고 눈물과愁心은어러붙었으니 現時의猶太人書記官바리새人이日加百出하니 옛사람이 그苛酷과 吝嗇을 또虛僞와外飾을 따를배못됨을 痛覺不已하나이다。나自身亦是그람일세分明해서 이惡夢을깨치려괴집 어뜯어도 워낙짙은 꿈속일 뜻대로못하니審判의채찍을기다려눈물의회개있을줄압니다 肉을妻子를 더사랑하는이여 네의施恩所는 그옥한監房인저！ 檢擧中傳人해서 先金없는 聖朝를 請하게됨도 未安한일이였압고 出監月餘의 우리의 過信이허물될때도있어 미처送金못하여無廉하기짝이없이되였읍니다。十一月號 을期限이지나매失禮의채찍을받고 數日前에야送金하였아오니 如前惠送하심을비나이다。這間은實로 禮를가출 餘力이 없었읍니다。그러나 모든勞力은 水泡로끝났읍니다。弱者의 勝算은죽음에있을뿐이어늘 죽지못했으니 산羞恥란 그괴롬을 어데다말할길없읍니다。뒤니어檢擧된니大邱에平壤에남은이있어더욱괴롭습니다。속히풀릴길주시기를祈禱로기다릴뿐이올시다。忽忽不備上』

十一月六日（日）晴。夜雷雨、雹。午前十一時부터 府內阿峴町監理敎會에서禮拜說敎하다。創立四十年歷史를가진養正學校의出身者中 唯一의 基督敎牧師인 李昌鎬君이 牧會하는敎會인故로 尋訪케된것。養正在學時代에 우리의 聖書硏究會에 參席하야 山上垂訓硏究를滿一個年間聽講하고記錄한 李君의感想文을朗讀한즉聽衆도感動이 적지않은모양이나 듣는李君과 읽는余自身의感懷가 가장컸다。當時의生徒李君은 오늘 數百名信徒會合하는 煉瓦二階建物大敎會의治理者로서 特別獨唱 男女讚揚隊의奏樂中에 능란하게牧會하고있는데、余自身은 古今一樣으로拙劣至極한讚頌歌속에 十人內外의兄弟들께 無味乾燥한 講義만繼續하는터이다。저것도 장한일、이것도 감사한일。○午後에明倫町에서 고린도前書第十二——四章으로靈的恩賜에關한硏究、特히「아가페」의第十三章을工夫하다。○저녁엔 明日開學할北漢學園의諸般準備로 洞內에나가協議。敎室로使用할公廳內外가 一新하게修理되였다。

京城聖書研究會

場所 市內明倫町四丁目三三宋斗用氏方

日時 每日曜日午後二時半부터約二時間

會費 一個月五十錢以上、每一回二十錢식

講師 金敎臣。十二月第一日曜日에는빌립보書第一章의研究시작될터이다。市內빼스東崇橋下車、約三分。遲刻謝絶。

休講 十二月十八日로써今年度集會를마치고、十二月二十五日及明年一月一日은休講、一月八日은貞陵里에서特別集會。一月十五日부터다시市內에서繼續될터이다。

早天祈禱會

明年一月七日(土曜)부터一週間北漢山麓에서 새벽新禱會를하고저한다。每日午前中에는咸先生의히브리書講義、午后에는本誌主筆其他의聖書講義있을터。**十二月十五日**까지本誌主筆의直接承諾받은外叅席拒絶。期間宿食費四圓。聽講料一圓、每一日三十錢。

新約聖書概要

題目	號數
마가福音의大旨 (但品切)	七四
요한福音의大旨	一〇六
로마書의大旨	一〇七
마태福音의大旨	一〇九
고린도前書大旨	一一一
고린도後書大旨	一一三
갈라듸아書大旨	一一四
누가福音大旨	一一五
共觀福音問題	一一六
使徒行傳大旨	一一七

本誌定價(自五月號改正)

一冊 貳拾錢
六冊(送料共) 前金一圓十錢
十二冊(一年分) 前金貳圓貳拾錢

要前金。直接注文은

振替貯金口座京城一六五九四番

(聖書朝鮮社)로。

取次販賣所

京城府鍾路二丁目八六 **博文書館**
京城府鍾路二丁目九一 **耶穌敎書館**
東京市麴町區九段坂 **向山堂書房**

復活社(京城府) **茂英堂**(大邱府)
新聲閣(咸興府) **信一書館**(平壤府)
北星堂(春川邑) **大東書林**(新義州)

昭和十三年十一月二十九日 印刷
昭和十三年十二月 一 日 發行

編輯發行者 京城府外崇仁面貞陵里三七八 金敎臣
印刷者 京城府仁寺町一一九ノ三 金顯道
印刷所 京城府仁寺町一一九ノ三 大東印刷所

發行所 京城府外崇仁面貞陵里三七八 **聖書朝鮮社**
振替口座京城一六五九四番

성서조선(聖書朝鮮) 5/ 1937-1938

Sungseo Chosun 5/ 1937-1938

엮은이 김교신선생기념사업회
펴낸곳 주식회사 홍성사
펴낸이 정애주

국효숙 김기민 김서현 김의연 김준표 김진원 송승호 오민택 오형탁
윤진숙 임승철 임진아 임영주 정성혜 차길환 최선경 허은

2019. 1. 17 초판 1쇄 인쇄 2019. 1. 31 초판 1쇄 발행

등록번호 제1-499호 1977. 8. 1
주소 (04084) 서울시 마포구 양화진4길 3 전화 02) 333-5161 팩스 02) 333-5165
홈페이지 hongsungsa.com 이메일 hsbooks@hsbooks.com 페이스북 facebook.com/hongsungsa
양화진책방 02) 333-5163

• 이 도서의 국립중앙도서관 출판예정도서목록(CIP)은 서지정보유통지원시스템 홈페이지(http://seoji.nl.go.kr)와 국가자료공동목록시스템(http://www.nl.go.kr/kolisnet)에서 이용하실 수 있습니다.(CIP제어번호: CIP2019001483)

ISBN 978-89-365-1340-5 (04230)
ISBN 978-89-365-0555-4 (세트)